数字宁德

（2021年）

陆地面积　1.34万平方千米
海域面积　4.46万平方千米

户籍统计总人口　355.66万人
常住总人口　315万人
　　畲族人口　20.52万人

地区生产总值　3064.96亿元
第一产业增加值　359.65亿元
　　茶叶总产量　11.83万吨，产值45.78亿元
　　水产品总产量　106.53万吨，产值318.41亿元
　　食用菌总产量　20.68万吨，产值70.70亿元
第二产业增加值　1676.98亿元
第三产业增加值　1028.33亿元

财政总收入　265.79亿元
地方财政收入　158.05亿元

社会消费品零售总额　880.17亿元
商品出口总额　600.4亿元
商品进口总额　305.2亿元
实际利用外资及港澳台资　1.85亿元

房屋施工面积　1787.83万平方米
房屋竣工面积　157.09万平方米
商品房销售额　336.23亿元

接待入境旅游人数　2.04万人

普通高等学校　2所
技工院校　4所
中等职业学校　11所

公共图书馆　10个

卫生机构数　2930个
卫生机构床位数　15087张
卫生技术人员数　19777人

年末金融机构人民币存款余额　2642.18亿元
年末金融机构人民币贷款余额　2671.54亿元
住户储蓄存款余额　1262.41亿元

在岗职工年平均工资　97890元

城镇居民人均可支配收入　40615元
城镇居民人均消费支出　27573元
城镇居民恩格尔系数　35.2%

农村居民人均可支配收入　21282元
农村居民人均消费支出　16269元
农村居民恩格尔系数　40.2%

（资料来源：市统计局）

中国年鉴精品工程
High Quality Project of China's Yearbook

宁德年鉴

2022

中共宁德市委党史和地方志研究室　编

方志出版社
Publishing House of Local Records

图书在版编目（CIP）数据

宁德年鉴. 2022 / 中共宁德市委党史和地方志研究室编. —北京 : 方志出版社, 2023.3
ISBN 978-7-5144-5850-3

Ⅰ. ①宁… Ⅱ. ①中… Ⅲ. ①宁德－2022－年鉴
Ⅳ. ①Z525.73

中国国家版本馆CIP数据核字(2023)第192515号

责任编辑：顾洁
责任校对：张玉霞
责任印制：梅中英
出 版 者：方志出版社
地　　址：北京市朝阳区潘家园东里9号（国家方志馆4层）
邮　　编：100021
网　　址：http://www.zgfzcb.cn
发　　行：方志出版社图书营销中心（010-67110500）
印　　刷：福州麟造印刷有限公司
开　　本：889毫米×1194毫米　1/16
印　　张：30
字　　数：1080千字
版　　次：2023年3月第1版
印　　次：2023年3月第1次印刷
定　　价：230.00元

《宁德年鉴（2022）》编纂委员会

主　　任　梁伟新

常务副主任　张永宁

副 主 任　王世雄　兰斯琦　叶其发

委　　员　詹少铃　雷春雄　陈　萍　郑　健　卓向晖　孙志妹　张为声
宋　洋　陈梅仔　蔡道华　吴会旺　朱建波　郑铁军　陈丽娜
刘　新　黄海峰　韦芝富　陈健夫　霍立昀　郭海鸣　颜谋元
蓝志旭　陈仕嵩　江明融　林勤铃　肖泽敏　毛连平　吴光华
王云盛　何光武　黄晓莺　张　宁　肖剑华　陈宁生　程伟斌
黄崇廉　郑　伟　吴乃意　檀曙锋　吴晋勇　颜国涛　陈庸程
陈绍曦　黄其山　周春海　罗义春　许　锋　柳　岳　张永森
陈文卿　宋　振

《宁德年鉴（2022）》编写人员

主　　编　吴乃意

执行主编　何　钊

执行副主编　龚美华

编　　辑　蔡晨晖　周小迟

封面绘画　曾少华

题头摄影　郑　震

编　　务　王　筠　杨振旺　王　芸　翁唐云　兰　洁　吴巧蓉　黄静怡
郭燕飞　罗政邦　陈水清

序

国务院办公厅2015年8月印发的《全国地方志事业发展规划纲要（2015—2020年）》（以下简称《规划纲要》）要求，到2020年要做到地方综合年鉴一年一鉴，公开出版，实现省、市、县三级综合年鉴全覆盖。《规划纲要》还要求，坚持存真求实，正确处理质量与进度的关系，将精品意识贯穿于年鉴编纂出版工作全过程。2015年12月，中国地方志指导小组办公室启动中国年鉴精品工程，将其与先期实施的中国志书精品工程视为姊妹工程，一道作为加强地方志质量建设的重要抓手。

实施中国年鉴精品工程有助于推动中华优秀传统文化传承发展。近年来，在党中央、国务院的高度重视和关心支持下，全国地方志事业发展迎来最好的发展时期。年鉴编纂发端于欧洲，鸦片战争后被引入我国，在我国走过了100多年的发展历史。在长期的编纂中，年鉴在内容和形式上不断发展，逐渐演变成为适合反映中国国情、具有鲜明中国特色的一种文化载体，并在改革开放后出现了快速发展的局面。2006年5月，国务院《地方志工作条例》颁布施行，明确将地方综合年鉴纳入地方志工作范畴，年鉴工作走上了有法可依的轨道。《规划纲要》出台，为从依法编鉴转变到依法治鉴指明了方向。2016年12月，中国地方志指导小组印发《全国年鉴事业发展规划（2016—2020年）》，更进一步明确了到2020年全国年鉴事业的任务书、时间表、路线图。经过多年的发展，年鉴工作已经成为地方志工作的重要组成部分，成为中华民族优秀文化传统的有机组成部分，其存史、育人、资政作用日益彰显。实施中国年鉴精品工程，是年鉴工作者紧扣时代脉搏、坚持创新发展的一项重要举措，对于坚定文化自信，传承弘扬好中华优秀传统文化意义重大。

实施中国年鉴精品工程有助于为全面建成小康社会提供更多智力支持和历史借鉴。党的十八大作出全面建成小康社会的战略部署。党的十八届五中全会提出到2020年如期实现全面建成小康社会的目标要求。完成《规划纲要》确定的目标任务是年鉴工作者的神圣使命，更是年鉴工作者以自身力量为全面建成小康社会献上的厚礼。一方面，可以更好地利用年鉴这种年度资料性文献，及时记录各地区在全面建成小康社会伟大征程中每年取得的新成绩和新经验、出现的新情况和新问题、涌现的优秀人物和典型事迹等；另一方面，可以更好地积累地情、国情资料，为推动经济社会发展和深化改革提供智力支持，为推进国家治理体系和治理能力现代化提供历史借鉴。

实施中国年鉴精品工程有助于全面推进地方志事业转型升级。地方志不是单纯修志编鉴工作，而是全体方志人“修志问道，以启未来”的一项事业，这项事业包含着巨大的时代担当与使命追求。地方志工作要在“五大建设”总体布局和“四个全面”战略布局中发挥与其自身价值、功能相匹配的作用，就要因时而谋、乘势而上、顺势而为，全面推进地方志事业转型升级。转型升级，当下最重要的目标就是完成“两全”目标，包括“年鉴全覆盖”目标；长远的目标就是基本形成地方志编修体系、理论研究和学科建设体系、质量保障体系、资源开发利用体系、工作保障体系“五位一体”的地方志事业发展综合体系，包括“五位一体”的年鉴事业发展综合体系。中国年鉴精品工程是一项探索工程，也是一项创新工程，是推进地方志事业转型升级的重要内容。通过实施中国年鉴精品工程，不仅有助于确保年鉴质量，不断编纂出版具有鲜明时代特征、年度特点和地域特色的精品年鉴，也有助于推动年鉴工作适应经济社会发展形势和时代需要，不断改革创新，与时俱进。

多年来，在中国地方志指导小组办公室的指导和全国各级地方志工作机构的共同努力下，年鉴种类数量快速增长，年鉴成果粲然可观，为实施中国年鉴精品工程奠定了坚实的基础。实施中国年鉴精品工程，就是要在全国地方志系统起到示范作用，进一步培育精品意识，打造精品年鉴，以点带面，在提高年鉴质量方面探索出一条切实可行之路，使这项探索工程和创新工程能够积累经验，发挥引领作用。

“万山磅礴，必有主峰；龙衮九章，但挈一领。”实施中国年鉴精品工程，是筑牢地方志事业特别是年鉴事业发展根基之举，其意义与价值不言而喻。但编修出年鉴精品佳作，绝非朝夕之功，需要付出长期艰辛的努力。希望通过实施中国年鉴精品工程，能够进一步推进年鉴质量建设，使年鉴真正成为传承中华民族优秀传统文化的重要载体，成为展示中国国情、地情的重要窗口，成为“为当代提供资政辅治之参考、为后世留下堪存堪鉴之记述”的资源宝库，在全面建成小康社会过程中作出更大贡献。

是为序。

中国社会科学院原副院长
中国地方志指导小组原常务副组长 李培林

编辑说明

一、《宁德年鉴（2022）》以马克思列宁主义、毛泽东思想、邓小平理论、“三个代表”重要思想、科学发展观、习近平新时代中国特色社会主义思想为指导，坚持辩证唯物主义和历史唯物主义的立场、观点和方法，实事求是地记载2021年1月1日至2021年12月31日期间宁德市经济、政治、文化、社会、生态等方面的发展情况，并根据事件记述的完整性需要，对首次入鉴内容的重要背景资料作跨上限追溯。

二、《宁德年鉴（2022）》是由中共宁德市委、宁德市人民政府主办，中共宁德市委党史和地方志研究室组织编纂的大型综合性资料书，为社会各界了解宁德、研究宁德、建设宁德提供资料，同时也为编修地方志书积累年度基础文献。

三、《宁德年鉴》首次出版于1999年（1993—1998合订本），之后除“2008—2009合订本”外，均为每年出版一卷，2018年卷以前由原市地方志编纂委员会编纂，2019年卷开始由中共宁德市委党史和地方志研究室编纂，2022年卷为第23卷。

四、《宁德年鉴（2022）》采用类目、分目、条目三级框架结构，部分分目下增设次分目。设特载、专文、大事记、市情概貌、中国共产党宁德市委员会、宁德市人民代表大会、宁德市人民政府、中国人民政治协商会议宁德市委员会、中共宁德市纪律检查委员会·宁德市监察委员会、民主党派·工商联、群众团体、宁台交流、法治、军事、经济管理、农业、茶业、工业·建筑业、商贸服务业、金融业、旅游业、房地产业、经贸合作、交通·水利、邮政·通信、城市建设、乡村建设、生态环境、科学技术、教育、文化、卫生健康、体育、社会生活、应急管理、县（市、区）、人物荣誉、附录38个类目，258个分目（次分目），1432个条目。特载、专文、大事记、人物荣誉、附录中的内容不列入条目数量统计。篇目结构较上卷调整变动明显，主要包括：拆分农业农村等6个类目，撤并财政税务、信息业，重新设置宁台交流等12个类目，新增茶业、人口家庭、证券业等类目、分目或条目内容。

五、本书凡简称“市”“全市”均指宁德市，凡简称“省”“全省”均指福建省。

六、附录类目中“2021年宁德市组织机构及负责人名录”收录截至2021年12月全市副处级以上在职领导干部名单，按部门单位顺序逐条排列并在姓名后注明年内职务变动时间。

七、《宁德年鉴（2022）》所收录的资料主要由市直各部门，各县（市、区）政府及有关单位提供。由于统计来源、统计口径等不同，文字数据尚有出入。全书收录统计图表61张、照片137张。

八、《宁德年鉴（2022）》所用文字遵照2001年施行的《中华人民共和国国家通用语言文字法》规定，使用规范简化汉字。标点符号用法遵循2011年施行的《标点符号用法》（GB/T 15834—2011）的规定，数字用法遵循2011年施行的《出版物上数字用法》（GB/T 15835—2011）的规定，计量单位名称和符号使用遵循1993年发布的国家标准《量和单位》（GB 3100~3102—1993）的规定。

宁德市地图

比例尺 1：630 000

福建省地图出版社 编制 审图号：宁S〔2023〕5号 资料截至：2021年12月

党史学习教育

2021年，宁德市开展党史学习教育，逐级成立领导小组、设立工作专班，组织召开市委常委会会议、领导小组会议等10余场（次），研究出台一个总方案和“我为群众办实事”实践活动等“1+10”工作方案。全市8198个基层党组织、15.82万名党员全面系统开展学习活动，累计举办学习研讨1.6万余场、主题党日活动1.1万余场。全市各级领导以党员身份参加所在党支部专题组织生活会，累计查摆1808个问题。市委10个巡回指导组先后开展4轮集中下沉指导，累计向各级各部门提出指导意见2000余条，列席会议、活动500余场。

1. 2021年3月1日，宁德市党史学习教育动员大会召开 （市委宣传部　供图）

2. 2021年5月25日，宁德市举行市管领导班子学习贯彻习近平总书记来闽考察重要讲话精神专题研讨班暨市级领导班子党史学习教育专题读书班开班式，省委第五巡回指导组参加 （市委宣传部　供图）

3. 2021年5月26日，宁德市市级领导班子在闽东苏区纪念馆开展现场教学，重温闽东苏区革命历史，省委第五巡回指导组参加 （市委宣传部　供图）

4. 2021年5月27日，在市管领导干部学习贯彻习近平总书记来闽考察重要讲话精神专题研讨班暨市级领导班子党史学习教育专题读书班交流发言和小结会上，宁德市委常委围绕“学史明理”开展分组交流讨论，省委第五巡回指导组参加 （市委宣传部　供图）

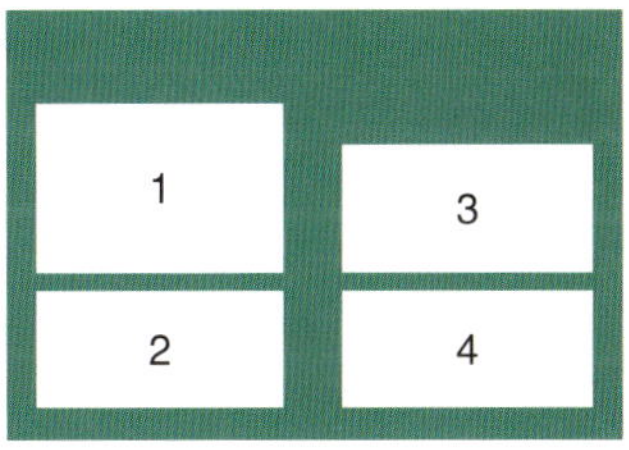

2021年6月20日，党史学习教育中央第六巡回指导组调研指导宁德时代新能源科技股份有限公司党史学习教育（市委党史学习教育办 供图）

2021年7月30日，省委党史学习教育第五巡回指导组参加宁德市党史学习教育“我为群众办实事”暨2021年“军事日”活动（市委党史学习教育办 供图）

2021年，中共宁德市委充分发挥先进典型的示范引领作用，把先进典型事迹作为党史学习教育的生动教材。图为10月15日举行的孙丽美同志先进事迹专场报告会 （市委党史学习教育办　供图）

2021年12月24日，党史学习教育省委第五巡回指导组在柘荣开展巡回指导工作 （市委党史学习教育办　供图）

庆祝中国共产党成立100周年活动集锦

2021年，宁德市干部群众开展庆祝中国共产党成立100周年活动成百上千场，其中有各类文艺晚会、图片文物展、书画展、知识竞赛、演讲赛、歌舞赛、唱红歌、健步行等，形式多样、内容丰富。同时，为10256名老党员颁发“光荣在党50年”纪念章。参观党史宣传教育展览、纪念馆，观看《红色闽东行》等党史学习教育片，阅读《闽东革命简史》等党史书籍，等等，成为老百姓当年工作生活的热门热点，全市上下洋溢着庆祝中国共产党成立100周年的浓厚氛围。

图为省委第五巡回指导组领导、宁德市领导与革命先辈的后代参与中国工农红军闽东独立师陈列馆开馆活动

图为阮英平之子阮朝阳在中国工农红军闽东独立师陈列馆开馆活动上致辞

2021年4月26日，宁德市委党史学习教育现场教学暨中国工农红军闽东独立师陈列馆开馆活动在宁德市蕉城区霍童镇桃花溪村举行

（市委宣传部　供图）

2021年5月13日，市直机关党史知识竞赛（预赛）在宁德技师学院举行。图为第五考场现场 （市委市直机关工委 供图）

2021年5月28日，由中共宁德市委市直机关工作委员会、中共宁德市委党史方志室联合举办的宁德市直机关庆祝建党100周年党史知识竞赛决赛在宁德市艺术馆举行 （市委市直机关工委 供图）

2021年4月12日，“共话民族团结·礼赞建党百年”2021年宁德市“三月三”畲族文化周启动仪式在蕉城区七都镇北山村举行

（市民族宗教局　供图）

2021年6月26日，宁德市委离退休干部工委举办“光荣在党50年”纪念章获得者颁发仪式　（市委老干局　供图）

2021年7月27日，宁德市总工会举办“永远跟党走　奋进新时代”庆祝中国共产党成立100周年宁德市职工文艺汇演

（市总工会　供图）

2021年6月29日，宁德市残联举办庆祝中国共产党诞辰100周年文艺活动

（市残联　供图）

2021年6月30日，宁德市庆祝中国共产党成立100周年经典咏唱文艺晚会在市高级中学礼堂举行

（市委宣传部　供图）

2021年5月18日，“喜迎建党100周年、我为群众办实事”宁德市外汇与跨境人民币业务展业自律机制成立四周年暨外汇政策宣传健步行活动举行　　（中国银行宁德分行　供图）

2021年7月6日，在周宁县咸村镇云门村，村干部用畲歌畲语宣讲习近平总书记在庆祝中国共产党成立100周年大会上的重要讲话精神　　（周宁县政府办　供图　郑文敏　摄）

2021年6月30日，“巧手剪纸颂党史　红色传承铸党魂”剪纸艺术展在柘荣县城郊乡靴岭尾村举行

（柘荣县政府办　供图　吴小玲　摄）

2021年6月25日，“跟着党走”——庆祝中国共产党成立100周年“七一”快闪活动在闽东革命纪念馆举行

（市文旅局　供图　李　郁　摄）

2021年6月25日，市委书记梁伟新（前右六），市委副书记、代市长张永宁（前右五）带领市领导在“感恩·奋进 庆祝中国共产党成立100周年闽东党史图片·文物展”展厅宣誓，重温入党誓词

市直机关单位干部在党旗下宣誓

观展打卡

2021年6月25日，宁德市“庆祝中国共产党成立100周年闽东党史图片·文物展”在市会展中心开幕。此次展览为期13天，展出图片500余张、革命文物80余件，并设置入党宣誓点及特色打卡点，400余个单位党组织组织党员干部观展并开展主题党日活动，观展人员约1.1万人。

（市委党史方志室　供图）

2021 年 6 月 28 日，市人大常委会机关人员观展

青年党员、团员观展

少先队员观展

中国“绿都”

2021 年 12 月 26 日，北京林业大学发布 2021 年度中国“绿都”评价研究成果，宁德市入选中国绿都名单。2021 年，宁德市林地面积 99.14 万公顷，占土地面积 130.68 万公顷的 75.86%，森林蓄积量 5549.52 万立方米，森林覆盖率 69.97%，林地绿化率 92.50%。

省级森林村庄——寿宁县清源镇韶托村，森林覆盖率 78.91%，居住区林木覆盖率 40.26%（卓仕尉 摄）

宁德市中心城区全景（摄于2021年11月6日） （柳明格　摄）

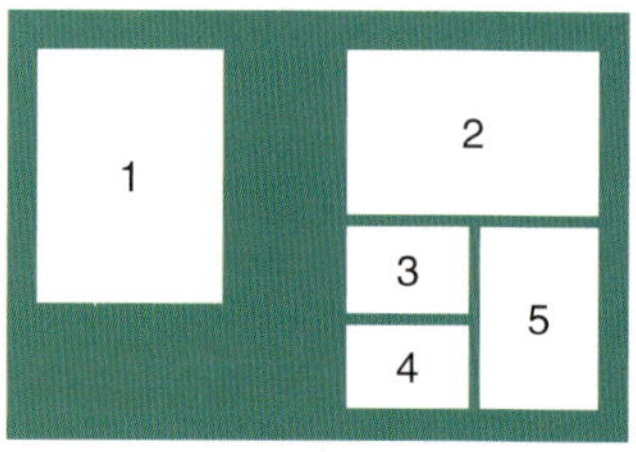

周宁县“三库”生态文明学习实践基地（黄振芳家庭林场）位于七步镇后洋村。习近平总书记担任宁德地委书记时曾3次到黄振芳家庭林场调研，提出“森林是水库、钱库、粮库”的“三库”理论，并于1989年1月3日与时任省长王兆国到此调研时栽种3棵杉木。1983年，周宁县七步镇后洋村55岁农民黄振芳贷款8万元，带领全家走上开荒造林之路，三年时间里造林面积由最初的约3.33公顷（50亩）发展到80.47公顷（1207亩），为全县之冠。1989年，黄振芳被评为宁德市唯一一位全省造林大户，并与其他7位农民代表，被请到宁德地区行署礼堂给与会市局干部作报告。《福建日报》头版报道“山鸡飞上凤凰台”这一新鲜事。习近平总书记在《弱鸟如何先飞》一文中提到：“周宁县的黄振芳家庭林场搞得不错，为我们发展林业提供了一条思路。”

1. 习近平总书记于1989年1月3日在黄振芳家庭林场栽下的3棵杉木（市林业局　供图）
2. 周宁“三库”生态文明学习实践基地（叶晓晖　摄）
3. 2021年12月，93岁高龄的黄振芳（左）在修缮一新的林场管理房前留影（叶先设　摄）
4. 2021年12月，黄振芳在阅读（叶先设　摄）
5. 2021年12月，黄振芳为青年讲述“三棵树”的故事（叶先设　摄）

森林是水库、钱库、粮库，
现在应该再加上一个“碳库”。

黄振芳家庭林场

宁德市中心城区东湖湿地公园，总面积623.8公顷，有鸟类14目31科111种；其中水鸟8目11科60种，占福建省水鸟种数的33.3%，是福建省水禽资源的重要分布区，候鸟迁移通道上的重要驿站地、越冬地和庇护所。

本跨页展示鸟类图片均于2021年在东湖湿地公园拍摄采集。

（余宏基　摄）

宁德市中心城区东湖湿地公园　　（市林业局　供图　王志凌　摄）

宁德市中心城区东湖南岸公园一隅（摄于2021年12月）

（市城市管理局　供图　吴雪燕　摄）

黑脸琵鹭（左）与白琵鹭（右）

青脚鹬

白胸翡翠

金眶鸻

金斑鸻

小鸦鹃

白额雁

中国共产党与世界政党领导人峰会

2021年7月6日，中国共产党与世界政党领导人峰会以视频连线方式举行。福建省宁德市寿宁县下党乡是本次世界政党大会地方分会场之一。当天下党乡的夜景、鸾凤桥、“滴水穿石 摆脱贫困”的画面等在全球展示，让世界政党看到下党乡人民的幸福生活。通过下党乡消除贫困、乡村振兴、绿色发展的事例，向全世界展示中国理念、中国精神、中国道路。

图为福建省宁德市寿宁县下党乡分会场，尹力（前中）、王宁（前左三）等福建省领导在前排就座 （寿宁县政府办 供图）

政党领导人峰会
CAL PARTIES SUMMIT
政党的责任
SPONSIBILITY OF POLITICAL PARTIES
下党
, FUJIAN

努力走出一条具有闽东特色的乡村

本跨页图组为2021年7月6日（中国共产党与世界政党领导人峰会当晚）寿宁县下党乡的夜景　　（柳明格　摄）

全球最大的锂电池和不锈钢生产基地

2021 年，宁德市牢记习近平总书记提出的“多上几个大项目，多抱几个‘金娃娃’，加快跨越式发展”的嘱托，持续构建以锂电新能源、新能源汽车、不锈钢新材料和铜材料四大超千亿产业集群为支撑的现代工业体系，打造全球新能源新材料产业的核心区。四大主导产业增加值增长 59.1%、对全市增长贡献率 107.7%、拉动全市规模以上工业增长 35 个百分点。宁德时代入选全球“灯塔工厂”，锂电新能源产业成为宁德市继不锈钢新材料产业后第二个千亿产业集群，产值 1580 亿元。作为全球最大的不锈钢生产基地，实现不锈钢产值 1608 亿元。上汽集团宁德基地生产车辆 22.8 万台（含 KD 件），实现产值 215 亿元，新导入 MG ONE 等 2 款新车型，新增宁德钧达、扬州盛世等 4 家一级供应商。以中铜东南铜业为龙头的铜材料产业，实现产值 278 亿元、增加值增长 31.1%。

（市工信局）

青拓笔尖钢（摄于 2021 年 1 月） （市工信局 供图）

青拓手撕钢（摄于 2021 年 11 月） （市工信局 供图）

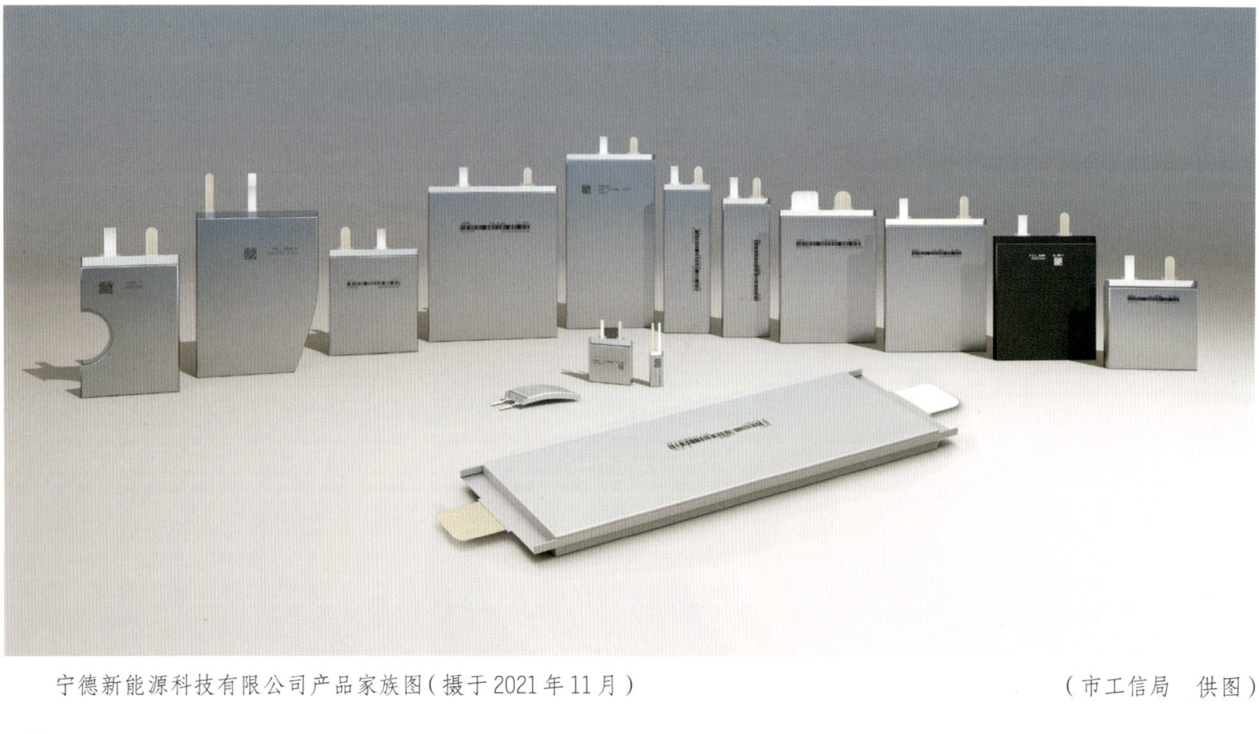

宁德新能源科技有限公司产品家族图（摄于 2021 年 11 月） （市工信局 供图）

宁德新能源科技有限公司湖东园区（摄于2021年5月）（市工信局 供图）

宁德新能源科技有限公司生产线（摄于2021年11月）（市工信局 供图）

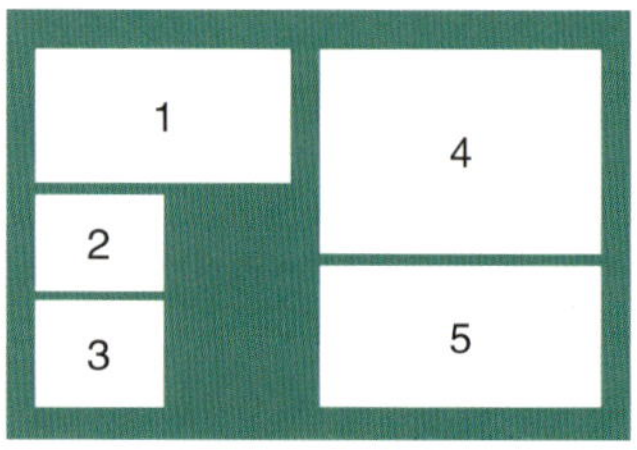

1. 上汽宁德基地厂区行政楼（摄于 2021 年 10 月）（市工信局　供图）

2. 上汽宁德基地生产线（摄于 2021 年 10 月）（市工信局　供图）

3. 2021 年 12 月 2 日，上汽宁德基地新车型 MG ONE 上市（市工信局　供图）

4. 2021 年 10 月，东南铜业阴极铜生产现场（市工信局　供图）

5. 2021 年 12 月，东南铜业达产达标达效（市工信局　供图）

40万吨，我们完成了！达产达标达效，我们实现了！

大事要闻

2021 年 3 月 31 日，中国产业海外发展协会、宁德市人民政府主办的 2021 中国两轮换电产业峰会在宁德举行

（郑　镇　摄）

2021 年 5 月 8 日，中国减贫发展与人权事业研讨会在宁德召开　（龚键荣　摄）

2021 年 7 月 16 日，中国汽车技术研究中心与宁德市政府联合举办的“2021（第八届）中国汽车生态设计国际论坛暨中国汽车行业碳中和创新发展（宁德）峰会”在宁德开幕 （陈 健 摄）

2021 年 12 月 23 日，宁德港口岸漳湾作业区扩大开放国家验收纪要签字仪式举行 （宁德港口中心 供图）

2021年1月18日，宁波至东莞国家高速公路福建省沙埕湾跨海公路通道举行通车仪式，标志着福建省新增1条出省通道，图为沙埕湾跨海大桥路段　　（张文奎　摄）

2021 年 10 月 16 日，第一届宁德市评茶员职业技能竞赛在中国白茶中心开赛，辖内 9 县（市、区）9 支代表队共 48 名选手对七大茶类 132 款茶样进行评茶技艺比拼。图为茶赛现场 （张文奎 摄）

2021 年 11 月 30 日，神舟十二号太子参航天育种种子交接仪式暨太子参产业发展论坛在福建天人药业股份有限公司举行，3.8 万粒柘荣太子参种子随神舟十二号卫星上天遨游 90 余天后“荣归”柘荣。图为交接仪式现场

（柘荣县政府办 供图）

2021年4月26日，长篇报告文学《山海闽东》出版座谈会暨文化名家走进宁德采风启动仪式举行。该书由中国作家协会和国务院扶贫办邀请鲁迅文学奖获得者、国家一级作家许晨创作

图为许晨签售作品《山海闽东》　　（吴宁宁　摄）

图为许晨在《山海闽东》读者见面会暨签售活动上发表创作感言　　（吴宁宁　摄）

2021 年 8 月，在第 32 届夏季奥林匹克运动会（2020 年东京奥运会）上，宁德籍运动员龚莉夺得空手道女子 61 公斤以上级铜牌。图为龚莉在领奖台上

（市体育局　供图）

在第 32 届夏季奥林匹克运动会（2020 年东京奥运会）4×100 米接力比赛中，宁德籍运动员汤星强与队友以 37 秒 79 的成绩夺得 4×100 米接力的季军。图为 2021 年 8 月 6 日汤星强在东京奥运会男子 4×100 米接力决赛前留影

（市体育局　供图）

图为龚莉在第十四全运会空手道女子 61 公斤以上级比赛决赛中得分后

图为获奖后龚莉（左）与中国空手道协会主席管健民（右）合影

2021 年 9 月，在第十四届全运会上，宁德籍运动员龚莉获空手道女子 61 公斤以上级冠军

（市体育局　供图）

2021 年 9 月，在第十四届全运会田径项目男子 200 米决赛中，宁德籍运动员汤星强以 20 秒 39 夺得冠军。图为汤星强（右）在决赛中冲刺

（市体育局　供图）

宁德一中新校区（摄于 2021 年 6 月 22 日）（王志凌　摄）

宁德一中新校区操场（摄于 2021 年 3 月 15 日）（张文奎　摄）

2021 年，宁德市第一中学高中部全部搬迁至新校区。新校区位于宁德市三都澳新区南天路东侧、闲趣路南侧，占地 16.8 公顷，一期投资建设资金 5.1 余亿元。有 47 个教学班，在校生 2299 人。

宁德一中新校区教室（摄于 2021 年 3 月 15 日）（张文奎　摄）

目 录

特 载

专 文

大事记

市情概貌

中国共产党宁德市委员会

宁德市人民代表大会

宁德市人民政府

中国人民政治协商会议宁德市委员会

中共宁德市纪律检查委员会 宁德市监察委员会

民主党派　工商联

群众团体

宁台交流

法 治

军　事

经济管理

农 业

茶 业

工业 建筑业

商贸服务业

金融业

旅游业

房地产业

经贸合作

交通　水利

邮政　通信

城市建设

乡村建设

生态环境

科学技术

教 育

文 化

卫生健康

体 育

社会生活

应急管理

县（市、区）

人物荣誉

附　录

坚定不移沿着习近平总书记指引的方向前进 奋力谱写全面建设社会主义现代化国家的宁德篇章

——在中国共产党宁德市第五次代表大会上的报告

梁伟新

2021 年 9 月 26 日

现在，我代表中国共产党宁德市第四届委员会向大会作报告。

中国共产党宁德市第五次代表大会，是在中国共产党成立 100 周年的历史时刻，在“两个一百年”奋斗目标交汇的关键节点召开的一次重要会议。大会的主题是：高举中国特色社会主义伟大旗帜，深入学习贯彻习近平新时代中国特色社会主义思想和习近平总书记对福建、对宁德工作重要讲话重要指示批示精神，团结动员全市各级党组织和全体党员干部群众，拿出只争朝夕的干劲，保持滴水穿石的韧劲，全方位推进高质量发展超越，奋力谱写全面建设社会主义现代化国家的宁德篇章。

五年拼搏奋斗　全面建成小康社会

市第四次党代会以来的五年，是闽东发展史上极不平凡的五年。五年来，面对错综复杂的宏观环境、艰巨繁重的发展任务和突如其来的新冠肺炎疫情，市委坚定不移沿着习近平总书记指引的方向，在省委的正确领导下，团结带领广大党员干部群众，深入实施“一二三”发展战略，开拓奋进、砥砺前行，推动各项事业取得了历史性成就，与全国全省同步全面建成小康社会，顺利完成市第四次党代会确定的各项目标任务。

这五年，我们用心感悟习近平总书记给予的特殊厚爱，迈出了感恩奋进的坚定步伐。习近平总书记对闽东大地情深似海、对闽东人民恩重如山。从“十三五”开局之年，与赤溪村干部群众视频连线，勉励我们决战决胜脱贫攻坚；到即将全面脱贫之际，给下党乡的乡亲们回信，嘱咐我们“努力走出一条具有闽东特色的乡村振兴之路”；再到开启现代化新征程之时，对宁德工作作出重要批示，希望我们“奋力谱写全面建设社会主义现代化国家的宁德篇章”，习近平总书记在宁德发展的每一个关键节点，都亲自为我们领航指向、谋定方位。这是全体闽东人民的无上荣光和最大福气，也是激励我们奋勇前进的最大动力。五年来，全市上下从内心最深处感恩总书记、爱戴总书记，以强烈的政治自觉、思想自觉和行动自觉，在习近平总书记指引的康庄大道上，越走越坚定、越走越自信。

这五年，我们顺利完成习近平总书记交付的历史使命，打造了摆脱贫困的中国窗口。全市6个省级扶贫开发工作重点县全部摘帽、453个贫困村全部出列、7.2万建档立卡贫困人口全部脱贫，“一个不少、一户不落”迈进全面小康社会。下党乡党委被授予“全国脱贫攻坚楷模”荣誉称号。闽东事、天下理；读宁德、知中国。摆脱贫困的“宁德故事”，在我国全面消除绝对贫困的宏大叙事中，越讲越深、越传越远。“摆脱贫困与政党的责任”国际理论研讨会、中国共产党与世界政党领导人峰会等一场场重量级会议活动，更是一次次将宁德推向世界。如今，宁德已成为展示中国脱贫攻坚历史性成就的重要窗口。

这五年，我们时刻牢记习近平总书记寄予的殷切嘱托，开创了跨越发展的宁德时代。全市上下坚持抱好“金娃娃”、发展大产业，矢志不移“加快跨越式发展”，宁德时代、新能源科技、青拓集团等“巨无霸”问鼎全球，中铝集团、上汽集团、正威集团等“领头羊”落地宁德，邦普、厦钨、福浦、嘉元等200多家“小巨人”布局全域。四个具有国际竞争力的产业地标在闽东大地拔地而起，将“宁德制造”深深镌刻在世界版图上。在主导产业的强力带动下，全市生产总值增速连续两年全省第一，规模以上工业增加值、地方一般公共预算收入增速连续三年全省第一，一般公共预算总收入增速连续四年全省第一，成为全省发展速度最快、后劲最强的新增长极。

这五年，我们大力传承习近平总书记倡导的务实作风，干出了行动至上的闽东风采。面对一批百亿投资、千亿产值项目的接续落地，我们“大干晴天、抢干阴天、巧干雨天，干好每一天”，创下了中铝铜冶炼基地17个月建成、上汽宁德基地14个月试产和宁德时代福鼎基地当年谈判、当年签约、当年部分投产的“宁德速度”。面对情况复杂、矛盾交织的历史遗留问题，我们事不避难、全力攻坚，夺取了海上养殖综合整治、中心城区水环境综合治理、宗教专项工作的决定性胜利。面对新冠肺炎疫情，全市上下万众一心、众志成城，仅用25天就遏制了疫情，43天实现病例全部清零，牢牢守住了福建“北大门”，守护了人民健康安全。正是闽东广大干部群众行动至上、苦干实干，知弱不甘弱、敢闯又敢拼，宁德实现了“旧貌换新颜”，赢得了社会各界的肯定支持和点赞喝彩。

五年承前启后、继往开来，我们书写了不愧时代的精彩华章，交出了令人瞩目的“宁德答卷”。

五年来，我们聚焦发展、致力赶超，综合实力迈上新台阶。全市生产总值连跨2000亿元、2500亿元，提前一年超额完成省里下达的赶超任务；工业增加值、一般公共预算总收入、社会消费品零售总额、城镇居民人均可支配收入在全省实现跃升晋位。高技术产业、战略性新兴产业增加值分别是2015年的4.9倍、2.1倍。百亿以上企业增至9家，占全省五分之一。宁德时代成为创业板首个市值超万亿企业，青拓集团成为全省首家产值超千亿元的民营制造业企业。总部经济、平台经济取得重大突破，正威东南总部、智享无限总部、宁普时代、国网时代投入运营。“0593宁德号”区域公用品牌启用，国家现代农业产业园和省级以上重点龙头企业数量位居全省前列。县域经济加快发展，蕉城经济增速连续三年位居全省各县（市、区）首位，福安入选全国县域经济百强县。

五年来，我们统筹城乡、一体推进，闽东大地呈现新面貌。中心城市日新月异，北部新城蓬勃兴起，三都澳新区、连城片区、车里湾片区提速开发，建成区面积突破60平方千米、人口突破60万人。三都澳大酒店、“四大馆”、环东湖慢行道等一大批项目建成投用。新建改造道路近150千米、污水管网216千米，新增公共停车位3000多个，城市面貌焕然一新，一举创成全国文明城市。东侨锂电新能源小镇入选首批全国特色小镇，福安、霞浦入选全国县城新型城镇化建设示范县，全市常住人口城镇化率61%。交通基础设施日趋完善，衢宁铁路、汽车城铁路专用线投入运营，沙埕湾跨海通道工程等5条（段）高速公路建成通车，全市新增铁路运营里程119千米、高速公路通车里程167千米。农村公路总里程突破1万千米，福安、周宁分别获评国家级、省级“四好农村路”示范县。“一革命四行动”深入开展，“两高一线”整治全面完成，126个乡镇污水处理和2134个建制村生活垃圾收运处理实现全覆盖，乡村人居环境明显改善。

五年来，我们深化改革、扩大开放，高质量发展增添新动能。重点领域改革多点突破，“放管服”改革纵深推进，国企改革稳步实施，国家级普惠金融改革试验区获批建设，屏南文创助推乡村振兴等一批改革实践成为全国全省先进典型，第三方评估改革热度指数位居全省前列。创新驱动更加强劲，电化学储能技术国家工程研究中心、21C创新实验室等一批国家级省级创新平台陆续投用；国家级、省级高新技术企业双双突破100家；全市R&D经费投入年均增长高达31.1%。全省第2家中国知识产权保护中心顺利建成。“三都澳人才计划”深入实施，人才支撑更加有力。对外开放步伐加快，三沙港区、三都澳港区漳湾作业区获批开放。全市港口货物吞吐量和集装箱吞吐量年均分别增长13.7%、21%，增速均位居全省第一。

五年来，我们以民为本、共建共享，民生事业取得新进步。我们每年将一般公共预算支出的80%投向民生社会事业，累计投入1200多亿元，比“十二五”翻一番。学前教育基本满足需求，义务教育发展基本均衡县实现全覆盖，宁德一中新校区建成投用，宁德职教园加快建设，宁德师院医学院成立。医疗卫生服务能力大幅提升。养老服务设施基本覆盖城乡。全市新增学位7.2万个、医疗床位3000多张、养老床位7000多张。新增城镇就业15.6万人。基本医保综合参保率98.3%。城乡低保平均标准增加3978元。生态环境质量稳居全省前列，全市森林覆盖率69.98%、居大陆沿海城市首位，成功获评国家森林城市。柘荣、寿宁获评国家生态文明建设示范县。文化事业蓬勃发展，《山海的交响》《红色闽东行》等一批文艺精品声名远播，“闽东之光”更加璀璨。新时代文明实践中心建设全面推进，精神文明建设取得长足进步。圆满承办第十六届省运会、第十届老健会，参赛成绩创历史最好。扫黑除恶斗争取得全面胜利，平安建设考评连续四年保持全省优秀，群众安全感率99.3%、位居全省第一，社会大局保持安定稳定。

五年来，我们总揽全局、协调各方，民主法治开创新局面。坚持和加强党的全面领导，支持市人大及其常委会、市政府、市政协履职尽责。法治宁德建设全面推进，《宁德市三都澳海域环境保护条例》等9部地方性法规颁布实施，司法执法体制改革持续深化，“七五”普法顺利实施，政法队伍教育整顿成效明显。爱国统一战线持续巩固壮大，民族宗教领域保持和谐稳定，古田临水宫获评“中国华侨国际文化交流基地”“海峡两岸交流基地”。党管武装工作扎实推进，军地融合深度发展，蝉联全国全省双拥模范城“五连冠”。民主党派、工商联、外事侨务、台港澳等工作取得新成效，群团、统计、审计、档案、党史、方志、老龄、老干部、海防等工作实现新进步。

五年来，我们从严治党、正风肃纪，党的建设得到新加强。扎实开展“两学一做”学习教育、“不忘初心、牢记使命”主题教育、党史学习教育和“再学习、再调研、再落实”活动，创新推行“第一议题”学习制度，“大学习”成为全市新风尚。精心组织庆祝中国共产党成立100周年、新中国成立70周年、改革开放40周年及撤地设市20周年系列活动。扎实推进抓党建促脱贫攻坚、促乡村振兴、促基层治理，乡村振兴指导员制度在全省推广，村级集体经济年收入全部10万元以上。圆满完成市县乡机构改革和县乡党委换届。干部担当作为、争先创优蔚然成风，涌现出杨春、孙丽美等“时代楷模”。健全“四位一体”监督机制，驰而不息纠治“四风”，市县党委巡察实现全覆盖，党风政风持续向好，全市政治生态更加清朗。

旗帜引领方向，奋进凝聚力量。过去五年发展取得的成绩，根本归功于习近平总书记的掌舵领航和党中央的坚强领导，归功于习近平新时代中国特色社会主义思想的科学指引，归功于习近平总书记在宁德工作时打下的决定性基础和擘画的宏伟蓝图，归功于习近平总书记对宁德始终如一的关心关爱，也得益于省委的正确领导，得益于历届领导班子打下的良好基础，得益于全市上下的团结拼搏。在此，我代表中共宁德市第四届委员会，向全市广大党员干部群众，向各民主党派、工商联、无党派人士，向中央和省各驻宁单位，向驻宁人民解放军指战员、武警部队官兵和消防救援队伍，向所有关心支持宁德发展的各界朋友，表示衷心的感谢和崇高的敬意！

成绩来之不易，经验弥足珍贵。五年奋斗历程深刻启示我们：必须始终坚守绝对忠诚、紧跟核心的政治立场，时刻铭记习近平总书记对宁德的特殊厚爱，树牢“四个意识”、坚定“四个自信”、坚决做到“两个维护”，一切听从习近平总书记的号令指挥，坚定不移沿着习近平总书记指引的方向奋勇前行。必须始终弘扬弱鸟先飞、滴水穿石的闽东精神，永远保持不甘落后的志气、久久为功的韧劲，只争朝夕不懈怠、敢闯敢拼不退缩，以“功成不必在我”的境界和“功成必定有我”的担当，接续奋斗、苦干实干，让闽东这只“弱鸟”真正飞洋过海、展翅高飞。必须始终坚持产业引领、山海联动的发展路子，坚定不移抱好“金娃娃”、发展大产业，以“一盘棋”理念布局产业，以产业整合资源，以产业倒逼改革，以产业凝聚力量，推动产业集群越做越大，产业链条越延越长，形成山海协同、一体发展的局面。必须始终牢记以民为本、人民至上的初心使命，“把心贴近人民”“以百姓之心为心”，接续传承“四下基层”优良传统，永远同人民想在一起、干在一起，真正把实事办到群众心坎上，确保全市人民在全方位推进高质量发展超越的过程中享有更多幸福感。必须始终强化党要管党、从严治党的责任担当，坚持和加强党的全面领导，巩固发展风清气正、干事创业的良好政治生态，充分发挥各级党组织的战斗堡垒作用和全市党员的先锋模范作用，团结带领全市人民不断夺取新的胜利。

在充分肯定成绩的同时，我们也清醒认识到，发展的道路上还存在不少困难和挑战。主要是：综合实力总体偏弱，城乡之间、山海之间发展不平衡问题依然突出，资源环境约束趋紧，传统产业转型升级不快，服务业发展明显不足，科技创新实力不强，引才育才留才环境还需持续改善，民生社会事业还有不少短板弱项，居民收入水平有待提高，一些干部能力素质还跟不上新形势新要求，等等。对此，我们必须高度重视，采取有力措施，切实加以解决。

开启新的征程　奋力谱写“宁德篇章”

今后五年，是开启全面建设社会主义现代化新征程的第一个五年。习近平总书记对宁德寄予很高期待，要求我们“奋力谱写全面建设社会主义现代化国家的宁德篇章”，为宁德现代化建设提供了总纲领、擘画了总蓝图。站在新起点、迈向现代化，全市上下必须始终牢记习近平总书记的厚望重托，胸怀“两个大局”、心系“国之大者”，深刻认识谱写“宁德篇章”使命光荣、责任重大，自觉以最高的标准、最坚决的行动，努力在全省全方位推进高质量发展超越中走前头，在奋力谱写全面建设社会主义现代化国家福建篇章中当先锋。

走前头、当先锋，我们肩负探索实践的政治使命。习近平总书记要求我们谱写“宁德篇章”，就是希望宁德在社会主义现代化建设进程中，从市域层面大胆先行探路，积极创造经验，提供实践样本。作为习近平新时代中国特色社会主义思想的重要萌发地和实践地，宁德广大干部群众必须倍加珍惜这份政治信任，始终牢记这份政治重托，拿出与全省新增长极相匹配的发展水准，拿出在服务谱写“福建篇章”中应有的担当作为，以宁德这块“试验田”结出的丰硕成果，更好地展示习近平新时代中国特色社会主义思想的真理力量和实践伟力，为全国、全省大局贡献更多“宁德方案”。

走前头、当先锋，我们面临千载难逢的时代机遇。未来几年，虽然外部环境存在很多不确定因素，但总体形势于我有利。特别是新一轮科技革命和产业变革蓬勃兴起，国内国际双循环新发展格局全面构建，“碳达峰、碳中和”战略深入实施，以及闽东北协同发展区和福州都市圈加快建设，为宁德带来了多重叠加机遇。只要我们抓住机遇、用好机遇，就能在更大范围内集聚资源、在更高层次上拓展空间，进一步激活增长极的潜能，在全省乃至更大区域竞争中抢先突围、赢得先机。

走前头、当先锋，我们满怀跨越赶超的坚定信心。通过这些年的打基础、蓄能量，宁德已经迈入了高质量发展的“快车道”。今后一个时期，宁德四大主导产业的高成长性、强带动力优势格外凸显，而且随着产业能级的持续提升、产业生态的不断优化，以及新业态新模式的加速孕育，这种优势还将持续放大。我们完全有能力、有条件，在全省发展格局中实现全方面、多位次越位晋升，在现代化建设中争得更多全国第一、创成更多宁德唯一。

基于这种认识，今后五年工作总的要求是：坚持以习近平新时代中国特色社会主义思想为指导，全面贯彻党的十九大和十九届二中、三中、四中、五中全会精神，深入学习贯彻习近平总书记在中国共产党成立100周年庆祝大会上的重要讲话精神和对福建、对宁德工作系列重要讲话重要指示批示精神，统筹推进“五位一体”总体布局，协调推进“四个全面”战略布局，坚持稳中求进工作总基调，坚持系统观念，立足新发展阶段，贯彻新发展理念，服务和融入新发展格局，以全方位推进高质量发展超越为主题，以深化供给侧结构性改革为主线，以改革创新为根本动力，统筹发展和安全，在推动高质量发展上迈出新步伐，在增进民生福祉上取得新进展，奋力谱写全面建设社会主义现代化国家的宁德篇章。

围绕这一总体要求，未来五年，我们要着力构建“一核两廊五轴”的发展格局：

——“一核引领”：以三都澳为核心，加快建设“一市多区、强镇环湾”的全球知名现代化生态海湾城市。大力发展以先进制造业、高端服务业、文化旅游业等为重点的多元化现代产业体系，进一步提升经济密度、人居环境和公共服务水平，实现经济总量、空间面积、人口规模倍增式扩张，打造兼具行政中心、经济中心、文化中心、服务中心等多重功能的强劲极核，带动全市跨越提升。

——“两廊支撑”：沿海蓝色经济走廊，充分发挥临海临港的湾区优势，以沿海重点园区、特色小镇为节点，加快打造世界知名的新能源新材料产业带和我国东南沿海重要的海洋经济产业带，挺起全市高质量跨越式发展的脊梁；山区绿色经济走廊，充分发挥山区生态资源优势，积极承接沿海新兴产业链项目，大力发展特色现代农业、生态工业、绿色金融、休闲旅游、生物医药等产业，着力打造全省绿色高质量发展示范带、文旅康养休闲目的地，做强全市高效益可持续发展的引擎。

——“五轴联动”：依托铁路、高速公路和国省干线等快速交通网络，串联沿线各类产业园区和产业平台，构筑三都澳到古田、屏南、周宁、寿宁、柘荣五条发展轴。以核带轴、以轴连廊，释放“一核”辐射力，打通“两廊”连接线，促进沿海与山区资源要素高效流动、产业链条有机衔接，实现山海并进、携手共赢。

未来五年，我们的奋斗目标是：到2025年，力争实现“一个翻番、五个突破、全面跃升”。“一个翻番”，即地区生产总值比2020年翻一番；“五个突破”，即工业总产值突破1万亿元、一般公共预算总收入突破400亿元、地方一般公共预算收入突破200亿元、农村居民人均可支配收入突破3万元、城镇居民人均可支配收入突破5万元。“全面跃升”即主要经济指标在全省全面越位赶超，综合实力跻身全国百强，成为全省高质量发展超越的重要增长极。重点建设“四个区”：

——全球新能源新材料产业的核心区。始终牢记习近平总书记“多抱几个‘金娃娃’”的殷切嘱托，抓住实施“碳达峰、碳中和”战略的历史机遇，以产业基础高级化、产业链现代化为方向，以沿海蓝色经济走廊为主阵地，全力建设全球生产规模最大、研发水平最高、竞争优势最强的新能源新材料产业中心，领导世界产业发展变革。

——现代化湾区经济的试验区。传承习近平总书记当年总结的闽东人民“开发三都澳”梦想，有机衔接“环三”规划、“开发三都澳、建设新宁德”“一二三”发展战略，坚持三湾互动、山海呼应，探索基础设施共建、创新平台共用、公共服务共享、生态环境共治等机制，推动产城、港城融合发展，建设全省“六大湾区”中最富活力、最具魅力的现代化湾区。

——全国乡村振兴的样板区。坚决扛起习近平总书记“努力走出一条具有闽东特色的乡村振兴之路”的使命重任，统筹推进“五个振兴”，延伸拓展精准扶贫的“宁德模式”，在一二三产融合发展上下功夫，在推进乡村建设上出实招，在完善乡村治理体系上求突破，在促进城乡共同富裕上见实效，展示好乡村振兴的闽东特色。

——绿色低碳宜业宜居的先行区。紧紧围绕习近平总书记“在增进民生福祉上取得新进展”“积极建设美好家园”的期望要求，扎实推进能源清洁化、交通电动化、建筑绿色化、产业低碳化，走出一条“碳达峰、碳中和”的宁德路子，进一步促进生产、生活、生态“三生”融合，让群众享有更多的绿色获得感、绿色幸福感。

打造“增长极”、建设“四个区”，是我们贯彻落实习近平总书记对宁德工作系列重要讲话重要指示批示精神的实践路径，更是未来五年谱写“宁德篇章”的战略重点。我们要拿出走前头、当先锋的担当和魄力，只争朝夕、奋勇向前，不断开创宁德高质量发展新局面。具体工作中，要突出抓好八个方面：

一、构建现代产业体系，为谱写“宁德篇章”锻造硬核支撑。坚持产业强市，实施“四大工程”，不断优化产业结构、提升产业能级，奋力跑出高质量发展“加速度”。

实施科技创新驱动工程。大力推进以科技创新为核心的全面创新，积极争创省级、国家级高新区，构建以新能源新材料核心技术为主攻方向的闽东科创岛，打造具有全球影响力的创新策源地。坚持创新链与产业链深度融合，支持企业加快建设电化学储能技术国家工程研究中心、21C 创新实验室、省不锈钢产业创新中心、省非晶合金重点实验室等“国字号”“省字头”创新平台。突出企业创新主体地位，完善企业研发投入激励机制，“十四五”末实现规模以上工业企业研发活动全覆盖。强化平台聚人、事业留人，迭代升级“三都澳人才计划”，建立关键核心技术攻关任务“揭榜挂帅”等机制，构筑人才“蓄水池”，增强发展“源动力”，科技创新综合实力在全省力争上游。

实施主导产业倍增工程。深入实施百亿龙头、千亿集群、万亿工业“百千万”行动，全力建设领航世界的锂电之都、全球最大的不锈钢基地、国内最具竞争优势的现代汽车城和铜产业基地。“十四五”末力争实现“4311”目标，即锂电新能源产值超 4000 亿元、不锈钢新材料产值 3000 亿元、新能源汽车和铜材料产值均达 1000 亿元。完善主导产业专班服务机制，坚持要素资源向主导产业集聚，加快推进宁德时代、新能源科技后续系列扩能和青拓 200 万吨宽板、上汽宁德基地二期、东南铜业二期等重大项目建设。强化精准招商，补齐产业链关键环节，打造支撑龙头企业倍增发展的产业配套体系。加强园区标准化建设，完善“亩均论英雄”“标准地”供应等机制，推进土地资源高密度高层次开发，不断拓展产业集聚的承载空间。制定更加精准的政策措施，支持食品加工、电机电器、船舶修造、冶金特钢、汽摩汽配等传统产业转型升级，进一步融入主导产业生态圈，向产业链、价值链中高端迈进。

实施“四大经济”壮大工程。突出抢先布局、激发潜能，加速构筑全省海洋、绿色、旅游、数字经济的宁德板块。坚持向海洋要空间，扎实推进海岛、海岸带、海洋“点线面”综合开发，加快构建以临海制造、深海养殖、滨海旅游、航运物流、海工装备等为重点的海洋产业体系，打造三都澳、白马港、福宁湾和沙埕港四大海洋经济聚集区，推动宁德从海洋大市向海洋强市转变。坚持向绿色要动力，把发展低碳清洁型产业作为绿色经济的主攻点，突出发电侧、供电侧、用电侧“三侧结合”，推进核电、水电、风电、光伏发电等清洁能源持续扩容及储能一体化发展；深化“电动宁德”建设，推广“光伏 +”模式，加快电动化应用全场景布局，打造我国东南沿海重要清洁能源基地和全国电动化示范城市。坚持向旅游要效益，组建文化旅游集团，高效整合全域资源，推动旅游产业规模效益全面提升。突出“旅游 +”“+ 旅游”，加快“山、水、海、岛、礁、滩、湾”一体开发，培育 100 个各具特色的金牌旅游村，推出 10 条串联山海的精品旅游线，打造全国知名的山海休闲旅游度假目的地。坚持向数字要赋能，扎实推进数字产业化、产业数字化，加快布局 5G、大数据、物联网、工业互联网、区块链等应用场景，在县域、园区、社区、乡村等层面分别打造一批数字经济样板，全面激发数字经济活力。

实施现代服务业提升工程。坚持现代服务业与先进制造业并举，大力发展科技金融、仓储物流、信息服务、工业设计等生产性服务业，不断拓展总部经济、平台经济，积极培育电池充换电、共享储能等新业态新模式。加快国家级普惠金融改革试验区建设，鼓励发展供应链金融，提升金融服务实体经济的能力和水平。建成全国不锈钢交易中心、有色金属交易中心、B 型保税物流中心、水陆联运中心等，构建集大运力、大物流、大平台于一体的集疏运体系。推进商贸流通网络体系建设，打造一批地标性商圈、特色街区、精品夜市，推动生活性服务业向高品质和多样化升级，全面激活消费市场。“十四五”末，力争服务业增加值占地区生产总值比重提高到 40% 左右。

二、深化改革扩大开放，为谱写“宁德篇章”注入强劲动能。积极服务和融入新发展格局，以改革办法创新体制机制，以开放视野拓展发展空间，用“关键一招”激发赶超动力活力。

强化深层次改革攻坚。坚持系统集成思维，统筹推进国家级、省级改革试点，总结提升主导产业培育、重大项目攻坚、海域综合治理等一批改革典型经验，推动形成更多制度性改革成果，打造更多具有宁德标识的改革品牌。紧扣发展所需，扭住重点领域和关键环节，纵深推进乡村振兴、绿色发展、城乡融合、山海联动、国资国企等领域改革，持续释放高质量发展新动能。聚焦民生所盼，坚持“小切口”，深化“出生一件事”办理、中小学生课后服务、医保电子凭证就医等民生“微改革”，推动更多改革红利惠及人民群众。

推动全方位对外开放。积极融入“一带一路”建设，加快创建国家跨境电商综合试验区，持续开展宁德品牌“海丝行”“丝路行”、线上云展（博）会，进一步推动“宁货出境”“宁企出海”。鼓励支持龙头企业投资开发海外关键资源，争取承办更多锂电新能源、不锈钢新材料、生物医药等领域国内行业年会和国际高峰论坛，持续扩大“宁德制造”对外影响力。深度融入闽东北协同发展区建设，加快提升基础设施、公共服务等领域互联互通水平。加强与台湾在现代农业、文化、旅游等领域的交流合作，努力在服务祖国统一大业、建设台胞台企登陆第一家园中发挥积极作用。

构建立体式战略通道。拓宽“海上”通道，推动“一港四区”错位发展，加快漳湾作业区等码头泊位连片开发，完善口岸功能，建立揽货体系，发展多式联运，吸引世界知名航运公司到宁德开辟新航线，全力把三都澳打造成为现代化、多功能的亿吨级国际枢纽港。延伸“陆上”通道，全线贯通 G228、宁古高速、宁上高速霞浦至福安段，开工建设沈海高速宁德段扩容工程、温福高铁、宁德至长乐机场城际铁路、白马港和漳湾港铁路专用线，持续深化宁南铁路、南丽铁路前期工作，加快建设沟通连接长三角和珠三角的重要交通枢纽。开辟“空中”通道，力争建成2个A类通用机场。

打造国际化营商环境。对标国际先进规则，借鉴国内一些城市先进做法，推进产业、政务、法治、生活等环境建设，着力提升服务世界一流企业的能力水平。深化“放管服”改革，加快各类数据跨区域跨部门共享协同，推行“一件事”套餐服务，推动更多审批服务事项就近办、网上办、马上办，打造“便利宁德”、打响“宁德服务”。全面落实减税降费等“一揽子”惠企政策，常态化开展“送政策上门”活动，精准帮扶中小微企业发展。健全领导干部联系服务企业机制，当企业家的“参谋助手”，做企业家的知心朋友，无事不扰、有呼必应，真正让企业家感受到温暖。

三、建设现代海湾城市，为谱写“宁德篇章”拓展发展空间。突出环湾一体，统筹推进产城、港城融合发展，努力建设蕴涵现代气质、彰显闽东气派的宜业宜居海湾新城。

推动城市环湾发展。坚持产业发展、生态涵养、基础设施和公共服务一体考虑，生产布局、生活环境、生态空间一体安排，城市规划、建设、管理一体展开，打造“百平方公里级面积、百万级人口规模”的区域中心城市。完善交通体系，推进城际公路市政化、客运公交化，实现环湾半小时通勤、市域一小时通达。坚持以产业为纽带，有机串联锂电新能源小镇、新能源汽车小镇、霍童古镇、不锈钢新材料小镇、三沙光影小镇等经济发达镇、专业功能镇，打造蓝色产业带、环湾强镇群。

完善城市功能配套。实施城市更新五年行动计划，改造提升历史文化街区和老旧小区，通过街巷微整治、空间微改造、景观微更新，改出城市新颜值、生活新品质。加强中心城市高端商务、城市客厅、购物休闲等功能配套，建成一批与产业发展相匹配的城市综合体。完善城市主次干道、慢行系统，加快打造共享出行与公共出行有机衔接的城市交通体系，构建“5分钟公交圈”“10分钟生活圈”“15分钟便民服务圈”，推动城市功能品质与百姓生活品质双提升。

加强城市精细管理。加快“智慧城市”建设，推进市域信息基础设施联通、网络畅通、平台贯通、数据融通，实现城市管理事项一网统管。推动“数字城管”向“智慧城管”升级，加强城市建设网格化管理。落实“两违”专项治理单列管理机制，以零容忍的态度和敢担当的精神，控住增量、削减存量。推进老城区雨污分流改造，完善防洪、防涝、给排水等设施，全面提升城市安全韧性。

四、走好特色振兴之路，为谱写“宁德篇章”筑牢稳固根基。统筹推进“五个振兴”，做足特色文章，打造具有山海特质、时代特征和全国影响力的乡村振兴“宁德模式”。

做优特色现代农业。严格落实粮食安全政治责任，稳步提升粮食综合生产能力。念好新时代“山海经”，做好精准定位、转型升级、融合发展“三篇文章”，不断夯实乡村振兴基石。持续做优“一县一业”“一村一品”，打造一批农业百亿强县、十亿强镇、亿元强村，争创2~3个国家农业现代化示范区。实施品种改良、品质提升、品牌打造“三品”工程，注重以现代化工业思维发展现代农业，总结推广福鼎白茶、古田银耳、福安葡萄等发展模式，推动一二三产融合发展、新技术新业态新模式融合创新、产业链供应链价值链融合壮大，力争“十四五”末全市八大特色产业总规模突破2500亿元。

积极建设美好家园。坚持规划引领，深入实施乡村建设行动，完善提升农村交通、供水、电网、物流、信息等基础配套，建设一批休闲广场、口袋公园、文化体育等公共设施。全域推进农村人居环境综合整治，全面完成建制村裸房治理和自然村改水改厕，集中解决乡村在总体面貌、管理服务、环境美化等方面“差一点”的问题，从内到外提升乡村的颜值和气质。持续推进霍童溪沿线、福宁湾沿岸、环翠屏湖等乡村振兴示范线路建设，打造一批高质量示范片区，建设全面展示闽东特色乡村振兴之路的重要窗口。

着力实现强村富民。严格落实“四个不摘”要求，推动特惠性政策向常规性、普惠性政策转变，实现巩固拓展脱贫攻坚成果同乡村振兴有效衔接。加大扶持力度，推动老区村、少数民族村、海岛村振兴发展。深化土地承包经营权、集体林权、海域使用权等农村产权制度改革，加快推动资源变资产、资金变股金、农民变股东，让农民分享更多资源资产增值收益。深入实施村级集体经济“提质强村”行动，全面推行村党支部领办合作社，力争“十四五”末村集体年收入50万元以上的村占比达到40%。完善落实乡村振兴指导员、驻村第一书记、科技特派员、金融机构挂职干部等制度，大力实施“能人回引”“能人培养”等工程，会聚八方英才投身乡村振兴主战场。

五、推进生态文明建设，为谱写“宁德篇章”厚植绿色优势。深入践行“两山”理念，坚定不移走生态优先、绿色发展之路，让宁德的天更蓝、地更绿、水更净、空气更清新。

加快绿色转型。科学制定2030年碳达峰方案，严格落实能源消费“双控”，大力实施森林“绿碳”、海洋“蓝碳”增汇工程，加快推进低碳园区、低碳港区、低碳社区、低碳景区建设，打造一批近零碳排放示范区和示范点。构建绿色低碳产业体系，推动主导产业循环发展，引导传统产业绿色化改造，坚决淘汰低效益、高排放的落后企业；大力倡导绿色生活理念，使绿色消费、绿色出行、绿色居住成为全社会的行动自觉，从源头上为生态环境减负，实现“高颜值”与“高素质”协同并进。

强化生态保护。健全生态文明建设目标评价考核制度和责任追究制度，完善多元化生态保护补偿、损害赔偿和产品价值实现机制，深化生态环境“上下联动+异地交叉”巡察机制。严格落实“三线一单”管控要求，坚持最严格的耕地保护、节约用地和水资源管理制度，加快屏南、周宁、柘荣、寿宁等4个国家重点生态功能区建设，切实把生态优势转化为发展优势。持续巩固“清海”成果，扎实做好“后半篇文章”，争创全国海漂垃圾治理示范区和生态产品价值实现机制示范基地，把清海“宁德模式”打造成国家生态文明试验区的亮丽名片。

突出治理修复。扎实抓好中央生态环保督察反馈问题整改，深入打好蓝天、碧水、碧海、净土四大污染防治攻坚战，持续推进臭氧污染防治、城市水系综合治理、固废综合处置，着力解决一批影响群众生产生活的突出环境问题。坚持治山、治水、育林、护田、护湖有机统一，加大“两江三溪”等重点流域，以及矿山、湿地、海岸带、红树林修复力度。大力实施森林质量精准提升工程和“三个百千”绿化美化行动，建设闽东森林城市群，持续提升生态系统质量和稳定性。

六、促进文化繁荣发展，为谱写“宁德篇章”提供精神力量。坚持举旗帜、聚民心、育新人、兴文化、展形象，扎实推进文化建设，打造精神赓续传承、文化繁荣兴盛、民风向上向善的人文闽东。

坚决守好精神根脉。扛起习近平新时代中国特色社会主义思想重要萌发地的政治担当，深入实施习近平新时代中国特色社会主义思想溯源工程，加强对习近平总书记在宁德工作期间开创的一系列重要理念、重大部署、宝贵经验和优良作风的学习宣传、研究阐释，用理论成果推动宁德实践。弘扬“弱鸟先飞、滴水穿石”的闽东精神，秉承“不耻落后，意气奋发，放胆开拓，争先创优”的闽东风格，与时俱进丰富拓展时代内涵，进一步激发全市上下干事创业的激情、勇于担当的豪情、服务发展的热情。

大力传播“闽东之光”。深度挖掘闽东闪光点，创作歌剧《鸾峰桥》、电视剧《激战苍穹》等一批文艺精品，展示好闽东的锦绣河山、灿烂文化和奋斗精神。加快建设宁德大剧院、美术馆、文创园等一批文化新地标，全面推进乡村文化振兴“十百千万”工程，持续开展文化惠民活动，不断满足人民群众高品质精神文化生活需求。发挥市级新型主流媒体的统领作用，打造市县联动的全媒体矩阵，讲好宁德故事、传播宁德声音。推进文化产业与数字经济、实体经济深度融合。加强革命文物、文化和自然遗产传承研究和保护利用，推动闽东文化创造性传承、创新性发展，进一步彰显地域色彩、展示蓬勃力量、散发时代光芒。

积极培育文明新风。坚持培育和践行社会主义核心价值观，深化群众性精神文明创建活动，巩固拓展全国文明城市创建成果。推进全市新时代文明实践中心（所、站）全覆盖，健全完善志愿服务体系，加强专业志愿服务队伍建设。大力宣传推介“时代楷模”、道德模范、最美人物和身边好人，充分发挥市民公约、乡规民约、家规家训作用，使崇德向善、和睦友爱、文明有礼成为根植闽东人民内心的价值认同。

七、提高群众生活品质，为谱写“宁德篇章”凝聚民心民力。坚持人民至上，民有所呼、我有所应，推动更多资源和力量用于民生事业，不断增强人民群众获得感、幸福感、安全感。

持续拓宽增收渠道。实施“五大群体”增收计划，增加居民“四类收入”，千方百计让群众的“钱袋子”鼓起来。突出多方式创业就业、多渠道创收增收，引导群众在四大主导产业发展中参加技能培训，实现就业增收；在城市建设发展中灵活择业，实现服务增收；在推动新业态发展中自主创业，实现经营增收；在乡村产业振兴中发展特色农业，实现生产增收。逐步建立收入增长和合理调节机制，缩小城乡、区域、行业、群体之间的收入差距，推动共同富裕迈出坚实步伐。

全力办好民生实事。着力办好人民满意的教育，每年新建一批幼儿园和中小学校，创建一批义务教育标准化学校和省级达标高中，扩大学前教育有效供给，推动义务教育优质均衡，提升高中教育教学质量，满足孩子们在家门口“上得了学、上得好学”的需求。支持宁德师范学院争创硕士学位授予单位，探索建设本土工科大学，推动职业教育产教融合、校企融合，提高教学教研与产业发展的结合度，满足产业发展对技能人才的需求。加快建设更高水平的健康宁德，持续深化“三医联动”改革，推动医疗优质资源共享、医疗机构上下联动，力争引进1~2家具有区域影响力和辐射带动力的综合性医院，满足群众就地就近就医需求。着力提升养老服务水平，推广“公建民营”养老服务机构模式，积极发展“互联网＋居家养老”，加快构建多层次养老服务体系，满足老年人多样化健康养老需求。

健全社会保障体系。实施全民参保计划，落实养老、医疗、失业、工伤保险等社会基本保障，逐步提高低保、特困人员救助供养标准。出台三孩生育配套支持政策，降低生育、养育、教育成本，建设更多3岁以下婴幼儿照护服务托位，解除群众生育后顾之忧。推动房地产市场健康发展，加大新建住房供给力度，每年建设一批人才公寓和保障性住房，满足刚需住房特别是新市民、青年人的住房需求。重视保障妇女、儿童、老人、退役军人家庭基本权益，加快发展残疾人事业和公益慈善事业，织密织牢社会保障网。

提升社会治理水平。坚持总体国家安全观，全力防范化解各种风险挑战。牢牢掌握意识形态工作领导权，强化阵地建设和网络综合治理，确保意识形态领域绝对安全。加强国防动员和后备力量建设，凝聚党政军警民合力强边固防。全面落实安全生产责任制，深化重点行业领域隐患排查和专项整治，坚决遏制各类重大安全事故发生。坚持创新和发展新时代“枫桥经验”，扎实推进扫黑除恶斗争常态化，深入开展信访积案化解、社会治安突出问题治理等专项攻坚行动，完善矛盾纠纷源头预防、排查预警、多元化解机制，推广“数字化＋网格化”治理模式，努力建设更高水平的平安宁德。

面对疫情防控严峻形势，我们决不能有丝毫懈怠。要大力弘扬伟大抗疫精神，落实“四早”要求，压实“四方责任”，筑牢海上、陆上两条防线，从快从严从实从细落实核酸检测、隔离管控、流调溯源、院感防控、疫苗接种等各项措施，持续做好“外防输入、内防反弹”工作，坚决捍卫来之不易的疫情防控成果，确保人民群众生命安全和身体健康。

八、加强民主法治建设，为谱写“宁德篇章”营造和谐环境。推进全面依法治市，发展全过程人民民主，促进社会公平正义，充分调动一切积极因素，维护社会和谐稳定。

发展社会主义民主政治。坚持和完善人民代表大会制度，加强和改进党对人大工作的领导，支持各级人大及其常委会依法对“一府一委两院”开展监督，健全完善发挥人大代表作用的体制机制，畅通社情民意反映和表达渠道，推动新时代地方人大工作与时俱进、完善发展。坚持中国共产党领导的多党合作和政治协商制度，加强人民政协专门协商机构建设，强化政协民主监督，推进协商民主广泛多层制度化发展，不断提升政协委员建言资政的能力水平。

全面推进法治宁德建设。完善党委领导、人大主导、政府依托、各方参与的立法工作格局，加强城乡建设与管理、环境保护、历史文化保护等重点领域立法，形成适应宁德治理需要的法规制度体系。加快构建职责明确、依法行政的政府治理体系，优化配置行政执法职能和执法资源，最大限度减少不必要的行政执法事项。扎实开展“八五”普法，推进普法与依法治理有机融合，不断提高领导干部运用法治思维和法治方式推动工作的能力。深化司法责任制综合配套改革，不断提高司法公信力影响力，努力让人民群众在每一个司法案件中感受到公平正义。

扎实做好统一战线工作。健全完善大统战工作格局，支持民主党派、工商联、无党派人士参政议政，紧密团结党外知识分子、新的社会阶层人士、港澳台同胞海外侨胞，大力促进民族团结、宗教领域和谐。依托社会主义学院，加大统一战线人才教育培养力度。深化民营经济统战工作，促进非公有制经济健康发展和非公有制经济人士健康成长。发挥工会、共青团、妇联等群团组织作用，构建联系广泛、服务群众的新时代宁德群团工作体系，会聚起全市上下同心同德、团结奋进的磅礴力量。

弘扬伟大建党精神　全面加强党的建设

迈上新征程，我们必须从党的百年奋斗的重大成就和宝贵经验中汲取养分，深入贯彻新时代党的建设总要求，坚持和加强党的全面领导，继续推进新时代党的建设新的伟大工程，为奋力谱写“宁德篇章”提供坚强政治保证。

一、筑牢信仰之基，增强牢记嘱托、感恩奋进的政治自觉。理想信念高于天，必须把党的政治建设摆在首位，夯实思想根基，推动全市上下步调一致向前进。

政治上要绝对忠诚。把“两个维护”作为最根本的政治要求植入灵魂，始终以最真挚的情感、最鲜明的态度，感恩总书记、爱戴总书记，永葆绝对忠诚核心的政治品格。建立健全保障“两个维护”的制度机制，着力加强领导班子政治建设，深入实施“一把手”政治能力提升计划，不断提高政治判断力、政治领悟力、政治执行力，自觉当好“两个维护”的护旗手和排头兵。

思想上要坚定追随。扎实推动学习教育常态化制度化，深化党史学习教育，健全完善“第一议题”“第一堂课”制度，学好《摆脱贫困》《习近平在宁德》等鲜活教材，建好寿宁下党“学习小镇”、福鼎赤溪、福安下岐等党性教育基地，发挥好理论宣讲轻骑兵、“学习大军”等特色载体的作用，从思想源头和实践起点上，把习近平新时代中国特色社会主义思想学得更深、悟得更透，不断拧紧理想信念的“总开关”。

行动上要对标跟进。始终以更高的政治站位看待宁德每一项工作，全方位对标对表习近平总书记重要讲话重要指示批示精神，坚定不移抓贯彻，不折不扣抓执行，只争朝夕抓落实，坚决做到总书记有号令、中央省委有部署，宁德见行动，确保各项事业沿着正确方向笃定前行。

二、涵养力量之源，完善上下贯通、执行有力的组织体系。党的力量来自组织，必须贯彻落实新时代党的组织路线，加强党的组织体系建设，把党的组织优势巩固好、发展好。

坚持抓基层强堡垒。深入开展“达标创星、晋位升级”活动，常态化整顿软弱涣散基层党组织，把农村、城市、机关、国企、学校、医院等各领域基层党组织建设成为坚强战斗堡垒。持续扩大“两个覆盖”，创新组织设置形式，推行锂电新能源产业链党建联盟做法，加强新领域、新业态、新群体党建，做到哪里有群众、哪里就有党的组织和党的工作。加强离退休干部党组织建设，扎实做好老干部工作。完善抓基层党建工作述职评议考核制度，推动各级党组织书记认真履行党建工作责任，不断增强基层党组织的政治功能和组织力。

坚持抓队伍强素质。加强基层组织带头人队伍建设，选优配强村（社区）“两委”成员特别是党组织书记，全面实现村（社区）主干“一肩挑”，完善落实村（社区）干部教育培训、报酬待遇、医疗保险、离任定补、激励关怀等政策机制，不断提高基层党组织凝聚力、战斗力。持续实施基层党员教育培训“百千万”工程，着力在产业工人、青年农民、知识分子等群体中发展党员，打造一支高素质的党员队伍。

坚持抓治理强效能。深化抓党建促乡村治理，规范村级权力运行，创新村民议事协商形式，建立健全防范整治村霸、宗族恶势力、基层黑势力等干扰侵蚀基层政权的长效机制，提升乡村治理实效。深化拓展“近邻党建”，充分发挥基层党组织联系服务群众的优势，解决好群众的烦心事、操心事、揪心事，把广大群众紧紧凝聚在党组织周围，构建起党建引领城市基层治理新格局。

三、昂扬奋斗之志，锻造勇担重任、争创一流的干部队伍。事业发展关键在人，必须坚持好干部标准，为推动新时代新宁德发展超越，培育更多忠诚干净担当的“猛将”“闯将”“干将”。

树好选人用人“风向标”。紧紧围绕事业发展需要配强班子、用好干部，坚持好中选优配强“一把手”，大力选配具有专业化能力的干部，合理配备女干部、少数民族干部和党外干部，增强领导班子整体功能。拓宽选人渠道，加强一线考核，在“赛马场”上选“千里马”、在实战中选实干家，让会打仗的有平台、干实事的得实惠、挑重担的受重用。

锤炼干事创业“真本领”。深入实施“新时代干部现代化能力提升计划”，每年开展“八个专题”培训，重点加强项目建设、乡村振兴、应急管理等方面的培训，提升在岗尽职的职业操守、在岗尽职的技术水平、在岗尽职的业务能力。大力实施优秀年轻干部梯次培养工程，实行机关到乡镇、企业双向交流制度，让干部在服务基层服务群众中增进感情、增长才干，在推动发展推动落实中增长知识、增强本领，不断提高研究决策能力和解决实际问题能力，培养更多可堪重用的栋梁之材。

营造敢于担当“新风尚”。坚持严管和厚爱结合，对任劳任怨、苦干实干、默默奉献的“老黄牛式”干部要关心关爱；对敢想敢干、敢闯敢创、敢拼会赢的“狮子型”干部要鼓劲撑腰；对不敢抓不敢管、不担当不作为的“鸵鸟型”干部要批评教育，引导广大干部把想干事能干事干成事作为自觉追求，鼓足比学赶超精气神，干出不负时代新业绩。全面从严治党永远在路上，必须始终保持“赶考”的清醒，把“严”的主基调长期坚持下去。

坚持“四责”协同监督。健全党委统一领导、全面覆盖、权威高效的监督体系，做深做实政治监督，突出加强“一把手”监督，持续深化纪检监察体制改革，推动纪律、监察、派驻、巡察“四项监督”有机贯通，进一步压紧压实党委（党组）主体责任、书记第一责任人职责、领导班子其他成员“一岗双责”、纪检机关监督专责，真正把管党治党抓到底、落到位。

坚持“四风”从严纠治。健全完善作风建设长效机制，锲而不舍落实中央八项规定及其实施细则精神和省市实施办法，坚持抓早抓小、防微杜渐，对享乐主义、奢靡之风露头就打，对形式主义、官僚主义精准施治，坚决遏制“四风”问题反弹回潮。建立健全为基层减负的常态化机制，持续整治文山会海，让干部有更多时间、更多精力办实事、解难题。

坚持“三不”一体推进。深化运用监督执纪“四种形态”，着力提高不敢腐、不能腐、不想腐的综合功效。持续深化重点领域反腐败工作，聚焦群众急难愁盼问题开展“点题整治”，坚决做到有案必查、有腐必惩。扎实推进重点领域监督机制改革和制度建设，加强对权力运行的监督，确保公正用权、依法用权、廉洁用权。大力弘扬闽东优秀廉政文化，强化警示教育，引导党员干部在新时代新征程中行正道、扬正气、守正规。

各位代表、同志们，征程万里风正劲，重任千钧再出发。让我们更加紧密地团结在以习近平同志为核心的党中央周围，在省委的正确领导下，大力弘扬“弱鸟先飞、滴水穿石”的闽东精神，牢记嘱托、感恩奋进，走前头、当先锋，奋力谱写全面建设社会主义现代化国家的宁德篇章，为开创宁德更加美好的未来而努力奋斗！

（资料来源：市委办公室）

牢记嘱托开新局　踔厉奋发谱新篇

——党的十八大以来宁德市经济社会发展综述

宁德是习近平总书记曾经工作过的地方。党的十八大以来的这十年，是宁德发展史上不平凡的十年。宁德市全面贯彻落实党的十八大、十九大和历次全会精神及习近平总书记到福建考察重要讲话精神，始终牢记嘱托，围绕省委、省政府决策部署，滴水穿石，久久为功，高效统筹疫情防控与经济社会发展，高质量发展阔步前行，奋力谱写人民生活更加幸福的宁德篇章。

一、这十年，砥砺奋进，成为全省经济新增长极

（一）经济总量晋位跃升

党的十八大以来，宁德市主动适应经济发展新常态，通过速度换挡、结构优化、动力转换，尤其是2017年主动淘汰落后产能，为高质量发展留出空间。2018年宁德经济增长明显回升，2019—2021年生产总值增速连续3年位居全省首位。2013—2021年生产总值年均增长8.9%，增幅高于全省平均水平0.8个百分点。十年间，经济总量连续迈上2000亿、3000亿元新台阶，实现翻番，到2021年3151.08亿元，总量在全省由第8位跃升至第5位。其中，蕉城区成为全市首个千亿县域经济体，入选全省十优区；福安入选全国县域经济百强县、全省十强县。全市人均地区生产总值到2021年首次突破10万元，年均增长7.9%。三次产业结构由2012年的17.7 ∶ 48.2 ∶ 34.1优化调整为2021年的11.4 ∶ 55.4 ∶ 33.2。

（二）财政实力明显增强

一般公共预算总收入2012年刚达百亿元，6年后即突破200亿元，2021年达到265.79亿元；地方一般公共预算收入在2015年突破100亿元，2021年达到158.05亿元，总量均进位至全省第6位。两项财政收入分别为2012年的2.5倍和2.2倍，年均增长10.7%和9.4%，分别高于全省平均水平3.3个和2.0个百分点，年均增幅分别高于同期地区生产总值1.8个和0.5个百分点。财政收入质量提高。2021年，税性收入占一般公共预算总收入和地方一般公共预算收入的比重分别84.6%和74.1%，比2012年提高3.1个和1.4个百分点。

（三）发展成果惠及民生

城乡居民收入稳步增加，老百姓得到更多发展的红利。2021年，宁德市居民人均可支配收入31460元，增长10.1%。其中，城镇居民人均可支配收入40615元，是2012年的2.0倍，年均增长8.2%；农村居民人均可支配收入21282元，是2012年的2.4倍，年均增长10.2%。城乡居民收入比从2012年2.47 ∶ 1调整为1.91 ∶ 1，差距明显缩小。居民生活质量明显提高。城镇居民人均生活消费支出由2012年的14368元增至2021年27573元，农村居民人均生活消费支出由6075元增至16269元，分别年均增长7.5%和11.6%。

二、这十年，牢记嘱托，走好产业升级路

十年来，宁德始终牢记习近平总书记“多上几个大项目，多抱几个‘金娃娃’，加快跨越式发展”的殷切嘱托，坚持“抓龙头、铸链条、建集群”，先后引进宁德时代、上汽、青拓、中铜等“金娃娃”项目，逐步形成以锂电新能源、新能源汽车、不锈钢新材料、铜材料四大主导产业为支撑的现代工业体系，成为推动经济高质量发展的主引擎。2021年，宁德市工业增加值1500.88亿元，增长24.9%，占生产总值的比重为47.6%，工业化水平比2012年提高8.0个百分点。2013—2021年，全市工业增加值年均增长11.4%。其中，规模以上工业增加值年均增长12.8%。

（一）主导产业快速崛起

2013—2021年，四大主导产业增加值年均增长46.0%，高于全市规模以上工业平均增速33.2个百分点，占全市规模以上工业增加值比重由2012年6.6%逐年提高至2021年78.3%。不锈钢新材料产业2018年总产值突破千亿元大关，成为宁德首个千亿产业集；2021年锂电新能源产业成为第二个千亿产业集群。宁德时代、新能源科技、青拓集团成为全球产业地标，市场占有率已连续多年全球第一。中铝东南铜业、上汽集团乘用车宁德基地项目从建设到投产，分别历时17个月和14个月，不断刷新“宁德速度”。同时，上汽宁德基地是省内最大的汽车生产基地、宁德铜冶炼基地拥有目前国际国内铜冶行业最大规模的单条生产线。

（二）科技创新跻身前沿

科技是第一生产力。在主导产业带动下，科技投入快速增长。2021年全社会研究与实验发展经费77.01亿元，是2012年的9.75倍，年均增长28.8%。其中，工业企业研究与实验发展经费75.74亿元，占全社会研究与实验发展经费的98.3%。全市拥有国家高新技术企业155家，科技“小巨人”企业52家，国家重点实验室1家，省级重点实验室10家。2021年，宁德时代入选全球“灯塔工厂”。青拓集团在全球独创双联法冶炼工艺，能耗降低30%、成本降低20%；自主研发的0.03毫米“手撕钢”和1.6毫米笔尖钢，填补了国内空白。上汽宁德基地智能化程度国内最高，主机厂自动化率超99%，最快53秒下线1台车。东南铜业是全球5家“双闪炼铜”企业之一，阴极铜纯度达到99.996%。

（三）产业集聚效应显现

宁德市在做大“龙头”的同时，着力铸链壮群，不断延伸支撑四大主导产业倍增发展的配套体系。全市四大主

导产业龙头企业的产业链配套企业200多家。其中锂电新能源产业先后引进建设80多个产业链配套项目，宁德时代和新能源科技两大龙头企业80%的配套实现就近采购。不锈钢新材料产业配套项目70多个，形成了从“原料—冶炼—热轧—冷轧深加工—各类不锈钢制品”的产业全链条。上汽宁德基地一、二级配套商40多家，本地配件体积占整车80%。2021年末，宁德市产值亿元以上工业企业261家，其中，产值10亿~100亿元21家，100亿元以上11家。

三、这十年，踔厉奋发，激活经济发展新动能

（一）经济新动能提速增效

数字经济加快发展。2021年宁德市广义数字经济规模突破千亿元大关，数字经济占生产总值比重突破40%。宁德时代、安波电机被列入国家智能制造综合标准化项目，宁德厦钨新能源智慧工厂被工信部评为工业互联网App优秀解决方案，华龙化油器等4家企业被认定为省级智能制造试点示范企业。智能化、数字化管理的应用场景不断延伸。加快“海上宁德”建设。2020年，宁德市海洋经济增加值700.42亿元，占生产总值比重的22.2%。2021年，宁德市海水养殖产量87.24万吨，占全省的比重由2012年15.1%提高至16.0%。同时大力推进海上养殖综合整治并取得扎实成效，治理成果成为全国水产养殖高质量绿色发展典型。

（二）投资动力质效提升

党的十八大以来，宁德市加大制造业、民生等领域投资建设，投资结构持续优化，投资质量不断提高。2013—2021年，宁德市固定资产投资年均增长11.3%，比全省平均水平高1.7个百分点。民间投资年均增长13.8%，占全市固定资产投资比重由2012年的54.5%提高至64.8%；基础设施投资增长年均增长5.0%，制造业投资年均增长15.4%。2021年，高技术制造业投资增长102.3%，增速创历史新高，占全市固定资产投资比重的25.0%。十年间，宁德时代年产147亿WH新能源锂离子动力及储能电池项目、宁德21C创新实验室、中铝铜冶炼基地项目、宁德新能源湖东数字化精益工厂一期工程、上汽新建年产24万台乘用车宁德产能项目、宁德邦普新材料产业园项目、时代一汽动力电池项目等一批龙头企业的重大项目相继落地，宁德投资建设实现从“规模扩张”逐步向“内涵提升”的转变。

（三）新兴业态活力迸发

2021年，服务业增加值首次突破千亿元，达1045.12亿元，比2012年增长1.1倍，年均增长8.5%。总部经济、平台经济取得突破，“智享无限”投入运营，国网时代储能、周宁大宗商品交易平台、福安益卓商贸签约落地。建制村快递服务全覆盖，快递业务量9854.42万件。消费需求持续释放。全市社会消费品零售额总额从2012年的380.92亿元扩大至2021年的880.17亿元，总量进至全省的第7位，年均增长9.8%。2021年，限额以上单位实现网上零售额18.87亿元，2014—2021年年均增长35.3%。文旅融合加速发展。“乡村＋文创”“摄影＋民宿”“白茶＋文化”等模式有效推广。十年间，全市累计接待游客快速增长，从2012年不足千万人次，到2021年4587.84万人次；旅游总收入410.80亿元，年平均增长21.2%。现有国家A级旅游景区52家，其中，国家AAAAA级旅游景区2家、国家AAAA级旅游景区2家。闽东红色旅游系列景区列入全国红色旅游经典景区名录，霞浦入选美丽中国首选旅游目的地，寿宁“下乡的味道”红色之旅、古田生态休闲旅游列入全国乡村旅游精品线路，屏南龙潭村入选第二批全国乡村旅游重点村名单。

四、这十年，勇毅前行，持续深化改革开放

（一）对外开放步伐加快

对外贸易规模不断扩大。2012年，宁德进出口总额24.48亿美元；2021年，进出口总额增加到905.7亿元，折合140.42亿美元，年均增长21.4%。其中，进口总额增加到305.2亿元，出口总额增加到600.5亿元。2021年全市外贸依存度（进出口总额占地区生产总值的比重）为28.7%，比2012年提高14.3个百分点。宁德与100多个国家和地区建立了经贸往来。跨境电商B2C、海外仓等外贸新模式实现零的突破。漳湾作业区扩大开放获得国务院批准，并通过国家验收，上汽宁德基地实现整车海铁联运一站式出口。同时，一些企业走出国门，如时代新能源在德国、鼎信在印尼分别设厂。

（二）交通构筑开放新格局

十年来，宁德基础设施加快建设，“四纵四横”高速公路网基本形成，县县通高速、镇镇有干线、村村通客车全面实现；三都澳港区漳湾作业区对外开放，实现港铁联运、西进东出。新建成合福铁路、衢宁铁路，“宁德—厦门”“宁德—江阴”集装箱直航定班支线开通。到2021年末，全市公路通车里程达到12314千米，比2012年增加2233千米；铁路营业里程310千米，比2012年增加114千米。2021年，全市公路、水路货运量合计8072万吨，货运周转量合计158.12亿吨千米，比2012年分别增长2.0倍和0.8倍，年均增长13.0%和7.1%。水路货物周转量94.38亿吨千米，占全市货物周转量59.7%。2021年，全市沿海港口货物吞吐量6286万吨，比2012年增加4249万吨，增长2.1倍，平均每年新增吞吐量472万吨。

（三）营商环境持续优化

市场主体快速增加。2021年末，全市市场主体44.7万户，其中，企业8.3万户、个体工商户35.6万户、农民专业合作社7913户。持续深化“放管服”改革。深化“互联网＋政务服务”，全面推行“两清单一目录”管理制度，推出开办企业“一窗通办、一日办结”政务服务模式，持续激发各类市场主体活力。全市一体政务服务平台网上可办率99%，全程网办率88%。金融生态环境向好。获批建设国家普惠金融改革试验区，7项创新成果全省推广，23项金融产品全国全省首创或率先完成。全市金融机构人民币存款余额由2012年末的910.54亿元增加到2021年末的2642.18亿元，年均增长12.6%；贷款余额由1006.84亿元增加到2671.54亿元，年均增长11.5%。不良率贷款下降至0.66%。

五、这十年，生态优先，成为东南沿海最“绿”城

（一）节能环保成效明显

宁德市全面淘汰地条钢等低效落后产能。2017年，

全市取缔“地条钢”企业18家，清理石板材企业200多家，淘汰落后中频炉钢铁产能400多万吨。发展循环经济和资源综合利用。福鼎市龙安开发区等3个园区入选省级循环经济示范试点园区，宁德时代等18家企业入选省级循环经济示范试点企业。2018年7月起，开展为期两年的海上养殖综合整治，累计投入资金45.48亿元，清退禁养区渔排26.71万口、贝藻类6.55万亩，养殖区和限养区升级改造标准渔排55.75万口、深水大网箱3450口、贝藻类33.74万亩。“清海”的“宁德模式”，被列为中央生态环保督察整改首批典型案例、全国水产养殖高质量绿色发展典型案例。全市重点流域优良水质比例、县级以上集中式饮用水水源地水质达标比例均为100%，中心城区空气质量达标天数占比99.2%。全市森林覆盖率提升至69.97%，位居我国大陆沿海城市首位。

（二）城乡建设齐头并进

十年来，宁德城市建设进入快车道，中心城市建成面积延伸拓展，先后获评“国家园林城市”“国家森林城市”“全国文明城市”；市政配套设施不断完善，城市功能日趋增强，更加宜业宜居。2021年，建成区绿化覆盖率41.8%，人均公园绿地面积15.14平方米。城市发展也吸引更多人融入宁德。2021年，全市城镇常住人口195.93万人，城镇化水平62.2%，比2012年提高11.6个百分点。村容村貌更加美丽，农村人居环境明显改观，在全国率先完成所有建制村改厕改水，乡镇污水处理、建制村生活垃圾收运处理实现全覆盖。全市“绿盈乡村”占比85.4%，霍童溪入选全国首批“美丽河湖”。全市现有省级以上历史文化名镇11个、名村42个、传统村落275个，数量均为全省最多。

（三）绿色发展开启新路径

基于宁德的能源优势特色，为全国“双碳”大局探索“宁德路径”。核电、水电、风电、光伏发电等清洁能源持续扩容及储能一体化发展。2021年，全市清洁能源装机容量757万千瓦，是2012年的2.2倍，占全市电力装机总容量比重74.8%，远高于全国、全省平均水平。“电动宁德”建设打造全国电动化示范城市。2020年，宁德公交在福建省率先完成公交车100%纯电动化运营。目前，全市新能源出租车占全市营运出租车比重62%，建成投运充电桩约3400个，自主研发搭载宁德时代动力电池的纯电动船舶投入使用，电动化在终端产品的应用场景更加广阔。

六、这十年，摆脱贫困，走好幸福生活路

（一）精准扶贫形成“宁德模式”

宁德始终大力传承弘扬习近平总书记当年在宁德提出的“扶贫先扶志”“靠山吃山唱山歌、靠海吃海念海经”“提升脱贫一线核心力量”等重要论述，集各方之智啃“硬骨头”、举全市之力攻坚拔寨，形成了扶贫开发的“宁德模式”。2020年，全市6个省级扶贫开发工作重点县、453个贫困村全部摘帽，18.9万名贫困人口全面脱贫，14.3万名偏远人口搬出大山，仅“十三五”期间，脱贫群众年均收入增长了4.7倍，年均增速41.5%；脱贫村平均村财收入增长了近2倍，全部达到10万元以上。2021年5月8日中国减贫发展与人权事业研讨会在宁德召开，2021年7月6日中国共产党与世界政党领导人峰会在下党设立分会场，宁德成为展示中国脱贫攻坚历史性成就的“重要窗口”。

（二）走好闽东特色的乡村振兴之路

乡村要振兴，关键是产业要振兴。“一县一业”“一村一品”的乡村特色产业格局加快推进。2021年，全市农林牧渔业总产值645.61亿元，比2012年增长43.3%，年平均增长4.1%。茶叶、水产品、食用菌、水果、蔬菜、中药材、畜牧、林竹花卉八大特色产业产值占全市农林牧渔业总产值的94.6%。渔业比重提升明显，占农林牧渔业总产值比重由2012年的41.2%提升至49.3%。2021年，全市现有全国农业产业强镇6个，农业产业化国家重点龙头企业10家，特色农产品优势区4个，“三品一标”认证产品549个，市级“菜篮子”示范基地17个，农产品产地初加工中心177个，具有闽东特色的乡村振兴之路越走越宽。

（三）民生保障持续提升

宁德市社会保险覆盖面不断扩大，城乡居民基础养老金、城乡低保和医保财政补助标准持续提高。2021年，社会保障和就业财政支出46.01亿元，是2012年的3.1倍，年均增长13.5%，占财政总支出的13.4%。城乡居民养老保险、基本医疗保险参保人数分别为141.68万人和328.44万人；城乡低保、特困供养平均年标准分别达到7408元、21204元。扎实推进保障性安居工程建设，逐步扩大保障房覆盖范围。2021年末，全市累计实施保障性安居工程6.3万套（户）。其中，开工建设各类保障性住房3.35万套（户），各类棚户区改造2.95万套（户）。

（四）公共服务上新水平

宁德市教育事业快速发展，教育资源持续优化；医疗条件持续改善，卫生保障水平不断提高。2021年，财政支出中，教育、卫生健康支出分别为70.85亿元、36.20亿元，是2012年的2.0倍、2.7倍，年均增长8.2%、11.6%，占财政总支出的比重20.6%、10.5%。2021年末，全市学前教育普惠率91.7%；九年义务教育巩固率102.9%；初中净入学率99.1%。现有各级各类学校1032所，在校学生数61.50万人，教职工人数3.96万人，比2012年分别增加154所、13.70万人、5036人；全市有卫生机构845个，拥有卫生机构床位数1.51万张，卫生技术人员1.98万人，比2012年分别增加276个、4239张和7163人。常态化推进新冠疫情防控，打造“步行15分钟核酸采样圈”，核酸检测能力提升至16.4万份/天。文化事业欣欣向荣。“闽东之光”文化品牌深入打响，文化惠民工程深入开展，产生了《畲嫂》《鸾峰桥》等国家级、省级优秀剧目。汤养宗《去人间》诗集荣获全省首个鲁迅文学奖诗歌奖。同时，传统文化得到保护和传承。全市现有国家级非物质文化遗产代表性项目名录项目23个、省级63个；国家级非物质文化遗产代表性传承人17人、省级102人。

跨越山海再追梦，实干开篇启新局。今年是党的二十大召开的关键之年，展望宁德发展蓝图，我们将牢记嘱托、感恩奋进，走前头、当先锋，按照构建“一核两廊五轴”的发展格局，加快打造“增长极”，建设“四个区”，全方位推进高质量发展超越，奋力谱写全面建设社会主义现代化国家的宁德篇章！

（资料来源：市统计局）

党史学习教育纪实

2021年，在中央第六指导组、省委第五巡回指导组指导下，中共宁德市委深入学习贯彻习近平总书记关于党史学习教育的重要论述，全面对标中央和省委部署要求，做好“规定动作”、创新“自选动作”，推动党史学习教育不断走深走实。

一、做法特点

坚决扛起宁德作为习近平新时代中国特色社会主义思想重要萌发地和实践地的政治担当，发挥闽东党史事件多、红色资源多、革命先辈多的优势，把开展党史学习教育与推动经济社会发展紧密结合，突出工作重点、把握关键环节，确保党史学习教育取得实效。

（一）突出主体责任，高质高效有力推进。坚持把党史学习教育作为重大政治任务，精心谋划、周密安排，推动形成上下贯通、整体联动的局面。一是高站位部署推动。逐级成立领导小组、设立工作专班，组织召开市委常委会会议、领导小组会议等10余场（次），研究出台一个总方案和“我为群众办实事”实践活动等“1+10”工作方案，推动任务项目化、项目责任化、责任可量化，做到全市上下共同发力、一体推进。市委主要领导坚决担好“第一责任人”责任，凡涉及党史学习教育重大事项、重大活动都亲自谋划、亲自部署、亲自推动，确保压力层层传导、责任压紧压实。二是高标准示范带动。市委常委班子坚持先学一步、学深一层，通过举办理论学习中心组学习会、专题读书班、专题研讨班、现场教学以及带头上党课、作宣讲等形式，示范带动全市8198个基层党组织、15.82万名党员全面系统学、用心用情悟，累计开展学习研讨1.6万余场、主题党日活动1.1万余场。新一届市委班子履职的第一天，集体参观“摆脱贫困”主题展览、重温入党誓词、开展交流学习研讨。全市处级以上领导带头以普通党员身份参加所在党支部专题组织生活会，累计查摆的1808个问题已基本整改到位。三是高要求督促落实。坚持把开展党史学习教育情况纳入全面从严治党主体责任检查、领导干部年度目标考核和党建工作述职评议考核，并作为各级巡察、政治监督的必看指标，推动各级党组织把主体责任扛起来、落到位。注重集中下沉指导与常态跟踪督导相结合，10支市委巡回指导组先后开展4轮集中下沉指导，累计向各级各部门提出指导意见2000余条，列席会议、活动500余场。市领导结合每月“四下基层”，带队到一线督进度、查不足，及时纠正问题偏差，确保“规定动作”做到位、“自选动作”有亮点，坚决防止走过场。

（二）突出思想引领，发挥优势学深悟透。坚持把学党史和悟思想有机贯通起来，突出“四个围绕”抓学习，确保党史学习教育体现“宁德味”。一是围绕党的百年奋斗史集中学。坚持把学深悟透习近平总书记重要讲话重要指示精神和关于党的历史的重要论述、到福建考察重要讲话、在中国共产党成立100周年庆祝大会上的重要讲话精神作为党史学习教育的“纲”，推动各级党组织、广大党员干部深入研读习近平《论中国共产党历史》等中央指定学习材料，学好用好《摆脱贫困》《习近平在宁德》

《习近平在福建》等特色教材，不断从党百年奋斗史中汲取智慧和力量，进一步增强走中国特色社会主义道路的信念信仰信心。通过召开市委常委（扩大）会议、视频会议、市委五届二次全会、市委领导宣传宣讲等形式，全面掀起学习贯彻党的十九届六中全会精神热潮。二是围绕特殊节点专题学。立足习近平总书记对宁德一直特别关心关爱且重要指示多这一鲜明特色，突出特殊重要节点，组织召开贯彻落实习近平总书记与赤溪干部群众视频连线5周年、给下党乡亲重要回信精神2周年、对宁德工作重要指示精神1周年等系列座谈会，引导全市上下从闽东30余年发展蜕变中，感悟习近平总书记对宁德的特殊感情和特殊厚爱，进一步学出绝对忠诚和无比感恩拥戴之情，坚定捍卫“两个确立”、坚决做到“两个维护”。三是围绕重要精神常态学。建立完善“第一议题”学习制度，自觉把习近平总书记最新重要讲话重要指示精神，作为市委常委会会议的必学内容、首要议题，引导全市上下常学常新、常思常悟、常研常得，不断从习近平新时代中国特色社会主义思想中汲取强大的真理力量、思想力量、实践力量，确保宁德各项事业始终沿着正确方向前行。市委召开常委会会议67场、理论学习中心组学习会31场。四是围绕提升能力重点学。围绕习近平总书记寄予奋力谱写“宁德篇章”的重大政治嘱托和中央、省委部署要求，结合开展“再学习、再调研、再落实”活动，通过组织党政代表团到杭州和宁波学习考察、举办专题培训班、邀请专家学者作专题辅导等，持续提高各级干部贯彻新发展理念、推动高质量发展的能力素质。坚持问题导向，从事关长远、“十四五”发展和当前工作三个层面，聚焦构建“一市多区”城市组团、推进四大主导产业发展、优化营商环境和发展“四大经济”等重大问题，市领导“一人一课题”，共开展“沉浸式”调研300余次、召开座谈会100余场，推动一批调研成果转化为改革发展的思路和举措。

（三）突出守正创新，分层分类精准发力。着眼党史学习教育阶段性特点和党员干部群众实际需求，在全省率先出台分层分类开展党史学习教育方案，探索形成一批富有创新性的学习形式和载体，推动党史学习教育全覆盖、活起来、深下去。一是注重搭建多样化、立体化学习平台。着力讲好宁德故事，弘扬“闽东精神”，实施基层党员“凝心铸魂”工程，打造鲜活生动、各具特色的红色课堂，引导全市上下坚定不移听党话、感党恩、跟党走。在机关单位重点丰富拓展中心组、“三会一课”等载体，组织万名党员学党史、千名党组织书记讲党课；在村（社区）探索创建“乡村夜读班”“水上党校”“红色小卖部”等载体，把学习融入党员群众生产生活；在企业和“两新”组织专门成立锂电新能源产业链、青拓不锈钢城党建联盟，推行“轮值学习”等方式开展共学共建；在网络上用好“学习强国”、干部网络学院、网络新媒体等载体，及时推送“微党课”等；在中小学和高校充分发挥思政课主渠道作用，培育小小志愿者6300名，部署开展“习爷爷在宁德的故事”进校园活动，让感恩拥戴习近平总书记口口相诵、代代相传。二是注重用好可视化、数字化学习产品。综合运用群众喜闻乐见的文艺形式、数字化产品，打造一批书本党课、展览党课、影视党课等，让学习形式走新更走心。推动“习爷爷在宁德的故事”进校园，办好《山海的交响》演出，用好摆脱贫困主题展览，制播《闽东红故事》《闽东红土地》等140余个红色题材新媒体产品，推出纪录片《铁血碑记》、影视剧《相见在鸾峰桥》等影视精品，推进“党史上的今天”万屏联动，“看红色电影、学百年党史”活动受众120余万人。三是注重开展专题化、分众化学习活动。针对县处级以上领导干部和农村党员、青少年等7类重点群体，坚持分层分类、精准指导，创新开展“同吃、同住、同劳动、同调研”“四同”体验教学、“红领巾心向党”等活动，组建党史学习教育等三个专题市委宣讲团和735支“专题化”宣讲小分队，并依托“理论宣讲轻骑兵”“新时代宣讲师”“学习大军”，创新运用畲歌畲语讲党史、时代青年说党史、先进典型传党史等形式，开展宣传宣讲近1.2万场。蕉城区“畲村畲语”党史宣讲团被评为全省基层特色宣讲团。打造下党、赤溪等109个参观学习点，累计接待参访1.8万批次、59.8万人次。

（四）突出实干实效，致力推动跨越赶超。坚持学史力行，把学习党史同总结经验、观照现实、推动工作结合起来，以开展“十大行动”为抓手，推动党史学习教育和经济社会发展“两促进、双丰收”。一是牢记嘱托谋发展。坚持总书记有号令、中央省委有部署，宁德见行动，紧扣奋力谱写“宁德篇章”这一重大政治使命，组织召开市第五次党代会，对未来五年发展进行深入谋划，提出加快构建“一核两廊五轴”的发展格局，打造“增长极”、建设“四个区”的战略重点和“一个翻番、五个突破、全面跃升”的奋斗目标。二是务实担当抓发展。注重把党员干部在党史学习教育中焕发出的精气神，转化为攻坚克难、干事创业的具体行动。全力做大“四大经济”、做强产业支撑。常态化开展“三比三赛”活动，组织抓征迁交净地、优化营商环境、小微园建设、违法占地专项清理整治等百日攻坚活动，破解240个前期报批、78个安征迁、504.9亿元筹融资等问题，创下宁德时代福鼎基地当年谈判、当年签约、当年开工、当年投产的“宁德速度”。以“办事速度最快、办事流程最简、一趟不用跑”为标准，高标准打造产业、政务、法治、生活环境，全国首设“事难办”反映窗口，110个高频政务服务事项实现“跨省通办”“省内通办”，进一步打响“宁德服务”牌子。推动脱贫攻坚与乡村振兴有效衔接，全市没有出现一例返贫人员，摆脱贫困的“中国窗口”享誉中外，“8+1”特色产业全产业链产值突破2000亿元，具有闽东特色的乡村振兴之路迈出坚实步伐。有效应对新冠肺炎疫情以及“卢碧”台风等自然灾害，全年无新增本土确诊病例。三是夯实基础促发展。把开展党史学习教育作为党建工作的重要内容，弘扬伟大建党精神，推动各级党组织全面进步、全面过硬，以高质量党建引领保障高质量发展。围绕“绘出好蓝图、选出好干部、配出好班子、树立好导向、形成好气象”的目标，以学促换、学换相融，完成市县乡党委换届工作，推进各级人大、政协换届选举，完成村（社区）“两委”换届工作，全面实现村（社区）主干“一肩挑”的任务。开展“党旗在基层一线高高飘扬”活动、“我是党员我先上”行动，建立党员先锋岗、责任区2862个和党员突击队、先锋队600余支，建成小区近邻红色驿站224个，在职党员累计开展志愿服务8.5万余人次。深化“一书记三大员”制度，选派1464人服务乡村一线，乡村振兴指导员做法全省推广。

（五）突出为民导向，用心用情办好实事。坚持人民至上，发挥党组织战斗堡垒和党员先锋模范作用，以“三张清单”推动落实“我为群众办实事”实践活动。一是坚持百姓点题，梳理“问题清单”。聚焦群众急难愁盼问题、“我为群众办实事”实践活动8个方面重点内容，组织党员干部开展“蹲点式”“体验式”调研，开展点亮“微心愿”等活动，开设线上线下126个征集意见渠道，广泛收集群众意见建议，找准找实群众关心关注的难点堵点问题，累计梳理并协调解决重点民生项目和其他惠民利民实事项目6879项。二是坚持党政答题，落实“履职清单”。坚持问题导向、目标导向，建立健全领导干部领办项目、项目管理动态调整、巡回督促指导等工作落实机制，并围绕落实群众“四种增收途径”、民生“四个满足需求”、富民强村“三个一批”等工作，有针对性推出系列惠民利民政策举措，把“问题清单”转化为党政干部“履职清单”。完成33件为民办实事和“十个十”城市民生项目，累计解决6000余名留守老人“吃饭难”问题，新增1.26万个学位、3000余张医疗床位、400余个婴幼儿托位。三是坚持社会评题，写好“满意清单”。坚持开门办实事，召开2场专题新闻发布会，主动向社会公布一批办实事项目清单、通报工作进展情况，并开展“典型案例”评选。组织纪检监察机关围绕教育、医疗、食品药品安全等重点领域的19个突出问题开展“点题整治”，把成果晒出来、请群众来评价，进一步提升群众满意度、认可度。古田县“互助孝老食堂”做法入选全国农村公共服务典型案例，屏南县乡村建设“工料法”机制得到国家层面推广，《选派金融机构干部到乡（镇、街道）挂职助力乡村振兴》《创新实施“三托”课后服务》入选省级案例选编。

（六）突出舆论引导，做大声势营造氛围。坚持正确舆论导向，把党史学习教育与庆祝中国共产党成立100周年、学习贯彻党的十九届六中全会精神、省第十一次党代会精神、“四史”宣传教育，以及开展政法队伍教育整顿等紧密结合起来，营造知史爱党爱国爱社会主义的浓厚氛围。一是紧扣主题主线抓宣传。牢牢把握“党的盛典、人民的节日”主基调，组织开展宁德市庆祝中国共产党成立100周年座谈会、闽东党史图片·文物展、“从胜利走向胜利”经典咏唱文艺晚会等58项重点庆祝活动，《山海的交响》《畲嫂》《鸾峰桥》亮相全国、全省舞台，《连家船民的美好生活》开机。紧扣党史学习教育各阶段重点、注重把握节奏，分阶段开展“继承革命传统、弘扬闽东精神”主题党日、全民阅读月、红色文化月等主题活动，推动党史学习教育向纵深推进。二是聚焦先进典型抓宣传。注重典型引领、榜样作用，把杨春、孙丽美、陈祥榕等先进典型事迹作为党史学习教育的生动教材，印发关于开展向孙丽美学习活动的《决定》，出版《“时代楷模”孙丽美》专著，推动各级党组织开展学习孙丽美活动3871场，持续掀起“学习先进、崇尚先进、争当先进”热潮，不断凝聚起奋力谱写“宁德篇章”的强大精神力量。三是拓展全媒矩阵抓宣传。搭建以《闽东日报》、宁德电视台、宁德网等“报、网、台、端、微”全媒体传播矩阵，开设“奋斗百年路　启航新征程”“牢记初心使命，争取更大光荣”等25个专题专栏，挖掘、宣传推广学习教育成效，中央、省级媒体平台共刊播宁德市相关报道675篇（条）。其中，《人民日报》刊发报道10条，央视《新闻联播》以孙丽美先进事迹、桃花溪红色主题教育、甘棠乡为民办实事等为题报道宁德市党史学习教育开展情况5条。《从“五无乡”到全面小康的幸福嬗变》《宁德用好特色资源推动党史学习教育走深走实》等信息分别在中央和省委党史学习教育简报刊发。用好“学习大军”理论网宣平台，累计发表原创评论文章500篇，发布相关内容1000余条。

二、主要成效

在全市各级党组织和广大党员干部的共同努力下，宁德市党史学习教育取得明显成效，得到中央第六指导组、省委第五巡回指导组的充分肯定。工作成效主要体现在四个方面：

（一）紧扣“学史明理”，把学习贯彻习近平新时代中国特色社会主义思想贯穿始终，掀起“宁德热度”。坚持把“学史明理”作为基本前提，把学习贯彻习近平新时代中国特色社会主义思想，与贯彻落实习近平总书记对福建对宁德系列重要讲话重要指示精神紧密结合，与传承弘扬习近平总书记在宁德工作时的重要理念和重大实践有机贯通，与深入学习党的十九届六中全会和省党代会精神全面融合，努力把习近平新时代中国特色社会主义思想学得更深、悟得更透、落实得更彻底，持续推动习近平新时代中国特色社会主义思想深入基层、深入群众、深入人心。通过党史学习教育，全市广大党员、干部接受了一次全面深刻的政治教育、思想淬炼、精神洗礼，加深对党的创新理论和党的历史的理解把握，更加坚定当好“两个确立”“两个维护”排头兵的政治自觉、思想自觉、行动自觉，忠诚核心成为宁德党员干部最鲜明的政治品格，成为宁德政治生态最鲜明的政治底色。

（二）紧扣“学史增信”，把传播“闽东之光”贯穿始终，增强“宁德自信”。党史学习教育过程中，始终牢记“把闽东之光传播开去”殷切嘱托，既注重用好闽东红色资源，讲好闽东红色故事，进一步弄清楚、搞明白中国共产党为什么“能”、马克思主义为什么“行”、中国特色社会主义为什么“好”，做到信念坚定、对党忠诚；又注重讲好30余年来宁德“弱鸟先飞、滴水穿石”的生动实践故事，以“闽东事，天下理”“读宁德、知中国”的自豪感，进一步激发全市上下知我闽东、爱我闽东、建我闽东的热情豪情，增强广大党员干部群众在全省全方位推进高质量发展超越中走前头、在奋力谱写全面建设社会主义现代化国家福建篇章中当先锋的勇气志气和信心底气。

（三）紧扣“学史崇德”，把弘扬革命精神贯穿始终，彰显“宁德担当”。党史学习教育过程中，全市各级党组织大力传承伟大建党精神，自觉弘扬“红旗不倒”革命精神，引导广大党员干部砥砺对党忠诚的大德、涵养造福人民的公德、锻造严于律己的品德，涌现出“时代楷模”孙丽美等一批先进典型，营造人心思进、人心思齐的浓厚发展氛围。在经济发展最前沿、项目建设主战场、急难险重第一线，全市广大党员干部群众不畏艰辛、众志成城、敢拼敢干，攻克宁德时代福鼎基地、车里湾等重大项目建设中的一个个难关，办成三都澳港区漳湾作业区扩大开放、65个老旧小区改造、宁德师范医学院建设等一件件要事，古田和福鼎获批创建国家农业现代示范区、福安入选“全国营商环境百强县”、霞浦入选美丽中国首选旅游目的地、周宁获评国家生态文明建设示范区、蕉城入选全省十优区等，这些生动诠释宁德干部是敢打硬仗、能打胜仗的，宁德是有集中力量办大事的能力和担当的。

（四）紧扣“学史力行”，把奋力谱写“宁德篇章”贯穿始终，刷新“宁德速度”。坚持把“学史力行”作为党史学习教育的落脚点，围绕全方位推进高质量发展超越、奋力谱写“宁德篇章”这一主线，推进“五促一保一防一控”，经济社会各项事业发展逆势而进、跨步向前，实现“十四五”开好局、“宁德篇章”起好步。在上年发展基数提升幅度全省最大的基础上，2021年，不仅生产总值增速一路高开稳走，持续领跑全省，在全省实现跃位晋升。锂电新能源产业成为宁德市继不锈钢新材料产业后又一个千亿产业集群，实现一年翻一番，进一步巩固锂电新能源“世界看中国、中国看宁德”的产业格局。

从评估情况看，党员干部群众对党史学习教育取得的成效是充分肯定、满意认可的。宁德市在开展党史学习教育中也还存在一些差距和不足。主要表现在：一些党组织和党员干部理论学习不够系统深入，理论联系实际不够紧密，存在“学用”两张皮现象；一些地方和单位创新意识不够强，学习教育形式载体单一，党史学习教育缺乏“行业味”“本地味”；一些地方和单位聚焦群众急难愁盼问题不够精准，成效不够明显，等等。

三、经验启示

宁德市党史学习教育取得的成效，最根本在于深入学习贯彻习近平总书记重要讲话重要指示精神，认真贯彻落实党中央部署和省委工作要求，把“学史明理、学史增信、学史崇德、学史力行”，以及“学党史、悟思想、办实事、开新局”作为有机整体，做到系统把握、一体落实。主要有以下五个方面经验启示：一是必须始终坚持党的领导、紧跟核心的根本原则。坚持把党的领导贯穿党史学习教育全过程、各方面，严格按照中央和省委部署要求，抓好顶层设计，制定具体方案，配强督导力量，层层压紧压实，抓牢抓细每个环节，走好走实每一步，确保党史学习教育方向不偏。二是必须始终秉承思想建党、理论强党的优良传统。学好党的历史这本最生动、最有说服力的教科书，用好闽东红色资源，传承践行习近平总书记在福建、在宁德工作期间开创的重要理念和重大实践，全面系统学习党的历史和党的创新理论，准确把握唯物史观和正确党史观，以理论上的清醒保证政治上的坚定，不断夯实团结奋进的共同思想基础。三是必须始终坚持因地制宜、分类施策的有效方法。注重把开展全党学习和抓好重点对象相结合，把加强常态学习和把握重要时间节点相结合，健全完善对象化、分众化、互动化学习体系，推动党史学习教育从“关键少数”向广大党员、干部群众全面覆盖，从集中性教育向经常性教育拓展延伸，使每名党员干部、群众都受教育、有提升。四是必须始终牢记以民为本、人民至上的初心使命。自觉把以人民为中心的发展思想贯穿党史学习教育始终，把“我为群众办实事”实践活动作为重要内容，接续传承“弱鸟先飞、滴水穿石”“四下基层”“马上就办、真抓实干”等光荣传统和优良作风，练好密切联系群众的基本功，真正把实事办到群众心坎上，让群众在党史学习教育中收获更多幸福感。五是必须始终弘扬知行合一、学以致用的优良学风。坚持理论联系实际的马克思主义学风，注重从党的百年奋斗重大成就和历史经验中汲取智慧和力量，让党员、干部在全方位推进高质量发展超越、奋力谱写“宁德篇章”的生动实践中经风雨、壮筋骨、增才干，以实实在在的工作业绩、发展成效检验学习成果，推动党史学习教育与经济社会发展两促进、两不误。

（资料来源：市委党史学习教育办）

闽东特色乡村振兴之路

2021年，宁德市围绕建设“全国乡村振兴样板区”，优化乡村振兴政策体系和路径模式，推进产业、人才、文化、生态、组织等“五个振兴”，实施乡村振兴“十大行动”，按照“5+N”模式召开全市“一月一县”现场推进会，在110个省级试点村率先实施强村、富民、惠民“三个一批”项目603个。宁德市农林牧渔业总产值645.6亿元、比上年增长4.2%，农村居民人均可支配收入21282元、增长11.7%。

一、做好三篇文章，推动乡村产业振兴

2021年，宁德市把产业振兴作为乡村振兴的“头号工程”，立足闽东特色，做好精准定位、转型升级、融合发展“三篇文章”，制定《宁德市“十四五”特色现代农业发展专项规划》，实施“4582”产业提升工程，优化“一县一业”“一村一品”产业格局，古田县创建国家现代农业产业园、获批创建全国农业现代化示范区、获准实施优势特色产业集群项目，福鼎市获批创建国家现代农业产业园和全国农业现代化示范区，屏南县甘棠乡、霞浦县溪南镇获批创建全国农业产业强镇，累计培育省级以上“一村一品”示范村114个（其中国家级14个）、省级示范联合体28个。实施品种培优、品质提升、品牌打造“三品工程”，开展柘荣太子参种子太空诱变育种实验，建设食用菌菌种科技园，屏南、周宁高山冷凉花卉在中国（上海）花博会获得3金、9银、23铜，“0593宁德号”农产品区域公用品牌启用，福鼎白茶品牌价值突破50亿元。累计培育农业产业化国家级重点龙头企业10家、省级189家，创建优质农产品标准化示范基地129个。新增国家地理标志证明商标86件、“三品一标”认证产品574个，宁德获中国大黄鱼之都、霞浦获中国南方海参之乡等称号。聚焦一二三产融合发展、新技术新业态新模式融合创新、产业链供应链价值链融合壮大，开展“三产三新三链”融合试点，渔排“光储+”、菇棚“光伏+”等一批产业融合项目建成投用。推动“国鱼计划”，开展省级深远海养殖设施装备建设、水产品加工和仓储保鲜能力建设，深水大网箱等新型生态养殖800公顷。启动百个“金牌旅游村”创建工作，福鼎市列入福建省首批全域生态旅游示范县，屏南龙潭村、寿宁下党村入选世界旅游联盟旅游减贫案例。柘荣、寿宁、古田、屏南、霞浦、周宁入选国家电子商务进农村示范县，全国“互联网+”农产品出村进城试点县项目在古田、福安有序推进，古田县入选国家农村产业融合发展示范园创建名单、上榜全国农业全产业链典型县。宁德市“8+1”特色产业全产业链产值突破2000亿元。

二、加大智力支持，推动乡村人才振兴

2021年，宁德市加强乡村振兴一线力量，引进19名台湾博士到宁德师范学院任教，推动台湾团队与20个村开展闽台乡建乡创合作；选派第二批金融机构挂职干部112名，实现全市126个乡（镇、街道）全覆盖；探索创新“一书记三大员”制度，选派644名省市县驻村第一书记、402名市县乡村振兴指导员，其中139名省市第五批驻村第一书记共筹措帮扶资金14.91亿元，实施帮扶项目近4000个，市委、市政府对表现特别优秀的35名省市驻村第一书记授予“个人二等功”。乡村振兴指导员制度得到中央党建领导小组、中组部和省委的肯定，被写入省委全会文件、省党代会报告，获评全市绩效创新项目第1名、全省第5名。乡村振兴人才支撑加强。发挥乡村振兴专家服务基地平台作用，对接专家到乡村一线开展服务433人次，开展培训36场次。建设乡村人才驿站33家，开展活动278场，服务人才11808人。深化科技特派员制度，引导科技特派员到基层服务群众，帮助基层引进各类新品种156个，推广新技术148项，举办各类培训278场次，培训农民11807人次，辐射带动农户13128户。持续实施高素质农民培育工程，下达培训补助资金815万元，围绕产业周期开展分段式、交替式培育13572人次。

三、实施惠民工程，推动乡村文化振兴

2021年，宁德市实施《关于加快乡村文化振兴的实施方案》，推进“以文化人、以文惠民、以文兴业”三大工程，开展乡村文化振兴“十百千万”创建工作。培育85个乡村文化振兴示范村（其中18个优秀示范村），实施乡村文化振兴“百镇千队万人”计划，培育1088支乡村文化队伍、8208名乡村文化骨干；完成200个重点村基层综合性文化服务中心建设，新增2个省级全民阅读示范点、1个省级全民阅读示范基地。完成44个农村电影放映室外转室内试点建设，基本完成有线电视网络建设和数字化双向化改造。市本级组织“闽东之光·文化惠民”演出127场，带动各县（市、区）开展文艺展演活动1000余场次，非遗院团开展公益性演出活动410场，放映农村电影2.44万场，观影人数120万人次。周宁县狮城镇中兴社区被评选为年度全国文化和旅游领域学雷锋志愿服务最美志愿服务社区。霞浦长沙村等3个村入选“学习强国”学习平台“有温度的乡土”栏目；屏南“古村落+文创”在全省乡村文化振兴能力培训班做典型交流。

四、建设“绿盈乡村”，推动乡村生态振兴

2021年，宁德市以“绿盈乡村”建设作为推进乡村生态振兴的重要抓手和着力点，与“中国传统村落”“金牌旅游村”“乡村文化振兴示范村”“森林村庄”等创建工作结合，从“村更美、山更好、水更清、林更优、田更洁、天更蓝、海更净、业更兴”八个方面，推动富有绿化、绿韵、绿态、绿魂的乡村生态振兴村建设出现成效。完成2083个村庄实地走访工作，形成“一村一报告”及村庄实地走访调查表并同步录入福建省乡村生态振兴绿盈服务平台。累计认定“绿盈乡村”1761个，占比84.7%，66个村获评高级版“绿盈乡村”，其中蕉城区三都镇礁头村等18个村庄入选全省第一、二、三批“绿盈乡村”典型案例选编。出台《宁德市农村生活污水提升治理五年行动实施方案（2021—2025年）》，各县（市、区）均明确由国投、城投、水务等国有企业为建管一体化实施主体。福鼎市列入省级试点县，将全市农村生活污水治理项目分批打包、统一报批相关审批手续，推动城乡供排水一体化；周宁县列入市级试点县率先在全省采取EPC+O模式开展农村生活污水治理，建设智慧化监管平台，相关经验在省市多家媒体上宣传推广。实施年度农村生活污水治理项目，涉及64个村庄7.55万人，总投资1.2亿元。推动10个全域乡镇、110个省级乡村振兴示范村落实“干湿”分类机制，累计290个建制村实现“六个有”（有县乡工作机制、有宣传发动、有湿垃圾处理设施、有资金保障、有减量成效、有县级现场总结推广）。全市镇域农村生活垃圾治理累计投入资金2003.4万元，其中周宁、福鼎、霞浦将村庄保洁、垃圾转运、农村公厕管护等打捆打包市场化运营，实现城乡生活垃圾治理一体化。制定出台《宁德市“三线一单”生态环境分区管控方案的通知》，划定环境管控单元245个。其中，陆域141个、海域104个；出台有居民海岛村庄规划编制指导意见，完成村庄规划编制891个；开展山水林田湖草生态保护修复，落实年度11个废弃矿山生态修复措施，完成古田县山水林田湖草生态保护修复项目精品工程，其中鹤塘镇西洋村依托矿山的独特景观打造主题公园，成为矿山生态恢复治理先试先行示范点，促进当地经济转型发展。加强自然保护区管理，宁德市各级自然保护区33个、86631.07公顷，占全总面积的6.44%。

五、加强基层党建，推动乡村组织振兴

2021年，宁德市在村（社区）“两委”换届工作中，实施“学丽美、选能人、强班子、促振兴”行动，创新开展能人“回引、培养、选拔”“张榜招贤、揭榜挂帅”等行动，全市2134个村、204个社区“两委”换届选举全面完成，100%实现“一肩挑”。在全省出台《关于进一步建立健全村干部激励保障机制的若干措施（试行）》《关于实施村（社区）干部素质能力提升工程的方案》，在23个乡镇、118个村（社区）推行导师帮带制试点工作。开展跨县跨乡村级党组织结对共建共促振兴等活动，筛选185个建制村开展党建结对共建，成立中心村党委（党总支）155个，推动100个先进村（强村）带后进村（弱村），12个乡镇与浙江毗邻乡镇建立闽浙边界党建联盟，推动农村基层党组织区域化融合发展。研究制定《关于推行党支部领办合作社开展集体经济“提质强村”三年行动实施方案》，统筹整合省市县财政补助资金1.5亿元，重点打造71个集体经济试点村、8个中央红色美丽村庄试点村，推动262个党支部领办合作社试点村高质量发展。村集体经济年经营性收入50万元以上的村21.5%。抓党建促乡村振兴，推动人力、物力、财力下沉一线，有关经验做法在全省会议推广，2次获得省委组织部主要领导肯定，市委组织部获全省脱贫攻坚先进集体，连续3年被评为扫黑除恶斗争先进单位。

（顾明敏　谢溶溶　张舒菲　林福柏）

“清海”经验全国推广

宁德市海域面积4.46万平方千米、大陆海岸线长1105.796千米，均占全省1/3左右，是福建省最大的海水养殖基地。曾经的宁德海域，“无证、无序、无度、无质”养殖问题突出，影响海洋生态环境和自然景观。中央生态环境保护督察组督察福建时，将其列入督察反馈问题之一。自2018年7月，宁德市委、市政府践行习近平生态文明思想，牢记习近平总书记“把三都澳规划好、开发好”的嘱托，成立指挥部，党政主要领导挂帅，军地协同推进，打响海上养殖综合整治攻坚战。经近2年的努力，省市县累计投入资金45.48亿元，清退禁养区渔排26.71万口、贝藻类0.44万公顷；养殖区和限养区升级改造标准渔排55.75万口、深水大网箱3450口、贝藻类2.25万公顷，海上养殖呈现良性升级、科学管控与向好发展态势，主要体现为“四个提升”：1.养殖效益提升。海上养殖规划科学、布局合理、整治到位，养殖深度增加、密度降低、水质变好，渔业病害减少、成活率变高、市场行情变好。2.安全保障提升。首创融检测、锚固、融资、保险于一体，速度、质量、安全、效益同步保障的产品质量保障体系，升级改造后的塑胶养殖设施抗风浪能力增强，海上作业安全系数提高，遇险保障体系建立健全。3.管控能力提升。海上养殖巡查常态化、航道清障执法工作制度化，能第一时间发现并清除航道、锚地和军事用海范围内的违规养殖，维护海上交通安全。4.生态质量提升。海域生态环境改善，对海洋生态环境最为挑剔的“海上大熊猫”——中华白海豚，频繁出现在三都澳和沙埕港海域。

一、坚持全盘谋划，确保精准施策

2018—2021年，宁德市做好“规划书”。重新编制颁布市、县两级《海水养殖水域滩涂规划》，将全市海域划分为禁养区、养殖区、限养区，解决“哪里可以养、养什么、养多少、怎么养”的问题。打好“组合拳”。抓实“控、清、转、管”4个环节：“控”是坚决依法关停62家非环保养殖设施生产企业，并严控外地流入，从源头阻断非环保养殖设施下水；“清”是按照“一县一策”，开展“千人作战”“百日攻坚”，实现禁养区内养殖设施全部清退；“转”是将养殖区和限养区内的“泡沫浮球+木板”养殖设施全部升级改造为环保型塑胶养殖设施；“管”是实行县级“日巡查”、市级“周巡查”，全年不间断、海域全覆盖。织好“保障网”。颁布《三都澳海域环境保护办法》《三都澳海域环境保护条例》等地方性法规2部，制定升级改造、资金管理等整治文件80份。编制全国首个港湾塑胶养殖设施建设工程技术规范，在全省率先组建塑胶产品质量检验中心，改变能抽不能检、外地送检难等问题。争取环保专项PSL贷款18.1亿元和养殖设施升级改造授信30亿元，创新推广“渔排养殖贷”、养殖台风指数险、塑胶设施财产险、质量险和大黄鱼养殖目标价格指数险等特色保险产品。

二、创新长效机制，巩固整治成效

2018—2021年，宁德市坚持“1+N”系统治理。“1”即三都澳海域水环境综合整治；“N”即包括海上养殖整治、海漂垃圾治理、船舶和港口污染防治、陆源入海排污源、农业面源污染、生活源污染、城区黑臭水体整治等，形成联防联控、综合治理的工作格局。完善“海上网格管理”。划分县、乡、村三级管理责任区218个、配备网格员331名，出台长效管控机制10余项，实施养殖属性和空间信息“一张图”管理；设立海上违规养殖举报中心，联合驻地海军实行常态化管控，保持“露头就打、下水即清”的高压态势。实行“海上统一环卫”。针对海漂垃圾流动性大、分县清理难的问题，建立“源头减量—打捞清理—堆场转运—岸上处置”的全链条治理机制，由市属国企成立专门海上环卫队伍，配备陆海作业及巡查人员、船只和车辆，在沿岸建设一批海漂垃圾转运处置点，推进沿海乡村垃圾保洁和海漂垃圾陆海统筹、一体化运作。

三、夯实“海上粮仓”，推动绿色发展

2018—2021年，宁德市加快养殖升级。推行养殖网箱“小改大”，开工建设深远海养殖平台“宁德1号”项目，海水养殖从内湾型、粗放型、低端型逐步向深远海、集约型、高端型转变。实施海域使用权属改革，加快推进条件成熟、符合用海规划的海域使用权和水域滩涂养殖证的发放，形成有偿用海、持证养殖的局面。积极推广“海上社区”15个，建成市、县、乡、村四级海上绿色养殖服务站点14个，定期开展病害防控、药残检测、产地检疫及渔病诊断服务。加快渔旅融合。依托综合整治形成的优美景观和良好的生态环境推进实施一批渔旅融合示范项目，建成一批“多彩渔村”“海上牧场”，集海水养殖、渔耕体验、海洋观光、科普教育为一体，培育特色鲜明、配套完善、业态丰富的海上旅游新样板。加快低碳试点。充分利用海上风、光等资源丰富的特点，开展海上渔排“风光储充用”技术运用试点5个，结合电动船舶替代，推动清洁能源走进“海上田园”。目前，福建首个海上渔排风光储微电网项目在三都澳海域建成投运，实现海上渔排不间断供电。

2021年，宁德市“清海”整治成效得到国家有关部委和省委、省政府的肯定，从2021年4月开始，全省各地以“宁德模式”为蓝本，组织开展海上养殖设施升级改造三年行动；12月，国家发改委将海上养殖综合整治“宁德模式”，作为国家生态文明试验区典型经验予以复制推广。

（陈碧琴）

大事记

1月

5日　福建省委常委、常务副省长赵龙在宁德主持召开福建省《政府工作报告（征求意见稿）》和“十四五”规划《纲要》征求意见座谈会。郭锡文、梁伟新、金敏、兰斯琦等市各套班子，部分在宁德的省人大代表、省政协委员和市直有关部门、各县（市、区）和东侨经济技术开发区负责人等参加会议。

11—13日　中国人民政治协商会议第四届宁德市委员会第五次会议举行。会议审议通过政协第四届宁德市委员会第五次会议议程。市政协主席兰斯琦代表第四届市政协常委会向大会作工作报告。大会听取关于市政协四届五次会议提案审查情况的报告，审议通过《中国人民政治协商会议第四届宁德市委员会第五次会议政治决议》。

12日　宁德市委书记郭锡文到市委统战部出席市委统战部主要领导变动宣布会，市委常委杨方任统战部部长，林鸿不再担任统战部部长。

12—14日　宁德市第四届人民代表大会第六次会议举行。市长梁伟新代表市政府向大会报告政府工作。大会表决通过《关于宁德市人民政府工作报告的决议》《关于宁德市国民经济和社会发展第十四个五年规划和二〇三五年远景目标纲要的决议》《关于宁德市2020年国民经济和社会发展计划执行情况及2021年国民经济和社会发展计划的决议》《关于宁德市2020年预算执行情况及2021年预算的决议》《关于宁德市人民代表大会常务委员会工作报告的决议》《关于宁德市中级人民法院工作报告的决议》《关于宁德市人民检察院工作报告的决议》。补选叶其发为副市长，刘振辉为市四届人大常委会秘书长，石求鸿、郑慧玫、钟灵灵、谢文华为市四届人大常委会委员。

18日　宁波至东莞国家高速公路福建省沙埕湾跨海公路通车。沙埕湾高速公路项目由宁德市交通投资集团有限公司与福鼎市城市建设投资有限公司合资建设，是国家高速公路路网宁波至东莞线（沈海高速并行线G1523）的重要组成部分，路线起于福鼎市佳阳乡双华村（浙闽界），与浙江甬台温复线温州瑞安至苍南段相接，终于福鼎市店下镇洋中村，已建成的沈阳至海口国家高速公路福鼎段，项目概算总投资42.57亿元。主线全长20.19千米，其中跨海大桥长2.02千米，大桥两边设1.5米宽人行通道，是福建省首座在高速路上设人行道的项目。全线双向六车道，设计车速100千米/小时，路基宽33.5米。全线设佳阳、店下、坑门里3处互通式立交、服务区1处及福鼎东、巽城2个收费站。

25日　“宁德—厦门”集装箱直航定班支线暨宁德时代、上汽安吉物流专线首航仪式在三都澳港区漳湾作业区7号泊位举行。宁德市委常委、常务副市长等出席活动。“良翔7”号轮（7000吨级）运载宁德时代锂电池集装箱从宁德漳湾作业区驶往厦门，标志着“宁德—厦门”集装箱直航定班支线暨宁德时代、上汽安吉物流专线开通。该航线是漳湾作业区第一条直达厦门港的集装箱定班航线。

1月　宁德师范学院附属宁德市医院完成1例闭塞人造血管球囊扩张术（PTA），这是宁德市首例超声引导下球囊扩张成功开通闭塞人造血管。

2月

1日　宁德市被住房和城乡建设部、工业和信息化部、民政部、中国残联、全国老龄办评为“创建全国无障碍环境示范市县村镇”。

3日　宁德市纪委监委召开主要

领导调整宣布会议，会议宣布严志铭任宁德市委常委、市纪委书记，陈力达不再担任市委常委、市纪委书记，市委书记郭锡文到会并讲话。

5日　中共宁德市纪委四届六次全会召开，市委书记郭锡文出席并讲话。全会听取严志铭所作的工作报告并通过决议（草案）。

20—21日　福建省委书记、省人大常委会主任尹力到宁德调研，查看福鼎市磻溪镇赤溪村、蕉城区中铜东南铜业有限公司、福安市“蓝海渔歌”海上综合整治展示平台，并召开会议，听取宁德市党的建设和宁德市基层换届准备工作汇报。省领导杨贤金、郑新聪、崔永辉及市领导郭锡文、梁伟新、曾智勇、陈其春、郭学斌等分别参加有关活动。

2月　生态环境部通报1月全国地表水、环境空气质量状况。宁德市地表水考核断面水环境质量进入全国前30名，列29位。

3月

2日　宁德市领导郭锡文、梁伟新、陈其春、黄建龙、胡楠、毛祚松在宁德市分会场参加2021年第一季度全省重大项目视频连线集中开工活动，副市长在福鼎时代锂离子电池生产基地一期工程项目开工现场参加。

9日　宁德海关与福建鼎信实业有限公司签订属地纳税人管理合作协议，这是福州关区首份以推进属地纳税人管理为目标的合作协议。

11日　宁德时代新能源科技股份有限公司与国家电力投资集团有限公司在北京签署战略合作协议。根据协议，双方加强品牌、市场、技术与产品合作，探索高效、务实的商业合作模式，共同提升可持续发展和创新能力。同期，宁德时代与国家电投智慧能源公司还签署落地协议。

14日　宁德市第一中学2020级高一年段搬入新校区。8月4日，2022届高三入驻新校区暨新高三启动仪式在新校区举行，高中部整体搬迁完成。

17日　中国邮政集团有限公司董事长刘爱力到古田县江悦邮政惠农合作社、大桥邮政营业所、邮政惠农项目运营中心，调研了解惠农合作项目和基层网点运营等情况。市长梁伟新参加调研。

25日　宁德“生态司法＋保险”修复机制首险落地暨古田翠屏湖区域生态环境污染保险签约仪式在古田县举行。古田县人民法院、宁德市古田生态环境局、古田河长制办公室、古田支公司4家单位共同签署古田县域生态环境司法、行政与保险协同保护合作协议，这是福建省建立的首个“司法＋行政＋保险”县域生态环境保护机制。

26日　宁德市人保财险周宁支公司和周宁县应急管理局签署周宁县突发事件应急保险协议。该协议系全省首单“突发事件应急保险”。

29日　蕉城区公安局为庆祝首个中国人民警察节，举行升警旗仪式、警营开放日等系列活动。

30日　中国广播艺术团到福鼎市赤溪村开展主题为“我们的中国梦，文化进万家”的慰问演出。全国政协常委、中国广播艺术团艺术总监冯巩，宁德市市长梁伟新等出席。

同日　宁德师范学院成为宁德市第一家获全国无偿献血促进奖单位。学校结合系列主题开展无偿献血活动，全年设立3月5日（学雷锋纪念日）、5月8日（博爱日）等多个固定献血日。

31日　中国产业海外发展协会、宁德市人民政府主办的2021中国两轮换电产业峰会在宁德市举行。峰会以“共建换电产业生态　助力实现‘双碳’目标”为主题。两轮电动车整车厂商、电池制造、共享换电、电力能源、元器件等行业相关企业、协会组织到场，宁德市领导郭锡文出席。与会专家作《宁德时代助力“小哈换电”》《开放·共享换电助力两轮持续腾飞》主旨演讲，并举行主题圆桌论坛，探讨两轮换电业务发展趋势、两轮换电行业发展与标准建立。本次峰会还举行国内两轮换电生态联盟成立仪式。

4月

6日　福建省委常委、秘书长，副省长郑新聪到宁德开展习近平总书记到福建考察重要讲话精神宣讲活动。

8—9日　海关总署副署长、党委委员王令浚到宁德调研促外贸稳增长工作。市领导郭锡文、梁伟新、黄国璋分别参加调研。

14日　福建省委常委、政法委书记罗东川到屏南县公安局棠口派出所调研队伍整顿工作。

15日　国家能源局党组书记、局长章建华到宁德核电、霞浦核电等地了解宁德市核电发展现状和规划情况，并就项目建设、能源安全、清洁能源发展等工作提出要求。市领导郭锡文、梁伟新分别参加调研。

同日　2020年度中国爆破行业协会科学进步奖励大会在重庆召开。宁德市三都澳港区漳湾作业区七号泊位后方陆域爆破工程“复杂环境高强度安全开采石方爆破关键技术研究与应用”项目获得中国爆破行业协会科技进步奖一等奖，“复杂环境下高强度开采台阶控制爆破快速施工工法”获得部级工法证书。

21日　福建省政协副主席、省老科协会长薛卫民到宁德专题调研老科协工作。宁德市委副书记曾智勇等参加调研。

同日　宁德市委、市政府召开第五批省市下派驻村任职党员干部座谈会，并为获得记功奖励的驻村干部颁发奖章和证书。市委书记郭锡文出席会议并讲话，市委副书记曾智勇主持会议，市委常委、组织部部长郭学斌宣读市委、市政府关于给予第五批省市下派驻村任职党员干部记功奖励的决定，市领导梁伟新、黄国璋参加。

22—23日　宁德市粤港澳政协委员、海联会理事座谈会暨走访乡贤企业活动在珠海举行，市领导兰斯琦、杨方等出席活动。座谈会传达学习习近平总书记在福建考察时的重要讲话精神、全国两会精神和《全国人民代表大会关于完善香港特别行政区选举制度的决定》。市委常委、统战部部长杨方通报宁德市2020年经济社会发展情况和市海联会2020年工作开展情况。

24日　国务院国资委党委书记、主任郝鹏到宁德调研，实地查看中核霞浦核电、宁德时代新能源科技有限公司、中铜东南铜业公司。福建省副省长李德金、宁德市委书记郭锡文等参加调研。

同日　国家电网有限公司董事长、党组书记辛保安到宁德调研，了解锂电新能源产业发展、电网运行和电力供应保障等情况。福建省委常委、省纪委书记、省监委主任李仰哲，宁德市领导梁伟新、严志铭一同参加调研。

26日　长篇报告文学《山海闽东》出版座谈会暨文化名家走进宁德采风启动仪式在宁德市文艺交流基地举行。市长梁伟新，市委常委、宣传部部长谢再春出席活动。

28日　福建省人大常委会副主任严可仕到宁德市主持召开福建省人大农业农村工作座谈会。

5月

8日　中国减贫发展与人权事业研讨会在宁德召开，研讨会由中国人民对外友好协会、福建省人民政府主办，邀请亚洲、非洲、拉美和加勒比地区13个国家驻华使节到宁德参访。

11日　甘肃省武威市党政代表团到古田县考察，宁德市委副书记曾智勇一同参加。

12日　福建省人大常委会原副主任、省乡村振兴研究会会长潘征等到宁德调研茶产业助推乡村振兴工作，宁德市人大常委会主任金敏参加。

同日　宁德市人民政府与云南省农业科学院签订全面深化现代花卉产业科技创新战略合作协议。

同日　宁德师范学院附属宁德市医院完成全市首例男子眼睛受伤植入折叠式人工玻璃体。

13日　红色微电影《烽火西竹岔》在柘荣县楮坪乡西竹岔战斗遗址开拍。

17日　宁德衡水育才中学举行揭牌仪式。宁德衡水育才中学由市属国有企业宁德市城建集团有限公司下属子公司宁德市城建教育投资有限公司筹办，是省内唯一一所全面引进衡水先进教育理念的示范性品牌高中学校。学校位于宁德一中新校区北侧，占地4.4万平方米，建筑面积总计5.3万平方米。

同日　宁德市蕉城区“运生慈善云超市”联网上线启动仪式举行。这是福建省首家“慈善云超市”，以社区连锁、点面联动、线上线下同时运营的升级模式，为老年人、困难群体以及广大群众提供服务。

同日　湖南省人大常委会党组书记、副主任刘莲玉到宁德调研立法工作，宁德市人大常委会主任金敏一同参加。

19日　四川省宜宾市驻福建省农民工服务中心与宁德市人力资源和社会保障局签订劳动就业合作协议，按照“政府推动、市场主导、健全机制、高效务实”的原则，建立健全双方人力资源协作长效机制，实现人力资源输出精准有效对接。

同日　寿宁县中正金属制品有限公司因监测数据未上传，违反《排污许可管理条例》被立案，并被罚款2.34万元。这是3月1日该条例施行后，宁德市处理的首例违反该条例的案件。

19—20日　全国人大常委会委员、预算工委副主任朱明春到宁德开展国有自然资源资产管理情况、财政补贴管理与改革情况调研，宁德市人大常委会主任金敏一同参加。

20日　宁德沈海复线高速公路柘荣至福安段工程竣工验收会议在宁德市召开。项目通车试运营运行正常，综合评价等级优良。宁德沈海复线高速公路柘荣至福安段项目起于柘荣县乍洋乡水碓村（与沈海复线福鼎贯岭至柘荣段顺接），经柘荣县乍洋乡、城郊乡、双城镇、东源乡、富溪镇、黄柏乡、福安市潭头镇、城阳乡、坂中乡，终于康厝乡岐山村（顺接沈海复线福安至蕉城漳湾段），线路全长52.86千米，全线采用高速公路标准建设，设计速度80千米/小时，双向四车道，路基宽度24.5米。

20—27日　中共宁德市委举办市管领导干部学习贯彻习近平总书记到福建考察重要讲话精神专题研讨班暨市级领导班子党史学习教育专题读书班，市委副书记、市长梁伟新出席会议并作动员讲话和总结讲话，党史学习教育省委第五巡回指导组组长马照南作专题辅导授课，副组长陈培坚出席会议，市四套班子领导等参加。

25日　宁德市市场监管局为宁德师范学院附属宁德市医院授牌，标志着宁德市药品、化妆品不良反应监测工作进入新阶段。该院是全市第一家加入国家药品不良反应监测哨点联盟（CASSA）的医疗机构，也是福建省第一批入选省级化妆品不良反应监测哨点的医疗机构。

25—26日　福建省政协副主席阮诗玮带领调研组到宁德市开展“增强我省科技创新能力”专题调研。宁德市委常委、常务副市长参加相关活动。

26日　沈海复线宁德（漳湾）至连江（浦口）高速公路宁德段工程竣工验收会议在宁德召开。该项目通过工程竣工验收，综合评价等级优良，是宁德市2021年第三条竣工验收的高速公路。该路段起于蕉城区漳湾镇增坂村附近与沈海高速公路相接，经蕉城区漳湾镇、城南镇、飞鸾镇，终于蕉城区飞鸾镇清水下村油车岭隧道内与沈海复线宁连高速公路福州段相接，全长25.69千米（含代建沈海复线宁连高速公路福州段0.96千米、增坂枢纽互通C、D匝道）。

28日　“2020第十一届全国村歌大赛”在江苏省江阴市顾山镇举行，福鼎市点头镇西洋美村选送的村歌《留住乡愁》获第十一届全国村歌大赛金奖，演唱者蔡兴诚获中国村歌好声音银奖。

同日　宁德市直机关“万名党员学党史　凝神聚力谱新篇”庆祝中国共产党成立100周年党史知识竞赛决赛在市艺术馆举行。经过2个多月的选拔，10支队伍参加党史知识竞赛决赛。此次党史知识竞赛活动自3月启动，市直单位76支队伍、228名党员参赛。

30日　宁德市112个乡镇完成党委换届工作，选举产生新一届党委委员947名、纪委委员546名。

6月

1日　宁德市全面推行财产和行为税合并申报，实现城镇土地使用税、房产税、车船税、印花税、耕地占用税、资源税、土地增值税、契税、环境保护税、烟叶税等10个税种在1张纳税申报表上纳税申报，做到“一表报多税”。

2日　中央发布“光荣在党50年”纪念章样式后，宁德市全面启动纪念章颁发工作。全市有1056名党员符合纪念章颁发条件。其中，党龄最长的78年，年龄最大的102周岁。“光荣在党50年”纪念章颁发工作7月1日前全部完成。

3—4日　省人大常委会副主任吴洪芹到宁德出席福建省人大科技创新法治保障专题培训班，并作开班讲话。

5日　四届市委常委会第41次（扩大）会议召开，市委副书记、市长梁伟新主持会议。省委常委、组织部部长杨贤金到会讲话，省委组织部副部长杨国豪宣布省委决定：梁伟新任中共宁德市委书记，张永宁任中共宁德市委委员、常委、副书记。梁伟新、张永宁在会上作表态发言。

7日　宁德市领导梁伟新、张永宁、黄国璋在宁德市分会场以视频形式参加2021年第二季度全省重大项目视频连线集中开工活动，副市长在国网时代福建吉瓦级宁德霞浦储能项目现场参加。

10日　宁德市第四届人民代表大会常务委员会第四十二次会议表决通过市人大常委会决定任命的政府组成人员名单，市人大常委会关于接受梁伟新辞去宁德市人民政府市长职务请求的决定，市人大常委会关于张永宁代理宁德市人民政府市长职务的决定。

同日　福建省农业科学院宁德分院在福安溪柄揭牌成立。分院以服务宁德特色现代农业发展为目标，加强院地科技合作交流，聚集省、市各级科技、人才资源，合作建立园艺作物、茶产业、生物技术、畜禽、数字农业等5个研究中心。

16日　中国共产党宁德市第四届委员会第十四次全体会议召开。全会由市委常委会主持，市委书记梁伟新讲话。听取和讨论梁伟新受市委常委会委托所作的工作报告，审议通过《中共宁德市委关于学习贯彻习近平总书记到福建考察重要讲话精神，奋力谱写全面建设社会主义现代化国家的宁德篇章的决定》《中国共产党宁德市第四届委员会第十四次全体会议关于召开中国共产党宁德市第五次代表大会的决议》。

同日　宁德市双拥办与陈祥榕烈士生前所在部队，在新疆喀什地区泽普县举行双拥共建签约仪式。

18—19日　中联部部长宋涛，省委书记、省人大常委会主任尹力到寿宁县下党乡考察调研，查看下党乡、寿宁梦龙文化公园，并召开重要外事活动筹备工作座谈会，省委常委、秘书长、常务副省长郑新聪及市领导梁伟新、张永宁、曾智勇分别参加有关活动。

21日　宁德市人社局、团市委举办第一届形象设计师技能竞赛。

同日　宁德市四届人大七次会议在三都澳大酒店会议中心召开，补选张永宁为市人民政府市长；严志铭为市监察委员会主任；陈良华为市人民检察院检察长。

22日　资本市场福建对接大会在福州市召开。会上，宁德市国投公司与宁德市人民政府签署福建省海洋经济产业投资基金意向合作框架协议，基金规模200亿元。这是福建省首个200亿元海洋基金。

22—23日　福建省人大常委会副主任檀云坤到宁德开展传统村落调研，市人大常委会主任金敏一同参加。

23日　宁德市人民政府、省港口集团、福州海关联合主办福州港三都澳港区漳湾作业区内外贸集装箱同船运输启动仪式。集装箱船舶“新鸿翔77”号进入三都澳港区漳湾作业区9号码头，标志三都澳港区漳湾作业区内外贸集装箱同船运输业务在宁德启动，这是宁德市首次开通内外贸集装箱同船运输业务。宁德市首条“宁德—厦门”内外贸集装箱同船运输航线开通。

同日　宁德市乡村振兴局挂牌成立。

25日　宁德市委党史方志室、市档案馆、市文旅局主办的以“感恩·奋进”为主题的庆祝中国共产党成立100周年闽东党史图片文物展在市会展中心开幕，市委书记梁伟新、市长张永宁、市人大常委会主任金敏、市政协主席兰斯琦等市各套班子在家领导参观展览，并在党旗前重温入党誓词。

30日　“从胜利走向胜利”——宁德市庆祝中国共产党成立100周年经典咏唱文艺晚会在高级中学礼堂举行。市委书记梁伟新、市长张永宁、市人大常委会主任金敏、市政协主席兰斯琦，党史学习教育省委第五巡回指导组组长马照南、副组长陈培坚出席。

7月

4—6日　福建省委常委、省纪委书记、省监委主任李仰哲到周宁县调研。

6日　中国共产党与世界政党领导人峰会以视频连线方式在北京举行，160余个国家的500余个政党和政治组织的领导人以及逾万名政党代表出席会议。宁德市作为中国共产党百年征程上具有特殊历史意义的地点而设立地方分会场，是5个分会场之一。分会场设在寿宁县下党乡，以“精准扶贫”为主题出镜，展示在中国共产党领导之下，闽东山区发扬“弱鸟先飞，滴水穿石”精神，发展路子越走越宽的乡村振兴之路。省领导尹力、王宁、李仰哲、邢善萍、杨贤金、崔永辉、郭宁宁及市领导梁伟新、张永宁、曾智勇、严志铭、陈其春、谢再春、陈惠等在下党乡分会场同步收看峰会。

同日　宁德市农业科学研究所、中国水稻研究所、广东省农业科学院水稻研究所合作选育的杂交水稻新品种“宁12优华占”通过福建省主要农作物品种审定，米质达部颁一等优质食用稻品种品质标准，审定编号：闽审稻20210053。这是宁德市选育的第一个米质达部颁一等优质食用稻品种品质标准的水稻品种。

8日　江西省委副书记叶建春等到宁德调研，省委常委周联清及市领导梁伟新、谢再春一同参加。

同日　国家邮政局副局长戴应军到古田泮阳邮政支局调研。

12日　福建省直机关企事业单位派出65名优秀党员干部到宁德市乡村振兴第一线，担任驻村第一书记，开展为期3年的帮扶工作。

13—15日　福建省人大常委会党组书记、副主任雷春美，副省长黄海昆带领省委和省政府工作调研检查组，到宁德市蕉城区、东侨经济技术开发区、福安市、福鼎市等地，就学习贯彻习近平总书记在中国共产党成立100周年庆祝大会上的重要讲话精神和到福建考察重要讲话精神，推进党史学习教育，开展“再学习、再调研、再落实”活动，统筹常态化疫情防控和经济社会发展，全方位推进高质量发展超越等方面工作进行调研检查。

14日　福建省最大的城市天然气储备站——福鼎市龙安LNG气化站开启供储工作。

16日　中国汽车技术研究中心与宁德市人民政府联合举办的“第八届中国汽车生态设计国际论坛暨中国汽车行业碳中和创新发展（宁德）峰会”在宁德开幕。宁德市委常委、常务副市长等出席开幕式。

20日　由福建省林业局授予的福建省首个“林业生态文明实践基地”在周宁县“三库”生态文明学习实践基地(后洋黄振芳家庭林场)揭牌成立。

29日　宁德时代新能源科技股份有限公司（以下简称“宁德时代”）举行首场线上发布会。宁德时代董事长曾毓群发布宁德时代的第一代钠离子电池，创新锂钠混搭电池包也首次发布。

30日　宁德市9县（市、区）党委完成换届工作。

8月

7日　宁德籍空手道选手龚莉以四战两胜一平一负的成绩进入东京奥运会空手道女子组手61公斤以上级半决赛。最终2∶7负于对手，获得奥运会铜牌。

12—14日　首届中国（宁德）国际新能源新材料博览会在宁德市会展中心举行。

24日　宁德市委召开市人大常委会党组书记调整会议。市委常委、组织部部长陈惠宣读市委决定，王世雄任宁德市人大常委会党组书记，免去金敏的党组书记职务。

26日　中国胸痛中心执行委员会第二十八次执委会公布2021年度第二批次中国胸痛中心认证单位名单，宁德师范学院附属宁德市医院胸痛中心通过中国胸痛中心（标准版）认证，标志着该院对急性胸痛患者的综合救治能力达到国家级标准水平。

30日　中共宁德市委召开学习孙丽美先进事迹座谈会，市委书记梁伟新出席会议并讲话，市委副书记、市长张永宁主持会议，省委党史学习教育第五巡回指导组组长马照南、副组长陈培坚，市委常委，市人大常委会、市政协党组书记参加。

8月　福州港三都澳港区漳湾作业区扩大对外开放获国务院批复同意。10月15日，三都澳港区漳湾作业区扩大开放通过省级验收。12月23日，三都澳港区漳湾作业区扩大开放通过国家验收。漳湾作业区位于宁德三都澳港区西北部，是三都澳港区的核心作业区，海域面积约30平方千米，规划建设20个泊位。

同月　全国首个废铅蓄电池“智废方舱”投运，由宁德供电青年团队研发，在省内实现销售收入400万余元并向全国推广。

9月

1日　全国首家“白茶诊所”在福鼎市点头镇揭牌成立，福鼎市22家农资经营部全部下架茶叶使用的化肥农药，取而代之全部为生物农药，并利用大数据助力绿色防控。

5日　福建省委书记、省人大常委会主任尹力到宁德调研，查看青拓集团研究院、霞浦县三沙镇小皓村、三沙光影栈道、三沙东碧逅海民宿旅游、摄影、民宿开发建设情况，看望“时代楷模”孙丽美家属，省委常委、秘书长崔永辉及市领导梁伟新、张永宁、参加有关活动。

7—8日　全国人大宪法和法律委员会副主任委员徐辉到宁德就《中华人民共和国家庭教育促进法（草案）》立法调研。市人大常委会党组书记王世雄等分别参加调研。

10—11日　中共宁德市委理论学习中心组读书班暨市委工作务虚会在屏南县仙山牧场召开，学习贯彻习近平总书记在中国共产党成立100周年庆祝大会上的重要讲话精神，研读《习近平在福建》《习近平在宁德》《学习贯彻习近平新时代中国特色社会主义思想打赢新冠肺炎疫情防控人民战争总体战阻击战案例》《应急管理体系和能力建设干部读本》等系列书籍，结合开展党史学习教育和“再学习、再调研、再落实”活动，总结市四届党代会以来的工作，谋划未来五年发展目标思路。市委书记梁伟新主持会议并讲话，市委常委，市人大常委会、市政协党组书记，副市长参加。

13日　中共宁德市委四届十五次全会召开，市委书记梁伟新主持会议，会议圈选确定宁德市出席中国共产党福建省第十一次代表大会候选人预备人选名单，并表决部分市直单位正职拟任人选和推荐人选，市委副书记张永宁、杨方，市委常委严志铭、陈其春、陈惠、黄国璋、毛祚松、李彦出席会议。

22日　在第十四届全运会男子200米决赛中，周宁籍运动员汤星强以20秒39的成绩成为福建省历史上首个全运会男子200米金牌得主。省委、省政府向福建体育代表团及汤星强致电祝贺。

23日　中共宁德市纪委四届七次全会召开。

同日　位于福安市行政服务中心的“福安市人民法院诉讼服务中心”揭牌成立并对外办公。这是宁德市首家将诉讼服务中心入驻行政服务中心的法院。

同日　中国共产党宁德市第四届委员会第十六次全体会议召开。市委书记梁伟新主持会议。会议听取市第五次党代会筹备工作情况报告；审议并表决通过四届市委报告（草案）、四届市纪委工作报告（草案）；审议并表决通过新一届市委委员、候补委员和市纪委委员候选人预备人选名单；审议通过全市党费收缴、使用和管理情况的报告（草案）；研究市第五次党代会有关事项。会议决定市第五次党代会召开日期。

25日　宁德市中心城区“十个十”民生项目的首个街头运动场——人民公园篮球场、五人制足球场竣工投用。

26—28日　中国共产党宁德市第五次代表大会举行。梁伟新代表中共宁德市第四届委员会，向大会做题为《坚定不移沿着习近平总书记指引的方向前进，奋力谱写全面建设社会主义现代化国家的宁德篇章》的报告。大会选举产生第五届市委委员、候补委员、市纪委委员和出席省第十一次党代会代表，表决通过四届市委报告和市纪委工作报告的决议。

28日 中共宁德市纪委五届一次全会召开，会议选举并通过严志铭、李琳（女）、黄祖峰、陈霖、曹清福、苏吴淞、施少勇、胡宁（女，满族）、叶毅为中国共产党宁德市第五届纪律检查委员会常务委员会委员，选举并通过严志铭为中国共产党宁德市第五届纪律检查委员会书记，选举并通过李琳、黄祖峰、陈霖为中国共产党宁德市第五届纪律检查委员会副书记。

30日 宁德市305名支援莆田核酸采样医护人员离开莆田，并于当天下午到达宁德按照要求进行休整。截至当日，宁德市援莆医护人员在莆田开展援助工作17天，完成核酸标本量74.6万份。

同日 霞浦县火车站站房改扩建工程竣工，重新投入运行。该工程于2020年10月开工。此次改扩建工程包括拆除并新建站场，增设功能设备、改造站前广场、优化公交站台等。扩建后站房总建筑面积为5175平方米。其中，新建站房2016平方米，配套风雨廊建筑面积1423平方米，站前广场面积为3934平方米，增设1号站台自动扶梯2部，高峰时段站房可同时容纳1600人候车。

10月

9日 宁德军分区召开宣布命令大会。福建省军区政委宣布中央军委国防动员部命令和省军区党内任职通知，任命宁德军分区政治委员、党委书记。市委书记、军分区党委第一书记梁伟新出席并讲话。

14日 福建省委常委、宣传部部长、省委党史学习教育领导小组副组长、办公室主任邢善萍到古田县调研，了解党史学习教育和传统文化保护情况。

同日 宁德市援助莆田、厦门医疗队队员274人集中休整结束。宁德市举行欢迎仪式，并为每一位援莆、援厦医疗队员准备1份宁德市国有旅游景区联票。自9月30日，宁德先后有300余名医务工作者到莆田、厦门一线抗击新冠肺炎疫情，并完成援助任务。

同日 周宁县被命名为“第五批国家生态文明建设示范区”。

同日 由福建人民出版社出版，宁德市委宣传部原副部长、闽东日报社原总编辑王绍据和寿宁县委报道组组长吴通华共同撰写的《下党乡巨变》新书首发仪式在寿宁县下党乡“难忘下党”学习基地举行。福建省政协原副主席陈增光出席活动并致辞。

14—15日 福建省人大常委会副主任、省总工会主席梁建勇到宁德市开展民事审判工作和工会工作调研。宁德市市长张永宁，市人大常委会党组书记王世雄，市委常委、组织部部长、市总工会主席陈惠等参加调研。

15日 宁德市档案馆新馆开馆揭牌，面向社会开放。市委常委、秘书长出席开馆仪式。

同日 中共宁德市委召开孙丽美先进事迹专场报告会，市委常委，市人大常委会、市政协党组书记，省委党史学习教育第五巡回指导组副组长陈培坚参加。

16日 第一届宁德市评茶员职业技能竞赛在福鼎的中国白茶中心开赛，各县（市、区）的9支代表队共48名选手对七大茶类132款茶样进行评茶技艺比试。

20日 红色文化题材微电影《英雄凌福顺》在周宁县纯池镇莲地村杀青。该片于10月15日开拍，到周宁县浦源镇、咸村镇、纯池镇等地取景拍摄。微电影通过再现凌福顺少年时代外出谋生、参加地下革命组织、发动群众组建革命武装、屡建战功威震敌胆、负伤被捕，直至英勇牺牲等典型故事，展现凌福顺视死如归、英勇顽强的革命精神。

21日 宁德市快递行业党委获批成立。

25日 宁德陆港“上汽集团KD件”海铁联运集装箱班列首发。本次班列由17个集装箱组成，从宁德漳湾站发往厦门高崎站，再从厦门港海运至泰国林查班港。上汽宁德基地生产的车型远销东南亚、欧洲、南美、中东等地区的60余个国家。

10月 宁德市锂电新能源产业完成产值1100亿元，标志着锂电新能源产业成为继不锈钢新材料产业后，宁德市诞生的第二个千亿产业集群。

11月

3日 宁德市人民检察院举行首届特约检察员聘任仪式暨检察开放日活动，聘请民主党派、无党派人士8人担任院首届特约检察员。

5日 宁德市陈祥榕被授予第八届全国道德模范称号，杨春被授予第八届全国道德模范提名奖。至此，宁德市有全国道德模范称号获得者4人，全国道德模范提名奖获得者4人。

8—9日 福建省委副书记、政法委书记罗东川带领调研组到寿宁县、柘荣县、周宁县等地专题调研基层党建和乡村振兴工作，市委副书记杨方，市委常委、政法委书记黄国璋参加调研。

9日 宁德市召开未成年人保护委员会第一次全体会议。会上研究审议《宁德市未成年人保护委员会工作规则》《宁德市未成年人保护委员会成员单位职责任务分工》《宁德市未成年人保护委员会关于加强未成年人保护工作的实施意见》等。

11—12日 闽东北协同发展区医疗系统协作活动在宁德市举行，闽东北协同发展区办公室领导，“四市一区”（福州市、南平市、莆田市、宁德市、平潭综合实验区）卫健部门相关负责人、三级综合性医院院长以及有关专家等参加活动。

12日 寿宁法院与福鼎、柘荣、浙江泰顺3地法院举行浙闽边“共建共享”省际法庭联盟协作协议线上签约仪式暨浙闽边“共享法庭”启用仪式。会上，4地法院共同签署《浙闽边“共建共享”省际法庭联盟协作协议》，成立双边法庭间协作机制，并就互设启用浙闽边“共享法庭”达成一致意见。

同日 宁德市帆船帆板训练基地、霞浦县少体校帆船帆板训练基地在霞浦县长春镇下洋城村揭牌。霞浦县帆船帆板训练基地成立于2015年9月，2021年有队员30名、教练员2名。队伍成立6年，获金牌36枚、银牌23枚、铜牌17枚。其中，全国锦标赛和全国冠军赛金牌 14 枚、银牌 9 枚、铜牌 5 枚。

13 日　第十一届宁德世界地质公园文化旅游节福鼎白茶收藏茶发布会在福鼎开幕。活动现场进行福鼎白茶“六进”授旗仪式，24 家企业负责人共同宣读《诚信宣言》。

16 日　由省委宣传部具体指导，海峡出版发行集团、市委宣传部、霞浦县委、霞浦县人民政府主办的《“时代楷模”孙丽美》新书发布会在霞浦县古县村举行。

同日　宁德市完成全市村（社区）“两委”换届选举工作，村（社区）主干实现“一肩挑”。

17 日　首批上汽名爵整车“乘坐”特货 JSQ6 国际联运在宁德陆港始发，经霍尔果斯口岸“换乘”，在圣彼得堡港“分拨”，后抵达德国、比利时等欧洲国家。

17—18 日　泉州市人大常委会主任陈灿辉带领泉州市部分省十三届人大代表到宁德市开展集中视察。宁德市市长张永宁、市人大常委会党组书记王世雄一同参加。

18 日　宁德市第十届老年人体育健身大会闭幕。此届老健会于 10 月 26 日开幕。宁德市各地的 16 个代表团，1294 名运动员、教练员，209 名裁判员，参加 15 个大项目、19 个小项目的竞赛交流。经过 24 天的竞赛，产生金奖 25 个，奖牌 563 枚；银奖 57 个，奖牌 436 枚；铜奖 45 个，奖牌 329 枚。14 个代表团和单位被组委会授予优秀组织奖；5 个代表团被授予组织奖。

同日　宁德市首次面向社会发布聘任制公务员招聘公告，设置紧缺专业职位 5 个。

19 日　福州港三都澳港区城澳作业区西 1 号泊位工程竣工并举行试航。该项目位于三都澳港区城澳作业区，新建 5 万吨级通用泊位 1 个（水工结构按靠泊 10 万吨级散货船设计）及相应的配套设施，年设计通过能力 360 万吨，主要装卸货种为机制砂及碎石、石板材、钢材、木材和其他杂货件。

22 日　“柘荣高山白茶”地理标志证明商标通过国家知识产权局核准注册。

26 日　宁德市首个“智慧税务办税云厅”揭牌启用。

28 日　宁德市屏南县姚久穗、周宁县叶树正和霞浦县陈培仙等 3 户家庭被中央宣传部、中央文明办、全国妇联评为全国“最美家庭”。

30 日　3.8 万粒柘荣太子参种子搭载神舟十二号飞船进入中国空间站经过 90 余天的太空空间育种试验，并在中国航天科学院 2 个月的微生物消毒之后，回到柘荣进入天人药业育种基地培育。

同日　宁德市开始通过“交管 12123”App 申领电子驾驶证。电子驾驶证包括摩托车类、小车类和大车类准驾车型，机动车驾驶人可以通过“交管 12123”App 申领。对于无法使用手机申领的驾驶人，或提出申领后 3 次审核未通过等特殊原因，可以到现场窗口申领，1 个工作日可以领取到电子驾驶证。

同日　宁德市人保财险蕉城支公司与福建绿能建设发展有限公司举行“宁德三屿工业园区（上汽项目）配套厂企财险”签约仪式，为宁德上汽园区配套厂 23 家厂房提供 8.75 亿元的风险保障，标志福建省首个统保“园区保”项目落地。

11 月　柘荣县生物医药产业集群入选首批 17 个省级战略性新兴产业集群发展工程，成为县域内唯一跻身全省 17 个省级战略性新兴产业集群县份。

12 月

1 日　电视剧《连家船民的美好生活》开机仪式在“闽东连家船民上岸第一村”福安市下白石镇下岐村举行。福建省委常委、宣传部部长张彦出席并讲话。市委书记梁伟新致辞。市领导兰斯琦、李彦等出席。该剧由省广播电视局申报立项，取材福安下岐村连家船民整体搬迁上岸造福工程，是福建省参与国家广电总局“我们的新时代”主题作品创作展播活动的重点电视剧，由欧阳奋强担任总导演。

同日　福建省人大常委会副主任严可仕到宁德召开《福建省土地管理条例（草案）》征求意见座谈会。

同日　“两岸携手筑梦　助力乡村振兴”——宁台乡建乡创项目成果展示会暨签约仪式在屏南县举行，该举措深化宁台两地在乡村建设、文化创意等领域合作交流，吸引台湾优秀建筑师人才与优质建筑及文创相关资源人才到宁德参与乡村振兴战略。

4 日　学习贯彻党的十九届六中全会精神省委宣讲团在宁德市举行报告会，省委宣讲团成员、省监委委员、一级巡视员张淑萍作宣讲报告，市委书记梁伟新主持会议并讲话，市四套班子领导等参加。

7 日　福安市入选 2021 年全国营商环境百强县（市），排名第 85 位。

7—8 日　福建省副省长、省公安厅党委书记、厅长黄海昆到宁德市蕉城区、福安市、福鼎市等地调研公安工作和企业生产情况。市领导梁伟新、黄国璋、胡楠一同参与调研。

8 日　“云上游闽东”宁德市首届动漫游戏周活动在市区人民广场启动。

10 日　宁德市物流行业党委挂牌成立。宁德市物流行业党委隶属于市委非公企业和社会组织工委，日常工作由市交通运输局党组负责。

13 日　福建省政协副主席、民盟福建省委会主委阮诗玮带领调研组到宁德市，调研“双碳”、闽东优秀传统文化等情况。市委书记梁伟新等市领导与调研组座谈。

同日　第十三届海峡论坛的重要组成部分——陈靖姑文化节在古田临水宫祖庙举办。活动包括顺天圣母祭祀典礼（进香祈福科仪）、两岸文化交流、临水文创产品、菌业文化、平安宴、农副产品展示及健康义诊等活动。以“千年临水情　两岸一家亲”为主题，由第十三届海峡论坛·陈靖姑文化节组委会主办，采取“线上 + 线下”相结合的方式举行，台湾顺天圣母协会通过连线祈福的方式，共同参与祭祀活动，此届参与活动的台湾宫庙为新竹天行宫。

14 日　中共宁德市委五届二次全会召开，全会审议市委常委会工作报告；审议通过《中共宁德市委关于深刻领会党的百年奋斗重大成就和历史经验，会聚奋力谱写“宁德篇章”强大精神动力的决定》《中国共产党宁德市第五届委员会第二次全体会议决议》，全会由市委常委会主持，市委书记梁伟新讲话。

同日　宁德市推进海洋经济高质量发展动员部署会召开。市委书记梁伟新在会上强调，要深入学习习近平总书记关于建设海洋强国的重要论述和到福建考察重要讲话精神，贯彻落实省第十一次党代会和全省推进海洋经济高质量发展会议的部署要求，按照市第五次党代会的工作安排，明确“海上宁德”建设思路举措，加快推动海洋经济高质量发展，为谱写“宁德篇章”注入强劲的蓝色动能。会议由市长张永宁主持。市人大常委会党组书记王世雄、市政协主席兰斯琦出席。

同日　福安市“婚姻家庭辅导中心”在福安市行政服务中心揭牌成立。这是宁德市首个婚姻家庭辅导中心。

16日　2021数字政府服务能力评估暨第二十届政府网站绩效评估结果发布会在北京举行，宁德市人民政府门户网站被评为全国地市级政府网站第四名，“网站页面适老化及无障碍浏览改造”入选地市政府网站“十佳”优秀创新案例。

19日　宁德市人民政府与厦门大学签订战略合作协议。厦门大学校长张荣，市委书记梁伟新、市长张永宁等出席签约仪式。

20日　宁德师范学院3支代表队获2021年TI杯全国大学生电子设计竞赛一等奖1项、二等奖2项。这是福建赛区唯一获全国一等奖的参赛队。

21日　宁德市首个政府采购“不见面开标”试点项目——宁德师范学院数字校园广播系统货物类采购项目，在市公共资源交易中心开标，开标过程全程录像，可溯可查，初步实现政府采购项目开标“网上办理”和“不见面办理”。

22日　福建省人大常委会党组副书记周联清到宁德征求对《福建省人大常委会工作报告（征求意见稿）》的意见建议。市人大常委会党组书记王世雄等领导及部分在宁德的省人大代表参加座谈会。

23日　宁德市领导梁伟新、张永宁、叶其发在宁德市分会场参加2021年第四季度全省重大项目视频连线集中开工活动，副市长黄建龙在福安青拓1780毫米热连轧及配套扩建项目开工现场参加活动。

同日　歌剧《鸾峰桥》在福建大剧院首演，福建省人大常委会原副主任郑义正、省政协原副主席陈增光，宁德市委书记梁伟新、市长张永宁、市人大常委会党组书记王世雄等市领导，以及省委宣传部、省文旅厅、省广播电视局、省文联等单位有关领导出席。

同日　第十三届海峡论坛·游氏仙姑祈福文化节活动在柘荣县黄柏乡举行。

同日　福建省人大常委会副主任、省总工会主席梁建勇出席在宁德市召开的福建省推进构建和谐劳动关系工作调研座谈会，并到福建亚南电机有限公司调研构建和谐劳动关系工作情况，到宁德新能源科技有限公司调研工会服务促进和谐工作情况。

25日　民建宁德市第四次代表大会召开。市委书记梁伟新到会祝贺。民建福建省委会主委、省中华职教社主任吴志明，民建福建省委会副主委、闽江学院校长王宗华，市领导杨方、毛祚松等出席会议。大会选举郑忠辉担任民建宁德市委会主委，并举行第一次主委会。

26日　九三学社宁德市第二次代表大会召开。市委书记梁伟新在会前看望与会代表。九三学社福建省委会专职副主委李金算，市领导杨方、毛祚松等出席会议。市委副书记杨方代表中共宁德市委向大会召开表示祝贺。会议审议通过九三学社宁德市第一届委员会工作报告，选举产生九三学社宁德市第二届委员会。黄家盛当选为九三学社宁德市第二届委员会主任委员。

同日　寿宁县亭溪天然富硒土地揭牌仪式暨寿宁县第六届寿橙丰收节颁奖活动在大安乡亭溪村举行。其间，大安乡亭溪村获中国地质学会首批天然富硒土地认定。

同日　宁德市入选2021年度中国“绿都”，位列第13名。

27日　华电福建周宁抽蓄电站2号机组并网成功。18日1号机组并网成功后相隔仅9天，第二台发电机组并网。成为华电福建公司在运装机突破900万千瓦标志性机组，实现年内2台机组并网运行。周宁抽水蓄能电站是中国华电集团公司首个也是五大发电集团唯一在建的抽水蓄能电站，是福建省“十三五”重点项目。

28日　民盟宁德市第五次代表大会召开。市委书记梁伟新到会祝贺。民盟福建省委会专职副主委刘泓，市领导杨方、毛祚松等出席会议。

同日　宁德市委、市政府举办第四季度重大项目集中开竣工活动。市领导梁伟新、张永宁、兰斯琦等参加有关活动。集中开竣工的项目包括宁德新能源电池电源管理系统生产（R6改建工程）、东侨维杜智能装备精密制造、宁德市第三水厂10扩20工程、宁德师范学院医学院等。全市第四季度有58个重大项目开工，总投资189.4亿元；74个重大项目竣工，总投资248.6亿元。

29日　民革宁德市第五次党员大会召开。市委书记梁伟新在会前看望与会人员。民革福建省委会副主委柳红，市领导杨方、毛祚松等出席会议。

同日　云南省农业科学院花卉研究所在宁德职业技术学院设立国家观赏园艺工程技术研究中心宁德分中心。

30日　农工党宁德市第五次代表大会召开。市委书记梁伟新在会前看望与会人员。农工党福建省委会专职副主委杨琳，市领导杨方、毛祚松等出席会议。市委副书记杨方代表中共宁德市委向大会召开表示祝贺。

31日　福建省委常委、福州市委书记林宝金到宁德开展福州·宁德山海协作活动。

同日　中国地方志指导小组印发《关于对第八届全国地方志优秀成果（年鉴类）的通报表扬》，《宁德年鉴》连续两届被评为全国一等优秀年鉴。另有《福安年鉴（2020）》继上届获评三等优秀后又获二等优秀年鉴。

同日　宁德市9县（市、区）人大、政府、政协完成换届工作。

12月　宁德市生态环境部门负责的“12369”环境保护举报热线并入“12345”政务便民服务热线，实行统一管理。

（蔡晨晖）

市情概貌

自然　地理

【位置　面积】 宁德俗称闽东，位于长江三角洲、珠江三角洲、台湾地区三大经济区的中间位置，地处北纬26° 18′ ~27° 40′、东经118° 32′ ~120° 43′。东望台湾，西邻南平，南连福州，北接浙江省温州市。东西横距235千米，南北纵距153千米。全市陆地面积1.34万平方千米，海域面积4.46万平方千米。大陆海岸线长1105.796千米，居全省各设区市之首。

（资料来源：市委党史地方志室）

【地质　地貌】 宁德市在福建省地层区划中属华南地层区东南沿海地层分区。境内除福鼎大部和柘荣一部地域属温州地层小区外，其余均属青田漳州地层小区。在地质构造带中，宁德位于闽东燕山火山岩断裂带北部，处在东南沿海火山岩带。其地貌基本轮廓形成于燕山运动末期，在福建省地貌区划中属闽中火山岩系中山地貌区和东部沿海花岗岩丘陵与平原地貌区。境内西北部有洞宫山、鹫峰山两大山脉，千米以上山峰696座，最高峰山尖海拔1649米；中北和中南部有太姥山和天湖山两条山脉，千米以上山峰189座，最高峰山尖海拔1479米；东面濒临太平洋，海域内港湾岛屿众多，海湾、港湾178个，岛屿643个，构成区内地势陡峻，其间杂有山间盆地，沿海一带夹滨海堆积平原。

（资料来源：市委党史地方志室）

【气候】 宁德市地处福建省东北部沿海，兼有山地气候，属亚热带海洋性季风气候。受特殊的地理位置、地形地貌影响，宁德市气温适宜、降水充沛，冬无严寒、夏少酷暑，全市年平均气温17.8℃，年平均降水量1824.4毫米。宁德市气候宜人、光照充足；气象灾害具有种类多、强度强、灾害重、频次高等特点。近55年气候变化呈暖湿趋势。

四季天气气候　根据宁德的地理位置和天气气候的演变规律，宁德自然天气季节划分是：3—6月定为春季，7—9月定为夏季，10—11月定为秋季，12月至次年2月定为冬季。春季是雨水最多的季节，气候特点是多雨寡照。3—4月春雨季气温冷暖起伏大，雨日多但雨强不大，雷雨大风、冰雹、短时强降水等强对流性天气多发，有的年份会出现春寒、倒春寒和持续阴雨天气；5—6月雨季降水集中、强度强，雨日多且雨强大，汛期暴雨高峰期出现在雨季。夏季多晴热高温天气、台风活动最频繁。常见的天气有四类：一是受副热带高压控制，晴热少雨；二是受台风登陆或影响，出现狂风暴雨，导致严重灾害；三是辐合区或副高减弱影响，有时由于东风波、热带云团的影响，常出现阵性降雨或雷雨；四是夏末受西风带低槽、冷锋活动，常出现过程性降水。主要气象灾害是台风、高温、夏旱、雷雨大风和强降水。秋季是风和日丽、秋高气爽的季节。气候特点是光照多，降水少。冷空气开始活跃，气温下降，昼夜温差加大。主要气象灾害是寒露风、干旱，但有的年份晚台风会带来台风灾害。冬季是气温最低、降水量最少的季节，冷空气频繁影响带来降雪、寒潮、霜冻、结冰等天气，秋冬旱、寒潮和低温雨雪冰冻灾害是主要的气象灾害。

降水　宁德市近30年各县市年平均降水量1395.2~2081.7毫米。四季降水分布为：各县市春季降水量648.2~972.1毫米，多雨区在山区县；夏季降水量402.5~859.7毫米，多雨

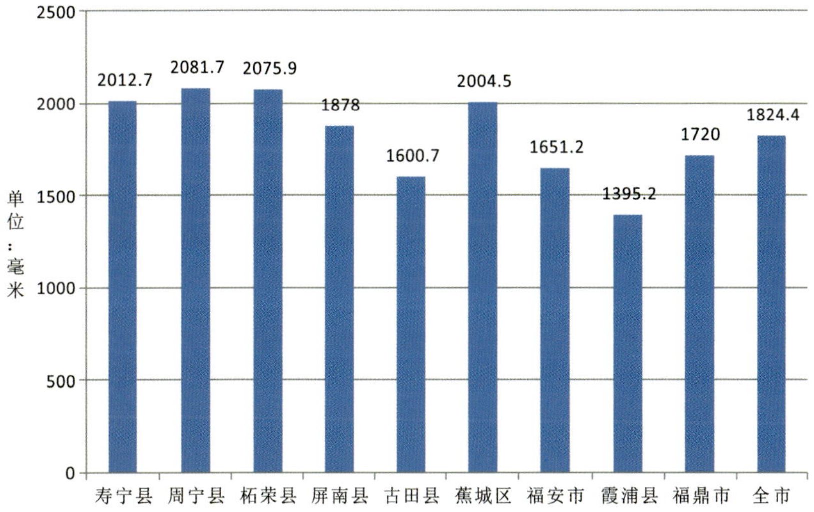

图1　宁德市各县（市、区）年平均降水量柱状图

（资料来源：市气象局）

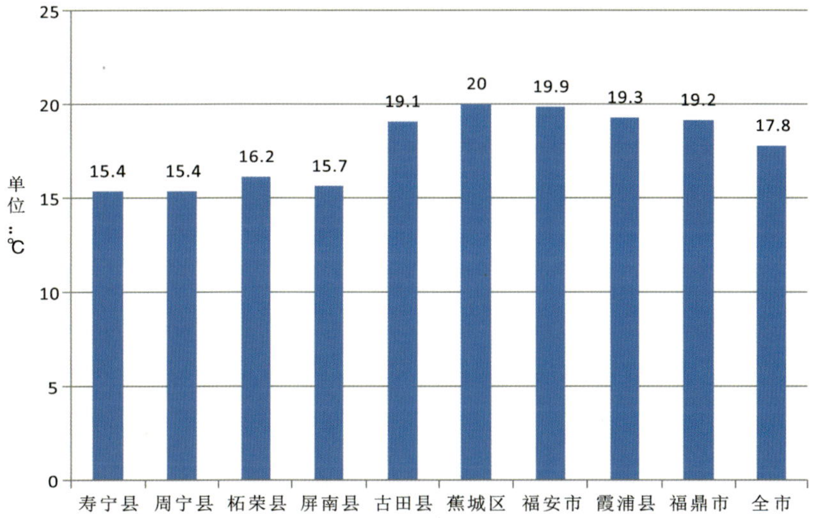

图2　宁德市各县（市、区）年平均气温柱状图

（资料来源：市气象局）

区在柘荣、周宁和蕉城；秋季降水量108.9~174.8毫米，多雨区在蕉城、周宁和柘荣；冬季降水量180.0~257.0毫米，多雨区在山区县和蕉城。

气温　宁德市近30年各县市平均气温15.4℃~20.0℃。各县市四季气温分布为：春季平均气温16.5℃~20.5℃，冷空气势力逐渐减弱，冷暖气流交绥影响，气温回升；夏季平均气温22.9℃~28.2℃，受西太平洋副热带高压和热带系统影响，是全年最热的季节；秋季平均气温14.4℃~20.1℃，是夏季风向冬季风过渡的秋高气爽的季节；冬季平均气温6.7℃~11.5℃，是冷空气活动频繁、南北温差大的季节。

（资料来源：市气象局）

【资源】　矿产资源　宁德地处中国东南沿海中生代火山喷发带中部，境内矿产主要与岩浆侵入、火山活动作用有关。截至2021年底，宁德境内已发现矿产资源43种。其中，能源矿产3种（铀、钍、泥煤），金属矿产18种（铁、锰、钛、铜、铅、锌、钨、锡、钼、铋、镁、银、金、铍、铌、稀土、镉、铼），非金属矿产20种（叶蜡石、高岭土、饰面石材、硫铁矿、伊利石、蛭石、沸石、冶金用白云岩、明矾石、水晶、冶金用脉石英、萤石、钾长石、松脂岩、硅灰石、大理岩、石墨、紫砂陶土、建筑石料、建筑用砂），水气矿产2种（矿泉水、地热水）。列入福建省矿产资源储量表的固体矿产有银、钼、铅、锌、镉、铁、铜、金、钨、锰、高岭土、叶蜡石、明矾石、冶金用白云岩、冶金用脉石英、硫铁矿、饰面石材17种；优势矿种为银、钼、饰面石材。全市有效探矿权7个、有效采矿权29个，调查、勘查、开采的矿种有饮用天然矿泉水、地热、稀土、钼、金、银、铁、叶蜡石、高岭土、冶金用脉石英、饰面石材、建筑用石料（碎石、机制砂）等。

（戴清忠）

土地资源　根据第三次全国国土调查成果，2021年，宁德市土地利用总面积134.38万公顷，土地一级分类中，湿地3.89万公顷，占土地面积的2.89%；耕地10.54万公顷，占土地总面积的7.84%；园地13.25万公顷，占土地总面积的9.86%；林地91.31万公顷，占土地总面积的67.95%；草地1.34万公顷，占土地总面积的1.00%；城镇村及工矿用地4.50万公顷，占土地总面积的3.35%；交通运输用地1.21万公顷，占土地总面积的0.90%；水工建筑用地0.08公顷，占土地总面积的0.06%；水域用地4.35万公顷，占土地总面积的3.24%；其他土地3.91万公顷，占土地总面积的2.91%。

（谢思超）

水资源　2021年，宁德市平均年降水量1860.7毫米，折合水量249.74亿立方米，比上年增长44.7%，比多年平均值增长6.6%，属平水年。全市年降水量最大点为蕉城区虎贝站的2662.0毫米，年降水量最小点为古田县黄田站的1239.5毫米。全市年水资源总量127.96亿立方米，人均水资源量3598立方米。年供水总量15.32亿立方米。其中，地表水占99.5%，地下水占0.5%；年用水总量15.32亿立方米，与上年相当。其中，农田灌溉用水量7.85亿立方米，占总用水量的51.3%，比上年减少16.5%；工业用水量1.84亿立方米，占总用水量的12.0%，比上年下降24.3%；居民生活用水量1.74亿立方米，占总用水量的11.3%，增长3.5%；林牧渔畜用水量1.71亿立方米，占总用水量的11.2%，增长426%；生态环境用水量1.35亿立方米，占总用水量的8.8%，增长58.1%；城镇公共用水量0.82亿立方米，占总用水量的5.4%，比上年增加21.5%。大中型水库年末蓄水量10.62亿立方米，比年初蓄水量增加2.32亿立方米。全市地表水资源量127.96亿立方米，折合年径流深953.4毫米，比上年增长62.8%，比多年平均值下降12.7%。全市地下水资源量32.79亿立方米，占全市水资源总量的25.6%，较上年增长32.4%。从境外流入闽东诸河的水量19.12亿立方米。流出境外水量22.16亿立方米。全市入海总水量122.6亿立方米。

（薛海燕）

海洋资源　2021年，宁德市海洋水域总面积4.46万平方千米（包括闽东渔场、闽外渔场）。根据《中华人民共和国海域使用管理法》，划定12海里领海线以内海域约8242平方千米，涉及浅海滩涂总面积约2700平方千米，大陆海岸线1105.796千米。海岛643个，其中，有居民海岛37个、无居民海岛606个。大小港湾29个，最主要的为三沙湾，由三都澳、鲈门港、白马港、盐田港、东吾洋、官井洋等次级海湾组成，海湾总面积约570平方千米，湾内最大水深约90米，具有发展大型工业港和综合性枢纽港的优势条件。海洋生态系统复杂，生物多样性丰富，蕴藏着巨大的海洋生物资源，拥有官井洋大黄鱼天然产卵场（国家级水产种质资源保护区）和东吾洋对虾天然产卵场，福鼎野生紫菜和厚壳贻贝自然繁殖区，鱼类500余种，虾、蟹类60余种，贝类70余种，藻类10余种，其中官井洋大黄鱼、东吾洋对虾、二都蚶、沙塘剑蛏、沙江牡蛎等闻名海内外。

（陈碧琴）

森林资源　2021年，宁德市林地面积99.14万公顷，占土地面积130.68万公顷的75.86%，森林蓄积量5549.52万立方米，森林覆盖率69.98%，林地绿化率92.50%；2021年林业产值33.29亿元，按可比价增长2.4%。全市拥有国家级森林公园3个、省级森林公园13个；省级自然保护区2个、市级自然保护区8个、县级自然保护区22个；国家级风景名胜区4个，省级风景名胜区5个；国家地质公园（含资格）5个，省级地质公园1个；国家级海洋公园1个。

（陈琳琳）

建置沿革

【明清以前】　先秦时期为闽越族驻地，西晋太康三年（282）设温麻县，是区内最早建立的县一级政区，隶属晋安郡，后隶属丰州。县治在今霞浦县洪山山麓，辖境包括今宁德地区的大部和政和、连江、罗源等县地。隋开皇九年（589），温麻县撤销，其地并入原丰县，隶属泉州。隋大业三年（607），原丰县改名闽县，隶属建安郡，唐初改隶建州。武德六年（623），析闽县原温麻县地设立长溪县（治所在今霞浦县）和连江县，隶属泉州。同年，长溪县并入连江县，隶属闽州。武周长安二年（702）连江县析出原长溪县地，复设长溪县，治所在今霞浦，隶属闽州，后隶属福州。元至元二十三年（1286），长溪县升为福宁州，属福建行中书省福州路，辖本州和福安、宁德2县。明洪武二年（1369），福宁州降为福宁县，仍属福建行中书省福州路。明成化九年（1473），福宁县升为福宁州，属福建承宣布政使司，辖福安、宁德2县。清雍正十二年（1734），福宁州升为福宁府，隶属福建闽浙总督府，辖福安、宁德、霞浦、寿宁4县。

【民国时期】　民国元年（1912），废府、州厅建置，实行省、道、县3级地方政制，区内古田、屏南、霞浦、福鼎、宁德、福安、寿宁7县并东路道。民国3年（1914），东路道改称闽海道，区内7县并闽海道。民国14年（1925）废道，区内7县属省政府。民国22年（1933）福建划分为4省2市，区内7县同属闽海省。民国23年（1934），福建省政府实行行政督察区制，闽东划为第二行政督察专员公署；民国24年（1935），闽东并入第一行政督察专员公署；民国32年（1943），闽东被划为第八行政督察专员公署；民国36年（1947），闽东又被划为第一行政督察专员公署。其间，闽东所辖境域几经变动。

【中华人民共和国时期】　1949年9月30日，闽东区成立第三行政督察专员公署，辖福安、宁德、福鼎（11

表1　2021年宁德市行政区划一览表
（截至12月）

单位：个

区、市、县	镇	乡	民族乡	街道办事处	村委会	居委会
蕉城区	11	2	1	2	280	51（其中东侨经济技术开发区15个）
福安市	13	2	3	4	439	47
福鼎市	10	1	2	3	248	40
霞浦县	6	3	3	3	293	31
古田县	8	4	0	2	275	14
屏南县	5	6	0	0	152	8
寿宁县	8	6	0	0	195	10
周宁县	6	3	0	0	140	7
柘荣县	2	7	0	0	112	5
总计	69	34	9	14	2134	213

（资料来源：市民政局）

月划入）、霞浦、寿宁、周宁、柘荣7县，专员公署驻福安，隶属福建省人民政府。1950年，第三行政督察专员公署改称福安专区专员公署。1955年4月又改称福安专员公署，隶属福建省人民政府。1956年，隶属福建省人民委员会。1968年，成立福安专区革命委员会，隶属福建省革命委员会。1970年，福安专区革命委员会驻地由福安迁往宁德县城关。1971年6月，福安专区革命委员会改称宁德地区革命委员会。1978年4月，撤销宁德地区革命委员会，成立宁德地区行政公署。1979年，隶属福建省人民政府。1983年后，宁德地区行政公署管辖福安、宁德、福鼎、霞浦、寿宁、周宁、柘荣、古田、屏南9县（1956年至1983年间，闽东辖区变动频繁，除原有辖区外，还先后辖有松溪、政和、长乐、连江、罗源等县地）。1999年11月14日，国务院批准宁德撤地设市，成立宁德市人民政府，2000年11月14日挂牌。宁德市人民政府驻新设立的蕉城区，全市辖9个县（市、区）。2011年3月，市政府主办公区迁至东侨经济技术开发区科技大楼（宁德市闽东中路35号），原署前路14号大院更名为“宁德市直机关署前办公区”。2021年，宁德市辖蕉城区、福安市、福鼎市、霞浦县、古田县、屏南县、寿宁县、周宁县、柘荣县9县（市、区），有43个乡（含9个民族乡）、69个镇、14个街道办事处、213个居委会、2134个村委会。

（资料来源：市委党史方志室　市民政局）

人口　方言

【人口】 2021年，宁德市户籍人口355.66万人。其中，男186.29万人，女169.37万人。按城乡分：城镇总人口136.26万人，乡村总人口219.40万人。省统计局反馈2021年各设区市主要人口指标数据评估结果显示：宁德市2021年常住人口315万人，出生率9.03‰，死亡率6.92‰，自然增长率2.11‰，城镇化率62.2%。

【闽东方言】 宁德市辖内9县（市、区），以各地城关话为代表的蕉城话、福安话、福鼎话、霞浦话、古田话、屏南话、寿宁话、周宁话、柘荣话均属闽方言中以福州话为代表的闽东方言系统。其中，古田话、屏南话为闽东方言的南片区，其他均为闽东方言的北片区。唐末，黄巢起义军攻入长安时，中原光州固始人王潮、王审知兄弟率500余官兵渡江南下入闽。后王审知被封为闽王，这就是福建历史上的闽王朝。“二王治闽”期间，轻徭役、兴农商，使闽中五州成为深受兵祸之苦的中原百姓的避乱之所。大批“颍、淮、汝三水间留余未徙的东晋移民”纷纷在闽中落籍安居，尤其是在以福州为中心的闽东一带。他们从故地带来的中原汉语也在这一带传播，形成闽方言中的福州话，当今的闽东方言就是在这个时期、这个环境中逐渐形成的。整个闽东方言，以福州话为代表，而北片区以福安话为代表。福州话在南片区可自由交际，北片区各市（县）人也能基本听懂福州话。福安话在北片区的周宁、寿宁、柘荣等县可自由交际，蕉城、霞浦、福鼎人也能基本听懂福安话。

【区外方言岛】 宁德市境内，有一些地方形成区外方言岛。蕉城区飞鸾镇的碗窑和礁头村，霞浦县三沙、水门、牙城、下浒、长春等乡（镇）的少数村庄，福鼎市的沙埕、前岐、店下、白琳、点头、贯岭、嵛山、叠石等乡（镇）的部分村庄，柘荣县的乍洋乡和东源乡少数村庄讲闽南话。闽南话是宁德市的第二大方言。辖内还有少数地区形成汀州话（客家话）方言岛和莆仙话方言岛。古田县凤都镇的后溪、珠洋2个村，霞浦县松港街道利埕村、福鼎楼自然村，柘荣县城郊乡倒龙山村，福安社口镇首笕村，福鼎市磻溪镇赤溪村和点头镇观洋村以及寿宁县西南部边境个别自然村讲客家话。霞浦县溪南镇岱屿村，福安市下白石镇部分村庄，福鼎市沙埕镇澳腰等村庄讲莆仙话。闽东方言南片的福州话在宁德地区少数地方也形成方言岛。福鼎市秦屿镇，霞浦县海岛乡和松港街道的北岐村、长春镇的计米村讲福州话。由于历史原因和地理条件，使宁德市一些县的边界村庄形成邻县方言的方言岛。屏南县西北部岭下乡的富竹、上楼、东峰、上梨洋、葛畲等村以及寿宁县托溪、芹洋等乡镇个别村庄，因与闽北的建瓯市毗邻而讲属于闽北方言系统的建瓯话；周宁县的西北部与政和县接壤的泗桥乡的赤岩、洋尾、洋尾弄、吴厝坑、吴厝坪和纯池镇的前溪等村庄讲属于闽北方言系统的政和话；霞浦县的东冲半岛与罗源县的鉴江镇隔海相望，该县北壁乡的东冲、上岐、下岐3个村讲罗源话。

【畲语】 随着城镇化加快，畲汉通

表2　2021年宁德市各县（市、区）主要人口指标数据一览表

县（市、区）	常住人口（万人）	城镇化水平（%）	出生率（‰）	死亡率（‰）	自然增长率（‰）
宁德市	315.0	62.2	9.03	6.92	2.11
蕉城区	63.2	69.5	9.97	5.60	4.37
福安市	61.0	66.2	8.86	6.32	2.54
福鼎市	55.4	64.7	9.02	6.97	2.05
霞浦县	47.7	61.9	8.06	6.84	1.22
古田县	32.2	50.8	8.46	8.39	0.07
屏南县	13.9	50.7	9.08	8.96	0.12
寿宁县	17.6	50.9	9.63	7.78	1.85
周宁县	14.8	53.9	9.36	8.96	0.40
柘荣县	9.2	64.2	9.05	6.93	2.12

（资料来源：市统计局）

婚率提高，宁德市散杂居在汉族村落的年轻畲族群众几乎不会讲畲语，在城镇生活的畲族年轻一代更是如此。但在畲族聚居村落畲语保护比较好。为保护畲语传承，邀请非遗传承人到民族中小学、宁德师院预科班讲授畲语、畲歌。

（资料来源：市委党史方志室）

人文习俗

【人文概貌】 宁德俗称闽东，背山临海，早在新石器时代就有先民活动。至隋唐时期已得到开发。这里山川秀丽，地灵人杰。唐神龙二年（706）福安廉村出现福建第一个进士薛令之，此后仁人志士、名儒显宦比肩接踵。唐代有中国佛教禅宗五宗之一的沩仰宗的创始人灵祐禅师，以及林嵩、林湜等。宋元时期有林仲麟、林维屏、赵万年、王伯大、郑虎臣、王积翁、陈普、谢翱、王都中、韩信同、傅贵卿、张以宁、袁天禄等。明清时期有林聪、黄钏、游朴、刘中藻、罗文藻、柳上芝、余正健、林祖成、甘国宝、游光绎、陈玉龙、魏敬中、林朝聘、方建劭、张如翰、游宝德、谢谦等。近代有钟学吉、张茂祐、黄树荣、周忠魁、僧盛慧、周郑宝、圆瑛、朱腾芬、陈瓒、刘祥兴、王泰和、林振翰、李先才、何隽、赖则才、陈赞汤、苏铃佺、林卓午、练马生、郭公木、李若初等。历史上还有抗倭名将戚继光在这里平倭作战，冯梦龙、陆游、李拔等在此主政为政。宁德是中央红军长征前全国革命主要根据地之一和三年游击战争时期南方15块游击区之一，老一辈无产阶级革命家和革命前辈陶铸、邓子恢、叶飞、曾志等都在这片红色土地上领导过革命，宁德本土也涌现出郑长璋、黄孝敏、马立峰、蔡威、施霖、叶秀蕃、詹如柏、柯成贵等无数革命先烈。宁德还是总书记工作过的地方，也是习近平新时代中国特色社会主义思想的重要孕育地和实践地。

【岁时习俗】 宁德市民间流传的传统节日主要有春节、元宵、清明、端午、中秋、冬至、除夕等11个。

春节 宁德各县在大年初一早上有吃“糖茶”、吃素食的习俗，以及大年初一上午到寺庙烧香祈愿的习惯。柘荣民间初二开始串门拜年。福安、寿宁仍有初二“过白年”（意为祭奠死者）、吃“白午酒”的习俗。春节期间，亲戚朋友相互拜年，政府机关、街道老人会等有的还举行“团拜会”。进入信息化时代，电脑网络、手机短信拜年开始流行。亦有舞龙、舞狮、铁枝、讲评话、演木偶和布袋戏等活动。春节临近结束，柘荣县等民间还有“完年”的习惯，即庆贺春节圆满结束。福安民间还有正月“初八走八寺”习俗。

元宵 典型的节俗是“吃汤圆”和“赏灯”、闹元宵。元宵节当天，许多家庭还习惯点香敬神祭祖。正月十五是陈靖姑（临水夫人）的诞辰，古田、屏南许多信众会前往古田大桥临水宫请回香火安放在祠堂或奶娘宫中进行供奉。寿宁、屏南、古田等地也有请道士做法事，祈求平安顺利。各地也有“闹元宵”“赏灯”活动。“闹元宵”多是舞狮、舞龙、跑旱船、游花灯、搬铁枝、踩街等。民间习惯正月十五过后才真正是过完“年”，开始一年的工作。

清明 最重要的民间活动是扫墓祭祖，闽东各县皆然。此时移居或工作在外的人一般都得回家扫墓。闽东民间扫墓分2种，一是祭扫祖墓（民间习惯称三代以上的墓为祖墓），二是祭扫祖父母、父母之墓。寿宁民间还流传新建坟墓次年春礼（即清明）前要择吉日祭祀，俗称“拦礼”。周宁、寿宁、福鼎、屏南、柘荣等县（市）民间在清明前后会制作“鼠曲糍（粿），也叫“清明粿”，用以祭祀食用。机关、学校多在“清明节”组织干部、学生祭扫革命烈士纪念陵园（墓），开展革命传统和爱国主义教育。

端午 闽东各县习惯叫“五月节”。端午节的主要风俗是插艾叶、吃粽子、划（观）龙舟。各地流行包“长寿粽”“发财粽”“喜粽”“笔架粽”“长尾哥”等具有特殊的寓意或形状的粽子。包粽子多由中老年妇女承担，而年轻主妇不谙此活，多上街买包好的粽子。霞浦、福安、福鼎等地女儿出嫁后第一年娘家还有送“头年粽”的习俗。福鼎、蕉城有端午吃春卷的习俗，蕉城同时还吃荷包（一种蒸成椭圆形的面饼）、咸鸭蛋、杏菜的习惯。端午节家家户户都要在门户左右边插（桂）艾叶、菖蒲叶，以驱虫祛毒气。过去常有的午时喝（酒）雄黄酒以及端午日正午为小孩点红（在额头）、佩香袋、系红绳，送红蛋的习俗已少见。周宁民间端午节还有清早“走桥”的习俗，即供祭桥（多为廊桥）神。福安、霞浦、蕉城、福鼎等沿海县（市、区）还保留有划龙舟、赛龙舟、观龙舟的风俗。

立夏 柘荣民间有立夏“补夏”之说，即在这一天进补，象征平安度夏。屏南农村这一天要吃“立夏粿”，吃红糟泥鳅米汤、红糟猪肉、红糟笋、红糟腌菜等菜肴。寿宁、周宁吃“立夏糊”，也有吃夹着菜馅的光饼。古田农村还保留立夏“犒夏”的习俗，即立夏这一天蒸粿、煮红糟肉。

中元 民间俗称“七月半”或“鬼节”，是祭祖的日子。为闽东各县民众普遍较重视的传统节日。各县过“七月半”的日子各不相同，一般因姓氏宗族而定。福鼎有“官三、民四、畲五”之分。柘荣从七月初七到十五日均有。屏南则在七月初十至十五日之间。“七月半”最重要的活动是祭祀祖先。

中秋 中秋前，各地有不同形式的“送中秋”习俗。霞浦中秋节有蒸“中秋糕”和制糖塔的风俗。中秋饼是中秋必备、必吃的，有蕉城和福安2个流派，蕉城、古田、福鼎、霞浦群众喜欢吃带香葱肥肉馅的礼饼式中秋饼，福安、周宁、寿宁、屏南、柘荣群众则喜欢芝麻花生、冬瓜糖等制作的甜馅中秋饼。中秋夜人们在吃完丰盛的“团圆饭”后，更多的是看中央电视台的中秋晚会节目或上街游玩。闽东各县中秋夜有猜灯谜、“曳石”（蕉城谓之“拖石”）、“走中秋”“游龙”等习俗。

重阳 闽东重阳节的主要活动有吃米糕、登高、秋游、敬老等。各地多有组织登山比赛等活动，并开展各种形式敬老活动：福鼎店下镇海田村、透埕村等一些地方，邀请老人聚餐、发红包等。蕉城区城关的街道老人会、霞浦长溪诗社、周宁初晴诗社等组织老人开展吟诗创作活动并形成新俗。

冬至 最具特点的风俗是吃“汤圆”，又称“冬至圆”，各地做法不一。一种是“白圆”即无馅的汤圆，一种是花生、豆沙、芝麻甜馅的汤圆。柘荣民间则是做成一种形式像饺子的内包花生芝麻甜料的“油饺”。周宁、屏南吃糯米糍粑，还将糍粑做成饼分送亲友邻居。古田有丧家冬至时忌“搓糍”的习俗。进入21世纪，大部分家庭多半是到超市买现成的汤圆或半成品的浆料、配料回来做汤圆。

祭灶 农历12月24日为民间“祭灶日”，但闽东“官三民四乞丐二十五”的传统颇为流行。所以大部分人家都选在农历十二月二十三或二十四日来“祭灶”，“祭灶”的主要习俗是扫尘，换灶神像和对联，祭祀灶神。祀毕将供品或再煮几份热菜全家饮酒欢宴。到正月初三或初四时(即10日后)再设供接回灶神。

除夕 闽东人除夕都要清理一下当年的债务，尽力将其理清，预示来年不再欠债。除夕前家家户户还得大搞卫生，里里外外洗刷一新，曰“扫堂”“扫尘”。个人则理(洗)发、洗澡，换洗衣服。然后在大门贴上崭新的春联和“福”字。在外工作或办事的家人，都应尽量赶回家中和亲人团聚，吃“团圆饭”。饭后给未成年人发“压岁钱”，围坐看“春节联欢晚会”。大多等到凌晨新年钟声敲响前后，家家户户开始放鞭炮贺新年。屏南、柘荣、寿宁农村还有不少人家做“讳饭甑”，即将小花甑装满米饭，插上桧树枝、枝上缀着五色纸包的花生、糖果、橘子等，然后放在厅堂桌子或案桌上，留在正月初食用。

【农业习俗】 宁德市传统的农业习俗有做福(即保苗，也称“保苗节”)、牛过节(亦称牛歇节)、向马仙祈雨、新稻尝新等。随着生产生活方式的转变，宁德市辖区各地逐渐兴起现代农业节日。2021年9月3日，以“福山福水庆丰年·乡村振兴颂党恩”为主题的福建省“中国农民丰收节”活动，在福安市穆云乡虎头村主会场启动。活动融合闽东地方特色农产品展示、福安当地特色传统美食品鉴、现场直播带货、主题摄影展览等形式，展示新农村、新农业、新农民的精神风貌。

2021年9月3日，福建省“中国农民丰收节”活动，在福安市穆云乡虎头村主会场启动，图为启动活动现场 （福安市政府办 供图 吴庆堂 摄）

【渔民习俗】 宁德市福鼎、蕉城、福安、霞浦等沿海县(市、区)，有不少从事海上渔业生产的渔民仍保留着一些古老的渔业生产习俗。如每年“禁渔期”结束，开始出海作业前要办祭，祭海，供妈祖，保佑出海平安、渔作丰收。出海捕捞作业如遇到风浪较大时，还会点香跪拜，口念“妈祖保护”，以求化险为夷。平时渔民(或沿海村民)家中吃饭或请客吃鱼时，仍忌讳将鱼翻过来吃，意忌“翻船”。

【宴席习俗】 宁德市传统流传至今的宴席有婚宴、寿宴、满月宴、乔迁宴、待客宴。近年新出现的一种宴请形式即谢师宴，大多在每年8月高考发榜后。考上大学，尤其是重点名牌大学的学生家长，为表达对任课老师感谢之情并祝贺子女升入大学为其饯行。宴请对象仅限于师长，少数要好同窗及家中亲属陪宴。宴请时有的还在电视台播放感谢师长的谢词或祝贺考入同学的贺词，宴后也多会去卡拉OK厅唱歌跳舞以表谢意及送别。

【风味小吃】 宁德市风味小吃品种繁多、地方特色鲜明。主要有：用野生乌稔树制作的乌饭，用大米磨浆后摊在平底锅上蒸熟的卷面，用地瓜粉调湿后揉入剁成细末的猪肉或牛肉制作的肉丸(肉片)，用鳗鱼、马鲛、面鱼、目鱼取去头尾、骨刺后的精肉和以精薯粉及调料等搓揉成团的鱼丸(鱼片)，选用正宗福鼎槟榔芋制作的芋泥，选用溪田中天然泥鳅煮制的泥鳅面，采用鼠曲草制作的鼠曲糍，取乌臼树果子和上米磨成浆制作的乌臼面，魔芋淀粉调成浆蒸熟的魔芋粿，地瓜淀粉调成浆切条晒干的地瓜粉扣，用生长在沿海咸淡水交界滩涂上的环节软体长虫状动物(俗称“土钉”)熬煮凝冻的土钉冻，选取鸡、鸭、兔、鹅、鸽子等禽类(也有用其内脏)加上若干青草药熬或炖(多装成小罐)的药膳，“米烧”锅熏制的腊兔肉，垫放在柚树叶上蒸熟的柚饺，为纪念抗倭英雄戚继光的光饼。

（资料来源：市委党史方志室）

民族　宗教

【民族】 2021年，宁德市有少数民族成份45个、少数民族人口23.03万人，其中畲族人口20.52万人，约占全省畲族总人口的1/2，全国畲族总人口的1/4，是全国畲族人口最集中的设区市。全市设1个畲族经济开发区、9个民族(畲族)乡，有少数民族万人以上的县5个，少数民族人口千人以上的乡镇59个，少数民族村246个(其中畲族村239个、回族村6个、壮族村1个)，少数民族自然村约1000个。

（雷娜娜　钟月花）

【宗教】　2021年，宁德市有佛教、道教、天主教、基督教四大宗教，依法登记的宗教活动场所1225处，依法备案的教职人员有3414人；登记宗教团体40个，其中省级宗教团体1个、市级宗教团体5个、县级宗教团体34个。此外，10平方米以上民间信仰活动场所6504处。

（詹郑钦）

城市名片

【山海宁德】　宁德负山抱海，境内有独特的滨海山岳地貌，山、谷、林、溪、岛、礁、湾、滩遍布，景致优美。支提、太姥东海浮翠、饵霞栖云，三都澳天连水尾、渔乐陶陶。山海之间，茶香鱼肥，廊桥、福船巧夺造化。

【三都良港】　三都澳位于宁德市境内，口小腹大、风平浪静、水深港阔、山海相会、风光秀美，是中国沿海少有的良港，适合建设大型港口、布局临海型工业。近代，东西方商贸在三都澳留下深厚的积淀。当今，宁德以三都澳为核心，建设港口、产业、城市、生态“四位一体”联动发展的都市空间。

【闽东畲乡】　宁德是全国最大的畲族聚居区，畲族人口约占全国畲族人口的四分之一、福建省畲族人口的二分之一。畲族千百年的繁衍生息在宁德积淀了深厚的文化底蕴，较好地留存畲族的语言、民歌、服饰、民俗等特色文化。

【廊桥之乡】　木拱廊桥是一种“桥上建廊，以廊护桥，桥廊一体”的独特桥梁样式，它是中国传统木构桥梁的活化石。全国现存的木拱廊桥仅110余座，宁德市有56座，数量多、工艺精、保存完整，堪称木拱廊桥的宝库，是“中国木拱廊桥文化之乡”。

【锂电小镇】　宁德锂电新能源小镇位于国家级东侨经济技术开发区，集聚形成以宁德时代新能源公司、宁德新能源科技公司为龙头的锂电新能源产业集群，2017年消费类锂电池和锂离子动力电池市场占有率均跃居全球第一，成为全球最大的聚合物锂离子电池生产基地。2020年，宁德时代储能微网入选国家首批科技创新（储能）试点示范项目，第五届动力电池应用国际峰会暨首届中国新能源新材料（宁德）峰会在宁德举行。2021年，宁德时代首发钠电池，入选全球“灯塔工厂”，全市锂电新能源产业实现产值1580亿元，成为宁德市继不锈钢新材料产业之后第二个千亿产业集群。

【汽车城】　2018年4月28日，在国家有关部委和省委、省政府的关心支持下，上汽宁德基地项目这个重量级的“金娃娃”在蕉城三屿园区动工建设。2019年6月28日，上汽乘用车宁德基地首台通线车下线；9月28日，项目竣工投产，首款投产车型——插电混动名爵eHS下线。与此同时，宁德三屿工业园区（上汽项目）配套厂房、沈海高速公路宁德汽车城（三屿）互通、蕉城振华振德汽车部件生产等系列项目同步竣工。2020年，基地获“2020年中国标杆智能工厂”称号，其自动化设备应用比例高于行业标准，拥有比肩一线豪华品牌质量控制标准；9月27日，宁德市举行衢宁铁路客运、宁德汽车基地项目铁路专用线通车活动。2021年，基地生产车辆22.8万台（含KD件），实现产值215亿元，新导入MG ONE等2款新车型，新增宁德钧达、扬州盛世等4家一级供应商。第八届中国汽车生态设计国际论坛暨中国汽车行业碳中和创新发展峰会在宁德市举行。“汽车城”在此崛起。

【宁德白茶】　宁德是全国白茶主产区，福鼎是白茶的发源地。宁德白茶在历史的发展进程中，形成的独特产地、品种、制作工艺和深厚文化底蕴在全国具有很强的代表性，是地方优势特色产业，白茶产量规模、工艺水平、产品品质均位居全国领先水平。2021年，全市白茶产量4.77万吨，占全省白茶产量的86.65%，占全国白茶产量的58.22%，是全国规模最大、集中度最高、影响力最强的白茶生产区域，在全国具有重要的主导地位。宁德市产茶历史可追溯到晋代，历经1700余年，传统名茶“白毫银针”“天山绿茶”，以及“坦洋工夫”“白琳工夫”红茶等闻名海内外，历史上三都澳曾是全国、全省最重要的茶叶输出港口。

（资料来源：市委党史方志室）

经济和社会发展

【概况】　2021年，宁德市地区生产总值3064.96亿元，比上年增长13.0%。其中，第一产业增加值359.65亿元，增长3.5%；第二产业增加值1676.98亿元，增长19.2%；第三产业增加值1028.33亿元，增长7.6%。第一产业增加值占地区生产总值的比重为11.7%，第二产业增加值比重为54.7%，第三产业增加值比重为33.6%。全年人均生产总值为100034元，比上年增长12.7%。年末常住人口315万人，与上年末持平。其中城镇常住人口195.93万人，占总人口比重（常住人口城镇化率）的62.2%，比上年末提高1.2个百分点。全年出生率9.03‰，死亡率6.92‰，自然增长率2.11‰。年末户籍人口355.66万人，比上年减少0.1%。户籍人口城镇化率为38.3%，比上年末提高0.5个百分点。城镇新增就业3.7万人，城镇失业人员再就业1.17万人。年末城镇登记失业率4.14%，低于省下达控制目标0.86个百分点。全年全社会用电量254.14亿千瓦时，比上年增长21.8%。

【经济发展】　2021年，宁德市农林牧渔业总产值645.61亿元，比上年增长4.2%。其中，农业产值240.25亿元，增长3.8%；林业产值33.29亿元，增长2.4%；牧业产值41.11亿元，增长16.2%；渔业产值318.41亿元，增长2.9%；农林牧渔专业及辅助性活动产值12.54亿元，增长6.1%。

粮食播种面积8.99万公顷，比上年增加0.02万公顷。全部工业增加值1500.88亿元，比上年增长24.9%。规模以上工业增加值增长32.5%。锂电新能源、新能源汽车、不锈钢新材料、铜材料四大主导产业增加值比上年增长59.1%，占全市规模以上工业增加值比重的78.3%，提高11.6个百分点。战略性新兴产业增加值比上年增长67.3%，占规模以上工业增加值的比重为56.9%。装备制造业增加值增长80.6%，占规模以上工业增加值的比重为58.4%，比上年提高14.4个百分点。规模以上工业企业实现利润288.49亿元，比上年增长14.3%。建筑业实现增加值247.01亿元，比上年下降5.4%。全市具有资质等级的总承包和专业承包建筑业企业541家，完成建筑业总产值225.64亿元，比上年增长4.1%。服务业实现增加值1045.12亿元，比上年增长8.1%。其中，批发和零售业增加值204.30亿元，增长11.5%；交通运输、仓储和邮政业增加值98.06亿元，增长24.0%；住宿和餐饮业增加值35.10亿元，增长13.9%；金融业增加值155.14亿元，增长6.9%；房地产业增加值148.65亿元，增长5.6%。社会消费品零售总额880.17亿元，比上年增长6.6%。限额以上消费市场实现零售额125.52亿元，增长4.3%。限额以下消费市场实现零售额754.65亿元，增长7.0%；占全市社会消费品零售总额的比重为85.7%。固定资产投资（不含农户）比上年增长6.2%，其中项目投资增长4.3%。325个在建市重点项目完成投资758.3亿元，完成年度计划110.23%，其中新开工重点项目133个、竣工85个。进出口总额905.7亿元，比上年增长76.4%。其中，出口600.4亿元，增长79.0%；进口305.2亿元，增长71.4%。一般公共预算总收入（不含基金收入）265.79亿元，比上年增长13.8%，其中地方一般公共预算收入158.05亿元，增长14.7%。全市一般公共预算支出344.06亿元，增长3.1%。全部金融机构本外币各项存款余额2832.29亿元，比上年末增加335.92亿元，增长13.5%。全部金融机构本外币各项贷款余额2760.84亿元，比上年末增加461.60亿元，增长20.1%。全市有国家高新技术企业155家，新增60家。科技“小巨人”企业52家。国家重点实验室1家、省级重点实验室10家、省级工程技术研究中心45家、省级新型研发机构6家。驰名商标总数46件，实现各县（市、区）全覆盖。新核准地理标志商标12件，全市地理标志证明商标总数达到86件。全市注册商标总数达到8.41万件，增加2.43万件。新登记市场主体12.32万户，增加3.15万户；市场主体总量44.74万户，增长25.7%。

【社会事业】 2021年，宁德市高等学校招生6692人，在校生1.97万人，毕业生3979人。普通高中招生1.93万人，在校生5.57万人，毕业生1.56万人。初中招生4.47万人，在校生12.42万人，毕业生3.42万人，初中净入学率99.1%。普通小学招生4.7万人，在校生27.7万人，毕业生4.46万人，小学净入学率99.98%。九年义务教育巩固率为102.9%。学前教育在园幼儿11.64万人，学前教育普惠率91.7%。特殊教育招生525人，在校生3457人，毕业生633人。全市有审批设立的民办中小学、幼儿园358所，比上年增加15所。有中国历史文化名镇5个、名村14个，省级历史文化名镇6个、名村28个，中国传统村落141个，省级传统村落134个。纳入文物保护名单的不可移动文物648处（752个点）。国家级非物质文化遗产代表性传承人17人、省级102人、市级341人。年末全市有国有艺术表演团队5个、影（剧）院26个、群众艺术馆1个、文化馆9个、博物馆（纪念馆）12个、乡镇文化站134个、公共图书馆10个。拥有市级广播电视台1座，调频、电视转播发射台10座，广播节目11套，广播综合人口覆盖率为99.76%；电视节目10套，电视综合人口覆盖率为99.87%。全市有线广播电视实际用户107.86万户，其中数字电视用户57.02万户。全年接待游客总人数4587.84万人次，比上年增长23.9%；旅游总收入410.80亿元，增长8.1%。有国家A级旅游景区52家，其中国家AAAAA级旅游景区2家、国家AAAA级旅游景区2家。有各类医疗卫生机构2930个，其中医院52个卫生院107个村卫生室2085个。年末有卫生技术人员1.98万人，其中执业医师和执业助理医师7012人、注册护士8854人。有床位数1.51万张。新冠病毒核酸日检测能力达到16万管。在国际大赛中，宁德籍运动员获得铜牌1枚。在全国级别的比赛中，获得金牌6枚、银牌4枚、铜牌6枚。在全省级别比赛中，获得金牌49枚、银牌64枚、铜牌49枚。年末全市有注册运动员4210人，在省、市优秀运动队集训351人。

【人民生活】 2021年，宁德市居民人均可支配收入31460元，比上年增长10.1%。按常住地分，城镇居民人均可支配收入40615元，增长9.4%；农村居民人均可支配收入21282元，增长11.7%。居民人均消费支出22220元，比上年增长14.7%。按常住地分，城镇居民人均消费支出27573元，增长12.6%；农村居民人均消费支出16269元，增长19.0%。全市居民恩格尔系数为36.9%，比上年下降0.7个百分点，其中城镇为35.2%、农村为40.2%。城镇职工基本养老保险参保人数84.85万人，比上年末增加8.2万人。城乡居民养老保险参保141.68万人，其中当年新增参保登记人数1.22万人。年末参加基本医疗保险人数328.44万人，比上年末增加4.18万人。其中，参加城镇职工基本医疗保险人数46.85万人，参加城乡居民基本医疗保险人数281.59万人。参加工伤保险58.68万人，增加7.23万人。参加失业保险32.84万人，增加6.09万人。全市纳入城市最低生活保障的居民7162人，比上年减少231人；纳入农村最低生活保障的居民6.91万人，增加0.48万人；累计发放救助金3.73亿元。城乡特困人员16375人，减少466人。城乡低保、特困供养平均年标准分别为7408元、21204元。年末各类养老床位数23935张。建有社区服务站（服务中心）213个，比上年增加12个。全年销售社会福利彩票1.92亿元。

（资料来源：市统计局）

中国共产党宁德市委员会

综　述

【概况】　2021年，中共宁德市委统筹推进疫情防控和经济社会发展，做好“六稳”工作、落实“六保”任务，推进“五促一保一防一控”工作，经济社会各项事业发展跨步向前，实现“十四五”开好局、“宁德篇章”起好步。全市12项主要经济指标中，10项增幅位居全省前列，5项增幅位居全省首位。国内生产总值3151.08亿元，在全省连跨3位、升至第五位，在全国连跨12位、进入百强行列；比上年增长13.3%，位列全国百强行列第三位，是全省唯一实现两位数增长的设区市，为打造全省高质量发展的“重要增长极”奠定坚实基础。

【政治建设】　2021年，中共宁德市委落实“第一议题”学习制度，召开贯彻落实习近平总书记对宁德工作重要指示精神系列周年座谈会，用好“学习大军”“理论宣讲轻骑兵”、新时代宣讲师等载体平台，引导党员干部持续在学懂弄通做实习近平新时代中国特色社会主义思想上下功夫，不断从中汲取真理力量、思想力量、实践力量，始终做习近平新时代中国特色社会主义思想最坚定的信仰者、最有力的传播者和最忠实的实践者。开展党史学习教育，推出109个参观学习点、62条参观学习线路、10条闽东红色教育主题党日活动路线，引导全市上下大力弘扬革命传统、传承红色基因、赓续红色血脉，广大干部群众听党话、感党恩、跟党走的认识和行动更加坚定自觉。始终把习近平总书记对宁德的亲切关怀、特殊厚爱作为无上荣光和最大福气，编撰《习爷爷在宁德的故事》校本教材，持续用好摆脱贫困主题展览，引导全市上下在宁德30余年发展蜕变特别是党的十八大以来跨步前进的生动实践中，感悟习近平总书记对宁德始终如一的关心关爱，感恩习近平总书记当年在宁德打下的决定性基础和擘画的宏伟蓝图，更加自觉地以“两个确立”统一思想、统一意志、统一行动，始终在思想上紧跟紧随、政治上绝对忠诚、情感上真诚拥戴、行动上坚决捍卫。开展“再学习、再调研、再落实”活动，围绕奋力谱写“宁德篇章”这一重大政治使命，市领导“一人一课题”带头深入开展调研300余次、召开座谈会100余场，形成一批契合上级精神、符合宁德发展的思路举措。市第五次党代会，提出加快构建“一核两廊五轴”的发展格局，打造“增长极”、建设“四个区”的战略重点和“一个翻番、五个突破、全面跃升”的奋斗目标，把习近平总书记为宁德发展擘画的宏伟蓝图变成路线图、施工图，进一步会聚全市上下奋力谱写“宁德篇章”的强大力量。同时，召开市委四届十四次、五届二次全会等会议，贯彻落实习近平总书记到福建考察重要讲话精神和党的十九届六中全会精神，并制定相应配套文件，推动各项工作落实，确保宁德各项事业始终沿着习近平总书记指引的方向勇毅前行。

【党建引领】　2021年，中共宁德市委坚持在“赛马场”上选“千里马”，深化“五位一体”干部考评机制，建立1100余名市管干部实绩档案，注重在改革发展一线、急难险重关头考察识别干部，引导干部勇于担当、积极作为，心齐劲足、比学赶超在闽东大地蔚然成风，涌现出“时代楷模”孙丽美等先进典型。严格落实“三个区分开来”要求，提拔重用曾受问责影响期满且表现优秀的干部35名，极大提振干部干事创业精气神。实施“新时代干部现代化能力提升计划”，通过举办干部教育“八个专题”培训班、市委理论学习中心组读书班，以及组织党政代表团到浙江杭州、宁波学习考察等方式，推动各级干部进一步开拓视野，提升奋斗新时代的能力本领。完成市、县、乡、村换届工作，其中新一届县级党政班子有乡（镇、街道）党政正职经历的占48.3%、年轻干部占23.3%，干部队伍结构进一步优化。深化抓党建促乡村振兴、促乡村治理，深化“一书记三大员”制度，选派644名驻村第一书记、402名乡村振兴指导员、303名科技特派员、128名金融挂职干部到乡村一线建功立业。其中乡村振兴指导员制度做法写入省第十一次党代会报告和省委十届十二次全会文件，先后在《人民日报》《新华社内参》、中央党建领导小组《党建要报》上刊登，并吸引全国100余个市（县）实地学习考察。深化近邻党建，小区党组织基本实现全覆盖，全面推行“1+3+N”党建引领小区治理工作机制，在全省率先制定出台小区党支部书记管理办法，开展近邻党建“五强”社区、“五好”小区示范典型培育，进一步把党建优势转化为治理效能。推进“两个覆盖”扩面提质工作，成立锂电新能源产业链、青拓不锈钢城、福鼎白茶、柘荣生物医药等党建联盟，非公企业和社会组织党组织覆盖率分别88%和82.8%，在党建引领产业发展上形成良好效应。省委书记尹力在2020年全省抓基层党建工作述职会上点评指出宁德市存在的个别农村老人会把持村财收入、插手村级事务，国企党建未应建尽建和个别园区党建工作管理体制不够顺畅等问题，均整改到位。严格落实意识形态工作责任制，推动各级各部门党委（党组）带头管阵地、把导向、强队伍，意识形态领域持续向上向好。落实中央八项规定及其实施细则精神，坚定不移纠“四风”树新风，干部队伍作风持续转好，全市上下“行正道、扬正气、守正规”的良好氛围更浓。开展全面从严治党主体责任落实情况检查，完成四届市委巡察全覆盖，推进涉粮专项巡视反馈问题整改。健全完善监督体系，深化运用“室组”联动监督机制，聚焦群众急难愁盼问题开展点题整治，群众获得感成色更足。始终保持惩治腐败高压态势，一体推进不敢腐、不能腐、不想腐。推进政法队伍教育整顿，依纪依法清除害群之马、整治顽瘴痼疾，并引导全市政法民警学先进、鼓干劲、争上游，省里测评宁德市教育整顿成果好评率99.06%。

【经济发展】 2021年，宁德市坚持抱好“金娃娃”、发展大产业，四大主导产业实现产值3681亿元、增加值比上年增长59.1%，对全市规模以上工业增加值增长贡献率107.7%。锂电新能源产业投产和在建产能300GWh，全产业链产值1580亿元，成为宁德市第二个千亿产业集群，动力电池和消费类电池市场占有率稳居全球首位；新能源汽车产业产值215亿元，年产量22.8万辆；不锈钢新材料产业实现产值1608亿元，青拓集团荣膺全省民企100强第二位、制造业民企50强首位；铜材料产业产值278亿元，中铜40万吨铜冶炼项目满产超产，福浦铜铝精加工、嘉元和正威宁德电子信息科技城等项目落地建设，为加快迈向千亿集群打下基础。传统产业稳健转型，组织实施省市重点技改项目112个，电机电器产业加快向智能家居领域进军，汽摩汽配产业加速向电喷化油器、通机整机方向升级。现代服务业全面提速，新增规模以上（限额以上贸易）企业168家，宁普时代、时代永福等平台经济项目投入运营，港口货物、集装箱吞吐量分别突破6000万吨、15万标箱，服务业增加值首次突破千亿元。“四大经济”加快壮大。海洋经济方面，筹建海洋研究院、宁德创新研究所，并设立省海洋经济产业投资基金，组织实施重点项目88个，“海上宁德”建设迈出新步伐。绿色经济方面，宁德时代、福华新材料、广生堂被认定为省循环经济示范企业，霞浦海上风电B区项目核准建设，一批渔排风光储微电网、菇棚屋面光伏等项目建成投用，进一步推动绿色低碳发展。文旅经济方面，累计接待游客4587.84万人次、旅游总收入410.8亿元，锂电新能源小镇、上汽宁德生产基地、福安青拓集团等3个产业地标和福鼎赤溪村、寿宁下党村、寿宁车岭古道等3个旅游景点入选国家百条红色旅游线路，霞浦入选美丽中国首选旅游目的地。数字经济方面，坚持数字产业化、产业数字化“双轮驱动”，新型基础设施加快建设，宁德数字科技城、数字经济产业园引进落地，新增省级数字经济“瞪羚”企业2家，动漫游戏、短视频等数字产业加速兴起。项目建设全速推进。组织开展“三比三赛”“百日攻坚”活动，破解310个前期报批问题，完成安征迁1000余公顷，实现融资595亿元，掀起大抓项目、抓大项目热潮，创下宁德时代福鼎基地当年签约、当年开工、当年投产的“宁德速度”。全年新增“五个一批”项目1563个，签约项目323个，履约率90%、开工率59%，325个在建重点项目完成投资758.3亿元。获批专项债项目94个、额度99.15亿元，PPP项目入库数、签约落地数连续三年全省第一。

【乡村振兴】 2021年，宁德市围绕“一县一业，做优特色”，推进“三产三新三链融合”，实施八大特色产业提升行动，完成茶园改造1333.33公顷、菇棚改造4500间，推广深水大网箱等新型生态养殖800公顷，“8+1”特色产业全产业链突破2000亿元。着眼建设美好家园，实施农村建设品质提升项目932个，启动农村人居环境整治提升五年行动，完成农村在建房屋安全清查整治927栋、裸房整治1.99万栋，全市新增绿盈乡村219个。组织实施城乡供水一体化项目46个，新改扩建国省干线180千米、“四好农村路”429千米，建设乡镇污水管网40.07千米，乡村配套设施日益完善。注重把传承保护历史文化和引入现代元素结合起来，精心培育屏南“古村落＋文创”、霞浦“摄影＋民宿”以及下党“学习小镇”等新业态，乡村魅力更加彰显。落实“四个不摘”要求，常态化开展跟踪监测，并针对性采取帮扶措施，牢牢守住不返贫底线。“中国共产党与世界政党领导人峰会”在寿宁县下党乡下党村设立分会场，中国减贫发展与人权事业研讨会在宁德召开，下党乡党委被授予“全国脱贫攻坚楷模”称号，宁德成为展示中国脱贫攻坚历史性成就的“重要窗口”。全面组织实施强村富民工程，在每个村建设一批强村项目、一批富民项目、一批惠民项目，并开展集体经济“提质强村”三年行动，20万元以上集体经济收入的村占40%，50万元以上经营性收入的村占21.6%。全市农村居民人均可支配收入比上年增长11.7%、增幅居全省第三位、连续12年位居全省前列。同时，健全完善“一月一县一现场交流活动”推进机制，并出台支持少数民族村“五条”、老区基点建制村“七条”政策，在推动乡村振兴上形成更加完善的制度保障。

【改革创新】 2021年，宁德市“互联网+政务服务”加速升级，电子政务和政府网站全面整改提升，“一趟不用跑”事项占比99.06%，全程网办事项比例95.54%，“一件事”集成套餐服务事项129个。全国首设“事难办”反映窗口，全省首创企业开办联动响应机制，117个高频政务服务事项实现“跨省通办”“省内通办”。建立农村生产要素流转融资平台，构建普惠金融服务生态链，普惠小微贷款余额比上年增长33.1%，涉农贷款余额增长14.7%。市属国企公司制改革顺利完成，国企融入主导产业发展、服务民生工程能力不断增强。乡村建设项目“工料法”、海域使用权改革等4项改革经验得到党和国家领导人批示肯定。省对市改革绩效考评中宁德市位居全省第三，改革热度指数在全国337个地级及以上城市中排名第三。完善城市功能配套。组织实施861个城市品质提升项目，开展“十个十”城市民生项目，建成口袋公园、街头运动场、充电站等项目80个，完成老旧小区改造12个、2300余户，连城路片区初步形成“三纵三横”路网，中心城区整体品位和形象加快提升。宁古高速、宁上高速霞浦至福安段开工建设，G228线等国省干线项目稳步推进；漳湾作业区扩大开放获国务院批准并通过国家验收，“宁德—厦门”“宁德—江阴”集装箱直航定班支线开通，上汽宁德基地实现整车海铁联运一站式出口，进一步打通宁德对外开放的战略通道。实施创新驱动工程。全社会研发投入比上年增长27.1%，规模以上工业企业研发活动覆盖率30%，新增国家级高新技术企业60家，省级科技“小巨人”企业52家。坚持高水平打造创新创业平台，宁德时代创新实验室部分投用、加快建设，省不锈钢产业创新中心通过认定，中国（宁德）知识产权保护中心建成投用，宁德时代首发钠电池，青拓集团成功研发“手撕钢”，更多“宁德制造”“宁德创造”走向世界。持续迭代升级“三都澳人才计划”，建成东侨人力资源服务产业园，新认定“天湖人才”1129人、省级高层次人才142人，进一步打造人才集聚创新的“强磁场”。

【社会民生】 2021年，宁德市按照“快准严实细”的要求，常态化推进疫情防控，最大限度降低省内外暴发的多轮疫情影响，全年无新增确诊病例。加强网格化疫情防控建设，截至年末，全市配备医务人员6200余人，实现网格化管理全员全域覆盖。加快建立全民免疫屏障，3岁以上人群疫苗全程接种率90.51%，核酸日检测能力从4.9万管提升至16万管。开展“我为群众办实事”实践活动，持续推进民生社会事业补短板工作，完成33件为民办实事项目，累计新增1.26万个学位、3000余张医疗床位、400余个婴幼儿托位，人民生活品质不断提升。特别是针对社会普遍关注的农村留守老年人“吃饭难”问题，全面推广“农村互助孝老食堂”模式，让3500余名老年人吃上“热饭菜”，成为全国农村公共服务的典型案例。坚决打好蓝天、碧水、碧海、净土保卫战，推进第二轮中央生态环保督察反馈问题、《八闽快讯》通报问题整改，全市空气质量优良天数比例99.9%，重点流域国控断面水质优良率、主要湖库、饮用水水源地水质达标率保持100%，生态环境质量持续保持全优。霍童溪流域水质常年保持全省前列，是全省唯一获评全国首批“美丽河湖”的河流。健全完善海漂垃圾区域统筹、陆海统筹和常态化巡查管控机制，进一步巩固海上养殖综合整治成果，三都澳海域水质得到明显提升。常态化推进扫黑除恶斗争，严厉打击电信网络诈骗、黄赌毒等违法犯罪活动，社会治安防控体系向法治化、专业化、智能化拓展，“平安宁德”“法治宁德”建设向更高水平迈进。开展“四门四访”活动，回应群众诉求、解决群众难题，有效化解上级交办的重复信访和信访积案。做好新时代党管武装工作，全面加强国防后备力量建设，不断巩固发展军政军民团结良好局面。统筹发展和安全，抓好防台防汛、食品药品安全等工作，开展安全生产专项整治三年行动集中攻坚，生产安全事故起数和死亡人数实现“双下降”，社会大局保持和谐稳定。

（资料来源：市委办公室）

重要会议

【中国共产党宁德市第五次代表大会】 2021年9月26—28日，中国共产党宁德市第五次代表大会召开，市委书记梁伟新代表中共宁德市第四届委员会向大会做题为《坚定不移沿着习近平总书记指引的方向前进，奋力谱写全面建设社会主义现代化国家的宁德篇章》的报告，市委副书记、市长张永宁主持会议。会议审查中共宁德市第四届委员会报告、中共宁德市第四届纪律检查委员会工作报告（书面），选举中共宁德市第五届委员会、中共宁德市第五届纪律检查委员会，选举宁德市出席中国共产党福建省第十一次代表大会代表。

【市委全体会议】 2021年，中共宁德市委召开市委四届全体会议3次（市委四届十四次至十六次会议）、市委五届全体会议2次（市委五届一次、二次会议）。分别是：

6月16日，中共宁德市委四届十四次全会召开，市委常委会主持会议，会议的主要内容：深入学习贯彻习近平总书记到福建考察重要讲话精神，动员全市各级党组织和广大党员、干部群众，牢记嘱托、砥砺前行，勇担使命、锐意进取，全方位推进高质量发展超越，奋力谱写全面建设社会主义现代化国家的宁德篇章，以优异成绩迎接市第五次党代表大会召开。审议《中共宁德市委关于学习贯彻习近平总书记到福建考察重要讲话精神奋力谱写全面建设社会主义现代化国家的宁德篇章的决定（草案）》《中国共产党宁德市第四届委员会第十四次全体会议关于召开中国共产党宁德市第五次代表大会的决议（草案）》《中国共产党宁德市第四届委员会第十四次全体会议决议（草案）》。市委书记梁伟新代表市委常委会向全会作报告，并就《中共宁德市委关于学习贯彻习近平总书记到福建考察重要讲话精神　奋力谱写全面建设社会主义现代化国家的宁德篇章的决定（讨论稿）》作说明，市委常委、组织部部长陈惠就《关于召开中国共产党宁德市第五次代表大会的决议（草案）》作说明。

9月13日，中共宁德市委四届十五次全会召开，市委书记梁伟新主持会议，会议圈选确定宁德市出席中国共产党福建省第十一次代表大会候选人预备人选名单，并表决部分市直单位正职拟任人选和推荐人选，市委副书记张永宁、杨方，市委常委严志铭、陈其春、陈惠、黄国璋、毛祚松、李彦出席会议。

9月23日，中共宁德市委四届十六次全会召开，听取市第五次党代会筹备工作情况报告；审议并表决通过四届市委报告（草案）、四届市纪委工作报告（草案）；审议并表决通过新一届市委委员、候补委员和市纪委委员候选人预备人选名单；审议通过全市党费收缴、使用和管理情况的报告（草案）；研究市第五次党代会有关事项。市委书记梁伟新主持会议，市委委员、候补委员，市纪委委员参加。

9月28日，中共宁德市委五届一次全会召开，受市第五次党代会主席团委托，梁伟新主持会议，全会以无记名投票方式，选举梁伟新、张永宁、杨方、严志铭、陈惠、黄国璋、毛祚松、李彦为市委常委，选举梁伟新为市委书记，张永宁、杨方为市委副书记；审议通过中共宁德市第五届纪律检查委员会第一次全体会议选举结果的报告。

12月14日，中共宁德市委五届二次全会召开，市委常委会主持会议，深入学习贯彻党的十九届六中全会精神及省第十一次党代会、省委十一届一次全会精神，动员全市各级党组织和广大党员、干部群众，牢记嘱托、砥砺前行，勇担使命、锐意进取，全方位推进高质量发展超越，奋力谱写全面建设社会主义现代化国家的宁德篇章。审议《中共宁德市委关于深刻领会党的百年奋斗重大成就和历史经验会聚宁德跨越发展强大精神动力的决定（草案）》《中国共产党宁德市第五届委员会第二次全体会议决议（草案）》。市委书记梁伟新代表市委常委会向全会作报告，并作有关文件说明，市委副书记张永宁、杨方，市委常委严志铭、陈惠、黄国璋、毛祚松、李彦，市委委员、候补委员出席会议。

【市委全体（扩大）会议】 2021年，中共宁德市委召开市委全体（扩大）会议3次：5月6日，市委书记郭锡文主持召开市委全体（扩大）会议，对换届考察工作进行动员，并开展民主测评，省委换届考察组和换届风气督查组到会指导。9月14日，市委书记梁伟新主持召开市委全体（扩大）会议，全额定向民主推荐新一届市委委员、候补委员候选人初步人选，市委副书记张永宁、杨方，市委常委严志铭、陈其春、陈惠、黄国璋、毛祚松、李彦出席会议。10月15日，市委书记梁伟新主持召开市委全体（扩大）会议，民主推荐宁德市的十一届省委委员、省纪委委员候选人初步人选考察对象。

【市委常委会会议】 2021年，中共宁德市委召开市委常委会会议68次，其中市委常委会（扩大）会议10次。

表3　2021年宁德市委常委会会议一览表

序号	时间	会议名称	会议主要内容	主持人
1	1月7日	市委常委会会议	传达学习习近平总书记近期有关重要讲话精神（学习内容一：二〇二一年新年贺词精神；学习内容二：在全国政协新年茶话会上的重要讲话精神），研究贯彻意见；传达学习全省城市和农村建设工作会议精神，研究贯彻意见；传达学习全省平安福建建设工作会议精神，研究贯彻意见；听取宁德市疫情防控有关工作情况汇报，审定全省卫生健康系统先进集体和先进工作者推荐名单，研究有关工作；研究审议2021年宁德市《政府工作报告（送审稿）》《宁德市2020年国民经济和社会发展计划执行情况及2021年国民经济和社会发展计划草案的报告（送审稿）》《宁德市国民经济和社会发展第十四个五年规划和二〇三五年远景目标纲要（送审稿）》《宁德市2020年财政预算执行情况及2021年预算草案的报告（送审稿）》；研究审定《2021年市委、市政府为民办实事项目（送审稿）》；听取2021年市本级财政预算编制情况汇报，研究有关工作；研究有关干部工作。	郭锡文

续表 3

序号	时间	会议名称	会议主要内容	主持人
2	1月15日	市委常委会会议	传达学习习近平总书记近期有关重要讲话、重要指示精神（学习内容一：在1月7日中央政治局常务委员会会议上的重要讲话精神；学习内容二：在省部级主要领导干部学习贯彻党的十九届五中全会精神专题研讨班开班式上的重要讲话精神；学习内容三：对政法工作作出的重要指示精神），研究贯彻意见。传达学习全国疫情防控工作电视电话会议精神，研究贯彻意见；传达学习中央深改委第十三次、十四次、十五次、十六次、十七次会议和省委深改委第十次、十一次、十二次、十三次会议精神，审定有关改革文件、方案，研究部署下一阶段改革工作（市委常委会会议暨市委深改委第四次会议）；传达学习省委农村工作会议精神，研究贯彻意见；听取2021年市委、市政府春节期间慰问活动安排情况汇报，研究有关工作；研究有关案件工作。	郭锡文
3	1月20日	市委常委会会议	研究有关干部工作。	郭锡文
4	1月28日	市委常委会（扩大）会议	传达学习省十三届人大五次会议、省政协十二届四次会议精神，研究贯彻意见。	郭锡文
5	1月28日	市委常委会会议	传达学习《中共福建省委关于开展“再学习、再调研、再落实”活动的通知》（闽委〔2021〕11号）文件精神，研究贯彻意见；传达学习中央、省委政法工作会议精神，研究贯彻意见；传达学习全国宣传部长会议、省委常委会会议及全省宣传部长会议精神，研究贯彻意见（市委常委会会议暨市委宣传思想文化工作领导小组会议）；传达学习全国、全省“扫黄打非”电视电话会议精神，研究贯彻意见；研究有关干部工作。	郭锡文
6	2月4日	市委常委会会议	传达学习习近平总书记近期有关重要讲话精神（学习内容一：在1月28日中央政治局会议上的重要讲话精神；学习内容二：在中央政治局第二十七次集体学习时的重要讲话精神；学习内容三：在同党外人士共迎新春时的重要讲话精神），研究贯彻意见。传达学习十九届中央纪委五次全会、省纪委十届六次全会及省委常委会（扩大）会议精神，研究贯彻意见；听取市纪委四届六次全会筹备情况汇报；听取2021年市重点项目安排情况汇报，研究有关工作。	郭锡文
7	2月7日	市委常委会会议	传达学习习近平总书记在贵州考察时的重要讲话精神，研究贯彻意见；研究审定《中共宁德市委关于开展“再学习、再调研、再落实”活动的工作方案（送审稿）》；研究有关干部工作；听取2020年宁德市巡察工作情况汇报，研究有关工作。	郭锡文
8	2月22日	市委常委会会议	传达学习习近平总书记近期重要讲话、重要回信精神（学习内容一：在2021年春节团拜会上的重要讲话精神；学习内容二：在党史学习教育动员大会上的重要讲话精神；学习内容三：给河北省平山县西柏坡镇北庄村全体党员回信精神；学习内容四：给上海市新四军历史研究会百岁老战士们的回信精神），研究贯彻意见。传达学习省委书记、省人大常委会主任尹力莅宁调研精神，研究贯彻意见；传达学习全国组织部长会议及省委常委会会议、全省组织部长会议精神，研究贯彻意见；传达学习全国统战部长会议及省委常委会会议、全省统战部长会议精神，研究贯彻意见（市委常委会会议暨市委统一战线工作领导小组2021年第一次会议）；传达学习全国、全省网信办主任会议精神，研究贯彻意见（市委常委会会议暨市委网信委第四次会议）；听取关于《宁德市志（1993—2005）》编纂出版工作情况汇报，研究有关工作；研究审定《关于贯彻落实〈中共中央加强新时代公安工作的意见〉的若干措施（送审稿）》；审议“七一勋章”提名建议人选和全国“两优一先”表彰推荐建议名单。	郭锡文

续表 3

序号	时间	会议名称	会议主要内容	主持人
9	2月24日	市委常委会（扩大）会议	听取市委常委2020年度述职述廉报告并点评，市委常委在会上述责述廉并接受现场评议，市委委员、候补委员等参加。	郭锡文
10	2月25日	市委常委会会议	传达学习习近平总书记在全国脱贫攻坚总结表彰大会上的重要讲话精神，研究贯彻意见。	郭锡文
11	3月1日	市委常委会（扩大）会议	深入学习习近平总书记在全国脱贫攻坚总结表彰大会上的重要讲话精神，研究贯彻意见。	郭锡文
12	3月1日	市委常委会会议	传达学习习近平总书记近期重要讲话精神（学习内容一：在2月26日中央政治局会议上的重要讲话精神；学习内容二：在中央政治局第二十八次集体学习时的重要讲话精神），研究贯彻意见。传达学习全国、全省老干部局长会议精神，研究贯彻意见；听取环三都澳湾区经济发展规划情况汇报，研究有关工作；听取宁德市第十届老年人体育健身大会筹备工作情况汇报，研究有关工作；听取宁德市中心城区2021年度土地收储和出让计划汇报，研究有关工作；听取宁德市商业总公司出资人变更情况汇报，研究有关工作；研究审定《宁德市庆祝中国共产党成立100周年活动方案（送审稿）》和《宁德市开展党史学习教育筹备工作方案（送审稿）》；审定全国文旅系统先进集体推荐名单；研究有关干部工作。	郭锡文
13	3月15日	市委常委会（扩大）会议	传达省委常委会（扩大）会议精神，研究贯彻意见。	郭锡文
14	3月15日	市委常委会会议	传达学习习近平总书记近期重要讲话精神（学习内容一：在中央党校（国家行政学院）中青年干部培训班开班式上的重要讲话精神；学习内容二：在会见探月工程嫦娥五号任务参研参试人员代表并参观月球样品和探月工程成果展览时的重要讲话精神）。学习领会《求是》杂志发表习近平总书记重要文章《在河北省阜平县考察扶贫开发工作时的讲话》及省委常委会会议精神，研究贯彻意见。传达学习全国、全省政法队伍教育整顿有关会议、文件精神，部署推进宁德市政法队伍教育整顿工作（市委常委会会议暨市政法队伍教育整顿领导小组第一次会议）；传达学习2021年全省对台工作会议精神，研究贯彻意见；传达学习全省档案工作会议精神，研究贯彻意见；研究审议《中共宁德市委全面依法治市委员会关于为全方位推动高质量发展超越提供有力法治保障的若干措施（送审稿）》和《市政府2021年立法计划报告（送审稿）》（市委常委会会议暨市委全面依法治市委员会第四次会议）；传达学习全省市县乡领导班子换届工作会议暨业务培训会会议精神，研究贯彻意见；传达学习中央、省委关于严肃换届纪律有关要求，研究贯彻意见；研究有关干部工作。	郭锡文
15	3月24日	市委常委会会议	听取全市党史学习教育工作情况汇报，研究审定《市委党史学习教育领导小组工作规则（送审稿）》《市委党史学习教育领导小组办公室规则（送审稿）》《中共宁德市委关于开展党史学习教育的实施方案（送审稿）》（市委常委会会议暨市委党史学习教育领导小组第一次会议）；研究审定《2021年度宁德市政协重点协商工作计划（送审稿）》；研究审定《宁德市促进劳动力和人才社会性流动体制机制改革的若干措施（送审稿）》；研究审定《宁普时代合资项目合作协议》；研究审议《宁德时代车里湾项目合作协议》；审定宁德市消防救援支队记功奖励事宜；研究有关干部工作。	郭锡文
16	3月29日	市委常委会（扩大）会议	传达学习贯彻习近平总书记到福建考察重要讲话精神及省委常委会（扩大）会议、全省领导干部大会精神，研究贯彻意见。	郭锡文

续表 3

序号	时间	会议名称	会议主要内容	主持人
17	3月29日	市委常委会会议	研究审定《宁德市中心城区开展打击私屠滥宰保证畜禽肉品质量安全长效实施方案（送审稿）》；研究审定《宁德市“三比三赛”活动实施方案（送审稿）》；审定2021年福建省五一劳动奖状推荐名单；审定全省、全市“两优一先”表彰推荐名单。	郭锡文
18	4月8日	市委常委会会议	传达学习习近平总书记近期重要讲话、重要指示、贺信精神（学习内容一：在3月30日中央政治局会议上的重要讲话精神；学习内容二：在参加首都义务植树活动时的重要讲话精神；学习内容三：对革命文物工作作出的重要指示精神；学习内容四：致厦门大学建校100周年的贺信精神），研究贯彻意见。研究审定《宁德市“十四五”综合交通运输发展专项规划（送审稿）》《宁德市中心城区“十四五”公共交通发展规划（送审稿）》；研究审定《宁德市人民政府国网福建省电力公司推进新时代“双满意”工程服务宁德“一二三”发展战略助力“碳达峰、碳中和”行动合作框架协议（送审稿）》；审定福建省民族团结进步模范集体和模范个人推荐名单；审定第五批省市下派驻村任职党员干部记功奖励人选推荐名单，研究有关工作；研究有关干部工作。	郭锡文
19	4月16日	市委常委会会议	传达学习习近平总书记近期重要指示精神（学习内容一：对深化东西部协作和定点帮扶工作作出的重要指示精神；学习内容二：对打击治理电信网络诈骗犯罪工作作出的重要指示精神；学习内容三：对职业教育工作作出的重要指示精神）。传达学习省委全面依法治省工作会议精神，研究贯彻意见。（市委常委会会议暨全面依法治市委员会第五次会议）；听取2020年度市直“平安单位”考评情况汇报，研究有关工作；研究审定《2020年海上养殖综合整治补助资金分配方案（送审稿）》；审定省级脱贫攻坚先进个人和先进集体推荐名单。	郭锡文
20	4月19日	市委常委会会议	研究有关干部工作。	郭锡文
21	4月23日	市委常委会会议	传达学习习近平总书记在清华大学考察时的重要讲话精神，研究贯彻意见；传达学习中央深改委第十八次会议和省委深改委第十五次、十六次会议精神，研究审定《中共宁德市委全面深化改革委员会2021年工作要点（送审稿）》（市委常委会会议暨市委深改委第五次会议）；传达学习各设区市、平潭综合实验区、省直有关单位党史学习教育领导小组负责人座谈会精神，研究贯彻意见，研究审定《关于组建市委党史学习教育巡回指导组工作方案（送审稿）》（市委常委会会议暨市委党史学习教育领导小组第二次会议）；研究审定《2021年宁德市城乡建设品质提升实施方案（送审稿）》《全方位推动住房城乡建设高质量发展超越行动计划（送审稿）》；研究审定《关于选拔引进宁德市属国企类引进生的工作办法（送审稿）》；听取宁德市省工会十四大代表、委员、经审委员意向初步人选推荐情况汇报，研究有关工作。	郭锡文
22	4月27日	市委常委会会议	传达学习习近平总书记在领导人气候峰会上的重要讲话精神，研究贯彻意见；研究审定《宁德市国企改革三年行动实施方案（2020—2022年）（送审稿）》；审定全省扫黑除恶斗争先进评选表彰奖励推荐名单；审定全省财政系统2016—2020年先进集体评选表彰推荐名单；听取关于县（市、区）召开党代会的有关请示及批复建议情况汇报，研究有关工作。	郭锡文
23	4月29日	市委常委会会议	传达学习全省设区市领导班子换届考察工作培训会精神，研究贯彻意见。	郭锡文
24	5月8日	市委常委会会议	研究有关工作。	郭锡文

续表 3

序号	时间	会议名称	会议主要内容	主持人
25	5 月 13 日	市委常委会会议	研究有关工作。	梁伟新
26	5 月 17 日	市委常委会会议	研究有关干部工作。	梁伟新
27	5 月 24 日	市委常委会会议	传达学习习近平总书记近期重要讲话精神（学习内容一：在 4 月 30 日中央政治局会议上的重要讲话精神；学习内容二：在中央政治局第二十九次集体学习时的重要讲话精神；学习内容三：在广西考察时的重要讲话精神；学习内容四：在河南考察时的重要讲话精神；学习内容五：在推进南水北调后续工程高质量发展座谈会上的重要讲话精神）及省委常委会会议精神，研究贯彻意见。传达学习中央财经委第九次会议和省委财经委第九次、十次会议精神，研究审定《中共宁德市委财经委 2021 年工作要点（送审稿）》（市委常委会会议暨市委财经委第三次会议）；传达学习省管干部学习贯彻习近平总书记到福建考察重要讲话精神专题研讨班暨省级领导班子党史学习教育专题读书班精神，研究贯彻意见；传达学习全省推进医改工作视频会议精神，研究贯彻意见；研究审定《宁德市新型基础设施建设行动计划（2021-2022）（送审稿）》；研究审定《关于支持少数民族乡村振兴的五条措施（送审稿）》；研究审定《宁德市市直有关部门生态环境保护责任清单（送审稿）》；研究审定《关于全面推进乡村振兴加快农业农村现代化的实施方案（送审稿）》。	梁伟新
28	5 月 25 日	市委常委会会议	研究有关干部工作。	梁伟新
29	5 月 31 日	市委常委会会议	传达学习习近平总书记近期重要讲话、重要文章、重要回信精神（学习内容一：在出席中国科学院第二十次院士大会、中国工程院第十五次院士大会、中国科协第十次全国代表大会时的重要讲话精神；学习内容二：在出席全球健康峰会时的重要讲话精神；学习内容三：重要文章《用好红色资源，传承红色基因，把红色江山世世代代传下去》；学习内容四：给《文史哲》编辑部全体编辑人员的回信精神）及省委常委会会议精神，研究贯彻意见。传达学习中央文件精神，研究贯彻意见；传达学习省委专题会议精神，研究贯彻意见；传达学习省委副书记、省长王宁莅宁调研讲话精神，研究贯彻意见；传达学习全省基层党建重点任务推进会精神，研究贯彻意见；传达学习全省巩固拓展脱贫攻坚成果同乡村振兴有效衔接暨农村建设品质提升第一次现场推进会精神，研究贯彻意见；研究审定《关于做好市第五次党代会筹备工作的建议（送审稿）》；研究审定《宁德市“十四五”现代化服务业发展专项规划（送审稿）》；研究审定《宁德市“十四五”应急体系建设专项规划（送审稿）》；审定推荐全省优秀民营企业家和优秀民营企业及民营企业党建工作先进单位名单。	梁伟新
30	6 月 5 日	市委常委会（扩大）会议	省委常委、组织部部长杨贤金到会讲话，省委组织部分管日常工作的副部长杨国豪宣布省委决定：梁伟新任中共宁德市委书记，张永宁任中共宁德市委委员、常委、副书记。梁伟新、张永宁在会上作表态发言。	梁伟新
31	6 月 7 日	市委常委会会议	研究有关干部工作。	梁伟新
32	6 月 15 日	市委常委会会议	听取中共宁德市委四届十四次全体会议筹备情况汇报，研究有关工作；深入学习《中国共产党统一战线工作条例》，听取宁德市贯彻落实情况汇报，研究有关工作（市委常委会会议暨市委统一战线工作领导小组 2021 年第四次会议）；听取市四届人大七次会议前期筹备工作情况汇报，研究有关工作；研究有关干部工作。	梁伟新
33	6 月 16 日	市委常委会会议	听取市委四届十四次全体会议各讨论组讨论情况汇报。	梁伟新

续表 3

序号	时间	会议名称	会议主要内容	主持人
34	6月17日	市委常委会会议	传达学习习近平总书记近期重要讲话、重要指示、重要回信贺信精神（学习内容一：在5月31日中央政治局会议上的重要讲话精神；学习内容二：在中央政治局第三十次集体学习时的重要讲话精神；学习内容三：在青海考察时的重要讲话精神；学习内容四：关于向袁隆平学习的重要指示精神；学习内容五：对湖北十堰市张湾区艳湖社区集贸市场燃气爆炸事故作出的重要指示精神；学习内容六：给江苏省淮安市新安小学少先队员的回信精神；学习内容七：致世界环境司法大会的贺信精神；学习内容八：致《中国日报》创刊40周年的贺信精神；学习内容九：致世界马克思主义政党理论研讨会的贺信精神）及省委常委会会议精神，研究贯彻意见；传达学习全国全省精神文明建设工作有关会议精神，听取宁德市精神文明建设工作汇报，研究贯彻意见；传达学习全省政法队伍教育整顿查纠整改工作推进会和扫黑除恶斗争总结表彰大会精神，研究贯彻意见（市委常委会会议暨市政法队伍教育整顿领导小组第三次会议）；研究审定《中共宁德市委全面依法治市委员会2021年工作要点（送审稿）》（市委常委会会议暨全面依法治市委员会第六次会议）；听取2020年度省对市绩效考评情况及2020年度县（市、区）和市直单位绩效考评情况汇报，研究审定《宁德市2021年绩效管理工作方案（送审稿）》；听取市四届人大七次会议安排情况汇报，研究有关工作。	梁伟新
35	6月20日	市委常委会会议	研究有关干部工作。	梁伟新
36	6月22日	市委常委会会议	研究有关干部工作。	梁伟新
37	6月23日	市委常委会会议	传达学习习近平总书记给廖俊波母亲季平英重要回信精神和《中共福建省委关于认真学习贯彻习近平总书记重要回信精神开展“弘扬廖俊波精神、践行为民初心”活动的通知》精神、省委常委会会议精神，研究贯彻意见（市委常委会会议暨市委理论学习中心组学习会）；传达学习省委书记、省人大常委会主任尹力莅宁调研讲话精神，研究贯彻意见；传达学习全省民营企业发展大会精神，研究贯彻意见；听取宁德市乡镇领导班子换届工作情况汇报，研究有关工作；研究“七一”前宁德市疫情防控和疫苗接种工作；研究审定《首届中国（宁德）国际新能源新材料博览会总体方案（送审稿）》。	梁伟新
38	6月30日	市委常委会会议	传达学习习近平总书记近期重要讲话、重要回信贺信精神（学习内容一：在庆祝中国共产党成立100周年“七一勋章”颁授仪式上的重要讲话精神；学习内容二：在中央政治局第三十一次集体学习时的重要讲话精神；学习内容三：在参观“‘不忘初心、牢记使命’中国共产党历史展览”时的重要讲话精神；学习内容四：给北京大学的留学生们回信精神；学习内容五：致金沙江白鹤滩水电站首批机组投产发电的贺信精神），研究贯彻意见。研究审定《宁德时代锂离子电池福鼎生产基地项目合作协议（送审稿）》；研究审定《宁德市全面推进林长制的实施方案（送审稿）》；研究审定福建省第六届杰出人民教师推荐人选；观看严肃换届纪律教育警示片《警钟长鸣》。	梁伟新
39	7月2日	市委常委会（扩大）会议	市委常委会（扩大）会议暨市委理论学习中心组学习会议，传达学习习近平总书记在庆祝中国共产党成立100周年大会上的重要讲话精神及省委常委会（扩大）会议精神，研究贯彻意见。	梁伟新
40	7月8日	市委常委会（扩大）会议	传达学习习近平总书记在中国共产党与世界政党领导人峰会上的重要讲话精神，研究贯彻意见；传达学习省委书记、省人大常委会主任尹力，省委副书记、省长王宁等省领导莅宁调研讲话精神，研究贯彻意见。	梁伟新

续表 3

序号	时间	会议名称	会议主要内容	主持人
41	7 月 9 日	市委常委会会议	研究有关干部工作。	梁伟新
42	7 月 23 日	市委常委会会议	传达学习习近平总书记对防汛救灾工作的重要指示精神及国家、省有关领导关于防汛防台、安全生产工作的批示精神和全国、全省安全生产会议精神，听取宁德市防汛防台和上半年安全生产工作情况汇报，研究贯彻意见；传达学习习近平总书记近期重要讲话精神，中央有关工作条例及省委有关会议精神，研究贯彻意见；传达学习中央有关文件精神及中央政治局委员、中央书记处书记、中央政法委书记郭声琨批示精神，研究贯彻意见；传达学习省领导尹力、王宁、郑新聪在福州、厦门、宁德开展全面从严治党主体责任检查时的讲话精神，审定《省委对宁德市 2021 年全面从严治党主体责任落实情况检查整改方案（送审稿）》，研究有关工作（市委常委会会议暨市委党建工作领导小组会议）；传达学习全省严肃换届纪律加强换届风气监督工作推进会精神，研究贯彻意见；传达学习全省市、县、乡三级人大换届选举工作部署暨业务培训会精神，研究贯彻意见；研究审定全国老干部工作先进集体和先进个人初选对象推荐名单；研究审定各县（市、区）党委、纪委组成人员候选人预备人选、出席市第五次党代会代表候选人预备人选，提名市党员领导干部参加县（市、区）的市党代会代表选举方案，市委领导指导县（市、区）党代会工作方案。	梁伟新
43	7 月 29 日	市委常委会会议	传达学习习近平总书记近期重要讲话、重要指示、贺信精神（学习内容一：在西藏考察时的重要讲话精神；学习内容二：对深入推进农村厕所革命作出的重要指示精神；学习内容三：致第 44 届世界遗产大会贺信精神），研究贯彻意见。传达学习省委意识形态工作有关文件精神，听取上半年全市意识形态工作情况汇报，审定意识形态有关文件，研究有关工作 [市委常委会会议暨市委宣传思想文化（意识形态）工作领导小组会议]；研究审定《中共宁德市委关于废止和宣布失效一批党内规范性文件的决定（送审稿）》；研究审定《2021 年全市治理“餐桌污染”建设“食品放心工程”工作方案（送审稿）》；听取市管领导班子和领导干部 2020 年度考核等次评定情况汇报，研究有关工作。	梁伟新
44	8 月 10 日	市委常委会会议	传达学习习近平总书记近期重要讲话精神（学习内容一：在 7 月 30 日中共中央政治局会议上的重要讲话精神；学习内容二：在中共中央政治局第三十二次集体学习时的重要讲话精神；学习内容三：在党外人士座谈会上的重要讲话精神），研究贯彻意见。传达学习省委十届十三次全会精神，研究贯彻意见；传达学习省委关于霞浦县松山街道古县村党支部书记孙丽美因公殉职事迹的有关会议精神，研究贯彻意见；传达学习全省组织工作推进会、村（社区）“两委”换届工作视频会议、省第十一次党代会代表选举工作会议等会议精神，研究贯彻意见；听取 2021 年上半年全市公安工作情况汇报，研究有关工作；研究审定《宁德市市级零基预算改革实施方案（送审稿）》；研究有关干部工作。	梁伟新
45	8 月 12 日	市委常委会会议	研究有关干部工作。	梁伟新
46	8 月 17 日	市委常委会会议	学习《习近平在福建》采访实录（市委常委会会议暨市委理论学习中心组学习会）；传达学习全省党政专用通信二级网建设现场会精神，听取宁德市二级网建设情况汇报，研究有关工作；研究审议《宁德市户外广告和招牌设置管理条例（送审稿）》；研究审定《宁德市“十四五”水安全保障规划（送审稿）》；研究审定《宁德市“十四五”卫生健康事业发展专项规划（送审稿）》；审定全省民族与宗教系统先进工作者推荐名单；研究有关干部工作。	梁伟新

续表 3

序号	时间	会议名称	会议主要内容	主持人
47	8月23日	市委常委会会议	传达学习习近平总书记关于统计工作重要讲话、指示、批示精神，中办、国办《意见》《办法》《规定》《选编》及中纪委办《关于加强统计领域数字造假问题监督执纪问责工作的通知》等有关文件精神，研究贯彻意见；传达学习全省下半年工作推进会会议精神，研究贯彻意见；传达学习《中共福建省委关于追授孙丽美同志“全省优秀共产党员”称号并开展向孙丽美同志学习活动的决定》精神，研究贯彻意见；研究有关干部工作。	梁伟新
48	9月1日	市委常委会会议	传达学习习近平总书记近期重要讲话、回信、贺信精神（学习内容一：在河北承德考察时的重要讲话精神；学习内容二：在中央民族工作会议上的重要讲话精神；学习内容三：在中央财经委员会第十次会议上的重要讲话精神；学习内容四：给云南省沧源县边境村老支书们的回信精神；学习内容五：致中国—上海合作组织数字经济产业论坛、2021中国国际智能产业博览会贺信精神）及省委常委会会议精神，研究贯彻意见；传达学习习近平总书记关于禁毒工作系列重要指示精神，省委、省政府主要领导批示精神，听取全国禁毒工作督导检查考评有关工作情况汇报，研究贯彻意见；听取四届市委巡察五年工作及督查调研巡察整改落实情况汇报，研究有关工作；听取近期学生安全工作情况汇报，研究有关工作；研究审定《宁德市“十四五”生态环境保护规划（送审稿）》；听取宁德市出席省第十一次党代会代表候选人初步人选产生情况汇报，研究有关工作；听取宁德市第二批乡村振兴指导员年度考核工作情况汇报，研究有关工作；听取宁德市2018—2020年度绩效考评记功奖励工作情况汇报；研究有关干部工作。	梁伟新
49	9月6日	市委常委会会议	传达学习习近平总书记近期重要讲话精神［学习内容一：在8月31日中央政治局会议上的重要讲话精神；学习内容二：在中央党校（国家行政学院）中青年干部培训班开班式上的重要讲话精神］，研究贯彻意见。传达学习省委书记、省人大常委会主任尹力莅宁调研讲话精神，研究贯彻意见；学习福建省有关统计工作文件精神，研究贯彻意见；听取宁德市疫情防控有关工作情况汇报，学习《福建省应对新冠肺炎疫情应急预案（第4版）》（闽应对疫情工作领导小组〔2021〕2号），研究有关工作（市委常委会会议暨市应对新型冠状病毒感染肺炎疫情工作领导小组会议）；研究审定“宁德市第五届人大代表名额分配方案及构成意见、寄选名额安排和换届选举工作安排方案”、《关于推荐履职优秀宁德市第四届人大代表参加连选的建议意见（送审稿）》《宁德市县乡人大代表换届选举工作日程安排方案（送审稿）》；研究审定《宁德市市县两级项目合作机制（送审稿）》；研究有关干部工作。	梁伟新
50	9月13日	市委常委会会议	研究有关干部工作。	梁伟新
51	9月16日	市委常委会会议	传达学习习近平总书记关于新冠肺炎疫情防控工作重要指示批示精神及省委常委会会议精神，听取宁德市近期疫情防控工作情况汇报，研究贯彻意见（市委常委会会议暨市应对新型冠状病毒感染肺炎疫情工作领导小组会议）；研究审定《宁德市行政复议机制改革实施方案（送审稿）》，听取宁德市近期依法治市工作情况汇报；研究审定《关于支持宁德时代21C创新实验室人才队伍建设的若干措施（送审稿）》《宁德市企业高层次人才自主评价认定办法（送审稿）》《宁德市关键核心技术攻关任务“揭榜挂帅”工作方案（送审稿）》；研究审定《宁德中心城区2021—2022年污水处理提质增效建设项目及融资方案（送审稿）》；研究审定《宁德市国土空间总体规划（2020—2035）（送审稿）》；听取第二批选举单位推选市第五次党代会代表候选人预备人选情况汇报，关于提名党员领导干部作为市第五次党代会代表候选人参加有关选举单位选举以及机动名额调剂的建议，研究有关工作；研究有关干部工作。	梁伟新

续表 3

序号	时间	会议名称	会议主要内容	主持人
52	9月23日	市委常委会会议	审议市第五次党代会主报告和纪委工作报告，研究有关工作；听取市第五次党代会有关筹备工作情况汇报，研究有关工作；审定推荐全国绿化先进集体劳动模范和先进工作者推荐名单。	梁伟新
53	9月29日	市委常委会会议	深入学习领会习近平总书记对宁德重要讲话重要指示批示精神，大力传承弘扬习近平总书记在宁德工作期间留下的好思想好传统好作风，全面贯彻落实市第五次党代会精神，牢记嘱托、感恩奋进，全方位推进高质量发展超越，奋力谱写全面建设社会主义现代化国家的宁德篇章（市委常委会会议暨市委理论学习中心组学习会）；审定“七五”普法全国、全省先进集体和先进个人推荐名单；研究有关干部工作。	梁伟新
54	10月9日	市委常委会会议	传达学习习近平总书记近期重要讲话、回信精神（学习内容一：在陕西榆林考察时的重要讲话精神；学习内容二：在中共中央政治局第三十二次集体学习时的重要讲话精神；学习内容三：在中央人才工作会议上的重要讲话精神；学习内容四：给全国高校黄大年式教师团队代表的回信精神），研究贯彻意见。研究审定《宁德市贯彻〈国家积极应对人口老龄化中长期规划〉实施方案（送审稿）》；研究审定《加快建设“海上宁德”推进海洋经济高质量发展三年行动方案（2021—2023年）（送审稿）》《宁德市推进海洋经济高质量发展三年行动重大项目（送审稿）》；听取2021年度全市未成年人思想道德建设工作情况汇报，研究有关工作；审定全省优秀公安局局长推荐名单。	梁伟新
55	10月12日	市委常委会会议	深入学习习近平总书记关于粮食安全的重要论述，研究贯彻意见；听取宁德市关于涉粮问题专项巡视有关工作情况汇报，研究有关工作；研究审定《2021年市委全面从严治党主体责任落实情况检查工作方案（送审稿）》；研究审定《宁德市“十四五”消防救援事业发展专项规划（送审稿）》；研究审定《宁德市“十四五”教育事业发展专项规划（送审稿）》；研究审定《宁德市“十四五”制造业高质量发展专项规划（送审稿）》。	梁伟新
56	10月25日	市委常委会会议	传达学习习近平总书记近期重要讲话、指示、贺信精神［学习内容一：在10月18日中共中央政治局会议上的重要讲话精神；学习内容二：在中共中央政治局第十三次集体学习时的重要讲话精神；学习内容三：在纪念辛亥革命110周年大会上的重要讲话精神；学习内容四：在中央人大工作会议上的重要讲话精神；学习内容五：在《生物多样性公约》第十五次缔约方大会领导人峰会上的重要讲话精神；学习内容六：在第二届联合国全球可持续交通大会开幕式上的重要讲话精神；学习内容七：对老龄工作作出的重要指示精神；学习内容八：致第130届中国进出口商品交易会（广交会）的贺信精神传达学习省委常委会会议精神，研究贯彻意见］；传达学习省委副书记、代省长赵龙莅宁调研讲话精神，研究贯彻意见；听取宁德市“再学习、再调研、再落实”活动开展情况汇报，研究下一阶段工作；传达学习全省市县政协主席工作座谈会精神，研究贯彻意见；传达学习省委统战部召开的市县人大换届党外人士安排工作座谈会精神，研究贯彻意见；研究审定《关于政协第五届宁德市委员会人事安排的工作方案》，研究审定《第六届中国大黄鱼文化节方案（送审稿）》。	梁伟新

续表 3

序号	时间	会议名称	会议主要内容	主持人
57	11月4日	市委常委会会议	传达学习习近平总书记近期重要讲话、贺信精神（学习内容一：在深入推动黄河流域生态保护和高质量发展座谈会上的重要讲话精神；学习内容二：在中华人民共和国恢复联合国合法席位50周年纪念会议上的重要讲话精神；学习内容三：在参观国家“十三五”科技创新成就展时的重要讲话精神；学习内容四：致中央广播电视总台央视奥林匹克频道及其数字平台开播上线的贺信精神；学习内容五：致人民出版社成立100周年的贺信精神）及省委常委会会议精神。听取省纪委对宁德市开展政治监督发现问题整改工作情况汇报，研究有关工作；传达学习全国加强换届风气监督工作电视电话会议精神，研究贯彻意见；传达学习省委党史学习教育领导小组第七次会议精神，听取宁德市近期党史学习教育工作情况汇报，研究贯彻意见（市委常委会会议暨市委党史学习教育领导小组第四次会议）；传达学习省委召开的学习“时代楷模”孙丽美先进事迹座谈会精神，研究贯彻意见；听取修订完善时代永福项目投资合作协议条款事宜，研究有关工作。	梁伟新
58	11月12日	市委常委会会议	研究有关干部工作。	梁伟新
59	11月15日	市委常委会(扩大)会议	传达学习党的十九届六中全会及省委常委会（扩大）会议精神，研究贯彻意见，市四套班子领导等参加。	梁伟新
60	11月16日	市委常委会会议	传达学习习近平总书记近期重要讲话、贺信精神。学习内容一：在第四届中国国际进口博览会开幕式上的重要讲话精神。学习内容二：在参加北京市区人大代表换届选举投票时的重要讲话精神。学习内容三：致新华社建社90周年贺信精神。传达学习省委副书记、政法委书记罗东川莅宁调研讲话精神及在市委、市政府《关于宁德市党政代表团到浙江省杭州市、宁波市学习考察情况的报告》上的批示，研究贯彻意见；听取2021年以来宁德市贯彻落实中央八项规定精神情况报告，研究有关工作；听取宁德市普惠金融改革试验区建设上半年工作情况汇报，研究审定《宁德市推进农村生产要素流转融资试点工作的意见（送审稿）》，研究部署下一阶段工作（市委常委会会议暨市普惠金融改革试验区工作领导小组会议）；听取2020年以来全市外事工作报告，研究部署下一阶段工作（市委常委会会议暨市委外事工作委员会第三次会议）。	梁伟新
61	11月19日	市委常委会会议	研究有关干部工作。	梁伟新
62	11月30日	市委常委会(扩大)会议	介绍省第十一次党代会情况，传达省委书记尹力在省第十一次党代会工作报告及省委十一届全会上的讲话精神、省纪委工作报告精神，市委副书记、市长张永宁传达省领导崔玉英、郭宁宁和省级老领导黄瑞霖等代表在参加宁德团审议时的讲话精神，研究贯彻意见，市四套班子领导等参加。	梁伟新
63	12月8日	市委常委会会议	研究有关干部工作。	梁伟新

续表 3

序号	时间	会议名称	会议主要内容	主持人
64	12 月 9 日	市委常委会会议	传达学习习近平总书记近期重要讲话、贺信精神（学习内容一：在 11 月 18 日中共中央政治局会议上的重要讲话精神；学习内容二：在第三次“一带一路”建设座谈会上的重要讲话精神；学习内容三：在全国宗教工作会议上的重要讲话精神；学习内容四：致首届中国网络文明大会贺信精神传达学习省委常委会会议精神），研究贯彻意见。研究审定《中国共产党宁德市委员会工作规则（送审稿）》；听取宁德市近期疫情防控工作情况汇报，研究有关工作（市委常委会会议暨市应对新型冠状病毒感染肺炎疫情工作领导小组第 134 会议）；传达学习中央组织部关于违反换届纪律问题通报的有关文件精神，研究贯彻意见；传达学习中央、省委学习宣传党的十九届六中全会、省第十一次党代会精神有关部署要求，听取宁德市理论宣传和研究工作情况汇报，研究贯彻意见；研究审议《宁德市人大常委会 2022 年立法计划（草案）》；听取市第五届人大一次会议前期筹备工作、市政协五届一次会议前期筹备工作情况汇报，研究有关工作；研究审议新一届市人大代表、政协委员和市人大、政协常委会组成人员人选建议名单；研究审议民主党派市级组织新一届领导班子人选建议名单。	梁伟新
65	12 月 13 日	市委常委会会议	传达学习习近平总书记近期重要讲话精神（学习内容一：在 12 月 6 日中共中央政治局会议上的重要讲话精神；学习内容二：在中共中央政治局第三十五次集体学习时的讲话精神；学习内容三：在 12 月 2 日党外人士座谈会上的重要讲话精神）。听取中共宁德市委五届二次全体会议筹备情况汇报，研究有关工作；传达学习纪念中央革命根据地创建暨中华苏维埃共和国成立 90 周年座谈会及省委常委会会议精神，研究贯彻意见；研究审定《中共五届宁德市委巡察工作规划（送审稿）》；研究审定《中共宁德市委宣传部宁德市司法局关于在全市开展法治宣传教育的第八个五年规划（2021—2025）（送审稿）》（市委常委会会议暨全面依法治市委员会第八次会议）；研究审定《中共宁德市委国安委核安全工作协调机制（送审稿）》（市委常委会会议暨市委国安委第四次会议）；研究审定《宁德市“十四五”数字宁德重点专项规划（送审稿）》；研究审定《宁德市“十四五”特色现代发展专项规划（送审稿）》；听取市总工会工作情况汇报，研究有关工作；听取团市委工作情况汇报，研究有关工作；研究市妇联工作情况汇报，研究有关工作。	梁伟新
66	12 月 23 日	市委常委会会议	传达学习习近平总书记近期重要讲话、指示、贺信精神（学习内容一：在中国文联十一大、中国作协十大开幕式上的重要讲话精神；学习内容二：致厦门经济特区建设 40 周年贺信精神；学习内容三：对全国老干部工作作出的重要指示精神；学习内容四：对党内法规工作作出的重要指示精神），研究贯彻意见。传达学习中央深改委第二十二次、二十三次会议精神，研究审定《宁德市加快建立健全绿色低碳循环发展经济体系实施方案（送审稿）》《宁德市交通运输领域市与县（市、区）财政事权和支出责任划分改革实施意见（送审稿）》（市委常委会会议暨五届市委深改委第一次会议）；传达学习全省粮食购销领域腐败问题专项整治推进会议精神，研究审定《关于落实省委对宁德市开展涉粮问题专项巡视反馈意见整改工作方案（送审稿）》；听取市第五届人大一次会议、市政协五届一次会议筹备工作情况汇报，研究有关工作；研究审定《宁德市党政领导干部落实安全生产责任制专项督查发现问题整改方案（送审稿）》，部署下一阶段工作；研究审议《邦普循环宁德产业园二期项目投资合作协议（送审稿）》《邦普循环宁德产业园三期项目投资合作协议（送审稿）》；研究审议新一届市委常委工作分工；研究有关干部工作。	梁伟新

续表 3

序号	时间	会议名称	会议主要内容	主持人
67	12 月 28 日	市委常委会会议	传达学习习近平总书记近期重要指示、回信精神（学习内容一：对党史学习教育作出的重要指示精神；学习内容二：对做好“三农”工作作出的重要指示精神；学习内容三：给中国国家话剧院艺术家的回信精神；学习内容四：致 2021 年大湾区科学论坛贺信精神），研究贯彻意见。听取 2021 年度市人大常委会党组、市政府党组、市政协党组工作情况汇报；听取 2021 年度市纪委监委工作情况和市法院党组、市检察院党组工作情况汇报。	梁伟新
68	12 月 30 日	市委常委会会议	传达学习中央、省委军地融合发展委员会全体会议和工作会议精神，审议有关文件，研究贯彻意见（市委常委会会议暨五届市委军民融合发展委员会第一次全体会议）；研究审议 2022 年宁德市《政府工作报告（送审稿）》《宁德市 2021 年国民经济和社会发展计划执行情况及 2022 年国民经济和社会发展计划草案的报告（送审稿）》《宁德市 2021 年财政预算执行情况及 2022 年预算草案的报告（送审稿）》；听取 2021 年宁德市意识形态工作情况汇报，分析研判宁德市意识形态领域优势，研究有关工作 [市委常委会会议暨市委宣传思想文化工作领导小组（意识形态工作领导小组）会议]；听取市委党校工作情况汇报，研究有关工作；研究有关干部工作。	梁伟新

（资料来源：市委办公室）

【市委理论学习中心组学习会】 2021 年中共宁德市委召开市委理论学习中心组学习会 10 次。分别是：

1 月 7 日，市委理论学习中心组召开学习会，学习贯彻习近平新时代中国特色社会主义思想，加强政治建设，提高政治能力，坚守人民情怀，夺取决胜全面建成小康社会，实现第一个百年奋斗目标的伟大胜利，开启全面建设社会主义现代化国家新征程，市委书记郭锡文主持会议并讲话，市委常委依次作重点发言。

4 月 6 日，市委理论学习中心组召开学习会议，深入学习贯彻习近平总书记到福建考察重要讲话精神，省委常委、秘书长，省政府副省长、党组副书记郑新聪作专题辅导报告，市委书记郭锡文主持会议，市委常委依次发言，市四套班子领导等参加。

6 月 30 日，市委理论学习中心组召开学习会，深入学习习近平总书记关于党史的重要论述，学好用好习近平《论中国共产党历史》，推动宁德市党史学习教育深入开展。市委书记梁伟新主持会议并讲话，省委党史学习教育第五巡回指导组组长马照南、副组长陈培坚到会指导，市委常委严志铭、谢再春、强军、陈惠作重点发言，其他常委作书面交流发言。

7 月 8 日，市委理论学习中心组召开学习会，学习习近平总书记关于乡村振兴的重要论述，会议由中央政研室副主任、秘书长林尚立作主题宣讲，市委书记梁伟新主持会议，市四套班子领导等参加。

7 月 19 日，市委理论学习中心组召开学习会，深入学习贯彻习近平总书记关于意识形态工作的重要论述，学习贯彻新修订《党委（党组）意识形态工作责任制实施细则》和《福建省党委（党组）意识形态工作责任制实施细则》。会议由中国社会科学院国家文化安全与意识形态建设研究中心常务副主任兼秘书长朱继东作辅导讲座，市四套班子领导等参加。

7 月 29 日，市委理论学习中心组召开学习会，围绕学习《习近平关于网络强国论述摘编》，全面、系统、深入学习领会习近平总书记关于网络强国的重要思想，市委书记梁伟新主持会议并讲话，市委常委、政法委书记王世雄发言，市委常委、宣传部部长谢再春领读《摘编》并发言。

10 月 25 日，观看电视专题片《生命重于泰山——学习习近平总书记关于安全生产重要论述》，市委书记梁伟新主持会议并讲话。

11 月 19 日，市委理论学习中心组召开学习会，深入学习领会党的十九届六中全会精神，切实把思想和行动统一到习近平总书记重要讲话精神和全会决策部署上来，以史为鉴、开创未来，埋头苦干、勇毅前行，全方位推进高质量发展超越，奋力谱写全面建设社会主义现代化国家的宁德篇章。市领导梁伟新、张永宁、王世雄、兰斯琦、杨方、严志铭作重点发言，其他常委书面发言，市四套班子领导等参加。

12 月 2 日，市委理论学习中心组召开学习会，深入学习领会习近平总书记关于国家粮食安全系列重要讲话和重要指示批示精神，把保障粮食安全放在突出位置，毫不放松抓好粮食生产各项工作。会议邀请省发改委党组成员、省粮储局党组书记、局长孙建平作辅导讲座。受市委书记梁伟新委托，市委副书记、市长张永宁主持会议，市四套班子领导等参加。

12 月 9 日，市委理论学习中心组召开学习会，深入学习领会习近平总书记关于加强和改进人民政协工作的重要思想，以及中共中央办公厅《关于加强新时代人民政协党的建设工作的若干建议》主要精神。会议邀请省政协党组成员、秘书长陆开锦作专题辅导报告，梁伟新、张永宁、王世雄、兰斯琦等市四套班子领导参加。

【党史学习教育动员大会】 2021年，3月1日，中共宁德市委召开全市党史学习教育动员大会视频会议，市委书记郭锡文出席会议并讲话，市委副书记、市长梁伟新主持会议，市四套班子领导等参加。

【全市领导干部会议】 2021年，中共宁德市委召开全市领导干部会议7次：1月20日，市委书记郭锡文主持召开全市领导干部会议，市四套班子领导等参加。4月20日，市委书记郭锡文主持召开全市领导干部会议，市四套班子领导等参加。4月22日，市委书记郭锡文主持召开全市领导干部会议，市四套班子领导等参加。6月5日，市委召开领导干部会议，省委常委、组织部部长杨贤金到会讲话，省委组织部分管日常工作的副部长杨国豪宣布省委决定：梁伟新任中共宁德市委书记，张永宁任中共宁德市委委员、常委、副书记。梁伟新、张永宁在会上作表态发言。市正厅职老干部，市四套班子领导和其他在职厅级领导等参加。8月13日，市委书记梁伟新主持召开全市领导干部会议，市四套班子领导等参加。11月12日，市委书记梁伟新主持召开全市领导干部会议，市四套班子领导等参加。12月8日，市委书记梁伟新主持召开全市领导干部会议，市四套班子领导等参加。

【经济工作会议】 2021年，宁德市召开经济工作相关会议主要有市委经济工作会议、季度经济会议、全市上半年经济视频会议、全市第三季度经济会议。

市委经济工作会议 2021年，宁德市召开市委经济工作会议2次：1月6日，市委书记郭锡文主持会议并讲话，市委副书记、市长梁伟新就2021年工作作具体部署，市四套班子领导等参加；12月27—28日，市委书记梁伟新主持会议并讲话，市委副书记、市长张永宁作会议总结，市四套班子领导等参加。

季度经济会议 2021年4月26日，宁德市委、市政府召开季度经济会议，市委书记郭锡文出席会议并讲话，市委副书记、市长梁伟新通报一季度全市经济运行情况并作分析点评、工作部署，市委常委、常务副市长主持会议，市委常委，市人大常委会、市政协党组书记，副市长参加。

全市上半年经济视频会议 2021年7月26日，宁德市委、市政府召开全市上半年经济视频会议，学习贯彻习近平总书记在中国共产党成立100周年庆祝大会上的重要讲话精神和到福建考察重要讲话精神，认真落实省委和省政府工作检查总结会暨全省上半年经济会议精神，分析上半年全市经济运行情况，部署下半年经济社会发展工作。市委书记梁伟新主持会议并讲话，市委副书记、市长张永宁点评各地经济社会发展情况，市委常委，市人大常委会、市政协党组书记、副书记，副市长参加。

全市第三季度经济会议 2021年11月1—2日，中共宁德市委召开2021年全市第三季度经济会议暨市委、市政府工作检查汇报会、市党政代表团到浙江学习考察总结会，学习贯彻习近平总书记重要讲话重要指示批示精神、到福建考察重要讲话精神和全省九市一区党政主要负责人工作座谈会精神，分析第三季度经济运行情况、存在的问题及原因，提出相应对策措施，部署第四季度冲刺全年目标任务工作。市委书记梁伟新主持会议并讲话，市委副书记、市长张永宁部署下阶段工作，市委常委，市人大常委会、市政协党组书记，副市长分别发言。

【庆祝中国共产党成立100周年座谈会】 2021年7月4日，宁德市庆祝中国共产党成立100周年座谈会召开，市委书记梁伟新出席会议并讲话，市委副书记、市长张永宁主持会议，市委常委，市人大常委会、市政协党组书记，曾担任过正厅以上职务的离退休老干部参加。

【贯彻落实习近平总书记给寿宁县下党乡乡亲们重要回信精神2周年座谈会】 2021年8月9日，中共宁德市委召开贯彻落实习近平总书记给寿宁县下党乡乡亲们重要回信精神2周年座谈会，市委书记梁伟新出席会议并讲话，市委副书记、市长张永宁主持会议，市委常委，市人大常委会、市政协党组书记，市人大常委会、市政府、市政协分管（联系）领导参加。

【学习贯彻党的十九届六中全会暨省第十一次党代会精神专题研讨班】 2021年12月26—28日，中共宁德市委举办市管干部学习贯彻党的十九届六中全会暨省第十一次党代会精神专题研讨班，市委书记梁伟新在开班式上作主题宣讲报告，市委副书记、市长张永宁在结业式上作总结讲话。市四套班子领导参加开班式，市领导陈惠参加结业式。

【福州·宁德山海协作工作座谈会】 2021年12月31日，福州·宁德山海协作工作座谈会在宁德召开，省委常委、福州市委书记林宝金出席会议并讲话，宁德市委书记梁伟新主持会议并讲话，宁德副市长叶其发介绍2021年福州·宁德山海协作开展情况，福州市向宁德市捐赠山海协作资金200万元，并举行项目签约仪式。福州市领导吴贤德、刘卓群、张定锋、陈春光、林治良，宁德市领导梁伟新、张永宁、王世雄、兰斯琦、叶其发出席座谈会。

（林银华）

全面深化改革

【概况】 2021年，宁德市委深改委学习贯彻习近平总书记关于全面深化改革的重要论述，贯彻落实中央、省委系列改革决策部署，统筹推进各领域各层面改革。审议通过《宁德市国企改革三年行动实施方案》《宁德市全面推进林长制的实施方案》等重要改革方案33份。市委主要领导到基层一线开展改革调研督察30余次，实地督促推进行政审批制度改革、普惠金融改革、乡村振兴等一批重点改革任务，全年24项改革任务、169项改革举措基本完成年度目标。有精准扶贫“宁德模式”、乡村建设项目“工料法”（指项目业主可自行购料、聘请工匠、组织本村村民或自行组织劳务投工投劳参与工程的建设模式）、“四下基层”常态化长效化、海域使用权改革等4项改革经验得到党和国家领导人批示肯定，14个改革经验成为全国典型，12个改革经验在全省复制推广，省级以上新闻媒体刊播宁德改革宣传报道200余篇（次），其中创新红色资源整合机制、“一书记三大员”制度（驻村第一书记、乡村振兴指导员、科技特派员、金融助理员）、海上养殖综合整治改革等26个改革案例在《人民日报》头版、《新华社内参》、《改革内参》刊发，改革热度指数持续位居全省前列，省对市改革绩效考评位居全省第三名。

【产业培育发展机制改革】 2021年，宁德市健全完善四大主导产业培育发展机制，实施主导产业倍增工程，探索推行“一个产业、一个工作专班、一个发展规划、一套招商政策、一批重点跟踪项目”等“五个一”做法，推进主导产业全产业聚合、全闭环发展、全域化布局，相关经验做法在省委深改委会议上作经验交流并在全省推广。创新“三比三赛”“百日攻坚”等工作抓手，集中破解项目前期报批、安征迁、投融资等问题，推动宁德时代福鼎基地实现当年开工建设、当年部分投产，再次刷新项目建设“宁德速度”。全年四大主导产业增加值增长59.1%，产值超亿元企业达到10家，锂电新能源产业产值突破千亿元，成为宁德市第二个千亿产业集群。在主导产业的支撑下，当年省对市考核的12项主要经济指标中，宁德市有9项增幅居全省前列，5项指标增幅居全省首位，其中生产总值增长13.3%。

【农业农村体制机制改革】 2021年，宁德市围绕做优做强特色现代农业，突出做好精准定位、转型升级、融合发展“三篇文章”，重点探索建立一二三产融合发展、新技术新业态新模式融合创新、产业链供应链价值链融合壮大“三个融合”工作机制，持续推动“8+1”（茶业、蔬菜、水果、渔业、食用菌、畜牧业、中药材、林竹花卉及乡村旅游）特色产业提质增效，全产业链产值突破2000亿元。围绕推进强村富民，在深化土地承包经营权、集体林权、海域使用权等农村产权制度改革的基础上，创新谋划实施一批强村项目、一批富民项目、一批惠民项目，探索建立“一月一县一现场会”制度，实施党支部领办合作社、“一书记三大员”制度等改革措施。屏南“工料法”得到习近平总书记批示肯定，乡村振兴指导员制度在全省复制推广、写入省第十一次党代会报告。

【社会事业体制改革】 2021年，宁德市围绕满足群众民生新期待，探索创新为民办实事工作机制，谋划实施一批民生“十个十”项目（十个口袋公园、十个城市充电站、十个路段无障碍设施、十个街头运动场、十个重点路段花化彩化、十个路口改造、十个公厕、十个老旧小区改造、十个立体停车楼、十个城市综合体），不断提升群众改革获得感、幸福感。完善“海上统一环卫”制度，探索建立海漂垃圾陆海统筹和常态化巡查管控机制，持续做好清海“后半篇”文章，清海“宁德模式”在全省推广。加快推进校际和城乡紧密型教育共同体建设，探索推行职业教育产教融合、校企融合机制，高职、中职院校对接四大主导产业招生比例提高到60%。深化“三医联动”（医疗、医保、医药改革联动）改革，全面推行公立医院目标年薪制改革，医疗集团和紧密型县域医共体建设实现县（市）全覆盖，群众就近就医需求得到基本满足。创新推行互助孝老食堂机制，建成223个农村孝老食堂，解决6000余名留守老人“吃饭难”问题，经验做法在全省复制推广，获评全省养老服务改革创新优秀案例。持续创新社会治理机制，交通事故“快处快赔121”机制得到省委、省政府领导批示肯定，向全省复制推广，“海上社区”治理经验得到中央改革办领导肯定。

【党的建设制度改革】 2021年，宁德市在抓好中组部“导师帮带制”改革试点的基础上，在全省率先出台抓党建促乡村振兴、乡村治理指导意见，健全城市基层党建“1+15”制度体系，创新推行“1+3+N”工作机制，探索建立锂电新能源产业链、青拓不锈钢城党建联盟，深化近邻党建“五强”社区、“五好”小区示范典型培育。深化“五位一体”干部考评机制，推行“赛场选马”机制，先后提拔市管干部114名，提拔使用曾受问责影响期满、表现优秀的干部33名。健全“四位一体”协同监督机制，创新推进“室组”联动监督，开展点题整治，从严查处腐败和作风问题，推动党员干部行正道、扬正气、守正规。

（陈　煜）

【文化体制改革】 2021年，宁德市制定“十四五”文旅发展专项规划、旅游业高质量发展实施意见，出台直播电商人才培养八条措施等政策，培育动漫游戏、影视、短视频等新业态，文化产业增加值增长率持续保持全省前列。规范“0593宁德号”区域公用品牌宣传运营，两批次89家企业获得品牌授权。

（卢卫军）

【行政审批制度改革】 2021年，宁德市深化“放管服”改革，出台《宁德市落实全国深化“放管服”改革着力培育和激发市场主体活力电视电话会议重点任务分工方案》《宁德市关于贯彻落实福建省建设高标准市场体系实施方案任务分工》和《宁德市服务“六稳”“六保”进一步做好“放管服”改革有关工作实施方案》，激发市场主体活力和发展内生动力。以数字化手段推进流程再造，加速升级“互联网+政务服务”，全国首创设立“事难办”窗口，全省首创新开办企业联动响应机制，推动政务服务优化提升。行政审批事项规范管理，5.2万项事项实行统一办理标准。政务服务更加便民，全市“一趟不用跑”事项占比提升至85%以上，117个高频事项实现省内通办、跨省通办。创新打造“担保云”线上平台、建立水电气网铁塔管廊基础资源产业联盟、推行“免证办+零证办”服务模式等5项“放管服”改革经验做法在全省复制推广。

审批制度标准化 2021年，宁德市执行“全国一张清单”管理模式，印发《关于做好市场准入负面清单（2020年版）贯彻落实工作的通知》，清单以外领域不另设市场准入行政审批。开展《福建省行政审批服务事项标准化目录清单》认领绑定工作，宁德市全域5.2万项行政审批服务事项完成绑定，绑定发布事项的15个办事要素在全省范围执行统一标准。政务服务实体大厅办事指南同步调整，同一审批服务事项实现无差别受理、同标准办理。审批服务事项办事指南与权责事项建立对应关系。

政务服务便利化 2021年，宁德市落实“跨省通办”“省内通办”服务，出台《宁德市贯彻落实政务服务“跨省通办”“省内通办”工作方案》，明确事项应用场景和实现方式，累计117个事项实现通办。开展“一趟不用跑”事项梳理，以全流程网办、掌上办、帮代办、自助办、邮寄办、远程核办6种方式优化办事模式，实现申请人到窗口次数为零，经梳理，全市“一趟不用跑”事项占比提升至85%以上。推动“15分钟便民利企服务圈”建设，印发《推进宁德市政务服务“就近办、自助办”工作方案》，“e政务”自助服务站点向人流密集区域、使用需求量更高区域延伸，全市布设综合自助机99台，入驻事项93个。

综合监管智能化 2021年，宁德市参与构建跨地域、跨层级、跨部门联动协同监管格局，依托省“互联网+监管”系统，开展福建省“互联网+监管”系统监管数据会聚录入工作。年内38个市直相关单位在福建省“互联网+监管”系统认领1220个监管事项主项，梳理检查实施清单1211项，录入监管行为12.68万条、检查执法人员信息1407个。

（陈晓焰　陈　煜）

组织工作

【概况】 2021年，市委组织部传承习近平总书记在宁德工作时抓党建工作的优良传统和创新理念，按照省委、市委关于党的建设和组织工作的部署要求，以“再学习、再调研、再落实”活动为抓手，聚焦中心大局，为加快打造“增长极”、建设“四个区”，全方位推进高质量发展超越、谱写全面建设社会主义现代化国家的宁德篇章提供组织保证。《加强新时代党的建设要坚持以人民为中心》论文入选中组部庆祝中国共产党成立100周年党的建设历史经验研讨会，“在蹲点调研中常态化识别政治素质”的做法入选中组部《干部政治素质考核案例选编》，“导师帮带制”“公务员平时考核”等列入中组部试点(联系点)。出台小区党支部书记管理办法，得到省委组织部领导的肯定。“乡村振兴指导员制度”先后写入省委全会决定和省党代会报告，向全省推广。完成中央党建工作领导小组秘书组、省委组织部和市委重点调研课题，课题成果获中组部三等奖、省组一等奖、省委党建办一等奖和三等奖及省委政研室三等奖各1项。截至年末，全市有基层党组织8281个，其中党委399个、总支部293个、支部7589个。全市有党员16.1万人，其中女党员42487人，占26.3%；大专以上学历69152人，占42.8%。全年发展党员4465名，其中农牧渔民1629名，学生600名，产业工人450名，“两新”组织329名，高知群体69名。

【党的建设制度改革】 2021年，市委组织部推进3个方面46条具体改革措施，制定出台11项重点改革文件。完善常态化学习教育制度机制方面，出台《关于巩固深化“不忘初心、牢记使命”主题教育成果的若干措施》《关于实施基层党员“凝心铸魂”工程的通知》，组织开展“党旗在基层一线高高飘扬——以实际行动庆祝建党100周年”系列活动。完善“五位一体”干部考核评价机制方面，持续优化一线考核、蹲点调研、年度考核等制度措施，出台《关于进一步提升干部精气神优化营商环境若干措施的通知》，开展公务员平时考核试点工作，被中组部确定为联系点之一。完善严密组织体系制度机制方面，聚焦提升政治功能和组织力，贯彻习近平总书记给寿宁县下党乡乡亲们重要回信精神，推行“一书记三大员”制度（驻村第一书记、乡村振兴指导员、科技特派员、金融助理员），乡村振兴指导员制度被新华社内参刊载并写入省党代会报告在全省推广，推进中组部“导师帮带制”试点工作，出台《宁德市城市居民小区党支部书记管理办法（试行）》。完善引才用才制度机制方面，聚焦全方位培养引进用好人才，推进“三都澳人才计划”迭代升级，出台《宁德市关于省级高层次人才B、C类自主认定的具体办法(暂行)》《关于选拔引进宁德市属国企类引进生的工作办法》《宁德市加强直播电商人才培养八条措施》《关于支持宁德市省级创新实验室人才队伍建设的若干措施》《宁德市企业高层次人才自主评价认定办法》等制度文件，构筑起较为完备的“1+N”人才政策体系。

【干部人事制度改革】 2021年，市委提任正处级干部44名、副处级干部117名，晋升职级124名，其中，提拔40岁左右处级年轻干部27名、女干部37名、少数民族干部17名、党外干部26名。全面完成市县乡领导班子换届工作，新一届县级党政班子平均年龄45.96岁，其中40岁左右年轻干部35名，占比23.2%，具有乡（镇、街道）党政正职经历占比48.3%。全市112个乡镇党政正职平均年龄41.7岁，有2年以上乡镇领导工作经历或3年以上乡镇工作经历的占比95%。出台《关于进一步提升干部精气神优化营商环境若干措施》，深化拓展“五位一体”干部考评机制，在重点项目重点工作中开展一线考核干部，运用一线考核、蹲点调研成果，市委提拔使用处级干部207名，占同期提拔干部数的72.6%，做法入选中组部《干部政治素质考核案例选编》。制定《2021年度市级关心关爱基层干部工作计划》，面向村（社区）主干招考乡（镇、街道）机关公务员和事业人员40名，择优选拔54名“六方面人员”（乡镇事业编制人员、优秀村党组织书记、到村任职过的选调生、第一书记、驻村工作队员、非公企业和社会组织优秀党组织书记）进入乡镇班子，提拔重用曾被问责影响期满、表现优秀的干部35名。持续实施“乡村振兴指导员”计划，研究提出《关于引导推动干部参加乡村振兴的措施》等系列措施，市级选派第四批32名处级领导干部担任指导员。实施“干部专业化能力提升工程”，筛选掌握373名专业型年轻干部进行跟踪培养；选派第二批112名金融机构干部到乡（镇、街道）挂职；选派第八批12名干部人才参与援疆工作。制定印发《关于进一步规范干部抽借调事项的电话通知》，加强干部抽借调管理。印发《关于调整宁德市市属国有企业领导人员综合考核评价等次设置的补充通知》，进一步优化市属国有企业领导人员综合考核评价等次设置。

【干部教育培训】 2021年，宁德市本级举办处、科级主体班及青年干部培训班7期，公务员初任班6期，培训学员770人，完成省级以上48个各类班次调训150人的调训任务。采用线上线下相结合的方式，对全市1200余名在职市管干部展开学习贯彻党的十九届五中、六中全会精神集中轮训。在全市“两型”（经济发展型和社会治理型）干部中开展干部专业化能力培训需求问卷调查，根据调查分析结果，结合全面从严治党、战略性新兴产业培育发展、优化国土空间布局、实施乡村振兴战略、加强和创新社会治理、优化营商环境，提振干部精气神、突发公共卫生事件应急处置、发展现代海洋经济、项目专员等专题确定培训内容，完成全面从严治党、应急处置、海洋经济等8个专题培训，培训干部500余人次。采取点名调训方式，组织150余名“两型”干部到广州、南京、漳州举办新兴产业、国土空间布局及乡村振兴战略专题培训班。继续开展市领导上讲台活动，有7名市党政领导班子成员到市委党校为主体班学员上课。

【干部监督】 2021年，市委组织部做好严肃换届纪律、加强换届风气监督各项工作，汇编制定《换届风气监督工作操作规程》，健全《换届风气情况周报及分析研判制度》《换届有关人选“三级预警”监督机制》等6项制度，组织开展换届纪律专题学习会议790余场，开展谈心谈话8900余人次，向科级以上干部发出提醒短信32万余条，印送“换届纪律明白卡”等换届纪律资料3.2万套，开展5轮换届风气督查。加强领导干部提醒函询诫勉工作，针对苗头性、倾向性问题，谈话提醒16人、诫勉2人。抓好干部选拔任用监督，统筹开展243名拟提任对象任前公示，对17名公示对象的信访举报件进行查核，对3名乡科级干部选拔任用过程进行倒查。对市检察院等11个单位开展选人用人专项检查，发现72个干部任用和管理方面问题，及时督促整改。对各县（市、区）委、东侨经济技术开发区党工委和52个市直单位党委（党组）开展2020年度干部选拔任用“一报告两评议”工作，对评议结果排名倒数的市直单位主要领导进行约谈。组织开展领导干部个人事项报告工作，完成957名市管干部个人事项集中填报，随机抽查查核639人，查核结果一致627人，如实填报率98.12%。做好巡察整改“后半篇文章”，参加巡察反馈会和专题民主生活会17场、审核巡察整改方案和整改情况报告31份，提出修改意见149条。注重发挥审计监督作用，对11个重点单位12名“一把手”进行经济责任审计。受理各类信访举报285件，其中涉及处级干部63件、科级及以下干部222件。

【公务员管理】 2021年，市委组织部注重公务员政策法规宣传，向各地各单位组织人事部门印发《宁德市公务员工作文件汇编》120余本。巩固公务员职务与职级并行工作成果，开展“发挥职务与职级并行作用，激励基层公务员担当作为”课题调研。全年累计开展52批次145名非市管干部职级晋升事前备案。紧贴经济产业发展和高层次专业人才需求，推进东侨经济技术开发区聘任制公务员试点工作，首次面向全国招聘聘任制公务员。创新“以才引才”模式，争取将在职博士选调生纳入“三都澳英才卡”发放范围，引进10名博士选调生，数量居全省前列。制定《宁德市公务员招考紧缺专业目录》，收录财政金融、规划建设等5个方面63个紧缺专业，录用15名紧缺专业公务员，为储备专业性人才打下基础。研究制定《宁德市非市管公务员调任实施办法》，累计完成公务员调任审批48人次，特别是在乡镇换届期间，从县乡事业单位工作人员中择优调任17名干部补充到乡镇领导班子。完成514名公务员的招考录用审批，16个市级机关职位的公开遴选等工作。着眼于充实乡镇干部队伍，从优秀村（社区）主干中择优录用公务员23名、聘用事业人员17名。举办新录用公务员初任培训班6期399人。全年办理干部调配事项145人次（其中调动31人次、交流66人次、调任48人次），办理公务员（参公人员）登记事项701人次。组建工作专班，压实工作责任，推动清理规范公务员工资津贴补贴工作全面落实到位，调整公务员基本工资标准，提升公务员收入水平。改进完善公务员工资在线审批流程，提高服务质量，实现工资办理“一趟不用跑”，先后审批各类工资事项1万余人次。加大及时奖励力度，做好在创建全国文明城市、扫黑除恶斗争、政法队伍教育整顿等重点工作任务中，作出积极贡献的人员对象的记功奖励推荐评选工作，先后对全市136个单位、658名个人给予记功或嘉奖。将市行政服务中心确定作为公务员平时考核试点单位，制定印发《窗口办事大厅工作人员平时考核和奖惩实施办法》，对入驻市行政服务中心的41个窗口单位共270余名工作人员开展平时考核，推动窗口单位提升服务水平与群众满意度。

【党员教育管理】 2021年，市委组织部做好庆祝中国共产党成立100周年有关工作，全市2人和1个组织获全国“两优一先”称号，32人和35个组织获全省“两优一先”称号，全市表彰81名优秀共产党员、80名优秀党务工作者和100个先进基层党组织，为10256名老党员颁发“光荣在党50年”纪念章。开展党史学习教育，召开学习贯彻习近平总书记在中国共产党成立100周年庆祝大会上的重要讲话精神座谈会，组织各级党组织和党员干部开展“我为群众办实事”实践活动、“党旗在一线高高飘扬”活动和“开门一件实事”活动。在全省、全市开展向孙丽美学习活动，推动其被追授为烈士、全省优秀共产党员、“时代楷模”、全国三八红旗手等，新华社、《人民日报》等中央媒体予以宣传报道。实施基层党员“凝心铸魂”工程和教育培训“百千万”工程，在全市建成100个现场教学点，打造100堂优秀基层党课，推广100个党员教育管理典型做法，轮训党员7.1万余人次。规范驻城党建工作站建设，开展各类共建活动1030余场次，办理“一站式”便捷服务事项5000余件。做细做实党内关怀帮扶，“两节”和“七一”走访慰问生活困难党员、干部2.1万余人次、发放慰问金1893.1万元，市县下拨170余万元关心慰问奋战在疫情防控一线的医护人员和基层党员、干部1700余人，为295名党员干部申报发放省级关爱资金119.72万元。

【基层党建】 2021年，市委组织部持续深化抓党建促乡村振兴，先后召开基层党建重点任务推进会、全市抓党建促乡村振兴现场会等，推行导师帮带制试点工作，筛选185个建制村开展党建结对共建，成立中心村党委（党总支）155个，12个乡镇与浙江毗邻乡镇建立闽浙边界党建联盟，推动人力、物力、财力下沉一线，有关经验做法在全省会议推广，2次获省委组织部主要领导批示肯定，市委组织部获全省脱贫攻坚先进集体。市委、市政府对第五批表现特别优秀的35名省市驻村第一书记授予“个人二等功”，选派第六批567名驻村第一书记、4批402名市县乡村振兴指导员到村服务，特别是深化拓展乡村振兴指导员制度，获评全市绩效创新项目第1名，全省第5名，被写入省委全会文件、省党代会报告。研究制定《关于推行党支部领办合作社开展集体经济“提质强村”三年行动实施方案》，统筹整合省市县财政补助资金1.5亿元，重点打造71个集体经济试点村、8个中央红色美丽村庄试点村，推动262个党支部领办合作社试点村高质量发展。村集体经济年经营性收入50万元以上的村占比21.5%。开展“党旗在基层一线高高飘扬”活动，研究提出18条具体措施，推行党委（党组）书记党支部联系点制度，常态化开展党支部“达标创星、晋位升级”活动、软弱涣散基层党组织整顿等工作，推动基层党建全面进步、全面过硬，市委组织部连续3年被评为全省扫黑除恶斗争先进单位。推进街道社区规模调整，优化社区管理幅度，在全市原有123个城市社区的基础上新增11个，推进社区党群活动服务中心规范化建设。制定出台《城市居民小区党支部书记管理办法（试行）》，选优配强小区治理骨干力量。全面推行“1+3+N”“两议两评两公开”等近邻党建引领小区治理工作机制，提升小区服务多样化和精准度。组建小区党支部416个，覆盖率99%，建成小区近邻红色驿站224个。推动机关党建力量下沉社区治理一线，共建单位与社区双向建立“居民需求”“共建项目”“供需项目”3张清单，常态化推动在职党员回居住地社区小区报到服务11.8万余人次，解决居民急难愁盼问题4000余个。培育评选近邻党建“五强”社区、“五好”小区和优秀社区（小区）党建工作者示范典型各30个。

【村级组织换届选举】 2021年，宁德市坚持“一把手抓、抓一把手”，完善市领导“挂县联乡”工作机制，层层压实责任。落实“七个提前”要求，实行“一村社一对策一预案一专班”工作机制，推动227个重难点村在换届前整顿到位。开展“学丽美、选能人，强班子、促振兴”行动，选拔“孙丽美式”的好村干，创新“张榜招贤、揭榜挂帅”、线上资格联审等机制。全市2134个村、204个社区“两委”换届选举全面完成，100%实现“一肩挑”。村“两委”平均年龄41.6岁，较上届降低3.5岁；高中以上学历比例74.9%，较上届提高28.9个百分点；社区“两委”平均年龄39岁，较上届降低5.8岁；高中以上比例95.2%，较上届提高12.6个百分点，完成“两个不低于、两个不超过”目标任务。注重加强换届后村（社区）“两委”班子建设，出台村（社区）干部激励保障和监督管理机制，实施新时代基层干部主题培训行动计划，对村（社区）主干进行全面轮训。

【“两新”党建】 2021年，市委组织部实施“组建攻坚”“覆盖检修”“园区提升”等专项行动。组织评选百名“共产党员诚信标兵”，开展“百企结百村、党建助振兴”活动，全市361家企业与418个村（社区）开展结对共建。推进快递物流行业党的组织和工作有效覆盖“百日攻坚行动”，组建党组织40个，覆盖企业118家，党组织覆盖率94.4%，党的工作覆盖率100%，成立市快递行业党委、物流行业党委。聚焦“四大主导”产业和“8+1”特色农业产业发展，建成蕉城锂电新能源、古田食用菌、福安不锈钢城、柘荣生物医药、福鼎白茶、东侨建材商圈等“党建联盟”。建立市级以上园区党工委书记向市委组织部、“两新”工委述职制度，全面理顺完善园区组织管理架构。出台《关于进一步促进市级社会组织健康有序发展若干措施的通知》。深化“党建强企”联合行动，搭建“党企新时空 政企直通车”平台，成立暖心助企志愿服务队11支。全市“两新”领域4个单位、6名个人获全省“两优一先”表彰，4家企业党组织获评全省民营企业党建工作先进单位，宁德时代党委《支部建在部门上提升锂电“智造力”》工作获评“全国非公企业党组织发挥实质作用创新案例”，惠尔律师事务所党支部获“全国律师行业先进基层党组织”。

【人才队伍建设】 2021年，宁德市迭代升级“三都澳人才计划”，制定出台《关于支持宁德市省级创新实验室建设的若干措施》《宁德市关键核心技术攻关任务“揭榜挂帅”工作方案（试行）》《关于选拔引进宁德市属国企类引进生的工作办法》等6项政策措施，认定省级高层次人才142人、省工科类青年专业人才628人、市“天湖人才”1129人、紧缺医疗教育人才185人，评选第四批重点产业市级技能大师10人。引进19名台湾地区博士到宁德师范学院任教，推动台湾团队与20个村开展闽台乡建乡创合作。新建省级以上创新平台24个，推进宁德时代21C创新实验室建设，会聚研发人才197人。推行技能人员水平评价社会化认定工作，7家机构获等级认定资格。新增2个省级试点工业（产业）园区职业技能提升中心，新增省级技能大师工作室5个，新增高技能人才2525人。建成东侨人力资源产业园，新建新加坡、德国“人才工作站”。与北大、清华、人大、厦大等国内著名高校落实校地合作项目54个，对接42支高校队伍到宁德开展实习实践。实施大学生实习“扬帆计划”，选派上岗实习1004人。举办第二届创新创业大赛，24个项目获得省级资助，入选项目数量实现全省“六连冠”。实施《宁德市人才服务体系建设实施方案》，完善“宁德市智慧人才服务平台”服务功能，全市“人才驿站”120家，累计发行6023张三都澳英才卡，帮助217名人才协调解决子女入转学问题。

【全市“两优一先”表彰大会】 2021年6月29日，中共宁德市委召开全市“两优一先”表彰大会，市委书记梁伟新出席会议并讲话，市委副书记、市长张永宁主持会议，市委副书记曾智勇宣读表彰决定，市四套班子领导，曾担任副厅级以上领导职务的离退休党员领导干部参加。

（苏韩英　林银华）

宣传工作

【概况】 2021年，市委宣传部坚持以习近平新时代中国特色社会主义思想为指导，学习贯彻习近平总书记关于宣传思想工作的重要思想和习近平总书记对福建、对宁德工作的重要讲话、重要指示精神，全面落实中宣部和省委宣传部部署要求，完成年度各项目标任务。《习近平扶贫“十论”》获中央领导批示，“习近平总书记扶贫工作重要论述暨中国减贫学研究”课题列入2021年度国家社会科学基金特别委托项目；《山海的交响》亮相国家大剧院，《畲嫂》作为福建省唯一代表参加第六届全国少数民族文艺会演并获“优秀剧目奖”；“纪录小康工程”工作在全省推进会上作典型发言；新涌现出孙丽美、陈祥榕等一批“时代楷模”、全国道德模范，工作成效在全省第七届省道德模范座谈会上作典型发言；中央主要媒体刊播宁德报道1000余条，其中《人民日报》头版2条、中央广播电视总台《新闻联播》12条。

【理论学习宣传】 2021年，宁德市持续深化理论武装，建立完善“第一议题”学习制度，召开市委理论学习中心组学习会31场和贯彻落实习近平总书记对宁德工作重要指示精神1周年、给下党乡乡亲们重要回信精神2周年、与赤溪干部群众视频连线5周年等座谈会，推动各级党组织开展各类学习研讨1.6万余场。开展“摆脱贫困”主题展览集中参观、“习爷爷在宁德的故事”进校园等活动。组织实施习近平新时代中国特色社会主义思想溯源工程，建成百个社科普及基地，年度社科课题立项44项，出版《学习践悟兴闽东》文集。开展“再学习、再调研、再落实”活动，市领导“一人一课题”带头开展“沉浸式”调研300余次。实施理论进基层“百千万”工程，735支宣讲小分队开展“新思想我来讲”等活动1.2万场。规范建设“百个乡（镇、街道）党校”，开展“千堂党课进基层活动”，组织“万名基层党员轮训”。

【意识形态工作】 2021年，宁德市严格落实意识形态工作责任制，出台《贯彻落实党委（党组）意识形态工作责任制实施方案》，建立完善市委意识形态工作领导小组工作规则及其办公室工作细则，健全并推行“提醒通报”“走访指导”“一月一报”“骨干培育”四项机制。组建意识形态工作专班，开展意识形态专项督查、检查。推进“扫黄打非”工作，4起案件列入全国重大备案案件。坚持依法管网治网，强化公众账号平台分类管理，清理处置网上违法和不良有害信息3500余条。结合县、乡换届工作，选优配强宣传文化系统领导班子和领导干部，乡镇党委宣传委员平均年龄降至34岁。举办党委宣传部部长及乡（镇、街道）党委宣传委员培训班和意识形态工作、新闻发言人培训班等，提升宣传思想战线干部队伍能力和水平。全市意识形态领域态势总体向上向好。

【新闻宣传】 2021年，宁德市围绕庆祝中国共产党成立100周年、党史学习教育、全面建成小康社会等重大宣传主题，聚焦四大主导产业发展、疫情防控、乡村振兴、政法队伍教育整顿、安全生产等中心工作和发展亮点，制定宣传报道方案40余份，落实新闻月谈会等制度，开展主题宣传、成就宣传、典型宣传、形势宣传。市直媒体累计刊发、推送新闻报道1.2万余条，21件作品获2020年度福建新闻奖，“纪录小康工程”工作在全省推进会上作典型发言。推进媒体深度融合发展，恢复宁德新闻奖评选活动，制播《闽东红色文物——华哥开讲》《主播带你游》等融媒体产品，各类合作平台阅读量100万次以上的作品407件，“新宁德”抖音号话题播放量5.1亿次。配合做好中国共产党与世界政党领导人峰会下党乡分会场、中国减贫发展与人权事业研讨会等重大外事活动。举办第十三届海峡论坛·陈靖姑文化节等文化交流活动，临水宫信俗文化助推宁台交流的经验做法全国推广。建立对外宣传工作联席会议机制，组建社交网络外宣队伍，召开新闻发布会 20 场。

【文化宁德建设】 2021 年，宁德市以实施传播“闽东之光”工程为抓手，持续弘扬闽东优秀传统文化，提升宁德文化软实力。中国海洋诗会永久落户宁德，并在北京举办“首届中国·霞浦海洋诗会暨新时代海洋诗歌论坛”新闻发布会，闽东诗群、闽东摄影影响力持续扩大。坚持市县联动、部门协同，形成“动漫游戏周”等“一县一品”文化品牌矩阵。加强文艺精品创作生产，大型歌剧《鸾峰桥》和文学作品集《宁德文丛》等精品献礼中国共产党成立 100 周年，电视剧《连家船民的美好生活》开机。推进城乡公共文化服务体系一体化建设，实施文化惠民工程、乡村文化振兴“十百千万”工程，累计创建乡村文化示范村 85 个，培育乡村文化队伍 1088 支、乡村文化骨干 8208 名。召开全市革命文物工作会议，编制红色文化遗存保护利用专项规划，164 处不可移动革命文物列入省第一批革命文物名录，新增国家级非物质文化遗产代表性项目 2 个。

【精神文明建设】 2021 年，宁德市持续巩固全国文明城市创建成果，成立精神文明建设宣传教育工作联席会议，建立“文明创建双委制”等 15 项长效机制，全面完成新一届精神文明建设各类先进培育对象申报工作。2018—2020 年度精神文明创建评选成绩取得突破，获全国性表彰的各类先进集体 47 个、比上届增长 74%。6 个县（市、区）获评省级文明城市，比上届增加 1/3。推动社会主义核心价值观融入社会发展和百姓生活，加强先进典型培育选树、宣传推介，开展向廖俊波、孙丽美、潘东升等先进典型学习活动。拓展新时代文明实践中心建设，创新“爱心超市”积分兑换等激励机制，常态举办全市志愿服务项目大赛、评定和褒奖激励星级志愿者。福安市《旧民居变“新课堂”》案例入选中央文明办《建设新时代文明实践中心工作方法 100 例》。宁德市《创全国文明城，展宁德新形象》经验做法在福建省全国文明城市创建暨结对帮建现场交流活动上作大会交流。市委、市政府组织召开宁德市创建全国文明城市工作庆功大会，表扬先进集体 136 个、先进个人 517 人。

【全国文明城市创建】 2021 年，宁德市持续巩固市本级全国文明城市创建成果，指导推动福鼎市完善全国文明城市创建机制，部署推进各县（市、区）创城常态化工作，提升全市文明城市创建水平。开展春节农贸市场专项督查、全覆盖模拟测评以及分片区常态化督导工作，对中心城区 34 类 377 个迎评申报点进行全方位全要素实地测评，发现并下发通报各类问题 3000 余个。运用“文明宁德随手拍”小程序平台开展“线上”督查，及时受理、解决群众反映的热点问题 2600 余个。出台《关于建立健全全国文明城市建设工作长效机制的通知》《关于 2021 年常态长效推进全国文明城市建设补短板工作的通知》《关于推动落实创城三级网格责任制的通知》等文件，形成建立“文明创建双委制”等长效机制 15 条，研究推进 21 项创城补短板工作任务。部署开展城市宜居环境提升专项整治行动，推动城管、交警等职能部门开展环境卫生整治、市政道路养护提升、交通秩序综合整治等 3 个专项行动。完成公益广告征集并更新提供模板 111 个，编发应知应会知识 60 题，印制宣传折页材料 10 万份。举办实地工作业务培训会 4 场，组织市、区重点部门单位负责人 400 余人参训。在文档申报方面，邀请天津专家到宁德指导，组织业务骨干集中攻克难关，完成创城文档申报。在实地方面，市、区两级分片包干点位，实行每日一巡查，及时查缺补漏。12 月，开展实地测评预演和模拟入户调查，通过中央文明办组织的 2021 年全国文明城市实地暗访考察和入户问卷调查工作。

【新时代文明实践】 2021 年，市委文明办将新时代文明实践中心建设工作纳入年度精神文明创建工作重点项目，督促各地每月定期报送项目推进情况，并将落实情况纳入对各县（市、区）年度绩效考评，作为精神文明各类先进推荐的重要参考。全市建立新时代文明实践中心 9 个，乡（镇、街道）建立新时代文明实践所 127 个、村（社区）建立实践站 1858 个。4 月，与市委党史学习教育领导小组办公室联合转发《关于运用新时代文明实践中心（所、站）开展党史学习教育的通知》，推动全市干部群众在党史学习教育中做到学史明理。8 月，召开宁德市中心城区新时代文明实践现场观摩暨工作推进会，结合全国文明城市创建部署推进新时代文明实践中心建设工作。市委宣传部、市委文明办联合印发《宁德市新时代文明实践所（站）工作清单》，推进新时代文明实践（所、站）规范化建设。开展疫情防控常态化下的“理论轻骑兵”宣讲、未成年人教育、文化体育服务、文艺小分队演出、科普宣传、爱心帮扶等文明实践志愿服务活动，组织开展新时代文明实践活动 18987 场次，惠及群众 39 万人。

【先进典型选树】 2021 年，市委文明办组织开展第八届全国、第七届福建省和第六届宁德市道德模范评选推荐工作，陈祥榕获评全国道德模范，杨春获得全国道德模范提名奖，孙丽美、汤辉、韩立康 3 人获评福建省道德模范，龚达元、王丽希、陆韦、黄宗识、肖作良、卓继雄、张筱红、王林慧、江鹏、周珍霓等 10 人获评宁德市道德模范并予以通报表扬。开展宁德市“身边好人”评选活动，评选出宁德市“身边好人”80 人，入选“中国好人榜”4 人，入选“福建好人榜”9 人。全市入选省级“新时代好少年”1 人，评选市级“新时代好少年”15 人。

【网络文明传播】 2021 年，市委文明办与中国文明网联合开展“文明在这里·宁德”主题采访报道活动，采写主题报道 12 篇，陆续在中国文明网、“学习强国”学习平台、光明网等中央主流媒体刊发，阅读量累计达数百万人次。组织开展“就地过年新体验”“携手文明，向党告白”等一系列网络文明传播活动，唱响主旋律，网聚正能量。开展“文明榜样，献礼百年”主题宣传活动，制作先进典型宣传海报30幅。开展“以我创意，宣扬文明”公益广告征集活动，评选出优秀平面类作品15件（41幅），视频类作品18个，作为通稿供社会各界无偿使用。围绕“永远跟党走”主题，在春节、元宵节、清明节、端午节、七夕节、中秋节、重阳节，组织开展“我们的节日”主题系列活动。建好用好宁德文明网、“文明宁德”微信公众号，开设习近平新时代中国特色社会主义思想、庆祝中国共产党成立100周年等专题专栏，刊发稿件300余条。

【文明创建申报培育】 2021年，宁德市委、市政府组织召开宁德市精神文明建设暨创建全国文明城市动员大会，对市级文明村镇等代表现场授牌，印发《中共宁德市委、宁德市人民政府关于命名第六届市级文明县城、第十四届市级文明村镇、文明单位和第二届市级文明校园、文明家庭的决定》，评选市级精神文明各类先进1374个。开发运行宁德市精神文明创建管理平台，推动文明单位、文明村镇、文明校园创建常态化管理。部署开展新一届精神文明建设各类先进申报工作，组织申报宁德市参评新一届（2021—2023年度）全国文明单位18个、培育对象19个，全国文明村镇对象22个，全国文明校园2所，全国文明校园先进学校5所，省级文明单位371个、非公组织10个、社区44个、风景旅游区1个、文明乡镇78个，村204个，省级文明校园102所，申报市级精神文明各类先进1632个。

【文明新风倡导】 2021年，市委文明办开展“抵制餐桌浪费，弘扬节俭新风”文明实践倡议行动、“移风易俗进校园实践讲座活动”等主题活动。联合市卫生健康委等部门出台《关于开展无烟党政机关建设活动的通知》，推进无烟党政机关建设。联合市委宣传部印发《关于分领域分行业打造新风正气宁德“名片”的通知》，牵头组织全市党政机关、政法系统、医疗卫生系统等8个行业领域打造12张新风正气宁德“名片”，以点带面、以线串片推动宁德社会风气清正。召开推进诚信缺失突出问题专项治理行动专题会，印发《宁德市关于开展诚信缺失突出问题专项治理行动的责任分工方案》，推动诚信建设规范化、制度化。开展“深化诚信建设 共创文明城市”“守护安全 畅通消费”“与文明相伴 与健康同行”“节能降碳 绿色发展”等主题宣传活动，为创建全国文明城市营造氛围。培育选树文明乡风建设示范典型，在原有打造2批次7个省级文明乡风联系点的基础上，培育推荐福安市上白石镇郑家山村、柘荣县富溪镇富溪村、福鼎市佳阳畲族乡周山村、霞浦县松山街道长沙村为新一批省级文明乡风联系点。

【未成年人思想道德建设】 2021年，市委文明办围绕立德树人根本任务，以培育和践行社会主义核心价值观为主线，开展“扣好人生第一粒扣子”主题教育。4月，召开宁德市未成年人思想道德建设工作视频会议，印发《2021年宁德市未成年人思想道德建设工作实施方案》，部署2021年工作任务。组织开展“新时代好少年”推选和学习宣传活动，召开2021年宁德市“新时代好少年”事迹发布会。开展“清明祭英烈”活动，全市参与活动17万人次。注重未成年人心理健康教育，与宁德师范学院签订未成年人心理健康教育《校地合作协议书》，印发《2021年宁德市“阳光心灵 快乐成长”未成年人心理健康教育系列活动方案》，开展心理健康“三进”活动10场次，以直播方式开展宁德市第八期未成年人心理健康辅导骨干人员培训，全市800余人参训。结合党史学习教育，开展“小小志愿者为您讲党史”主题志愿服务实践活动，招募“小小志愿者”6800余名，评选出“优秀小小志愿者”100名。开展“童心向党”主题教育，收集全市红色歌曲、红色故事作品56件，入选福建文明风展播23件。印发《宁德市2021年文明校园创建活动工作方案》，召开宁德市加强文明校园安全管理工作推进会，推动文明校园创建工作；印发《关于进一步做好宁德市文明家庭创建工作的通知》，深化文明家庭建设工作。持续推进乡村学校少年宫项目日常管理，举办2021年宁德市乡村学校少年宫项目展演活动暨2021年宁德市乡村学校少年宫项目建设工作推进会（骨干人员培训会）。探索推进乡村“复兴少年宫”项目建设，推动福安市建成16所，蕉城区建成1所，协调财政投入经费120余万元。

【志愿服务典型推选】 2021年，市委文明办组织推荐2021年度全省学雷锋志愿服务“五个最美”先进典型，全市入选先进典型10个，其中江鹏、张敏青被推选为最美志愿者，福鼎市“鼎汇爱”关爱少年儿童家庭教育志愿服务项目、宁德东侨环东湖区域警民共治共享志愿服务项目、宁德市“同星共融”自闭症青少年社会融合帮扶志愿服务项目等被推选为“最佳志愿服务项目”，霞浦县松城街道俊贤社区、周宁县狮城镇长安社区、蕉城区金涵畲族乡金溪社区等被推选为“最美志愿服务社区”，周宁县浦源镇新时代文明实践所、蕉城区蕉南街道东湖社区新时代文明实践站被推选为“最美志愿服务文明实践所（站）”。组织开展宁德市第二批三、四星级志愿者认定工作，认定三、四星级志愿者共计97名。配合省委文明办开展2021年度五星级志愿者认定工作，刘荣健、金裕喜、谌洪权、谢万禄、吉兵、包著琼被认定为2021年度福建省第五批五星级志愿者。

【志愿服务项目大赛】 2021年，市委文明办联合市委宣传部、团市委主办，蕉城区委宣传部承办“学党史 办实事 志愿服务我先行”宁德市第二届新时代文明实践志愿服务项目大赛，活动自4月开始项目申报，收到171份项目申请表，申报项目内容涵盖乡村振兴、环境保护、文明实践、关爱少年儿童、为老服务、阳光助残、卫生健康、应急救援与抗击疫情、社区治理与邻里守望、法律服务与普法、其他领域等13类。经过申报、培训、

2021年8月19日，“学党史办实事 志愿服务我先行”宁德市第二届新时代文明实践志愿服务项目大赛决赛评审现场（市委文明办 供图）

初审、公示、决赛等环节，周宁县狮城镇方言评书志愿服务项目、“天生我才”大龄自闭症青年支持性就业、“我想有个家”素馨动保宁德小组流浪动物领养等3个项目获得金奖，另有银奖6个、铜奖9个、优秀奖23个、网络人气奖3个、优秀组织奖3个，给予获奖项目补助金，并推荐纳入主办单位购买服务有关工作经费支持范围，并择优推荐35个项目参加福建省志愿服务项目大赛。12月，宁德市13个项目在2021年福建省志愿服务项目大赛获奖，其中“天生我才”自闭症青年就业支持项目、“我们村”闽东乡村振兴公益宣传、狮城镇方言评书等3个项目获金奖，鲤鱼溪红领巾义务导游服务项目等1个项目获银奖，另有铜奖3项，优秀项目6项。

【学雷锋志愿服务活动】 2021年，市委文明办发动志愿者开展学雷锋志愿服务活动，先后组织开展2021年“情暖春运保安康，志愿服务在行动”新时代文明实践志愿服务活动、“弘扬雷锋精神 建功伟大时代”2021年宁德市新时代文明实践志愿服务季系列活动、“2021爱心送考·橙丝带在行动”大型公益活动、“文明劝导、弘扬新风”新时代文明实践志愿服务活动、“弘扬志愿精神 共创文明宁德”宁德市“12·5国际志愿者日”新时代文明实践志愿服务等大型学雷锋志愿服务活动10余场，约1.4万余名志愿者参加活动。

【全市精神文明建设暨创建全国文明城市动员大会】 2021年6月24日，中共宁德市委、市政府召开全市精神文明建设暨创建全国文明城市动员大会，市委书记梁伟新出席会议并讲话，市委副书记、市长张永宁主持会议，市委副书记曾智勇宣读宁德市2018—2020年度精神文明建设各类先进命名决定，市领导金敏、兰斯琦、谢再春、冯桂华、胡楠、毛祚松、刘水金参加。

（卢卫军 卢旭锋 林银华）

统战工作

【概况】 2021年，宁德市召开市委常委会会议、专题会议和理论学习中心组学习会学习、研究统战工作10次。市委主要领导参加统一战线活动9次，对统一战线工作作出批示15次。统战工作纳入领导班子、领导干部目标管理和考核体系，以及2021年宁德市全面从严治党主体责任落实情况检查和第五届宁德市委巡察范围，印发《2021年度宁德市统一战线工作责任制考核指标》。制定《市委统一战线工作领导小组成员单位职责清单（试行）》，调整领导小组组成人员，推动形成领导小组议大事、各领域工作机制抓日常的格局。每季度召开涉港澳涉侨领域国家安全工作，研判台港澳地区及海外安全风险，1篇信息被采用并得到中央领导批示。市直统战部门2名干部获福建省民族团结进步模范个人表彰。1月12日，市委书记郭锡文出席市委统战部全体干部会议并讲话，对全市统战工作提出要求。

【思想政治引领】 2021年，市委统战部开展党史学习教育、“再学习、再调研、再落实”活动。召开党史学习教育理论学习、座谈交流会260余场，宣传贯彻《中国共产党统一战线工作条例》，发放宣传手册2700余册，开展相关宣传宣讲120场，普及近万人次。举办宁德市统一战线各界人士庆祝中国共产党成立100周年座谈会；举办宁德市“党旗红 商会兴”庆祝中国共产党成立100周年歌咏晚会，举办庆祝中国共产党成立100周年相关座谈会、文艺会演等活动共55场次。在各民主党派、无党派人士中开展“不忘合作初心，继续携手前进”主题教育16场。依托1个省级和16个市级民营经济人士理想信念教育基地，指导海外侨社、港澳台同乡社团开展各类庆祝中国共产党成立100周年活动，并组织港澳台同胞到桃花溪、百丈岩等地开展“红色记忆之旅”主题活动。组织党外知识分子、新的社会阶层人士、归国留学人员代表到闽东革命纪念馆等红色圣地和青拓集团等企业开展“弘扬爱国奋斗精神 建功立业新时代”主题教育。

【乡村振兴助力】 2021年，市委统战部牵头制定《宁德市开展“万企兴万村”行动实施方案》，召开全市“万企兴万村”行动启动大会，做好从“百企帮百村”到“万企兴万村”的衔接过渡，推动出台《关于支持少数民族乡村振兴的五条措施》，协调33个市直单位挂钩联系33个少数民族村，落实第四批23个少数民族特色村寨试点专项建设资金624万元。推进宁台乡建乡创合作，引进16支台湾队伍、70余名台湾人才服务30个乡村项目，举办“同心杯”两岸青年乡村振兴研修营、宁台乡建乡创项目成果展示会等活动，以宁台融合发展引领宁德乡村振兴。

【法律服务】 2021年，市委统战部组织各民主党派、无党派人士、党外知识分子和新的社会阶层人士到基层为群众开展法律援助、政策咨询等志愿服务活动近20场次。成立宁德市民营企业服务中心，精准对接企业需求，8月7日，市司法局、市工商联、市律师协会联合举行“百所联百会”机制启动暨共建签约仪式，深化律师事务所与商会组织的共建合作。搭建法律顾问委员会、涉侨纠纷人民调解委员、涉侨法律服务站、法官工作室、诉非调解中心、侨社区维权岗等涉侨法律服务平台11个，实现重点侨区护侨维权渠道“全覆盖”。

【多党合作事业】 2021年，市委统战部协助市委制定并落实《2021年政党协商（会议协商）计划》，推动市委、市政府党员领导干部与党外人士开展联系交友活动。先后组织市各民主党派、工商联负责人和无党派人士代表召开民主协商会、情况通报会，引导民主党派持续打造“星·同心”关爱中心、“同心村”“同心社区”等社会服务品牌，先后为蕉城区八都镇新楼村争取市林业绿化、科普宣传栏、幸福院等建设经费42万元，减免设计费5万元；举办关爱自闭症青少年系列活动暨关爱帮扶政策进万家启动仪式；指导“星·同心”关爱中心开展暑期融合教育模拟课堂、自闭症儿童随班就读支持体系师资培训等活动。制定《关于协助各民主党派市级组织做好换届工作的实施方案》，成立工作领导小组，召开民主党派市级组织换届工作协商座谈会，推动各民主党派市级组织完成换届，市委主要领导出席各党派市级组织换届代表大会。各民主党派、工商联和各统战团体，围绕产业发展、乡村振兴、城乡统筹、深化改革、民生福祉等事关全市经济社会发展的热点难点问题和人民群众最关心最直接最现实的利益问题建言献策，提交建议、提案、社情民意等372件，开展调研28次，形成调研报告28篇，其中6篇提案被列为重点提案，8件建议、提案得到省、市领导批示。对接民主党派中央、省委会16批次，全国、全省工商联3批次到宁德调研，推动宁德经济社会发展。

【民族宗教事务】 2021年，市委统战部、市民族宗教局围绕“共话民族团结·礼赞建党百年”主题，采取“线上＋线下”联动的方式举办2021年宁德市“三月三”畲族文化周系列节庆和民族团结进步宣传月活动20余场次，推进民族团结进步创建工作进机关、进企业、进学校、进社区、进乡村、进宗教活动场所。实施《宁德市畲族文化保护条例》，全面启动第二轮志书《闽东畲族志（1993—2020）》的编撰工作，支持畲族非遗项目申报、畲族服饰推广和畲族非遗代表性传承人授徒传艺工作。帮助争取畲族文化保护专项资金，协调市财政从2021年起，分三年支出3150万元先后支持63个民族村建设体现少数民族文化特色的文化广场；协调60万元支持少数民族传统体育项目训练及基地建设。举办第十三届海峡论坛·陈靖姑文化节和游氏仙姑祈福文化节。11月29日至12月3日，宁德市少数民族村村主职干部培训班在福安举办，近140名少数民族村村主职干部参训。会同相关部门制定《关于解决宗教活动场所不动产登记历史遗留问题的若干意见》，为宗教活动场所不动产登记提供具体办事指南。

【民营经济统战工作】 2021年，市委统战部贯彻落实《宁德市贯彻落实〈关于加强新时代民营经济统战工作的意见〉重点任务分工方案》，召开全市民营经济统战工作会议。建立宁德市民营经济统战工作协调机制，召开全市民营经济统战工作协调机制会议。推荐宁德时代入选“2021中国民营企业500强”，推荐青拓集团、宁德时代、福建甬金、福建宏旺实业等4家企业入选2021福建省“民营企业100强”和“民营企业制造业50强”。指导成立宁德市东侨经济技术开发区（园区）商会、贵州省宁德商会、福鼎市云南商会、义乌市宁德商会霞浦分会，全市镇街商会覆盖率超过93%，推荐宁德市泉州商会、蕉城区连江商会、霞浦县三沙商会等3家商会组织被评定为2019—2020年度全国“四好”商会。探索“银行＋商会＋企业”金融服务模式，与建行和厦门银行签订普惠金融服务战略合作协议，协商厦门银行落实“再贷款专项贷款”“专项纾困贷款”“复工助力贷”等抗疫金融产品和延期还本付息政策，累计为市工商联（总商会）常执委企业和市工商联所属商会会员企业提供纾困专项贷款近2亿元；调整还本付息方案20份，延期本息超1亿元；承担贷款相关费用近30万元。8月20日，市民营企业服务中心成立。11月15日，宁德市异地商会工作经验交流会在贵阳召开。

【党外知识分子和新的社会阶层人士统战工作】 2021年，市委统战部制定《关于加强和改进新时代宁德市党外知识分子思想政治工作若干举措》，推动党外知识分子统战工作向纵深发展。制定《关于加强宁德市网络人士统战工作的若干举措》，开展市级网络代表人士数据库建设工作。召开春季学期党外代表人士培训班。组织新的社会阶层代表人士到武夷山开展党史学习教育和交流回访活动。指导市新阶联开展“新阶同心”健康公益行活动，为困难家庭妇女、退役军人、残疾人、教师等群体共135人提供免费体检服务。持续指导党外知识分子会员走访日活动、新的社会阶层人士统战工作实践创新基地主题日活动、归国留学人员代表主题教育实践等，全市知联会、新阶联、留学生同学会共开展活动59场次，参与活动1500余人次。

【港澳台统战工作】 2021年，宁德市举办市海联会二届四次常务理事会和宁德市粤港澳政协委员、海联会理事珠海座谈会，承办福建海联青年讲坛，邀请澳门闽籍青少年夏令营到宁德考察访问等活动，接待港澳代表人士6批177人次。组织开展港澳专项工作，支持港澳社团加强建设，指导成立香港屏南同乡会，并帮助协调市财政给予专项经费，用于支持港澳同乡社团工作。屏南县前汾溪村获批省对台交流基地，宁德职业技术学院获批省政协港澳台侨交流基地。设立宁德市定居台胞扶贫济困配套补助专项资金。3月23日，宁德市委对台交流基地在福鼎市点头镇妈祖天后宫举行揭牌仪式。4月22—23日，市粤港澳政协委员、海联会理事座谈会暨走访乡贤企业活动在珠海举行。4月28—29日，省台联到屏南参加“乡建乡创”闽台合作项目框架协议签约仪式。5月12日，省台联会到屏南县开展乡镇与台企产业合作助推活动。6月10日，福建海联青年讲坛在宁德开幕，省、市统战系统干部以及港澳台青年代表等30余人参加活动。11月24—26日，市澳门工作小组到澳门走访澳门宁德同乡联谊会、澳门印尼归侨文化艺术联谊会，拜访澳门中联办、澳门福建同乡总会、福建省澳区政协委员联谊会、澳门福建同乡会等驻澳机构和社团组织。11月26—28日，市委统战部到深圳市宣讲党的十九届六中全会精神和宁德市第五次党代会精神，看望香港宁德籍社团骨干及代表人士，走访在深圳的宁德商会和乡贤企业。

【党外人士队伍建设】 2021年，市委统战部做好党外干部推荐使用和党外代表人士政治安排，会同市政协、市委组织部完成新一届市人大、政协换届工作。组织对2017年确认的无党派人士进行重新核实，取消2名，新增8名，年末全市有无党派人士802名。选送1名党外干部参加省委组织部第七批党外干部挂职锻炼。推荐8名党外代表人士进入市级特约检察员队伍。举办基层统战干部、党外代表人士、新的社会阶层人士、宗教界代表人士、少数民族村主干培训班35期，参训1800余人次。

（缪明理　杨　熹　胡锦晖　钟月花）

侨务工作

【概况】 2021年，市委统战部加大侨务工作资源整合力度，制定《宁德市加强新时代海外统战工作重点任务分工方案》《宁德市涉侨重大统筹协调工作制度》《宁德市关于规范海外侨胞授荣工作实施办法》等文件。以海联会为平台，先后做好7批20人次侨商侨领到宁德访问活动，为100名海外侨胞寄送新春祝福礼包。开展侨务引资引智工作，配合上级部门筹集侨商投资（福建）大会推介项目20个，投资金额174亿元，最终签约项目3个，投资金额11亿元；促成CAE（计算机辅助工程）工业仿真公司——中科华鼎（福建）科技有限公司在东侨经济技术开发区落地。优化涉侨行政审批工作，实现“三侨生”证明和华侨回国定居证明一次性办结，立等可取，网上办事大厅办事二维码评价获得全五星。成立侨界青年创新创业联盟、侨界传统文化联谊会，以及德国、新加坡宁德在外人才工作站。古田县中村村、屏南县村头村被认定为第三批福建省侨乡文化名镇名村，屏南县村头村“侨胞之家”被中国侨联评为“先进侨胞之家”。

【侨商侨企服务】 2021年，宁德市侨务部门做好福建侨商投资大会的侨商和项目联络对接工作，筹集发布大会推介项目20个，总投资174亿元；签约项目3个，总投资11亿元，其中宁波震裕科技股份有限公司拟投资6亿元在福安经济开发区兴建新能源电池结构件项目，福州东百集团拟投资3亿元在福安建设东百假日酒店，福建盛恺农牧开发有限公司拟投资2亿元在寿宁建设奶牛养殖和奶制品加工基地。推动以神舟一号至五号火箭系统总指挥黄春平为首席科学顾问、海外高层次人才谢文锋博士后领衔的技术团队到宁德新能源科技有限公司、宁德思客琦智能装备有限公司考察，并在东侨注资1000万元注册成立CAE工业仿真公司[中科华鼎（福建）科技有限公司]；做好比利时金海农业集团总裁、现代农业高级技术专家高继明与福建主播农业公司欧洲研发中心项目服务，邀请其到宁德开展“育繁推一体化”现代农作物种业体系项目合作对接，助力打造专业优良品种农业示范基地。市侨联与国广国际在线网络（北京）有限公司合作，在德国、新加坡设立闽东侨商（新加坡）联谊处，加强引智引才工作。组织6名青年侨商、4家宁德企业参加2021年RCEP（区域全面经济伙伴关系协定）青年侨商创新创业峰会，市商务局在会上作招商推介。

【侨务资源涵养】 2021年，宁德市邀请海外代表人士7人参加市两会。成立福建省首个地级市侨界青年创新创业社会团体——宁德市侨界青年创新创业联盟，成立宁德市侨界传统文化联谊会。在新春前夕，通过“0593宁德号”农产品区域公用品牌推广商“宁德市山海品牌运营有限公司”统一采购宁德土特产品，向100名涉及28个国家的海外代表人士寄送春节礼包。制定落实海外侨胞“双稳”工作文件，与60余名海外侨社骨干、高层次人才保持常态化沟通，收集涉及17个国家海外侨社联络专员名册，及时推送有关防疫资讯。继续畅通为侨服务24小时热线电话、“守望相助，同心战疫”专栏，助力海外侨胞开展防疫。

【侨界宣传交流】 2021年，宁德市以“侨”为媒，推动中华优秀传统文化在海外传播弘扬。加拿大半月基金在柘荣第三小学举行“心向党读经典·沐书香润人生”首届读书节，加拿大华侨陶华生举办“公益行·艺启行”2021年青少年艺术筑梦公益交流义演活动，引导青少年弘扬传承中华优秀传统文化。开展2021年“亲情中华·为你讲故事”海外华裔青少年网上夏令营活动。加强与中新社福建分社融媒体中心（宁德）合作。市海外联谊会微信公众号发布信息55版209条，在中新社、中侨网刊载88条，相关发布信息被《印华日报》《南美侨报》《星暹日报》《千岛日报》等海外华文报纸采用。

【为侨服务】 2021年，市委统战部走访安发生物、豪友生物科技等20家侨资企业。建立完善140名归侨侨眷代表人士资料库。指导做好涉侨公共服务事项工作，将“三侨生”（归侨青年、归侨子女、华侨在国内的子女）高考身份证明及华侨身份认定列入即办事项，并加强“三侨子女”升学照顾身份证明书出具工作宣传，扩大知晓率。年内办理华侨回国定居42件，归侨华侨侨眷身份认定27件，办理高考“三侨生”升学照顾身份证明书 14 份。

（杨　熹）

机构编制管理

【概况】　2021 年，中共宁德市委机构编制委员会办公室（简称“市委编办”）推进开发区管理机构改革、事业单位改革、专项体制改革、综合行政执法改革等 4 个方面改革。持续优化编制资源配置，按管理权限、核编规定和程序办理人员交流调动，做好机关、事业单位补充人员编制使用工作，全年核编 870 名。强化机构编制日常管理，提升事业单位登记管理水平。

【开发区管理机构改革】　2021 年，市委编办根据福建省委编委关于规范开发区管理机构的部署要求，推进开发区管理机构清理规范。管理机构减少 4 个，精简 28.5%；内设机构减少 18 个，精简 34.6%；增加编制 22 名，增幅 19.29%；福安经济开发区管委会、福安市畲族经济开发区管委会整合升格为福安经济开发区管委会（正处级），加挂福安市畲族经济开发区管委会牌子。实现“机构设置更加规范、内设机构设置更加精简、开发区管理力量大幅增强、管理模式创新、改革成效明显”五个优化。在全省创新推行省级开发区一区多园整合托管体制，形成发展合力，使开发区排名在全省提升。

【事业单位改革】　2021 年，宁德市支持寿宁、古田、蕉城、周宁、柘荣等 5 个县（区）先行推进公益类事业单位改革，协调整合“小散弱”和职能相近事业单位，按照“撤一建一”原则，对其所属 44 个科级事业单位进行整体重塑和功能再造，不断强化公益属性。推进市本级经营类事业单位转企改制方案，督促指导涉改主管部门及时做好人员安置、资产处置、企业注册登记等工作。继续指导县级经营类事业单位改革相关后续工作。

【专项体制改革】　2021 年，市委编办协调推动市司法局集中承担本级政府行政复议职责，调整优化市司法局内设科室设置，将行政复议和应诉科分设为“应诉科”和“行政复议一科”，增设“行政复议二科”，核增市司法局行政编制 5 名，核增正科级领导职数 2 名。调整相关议事协调机构设置，设立扶贫开发成果巩固与乡村振兴工作领导小组（办公室设在市农业农村局）。在市农业农村局加挂“宁德市乡村振兴局”牌子，不再挂“扶贫开发领导小组办公室”“实施乡村振兴战略领导小组办公室”牌子，相应调整原承担的扶贫开发相关职责。调整乡村振兴内设机构设置，充实增强人员编制。

【综合行政执法改革】　2021 年，市委编办推进市场监管等八大领域综合行政执法改革，整合市、县（区）自然资源执法队伍，出台市应急管理综合执法队伍改革方案，明确市应急管理综合执法支队“三定”规定。持续归并整合八大领域执法职能，围绕“一个领域一支队伍管执法”目标要求，全面推行“局队合一”执法体制。

【教育卫生事业发展保障】　2021 年，市委编办提前预核部分学校编制 221 名，为 11 所市属学校核定教职工编制 462 名；全市统筹调剂 3581 名编制，在全省率先全面完成依标足额核定公办中小学教职工编制任务。重新核定市医院、闽东医院人员控制数；增加康复医院事业编制 30 名；在闽东医院等 4 所公立医院增设“医院感染管理科”，增设“东侨经济技术开发区疾病预防控制中心”。

【编制资源统筹配置】　2021 年，市委编办推动设立中国（宁德）知识产权保护中心并印发“三定”规定，建立锂电新能源、新材料产业领域专利快速审查确权通道，推动宁德经济高质量发展和营商环境优化提升；适应第三产业发展、重点项目建设和发展 PPP 项目需要，相应增加市政府投资项目评审、市政府和社会资本合作项目编制及领导职数。设立市城市文明创建中心，推动全国文明城市创建水平提升；设立市固体废物及化学品环境管理技术机构，增加市环境卫生中心、市园林绿化中心编制和领导职数；增加市图书馆编制，提升图书馆的开放服务质量；增加市社会福利中心专项编制，提升老龄工作水平。使用中国福建能源器件科学与技术实验室高层次人才“事业编制池”11 名编制、高层次人才专项编制池 10 名用于招收高层次人才，审核公务员考录和事业单位公开招聘申请使用编制计划及军转干部、引进优秀毕业生、博士研究生选调生、公安部属院校毕业生、中小学高校及公立医院等招聘人员计划 1238 名。

【机构编制督查核查】　2021 年，市委编办对事业单位开展“双随机、一公开”抽查 2 次，对 52 家事业单位法人公示信息及职责履行、规范用编等情况进行监督检查。梳理汇总机构编制问题台账内的各类违规问题情况，分析问题主要成因并提出改进管理的意见建议。组织实施宁德市第二次全国机构编制核查工作，确保全市机构编制基础数据的真实性、准确性、完整性和规范性，全面推进机构编制实名制管理，严肃机构编制纪律。畅通“12310”机构编制举报电话，受理办结有关机构编制问题的匿名举报。更新完善二期系统数据台账，审核市直及 9 个县（市、区）机构编制统计数据，维护机构编制的权威性和严肃性。

【权责清单动态调整】　2021 年，市委编办推动市直 39 个部门公布权责事项 5672 项，督促各县（市、区）进一步厘清县乡权责关系，建立乡镇内设机构、岗位等履行权责清单的协调配合机制，探索推进乡（镇、街道）内部权责清单链条延伸工作。研究制定《东侨经济技术开发区推行权责清单管理试点工作方案》，开展权责清单试点工作，探索推进开发区等特殊区域建立权责清单制度。

【事业单位登记管理】　2021 年，市委编办全面实施《事业单位登记管理服务标准化规范（试行）》，依托国家局登记管理网和网上登记管理系统，对市直事业单位法人的设立、变更和注销等登记事项，做到“一趟不用跑”，办理设立、变更、注销登记共143件。年度报告工作“全网办理”，2020年度333个事业单位法人年度报告公示工作按时全面完成。机关群团的赋码率100%，机关群团登记服务全部当场办理。向“信用宁德”网站推送“双公示”信息160余条，落实失信联合惩戒。

（陈　胜）

网信工作

【概况】 2021年，中共宁德市委网络安全和信息化委员会办公室（简称“市委网信办”）贯彻党中央、省委和市委有关工作部署要求，推进全市党委（党组）网络意识形态工作责任制和网络安全工作责任制落细落实，未发生涉及网络意识形态和网络安全的重大事件。

【理论网宣】 2021年，市委网信办组织全市11家新闻网站、41家官方门户网站及其“两微一端”开设“牢记总书记嘱托　奋力谱写全面建设社会主义现代化国家宁德篇章”等网络专题栏目130余个，动员党员干部、体制内外专家、民间正能量骨干等3000余人参与习近平新时代中国特色社会主义思想网上宣传，日均更新稿件300余条，确保习近平总书记报道持续在首页首位首条置顶飘红。围绕庆祝中国共产党成立100周年、党史学习教育等主题，策划组织“庆祝建党百年　铭记初心之路”“七个E”系列网络主题宣传教育活动，将中国工农红军闽东独立师展陈馆等12个爱国主义教育基地以VR技术搬上云展馆，征集制作展播“闽东红色故事”视频37个，到周宁、寿宁等地老区开展“传承红色基因，助力乡村振兴”网络公益行活动。

【网络传播】 2021年，市委网信办以市第五次党代会召开为契机，统筹组织市、县两级网络媒体、“闽东之光”新媒体联盟成员齐声发力，综合运用文字、图片、海报、新闻、短视频、VR、VLOG等形式，精心制作差异化、分众化优质融媒体产品，全面展现宁德市经济、文化、社会、生态领域发展新面貌，直观解读“一核两廊五轴”的发展格局和“一个翻番、五个突破、全面跃升”的具体目标，累计转发推送宣传稿件1700多条次，阅读量810多万次，在全网迅速掀起学习宣传贯彻党代会精神热潮。5月，承办“中国有约·遇见福建”2021年国际媒体主题采访活动，邀请40多位中外记者和网络大V、名人采访宁德溪邳，深度推广宁德扶贫模式，报道被141家国外主流媒体转载，覆盖海外受众1.4亿人次。11月，举办“奋进‘十四五’，城乡建设谱新篇”宣传贯彻宁德市第五次党代会精神网络主题传播活动，全网总阅读量1830余万次。

【网络治理】 2021年，市委网信办联合公安、文旅等4家部门开展全市重点网络平台账号调查摸底，建成325个重点网络平台账号数据库。推动宁德人民广播电台以及蕉城、古田、屏南、周宁、寿宁、福安、柘荣、福鼎等8个县级融媒体中心获得互联网新闻信息服务许可证。开展“清朗·春节网络环境”、论坛类网站平台管理、“清朗·‘饭圈’乱象整治”等专项行动，查处违法违规网站，协调有关平台关闭违法违规账号，约谈网站、账号负责人。

【网络安全】 2021年，市委网信办发挥网络与信息安全工作协调联动机制作用，统筹协调网络安全职能部门、专业机构、支撑单位等方面，围绕庆祝中国共产党成立100周年、中国共产党与世界政党领导人峰会、数字峰会、市第五次党代会等重大活动、重要节点，对全市重点网站、重要信息系统及关键信息基础设施运营单位进行实时全程监测，开展实地检查，累计现场检查人社、住建、交通、卫健等43个部门，发出整改通知书21份，督促整改中、高危网络安全风险漏洞264个。10月11—17日，开展“网络安全为人民，网络安全靠人民”网络安全宣传周活动，组织举办各类活动68场次，发放宣传材料12万余份，发送安全宣传短信240万余条，网络安全答题参与量10万余人次。

（黄林涛　游龙城）

市直机关党建

【概况】 2021年，中共宁德市委市直机关工作委员会（以下简称“市委市直机关工委”）贯彻新时代党的建设总要求和新时代党的组织路线，

2021年4月2日，宁德市委市直机关工委与市文联组织市民间文艺家协会会员到大门山社区开展市直机关“灯谜党课”进社区活动（市委市直机关工委　供图）

以庆祝中国共产党成立100周年为主线，以党史学习教育为载体，以服务“十四五”开局为契机，创建模范机关，完成市第五次党代会代表选举工作，开展“达标创星、晋位升级”活动、“两优一先”评选，一批优秀党员、党务工作者和先进党组织获全国全省表彰；联合市委办公室、市委党史方志室编制“传承红色基因，走出闽东特色乡村振兴之路”主题党日活动线路指导手册的做法获全省机关体制机制创新一等奖。直接隶属机关工委的市直单位基层党组织103个，其中机关单位66个、事业单位13个、中央及省属国有企业24个；设置党委63个、党总支6个、党支部34个。市直单位有基层党组织844个（党委72个、党总支16个、党支部756个），党员1.1万名（在职党员8526名、离退休及其他2475名）。

【主题党日活动线路编制】 2021年，市委市直机关工委联合市委办公室、党史方志室，按照每县（市、区）至少一条线路、每条线路1天行程安排，规划设计10条线路（福安市2条），编制《“传承红色基因，走出具有闽东特色的乡村振兴之路”主题党日活动线路指导手册》1万册，依托宁德网、各地各单位门户网站宣传推介，结合开展的闽东北协同发展经济区机关党组织书记培训班、省直机关工委在宁德举办的省直机关党务干部研讨班分发全省各地各单位，项目做法获评第四届“推进机制活、建设新福建”全省机关体制机制创新优秀案例一等奖。

【庆祝中国共产党成立100周年活动】 2021年，市委市直机关工委举办市直机关庆祝中国共产党成立100周年微党课比赛决赛，9位选手分获一、二、三等奖。联合市委党史方志室举办市直机关“万名党员学党史、凝神聚力谱新篇”庆祝中国共产党成立100周年党史知识竞赛，市直单位76支队伍、228名党员参赛，10支队伍分获一、二、三等奖，34人获“党史知识达人”称号。

【省市党代会代表推选】 2021年，宁德市选举出席市第五次党代会代表60名（含寄选3名）。经基层推荐考察、征求意见、公示、会议圈选等程序，确定71位市直机关出席市第五次党代会代表候选人预备人选。召开市直机关党代表会议，差额选举产生市直机关出席市第五次党代会代表60名，其中领导干部51名、生产和工作一线人员9名。女党员15名，少数民族党员4名，50岁以下的党员32名。推荐宁德市出席省第十一次党代会代表候选人推荐人选9名，在组织市直机关基层党组织推荐提名基础上，召开市委市直机关工委委员会会议，酝酿提出市直机关推荐名单11名（市级领导干部5名、处级领导干部2名、各类专业技术人员和先进模范人物4名）。在市第五次党代会上，所推荐人选7名当选宁德市出席省第十一次党代会代表。

【“两优一先”工作】 2021年，市委市直机关工委推荐提名“七一勋章”人选1名，推荐全国“两优一先”表彰对象人选1名，市直机关1名党员（刘家富）获评“全国优秀共产党员”；推荐全省全市优秀共产党员表彰对象7名、优秀党务工作者表彰对象8名、先进基层党组织表彰对象13个。市直机关5名党员、6名党务工作者、11个基层党组织获全省、全市“两优一先”称号。开展市直机关“两优一先”评选表彰，召开市直机关庆祝表彰大会，表彰优秀共产党员50名、优秀党务工作者39名、先进基层党组织30个，对受表彰的优秀个人发放奖金17.8万元。

【市直机关党建工作创新】 2021年，市委市直机关工委联合市委改革办、市发展和改革委、市效能办开展全市机关体制机制创新优秀案例征集评选活动，征集创新优秀案例89个，评选全市机关体制机制创新优秀案例25个（一等奖7个、二等奖8个、三等奖10个），对获奖情况进行通报，编制《2021年全市机关体制机制优秀案例汇编》供学习借鉴，申报推荐宁德市创新优秀案例20个（限20个），获评全省创新优秀案例6个（一等奖1个、二等奖1个、三等奖3个、优秀奖1个）。

【党费收缴管理】 2021年，市委市直机关工委收缴党费554.43万元，并于2月、7月按70%比例上交市委组织部党费372.05万元，按10%比例回拨市直单位党组织74.74万元。10月21日，结合公示2020年度中管、省管党费收支情况，印发公示党费收支情况的通知，对2020年度工委管理党费收支情况进行公示。

【党内关怀帮扶】 2021年，市委市直机关工委采取重要节点集中慰问和特殊情况个别慰问方式，慰问党内功勋荣誉表彰的党员、生活困难党员、老党员、老干部和烈士遗属、因公殉职党员干部家属，以及参与疫情防控一线党员干部1084人，发放慰问金94.85万元。其中，“两节”期间慰问489人，发放慰问金39.98万元；“七一”前后慰问464人，发放慰问金38.42万元；在莆田、泉州、厦门等地相继出现本土确诊病例后，慰问驰援122名医务人员，发放慰问金16万元；慰问上汽乘用车福建分公司留守过年一线党员9人，发放慰问金0.45万元。

【机关党建述职评议】 2021年，市委市直机关工委采取会议述职、书面述职相结合方式，分层面开展述职评议会议3场，述职对象72个。召开2021年全市机关党的工作和纪检工作会议，开展市直单位党组（党委）书记抓机关党建工作述职评议，8家单位党组（党委）主要负责人述职；召开市直单位机关党委书记抓机关党建工作述职评议会议，述职对象37个，其中现场述职11个、书面述职26个；召开市直单位党总支（党支部）书记抓机关党建工作述职评议会议，述职对象27个，其中现场述职10个、书面述职17个。

【党员教育培训】 2021年，市委市直机关工委举办党员教育培训7期，培训727人。其中，在市委党校举办为期3天的市直机关党务干部培训班，参训学员111人；在宁德美伦大酒店举办为期3天的市直机关党组织书记培训班，参训学员112人；在寿宁县下党乡培训教育基地开展为期2天的闽东北协同发展经济区机关党组织书记抓党建促乡村振兴交流培训，福州、宁德、莆田、南平市以及平潭综合实验区5市（区）机关党务干部34人参训；在宁德美伦大酒店举办为期3天的市直机关新党员培训班，参训学员118人；举办市直机关党员发展对象培训班3期，每期培训3天，培训党员发展对象352人，经闭卷考试，培训合格350人。

【监督执纪问责】 2021年，市委市直机关纪检监察工作委员会落实干部监督联席制度，回复党风廉政意见259批1452人，配合派驻市直单位纪检监察组运用监督执纪"四种形态"处置281次，第一种至第四种形态分别占92.5%、4.6%、1.8%、1.1%，审结党员干部违纪案件23件22人。

（郑肖军）

老干部工作

【概况】 2021年，宁德市各级老干部工作部门加强离退休干部党组织建设、做好服务管理、引导老干部发挥作用。截至年末，全市有离休干部181人，"5·12"退休干部93人。市委老干部局服务对象135人，包括离休干部65人、"5·12"退休干部24人、厅级退休干部39人、市直享受部分厅级待遇的退休干部5人、代管离休干部2人，其中由市干休所服务管理的离休干部5人、"5·12"退休干部2人。中共柘荣县委老干部局被中央组织部、人力资源和社会保障部授予"全国老干部工作先进集体"称号。

【老干部活动场所改造更新】 2021年，市委老干部局争取财政资金40万元，完成市老年大学教学楼廊道内部改造、教学设备更新，改善学校的办学条件。争取省财政厅及市政府专项补助资金支持，完成市老干部活动中心"老党员之家"项目建设，新设政治生活馆、党建活动室、正能量展示厅、志愿者服务驿站等11个场馆，装修装饰面积1500平方米，项目概算226.4万元。市干休所环境整治项目竣工验收。

【离退休干部党建】 2021年，市委老干部局、离退休干部工委探索实行离退休干部党建"三三"工作法，即突出政治建设、支部班子和活动阵地"三项建设"；推进离退休干部工委、所在单位党组织和离退休干部党支部"三级联创"；培育隶缘型、地缘型和趣缘型"三型示范点"，进一步提高离退休干部党的组织和工作覆盖质量。在全市离退休干部党组织中开展组织力评估，找短板补弱项，督促完善离退休干部党组织建设。突出"七个一"，在离退休干部党员中广泛开展党史学习教育。坚持示范先行、以点带面，创建第三批市级离退休干部党建示范点28个，推荐命名第二批省级示范党支部31个。中国工农红军闽东独立师陈列馆等3个场馆入选第三批全省"离退休干部党员传承红色基因学习教育基地"。推选表扬"八闽银发先锋"11人，通报表扬"闽东银发先锋"50名。

【老干部服务管理】 2021年，市委老干部局走访慰问离退休干部549人次，发放慰问金、慰问品43.71万元，日常电话慰问687人次；通过政府出资购买居家养老服务，上门服务598次。市委办、政府办印发《关于调整市领导联系老干部安排的通知》，调整市领导挂钩联系老干部名单，市领导全年走访慰问老干部47人次。市委老干部局印发《局系统处级干部挂钩联系老干部制度》，对挂钩分工、走访要求等作出具体规定，全年局系统处级领导结合重大节日开展入户走访91人次。完善离休干部"一人一策""一人一册"信息台账，加强分类服务，丰富"套餐"项目，在原有居家养老服务基础上，市委老干部局与市定点医院人民医院签订《宁德市直离休干部送医上门服务协议》，每月一次提供送医上门服务。

【老干部作用发挥】 2021年，市委老干部局搭建平台活动载体，激发离退休干部传递正能量。深化"我看

2021年10月18日，宁德市委老干部局开展"九九重阳节·浓浓敬老情——我们的节日·重阳"宁德市直老干部游园活动 （市委老干局 供图）

建党百年新成就”主题活动，组织开展专题调研活动，全市召开座谈会27场次，上门访谈、座谈老干部380余人次，收集心声感受、意见建议700余条；访谈拍摄10名市直离休干部，制作“我的红色记忆”微视频3部；组织编排舞台剧《难忘腾飞新下党》参加省委组织部、老干部局、离退休干部工委举办的“我看建党百年新成就”八闽离退休干部主题文艺会演，获金奖。深化离退休干部志愿服务活动，全市建立离退休干部志愿服务队145支，志愿者2823人，开展志愿服务活动500余场次；健全6个类别共219人的宁德市“银发人才库”；启动“桑榆心向党·银发开新卷”全市离退休干部助力乡村振兴志愿服务行活动，组织离退休干部志愿者近70名，到蕉城区虎贝镇、福安市康厝畲族乡、寿宁县南阳镇开展助力乡村振兴志愿行活动3次，为当地村民送科技、送健康、送关爱、送文化，受众近3000人次。深化离退休干部正能量活动基地建设，确定示范活动基地6个，落实建设补助资金18万元；推出活动基地主题党日推荐路线，方便老干部参观学习；在活动基地开展“老干部讲坛”20余期，受众630余人。

【老年教育】 2021年4月6日，宁德市老年大学2021年春季学期开学（东侨分校同步开学），是2020年1月新冠肺炎疫情发生后，市老年大学首次开放线下课程，全年市老年大学新增课程8门，增开教学班12个，增加学员124人。通过创新开展“网格化”办学模式，在办好金泰园分校的基础上，春、秋季开学的东侨分校和湖滨社区教学点异常受欢迎，还成立市老年大学军休所教学点，把老年大学办到老年居民的家门口。围绕庆祝中国共产党成立100周年主题，开展“五个一”系列活动，即一场文艺会演、一场歌咏比赛、一次爱国主义主题教育、一系列红色电影展播、一轮学员系列作品展示；开展以“夕阳心向党，逐梦新时代”为主题的首届校园文化周展示活动，近500名老年学员参演展示。通过举办党史学习教育专题报告会、组织考察调研活动，深化厅级退休干部读书班建设。

（林　杨）

保密工作

【概况】 2021年，宁德市国家保密局加强宣传教育，严格行政执法，强化科技创新，注重综合防范，维护好党和国家秘密安全。市本级举办保密专题培训3次，参训400余人次。开展保密专项检查3次，检查单位70家。3月，市委保密委召开保密委全体成员（扩大）会议，研究部署保密工作。

【保密宣教】 2021年，宁德市国家保密局挖掘以蔡威、张云盛为代表的红色保密教育资源。拍摄短视频《解码半个世纪的秘密》，在“庆祝建党百年，建设密码强国”短视频故事大赛上获全国二等奖。推荐参赛歌曲《等你》，在庆祝中国共产党成立100周年全国保密宣教作品征集评选活动中获二等奖。撰写纪实文章《无名英雄蔡威》，被国家保密局《保密工作》杂志采用刊登。市委保密委授予周宁县地下交通红色历史展陈馆“宁德市保密教育示范基地”称号。依托“宁大大”“宁德网”等网络新媒体，开展线上群众性保密普法教育宣传活动。组织开展保密知识网上竞猜活动，3200余人次参与。在联信财富广场举办“4·15”全民国家安全教育日保密宣传教育活动，1000余名群众参与。先后在福安市下白石镇和宁德万达广场举办“我为群众办实事，法治宣传进基层”暨“12·4”普法宣传活动，向群众宣传《中华人民共和国国家安全法》《中华人民共和国保守国家秘密法》《中华人民共和国档案法》《中华人民共和国密码法》等知识，800余名群众参与。

【保密培训】 2021年，宁德市开展保密培训主要有3场次。分别为：4月14日，市委办公室举办全市党办工作业务培训班，开设保密专题辅导讲座；4月27日，在古田县召开县级保密办主任业务培训会议，市、县包括县级保密部门负责人在内30余名保密干部参加业务培训；5月7日，市委保密办联合市委组织部在市委党校举办全市保密业务专题培训班，各级各单位保密办主任、保密干部，以及涉密资质（资格）企业保密办负责人等180余人参加培训。

【保密管理】 2021年，宁德市国

2021年4月12日晚，宁德市举办“4·15”全民国家安全教育日灯谜展猜宣传活动

（吴允杰　摄）

家保密局从3个方面规范保密管理。强化党管保密，落实主体责任。将习近平总书记对保密工作的系列指示批示贯彻落实情况纳入市委工作台账一起抓；推动“党管保密”纳入各级巡察检查内容；推动“党管保密”纳入党委（党组）全面从严治党主体责任落实情况检查内容；推动“党管保密”纳入派驻纪检监察组日常监管内容。强化督促检查，促进依法治密。每半年开展一次基层保密工作“大调研+小检查”活动。5月中旬，陪同省委检查组调研检查市、县7家单位。9—11月，市委办牵头，联合市公安局、市国安局等部门检查市、县、乡单位58家。12月，对市人社局等5家单位开展市委巡察保密工作专项检查。全年为市本级各类涉密会议活动提供保密技术服务保障25场次。提供专用通信服务保障8次。会同市教育局、市公安局开展高考试卷保密室、考点安全检查。做好公务员录用等8类考试宁德考点全程保密监管工作。全年销毁硬盘、纸介质若干，未发生失泄密事件。

（苏云阶）

党校（行政学院）工作

【概况】 2021年，中共宁德市委党校（宁德市行政学院、社会主义学院）举办培训班101期，培训学员6464人次。其中，主体班15期799人次，市委专题班12期527人次，东侨党校班11期810人次，对外培训班63期4328人次。全年新招录专技人员3人，2人被确认为省引进人才，1人被确认为宁德市“文化名家”，6人被确认为宁德市“天湖人才”。选派20人次参与中央、省、市培训，8人次协助全市党史学习教育、县级换届考察、境外输入人员防控等。召开全市党校（行政学院）常务副校（院）长会议、全市党校（行政学院）系统科研与决策咨询工作培训会，举办全市党校（行政学院）系统党的十九届六中全会精神学习暨中共党史学习教育专题师资研修班，选送26名县级党校骨干教师、干部参加全省党校（行政学院）系统“四史”教育等培训班。推动福安、福鼎市委党校（行政学校）通过福建省市县党校行政学院质量评估，并以周宁、霞浦县委党校为试点开展全市党校（行政学校）质量评估工作。宁德市委党校在福建省市县党校行政学院质量评估工作中获优秀等次。

【教学成果】 2021年，中共宁德市委党校推进“习近平新时代中国特色社会主义思想教育培训工程”，学习宣传贯彻党的十九届五中、六中全会精神，推进党史学习教育，完善习近平新时代中国特色社会主义思想“1+X”专题课程，新增6门“四史”教育课程，完善提升“摆脱贫困”“习近平在宁德”16门专题课程，开发主题为“跟习近平总书记学人民情怀”的下党学习小镇“5+1”学习课程，重点打造寿宁下党“四同”教育基地及福安下岐、坦洋等教学点，推出3条红色党性现场教学路线。首次推进2门案例式课程进入课堂。首次在主体班开展领导干部政治理论水平测试。组织理论宣讲小分队到基层宣讲64场次，受众近5000人次。

【科研成果】 2021年，中共宁德市委党校实施习近平新时代中国特色社会主义思想溯源工程，全年发表理论文章78篇，其中省级CN为20篇、地级CN为23篇，《习近平扶贫“十论”》获得中央领导批示，入选全国哲学社会科学工作办公室主编的《中国减贫的理论与实践——脱贫攻坚研究优秀成果选编》，《弱鸟先飞、滴水穿石——关于弘扬闽东精神的研究》入选福建省委党校（行政学院）主编的《中国共产党精神福建谱系研究》，编辑汇总《习近平在宁德相关科研论文选集》1部。全年课题立项18项，完成纳入中央交办任务序列的国家社会科学基金特别委托项目“习近平总书记扶贫工作重要论述暨中国减贫学研究”1项，参与中央社会主义学院统一战线高端智库课题“习近平在闽工作期间关于统一战线工作的重要论述和实践研究”1项。编发《闽东论坛》6期、《决策咨询参考》12期，《打造新能源汽车全产业链 培育建设宁德汽车城研究》等2篇理论文章获市领导批示肯定。

（雷 蕾）

宁德市人民代表大会

综　述

【概况】 2021年，宁德市人民代表大会常务委员会（简称“市人大常委会”）召开常委会会议11次，主任会议26次；审议法规草案2项，通过1项；听取审议“一府两院”（人民政府和人民法院、人民检察院）专项工作报告15项，开展法律法规执法检查6项，开展专题询问、工作评议各1次，开展满意度测评2次，审查规章和其他规范性文件20件；作出决定决议20项；依法任免国家机关工作人员95人次；完成市、县、乡三级人大换届选举工作。编印《宁德市人大常委会设立20周年履职历程图集》，举办庆祝中国共产党成立100周年书画作品展等系列庆祝活动。完成福建省重点课题调研任务，在省人大课题调研评选中获奖13篇，其中一等奖2篇，连续4年居全省前列。宁德市人大常委会研究制定常委会年度工作要点和立法计划、监督工作计划，依法行使职责。加强地方立法工作，颁布施行《宁德市饮用水水源地保护条例》《宁德市户外广告和招牌设置管理条例》，初次审议《宁德市电动自行车管理条例（草案）》。加强备案审查工作，审议通过市人大常委会规范性文件备案审查规定，对市政府报备的21件规范性文件进行审查，维护法治统一。加强代表工作，落实“双联”制度、人大代表约见制度，先后就农村特困供养人员先诊疗后付费、精装修商品房监管、推动医养结合问题，约见政府工作部门负责人，促成问题解决；办理市四届人大六次会议主席团交付审议的4件议案和319件代表建议件，代表建议件签收率、答复率、满意率均100%。做好人大换届选举工作，依法选举产生366名市级人大代表、2002名县级人大代表、6854名乡级人大代表。

【人大常委会自身建设】 2021年，宁德市人大常委会落实“第一议题”学习制度，传达贯彻习近平总书记重要讲话重要指示批示精神和党的十九届六中全会精神、中央人大工作会议精神，以及中央重大决策和省委、市委部署要求。开展党史学习教育，学习研讨79场，常委会领导下基层宣讲59场，机关党员领导干部上专题党课27场，“我为群众办实事”12项。举办庆祝中国共产党成立100周年书画作品展等系列庆祝活动。执行请示报告制度，先后就年度工作计划、重要会议活动、立法监督工作等59项重要事项及时向市委请示报告。坚持党管干部原则和人大依法行使人事任免权相统一，完成市四届人大七次会议选举任务，依法选举任命国家机关工作人员95人次。加强宁德人大网、公共领域宣传载体等阵地建设和管理，把好人大宣传工作正确舆论导向。《中国人大》《人民政坛》杂志刊登宁德人大立法保护红色资源、助推革命老区发展等通讯文章。组织开展“习近平法治思想与发挥地方人大作用”课题调研，13篇课题研究成果在省人大常委会课题调研评审中获奖，其中获全省一等奖2篇、二等奖4篇、三等奖4篇、优秀奖3篇，市人大常委会办公室、研究室获优秀组织奖，总体成果较往年有新的进步、居全省第一层次。开展精准化常态化干部教育培训，完善干部担当作为激励机制，注重通过工作实绩考察培养干部，以正确用人导向激励干部奋发有为、干事创业，打造让党中央放心、人民群众满意的政治机关、国家权力机关、工作机关、代表机关。

【人大代表换届选举】 2021年，宁德市人大常委会贯彻落实党中央和省委、市委的部署要求，统筹谋划、组织换届选举各项工作，换届选举各环节、全过程人民民主。以市委名义下发做好市、县、乡三级人大换届选举工作的通知，召开市、县、乡三级人大换届选举工作座谈会，制定换届选举工作方案。市常委会各位领导到各县（市、区），指导县、乡人大换届选举工作。配合组织部门做好代表结构分析、审核把关，推荐履职优秀代表连任。配合宣传部门做好换届选举宣传报道，新华网、福建日报社、省广播影视集团等10家媒体14位记者到霞浦县开展“直击县乡人大代表换届选举”采访活动。

（黄祯姝）

2021年1月12—14日，宁德市第四届人民代表大会第六次会议召开

（市人大常委会办公室 供图）

重要会议

【概况】 2021年，宁德市召开人民代表大会2次，人大常务委员会会议11次，人大法制委员会会议3次，人大监察和司法委员会会议1次。

【市第四届人民代表大会第六次会议】 2021年1月12—14日，宁德市第四届人民代表大会第六次会议召开。会议听取和审议市人民政府、市人民代表大会常务委员会、市中级人民法院、市人民检察院工作报告；审查和批准宁德市国民经济和社会发展第十四个五年规划和二〇三五年远景目标纲要、宁德市2020年国民经济和社会发展计划执行情况及2021年国民经济和社会发展计划草案的报告、宁德市2020年预算执行情况及2021年预算草案的报告，批准宁德市2021年国民经济和社会发展计划、宁德市2021年市级预算；表决通过市政府工作报告、“十四五”规划和二〇三五年远景目标纲要、计划、预算和市人大常委会、市人民法院、市人民检察院工作报告决议7个。会议补选叶其发为宁德市人民政府副市长，刘振辉为宁德市第四届人民代表大会常务委员会秘书长，石求鸿、郑慧玫、钟灵灵、谢文华为宁德市第四届人民代表大会常务委员会委员。会上举行宪法宣誓仪式，该次大会选举产生的宁德市人民政府副市长，宁德市第四届人民代表大会常务委员会秘书长、委员进行集体宣誓。

【市第四届人民代表大会第七次会议】 2021年6月21日，宁德市四届人大七次会议召开。会议补选张永宁为市人民政府市长，严志铭为市监察委员会主任，陈良华为市人民检察院检察长。

【市四届人大常务委员会会议】 2021年，宁德市四届人大常务委员会召开常委会会议11次。分别是：

1月8日，宁德市四届人大常委会第三十九次会议召开。会议听取市人大常委会副主任、代表资格审查委员会主任委员雷维善关于补选省十三届人大代表办法（草案）的说明、关于部分代表的代表资格的审查报告；市委组织部常务副部长刘正宇关于人事安排的说明；市人民政府副市长关于提请政府组成人员免职议案的说明；市人民检察院检察长施忠华关于提请检察人员任免报告的说明。会议对相关报告、办法、名单和各项议题进行联组审议。会议表决通过关于补选省十三届人大代表的办法；市人大常委会公告及相关人事事项；补选尹力、柳红为省十三届人大代表。

2月22日，宁德市四届人大常委会第四十次会议召开。会议听取市人大常委会法工委主任阮炜炜关于2020年规范性文件备案审查工作情况的报告和关于市人大常委会规范性文件备案审查规定（草案）的起草说明，市委组织部常务副部长刘正宇关于人事安排的说明，市监察委员会副主任林海关于提请监察委员会组成人员任职议案的说明，市人民检察院副检察长张聿雄关于提请检察人员任职报告的说明，市人大常委会副主任雷维善关于提请接受陈力达辞去市监察委员会主任职务请求的议案的说明和关于提请接受施忠华辞去市人民检察院检察长职务请求的议案的说明，以及关于提请决定市监察委员会代理主任人选的议案的说明和关于提请决定市人民检察院代理检察长人选的议案的说明。会议对相关报告、规定、议案和有关人事事项等进行分组审议。会议表决通过市人大常委会关于办理市四届人大六次会议主席团交由市人大常委会审议的第001、002、003、004号议案的决定，市人大常委会规范性文件备案审查规定，市人大常委会关于接受陈力达辞去市监察委员会主任职务请求的决定、关于接受施忠华辞去市人民检察院检察长职务请求的决定，市人大常委会关于宁德市监察委员会代理主任人选的决定、关于市人民检察院代理检察长人选的决定及有关人事事项。会议向新任命的市监察委员会副主任、市人民检察院副检察长颁发任命书，并举行宪法宣誓仪式。

4月21日，宁德市四届人大常委会第四十一次会议召开。会议传达学习习近平总书记到福建考察重要讲话精神，十三届全国人大四次会议以及省委常委会（扩大）会议、全省领导干部大会、市委常委会（扩大）会议精神；听取市人大法制委员会副主任委员、常委会法工委主任阮炜炜关于《宁德市户外广告设置管理条例（草案）》修改情况的报告，市政府副市长关于推动金融服务实体经济情况的报告、关于2020年环境状况和环境保护目标完成情况的报告，以及关于提请政府组成人员任免议案的说明，市委组织部常务副部长刘正宇关于人事安排的说明，市人大常委会副主任雷维善关于提请接受刘善长辞去市人大常委会委员职务请求的议案的说明和关于提请市人大常委会机关工作人员免职议案的说明，以及关于提请市人大专门委员会组成人员人事免职议案的说明，市法院副院长吴元祥关于提请审判人员任职报告的说明，市检察院副检察长张聿雄关于提请批准检察人员任免报告的说明和关于提请检察人员任免报告的说明。会议对相关报告、议案和有关人事事项等进行分组审议。会议表决通过市人大常委会关于接受刘善长辞去市人大常委会委员职务请求的决定及有关人事事项。会上，新任命的市政府组成人员进行了宪法宣誓。

6月10日，宁德市四届人大常委会第四十二次会议召开。会议听取市委组织部常务副部长刘正宇关于人事安排的说明，市政府常务副市长受市长委托作关于提请张永宁任职议案的说明，市人大常委会副主任雷维善关于提请接受梁伟新辞去市人民政府市长职务请求的议案的说明、关于提请决定张永宁代理市人民政府市长职务的议案的说明，并对相关各项议题进行审议。会议表决通过市人大常委会决定任命的政府组成人员名单，市人大常委会关于接受梁伟新辞去宁德市人民政府市长职务请求的决定，市人大常委会关于张永宁代理宁德市人民政府市长职务的决定。会上，新任命的宁德市人民政府副市长进行了宪法宣誓。

6月18日，宁德市四届人大常委会第四十三次会议召开。会议听取市人大常委会秘书长刘振辉关于市四届人大七次会议安排意见的报告，市人大常委会副主任、代表资格审查委员会主任委员雷维善关于部分代表的代表资格的审查报告，并对相关报告和各项议题进行审议。会议表决通过市人大常委会关于召开市四届人大七次会议的决定、市人大常委会公告；市四届人大七次会议主席团和秘书长名单，决定提请市四届人大七次会议预备会议选举；市四届人大七次会议建议议程，决定提请市四届人大七次会议预备会议表决。

7月9日，宁德市四届人大常委会第四十四次会议召开。会议听取市财政局局长江明融关于2021年市本级预算调整方案（草案）的说明，市人大财经委副主任委员、常委会财经工委主任陈清田关于2021年市本级预算调整方案（草案）初步审查的报告，市政府副市长毛祚松关于公共卫生工作情况的报告，市人民法院院长董明亮关于行政审判工作情况的报告，市医疗保障局局长陈玉良关于接受市人大常委会评议的专项工作报告，市人大常委会副主任章允斌关于对市医疗保障局工作评议的调查报告，市人大常委会副主任雷维善关于检查《中华人民共和国归侨侨眷权益保护法》和《福建省实施〈中华人民共和国归侨侨眷权益保护法〉办法》实施情况的报告，市委组织部副部长王美苗关于人事安排的说明，市政府副市长毛祚松关于提请政府组成人员免职议案的说明，市人民检察院代理检察长陈良华关于提请检察人员免职报告的说明。会议对相关报告、议案和有关人事事项等进行分组审议。会议表决通过市人大常委会关于批准2021年市本级预算调整方案的决议及有关人事事项，并对市医疗保障局工作开展满意度测评。

8月26日，宁德市四届人大常委会第四十五次会议召开。会议听取市人大常委会副主任、市人大法制委主任委员冯桂华关于《宁德市户外广告和招牌设施设置管理条例（草案修改稿）》审议结果的报告，市财政局局长江明融关于2020年市本级决算草案和2021年1—6月份预算执行情况的报告，市审计局局长黄颖倩关于2020年度市本级预算执行和其他财政收支的审计工作报告，市人大财经委副主任委员、常委会财经工委主任陈清田关于2020年市本级决算草案审查结果的报告，市发展和改革委主任林青关于2021年1—6月份国民经济和社会发展计划执行情况的报告，市人民政府副市长关于宁德市国土空间总体规划情况的报告，市人大常委会环城工委主任李荣春关于宁德市国土空间总体规划初步审查情况的报告，市政府副市长关于研究处理《〈宁德市城市停车场建设管理条例〉实施情况检查报告的审议意见》情况的报告，市人大常委会副主任陈梅关于检查《宁德市霍童溪流域保护条例》实施情况的报告，市人大常委会副主任章允斌关于检查《中华人民共和国消

2021年8月27日，市人大常委会召开《宁德市霍童溪流域保护条例》实施情况专题询问会
（市人大常委会办公室　供图）

防法》和《福建省消防条例》实施情况的报告，市委组织部常务副部长刘正宇关于人事安排的说明，市人大常委会副主任雷维善关于提请接受黄国璋、毛祚松辞去市人民政府副市长职务请求的议案的说明，市人民政府副市长关于提请政府组成人员任职议案的说明，市人大常委会副主任雷维善关于提请接受陈龙营辞去市人大常委会委员职务请求的议案的说明、关于提请市人大专门委员会组成人员免职议案的说明、关于提请人大常委会机关工作人员免职议案的说明，市监察委员会副主任林海关于提请监察委员会组成人员任职议案的说明。会议对相关法规、报告、决议、议案和有关人事事项等进行审议。会议表决通过《宁德市户外广告和招牌设置管理条例》，市人大常委会关于批准2020年市本级决算的决议，市人大常委会关于接受黄国璋、毛祚松辞去市人民政府副市长职务请求的决定，市人大常委会关于接受陈龙营辞去市人大常委会委员职务请求的决定及有关人事事项。会议对市政府关于研究处理《〈宁德市城市停车场建设管理条例〉实施情况检查报告的审议意见》情况的报告进行了满意度测评。会议向新任命的宁德市监察委员会副主任颁发任命书。会上，新任命的宁德市人民政府副市长、宁德市监察委员会副主任，以及省人大常委会批准任命的宁德市人民检察院检察长，进行宪法宣誓。

9月17日，宁德市四届人大常委会第四十六次会议召开。会议听取市委组织部常务副部长刘正宇关于人事安排的说明，市人大常委会副主任雷维善关于提请接受辞去市人民政府副市长职务请求的议案的说明、关于提请市人大常委会机关工作人员免职议案的说明，市人民政府副市长关于提请政府组成人员任免议案的说明，并对相关议题进行联组审议。会议表决通过市人大常委会关于接受辞去市人民政府副市长职务请求的决定及有关人事事项。会议向新任命的市政府组成人员颁发任命书。会上，新任命的市政府组成人员进行宪法宣誓。

11月10日，宁德市四届人大常委会第四十七次会议召开。会议传达学习习近平总书记在中央人大工作会议上的重要讲话精神以及省市有关会议精神。会议听取胡楠关于《宁德市电动自行车管理条例（草案）》的说明，市人大常委会监察和司法工委副主任林小华关于《宁德市电动自行车管理条例（草案）》初步审查的报告，市财政局局长江明融关于2021年市本级预算调整方案（草案）的说明，市人大财经委副主任委员陈清田关于2021年市本级预算调整方案（草案）的审查报告，胡楠关于2020年度国有资产管理情况的综合报告、关于学前教育工作情况的报告、关于第七个五年法治宣传教育的决议执行情况的报告，冯桂华关于开展第八个五年法治宣传教育的决议（草案）的说明，许青云关于检查《中华人民共和国固体废物污染环境防治法》实施情况的报告，陈梅关于检查《中华人民共和国农产品质量安全法》实施情况的报告，章允斌关于检查《宁德市幼儿园规划建设条例》实施情况的报告，市委组织部副部长陈梅仔关于人事安排的说明，雷维善关于提请市人大常委会机关工作人员任职议案的说明，胡楠关于提请政府组成人员任免议案的说明，市监察委员会副主任林海关于提请监察委员会组成人员任职议案的说明，市人民检察院副检察长张聿雄关于提请检察人员任职报告的说明。会议对相关法规、报告、决议、议案和有关人事事项等进行审议。会议表决通过市人大常委会关于批准2021年市本级预算调整方案的决议，市人大常委会关于开展第八个五年法治宣传教育的决议及有关人事事项。会议对市人民政府学前教育工作情况报告进行满意度测评。会议向新任命的市人大常委会机关工作人员、市人民政府组成人员颁发任命书。会上，新任命的市人大常委会机关工作人员、市人民政府组成人员进行宪法宣誓。

12月10日，宁德市四届人大常委会第四十八次会议召开。会议听取关于2020年度市级预算执行和其他财政收支审计查出问题整改落实情况的报告，关于市四届人大六次会议代表建议、批评和意见办理情况的报告，董明亮关于市四届人大六次会议代表建议、批评和意见办理情况的报告，市人民检察院副检察长张聿雄关于市四届人大六次会议代表建议、批评和意见办理情况的报告，市委组织部常务副部长刘正宇关于人事安排的说明，雷维善关于提请人大常委会机关工作人员任免议案的说明，常务副市长关于提请政府组成人员任免议案的说明，董明亮关于提请审判人员任免报告的说明，张聿雄关于提请检察人员免职报告的说明。会议表决通过市人大常委会关于召开市五届人大一次会议的决定，关于市四届人大六次会议主席团交付审议的代表议案审议结果的综合报告及有关人事事项。会议向新任命的市人大常委会机关工作人员、市人民政府组成人员、市中级人民法院副院长颁发任命书。会上，新任命的市人大常委会机关工作人员、市人民政府组成人员、市中级人民法院副院长进行宪法宣誓。

12月31日，宁德市四届人大常委会第四十九次会议召开。会议听取市人大常委会秘书长刘振辉关于市五届人大一次会议安排意见的报告、关于市人大常委会工作报告（稿）的起草说明，市委组织部常务副部长刘正宇关于人事安排的说明，市人大常委会副主任雷维善关于提请接受金敏辞去市人大常委会主任职务请求的议案的说明、关于市五届人大代表的代表资格的审查报告、关于提请接受柳红辞去省十三届人大代表职务请求的议案的说明、关于补选省十三届人大代表办法(草案)的说明。会议对相关报告、议案和有关人事事项等进行审议。会议表决通过市五届人大一次会议主席团和秘书长名单、建议议程、计划和预算审查委员会组成人员名单，决定提请市五届人大一次会议预备会议选举和表决，表决通过市人大常委会工作报告（稿），决定提请市五届人大一次会议审议，表决通过市人大常委会公告（稿）、市五届人大一次会议列席人员安排原则的决定、市人大常委会关于接受金敏辞去市人大常委会主任职务请求的决定、市人大常委会关于接受柳红辞去省十三届人大代表职务请求的决定、补选省十三届人大代表办法。会议对补选的省十三届人大代表候选人名单（草案）进行审议，并补选省十三届人大代表。

【市四届人大法制委员会全体会议】 2021年，宁德市四届人大法制委员会召开全体会议3次。分别是：

4月17日，宁德市四届人大法制委员会第二十五次全体会议召开。会议审议并表决通过《宁德市户外广告设置管理条例（草案）》修改情况的报告和《宁德市户外广告和招牌设施设置管理条例（草案修改稿）》，建议提请市四届人大常委会第四十一次会议审议。

8月6日，宁德市四届人大法制委员会第二十六次全体会议召开。会议审议并表决通过《宁德市户外广告和招牌设施设置管理条例（草案修改稿）》审议结果的报告和《宁德市户外广告和招牌设置管理条例（草案修改二稿）》，建议提请市四届人大常委会第四十五次会议审议。

8月26日，宁德市四届人大法制委员会第二十七次全体会议召开。会议审议并表决通过《宁德市户外广告和招牌设置管理条例（草案修改二稿）》修改情况的说明和《宁德市户外广告和招牌设置管理条例（草案表决稿）》，建议提请市四届人大常委会第四十五次会议表决通过。

【市四届人大监察和司法委员会第二次全体会议】 2021年9月18日，宁德市四届人大监察和司法委员会第二次全体会议召开。会议审议并表决通过《宁德市人民代表大会常务委员会关于开展第八个五年法治宣传教育的决议（草案）》修改情况的说明，审议《宁德市人民代表大会常务委员会关于开展第八个五年法治宣传教育的决议（草案）》，建议提请市四届人大常委会第四十七次会议表决通过。

（黄赪姝）

人大立法

参见本书第127页《法治·地方立法》

人大监督

【高质量发展超越监督】 2021年，宁德市四届人大常委会第四十一次会议、第四十五次会议、第四十七次会议、第四十八次会议，先后听取审议市政府关于推动金融服务实体经济情况、2021年上半年计划执行情况、国有资产管理情况、审计查出问题整改落实情况等的报告，促进“十四五”开好局、起好步。着力提高人大财经监督工作质量和水平；宁德市四届人大常委会第四十五次会议、第四十七次会议，先后听取审议2021年上半年预算执行情况、2020年度市本级预算执行和其他财政收支审计工作报告，依法审查批准2020年市本级决算、2021年市本级预算调整方案。

【生态文明建设监督】 2021年，宁德市四届人大常委会第四十一次会议、第四十五次会议，先后听取审议市政府关于2020年环境状况和环境保护目标完成情况、市国土空间总体规划情况的报告。7月，组织开展固体废物污染环境防治法执法检查，开展首次监督问题清单制、跟踪监督问题清单销号制等做法，督促政府落实生态环境保护目标责任制，加强中央环保督察反馈问题的整改落实，打好污染防治攻坚战，守护宁德的绿水青山。

【民生福祉改善监督】 2021年，宁德市人大常委会开展农产品质量安全法执法检查，促进农业高质高效、农民富裕富足，巩固拓展脱贫攻坚成果。聚焦公共卫生领域短板和薄弱环节。宁德市四届人大常委会第四十四次会议，听取审议市政府关于公共卫生工作情况报告，对市医疗保障局工作进行工作评议，测评结果为基本满意。通过代表约见等方式持续监督养老补短板工作，推动“医养结合”政策落地。宁德市四届人大常委会第四十七次会议，听取市人民政府关于学前教育工作情况报告，并开展满意度测评，测评结果为基本满意。5—7月，开展归侨侨眷权益保护法、消防法执法检查，督促和支持政府把好事办好、实事办实，促进人民生活品质提升。

【法治宁德建设监督】 2021年，宁德市四届人大常委会第四十四次会议、第四十七次会议，先后听取审议市法院关于行政审判工作情况、市政府关于“七五”普法决议执行情况的报告，开展公益诉讼工作“回头看”活动，作出关于开展第八个五年法治宣传教育的决议，组织任前宪法法律知识考试36人次、宪法宣誓38人次，督促“一府一委两院”依法行政、依法监督、公正司法，促进社会稳定与公平正义。依法依规做好人大信访工作，受理群众来信来访事项203件/批，其中来信152件（省人大统交件3件、市人大督办件5件），来访51批84人。

（黄赪姝）

人事任免

【市第四届人民代表大会专门委员会组成人员任免】 2021年4月21日，宁德市第四届人民代表大会常务委员会第四十一次会议免去刘善长的宁德市第四届人民代表大会监察和司法委员会副主任委员职务；免去肖伏雄的宁德市第四届人民代表大会监察和司法委员会委员职务。2021年8月26日，宁德市第四届人民代表大会常务委员会第四十五次会议免去陈龙营的宁德市第四届人民代表大会社会建设委员会委员职务。

【市人大常委会机关工作人员任免】 2021年4月21日，宁德市第四届人民代表大会常务委员会第四十一次会议免去刘善长的宁德市人大常委会监察和司法工作委员会主任职务。2021年8月26日，宁德市第四届人民代表大会常务委员会第四十五次会议免去陈龙营的宁德市人大常委会研究室主任职务。2021年9月17日，宁德市第四届人民代表大会常务委员会第四十六次会议免去陈清田的宁德市人大常委会财政经济工作委员会主任职务；免去王友盛的宁德市人大常委会教育科学文化卫生工作委员会主任职务；免去蓝新华的宁德市人大常委会民族华侨台胞工作委员会主任职务。2021年11月10日，宁德市第四届人民代表大会常务委员会第四十七次会议任命王昌清为宁德市人大常委会教育科学文化卫生工作委员会主任。2021年12月10日，宁德市第四届人民代表大会常务委员会第四十八次会议免去吴泽金的宁德市人大常委会办公室副主任职务；免去邱金通的宁德市人大常委会办公室副主任职务；免去陈少辉的宁德市人大常委会研究室副主任职务；免去林小华的宁德市人大常委会监察和司法工作委员会副主任职务；任命吴泽金为宁德市人大常委会研究室主任；任命陈明文为宁德市人大常委会监察和司法工作委员会主任；任命柳承忠为宁德市人大常委会财政经济工作委员会主任；任命姚巧珍为宁德市人大常委会民族华侨台胞工作委员会主任。

【市人民政府组成人员任免】 2021年1月8日，宁德市第四届人民代表大会常务委员会第三十九次会议免去杨方的宁德市人民政府副市长职务。2021年4月21日，宁德市第四届人民代表大会常务委员会第四十一次会议免去高剑峰的宁德市司法局局长职务；免去高一鹏的宁德市财政局局长职务；免去宋一帆的宁德市医疗保障局局长职务；任命刘善长为宁德市司法局局长；任命江明融为宁德市财政局局长；任命陈玉良为宁德市医疗保障局局长。2021年6月10日，宁德市第四届人民代表大会常务委员会第四十二次会议任命张永宁为宁德市人民政府副市长。2021年7月9日，宁德市第四届人民代表大会常务委员会第四十四次会议免去周乃松的宁德市人民政府信访局局长职务。2021年8月26日，宁德市第四届人民代表大会常务委员会第四十五次会议任命陈怡为宁德市人民政府副市长；任命刘笃凡为宁德市人民政府副市长。2021年9月17日，宁德市第四届人民代表大会常务委员会第四十六次会议免去张雄的宁德市人民政府秘书长职务；免去林青的宁德市发展和改革委员会主任职务；免去赵榕生的宁德市教育局局长职务；免去罗樟麟的宁德市生态环境局局长职务；免去俞道雄的宁德市农业农村局局长职务；免去李惠长的宁德市卫生健康委员会主任职务；免去梁敏生的宁德市海洋与渔业局局长职务；任命包江苏为宁德市人民政府副市长；任命詹少铃为宁德市人民政府秘书长；任命黄海峰为宁德市发展和改革委员会主任；任命郭海鸣为宁德市教育局局长；任命陈绍曦为宁德市生态环境局局长；任命何光武为宁德市农业农村局局长；任命陈健夫为宁德市卫生健康委员会主任；任命肖剑华为宁德市海洋与渔业局局长；任命叶剑为宁德市人民政府信访局局长。2021年11月10日，宁德市第四届人民代表大会常务委员会第四十七次会议免去黄颖倩的宁德市审计局局长职务；任命陈端浦为宁德市审计局局长。2021年12月10日，宁德市第四届人民代表大会常务委员会第四十八次会议免去杨良辉的宁德市民政局局长职务；免去黄其辉的宁德市文化和旅游局局长职务；免去许振长的宁德市人民政府国有资产监督管理委员会主任职务；任命雷春雄为宁德市民政局局长；任命霍立昀为宁德市文化和旅游局局长；任命黄崇廉为宁德市人民政府国有资产监督管理委员会主任。

【市监察委员会组成人员任免】 2021年2月22日，宁德市第四届人民代表大会常务委员会第四十次会议任命严志铭为宁德市监察委员会副主任。2021年8月26日，宁德市第四届人民代表大会常务委员会第四十五次会议任命黄祖峰为宁德市监察委员会副主任；任命谢红都为宁德市监察委员会委员。2021年11月10日，宁德市第四届人民代表大会常务委员会第四十七次会议任命徐英杰为宁德市监察委员会委员。

【市中级人民法院审判人员任免】 2021年，宁德市四届人大常委会第四十一次会议、市四届人大常委会第四十八次会议，先后2次任免市中级人民法院审判人员。

【宁德市人民检察院人员任免】 2021年，宁德市四届人大常委会第三十九次会议、市四届人大常委会第四十次会议、市四届人大常委会第四十一次会议、市四届人大常委会第四十四次会议、市四届人大常委会第四十七次会议、市四届人大常委会第四十八次会议先后6次任免市人民检察院人员。

（黄赪姝）

代表工作

【概况】 2021年，宁德市人大常委会把做好代表工作作为发展全过程人民民主的关键举措，尊重代表主体地位，健全完善代表工作机制，服务保障代表依法履职，发挥代表主体作用，人事代表工作取得成效。完成市县乡三级人大换届选举工作，依法选举产生市、县、乡三级人大代表9222名；依法做好人事任免工作，选举任免国家机关工作人员95人次，组织任前宪法法律知识考试36人次、宪法宣誓38人次；提升建议办理质量，319件代表建议全部办结，签收率、答复率、满意率均100%；推进代表活动室和代表履职服务平台建设，邀请代表列席常委会会议、参加调研、执法检查等活动，组织代表到基层一线调研视察，提升服务代表能力，保障代表依法履职。

【代表履职保障】 2021年，宁德市人大常委会落实“双联”制度，完善代表列席常委会会议制度，加强与代表的沟通联系，听取代表意见建议，邀请代表参与立法调研和执法检查工作，发挥代表在立法和监督工作中的作用。下发通知委托各县（市、区）组织市人大代表开展视察调研活动。组织省人大代表24名围绕科技创新、乡村振兴开展专题调研活动。全年邀请代表列席常委会会议、参加调研、执法检查等活动以及参加市直有关重要会议活动120多人次，组织人大代表学习培训108人次，完成市人大代表五年培训计划。

【代表履职方式创新】 2021年，宁德市人大常委会落实人大代表约见制度，代表6名约见政府部门4个，推动解决医养结合问题，通过面对面沟通督办，推动政府有关部门出台农村养老机构医养结合和加强商品住房全装修项目监管的政策措施，促使“互助孝老食堂”建设。代表约见制度获得全省机关体制机制创新优秀案例评选二等奖，被评为全省人大常委会发挥代表作用优秀案例。督促各县（市、区）提升代表活动室规范化建设水平，推动产业（行业）代表活动平台运行，助推特色产业。利用省、市、县三级人大代表履职服务平台，规范管理使用，做好代表履职情况登记，向市人大代表手机客户端推送会议资料、工作资讯、学习材料和代表风采等，拓宽代表知情知政渠道。

【议案建议办理】 2021年，宁德市人大常委会完善代表建议交办协调工作机制，加大督办力度，通过准确交办、重点督办、督促协调等方式，推动解决人民群众关心关注的热点难点问题。确定代表建议17件，常委会领导牵头重点督办；开展2020年重点建议“回头看”检查活动，在网站上公开代表建议，推进代表建议办理信息化公开化。市四届人大六次会议主席团交付审议4件议案、代表会议期间建议314件和闭会期间建议5件均已办结，建议签收率、答复率、满意率均为100%，建议办成率相较2017年提升11.02%。

【人大代表构成】 2021年，宁德市优化代表结构和素质，依法选举产生市级人大代表366名、县级人大代表2002名、乡级人大代表6854名。

（黄桢姝）

表4 宁德市人大常委会2021年度重点督办建议件一览表

序号	建议名称	提建议代表	代表团
1	关于加快完善南漈山步行栈道工程的建议（1271号）	陈家良等8名代表	蕉城
2	关于促进市民垃圾分类行为养成，助推城市文明发展的建议（1273号）	彭玫代表	蕉城
3	关于尽快改善古田溪库区移民新城水生态环境的议案（009号议案，转建议办理）	余泽动等10名代表	古田
4	关于配齐配强海上应急救援队伍及救援设备的建议（1305号）	黄金星等4名代表	福鼎
5	关于配齐配强畲语畲歌特长教师的建议（1155号）	雷洪等15名代表	福安
6	关于将宁德畲族文化园项目列入“十四五”规划的建议（1278号）	钟玉喜等3名代表	蕉城
7	关于加强乡村电商平台发展的建议（1102号）	赵燕等3名代表	周宁
8	关于加大力度扶持中小微企业发展的建议（1149号）	郑进良等6名代表	福安
9	关于优化中心城区道路交通标线和信号灯设置的建议（1017号）	黄巧莺代表	蕉城
10	关于加强法院执行工作规范化建设的建议（1168号）	黄志强等4名代表	福安
11	关于我市共享单车管理的建议（1162号）	夏陈玉代表	福安
12	关于要求市政府将市级畲族非物质文化遗产代表性传承人列入市财政补助的建议（1261号）	雷国胜等3名代表	霞浦
13	关于在茶园及附近禁止使用除草剂的建议（1038号）	张兴敏等9名代表	福鼎
14	关于保护农民生产生活免受野猪危害的建议（1307号）	钟观良等4名代表	周宁
15	关于“互联网＋名师名校”有效治理乱补课行为的建议（1002号）	陈莹等3名代表	霞浦
16	关于加强我市疾控体系建设的建议（1065号）	林春霖等2名代表	福安
17	关于城镇职工高血压、糖尿病特殊病种可以在乡镇卫生院确认的建议（1200号）	黄光锐等7名代表	古田

（资料来源：市人大常委会办公室）

表5 宁德市四届人大六次会议代表议案目录一览表

序号	标　题	领衔代表	代表团
1	关于制定《宁德市电动自行车管理条例》的议案（第0001号）	雷陈珠	霞浦团
2	关于制定《宁德市文明行为促进条例》的议案（第0002号）	陆盛彪	屏南团
3	关于制定《宁德市养老服务条例》的议案（第0003号）	陆盛彪	屏南团
4	关于制定《宁德市历史建筑和历史文化街区保护条例》的议案（第0004号）	王友盛	寿宁团

（资料来源：市人大常委会办公室）

宁德市人民政府

综　述

【概况】　2021年，宁德市地区生产总值3064.96亿元、比上年增长13.0%，总量从全省第八跃升至第五；农林牧渔业总产值645.61亿元、增长4.2%；规模以上工业增加值增长32.5%；固定资产投资增长6.2%；社会消费品零售总额增长6.6%；进出口总值905.7亿元、增长76.4%；实际利用外资增长24.9%；一般公共预算总收入265.79亿元、增长13.8%，地方一般公共预算收入158.05亿元、增长14.7%；金融机构本外币贷款余额2760.84亿元、增长20.1%；城乡居民人均可支配收入分别40615元、21282元，分别增长9.4%、11.7%。其中，9项指标增幅居全省前列，地区生产总值、规模以上工业增加值、进出口、地方一般公共预算收入、金融机构本外币贷款余额等5项指标增幅居全省第一。福安入选全国百强、全省十强县（市），蕉城入选全省十优区，东侨开发区综合发展水平居全省第二。开展“我为群众办实事”实践活动，办结惠民利民事项6879件，完成为民办实事项目33件。自觉接受人大法律监督、工作监督和政协民主监督。提请审议地方性法规草案1部，制定规范性文件23件。办理代表建议307件、委员提案334件。推进政府系统全面从严治党，落实中央八项规定及其实施细则精神和省市实施办法，纠治“四风”。政府网站绩效评估位列全国地市级第四。廉政建设、审计监督、统计服务、机关效能等工作进一步加强。

表6　2021年宁德市委、市政府为民办实事项目实施情况表

序号	目标任务	主办单位	工作计划	完成情况
1	提升卫生应急援救处置能力	市卫生健康委牵头，各县（市、区）人民政府	加强市县两级卫生应急队伍能力提升建设，保证设备、仪器、试剂、器械和材料等的日常维护更新，补齐基层卫生应急队伍快速赶到现场开展先期处置与救援能力不足的短板，切实提升全市卫生应急队伍的快速反应能力和卫生应急处置能力。	完成省级紧急医学救援宁德队等4支队伍的人员调整充实和提升。装备配备维护更新专项财政资金1097.86万元均已拨付到位，其中市疾控中心3支队伍物资采购到货并完成验收；市医院承建的紧急医学救援队已完成后勤装备物资和相关设备的招标工作。同时，以提升市紧急医学救援、突发传染病等队伍处置能力为核心内容，举办全市突发公共卫生事件应急处置能力提升培训班，组织市级应急队伍骨干参与全省卫生应急队伍骨干等业务培训，选派并组建3支流调队伍共16人支援莆田等地疫情。2021年，4支市级卫生应急队伍开展或参与大规模专项行动共11场。

续表 6

序号	目标任务	主办单位	工作计划	完成情况
2	提升疾控机构实验室检测能力	市卫生健康委、疾控中心	按照省里部署要求，提升市疾控中心检测能力，建设1个标准化生物安全二级（P2）负压实验室。	已新建1个宁德市疾控中心PCR实验室建设项目，共采购各类实验设备26台，有力提升市疾控中心检测能力。
3	提升基本公共卫生服务能力	市卫生健康委，各县（市、区）人民政府、东侨经济技术开发区管委会	将基本公共卫生服务项目政府补助标准，从2020年的每人每年74元提高到2021年的每人每年79元（以国家、省里文件为准），并逐级落实到位。	2021年，宁德市人均基本公共卫生服务经费补助标准从每年74元提高到79元。基本公共卫生服务项目中央及省级补助经费共计20707万元已全部下达各县（市、区）和东侨经济技术开发区；各县（市、区）和东侨经济技术开发区配套资金共计4505.32万元已全部到位。
4	全方位推动学前教育普及普惠、安全优质发展	市教育局，有关县（市、区）人民政府、东侨经济技术开发区管委会	扩资源。支持各地新增公办幼儿园学位2400个，持续扩大学前教育资源。继续实施农村巡回支教，满足偏远山区农村适龄幼儿入园需求。提质量。按照省级安排的幼儿师资培训指标，足额选派人员参加调训，完成培训指标任务。	扩资源。2021年全市已动工建设公办幼儿园项目9个，新增学位2790个，其中3个项目已于2021年9月投入使用；积极完成省对市学前教育发展指标任务，全方位推动学前教育普及普惠，2021年学前三年入园率98.34%，公办幼儿园在园幼儿占比51.02%，普惠性学前教育资源覆盖率91.67%；支持5个试点县（古田、寿宁、屏南、霞浦、柘荣）开展偏远山区学前教育巡回支教工作，共设立支教点67个，招募志愿者（教师）87名，支援1956名偏远山区幼儿学前教育。提质量。2021年省教育厅安排宁德市调训189名幼儿教师参加省级幼教师资培训，实际报送198名幼儿园园长、教师参训，完成培训指标任务。
5	拓展婴幼儿照护服务	市卫生健康委牵头，有关县（市、区）人民政府	根据省卫生健康委部署要求，在全市新增3个婴幼儿照护服务机构，每个机构托位数80个以上。	新增福安市“嘟嘟堡蓓”托育园、霞浦县“釉之美”托育园、周宁县“稚梦”托育园3家婴幼儿照护服务试点单位并通过省级验收投入使用，每个机构托位数均80个以上，共新增托位430个。
6	实施养老服务提升工程	市民政局，有关县（市、区）人民政府、东侨经济技术开发区管委会	建设8个居家社区养老服务示范点；建设16个农村区域性养老服务中心。	已完成16个居家社区养老服务示范点建设，其中省级11个、地方自建5个；完成投资1423万元，占年度计划投资额的355%。16个农村区域性养老服务中心已全部动工，其中11个已完工。
7	提高孤儿及事实无人抚养儿童基本生活保障标准	市民政局，各县（市、区）人民政府、东侨经济技术开发区管委会	集中养育和社会散居孤儿基本生活保障标准从每人每月1500元、900元，提高至1800元、1400元。	集中养育和社会散居孤儿基本生活保障标准已提高至1800元、1400元，全市共有425名孤儿纳入保障（其中机构集中供养孤儿77名、社会散居孤儿348名），共发放资金948.9778万元；全市有1438名事实无人抚养儿童纳入保障，共发放资金1834.4913万元。
8	全面落实残疾人“两项补贴”政策	市民政局、各县（市、区）人民政府、东侨经济技术开发区管委会	落实残疾人两项补贴标准动态调整机制，按时发放困难残疾人生活补贴和困难重度残疾人护理补贴。	已全面落实残疾人两项补贴标准动态调整机制；全市共发放困难残疾人生活补贴4481.98万元，发放重度残疾人护理补贴5725.4万元。

续表 6

序号	目标任务	主办单位	工作计划	完成情况
9	实施就业优先工程	市人社局、农业农村局，各县（市、区）人民政府、东侨经济技术开发区管委会	多渠道扩大就业创业。坚持就业优先，突出抓好高校毕业生、农民工、退役军人、下岗失业人员等重点群体就业，加强对困难群体就业援助，保持就业局势稳定。实施高素质农民培训工程。新增培训高素质农民 10500 人次；新增培养中专学历以上高素质农民 180 人左右。统筹实施高校毕业生基层服务项目。全市“三支一扶”计划招募 70 名、大学生志愿服务欠发达地区计划招募 75 名、服务社区计划招募 55 名。落实职业技能提升行动实施方案，全市开展各类补贴性职业技能培训 2.1 万人次以上。扶持一批大中专毕业生创业项目。对在校生和毕业 5 年内在宁德创业的全日制普通大中专毕业生创业项目进行评选扶持，择优给予 3 万 ~10 万元不等的资助。	多渠道扩大就业创业。全市发放就业补助资金 12649.33 万元，占年度支付计划的 158.11%。实施高素质农民培训工程。全市完成省级资金培训 11675 人次，占培训任务数 10500 人次的 111%；完成中央资金培训 2892 人次，占培训任务数 2000 人次的 145%；全市共审核报送 2022 级生源 288 人，占省下达任务数 190 人的 151.6%。统筹实施高校毕业生基层服务项目。已派遣 113 名三支一扶高校毕业生、71 名（省下达指标）大学生志愿服务欠发达地区项目志愿者、55 名高校毕业生服务社区项目人员参加基层服务。全市已开展各类补贴性职业技能培训 6.3 万人次。扶持一批大中专毕业生创业项目。举办第二届创新创业大赛，共有 44 个大中专毕业生创业项目获得资助 200 万元。推荐优秀项目参加省级大中专毕业生创业资助项目评审，有 24 个项目获得资助 123 万元，获奖数量连续六年全省第一。
10	治理餐桌污染、建设“食品放心工程”	市食安办	深入开展农药兽药使用减量和产地环境净化、食品加工质量提升、校园食品安全守护、农村假冒伪劣食品治理、保健食品行业专项清理整治、进口食品“国门守护”等专项行动，严厉查处食品安全违法违规行为。新认证无公害农产品、绿色食品、有机食品和农产品地理标志产品 30 个以上，新评定“福建十大农产品区域公用品牌”1 个以上和“福建名牌农产品”2 个以上。创建省级餐饮食品安全“明厨亮灶”示范单位 20 家和市级食品生产加工小作坊示范点30个，培育食品生产加工小作坊集中加工区 1 个。开展食品污染物及食品中有害因素监测、食源性疾病监测和食品中放射性污染物监测，防控食品安全风险隐患。	共开展各类检查 10420 次，查处各类违法案件 2181 起，罚款 669.619 万元；抽样检测主要食品（含快检）180088 件，抽检总体合格率 99.95%。新增“三品一标”获证产品 103 个，其中 81 个绿色食品、13 个无公害产品、6 个有机食品和 3 个地理标志产品；穆阳水蜜桃 1 个品牌入选“2021 年度福建十大农产品区域公用品牌”，六妙牌白茶、友缘牌坦洋工夫、三朵银花牌古田银耳 3 个产品入选“2021 年度福建名牌农产品”。30 家省级“明厨亮灶”示范单位已通过验收。36 家市级食品生产加工小作坊示范点已通过验收；福安穆阳线面小作坊集中加工区作为省级小作坊集中加工区试点，已完成市级验收，并形成验收报告报送省市场监管局。宁德市哨点医院上报 4327 例食源性疾病，占全年任务的 101.57%；食源性疾病暴发监测系统，共上报 6 起；完成食品污染物及有害因素监测理化部分采样 43 批次，采集并检测样品 565 份，占全年任务的 100.35%；微生物部分采样 9 批次常规监测和 1 批次专项监测，采集并检测样品 162 份，占全年任务的 100.25%；采集并完成核电周边 39 份样品检测，占全年任务的 111.43%，未发现放射性 γ 核素异常。
11	实施全民健身工程	市体育局，各县（市、区）人民政府、东侨经济技术开发区管委会	全市新建 1 个智慧体育公园（以省体育局下达指标为准），2 年内建成；举办福建省全民健身运动会（宁德赛区）25 项赛事活动。	2021 年省体育局下达宁德市 2 个智慧体育公园指标，其中宁德市新建的蕉城智慧体育公园、柘荣智慧体育公园均动工建设；2021 年中心城区新建 8 个标准篮球场、1 个三人制篮球场、2 个五人制足球场。2021 年福建省全民健身运动会（宁德赛区）共组织开展 28 个全民健身运动项目。

续表 6

序号	目标任务	主办单位	工作计划	完成情况
12	城镇老旧小区改造	市住建局、城市管理局，各县（市、区）人民政府、东侨经济技术开发区管委会	推动 10 个老旧小区改造。	已完成柘荣县旧税务局宿舍、周宁县东园小区、寿宁原计划委宿舍楼等10个老旧小区改造工作。
13	实施保障性安居工程	市住建局，蕉城区人民政府、东侨经济技术开发区管委会	继续实施保障性安居工程，计划新开工建设人才公寓 350 套，新开工政策性保障性租赁住房 600 套以上，建设限价房 950 套，发放保障性租赁住房补贴 389 户，加快棚改安置房和保障房续建项目 5933 套，增强住房保障能力，进一步改善城镇居民住房条件。	蕉城区贝头小区市级人才公寓项目 988 套，已进场施工三通一平、围墙等；蕉城区六都租赁房项目约 3000 套，正在围墙砌筑等；蕉城区金涵小区三期限价房项目 950 套，正在主体工程施工；全市发放保障性租赁住房补贴 429 户、49.26 万元；加快棚改安置房和保障房续建项目 5933 套，其中基本建成 738 套，全年完成投资 2.66 亿元，投资率 133%。
14	农村饮水安全巩固提升工程	市水利局，各县（市、区）人民政府	农村饮水安全巩固提升工程，受益人口 7.8 万人。	完成投资 961 万元，占总投资的 102.2%，受益人口 7.8 万人。
15	市政生活污水管网建设	市住建局、财政局、自然资源局，各县（市、区）人民政府、东侨经济技术开发区管委会	推进城市污水管网建设和雨污分流改造，全市新建和改造市政主次污水管网 90 千米。	全市新建改造市政主次污水管网及改造背街小巷及小区污水管网 104.27 千米，累计完成投资额 2.1 亿元。
16	农村生活污水治理	市生态环境局，周宁县、福鼎市人民政府	推进农村生活污水治理，重点治理城郊融合类、聚集提升类、特色保护类村庄、优先治理环境突出、乡村振兴试点等 11 个以上环境敏感区域内村庄农村生活污水治理，促进农村人居环境改善，增强人民群众获得感、幸福感。	已完成周宁县 6 个村庄、福鼎市 5 个村庄的农村生活污水治理，完成投资 2236.06 万元。
17	保护利用城乡历史文化	市住建局，各县（市、区）人民政府	历史文化街区（传统街巷）有机更新和活化利用。深化历史街区（传统街巷）保护整治，推动 1 个历史街区（传统街巷）保护利用、有机更新，采用微改造的“绣花”“织补”的方式，修缮历史建筑，整治街道景观，并结合高品质步行街和商业区建设，打造一批配套设施完整、公共服务完善、具有现代信息、承载老城味道和记忆的城镇活力区域。历史文化名镇名村和传统村落改善提升和活化利用。实施历史文化名镇名村和传统村落重点改善提升行动，推进 5 个历史文化名镇名村和传统村落内民居保护利用，保护传统格局肌理，完善基础设施，发掘非物质文化遗产，打造一批保护传承、环境整治、活力利用、产业发展效果比较突出的历史文化名镇名村和传统村落品牌。	2021 年经省住建厅公布，宁德市福安市阳头历史文化街区、蕉城区虎贝镇等 8 个历史文化名镇名村或传统村落，列入省级重点改善提升项目，实施历史文化保护整治工作，其中阳头历史文化街区已完成察阳古街整治改造 300 米，整治外立面修整 9800 平方米，修缮及活化历史建筑 10 栋，改善提升室外公共活动场所，完成管网下地等项目。蕉城区虎贝镇黄家村等 8 个村庄已完成历史建筑保护修缮及活化利用、村庄环境整治等项目。

续表 6

序号	目标任务	主办单位	工作计划	完成情况
18	实施“四好农村路”	市交通运输局牵头，各县（市、区）人民政府	农村公路建设与改造 330 千米，危桥改造 8 座，农村公路安保 80 千米，进一步满足人民群众安全舒适出行需求。	项目累计完成投资 134394 万元，占年度计划 95000 万元的 141.5%。农村公路改造方面，完成投资 126041 万元，完成 429 千米，占年度计划 330 千米的 130%。危桥改造方面，完成投资 7403 万元，完成 17 座，占年度计划 8 座的 212.5%。农村公路安保提升工程方面，完成投资 950 万元，完成 98.592 千米，占年度计划 80 千米的 123.24%。
19	实施道路交通安全隐患整治工程	市道安办，各县（市、区）人民政府、东侨经济技术开发区管委会	推进全市 55 处道路交通安全隐患路段和临水临崖隐患路段排查治理工作。	已完成全市 55 处道路交通安全隐患路段整治。
20	开展水土流失综合治理	市水利局，各县（市、区）人民政府	持续推进国家水土保持重点工程、省级重点水土流失治理项目实施，计划完成综合治理面积 1780 公顷。	已完成综合治理面积 3022.27 公顷。
21	推行垃圾分类	市城市管理局，蕉城区人民政府、东侨经济开发区管委会	宁德中心城区居住小区生活垃圾分类覆盖率 60% 以上，蕉城区负责 1 个街道基本建成生活垃圾分类示范片区。	中心城区已建设垃圾屋（亭）387 个，宁德中心城区居住小区生活垃圾分类覆盖率 65%，东侨经济技术开发区通过 2021 年省级垃圾分类示范片区验收（因蕉城区蕉北街道已于 2020 年通过省级垃圾分类示范片区验收，经省里同意，宁德市 2021 年省级垃圾分类示范片区创建调整为东侨经济技术开发区）。
22	实施农业保险保费补贴	市财政局牵头，各县（市、区）人民政府	对宁德市水稻种植、森林综合、养殖业、农村住房、渔业互助等农业保险保费给予配套财政补贴，进一步发挥农业保险在支农支小、惠农服务等方面的重要作用。贯彻落实《关于加快福建省农业保险高质量发展的实施方案》，扩大农业保险覆盖面，加快开展宁德市优势特色农产品保险，稳步提高农业保险保障水平。	2020 年起，省级政策性险种保费市县配套补贴比例提高到 30%，由市、县两级财政分别负担 40%、60%；对创新型的地方特色险种，市、县两级财政保费补贴比例不低于 50%，由市、县两级财政分别负担 30%、70%。2021 年，已拨付农业保险保费补贴 2070.2 万元（其中省级以上 799.19 万元、市级 393.21 万元、县级 877.8 万元）。
23	海漂垃圾综合治理	市生态环境局，沿海县（市、区）人民政府	加强陆海统筹，健全海漂垃圾综合治理长效机制，在全市近岸海域和海岸带集中开展既有垃圾的清理、转运和处置，打造整洁海滩和洁净海面，提升近岸海域环境质量，提升群众碧海体验。	2021 年 4 月 30 日，市政府办公室印发《进一步加强海漂垃圾综合治理行动实施方案》，建立健全海漂垃圾综合治理长效机制。2021 年共出动作业人员 57011 人次、作业船只 9740 航次，打捞海漂垃圾约 34.92 万立方米（1.84 万吨）。
24	建设城市公共停车设施	市住建局、自然资源局，各县（市、区）人民政府、东侨经济技术开发区管委会	加快推进城市公共停车泊位建设，新增城市公共停车泊位 2000 个。	结合市城乡建设品质提升工作，加快建设城市公共停车泊位，已新增城市公共停泊位 2293 个。

续表 6

序号	目标任务	主办单位	工作计划	完成情况
25	新建和改造提升城市绿道	市城市管理局，各县（市、区）人民政府、东侨经济技术开发区管委会	利用好城市山水条件，因地制宜推进城市绿道建设与改造提升。全市新建或改造提升城市绿道 130 千米（其中蕉城、东侨、柘荣、寿宁、周宁、屏南、古田各 10 千米，福安、福鼎、霞浦各 20 千米）。	已完成 156.65 千米绿道建设和提升。其中，蕉城区 10.5 千米、福安市 21.4 千米、福鼎市 27.3 千米、霞浦县 20 千米、柘荣县 11.2 千米、寿宁县 25.55 千米、周宁县 10.2 千米、屏南县 10 千米、古田县 10 千米、东侨经济技术开发区 10.5 千米。
26	安全生态水系建设	市水利局，各县（市、区）人民政府	持续推进安全生态水系建设，综合治理河长 30 千米。	已综合治理河长 32 千米。
27	用电服务提升工程	国网宁德供电公司	推进新时代电力“双满意”工程，实施老旧小区供配电设施升级改造，完成老旧小区改造 15 个以上；实施乡村电气化提升，新增（改造）供电台区 153 个以上；实施居民智能用电服务，改造智能电表 6 万只以上，实现居民办电零上门、零审批、零投资；完善电动汽车充电设施布局，推进充电桩建设 20 个以上，提升群众用电便利度和获得感。	已完成 15 个老旧小区供配电设施升级改造；新增（改造）500 个供电台区；改造完成 16 万只智能电表；新建充电桩 62 个。
28	公交场站基础设施建设项目	市交投集团、公交公司	续建金蛇头公交首末站；续建、新建公交候车亭 58 座；开展东兰医院公交首末站、东侨工业集中区公交停车保养场、锂电特色小镇公交枢纽站、九都公交枢纽站、东侨公交停车保养场等 5 个项目的前期工作。	完成续建金蛇头公交首末站项目，已投入使用；已续建公交候车亭 50 座、新建公交候车亭 8 座；开展东兰医院公交首末站、东侨工业集中区公交停车保养场、锂电特色小镇公交枢纽站、九都公交枢纽站、东侨公交停车保养场等 5 个项目的前期工作；共完成投资约 2461.4698 万元，占年度计划的 164.1%。
29	建制村实现有线电视光纤联网全覆盖项目	福建省广电网络集团宁德分公司，各县（市、区）人民政府	分 3 年时间对 520 个未联网的建制村进行有线电视光纤联网全覆盖，实现全市建制村迅速传达党委和政府声音。建设联网 180 个村。	已完成 180 个建制村的有线电视光纤联网。
30	推进数字宁德信息化建设工程	中国电信宁德分公司	不断增强宁德数字经济发展的基础网络能力。移动网络方面，持续加快网络升级演进，按电信集团公司、省公司 5G 战略规划承接 5G 建设工作，以“高效率、高质量、高水准”加快全市 5G 网络建设，计划在宁德中心城区及各地城关区域覆盖率 95%。光网方面，重点加快千兆网络接入能力建设，计划千兆网络城市覆盖率达到 90%、乡镇覆盖率达到 20%、农村覆盖率达到 5%。同时，致力推进“云改数转”，打造数字化平台，构建云网融合的基础设施，为各行业注智赋能，构建丰富的应用生态，积极服务地方产业数字化转型，全面助力宁德市数字经济建设。	宁德中心城区及各地城关区域 5G 覆盖率 96.5%；千兆网络城市覆盖率 92.8%，乡镇覆盖率达到 21.1%，农村覆盖率 5.6%。

续表 6

序号	目标任务	主办单位	工作计划	完成情况
31	全市公共安全项目	市公安局	略	略
32	继续开展城市公益性公墓建设	市民政局，各县（市、区）人民政府、东侨经济技术开发区管委会	基本建成 9 个城市公益性公墓。	全市 9 个城市公益性公墓预计 2022 年可提供 36870 穴公墓对外销售。其中，市本级 8000 穴、屏南县 3000 穴、柘荣县 1410 穴、寿宁县 4700 穴、古田县 6950 穴、福安市 4160 穴、福鼎市 1800 穴、霞浦县 4850 穴、周宁县 2000 穴。
33	提升重大疫情救治能力	宁德师范学院、市卫生健康委	开工建设宁德市医院传染病院区暨 120 急救指挥中心建设项目，设置传染病床位 300 张。	宁德市医院传染病院区暨 120 急救指挥中心建设项目已于 2021 年 9 月底动工，完成勘察工作和场地平整工程。

（资料来源：市委办公室）

【产业发展】 2021 年，宁德市四大主导产业产值 3681 亿元，增加值比上年增长 59.1%。锂电新能源产业成为宁德市第二个千亿产业集群，产值 1580 亿元，投产和在建电芯产能 295GWh，配套项目建成投产 14 个、在建 17 个。宁德时代入选全球 " “灯塔工厂” "，供应商国产化率 95% 以上，主材本地化率 60% 以上。新能源汽车产业产值 215 亿元，年产量 22.8 万辆，本地配件体积占整车 80%。不锈钢新材料产业产值 1608 亿元，青拓高性能不锈钢宽板项目开工，配套项目建成投产 9 个、在建 16 个。铜材料产业产值 278 亿元，中铜 40 万吨铜冶炼项目满产超产，3 个铜铝精加工项目落地。柘荣生物医药入选全省战略性新兴产业集群发展工程，广生堂药业获批新药品种 8 个。传统产业稳步转型。建成投用“小微园”9 个。实施省市重点技改项目 112 个、数字化项目 20 个，推广应用智能机器人、智能检测设备等先进装备 130 台（套）。电机电器产业加快向智能家居领域进军。汽摩汽配产业加速向电喷化油器、通机整机方向升级。新增一级建筑资质企业 7 家。现代服务业加快发展。服务业增加值首次突破千亿元，新增规模以上（限额以上贸易）企业 168 家。接待游客 4587.84 万人次、旅游收入 410.8 亿元，3 个产业地标、3 个旅游景点入选国家百条红色旅游线路，霞浦入选美丽中国首选旅游目的地。港口货物、集装箱吞吐量分别突破 6000 万吨、15 万标箱。市水陆联运中心一期建成投用。快递业务量突破 1 亿件，建制村快递服务全覆盖。新增省级数字经济“瞪羚”企业 2 家，市大数据产业园开工建设。动漫游戏、短视频、影视、网络文学等新兴文化产业加速兴起。宁普时代、时代永福等平台经济项目投入运营，渔排风光储微电网、“光储充检”加能站、菇棚屋面光伏等一批“储能 +”“光伏 +”项目建成投用。东侨入选全国“两业融合”试点。华一设计获评国家级工业设计中心。

【乡村振兴】 2021 年，宁德市实施产业帮扶项目 1.8 万个，安排公益性岗位就业 2000 人次，重点巩固和监测对象没有发现返贫现象。中国共产党与世界政党领导人峰会在寿宁县下党设立分会场，中国减贫发展与人权事业研讨会在宁德市召开，宁德成为展示中国脱贫攻坚历史性成就“重要窗口”。3 县（市）、5 个点入选全国首批脱贫攻坚交流基地和考察点。市扶贫办获“全国脱贫攻坚先进集体”称号，下党乡党委获“全国脱贫攻坚楷模”称号。特色农业增产增效。建成高标准农田 10700 公顷，粮食总产量 47.72 万吨。实施特色现代农业项目 73 个，新建农业标准化示范基地 52 个，“8+1”特色产业全产业链总规模突破 2000 亿元。新增国家和省级重点龙头企业 71 家、“三品一标”103 个、国家地理标志证明商标 12 件。“0593 宁德号”“下乡的味道”“十方田”等品牌影响力持续扩大。品品香茶业获省政府质量奖。柘荣太子参种子进行太空诱变育种试验。古田、福鼎获批创建国家农业现代化示范区。乡村活力不断增强。实施乡村振兴“一月一县”现场推进机制，选派“一书记三大员”1464 人，实施省级试点村示范项目 603 个。出台支持少数民族村、老区基点建制村振兴措施。全市集体经济年收入超 20 万元的村占比 40%。高质量完成村（社区）组织换届选举。屏南乡村建设“工料法”全国推广，寿宁乡村振兴热度指数居全省第二。

【城乡建设】 2021 年，宁德市实施城市建设品质提升项目 861 个。完成城市更新专项规划和漳湾临港物流园、赤鉴湖东、塔南等重点片区控规编制。连城路片区初步形成“三纵三横”路网。推进“十个十”城市民生项目，建成口袋公园、街头运动场、无障碍设施、充电站等项目 80 个，完成老旧小区改造 12 个、2323 户。完成贵岐山污水处理厂 4 扩 8 工程，新改建污水管网 130.7 千米。建成投用排水信息系统控制中心，开展管网清淤检测 260 千米。乡村面貌持续改善。启动农村人居环境整治提升五年行动，实施农村建设品质提升项目 932 个，完成村庄规划编制 891 个，新增绿盈乡村 219 个，完成农村裸房整治 1.99 万栋、在建房屋安全整治 1143 栋。实施城乡供水一体化项目 49 个，完成农村饮水安全巩固提升项目 41 个，全面划定千人以上农村集中式饮用水水源地保护区。实施农村生活污水治理提升项目132个、垃圾干湿分类试点290个。建成投产周宁抽蓄电站和35千伏及以上输变电工程37项。开工建设宁上高速公路霞浦至福安段。新改扩建国省干线180千米、“四好农村路”429千米。生态环境保持优良。推进中央、省生态环保督察反馈问题整改。完成年度节能减排任务。实施污染防治工程76个，全市空气质量优良天数比例99.9%。深化河湖长制，完成水口库区（古田段）、洪口库区养殖综合整治，治理入河排污口1647个，重点流域水质优良。建立海漂垃圾常态化巡查管控机制，治理入海排污口128个，近岸海域水质优良比例72.8%。全面推行林长制，植树造林733公顷，修复红树林225.67公顷。治理水土流失14300公顷，建成安全生态水系32千米。周宁获评国家生态文明建设示范区，霍童溪入选全国首批“美丽河湖”。

【改革开放】 2021年，宁德市研发投入增长27.1%。新增国家级高新技术企业60家，省级科技“小巨人”企业52家、众创空间6家、企业技术中心2家、制造业单项冠军企业（产品）4个。宁德时代创新实验室一号研发楼建成投用，钠离子电池首发。青拓集团成功研发“手撕钢”，省不锈钢产业创新中心通过认定。安波电机获国家“实验室认可证书”，三祥新材获批国家级专精特新“小巨人”企业。中国（宁德）知识产权保护中心建成投用，新增专利授权3646件、发明专利651项，PCT国际专利申请量全省第一。东侨人力资源服务产业园建成投用。“三都澳人才计划”深入实施，新认定“天湖人才”1129人、省级高层次人才142人。重点领域改革统筹推进。“互联网+政务服务”加速升级，全国首设“事难办”处理窗口，117项高频事项实现跨省通办，“一件事”集成套餐服务事项129个，“一趟不用跑”事项占比82.9%，全程网办事项比例88%。普惠金融改革深入推进，新增信用乡镇7个、信用村144个。建立农村生产要素流转融资平台，构建普惠金融服务生态链。普惠小微贷款余额比上年增长33.1%，涉农贷款余额增长14.7%。发放助企纾困资金9.15亿元，减轻企业负担42亿元。市属国企公司制改革完成。财政零基预算和预算管理一体化全面实行。福安入选“全国营商环境百强县”。对外开放步伐加大。跨境电商B2C、海外仓等外贸新模式实现零的突破。漳湾作业区扩大开放获国务院批准并通过国家验收，“宁德—厦门”“宁德—江阴”集装箱直航定班支线开通，上汽宁德基地实现整车海铁联运一站式出口。实施闽台乡建乡创合作项目20个，获批闽台农业融合发展示范基地17家。开展宁台民间信仰、宗亲会活动31场，临水宫信俗文化助推宁台交流的经验全国推广。举办第八届中国汽车生态设计国际论坛、中国两轮换电产业峰会。项目投资聚力攻坚。组织开展“三比三赛”“百日攻坚”活动，新增“五个一批”项目1563个，325个在建重点项目完成投资758.3亿元。超额完成千亿招商任务，签约项目323个，履约率90%、开工率59%。推进抓征迁交净地，获批用地593.33公顷、用海273公顷。获批专项债项目94个、额度99.15亿元，PPP项目入库数、签约落地数连续三年全省第一。宁德时代福鼎基地实现“当年签约、当年投产”，再次刷新项目建设“宁德速度”。

【民生事业】 2021年，宁德市出台一次性稳就业补助政策，城镇新增就业3.7万人，城镇登记失业率4.1%。养老和医保综合参保率分别91.9%、98.3%。发放社会救助资金6.06亿元、残疾人“两项补贴”1.02亿元、优抚对象抚恤和生活补助1.16亿元，新纳入低保、特困人员供养、事实无人供养儿童保障3022人。建成居家社区养老服务示范点16个。创设“互助孝老食堂”355个，古田经验入选全国农村公共服务典型案例。实施教育补短板项目84个，新增学位1.26万个。新建公办幼儿园9所，新增示范性幼儿园26所、义务教育管理标准化学校29所，新办复办初中5所、优质民办高中2所。城区中小学全面推行课后服务。新增婴幼儿照护机构省级试点3家、托位430个。宁德师范学院医学院建成投用。宁德职业技术学院新能源科技产业学院入选省级试点。市职教园一期开工建设，职业院校对接主导产业招生比例提高到60%。实施医疗卫生补短板项目79个，新增床位3031张。市妇幼保健院（儿童医院）、市康复医院综合病房楼基本建成。新增名医“师带徒”工作室17个、省级重点专科4个。275种药品和医用耗材价格平均降幅超过50%。常态化推进疫情防控，核酸日检测能力提升至16万管，3岁以上人群疫苗全程接种率89.4%，网格化防控做法全省推广，守住不发生本土疫情的底线。实施传播“闽东之光”

古田县打造“党建引领互助孝老食堂”，图为2021年12月19日志愿者在孝老食堂为老人准备午饭　　（古田县政府办　供图　翁舒悦　摄）

工程，建成市博物馆、闽东畲族文献资料中心，完成红色文化遗存普查。《畲嫂》获全国少数民族文艺会演优秀剧目奖，《鸾峰桥》获福建艺术节优秀剧目奖，电视剧《连家船民的美好生活》开机。屏南红曲黄酒酿造和福安坦洋工夫茶制作技艺入选国家级非物质文化遗产，古田溪水电厂入选国家工业遗产。新时代海洋诗歌论坛永久落户霞浦。开展文化惠民各类演出1000场次、精品赛事和全民健身活动300场次、新时代文明实践活动1.6万场次。举办市第十届老健会。汤星强、龚莉、宁贝金等宁德籍运动员在奥运会、全运会等大赛上获13金2银11铜，创历史最好成绩。"八五"普法启动实施。扫黑除恶斗争常态化推进，电信诈骗、黄赌毒等各类违法犯罪活动得到有力打击。平安建设连续五年全省优秀。市公安局获全国公安机关庆祝中国共产党成立100周年安保工作集体一等功，福鼎获全国综治最高奖项"长安杯"，蕉城刑侦大队获评全国扫黑除恶斗争先进集体。交通事故"快处快赔121"机制成为全国政法工作亮点，"110+12348"联动处置纠纷机制全省推广。"四门四访""治重化积"持续深化。安全生产专项整治集中攻坚扎实推进。食品药品安全有效保障。获全国、全省双拥模范城"五连冠"。

【建议提案办理】 2021年，宁德市政府系统承办人大代表建议588件次，均办复。所提问题已解决或基本解决216件次，占总件数36.7%；所提问题正在解决或列入计划逐步解决345件次，占总件数58.7%；所提问题因政策、财力或客观条件限制暂时无法解决19件次，占总件数3.2%；所提建议有关部门留作参考8件次，占总件数1.4%。承办政协提案617件次，均办理答复。其中，所提建议已采纳、问题已解决或基本解决183件次，占29.7%；所提建议拟采纳、问题正在解决414件次，占67%；所提问题因条件限制或其他原因暂时无法解决20件次，占3.3%。

（郑秀霞　陈　倩）

重要会议

【市政府全体会议】 2021年1月14日，宁德市政府第一次全体会议召开。市政府市长梁伟新主持会议，指出宁德市交出战疫大考合格答卷，保持经济较快增长和社会大局稳定，为"十三五"规划收官画上句号。新的一年，全市政府系统要贯彻落实市委四届十二次、十三次全会、市委经济工作会议和市两会精神，接续奋斗、苦干实干，全方位推动高质量发展超越，开启谱写全面建设社会主义现代化国家"宁德篇章"的新征程。强调全市各级政府各部门要牢记嘱托，感恩奋进。要怀感恩之情，从内心最深处、情感最真处感恩习近平总书记、爱戴习近平总书记，增强"四个意识"、坚定"四个自信"、做到"两个维护"。要立奋进之志，力争"十四五"期间经济总量晋位赶超、工业产值突破万亿元，形成全球领先的海湾科技新城，推动城乡居民收入达到全省平均水平。要创一流业绩，创新创造更多"宁德样板"，尽心尽力满足群众需求，力争提前超额完成年度目标任务。要把握机遇，开拓奋进。要借势而上，把握跨越发展强劲势能、干部干事创业旺盛势头和宏观经济大势，推动经济发展不断跃升新台阶。要借智而谋，发挥国内外各领域专家、企业家、乡贤之智，助力宁德市厘清发展目标定位、科学谋划产业布局、精准制定政策措施；要借力而为，积极向改革要活力、向开放要动力、向融合要凝聚力，打破区划限制、整合有效资源，牢牢把握发展主动权。要苦干实干，拼搏奋进。产业发展要再加速，项目建设再快一些、对接龙头企业再紧一些、产业链配套再全一些，全力推动产业扩能提质。城乡建设要再加力，策划一批"打包"项目，建设一批样板工程，全面启动农村人居环境整治5年行动和城市更新行动，扎实推进城乡品质提升。要素保障要再加强，努力"找"出存量土地、"挖"出潜在用地、"腾"出低效用地、"破"解安征迁难题，多方筹措资金，引进培养产业劳动大军，为全方位推动高质量发展超越提供强有力保障。要改进作风，勤勉奋进。要以系统观念抓落实，坚持重点工作与常规工作一起抓、开发与保护一起抓、发展与安全一起抓，全面协调推进各项工作落实。要以目标导向强责任，强化目标责任、主办主责和督查检查，确保工作任务事事有人管、项项有人抓、件件有着落。要以行为规范保廉洁，严格领导行为、工作行为、生活行为规范，自觉筑牢廉政"防火墙"。要抓好冬春疫情防控、首季"开门红"、安全稳定、市场供应、访贫问苦、廉洁过节等岁末年初工作。市政府班子成员强军、黄建龙、黄国璋、胡楠、毛祚松、叶其发、张雄等参加会议。

【市政府常务会议】 2021年，宁德市政府召开常务会议25次。其中，第95次至104次由市长梁伟新主持，第105次由代市长张永宁主持，第106次至119次由市长张永宁主持。

第95次常务会议 1月6日召开，审议《宁德市12345便民服务平台监督管理办法（修订稿）》《2021年市委、市政府为民办实事项目方案》《宁德市国民经济和社会发展第十四个五年规划和二〇三五年远景目标纲要（送审稿）》，研究市第四次全国经济普查表扬奖励、2021年市重点项目安排有关事宜。

第96次常务会议 1月29日召开，传达学习省十三届人大五次会议、省政协十二届四次会议、省政府2021年第一次全体会议精神及市委常委会（扩大）会议精神，研究市政府贯彻意见；研究部分重大项目建设财政资金安排、参与引进闽东时代新能源产业基金有关事宜；审议《邦普循环宁德产业园项目补充协议（送审稿）》。

第97次常务会议 2月5日召开，研究市级政府投资建设项目结算审计、市级政府投资建设项目资金管理、宁德市商业总公司出资人变更、开展350MB数字集群系统（PDT）沿海基站补点建设等工作有关事宜，研究中心城区2021年度土地收储与出让计划，审议《宁德市食品生产加工小作坊规范提升三年行动方案（2020—2022年）（送审稿）》。

第98次常务会议 3月8日召开，审议《全方位推动住房城乡建设高质量发展超越行动计划(送审稿)》《2021年宁德市城乡建设品质提升实施方案（送审稿）》《促进劳动力和人才社会性流动体制机制改革的若干措施（送审稿）》《宁德市“十四五”综合交通运输发展专项规划（送审稿）》《宁德市中心城区“十四五”公共交通发展规划（送审稿）》《宁德市中心城区开展打击私屠滥宰保证畜禽肉品质量安全长效实施方案（送审稿）》《落实中小学生课后服务工作的实施意见（送审稿）》《宁德市校外托管机构设立管理的指导意见（试行）(送审稿)》，研究国土空间规划“三线”（生态保护红线、永久基本农田、城镇开发边界）初划有关事宜。

第99次常务会议 3月19日召开，传达学习全国、全省政府系统秘书长和办公厅（室）主任会议精神，审议《2021年中心城市建设项目计划（送审稿）》《宁德中心城区城市更新项目实施方案（送审稿）》《宁德市城市更新项目公司组建方案（送审稿）》《宁德中心城区城市更新项目指挥部组织架构方案（送审稿）》《宁德市“三比三赛”活动实施方案（送审稿）》，研究为市消防救援支队记功奖励、福建省闽东力捷迅药业股份有限公司历史沿革、宁普时代项目投资合作协议、完善宁德时代车里湾项目合作协议部分条款等有关事宜。

第100次常务会议 4月7日召开，审议《宁德市人民政府国网福建省电力有限公司推进新时代“双满意”工程服务宁德“一二三”发展战略助力“碳达峰、碳中和”行动战略合作协议（送审稿）》，研究2020年海上养殖综合整治补助资金分配方案、第五批省市下派驻村任职党员干部记功奖励人选推荐、福建省民族团结进步模范集体和模范个人推荐等工作有关事宜。

第101次常务会议 2021年4月21日召开，结合市政府党组理论学习中心组学习专题学习《政府督查工作条例》；传达学习全省巩固拓展脱贫攻坚成果同乡村振兴有效衔接暨农村建设品质提升第一次现场推进会精神，研究贯彻意见；传达学习全省体育工作会议精神，研究体育重点工作计划有关事宜；审议《宁德市国企改革三年行动实施方案（2020—2022年）（送审稿）》《支持少数民族乡村振兴的五条措施（送审稿）》《宁德市促进生物与新医药产业发展的六条措施（送审稿）》。

第102次常务会议 2021年4月28日召开，审议《温州市宁德市浙闽边界协同发展行动方案（送审稿）》《宁德核电厂周围限制区安全保障与环境管理规定（送审稿）》《宁德市“十四五”现代服务业发展专项规划（送审稿）》《宁德市新型基础设施建设行动计划（2021—2022年）（送审稿）》《宁德市扩大农业农村有效投资加快补上“三农”领域突出短板推进工作方案（送审稿）》《全面推进乡村振兴加快农业农村现代化的实施方案（送审稿）》《宁德市重污染天气应急预案（2021年修订）（送审稿）》《宁德市医疗卫生领域市与县（市、区）财政事权和支出责任划分改革实施方案（送审稿）》。

第103次常务会议 5月10日召开，审议《宁德市“十四五”应急体系建设专项规划（送审稿）》《宁德市市直有关部门生态环境保护责任清单（送审稿）》《进一步加强水电站最小生态下泄流量监管的通知（送审稿）》《进一步加强耕地保护监督工作实施方案（送审稿）》《防止耕地“非粮化”稳定粮食生产实施方案（送审稿）》《深入贯彻落实习近平法治思想进一步推进法治政府建设的若干措施（送审稿）》，研究建设宁德市智慧海洋平台、宁德锂电车里湾园区及配套基础设施PPP（政府和社会资本合作）项目合同谈判等有关事宜。

第104次常务会议 6月4日召开，传达学习全国、全省禁毒工作电视电话会议精神，研究贯彻意见；审议《宁德市2021年度绩效管理工作方案（送审稿）》《宁德市全面推行林长制的实施方案（送审稿）》《首届中国（宁德）国际新能源新材料博览会总体方案（送审稿）》《宁德市政府门户网站问题清单及整改方案（送审稿）》《宁德市城市更新实施办法（送审稿）》，研究相关地块出让、国务院安委会2020年度省级政府安全生产和消防工作考核巡查涉及消防等工作有关事宜。

第105次常务会议 6月17日召开，传达学习全国乡村振兴系统建设和工作推进电视电话会议主要精神，研究宁德市贯彻意见；审议《市级五大流域生态环境综合治理工作方案（送审稿）》《宁德市耕地保护“田长制”实施方（送审稿）案》，研究东侨经济技术开发区部分小区道路命名和宁德一中新校区周边道路命名（更名）、2021年提前批新增债券额度分配及历年债券项目调整方案等有关事宜。

第106次常务会议 6月21日召开，传达学习全国、全省安全生产有关会议精神，研究宁德市贯彻意见；审议《2021年全市治理“餐桌污染”建设“食品放心工程”工作方案（送审稿）》《加快推进3岁以下婴幼儿照护服务发展的实施意见（送审稿）》《支持老区基点建制村乡村振兴的七条措施（送审稿）》《宁德市中心城区绿化树种规划（报批稿）》，研究漳湾作业区扩大开放口岸查验设施配套有关事宜。

第107次常务会议 6月29日召开，审议《宁德市人民政府福鼎市人民政府宁德时代新能源科技股份有限公司宁德时代锂离子电池福鼎生产基地项目合作协议（送审稿）》，研究发行地方政府专项债券化解福安农信联社风险和补充资本《转股协议存款合同书（送审稿）》、省第六届杰出人民教师宁德市推荐人选等有关事宜。

第108次常务会议 7月12日召开，审议《促进当前全市工业增产增效若干措施（送审稿）》《加强历史文化街区名镇名村传统村落和文物建筑历史建筑传统风貌建筑保护利用的实施意见（送审稿）》《第六届中国大黄鱼文化节方案（送审稿）》《宁德市“十四五”卫生健康事业发展专项规划（送审稿）》《宁德市“十四五”生态环境保护规划（送审稿）》，研究全市城乡供水一体化建设项目有关事宜。

第 109 次常务会议 7 月 28 日召开，研究《宁德市加强公共卫生应急管理体系建设行动计划（送审稿）》《宁德市“十四五”教育事业发展专项规划（送审稿）》《宁德市“十四五”水安全保障规划（送审稿）》《宁德市级国企改制专项经费管理办法（送审稿）》《宁德市市级零基预算改革实施方案（送审稿）》研究中闽（宁德）水务有限公司 45% 股权划转有关事宜。

第 110 次常务会议 8 月 4 日召开，审议《宁德市鼓励新能源汽车消费的七条措施（送审稿）》《宁德市 2021 年公务和公共领域新能源汽车推广应用方案（送审稿）》《宁德市“十四五”制造业高质量发展专项规划（送审稿）》《宁德市电动自行车管理条例（草案）（送审稿）》《福建省海洋经济产业投资基金组建方案（送审稿）》《福建省海洋经济产业投资基金之首期 50 亿元基金的设立方案（送审稿）》。

第 111 次常务会议 8 月 19 日召开，审议《宁德市市县两级项目合作机制（送审稿）》《宁德市国土空间总体规划（2020—2035）（送审稿）》《宁德市重点流域生态保护补偿办法（送审稿）》《漳湾临港工业区物流园区专项规划（2021—2030）（送审稿）》《深入学习贯彻习近平总书记重要讲话精神加强公共卫生体系建设的意见（送审稿）》《宁德市“十四五”文化和旅游发展专项规划（送审稿）》《2020 年宁德市本级决算草案的报告（送审稿）》。

第 112 次常务会议 2021 年 9 月 7 日召开，审议《宁德市“十四五”消防救援事业发展专项规划（送审稿）》《宁德市人民政府厦门大学战略合作协议书（送审稿）》，研究全市未成年人思想道德建设工作、宁德中心城区 2021—2022 年污水处理提质增效建设项目及融资方案等有关事宜。

第 113 次常务会议 9 月 15 日召开，研究《加快建设“海上宁德”推进海洋经济高质量发展三年行动方案（2021—2023 年）（送审稿）》《宁德市推进海洋经济高质量发展三年行动重大项目表（送审稿）》《宁德市中心城区城乡公益性公墓专项规划（2020—2035 年）（报批稿）》《宁德市“十四五”海洋强市建设专项规划（报批稿）》《宁德市推进农村生产要素流转融资试点工作的意见（送审稿）》《宁德市促进新能源汽车产业发展的六条措施（送审稿）》《宁德市“十四五”特色现代农业发展专项规划（送审稿）》，研究蕉城区征地区片综合地价修编调整、2021 年市本级第二批新增债券额度分配及发行方案等有关事宜。

第 114 次常务会议 10 月 12 日召开，研究金漳路南侧温福铁路东侧、金漳路南侧招贤路西侧、八都镇 G237 国道北侧规划纵一路东侧、八都镇 G237 国道北侧规划纵一路西侧、金漳路南侧金溪北侧五宗地块拍卖出让有关事宜，研究时代永福项目投资协议有关事宜。

第 115 次常务会议 11 月 12 日召开，审议《宁德市促进砂石行业健康有序发展实施方案（送审稿）》《“十四五”数字宁德重点专项规划（送审稿）》《宁德市中心城区户外广告专项规划（送审稿）》《宁德市既有住宅增设电梯指导意见（送审稿）》，研究信访工作、消防工作、“三线一单”生态环境分区管控方案编制发布、市公路中心运行经费和人员支出列入市财政预算等有关事宜。

第 116 次常务会议 12 月 1 日召开，组织新《中华人民共和国安全生产法》专题学习，研究市政府贯彻落实意见；审议《宁德市农村生活污水提升治理五年行动实施方案（2021—2025 年）（送审稿）》《宁德市清理规范城镇供水供电供气行业收费促进行业高质量发展实施方案（送审稿）》《宁德市水电站清理整治工作方案（送审稿）》；研究土地出让有关工作，福鼎邦普二、三期项目合作协议，《遏制新增“两违”的四条措施》及延长《宁德市“两违”综合治理实行单列管理乡（镇、街道）的实施办法（试行）》有效期等有关事宜。

第 117 次常务会议 12 月 9 日召开，审议《宁德市服务“六稳”“六保”进一步做好“放管服”改革有关工作实施方案（送审稿）》《宁德市清理整治不规范地名工作方案（送审稿）》《宁德市交通运输领域市与县（市、区）财政事权和支出责任划分改革实施意见（送审稿）》，研究土地出让有关事宜。

第 118 次常务会议 12 月 22 日召开，审议《宁德市促进中医药传承创新发展若干措施（送审稿）》《宁德市实现巩固拓展脱贫攻坚成果同乡村振兴有效衔接工作措施（送审稿）》《宁德市推动远洋渔业高质量发展六条措施（送审稿）》《宁德市民政事业发展第十四个五年规划》《宁德市“十四五”养老服务体系建设规划（2021—2025）（送审稿）》《宁德市中心城区“十四五”城市更新专项规划》《宁德市中心城区城市更新项目（一期）实施方案（送审稿）》，研究宁德市一般湿地名录（第一批）公布有关事宜。

第 119 次常务会议 12 月 29 日召开，审议 2022 年《政府工作报告（送审稿）》《关于宁德市 2021 年国民经济和社会发展计划执行情况及 2022 年国民经济和社会发展计划草案的报告（送审稿）》《关于宁德市 2021 年预算执行情况及 2022 年预算草案的报告（送审稿）》《2022 年市本级预算草案（送审稿）》《加强新时代高质量统计工作的意见（送审稿）》《宁德市“十四五”冶金新材料产业发展专项规划（送审稿）》《宁德市“十四五”城乡基础设施建设专项规划（送审稿）》。

（陈派生）

政务服务

【概况】 2021 年，宁德市行政服务中心管理委员会（简称“宁德市行管委”）贯彻落实国家、省、市深化“放管服”改革优化营商环境要求，按照打响“宁德服务”部署，统筹疫情防控与行政审批和公共资源交易管理服务工作。全年市本级行政审批和公共服务事项 1970 项，其中“即办件”1075 项，占比约 54.6%。办件量 122.54 万件，其中“即办件”112.09 万件，即办率 91.47%。宁德市工程项目审批时间大幅压减，政府投资项目压减至63个工作日，社会投资项目55个工作日，小型项目31个工作日，装修项目20个工作日。完成公共资源交易2992宗，交易总额221.65亿元，增收金额2.42亿元，节约金额58.78亿元。

【行政审批和公共服务优化】 2021年，宁德市行管委推行“一网通办、掌上可办”，市入驻省网办事大厅行政审批和公共服务事项网上可办率99%。加快推进政务信息共享应用，建成宁德市政务服务一体化平台，实现“一网通办”。宁德市行政许可事项“一趟不用跑”占比99.06%，超过省目标29.06个百分点；“即办件”占比78.98%，超过省目标28.98个百分点；“减时限”比例91.08%，超过省目标11.08个百分点；“全程网办”占比95.54%，超过省目标45.54个百分点。实现“跨省通办”事项117个，提前完成7个事项。加大点对点“跨省通办”力度，实现宁衢通办事项34个、宁温通办事项65个。实现全省通办“异地代收代办”事项37个。推进“一件事”集成套餐服务改革，建设政务服务“一件事”集成套餐在线办理及配套辅助系统，集成129个套餐服务，全年总办件量5.34万件。全市设置“宁德政务服务”24小时自助服务区14个，部署宁德“E政务”自助服务一体机139台，入驻自助服务事项93个，实现政务服务“不打烊”。

【全国首设“事难办”协调窗口】 2021年，宁德市行管委在市行政服务中心办事大厅设立全国第一个“事难办”协调窗口，按照分类指导、限时办理、分级会商的原则，为企业群众提供指导、协调、督办等各类服务，破解企业群众在政务服务方面遇到的复杂事、困难事、难办的事，在全市推广应用，协调解决企业群众在政务服务方面遇到的复杂事、困难事、难办的事200余件。

【全省首设开办企业联动响应服务窗口】 2021年，宁德市行管委在市行政服务中心办事大厅设立全省第一个开办企业联动响应服务窗口，在新开办企业注册后1小时内主动提供一站式、全方位服务，实现“企业有呼，政府必应”，在全市推广应用，全年提供服务8000余人次。

【工程建设项目审批制度改革】 2021年，宁德市行管委推行工程建设项目审批容缺受理提前审查、告知承诺制等改革措施，全年实行告知承诺制办件2043件，开展容缺受理提前审查办件89件。加强工程建设项目策划生成，推行政府统一组织实行区域评估，在“多规合一”系统生成的项目18个，政府组织区域评估的片区17个，完成的评估事项32个。公布65项服务事项清单，减少、合并审批事项50余项。推动多平台数据实时共享，实现全过程在线办理。初步建成市级工程项目审批可信电子文件库，推行企业电子印章和CA认证。梳理涉改中介服务事项31项，推动入驻省中介平台的中介服务企业57个，开展省中介服务平台网上交易15起。同时，全面推行市政公用服务报装“一站式”集中服务，全年在系统上办理市政公用服务事项299件。健全监管规则，落实监管责任，针对隐性审批、体外循环开展专项治理，组织全市审批部门自查自纠并落实整改，规范审批行为。

【公共资源交易规范】 2021年，宁德市行管委完善公共资源交易信息化大平台，创新开发电子合同模块和电子评标辅助系统，探索研发产权竞价、工程投标等移动端功能。推动远程异地评标常态化，完成远程异地评标项目27个，推动电子保函广泛应用，引入电子保函金融机构6家，电子保函使用比例87.67%。应招标投标市场主体的需求，研究出台《宁德市公共资源交易平台服务标准》。加大对网上超市供应商违法违规行为检查力度，促进网上超市供应商规范供货。提升评标区功能，改造工程评标专家抽取室，推动场所建设，实现分类分项目抽取建设工程交易、政府采购专家。

【运行管理】 2021年，宁德市行管委落实月度、平时（季度）、年度考评规定，规范开展窗口及工作人员绩效考评考核17次，开展“行政审批服务质量”专项绩效和公众评议（政务服务）考评，促进监管全面到位，政务服务质效不断提升。明确投诉受理流程，指派专人负责，做到阅批、交办、答复及时。规范办理“12345”平台诉求件36件，答复网站咨询100件，群众评价“最终满意率”100%。行政服务中心审批系统实时对接福建省政务服务“好差评”系统，企业群众通过短信、二维码、物理评价器、网上评价4种方式对办事成效进行评价，评价总量235.60万条，满意率99.99%。

（陈　玥）

【政府信息公开】 2021年，宁德市新公开规范性文件262件；行政许可87.36万件；行政处罚60.89万件、行政强制4.23万件；行政事业性收费3.13亿元。新收政府信息公开申请613件，2020年结转公开申请7件；其中予以公开335件、部分公开（区分处理的，只计这一情形，不计其他情形）20件、不予公开26件、无法提供158件、不予处理16件、其他处理61件；结转2022年继续办理4件。办理政府信息公开行政复议4件，其中其他结果4件；全市各级法院未收到涉及政府信息公开的有关行政诉讼。政务公开工作在2020年度全省政务公开第三方评估中位列第一名，获评优秀等次；全市基层政务公开标准化规范化工作走在全省前列。

（陈剑峰）

行政效能

【概况】 2021年，宁德市机关效能建设领导小组办公室（宁德市效能办）开展各类综合督查、专项督查20余次，市“12345”便民服务平台受理群众诉求20.06万件。省委、省政府通报2020年宁德市绩效考评结果为优秀，较上年度提升1位，居全省第四；《2020年全国政府服务热线运行质量及服务水平排行榜调查报告》显示，宁德市“12345”平台在接受测拨的全国301

个地级市中位列第10名。

【效能督查】 2021年，宁德市效能办转变督查方式方法，聘任20名市级效能监督员，采取“五不两直”督查方式，开展各类督查推动工作落地见效。开展12次督查，形成专项督查报告6份。聚焦“百日攻坚”存在问题，约谈17人、问责29个单位及个人、发放督办通知单5份。按照市政府主要领导要求，聚焦蕉城区安征迁项目进展滞后、农村在建住房摸排处置、疫情防控等有关问题开展8次专项督查，通报发现问题，形成督查报告供市领导决策参考。应用“福建省行政服务中心远程视频监督系统”网络平台，开展非现场督查，实行每月一通报，通报14个问题，问责12人次。加强线索核查督办，通过梳理“12345”便民服务平台群众诉求，聚焦基层政务服务等群众企业高度关心关注的问题开展线索核查，不断提升群众获得感。

【绩效管理】 2021年，宁德市效能办抓“五促一保一防一控”重点工作落实，对指标设置、考评重点、结果运用和绩效机制建立等方面进行优化调整，继续对沿海县（市、区）和山区县分别设置指标体系。承接省对市绩效考评任务落实，开展市直单位“营商环境指数”“生态环境目标任务落实”“全面深化改革”“行政审批服务质量”专项考评，推进重点工作全面提速增效。制定出台一系列绩效考评实施办法及考核指标解释，开展89个改革创新项目集中评审。

表7 2021年宁德市绩效考评等次一览表

考评项目		考评等次		
		优秀等次	良好等次	合格等次
一、各县(市、区)、东侨经济技术开发区		沿海县(市、区)序列的蕉城区、福安市；山区县序列的古田县、寿宁县；东侨经济技术开发区(单列)	沿海县（市、区）序列的霞浦县、福鼎市；山区县序列的屏南县、周宁县、柘荣县	
二、市直单位	1. 党群部门序列	市委组织部、宣传部、政法委、市委办公室，市纪委监委、市人大常委会机关，市委统战部、党史方志室、文明办、党校，市政协机关，市委老干部局，市妇联、团市委，市委编办，市总工会、档案馆，市委市直机关工委、网信办	市残联、侨联、工商联，市委军民融合办，市贸促会，市委讲师团，市科协，市委台港澳办	
	2. 综合与管理类政府工作部门序列	市政府办公室、市发展和改革委、农业农村局、财政局、工信局、司法局、交通运输局、统计局、林业局、水利局、教育局、公路事业发展中心、商务局	市体育局、自然资源局、海洋渔业局、地震局	市科技局
	3. 监管与服务类政府工作部门序列	市市场监管局、应急局、文旅局、国资委、卫生健康委、退役军人局、人社局、民政局、公安局、住建局、民族宗教局、行管委、城市管理局	市审计局、信访局、生态环境局、医保局、供销社、住房公积金管理中心	
	4. 垂直管理部门序列	市检察院、消防救援支队、市税务局、国家统计局宁德调查队、宁德海关、市气象局、市法院、市邮政管理局、宁德海事局、宁德水文分中心、宁德监狱	宁德港口分中心、市无线电管理局、人行宁德市中心支行、宁德银保监分局	

（资料来源：市效能办）

【“12345”便民热线】 2021年，宁德市“12345”便民服务平台受理群众诉求20.06万件，及时查阅率99.99%、按时办结率99.98%、群众满意率99.52%。接听疫情专线7565通、税务专线3.66万通、台港澳专线36通，针对群众频繁咨询的核酸检测、接种疫苗、居家隔离、健康码等问题，梳理汇总解答脚本，提供座席在线优质服务。推进“1+2+X”诉求件化解工作，化解不满意件300余件。印发《宁德市进一步优化“12345”政务服务便民热线实施方案》，完成32条国家部委开通的热线归并任务。修订《宁德市“12345”便民服务平台监督管理办法》，制订《宁德市12345便民服务平台网络安全应急预案》，完善一系列“12345”话务员前台座席工作制度。采取“每两月一考核”形式开展前台座席业务考核工作，加大通话录音的抽检力度，严格考核制度；开展话务座席业务培训，梳理汇编疑难问题批转手册、最佳解答口径等内容。坚持“月通报、季专报”的工作机制，印发月通报12期，季度通报4期，通报问题27个，通报优秀案例4个。在各类媒介平台开展12批次宣传活动，提升“12345”热线影响力和覆盖面。

（陈 丽）

政务督查

【概况】 2021年，宁德市政府系统办理省、市领导批示件128件。组织承办或转办省、市人大代表建议、政协提案653件。核查国务院“互联网+督查”平台留言64件。开展16次专项督查活动，编发各类《政务督查通报（专报）》36期。全市政府系统督查检查考核事项总量继续保持10项。

【综合性工作督查】 2021年，宁德市政府督查工作机构抓好市政府重要决策部署、政府工作报告目标任务、重点项目、锂电新能源产业发展项目、全市重点行业领域安全生产、城市公益性公墓项目、为民办实事项目的督促检查工作。建立《2021年市政府工作报告目标任务督查台账》《2021年市委、市政府为民办实事项目督查工作台账》，督促滞后项目赶上序时进度，推进政府工作任务有效落实。做到市政府常务会议、市长办公会议、市政府专题会议纪要每月一督促、定期汇总，领导批示件每季度开展“回头看”。实行督查考评制度。将日常督查与年度绩效考核结合起来，把政务督查工作列入各级各部门各单位绩效考核察访核验内容。年终将政务督查工作考核有关情况汇总绩效考评部门，由绩效考评部门在当年单位绩效考评中予以综合运用。

【领导批办件督查】 2021年，宁德市政府督查工作机构办理省、市领导批示（办）件128件，办结率100%。落实台账制度，对市政府领导批示（办）件逐件逐项登记，规范办理时限。对未按时反馈的承办单位，及时跟踪督办，对省、市领导的重点批示件实行重点跟踪督查。落实通报制度，对未按时反馈、未按领导要求落实到位的承办单位，予以全市通报并在年终绩效考核中予以扣分。

（陈　倩）

政府信息化建设

【概况】 2021年，宁德市推进政府信息化建设，市应急管理信息化建设项目、“智慧海渔”平台、政务服务“一件事”套餐在线办理及配套辅助系统等项目启动，市本级政务云及医疗云扩容到位，宁德市协同办公自动化系统上线运行，工程建设项目审批管理系统完成终验，市网格化平台功能优化，城市公共服务平台便民服务事项增加，数字化资源应用深化。城市公共服务平台“i宁德”便民服务事项增加，聚合福建省网上办事大厅掌上政务服务事项及182项便民服务事项，注册用户60.08万人，全年使用200万次。

【数据汇聚共享】 2021年，宁德市推进政务数据汇聚共享，提升数据质量，扩大共享覆盖面，提高服务可用性。汇聚人社、不动产、税务、市场监管等重点领域公共数据，宁德市汇聚共享平台数据总量从年初的2亿条增加到6.97亿条。在政务服务、便民服务、城市管理、综合治理、信用等领域开展政务数据共享应用，开放政务数据共享服务接口115个，相关系统累计调用接口61万次，提高政务服务办事效率。

【数据开放】 2021年，宁德市政务大数据平台开放目录清单47个，在金融领域探索开展政务数据开放试点工作。向宁德市普惠金融服务平台开放数据查询接口17个，提供数据379万条。

【市政府门户网站】 2021年，宁德市完善市政府门户网站智能搜索错别字自动纠正、关键词推荐、通俗语言搜索等功能，优化搜索结果排序，实现“搜索即服务”。开发统计数据发布应用，以图表可视化方式分级分类实时动态展示本地区经济、人口、财政等社会关注度高的统计数据，并提供查询和下载功能。建设网站适老化页面，完善无障碍浏览功能，为残障人士以及阅读能力下降的老年人提供便捷高效、智能友好的服务。在2021年度工业和信息化部中国软件评测中心主办的全国政府网站绩效评估中，市政府门户网站名列地市级第4名，“网站页面适老化及无障碍浏览改造”入选全国地市级政府网站“十佳”优秀创新案例。

【政务新媒体】 2021年，宁德市推动各部门根据工作职责打造本部门特色的政务新媒体便民服务栏目，便捷掌上便民办事。建设“宁德市政务新媒体监管服务平台”，对全市政务新媒体账号更新情况、信息质量数据进行收集，实现政务新媒体统一监管、自动监测、矩阵维护等。提供事前内容检测功能，推进政务新媒体健康有序发展。

（沈晓平　董　薇）

信　访

【概况】 2021年，宁德市人民政府信访局（简称“宁德市信访局”）推动领导接访下访、乡镇信访工作联席会议建设，开展“治理重复信访、化解信访积案”专项工作，组织实施重信重访专项治理，办理群众来信来邮、市政府复查复核信访事项，化解信访突出问题，强化信访基础业务规范化建设，配合依法打击违法信访行为，推进“信访评理室”建设，开展“近邻评理室”建设试点工作，做好信访信息调研，完成重大活动重要敏感节点信访安全保障工作，协调化解蕉城区洋中镇养猪场农民工死亡、中闽运营公司司机醉驾造成人员伤亡赔偿等重大疑难信访问题20余件。群众来市上访批次、人次分别比上年下降28.32%、38.23%。

【信访安全保障】 2021年，宁德市信访局完成全国、省、市两会和中国共产党成立100周年庆祝活动、第四届“数字中国高峰论坛”、党的十九届六中全会和中国共产党与世界政党领导人峰会（下党分会场），以及省、市党代会等重大活动重要会议信访安全保障工作，省信访联席办、省信访局5次发信感谢或通报表扬。配合做好省生态环境保护例行督察信访安全保障、政法队伍教育整顿工作，接收并处理市政法队伍教育整顿信访线索433条，按时答复率100%。

【领导干部接访下访】 2021年，宁德市领导干部坚持每月公开接访，深化“四门四访”（开门接访、进门约访、登门走访、上门回访）工作机制，市信访局向厅级领导报送其挂点县（市、区）信访积案和突出问题，服务领导带案下访、约访群众。市、县、乡三级党政领导干部开门接访、进门约访、登门走访、上门回访取得良好效果，其中厅级领导接访解决了一批重大疑难复杂问题。

【重复信访、化解信访积案专项治理】2020年9月，上级交办宁德市的首批重复信访事项和信访积案738件，汇报化解720件，化解率97.56%。年内，宁德市信访局开展集中治理重复信访、化解信访积案三年专项行动（第二年），深化开展“解难题化积案”9个专项行动。10月上级交办第二批重复信访和信访积案部分息诉息访；“解难题化积案”9个专项行动排查梳理并交办重点疑难信访事项60件，息诉息访60件；全市重复信访总量占比40.15%，比上年下降0.62%。实行“双包双挂双联系”工作机制，市委、市人大常委会、市政府、市政协四套班子领导和市法院院长、检察院检察长“双包双挂”信访积案38件，上级交办的重复信访和信访积案全部落实县处级领导包案化解。建立推进“治重化积”专项工作通报、督查、约谈三项机制，做到每日一调度、每周一汇总、每月一通报，发出点对点通报，实地开展专项督查6次。综合运用信访评理、困难救助、督查约谈、信访志愿者结对帮扶、疑难信访问题专项资金化解、联合会商会诊等方式推动化解。动员信访志愿者与信访人“结对子”，化解重复信访事项48件，信访评理推动化解信访积案59件。使用省级解决疑难信访问题专项资金、市级配套资金，化解信访积案；下拨市级解决疑难信访问题专项资金，化解信访积案。

【信访事项复查复核】2021年，宁德市信访局收到信访人向市政府递交的复查复核申请147件，经审查办结138件，按期办结率100%。其中，不予受理15件，撤销复查机关作出答复或责令重新处理22件，维持47件，经协调信访人撤回申请3件，告知法定途径或提出解决方案51件。

【涉疫信访事项办理】2021年，宁德市信访局组建涉疫信访事项办理和研判专班，实行“四个第一时间”（第一时间受理、第一时间处理、第一时间报告、第一时间反馈）、“六个及时”（及时受理、及时办理、及时研判、及时反馈、及时回应群众关切、及时报告重要情况）工作机制，按照分级分类原则和“快、准、效”要求，高效优质受理办理，解决巴拿马籍“幸运号”轮船船员要求办理入境手续等涉疫信访事项171件，省信访联席办全省通报表扬。

【信访基础业务规范化建设】2021年，宁德市信访局将初信初访合理合法诉求全部纳入“最多投一次”范围，实施“精准受理、精准研判、精准办理、精准答复、精准督导、精准问责”模式，提升首办实效，实现“日接收、五日落地、十五日办结”。全市纳入“最多投一次”信访事项6571件，平均办理天数8.3天，比法定办理时限提速51.7天，一次性办结率92.71%，群众对信访部门、责任单位评价满意率分别为95.89%和86.74%。登记受理网上信访事项9047件，其中“省长信箱”来邮559件，按期答复536件，按期答复率96.90%；“人民网地方领导留言板”88件，按期答复88件，按期答复率100%；“市长信箱”来邮618件，按期答复613件，按期答复率99.19%，网上信访事项一次性化解率86.92%。对2020年7月以来全市受理办理的信访事项自查自纠，采取网上抽查和实地督查的方式随机抽检县（市、区）和市直有关部门受理办理规范化情况，提出整改建议。持续开展“基础业务规范化三年轮训”，举办全市信访业务培训班1期，选派业务骨干到各县（市、区）和市消防大队、烟草专卖局等市直有关单位开展信访基础业务规范化培训，近300人受训。

【评理室建设】2021年，宁德市信访局在推进“信访评理室”建设的同时，9月开始在柘荣县开展“近邻评理室”建设试点工作。全市设立市、县、乡、村四级“信访评理室”2447个，全年开展信访评理1975件，化解矛盾纠纷1900件，化解率96.2%。

【乡（镇、街道）信访联席会议建设】2021年，宁德市信访局推动乡（镇、街道）建立信访联席会议并实体化运行。全市建立乡（镇、街道）信访联席会议129个，排查信访问题1693件，其中化解1516件。

（陈丽娟）

外　事

【概况】2021年，宁德市召开市委常委会暨市委外事工作委员会第三次会议，对重要涉外事项作出顶层设计和系统谋划，对做好新形势下外事工作提出新要求。全年市外事办审核审批外国人来华签证邀请19批104人次，为宁德时代、宁德新能源公司等涉外企业高管通过包机等形式返宁提供便捷服务10人次，办理APEC（亚太经合组织）商务旅行卡9人次，处置涉外突发案（事）件10件。接待服务萨摩亚、汤加、贝宁、南非等22个国家驻华使节团来访。组织船舶停靠地新冠肺炎疫情防控指挥部和相关部门各司其职，完成滞留在福安港口的“顺水”“海之星88”“鲸鱼”“顺潮9”“睿岚”等外轮上33名外籍船员的离船出境。在严格落实各项防疫措施的前提下，为巴拿马籍货轮上的1名突发疾病的菲律宾船员紧急就医和换班出境提供便利。

【参与“一带一路”建设】2021年，宁德市外事办推动菲律宾陈德雄集团公司对接宁德时代开展项目合作。完善“一带一路”境外安保协调机制，开展涉外安全管理相关情况摸排工作，动态掌握宁德市在境外国有或民营企业17家、在非人员1420人以及海外留学生416人。

【友城交流合作】2021年，宁德市外事办保持与马来西亚、德国、美国等友城联络员及国际友好人士的联络沟通，互致节日问候，主动邀请友城参加省市举办的线上活动，巩固深化友城关系。7月9日，福建在美友好省州——俄勒冈州中国理事会主席蓝进参访宁德时代新能源科技有限公司，双方就加强合作、共同拓展美国市场等事宜进行交流对接，并建立联系渠道。12月8日，宁德时代科技有限公司通过视频连线方式参加福建省与天津市政府、美国俄勒冈州联合举办的“中国—俄勒冈州气候危机与可持续性论坛”，并在会上就“锂离子电池制造的可持续实践”作发言，促进两地友好省州交流合作。

【涉外事件处置】 2021年，宁德市外事办牵头商务、国安等相关部门，完善“一带一路”境外安保协调机制，开展涉外安全管理相关情况摸排工作，并联合省外事办、福州市外事办开展线上线下海外领事保护宣传活动，做好本地区预防性领保工作。依法、快速、稳妥、低调处置涉外突发案（事）件10件。

【“中国减贫发展与人权事业”研讨会】 2021年5月8日，由中国人民对外友好协会、福建省人民政府主办的“中国减贫发展与人权事业研讨会”在福建宁德举行。南非等亚非拉13国的18位驻华大使及部分中外媒体记者以及中国人权研究领域专家学者70余人应邀参加研讨会，并先后参观考察福安下岐村、上汽宁德基地、蕉城北山村、宁德市摆脱贫困主题展览。

（郑廷就）

港澳事务

【宁德与香港人员往来】 2021年，宁德市开展与香港人员往来活动4场。分别是：5月14日，宁德市台港澳办一行到香港特区政府驻福建联络处、香港贸易发展局福建代表处走访调研。香港特区政府驻福建联络处、香港贸易发展局福建代表处与宁德市台港澳办就宁德与香港友好往来及交流开展座谈。6月19日，香港工联会（福建·厦门）咨询服务中心组织40名在闽港胞到宁德市开展“闽籍港人故乡行”活动，凝聚在闽港胞，提升港胞对福建发展的认识及国家的认同感。11月26日、12月16日，香港特别行政区政府驻福建联络处主任林景富、香港贸发局福建代表处代表赵启荣分别到宁德市开展交流活动，寻找经贸合作的契合点，共同推动宁港在经贸、文化、港口、物流、教育、科技、人才培养等领域的交流合作。

【宁德与澳门青年交流】 2021年6月26—27日，澳门福建同乡总会闽籍青少年夏令营考察团到宁德市学习党史、了解地方发展情况并与宁德青年代表进行交流座谈。考察团成员到屏南县白水洋参观考察，了解景区的建设情况，体验山水景观；参观宁德摆脱贫困主题展览，重温宁德脱贫之路，感受宁德30年的发展变化。

【妈祖文化交流】 2021年3月29日，澳门神舟妈祖文化交流协会会长关金花带领参访团一行6人到霞浦县松山天后行宫开展联谊交流活动，举行闽澳妈祖文化交流座谈会，就如何加强往来进行交流探讨。

（陈孝眷）

人事人才工作

【人才服务】 2021年，宁德市人社局自主开发事业单位公开招聘信息化平台为全省建设统一平台提供样本。引导各类专家人才服务乡村振兴，“十百千万”专家服务乡村振兴行动案例入选人社部党员干部远程教育教学片。升级宁德市智慧人才服务平台，提供人才服务项目90个，开展人才服务8011人次。新增享受国务院政府特殊津贴人员、省“雏鹰计划”青年拔尖人才、百千万人才工程省级人选9人。宁德时代新型锂电池开发及应用创新团队入选全国杰出专业技术先进集体，宁德时代博士后科研工作站项目获全国博士后创新创业大赛金奖。

【人才认定】 2021年，宁德市人社局审核认定“天湖人才”（从宁德市外引进的各类高层次人才，分为6个类别。最高的一类人才可获80万元住房补助）、省工科人才、省高层次人才等人才项目2051人，发放各类人才补助资金1.45亿元。编制《2021—2022年紧缺急需人才引进指导目录》，聘用教育、卫生等领域紧缺急需毕业生207人。

【高技能人才培养】 2021年，宁德市人社局开展补贴性职业技能培训7.04万人次，支出职业培训补贴资金9071万元，推行社会化职业技能等级认定，开展技能人才评价1.54万人，新增高技能人才2525人，举办职业技能竞赛13场。宁德市职教园（一期）建设全面推进，加快打造融合产、学、研、训等功能于一体的综合性园区。调整优化技工院校专业结构，对接地

2021年6月19日，香港工联会（福建·厦门）咨询服务中心组织“闽籍港人故乡行”活动，40名在闽港胞到宁德开展为期1天的参观考察访问活动

（市台港澳办 供图）

方产业设置专业占比76.8%，对接四大主导产业的专业占比63.8%。

【人事管理制度规范】 2021年，宁德市人社局组织公务员录用、事业单位招聘、专技人员执业资格、工勤人员岗位考核等各类考试10场，7万余人参加笔试。调整27个任期届满的中、高级评委库，开展16个专业（系列）职称评审工作。完善全市中小学教师职称评价机制，全面下放一级教师职称评审权。规范义务教育学校教师绩效工资管理，义务教育教师工资收入水平按不低于当地公务员收入水平追加奖励性绩效工资。推荐上报省级以上先进集体66个，先进个人124人。规范事业单位年度考核，2020年度事业单位考核优秀等次1677人，嘉奖882人。

（吕海宾）

【社工人才建设】 2021年，宁德市按照省对市社会工作专业人才目标责任制考核要求，围绕“做大总量，做优存量”的人才培育思路，加大社会工作专业人才培养力度，做好社工报考工作，推进社工站建设，确保考核指标任务完成。全市报名参加全国社会工作者职业水平考试4348人，报考人数每万人占比13.82，居全省第一；考试通过388人，全市持证社工1589人。统筹建设资金1754.48万元，建成126个乡（镇、街道）社工站，驻站社工280名，实现乡（镇、街道）社工站建设全覆盖。社会工作专业人才目标责任制考核排名全省第二。新成立11家社会工作服务机构，全市社会工作服务机构44家。

（苏传碧）

机关事务管理

【概况】 2020年12月1日，经宁德市委编委会批复，设立宁德市机关事务服务中心（加挂宁德市委市政府接待中心牌子），履行后勤服务保障职能。2021年，宁德市机关事务工作部门围绕市委、市政府中心工作，履行会议活动后勤保障、国内公务接待、办公用房使用管理、财务经费统筹管理、公务用车调度管理、公共机构节能、机关基建修缮等机关事务管理职能；按财政预算口径划分，市政府办公室作为一级预算单位，下辖1个厅级、35个处级、37个科级单位。年内市政府办公室及其财务管辖内所有单位财政拨款收入2.74亿元，支出2.74亿元，固定资产总额1.35亿元，无形资产总额284万元。市政府办公室及下属机关事务服务中心完成中国共产党宁德市第五次代表大会，市委四届十三次、十四次全会，全市经济形势分析会，第十九届海创会，中国共产党与世界政党领导人峰会（宁德下党分会场）等350场重大会议活动后勤保障工作，调度保障车辆3006次。

【办公房屋及基建修缮管理】 2021年，宁德市政府办公室根据国家机关事务管理局《关于做好全国党政机关办公用房信息统计报送工作的通知》精神，做好年度全市党政机关办公用房使用信息统计汇总工作，完成全国党政机关办公用房信息系统的实时更新。结合市直有关单位办公用房申请，按照《党政机关办公用房建设标准》和《党政机关办公用房管理办法》，完成市人大常委会办公室、省三办、市邮政管理局、党史和地方志研究室办公用房优化调配。根据市委、市政府主要领导要求，完成19处闲置资产处置工作，处置交易金额计5073.6万元。开展各办公区道路、围墙、办公楼、设备安全运行维护保养工作300余次，优化机关干部职工工作环境。

【公务用车管理】 2021年，根据国管局、省机关事务管理局关于开展2020年度党政机关公务用车统计报告工作有关要求，宁德市机关事务服务中心按照统一部署、分级负责原则，于6月组织开展全市党政机关、事业单位2020年度公务用车统计报告工作。经统计，宁德市党政机关公务用车车辆编制数2083辆（不含垂管单位），实有数1911辆；事业单位公务用车车辆编制数1116辆，实有数1065辆。年内，市直机关通过政府采购方式更新购置公务用车11辆（含新能源汽车3辆），推进公务用车网络化、信息化派车管理，市级公车平台完成派车10155次，开展司勤人员安全教育12场次，实现公务用车零事故。

（陈勋戎）

中国人民政治协商会议宁德市委员会

综　述

【概况】　2021年，中国人民政治协商会议宁德市委员会（简称“宁德市政协”）开展常委会和季谈会协商4场、重点提案办理协商8场，围绕29项课题开展协商、调研、视察活动，报送调研报告13份，反映社情民意信息246条，立案提案348件。截至年末，政协第四届宁德市委员会设界别29个，政协委员359人。其中，中共党员委员137人，占38.2%；非中共委员222人，占61.8%；妇女委员100人，占27.9%；常委会组成人员63人。在宁德的省政协委员21人。

【党建引领】　2021年，宁德市政协落实习近平新时代中国特色社会主义思想学习座谈会制度、党组会议“第一议题”学习制度，带动政协各级党组织跟进研学习近平新时代中国特色社会主义思想。在党史学习教育和习近平新时代中国特色社会主义思想“再学习”推进过程中，举办机关干部专题读书班、开展委员线上读书活动；运用“行知课堂”“书香政协”等政协特色学习载体，邀请专家学者授课、组织政协理论宣讲团“下基层”宣讲，引导广大委员提升政治判断力、政治领悟力、政治执行力。落实党员委员联系党外委员、党员常委年度述职等制度，加强与党外委员的联系。开展党内关怀帮扶，走访慰问老党员和困难党员，做好“光荣在党50年”纪念章颁发活动，为教育引导党员干部听党话、跟党走树立学习榜样。定期开展意识形态领域问题分析研判，管好用好自办媒体，守牢意识形态主阵地。落实党组成员走访看望界别委员、谈心谈话等制度，把握思想动态、加强教育引导。持续开展“认知新宁德·融入新宁德”活动，邀请省炎黄文化研究会一行50余人到宁德时代、上汽宁德基地等地参观考察，宣传习近平总书记在宁德留下的好思想好传统好作风，引导社会各界从思想源头和实践起点上增进对“两个维护”的理解和把握。以庆祝中国共产党成立100周年为契机，组织“颂党恩、跟党走”畲族风情油画展，参与筹办大型庆祝活动，引导社会各界感悟中国共产党百年奋斗初心，不断增进“四个认同”，更加坚定地永远跟党走。

【党派团体合作共事深化】　2021年，宁德市政协健全党派共事机制，主席会议成员带头走访党派团体，邀请民主党派负责人列席主席会议，参与讨论，鼓励和支持他们建净言、献良策。市各民主党派、工商联提交大会发言和专题发言46篇、集体提案23件，反映社情民意信息68条。扩大委员小组活动、界别活动的参与面，邀请党外知识分子、非公有制经济人士和新的社会阶层人士考察重点企业、重点项目，凝聚创业共识。

【文史研究工作】　2021年，宁德市政协发挥政协文史工作优势，倡议创建地方“影像志”，建设主题文化街区，指导推动明史研究成果展示馆开馆，共同弘扬闽东之光。编辑闽东革命文史资料，参与策划“庆祝建党100周年经典咏唱”晚会，指导建设七都镇北山畲族村村史馆，赓续红色基因、激发奋进力量，凝聚建功新时代的共识共为。

【民族宗教工作】　2021年，宁德市政协把握畲族文化这一“闽东之光”的重要闪光点，组织举办畲歌畲舞知识讲座、畲歌教唱，组织专门力量编辑《畲族研究资料摘编》第三辑《畲族医药文化研究》，促进各民族交往交流交融。闽东畲族文献资料中心及雷静贞事迹陈列馆等6个分中心挂牌成立。助力宗教场所消防安全条件、发挥宗教团体在社会养老事业中的积极作用，连续三年组织宗教界委员视察重点项目重点企业，促进宗教界交流互鉴，激发宗教界委员爱国爱党爱乡热忱。

【港澳台侨力量会聚】 2021年，宁德市政协克服疫情影响连续四年到广东召开“深珠座谈会”，组织走访在粤乡贤企业，向港澳同胞通报家乡发展情况，传递美好愿景。邀请在闽就读台港澳学生、台协会青委会青年代表开展研习交流活动，架设海内外青年沟通交流的桥梁。发挥港澳委员“双重积极作用”，鼓励港澳委员强化政治责任担当，当好人民政协制度的参与者、实践者、推动者，坚定推进爱国者治港治澳原则落实。深化与台湾同胞的联系，组织开展“推动惠台政策落实”界别协商，走访慰问在宁德的台胞台企，为建设台胞台企登陆的第一家园添助力、增合力。加强与归侨侨眷沟通联系，增进与海外侨胞情感和友谊。

【政协自身建设】 2021年，宁德市政协持续开展机关建设提升活动，健全机关内控管理制度，落实常态化疫情防控要求，规范政协会议、调研视察、委员活动、公务接待等行为。制定视察考察调研组织协调工作暂行办法，统筹开展委员集中履职活动，避免扎堆调研，减轻基层负担。在蝉联两届省级文明单位的基础上，以创建全国文明单位为目标，持续高标准推进机关文明创建，牵头政协大院6家单位组建志愿者联盟，组织开展文明共建、志愿服务活动23场。加强对机关干部的教育培训，利用“书香政协”“每周讲堂”等载体，推动党史学习教育、“再学习、再调研、再落实”活动走深走实，推动政协机关干部思想素质和业务能力建设。把开展“我为群众办实事”活动作为学史力行的重要途径，党史学习教育以来，为基层办实事27件，协调资金360万元，助推一批群众急难愁盼问题的解决。在服务乡村振兴、推进重点项目建设、疫情防控、庆祝中国共产党成立100周年系列活动中，市政协机关干部主动担当作为，完成各项工作任务。

（翁立炜）

重要会议

【市政协四届五次会议】 2021年1月11—13日，政协第四届宁德市委员会第五次会议召开。会议应到会委员358人，实到会委员326人；收到提案380件，立案348件；编印《重要提案摘报》12期，获市领导批示26件次。会议审议并通过主席兰斯琦所作的常务委员会工作报告和副主席章瑞进所做的提案工作情况的报告；委员们列席市四届人大六次会议，听取并讨论市政府市长梁伟新所作的政府工作报告以及计划、预算报告，听取并赞同市中级人民法院、市人民检察院工作报告；听取提案委员会关于市政协四届五次会议提案审查情况报告；审议通过市政协四届五次会议政治决议。大会开幕会上市农业农村局、市文化和旅游局作重点提案办理典型经验介绍。陈定豪、薛赞柠、刘泽敏、陈仕嵩、杨良雄、林薇等6位委员分别代表市民革、民盟、民进、九三学社等党派团体或以委员个人名义作参政议政发言。市政协各专门委员会向大会提交书面工作报告。

【市政协常委会会议】 2021年，宁德市政协召开常委会会议5次。分别是：

四届十九次常委会会议 1月12日召开第一次会议，听取市政协四届五次会议分组讨论市政协常委会工作报告、提案工作情况的报告等情况汇报；审议市政协四届五次会议政治决议（草案）和选举工作有关事项。1月13日召开第二次会议，听取各组讨论市政府工作报告、“十四五”规划和二〇三五年远景目标纲要和计划、预算报告，以及市政协四届五次会议选举工作有关事项等情况汇报；审议通过选举办法（草案）；协商确定候选人名单，大会选举总监票人、监票人名单（草案）；审议通过市政协四届五次会议政治决议（草案）。

四届二十次常委会会议 5月14日召开，会议传达学习习近平总书记在福建考察时的重要讲话精神，围绕“加强农业科技创新、助推优势特色产业发展”协商议政。市政协副主席林寿代表调研组报告课题调研情况；委员们建言献策，市财政局、人社局、农业农村局等市直相关部门负责人进行回应交流；市政府副市长黄国璋应邀到会指导参与协商。会议还审议通过有关人事事项，陈定豪任宁德市政协副秘书长（兼职）。市政协主席兰斯琦主持会议并讲话，副主席林寿、王代忠、章瑞进、刘登健、程树平、陈美莺，市政协党组成员、二级巡视员陈鸿飞，市政协党组成员、秘书长、二级巡视员郭专和市直有关部门负责人参加会议。

四届二十一次常委会会议 8月10日召开，会议围绕“发展通用航空产业，促进枢纽之城建设”议题开展协商议政。福建和翔福宁通用航空有限公司负责人介绍通用航空相关知识；市政协副主席陈美莺代表调研组报告调研情况；市政协委员提出打造宁德市通用航空产业园，加强海上通航建设、服务海洋经济发展，加强航空人才培养、助力通用航空业发展，推动航空运动产业进校园，构建宁德市航空应急救援体系等建议；省航空学会常务理事张一丁、省通航协会会长陈湃、山东鲁翼通用航空有限公司总经理傅德明等专家受邀到会开展专题讲座，市发展和改革委等部门负责人进行回应交流；市委常委、常务副市长到会参与协商讨论。会议还审议通过有关人事事项，周祥祺不再兼任政协第四届宁德市委员会民族和宗教委员会副主任职务；李立琴不再兼任政协第四届宁德市委员会港澳台侨和外事委员会副主任职务；李立琴、周祥祺不再担任政协第四届宁德市委员会委员。市政协主席兰斯琦主持会议并讲话，副主席林寿、王代忠、章瑞进、刘登健、黄家盛、刘水金、程树平、刘国平、陈美莺，市政协党组成员、二级巡视员陈鸿飞，市政协党组成员、秘书长、二级巡视员郭专等参加会议。

四届二十二次常委会会议 9月17日召开，市政府副市长刘笃凡到会通报市政府工作情况。会议还审议通过有关人事事项，李惠长不再担任市政协常委、委员；增补姚锡铃、魏鼎为市政协委员；林薇任市政协提案委员会主任；魏鼎任市政协社会和法制委员会主任；姚锡铃任市政协文化文史和学习委员会主任；陈进衔不再担任市政协提案委员会主任；宋雅希不再担任市政协社会和法制委员会主任；黄式斌不再担任市政协文化文史和学习委员会主任；林健不再兼任市政协经济委员会副主任；李惠长不再兼任市政协教科卫体委员会副主任。市政协主席兰斯琦主持会议并讲话，副主席林寿、王代忠、章瑞进、刘登健、黄家盛、刘水金、程树平、陈美莺，市政协党组成员、二级巡视员陈鸿飞，市政协党组成员、秘书长、二级巡视员郭专等参加会议。

四届二十三次常委会会议 12月10日召开，会议传达学习中共十九届六中全会精神和中共福建省第十一次代表大会精神，听取市政府关于市政协四届五次会议以来政府系统提案办理情况的通报，通报表扬四届市政协履职好委员、好提案、提案办理好单位、好社情民意信息，审议和讨论政协第四届宁德市委员会常务委员会工作报告（讨论稿）、提案工作情况的报告（讨论稿）和各专门委员会工作报告（讨论稿），协商决定政协第五届宁德市委员会委员名额、人选和界别设置，审议通过市政协五届一次会议有关程序性文件，审议通过关于授权主席会议审议四届市政协常委会第二十三次会议未尽事宜的决定。会议还审议通过有关人事事项，增补杨良辉、陈建华、林华锋为市政协委员。章华翰任市政协农业和农村委员会主任，不再担任市政协人口资源环境委员会主任；陈建华任市政协教科卫体委员会主任；许丽斌任市政协港澳台侨和外事委员会主任，不再担任市政协教科卫体委员会主任；林华锋任市政协文化文史和学习委员会主任；俞道雄不再兼任市政协农业和农村委员会主任；林立炎不再担任市政协港澳台侨和外事委员会主任；姚锡铃不再担任市政协文化文史和学习委员会主任；董廷才不再担任市政协农业和农村委专职副主任；吴铭英不再担任市政协港澳台侨和外事委专职副主任。市政协主席兰斯琦主持会议，市政府副市长黄建龙，市政协副主席林寿、王代忠、章瑞进、刘登健、黄家盛、刘水金、程树平、刘国平、陈美莺，市政协二级巡视员郭专，市政协党组成员、机关党组书记杨良辉等参加会议。

【协商民主季谈会】 2021年，宁德市政协召开协商民主季谈会2次：

7月2日，第一次协商民主季谈会召开，围绕“推进电机电器产业转型升级”议题开展协商议政。市政协党组书记、主席兰斯琦主持会议并讲话，市委常委、常务副市长到会参与协商讨论，市政协副主席王代忠、章瑞进、刘登健、黄家盛、刘水金、刘国平、陈美莺，市政协党组成员、秘书长、二级巡视员郭专等参加会议。

9月17日，第二次协商民主季谈会召开，围绕“加强和规范住宅专项维修资金使用管理”协商议政。市政协副主席刘登健代表调研组通报调研情况；市政协委员踊跃建言献策；市直相关部门负责人进行回应交流；副市长刘笃凡到会参与协商讨论。市政协党组书记、主席兰斯琦主持会议并讲话，副主席林寿、王代忠、章瑞进、刘登健、黄家盛、刘水金、程树平、陈美莺，市政协党组成员、秘书长、二级巡视员郭专等参加会议。

【市政府与市政协联席会议】 2021年12月20日，宁德市政府与市政协第二十一次联席会议暨市《政府工作报告》征求意见会召开。市委副书记、市政府市长张永宁主持会议，市政协主席兰斯琦出席会议。会上，市政府与市政协分别通报2021年工作情况。市政协领导和各委室、民主党派、工商联负责人围绕产业发展、乡村振兴、城市建设管理、民生社会事业补短板、营商环境优化、科技创新等方面提出意见建议。副市长黄建龙、

2021年9月17日，市政协召开2021年宁德市“加强和规范住宅专项维修资金使用管理”协商民主季谈会

（市政协办公室 供图）

胡楠、叶其发，市政协副主席王代忠、章瑞进、刘登健、黄家盛、刘水金、程树平、刘国平、陈美莺等参加会议。

【全市政协主席座谈会】 2021年11月12日，宁德市政协召开全市政协主席工作座谈会暨全市政协系统党的建设工作经验交流会。会议学习贯彻全国政协系统党的建设工作经验交流会、全省市县政协主席工作座谈会及市委常委会会议精神，总结交流全市政协系统党建工作情况。市政协主席兰斯琦主持会议并讲话，副主席林寿、章瑞进、刘登健、黄家盛、刘水金、刘国平、陈美莺，市政协党组成员、秘书长、二级巡视员郭专，市政协各委室负责人，各县（市、区）政协党组书记、主席和秘书长等参加会议。

【市政协之友联谊会四届五次会员大会】 2021年6月18日，宁德市政协之友联谊会召开第四届第五次会员大会。会议审议通过市政协之友联谊会第四届第五次会员大会议程；听取常务副会长陈永清代表理事会作工作报告和财务工作情况报告；听取监事长刘水金代表监事会报告监事工作情况。市政协主席兰斯琦出席会议并讲话，省政协文史和学习委员会原副主任、市政协原主席、四届市政协之友联谊会会长郑民生主持会议。市委常委、统战部部长、市政协党组副书记杨方，市政协副主席林寿、刘水金，市退休老领导林鸿、缪耕山、陶敏辉、魏福根、金霞东及联谊会顾问和会员，各县(市、区)联谊会会长等参加会议。

（翁立炜）

建言资政

【全市发展布局建言】 2021年，宁德市政协把助力开发三都澳、服务“十四五”规划实施作为履职主线，加强前瞻性思考、全局性谋划、战略性研究。围绕提升宁德市产业和城市发展的交通承载力，组织委员考察省内外兄弟市通用机场建设情况，邀请通航领域专家到宁德市普及相关知识，通过议政性常委会会议专题协商，向社会各界阐明宁德市发展通用航空产业的必要性，凝聚建设“枢纽之城”的共识，协商成果为宁德市科学规划通用航空产业发展提供参考。专题通报中心城区“十四五”公共交通发展规划情况，在促进委员知情明政的同时，与有关部门就预留公交空间、布局公交项目等达成共识。围绕发展环三都澳湾区经济，组织水路运输业发展专题协商，形成编制航运业发展专项规划、发挥国有骨干企业示范带动效应、加大信贷支持力度等建议，助推海洋经济发展。

【产业提质增效建言】 2021年，宁德市政协把服务大产业、抱好“金娃娃”作为履职重点，有的放矢开展调查研究。为助力宁德市传统产业融入主导产业生态圈，选取具有代表性的电机电器产业作为切入点，以创新、绿色、智造赋能为研究方向，查找产业链各环节存在的困难和问题，通过协商民主季谈会，形成组建电机电器产业技术创新联盟、推进“三电”系统集成协同发展、鼓励电机电器企业“民参军”等11份建议，为电机电器产业高质量发展添合力。为助推新能源汽车产业延链补链，把视角投向现代服务业，建议把九星汽车产业创新孵化中心项目建设成为现代汽车交易中心，并就项目涉及的配套服务、行政审批等各方面与有关部门面对面协商，推动项目落地。为帮助主导产业争取优惠政策，以社情民意信息等方式向省里呼吁优化不锈钢产业发展扶持政策，得到省直有关部门的重视，助力不锈钢产业园建设。

【补齐民生短板建言】 2021年，宁德市政协聚焦群众急难愁盼问题，坚持以“小切口”服务“大民生”。围绕住宅专项维修资金使用管理问题开展专题协商，研究破解维修资金保值增值、使用管理等问题，推动住宅小区的“养老钱”“治病钱”真正“活”起来。围绕城区立体停车场规划和建设、老城区地下空间开发利用、动车站站台无障碍通道建设等形成的提案，经有关部门办理，取得显著成效。围绕“河长制”落实、废弃矿山生态修复治理接续开展民主监督，在推动各地落实落细市委政策举措的同时，推动“两山”理念深入人心。针对发展高端教育、引进优质医疗资源等开展的对口协商，为缓解宁德市“就学难”“看病难”问题提供思路。就调整东侨经济开发区教育布点规划、实行生活垃圾“水滴分”机制等提案持续开展“回头看”，推动相关工作有效落实。呼吁提高中心城区社区工作人员待遇，促成东侨开发区出台政策举措，提升社区工作人员薪酬水平。围绕推进平安宁德、法治宁德建设，组织委员视察公安机关群防群治工作，参加重大案件公开审理、检察开放日等活动，促进执法机关和委员、公众之间良性互动，为基层社会治理贡献政协力量。

【闽东特色乡村振兴建言】 2021年，宁德市政协牢记习近平总书记关于“走出一条具有闽东特色的乡村振兴之路”的殷切嘱托，助力打造乡村振兴的宁德样板。以开展农业科技创新专题调研为契机，走访闽东乡村振兴研究院、省茶科所、市农科院等农业科研单位，引导农业领域专家学者念好新时代“山海田经”、放大宁德市特色农业优势，推动农业科研进一步聚焦“8+1”特色产业。结合推进高山花卉产业、渔旅结合等调研课题，组织委员走村入户、深入农业企业座谈交流，协助理顺企业、合作社与农户利益分配机制，提升产业组织化水平。围绕发挥自然保护区及国家森林公园功能作用，组织委员听取部门情况通报，就争取财政资金支持、科学指导规划编制、帮助品牌创建提升、推动发展模式创新等提出意见建议，助力厚植闽东乡村绿色发展优势。坚持开展“四下基层”活动，创新搭建乡村“云诊”平台，用心用情帮扶产业薄弱村，推动挂钩乡村发展致富产业、改善基础设施，以实际行动助力脱贫攻坚和乡村振兴有效衔接。

（翁立炜）

委员履职

【走访乡贤企业活动】 2021年4月22—23日，宁德市粤港澳政协委员、海联会理事座谈会暨走访乡贤企业活动在珠海举行，市领导兰斯琦、杨方、陈美莺等出席活动。座谈会传达学习习近平总书记在福建考察时的重要讲话精神、全国两会精神和《全国人民代表大会关于完善香港特别行政区选举制度的决定》；市委常委、统战部部长杨方通报宁德市2020年经济社会发展情况和市海联会2020年工作开展情况。会上，与会代表畅谈学习体会。其间，与会人员走访考察珠海绅威游艇有限公司、广东亚电科技有限公司等企业。

【远程医疗“云诊”新模式推广】 2021年，宁德市政协联合省政协办公厅、教科卫体委创新党建和委员活动方式，在寿宁县下党乡和古田县卓洋乡开展“双联四进”（建立党建联系点、委员联系点，省、市、县、乡四级联合推进）系列活动，发动省、市、县、乡四级力量，为基层困难群众捐赠助学金、医疗教育物资，开展义诊、急救教学等，助力脱贫攻坚与乡村振兴。市政协跟进开展活动，组织政协机关党员、各界别委员开展党的创新理论宣讲及科技下乡、文化下乡、医疗下乡活动，帮助争取产业项目，累计协调各类帮扶资金3400余万元。在“双联四进”活动开展过程中，市政协依托全省卫健系统远程医疗服务平台，由省、市、县、乡四级联合筹建乡镇“云诊室”，组织医疗专家以视频连线方式，开展“云诊”活动，受到农村群众的广泛好评。

【委员服务管理】 2021年，宁德市政协完善委员履职量化考评机制，将委员参加政协工作情况量化赋分，计入履职档案，用量化指标激励委员做好“委员作业”，委员管理更加规范。总结梳理五年来委员履职情况，对参政议政表现突出的10名“好委员”，领导关注高、社会反响大的30件“好提案”、10件“好社情民意信息”，以及10个“提案办理好单位”进行通报表扬，肯定成绩，推动工作。加强委员联络联谊，组织开展在宁德的全国、省、市政协委员慰问活动，督促相关委室经常性走访委员，了解委员学习、工作、生活情况，帮助协调解决委员履职过程中遇到的困难和问题。做好换届筹备工作，与市委组织部、统战部密切配合做好新一届政协委员协商提名工作，把好委员“入口关”。

（翁立炜）

表8 政协第四届宁德市委员会优秀提案一览表

序号	提案名	提案者	提案号
1	关于加快启动宁德一中新校区建设的建议	原祥云	四届一次会议43号
2	以资本为纽带整合旅游资源，推动宁德旅游业跨越式发展	民建宁德市委会	四届一次会议97号
3	关于将三都澳港区漳湾作业区建设成区域集装箱航运中心的建议	农工党宁德市委会	四届一次会议122号
4	关于加大农村扶贫专项资金监管力度的建议	李琳	四届一次会议130号
5	关于加快推进北部新区提速发展的建议	蓝晓平	四届一次会议211号
6	关于实施人才强市战略的建议	宁德市政协提案委员会	四届一次会议228号
7	关于互联网外卖食品安全的建议	雷成忠	四届一次会议244号
8	关于加大我市少数民族乡村精准扶贫工作力度的建议	蓝玉凤	四届一次会议265号
9	关于提升中心市区交通建设管理水平，方便市民出行的建议	九三学社宁德市委会	四届二次会议166号
10	关于加快推进宁德市森林城市创建的建议	宁德市政协人口资源环境委员会	四届二次会议192号
11	推动生活垃圾分类处理试点，建设美丽新宁德	民进宁德市工作委员会	四届二次会议200号
12	关于鼓励和扶持青年企业家创新创业的建议	宁德市工商业联合会	四届二次会议209号
13	关于加强（蕉城）鹏程历史文化街区保护规划的建议	宁德市政协文化文史和学习委员会	四届二次会议316号
14	关于三都澳海上渔排转型升级的建议	石水凤	四届二次会议386号

续表 8

序号	提案名	提案者	提案号
15	免费开放沈海高速绕城互通口，缓解中心城区交通压力	陈思文	四届三次会议 50 号
16	改善优化营商环境，助推宁德经济发展	雷建熙	四届三次会议 56 号
17	统筹谋划新兴产业布局，促进沿海与山区联动发展	民革宁德市委会	四届三次会议 115 号
18	关于打造新能源汽车全产业链，培育建设宁德汽车城的建议	民建宁德市委会	四届三次会议 122 号
19	营造助力产业发展的创投生态	汤大杰	四届三次会议 251 号
20	让农业保险为农民撑起一把“保护伞”	陈雅英	四届三次会议 382 号
21	以加快推进 G228 建设为契机，推动我市环湾城市群一体化发展	民盟宁德市委会	四届四次会议 67 号
22	打造宁德红曲酒产业，助推具有闽东特色的乡村振兴	李关发	四届四次会议 211 号
23	关于建立社区矫正流动管理制度的建议	李绍美	四届四次会议 347 号
24	关于鼓励无偿献血的建议	吴锦华	四届四次会议 375 号
25	关于加快推进不锈钢产业发展的建议	宁德市政协特邀界	四届五次会议 12 号
26	关于落实产教融合措施，培育对接地方产业的高技能人才队伍的建议	林薇	四届五次会议 98 号
27	关于加强我市住宅专项维修资金管理的建议	宁德市政协社会和法制委员会	四届五次会议 178 号
28	关于规范提升宗教团体在社会养老事业中发挥更大作用的建议	宁德市政协民族和宗教委员会	四届五次会议 182 号
29	关于疫情下推广“云诊”新模式，助力闽东特色乡村振兴的建议	许丽斌	四届五次会议 193 号
30	关于宁德市建设通用航空公共服务体系的建议	宁德市政协港澳台侨和外事委员会	四届五次会议 212 号

（资料来源：市政协办公室）

中共宁德市纪律检查委员会 宁德市监察委员会

重要会议及活动

【市纪委全会】 2021年，中共宁德市纪委召开全体会议3次，即市纪委四届六次、七次会议和五届一次会议。

2月5日，宁德市纪委四届六次全会召开，市委书记郭锡文出席会议并讲话。郭锡文强调，2021年是中国共产党成立100周年，是“十四五”开局之年，也是“宁德篇章”开篇之年，要强化引领保障，抓实重点任务，坚决扛稳全面从严治党的政治责任。把握加强政治建设这一“首位要求”，增强“四个意识”、坚定“四个自信”、做到“两个维护”，善于从政治上看问题，不断提高政治判断力、政治领悟力、政治执行力，使讲政治的要求从外部要求转化为内在主动。要突出强化政治监督这一“基本职责”，把牢监督方向、创新监督手段、提高监督质效，坚定不移推进政治监督具体化常态化，充分发挥全面从严治党的引领保障作用，不断推动党中央决策部署和省委、市委工作要求落地见效。要紧扣“三不”一体推进这一“战略目标”，把惩治震慑、制度约束、提高觉悟有机结合起来，做到同向发力、同时发力，发挥整体功效，不断夺取新阶段反腐败斗争新胜利。要抓实严纠“四风”问题这一“关键任务”，对“四风”问题露头就打、反复敲打，不断加强和改进作风建设，着力以优良的党风政风凝聚人心、汇聚力量。要站稳以人民为中心这一“根本立场”，全力保障脱贫成果巩固，强力纠治群众反映强烈的问题，大力整治政法战线违纪违法问题，不断铲除群众身边腐败和作风问题的滋生土壤，让群众在反腐“拍蝇”中增强获得感。要夯实完善监督体系这一“基础工程”，推动各类监督贯通融合，深化纪检监察体制改革，健全完善基层监督体系，不断巩固监督在“十四五”建设中的保障地位。同时要严肃换届纪律，加强换届风气监督，确保年内换届任务顺利完成、风清气正。郭锡文要求，各级党委要大

2021年9月28日，中共宁德市纪委五届一次全会召开 （市纪委办 供图）

力支持纪委监委履行监督执纪问责和监督调查处置职责，大力支持纪检监察干部队伍建设，做纪委监委的坚强后盾。全市纪检监察机关要牢记“打铁必须自身硬”的政治要求，努力建设一支政治素质高、忠诚干净担当、专业化能力强、敢于善于斗争的纪检监察铁军。市委常委、市纪委书记严志铭作工作报告。市四套班子领导及其他在职厅级领导参加。

9月23日，中共宁德市纪委四届七次全会召开。市委常委、市纪委书记、市监委主任严志铭出席会议并讲话。会议审议并表决通过《中国共产党宁德市第四届纪律检查委员会向中国共产党宁德市第五次代表大会的工作报告》。

9月28日，中共宁德市纪委五届一次全会召开，会议选举并通过严志铭、李琳（女）、黄祖峰、陈霖、曹清福、苏吴淞、施少勇、胡宁（女，满族）、叶毅为中国共产党宁德市第五届纪律检查委员会常务委员会委员，选举并通过严志铭为中国共产党宁德市第五届纪律检查委员会书记，选举并通过李琳、黄祖峰、陈霖为中国共产党宁德市第五届纪律检查委员会副书记。

【市委巡察工作领导小组会议】 2021年，宁德市召开市委巡察工作领导小组会议3场：1月6日，听取四届市委第十三轮第二批巡察情况汇报；6月10日，听取四届市委第十四轮巡察情况汇报；11月16日，听取五届市委涉粮问题专项巡察情况，研究审议《中共五届宁德市委巡察工作规划（送审稿）》以及2022年市委巡察集中驻点事宜。

【市委“五人小组”会议】 2021年，宁德市召开市委“五人小组”会议3场：1月19日，听取四届市委第十三轮第二批巡察综合情况汇报；7月7日，听取四届市委第十四轮巡察综合情况汇报；11月19日，听取五届市委涉粮问题专项巡察综合情况汇报。

【党史学习教育专题读书班】 2021年5月28日，宁德市纪委监委举办习近平总书记来闽考察重要讲话精神专题研讨班暨委领导班子党史学习教育专题读书班。市委常委、市纪委书记、市监委代理主任严志铭出席开班仪式并讲话。严志铭强调，全市纪检监察机关要把学习贯彻习近平总书记重要讲话精神作为重要政治任务，深学细悟、融会贯通，做到知其然更知其所以然，不断提高政治判断力、政治领悟力、政治执行力，切实把学习成果转化为纪检监察工作高质量发展的强大动力，以实际行动践行“两个维护”；要彰显政治本色，学出理论清醒，学出为民情怀，学出昂扬斗志，确保学习教育取得更大实效，全力推进党史学习教育走深走实；要聚焦主责主业，纪检监察机关要始终保持“赶考”的清醒，保持对“腐蚀”“围猎”的警觉，把“严”的主基调长期坚持下去，不断深化“三不”一体推进的理念思路和实践探索，营造更加有序高效、纪法昌明、充满活力的政治生态和发展环境；要强化责任担当，以深化“再学习”增强政治自觉，以深化“再调研”推进学深悟透，以深化“再落实”诠释政治担当，切实把活动成效转化为推动工作、为民服务的生动实践。此次培训班为期3天，采取专题辅导报告、视频教学、现场教学、观看影片、自主学习、交流研讨发言、线上学习等方式进行。

2021年10月21日，中共宁德市纪委、宁德市监委举办全市乡镇纪委书记能力建设专题培训班
（市纪委办　供图）

【全市乡镇纪委书记能力建设专题培训班】 2021年10月18—21日，中共宁德市纪委举办全市乡（镇、街道）纪（工）委书记能力建设专题培训班，全市122名乡（镇、街道）纪（工）委书记参加培训。市委常委、市纪委书记、市监委主任严志铭指导并授课。严志铭结合自身学习和工作经历，与大家分享心得体会，并勉励广大学员。他强调，一要当好堂堂正正的纪检监察人。纪检监察干部要在做人上心胸透亮、光明磊落，自觉做党的忠诚卫士、群众的贴心人，时刻牢记立党为公、执政为民。要始终保持敬畏之心，从严要求自己，自觉接受最严格的约束和监督，永葆忠诚干净担当的政治本色。二要确立终身学习的政治自觉。要深刻认识学习的重要性，坚持多读书、读好书、好读书，养成终身学习的政治自觉；同时，学习要有目的性，要制定计划，要理心得，注重融会贯通、学以致用，努力把学习内容吸收转化为本领和能力。三要争当基层日常监督的业务能手。作为乡镇纪委书记要腾出更多时间，深入一线、深入基层，与群众交流谈心，厘清镇情、乡情、街道情，摸清村情、居情、社区情，做到底子清、情况明、数字准。要深入钻研做好基层监督执纪工作的方法、思路和技巧，注重建章立制，不断提升监督执纪效能。四要不断提高自身修养。要把纪律和规矩挺在前面，坚持交往有原则、有界限、有规矩，正确处理好公与私、与上下级、与平级、与普通群众以及个人进退留转等10种关系，培养积极健康向上的生活情趣，修身慎行、廉洁齐家，时刻自重自省自警自励，做到慎独慎微慎始慎终。此次培训班主要采取业务骨干授课、学员交流研讨等方式进行。

（游石禄　李连金）

党风廉政建设

【政治监督】 2021年，宁德市纪委监委履行“两个维护”根本政治责任，推进党风廉政建设，为“十四五”开局、“宁德篇章”开篇提供保障。聚焦习近平总书记来闽考察重要讲话精神，围绕贯彻党的理论和路线方针政策，落实党中央关于把握新发展阶段、贯彻新发展理念、构建新发展格局、推动高质量发展等重大决策部署落实情况和省委、市委工作要求，抓深抓实政治监督，严明政治纪律和政治规矩，推动各级各部门责任落实、任务落地。强化协助职责、监督责任和推动作用，协助市委落实全面从严治党主体责任，对各县（市、区）党政“一把手”开展廉政谈话，推动“两个责任”贯通协同、一体落实。强化政治监督，聚焦常态化疫情防控、“难硬重新”项目、“三比三赛”等重点工作，在一线跟进监督、精准监督、全程监督，推动解决相关问题236个。坚持失责必问，精准规范实施问责，全市问责党组织9个，问责党员领导干部134人。严明政治纪律和政治规矩，强化意识形态领域监督执纪，全市立案审查违反政治纪律案件6件6人。

【作风建设】 2021年，宁德市纪委监委纠“四风”树新风，落实中央八项规定及其实施细则精神，以餐饮浪费问题等专项监督和专项治理为突破口，严肃查处顶风违纪和隐形变异行为。全市查处违反中央八项规定精神问题172起224人，通报曝光76起典型案例。整治形式主义、官僚主义，确定39个乡镇、村居、党政机关、企事业单位作为基层联系点和减负“前哨站”，通过随机走访、蹲点调研、问卷调查等方式，以下看上、靶向纠治文山会海、过度留痕等问题，持续为基层减负。紧盯重点领域、关键岗位，对反复出现、普遍发生的问题，深入分析、找准症结，推动相关部门健全完善作风建设常态长效制度。注重从思想根源破除“四风”问题，开展党的优良传统和作风教育，引导党员干部自觉反对特权思想和特权现象，严格家教家风。

（游石禄）

监督执纪

【监督质效提升】 2021年，宁德市纪委监委聚焦主业主责，坚持把监督挺在前面，创新监督方式方法，不断提升监督质效。完善“四位一体”（纪律监督、监察监督、派驻监督、巡察监督一体推进）统筹衔接制度，探索建立“室组”联动工作机制，加强力量统筹、监督协同、成果共享，被省纪委刊发交流。深化派驻机构改革，推动市管企业、市属高职高专院校纪律检查体制改革，完成市县法院、检察院纪检监察组机构设置及编制划转，推动规范履职、提质增效。加强乡（镇、街道）纪检监察组织建设，强化业务指导，督促改进作风、下沉监督，在一线化解问题矛盾。综合运用列席会议、谈话函询、线索处置、建立廉政档案等方式，提升日常监督效果。

【日常监督强化】 2021年，宁德市纪委监委紧盯“四个不摘”政策、返贫动态检测和帮扶机制落实等情况，每季度明确监督重点，深化挂钩监督、提级监督、入户访查等有效做法，护航脱贫攻坚同乡村振兴有效衔接。推动全市所有村党支部设立“三农”政策宣传栏，梳理公开惠农政策328项次，破解制约“三农”政策落地落实的顽瘴痼疾。按照“群众点题、部门答题、纪委监督、社会评价”的工作思路，压实各职能部门监管责任和派驻机构监督责任，聚焦群众诉求集中的“校外培训机构不规范”“个体医疗机构违法违规执业”等19个方面开展“点题整治”，通过项目化推进、流程化运作、清单化管理，精准施治群众身边腐败和作风问题，全市查处群众身边腐败和不正之风问题234个，处理302人，给予党纪政务处分183人。推进“四访”活动，全市受理信访举报3738件，推进检举举报平台部署建设与深化应用，相关做法得到中央纪委国家监委信访室肯定。紧盯重点区域、重点领域，开展“多年、多层、多头”信访举报专项治理，探索开展失实检举控告澄清工作，激励党员干部干事创业积极性。加强换届风气监督，创新开展市县乡村换届“清风护航”专项行动，相关做法得到省纪委肯定并向全省推广。

（游石禄）

2021年9月13日，宁德市纪委监委组织10个疫情防控督查组，分别到辖区9县（市、区）及东侨经济技术开发区督查疫情防控工作

（市纪委办　供图）

审查调查

【惩治腐败】　2021年，宁德市纪委监委坚持无禁区、全覆盖、零容忍，坚持重遏制、强高压、长震慑，坚持受贿行贿一起查，坚决有效惩治腐败。全市立案1092件，其中处级干部案件24件，给予党纪政务处分926人，移送检察机关25人。持续推进“天网行动”，追回外逃人员6人。在强大震慑和政策感召下，51人向纪检监察机关主动投案。做好政法队伍教育整顿执纪执法工作，建立工作会商、线索移送、督办反馈等机制，紧盯重点问题线索快查快处，处理政法干警337人。开展粮食购销领域腐败问题专项整治，用好专项巡察、挂牌督办、提级办理等手段，从严从快查处，立案25件25人，相关做法在全省视频会议上作典型发言。推进扫黑除恶惩腐“打伞”常态化，督促自然资源、交通、住建等部门抓好行业整治，全市立案涉黑涉恶腐败和“保护伞”案件17件17人。

【“四种形态”运用】　2021年，宁德市纪委监委坚持“三个区分开来”，发挥党性教育、政策感召、纪法威慑的综合效果，全市运用“四种形态”批评教育帮助和处理4151人次，第一至第四种形态分别占74%、19.4%、1.9%、4.7%。严把党风廉政意见回复关，全年，市纪委监委出具廉政审核意见3237人次。

【标本兼治】　2021年，宁德市纪委监委将严惩腐败与严密制度、严格要求、严肃教育结合起来，发出纪检监察建议书95份，督促责任单位深化改革、完善制度、规范用权，做实以案促改、以案促治。强化反腐倡廉宣传教育，做优“一网一微”宣传阵地，挖掘闽东红色文化、传统文化中的廉洁因素，开展廉洁建设“五个一”系列活动，即开展一次“传承勤廉思想读书月”活动、开展一次“党史知识竞答”活动、开展一次“红色经典诵读”活动、汇编一册“闽东反腐倡廉史”专辑、开展一次“廉洁微电影展播”活动，编印《闽东反腐倡廉历史回眸》《宁德孝廉故事》。加强党员领导干部、公职人员思想道德和党纪国法教育，常态化开展警示教育活动1754场63067人次，涵养清正廉洁价值理念。

（游石禄）

巡察工作

【概况】　2021年，宁德市委巡察机构在本级开展四届市委第十四轮巡察、五届市委第一轮常规巡察以及涉粮问题专项巡察。全市巡察机构移交纪检监察机关问题线索591条，立案审查219人，给予党纪政务处分189人，移送司法机关4人。截至年末，市、县两级完成对全市137个、县级901个巡察对象全覆盖，向市、县纪检监察机关移交问题线索2537条，立案834人，党纪处分711人，移送司法机关38人。3月2日，四届市委第十四轮巡察工作动员部署会召开。11月22日，五届市委第一轮常规巡察工作动员部署会召开。10月12日至11月1日，开展全市涉粮问题专项巡察。

【政治巡察】　2021年，宁德市委巡察发现被巡察单位落实党的路线方针政策和党中央决策部署情况问题91个，发现群众身边腐败问题和不正之风问题66个；基层党组织领导班子和干部队伍建设方面问题77个。市委成立6个专项巡察组，采取“联动+提级+交叉”模式对市本级和9县（市、区）开展涉粮问题专项巡察，其中市委专项巡察一组巡察市粮食和物资储备局及下属国有粮食企业，其他5个专项巡察组采取“一托二”方式对9县（市、区）开展巡察，发现386个问题（其中市本级44个问题），向市县纪委监委移交问题线索25条；年内纪检监察机关立案2人，公安机关立案1人。

【整改监督】　2021年，宁德市委巡察机构分两批次共16组对103个四届市委巡察党组织整改落实情况开展督促调研。督促调研情况向市委常委会报告，并根据督促调研情况，对22个整改不力党组织进行通报。落实纪检监察机关、组织部门巡察整改日常监督制度，发挥巡察机构在整改中“再监督”作用，做好对巡察整改情况的审核把关。集中公开第十二轮第三批、第十三轮第一批、第十三轮第二批、第十四轮第一批被巡察党组织的巡察整改进展情况。

（李连金）

民主党派　工商联

中国国民党革命委员会宁德市委员会

【概况】　2021 年，中国国民党革命委员会宁德市委员会（简称“民革宁德市委会”）发展党员 1 人。截至年末，全市有民革党员 133 人，工作委员会 1 个，基层支部 6 个。选送 9 人次参加中共福建省委党校、民革福建省委会以及中共宁德市委统战部举办的培训班。民革宁德市委会被民革中央评为“民革全国组织工作先进集体”；获团结报社“2021 年度《团结报》宣传发行工作先进集体优秀奖”；在民革中央组织的“百年中国梦，风雨同舟情”——民革中央庆祝中国共产党成立 100 周年网络知识竞赛中获“市级优秀组织奖”。民革蕉城区工委被民革中央评为“民革助力脱贫攻坚工作先进集体”。民革宁德市直第二支部被民革中央评为“民革示范支部”。民革宁德市委会专职副主委钟小清被民革中央评为“民革全国机关工作先进个人”。民革党员苏贵平、雷华杰被民革中央评为“民革助力脱贫攻坚工作先进个人”。

【思想建设】　2021 年，民革宁德市委会开展中共党史学习教育，加强民革党员思想建设。活动主要有：3 月 7 日，举办庆祝中国共产党成立 100 周年暨“三八”国际劳动妇女节歌咏比赛。50 余名民革党员参加。4 月 24 日，联合民革宁夏区委会到宁德市蕉城区霍童桃花溪爱国主义教育基地开展“追寻红色足迹，走多党合作之路”活动。5 月，组织党员参与民革福建省委会开展的“百年中国梦　风雨同舟情”——庆祝中国共产党成立 100 周年征文活动，收集征文 20 余篇。6 月 16 日，参与《团结报》、“团结网”开展的“坚定不移跟党走——庆祝中国共产党成立 100 周年”主题微视频录制。6 月 19 日，市直一、二、三支部组织党员到蕉城区虎贝镇百丈岩、霍童镇桃花溪开展“学党史，悟初心”活动。6 月 20 日，蕉城区工委组织党员到陈绍宽故居、林则徐纪念馆开展“重温百年历程　坚守合作初心”学习教育活动。7 月 5 日，召开庆祝中国共产党成立 100 周年座谈会，并组织党员到宁德市会展中心参观庆祝中国共产党成立 100 周年闽东党史图片文物展。

【参政议政】　2021 年，宁德市民革党员中的人大代表、政协委员多次参加中共宁德市委、市人大常委会、市政府、市政协及市委统战部等有关部门举行的协商会、座谈会、情况通报会等，并就多项重要问题进行协商建言。在市政协四届五次会议上，提交大会发言（口头发言 1 篇）3 篇，团体提案 3 件、界别提案 1 件。其中《关于推进环三都澳海上旅游开发的建议》的提案作为重要提案摘报，得到中共宁德市委、市政府主要领导批示。提案所提意见建议被相关部门吸纳，如《关于加快发展现代种业的建议》促成市农业部门加强农业新品种选育推广，全年投入 340 万元用于发展现代种业建设。发送各类社情民意信息 30 余条。其中，《以保护创新为导向完善专利资助奖励制度》等 3 条社情民意信息被民革中央采用，《村级组织换届选举工作存在的问题和对策建议》等 2 条社情民意信息被福建省政协采用，《加强知识产权保护为科技创新保驾护航》等 2 条社情民意信息被中共福建省委统战部采用。

【社会服务】 2021年，民革宁德市委会发动民革党员中农业专家到蕉城区各乡镇开展服务“三农”工作。举办各种农业技术培训班10期，现场指导30余场次，发放宣传材料2000余份，发放支农补助6000元，涉及茶叶、食用菌、水产、果蔬、中药材、农产品精深加工等领域。民革蕉城区工委向蕉城区慈善总会微基金账户注入3万元，用于帮助困难群众。9月11日，民革宁德市委会联合民革蕉城区工委到蕉城区赤溪镇黄田小学开展庆祝第37个教师节暨捐资助学活动。民革党员教师、市委委员、蕉城区工委委员以及参政议政骨干党员40余人参加活动，向3个家庭特别困难的学生每人送上慰问金2000元。

【宣传工作】 2021年，民革宁德市委会与市政协联合编印出版图书《共担使命铸同心——纪念辛亥革命110周年》，收集整理闽东籍辛亥革命亲历者和闽东籍民革前辈的历史资料以及宁德民革成立20余年的发展历程资料。开通“宁德民革”微信公众号，宣传宁德民革重大活动、工作成效和民革党员风采，发布信息40余条。

【换届大会】 2021年12月28—29日，民革宁德市第五次党员大会在宁德召开。中共宁德市委书记梁伟新到会祝贺。民革福建省委会副主委柳红，中共宁德市委副书记杨方，中共宁德市委常委、统战部部长毛祚松，宁德市人大常委会副主任、农工党宁德市委会主委陈梅，宁德市人民政府副市长黄建龙，宁德市政协副主席、九三学社宁德市委会主委黄家盛，民革福建省委会秘书长敖钧应邀出席。宁德市政协副主席、九三学社宁德市委会主委黄家盛代表市各民主党派、工商联致贺词。大会选举产生刘国平、郑铭、钟小清、黄陈耿、薛赞柠、许永彰、刘永青、曾鸣、张正清、雷石庆、蔡皓生、赵学敏等12人组成民革宁德市第五届委员会，刘国平当选主任委员，郑铭、钟小清、黄陈耿当选副主任委员。民革宁德市第五届委员会第一次全体会议任命钟小清为秘书长。

【同心村建设】 2021年，民革宁德市委会联系民革党员企业——路兴设计公司为同心村——蕉城区八都镇新楼村友情设计道路拓宽改造施工图纸，减免设计费用5万元。联系市、区两级科协和民革蕉城区工委资助12万元用于新楼村科普宣传栏建设。

【对台工作】 2021年，民革宁德市委会学习贯彻习近平总书记对台工作重要论述，以中共中央对台工作大政方针为指导，按照民革中央和中共宁德市委、民革福建省委会有关对台工作的具体部署，发挥民革党员优势，开展涉台工作。组织全体委员以及部分参政议政骨干党员集中收看纪念辛亥革命110周年大会直播，学习习近平总书记在纪念辛亥革命110周年大会上的重要讲话精神。参与协办2021年“同心杯”两岸青年乡村振兴研修营——两岸乡村生活风物展，以及第十三届海峡论坛·陈靖姑文化节活动。

（赵学敏）

中国民主同盟宁德市委员会

【概况】 2021年，中国民主同盟宁德市委员会（简称“民盟宁德市委会”）有盟员924人。贯彻“人才强盟”战略，发展一批思想素质好、知识层次高、业务能力强、热心盟务且年纪较轻的新盟员，年内发展盟员25人，发展率2.77%，平均年龄37.96岁，具有本科以上学历21人，中高级职称14人，文化艺术界占比12%，教育界占比28%，基本保持民盟界别特色。完成基层组织换届。7月，福安市赛岐基层委员会完成组织换届。12月，民盟蕉城区委会、民盟福安市委会先后完成换届，林立志当选民盟蕉城区委会主委，林树光当选民盟福安市委会主委。12月，召开中国民主同盟宁德市第五次代表大会，选举新一届市委会领导班子。

【思想建设】 2021年，民盟宁德市委会召开3次中心组学习会，学习习近平新时代中国特色社会主义思想。强化政治引领，增进盟员党盟合作共识的意识，不断提升服务宁德发展的水平和能力。3月，民盟宁德市委会主要领导与民盟福建省委会领导一起走访民盟蕉城区委会文化支部，与文化支部盟员座谈，了解他们的思想动态，希望他们发挥盟内文化人才密集优势，用“文化+”思维，把“闽东之光”传播开去，实现文化引领，提升乡村振兴内涵。组织骨干盟员到蕉城区桃花溪中国工农红军闽东独立师陈列馆接受爱国主义教育；在中共闽东地委成立地蕉城区洋中镇芹屿村，邀请盟省委专职副主委刘泓为基层盟员作“深入学习贯彻中共十九届五中全会精神，推动文化产业高质量发展”讲座。

【参政议政】 2021年，民盟宁德市委会在宁德市政协四届第五次会议上提交大会发言3篇、界别提案1件、团体提案4件、委员个人提案19件。其中，《关于进一步发挥我市科技特派员在乡村振兴中作用的建议》作为大会口头发言；2件团体提案被中共宁德市委书记郭锡文、市长梁伟新批示；《免费开放沈海高速绕城互通口，缓解中心城区交通压力》《让农业保险为农民撑起保护伞》《以加快推进G228建设为契机，推动宁德市环湾城市群一体化发展》等3件提案被评为政协第四届宁德市委员会好提案。民盟宁德市委会获“全市政协系统反映社情民意先进单位”，社情民意件《关于完善我省现代农业农业用电优惠政策的建议》被评为“市政协优秀社情民意信息”，盟员江希炳被市政协表彰好委员。《关于组建宁德市电机电器产业技术创新联盟的建议》等一批调研成果在政协常委会上发言，受到中共宁德市委、市政府和有关部门的重视。在两会召开前后，向政协、统战、上级民盟组织报送《关于进一步发挥科技特派员在乡村振兴中作用的建议》《我省乡村振兴应警惕“去中国化”渗透》《完善香港特区有关选举制度要在“广泛性”下功夫》《保护传承乡村非物质文化遗产，让文化自信根植乡村振兴》

《封杀“港独”视频的建议》《关于加强宣传领域区块链技术储备的建议》等社情民意件6件。

【社会服务】 2021年，民盟宁德市委会按照“发挥优势，突出特色，量力而行，注重实效”的工作原则，发挥社会服务作用。在中共闽东地委成立地、革命老区基点村洋中镇芹屿村建设农村红色公益影院，设立民盟蕉城区委会文化教育基地。组织盟员医务志愿者为孤寡老人义诊配药。组织民盟宁德市中医院支部盟员为村留守老人义诊，为村民提供免费诊疗及健康咨询100余人次，免费发放及赠送村委药品3000余元。帮助蕉城区八都镇新楼村幸福院争取资金30万元。民盟福安市委会以“同心献智”品牌为载体，开展“援手救心”社会公益行动、“金秋助学”系列社会服务活动。民盟福安市委会赛岐基层委员会到赛岐镇“仁爱之家”敬老院为敬老院送去大米、食用油、干货礼包等生活必需品。民盟宁德市委会接洽民盟福建省委会，分别向福安、蕉城发放新东方教育梦想卡，并向周宁一中捐赠孔子塑像1尊，并向贫困学生发放助学金1万元。民盟蕉城区委会组织盟员到农村九年义务教育学校——黄家学校开展爱心捐赠助学活动，为寄宿生宿舍添置桌椅、储物柜，并购买一批图书赠送该校图书馆。

【宣传工作】 2021年，民盟宁德市委会加强宁德盟史资料整理宣传，编辑完成《不忘合作初心、携手砥砺前进——民盟宁德市委会二十年》一书，展示宁德民盟发展历程以及党盟合作典型范例。发掘宁德民盟各级组织工作的先进经验、盟员的榜样典型进行信息宣传。其中，被民盟中央《群言》杂志采用1篇，被民盟中央微信公众号采用4篇，民盟蕉城区委会拍摄宣传短片被民盟中央和民盟省委会微信公众号采用。蕉城盟员作词作曲的盟歌《同心圆同心缘》被福建民盟微信公众号采用，创作的微视频《回家的路》被盟中央微信公众号采用。民盟蕉城区委会获民盟中央“80周年微视频宣传工作优秀集体”，盟员刘圣辉获民盟中央“80周年微视频宣传工作优秀个人”。加强与新闻媒体互动，两会期间向《闽东日报》《宁德晚报》《闽东政协》等提供宣传材料，展示宁德民盟参政议政成果及代表委员履职情况。

【民盟宁德市第五次代表大会】 2021年12月27—28日，中国民主同盟宁德市第五次代表大会召开。副市长、民盟宁德市第四届委员会主委黄建龙向大会做题为《恪守初心谋发展 携手同心促超越 为谱写全面建设社会主义现代化国家的宁德篇章做出新贡献》的工作报告。大会学习中共十九届六中全会、福建省第十一次党代会、宁德市第五次党代会精神，审议并通过民盟宁德市第四届委员会工作报告，选举产生由24名委员组成的民盟宁德市第五届委员会和17名出席民盟福建省第十五次代表大会代表。其间，召开民盟宁德市第五届委员会第一次全体会议，选举产生新一届领导班子，陈思文当选为主任委员，叶祖云、陈定豪、林树光当选为副主任委员，郑珺当选为秘书长。

（郑　珺）

中国民主建国会宁德市委员会

【概况】 2021年，中国民主建国会宁德市委员会（简称“民建宁德市委会”）发展会员14人，截至年末全市有民建会员247人、工作委员会1个、基层支部9个、专门委员会4个。向市两会提交大会发言5篇、集体提案5件，人大代表建议21件，委员提案13件。其中2件提案被列为重要提案、重点督办提案。推进“同心共建”工作，为蕉城区八都镇新楼村协调补助资金16万元，慰问同心共建单位八都新楼村、东侨富春社区共建贫困群众，发放慰问金3万余元。开展社会慈善公益活动10余场次，捐款捐物7万余元，3人被评为民建福建省2020—2021年度社会服务工作先进个人。

【思想建设】 2021年，民建宁德市委会学习贯彻习近平新时代中国特色社会主义思想，发挥民建市委会理论学习中心组学习会制度作用，研究制定全年理论学习中心组学习计划，采取民建市委会领导班子成员依次领学，集体学习研讨与个人自学、专题调研相结合等形式，全年召开6场理论学习中心组学习会，传达学习中共十九届六中全会精神、习近平总书记到福建考察重要讲话精神和在中国共产党成立100周年庆祝大会、党史学习教育动员大会、全国脱贫攻坚总结大会等重要讲话精神，结合实际提出贯彻意见，做到学思用贯通、知信行统一，不断增强与中国共产党同心奋斗的政治自觉、思想自觉、行动自觉。开展中共党史学习教育，将中共党史学习与“四史”、民建会章会史学习结合，通过召开专题学习会、发放学习材料引导自学、选派骨干会员参加各级各类学习会、培训班等形式，结合实际举办党史学习教育20余场次。组织观看庆祝中国共产党成立100周年大会直播，撰写心得体会，开展祝福语征集；组织参观考察重庆民建诞生地、闽东红军革命根据地旧址、新四军六团北上抗日旧址、中国工农红军闽东独立师陈列馆等爱国主义教育基地；与新楼村党支部联合开展“百年荣光 为党庆生”活动，向老党员赠送党徽和节日礼物；组织参观庆祝中国共产党成立百年闽东党史图片展、参加诵读红色经典等。通过中共党史学习教育，引导广大会员以党为师、以史为鉴，从中国共产党的百年光辉历程中汲取伟大精神，进一步增强“四个意识”、坚定“四个自信”、做到“两个维护”。

【民建宁德市委会换届】 2021年12月24—25日，民建宁德市第四次代表大会召开，会议审议通过题为“坚守合作初心 凝聚奋进力量 为奋力谱写全面建设社会主义现代化国家的宁德篇章作出新贡献”的工作报告，选举产生民建宁德市第四届委员会，郑忠辉当选主任委员，周小玫、洪荣、凌晨、王致栋当选为副主任委员。

【新一届支部委员会履职座谈会】 2021年3月28日，民建宁德市委会召开新一届支部委员会成员履新座谈会，市政协副主席、民建市委主委王代忠出席会议。各支部主委汇报支部换届以来的工作情况和全年工作思路，讨论通过《民建宁德市委员会基层组织工作制度》。王代忠对支部工作提出要加强学习教育，始终坚定正确的政治方向；要勇于担当作为，创新推动支部工作迈上新台阶；要坚持团结奉献，增强支部战斗力和凝聚力三点要求。

【后备干部队伍建设】 2021年，民建宁德市委会3位会员提任副处级领导职务。结合民建市委会换届，一批年轻优秀骨干进入民建宁德市第四届委员会。研究推荐一批民建市级代表性人士和“80后”全日制本科毕业的优秀会员，做好干部储备。

【与民建龙岩市委会结对共建】 2021年11月11日，民建宁德市委会与龙岩市委会举行结对共建签约协议。宁德市政协副主席、民建市委会主委王代忠，龙岩市政协副主席、民建龙岩市委会主委陈晓东到场见证签约协议。民建市委会专职副主委周小玫、民建龙岩市委会办公室主任何毅分别代表民建宁德、龙岩市委会签署协议。根据协议，双方将进一步交流互访，开展课题调研、参政议政合作，建立办公室工作交流常态化机制等，通过共建实现优势互补、促进合作、共同发展。

【重点课题调研】 2021年，民建宁德市委会发挥民建界别特色优势，围绕“十四五”规划实施，聚焦宁德高质量发展超越的主要任务、重点领域、关键环节、突出短板，选择重点课题开展调查研究，形成一批参政议政成果。在市政协四届五次会议、市四届人大六次会议上，共提交大会发言5篇、集体提案5件，市人大代表建议21件、政协委员提案13件，内容涉及新能源新材料产业发展、现代服务业集聚区建设、普惠金融创新、中心城区老旧小区改造和立体停车场建设、加强土地收储管理、完善流域生态机制等重点领域。其中，集体提案《关于加快现代服务业集聚区建设，推动中心城市高质量发展》被市政协全会作为重要提案摘报，市委、市政府主要领导分别作重要批示；《建议加快中心城区立体停车场规划和建设》提案被列为重点提案，由市政府、市政协领导共同督办。开展传统产业转型升级课题调研，在市政协协商民主季谈会上，民建市委会和市政协民建界委员围绕“推进电机电器产业转型升级”，提交《关于电机电器产业数字化赋能的建议》等3份调研材料，为助推产业转型升级建言献策。

【提案建议协商办理】 2021年，民建宁德市委会开展“加快建设汽车交易中心”课题界别协商，组织民建界市政协委员、相关部门负责人等视察九星汽车产业孵化中心项目工地、二手车交易市场等，召开界别协商座谈会就若干重点问题进行讨论协商，进一步发挥民建界别作用。参加市政协举办的“关于中心城区立体停车场规划建设和地下空间开发利用”重点提案督办调研活动，视察城区部分停车场、地下商业街规划开发项目、立体停车场等，与提案承办单位座谈协商，促进建议落实。

【社情民意】 2021年，民建宁德市委会围绕金融管理、老旧小区改造、乡镇寄宿制学校建设、农村人居环境整治、职工健康检查等问题提交社情民意信息20余条，多条信息被民建省委、市政协等采用。关于《福建“跨省通办”利企便民　四大堵点尚需打通》的建议被作为《八闽快讯》专报件呈阅省领导，并被全国政协采用。民建宁德市委会被评为民建福建省2020—2021年度反映社情民意信息工作先进单位三等奖，1条信息被评为好信息，3人被评为先进工作者。2人被评为市政协2019—2020年度社情民意信息工作先进个人。

（范　敏）

中国民主促进会福建省宁德市工作委员会

【概况】 2021年，中国民主促进会福建省宁德市工作委员会（简称“民进宁德市工委”）第一届工委委员7人，主任委员由宁德市社会主义学院副院长陈仕嵩担任。工委下设市直支部3个、县级市市委会（福安）1个，有会员178人，平均年龄48岁；其中本党派主界别（教育、文化、出版）89人，占50%；医药卫生界15人，占8.4%；新社会阶层21人，占11.8%；中高级职称126人，占70.8%；副高以上职称65人，占36.5%；大学本科以上学历150人，占84.3%；担任市人大代表3人、市政协委员8人。

【思想建设】 2021年，民进宁德工委开展“反映社情民意主题年”活动，根据《民进福建省委会开展中共党史学习教育的工作方案》的要求，组织会员学习相关文件精神，参加民进省委、中共宁德市委、市委统战部组织的政治学习。邀请省政协委员、民进省委会副主委温青到民进宁德工委开展“坚定信念跟党走”主题教育专题讲座；派遣骨干会员参加民进省委组织的“2021年社情民意信息专题培训班”；组织各直属支部60余人到宁德市蕉城区九都镇、虎贝镇和屏南县开展“重温光辉历史，坚定合作初心”主题党史学习教育；组织会员到宁德市会展中心参观庆祝中国共产党成立100周年闽东党史图片·文物展。会员黄细忠先进事迹材料作为“五一先进会员”风采稿件、民进福安市综合支部先进事迹材料入选《福建民进》杂志封面素材；福安市委会选送《赶牲灵》《幻世长安》精彩节目参加中共福安市委统战部举办的“同心向党、携手同行”庆祝中国共产党成立100周年文艺晚会。

【参政议政】 2021年，民进宁德市工委完成《关于推动我省率先实现碳达峰的对策建议的宁德方案》《进一步强化源头管理，严控农业面源污染》《提升我省茶业种业研发创新水平，服务打好“种业翻身仗”》《建设政校科企联动创新机制，助力乡村产业振兴高速发展》等课题调研4个。市两会期间提交团体和个人提案32件，上报社情民意56篇，其中《积极备战“内涝”大考 提升城市公共应急管理水平》被中共市委书记梁伟新批示，并入选为宁德市第四届市政协好信息。民进宁德市工委福安市委会被评为“民进全省抗击新冠肺炎疫情先进集体”。市工委秘书长黄世冬、福安市委会原主委兰刃、专职副主委林羽和副主委沈宇被评为“民进福建省委会2021年履职能力建设暨参政议政工作先进个人”。

【社会服务】 2021年，民进宁德工委继续推动传统畲族医药传承保护。民进福安市委会原主委钟隐芳被列入2021福安市统战人物风采录，其个人或代表性作品获国家级、省级奖项或荣誉10余个，所带领的福安市畲族医药研究发展中心被评为“全国少数民族医药工作表现突出集体”，被确认为“第一批福建省非物质文化遗产扩展项目”，被授予非遗代表性项目生产性保护传承重点单位和省级畲族医药文化宣传教育基地，牵头组织成功申报福安市为全国唯一的“中国畲族医药文化之乡”和“中国畲族医药文化传承基地”。开展“目浴阳光·睛彩华厦”慈善光明行活动，组织宁德医疗机构的专家为柘荣县各中小学、幼儿园开展三级眼健康筛查、建档活动，为学校实施近视精准防控提供数据基础，并为市民提供健康咨询、血压血糖检测、眼科疾病筛查病情诊断等服务。

（郑剑芳）

中国农工民主党宁德市委员会

【概况】 2021年，中国农工民主党宁德市委员会（简称“农工党宁德市委会”）发展党员14人，年末全市有农工党党员833名，平均年龄50岁。其中，中高级职称616人，占比73.9%；医药卫生界304人，占比36.5%；教育界255人，占比30.6%。有蕉城区委会、福安市委会2个县级组织，基层支部32个。年内召开农工党宁德市第五次代表大会，选举产生第五届委员会领导班子。1名党员参加中共福建省委党校中青班培训，数名党员参加省政协、中共市委、市委统战部和各级党校、社会主义学院举办的各类培训班培训学习。

【组织建设】 2021年，农工党宁德市医院总支部成立，福安市委会、蕉城区委会、市直第一支部先后完成换届工作。农工党宁德市委会到蕉城区委会、福安市委会、部分基层支部开展调研并到市直经济支部、市直第一支部、市直第二支部、市直第三支部开展农工党“党员之家”授牌，征求对市委会工作以及加强基层组织建设的意见和建议。春节前夕，领导班子成员看望慰问市委会退休的领导班子成员、80周岁以上及70岁寿龄的老党员、基层部分病困党员，并送上慰问金及生活用品。采取跨支部、跨区域的方式组织开展课题调研及各类社会服务活动，增强各支部之间沟通交流，提升组织的向心力和凝聚力。

【思想建设】 2021年，农工党宁德市委会召开全委会2次、常委会4次、主委会议及中心组学习会14次，学习贯彻习近平新时代中国特色社会主义思想，学习贯彻习近平总书记在庆祝中国共产党成立100周年大会上的重要讲话和对福建对宁德重要讲话重要指示批示精神，学习习近平总书记7月28日、9月10日、12月2日在中共中央召开的党外人士座谈会上的重要讲话精神，学习贯彻中共福建省第十一次党代会、中共宁德市第五次党代会精神，学习贯彻中共中央、福建省委、宁德市委重要会议精神。开展中共党史学习教育，引导广大党员学习中共党史和农工党党章、党史。制定《农工党宁德市委会开展中共党史学习教育实施方案》，成立市委会中共党史学习教育领导小组。向市委会、各基层组织微信群推送《党史百年天天读》《中国共产党简史》等中共党史学习材料，系统学习党的思想理论创立、发展和完善的历史进程。联合省委会在下党乡设立“农工党党员之家”，利用“难忘下党”主题展、“党群连心路”、鸾峰桥等教育资源，使农工党党员深刻理解中国特色扶贫开发道路和摆脱贫困这一新时期重要党史。选送党员参加农工党省委会举行的“百年荣光，同心同行”诗文诵读会。由主委陈梅带领骨干党员及机关干部36人，参观庆祝中国共产党成立100周年闽东党史图片·文物展。组织党员骨干到蕉城区、福安市、柘荣县、周宁县红色教育基地开展中共党史学习教育。

【参政议政】 2021年，农工党宁德市委会出席中共宁德市委、市人大常委会、市政府、市政协召开的政党协商、座谈会、情况通报会、征求意见会10余次。在市两会期间，市委会参会的人大代表和政协委员共提交人大建议8件、政协会议发言7篇、团体提案4件、界别提案1件，个人提案29件；市委会向市政协提交提案33件，团体提案《关于加快交溪流域上游旅游开发的建议》得到中共宁德市委、市政府主要领导批示。团体提案《关于将三都澳港区漳湾作业区建设成区域集装箱航运中心的建议》、石水凤《关于三都澳海上渔排转型升级的建议》、原祥云《关于加快启动宁德一中新校区建设的建议》等3件提案获政协第四届宁德市委员会好提案，陆鸣获政协第四届宁德市委员会履职好委员。

【社情民意】 2021年，农工党宁德市委会围绕群众关心的社会热点、难点问题，开展“推动生物医药产业高质量发展壮大宁德传统支柱产业”“加快宁德市妇幼保健能力建设”“加快中医药产业发展助推康养事业”等课题调研，向中共宁德市委统战部、市政协、农工党省委会报送社情民意信息60余篇。其中，《关于美丽乡村建设后续存在问题与建议》《关于开展政保农合作新模式构建防贫减贫长效机制的建议》被采用为省政协提案；《关于加快建立智慧养老产品和服务标准化体系的建议》等7篇被中共福建省委办公厅、省政协采用；被市政协采用25篇，《乡镇换届后应立即组织开展防汛防台业务培训工作的建议》《关于续办中职卫生教育保存卫生人才自主培养能力的建议》得到中共宁德市委书记梁伟新批示，得分在全市各民主党派中位列第一，在政协通报的27个单位中排名第二；林其勇《对改进防汛防洪工作的相关建议》获政协第四届宁德市委员会好社情民意信息。

【社会服务】 2021年，农工党宁德市委会组织医务界党员专家在蕉城区、福安市的部分乡镇、华侨新村开展“我为群众办实事”义诊活动6次，免费诊治1100余人次，测量血压500余人次，监测血糖210人次，检测乙肝表抗60余人次，彩超检查70余人次，发放各类药物价值1.70万元、健康宣教资料1000余份。在万达广场举办2021年“世界环境日”和“中国环境与健康宣传周”宣传活动，现场发放关爱自闭症儿童宣传册、妇幼保健知识宣传册100余份，医务界党员义务为参加活动群众测量血压100余人次。农工党福安市委会参与福安市“2021年六五环境日暨中华环保世纪行系列宣传活动”。市直经济支部到蕉城区岭头村慰问困难群众，蕉城区科技经济支部开展退休党员慰问活动。

【农工党宁德市第五次代表大会】 2021年12月29—30日，农工党宁德市第五次代表大会召开，选举产生第五届委员会委员25人、出席农工党福建省第十三次代表大会代表17人。在五届一次全委会上，选举陈梅为主任委员，石水凤、林安华、朱忠寿、林其勇、陆鸣为副主任委员，选举丁一芸等13人为常委；任命林其勇为第五届监督委员会主任，石水凤、陆鸣为副主任，龚杰、林金容等6人为委员；五届一次常委会任命原荣为秘书长。

【关爱自闭症儿童志愿者服务】 2021年，农工党宁德市委会将接续开展关爱自闭症青少年志愿活动作为市委会开展“学党史、悟思想、办实事、开新局”的重要实践。就如何进一步推进宁德市融合教育水平的提升，帮助自闭症儿童提升社会交往能力，更好地融入社会，多次到市教育局、市残联、“星·同心”关爱中心、宁德市蓝丝带助残帮扶中心进行调研。4月2日，与相关部门共同举办“同心聚爱”关爱自闭症青少年系列活动暨关爱帮扶政策宣传进万家启动仪式。举办宁德市自闭症儿童随班就读融合教育专项培训，46名一线教师以及宁德师范学院18名志愿者参加培训。组织30名适龄自闭症儿童在“星·同心”关爱中心开展为期1个月的普校模拟课堂教学。在宁德师范学院附属小学举行宁德市小学融合教育推进活动。组织开展“从星开始　志愿同行”国际志愿者日特别活动，宣传自闭症儿童融合教育项目，现场发放“特奥幼儿运动员居家锻炼健康包”10个，自闭症儿童家庭、志愿者、爱心人士200余人参加。全年党员参加关爱自闭症儿童的公益活动、公益课程，公益讲座100余人次。

（原　荣）

2021年4月2日，农工党宁德市委会举办“同心聚爱·关爱自闭症青少年”系列活动暨关爱帮扶政策宣传进万家启动仪式　（农工党宁德市委会　供图）

九三学社宁德市委员会

【概况】 2021年，九三学社宁德市委员会（简称“九三学社宁德市委会”）学习贯彻《九三学社纪律处分办法（试行）》，建立领导班子、机关管理、效能建设制度等规章。召开社市委领导班子民主生活会、九三学社宁德市第一届委员会领导班子述职和民主评议工作会议；参加九三学社中央在山西临汾举办的全国机关规范化建设工作培训班；通过2021年度九三学社中央机关规范化建设检查组的检查考评。截至年末，宁德市有九三学社基层委员会2个（蕉城区、福安市）、支社10个。全市社员181人，其中男性社员126人、女性社员55人，高级职称94人、中级职称52人，博士9人、硕士34人、大学本科120人；科学技术界38人、医药卫生界46人、高等教育界20人；福建省人大代表1人、政协委员1人，宁德市人大代表1人、政协委员12人（副主席1人、常委2人），县（市、区）人大代表1人、政协委员13人。

【组织建设】 2021年，九三学社宁德市委会召开主委会议11次、社市委全委（扩大）会议5次。坚持“人才强社”战略，把好新社员质量关，吸收7名高素质青年人才入社，其中副县长1名，高级职称2名。12月26日，召开九三学社宁德市第二次代表大会，总结过去五年工作经验，部署今后五年工作，选举产生新一届九三学社宁德市委会领导班子。

【思想建设】 2021年，九三学社宁德市委会组织社员开展中共党史学习教育，参加全市统一战线庆祝中国共产党成立100周年大会；发动社员参加社中央举办的“五史”知识竞赛活动，其中社宁德市委会、蕉城综合支社获优秀组织奖，2名社员获个人优胜二等奖，受到社中央表彰；社宁德市委会以及6个支社被社省委评为优秀组织奖，24名社员获个人优胜奖，受到社省委表彰；组织社员参观庆祝中国共产党成立100周年闽东党史图片·文物展、中国工农红军闽东独立师革命历史博物馆等；选送音乐视频《日出三都澳》《唱支山歌给党听》等参加“早安中国”和社中央庆祝中国共产党成立100周年文艺展演，以及平安中国“三微”比赛活动。通过座谈研讨、交流心得体会、参加知识竞赛、参观考察学习等活动，加强思想政治引领，使社员进一步了解九三社史、中共党史、新中国史、改革开放史、社会主义发展史。

【参政议政】 2021年，在省政协会议上，九三学社宁德市委会主委黄家盛提交的《优先发展农业农村 全面推进乡村振兴》提案入选大会书面发言，并在“培优做强少数民族乡村特色产业”对口协商会上发言。九三学社宁德市委会提交市政协团体提案3件、界别提案1件、委员提案18件，提交市人大建议2件，内容涵盖旧城改造、渔旅融合、城市建设与管理、环境保护、乡村振兴、和谐社会建设等领域。其中，关于老旧小区改造的建议提案，被列入大会重要提案摘报，得到中共宁德市委、市政府主要领导批示肯定；关于推进宁德市渔旅融合发展建议入选大会口头发言。组织九三学社市政协委员参加市政协及有关部门举办的快递行业管理、农业科技创新、渔旅产业融合、产业高质量发展、民主党派同心共建乡村振兴、大学生返乡创业、老旧街区升级改造、发挥自然保护区功能作用、建设高级中学门口过街天桥等10余次提案督办、协商和课题调研活动，参加市人大立法《宁德市户外广告和招牌设置管理条例》征求意见会议；完成社省委课题《关于我省城镇老旧小区改造的调研》的调研报告。组织社内专家到晋江考察五店市历史文化街区升级改造成果。全年撰写社情民意信息14篇，其中省政协采用2篇，市政协采用13篇，部门反馈情况5篇。

【社会服务】 2021年，九三学社宁德市委会主要从4个方面开展社会服务。第一，助力乡村振兴。社福安市基层委开展“同心助力乡村振兴”走基层活动，到溪柄镇、松罗乡进行义诊，举办晚熟葡萄栽培技术讲座，并赠送医药和农业物资等。科技支社开展党史学习教育和乡村振兴调研活动，围绕乡村产业振兴、环境保护、传统文化传承等方面建言献策。第二，助力新冠肺炎疫情防控。发动全市九三社员投身疫情防控阻击战，医疗卫生系统的九三社员冲在抗疫第一线。福安九三社员、闽东医院主治医师叶世华到莆田增援；福安九三社员、闽东医院副主任医师蔡志良参加援非医疗队。一些社员参加抗疫书画展，弘扬抗疫正能量。第三，关心关爱特殊人群。组织社员到兰亭社区慰问困难群众。到九都镇开展“关爱留守儿童·接续温暖工程”慰问活动，向中心小学捐赠书籍200余册，为40余位贫困学生和留守儿童送去学习用品。组织社员到蕉城区儿童福利院看望慰问孤儿和残障小朋友，全市社员爱心基金捐资、社蕉城基层委、市医院支社社员及社员黄祯、郭玮韡、周瑞发、吕竹凤等合计捐资1.09万元、捐生活用品价值3000元。第四，打造特色品牌。组织综合支社、师院支社、科技支社等到周宁开展“绿水青山就是金山银山”生态环境保护宣传教育活动；依托社内医药卫生界专家优势，在兰亭社区开展“同心·健康服务”活动，举办“骨质疏松的流行病学”健康讲座；组织医卫专家到蕉城区洋中镇凤田村、虎贝镇开展“健康中国”义诊活动；开展“同心·健康服务”义诊活动，持续举办“心肺复苏、挽救生命”科普培训活动。

【宣传工作】 2021年，“宁德九三”微信公众号发布信息33条，阅读量8121人次，引导全市广大社员同心同德、群策群力，为全面建设社会主义现代化国家的宁德篇章贡献力量。完善机关文化墙建设，利用现有办公条件，集中展示九三学社宁德市委会发展历程、社史人物、主要成绩荣誉等。编印2020年度《九三学社参政议政文集》。

（叶国平）

宁德市工商业联合会

【概况】 2021年，宁德市工商业联合会（简称“宁德市工商联”）所属商会14个，异地宁德商会22个，其中新成立所属商会1个，异地宁德商会1个，吸收团体会员1个。有会员13688个，其中企业会员9354个，个人会员4160个，团体会员174个。

【思想建设】 2021年，宁德市工商联发挥党组理论学习中心组领学促学作用。组织召开学习习近平总书记在中国共产党成立100周年庆祝大会上的重要讲话精神座谈会暨民营企业家“忆来路、心向党”创业故事会。选派20位民营经济代表人士参加“学党史强信念、感党恩勇担当”理想信念教育和学习贯彻党的十九届六中全会精神主题教育培训班等。举办以“党旗红、商会兴”为主题的庆祝中国共产党成立100周年歌咏晚会和第二届“华浔杯”民营企业男子篮球赛。指导所属商会开展理想信念教育和以庆祝中国共产党的百年华诞为主题的党日活动40场次，教育引导民营经济人士用习近平新时代中国特色社会主义思想武装头脑、指导实践，忠实捍卫“两个确立”，在政治立场、政治方向、政治原则、政治道路上同党中央保持高度一致。

【组织建设】 2021 年，宁德市工商联制定市、县两级工商联换届工作方案，召开全市工商联换届工作部署会议，全面启动市、县两级工商联换届工作。按照民营经济人士“三强一好”标准，推荐产生市工商联（总商会）第五次代表大会代表初步人选260名。加强县级工商联换届工作指导，完成蕉城、古田、屏南、福安、柘荣工商联换届。加强“五好”县级工商联创建工作，全市有 7 个县级工商联被认定为 2020—2021 年度全国“五好”县级工商联。

【服务平台搭建】 2021 年，宁德市工商联成立宁德市民营企业服务中心，启动“四访四通”机制，提供法律维权、产融对接、职称评审、诉求受理等 10 项服务，协调解决商会、企业在办会和发展过程中遇到的行业规范、矿产资源、生产用地、金融贷款、债权债务纠纷等问题 12 件。举办普惠金融知识讲座和银商企对接会，与建行宁德分行、厦门银行宁德分行和兴业银行宁德分行签订战略合作协议，搭建政银商企合作平台，拓宽民企融资渠道。启动“百所联百会”机制，组织市总商会和市律师协会以及 9 家市工商联所属商会与 9 家律师事务所签订法律服务合作协议，5 家所属商会党支部与 5 家律师事务所党支部签订党建共建协议，为民营企业发展提供法律服务。组织开展 2 次非公有制专业技术人员职称评审活动，获初级、中级职称 758 人。与市税务局联合开展助力小微企业发展“春雨润苗”专项行动，推出 30 项税费服务措施。开展民营企业军地融合发展状况和民营企业高新技术及产品研发生产情况专项调查，推荐符合条件的民营企业及其产品入编全国相应文件，进入相关产品科研生产和维修领域。

【助推民企发展】 2021 年，宁德市工商联完成全国工商联和省工商联部署的 6 个课题调研。按照年度工作安排，结合“再学习、再调研、再落实”活动，形成 4 篇调研报告，为市委、市政府及有关部门决策提供参考。组织 35 家上规模民营企业参与中国民企 500 强和福建民企 100 强申报认定工作。宁德时代入选“2021 中国民营企业 500 强”，青拓集团、宁德时代、福建甬金、福建宏旺实业 4 家企业入选 2021 福建省“民营企业 100 强”和“民营企业制造业 50 强”，宁德时代、青拓集团、岳海水产入选“创新型民营企业 100 强”，宁德时代和青拓集团分别位居福建省民企创新型 100 强和制造业 50 强榜单首位。

【商会改革发展】 2021 年，宁德市工商联按照省工商联 2021 年全省镇街商会组建覆盖 90% 和 2022 年实现全覆盖的工作要求，全市 126 个乡（镇、街道）已成立镇街商会 119 家，覆盖率 94.4%。加强所属商会规范化建设，全市获评全国、省级“四好”商会分别达到 3 个和 8 个，宁德市福清商会和宁德市青年宁商联合会被评定为市级 AAAAA 社会组织。实施“三个一批”工程，成立东侨经济技术开发区（园区）商会，指导宁德市温州商会、宁德市房地产中介行业协会做好换届工作，吸收宁德市农产品进出口商会为团体会员。推动成立贵州省宁德商会，指导北京市宁德企业商会、重庆市宁德商会、武汉市宁德商会等异地宁德商会做好换届有关工作。

【民企助力乡村振兴】 2021 年，宁德市工商联巩固拓展“百企帮百村”精准扶贫行动成果，在先期探索试点、典型示范的基础上，联合市委统战部等 7 部门印发《宁德市开展“万企兴万村”行动实施方案》，组织召开全市“万企兴万村”行动启动大会，动员鼓励经济实力较好、有意向的民营企业、商会组织参与各类有利于农业强、农村美、农民富的产业项目和公益活动。8 家民营企业、4 家商会获评福建省“千企帮千村”精准扶贫行动先进民营企业、先进商会组织，市工商联经济联络科和周宁县、福安市、福鼎市 3 个县级工商联获评福建省“千企帮千村”精准扶贫行动先进集体。

【公益慈善事业】 2021 年，宁德市工商联发挥市光彩事业促进会平台作用，组织实施光彩项目 8 个，资金 88 万元。其中，东侨经济技术开发区（园区）商会 8 位会员企业向市光彩会捐资 30 万元，定向资助宁德市儿童福利中心和蕉城区特殊教育学校各 10 万元，用于建设儿童文艺活动中心和添置办公设备；在福鼎市和东侨开发区举办“同心 · 光彩助学”专场捐赠活动，资助贫困家庭新入学大学生 40 名。宁德市江西商会向宁德市蕉城区特殊教育学校师生捐赠校服 350 套和“六一”节日礼物 170 份。宁德市福州商会筹集善款 6.5 万元，资助周宁县浦源镇五源村五保户危房修缮。宁德市酸柠檬食品有限公司慰问市区环卫工人和支援莆田抗疫一线医务人员 1000 余人价值 20 万元。厦门市宁德商会和义乌市宁德商会筹集善款 100 万元和物资 30 万元，厦门市宁德商会会长黄健个人捐款 100 万元支持福建省抗击新冠肺炎疫情。宁德市总商会副会长潘团生企业福建格尔食品贸易有限公司捐赠价值 20 万元物资支援河南抗击洪涝灾害。

（谢勇千）

群众团体

宁德市总工会

【概况】 2021年，宁德市有基层工会组织5287个，涵盖单位1.36万家，工会会员40.54万人，其中农民工会员18.44万人。市总工会劳模工匠宣讲团，结合理论宣讲轻骑兵“先锋号”小分队，开展主题宣讲活动151场，覆盖职工群体10万多人；开展劳动技能竞赛12场，涵盖金融、税务、公安、快递、家政等行业工种，参与职工1000余人；组队参加第七届全国职工职业技能大赛选拔赛，获得钳工项目团体三等奖；开展农民工“求学圆梦行动”计划，为1456名农民工提供助学补助；开展周末职工学堂公益课程和讲座、四点半课后服务活动等各类文体活动40余场；举办职工子女暑托班14个，青年联谊交友活动10场，参与职工800余人。推荐评选全国五一劳动奖状人员1名、全国五一劳动奖章人员2名、全国工人先锋号2个，省五一劳动奖状6个、奖章获得者17名、“工人先锋号”18个；选树全国“五一”巾帼标兵岗1个、“全国五一巾帼标兵”1名、“全国巾帼建功标兵”1名、“省巾帼文明岗”1个、“省最美家庭”1户、福建省“职工最美家庭”5户、福建省“我最喜爱的妈妈小屋”3家、“省三八红旗手”1名、市巾帼标兵12名；推选255个项目参与全省职工“五小”创新大赛，5个项目获得一等奖，7个项目获得二等奖，23个项目获得三等奖。集体协商“特别要约”行动，全市发出协商要约413份，覆盖企业5878家，应约企业5841家，覆盖职工87687人。市总工会获全国五一巾帼标兵岗、全国工会财务工作先进单位。

【市总工会全委会议】 2021年3月23日，宁德市总工会召开四届八次全委会议，市委常委、组织部部长、市总工会主席郭学斌提出“三大意见”。4月19日，市总工会召开四届九次全委会议，选举尤锋云为市总工会第四届委员会常务副主席。9月6日，市总工会召开四届十次全委会议，选举市委常委、组织部部长陈惠为宁德市总工会主席。

【第十三次联席会议】 2021年12月31日，宁德市人民政府与市总工会举行第十三次联席会议，市政府市长张永宁主持会议。会议议定：2022年市本级工会经费仍按照2021年基数保持不变，2023年视市本级预算执行情况统筹安排；从2022年起，市级劳模退休津补贴从每人100元/月提升为150元/月，所需经费由退休劳模所属地财政负担；由市财政局负责，协调蕉城区尽快拨付市工人文化宫项目配套资金，将工人文化宫作为文化惠民演出的常备场地；由市文旅局负责，牵头协调市畲族歌舞团等市直文艺演出单位和蕉城区、东侨开发区相关单位，统筹安排市文化惠民工程演出节目及场次，满足职工精神文化需求。

【职工服务保障】 2021年，宁德市“两节”送温暖活动中发放款物价值共计334万元。其中，慰问困难职工（农民工）、先进个人、一线职工等3381人，发放款物价值共计207余万元，其中专门针对外省籍职工留宁过年共慰问104家企业，发放慰问款127万元。全市筹集夏季防暑降温物资价值70.52万元，慰问企业和工地101家，其中市本级安排慰问款物15万元；慰问企事业单位9家，惠及职工1.23万人次，其中农民工6658人次。发放金秋助学款83.8万元，资助困难职工（农民工）子女 249 人。第 11 期职工医疗互助活动覆盖2540家单位，职工 16 万名，补助 9353 人次，发放补助金 1100.84 万元。“五一”期间，走访慰问生活相对困难职工与“八大群体”等新业态从业人员 160 人，发放帮扶资金 16.76 万元。中国农民丰收节活动，全市各级工会发放慰问金 19.8 万元，走访慰问“三农”工作者和农民工 158 人，慰问农民工相对集中企业 1 家。“工会助力，圆梦微心愿”活动，为一线园林工人发放微心愿礼包 227 件。“工会进万家，新就业形态劳动者温暖行动”服务月活动，走访慰问一线环卫工人，为快递小哥、货车司机等送健康体检、法律服务、爱心礼包等服务；开展职工疗休养 10 期，参与职工 320 人，其中基层工会一线疗休养 8 期，参与职工 238 人。建设全国职工书屋 1 家、市级职工书屋 12 家、省级职工疗休养基地 3 家、妈妈小屋 17 家、“医生休息室”15 家、共享职工之家 16 个，其中省级示范性共享职工之家 3 个。组织开展法律宣传活动 27 场，覆盖职工 6000 余人。受理企业、职工群众来信 15 件，来访 6 件（次），来电 36 件，办结率 100%。

【职工返困帮扶】 2020 年 12 月，宁德市总工会出台防止城镇职工返困精准帮扶办法，确立动态管理、分类施策、精准帮扶的总思路。2021 年 1 月，郭学斌主席主持召开工作推进会，亲自动员亲自部署，要求全市各级工会构筑防止返困工作防线，全面开展防止城镇职工返困工作，对 2018 年以来已脱困的 3247 户每年开展一次全面入户回访。重点关注“因学”“因停工待岗”“因意外”“因重大疾病”等 4 类返困风险，制定针对性帮扶措施。2021 年 3 月，《福建工会通讯》刊发宁德市防止返困工作调研文章。

【劳模关爱行动】 宁德市有各级劳模 2303 名。其中，全国劳模 36 名、省部级劳模 403 名、市级劳模 1859 名，命名省级示范性劳模工作室 2 个、省级劳模工作室 2 个。2021 年，走访慰问劳模 80 人次，发放慰问金、帮扶金和困难补助金 100 余万元。

【产业工人队伍建设】 宁德市总工会履行协调小组办公室职责，会同各牵头单位形成 2020 年《分工方案》完成情况表和《分工方案》2021 年实施计划表，对接试点单位和四大主导产业开展调研、落实具体工作。形成《宁德市产业工人队伍建设情况报告》，针对产业工人队伍建设改革工作提出具体举措。指导试点单位宁德国网供电公司制定《关于深化新时期职工队伍建设改革的实施方案》，推选青拓集团作为全市产改建设优秀民营企业参加全省产改工作推进会。《工人日报》（2021 年 11 月 11 日头版）专题报道青拓产改成效，得到省总工会梁建勇主席肯定。

【新就业形态工会工作】 2021 年 11 月 11 日，万顺叫车宁德分公司成立全省首个网约车工会联合会，12 月 28 日，宁德市总工会开展新就业形态劳动者温暖行动暨司机之家共建签约、网约车司机集中入会仪式，在全市 11 个高速公路服务区双向共 22 个服务站点联合开展“司机之家”创建工作。全市成立以货车司机、网约车司机、快递员、外卖配送员为重点群体的新就业形态群体工会组织 84 家，会员 7017 人。建立户外劳动者休息室 20 家，设立关爱快递（外卖）小哥“小蜜蜂”青年驿站 61 个，走访慰问新业态从业人员困难职工 160 人，发放帮扶资金 16.8 万元，筹措资金 11.9 万元，为 237 名新就业形态一线女职工提供免费健康体检。

【职工活动】 2021 年 4 月，宁德市总工会在宁德市艺术馆举办“建党 100 周年”暨“庆五一·创文明”宁德市职工集邮展和宁德市劳模图片展。在宁德市师范学院举行“学党史

2021 年 12 月 6 日，宁德市总工会举办 2021 年“创文明·展风采”宁德市第三届青年职工文明集体婚礼（市总工会　供图）

青年职工说”——“讲好红色故事，弘扬闽东之光”朗读者主题宣讲启动仪式。在福建师范大学东侨实验小学以“红领巾心向党　争做新时代好队员”为主题，开展“一线职工代表进校园讲党史”活动。举行“红色筑梦 初心向党”——“四史”书香进企业主题活动启动仪式。组织四大主导产业工人在宁德市工人文化宫举办“一心向党，咱们工人有力量”主题快闪活动。在宁德市工人文化宫举办“中国梦·劳动美——永远跟党走　奋进新时代”职工文艺会演，市领导梁伟新、张永宁、金敏、兰斯琦等与一线职工代表500余人观看演出。在宁德市体育中心游泳馆举办“创文明·展风采”宁德市第三届职工游泳锦标赛。12月6日，在市体育中心举办宁德市第三届青年职工文明集体婚礼，44对基层工会新人喜结连理。

【企业蹲点服务】 2021年6月，宁德市总工会开展“我为群众办实事”实践活动，全市工会系统派出29个蹲点工作组，蹲点干部97人，分批深入相关园区、企业一线开展蹲点活动，围绕职工医疗互助、职业健康、工资社保、创建“共享职工之家”等11个急难愁盼问题问计基层，为基层和职工办实事、解难题。

【疫情防控】 2021年，宁德市总工会实施工会关爱进企业、搭建平台供年货、进一线送年夜饭、绿色宁德开心游等惠民政策，开展外省籍留宁职工关心关爱活动。走访慰问参与疫情防控一线医务工作者及家属，发放慰问款物200余万元。小微企业工会经费全额返还，全市审批通过符合条件的小微企业4254家，返还工会经费约1283.87万元。

（齐　斌）

共青团宁德市委员会

【概况】 2021年，中国共产主义青年团宁德市委员会（简称“共青团宁德市委”）制定细化《宁德市关于县、乡、村三级团组织换届的工作提示》，完成县、乡、村三级团组织换届工作，实现“年龄降、学历升、结构优”工作目标。推进“两新”团组织建设工作，新增非公企业团组织295家、增长率226.92%，增长率排名全省第一。全市发展团员7498名，初三团学比控制在20%以内，高中团学比逐步下降，新发展团员电子团籍录入率、组织关系转接率、中学团校建设率均100%。依托“智慧团建”系统，组织发动全市5046个基层团支部开展党史学习教育等专题学习。全面启动犯罪共青团员团纪处分工作，协调审判、检察、公安机关和司法部门系统联动，开除17名犯罪团员团籍。年内，共青团宁德市委获全国青少年模拟政协提案征集活动“优秀组织单位”“学党史　强信念　跟党走”福建青年讲党史故事大赛优秀组织奖、福建省第四届“母亲河奖”优秀组织奖、“红领巾心向党”福建省小小朗读者优秀组织奖。截至年末，全市有基层团委386个、团工委30个、团总支数54个、团支部5143个。全市35岁以下青年总数80余万名，共青团员11.38万名，其中新发展团员7497名，农村团员33428名，城市社区团员37079名，学校团员43771名，机关事业单位团员5807名，国有企业团员667名，非公企业和社会组织团员1.5万名。

【青少年主题实践活动】 2021年，共青团宁德市委围绕“五四”“六一”“七一”“十一三”等重要时间节点，开展宁德市少先队庆“六一”主题队日活动等市本级宣传教育实践示范10余场。联合市教育局共同下发《关于深入开展党史学习教育　深化“青年大学习”行动的实施方案》，对团员青年、少先队员有针对性组织化动员，全市开展主题教育实践活动1483场次。立足宁德市党史事件多、红色资源多、革命先辈多的特点，建立9个中国梦少先队体验营地，打造6条“红色印记”精品研学路线，先后举办大学生“返家乡”、大中专学生志愿者暑期“三下乡”社会实践活动，宁德籍优秀在校大学生实践营、高考600分以上青年学子成长营等社会实践活动，累计4900余名优秀青年学子打卡寿宁下党乡等红色地标，体会“滴水穿石”“弱鸟先飞”的闽东精神。

【网络宣传引导】 2021年，共青团宁德市委深化“网上共青团”建设，精准运营微信、微博、今日头条、抖音团属新媒体矩阵，结合党史学习教育，开设“分钟读党史”“童声说党史”“‘90’对话‘90’”等栏目，立足宁德实际，讲述宁德故事，累计发布思想政治引领、网络舆情引导、青年服务发展等推文350余条、网络产品40余个。全年“宁德共青团”微信公众号18次排名全省政务微信公众号前20名，19次排名全国各地市级团组织微信公众号前20名。线上线下互动，以直播形式开展“青春心向党　建功‘十四五’”等活动4场，覆盖青少年39万人次，全面发动团员青年参与“青年大学习”网上主题团课34期，参学率综合排名居全省各地市第一名。

【共青团服务产业发展】 2021年，共青团宁德市委加强与重点高校团委的联系沟通，实地走访清华大学、北京大学、人民大学、厦门大学4所高校，对接7支队伍143名校地合作实践队师生开展专题调研，吸引38名清华大学博士研究生到宁德市开展为期6周的社会实践活动，策划完成15个项目，并推动落地转化。联合人社、农业农村局等部门举办青年职业技能竞赛8场，选拔市级青年岗位能手72名。聚焦青年社会融入、婚恋交友等方面需要，举办青年交友联谊活动25场，直接服务青年1148人。

【助力乡村振兴】 2021年，共青团宁德市委组织举办“我和我的家乡”团团助农直播系列活动27场，直接带货近400万元。举办“遇见·南岩”福建省高校首届乡村建构竞赛。深化“返家乡”社会实践活动，选拔宁德籍全日制在读大学生300名兼任全市各乡（镇、街道）组织干事、团委副书记和社区民政协理员，开展以乡村振兴为主题的"七个一"活动，为宁德建设"全国乡村振兴的样板区"提供新思路、注入新活力。

【"青"字号品牌建设】 2021年，共青团宁德市委举办市级青年文明号负责人岗位资格培训班，指导3个集体创建第20届全国青年文明号，8个集体创建2021—2023年省级青年文明号。9月，莆田等地疫情发生后，组建青年突击队133支3105人，组织招募储备青年志愿者703人。深化全国文明城市创建志愿服务，推出环保主题表情包及垃圾分类主题短视频倡导绿色环保生活方式，引导青少年参与生态文明建设。联合举办宁德市第二届新时代文明实践志愿服务项目大赛，组织全市青年志愿者开展志愿服务活动7112场次，服务18.8万人次。

【青年民生实事项目】 2021年，共青团宁德市委项目化运作，推进《宁德市贯彻落实〈福建省中长期青年发展规划（2018—2025年）〉的若干措施》落地见效，组织召开青年工作联席会议、专题会议，结合"我为青年办实事"实践活动，研究推进全市青年人才、青年健康、青年婚恋等8个领域，包括青年住房保障、大学生"返家乡"实践锻炼、产业人才联谊活动等在内18项青年民生实事项目实施。联合多部门共同出台《关于开展2021年宁德市大学生实习"扬帆计划"的通知》，征集实习岗位2924个，引导宁籍大学生上岗实习1004人，其中双一流高校学生179人。分层级建立宁德籍在外大学生人才库，摸底在外大学生名单5513人，更新"省外双一流优秀宁籍学子信息库"799名，其中本科生529名、硕士生214名、博士生56名，市本级遴选聘任为所在高校学生团工委负责人同学两批20名。

【青少年合法权益保障】 2021年，共青团宁德市委指导成立团属社工机构14家，聘用专职社工41名，聚焦留守儿童、自闭症儿童、重点青少年等，常态化开展心理咨询、普法宣传、个案帮扶等工作。创新基层社会治理，探索"共青团＋社会组织"工作模式，典型经验在《八闽快讯》上刊登推广，福安市下岐村"益岐成长"项目是福建省唯一一个入选的共青团参与易地扶贫搬迁安置社区治理的团中央示范项目。深化"希望工程——阳光助学行动"，募集资金304.17万元，资助学生987人，对接省希望办和厦门红细胞集团，争取80万援建福鼎市德源希望小学和贯岭中心小学。

【全团带队】 2021年，宁德市组织召开全市少先队辅导员和少先队工作者座谈会，承办省少先队辅导员骨干培训班、举办市第27期少先队辅导员培训班，增强少先队辅导员履职能力。依托各级少先队名师工作室，录制省级优质主题队课20节，融合队前教育、"红领巾奖章"激励、德育教育，为全市5721个少先队中队辅导员配发《红领巾奖章争章手册》，实施分批入队，提升少先队员光荣感。指导古田、寿宁、周宁、柘荣等县级少工委开展换届或届中补选，在县级层面落实"双主任"制度，初中、小学100%建立学校少工委，巩固拓展少先队组织体系。密切团教协作，加强与教育、人社、财政等相关部门的沟通协调，实现县级教育团工委全覆盖，落实保障少先队辅导员在职级评聘、绩效考核、评比表扬等方面的政策待遇，完善少先队辅导员评聘标准，优化少先队工作环境。

（陈文锦　苏扬帆）

宁德市妇女联合会

【概况】 2021年，宁德市妇女联合会（简称"宁德市妇联"）贯彻男女平等基本国策，引领妇女思想政治，服务妇女岗位建功，推动家庭家教家风建设，维护妇女儿童合法权益，推进妇联组织改革建设。全市妇联系统领导干部开展宣讲活动，覆盖各行业干部群众1200余人。开展"巾帼美"宣讲活动625场，参与群众3.7万人次，以"巾帼说党史"为主题，制作推出第三季《闽东巾帼说》微宣讲栏目，依托城乡"妇女之家"，组织开展唱响红歌颂党恩活动102场。深化"乡村振兴巾帼行动"，扶持培育巾帼科技创业合作社13家，实施宁德市"乡村振兴科技行"实用技术培训项目，在全市范围内举办果蔬种植技术、家政服务、茶艺、电子商务、短视频运行等培训班21期，参训妇女1300名。市妇联工作先后被评为全国巾帼建功先进集体、省"关爱女性健康"活动先进集体。

【家庭家教家风建设】 2021年，宁德市妇联深化家庭文明建设，培树全国最美家庭3户，全省最美家庭15户、绿色家庭16户，市五好家庭40户、最美家庭63户、绿色家庭200户。强化家庭教育服务，全市发展培育各类家教服务人员1000余人，举办家庭教育讲座、亲子阅读、父母读书会等家庭教育主题活动262场。弘扬优良家风，举办好家风分享会、"创建文明家庭·传承优良家风"讲故事比赛等家风主题活动32场。开展家庭支持服务，举办亲子绘本阅读、优秀传统文化亲子手工课等各类公益课程21期，惠及市区家庭1000余个；开办成人及少儿课外培训，包括围棋、书法、乒乓球、古筝等20多个课程共129班次，参训人数1420人。服务"平安宁德"建设，排查化解婚姻家庭矛盾纠纷142起，组织开展各类普法维权宣传活动221场，发放普法宣传材料3万余份，推送线上普法宣传稿件239条，受理信访件207件，受理率100%，成功办结率98.6%。

【公益慈善活动】 2021年，宁德市妇联开展"巾帼暖人心行动"，募集"母亲健康1+1"公益捐款127万元，发放救助金125.85万元，救助228名"两癌"低收入妇女，发动参保女性安康险4.85万人，参保覆盖率3.5%，位列全省第二位；市、县两级妇联同频共振，广泛开展留守儿童、困境儿童关爱活动，惠及全市儿童2400名；响应省妇联"春蕾计划——梦想未来"行动捐款活动，募集爱心资金33.7万元；走访慰问累计任职15年以上且生活困难、无保障的已离职的退休妇联干部134名，发放慰问金9.72万元。

【基层妇联建设】 2021年，宁德市妇联深化组织建设改革“破难行动”，推动在新兴领域建立妇女组织375个，建立家庭教育、创业就业、普法维权等重点领域的“妇女微家”254个。引导基层女性参与社会治理，推进女性进村“两委”，举办执委履职和推进女性进村“两委”工作培训班参训基层妇女干部571名，编写、宣传优秀女性村主干履职案例15期，激励女性扎根基层。2021年新当选“一肩挑”女性村（社区）主干327名，占比13.99%，较上届翻番；村妇联主席100%进村“两委”，村两委女性人数3558人，较上届增长10%。

【巾帼志愿服务】 2021年，宁德市妇联常态化开展巾帼志愿服务活动，实施乡村振兴巾帼志愿服务行动，壮大巾帼志愿者队伍，推动“巾帼志愿服务”全覆盖，成立各级巾帼志愿服务队2207支，注册巾帼志愿者1.3万人，累计服务时长15万小时。

【美丽庭院】 2021年，宁德市妇联发挥妇女和家庭在建设美丽庭院、改善人居环境中的独特作用，联合市农业农村局在省级乡村振兴“示范村”和“实绩突出村”开展“美丽庭院”创建工作。截至年末，创建“美丽庭院”示范户1400个，其中省级“美丽庭院”示范户700个。

【巾帼圆梦行动】 2021年，宁德市妇联发挥对台工作中的组织优势，培育“闽台姐妹合家园”“闽台妇女发展基地”等工作阵地，以“两岸情·一家亲”为主题，在福鼎市举办“两岸一家亲·聚力共发展”宁台家庭交流活动，在福安市社口镇坦洋村承办省妇联“数字云购·乐享两岸”巾帼电商直播带货启动仪式暨首场活动，开启全省妇联系统电商直播带货活动，促进宁台两地民间交流和商贸往来。

【女性创新创业】 2021年，宁德市妇联扶持女性创业项目，推荐女性创业项目参加各类女性创业大赛，推荐的宁德师范学院青蟹智能化养殖项目在海峡两岸女大学生创业创新大赛中获得铜奖，省妇联、省教育厅授予市妇联大赛“优秀组织奖”。

【“两纲”收官】 2021年，宁德市妇儿工委办完成“两纲”终期监测评估报告和“两纲”终期评估报告，市“两纲”各领域主要指标完成情况良好，可量化指标110项，已达标106项，综合达标率96.36%，位列全省前列。

【先进典型培树】 2021年，宁德市培树全国三八红旗手2人，福建省三八红旗手标兵1人、三八红旗手15人、三八红旗集体7个；全国巾帼文明岗5个，全国巾帼建功标兵3人。

【“读家书、学党史、颂党恩”晚会】 2021年，宁德市在市妇女儿童活动中心演艺厅举办“读家书、学党史、颂党恩”大型主题晚会，市领导杨方、陈梅、陈美莺等出席活动，市直机关女干部、各县（市、区）妇联主席、妇女群众代表等观看演出。

（叶　韵）

宁德市科学技术协会

【概况】 2021年，宁德市科学技术协会（简称“宁德市科协”）开展“院士专家八闽行——宁德行”活动3场；中核霞浦核电有限公司院士专家工作站入选省示范院士专家工作站；征集企业协同攻关技术需求7项，咨询研究项目13项，签订院企战略合作框架协议企业16家；新建省级学会创新驱动服务站6家；推荐宁德时代新能源科技股份有限公司刘小波入选第十六届福建青年科技奖；举荐屏南县农业技术和农村产业发展中心高级农艺师李关发入选2021年福建省“最美科技工作者”；组织参加全国农民科学素质网络知识竞赛，获全省第一名，组织参加全省全民科学素质网络竞赛，获全省第三名；连续6年被中国科协评为全国科普日活动优秀组织单位、优秀活动表彰；市科技馆举办主题科学教育、体验活动20余场，组织科普活动12场次；新创建全国科普示范县1个和福建省优秀科普教育基地3个。截至年末，市科协所属市级学会、协会15个，会员8150人。

【院士专家八闽行——宁德行】 2021年，宁德市科协对接开展由福建省委宣传部、省教育厅、省科协联合主办的“福建省院士专家科普报告希望行”活动，邀请中国工程院龙乐豪院士在蕉城、霞浦、周宁、寿宁、柘荣、福安等地中小学校，举办《走向航天强国》专题科普报告会24场次，提高青少年科学素质，增强中小学生报效祖国、为中国航空事业贡献力量的信念。对接原中国工程院原院长周济一行28人到宁德市开展“福建省智能制造发展战略与实施路径研究”和“推动传统产业数字化转型升级，培育壮大战略性新兴产业”调研活动。征集宁德南海科技、亚南电机、富发水产、广生堂、闽威实业、御皇农业等福建研究院协同攻关技术需求7项，牵头征集福建研究院2022年咨询研究项目13项，征集青拓集团、广生堂药业、富发水产、三祥新材、闽威实业、亚南电机、中虹机电、三禾电器、长兴船舶重工、长兴海洋装备等战略合作意向企业16家，与中国工程科技发展战略福建研究院签订战略合作框架协议。

【创新驱动平台建设】 2021年，宁德市科协组织开展福建省示范院士专家工作站遴选申报工作，审核推荐中核霞浦核电有限公司院士专家工作站入选省级示范院士专家工作站（全省10家）。向省科协申报省级学会创新驱动服务站12家，入选6家，分别为：福建省机械工程学会福建省长兴船舶重工有限公司创新驱动服务站、福建省机械工程学会福建京科科技有限公司创新驱动服务站、福建省食用菌学会福建健宝农业发展有限公司创新驱动服务站、福建省水产学会霞浦县长春许氏水产养殖场创新驱动服务站、福建省绿色食品协会福建融盛食品有限公司创新驱动服务站、福建省食品科学技术学会福建惠泽龙酒业股份有限公司创新驱动服务站。新建福安新坦洋集团、福安农垦茶厂“福安红茶科技小院”入选2021年“福建省科协科技小院”“中国农技协科技小院”。深化院士专家带队挂点、研究生常驻乡村服务发展的科技特派员新模式，为企业提供科技创新服务。

【“人才日”活动】 2021年，宁德市、蕉城区两级科协联合开展“人才日”专场活动，特邀中国科协海智特聘专家、比利时金海农业集团总裁、中国安徽大浦现代农业研究院院长高继明，到蕉城福建主播农业科技有限公司指导农作物育种工作，实地查看公司农业种植基地，详细了解农作物的种植规模、品种特性、生长状况等情况，借助海外高端智力，引进国内的育种体系及国内外的资源、人才、项目，培养提升宁德育种技术，致力于打造闽东育种“硅谷”，为宁德农业产业高质量发展贡献力量。

【科技工作者举荐】 2021年，宁德市科协遴选推荐屏南县农业技术和农村产业发展中心高级农艺师李关发入选2021年福建省“最美科技工作者”；会同市委组织部、市人社局和市科技局共同推荐宁德时代新能源科技股份有限公司刘小波入选第十六届福建青年科技奖；推荐宁德时代新能源科技股份有限公司金海族、福建宁德核电有限公司李静为第七届福建省优秀科技工作者候选人人选。宁德市优秀科技工作者刘家富研究员获中宣部、中国科协等部委全国2021年“最美科技工作者”表彰。

【青少年科技教育】 2021年，宁德市科协组织参加第36届福建省青少年科技创新大赛，获一等奖5项、二等奖13项、三等奖25项、卢嘉锡青少年科技创新奖1项、贤銮科学教育基金专项奖1项。组织参加“第二届福建省青少年创意编程与智能设计比赛”，获一等奖3项、二等奖9项、三等奖13项。

（赵　旭）

宁德市归国华侨联合会

【概况】 2021年，宁德市归国华侨联合会（简称“市侨联”）坚持“以人为本、为侨服务”，融入发展大局，会聚侨智侨力，被评为“全国侨联系统脱贫攻坚先进集体”、省侨联系统信息宣传工作先进集体三等奖。古田县侨联被评为“全国侨联系统抗击新冠肺炎先进集体”。屏南县村头村侨联“侨胞之家”被评为“全国侨联系统优秀‘侨胞之家’”。侨联系统2人被评为专项工作全国先进个人。市侨联基层组织建设典型经验做法得到中国侨联副主席程学源批示，并在全国侨联系统推广；市侨联侨法宣传典型经验做法得到省侨联肯定，在全省侨联系统中推广。

【华侨党史学习教育】 2021年，市侨联结合“再学习、再调研、再落实”的要求，融合喜迎中国共产党成立100周年系列活动和党史学习教育，多形式提升教育效果。结合“再调研”，前往福安廉村和郑楚云纪念馆开展“廉政教育”“红色教育”暨“党史学习教育”调研活动。结合下基层，为侨界群众上党史和侨史专题课6次，开展宣讲8场次。组织学习教育重点发言和交流研讨，组织集体学习26次，撰写心得体会及重点发言稿36篇。结合实践教育，组织市政协侨联界别委员、侨联委员中市政协委员、市侨联委员和闽侨智库成员等30人到革命老区福安参观闽东革命纪念馆、柏柱洋闽东苏区纪念馆，开展党史学习教育暨参政议政座谈活动。结合支部共建，以“融合联动、强基固本”为共建品牌，与侨村（社区）、侨企支部共同开展党史学习教育9次，推动党建带侨建。到屏南县开展市县、乡、村四级侨联“学党史知侨史微党课”活动；分组带队下基层，学习宣讲党的十九届六中全会精神，组织学习孙丽美先进事迹等。结合宣传活动，在市侨联官网、公众号同步开设“党史知识专栏”“闽东近现代爱国华侨华人人物介绍”，累计推送27期党史知识介绍、18篇爱国华侨人物小传。创办《宁德侨刊》4刊，营造党史学习氛围。举办喜迎中国共产党成立100周年“侨心向党·同心逐梦”系列活动，包括羽毛球赛、知识竞赛、廉政教育活动、书画展等。

【服务大局】 2021年，宁德市在侨商投资大会上推介项目20个，总投资174亿元；签约项目3个，总投资11亿元。与国广国际在线网络（北京）有限公司合作，开展海外人才引进工作，收集德国、新加坡高层次人才34名，其中最高学历为博士研究生的27名，占总数的80%。举办侨智沙龙活动2次，邀请留美博士为新侨人士讲解跨境电商课程，邀请台湾创意农业专家探讨侨界力量如何助力乡村振兴等课题。成立侨界青年创新创业联盟，引导侨资侨智与宁德当地创业青年产智融合，融入宁德新发展。提交2021年政协四届四次大会建议5篇，组织2022年政协五次会议大会发言议题；与宁德师范经管学院签订战略合作协议，在课题调研、海外联谊、创业创新、乡村振兴等方面合作；在宁德的闽侨智库成员撰写的智库专报3篇被省侨联录用。

【侨界联络联谊】 2021年，宁德市侨联拓展海外联谊。开展为期15天的“亲情中华·为你讲故事”网上夏令营宁德营活动，英国CE德福中文学校和马来西亚民都鲁开智中学的70余名学生参加夏令营，感受家乡文化之美。活动得到中国驻英国曼彻斯特总领事馆的充分认可；弘扬中华优秀传统文化。成立侨界传统文化联谊会，弘扬中华优秀传统文化和“闽东之光”；向中国侨联申报屏南农耕文化博物馆为中国华侨国际文化交流基地；古田县大桥镇中村村、屏南县屏城乡村头村被认定为第三批福建省侨乡文化名镇名村。

【华侨权益维护】 2021年，宁德市侨联健全涉侨纠纷多元化解工作机制。落实涉侨维权互动机制，完善部门联动机制，突破侨联组织维护侨权侨益

"单打独斗"的工作短板。搭建涉侨法律服务平台。发挥各级侨联法顾委、法官工作室、侨社区维权岗、涉侨纠纷人民调解委员会等平台作用，延伸涉侨维权，先后设立涉侨维权平台11处，包括法顾委5个、涉侨纠纷调委会2个以及涉侨法律服务站等，实现重点侨区护侨维权渠道"全覆盖"。

【为侨服务】 2021年，宁德市侨联开展扶弱助困。对145名贫困归侨侨眷给予基本生活补助或慰问补助；对30名因病、因灾、因学贫困归侨侨眷，给予15.2万元的临时救助资金；开展海外重点人士的国内直系亲属、新侨及其在国内的直系亲属关怀慰问活动，慰问94人，发放慰问金9.25万元；发挥侨爱会等社团作用，成立机关党员志愿者服务队，开展慈善和公益志愿服务活动4次。联合省侨联机关二支部、省农行行政部机关支部等与华侨农场二支部、华侨新村社区支部开展五方共建，帮助华侨新村争取省中行捐赠5万元。与台湾创意农业协会合作，引进台湾团队专家指导屏南乡村振兴工作。安排20万元分别扶助古田、寿宁2个产业扶贫项目，争取香港仁善慈善基金100万元分别扶助柘荣湖头村和蕉城雷东村产业发展。

【基层建设】 2021年，宁德市侨联加大"侨胞之家"创建力度，结合乡村振兴战略工作，推进"侨胞之家"升级改造。古田县大桥镇侨联、屏南县陆地村侨联等13个单位被省侨联命名省级"侨胞之家"，古田、屏南县侨联等6个单位被省侨联命名省级侨胞之家"五好"示范点，屏南县村头村侨联"侨胞之家"被中国侨联评为优秀侨胞之家。指导古田、屏南2个县侨联推进侨文化（史）馆建设，采取的"五个一点"的筹措资金方式，累计筹集建馆资金400余万元。古田县侨文化（史）馆3个，屏南县4个。按照县、乡、村3个层面，确定5个基层侨联作为基层工作联系点。实地听取基层侨联干部意见，收集5个基层联系点意见建议24条，其中解决22条，正在解决2条。加强基层干部队伍建设。开展多层次、多形式的业务培训和工作经验交流活动，组织参加中国侨联和省侨联各类培训班学习，举办全市侨联系统干部培训班。

（黄恺枫）

宁德市台湾同胞联谊会

【概况】 2021年，宁德市台湾同胞联谊会（简称"宁德市台联"）贯彻落实习近平总书记对台工作重要指示批示精神，严格规范执行扶贫济困专项工作，全年累计发放老龄台胞补助经费8.7万元，34名台胞受益。发放中央统战部慰问金0.2万元、全国台联特困家庭帮扶资金0.2万元、台籍学生助学金0.4万元。8月，经市政府批复同意设立"宁德市定居台胞扶贫济困配套补助专项"，给予宁德市定居台胞按照1∶1比例配套补助扶贫济困专项资金，2022年起宁德市定居困难台胞和老龄台胞补助实现翻倍，此项工作走在全省前列。依托对台红色资源，结合党史学习教育开展"传承红色基因　赓续精神血脉"专题活动，宁德市定居台胞、常住台胞20余名参加，厚植台胞爱党爱国情怀。组织开展县（市、区）基层涉台单位走访，开展两岸婚姻家庭工作调研，做好两岸婚姻群体常态化工作。提交《关于加快宁台深度融合，建设台胞台企登录第一家园的建议》和《关于设立宁德市定居台胞扶贫济困配套补助专项资金的建议》政协提案，均得到受理。

【台胞扶贫济困专项】 2021年，宁德市台联执行扶贫济困资金管理办法，开展摸底、跟踪、落实和监督检查，开展专项补助资金发放工作，发放定居老龄台胞补贴8.7万元，惠及34名台胞。发放助学金0.4万元，缓解困难台胞经济压力，帮助台胞子女完成学业。走访看望患病台胞、国民党老兵、返闽探亲和定居老龄台胞，发放慰问金0.7万元，发放中央统战部慰问金0.2万元、全国台联特困家庭帮扶资金0.2万元。为福安市1户台胞4名家庭成员解决低保申报问题，并依据宁德市定居台胞扶贫济困专项工作文件精神为其申报2022年困难台胞补助，每月可领取专项补助资金0.12万元，解决实际的生活生产困难问题。

【宁德市定居台胞扶贫济困配套补助专项资金】 2021年，宁德市台联走访了解在宁德的台胞实际情况及所需所盼，在市政协四届五次大会提交《关于设立宁德市定居台胞扶贫济困配套补助专项资金的建议》团体提案。与市政协、财政局和台港澳办对接，召开座谈会。8月，宁德市台联呈报请示获批，市政府同意将宁德市定居台胞扶贫济困配套补助专项资金纳入年度财政预算，给予宁德市定居台胞按照1∶1比例配套补助扶贫济困专项资金，2022年起宁德市定居台胞扶贫济困专项由省级和市级财政同时同额保障，困难台胞和老龄台胞补助实现翻倍，此项工作走在全省前列。

【两岸婚姻家庭工作】 2021年，宁德市台联组织到福安、福鼎和霞浦，开展县（市、区）基层涉台单位走访，了解两岸婚姻家庭情况，调研两岸婚姻家庭工作，回应办理台胞子女回宁就学等诉求，保障在大陆定居的两岸婚姻家庭权益，做好两岸婚姻群体常态化工作。会同基层党委统战部、台港澳办、教育局、民政局、台属联谊会等部门召开座谈会3场次，梳理建档造册两岸婚生子女92名。

【乡村振兴】 2021年，宁德市台联围绕构建"一核两廊五轴"的发展格局，探索具有闽东特色的乡村振兴和宁台融合发展新路，深化宁台两地在乡村建设领域的合作交流。到屏南县开展产业调研活动，3月31日屏南县与阿里巴巴签订战略合作框架协议、4月29日屏南县甘棠乡与台湾上趣开新创意策划有限公司签订"乡建乡创"闽台合作项目框架协议。福建省科技特派员的台湾老师到霞浦县东壁村开展乡村振兴工作调研，借鉴台湾成熟的乡村发展经验，助力当地乡村振兴工作。

【联络联谊】 2021年，宁德市台联结合党史学习教育组织开展“传承红色基因 赓续精神血脉”专题活动，邀请宁德市定居台胞、常住台胞20余名参加。参观长江支队纪念园，举办“从救国兴国到富国强国，我们百年大党为什么能创造世纪伟业”讲座，引导台胞通过重温革命先辈艰难的奋斗历程，体悟代代相传的革命精神，并到福州走访台湾会馆和台创基地，厚植爱党爱国情怀，增进对祖国大陆的归属感和认同感。推荐和组织6名台湾老师、两岸婚生子女、台商参加海峡两岸乡村振兴研修班、农产品销售电商培训，“同名村·心连心”活动和两岸婚生子女夏令营活动。

【组织建设】 2021年，宁德市台联以中央党的群团工作会议精神和习近平总书记对群团改革工作的重要指示要求为指导，推进群团改革工作进程。拟定《宁德市台湾同胞联谊会改革方案》初稿，并征求意见、审议修改，于12月经宁德市委统战部部务会议和福建省台联批复同意。12月1—6日，派市台联专职干部1名到谷文昌干部学院参加为期6天的福建省台联系统理事、干部培训班学习，提升对台工作综合素养。

（邱 红）

宁德市社会科学界联合会

【概况】 2021年，宁德市社会科学界联合会（简称“宁德市社科联”）打造形成“个十百千万”（一个学派、十个社科普及联席会议成员单位、新时代宁德市百个社科普及基地、千名社科专家学者、万名社会组织会员）新格局。首创工作周报制度，把各项工作落实到每周每天，主要活动832项。召开市社科联六届九次全体（扩大）会议暨2021年全市社科工作会议。组织全市干部群众参加全省“庆祝中国共产党成立100周年”“深入学习贯彻党的十九届六中全会精神”“深入学习贯彻省第十一次党代会精神”知识有奖竞答活动，连续三次被省社科联通报表扬。被市政协评为2017—2021年度全市政协系统理论研究工作先进单位。霞浦县盐田乡南塘村挂钩帮扶案例并接受采访内容作为全省全国设区市唯一被写入由中国政府友谊奖获得者、“感动中国（2019年度）十大人物”、厦门大学外籍教授潘维廉撰写的《中国人中国梦——中国人的生活变迁与脱贫攻坚》（中、英文两种版本），由外文出版社出版发行，向海内外展示了中国脱贫攻坚的窗口式业绩成就。单位1人次受邀参加中国共产党与世界政党领导人峰会下党分会。1人次经省社科联推荐获省委宣传部、省委讲师团联合表彰；1人次获市委、市政府嘉奖；1人次获市管领导干部年度考核优秀等；同时单位被市委宣传部评为内部绩效优秀，成为市直机关绩效考评“优中优”。党史学习教育情况得到福建日报“新福建”客户端等媒体报道推介。截至年末，所属市级社会组织24个，会员4000余人，成立社会组织兼合式党支部10个。市社科联有关工作被学习强国平台、中国新闻网、福建日报“新福建”客户端、东南卫视等中央、省、市主要主流知名媒体数百次聚焦报道推介。

【“宁德学派”打造】 2021年，宁德市社科联开启习近平新时代中国特色社会主义思想全国探源，并形成“宁德学派”，成为新时代全国首个以弘扬优秀传统文化、红色革命文化和学习研究阐释习近平新时代中国特色社会主义思想为主要特征的学派，为全省构建理论高地作贡献。4月13日，联合省闽学文化研究会、中国建筑工业出版社举办闽东特色优秀传统文化暨“宁德学派”最新研究成果高端论坛。中国社科院中国社会科学网刊发《弘扬“闽东之光”，“宁德学派”正发力》。其中，《习近平扶贫“十论”》一文得到习近平总书记等中央领导批示，全国哲社办以“习近平总书记扶贫工作重要论述暨中国减贫学研究”为题将其列为2021年度国家社会科学基金特别委托项目。

【社科课题研究规划】 2021年，宁德市社科联聚焦改革发展中的难点问题和人民群众关心关注的热点问题，草拟社科课题研究参考选题。前移关口，召开选题意见征求会，解决中心与理论研究“两张皮”现象，上报市委、市政府审签下发。全年课题申报79项。经研究审核，立项44项（重点课题14项，一般课题30项）。坚持立项、研究、结项全过程跟踪，组织专家评审，确保课题质量，完成课题44项，推出了一批针对性强、理论水平高的研究成果。汇编出版《学习践悟兴闽东》社科研究“宁德学派”文集。召开首届福建省社科界学术年会“宁德学派”论坛暨第五届新时代闽东社科专家面对面、2021年重点课题高端交流会，邀请福建社科院生态文明研究所所长、研究员蔡雪雄作课题指导，搭建课题研究和学术交流平台。工作得到福建日报“新福建”客户端等媒体报道推介。

【社科普及】 2021年，宁德市社科联举办2021年社科普及宣传周，围绕“坚定跟着党走 谱写宁德篇章”主题，开展“社会科学在你身边”普及咨询、“中国共产党精神谱系”图片展、新时代宁德市百个社科普及基地党史宣传、新时代闽东百名知名社科专家服务基层、人文社科类展馆免费开放等一系列活动。开展“2021年社科普及节假日进行词”活动，借助移动通信精确普及宣讲，发送主题短信约18万条，以特色化、差异化创新社科普及方式，成为全省设市区社科普及一个特色品牌。参与由省社科联主办的福建省第15~17期网上有奖知识竞答活动，总参与人次130余万人次，居全省之最，连续三次受到省社科联通报表扬。在庆祝中国共产党成立100周年之际创建完成新时代宁德市百个社科普及基地，梳理形成各县域基地有关意见建议首次得到各县（市、区）主要领导批示。《闽东日报》刊发《普及紧跟受众走 建好阵地担使命》工作侧记，得到省社科联领导批示肯定。

【阵地建设】 2021年，宁德市社科

联编印出版《三都澳论丛》4期。落实意识形态工作责任制，开设学习党的十九届五中全会精神、庆祝中国共产党成立100周年，学习孙丽美先进事迹等专题专栏，刊发理论文章57篇，举办《三都澳论丛》更名改版三周年暨第二届闽东期刊高峰论坛。《乡村振兴战略背景下的福鼎山乡“福文化”节俗活动思考》得到市委领导批示。“闽东社科”微信公众号发布公众号133篇。其中，原创41篇，闽东社科周报50篇，转发其他平台的公众号文章42篇。

【重要研讨交流】 2021年，宁德市社科联引才聚智，建设闽东社科专家库，成为党委、政府科学决策、民主决策的“思想库”和“智囊团”。联合市委宣传部召开庆祝中国共产党成立100周年理论调研座谈会，征集到论文45篇。联合市政协召开庆祝中国共产党成立100周年人民政协理论调研座谈会。联合宁德师院举办题为《提升思想方法，增强看家本领——从命领袖的人格风范谈起》党史学习教育专题报告会。联合市委宣传部主办福建省百场社科专题报告会暨“闽东之光”社科讲坛，作题为《伟大建党精神的深刻内涵和时代价值》专题讲座。组织论文应邀参加中国共产党成立100周年新闻事业研讨会、中国新闻史学会2021年学术年会、“党管媒体”高峰论坛暨上海大学第二届全国马克思主义新闻观学术年会、“第十五届陈云与当代中国”学术研讨会、首届国家文化安全与建设高峰论坛等5场全国性论坛，发出福建宁德声音。结合学习习近平总书记到福建考察重要讲话精神撰写的《茶文化的“闽东之光”》一文，首次对“三茶”思想理论进行源流梳理，入选由北京大学等机构编写、厦门大学出版社出版发行的《乡村振兴战略与茶产业高质量发展》一书。有关朱子在闽东研究成果首次得到省朱子文化研究传承专题会议认定并由省文旅厅下发文件，与福州、厦门、漳州、三明、南平等设区市并列，弥补了朱子在闽东研究的“断点”现象。

【社会组织管理】 2021年，宁德市社科联制定《宁德市社科类社会组织百分制考评细则》，结合日常表现对社科类社会组织开展进行考评，切实强化社会组织管理。组织所属社会组织到蕉城区上金贝开展现场观摩交流活动，让社会组织在社会治理中更好激发活力、发挥作用。到市老区建设促进会、市诚信促进会等走访调研，推动社会组织解决长久解决不了的补贴问题。指导宁德市黄鞠灌溉文化研究会召开成立大会，指导市南下服务团团史研究会、市长江支队研究会开展换届工作等。研究注销社会组织2家。主责主业之外新增平安综治、人才、产业薄弱村帮扶、四联等几十项工作成效显著。

（游一琳）

宁德市文学艺术界联合会

【概况】 2021年，宁德市文学艺术界联合会（简称“宁德市文联”）加强文艺家协会管理，修订完善市直文艺家协会会员入会细则，促进会员准入机制化、规范化。指导市美术家协会召开第五次会员代表大会，完成换届选举。在屏南县寿山乡白玉村、蕉城区八都镇洋头村建立市作协、美协、摄协、影协创作基地。加强文艺界行风建设和职业道德建设，召开全市文艺工作者职业道德和行风建设工作座谈会，成立宁德市文艺工作者职业道德建设委员会，制定《宁德市文艺工作者职业道德建设委员会章程》。推进文联网络信息建设与日常工作融合，在“宁德文艺”专题网页和“宁德文艺界”微信公众号上推送文章、发布公告合计555篇，点击量近30万次，其中24篇文章被省文联公众号采用。下属事业单位闽东书画院考录干部1名，聘请33名闽东籍优秀书画家担任书画院特聘书画师、11名全国书画名家担任书画院学术指导。全市有包括市级文艺家协会、各县（市、区）文联在内的团体会员17个，其中市直文艺家协会有作家协会、美术家协会、音乐家协会、摄影家协会、书法家协会、舞蹈家协会、电影家协会、民间文艺家协会8个。

【围绕中心开展文艺活动】 2021年，宁德市文联召开讲述宁德脱贫攻坚故事的长篇报告文学《山海闽东》出版座谈会，中国作协、省文联相关领导及市委主要领导出席，《人民日报》、人民网、东南网、宁德电视台等媒体报道活动。组织近百名文艺家开展“红土地　蓝海洋”“扎根生活沃土　助力乡村振兴”“诗与人间”等大型文艺采风活动，创作文艺作品100余篇（首）在各类平台发表。举办“永远跟党走·助力乡村振兴”福建省首届连环画巡展、“急需保护的非物质文化遗产”摄影作品展、“诗意茶洋”——宁德市乡村振兴书画作品展。向省内外文艺名家征集“大黄鱼文化节”主题歌词和摄影作品。开展百名摄影家下基层拍摄革命文物活动。多次部署文艺界疫情防控工作，以文学、音乐、民间文艺等形式讴歌抗疫英雄、宣传疫情防控知识。组织创作以歌颂“时代楷模”孙丽美事迹和精神为主题的诗歌、散文、纪实文学、歌词100余篇，其中长篇纪实文学《生之光华死之绚烂》在《光明日报》专版刊登，在《宁德文艺》开设“时代楷模”专栏，征集、刊登有关孙丽美主题文艺作品，并结集出版文学作品集《留在村庄的名字》。围绕庆祝中国共产党成立100周年主题，组织“庆祝中国共产党成立100周年”宁德市第四届优秀书法作品展、“红色足迹”美术作品展并出版作品集，举办习近平总书记在中国共产党成立100周年庆祝大会上的讲话金句网络书法展、优秀传统剪纸作品展、“为人民起舞——宁德市优秀舞蹈展演”“观红色电影忆峥嵘岁月”红色电影周周播等各类活动20余场，2万余名观众观看，中新网、东南卫视、福建文艺网、宁德电视台等报道活动。

【文艺志愿服务】 2021年，宁德市文联以“百支文艺小分队下基层送文化活动”为抓手，组织120支文艺小分队到村镇开展音舞演出、电影展演、书画展览、灯谜展猜、公益培训等志愿服务，惠及群众5万余人次。在文艺交流基地，开展“艺趣艺品”分享会、“闽东之光”文化名家大讲堂等文艺惠民活动，邀请省内外文艺名家授课，开展活动近70场。举办俄罗斯列宾美术学院著名油画大师作品展。在蕉城区洋中镇芹屿村建立红色公益影院，定时定点免费向村民及游客播放红色主旋律电影。向省内外有关单位以及全市图书馆、档案馆、学校、农家书屋、大型酒店等公共文化空间捐赠各类文艺图书6000余册。多次到挂钩联系帮扶村蕉城区虎贝镇黄柏村、九都镇石墩村调研，给予经费扶持。

【文艺人才培养】 2021年，宁德市文联制定《宁德市文学艺术界联合会关于加强文艺人才队伍建设的实施方案（试行）》，指导各市直文艺家协会成立专委会和青年人才委员会，召开“文艺两新”工作座谈会，到基层调研“文艺两新”发展情况，听取意见和建议，帮助新文艺组织和新文艺群体解决困难。推荐20余名新文艺群体加入各级文艺家协会，邀请新文艺群体参加各类学习会、采风创作和展演展示，并在微信公众号推介展示。推荐优秀文艺人才参加省级以上采风、交流、培训、进修等活动，并推荐加入各级文艺家协会。31人加入国家级文艺家协会，80人加入省级文艺家协会，181人加入市级文艺家协会。叶玉琳出席全国第十一次文代会，汤养宗出席全国第十次作代会。青年导演刘圣辉入选全国首批文艺创作界别青年创新人才工程，网络作家刘左霖当选市作家协会副主席。

【精品扶持宣介】 2021年，宁德市文联开展2020年度全市文艺创作扶持作品征集评选活动，扶持优秀文艺作品和新人新作18件。梳理和展现宁德文学百年创作历程和成果，向中国共产党成立100周年献礼，编辑出版《宁德文丛》4卷本，120万字，收录154名宁德籍或曾在宁德工作生活过的作家的173篇作品，作者年龄跨度100年。丛书出版后，在新华书店举办首发式和捐赠仪式，省文联、市委领导出席活动并致辞，《闽东日报》、宁德电视台做专题报道。举办“新时代新征程”新春书法作品展、“素心向美”宁德市第三届女子书法作品展，在福州举办“又见山海”宁德籍画家作品展，举办“永远跟党走　奋进新征程”第六届宁德市灯谜邀请赛，编辑出版《风雅宁德——2019、2020年度宁德市优秀灯谜集萃》。

【文艺创作成果】 2021年，宁德市文艺家创作的各类文艺作品在全国、全省大型比赛中参展并获奖。文学方面：组诗《宁德诗篇》入选2020年中国作家协会重点作品扶持项目、获诗刊社脱贫攻坚特别诗歌奖，短篇小说集《夜晚的潜水艇》获第四届宝珀理想国文学奖首奖和PAGEONE文学奖，长篇小说《明媚世界》入选福建省长篇小说（重点题材）扶持项目，长篇小说《黄金海岸》入选2021年度福建省文艺发展专项资金项目。音乐方面：青年歌手纪牧宁获福建省第五届“金钟花”声乐大赛金奖，歌曲《记得》获中国文联主办的“心中的歌”庆祝中国共产党成立100周年全国优秀歌词奖、中国音协“百年百首”新创歌曲奖，《爱的力量》获中宣部“学习强国”学习平台评选的“全国优秀抗疫歌曲”。美术方面：漆画《印象·富春溪畔》、中国画《故乡明月》分别入选中国美协主办的“魅力漆谷——第二届中国小幅漆画展”“百花向阳——2021全国花鸟画展”。舞蹈方面：《畲乡线狮娃》获福建省第九届百花文艺奖作品三等奖，《在灿烂阳光下》获第九届福建省原创少儿舞蹈大赛创作银奖、表演优秀奖。影视方面：电视作品在2020年度福建省广播电视艺术奖评选中，获一等奖2个、二等奖1个、三等奖4个。曲艺方面：双簧《叮叮当当》获第四届福建省曲艺丹桂奖少儿大赛一等奖。摄影方面：全市摄影界在国内外各类评选、赛事中获奖200余人次，获奖作品近360幅，“闽东摄影”品牌影响力扩大，作品《送菜大军》获第七届福建摄影金像奖创作奖。

【文艺品牌建设】 2021年，宁德市文联和中国作协诗刊社、省文联、市委宣传部等单位在北京中国现代文学馆联合召开“首届中国·霞浦海洋诗会暨新时代海洋诗歌论坛”新闻发布会，《人民日报》《光明日报》《文艺报》《工人日报》及新华网等20余家媒体报道。在全省首创“灯谜党课”活动品牌，进乡镇、进畲村、进校园、进社区、进机关开展“灯谜党课”进基层暨群众展猜活动，受众近5万人次，部分活动网络同步直播，“学习强国”学习平台、《福建日报》等媒体和平台以《宁德：“灯谜党课”接地气》等为题，报道市文联用文艺形式开展党史学习教育的成功经验。

【基层文联主要活动】 2021年，宁德市蕉城区文联举办“学党史·猜灯谜”全国灯谜大赛，全国各地20支代表队60名选手及50余名嘉宾参赛。古田县文联开展《福建·杉洋》中国历史文化名城名镇系列丛书编撰工作，出版红色题材文学剧本《家书》。屏南县文联举办多场“七一”书法美术展，在厦门举办周润摄影展。周宁县文联开展“文化惠民　书香周宁”活动，向群众赠送文艺图书4000余册。寿宁县文联创建“寿宁文艺”公众号，宣传推介寿宁文艺精品和文艺名家，培育文艺新人。福安市文联举办“颂党恩·跟党走”庆祝中国共产党成立100周年华诞文艺晚会和“永远跟党走”庆祝福安市第十五次党代会胜利召开文艺晚会。柘荣县文联编辑出版文艺作品集《清新柘荣》，举办庆祝中国共产党成立百年文艺作品系列展览展示。福鼎市文联举办“迎建党百年　创全国文明城市”舞蹈展演和“艺”心向党——献礼中国共产党成立100周年书法、美术、摄影作品征集展播活动。霞浦县文联在长沙村举办庆祝中国共产党成立100周年华诞唱诗会，以小合唱和方言唱诗等形式传唱党史故事。

（陈　颖）

中国国际贸易促进委员会宁德市委员会

【电机电器博览会】 2021年，宁德市举办第十二届海峡两岸电机电器博览会线上展会。中国国际贸易促进委员会宁德市委员会（简称“宁德市贸促会”）探索云展会新形式，挖掘和开发线上展会平台功能，在同一展会平台融合专场对接会与展览展示，延伸和丰富线上展会范围。首创“线上展会+”模式。企业展厅“一站式”提供360度VR实景看厂、场景化3D观摩产品、观看企业宣传视频、与企业即时互动、一键发送询盘信息，采购商可边逛展边洽谈，供应商可展示推介两不误，场景式“再现”线下展会。在谷歌投放关键词进行广告宣传，使用在线展会、电机展、发电机组、水泵、电机等50余个广告词条推广，扩大云电博官网推送范围，知名度提高。保持电博会网站常驻展示企业102家，其中展示资料丰富齐备企业45家。专场对接洽谈活动中，组织10家供应商企业和20家采购商企业开展36场对接洽谈。在宁德电视台、《闽东日报》等6家媒体开展展会宣传报道。

【渔业博览会】 2021年，宁德市贸促会组织24家重点水产加工及贸易企业参加第二十五届中国国际渔业博览会，展出面积711平方米，其中金盛、岳海、川晖、三都澳、北极星、齐民农工商、海扬等14家企业特装展出，特装面积达570平方米，占宁德市总展出面积的80%。企业展出产品包括大黄鱼、小黄鱼、烤鳗、蛏干、干贝、河豚干、黄鱼鲞、鲈鱼鲞、海带、紫菜等30余种海产品。中国大黄鱼之乡品牌吸引众多专业采购商来观展询价、对接洽谈。展会期间，企业对接美国、英国、秘鲁、挪威、日本、韩国、西班牙、加拿大、俄罗斯等10个国家和中国香港、台湾地区客商近2000人次。

【食材展】 2021年，宁德市贸促会组织27家农业生产加工企业参加中国食材展，参展面积324平方米，其中特装展位面积126平方米。在冻品区设立1个18平方米展位，开展宁德食材品牌展区宣传及介绍引流活动，将冻品区客户引流到宁德食材品牌展区及其他展区。在茶业展区设立1个18平方米展位，展示宁茶文化，推进茶业品牌宣传。展会期间，举办2场宁德食材品牌对接活动，宁德市企业与中鲁远洋食品有限公司、上海汉隆食品销售有限公司等企业开展对接洽谈，茶业区现场签订采购订单20单以上，水产区签订采购订单320单以上，其他农产品签订采购订单36单以上，采购金额约3780万元。

【商事法律服务】 2021年，宁德市县两级贸促会签发一般原产地证1805份，涉及出口金额约1.78亿美元，其中市本级1395份，涉及出口金额1.49亿美元；签发优惠证640份，涉及出口金额0.34亿美元；办理国际商事证明书470份；代办使领馆认证67份；新增原产地证注册企业45家；全年发布预警信息729条、知识产权信息55条。8月，市贸促会获权可自主签发中国—东盟自由贸易区优惠原产地证，为宁德市企业在东盟地区通关结汇方面提供优惠和便利，提升出口产品在东盟市场的竞争力。年内签发东盟优惠原产证253份，涉及出口金额1238.48万美元。

（游如真）

宁德市残疾人联合会

【概况】 2021年，宁德市有乡（镇、街道）专职残疾人联络员122名，村（社区）兼职残疾人联络员2317名。持证残疾人约9.52万人，其中肢体残疾4.06万人，视力残疾1.08万人，听力残疾1.67万人，言语残疾1102人，精神残疾1.173万人，智力残疾8511人，多重残疾5708人。

【残疾人社会保障】 2021年，宁德市残联实施困难残疾人家居环境改善项目，为71户残疾人家庭进行危旧房修缮改造发放补助资金71万元；为352户残疾人家庭无障碍改造发放补助资金61.25万元；落实一户多残补助制度，为1.62万名残疾人发放一户多残补助1615.9万元；为全市9万余名残疾人购买意外伤害保险；全市残疾人城乡居民基本养老保险、基本医疗保险参保率分别为96.1%和100%；完善残疾人托养服务，为2517名重度残疾人发放居家护理补贴503.4万元；落实脱贫残疾人动态监测和帮扶机制，对6524名建档立卡脱贫户残疾人实行动态管理，对其中易返贫的587名建档立卡脱贫户残疾人列入重点帮扶。

【残疾人康复救助】 2021年，宁德市残联实施残疾儿童康复救助项目，为1880名残疾儿童发放补助2255.71万元；实施残疾人基本型辅助器具适配补贴项目，为2396名残疾人发放适配补贴413.42万元，残疾人辅助器具适配率100%；实施精神病患者服药、住院补助项目，为3108名精神病患者发放服药补助212万元，为529名精神病患者发放住院补助113.47万元；开展残疾人精准康复服务，服务残疾儿童和持证残疾人3.33万人，全市有康复需求的残疾儿童和持证残疾人接受基本康复服务比例100%。

【残疾人公共服务】 2021年，宁德市残联实施扶残助学项目，为369名残疾大学生及残疾家庭子女上大学给予学费补助147.35万元，为5所特殊教育学校发放职业教育发展扶持资金10万元；首批打造35家省级“爱心助残驿站”试点，为农村残疾人搭建一个提供用餐、康复、日间照料、教育培训、就业、文化娱乐等功能于一体的综合性服务中心，辐射带动周边1800余名残疾人得到公共服务；启动残疾人证和全国残疾人按比例就业情况联网认证“跨省通办”工作；提高残疾人证办理服务水平，开展上门办证服务108次，服务残疾人555人次，集中办证服务残疾人355人次；推进

“12385”残疾人服务热线与“12345”便民服务热线双号并行工作，实现7×24小时全天候人工服务；进一步畅通残疾人维权咨询、信访诉求渠道，受理办结信访件8件，群众满意率100%。

【残疾人文化体育】 2021年，宁德市残联组织开展文化进家庭“五个一”活动，帮助215名困难或重度残疾人家庭读一本书、参加一次文化活动、看一次电影、游一次园、参观一次展览；以重大节日节点为契机，举办系列就业帮扶、公益讲座、残健融合等专题活动共27场；在《闽东日报》等主流媒体刊发残疾人自强模范事迹30余篇，选送100余件残疾人文艺作品参加国家、省级残疾人美术、书法、摄影等作品展评，46件作品获得各类奖项；开展残疾人健身周和全国特奥日等健身活动，推动残疾人康复健身体育身边化服务；宁德籍残疾人运动员在全国第十一届残运会暨第八届特奥会上获得9金1银6铜。

（张爱萍）

宁德市红十字会

【概况】 2021年，宁德市红十字会开展“三救三献”（应急救援、应急救护、人道救助，无偿献血宣传、造血干细胞捐献、遗体和人体器官捐献）工作。将应急救护技能培训列入职业技能提升行动管理范畴，做法刊登在《八闽快讯》《今日要讯》《福建日报》等媒体平台。临床用血100%来自无偿献血，造血干细胞采样309份，捐献2例。器官捐献2例，遗体器官捐献登记2676例。福鼎实现全省首例罕见病遗体捐献用于医学病例研究。全市有基层组织87个、团体会员99个、成人会员2920名、青少年会员805名；志愿服务组织34个，志愿者2339名。

【组织建设】 2021年，宁德市红十字会下发《宁德市红十字会关于加强基层组织建设的通知》，出台《宁德市红十字会基层组织建设工作手册》，指导各地加强红十字会基层组织建设。新增基层组织49个，东侨经济技术开发区实现社区红十字会全覆盖。

【志愿服务】 2021年，宁德市注册红十字志愿者2339人，红十字志愿服务总时长3.17万小时，开展红十字志愿服务活动680场次。举办“人道的力量——庆祝中国共产党成立100周年暨纪念第74个世界红十字日人道公益晚会”，200余名社会各界热心公益人士参加。宁德市红十字会联合市直有关部门在第14个世界自闭症关注日期间，开展“同心聚爱”关爱自闭症青少年系列活动暨关爱帮扶政策宣传进万家活动。联合爱心人士为困难环卫工人发放柚子3000千克。

【应急救援】 2021年，宁德市红十字会举办宁德市红十字救护人才培养工程暨2021年水上救生员培训班，34名水救公益人才参加专题培训。全市红十字系统开展水上安全进校园40场次，普及受益师生累计1.44万人。

【应急救护】 2021年，宁德市红十字会推动应急救护工作列入宁德市“十四五”规划，应急救护人才培养纳入市委人才工作任务指标和人才经费专项列支，全市红十字系统持证培训7940人次，普及受益4.88万人次，报名数和取证数居历年最高水平。为东侨社区“两委”成员开展应急救护培训，东侨成为全省首个“两委”成员持应急救护证上岗的开发区。实现8台AED落地公共场所，指导蕉城、东侨共配备17台。

【人道救助】 2021年，宁德市红十字会拨付2020年度大病救助金105.65万元，救助困难大病患者208人次。拨付“零负担”光明行动救助金100万元，康复困难白内障患者500人次。拨付霞浦县崇儒乡溪边村10万元助力乡村振兴，并联合爱心企业为困难群众送去慰问款物6万元。为35个先天性心脏病、白血病困难家庭儿童争取阳光天使、小大使基金103万元。

【公益筹资】 2021年，宁德市红十字系统筹集款物800万元。开展“99公益日”筹资活动，筹资185.8万元，10.40万人次参与捐赠，平均捐赠人次位居全省前三。福鼎市红十字会取得全省县级红会第一名。宁德新能源科技有限公司捐赠40万元用于开展新一期“零负担”光明行动。

（徐小丹）

宁德市中华职业教育社

【概况】 2021年，宁德市中华职业教育社有9个县级社，占全省县级社近1/3，个人社员446人，团体社员28个。社员中有省政协委员1人，市人大代表1人，市政协委员13人，县级人大代表6人，县级政协委员109人。协助对接安排总社“学习习近平总书记对职业教育工作重要指示批示专题学习班”到福鼎市赤溪村和宁德摆脱贫困展览馆开展现场教学，并组织县市社员参加培训班，相关工作得到总社、省社的肯定。省委统战部部务会议成员、省职教社党组书记黄玲到宁德开展“职业教育产教融合”专题调研，实地考察新能源汽车实训基地、电子商务实战区、虚拟仿真实训室等校内实训场所。省职教社党组成员、副主任陈毅萍，到宁德开展温暖工程、校企合作、产教融合等工作调研，到团体社员学校宁德技师学院调研，实地查看创业孵化基地、影视后期制作中心、电梯实训室、汽车实训场等，并与温暖工程项目助学班的受助学生进行座谈。发挥职教社“统战性、教育性、民间性”优势，结合“我为群众办实事”和“再学习、再调研、再落实”活动，到基层开展校企合作、产教融合及温暖工程等有关工作调研，在屏南、周宁、柘荣等职业学校开展习近平总书记到福建考察重要讲话精神及在全国职业教育大会上对职业教育工作的重要指示精神宣讲。服务团体社员单位，支持霞浦职专社员活动经费3万元，支持宁德技师学院重阳节活动经费0.5万元，联合宁德技师学院开展“我们的节日·端午节”系列活动和离退休干部欢度“重阳节”活动。推动周宁成立首个“社员之家”，福安揭牌成立4家团体社员单位幼儿保育专业实训基地。在《总社社讯》《中华职业教育》、省社微信公众等各类报刊媒体上刊登信息45篇。

【温暖工程】 2021年，宁德市中华职业教育社探索职教社助力乡村振兴，争取15万元省级温暖工程乡村振兴培训班资金，通过省、市、县三级合作联办方式，协助省社和市委统战部、市民族宗教局等部门，在福安市委党校举办宁德市少数民族村村主干培训班和“福建省温暖工程——2021年福安市少数民族村乡村振兴培训班”，通过开展少数民族村规划建设、农村新媒体直播和种养殖技术等培训，为少数民族乡村产业发展、乡村振兴提供人才，扩大“温暖工程”品牌效应，两期培训班学员246名，做到全市少数民族村主干培训全覆盖。指导基层社结合实际开展形式多样的公益活动，福安社开展“送医下乡”“送画下乡”“送戏下乡”“送课下乡”等活动9场次，通过举办义诊、社区文艺会演、民族村村主干培训班等“小切口”，扩大温暖工程覆盖面。周宁社与县农业农村局联合举办高素质农民畜禽养殖专业培训班，举办水果大棚套种蔬菜培训会，邀请农技专家以理论教学、现场观摩以及田间学校等方式开展技术指导活动。福鼎社开展茶艺师、评茶员、美容美发师、心理咨询师、家政育婴师等各类职业技能和实用技术培训共计2200人次。古田县社员单位闽之艳专业合作社成立农民田间学校，举办大球盖菇现场教学、茶叶及食用菌栽培创新技术培训5期，助力乡村振兴。屏南社举办茶知识讲座和茶艺培训班。

【建言献策】 2021年，宁德市中华职业教育社围绕全市职业教育改革发展中的产教融合、乡村振兴等方面存在的热点难点问题，全市职教社社员提交建议、提案、大会发言86篇。其中，“增强职业教育适应性　切实服务地方主导产业发展”被确定为市政协四届五次会议开幕式上的2个委员个人大会口头发言之一；“建设高素质教师队伍　确保职业教育人才培养质量”等3件提案，被市政协四届五次会议列为重要提案摘报，得到市委、市政府主要领导批示肯定；“关于关爱春节期间留宁外来务工人员的建议”等2件提案，在市两会期间直接交办。

【职业技能竞赛】 2021年，宁德市中华职业教育社联合市教育局等10部门主办职业教育周活动，展示职教风采，使社会大众了解职业教育、体验职业教育、共享职业教育成果。联合市教育局举办宁德市中等职业学校教师课堂教学技能竞赛，全市8所职业院校33名专业老师参加，为教师搭建交流学习、拓宽视野的平台。联合市人社局开展宁德市首届技工院校教师课件和示范课程比赛。

（陈纾兰）

宁德市计划生育协会

【概况】 2021年，宁德市计划生育协会贯彻落实《中共中央 国务院关于优化生育政策促进人口长期均衡发展的决定》，承接中国计生协会家庭健康促进和基层计生协会综合改革试点工作，落实“六项重点任务”，推进改革转型发展。推动县级计生协会改革措施落实，市计生协会常务专职副会长当选市新一届政协委员，7县（市、区）常务专职副会长当选县（市、区）新一届人大代表或政协委员。乡（镇、街道）计生协会做到“进盘子、守位子、挂牌子”，村居计生协会配强会长、理事人选。探索由村级健康员、会长和小组长“三员合一”模式，计生协会会长纳入“六大员”整合，推动与村健康指导员、计生协管员等职能相近人员合并，合理精简计生协会小组，小组长从6553人精简到6043人。开展健康指导员培训51场，培训健康指导员2938名；开展育婴员培训7场，培训312人；组织发动1788名计生小组长参加全省儿童保健家庭指导员网络培训，召开落实“六项重点任务”暨健康知识进万家业务培训会，加快基层队伍工作转型。福鼎市作为第五次中国城乡老年人抽样调查宁德市辖区内唯一县市，完成相关任务。

【生育关怀】 2021年，宁德市计划生育协会幸福工程在全市119个乡镇，滚动投入扶困资金1888万元帮扶764户；扶智赋能项目投入资金4.16万元，帮扶1348户；扶助健康项目投入资金1.9万元，帮扶829户。市、县两级财政共为1867户计生困难家庭提供计生小额贷款贴息资金353.41万元，落实贷款7316.09万元。安居工程，省、市、县三级共投入资金234万元，帮扶39户计生家庭改善住房条件。金秋助学，共投入资金198.85万元，帮扶1299名计生困难子女圆梦大学，其中，市级资助96名发放助学金36万元。计生家庭意外伤害保险投入保费834.3万元，参保79717户。计生特殊家庭办理住院护理险保费共计17.6万元，参保人数584人。全市共慰问困难计生群众2628人，发放慰问金194.24万元。建立国家级“暖心家园”1个，省级“心理慰藉援助中心”5个，开展计生特殊家庭关怀服务。共走访慰问844人，举办集体庆生活动5场、主题活动10场、志愿服务1347户、健康知识讲座11场。建立84个法律援助站（点）调解纠纷203起，协调维护计生家庭合法权益27件。

【健康促进】 2021年，宁德市计划生育协会举办养育公益课堂、优生优育父母公益课堂24场，服务家庭1849户。由省计生协会等5部门主办的“美丽庭院　健康家庭　点亮幸福”——福建省家庭健康促进行动宁德现场推进活动暨“关爱新生命——儿童营养改善项目”在周宁县启动，建立青春健康教育基地15个，开展健康教育讲座101场，受益家庭3.04万户，其中“沟通之道”家长培训讲座55场，培训家长6850人。组建由健康专家组成的健康知识“进万家百村行”志愿服务队，全市开展线下家庭健康宣传活动423场，其中健康知识讲座106场，惠及群众10086人。建立家庭健康服务中心，开展活动23场。全市2938名健康指导员进村入户，指导35万户家庭绑定健康小程序，覆盖率在全省排名第一。

【宣传服务】 2021年，宁德市计划生育协会围绕庆祝中国共产党成立100周年主题开展系列宣传活动。省、市和蕉城区计生协会联合在霍童镇举办“永远跟党走·奋进新征程”系列宣传服务活动。开展“我为党旗添光彩·我为群众办实事”、美丽乡村公益行、“5·29”会员活动日和母亲节等宣传服务活动266场，发放宣传物品3.5万件，参与群众5.37万人次。开展健康知识讲座“云课堂”网络直播，举办网络直播培训10场，近20万人收看。市计生协会获省计生协会宣传教育工作先进单位，6人获宣传教育先进工作者。《福建宁德：计生协会着力发挥家庭健康促进作用》获中国计生协第三届“计生协好新闻”二等奖。4幅书画、剪纸作品获中国计生协会第四届会员艺术作品展优秀奖。全省《计生协会小组》特约记者培训班在霞浦举办。“2021中国家庭健康大会”在北京市举办，宁德作为全国3个家庭健康促进特色城市之一进行经验分享。

（陈守琛）

宁德市关心下一代工作委员会

【概况】 2021年，宁德市关心下一代工作委员会(简称“宁德市关工委”)发挥“五老”在教育引导和关爱保护青少年方面的优势，探索适合关工委特点的方法路径。新建关工委组织7个，建立各类关工委组织2570个，“五好”基层关工委达标率52.9%，参加关心下一代工作总人数3.40万人。

【庆祝中国共产党成立100周年系列活动】 2021年，宁德市关工委组织广大“五老”学党史、讲党史、办实事，开展好“十个一”活动：召开动员大会，举办学习党史讲座，编印党史宣讲材料和百题问答，开展“我看建党百年新成就”访谈、“学党史、感党恩、办实事”活动，组织百名“五老”讲党史，遴选“五老”担任校外辅导员，举办演讲比赛文艺联欢、诗书画摄影邮展，宣传一批“五老”党员先进事迹。全市各级关工委组织106名“五老”到校园、社区讲党史180场次，举办讲座56场次，参加青少年8800人次。报告团副团长余宏潮作品入选中国关工委办公室主办“五老”讲建党百年故事活动优秀作品。

【德育常态化加强】 2021年，宁德市关工委以县（市、区）为单位划分片区，各片区均举办一次教学研讨活动，共计10次；6月，市级深化试点工作研讨活动在宁德师院第二附属小学举行。8月，联合印发《关于开展用好地方资源加强德育常态化工作的通知》（宁教综〔2021〕61号），确定教育对象覆盖全市小学四年级学生和宁德师院大一年段五万名学生，规范必要课时，每年开展优秀课件征集评选、征文活动、演讲比赛、教学研讨活动等。继续组织“五老”按照“闽东之光”的构想，收集相关素材，编撰地方德育读本，完成编写系列教育读本《闽东名胜小故事》。

【“关爱微心愿”活动】 2021年，宁德市关工委聚焦“服务帮助”工作方针，与时俱进、精准关爱，着重关注留守儿童学校、少数民族学校、边远学校等对象，建立“联系学校、收集微心愿、发布微心愿、收集心愿物品、举行仪式、写感恩卡、寄送三卡(心愿卡、感恩卡、实现卡)”七步工作机制。开展市本级“关爱微心愿”活动9期，帮助古田平湖中心小学、霞浦海岛中心小学等10个学校652名未成年人实现“微心愿”。

【帮困助学】 2021年，宁德市关工委贯彻落实习近平总书记对职业教育工作的重要指示精神，助学对象向市直大中专院校困难学生倾斜，发放助学金41.2万元，资助学生221人。其中发放宁德师范学院、宁德职业技术学院、宁德技师学院、宁德财经学校4所学校共30万元，资助学生165人。市关工委连续第九年到周宁县英才实验学校开展慰问困境儿童活动，为10名困境儿童送去3000元慰问金。市关工委慰问蕉城区第六中心小学3名患重病学生，送上慰问金各0.5万元。

【农村青年致富“种子工程”】 2021年，宁德市本级通过省、市、县联办“种子工程”培训班7期，分别为省、市、县茶叶种植与加工技术、屏南葡萄管理技术、屏南生态茶园建管实用技术、霞浦紫菜病虫害防治暨网格式浮台紫菜养殖模式、霞浦创新发展推动乡村振兴、寿宁茶叶栽培管理技术培训班、寿宁黄桃栽培管理技术培训班，完成培训“种子”学员589人次。各级关工委完成种子工程培训班34次，培训1698人次，协助建立农业产业基地44个。

（王　昆）

宁台交流

综　述

【概况】　2021年，宁德市加强宁德与台湾之间的民间信俗、姓氏宗亲、经贸文化和青少年交流，举办第十二届海峡两岸电机电器（线上）博览会（云电博）、第十三届海峡论坛·陈靖姑文化节、第十三届海峡论坛·游氏仙姑祈福文化节、“两岸一家亲·艺术之光璀璨赛江”经贸文化交流、海峡两岸妈祖宫庙携手辛丑年迎春祈年大典、闽籍港人故乡行、澳门福建同乡总会闽籍青少年夏令营等线上线下交流活动39场次。完善台胞依法维权机制，与市法院、市检察院、市司法局协同创设“4 + N”涉台依法维权机制，优化整合涉台“12345”服务热线平台。拓展金融服务渠道，与厦门银行宁德分行签订战略合作协议，促推辖内银行机构为3家台资企业授信、总额81168万元，为台胞台企提供风险保障5.45亿元。开展第二批“台企台胞金融信用证书”颁证仪式，6家台资企业、36名台胞获颁证书。台湾“中国和平统一党”主席林茂钲、“中国生产党”主席卢月香等到宁德参访，省金门联到宁德市开展党史学习教育活动。

【宁德与台湾人员往来】　2021年1月16日，台湾知名书法家曹原彰、社造专家黄文钦等4人到宁德市开展主题为“两岸一家亲·艺术之光璀璨赛江”经贸文化交流活动。参访团一行参观福安市象环村海峡两岸葡萄科技合作基地、台湾蝴蝶兰种植基地以及台轮维修企业福建省闽东赛岐经济开发区申银船舶工程有限公司，并召开座谈会。此前，参访团一行还先后走访秀洋古民居、茶侣巴巴茶庄园，举办两岸“一家亲酒”品鉴交流会和海峡两岸书法家交流会。

【对台交流基地】　2021年，宁德市开展对台交流基地创建活动5场。分别是：3月23日，宁德市对台交流基地——福鼎点头妈祖天后宫揭牌仪式在福鼎市举行。4月2日，省政协农业和农村委召开座谈会，专题研究在屏南县开展“同心杯”两岸青年乡村振兴研修营工作，并探讨屏城乡前汾溪村申报设立省对台交流基地事宜。5月13日，宁德市对台交流基地——宁德城隍庙揭牌仪式举行。9月9日，宁德市对台交流基地——宁德职业技术学院揭牌仪式举行。12月23日，宁德市对台交流基地——霞浦松山天后行宫授牌仪式在霞浦县举行。

【宁德市涉台服务热线】　2021年9月1日，宁德市涉台“12345”便民服务热线开通设立。11月16日，宁德市台港澳办组织召开涉台服务热线答复工作推进会，推动工作落实。

（陈孝春）

宁台文化交流

【概况】　2021年，宁德市加强宁台之间的民间信俗、姓氏宗亲等文化交流。举办第十三届海峡论坛·陈靖姑文化节、第十三届海峡论坛·游氏仙姑祈福文化节、“两岸一家亲·艺术之光璀璨赛江”经贸文化交流、海峡两岸妈祖宫庙携手辛丑年迎春祈年大典等线上线下交流活动35场次。拓展涉台文化资源，屏南县前汾溪中国美院社会美育综合实践基地获批省对台交流基地，宁德职业技术学院获批省政协港澳台侨交流基地，新增市级对台交流基地4家。

2021 年 12 月 23 日，第十三届海峡论坛·游氏仙姑祈福文化节在柘荣举行，世界游氏宗亲联谊会会长游岳勋出席并致辞，台湾香訫堂线上开展祈福仪式、在台湾游氏宗亲发来祝福视频，活动当天直播流量达 15 万人次

（市台港澳办　供图）

【妈祖文化交流】　2021 年，宁德市与台湾地区开展妈祖文化交流活动。2 月 18 日，“天佑中华　两岸合和”——海峡两岸妈祖宫庙携手辛丑年迎春祈年大典活动，分别在霞浦县松山天后行宫、台湾嘉义新港奉天宫和台湾新北板桥慈惠宫同时举行，两岸妈祖信众通过互联网连线共同祈福。

【陈靖姑文化节】　2021 年 12 月 13 日，第十三届海峡论坛·陈靖姑文化节在宁德市古田县临水宫祖庙举行。该届文化节以“千年临水情　两岸一家亲”为主题，首次采取“线上 + 线下”相结合的方式举办，在闽台胞、宫庙代表及信众、专家学者、企业家代表等近 300 人参加，台湾顺天圣母协会通过连线祈福的方式共同参与。举行顺天圣母祭祀典礼的同时，临水文创产品展示、平安宴、古田省级非物质文化项目——武术龙桩拳演绎等穿插其中，进一步加深着台湾同胞对宁德和古田的认识。

【游氏仙姑祈福文化节】　2021 年 12 月 23 日，第十三届海峡论坛·游氏仙姑祈福文化节在柘荣举行，世界游氏宗亲联谊会会长游岳勋出席并致辞，台湾香·堂线上开展祈福仪式，在台湾游氏宗亲发送祝福视频，活动当天直播流量 15 万人次。其间，举办两岸文化交流、两岸游氏宗亲恳谈会等活动，并签订柘台产业合作协议。

【宁德与台湾书画交流】　2021 年 3 月 23—25 日，福鼎市李氏宗亲会邀请台湾书画家李民钦一行 5 人到福鼎市开展鼎台李氏宗亲文化交流。李民钦一行先后到宁德市对台交流基地——福鼎点头妈祖天后宫、秦屿李氏宗祠、福鼎李氏宗亲创办的茶企等处走访。其间，以“亲情连海峡　共画两岸一家亲”为主题的书画交流活动在宁德市东南工笔画院举行，李民钦、熊永生等两岸书画名家以笔会友。

【在闽金门、马祖乡亲国情研修活动】　2021 年 6 月 1—4 日，福建省金门联党史学习教育暨在闽金门、马祖乡亲国情研修活动在柘荣县举行。福建省金门联副会长陈呈、省金门联秘书长方冷、“中国生产党”主席卢月香以及常住大陆的金门、马祖乡亲代表及全省各级金门联专职工作人员 34 人参加研修。柘荣县委安排 15 个各具特色的研修点，涉及民俗、道教、民间信仰、剪纸、红色等文化元素及乡村振兴发展诸多领域，展现柘荣“生态高地、养生福地”的地域文化独特魅力。

（陈孝春）

宁台经贸合作交流

【概况】　2021 年，宁德市推动宁台经贸合作，引进台湾良种 15 个，技术 10 项，设备 20 台（套），技术培训 60 人次，建立 17 个闽台农业融合发展推广基地（其中台资企业基地 7 个），示范推广种植面积 133.33 公顷；新注册台资企业 6 家，合同台资共计 3.14 亿美元，合同台资比上年增长 214.5%；组织 20 家企业参加第十九届海创会，签约项目 5 个，总投资 10.81 亿元。开展与台湾经贸交流活动 2 场。

【助力柘荣乡村振兴战略合作签约】　2021 年 4 月 20 日，由中新社福建分社、宁德市台港澳办、宁德市商务局、中共柘荣县委实施乡村振兴战略领导小组联合主办的“福来福往　爱上‘柘’里　走向世界”助力柘荣乡村振兴战略合作签约启动仪式在柘荣县举行。柘荣县农特产品入驻“滴水购”电商平台、“三生三美、清新柘荣”海外华文媒体看“柘”里、“滴水购”电商平台爱心助农志愿者团队、“滴水购”电商平台台湾专区上线等集中启动。

【支持台资企业促内销直播日活动】　2021 年 6 月 30 日，宁德市支持台湾投资企业促内销直播日活动在柘荣县举行，通过网络直播促进宁德市台湾投资企业产品网络销售，传播台湾投资企业产品品牌。参加此次活动的台湾投资企业有 31 家，产品主要涉及高优农副产品、水产品和茶叶等惠及百姓生活及生产的产品。

【宁德与台湾乡建乡创项目】　2021 年 12 月 1 日，“两岸携手筑梦　助力乡村振兴”——宁台乡建乡创项目成果展示会暨签约仪式在屏南县举行。台湾文创团队作成果介绍，展示宁台乡建乡创合作成效；举行闽台乡建乡创合作陪伴式服务协议签约仪式、台湾文创产品入驻“滴水购”电

12月23日，台企台胞金融信用证工作推进会暨第二批台胞台企金融信用证书颁证仪式在宁德举办，共为6家台企、36名台胞颁发台胞台企金融信用证书
（市台港澳办　供图）

商平台签约仪式、“闽台青年乡建乡创驿站”授牌仪式，帮助台湾团队对接本地资源、推动项目可持续运营。
（陈孝春）

宁台人才青年交流

【概况】 2021年，宁德市举办“第二届在闽台湾大学生文化拓展研学之旅——坊巷课堂”交流活动等人才青年交流活动12场次。引进10支台湾团队、50余名台湾人才服务20个村庄项目，举办“同心杯”两岸青年乡村振兴研修营、宁台乡建乡创项目成果展示会等，被授予“闽台青年乡建乡创人才驿站”，相关工作经验获省政府简报、省台港澳办工作简报刊发推广；面向台湾青年提供272个岗位，举办台湾博士宁德师范学院专场对接会，吸引台湾青年和人才到宁德就业创业。

【宁德与台湾人才交流】 2021年，宁德市开展与台湾人才交流活动主要有3场。分别是：6月2—5日，福建开放大学副教授、台湾教师练卜鸣一行到福安市开展考察学习，为第二座爱故乡书院——福安农垦爱故乡书院揭牌，并以“台湾基层农民合作组织现况及其发挥的功能”为主题，交流、传授台湾合作社乡村振兴经验。其间，练卜鸣一行还参访坦洋工夫红茶发源地——坦洋村“领头羊专业合作社”、南岩村合作社、乡村众创空间等地。9月10日，宁德市台港澳办、厦门银行宁德分行联合开展庆祝教师节活动，10余名宁德师范学院台湾教师代表参加。12月18日，2021年台湾博士宁德师院专场对接会在宁德市举行，活动采用线下举办、线上直播的方式，23名台湾博士参与。

【宁德与台湾青年交流】 2021年，宁德市开展与台湾青年交流活动主要有2场。分别是：5月14日，30余名台湾、香港、澳门青年到宁德开展研习交流活动，走访宁德新能源科技有限公司、上汽宁德基地、宁德扶贫开发主题展示馆，了解宁德市“十四五”前沿产业发展情况，推动宁（德）台（湾）交流合作。11月26日，“第二届在闽台湾大学生文化拓展研学之旅——坊巷课堂”参访团到宁德开展交流活动，参访团先后参观上汽宁德基地、新能源科技有限公司、安发生物科技有限公司，感受宁德创新发展的企业文化氛围，体验宁德发展速度。

【“同心杯”两岸青年乡村振兴研修营】 2021年11月20日，由福建省政协农业和农村委员会、民革福建省委会等共同主办的2021年“同心杯”两岸青年乡村振兴研修营在福建省宁德市举行，主会场设在宁德市屏南县屏城乡前汾溪村，在杭州市、台北市设置分会场。两岸嘉宾通过直播镜头连线，展开对话交流。在主会场同时举行两岸乡村生活风物展，展示台南牛头牌沙茶、新竹老锅米粉等台湾百年老店品牌产品，以及福州聚春园集团、厦门陈有香调味品等福建百年老店品牌产品。活动期间，前汾溪村“中国美术学院乡土学院”“福建省对台交流基地”“第四批福建省中小学生研学实践教育基地”揭牌。
（陈孝春）

法治

地方立法

【概况】 2021年，宁德市人大常委会坚持科学立法、民主立法、依法立法，围绕市委中心工作，坚持“小切口”立法，完成《宁德市电动自行车管理条例（草案）》初审工作，颁布施行《宁德市饮用水水源地保护条例》《宁德市户外广告和招牌设置管理条例》，将《宁德市内河管理条例》《宁德市木拱廊桥保护条例》《宁德市养老设施规划建设管理条例》作为立法计划预备项目，解决民生和社会治理领域实际问题。推动法规宣传贯彻实施，健全执法检查、立法后评估等机制，通过召开座谈会、答记者问、媒体刊登法规全文等形式宣传普及地方性法规，营造良好社会氛围。做好规范性文件备案审查工作，出台规范性文件备案审查规定，健全完善工作机制和程序，对市政府报备的20件规范性文件进行审查，维护宪法法律权威。

【《宁德市饮用水水源地保护条例》颁布施行】 2021年4月1日，福建省第十三届人民代表大会常务委员会第二十六次会议批准，自2021年7月1日起施行。

【《宁德市户外广告和招牌设置管理条例》颁布施行】 2021年8月26日，宁德市第四届人民代表大会常务委员会第四十五次会议通过。2021年10月22日，福建省第十三届人民代表大会常务委员会第二十九次会议批准，自2021年12月1日起施行。

【立法项目推进】 2021年8月4日，《宁德市电动自行车管理条例（草案）》经宁德市政府第110次常务会议通过，8月12日提请市人大常委会审议。11月10日市四届人大常委会第四十七次会议，初次审议《宁德市电动自行车管理条例（草案）》。

【备案审查】 2021年2月22日，宁德市四届人大常委会第四十次会议审议通过市人大常委会规范性文件备案审查规定，明确备案审查工作的报送、备案、审查、处理等有关程序和内容；深化市、县两级人大备案审查工作联动交流，加强备案审查工作制度和能力建设。按照法定权限和程序开展备案审查工作，全年对市政府报备的21件规范性文件进行审查，维护法治统一。

（黄赪姝）

政法及综治

【概况】 2021年，宁德市政法机关做好庆祝中国共产党成立100周年安保工作，常态开展扫黑除恶斗争，推进市域社会治理现代化试点工作，提升平安建设、法治建设水平，省对设区市平安建设考评再获优秀等次（连续五年获得优秀等次），市法学会连续九年考评获得福建省第一名，福鼎市连续三届获评全国平安建设示范县、获评“长安杯”，“宁德长安网”获评2021年度中国优秀政法网站，蕉城区人民检察院获评“平安中国建设先进集体”。

【平安建设（综治工作）责任书】 2021年，宁德市把平安建设工作作为重要内容写入《宁德市国民经济和社会发展第十四个五年规划和二〇三五年远景目标纲要》及市第五次党代会报告，坚持年初党政主要领导逐级签订平安建设责任书，落实平安建设责任。市委、市政府主要领导多次主持召开市委常委会会议、市政府常务会议，听取政法综治、平安建设等工作情况汇报，研究解决具体问题，推进平安宁德建设。市委、市政府分管领导定期到基层一线调研检查，协调解决实际困难和突出问题，在重要时间节点，部署开展扫黑除恶四大行业领域、景区和非景区安全管理、校园安全、命案防范、打击电信网络违法犯罪等专项工作。健全责任落实机制，落实市平安建设领导小组及专门工作组运行规则，完善平安建设工作机制，每季度召开1次成员单位座谈会或县（市、区）党委政法委工作会议，研究重点关注议题、听取重点部门汇报、部署重点工作任务。严格执行市平安建设领导小组成员单位挂钩联系乡（镇、街道）平安建设制度，强化对基层的帮扶指导和联动共建。运用通报、约谈、挂牌督办、一票否决等问责措施，逐级传导压力、逐层压实责任，在宁德市形成平安联创联动、共建共治的工作格局。

【社会安定稳定维护】 2021年，宁德市政法机关维护社会安定，督促落实重大决策、重大项目开展社会稳定风险评估，排查化解突出涉稳风险隐患，完成习近平总书记到福建考察、中国共产党成立100周年、中国共产党与世界政党领导人峰会（寿宁县下党乡设分会场）等重大安保工作。突出人民安宁，落实“外防输入，内防反弹”工作要求，核查推送涉疫数据；统筹推进“昆仑”“云剑”“创安2021”等专项行动，宁德市立刑事案件10411件、比上年下降1.82%，破获6331件、上升5.29%，破案率60.81%、上升4.1个百分点，社会治安保持“一降两升”态势。履行意识形态工作责任制，落实“三同步”工作原则，维护政法领域意识形态安全。

【市域社会治理】 2021年，宁德市聚焦固根基、扬优势、补短板、强弱项，推进市域社会治理现代化试点工作。聚焦扫黑除恶，制订《关于常态化开展扫黑除恶斗争的工作方案》，完善“六大机制”，推进四大行业领域整治，打掉黑社会性质组织1个，铲除恶势力集团9个，查扣涉案资产2.59亿元，起诉涉黑涉恶案件14件50人，一审审结21件66人、二审审结7件49人。聚焦专项整治，打击治理电信网络诈骗犯罪，推广应用“金钟罩”反诈程序，破获冒用“宁德时代”实施特大电信网络诈骗案件，电信网络诈骗警情比上年下降25.42%。开展宁德市景区和非景区景点安全管理专项整治行动和信访积案化解、道路交通安全整治、流动人口服务管理、社会治安突出问题治理等四大专项攻坚行动，中央信访联席办首批交办重复信访和信访积案738件，化解率97.6%，宁德市伤亡道路交通“四项指数”下降，禁毒重点整治全部“脱帽摘牌”，4个省级通报整治点实现预期整治目标。聚焦矛盾化解，周宁县成立社会治理综合服务中心，做到矛盾调处只进一扇门，经验做法被《长安杂志》第10期刊发；屏南县设立“特殊疑难信访问题资金池”，在全省首创人民调解员“案件补贴＋固定补贴＋绩效补贴”工作制度，推行“巡回调解”机制，被省司法厅在全省推广。聚焦融合共治，推广“综治＋保险”做法，全市保额2800余万元。拓展“浙闽边界法治乡村走廊”做法，签署《浙闽边界矛盾纠纷联防联调工作合作协议》等文件，丰富边界共建内涵。创新“党建＋三治融合”做法，推行各类组织协同共治“1+3+N”模式和“双报到”工作机制，推动3.3万名党员到社区报到，服务平安社区创建。寿宁县下党乡推进自治、法治、德治体系建设，获评第二批全国乡村治理示范乡镇，蕉城区金涵畲族乡上金贝村、屏南县熙岭乡龙潭村、福安市下白石镇下岐村、柘荣县东源乡绸岭村获评第二批全国乡村治理示范村。

【法治保障发展】 2021年，宁德市政法机关紧扣奋力谱写“宁德篇章”这一发展主题，发挥法治固根本、稳预期、利长远作用，助推发展质量提升，制定《关于加强打击侵犯知识产权犯罪案件协作工作意见》等文件，成立宁德市知识产权保护司法协同中心，实行知识产权刑事、民事、行政检察集中统一履职，提高创新主体知识产权保护水平和抗风险能力。打造法治化营商环境，建立涉党政机关“零强制执行”工作机制，被省发改委评为福建省2021年第三批优化营商环境工作典型经验。助力海洋经济发展，平安海域建设经验做法被收入《平安中国2020》并在央视社会与法频道播出，海上养殖综合整治改革“宁德模式”被省政府办公厅发文在全省推广，霞浦县海上社区治理经验做法在《长安杂志》第11期刊登。助推生态环境提质，率先在全国推行省级流域湖河区域水环境“生态司法＋保险”修复机制，建立廊桥文化遗产闽浙地区司法保护协作机制，被写入2021年全国两会最高法工作报告。深化“两江三溪”“林长、河（湖）长＋检察长”和“环三”近岸海域生态环境检察保护协作机制，聚焦海上垃圾、河湖流域污水排放、黑臭水体等问题，办理公益诉讼案件61件，“山海一体”生态环境公益诉讼工作机制获评省第四届“推进机制活、建设新福建”体制机制创新奖。助推乡村振兴提速，坚持“脱贫不脱钩”，强化政法系统挂钩帮扶工作，助力增产增收。开展根治欠薪专项监督，帮助追回农民工工资240余万元。深化“一村（社区）一法律顾问”“一村一法律诊所”“一村一警务助理”，受理法律援助案件6047件。融入基层组织换届“清风护航”行动，参与村“两委”成员候选人资格条件联审3.7万人次，避免“带病选举”128人。助推为民服务提效，制定《宁德市政法系统深入开展“我为群众办实事”实践活动实施方案》，开展“践行初心十大行动”，推出便民利民举措104项，开展为群众办实事2077件，“我为群众办实事”满意率位列福建省第二，相关做法被全国政法队伍教育整顿简报第33期刊登。蕉城区建立普惠金融纠纷调处中心经验做法入选福建法院“我为群众办实事”十大精品项目。

【政法领域改革】 2021年，宁德市政法机关以改革的办法闯新路、用创新的思维解难题，实施社会治理“抓点带面”工程，注重智能化建设，优化提升综治网格化服务管理信息平台功能模块和应用水平，建立智慧综治“五情分析”“三色预警”“三级联动”“533”工作机制，提升预测预警能力。自主研发“宁德法院诉非联动平台”、周宁县建立跨部门涉案财物管理平台作为省数字政法建设成果参加第四届数字中国建设峰会展览。注重规范化改革，聚焦政法队伍教育整顿暴露出的突出问题，制定出台《宁德市政法系统政治督察工作办法（试行）》《宁德市中级人民法院关于员额法官审判监督管理机制实施意见（试行）》《宁德市人民检察院进一步加强年轻民警培养管理工作的实施意见（试行）》《宁德市公安机关贯彻落实“三个规定”实施细则（试行）》《宁德市司法局关于进一步规范干部及配偶、子女及其配偶从事经营活动的规定》等规章制度310项，修改完善150项，以制度机制管人管事。注重典型化引领，制定《宁德市社会治理“抓点带面”工作方案》，培育31个政法工作、平安建设新典型，每2个月召开一次典型培育工作经验交流会，总结推广创新实践。福安市交通“快处快赔121”经验做法入选《法治日报》2021年政法工作亮点，多次获得省委副书记、政法委书记罗东川和副省长、公安厅厅长黄海昆批示肯定并在全省推广；深化诉源和执源治理，经验做法被最高法院司法改革动态刊登并在全省推广；探索建立“110”与“12348”联处纠纷机制被省公安厅在全省推广；古田县创新实践“晨巡晚议”基层治理模式被省司法厅在全省推广。

【政法队伍教育整顿】 2021年，宁德市政法机关正风肃纪、反腐强警，开展党史学习教育、政法队伍教育整顿和“再学习、再调研、再落实”活动，突出学习教育，围绕一条主线（即学深悟透习近平新时代中国特色社会主义思想），突出四个节点（即习近平总书记对宁德工作作出重要指示1周年、给下党乡乡亲们重要回信2周年、视频连线赤溪村5周年、回宁德视察11周年），聚焦五大板块（即深入开展政治教育、警示教育、英模教育、党史学习教育和廉政教育），打造集“学、教、训、观、研”于一体的学习教育模式。全年举行“一把手”讲党课67场、纪委监委主要领导作廉政教育报告11场，政治轮训11050人次，开展“学深悟透习近平法治思想，全面推进公正执法司法”主题征文活动等自选动作300余项。突出顽疾整治，向社会发布《宁德市政法系统顽瘴痼疾专项整治清单的公告》，公开整治顽瘴痼疾细项和主要措施，大排查、大清理、大起底“六大顽瘴痼疾”和其他突出问题，排查梳理顽瘴痼疾问题线索，强化整治，建章立制，整改率100%。突出组织查处，开展举报线索核查、涉黑涉恶案件（线索）倒查、重点案件交叉评查、涉法涉诉信访案件清查、法律监督专项检查、智能化数据排查、队伍建设巡查等“七查”工作，清理违规违法办理“减假暂”案件，犯罪嫌疑人、被告人未依法收押和判处实刑犯罪未依法交付执行刑罚等专项整治，受理各类信访举报和问题线索，运用“四种形态”处分处理，强化惩治震慑。突出典型培树，开展“宁德政法人风采”等宣传活动，组织观看“奋斗吧，闽东政法追梦人”主题晚会纪录片、“时代楷模”杨春原型电影《我是警察之扫黑英雄》《平安中国之守护者》等宣传片，举办英模事迹报告会、先进事迹宣讲会76场，组织751名青年政法干警跟班先进找差距，培育出一批获国家级、省级荣誉的先进集体和个人。

【平安建设考评】 2021年，宁德市按照市直单位、教育系统、卫健系统划分，开展平安建设考评。评出一类、二类、三类“平安单位”140个。其中，市直一类“平安单位”93个、二类“平安单位”18个、三类“平安单位”5个，教育系统一类“平安单位”7个、二类“平安单位”5个，卫生系统一类“平安单位”7个、三类“平安单位”5个。

【全市政法队伍教育整顿相关会议】 2021年，中共宁德市委召开全市政法队伍教育整顿相关会议2场：3月12日，全市政法队伍教育整顿动员部署会召开，市委书记、市政法队伍教育整顿领导小组组长郭锡文主持会议并作动员部署讲话，省检察院党组副书记、常务副检察长、省政法队伍教育整顿第九指导组组长欧秀珠出席会议并讲话，省政法队伍教育整顿第九指导组副组长张宝华、刘大宏及指导组其他成员，市领导王世雄、谢再春、郭学斌、胡楠参加。8月5日，全市政法队伍教育整顿总结大会召开，受市委书记梁伟新委托，市委副书记、市长张永宁主持会议并讲话，省政法队伍教育整顿第九指导组组长欧秀珠出席会议并讲话，市领导严志铭、王世雄、谢再春、陈惠、胡楠参加会议。

【全市扫黑除恶专项斗争总结大会】 2021年7月13日，中共宁德市委、市政府召开全市扫黑除恶专项斗争总结大会，市委书记梁伟新出席会议并讲话，市委副书记、市长张永宁主持会议，市委常委、政法委书记王世雄宣读市委、市政府奖励表扬决定，市领导严志铭、谢再春、陈惠、胡楠参加。

（阮祥忠　林银华）

法治政府建设

【概况】 2021年，宁德市召开市委常委会暨市委全面依法治市委员会会议5次，研究审议通过《中共宁德市委全面依法治市委员会关于为全方位推动高质量发展超越提供有力法治保障的若干举措》《中共宁德市委全面依法治市委员会2021年工作要点》《宁德市行政复议体制改革实施方案》《关于在全市开展法治宣传教育的第八个五年规划（2021—2025年）》等文件，出台《关于深入贯彻落实习近平法治思想进一步推进法治社会建设若干措施的通知》等文件，推进全面依法治市工作。

【立法审查】 2021年，宁德市制定《宁德市人民政府2021年立法计划》，确定2021年人大地方性法规项目5项。市司法局完成《宁德市电动自行车管理条例》地方性法规草案审查；配合省人大、省司法厅及省直有关单位开展立法调研，组织全市相关部门对《福建省人口与计划生育条例》《福建省退役军人就业创业促进办法》等法规、规章草案提出修改意见。

【规范性文件审核】 2021年，宁德市司法局对41件市政府、市政府办规范性文件送审稿进行事前合法性审核，审核出台23件，报备率、及时率均为100%。处理重点项目建设、招商引资、城市管理内容等涉法事务107件，其中审核《关于完善宁德时代车里湾项目合作协议部分条款的请示》等合同23件。对5件市政府规章以及389件市政府、市政府办涉及民法典、行政处罚、计划生育、外商投资法等领域的规范性文件进行专项清理，废止19件。审查各县（市、区）人民政府和市直部门报备的规范性文件131件。

【行政复议与应诉】 2021年，宁德市受理行政复议案件504件，其中市政府本级57件，行政复议合法率在省对市依法行政绩效考评中持续位居全省第一。9月18日，中共宁德市委全面依法治市委员会印发《宁德市行政复议体制改革实施方案》，整合行政复议职责，一级政府只保留1个行政复议机关，自2021年10月1日起，除实行垂直领导的行政机关、税务和国家安全机关外，市、县两级人民政府行政复议机构统一办理本级人民政府的行政复议事项，实行“集中受理、集中审理、集中决定、集中送达”。7月28日，宁德市人民政府办公室印发《进一步加强行政应诉工作若干措施》，强化行政应诉工作。全市办理行政应诉案件359件，其中市、县两级政府为被告的行政应诉案件103件。市政府法律顾问代表市政府出庭应诉17件，为涉法事务提供法律意见建议20件。12月21日，中共宁德市委机构编制委员会作出《关于调整市级行政复议职责和工作机构设置的批复》，同意将市司法局内设的行政复议与应诉科分设为“应诉科”“行政复议一科”“行政复议二科”并核增行政编制5名。

【执法监督】 2021年，宁德市司法局落实行政执法人员持证上岗和资格管理制度，为全市6600余名行政执法人员换发全新制式的行政执法证；对市、县两级行政执法单位274件行政处罚案卷进行评查。印发《宁德市司法局关于开展行政裁量基准动态调整工作的通知》，组织全市行政执法机关及时开展本部门的行政裁量基准动态调整工作。印发《宁德市司法局关于推行包容审慎监管执法四张清单制度的通知》，推动各级行政执法单位依法编制不予处罚事项清单、从轻处罚事项清单、减轻处罚事项清单和免予行政强制事项清单，提高行政执法质量。将党政主要负责人履行推进法治建设第一责任人职责情况列入年终述职内容。

（王秀珍）

公安

【概况】 2021年，宁德市公安机关贯彻落实总体国家安全观，把主动开展斗争、防范风险置于首位，开展社会综合治理维护安定稳定各项工作，完成“中国共产党与世界政党领导人峰会”下党分会场等重大会议活动安保警卫任务27场次。推进全警实战大练兵，累计组织比武竞赛23场1014人、达标测试考核11批3500余人次；举办入警、晋升、专业、发展“四类”培训班53期1972人次。市局代表队获市直机关庆祝中国共产党成立100周年党史知识竞赛第一名、全年全省公安机关“党史映初心、忠诚铸警魂”党史知识竞赛第二名。霞浦、周宁等地推广应用“社会综合治理＋保险”做法，“社会治理＋保险”模式入选“中国之治”社会治理典型案例。45个集体、56名个人受到省级以上表彰；104个集体、465名个人受记功嘉奖。扫黑除恶斗争常态化推进，电信诈骗、黄赌毒等各类违法犯罪活动得到打击。市公安局获全国公安机关庆祝中国共产党成立100周年安保工作集体一等功。蕉城分局刑侦大队获评“全国扫黑除恶斗争先进集体”，受到习近平总书记接见。寿宁下党派出所被公安部授予集体一等功。福安市局出入境管理大队、霞浦县局出入境管理大队被全国妇联评为“全国巾帼文明岗”，福安市局女子护学岗中队被授予“全国青年文明号”称号。交通事故“快处快赔121”机制成为全国政法工作亮点，“公安110与司法12348”联动处置纠纷机制在全省推广。相关工作得到省市领导批示肯定43次。常态推进疫情防控，建立“三公（工）一大”融合协同机制，强化与市卫生健康委（市疾控中心）、市通管办、市大数据管理局的数据核查协作。组建公安流调队伍11支260人，核查推送涉疫数据，应对疫情处置，守好守牢“外防输入、内防反弹”防线。

【刑事案件侦查】 2021年，宁德市公安机关立现行刑事案件10455件、比上年下降1.4%，破获6341件、比上年上升5.4%，破案率60.7%、比上年上升3.9个百分点，破案率再创历史新高。

【严重暴力犯罪侦查】 2021年，宁德市公安机关立8类暴力犯罪案件341件，破获340件、破案率99.7%。现行命案全部破获，并破获命案积案，抓获历年命案在逃犯罪嫌疑人5人。开展“团圆”行动，破获拐卖儿童积案2件，找回历年被拐儿童70名。

【扫黑除恶】 2021年，宁德市公安机关侦办涉黑案件1件、恶势力集团案件9件，刑拘犯罪嫌疑人75人，破获刑事案件265件，查扣涉案资产2.59亿元。其中，侦办工程建设领域涉恶案件2件、信息网络领域涉恶案件7件。福建省唯一一件网络"套路贷"涉黑专案被列为全省扫黑除恶典型案例并入选全国27件典型案例。

【多发性侵财犯罪侦查】 2021年，宁德市公安机关开展集中打击多发性侵财犯罪专项行动，破获传统盗抢骗案件1907件、破案率55.2%，其中"两抢"案件破案率100%。破获电信网络诈骗案件1507件，比上年上升129.7%。精准预警劝阻潜在受害群众21.7万人次，直接避免群众经济损失7315万元；冻结止付账户4492个，冻结资金6766.7万元，止付被骗资金1790.7万元。开展"断卡"行动，在全省率先建立"公安+银行"警银联审工作机制，打掉涉"两卡"犯罪团伙59个，抓获犯罪嫌疑人1482人。

【经济犯罪侦查】 2021年，宁德市公安机关组织开展"猎狐2021""歼击21"等专项行动，破获传销、虚开骗税、地下钱庄等各类经济犯罪案件286件，比上年上升15.3%；移送起诉525人，比上年上升30.92%。

【枪爆违法犯罪侦查】 2021年，宁德市公安机关立案查处涉枪刑事案件70件、涉爆刑事案件6件，办结部督案件6件、省督案件7件，收缴各类私制枪支277支、各类子弹7万余枚、黑火药等自制爆炸物品540余公斤、易制爆危险化学品13吨、管制刀具62把，专项行动综合排名福建省第三名。

【禁毒整治】 2021年，宁德市公安机关开展"飓风肃毒2021""净边2021""平安关爱"等专项行动，破获毒品刑事案件197件，抓获犯罪嫌疑人314名，查处吸毒人员834人次。禁毒重点整治，蕉城区被取消"重点关注"，宁德市实现禁毒重点整治"脱帽摘牌"目标。

【走私犯罪侦查】 2021年，宁德市公安机关开展打击走私综合治理工作，连续三年福建省打击走私综合治理绩效考评排名第一名。年内破获各类走贩私案件269件(刑事案件48件、行政案件221件)，总案值13.19亿元。其中，涉油案件138件（刑事案件13件，行政案件125件），查获成品油2829.33吨；走私冻品案件11件（刑事案件9件、行政案件2件），查获走私冻品263.15吨，案值334.08万元；走私香烟案件89件（刑事案件23件、行政案件66件），查获走私香烟2.11万件，案值13.01亿元，集中销毁1.1万件；其他案件31件。

【治安整治】 2021年，宁德市公安机关开展"昆仑""食安""绿盾"等专项行动，破获各类森林刑事案件193件、抓获犯罪嫌疑人252人，移送起诉（含直接起诉）142件200人；破获食药环案件155件，其中公安部督办案件3件，省厅督办案件33件。加强对全市43家涉枪涉爆从业单位、813家寄递物流企业及分支机构安全检查监管。打击黄赌违法犯罪，破获赌博刑事案件164件，办理赌博行政案件1425件；破获涉黄刑事案件42件，办理涉黄行政案件180件。

【户政管理】 2021年，宁德市公安机关推进智能安防小区建设、流动人口服务管理和"一标三实"信息采集工作，深化户籍制度改革。全市户籍人口3557385人，其中城镇人口1364196人，户籍人口城镇化率38.35%，户口迁入52126人。全市登记流动人口547465人，签发"居住证"9582张、"港澳台居住证"476张。全市户籍窗口受理业务32.14万笔，群众评价满意率99.95%。

【公共交通治安管理】 2021年，宁德市公安机关以道路交通事故预防"减量控大"为抓手，查纠各类交通违法行为131.6万件，全市伤亡道路交通"四项指数"下降，发生涉及伤亡道路交通事故941件，比上年减少196件、下降17.24%；死亡165人，比上年减少12人、下降6.78%；受伤1068人，比上年减少319人、下降23%；直接财产损失222.58万元，比上年减少78.62万元、下降26.1%。完成55处列入省级为民办实事危险路段整改。全市10个县级公安机关成立女子骑警队，推广交通管理柔性执法做法。福建省公安厅交警总队宁德高速公路支队（以下简称"宁德高速交警支队"）辖区发生适用一般程序处理的交通事故36起，比上年增加4起，上升12.5%；死亡13人，减少6人，下降31.58%；受伤43人，增加2人，上升4.88%；直接经济损失127.2万元，增加26.75万元，上升26.63%。

交通秩序整治 2021年，宁德高速交警支队加大对重点时段、路段和交通违法行为的管控、查控力度，提升辖区整体交通秩序管理水平。突出关键节点，在元旦、春运、清明、"五一"、端午、中秋、国庆等重要时间点段，提前作出研判，成立应急小组或执法小分队，警力最大限度充实到一线，提高路面见警率和处警效率，防范二次事故和严重交通拥堵。在庆祝中国共产党成立100周年安保期间，落实社会治安防控等级响应勤务要求，加大路面巡查管控力度，保证足够警力应对突发情况，每天开展"夜查"统一行动，在交通违法查纠上保持高压态势，期间支队辖区未发生适用一般程序处理的交通事故。突出重要点段，分析研判事故多发、易堵重点路段，特别是一大队吴楼隧道路段、二大队洋中枢纽和杨梅岭隧道路段、三大队福安连接线和康厝枢纽路段、四大队甬莞高速康厝枢纽铜岩隧道和八都路段、五大队筹备组准溪隧道和排头枢纽路段，以及节假日重点旅游景区路段，采取针对性勤务模式，提高巡逻密度，高峰时段增派警力驻点管控，增强现场管控力度，第一时间疏堵保畅，消除安全隐患。突出专项治理，结合“控事故、保安全、迎建党百年”安全生产集中攻坚专项行动、重点交通违法专项整治、“一盔一带”安全守护行动、酒驾醉驾夏季夜查整治行动等一系列专项行动，加大对酒醉驾、超员载客、超速行驶、疲劳驾驶、违法占用应急车道、违法停车等严重交通违法行为的查处力度。查处各类交通违法行为9.16万件（其中现场查处4.37万件），现场查处酒驾醉驾173件、不按规定车道行驶1180件、违法停车（占用应急车道）2714件、超员1800件、超速2.61万件，凌晨2时至5时违规运行1件，危化品运输车五类重点违法行为105件。

交通安全宣传 2021年，宁德高速交警支队以中小学生开学季、“122”全国交通安全日、逢八“安全宣传日”等重要节点为契机，结合“美丽乡村行”巡回宣传活动、“一盔一带”专项守护行动，到服务区、收费站、执法站、学校、社区等宣传阵地开展面对面的交通安全宣传，倡导广大交通参与者守法规知礼让，安全文明出行。组织开展“七进”宣传活动462场次，其中进宣传阵地186场次、进企业97场次、进农村157场次、进学校22场次。运用“两微一抖”官方平台编发节假日“两公布一提示”、交通安全法律法规、执勤民警坚守岗位事迹、典型违法（事故）曝光等原创微文，结合部局、总队新媒“一线微观”“覆车之戒”“我为群众办实事”等重点话题开展宣传。微信公众号推文702篇，微博推文273篇，抖音78条，联合新闻媒体在抖音平台上开展执法直播活动11场次，观看人数50余万人次。在各大媒体上稿431条，其中央级7条、省级424条，通过“交安微学群”推送交通安全提示信息499条，通过自建短信平台发送宣传提示短信12.34万条，开展宣誓教育与满分教育288场，受教育人员超过1.43万人次。

指挥调度 2021年，宁德高速交警支队指挥中心共接警2.78万件，其中有效报警2.76万件，处警正确率100%。通过集成指挥平台缉查布控系统有效预警10.46万件，出警拦截10.40万件，拦截车辆3.37万件，现场处罚8009件，处罚一致率100%。

机构设置 2021年11月，福建省公安厅交通警察总队批复同意成立宁德高速公路支队六大队筹备组，管辖沈海高速公路闽浙分水关至白岩里隧道北洞口（1842千米+942米至1867千米+22米）和甬莞高速公路邦福枢纽至柘荣交界（422千米+550米至455千米）路段。

【监所安全管理】 2021年，宁德市公安监管场所协助泉州警方破获10件系列恶性案件，获得省厅主要领导批示肯定。周宁县看守所被公安部评为“全国基础设施建设示范公安监所”“全国公安监管部门抗击新冠肺炎疫情成绩突出集体”。全年公安监所新冠肺炎疫情“零感染”、安全管理“零事故”。

【社会治安防控体系建设】 2021年，宁德市公安机关处置各类有效警情21.7万件，警情处置群众满意率97.1%，快速反应率95.7%。开展互联网平安家园维护安全设备试点建设，实现多层级对人流聚集、危险因素、突发情况的预警提示和快速处置。建成人车卡口940路、停车场出入口监控34个。乡村维护安全设备覆盖率增强，户籍人口1000人以上的建制村设备覆盖率100%，户籍人口1000人以下的建制村设备覆盖率91.16%。汇聚小区智能安防前端设备数据。全市32个国家AAA级以上旅游景区100%设立警务室。

【践行“枫桥经验”】 2021年，宁德市公安机关开展“枫桥式”公安派出所创建，蕉城八都、福鼎磻溪、寿宁下党、周宁浦源、屏南双溪等5个派出所获评福建省首批“枫桥式”公安派出所。寿宁下党派出所创建活动经验做法在全省做经验交流。以创建“枫桥式公安派出所”为抓手，夯实基层警务工作基础，屏南县局设立“龙潭乡村振兴警务室”，福鼎市局创新保护白茶知识产权“白茶卫士”做法，服务保障乡村振兴。结合“百万警进千万家”活动，排查矛盾纠纷17179件，调解16258件，调处成功15610件，调解率96%。公安“110”与司法“12348”联动处置纠纷机制做法得到省厅主要领导批示肯定及全省推广。

【公安“放管服”改革】 2021年，宁德市公安局结合“我为群众办实事”活动，落实“放管服”改革，落地便民惠民措施，23项公安政务服务事项入驻“e政务”自助服务一体机；实现18类车驾管业务“一窗办”“一证办”。推行周六轮流开放车辆年检业务，为新能源汽车注册上牌提供集中上门查验服务，开展车驾管业务下乡上海岛，服务群众“最后一公里”。轻微道路交通事故“快处快赔121”做法得到罗东川、黄海昆等领导批示肯定并在全省推广，入选《法治日报》2021年全国政法工作亮点。指导宁德市保安公司研发“宁德保安微课堂”线上培训软件，推行保安员线上培训模式，减轻企业负担，方便群众培训考证，开展保安员线上培训7期，共发放保安员证293本。

【执法规范化建设】 2021年，宁德市公安机关推广福鼎执法积分制做法，创建派驻法制员机制，进行执法规范化建设，工作经验在全省做典型发言。在福建省公安机关执法质量考评位居第三。

【公安信访】 2021年，宁德市公安局开展公安信访突出问题攻坚化解专项工作，化解公安部交办88件、省厅交办114件，化解率均达到100%，化解率居全省并列第一。连续两年在全省作典型经验介绍。

（龚妃秀　谢书函）

检　察

【概况】 2021年，宁德市检察机关落实“捕诉一体”办案机制，依法惩治各类刑事犯罪，批捕各类刑事犯罪嫌疑人2454人、起诉4948人。落实“少捕慎诉慎押”刑事司法政策，不捕549人、不诉564人，建议释放或变更强制措施54人。开展常态化扫黑除恶斗争，批捕涉黑涉恶犯罪嫌疑人38人，起诉50人。深化重点行业领域整治，制发综合治理检察建议29件，实现以案促治、以案促建。落实认罪认罚从宽制度，做到该用尽用、规范适用，办理刑事案件适用认罪认罚3481件4851人，适用率超过85%，量刑建议采纳率、一审服判率超过97%。围绕权利救济、权益保障开展精准监督，办理民事检察案件240件。对事实认定、法律适用确有错误的判决、裁定，提出、提请抗诉和建议再审17件；对判决正确的88件案件，做好息诉服判工作。围绕促进依法行政的共同法治目标，坚持既维护司法工作，又促进依法行政，办理行政检察案件138件。依法履行公益诉讼检察职能，摸排公益诉讼线索277条，立案266件，其中行政公益诉讼立案194件，民事公益诉讼立案72件，发出检察建议146件，发布公告62件，提起公益诉讼47件。加强刑事审判监督，提出抗诉22件，依法认定为正当防卫案件1件1人，彰显法不能向不法让步。贯彻新修订的未成年人保护法、预防未成年人犯罪法，严惩性侵、虐待、拐卖儿童等严重侵害未成年人犯罪，批捕113人，起诉153人。用国家司法救助政策，建立检察机关一体化救助、“检察院+”多元融合救助机制，提供司法救助57人，发放救助金145.51万元。为群众办实事545件，相关报道被省以上媒体采用300余篇。开展法律监督专项检查，监督公安立案55件，纠正侦查违法33件，督促法院纠正审限超期、执行款发放不及时、执行程序不规范等问题15件。开展“司法工作人员职务犯罪侦查百日攻坚行动”，立案侦查2人。

【刑事检察】 2021年，宁德市检察机关批捕各类刑事犯罪嫌疑人2454人、起诉4948人。其中，起诉故意杀人、绑架、强奸等暴力犯罪嫌疑人138人，“两抢一盗”犯罪嫌疑人398人，电信网络诈骗犯罪嫌疑人164人，毒品犯罪嫌疑人199人，涉疫犯罪嫌疑人19人。落实“少捕慎诉慎押”刑事司法政策，不捕549人、不诉564人，建议释放或变更强制措施54人。深化重点行业领域整治，制发综合治理检察建议29件，实现以案促治、以案促建。毛某某等人涉黑案检察专案组获评全国检察机关扫黑除恶斗争先进集体，福鼎市院办理的温某某等23人“套路贷”敲诈勒索涉恶案件入选最高检“检察机关推进网络空间治理典型案例”。落实最高检“三号检察建议”，批捕洗钱和非法吸收公众存款等破坏市场经济秩序犯罪嫌疑人221人，起诉415人，护航金融安全。强化刑事立案、侦查监督，在9个公安执法办案管理中心派驻检察室，监督立案38件、撤案37件，纠正漏捕、漏诉、漏罪280人，对侦查活动违法问题提出纠正意见90件次。开展对公安机关立案刑拘后未报捕未移诉专项监督，督促继续侦查38人，建议终止侦查、撤案32人。发挥反腐败斗争中检察作用，受理监察委移送职务犯罪23件25人，决定逮捕17人，起诉32人。加强刑事审判监督，提出抗诉22件，依法认定为正当防卫案件1件1人。加强刑事执行监督，深化监管场所“派驻+巡回”监督模式，审查减刑、假释、暂予监外执行案件883件，监督纠正348件，办理并出庭“三类罪犯”减刑案件60件。开展审前未羁押、判处监督审前未羁押判实刑罪犯未交付执行114人。

【民事检察】 2021年，宁德市检察机关办理民事监督案件240件，其中不服一、二审生效判决、裁定的申请监督127件，审判违法情形监督14件，执行监督89件，不支持起诉案件6件，跟进监督和复查4件。提请上级院抗诉9件（市院向省院提请抗诉6件，基层院向市院提请抗诉3件），提出抗诉3件，向法院发出再审检察建议5份，收到法院裁判改判、改变11件（包含往年案件）；做不支持监督申请88件（含往年案件）；终结审查29件，7件在审查中。发出再审检察建议5件，法院采纳4件，采纳率80%，发出执行监督检察建议38件，采纳38件；发出审判程序违法监督检察建议3件，法院采纳3件；办理虚假诉讼监督18件，向公安部门移送线索3条，向刑检部门移送线索2条。发挥支持起诉制度在保护弱势群体权益方面的价值作用，关注弱势群体利益诉求，对农民工等诉讼能力偏弱的群体加大支持起诉力度。开展欠薪攻坚行动，保护农民工合法权益。开展协助农民工讨薪问题专项监督。全年两级院协助250余位农民工解决欠薪问题，涉及金额580余万元，帮助农民工讨回欠薪240余万元。把握提请抗诉、提出抗诉和再审检察建议标准，审查案件，提高案件的精准度和质量。如蕉城区院提请抗诉的合资、合作开发房地产合同纠纷案件，经再审改判，为马山村、官井村减少经济损失900余万元；强化不支持监督案件的释法说理，既维护法律权威，又维护当事人的合法权益。市检察院在办理一起借款合同纠纷监督案件，经多方沟通、公开听证等，推动该案执行与执行异议复议同步化解，促成两位年逾花甲、积怨23年的当事人握手言和。推进虚假诉讼领域违法行为专项监督，办理监督案件18件。开展执行监督专项工作，办理监督案件89件。

【行政检察】 2021年，宁德市检察机关落实精准监督和穿透式监督理念，发挥行政检察“一手托两家”功能，既审查行政审判、执行活动是否存在违法行为，又同步审查案件涉及的行政行为合法性，促进行政机关依法行政，助推社会综合治理，实现共同法治目标。办理行政监督案件138件。其中，不服一、二审生效判决、裁定的申请监督33件，比上年上升135.7%，做不支持监督申请决定36件（含往年案件）。办理社会治理案件类46件，发出检察建议23件，全部采纳。办理执行监督案件42件，比上年上升215.4%，发出检察建议26件，全部采纳。跟进监督1件。围绕征地补偿、治安处罚等领域，办理行政诉讼监督案件33件。围绕违法占地、污染防治等领域，开展土地执法查处领域非诉执行专项监督，监督纠正42件，发出检察建议22份，推动恢复被非法占用的土地24.80万平方米。针对一些行政案件程序已结但争议未解问题，通过监督纠正、公开听证等方式实质性化解行政争议14件。如宁德、福鼎两级院共同化解一起长达30年退役军人抚恤金信访案；周宁县院督促职能部门依法撤销一起冒用他人姓名婚姻登记。

【公益诉讼】 2021年，宁德市检察机关立足宁德山海兼备的区位特点，推动生态文明司法保护从陆地向河海延伸，深化“两江三溪”“林长、河（湖）长＋检察长”和环三都澳近岸海域生态环境检察保护协作机制，参与山林植被生态修复和施工污染集中排查、河湖环境治理、海上养殖综合整治，助力打造集青山、碧水、碧海、净土于一体的闽东绿色生态群。聚焦破坏古树名木、公益生态林等问题，办理林木资源破坏刑事案件86件112人，公益诉讼案件21件，推动补植复绿133公顷，筑起林木资源“安全墙”。摸排公益诉讼线索277条，立案266件。其中，行政公益诉讼立案194件，民事公益诉讼立案72件。发出检察建议146件，发布公告62件，提起公益诉讼47件。聚焦流动摊贩、校园食堂及周边食品卫生安全、“禁塑令”落实等方面开展公益监督，办理公益诉讼案件13件，守护“舌尖安全”。古田县人民检察院聚焦校园周边流动食品摊贩管理，推动制订《古田县中心城区临时占道经营区域和时段设置方案》，设立临时疏导点，办理健康证97份。聚焦涉及群众切身安全的道路交通、消防通道等安全生产领域问题，开展窨井盖、“钉子阵”安全和居民住宅小区消防安全通道隐患排查等公益诉讼专项监督，立案50件，保障出行安全。办理一起因窨井盖塌陷造成行人重伤的监督案，为被害人发放司法救助金、协调落实赔偿金186万元，并推动完善窨井盖安全管理制度。聚焦全市耕地“非粮化”“非农化”问题，开展基本农田保护专项监督，办理公益诉讼案件6件，严防粮食安全。寿宁县院办理张某等8人非法占用基本农田私建公墓刑事附带民事公益诉讼案，诉请承担复垦工程款28万余元获法院判决支持。守护闽东文化遗产，开展“文物和文化遗产保护”“县级及以下烈士纪念设施管理保护”、木拱廊桥保护等专项监督活动，立案37件。推动形成廊桥文化保护“司法＋保险＋服务”创新模式，督促投保文物保护险1476万元。探索办理公共卫生、妇女及残疾人权益保护、个人信息保护等领域案件47件。

【关心关爱未成年人健康成长】 2021年，宁德市检察机关贯彻新修订的未成年人保护法、预防未成年人犯罪法，严惩性侵、虐待、拐卖儿童等严重侵害未成年人犯罪，批捕113人，起诉153人。推动公安机关成立保护涉案未成年人联合工作组（专班），健全“一站式”办案机制和专门场所，对罪行较轻且认错悔罪的未成年人依法不捕29人，不诉57人。倒查五年行政处罚案件，依法监督追究12人刑事责任，会同市场监督等部门，整治校园周边“电子烟”“三无食品”“手机租赁”等问题。深化“法治进校园”活动，166名检察干警受聘担任179所中小学校法治副校长、法治辅导员，开展送法进校园172场次，联合公安、教育部门查询教职员工等5000余人，监督性侵前科劣迹人员不得在校任职、接触学生群体。福鼎市院“青春关护团”获“全国青年文明号”称号。

【为民办好实事】 2021年，宁德市检察系统为群众办实事545件，相关报道被省以上媒体采用300余篇。严控办案程序空转，减少办案滞留环节，刑事“案—件比”降至1∶1.28。推进“群众信访件件有回复”，对2207件群众信访，符合回复条件的全部做到“7日内程序回复、3个月内办理过程或结果答复”。开展重复信访案件集中治理，检察长定期接访、适时约访、带案下访、联合接访，院领导包案化解最高检交办的重复信访件65件，办结率100%。推行公开听证工作，以释法说理促进纠纷化解，举办公开听证117件次，邀请人大代表、政协委员、人民监督员等300余人次参加。开展根治欠薪专项监督，办案注重区分恶意欠薪和资金周转困难欠薪，帮助农民工追回欠薪240余万元，参与村“两委”成员候选人资格联审3.7万人次，排查出被剥夺政治权利刑罚执行128人，助力乡村振兴“带头人”建设。

【助力营商环境优化】 2021年，宁德市检察机关围绕服务宁德抱好“金娃娃”、发展大产业的总体布局，提出“四个决不”办案要求，批捕侵害民营企业合法权益犯罪10人、起诉28人，办理涉民营企业民事监督案件37件。组建知识产权检察办公室，整合知识产权刑事、民事、行政检察职能，强化司法综合保护，会同公安、市场监管等部门签订保护知识产权协作意见，起诉侵犯知识产权犯罪23人。对既未撤案又未移送审查起诉、长期搁置的涉民营企业刑事诉讼“挂案”，联合公安机关组织新一轮专项清理，清理“挂案”17件，帮助民营企业“甩掉包袱、轻装上阵”。既服务四大主导产业发展，又注重保护小微企业合法权益，柘荣县院在调查、公开听证的基础上，依法对8家涉案企业及其负责人不起诉，避免“案子办了、企业垮了”。助力建设台胞台企登陆第一家园，全市设立涉台检察联络室2个，聘任涉台检察联络员7名。

（孙　铃）

法 院

【概况】 2021年，宁德市两级法院受理各类案件53794件，其中新收50897件；审结50597件，结案率94.06%，结收比99.41%。市法院受理各类案件5599件，其中新收5337件；审结5247件，结案率93.71%，结收比98.31%。

【刑事审判】 2021年，宁德市两级法院新收各类刑事案件4876件，比上年上升7.05%。其中，新收一审刑事案件3538件，上升11.96%；新收二审刑事案件277件，下降8.28%；新收刑事再审审查案件119件，增加81件；新收再审刑事案件6件，上升100%；新收刑罚与执行变更审查案件870件，下降13.6%；新收其他刑事案件66件。审结各类刑事案件4915件，上升8.4%。其中，审结一审刑事案件3572件，上升13.76%；审结二审刑事案件279件，下降8.52%；审结刑事再审审查案件118件，增加81件；审结刑事再审案件7件；审结刑罚与执行变更审查案件872件，下降13.23%，审结其他刑事案件67件。

【民商事审判】 2021年，宁德市两级法院新收各类民商事案件27820件，比上年上升9.45%。其中，新收一审民事案件22235件，上升1.69%；新收二审民事案件2062件，上升26.58%；新收民事再审审查案件216件，上升47.95%；新收民事再审案件159件，上升80.68%；新收调解协议司法确认案件2983件，上升86.44%；新收其他民事案件165件。审结各类民商事案件27675件，比上年上升7.84%。其中，审结一审民事案件22173件，上升0.42%；审结二审民商事案件1997件，上升20.52%；审结民事再审审查案件212件，上升37.66%；审结民事再审案件150件，上升76.47%；审结调解协议司法确认案件2978件，上升86.01%；审结其他民事案件165件。

【行政审判】 2021年，宁德两级法院新收各类行政案件1359件，比上年上升13.91%。其中，新收一审行政案件409件，上升18.21%，一审行政案件收案排前5位的分别是行政行为案件142件、强制拆除房屋或者设施30件、行政强制措施18件、行政处罚18件、行政征收或者征用17件。新收二审行政案件120件，比上年下降14.29%；行政再审案件3件，上升200%；新收非诉行政行为申请执行审查案件798件，上升17.35%；新收其他行政案29件。审结各类行政案件1354件，比上年上升11.81%。其中，审结一审行政案件404件，上升10.99%；审结二审行政案件122件，下降12.23%；审结非诉行政行为申请执行审查案件797件，上升17.21%，审结行政再审案件2件；审结其他行政案件29件。建立实施企业破产案件府院联动机制，推进行政争议实质性化解，审结行政诉讼案件456件、协调撤诉84件。出台行政诉讼风险防范机制，通过庭上行政机关负责人出庭应诉示范、行政执法人员庭审旁听观摩、庭后通报行政审判情况、联动讲评行政应诉表现、破解依法行政依法应诉难题等方式推行“五位一体”以庭代训机制，发布行政审判白皮书4份、司法建议56件。行政机关负责人出庭应诉率87.68%，比上年上升16.08%。彭某清等40人诉行政机关强制拆除房屋案入选最高人民法院行政机关负责人出庭应诉典型案例。

【案件执行】 2021年，宁德市两级法院新收执行案件15896件，其中首次执行案件新收14993件；执结执行案件15802件，其中首次执行案件执结14914件。破解执行难题，推行“前端防控、全程管理、结果激励”执源治理工作模式，常态化开展涉黑恶、涉民生、涉金融等案件集中执行统一行动，执结案件17981件，执行到位金额47.85亿元，发放执行案款25.56亿元。执源治理模式被福建省高级人民法院在全省推广。开展“执行案款清‘非’”行动。3月，市法院部署开展执行案款清理发放专项行动，对长期无人认领的案款，通过银行付款账户进行溯源排查，主动联系付款人，倒查案款归属；对虽有明确领款人却因各种原因无法联系上的，通过领款人所在地法院、派出所、村委会等寻找领款人联系方式，通知当事人领取案款；对个别小金额案款，外地申请人不愿前来领取的，通过银行转账等方式予以发放；优化付款内部审批流程，提高执行案款发放效率，规范执

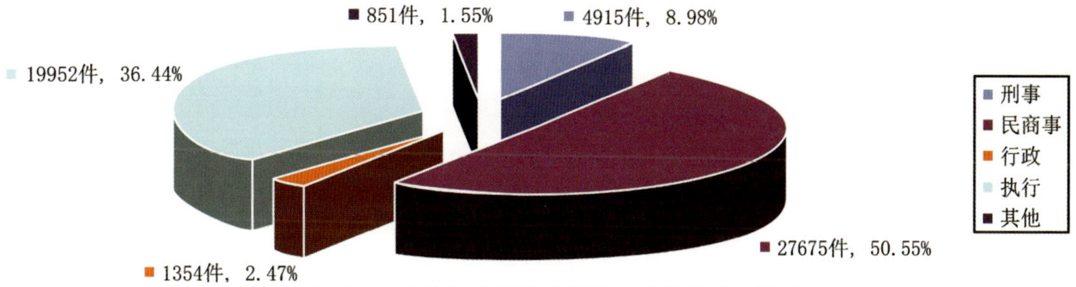

图3 2021年宁德市两级法院办结案件分类示意图
（总计54747件）

（资料来源：市法院）

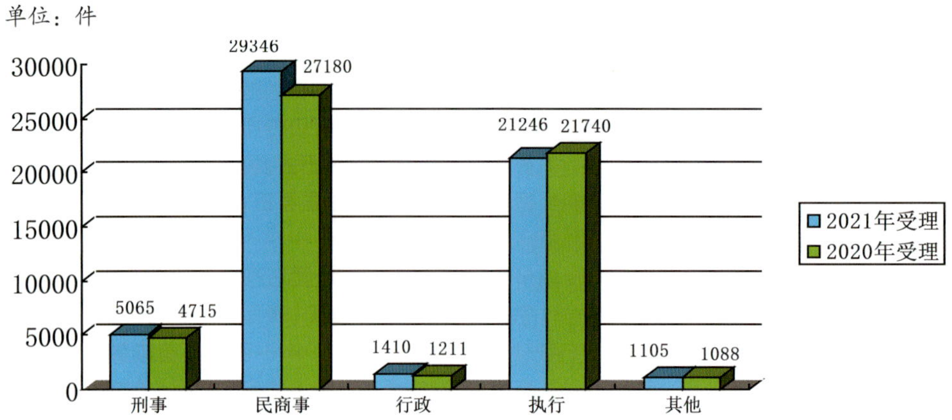

图4　2021年与2020年宁德市两级法院各类案件受理数对比图

（2021年总计58172件，2020年总计55934件）

（资料来源：市法院）

行案款管理。建立党政机关“零强制”执行工作机制，通过构建党委领导、府院联动格局，创新全程督促、全面履行机制，完善考评引领、失信惩戒方式，提升党政机关案件自动履行率，促进法治政府建设。全年宁德市法院新收党政机关为被申请执行人的案件36件，比上年下降52%；审结辖区党政机关为被告的案件165件，仅2件进入强制执行程序，且均在执行立案后自动履行完毕。该项工作得到最高人民法院领导的批示肯定，并要求在全国法院推广。

【法院改革】　2021年，宁德市法院深化综合配套改革，出台《宁德市中级人民法院庭（局）长履行审判执行管理职责专项监督检查工作办法（试行）》《关于加强全市法院案件审限管理的规定（试行）》等规范性文件，完善审判权责清单制度，完善法官、合议庭办案责任制。健全人民陪审员依法履职保障机制，全市736名人民陪审员参审案件5588件，一审普通程序案件陪审率93.73%。深化司法公开，落实裁判文书上网24508份、庭审网络直播11273场。完善评议机制，制定合议庭评议工作规则，注重发挥专业法官会议、审判委员会促进提高审判组织法律适用水平的作用，促进合议庭规范行权；建立审限管理监督问责机制，实行审限变更书面告知当事人制度，强化案件审限管理，防止和杜绝超审限问题；建立执行权力运行“6+1”制约监督机制，整治执行款管理、终本程序适用及案件信息公开不规范等长期困扰执行工作的顽瘴痼疾，提升执行规范化水平；加强审判管理，建立“四类案件”识别监管、案件质量评查常态化机制，强化类案检索，规范裁判尺度。

【多元纠纷】　2021年，宁德市法院研发应用福建省法院首个集智能匹配最佳调解员和指导法官、智能考核调解员和法官解纷绩效于一体的宁德法院诉非联动平台，建立高效便捷的“云解纷”模式，实行“材料线上走、调解云上见、协议网上签”。创新推进“三化”多元解纷模式建设，构建“项目化”“类型化”“网格化”多元解纷模式，推进形成“上下联通、多方联动、源头解纷”的过滤体系。全市法院诉前调解案件16213件，诉前调解成功10748件，调解成功率及自动履行率分别为66.31%和89.30%，委派、委托调解案件成功率62.93%，万人成讼率比上年下降4.85%，从源头减少诉讼增量。实行“项目化”联动解纷，主动融入重点项目、重点工作、重点领域，选派法官驻点服务，构建安置拆迁、土地流转、产业发展等联动联调解纷机制，坚持工作在现场推进、矛盾在现场化解，全市法院协助审查征迁补偿文件242份，提供法律咨询480人次，现场化解矛盾纠纷127件。实行“类型化”协同解纷，以成建制入驻服务方式，加强对普惠金融、道路交通损害赔偿、商品房预售以及涉校园、涉信访等领域矛盾纠纷多元化解。实行“网格化”多元解纷，通过“法官＋村居”“法官＋夜调”“法官＋普法”等形式，打造“典入民心·典亮山海”法治宣讲解纷平台，推进无讼村居、社区创建，基本形成乡镇、社区、村居、海岛全辐射的多元解纷网络，府院社会协同联动解纷推进诉源治理工作被最高人民法院司法改革动态专刊刊载推广。

【便民服务】　2021年，宁德市法院推进“五高”诉讼服务中心建设，打造高标准立案服务中心、高协同诉非联动中心、高集约审判辅助中心、高人文执行服务中心、高质效信访释法中心。建立线下线上全天候跨域立案、多元便捷协同解纷、事务性集约办理、执行事项前端服务和“有访即接、接访即办”信访机制，推行员额法官每日轮流接访，为群众提供便捷化、高品质诉讼服务。全市法院当场登记立案率超过97%，跨域立案305件，集约送达84173件，办理来信来访800件、接访489人次。全市法院一站式多元解纷和诉讼服务体系建设质效评估位居全省法院第一名。10月26日，最高人民法院院长周强到宁德调研视察，对市法院22项“一次办好”项目清单、司法服务企业线上直通平台和“四型”诉非联动中心建设等工作予以肯定。围绕“智审、智执、智服、智管”智慧体系建设，全市法院网上立案12025件、缴费17064件、开庭829件、查控17713件；推进“智慧执行”，开通“易执行”App和案件流程信息公开推送平台；推进“智慧服务”，持续完善“不见面”便民诉讼服务体系，司法服务企业线上直通平台4月开通以来提供咨询服务468人次，帮助企业解决涉法律风险问题73个。推进“智慧管理”，研发应用“四类案件”监管平台，精准识别“四类案件”107件，建设防恐安防系统，提升政务审务管理智能化水平。宁德法院诉非联动平台作为省数字政法建设成果参加第四届数字中国建设峰会展示。

【助力营商环境建设】 2021年，宁德市法院践行“法治是最好的营商环境”理念，坚持依法安商、便捷暖商、平等护商、自治尊商、善执惠商“五商”原则，聚焦办理破产、执行合同、保护中小投资者、知识产权创造保护运用等重点领域和关键环节，创新推行司法服务优化营商环境工作举措。开通司法服务企业线上直通平台，实施法官驻企日服务制度，完善服务企业热线电话办理等措施，依法服务民营经济健康发展。加大知识产权司法保护力度，在中国（宁德）知识产权保护中心设立司法保护协同中心，打造快速审查、确权、维权协同服务模式，服务创新创造。加强破产审判工作，建立“执破直通”机制，上线破产审判智能辅助系统，完善“府院联动”处置破产工作统一协调机制，推进“便利化”破产重组，提升破产审判效率，审结破产清算、重整及和解案件10件。助力普惠金融改革试验区创新发展，化解金融纠纷，依法规制民间借贷行为，审结金融借款、民间借贷纠纷等案件7956件。2021年8月，两级法院同步设立普惠金融司法协同调处中心，构建快速解纷司法协同机制，化解普惠金融纠纷1886件，涉及金额7716.63万元，实现贷款回收率、主动偿债率、诉前化解率“三提升”。蕉城法院职业化协同化解金融纠纷经验被作为普惠金融改革可复制创新成果在全省推广。市法院党政机关“零强制执行”工作机制和府院社会协同联动解纷、司法服务企业线上直通、福安法院劳动争议案件“速裁八小时”、在市民服务中心设立诉讼服务窗口等一批创新举措被最高人民法院、省、市作为优化营商环境工作典型经验推广。12月15日，最高人民法院审判委员会副部级专职委员刘贵祥对市法院党政机关“零强制执行”工作机制作出批示，肯定宁德的做法和经验值得总结推广。

2021年9月9日，中国（宁德）知识产权保护中心受理第一件案件

（市法院 供图）

【助力生态文明建设】 2021年，宁德市法院紧扣实施森林“绿碳”、海洋“蓝碳”增汇工程，出台服务保障绿色低碳循环发展实施意见，坚持山、海生态保护一体推进，助力如期实现碳达峰碳中和目标。加强与林业部门对接，推动在福安、霞浦、周宁7县（市）国有林场成立“林碳战略司法保护实践基地”，制定服务保障措施。在全国推行省级流域湖河区域水环境“生态司法+保险”修复机制，与人保财险开展生态环境损害救助保险、生态司法修复履约保险、区域性生态环境污染保险等3个险种和环境污染强制责任保险、生态环境损害赔偿基金管理运营以及古树名木保护、文化和自然遗产保护等4个险项合作，首险落地古田翠屏湖，保险金额为年度累计赔偿限额1800万元。加强廊桥文化遗产全域、跨域协同保护机制建设，对辖区35座廊桥实行“一桥一档一员一码一保险”司法保护模式，被写入2021年十三届全国人大四次会议最高人民法院工作报告。加强生态司法宣传教育，推进霞浦、古田、福鼎3个生态司法实践教育基地运行。通过“防治罚修”相结合的生态司法保护模式，助力绿色低碳宜业宜居先行区建设。

（钱承卫）

司法行政

【概况】 2021年，宁德市有公证机构9家，公证员33名，全年办证12824件，收费760.62万元。全市有司法鉴定所5家，司法鉴定人53人，全年办理司法鉴定4117件，累计收费892.78万元。全市有律师事务所70家。其中，合伙所32家、个人所33

家、国资所5家；有执业律师627人。其中，专职律师405人，兼职律师17人，法援律师18人，公职律师162人，公司律师25人。全市办理法律援助案件6227件，接待咨询人数4730人次，“12348”法律服务热线接待咨询11365人次。市本级办理法律援助案件141件，其中申报中央专项彩票公益金项目案件62件，获项目资金12.06万元。组织旁听11起，回访受援人79件，群众满意率100%。全市调处各类矛盾纠纷16378件，调处成功率97.34%，其中调处医疗纠纷案件83件，调处成功率100%。全市有人民陪审员758人和台籍陪审员3人，陪审案件6231件，其中台湾籍陪审员陪审案件58件。是年，宁德市司法局获全国组织宣传人民调解工作先进集体、2016—2020年全国普法工作先进单位。市法律援助中心一级主任科员詹见荣被中华全国总工会、司法部、中华全国律师协会评为“尊法守法，携手筑梦”服务农民工公益法律服务活动成绩突出个人；律师工作科科长程廷霞被福建省扫黑除恶斗争领导小组评为全省扫黑除恶斗争先进个人。

【社区矫正】 2021年，宁德市司法局制定出台《社区矫正安全稳定分析研判机制》《宁德市社区矫正管理制度》等4项机制，规范社区矫正对象日常监管、事项审批、教育帮扶等工作；强化信息化核查工作，开展信息化核查抽查17轮次，对全市县级社矫中心和30个司法所开展矫务督察8次；与公检法联合出台《宁德市社区矫正工作机制》，建立信息共享机制；与卫生健康委联合开展对暂予监外执行社区矫正对象的病情复查审查工作，全市向人民法院提请收监执行建议24人，被人民法院裁定收监执行24人。

【安置帮教】 2021年，宁德市落实重点刑满释放人员“无缝衔接”，衔接率100%；引导社会力量参与安置帮教工作，全市建立曙光安置基地30个，安置276人。全年全市社区矫正对象重新犯罪率0.172%；在册刑满释放人员安置率99.3%，帮教率99.8%，重新违法犯罪率0.39%。

【公共法律服务】 2021年，宁德市司法行政系统开展法律服务行业突出问题专项治理；联合市场监管部门开展公证和司法鉴定机构收费检查，依法依规查处违规执业案件。组织全市230余名执业律师、31名执业公证员、41名执业司法鉴定人分别进行集中执业宣誓。全市举办各类培训16场，参训1300余人次。制定下发《宁德市司法局关于加快推进公共法律服务平台规范化建设的通知》《宁德市公共法律服务基本事项清单（试行）》，将县级公共法律服务平台建设的3项指标列入市对县（市、区）绩效考评指标体系的内容，推动全市公共法律服务体系建设常态化、均衡化、精细化发展。

【公证管理】 2021年，宁德市提升公证服务质效，全市9家公证机构推行并实现学历、学位、驾驶证、纳税状况4个公证服务项目“跨省通办”，在宁德市三都澳公证处开展远程视频公证业务试点，开展“公证进乡村”活动，设立公证咨询联络点50余个。公证服务“四个创新”实现“四个转变”的经验做法，被司法部采用推广，被市营商办列为国家级推广创新做法，并得到省、市媒体的高度关注。

【司法鉴定】 2021年，宁德市建立司法鉴定机构外出提取亲子鉴定检材报备和全程记录制度；推进县域司法鉴定机构设立。全市有司法鉴定所5家，司法鉴定人53个，全年办理司法鉴定4117件，累计收费892.78万元。

【律师工作】 2021年，宁德市律师发挥专业优势，履行社会责任，参与律师调解、涉法涉诉值班，参政议政等，助力乡村基层治理、优化营商环境。全市律师办理各类法律事务15614件（刑事辩护及代理3404件、民事案件代理10361件、行政诉讼代理577件、仲裁188件、代理申诉案件5件、非诉讼法律事务1079件），担任机关、人民团体、企事业单位法律顾问1409家；全市律师、基层法律工作者担任村居法律顾问2336家；全市律师行业12个党支部与13个社区（村）基层党组织进行党建共建。6月20日，宁德市律师行业党委举办律师行业庆祝中国共产党成立100周年党史知识竞赛；7月31日至8月1日，举办第二届闽东青年律师辩论赛；8月，联合市工商联启动“百所联百会”机制，组织律师事务所与全市34家商会建立法律服务联系合作机制，为80余家企业进行“法治体检”，12月4—5日，宁德市律师协会组织召开第十五届闽东律师论坛。

【普法工作】 2021年，宁德市召开市委常委会会议暨全面依法治市委员

2021年4月28日，浙闽边界法治乡村走廊建设现场会举行

（市司法局　供图）

会第八次会议，研究审定通过宁德市“八五”普法规划。抓好领导干部宪法法律知识学习，全年处科级干部参加培训2390人次，举办领导干部法治专题培训班，各县（市、区）政府、市直单位分管法治政府建设的领导参加法治专题培训44人。落实“谁执法谁普法”责任制，印发《2021年宁德市重点市直机关普法责任清单》，以“法律七进”形式，组织各单位开展全民国家安全教育日、宪法宣传周等法治宣传活动，全市司法行政系统开展“法律七进”活动500余场次，发放宣传材料6万余份；与市文旅局联合在全市乡村开展“法治乡村普法行　电影下乡进千村”《中华人民共和国民法典》宣传活动352场次；全市建成法治主题公园（广场、长廊）142个、法治宣传教育基地81个，市区兰溪公园宁德法治文化公园投入使用。联合浙江省温州、丽水两市开展“闽浙边界法治乡村走廊”建设，分别与两市签署《共建“浙闽边界法治乡村走廊”框架协议》，一体打造闽浙边界法治宣传阵地。

【法律援助】 2021年，宁德市办理法律援助案件6227件，接待咨询人数4730人次，“12348”法律服务热线接待咨询11365人次。市本级办理法律援助案件141件，其中申报中彩金项目案件62件，获项目资金12.06万元。组织旁听11起，回访受援人79人，群众满意率100%。开展已办结案件“双随机”抽查，案卷合格率100%。推进刑事辩护全覆盖工作，建立刑事案件律师辩护库，推进异地受理法律援助申请，跨县（市、区）法律援助律师指派试点工作，全年办理刑事法律援助案件5465件，比上年增长20%。推动“12348”7×24小时服务在线提供法律咨询，并与“12345”相互转接。

【国家统一法律职业资格考试】 2021年，国家统一法律职业资格客观题考试宁德考点报名747人，实际参考454人，成绩合格133人，合格率29.3%，其中现役军人4人。主观题考试报名261人，选择计算机考试251人，选择纸笔考试10人，实际参考255人，成绩合格123人，合格率48.24%，其中66人为2020年保留成绩人员，3人为现役军人。

【人民调解】 2021年，宁德市在医疗卫生、交通事故、劳动争议等重点行业领域成立135个行业性专业性人民调解组织，全市公安、知识产权、生态环境等8个重点部门实现行政调解组织市、县两级全覆盖。全市9县（市、区）均成立县级人民调解员协会。开展司法所星级评定和人民调解员等级评定工作，培育出3个省级五星级司法所。推动“110”报警服务台与“12348”法律服务平台对接受理案件3967件，调解成功3950件，引导分流17件。落实分级培训制度，组织全市127个乡镇调委会、行业性专业性调委会负责人开展年度业务培训。全市调处各类矛盾纠纷16378件，调处成功率97.34%，其中调处医疗纠纷案件83件，调处成功率100%。

（王秀珍）

劳动仲裁

【概况】 2021年，宁德市推行“庭前调解半小时”工作方式，培育金牌劳动人事争议调解组织，提升劳动人事争议调解工作效能。“智慧调解仲裁”信息系统上线运行，受理劳动争议案件1212件，仲裁案件线上办案率、文书网上公开率均为100%。

【“庭前调解半小时”推行】 2021年，宁德市按照自愿和合法的原则，组织双方当事人在仲裁庭面对面调解沟通，运用庭前半小时调解，促成当事人和谐解决纠纷。全市以调解方式处理劳动争议案件842件，涉及1110人，金额5218.94万元。

【金牌劳动人事争议调解组织培育】 2021年，宁德市人社局实施金牌劳动人事争议调解组织打造计划，联合市总工会、企联、工商联开展第一批100家全国金牌调解组织的培育、选树工作。通过业务培训、现场观摩、经验交流，并结合调解实践的锻炼，提高调解员政治和业务素质，增强调解工作的能力和水平。通过活动引领、典型引路，提高劳动人事争议调解工作的规范化、标准化、专业化、信息化水平，最大限度地将劳动人事矛盾纠纷化解在基层。

【“智慧调解仲裁”工作】 2021年，宁德市“智慧调解仲裁”信息系统上线运行，打造集调解仲裁衔接、线上线下融合、覆盖劳动人事争议全过程、要素式智能办案辅助于一体的信息化系统，提升便民服务能力。案件接收登记、受理、开庭、庭审、仲裁调解、仲裁裁决等各办案环节线上办理、同步处理。

（吕海宾）

军事

宁德军分区

【概况】 2021年，中国人民解放军福建省宁德军分区（简称“宁德军分区”），学习贯彻习近平新时代中国特色社会主义思想，特别是习近平强军思想，振奋精神、真抓实干、固强补弱、创新突破，国防动员事业和军分区全面建设迈出坚实步伐、取得新的成绩。7人次被省军区评为动员备战等先进个人，10个单位被授予全面建设人武部、动员备战先进单位等称号。

【思想政治建设】 2021年，宁德军分区开展4个季度党委中心组带机关理论学习，落实每周三学习制度，跟进学习习近平主席最新讲话精神，抓好在中国共产党成立100周年庆祝大会上的讲话和党的十九届六中全会精神学习贯彻。推进党史学习教育，组织参观教育基地15次、组织检查推动4次，落地落实“我为群众办实事”项目52个。开展政治整训、抓好思想清理，严密组织肃清郭徐房张流毒影响；开展社团清理清查、净化涉军网络环境专项行动、“翻墙”问题防范纠治和“四涉”（涉网、涉密、涉财、涉交往）整治。

【宣布命令大会】 2021年6月17日，宁德军分区党委第一书记任职大会召开。福建省委常委、省军区司令员吴喜铧宣布省军区党委关于任命梁伟新为宁德军分区党委第一书记的决定，并提出“扛起第一责任，聚焦第一要务，打造第一班子，用好第一品牌”的希望。市委书记、宁德军分区党委第一书记梁伟新作表态发言。

【战斗精神培育推进部署会】 2021年，福建省军区在宁德召开战斗精神培育推进部署会。军委国防动员部和东部战区有关领导到会指导，各军分区（警备区）副司令员，政治工作处主任、人武部政委和省军区直属队主官参加会议。

【征兵工作】 2021年，宁德市征兵办出台《关于进一步激励大学毕业生应征入伍的通知》，首次采取网络直播方式举办征兵工作启动仪式，在线互动交流11万余人次，完成年度新兵征集任务，大学毕业生比例再创新高，其中全市春季征兵大学毕业生比例全省第一，屏南县春秋两季征兵大学生比例均达到100%。

【党管武装】 2021年，宁德军分区协调召开市、县两级专题议军会解决驻宁部队32个矛盾问题，组织县（市、区）人武部党委第一书记述职，为新任人武部党委第一书记颁发任职通知，选配人武部主官兼任地方党委常委、同级政府党组成员，军地联合实施绩效考评。开展国防教育“五进”活动，宣扬陈祥榕烈士英雄事迹，承办学生军训2万余人，投入经费完善国防教育基础设施。

（陈　飞）

人民防空

【概况】 2021年，宁德市人民防空办公室（简称“宁德市人防办”）贯彻总体国家安全观和新时代军事战略方针，把备战打仗作为第一要务、把练兵备战摆在首要位置，加强人防工作建设管理，深化军事斗争人防准备。在全省范围内率先建成县级第二代人防机动指挥平台并投入使用，县级人防指挥通信建设相关经验做法被全省推广；完成全省县级人防机动指挥所建设及跨区应急支援示范性训练任务；将市直单位人防工作纳入市直单位“平安建设”考核，推进市、县直单位人防工作开展；组织9县（市、区）人防机动指挥平台开展市县联动跨区支援训练，探索县级人防机动指挥平台支援作战的战术战法。

【全省县级人防机动指挥所建设及跨区应急支援示范性训练】 2021年，宁德市人防办开展福建省县级人防机动指挥所建设及跨区应急支援示范训练。介绍县级人防机动指挥平台建设经验，进行功能展示，开展跨区应急支援重要经济目标消除空袭后果行动演练，主要包括人防机动指挥所机动行军、指挥所开设、消防、医疗救援、治安管制、通信抢修等科目。

【市县联动跨区支援训练】 2021年，宁德市以平潭遭受空袭以及三明市发生严重自然灾害为背景，在接到上级命令后，市人防办组织9县（市、区）人防机动指挥平台到平潭、三明执行市县联动跨区支援任务训练。这是宁德市县级人防机动指挥平台建成后第一次全员全装行动，探索县级人防机动指挥平台支援作战的战术战法，规范县级人防机动指挥平台跨区支援训练的组织实施。

（包炳东）

退役军人事务

【概况】 2021年，宁德市退役军人事务系统开展示范型退役军人服务中心（站）创建活动，细化省退役军人事务厅《各级退役军人服务中心（站）建设管理指导标准（试行）》任务分解，明确县、乡两级服务中心（站）工作要求，47家乡镇级退役军人服务站及18家服务对象在300人以上的村级退役军人服务站示范型创建达标率100%。举办全市退役军人事务系统及驻宁部队《中华人民共和国退役军人保障法》培训班，联合市司法局举办喜迎中国共产党成立100周年《中华人民共和国退役军人保障法》知识竞赛，争取省退役军人事务厅一次性困难帮扶资金107万元，帮扶困难退役军人。印发《宁德市退役军人事务局“法律政策落实年”活动实施方案》并制定全市退役军人事务系统2021年度普法责任清单，组织全市退役军人事务部门联合政法单位到驻宁部队开展“送法进军营”活动；市军休所袁润熙被评选为2021年度福建省最美退役军人，开展宁德市2021年度最美退役军人评选活动，评选出最美退役军人和最美退役军人提名奖各10人。

【安置就业】 2021年，宁德市完成接收转业军官任务，100%安置到行政机关和参公事业单位，并接收由政府安排工作退役士兵，除一人主动申请转为灵活就业外，100%得到安置。针对自主就业退役士兵返乡后需要多头多次跑，办理户籍登记、医社保接续、预备役登记等11项事项的问题，成立工作专班，通过“一表申请、一窗受理、一站办理、限时办结”服务，为退役士兵办理返乡手续，被人民网、退役军人部官网官微、《福建日报》等报道；全市举办退役军人及随军家属专场招聘活动（含线上+线下）22场，参加企业678家，提供就业岗位，向省退役军人事务厅推荐宁德师范学院为省级退役军人就业创业园地和就业创业指导团队成员，提升退役军人创业指导专业化水平；完成自主就业退役士兵学历提升，组织自主就业退役士兵参加技能培训，首开“定岗式”培训。

【军休服务管理】 2021年，宁德市完成接收退休士官任务，协助办理落户、组织关系转移等事项；落实所内老干部政治待遇和生活待遇，定期家访和看望住院病人；与宁德市老年大学开展合作办学，设立市军休所教学点，促进军休老年教育规范化，满足军休干部多样化、个性化需求；开设“美好时光随手拍”摄影学习项目，充实军休干部精神文化生活。

【优待褒扬】 2021年，宁德市退役军人事务系统根据省退役军人事务厅部署安排，组织开展全市烈士纪念设施整改提升专项行动，投入专项资金，提档升级烈士陵园2个，改陈布展纪念馆1个，改造提升烈士陵园6个，集中迁移零散烈士墓99座，完成率180%，3142处烈士纪念设施100%实现“一墓一表”建档造册；收集核对各县（市、区）优抚对象增员、减员及迁移情况，重新审定优抚对象，并发放优抚对象各级抚恤和生活补助，光荣院获得集中供养孤老优抚对象伙食补助经费；做好屏南籍戍边牺牲陈祥榕烈士家属抚恤优待工作，联合宁德军分区慰问烈属，向其家庭赠送“一等功臣之家”牌匾；开展“为烈士寻亲”工作，寻找到12位烈士的亲属；组织市、县两级开展“9·30”烈士公祭日活动。

【双拥共建】 2021年，宁德市退役军人事务系统在春节、“八一”等重要时间节点，牵头组织各级、各部门走访慰问驻宁部队、现退役军人家庭、军烈属，并开展“情系边海防官兵”活动。市政府领导带队到新疆与陈祥榕烈士生前所在部队签署双拥共建协议，将党和政府的关怀送到边陲。联合东侨经济技术开发区社会事务局，在宁德联信财富广场举行“双拥商城”揭牌仪式，打造双拥新地标。对接宁德军分区，协助采集水陆各类应急运输能力数据，为部队就近择优安排运力参与应急运输任务提供数据支撑。强化军供保障能力建设，建设完成应急保障点1个，完成入伍新兵军供保障任务3批次，完成率100%，安全率100%，满意率100%。注重运用驻宁部队优势条件，坚持地方所需与部队所能相结合，为驻宁部队参与宁德市经济社会发展搭建平台。

（陈金斌）

经济管理

宏观经济调控

【概况】 2021年，宁德市抓好常态化疫情防控和经济社会发展工作，经济运行持续向好，经济总量实现越位赶超。市四届人大六次会议批准的10项主要经济指标中有8项指标增幅位居全省前列。地区生产总值3064.96亿元，比上年增长13.0%；规模以上工业增加值32.5%；出口600.4亿元，增长79%；实际利用外资增长24.9%；一般公共预算总收入265.79亿元，地方一般公共预算收入158.05亿元，分别增长13.8%、14.7%；城镇居民人均可支配收入40615元，增长9.4%；农村居民人均可支配收入21282元，增长11.7%。

【经济运行监测】 2021年，宁德市通过强化经济分析，推动经济平稳健康发展。对经济运行情况进行监测，按月实施动态精细分析。针对经济运行中出现的新情况、新问题，及时开展专题研究。主要经济部门对本领域经济运行情况进行监测，并按月分析。对事关全市经济发展大局的重点问题，通过部门协同联动进行重点分析研究。密切关注宏观经济形势和调控政策变化情况，紧盯重点产业、重点项目、重点企业和产业、投资、消费、财税等领域进行调研分析。

【规划编制】 2021年，宁德市推进“十四五”规划编制工作。经市四届人大六次会议批准，《宁德市国民经济和社会发展第十四个五年规划和二〇三五年远景目标纲要》由市政府印发实施。在衔接国家、省“十四五”重点专项规划和市国土空间规划的基础上，结合宁德实际，一体推进重点专项规划编制工作，完成编制并发布《宁德市“十四五”制造业高质量发展专项规划》《宁德市“十四五”现代服务业发展专项规划》等“十四五”重点专项规划16项。

【主导产业】 2021年，宁德市规模以上工业增加值增长32.5%，增速连续4年居全省首位。工业用电量增长25.3%，增幅居全省首位。四大主导产业支撑强劲，锂电新能源、新能源汽车、不锈钢新材料、铜材料增加值合计增长59.1%，对规模以上工业增加值增长贡献率107.7%。锂电新能源产业成为本市第二个千亿产业集群，实现产值1580亿元，产值1580亿元，投产和在建电芯产能295千兆瓦时，配套项目建成投产14个、在建17个，宁德时代入选全球““灯塔工厂””；新能源汽车产业实现产值215亿元，年产量22.8万辆，本地配件体积占整车80%；不锈钢新材料产业实现产值1608亿元，青拓高性能不锈钢宽板等项目开工，配套项目建成投产9个、在建16个；铜材料产业实现产值278亿元，中铜40万吨铜冶炼项目满产超产，3个铜铝精加工项目落地。

【重点项目】 2021年，宁德市开展“三比三赛”“百日攻坚”活动，破解前期报批问题325个，完成安征迁1008.93公顷，实现筹融资629.99亿元。325个省市在建重点项目完成投资758.3亿元，占年度计划的110%。133个项目开工，85个项目竣工，超额完成年度开竣工任务。新增“五个一批”项目1563个，占年度计划的130%，蕉城2次、福鼎1次进入全省季度“五个一批”项目正向激励综合考评前十位。获批专项债项目94个、额度99.15亿元，PPP项目入库数、签约落地数连续三年全省第一。宁德时代福鼎基地实现“当年签约、当年投产”，再次刷新项目建设“宁德速度”。超额完成千亿招商任务，签约项目323个；项目履约率90%、开工率59%，均完成年度目标计划。

（马君君）

自然资源管理

【概况】 2021年，宁德市自然资源局被评为全省扫黑除恶斗争先进集体，市不动产登记中心获全国巾帼文明岗称号。当年实施的耕地保护“田长制”、不动产登记“零见面，智能秒办”典型创新经验等优秀案例获得省厅转发推广。新闻宣传工作“一图一故事”典型经验在2021年度全省自然资源工作会议上作典型经验交流。开展产业园区用地情况总调查，完成10个一类产业园区土地集约利用评价成果编制和24个二、三类产业园区用地情况总调查。启动宁德市中心城区城市更新改造工作，划定福洋片区、金涵琼堂片区、宁德财校片区和塔山公园东片区4个片区更新改造范围，总面积约96公顷。完成宁德师范附小春风里校区、三都澳新区小学2所学校选址和三祥新材实验室初步选址工作。组织编制地块控规图则66个，用地面积共计约295公顷。完成漳湾下塘楼岗山约200公顷的用地规划布局，办理经营性土地规划意见18宗，面积约70公顷。处置批而未供土地435.49公顷，处置率20.12%；处置闲置土地213.68公顷，处置率34.14%。宁德市规划与建筑环境委员会召开5次，审议通过《宁德市社会福利中心西南侧汤湾路东侧地块控制性详细规划》《宁德市连城路西侧拱屿路南侧地块控制性详细规划》等48个事项。市级国土空间基础信息平台汇集涵盖现状、管理、规划、社会经济4大类17小类的空间相关数据并上线运行。宁德市生态保护红线方案汇交省厅，封库报部。

【国土空间总体规划编制】 2021年，宁德市自然资源系统采取专家领衔、部门合作、公众参与、县市联动、科学决策等措施，推进市、县、镇级国土空间总体规划编制，建立统一、清晰、科学高效的国土空间规划体系。市级国土空间总体规划分别通过市政府专题会、市政府常务会、市人大常委会、市委常委会审议等环节，并在省内率先完成成果公示。初步搭建市级国土空间基础信息平台及“一张图”数据库，统筹县市多轮联动划定“三条控制线”和海洋“两空间一红线”，优化编制过渡期城镇开发边界成果，为“开门红”做好保障。所有县级国土空间总体规划均形成初步成果。全市应编乡镇国土空间总体规划85个，目前正在开展规划编制55个，其中省级乡镇国土空间总体规划编制示范点福安市溪柄镇和霞浦县盐田畲族乡形成阶段性成果。

【测绘地理信息管理】 2021年，宁德市完成《宁德市基础测绘“十四五”规划（2021—2025年）》编制及中心城区16.8平方千米的1∶1000地形图测制更新。推进“多测合一”改革实施，制定《宁德市房产面积测算指导意见》，实现用地、规划、施工、验收、不动产登记等环节测绘成果共享互认。推动落实全国高频政务服务“跨省通办”事项，实现测绘作业证办理、测绘成果目录汇交、建立相对独立平面坐标系统审批“跨省通办”。完成数字柘荣、周宁、屏南、霞浦、福安地理空间框架项目建设。

【用地用海保障】 2021年，宁德市获国务院和省政府批准农转用征收面积593.3公顷，获省政府批复成片开发方案41个，获批面积2060公顷，其中省重点项目获批面积289.42公顷，保障宁德赛江流域防洪三期工程、宁德市市级城市公益性公墓项目、屏南县应急备用水源龙虎岔水库引水工程项目等一批基础设施用地需求；确保福鼎市锂电新能源产业园一期、宁德汽车基地项目铁路专用线、宁德时代创新实验室建设项目等一批重点工业项目落地建设。组织国高网宁德至上饶高速公路宁德霞浦至福安段、国省干线纵二线（福鼎段）、普通国省干线（纵三线）周宁县纯池镇祖龙村（寿宁界）至周宁城关（仙溪亭）公路工程3个项目，总计311.8公顷，经省政府审查报国务院审批。海域确权38宗，面积5509.18公顷，其中开放式养殖用海5244.64公顷。承接下放省级审批的非跨设区市行政区域海域使用的审查，出具项目用海预审意见9份。推动批而未填项目完成围填海面积794.77公顷，已批填而未用区域开发利用面积99.03公顷，未确权区域确权面积195.01公顷。

【批而未供与闲置土地处置】 2021年，宁德市处置批而未供土地435.49公顷，处置率20.12%；处置闲置土地213.68公顷，处置率34.14%，以上2项处置工作均完成省里下达20%的处置目标。

【不动产登记】 2021年，宁德市本级共发放不动产权证书及证明4.20万本，受理查（解）封登记5145宗。受理查询业务6.10万宗。推行“政府买单、免费公证”服务模式，累计办理继承登记231笔，政府购买公证服务，为群众节约费用共计46万余元。实现不动产登记、交易、纳税、水、电、燃气、广电网络业务“一窗受理”，解决群众办证“窗口多头跑、资料反复送、等待时间长”的问题。推广“互联网＋抵押权登记”及“互联网＋抵押权注销登记”业务工作，将登记服务窗口延伸至商业银行网点，实现抵押权登记、抵押权注销登记全程网办，开通157个银行网点办理在线登记，在闽政通、I宁德、E政务查询机等实现不动产登记信息线上查询、自助查询等服务，取消一手房“面签”手续。设置企事业单位专用绿色窗口，实行企业办件1对1联络人制度，事前介入，专人跟踪。不动产一般登记业务压缩至2个工作日内办结，企业间厂房、仓库类转移登记压缩为即办件。协调住建、税务部门，在受理后的30分钟内完成合同网签备案及计税缴税工作。小微企业及小型低风险项目，书面承诺即可免收不动产登记费，无须提交证明材料。小型低风险项目免收工程建设项目不动产首次登记费，降低市场主体办理建筑许可成本。推行“交地即交证”，印发《市本级国有建设用地公开出让项目“交地即交证”工作方案》，实现国有建设用地公开出让项目在交地时即发放证书。实现预购商品房预告登记转持证登记、抵押权预告登记转一般抵押权设立登记业务“不见面、智能秒批”，获省厅转文推广，同时被《海峡资源报》等刊物报道。

【行政审批】 2021年，宁德市推进审批事项“即办”，将入驻窗口的12个行政许可事项设为即办件，做到当场或者当天办结，办件153宗。实现涉工改事项全流程在线办理，推进无纸化审批，将原先的“最多跑一趟”事项全部转化成“一趟不用跑”，达到全省优秀地区水平。将市自然资源局入驻窗口行政许可事项的办理时限按法定时限的90%进行压缩，压缩比例91.98%，超过全省平均值，接近全省优秀地区水平。办理建筑工程项目“建设工程规划许可证”42件。

【确权登记】 2021年，宁德市宅基地和集体建设用地51.82万宗，其中符合登记发证19.70万宗，登记发证14.69万宗（含只单独颁发过“集体建设用地使用权证”）。印发《宁德市自然资源局关于做好2020年度国土变更调查工作的通知》，国土变更调查图斑总数2.55万个，其中国家下发监测图斑1.09万个，自主提取图斑1.47万个，调查成果通过国家内外业核查，成果数据库于10月份下发。推进自然资源统一确权登记工作，福安瓜溪桫椤自然保护区、福鼎太姥山、柘荣东狮山、寿宁杨梅洲风景名胜区、闽江古田流经区域、屏南鸳鸯猕猴、屏南鸳鸯溪风景名胜区形成初步调查成果。完成易地扶贫搬迁安置住房不动产登记工作，宁德市1845套易地扶贫搬迁安置住房实现应发尽发，登记发证率100%。

【自然资源执法监察】 2021年，宁德市取缔非法堆（洗）海砂场所133个，其中非法堆海砂场所127个，非法洗砂场所6个。开展“4·22”世界地球日、“6·25”全国土地日等普法宣传7次，1人被省委宣传部、省司法厅评为省级“七五”普法先进个人，1人被自然资源部评为“七五”普法先进个人。公布新版《宁德市自然资源局权责清单》。出台《宁德市自然资源局关于建立健全土地监管机制　坚决遏制违法占地建设行为的通知》等规范性文件3件。办理群众来信来访859批次1808人次（其中市本级113批次258人次，办理和转送信访件428件，办理信访复查件15件，调查代拟市政府复核件44件；办理“12345”服务平台401件，答复满意率100%，办理局长信箱群众诉求件98件）。市本级办理行政复议案件17件，对接行政案件37件，组织听证会1场。

（谢思超）

国有资产监督管理

【概况】 2021年，宁德市国资委所出资一级企业4家，权属法人企业174家，在岗职工6933人，资产总额706.11亿元，比上年增加4%；负债总额430.31亿元，增加6.6%；所有者权益总额275.8亿元，增加0.1%；实现营业总收入55.39亿元，增加49.6%；利润总额9.57亿元，增加36.3%，跃升全省第六位；已交税金2.83亿元。全年投资项目198个，完成投资总额79.96亿元。新增履约项目17个、开工项目17个、投产项目10个。印发《关于进一步加强市属国有企业内部审计工作的意见（试行）》的通知，对市属国有企业内部审计工作进行规范和指导。与市委人才工作领导小组联合印发《关于选拔引进宁德市属国企类引进生的工作办法》，率先在省内开展市级国企类引进生工作，拓宽人才引进渠道。修订《市国资委出资企业和闽东电力公司中层管理人员选拔任用管理办法（试行）》，加大优秀年轻干部选拔力度。联合市人社局检查支队，在所出资企业范围内开展在建工程项目落实农民工工资支付保障制度专项检查，确保在建工程项目零拖欠。6月15日，印发《“十四五”国有资本布局和架构调整规划》。10月31日，摸排所出资企业及其下属子企业存在转供电多收电费情况的承租户854户，清退多收电费2436488.38元，清退率98.72%。12月14日，市国资委全面完成市属全民所有制企业公司制改革工作。

【国企改革】 2021年，宁德市国资委制定《国企改革三年行动实施方案（2020—2022年）》，明确55项具体改革任务，完成48项，完成率87%，改革进度居全省前列，国企退休人员社会化管理常态化移交工作经验获全省推广；发展质效提升，市属国企累计获两个AA、一个AA+主体信用评级，直接融资比重提高，全年融资165.20亿元。营收规模快速增长，

2021年9月20日，宁德市重点项目三都澳大酒店工程建成并试营业

（市国资委　供图）

表 9　2021 年宁德市属国企要事一览表

序号	企业名称	主要事件
1	市国投公司	2021 年 3 月，由市国投公司下属企业再担保公司打造的全省首个市、县两级融资担保服务系统——“担保云”被列入福建省 15 个优化营商环境工作典型经验做法，在全省推广。8 月 23 日，宁德市政府批文同意组建福建省海洋经济产业投资基金，基金总规模为 200 亿元，母基金名称为福建省海洋经济产业投资有限公司。9 月 20 日，宁德市重点项目宁德三都澳大酒店工程顺利建成并举行试营业。11 月 16 日，下属再担保公司信用等级被评定为 AA+。
2	市交投集团	2021 年 1 月 18 日，沙埕湾高速通车运营。2 月 9 日，交投集团与上汽集团、宁德时代、普洛斯等企业共同发起的福建时代闽东新能源产业基金在宁德完成注册登记。4 月 1 日，交投集团所属交投物流集团宁德陆港集装箱多式联运开通。4 月 25—29 日，交投集团所属电子信息公司建设的宁德市车桩场一体化平台、宁德市智慧海洋（海渔部分）平台参展第四届数字中国峰会。5 月 5 日，交投集团所属交投物流集团助力上汽宁德基地整车出口“一带一路”共建国家，“宁德—厦门—巴基斯坦”整车出口丝路海铁联运通道开通。5 月 24 日，交投集团获得“纳税信用等级 A 级企业”荣誉称号。10 月 2 日，宁德陆港成功启动东南铜业“公转铁”项目，首列“东南铜业”铁路集装箱专列由宁德陆港发往上海闵行。10 月 25 日，宁德陆港上汽集团出口 KD 件铁海联运首发班列开通。
3	市城建集团	2021 年 1 月 20 日，福建闽东建设发展有限公司及宁德市城建建工集团有限公司分别办理注册资本金工商变更和注销手续，吸收合并手续完成。4 月 21 日，由宁德市、区两级国企合资组建而成的宁德市城市更新建设发展有限公司工商登记成立。5 月 17 日，宁德衡水育才中学举行揭牌仪式。12 月 28 日，宁德市师范学院医学院项目举行竣工仪式。12 月 31 日，贵岐山污水处理厂扩能工程（4 扩 8）项目通过土建验收及设备验收，该项目总投约 2.3 亿元，采用原厂改造扩能方案，在不增加用地的情况下，处理能力从 4 万吨 / 日提至 8 万吨 / 日。
4	市三都澳新区公司	2021 年 2 月 8 日，市三都澳水利电力建设公司完成工商变更，划入成为市三都澳新区公司全资子公司。4 月 2 日，市三都澳新区公司完成 10 亿元基金退出工作，公司类型变更登记为市属国有独资公司。6 月 28 日，宁德市三都澳新区启动区路网（一期）工程“三纵四横”路网全部建成通车，项目通过竣工验收，为三都澳新区启动区的综合开发和城市配套提供基础保障。11 月 30 日，宁德（漳湾）临港工业区冶金新材料产业园防洪防潮及附属道路工程（一期）一标段完成沥青路面摊铺，具备通车条件。
5	闽东电力公司	2021 年 5 月 26 日，全资子公司福建闽电新能源开发有限公司成立。7 月 28 日，福建闽东电力股份有限公司碳中和研究中心揭牌成立。

（资料来源：市国资委）

市属国企全年营收 55.39 亿元，完成年度目标的 100.25%。利润总额 9.57 亿元，完成年度目标的 145%；完善法人治理结构，各所出资企业及其二、三级子企业全部实现党组织负责人、董事长“一肩挑”；出台《市属国有企业市场化引入高级管理人员薪酬指引》，完善企业专业人才分类管理，将引入高级管理人员绩效年薪比重提高至 60%，形成“重实绩，严考核”的市场化分配激励机制。完成 32 家二级企业内部分配制度改革工作，率先在全省启动技能人才薪酬改革，相关经验做法得到人社部认可、省国资委推广。闽东电力公司瘦身健体改革取得成功，权属水电企业在岗人员减少 658 人。

【国资企业国企监管内控管理】 2021 年，宁德市国资委加强企业内控管理。开展审计项目 21 个，发挥内审监督服务效能。开展所出资企业应收款项专项检查，督促企业抓好整改落实。强化重点领域闭环管理；修订《市属企业投资项目负面清单》，明确禁止类 10 项，特别监管类 7 项，引导企业聚焦主责主业发展；制定《所出资企业违规经营投资问题线索查处工作指引》《违规经营投资问题线索委内移交工作指引》，处置 1 条移交问题线索，实现违规经营责任追究零的突破；严控企业负债率预警线和重点监管线，年度所出资企业平均资产负债率 60.94%，保持在合理区间；建立应进必进、规范高效、流转顺畅的全市国有产权交易体系，各所出资企业通过产权交易机构公开转让国有资产 17 宗，资产租赁（承包）事项 36 宗，均实现稳定增值，其中市交投集团物流仓储项目一期 2 号、3 号仓库五年租赁使用权增值 79.74%。

（魏祯鸿）

【国有企业负责人薪酬制度改革】 2021 年，宁德市推进国有企业负责人薪酬制度改革，明确 2021 年市属国有企业负责人基本年薪基数。开展集体协商“特别要约”行动，企业单独发放要约 366 份，惠及职工 9.56 万人。

（吕海宾）

财 政

【概况】 2021年，宁德市一般公共预算总收入完成265.79亿元，比上年增收32.25亿元，增长13.8%。其中，地方一般公共预算收入完成158.05亿元，比上年增收20.26亿元，增长14.7%。财政“两项收入”增幅分别高出全省平均水平2.5和4.8个百分点，分别位列全省设区市第二位和第一位。全市一般公共预算支出344.06亿元，增长3.1%。

【财政政策】 2021年，宁德市减轻企业负担42亿元，发放助企纾困资金9.15亿元，推动实体经济加快转型升级。统筹市级产业扶持资金3亿元，支持四大主导产业加快发展，宁德时代福鼎基地实现当年建设、当年开工、当年部分投产的“宁德速度”。加快产业转型升级。下达1.9亿元，推动创建中国福建能源器件科学与技术创新实验室，加快核心技术攻关，完善科技项目和创新基地布局。落实高新技术企业扶持政策，核定研发经费补助企业132家，争取省级补助资金5491万元，兑现55家高新技术企业出奖补资金1382万元，促进企业自主研发和技术升级改造。加大传统产业重点技改项目和产业发展支持力度，统筹资金1.6亿元，推进电机电器、食品加工、生物医药、船舶修造等传统产业提档升级。追补高端教育、高端医疗等人才短板，安排7235万元，引进高层次人才1271人，助力企业引才聚才留才。支持促消费扩内需，研究出台促进新能源汽车产业发展“六条措施”、鼓励消费“七条措施”，加快新能源汽车推广应用和产业高质发展。发挥消费撬动作用，统筹财政资金发放“0593宁德号”商品专享乐购券等消费券，吸引万余家市场主体参与，推动餐饮、商贸、文旅等行业健康快速发展。

【民生保障】 2021年，宁德市财政局保障疫情防控，下达2.1亿元，支持公共卫生体系建设和重大疫情防控救治体系建设，提升重大突发公共卫生事件应急处置能力和救援救治水平。筹措疫苗购置经费3.63亿元，承担疫苗购置费用，保障全民免费接种。支持教育优先发展。健全完善教育“奖、贷、助、补、减”资助体系，贯彻落实从学前教育到高等教育各学段全覆盖的资助政策，解决家庭经济困难学生就学问题，发放各类助学金及免学费1.16亿元，资助学生10.99万人次；发放生源地助学贷款1.81亿元，惠及2.38万人次。扩大学前教育资源，争取9个省级补助公办园建设项目，新增学位2790个。推进义务教育均衡发展，支持复办宁德一中等学校初中部。投入3.08亿元，推进市职教园和市教师进修学院新校区建设。支持宁德师范学院医学院、宁德职业技术学院新校区附属配套设施建成投用。完善医疗卫生服务体系。围绕建设“健康宁德”目标，深化综合医改，健全分级诊疗制度。提高基本公共卫生服务保障水平，人均基本公共卫生服务经费补助标准从74元提高到79元。开展公立医院综合改革，改进公立医院工资总额管理，完善公立医院院长年薪制改革。投入4783万元，支持重点医疗专科、卫生信息化和卫生人才队伍建设。持续促进就

表10 2021年宁德市财政收支分县（市、区）完成情况表

单位：万元

县市区	一般公共预算总收入			一般公共预算收入			一般公共预算支出		
	完成数额	增减额	增幅	完成数额	增减额	增幅	完成数额	增减额	增幅
全市合计	2657947	322451	13.8%	1580483	202559	14.7%	3436831	100422	3.0%
市本级	267274	34810	15.0%	157841	23469	17.5%	533049	-61320	-10.3%
县市区小计	2390673	287641	13.7%	1422642	179090	14.4%	2903782	161742	5.9%
东侨	391908	-26692	-6.4%	210904	-20127	-8.7%	127981	-9381	-6.8%
九县市区小计	1998765	314333	18.7%	1211738	199217	19.7%	2775801	171123	6.6%
蕉城	476152	56640	13.5%	248370	17954	7.8%	416998	13875	3.4%
福安	625897	113621	22.2%	363022	84189	30.2%	483856	72180	17.5%
福鼎	355179	70706	24.9%	234143	52636	29.0%	408265	33378	8.9%
霞浦	184005	35191	23.6%	134134	26461	24.6%	421937	48484	13.0%
古田	123663	15621	14.5%	83413	8644	11.6%	297293	6511	2.2%
屏南	63089	2416	4.0%	40051	615	1.6%	216788	25138	13.1%
寿宁	55570	3711	7.2%	35092	1475	4.4%	199753	-9381	-4.5%
周宁	58163	4196	7.8%	39539	420	1.1%	192047	-23215	-10.8%
柘荣	57047	12231	27.3%	33974	6823	25.1%	138864	4153	3.1%

（资料来源：市财政局）

业创业。下达就业补助资金9719万元，助力大众创业、万众创新。落实国家普惠性就业创业政策，支持高校毕业生、农民工和退役军人等重点群体就业，惠及10万余人。落实失业保险基金稳岗补贴政策和失业保险待遇调整机制，就业形势总体稳定。提高社会保障水平。1月1日起，按平均5%幅度提高企业和机关事业单位退休人员基本养老金标准。建立统一的城乡居民基本医疗保险和大病保险制度，城乡居民医保财政补助标准提高30元，达到每人每年580元。投入2457万元，支持推广“互助孝老食堂机制”，建成355个互助孝老食堂，日均服务老年人8000余人，解决宁德市农村留守老人的一日三餐问题，以“小食堂”凝聚“大民心”。“互助孝老食堂机制”成功入选第三批全国农村公共服务典型案例和第一批福建省养老服务改革创新优秀案例。

【筹资融资】 2021年，宁德市财政局争取债券资金支持，加大专项债券政策解读和申报指导力度，抓专项债项目策划、储备、申报、实施工作。争取新增债券额度120.46亿元，比上年增加0.95亿元，其中市本级（含东侨经济技术开发区）争取新增债券额度45.18亿元，比上年增加2.91亿元，创历年新高，促进地方经济发展。规范运用政府和社会资本合作（PPP）模式。全市签约落地PPP项目66个，引入社会资本416.53亿元，破解项目建设资金困境。推广PPP模式成效明显，PPP项目入库数、签约落地数连续三年全省第一，在全省财政工作视频会议中受到省财政厅主要领导通报表扬；6月宁德市本级在全省推广PPP模式有力县市评比中位列设区市第一名，再获省级奖励1100万元，该项工作获市委主要领导批示肯定，被《中国财经报》《福建日报》等媒体宣传推广。盘活存量资源。采取措施应对财政收支紧平衡等问题挑战，继续清理规范一批政策到期、绩效低下的专项资金，对部门结余资金及连续两年未用完的结转资金，一律收回统筹使用。持续压减一般性支出，取消低效无效支出，优先保障疫情防控和“六稳”“六保”等重点领域资金需求。落实部分国有资本充实社保基金划转政策，划转市国投、市交投、市城建集团3家市属国有企业部分国有资本充实社保基金。

【财政改革】 2021年，宁德市财政局实施零基预算改革。改变“基数+增长”的预算编制方式，以零为基点编制预算，持续提高财政资金配置效益。健全预算管理、预算执行、决算管理等各个环节，升预决算工作公开力度。强化预算绩效管理。推动预算绩效管理提质增效，健全完善全方位、全过程、全覆盖的预算绩效管理体系。市本级预算绩效管理工作获全省年度优秀等次，县级财政管理绩效综合评价工作再创佳绩，周宁县分数创历史新高，位列全国第17名、全省第1名，受到财政部通报表扬，是全省近年来的最好成绩，古田、柘荣、屏南进入全国前500名，以上4县共获得1800万元奖励资金。完善财政资金监管体系。建设覆盖全市的预算管理一体化系统，实现与中央、省级财政充分对接，动态反映各级预算安排和预算执行情况，强化对各类公共资源的统筹管理、盘活使用和全程监督。完善直达资金监控机制，记录和动态反映资金分配、拨付、使用情况，实现直达资金从源头到末端全流程清晰、明确、可查。健全乡村振兴（扶贫惠民）资金在线监管平台功能，提高惠农资金使用的有效性和精准性。规范举债融资机制。落实项目建设资金和偿债资金来源，严禁各种形式的违法违规担保行为，防止新增隐性债务。稳妥化解存量债务，完善偿债机制，明确偿债主体，牢牢守住“不发生区域性系统性债务风险”底线，确保经济可持续健康发展和社会大局稳定。

（陈建芳）

税　务

【概况】 2021年，宁德市税务局组织税费收入336.89亿元，比上年增长12.6%，其中税收收入约237.82亿元，增长10.8%，完成年度目标任务103.6%。其中，国内增值税111.63亿元、国内消费税7.72亿元、企业所得税62.11亿元、个人所得税14.43亿元、资源税0.94亿元、城市维护建设税8.40亿元、房产税4.23亿元、印花税3.23亿元、城镇土地使用税1.54亿元、土地增值税6.84亿元、车船税1.15亿元、车辆购置税3.19亿元、耕地占用税0.62亿元、契税11.61亿元、环境保护税1084万元、其他税收634万元。社会保险费（含职业年金）84.12亿元。比上年增长31.9%。非税收入14.96亿元。

表11　2021年宁德市税务局税种收入一览表

项目	收入额（万元）	主要事件	
		增加额（万元）	增长
税收收入合计	2378144	231892	10.8%
1. 国内增值税	1116336	100261	9.9%
2. 国内消费税	77209	19436	33.6%
3. 企业所得税	621142	24792	4.2%
4. 个人所得税	144316	51242	55.1%
5. 资源税	9442	5505	139.8%
6. 城市维护建设税	83951	17487	26.3%
7. 房产税	42281	10501	33.0%
8. 印花税	32327	10379	47.3%
9. 城镇土地使用税	15400	3321	27.5%

续表 11

项目	收入额（万元）	主要事件	
		增加额（万元）	增长
10. 土地增值税	68380	-20320	-22.9%
11. 车船税	11481	798	7.5%
12. 烟叶税	0	0	0
13. 耕地占用税	6186	-1582	-20.4%
14. 契税	116068	12852	12.5%
15. 环境保护税	1084	-153	-12.3%
16. 车辆购置税	31907	-2336	-6.8%
17. 其他税收（营业税）	634	-290	-31.4%

（资料来源：市税务局）

【减税降费】 2021年，宁德市税务局成立煤电保供和制造业中小微企业延缓缴纳税费专项工作协调机制，建立高新技术、大中型制造业企业研发费用加计扣除精准推送台账，实现减免降缓抵退“六个到位”。全年新增减税降费34.89亿元，累计办理煤电保供企业缓税0.34亿元，制造业中小微企业延期缴纳部分税费1.7亿元，办理出口退（免）税42亿元，增值税留抵退税29.17亿元，实现降成本、减负担、促研发。

【纳税服务】 2021年，宁德市税务局创立“e税帮”非接触式办税远程支持中心，涉税事项线上办理率96.92%，满意率99.56%。微电子税务局精准推送消息47批次，惠及5.89万户次。推进“智慧税务办税云厅”和“智能导税平台”项目，推广“非接触式”办税，全市办税服务厅进厅人数比上年下降41%，非接触办理率提高19.91%。制定《提升纳税人满意度工作方案》，建立“1+4”保障机制、出台65项提升举措，纳税人满意度调查全省第一。连续第八年开展“便民办税春风行动”，联合工商联开展好“春雨润苗”助力小微企业专项行动。召开纳税人座谈会56场，走访纳税人缴费人1.45万户，招募税费服务体验师140名。组建纳税服务志愿者团队，创设新办纳税人辅导室，提供线上“点单式”培训，搭建“线下服务无死角、线上服务不打烊、定制服务广覆盖”的税费服务新体系。创立“小包说税”“小林说唱”“小包明纪”税收宣传原创短视频品牌，累计点击量超25万次。

【税收征管】 2021年，宁德市税务局推进《福建省关于进一步深化税收征管改革的实施方案》，落实行政执法公示等三项制度，运用“双随机、一公开”和“互联网＋监管”手段，加强平台经济等新业态监管。推送各级各类风险应对任务132批次5477户。全市稽查单位立案检查241件，结案201件，查补税收收入2.52亿元、入库2.12亿元。严厉打击虚开骗税违法行为，查处虚开增值税专用发票企业148户，认定虚开增值税专用发票64份、价税计684.21万元，接收虚开增值税专用发票1276份、价税合计2.53亿元，认定虚开增值税普通发票1499份、价税计1.53亿元，接收虚开增值税普通发票238份、价税计2060.4万元，移送公安部门6户。

【社会保险费和非税收入管理】 2021年，宁德市税务局推进水土保持补偿费、防空地下室易地建设费等6项非税收入划转工作以及国有土地使用权出让收入、矿产资源专项收入等4项非税收入征管职责划转准备；执行社会保险费和非税收入政策，做城乡居民“两险”征缴网格化管理，办理2021年城乡居民基本养老保险费申报缴纳76.85万人，申报缴纳2022年度城乡居民基本医疗保险费276.89万人。

【进出口税收管理】 2021年，宁德市税务局推进退税无纸化、“非接触式”办税等举措，引导企业对接出口退税新系统，实现企业端出口退税业务申报办理渠道拓宽、资料报送简化、办税流程通畅。压缩一、二类出口企业退税时间至2个工作日，全年共办理出口退税42亿元，比上年增长107.30%，平均办理时间4.5个工作日。做好非居民税收管理与服务，2021年非居民税收收入2.59亿元，比上年增长13.24%。加强税收协定待遇管理，确保协定待遇资料备案改备查、简化报表等“放管服”改革举措得到落实。宁德新能源科技有限公司、安发（福建）生物科技有限公司等非居民纳税人因分配利润享受股息红利条款享受协定待遇优惠2.60亿元。

【营商环境优化】 2021年，宁德市税务局打造“宁易税”智慧服务新体系，获宁德市政府绩效改革创新项目垂管单位系列第二名。聘请39名人大代表、政协委员、企业界代表为税收营商环境特约监督员，推广“三公里”办税服务圈、涉税事项集中审批等便利化特色举措，其中6项被列为宁德市营商环境工作典型经验。“12366”纳税缴费服务热线归并“12345”政务服务便民热线，提供“7×24小时”人工服务。为“独角兽”“金娃娃”企业配备“首席联络员”，完善领导挂钩联系重点企业制度，协调解决跨区域、重大复杂的涉税事项。拓展“银税互动”，完善企业纳税信用等级评定与修复，评定A级纳税人3454户，比上年增长1.15%；B级、M级合计5.17万户，增长0.59%；C级、D级合计1.03万户，下降1.73%。

（温燕如）

金融监管

【概况】 2021年，宁德市金融系统

构建央地金融监管协调机制。实现机制二县域全覆盖，压实属地风险防范处置和维稳第一责任。建立金融监管协作机制，宁德市人行、宁德银保监分局、金融办联合签署金融监管协作机制备忘录，在信息共享、监管协作、服务实体经济、风险应对、联合宣传调研等五大方面开展监管协作。推动福安农信社的风险处置取得进展。指导福安市支行协调福安市政府制定上报实施方案，推动用于福安农信社风险处置和补充资本的地方政府专项债发行落地，化解重要风险点。“洗钱罪”取得成效，经验得到人行福州中心支行领导批示肯定。全辖判决洗钱案6件、起诉待判决3件，落实扫黑除恶斗争工作要求，获“全省扫黑除恶斗争工作先进集体”。融入“断卡”行动和“211”工作机制，参与和推动打击治理电信网络诈骗、跨境赌博工作，开展涉嫌违规账户集中整治，涉诈企事业对公账户实现零增长，遏制涉诈个人银行账户增长势头，截至年末，新增涉诈账户数由原来的全省第2降至全省最少。率先全省开展警银协作机制，协调公安部门组织警力直接对接银行网点，协助银行网点对可疑人员开立账户预警劝阻，机制运行以来累计核查可疑人员3536名，其中近162名被公安机关采取强制措施，得到福建省公安厅肯定。

【金融风险防控】 2021年，宁德银保监分局强化“政银企”联动，健全“存量+新增”风险资产台账，开展信用风险底数摸排，处置风险大户，全年累计处置不良贷款22.12亿元，年底不良率0.66%，为全省第二低位，不良贷款连续七年“双降”。坚持单体机构化险与维护稳定大局并重，稳健合规用好地方政府专项债资金，全省唯一高风险机构年内如期“摘帽”。化解中国人寿福鼎义务兵养老保险群体性事件风险，指导保险机构平稳度过黑龙江国寿事件、不合规短期健康险停售等舆情风波。遏制房地产金融风险，按季监测辖区房地产信贷市场风险水平，指导压降房地产贷款集中度；查处信贷资金违规流入房地产市场等限制性领域行为，责成相关机构内部问责226人次，辖区房地产贷款占比比上年下降0.52个百分点。发挥“白名单”正向指挥棒作用，连续第五年发布信贷诚信企业名单，辖内银行对名单内188家企业授信总额1391.4亿元，累计减费让利5.64亿元，促进宁德良好信用环境建设。

【重点领域金融服务】 2021年，宁德银保监分局围绕强化宁德主导产业金融服务的工作目标，修订银行业服务实体经济质效监测评价体系，推广供应链金融、科技贷等融资模式，引导银行保险机构支持锂电新能源等四大主导产业科学发展。强化制造业、科技金融服务，全年新增制造业贷款443.65亿元，比上年增长72.97%，位居全省第一。细化任务20项，成立专班抓金融支持经济持续恢复和高质量发展，结合四下基层活动，督查机构39家，督促落实延期还本付息等政策，分别发放纾困资金贷款和应急贷款23.09亿元、4.78亿元。

【普惠金融改革试验区建设】 2021年，宁德银保监分局引领辖内银行保险机构科技赋能，破解瓶颈问题，提升普惠金融服务覆盖面、获得感和满意度。锚定一“绿”一“蓝”创新产业服务，落地首笔碳汇贷，创新古树名木险、农业指数保险等47个绿色金融产品，首创“司法+行政+保险”县域生态环境保护机制，绿色金融融资余额441.24亿元，比年初增长116.13%，提供绿色风险保障金额70.51亿元，实现“四个不低于”“一个100%”“一个大幅提升”的目标，绿色金融服务体系落成；加快海洋命运共同体建设，海洋产业贷款余额114.96亿元，推出涉海专项金融产品34个，打造海洋特色专业化网点8家。因地制宜破解乡村融资难题，推出渔排养殖贷等产品40余个，激活古屋、茶园等系列农村“非标”生产要素，配合搭建生产要素融资平台，发放农村生产要素融资贷款，盘活乡村资产。深化小微金融服务，差别化制定首贷户拓展目标，引导大中型机构下沉服务，设立首贷服务中心、窗口213个，累计新增小微企业法人“首贷户”819户，发放贷款金额14.19亿元；降低利率成本、增信成本、各类费用、续贷成本、抵押品自评估，为客户节约成本约3.2亿元。拓展数字化金融服务，辖内银行业金融机构借助“信易贷”“金服云”等线上平台对接贷款211亿元，实现“数据多跑路，群众少跑腿”；依托福鼎白茶大数据溯源平台，发放白茶贷款2.38亿元，累计发放银税合作贷款25.49亿元。指导实现普惠金融调处中心县域全覆盖，并被列入福建省第二批普惠金融创新成果，纠纷诉前化解979件。普惠金融改革试验区设立以来，有抵押物自评估系统、蕉城区普惠金融纠纷调处中心、宁德市农村生产要素流转融资服务机制、宁德保险“快处快赔121”服务中心等9项创新成果得到全省复制推广，10项普惠金融指标高于全省平均水平，相关工作被中央电视台、《经济日报》等主流媒体报道。

【基层保险保障体系建设】 2021年，宁德银保监分局出台全省首个保险机构绩效考核指导意见，指导制定全省首个地市车险市场自律公约，车险手续费率和业管费率实现双降。警保合作，提高车险理赔效率缓解交通拥堵问题，交通事故快处快赔“121”机制得到省委领导批示肯定，并获得全省推广。融合宁德“山海之城”特色，联合市财政局等单位出台《宁德市乡村振兴地方特色农业保险实施方案》。推进“一县一品”农险新格局赋能乡村振兴，支持当地花卉、水果、种业等特色产业，屏南花卉保险、福鼎槟榔芋种植保险、蕉城赤溪花生种植保险相继落地签单，盘活当地农业资源。提升服务社会治理效力，指导保险机构加强与应急、农业等部门联动，应急处置重大灾害事故，优化灾后理赔。与医保部门对接，提升健康保险服务能力，健康险保费收入比上年增长13.8%，健康险覆盖面向纵深推进。

【其他非银行金融监管】 2021年，宁德市金融办坚持“促发展与防风险相结合”的原则，通过运用现场监管和非现场检查相结合、加强类金融监管队伍建设、强化部门协作等方式，提高服务能力和监管水平。对3家典当行、1家融资担保机构开展“双随机”检查，对8家小额贷款公司开展年度考核，对5家政府性融资担保机构开展绩效评价，对3家典当行开展年度考核，引导地方类金融机构规范经营，夯实金融风险防控成效。20家机构中，1家要注销不参评被省里列为不合格，其他均为合格，合规率95%。

（钟雯鋆　吴若菲　柳朝涛）

审　计

【概况】　2021年，宁德市审计机关完成审计和审计调查项目（单位）272个，查出主要问题金额58.80亿元、非金额计量问题1250个、损益（收支）不实1.87亿元，处理处罚金额10.28亿元（应上缴财政1369万元、应减少财政拨款或补贴2661万元、应归还原渠道资金6.99亿元、应调账处理金额28844万元）。审计促进整改落实问题资金9.60亿元，挽回（避免）损失4497万元。出具审计报告和专项审计调查报告378篇；提出审计建议764条，被采纳721条；提交审计信息467篇，被批示采用171篇次。全市2个项目获评全省审计质量较好审计项目。总结扶贫审计做法《赓续“滴水穿石”闽东精神　服务精准脱贫乡村振兴》，被中国审计学会确定为优秀扶贫审计创新经验，在全国“总结扶贫审计创新经验助力乡村振兴”专题研讨活动大会上交流。《领导干部履行经济及生态主要责任风险防控清单》被推荐参评2021年省级法治政府建设示范创建活动单项项目。

【审计管理体制改革】　2021年，宁德市审计机关深化审计机构改革，市县两级依托审计委员会，定期召开工作会议，研究重大事项，服务党委审计委员会各项工作部署。出台市委审计委员会成员单位协调机制、加强县级党委审计委员会及其办公室工作举措等制度文件，推进审计管理体制改革向深层次发展。

【重大政策措施落实情况跟踪审计】　2021年，宁德市审计机关重点围绕财政事权和支出责任划分改革、乡村振兴、优化营商环境等开展政策措施落实情况跟踪审计，抽查单位154个、项目562个，涉及财政资金20.17亿元，提出推动中央、省级宏观政策与宁德市配套措施更好结合等审计建议。

【预算执行情况及决算草案审计】　2021年，宁德市审计机关围绕实施全面预算绩效管理和厉行节约，全市统一部署开展，重点突出积极财政政策、专项资金清理等内容，促进国家财政经济安全和财政资金规范高效运行。应用大数据分析实现市本级218家一、二级预算单位审计全覆盖。8月26日，代市政府向市人大常委会作审计工作报告受到充分肯定。

【领导干部经济责任审计】　2021年，宁德市审计机关组织对92个市县单位124名领导干部开展经济责任审计，党政主官100%同步审计，有序推进审计对象全覆盖。

【投资审计】　2021年，宁德市审计机关完成投资审计和审计调查项目38个，核减投资额0.83亿元。起草《宁德市市级政府投资建设项目审计监督实施办法》，对投资审计范围、组织方式、常态化监督等要求进行明确，推动投资审计转型升级。

【民生资金和乡村振兴审计】　2021年，宁德市审计机关选取古田、福鼎等2个县（市）和43个省级试点村开展乡村振兴相关政策和资金审计，覆盖山区、沿海、县域、乡村，拓展乡村振兴审计深度和广度。

【生态环境保护审计】　2021年，宁德市审计机关围绕污染防治，组织对15位领导干部开展自然资源资产离任（任中）审计，评价意见均为“较好”，推动地方加强资源管理和生态环境保护。

（陈绍伟）

统　计

【统计改革创新】　2021年，宁德市统计局实施《宁德市地区生产总值统一核算实施方案》，保持全市生产总值和各县（市、区）汇总数总量、速度、结构的基本衔接。首次完成“三新”经济增加值测算，测算结果获得省局认可。开展民营经济增加值核算和自然资源资产负债表编制工作。深化投资领域统计改革，加强与发改、住建、交通、水利、工信等行业主管部门协作，构建从入库情况比对、数据预测预判到数据质量联审的全方位监测模式。开展大宗特色农产品观测调查和扩大样本的限额以下商贸业抽样调查。建立改革长效机制，推动市政府出台《加强新时代高质量统计工作的意见》，构建“政府主导、部门推动、市县联动、定期会商”的大统计格局。

2021年，宁德调查队加强统计信息化建设，推进统计新技术应用。住户调查逐步建立走访指导监管系统，依托钉钉应用平台，实时监管调查员入户指导走访情况，确保真入户、入真户。农业农村调查加大无人机使用，航拍粮食面积样方数比上年增加80%，应用无人机遥感技术采集大中型生猪养殖场的有效养殖面积，提升调查效率；抽选蕉城和福鼎共5家企业作为“闽农宝”推广应用试点。在26家调查企业试点PPI电子台账；探索大数据在PPI调查中的运用，实现对铜、镍、不锈钢、铝等相关产品价格网络大数据采集，审核、监测、分析工价调查相关规格品，提高数据质量。

【统计基础建设】　2021年，宁德市统计局将“统计基层基础建设”纳入市对县绩效考评内容。打造统计数据全流程管控闭环，对统计业务全流程的质量控制与规范管理。市局组建入库辅导员队伍，编制企业入库《服务指南》和《工作手册》，举办入库专场培训，对申报入库企业实行“一对一”服务和实地走访核实，严把初审、专业审批、终审“三道关”，确保入库企业真实性和准确性。市局各专业制定《统计数据质量控制管理办法（试行）》《统计数据质量审核评估办法（试行）》，落实"即报即审即查询即核实"工作机制，紧盯数据报送质量，加大表内数据逻辑性、相关指标匹配性的查询力度，强化源头数据审查核实。对调查单位填报数据的完整性、数值区间合理性、表内和表间的逻辑关系和平衡关系、变化趋势和指标结构等进行全面审核，对数据异常的调查对象开展实时查询，督促调查对象及时更正审核中发现的问题，确保统计数据与生产要素相匹配，各关联指标数据相协调。采取月度核查和随机核查相结合、重点核查和全面核查相结合、书面核查和现场核查相结合、数据核查和执法检查相结合、市县两级联查和各县交叉互查相结合等方式，织密常态化数据核查网络。每月开展主要指标匹配性评估，每季度对各县（市、区）数据质量进行评估，每半年开展纳税申报数据比对，完成各项常规统计调查，提高数据质量的经验做法在全省统计工作会议上作典型交流发言。

2021年，宁德调查队出台《宁德地区调查队系统辅助调查员管理实施办法（试行）》，规范辅助调查员管理。将检查指导和业务培训作为规范统计调查行为、夯实基层基础的重要手段，举办面向基层统计人员调查业务培训班23期，举办辅助调查员培训班16期，下点检查指导120余次，提升一线调查能力。争取地方支持劳动力调查扩样工作，市政府追加预算33万元。

【统计法治建设】 2021年，宁德市统计局贯彻《关于深化统计管理体制改革提高统计数据真实性的意见》《统计违纪违法责任人处分处理建议办法》《防范和惩治统计造假弄虚作假督察工作规定》《关于更加有效发挥统计监督职能作用的意见》，推动市委、市政府3次开展再学习，带动各地党委政府专题学习24场次，各级党校组织培训班12期。市局举办市直部门统计法治专场培训，主要领导应邀为蕉城、福安、福鼎、古田、东侨等地方党委中心组作专题辅导。出台《宁德市统计局负责人和统计人员防范和惩治统计造假弄虚作假责任制实施办法（试行）》，推动21个市直部门建立防惩责任制，清理纠正违反统计法精神的文件19份。强化统计监督合力，与市纪委监委联合印发《关于宁德纪检监察机关与政府统计机构进一步加强协作配合的意见（试行）》。全市检查单位238家，立案查处统计违法案件31起，公示失信企业27家。

2021年，宁德调查队落实防范和惩治统计造假弄虚作假责任制，先后制定法治工作要点、宣传教育计划和执法检查计划等，开展统计法治宣讲40场，普法对象400余人次；省、市、县调查队联合主办"12·8"统计法颁布纪念日宣传活动。抓好全队干部学法教育，贯彻《关于更加有效发挥统计监督职能作用的意见》等文件精神，开展法治知识测试1次，举办统计法治培训班1期，参与网络普法活动2次。开展对屏南、福鼎统计执法检查，检查企业29家，立案1家。

【统计服务】 2021年，宁德市统计局强化统计服务决策，全年撰写统计分析123篇，围绕宁德"十三五"发展成就、"十四五"规划、四大主导产业人才状况、人口普查、"双碳"路径、城市更新、新能源汽车产业等热点问题，开展课题攻关，完成调研课题和专题分析26篇，其中调研课题9篇、"十三五"专题分析5篇、人口普查专题分析7篇。撰写统计信息167条，89条统计信息被市"两办"采用，信息得分居市直部门第4位。被评为全市政府系统政务信息工作先进单位。撰写专报件11篇，其中《宁德新能源汽车产业发展现状与思考》获省长赵龙批示，5篇专报件获市委、市政府主要领导批示。统计分析质量取得新突破。强化服务社会公众。及时在《闽东日报》、市政府网站、市统计局网站发布国民经济和社会发展统计公报、第七次人口普查公报，出版《宁德统计年鉴》，每月编印《统计月报》，编印年度《统计手册》，"宁德统计"微信公众号和局网站实时发布权威性统计信息、解读统计数据，公众号月度综合影响力两次进入全国市级统计调查系统前50名。各地统计产品矩阵越来越充实，服务社会公众差异化统计需求的能力不断提升。

2021年，宁德调查队承接福建调查总队和市政府的约稿信息，开展专题调研，向党政领导和相关部门提供快速、精准的统计信息服务。累计撰写复工复产、居民返岗就业等约稿信息114条，采用93条次；政务信息得分在市直部门排名第2位。围绕"十三五"目标实现、"十四五"规划、脱贫攻坚、全面建成小康社会、乡村振兴等，组织开展专项课题研究，撰写19篇专题分析报告，被总队采用7篇，国家局内网采用3篇，《福建统计》等省市级刊物采用6篇次。

（陆 航 林 俊）

价格管理

【资源性产品价格改革】 2021年，宁德市持续推进天然气价格改革。每月跟踪燃气企业的购气成本，按照《宁德市中心城区管道天然气终端销售价格联动管理机制》，测算调价窗口，调整终端销售价格。9月起调整中心城区管道天然气居民价格和非居民用气最高指导价。落实燃煤发电上网电价市场化改革，放开工商业电价目录政策，跟进原工商业电价和市场化电价的衔接工作，做好政策解释，实现电价改革平稳过渡。推进农业水价综合改革。完成宁德市农业水价改革面积1.04公顷。

【价格调控】 2021年，宁德市落实价格监测预警职能，执行价格监测报告制度，加强疫情与节假日期间监测力度。按时开展主要食品、工业生产资料、主要畜产品等价格监测，重点监测粮油肉蛋果蔬价格动态，并适时了解商品市场销售、供应及价格波动情况。第一时间报告异常情况，紧盯突发性事件及苗头性、倾向性问题，做好监测预警工作。全年上报《每日行情》等13类报表900余份，撰写宁德市区周价格分析报告22篇，宁德各县（市、区）周报18期，宁德市月价格分析报告12篇，宁德市房地产市场情况调查报告1篇。利用各具特色的信息发布平台，发布民生价格信息和舆情分析。全年发布“每日行情”252期、“价比多家”49期、“价格动态”22期、“舆情分析”4篇和“稳价措施”2篇，提高民生价格信息服务范围。全市启动平价商店47家，实行平价商店稳价销售机制，发放稳价补贴172.22万元，其中市本级补贴19.38万元，县（市、区）补贴152.84万元。物价指数均未达到联动机制启动条件，未启动社会救助和保障标准与物价上涨联动机制。落实全市冻猪肉储备任务，组织全市冻猪肉储备投放，在春节期间组织全市投放储备冻猪肉合计128.973吨，保障猪肉市场供应，平抑猪肉价格。

【清费减负】 2021年，宁德市制定《清理规范城镇供水供电供气行业服务收费促进行业高质量发展实施方案》，通过清理全市年可减轻企业用户负担约1500万元；开展降低重点国有景区门票价格“回头看”工作，完成10家景区（点）门票降价工作，平均降幅约16%，年可减轻游客支出约257.1万元；完成全市17家景区门票、市本级40余家单位80余项行政事业型收费项目、8项经营服务性收费项目目录清单的制定，并通过网络向社会公示。联合市场监管局清理规范非电网直供价格行为，减少转供电终端用户电费支出337.46万元。9月1日起调整中心城区管道天然气居民气价，第一阶梯为4元/立方米，第二阶梯4.58元/立方米，第三阶梯5.34元/立方米；非居民用气最高指导价上调至5.1元/立方米。

【价费管理】 2021年，宁德市物价部门经过价格调查、成本调查或者监审、征求意见、公平竞争和合法性审查、集体讨论等法定程序，结合实际，就涉及景区、教育、限价房、公租房租金等纳入政府定价目录服务项目，组织协调相关部门和企事业单位以及特定或不特定利益相关人，开展一系列工作，完成11条新增班线、车型变更和调整走向班线票价，核定霞浦县杨家溪景区竹筏漂流价格，宁德一中、宁德五中新校区、周宁职业中专、宁德职业技术学院学生公寓住宿费标准，宁德北大培文学校、宁德衡水育才中学学费和住宿费收费标准，宁德市实验学校学费收费标准，幸福佳园剩余61套限价房价格，市本级公共租赁住房金涵小区公租房租金标准，宁德市中心城区路内停车泊位收费标准，宁德市义务教育阶段学科类线下校外培训机构培训收费标准制定工作。调整宁德市闽建医疗废物处置有限公司医废物处置收费标准，保障疫情常态化管理的正常运行。

【成本监审】 2021年，宁德市物价部门完成成本监审项目11个，包括宁德市实验学校等3所非营利性民办学历教育学校学费定价成本监审和住宿费成本调查、寿宁县百丈电站和国能（柘荣）水电有限公司王社二级水电站上网电价成本监审、金涵小区、宁运嘉园公共租赁住房租金定价成本监审、宁德市闽建医疗废物处置收费标准成本调查、宁德市义务教育阶段学科类校外培训收费成本调查、宁德市机关幼儿园保教费定价成本监审等，共核减不合理成本5083.37万元。

（甘　宇）

市场监督管理

【概况】 2021年，宁德市市场监管局推进食品、药品、特种设备、产品质量安全监管，食品安全工作首次获评A级等次。获“2021年度全国清理整顿人力资源市场秩序专项行动突出成绩单位”“省级文明单位”“全省市场监管系统非公党建工作先进集体”等称号，3人次分别获“全国市场监管卫士”“全国食品安全工作先进个人”、全国“七五”普法先进个人，1人次获评“全省市场监管系统扫黑除恶斗争先进个人”。直属单位东侨开发区市场监管局获“全省市场监管系统扫黑除恶斗争先进集体”称号。截至12月31日，宁德市实有市场主体447372户，比上年增长25.71%，其中企业83162户、个体工商户356297户、农民专业合作社7913户，分别增长10.5%、30.54%、2.86%。全市新登记市场主体123196户，比上年增长34.34%，其中企业14693户、个体工商户107837户、农民专业合作社666户，分别增长4.28%、40.2%、-4.58%。

【营商环境优化】 2021年，宁德市新增市场主体12.32万户，比上年增长34.34%。截至年末，市场主体总量44.73万户。推行开办企业“一窗通办”政务服务及“5小时办结制”，全省首推新开办企业联动响应服务机制，实现新开办企业免费刻制印章全覆盖。出台《促进市场主体增量发展十二条措施》，市场主体登记数据分析报告得到张永宁市长批示肯定。推进服务许可审批事项“跨省通办”“省内通办”，实现71个政务服务事项跨地区通办。深化“证照分离”改革，实现中央层面523项和福建省12项涉企经营许可事项“证照分离”改革全覆盖。开展市场监管领域“证照同办”审批改革，编制25项市场监管领域“一件事”集成套餐服务事项目录清单，实现群众办事“跑一个窗口、办多个事项、领多个证照”。行政许可事项承诺时限压缩法定时限的92%以上，即办件占比75%以上。

【“双随机、一公开”监管】 2021年，宁德市市场监管局牵头推进“双随机、一公开”监管工作。全市抽查市场主体13165户次，开展跨部门联合抽查15次，抽查结果依法对外公示，实现跨部门联合抽查全覆盖、常态化。推进落实中央八项规定精神专项督查工作，全市发现并移送疑似问题线索18条，其中市本级13条。开展校外培训机构整治工作，严查未经许可擅自开办、发布违法广告、虚假宣传、违规收费、利用格式条款侵害消费者权益等不规范问题，立案31起，处罚9.91万元。推进2020年度报告公示工作，全市企业年报率为94.15%。开展查处无证无照经营综合治理工作，立案查处无证无照经营案件98起，罚没59.44万元。

【反垄断与反不正当竞争】 2021年，

宁德市市场监管局组织开展营造公平竞争环境“2021 利剑行动”，建立由14 个市直部门组成的全市反不正当竞争工作联席会议制度，查处反不正当竞争案件 15 起，比上年增长 66.7%，罚没款 167.8 万元，增长 370%。配合省市场监管局调查涉嫌垄断案件 7 起。开展维护知名企业合法权益“护航行动”，制定《商业秘密保护工作指引》，重点培育宁德时代等 9 家单位为市级、省级、国家级商业秘密示范保护基地。遴选 17 个由高校、律所、社会组织等单位专业力量组成的公平竞争审查专家库。督促 38 家使用“协和”“同仁”等字号名称的民营医院、医药企业、药店、美容机构及时整改到位；全年创成无传销示范社区 20 个，查办传销案件 12 起，罚款 6.77 万元，移送公安部门追究刑事责任 3 人。

【网络交易监督管理】 2021 年，宁德市市场监管局立案查处合同格式条款侵害消费者权益案件 12 件，罚没款 8.7 万元，74 家企业获评“2018—2019 年度福建省守合同重信用企业”。定向监测网络商品和服务信息样本 407 个，发现涉嫌违规问题 55 个，责令整改 26 个次，行政指导 28 个次。开展“网剑行动”，检查网站、网店 1335 个次，督促网络交易平台删除违法商品信息 63 条，责令整改网站 24 个次，提请关闭网站 14 个次，责令停止平台服务的网店 36 个次，查处网络侵权销售假冒伪劣商品案件 12 件、虚假违法互联网广告案件 143 件、互联网不正当价格行为案件 1 件、其他违法违规案件 16 件。持续开展扫黑除恶斗争工作。“杜某组织、领导传销案”入选《全国市场监管领域扫黑除恶典型案例汇编》。

【广告监督管理】 2021 年，宁德市市场监管局开展违法违规商业营销宣传专项整治。牵头和参与专项整治 26 项，查处各类广告违法案件 226 件，其中 6 件案件被省市场监管局评为 2021 年整治虚假违法广告典型案例。组织开展农村人居环境整治、青少年近视防控产品、打击非法医疗美容服务、打击非法应用人类辅助生殖技术违法犯罪等专项整治工作。开展“护苗助老”系列整治行动，开展查处含有“协和”“同仁”等相关字词、“抗幽门螺杆菌牙膏”违法医疗广告。“违法广告随手拍”项目被评为 2020—2021 年度全省市场监管系统“智慧监管”优秀案例。

【消费权益保护】 2021 年，宁德市“12315”投诉举报信息系统接到各类诉求 51932 件，受理诉求总量比上年增长 13.63%。其中，受理消费者投诉 8587 件、举报 6758 件、咨询 36587 件。全市市场监管部门为执法办案机构提供有效举报或诉转案线索并立案查处违法案件 331 件，罚没款 445.49 万元；处理食品药品、交通工具等一批争议金额较大、涉及民生的接诉举报件，为消费者挽回经济损失 478.35 万元。制定出台《关于处置恶意投诉举报行为暂行规定》，联合市改委等 6 部门下发《关于有效应对恶意索赔恶意举报行为维护良好营商环境指导意见》，加强对职业索赔、职业举报行为的分类管理、分类指导。

【“餐桌污染治理”】 2021 年，宁德市食品抽检（含快检）总合格率 99.95%，行政部门查处食品安全违法案件 2181 起罚款 700 万元，公安机关侦破食品安全领域案件 74 起，抓获 96 人，移送起诉 49 人。“一品一码”食品生产环节主体注册率 98.7%、销售环节主体注册率 13.7%、餐饮环节主体注册率 9%，均超额完成省定的 85%、10%、6% 的年度目标任务；食品生产企业风险分级分类管理率、农产品批发市场建档率、学校食堂“明厨亮灶”建成率均达 100%。全市以县为单位，全部落实农村集体聚餐食品安全责任保险。完成食品及食用农产品监督抽检 13877 批次，检出不合格 309 批次，不合格率 2.23%，发现问题率均位居全省中上水平。在省对市、市对县的评价性抽检中，宁德市食品安全抽检合格率均达 100%。屏南县、寿宁县创成省级食品安全社会共治示范县，全市达到 7 个；福安市穆阳线面集中加工区建成全省首批 4 个加工区试点之一；新增 36 个市级食品生产加工小作坊示范点，新增 50 家乡村振兴示范线沿线农村食品安全示范点，新增 30 家省级“明厨亮灶”示范单位；在全省首推大型餐饮色标管理工作，全市 790 家学校食堂、大型餐馆和就餐人数 200 人以上的大型机关企事业食堂等高风险餐饮单位实施色标管理。670 家学校食堂实施“互联网 + 明厨亮灶”，占比 98.2%，位居全省第一。全市没有发生任何级别的食品安全事件。

【药品医疗器械化妆品监督管理】 2021 年，宁德市出台《关于支持和鼓励药品零售企业创新发展和便民服务的意见（试行）》，推行电子处方、便民药柜等服务方式。指导广生堂获批 8 个药品、力捷迅 2 个获批获得再注册批件，帮扶时珍堂取得药品经营许可证，成为闽东药城第一家药品批发企业。协调解决力捷迅药业重点产品“胞磷胆碱钠片”再注册纠纷问题，保住了上亿元拳头产品市场份额。开展儿童化妆品专项整治工作，排查问题线索 194 个，责令整改 184 家。上报药品、医疗器械、化妆品不良反应报告表 4195 份，登记上报购买“两抗一退”药品信息 54 万余条。完成 60 批次新冠肺炎疫情防控药品和 446 批次医保中标药品专项抽验工作。排查医疗器械经营使用单位 1948 家，排查出风险隐患 246 个，立案 21 起。完成医疗器械经营使用安全示范点创建和医疗器械唯一标识系统等 2 项建设工作，12 家医疗器械经营企业和使用单位入选福建省医疗器械百家示范点。

【市场监管综合执法】 2021 年，宁德市本级立案查处各类案件 109 起，罚没款 634 万元，其中查处 50 万元以上大案要案 3 起，移送公安机关 6 起。市市场监管局联合市检察院、公安局出台《危害食品药品安全违法犯罪案件移送机制》，解决食品案件移送难、行刑衔接不顺畅问题。共查处茶叶案件 151 件，获省市场监管局挂牌督办 1 件。开展全市粮食市场秩序专项整治，“拉网式”检查全市涉粮企业 70 家，延伸抽查粮食经销商、贸易商388家，立案查处15起。持续推进农村假冒伪劣食品专项执法行动，全市共查处案件657件，罚没款435万元，50万以上大案要案3起，获省市场监管局挂牌督办2起，移送公安机关8件，查扣假冒伪劣茶叶、酒等食品3万余件，货值金额100余万元，案件查办数居全省前三。

【质量安全监管】 2021年，宁德市推动按摩器等6个行业120余家企业提升产品质量，组织省、市、县三级市场监管系统联合开展“巡回问诊”质量技术帮扶活动，实现技术共享，帮扶120多家企业解决问题75个，经验做法得到省市场监管局通报推广。组织合成革等25种470批次重点工业产品监督抽查和机制砂、按摩器、海上养殖塑胶产品等3种40批次的风险监测，向社会发布质量公告14期。组织完成45批次已下水海上养殖塑胶产品定期跟踪监测任务，建立海上养殖塑胶产品质量定期跟踪监测机制。检验特种设备19228台、压力管道257.7千米，完成隐患整改闭环616个。拆除无证照过山车1台，责令停用未检验轨道滑索2条。推动10个小区的108台电梯开展按需维保试点，完成对47家维保单位信用等级评价，对全市44个天然气场站进行全覆盖检查，在全省率先完成天然气场站专项整治。

【质量提升行动】 2021年，宁德市市场监管局拟制《关于进一步推进质量强市建设的八条措施（试行）》。指导品品香茶业、闽威实业分别获第七届福建省政府质量奖、提名奖，闽威实业、品品香茶业、德京集团获第四届宁德市质量奖，万达电机、卓高新材料、惠丰电机获得市质量奖提名奖。支持福安市、柘荣县设立县级质量奖，是全省设立县级质量奖最多的设区市；截至年末，全市有省政府质量奖获奖企业3家、省政府质量奖提名奖企业1家、市质量奖获奖企业11家、市质量奖提名奖企业3家、县质量奖获奖企业9家，累计兑现奖励金1630万元。依托东侨工业园区开展质量基础设施“一站式”服务，帮助企业解决问题30余项。开展“质量月”活动，举办活动28场，参与企业320家、一线员工2800人次；公益培训企业首席质量官75人累计388人次。围绕闽东特色产业开展小微企业质量认证提升行动，培育试点34家，居全省第三。

【标准化战略】 2021年，宁德市市场监管局推进工业园区标准化建设，强化机制保障。经省级评价，东侨经济技术开发区标准化建设综合排名全省第二，获500万元奖励；龙头品牌和科技创新专项获全省第一，各获100万元奖励。开展“送标准进茶企”活动，编辑、印制《白茶相关标准汇编》。争取到第十批4个省级农标示范区建设项目落地宁德。制订国际标准1项；主导及参与制订国家标准15项；主导及参与制定行业标准5项；参与制定省地方标准5项；主导及参与制定团体标准56项。指导锂离子电池国家高新技术产业和福建宁德社会福利养老服务2个国家级试点完成建设目标任务，并上报申请国家级验收。指导制定《网络餐饮经营管理规范》团体标准，填补省内网络餐饮订餐标准空白。

【质量技术保障】 2021年，宁德市市场监管局健全计量管理体系，新建社会公用计量标准10项，总数240项，居全省第二。全年完成强检计量器具检定5.5万台件，减免收费440万元，为企业减轻资金压力、提升发展活力。市塑胶产品质量检验中心通过扩项评审，新增老化性能、环境应力开裂时间、抗滑值等13个标准、34个检验参数，进一步提升海上养殖塑胶产品检验能力。开展3C免办审核与监管工作，为宁德时代新能源等高新企业办理3C免办证明，服务科技企业科研、维修、出口产品等，承办46批次，涉及产品61种型号、24.35万件。

（许丽霞）

知识产权保护

【概况】 2021年，宁德市市场监管局强化知识产权保护。建成宁德市知识产权保护中心。新增“蕉城白眉山羊”“蕉城晚熟龙眼”“周宁高山杜鹃”“周宁高山百合”“福安绿茶”“福安白茶”“柘荣高山白茶”“屏南兰花”“屏南锥栗”“福鼎栀子花”“福鼎白茶（横标）”“福鼎白茶（竖标）”等12件地理标志证明商标，新注册数位列全省第一位；全市地理标志证明商标总数86件，居全省第二位。全市拥有驰名商标46件，居全省设区市第四位，其中地理标志商标驰名商标8件，经行政程序认定的累计认定数居全省第一位，居全国设区市前列。“坦洋工夫”“福鼎白茶”“桐江鲈鱼”“宁德大黄鱼”地理标志产品通过中欧互认。地理标志保护运用促进工作经验做法被推荐上报为“2021中国改革年度案例”。

【知识产权创造】 2021年，宁德市新增PCT国际专利申请911件，申请量居全省首位。国内专利授权4737件，其中发明专利授权755件、实用新型专利授权2793件、外观设计专利授权1189件。有效发明专利拥有2365件，比上年增长43.77%，增幅排名全省第一。每万人发明专利拥有7.5件，排名全省第四。深化商标品牌战略，推动注册商标总量增长。新增注册商标17919件，总有效注册商标84071件，马德里商标注册46件。

【知识产权运用】 2021年，宁德市新增奥弗锐（福建）电子科技有限公司等6家省级知识产权优势企业，宁德新能源科技有限公司和福建贝迪药业有限公司通过福建省知识产权优势企业复核；宁德三行技研工贸有限公司等8家企业入选市级知识产权优势企业。支持建设省知识产权公共服务平台宁德工作站3个，市级知识产权信息公共服务网点4个。实施锂电新能源、生物医药等领域专利导航项目5项。制定《宁德市知识产权质押融资入园惠企行动方案（2021—2023年）》，实现专利许可转让585次。全市新设商标品牌指导站3个。开展“福鼎白茶产业再发展，宁德市场监管在行动”主题活动，从夯实产业质

2021 年 11 月 25 日，宁德市知识产权司法保护协同中心暨福州知识产权法庭宁德巡回审判点揭牌仪式举行　　　　（市法院　供图）

量基础、完善质量体系建设、加强商标品牌建设等 5 个方面支持福鼎白茶产业再发展。福鼎市获批筹建“福鼎白茶国家地理标志产品保护示范区”，全省仅 2 家；福鼎白茶入选国家地理标志运用促进重点联系指导目录。

【知识产权协同保护】 2021 年，宁德市颁布实施《关于强化知识产权快速协同保护体系建设的意见》《关于完善知识产权纠纷多元化解机制的意见》等创新举措。搭建“知创宁德”公共服务平台，设立宁德市知识产权保护司法协同中心，邀请福州市法院知识产权法庭宁德巡回审判点入驻，有效推动知识产权案件就地、就近预防和解决。宁德市知识产权保护中心通过省市场监管局验收。加大知识产权保护力度，全年累计查办知识产权行政执法案件 1097 件，比上年增长 337.05%，增幅居全省第二。

（许丽霞）

口岸管理

【口岸建设】 2021 年，宁德市完成口岸吞吐量 1498.11 万吨、比上年增长 2.09%；完成对台直航运量 41.79 万吨，下降 12.04%。进出口岸国际航行船舶 1222 艘次，比上年下降 9.55%；进出口岸船员 21492 人次，下降 6.47%。漳湾作业区开放获国务院批复同意，用 4 个月时间通过国家验收。

（李灵婧）

【海关】 2021 年，宁德海关受理进出口货物货值 109.36 亿美元，比上年增长 57.99%，首次跨越 100 亿美元大关，其中，进口货物货值 85.56 亿美元，增长 57.6%；出口货物货值 23.80 亿美元，增长 59.43%；精准实现征收“两税”入库 69.49 亿元，增长 51.57%，首次跨越 50 亿元大关，列福州关区第二；进出口报关单量 10397 票，增长 11.09%，首次跨越 1 万票大关；监管进出境船舶 1239 艘，增长 -8.3%。

疫情防控　2021 年，宁德海关强化口岸卫生检疫，落实上级各项技术方案、操作指南、布控指令、文件制度等疫情防控工作规范。制定入境人员卫生检疫岗位工作人员封闭管理工作方案和管理制度，第一时间落实封闭管理要求，监管进出境（港）船舶 1239 艘，其中登临检疫 536 艘，检出新冠肺炎核酸检测阳性案例 2 例，妥善处置“金满华 1”等轮发现发热人员情事 8 批次；配合地方联防联控机制妥善处置 11 起非法入境、船舶应急抢修、船员临时申请就医等突发事件，实现“零输入”。强化进口商品风险监测，印发《宁德海关进口高风险非冷链集装箱货物口岸环节新冠病毒检测和预防性消毒实施方案》，组

表 12　2021 年宁德海关主要业务一览表

项　目			单位	2021 年	比上年
进出口货值	合计		亿美元	109.36	57.99%
	进口		亿美元	85.56	57.60%
	出口		亿美元	23.80	59.43%
进出口货运量	合计		万吨	1496.50	-2.20%
	进口		万吨	1412.90	-2.19%
	出口		万吨	83.60	-2.45%
监管运输工具	监管运输工具数		辆（艘）	1239	-8.30%
税收入库	合计入库		亿元	69.49	51.57%
	其中	关税入库	亿元	0.43	16.34%
		进口环节税入库	亿元	69.06	51.85%

（资料来源：宁德海关）

织一线关员开展桌面推演、实操演练，规范现场操作。

强化监管 2021年，宁德海关截获医学媒介生物8种、42只；截获13种类、18种次有害生物（其中检疫性有害生物1种次），封存动物疫区猪肉137批次、15.56吨，严防埃博拉病毒病、中东呼吸综合征、拉沙热、沙漠蝗、非洲猪瘟等疫情疫病传入，坚决防止疫情叠加，维护国门生物安全。严格进出口商品监管，检出不合格食品、进口设备等11批次，禁止出口3批次，退运1批次。落实进出口食品化妆品安全监督抽检及风险监测，完成抽样检验1036项次，其中不合格3项次。强化税收风险防控，做好对重点税源商品镍铁、铜精矿审价工作，对104份报关单审价补税427万元。积极参与稽查网上审核试点，引导企业主动披露36起，稽核查补税7878.08万元，比上年增长71.3%，超额完成全年任务。推进安全生产三年专项行动，建立问题隐患和制度措施“两个清单”，运用“监管+科技”的方式，发现内外部安全隐患20项次，均完成整改。

优化服务 2021年，宁德海关对进口铜精矿实施“随卸随检”，进口铜精矿114.18万吨、比上年增长65.6%。对进口不锈钢原材料施行“提前申报、担保验放、船边直提”快速通关模式，推广应用“同业联合担保”等汇总征税模式，盘活企业资金近6亿元。“一企一策”主动帮扶涉农企业对接出口国家准入要求，指导企业生产精深加工、高附加值产品，实现饼干、料酒、黄酒、黄鱼松等精深加工食品首次出口。做好对上沟通、对外协调，指导漳湾作业区整合港区资源，完善查验配套设施，打造集约化、自动化、智能化监管平台，支持宁德港三都澳港区漳湾作业区于12月23日通过国家级验收。

改革创新 2021年，宁德海关首创“关务协助团队”模式服务外贸发展，分别与宁德时代新能源科技有限公司和青拓集团有限公司签订《关务团队协作协议》，帮扶宁德时代顺利通过高级认证企业复审。对宁德时代出口危包使用鉴定探索实施“产品线”安全监管合格评定模式，将监管重点转向质量安全不合格率较高、新设计研发产品的质量安全监管，该模式被列入福州海关自贸创新和业务改革项目，宁德时代出口危包使用鉴定合格率明显提升。持续优化营商环境，推动内外贸集装箱同船运输试点业务于6月23日开通，促进宁德市加快临港产业和港口经济发展，畅通“双循环”。

通关便利 2021年，宁德海关引导辖区企业运用“两步申报”“提前申报”“担保验放”等快捷通关模式，其中“两步申报”“提前申报”应用率均位居福州关区前列。宁德口岸进出口整体通关时间为20.92小时、1.22小时，较2017年压缩近80.67%、88.54%。

2021年9月13日，宁德海关对企业出口大黄鱼开展查验工作

（宁德海关 供图）

建言献策 2021年，宁德海关撰写的分析文章被福州海关采用41篇，海关总署采用7篇，省委、省政府采用15篇，中办采用1篇。为党政领导及时掌握进出口动态、准确把握外贸走势、科学决策提供参考依据。配合做好税政调研工作，上报税政调研报告6篇。

打击走私 2021年，宁德海关缉私分局开展“国门利剑2021”“蓝天2021”等专项行动，严厉打击象牙等濒危物种及其制品走私，实现“洋垃圾”零输入。刑事立案17起，案值11.71亿元，涉嫌偷逃税款9.78亿元；行政一般案件立案47起；“两简”案件办理37起。侦办的“12·27”走私香烟系列案件查证走私进境香烟价值金额11.08亿元，受到中国新闻网、网易新闻、新浪网、中国反走私等多家新闻媒体的报道，该系列案件中2起被海关总署缉私局列为一级挂牌督办案件。

（郑金燕）

【海事】 2021年，宁德海事局辖区进出港船舶4.68万艘次，货物吞吐量6286万吨，集装箱吞吐量15万标箱。辖区发生水上交通事故10起，沉船3艘，死亡（或失踪）6人，直接经济损失约804万元。办理各类船舶登记655项，签发各类船员证书619本，核发无线电类证书384份，防污染类证书215本。

安全监管 2021年，宁德海事局成立局安全管理委员会，落实水上交通安全监管责任，开展巡航2331次、出动执法人员5266人次，巡航时间5688小时，海巡1.98万海里，岸巡7.3万千米，开展公司日常检查37次，船舶审核142艘次，船舶检验质量监督检查85艘次、船舶重要日期确认122艘次，船旗国监督检查1119艘次，滞留船舶48艘次，VTS提供信息服务40826次，跟踪船舶27058艘次，实施水上交通组织3738次，有

2021年5月31日，宁德海事局开展打击非法采运海砂"雷霆2021"执法行动

（宁德海事局　供图）

效保障海上交通秩序安全高效畅通。全年以水上交通安全专项整治三年行动集中攻坚为主线，组织开展水上无线电秩序、船舶救生设备、长期脱管船、防船舶碰撞桥梁、景区和非景区景点安全管理等"4+7"重点专项行动，建立问题隐患和制度措施"两个清单"，排查问题隐患985个、整改率100%，查处违反无线电秩序管理船舶33艘次，查处防船舶污染违法行为41起，推动拆解各类违法船舶7艘，143艘长期逃避监管船舶全部"清零"。与海洋与渔业局签订《海上安全与救助合作备忘录》，开展"商渔共治2021"行动，开展防商渔船碰撞专题培训5次，商渔船船长面对面交流32次，查处违法船舶16艘次，警醒教育商渔船1.3万艘次。联合宁德海警局、宁德市海洋与渔业执法支队开展打击非法采运海沙"雷霆2021"专项行动，查处非法采运沙船120艘次，处罚金额656万元。推动宁德首条乘客实名制航线在福鼎渔井—嵛山试运行，推动气象部门建设7个海雾监测站点，开展客渡船安检156艘次、整改缺陷896项，保障人民群众海上安全出行。

疫情防控　2021年，宁德海事局守好"船员源头、水路口岸、船岸界面、非法入境"4个关口，做好疫情"外防输入、内防反弹"各项工作。建立东冲口外水域外国籍船舶清单，实行动态监控机制，掌握船舶动态信息、船员信息、换班信息、船员健康异常情况，累计动态监控进出港国际航行船舶985艘次、船员10377名，协调335艘国际航行船舶中国籍船员换班3453人次，联合市卫生健康委、海关等部门，处置入宁船舶船员健康异常情况，打击偷私渡、非法交易等违法犯罪行为，确保水路口岸"零扩散"。

搜救应急　2021年，宁德海事局与福州海事局签订信息沟通协作机制备忘录，将东海航保中心福州航标处纳入宁德市海上搜救中心成员单位，充实宁德海上搜救应急力量。印发《宁德市海上搜救志愿者队伍建设方案》，为7艘搜救有功船舶争取国家搜救奖励5万元，推动宁德辖区搜救志愿者队伍发展。推行无预案、无脚本海上应急搜救演习演练9次，组织霞浦西洋岛渔船志愿者队伍及福鼎市民兵志愿者队伍开展搜救培训，提升应急反应能力。开展海上搜救行动17起，救助遇险船舶15艘，遇险人员130人，人命救助成功率91.5%，挽回直接经济损失约6800万元，减少人员伤亡及财产损失。

法治建设　2021年，宁德海事局贯彻落实新《中华人民共和国海上交通安全法》，探索推行"首违不罚""轻微不罚"新举措，实行执法全过程记录、行政处罚案卷季度评查等工作机制，提升执法质量。开展交通运输执法领域突出问题专项整治，开展大走访大调研活动62次、访谈35次，排查整改顽瘴痼疾23项，执法权威明显加强。深化现场综合执法机制建设，海事处均成立综合指挥室，实现局机关和海事处2个层面、远程和现场两个界面网格化管理。查处各类违法行为1612件，行政处罚金额1498万元，向海警部门移送涉嫌犯罪案件2件，打击海上交通安全违法违规行为。

服务发展　2021年，宁德海事局印发《宁德海事局深化交通强国建设促进港航经济高质量发展的实施意见》，出台20条举措，助力"海上宁德"建设。帮助4艘"弃单船"完成转国内登记难题，盘活国有企业近2亿元资产。解决宁德时代公司锂电池储能系统包装检验难题，指导中铝东南铜业建立高质量选船机制，保障宁德四大主导产业安全发展。支持口岸开发

2021年11月9日，宁德边检站民警开展处置涉疫突发事件演练

（宁德边检站　供图）

开放，漳湾作业区扩大开放获批并通过国家验收。指导宁德首家游艇操作员培训机构资质许可获批，填补宁德辖区无船员培训机构的空白。推出政务服务专员、“高频就近办”等便民举措，236件高频事项实现当地办理。实行船舶“多证合一”，减少发放证书260本，65艘船舶从中获益。实行船舶办证“双同步、双融合”机制，服务船舶182艘次，单船节约办证时间平均35个工作日，船舶证书办理效率大幅提升。

（陈登科）

【边防检查】 2021年，宁德边检站推动漳湾作业区水域扩大开放获国务院批准、口岸验收通过省级审批，提升“互联网+”服务水平。查验出入境（港）船舶1222艘次、出入境（港）人员21491人次、办理各类行政许可21836份，查处各类违法案件7起16人、行政拘留1人，向蕉城分局移交1起涉嫌组织他人偷越国边境案件线索，案件办理受到国家移民管理局通报表扬和总站领导批示肯定，并作为典型案例被国家移民管理局转发全国学习。打好中国共产党成立100周年安保攻坚战和防范境外疫情输入阻击战，关注疫情形势发展变化，调整防控措施，动态修订工作方案，规范明确突发情况处置流程，对接地方联防联控机制，建立登轮作业人员审批管理机制，优化离岗封闭管理场所，实施网格化“警长负责制”和“定船到人”的包干制，妥善处理13名船员紧急救助和1名入境船舶中国籍船员未经检疫擅自登陆事件，年内未发生疫情通过口岸传播扩散。年内，1个集体获评省级“青年文明号”，并被总站党委评为“先进基层党组织”，1人被评为全国移民管理机构成绩突出百名党员民警，宁德边检站执勤三队获评“2021—2023年度省级青年文明号”。

（倪振东）

信用体系建设

【概况】 2021年，宁德市打造以农村信用体系、小微企业信用体系为主体的金融信用生态环境，健全完善市级公共信息平台、企业信用信息平台、农户信用信息平台，整合金融、市场监管、税务、财政、生态环境、不动产中心、电力等部门的信息资源，完善信用信息采集机制、整理机制，推进平台对接和信息共享。建立诚信联合激励与失信联合惩戒机制，引导市场主体信用自律，形成良好的社会信用体系。开展新一轮法人、自然人公共信用信息征集工作，完善公共信用信息管理，修订《宁德市公共信用信息征集目录（2019年版）》，整合信用信息资源。全市公共信用信息平台收集各类信用信息约1.68亿条。完善信用制度建设。印发实施《宁德市守信激励创新实施方案》《关于建立失信被执行人联合信用修复及自动履行联合正向激励机制的实施意见》《关于加快推进社会信用体系建设　构建以信用为基础的新型监管机制的工作措施》等信用制度文件，根据国家信息中心中经网城市信用监测简报，宁德市实现社会信用体系21个领域信用制度全覆盖。做好统一社会信用代码增量公示和存量转。宁德市统一社会信用代码重错码率0.1‰（全国平均水平为0.2‰），比上年下降，存量转码率100%。开展企业信用承诺和风险提示。组织企业开展主动公示型、行业自律型和信用修复型信用承诺，将信用承诺纳入市场主体信用记录，作为对市场主体事中事后监管、实施行业信用分类监管的重要依据。累计公布企业信用承诺书43.7万家、风险提示1371条。落实“双公示”制度。实施市、县“双公示”信息全面覆盖，坚持“公开为常态、不公开为例外”的原则，做到应公示尽公示，信用宁德门户网站累计公示“双公示”信息约27.05万条。推广“信易贷”融资。市发展和改革委会同宁德银保监分局印发实施《关于深入开展“信易贷”支持中小微企业融资的通知》，按照“依托信用、政府指导、市场运作、安全可控”的原则，督促各县（市、区）和市直有关部门在政府门户网站设置全国“信易贷”栏目窗口，并按分工加强对行业企业“信易贷”融资渠道宣传，推进辖区内金融机构和小微企业入驻“信易贷”平台宁德站。宁德站累计注册企业数9489家，融资需求1.05万笔，正在对接1877笔，成功授信7562笔，需求金额904.30亿元，意向金额116.48亿元，授信金额386.93亿元，24家金融机构入驻平台，发布金融产品109个，在全省地级市中综合排名前列。当年宁德市城市信用综合指数排全国第53名。

【社会信用监管体系强化】 2021年，宁德市从事前、事中、事后3个环节，强化社会信用监管体系。在项目审批、工商登记、招标投标等领域推行告知承诺制事项分类清单，对纳入清单的事项实行信用承诺制审批（备案登记）；在政府采购、招标、行政审批、市场准入、资质审核等事项中，推动信用报告应用。建立市场主体信用记录，实行信用信息定期报送机制。开展公共信用综合评价，定期向相关部门推送评价结果。实行信用分级分类监管，对信用良好企业，一年内不纳入“双随机、一公开”抽查，对失信企业和严重失信企业严管重罚。全失信联合惩戒认定机制，开展失信联合惩戒，依法依规实施市场和行业禁入措施，督促失信主体限期整改。对拒不履行司法裁判或行政处罚决定、屡犯不改、造成重大损失的市场主体及其相关责任人，依法追究违法失信责任。

【信用修复机制建设】 2021年，宁德市在出台《关于在全市法院实行失信被执行人信用修复激励机制的实施细则（试行）》基础上，由市中级法院与市信用办再次印发实施《关于建立失信被执行人联合信用修复及自动履行联合正向激励机制的实施意见》，并将该项工作纳入社会信用建设考核内容，建立失信被执行人联合信用修复激励机制，引导有履行意愿但暂时缺乏履行能力的失信被执行人向法院申请信用修复，对符合修复激励条件的失信被执行人，执行法院可暂不发布或将其从失信被执行人名单中屏蔽，对其暂缓或暂停适用失信联合惩戒。市信用办按照印发实施的《关于进一步完善行政处罚信息信用修复工作的通知》，规范信用修复流程，实现线上线下同步受理企业信用修复申请。截至年末，在“信用中国”修复平台累计完成3675条企业行政处罚修复申请工作，且无企业提出异议申诉。

【“信易+”应用】 2021年，宁德市探索创新“信易+”应用场景，以信用促进金融服务实体经济发展，制定《宁德市探索实施“信用+保函”场景应用工作方案（试行）》，强化中小企业信用信息归集整合利用，健全保函市场守信激励和失信惩戒机制，破解保函应用中的信息不对称、虚假保函等问题，加强保函市场信用监管，实现“信用越好，担保越容易，企业越受惠”，助力提升“诚信宁德”建设。“信易+”主要应用场景有“信易行”“信易交”“信易阅”“信易医”“信易购”“信易售”“信易通”“信易住”“信易育”9个。“信用+”应用场景尚处于起步阶段，主要建设以基础建设、信息归集为主，“信易+”应用场景尚未完全成熟。

【失信约束措施清理规范】 2021年，宁德市根据国家发展改革委办公厅《关于开展失信约束措施清理规范工作的通知》要求，各级各部门清理上报涉及失信约束措施文件45份，根据规定提出处置意见，其中拟保留25份、修订1份、废止19份、立法0份。

【信用平台信息自动化水平提升】 2021年，宁德市公共信用信息共享平台建成，实现省、市公共信用信息平台数据全量共享、动态更新。加大信用信息安全和市场主体权益保护力度，建立健全信用信息异议投诉制度。引导行业组织和信用服务机构协同监管，鼓励行业协会商会建立会员信用记录，建立健全贯穿事前、事中、事后全生命周期的以信用为基础的新型监管机制。公共信用信息平台整合分散在不同政府部门、行业业务系统中的信用信息，构建端到端的信息交换平台，保证部门行业系统间互联互通、数据共享、数据交换，形成动态的信用信息库，实现数据统一的跨部门、跨系统、跨平台的数据交换和共享系统。为提高信用信息收集自动化水平，信用信息加强平台在数据抽取、清洗、整理、比对、转换、加载等全流程的数据加工处理能力。截至年末，信用信息平台实现与市大数据会聚平台、市工改平台、市行政服务中心审批系统等多个平台数据的共享及自动获取。

【农村信用体系】 2019年，宁德市人民政府出台《关于印发宁德市创建普惠金融信用乡镇信用村工作方案的通知》，将普惠金融信用乡镇、信用村创建作为宁德市国家普惠金融改革试验区的重要举措之一，深化辖内农村信用体系建设。2020年，宁德市人民政府将推进普惠金融信用乡镇、信用村创建列入当年《政府工作报告》，加大工作推进力度。截至2021年末，宁德市评出普惠金融信用乡镇19个、信用村396个，金融机构累计向这些普惠金融信用乡镇、信用村发放信用贷款28.11亿元，比创建前增长148%，惠及农户11.62万户。

【“海上信用渔区”创建】 2021年，人行宁德市中支将“信用创建”从陆地向海上延伸，全国首创“海上信用渔区”，走“信用+海洋”闽东特色乡村振兴之路。截至年末，宁德市创建海上信用渔区17个，全市涉农金融机构累计向17个渔区投放信用贷款7.23亿元，比创建前增长119%，2.16万户信用养殖户从中受益。

【福鼎市白茶信用信息共享平台】 2021年，人行宁德市中支从“大信用”视角，推动福鼎市政府启动白茶溯源大数据平台建设，对全市白茶产地、加工、生产、流通和销售全程监管和溯源，形成从茶农到消费者全链条的交易信息和资金流，生成含茶农、茶商、茶企信用信息的白茶信用数据库。截至年末，平台为3万户茶农、500户茶商、200余家茶企建立信息信用档案，大数据平台金融端融资服务系统进入调试阶段。中国人民银行福鼎市支行依托白茶信用信息平台开展信用白茶产区创建，累计评出4个信用白茶产区，涉农金融机构向这4个信用白茶产区发放信用贷款1.05亿元，比创建前增长34%，1073户茶农从中受益。

【古田县农村信用信息共享平台】 自2016年，古田县成立以政府领导为组长的农村信用体系建设工作领导小组，实施农村信用信息服务平台建设，出台《古田县农村信用体系建设工作实施方案》和《古田县公共信用信息管理办法》，在制度上明确工作任务和相关部门的职责，打破政府涉农部门信用信息共享壁垒，推动县域农村信用信息平台建设，整合政府多部门信息，建立农户信息电子数据库平台。2020年，古田县依托该平台开展信用农民专业合作社创建活动。截至2021年末，平台征集民政、法院、卫计、供电、税务、环保、市监、农业、人社、扶贫、不动产登记中心等13个部门的农户信息23.29万条，解决农户信息不完整、不全面，跨部门获取信息难的问题。评出信用农民专业合作社10家，金融机构累计向这10家合作社投放贷款2.07亿元，比创建前增长15.82%，为食用菌行业稳健发展打下基本盘。

【普惠金融信用信息共享平台】 2021年，人行宁德市中支结合《福建省宁德市龙岩市普惠金融改革试验区总体方案》中有关信用体系建设要求，拟建设普惠金融信用信息共享平台，发挥“信息+信用+信贷”对各类经济主体的融资功能作用。宁德市委、市政府推动设立宁德市普惠金融服务中心负责建设宁德市普惠金融服务平台（简称“平台”），用于归集分散在政府部门及外部机构的企业相关非金融替代数据。截至年末，平台第一期上线试运行，归集市场监管局、海洋与渔业局、税务、法院、水务、人社局、公积金中心等7个部门涉企信用信息416万条，为辖内24.69万家企业及个人工商户建立信用档案，接入银行机构36家、担保机构11家，累计对外提供查询2172户次。

（张伟强　吴若菲）

农　业

综　述

【概况】 2021年，宁德市在稳定粮食生产面积和产量的基础上，做优做强茶叶、水产、食用菌、水果、蔬菜、中药材、畜禽、林竹花卉等特色产业，全市农林牧渔业总产值645.6亿元、比上年增长4.2%。

【农业招商引资】 2021年，宁德市利用行业招商、小分队招商、“云展会”招商、海峡论坛等各种招商平台，组织农业部门和农业企业参与各类招商活动，推介招商项目50余个。签约农牧业合同外资项目3个，总投资1200万美元，引进内资3个，利用区外资金3000万元。组织10家农业企业参加第二十一届中国投洽会现代农业项目对接洽谈会，签订2份合作协议，总投资2000万元。

【农业信息化】 2021年，宁德市推进“互联网+”农产品出村进城工程建设。古田县、福安市完成全国“互联网+”农产品出村进城工程国家试点县各项工作，其中古田县投入项目建设资金3219万元，福安市投入建设资金5300万元。古田县被农业农村部、财政部列为全国农产品产地冷藏保鲜整县推进试点建设，建设主体25个，冷库设施建设94个，中央财政补贴资金1500万元。福安市被列入省级农产品产地冷藏保鲜设施整县推进试点县，新建主体21个，冷库设施建设30个，中央财政补贴资金700万元。新建5个省级数字农业项目，分别是福建江南茶业有限公司、福建天湖茶业有限公司、福建省盈凯农业科技发展有限公司、福安市华泽科生物技有限公司、古田县昇林农业发展有限公司，累计投入资金1022.56万元，其中省级以上专项资金500万元。

【农业标准化基地建设】 2021年，宁德市创建44个省级优质农产品标准化示范基地，其中蔬菜5个，果树3个，茶叶19个，畜禽养殖类9个，食用菌类8个。

【政策性农业保险】 2021年，宁德市完成水稻种植保险5.39万公顷，茶叶低温保险1033.33公顷，露地蔬菜保险586.67公顷，农用大棚及棚内作物保险400公顷，太子参保险100公顷，能繁母猪保险1.99万头，育肥猪保险48.68万只，设施蛋鸡保险17万只，设施肉羊保险0.03万只，奶牛保险0.05万头，香菇种植保险190.61万筒，花生种植保险60公顷，油柰采摘期气象指数保险73.33公顷，晚熟葡萄价格指数保险33.33公顷，签单保费共计4454.11万元、完成理赔3360.65万元。

【品牌农业】 2021年，宁德市“三品一标”产品认证总数574个，产地面积5.3万公顷，其中无公害农产品327个，绿色食品208个，中绿华夏有机食品认证中心认证的有机产品25个；福安巨峰葡萄、福鼎白茶等14个产品获准国家农产品地理标志登记保护，新增“三品一标”产品144个，其中无公害农产品43个、绿色食品87个、有机食品11个，古田银耳、屏南李、福鼎栀子花3个新获准国家农产品地理标志登记保护。新增福鼎黄栀子、寿宁猕猴桃、寿宁山冬乌、周宁高山马铃薯、寿宁马铃薯等5个名特优农产品列入2021年度《全国名特优新农产品目录》。4个农产品品牌入选2021年度福建省著名农业品牌。其中，穆阳水蜜桃入选2021

年度福建十大农产品区域公用品牌推荐名单；福建林芝友缘茶业有限公司的友缘牌坦洋工夫、宁德晟农农业开发有限公司的三朵银花牌古田银耳、六妙白茶股份有限公司的六妙牌白茶等3个产品入选2021年度福建名牌农产品推荐名单。“福鼎白茶”“穆阳水蜜桃”入选全国第三批农产品地理标志保护工程，每个项目建设资金400万元。组织开展绿色食品宣传月活动，活动现场发放绿色食品《你知我知大家知》宣传手册和“三品一标”宣传袋100余份；组织宁德市夏威食品有限公司、福鼎市雁云清茶业有限公司、福安市太阳岛生态农业发展有限公司、福建林芝友缘茶业有限公司等4家绿色食品生产企业和福安巨峰葡萄、穆阳水蜜桃、古田银耳、福鼎黄栀子等农产品地标授权企业参加“春风万里 绿食有你”全国绿色食品宣传月福州站活动。福安葡萄、福安杨梅、穆阳水蜜桃、屏南高山花菜等全国名特优新农产品在“今日头条”的“生态福建 绿色农业”品牌宣传平台开展线上展播，通过产品简介、产地环境、产业发展情况、主要生产经营单位、食用方法等方面宣传和推广。福建品牌农业系列宣传片《福安新未葡萄》《绿雪芽白茶》《瑞翔天人牌太子参》《笑二牌绿茶》在东南卫视、福建电视台综合频道播出；福鼎白茶、坦洋工夫、福安葡萄产业的宣传片在福建电视台综合频道、新闻频道、公共频道和东南卫视播出；“寿宁高山茶”“古田银耳”入选中央电视台“国家品牌计划——广告精准扶贫”项目，宣传片在中央电视台的8个频道滚动播出。

（顾明敏）

种植业

【概况】 2021年，宁德市落实粮食安全省长责任制，强化责任落实、政策扶持和科技服务，稳定粮食播种面积，提高粮食单产，提高粮食优质率，增强粮食综合生产能力。全年粮食播种面积8.99万公顷，产量47.8万吨。水果、蔬菜、中药材等经济作物种植面积分别为4.10万公顷、6.10万公顷、1.08万公顷，水果产量56.66万吨，比上年增长5.4%；蔬菜产量103.67万吨，比上年增长2.5%；中药材产量6.13万吨，比上年增长5.4%。全市食用菌产量20.56万吨（干鲜混合），比上年增长0.5%，产值70.24亿元，增长3.5%。

【粮食】 2021年，宁德市粮食生产形势良好，保持稳定增长。开展粮食产能区建设，建立水稻、甘薯、马铃薯、大豆、玉米等粮食作物示范片36个，示范面积370.87公顷，推广粮食作物“五新”技术26项，组织开展培训12次，培训农民368人。福建省下达宁德市耕地地力保护补贴资金1.59亿元，全市发放补贴资金1.59亿元，发放率100%，录入率100%。其中，耕地地力保护补贴资金1.49亿元、50.78万户、面积11.82万公顷；种粮大户奖励562.7万元、270户、面积0.14万公顷；再生稻补贴2.81万元、3户、面积37.33公顷。水稻保险保费代缴484.6万元、面积0.37万公顷。往年资金结余1.43万元。

【水果】 2021年，宁德市因地制宜引导主栽果类向适宜区集中，优化果业区域布局。新增果园面积1000公顷，新建设施水果大棚面积166.67公顷。发展猕猴桃、阳光玫瑰特色果类，提高早、晚熟和鲜食水果比重，调优果树品种结构。在蕉城、福安、古田建立柑橘良种及栽培示范基地各1个，在福鼎建立百香果提质增效技术示范基地1个，面积12公顷，示范带动100公顷。推广果树整形修剪、营养诊断、疏花疏果等技术，提升标准化生产水平。建立省级优质水果标准化生产基地3个，提高水果品质，核心示范片面积33.33公顷，辐射带动面积333.33公顷。

【蔬菜】 2021年，宁德市发展设施农业。发展温室大棚，集成应用蔬菜集约化育供苗、水肥一体化等提质增效技术，提高蔬菜装备水平，新建蔬菜设施大棚面积40公顷。发展夏秋季高山蔬菜。新增高山蔬菜面积333.33公顷。稳定城市周边叶菜类蔬菜生产，确保夏季蔬菜供应不短缺，供给有保障。提升蔬菜标准化生产水平，新建省级优质蔬菜标准化示范基地5个，市级蔬菜“菜篮子”示范基地6个，示范片面积120公顷，辐射带动面积1000公顷。

【中药材】 2021年，宁德市以实施国家农业产业强镇项目为契机，推进中药材良种繁育体系建设，做好柘荣中药材良种繁育基地；提升标准化生产水平。鼓励企业建立药源基地和GAP示范基地，引导种植户严格按照GAP标准种植中药材，做好中药材标准化示范基地3个，核心示范片面积20公顷，辐射带动面积200公顷。加强中药材一二三产业融合发展，在柘荣县新建中药材康养体验园1个。

【食用菌】 2021年，宁德市食用菌立足资源优势，依靠科技创新，以品种结构调整和生产方式转变为基础，以提高产业综合竞争力为核心，以古田县创建国家现代农业产业园为契机，推进中国·古田食用菌菌种科技园、福建省优势特色产业集群等项目建设，推进古田食用菌产业融合发展，使食用菌产业形成“稳增长、转方式、促改革、增效益”的局面，食用菌产量20.68万吨（干鲜混合），比上年增长0.5%，产值70.70亿元，增长4.2%。完成农业智慧园建设项目的软硬件设施建设，并顺利通过验收。完成省级优质标准化示范基地8家，生产规模544万袋，占年计划数103%，编印发放标准化技术规范“口袋书”“手册”等1200余份，现场指导和培训85场次、受训666人次，宣传报道4次。完成食用菌市级“菜篮子”基地有3个，栽培香菇、银耳、茶薪菇1033万袋，占年计划数105%。完成宁德市乡村振兴产业发展奖补资金——食用菌产业提升项目投资150万元，获得奖补的经营主体收入增长率大于10%。

【高标准农田建设】 2021年，宁德市农业农村部门指定专人每月调度、定期通报各县（市、区）高标准农田建设任务完成情况，通报文件直接寄宁德市政府分管领导、各县（市、区）政府主要负责人；项目实施过程中重大问题和困难及时纳入当地政府“一月一协调”机制解决。全市累计建成高标准农田1.07万公顷，完成1万公顷建设任务的107.40%；建成高效节水灌溉1133.33公顷，完成666.67公顷建设任务的170.00%。

【植物病虫害防控】 2021年，宁德市贯彻“预防为主，综合防治”的植保方针，牢固树立“公共植保、绿色植保”新理念，围绕农业农村部提出“两个绝不”的目标，抓好对草地贪夜蛾、红火蚁等农作物重大病虫害监测防控，加强农作物有害生物预警与防控体系建设，保障宁德市农业生产安全和生态环境安全。建立蕉城石后、福安湾坞、周宁咸村及柘荣东源等33个病虫害监测与40个农药使用情况监测点。采用专业化防治，对宁德市中心城区和霞浦、福安等地红火蚁疫情开展监测和防控工作，专业化统防统治800余公顷，将红火蚁疫情控制在不为害水平。推广农作物病虫害绿色防控30.5万公顷、专业化统防统治面积19.3万公顷，实现比2020年农药使用量减少2%的年度目标。全年发布《病虫情报》140余期1.4万份，发放“草地贪夜蛾、红火蚁防治技术等病虫害防治基本知识”明白纸1.5万份，举办农药安全使用技术、重大病虫害防治技术、绿色防控和统防统治技术等培训班90期，受训人数4000余人次。

（顾明敏）

林 业

【概况】 2021年，宁德市推行林长制，植树造林面积7347公顷，森林抚育面积2.30万公顷，封山育林面积8366.93公顷。开展第43个植树节活动，参加义务植树人数160.33万人，植树639.34万株。霞浦县长春镇传胪村黄连木等5处古树群获首批福建最美古树群称号；评选闽东最美古树名木10株。全年共发生森林火灾3起，受害面积86.83公顷。林业有害生物防治面积6.86万公顷，无公害防治率99.84%，成灾率0.51‰；清理松枯死木88.15万株，松材线虫病防治性采伐改造3261.71公顷。入榜中国“绿都”城市，列第13位。建立市县乡村四级林长责任体系，在省对市林长制工作考核中获优秀等次，居全省第4位。宁德市林业执法支队被市委、市政府授予“扫黑除恶斗争先进集体”。

【林业改革】 2021年，宁德市新增林业专业合作社20家、家庭林场9家；4家林业专业合作社被评为省级示范社，9家林业专业合作社被评为市级示范社；全市现有林业专业合作社631家，家庭林场110家，股份林场14家，其中国家级示范社2家、省级示范社16家、市级示范社38家、省级林业专业合作社标准社32家。完成重点生态区位商品林赎买面积247.06公顷。探索林业碳汇项目，周宁和霞浦国有林场前期试点开展的福建林业核证减排量（FFCER）碳汇项目签发碳汇21.95万吨，于2021年成交13.6万吨，平均单价10.2元/吨，实现交易收入138.3万元，屏南县计划设计实施国家核证减排量（CCER）森林经营碳汇项目面积2.61万公顷。开展国家储备林森林质量精准提升工程项目，采用BOT模式引入市场化资金和专业运营商，对碎片化、分散化的森林资源进行规模化收储、整合、优化。开展“百场结百村”工作，全市8个国有林场分别完成与建制村结对共建，发挥林场优势，助力乡村振兴。

【造林绿化】 2021年，宁德市完成植树造林总面积7347.00公顷（含国有林场），超出年度任务15.91%。其中，完成“三沿一环”497.60公顷，占任务量的106.10%；完成“两带一窗口”绿美示范片73.40公顷，占任务量的100.10%；完成“四旁”绿化82.07公顷，占任务量的100.09%；完成松林皆伐和带状采伐改造提升5407.07公顷，占任务量的102.67%，其中完成珍贵用材树种造林643.40公顷，占任务量的109.58%；完成新造木本油料示范基地163.40公顷，占任务量的100.45%；完成其他人工造林更新1123.47公顷，占任务量的394.10%；完成森林抚育面积2.30公顷（含国有林场），占任务量的107.43%，其中松林择（间）伐抚育改造提升完成面积1908.93公顷，占任务量的104.12%；完成封山育林面积8366.93公顷（含国有林场），占任务量的110.09%；镜台山林相改造累计实施面积50.90公顷，占任务量的100%。开展第43个植树节活动，全年参加义务植树人数160.33万人，植树639.34万株。新增1个“福建省森林城镇”和40个“福建省森林村庄”。开展首批福建最美古树群遴选活动，霞浦传胪黄连木古树群、蕉城猴盾枫香古树群、屏南上楼水松古树群、霞浦渡头榕树古树群、福安坂中森林公园樟树古树群5个古树群入选首批福建最美古树群，抢救复壮古树名木9株。

【花卉苗木】 2021年，宁德市花卉苗木种植企业145家，种植面积6585.70公顷，其中设施花卉种植面积341.76公顷，花卉苗木全产业链产值31.07亿元。春季植树造林苗木调度1401.60万株，备苗任务完成率104.4%。争取省、市财政设施花卉补助资金1000万元，重点扶持屏南县、周宁县等发展高山冷凉花卉，新建花卉设施面积6.62公顷。争取中央、省级财政良种培育补助资金89万元，支持霞浦国有林场国家级柳杉良种基地、福安国有林场省级重点油茶良种繁育基地建设，抚育面积529.26公顷，任务完成率111.1%。寿宁县林业局斜滩苗圃列入省级保障性苗圃建设，获省级财政补助资金100万元。开展全市林木种质资源普查工作，9个县（市、区）完成市级查验，其中6个县（市、区）通过省级核查。宁德市人民政府与云南省农业科学院签订《全面深化现代花卉产业科技创新战略合作协议》；云南省农业科学院花卉研究所在宁德职业技术学院设立国家观赏园艺工程技术研究中心宁德分中心。在第十届中国（上海）花卉博览会上，宁德市展品获3金、9银、23铜。“屏南兰花”“周宁高山杜鹃”“周宁高山百合”

注册地理标志证明商标。

【林业产业】 2021年，宁德市林业产业总产值528.54亿元，比上年增长5.33%。森林资源培育、保护及林业经济发展等各项资金3.23亿元。林下经济经营总面积78.95万公顷，产值40.12亿元。屏南县、寿宁县、柘荣县创建“林下经济重点县”，屏南县长桥镇、寿宁县清源镇创建“林下经济重点乡镇”，福建澄新生物科技有限公司入选第五批“国家林下经济示范基地”；加强竹林丰产经营和竹产业发展，周宁县获批实施省级现代竹业重点县项目，屏南县、柘荣县被认定为创建2022—2024年“笋竹精深加工示范县”；周宁县绿城生态、寿宁县圣丰农业等2家企业通过福建省农业产业化重点龙头企业评审认定；古田县恒春农业、福建洋塔园艺、宁德市青创生态农业、福建鑫荣竹制品等4家企业通过福建省林业产业化龙头企业评审认定；宁德市现有市级以上龙头企业51家，其中国家林业重点龙头企业2家，福建省农业产业化重点龙头企业8家，福建省林业产化龙头企业11家。福建新三本农业高科技有限公司的“三本牌山茶油”获福建省名牌农产品称号；福建泰亨工艺品、福建绿银农业、古田县恒春农业、福建龙潦生物科技、福建川久农业、福建新三本农业、福建鑫荣竹制品、福建恒康生态农业等8家林业企业获“0593宁德号”区域公用品牌拟许可使用单位。黄振芳家庭林场被授予全省首个“林业生态文明实践基地”。积极发展森林康养，周宁县仙风山、福安市新坦洋天湖茶庄园、福鼎市一顶山3家获评省级森林康养基地，完成霍童溪省级森林公园和屏南古峰省级森林公园景观提升工作。

【林业有害生物防治检疫】 2021年，宁德市林业有害生物防治面积6.86万公顷，无公害防治率99.84%，成灾率0.51‰。完成松枯死木清理88.15万株，松材线虫病防治性采伐改造3261.71公顷，松林改造提升7316公顷，以菌治虫3340公顷，药物防治642.33公顷，诱捕器挂设4282个。3月8日、7月2日两次发布林业有害生物发生趋势预报，开展松木及绿化苗木检疫执法专项行动，与福州、莆田等市林业局联合签订闽东北协同发展区松材线虫病等林业有害生物联防联控框架协议，强化林业有害生物联防防控工作。

【森林综合保险】 2021年，宁德市生态林参保面积34.1万公顷，占省级以上生态林面积34.07万公顷的100.23%，商品林参保面积29.97万公顷，占可参保商品林面积52.83万公顷的56.73%。

（陈琳琳）

畜牧业

【概况】 2021年，宁德市生猪年末存栏79.7万头、全年出栏100.8万头、能繁母猪年末存栏8.0万头，分别比上年增长6.5%、26.5%、9.6%。家禽作为其他肉品的替代品稳步增长，年末存栏503万羽、全年出栏912万羽，分别比上年增长3.7%、3.5%。草食动物处于低迷状态，年末牛存栏1.1万头，羊存栏8.2万头，兔存栏18.2万只。肉蛋奶总产量12.8万吨，其中肉类产量9.6万吨、禽蛋产量2.6万吨。

【生猪产业结构优化】 2021年，宁德市对现有生猪规模养猪场进行标准化改造升级，创建周宁县福建省闽绿立体农业综合开发有限公司为国家级畜禽养殖标准化示范场，新改扩建6个省级标准化生猪养殖场；优化车辆洗消中心、人员与物品洗消间、出猪台、防疫隔离带、污染防治等设施条件，对现有规模养猪场合理调节养殖量，新改扩建年出栏万头以上的生态化智能化现代养猪场27个，增强产业综合生产能力，稳固调节全市生猪产能。

【政策扶持畜牧业】 2021年，宁德市生猪产业转型升级和高质量发展的政策体系初步形成，“菜篮子”负责制推进生猪稳产保供，提升生猪养殖质量，支持种猪场和规模场发展；实施生猪养殖企业带动扶贫试点项目，福建绿银农业发展公司对接建档立卡贫困户95户，带动农户700余户，创造农村就业岗位2200余人，农民收入增加3800万元；统筹新冠肺炎疫情防控和复工复产，“点对点”解决养殖场户的困难和问题，成立工作专班，将种猪、仔猪、饲料等纳入应急运输保障范围，打通产销堵点。

【饲料兽药监管】 2021年，宁德市新增一条兽用生物制品生产线，新增2家饲料及饲料添加剂生产企业。截至年底，市兽药生产企业3家，饲料及饲料添加剂生产企业6家。全市饲料兽药行业巡查出动监管人员1053人次，检查企业310家次。坚持生产经营活动监督检查和质量监督抽检有机结合，突出重点、强化高风险重点产品筛查，全市质量抽检兽药35批次、饲料22批次。推进兽药二维码追溯平台建设，兽药经营企业纳入农资平台监管。打击无证经营、超范围经营、非法添加、不按规定标注处方药标识、欺诈、虚假宣传、违法生产、经营违禁药物等违法犯罪行为。出动执法人员315人次，检查兽药经营企业237家次，立案查处兽药违法案件4件（市支队立案查处1件）。查处饲料违法案件1件，责令9个饲料经营企业改正不规范经营行为。发放饲料兽药宣传材料329份，培训63场次，培训人数201人次。

【动物防疫】 2021年，宁德市制订《动物疫病强制免疫计划》，部署重大动物疫病防控工作，组织重大动物疫病集中强制免疫和日常补免，强化疫苗供应管理，推进“先打后补”试点工作。全年全市免疫猪口蹄疫153.74万头、牛羊口蹄疫18.22万头（只）、小反刍兽疫14.5万头、高致病性禽流感813.46万羽。开展动物疫病监测与流行病学调查。全年市本级检测病原学9136头份，核酸检测结果均为阴性。检测血清学6695头份，合格率均超90%，超过农业农村部、省农业农村厅相关要求。完成重点动物疫病净化与无疫小区项目建设。柘荣县创亿生猪养殖合作社申报2021年猪伪狂犬病免疫净化认证；宁德市南阳实业有限公司九都种猪场通过猪瘟免疫净化场认证，是福建省第一家通过伪狂犬病、猪瘟净化工作双病种认证的猪场。南阳无疫小区通过国家无疫小区评审，创建单元九都猪场、光洋猪场、淡坪猪场、南阳饲料厂等4个，是省内首批无疫小区，也是在创无疫小区创建单元最多的小区。

【病死畜禽无害化处理】 截至2021年底，宁德市建成畜禽无害化公共设施13座，监督养殖场自行投建病死畜禽无害化处理设施276个；全年审核上报养殖环节无害化处理病死猪数量5.82万头，病死畜禽基本实现无害化处理，维护生态安全和食品质量安全。

【畜禽屠宰监管】 2021年，宁德市加强对猪肉产品的监督检查，压实屠宰企业主体责任，遏制私屠滥宰行为，维护市场供应安全，确保“舌尖上的安全”。出动检查人员842人次，发放宣传材料2815份，城区生猪定点屠宰量45.21万头，屠宰环节共无害化处理病死猪422头。在中心城区试点家禽集中屠宰、集中检疫，屠宰家禽110万羽，并实行“一品一码”可追溯管理，促进家禽产业转型升级和健康发展。宁德市人民政府出台《宁德市市中心城区开展打击私屠滥宰保证畜禽肉品质量安全长效实施方案》，农业农村局牵头联合公安、市场监管局、城市管理局等部门，共同建立市（区）联合执法行动组，在农贸市场、商场超市、乡镇集市等场所的畜禽产品经营户未销售前开展执法检查，开展联合执法行动51次，出动执法人员316人次，发放宣传单2000份，张贴宣传海报100张，设置宣传栏2个，规范中心城区畜禽屠宰经营行为，保障屠宰和市场流通环节畜禽肉品生产安全、质量安全和卫生安全，形成长效监管机制。

（顾明敏）

渔 业

【概况】 2021年，宁德市水产品总产量106.53万吨，比上年增长2.93%。渔业总产值318.4亿元，增长19.6%。其中，近海捕捞13.8万吨，下降1.4%；远洋捕捞0.4万吨，下降22%；海水养殖87.2万吨，增长3.9%；淡水捕捞0.28万吨，增长2.3%；淡水养殖4.7万吨，增长1.9%。水产品加工总量45.1万吨，增长5.1%。渔民人均纯收入2.89万元，增长7.6%。

【现代渔业】 2021年，宁德市新增省、市级水产原种场各1家，市级以上水产原良种场9家；完成全市第一次水产养殖种质资源普查任务。推广应用大网箱双层网套养、紫菜玻璃钢撑杆养殖、紫菜养殖复种海带芽等新模式，大黄鱼养殖鱼糜多道连续加工、饵料管道输送和轨道运输、海带和紫菜半机械化收割等新技术，以及马面鲀、海胆、金刚虾、三倍体生蚝等新品种，海带苗产量2.5万吨，比上年增长400%，三倍体生蚝养殖面积3333.33公顷，增长100%。深远海养殖平台“宁德1号”开工建设。8家水产企业被认定为省级农业产业化龙头企业，金盛水产被农业农村部认定为“农业国际贸易高质量发展基地”，闽威实业和钦龙食品入选“第七批农业产业化国家重点龙头企业”，市级以上水产龙头企业63家。新建水产品加工生产线5条。宁德大黄鱼品牌影响力扩大，省级农产品品牌8个；水产品电子商务发展，销售渠道拓展，全年水产品网络零售额3.40亿元。

【水产品质量监管】 2021年，宁德市举办水产品质量安全培训班76期，培训养殖户1300余人次；开展省、市级水产品质量安全抽检660批次、水产品药残快检915批次、大黄鱼收购前预检5975批次；开展水产品质量安全执法检查240次，493家生产主体纳入水产品质量安全“一品一码”追溯系统，录入“三项记录”21.38万条，销售赋码13.98万条。

【休闲渔业】 2021年，宁德市柘荣县九龙井、福鼎市嵛山岛东角、福鼎市硖门畲族乡渔井村、屏南县龙源农庄等评为省级“水乡渔村”休闲渔业示范基地；推进蕉城秋竹、福安下白石、福鼎安仁、霞浦七星等一批渔旅融合试点。

【海洋渔业执法】 2021年，宁德市海洋与渔业局联合检察院、公安、市场监管、海警等部门开展保护海洋渔业资源专项行动，打击“绝户网”“电毒炸”等违法行为；统筹全市渔业执法力量，开展“海洋蓝剑”“渔政亮剑”系列专项执法行动，实施海洋伏季休渔和闽江水域禁渔期制度；会同林业、农业等部门部署“清风行动”，开展水生野生动物保护执法检查26次，查获中国鲎5只、中国鲎制品8.9千克，救护水獭1只（死亡后移送制作标本）；官井洋大黄鱼繁殖保护区管护巡查和阶段性限航定期开展。推广渔船标准化船型，渔船修造企业和检修检测机构监督定期开展，渔业无线电管理专项整治、电气设备整治等推进，渔船修造质量进一步提升。海上渔船安全治理“硬任务”扎实推进，举办渔业船员培训班59期、培训船员3770人；渔船进出港报备制度落实，进出港报备率95.8%；渔港“封港清查”专项行动常态化开展。2.65万艘12米以下从事养殖“三无”船舶纳入乡镇“非标”船舶管理，创新实施“一船一人、挂钩服务”机制，相关海域管控工作有效落实。

（陈碧琴）

种 业

【概况】 2021年，宁德市供应杂交水稻种子40.62万千克，其中杂交早稻种子1.23万千克，杂交中晚稻种子39.39万千克，确保粮食生产用种。建立农作物主推品种核心展示示范片53个，展示示范品种208个，确保宁德市农作物良种工程实施。加快种质资源普查与收集，基本完成第三次全国种质资源普查与收集行动项目任务。开展茶树和食用苗种质资源保护调研，鼓励和引导茶叶企业参与对野生茶树资源的保护和开发利用。农作物良种覆盖率98.7%，农作物品种优质专用率86.9%，水稻优质率83%，高档优质稻品种推广比例42%。超额完成计划目标。

【种质资源普查】 2021年，宁德市全面开展第三次全国各类农作物种质资源普查和畜禽品种资源普查，征集提交各类古老、珍稀、特异、名优的作物地方品种和野生近缘植物种质资源，累计征集农作物种质资源223份，完成全市畜禽品种资源普查面上数据审核。其中，粮食作物41份、经济作物154份、豆类24个、饲料4个。发现蕉城晚熟小核荔枝、古田石榴红、屏南棒桩薯、周宁魔芋、寿宁寿宁青、柘荣羊嘴豇豆、福安竹姜、刺葡萄、福鼎槟榔芋、霞浦元宵茶等一批种质资源，对福安花猪地方品种进行抢救性收集保护，申请国家遗传资源鉴定筹备，确保种质资源不丢失。对水产原良种场、遗传育种中心、苗种场和普通养殖户等普查对象水产养殖种质资源种类、群体数量、区域分布、影像采集等情况进行全面普查，完成4868个普查主体、287个养殖种类的数据采集与系统录入。

【繁育基地建设】 2021年，宁德市培育专业化良种种苗龙头企业，以企业为主体，带动基地建，推动宁德市现代种业高质量发展。加强福安市国家级区域性茶树种苗繁育基地建设和管理，维护茶苗生产秩序；扶持宁德市南阳实业有限公司国家级生猪核心育种场，推动生猪繁育基地建设，支持生猪种业科技创新，开展“闽东黑猪专门化新品系选育”，创制种猪“芯片”，提高种业企业自主创新能力。

【水产原良种体系建设】 2021年，宁德市加强水产种业创新与产业化发展，根据农业农村部《水产苗种管理办法》《水产原良种场生产管理规范》要求，累计申报认定国家级水产原种场1家、省级水产原良种场7家、市级水产良种场2家，为水产养殖良种化和可持续发展提供支撑。

（陈碧琴　顾明敏）

绿色农业

【概况】 2021年，宁德市实施地力提升工程，种植绿肥3.33万公顷，推广有机肥13.33万公顷，化肥使用量比上年减少2%。实施农作物病虫害绿色防控30.53万公顷次，开展统防统治19.6万公顷次，农药使用量比上年减少2%。完成古田、蕉城、福安畜禽粪污资源化利用整县推进项目建设，畜禽粪污综合利用率92%以上。加强耕地质量定位监测，推进耕地土壤污染防治，完成安全利用类耕地任务0.42万公顷，受污染耕地安全利用率93%以上。柘荣、屏南成功申报第二批省级农业绿色发展先行区。培育中国美丽休闲乡村1个、福建省美丽休闲乡村3个、福建省休闲农业示范点3个。

【畜禽粪污资源化利用】 2021年，宁德市为巩固畜禽养殖废弃物资源化利用工作成效，提升畜禽养殖废弃物资源化利用水平，结合实际，提出正确认识新形势、切实履行工作职责、健全并落实各项制度、推进设施设备提升和改造、推广新技术和新装备、培育第三方服务机构、加强督促和指导等7条适合宁德市畜禽粪污资源化利用工作指导意见。全市畜禽粪污资源化综合利用率92%以上，装备配套率100%。新增以畜禽粪便为原料的有机肥厂1家，以畜禽粪便为原料的商品有机肥厂产能6570吨，利用畜禽粪便生产商品有机肥3.38万吨，利用畜禽粪便生产农家肥7.31万吨，在用沼气工程147个，在用沼气池容积16.58立方米，新增沼气工程2个，新增沼气池容积1100立方米，利用沼气用于生活用气4.10万立方米，利用沼气发电自用21.91万千瓦时，沼气发电设备2台（套），异位发酵床8个，异位发酵床面积1.03万平方米，田间沼液、肥水利用管网175.5千米，施用沼液、肥水面积7515.40公顷次，田间地头储液池数量8个，田间地头储液池容积8040立方米，粪肥专用运输车6辆。畜禽粪污资源化利用工程包投资完成9000万元，占年计划投资的100%；完成3个省级畜牧重点县畜禽粪污资源化利用整县推进项目工程建设和财政资金拨付，财政拨付资金3500万元，拨付率100%，推进蕉城区、屏南县和福安市资源化利用提升工程项目。

【土壤与肥料技术推广】 2021年，宁德市共推广测土配方施肥技术24万公顷次，示范推广种植绿肥3.33万公顷，示范推广有机肥13.33万公顷次，实施稻田秸秆还田3万公顷。全市全年农用化肥使用量比上年下降2.54%。截至当年，建立耕地质量监测点70个，其中当年新增监测点4个，完成监测点空白区设置、标识牌安装等工作，并开展土壤取样测定、土壤剖面记载等工作，土样分别寄省、市指定单位检测。

【农作物病虫害绿色防控】 2021年，宁德市开展生态调控、农业防治、理化诱控、生物防治等绿色防控技术示范，扩大绿色防控覆盖面。强化统防统治，引导新型农业经营主体创办病虫专业化防治组织，推广全程承包防治服务模式。扶持发展一批装备精良、服务高效、管理规范的病虫专业化防治组织，开展市场化、专业化防治服务。推广农作物病虫害绿色防控30.5万公顷、专业化统防统治面积19.3万公顷。

【耕地分类管控】 2021年，宁德市根据质量类别划分成果开展耕地分类管控。通过采取优化施肥、石灰调节、深翻耕等农艺调控措施，原位钝化、定向调控等土壤改良类技术综合治理措施，土壤与农产品协同监测措施，实现受污染耕地安全利用措施落地。全年完成受污染耕地安全利用面积4160.32公顷。通过种植结构调整、退耕还林还草、季节性休耕等措施，实现受污染耕地严格管控措施落地。

全年完成受污染耕地严格管控面积50.08公顷。

【农产品质量安全监管】 2021年，宁德市加强农产品质量安全监管，开展农产品质量安全监测，农产品质量安全水平提高，全年未发生农产品质量安全事件。根据农业农村局党组的部署，按照“四个最严”要求，制定年度工作计划，坚持问题导向，针对农产品种植养殖过程中质量安全管控不规范、违法使用禁用药物和非法添加物、农药兽药残留超标等问题，突出重点对象、重点产品和薄弱环节，重拳出击，深挖根源，保持高压态势，打击农产品质量安全领域的违法违规行为，确保不发生区域性、系统性、链条式质量安全问题，保障人民群众“舌尖上的安全”。全年完成农产品定量监测样品5236批次，快速检测农残、兽残样品11.22万批次，牲畜尿样“瘦肉精”检测样品3.1万批次，协助省农业农村厅完成定量监测抽样1271批次；完成农产品监督抽查1653批次，4批次不合格样品按“检打联动”机制，立案查处；对重点品种开展136批次专项监测，出动执法人员1494人次，检查主体611家次，检查内容包括禁限用药使用、生产档案建立记载、落实追溯管理制度情况、是否存在违规行为等；媒体宣传3次，发放宣传材料（份）1.37万份，培训指导168场次、1160人次。

【农资市场监管】 2021年，宁德市农业执法系统组织开展农资打假保春耕专项治理、农兽药实名制购买专项整治和秋冬季农资打假保安全促增收等各项专项治理行动和整治活动，强化农资市场监管，维护农资市场秩序，确保农业产业和农产品质量安全。全年农业行政执法系统出动执法人员4372人次，检查农资企业（网点）4358个次，检查农资产品标签1.86万个，合格率99.67%；农（兽）药实名制购买专项整治行动共出动执法人员775人次，检查农（兽）药生产经营企业546家，下发责令改正通知书38份。全市农业行政执法系统立案查处农业违法案件65起，其中农资类行政处罚案件35起，农产品质量安全案件30起。移送公安机关立案侦查案件5起，加大农业法制宣传力度，印发农业法律、法规宣传材料3.96万份，举办现场咨询培训9场次，悬挂张贴横幅标语112条（张），电视台宣传4次，报纸宣传3次，网络发布信息32条，发动群众0.12万人次参加现场咨询活动。

（顾明敏）

农业机械化

【概况】 2021年，宁德市农机总动力133.63万千瓦，农机化投入0.98亿元，农机服务收入2.00亿元。水稻机械化耕作面积5.73万公顷，水稻机械化插秧面积2.00万公顷，水稻机械化收获面积4.71万公顷，水稻耕种收综合机械化率74.11%。全年主要农作物机械化耕作8.26万公顷，主要农作物机械化种植2.27万公顷，主要农作物机械化收获5.87万公顷，主要农作物综合机械化率67.15%。

【农机社会化服务】 2021年，宁德市农机部门通过“五有”农机合作社培育、开展智慧农机试点、农机服务经营模式提档升级、推进农机培训社会化等工作，提升农机社会化服务能力。建设“五有农机专业合作社示范社”10家，农机合作社作业面积2.17万公顷，建设1个“全程机械化+综合农事”服务中心、1个北斗农机智慧管理系统“互联网+农机”服务平台，引导农机合作社和服务组织开展机耕、育秧、机插、植保、收割、烘干等农机全程机械化服务，农机社会化服务面积2.25万公顷。参与“农艺大讲堂活动”105人次、全国农机推广与安全监理信息宣传网上培训40余人。

【农机新技术推广】 2021年，宁德市农机部门因地制宜，开展特色农业产业试点示范，推广水果、蔬菜、茶叶、食用菌、畜禽等适用的新机具新技术，在植保无人机、轨道搬运机等新产品应用上取得突破，推进农业转型升级和绿色生态发展，建设水稻等主要农作物全程机械化示范点9个，特色农业产业生产全程机械化试点9个，组织各类现场会、演示会83场，其他宣传培训活动13场，媒体宣传25次，开展主要农作物示范作业3425公顷，机械烘干4150吨，特色农业产业示范服务638公顷，示范机械烘干258吨，寿宁县、福鼎市“五新（新机具）”示范推广的水稻直播机、马铃薯收获机取得效果。福安市、霞浦县通过省级全程机械化示范县评审。

【农机购置补贴】 2021年，宁德市农机化部门克服补贴资金不足等因素，落实农机购置补贴惠农政策，开展购置机具核验和政策调研，向省厅推荐大黄鱼塑胶养殖网箱等适合宁德市特色农业生产的机具设备进入补贴范围，加强农机购置补贴监管，确保农机购置补贴工作平稳。结算农机购置补贴资金3263万元，其中中央资金1795万元、省级资金1468万元。补贴农机具1.89万台，受益农户

2021年12月8日，寿宁县“五新”（马铃薯种植新机具）示范推广现场会举行

（市农机局　供图）

5902户，带动农民购买农机具投入资金0.98亿元。农机报废更新补贴机具33台，补贴金额14.68万元。

【农机安全监管】 2021年，宁德市农机部门提升农机安全监管水平。创建“平安农机”示范典型，创建1个省级“平安农机”示范县、10个市级“平安农机”示范乡镇，全市发生在国家等级公路以外的农机事故0起，农机事故发生起数、死亡人数、受伤人数、直接经济损失4项指标和上年持平，农机安全生产形势平稳向好。加强牌证监管，受理农田拖拉机和联合收割机牌证业务165台，办理驾驶操作证业务513本，农机上牌率99.7%，检验率82.2%，持证率99.3%。开展农机安全专项整治，出动农业执法人员191人次，检查拖拉机920台、收割机43台、其他农业机械70台，暂扣26台，强制切割7台，其他处理55台，吊销驾驶证4本，终生禁驾1人，两年内禁驾1人，教育56人次，整改一般安全隐患18个。推进安全宣传教育，开展现场农机宣传教育活动18场，悬挂横幅、标语、展板64幅，制作警示标牌52面，发放倡议信等宣传资料8500份，宣传手册、读本4600本，群发宣传短信3.70万条。

（唐绍军）

农业科技

【农业科研】 2021年，宁德市农科所科研工作立足宁德市区域特色和农业生产需要，以水稻、甘薯、果树、蔬菜、食用菌、花卉、畜禽、土壤与肥料等为主要研究对象，开展品种引进选育、栽培技术、生物技术、饲养技术、农产品加工等研究工作。在研项目44个，在水稻甘薯品种选育、特色花卉蔬菜引进、中药材组培快繁、地方优良畜禽种质资源等方面创新进展显著，选育的2个水稻新品种“宁12优华占”“福农优156”通过福建省品种审定，1项新成果《观赏牡丹优良品种引种试验及繁育技术研究》获第十届花卉博览会科技成果奖，2项新技术《一种繁殖多色牡丹的二级嫁接集成方法》《一种南方栽培牡丹简易大棚》分别获国家发明专利和实用新型专利，1项团体标准T/NDAS 27—2021《福安野花猪生态养殖技术规范》通过审定，《闽东柑橘新品种引种及高效栽培技术研究》《福安市葡萄园土壤肥力诊断及化肥减量增效技术研究》等9个省级项目通过验收，16个市级项目通过验收，在CN以上刊物发表论文11篇。建立优质水稻、甘薯、葡萄、柑橘、茶叶、药材、花卉等示范片113.33公顷，建立优质柑橘绿色高效栽培集成技术示范基地14公顷、葡萄优质商品果集成技术示范基地13.33公顷、珍稀食用菌高效栽培集成技术示范基地1000平方米，建立生猪养殖试验示范基地10个、种养技术研究试验点1个。选育的水稻、甘薯新品种在市内外推广1.33多万公顷，推广杜洛克、长白、大白等猪种，选育优良公猪20头，改良能繁母猪1600余头。

【林业科技】 2021年，福建省周宁国有林场承担的中央财政林业科技推广项目“柳杉、杉木混交丰产林培育标准化示范区建设”，通过专家组验收；宁德师范学院承担的“香型文心兰种质资源引种、开发应用研究”和福建省霞浦国有林场承担的“柳杉优良种质资源挖掘利用和重大害虫柳杉毛虫的成灾机制及防控关键技术研发”等2个省级财政林业科研项目，通过专家组验收。游仁文（屏南县）、李贵明（福安市）被认定为“2021年省级林业乡土专家”。福建洋塔园艺有限公司培育的古田红杜鹃被国家林草局授予植物新品种权。

【茶业科技】 2021年，宁德市福建品品香茶业有限公司等4家白茶企业联合中国农业科学院茶叶研究所，福建农林大学攻关的“白茶提质增效关键技术创新与产业化应用”项目获2020—2021年度神农中华农业科技奖科学研究类成果一等奖，福建品品香茶业有限公司被农业农村部认定为“全国农业农村信息化示范基地”。品品香、天湖、大荒承担建设的国家数字农业创新应用基地建设项目获省农业农村厅批复。福安开展数字农业试点县项目建设，建成生态数字化（智慧）茶园20公顷，完成环境智能检测及识别系统、智能灌溉系统、全景可视化视频监控系统等功能开发上线。5月，省科协第三批科技小院——福安红茶科技小院获批。11月，人力资源和社会保障部、全国博士后管理委员会批准福建新坦洋集团股份有限公司设立全国首个红茶产业博士后科技工作站。

【渔业科技】 2021年，宁德市参与国家重点科研项目1个，即“东海典型退化水域生态修复与生态牧场构建技术研发与示范”项目；完成“黄姑鱼工厂化循环水养殖研究”等省属公益类科研项目3个；获得发明专利2项。集美大学、宁德市官井洋大黄鱼养殖有限公司共建的大黄鱼国家级水产遗传育种中心技术委员会成立；厦门大学、宁德市富发水产有限公司联合研发的“富发1号”大黄鱼新品系申报国家新品种认定。与中国水产科学研究院东海水产研究所共建创新研究院。建设宁德市海上绿色养殖技术服务平台，建成市级服务中心、县级服务站、乡级门诊部及50个村级海上巡诊点，形成覆盖全市渔业服务网络。大黄鱼、海带、紫菜、刺参等主要养殖品种病害预测报及水生动物疫（疾）病监测任务完成。两名科技特派员被评为优秀科技特派员，所在的霞浦盐田科技特派员工作站被评为先进工作站。

【农业技能培训】 2021年，宁德市分解下达高素质农民培训补助资金815万元（其中，中央资金490万元，培训任务2000人；省级资金325万元，培训任务1.05万人次），全市完成培训高素质农民（中央资金）2972人次；完成培训高素质农民（省级资金）1.17万人次；同时培训效果、组织管理、师资课程、培训基地4项满意度评价均值100%（即5分），参评率100%。举办宁德市高素质农民培训班2期，培训104人。各县均100%建立高素质农民培育对象库、师资库、基地库，利用全国农业科教云平台与云上智农 App 对农民培训实行信息化管理和服务。

（顾明敏　陈琳琳　宋丹丹）

农业产业化

【概况】 2021 年，宁德市新增农业产业化国家级重点龙头企业 3 家、省级重点龙头企业 68 家，实施农民合作社规范和家庭农场培育提升行动，推进农民专业合作社示范、示范家庭农场创建，开展合作社质量提升整县推进，推进家庭农场示范县创建。

【龙头企业】 2021 年，宁德市县级以上龙头企业 598 家，其中市级以上 476 家（省级以上 189 家、国家重点 10 家）。598 家县级以上龙头企业带动农户数 61.55 万户，带动家庭农场 2.17 万个，合作社 1.06 万家；598 家县级以上龙头企业对农户支出总额 130.72 亿元，其中对农户土地租金 2.04 亿元、工资福利支 18.24 亿元、分红及其他支出 2.23 亿元、原料收购支出 108.21 亿元。

【农民专业合作社】 2021 年，宁德市在工商部门登记的农民专业合作社 7877 家，出资总额 271.88 亿元。推荐上报并认定省级示范社 29 家，评定市级示范社 48 家、县级示范社 165 家。蕉城区、屏南县、周宁县和柘荣县 4 个县作为第二批省级合作社质量提升整县推进示范县，围绕发展壮大单体农民合作社、促进联合与合作、提升县域指导扶持服务能力等 3 方面开展试点示范。寿宁县作为试点申报为第三批全国农民合作社质量提升整县推进试点单位。

【家庭农场】 2021 年，宁德市录入“全国家庭农场信息名录库”的家庭农场（含种养大户）1.71 万家，经营土地面积 3.27 万公顷。推荐上报并认定省级示范家庭农场 39 家，评定市级示范家庭农场 42 家、县级示范家庭农场 113 家。蕉城区和柘荣县 2 个县作为家庭农场示范县，围绕促进家庭农场总量较快增长、加强对家庭农场的辅导和服务、提升家庭农场带动小农户发展能力、建设家庭农场示范片或集聚区等4个方面开展创建工作。

（顾明敏）

闽台农业合作

【概况】 2021 年，宁德市探索两岸农业融合发展新路，加强宁台人才、资金、科技、市场等要素资源对接，加大项目推荐力度，向台商推介农业招商项目 30 余个，签订合同项目 2 个，协议项目 3 个。在第十三届海峡论坛·两岸乡村产业对接会上，组织宁德市 2 家农业企业与台湾 2 家企业对接，总投资 1800 万元人民币。累计引进台湾优良果蔬、茶叶、食用菌等品种 30 余个，先进适用技术 10 项，示范推广台湾良种及配套技术 66.67 公顷，开展台湾农业技术培训 70 人次。督促抓好福安、屏南闽台农业合作示范县建设，创建 17 个闽台农业融合发展示范基地。

【闽台农业融合发展示范基地】 2021 年，宁德市落实省委、省政府对台工作部署要求，推进闽台农业融合发展，创建 17 个闽台农业融合发展示范基地，突出台湾优良品种、实用种养技术、先进加工工艺、小型现代农机具、生物环保农药、肥料等农业“五新”引进示范和推广。

【福安市闽台农业合作示范县建设】 2021 年，福安市作为全省 10 个闽台农业合作推广示范县之一，引进台湾茶叶良种 5 个，示范推广 53.33 公顷；优良火龙果品种 4 个，百香果 3 个，示范推广 100 余公顷。取得良好经济效益，促进农民增收。

【屏南县闽台农业合作示范县建设】 2021 年，屏南县引进台湾优良蔬菜品种 8 个，示范推广 400 余公顷；引进台湾森源兰蕙兰花品种 3 个，示范推广 33.33 公顷。取得良好经济效益，促进农民增收。

（顾明敏）

茶 业

综 述

【概况】 2021年，宁德市茶园面积6.79万公顷。其中，采摘面积6.05万公顷，新种植面积0.37万公顷。毛茶产量11.83万吨，比上年增长7.2%，白茶产量4.77万吨，红茶产量2.44万吨，绿茶产量4.41万吨，青茶产量0.21万吨，毛茶产值45.78亿元，增长9.1%。福安、福鼎、蕉城、寿宁被评为“2021年度全国百强县”，福鼎被评为“2021年度科技兴茶富民典型县域”“2021年度区域特色美丽茶乡”称号，柘荣县获“中国高山白茶之乡”称号。

【茶科技】 2021年，福建品品香茶业有限公司等4家白茶企业联合中国农业科学院茶叶研究所，福建农林大学攻关的“白茶提质增效关键技术创新与产业化应用”项目获2020—2021年度神农中华农业科技奖科学研究类成果一等奖，福建品品香茶业有限公司被农业农村部认定为“全国农业农村信息化示范基地”。品品香、天湖、大荒承担建设的国家数字农业创新应用基地建设项目获省农业农村厅批复。福安开展数字农业试点县项目建设，建成生态数字化（智慧）茶园20公顷，完成环境智能检测及识别系统、智能灌溉系统、全景可视化视频监控系统等功能开发上线。5月，省科协第三批科技小院 -- 福安红茶科技小院获批。11月，人力资源和社会保障部、全国博士后管理委员会批准福建新坦洋集团股份有限公司设立全国首个红茶产业博士后科技工作站。

【宁德市茶叶审评中心成立】 2021年4月30日，宁德市茶叶审评中心揭牌仪式在宁德师范学院举行，市茶叶审评中心的建立为全市茶叶评审、技术交流和赛事组织提供专业场所。同时，作为产教融合发展的抓手，依托宁德师范学院的人才和科技优势，以茶叶加工和审评、茶艺与茶文化及新式茶饮为研究方向，服务闽东茶产业发展。活动期间，举行宁德天山茶特色茶叶审评会。

（宋丹丹）

宁德白茶

【概况】 2021年，宁德市是全国白茶主产区，全市9县（市、区）均生产白茶，福鼎是白茶的发源地。宁德白茶在历史的发展进程中，形成的独特产地、品种、制作工艺和深厚文化底蕴在全国具有很强的代表性，已经成为地方优势特色产业，其产量规模、工艺水平、产品品质均位居全国领先水平。全市白茶产量4.77万吨，占全省白茶产量的86.65%，占全国白茶产量的58.22%，是全国规模最大、集中度最高、影响力最强的白茶生产区域，在全国具有重要的主导地位。

【地标申报】 2021年3月25日，宁德市政府黄国璋副市长主持召开“宁德白茶”品牌打造专题会议，全面剖析宁德白茶产业发展现状和特殊重要地位，强调现阶段打造“宁德白茶”的必要性，并提出责任分工方案。8月5日，结合市企业与企业家联合会提出的《抢抓机遇，突出强化宁德白茶产业化的几点建议》调研报告，市政府组织市市场监管局、财政局、福鼎市政府等相关部门召开专题会议，并形成专题会议纪要，议定成立“宁德白茶”国家地理标志证明商标申报工作专班，市海峡茶业交流协会作为申报主体开展“宁德白茶”地标申报工作。

【白茶之都】 2021年10月17日，宁德市召开申报认定“中国白茶之都”称号专家论证会，专家肯定宁德白茶产业在全省、全国的行业引领、标杆作用和产业优势、主导地位，一致同意通过授予称号的论证，并向海峡两岸茶业交流协会提交申报材料，由海峡两岸茶业交流协会提请农业农村部认定。

【福鼎白茶】 2021年，宁德市“福鼎白茶”以52.15亿元位列中国茶叶区域公用品牌价值排行榜第五。福鼎市571家茶叶生产加工企业取得SC生产许可，364家茶叶企业获得福鼎白茶证明商标使用授权，国家、省、市、县级茶业龙头企业167家，其中国家级3家、省级51家、宁德市级35家。3月10日开始，全市茶青采摘、交易及茶叶生产、销售过程全面纳入福鼎白茶大数据溯源平台系统，茶企、茶青经纪人、茶农在茶青交易时凭信息卡交易。福鼎白茶亮相“2021中国农民丰收节晚会”，并在CCTV-1、CCTV-17播出。“浙江之声”为福鼎白茶量身策划制作《福鼎白茶仙子乐游记》轻综艺。在中国南方航空股份有限公司深圳始发的国内68条航线投放福鼎白茶航空头巾广告。

【白茶节事活动】 2021年3月28日，宁德市以“百年圆梦颂党恩　福鼎白茶谱新篇”为主题的第十届福鼎白茶开茶节举行，本届开茶节通过电视直播、网络直播等线下线上融合方式，全方位展示福鼎白茶新形象。同日下午，举办以“白茶产业创新与高质量发展”为主题的高峰论坛，有关专家和领导致辞并发布研究成果和调研报告，以现场互动的方式共同探讨白茶产业创新与高质量发展之路。4月17日，“行茶问道健康养生”为主题的2021年第四届柘荣道家炭焙老白茶文化节在柘荣东狮山开幕，活动举办“喜迎第44届世界遗产大会”欢迎晚会、柘荣县白茶非遗产业园三馆一圃奠基仪式、祭茶仪式和采茶比赛等活动。7月31日，召开“学党史　讲好红色故事”——“百年圆梦”主题茶新闻发布会暨产品首发式；10月16日，举办第三届福鼎白茶传统工艺制茶大师暨第二届制茶能手评选活动；10月18日，举办“中国长寿之乡·柘荣高山白茶茶王赛”；11月13日，举办第二届福鼎白茶文化周暨收藏茶发布会；12月8日，举办福鼎白茶“三茶”统筹发展研讨会，通过丰富多彩的茶事活动展示和推介宁德白茶，促进茶旅深度融合发展。

（宋丹丹）

2021年3月28日，第十届福鼎白茶开茶节开幕式上，举行福鼎市茶产业高质量发展表现突出企业表扬仪式
（福鼎市委党史方志室　供图　王婷婷　摄）

2021年3月28日，第十届福鼎白茶开茶节白琳分会场，图为白琳老街舞狮仪式现场
（市茶产业发展中心　供图）

企业与品牌

【概况】 2021年，宁德市各类茶叶生产经营主体6900余家，市级以上农业产业化龙头企业232家，占全市总量的48.84%。农业产业化省级以上龙头企业111家，占全市总量的58.73%，其中农业产业化国家级龙头企业3家。按照龙头企业动态监测系统上报的数据，监测的107家省级以上龙头企业总资产超过76亿元，年加工量超过5万吨，年产量约3.4万吨，年销售额92.62亿元，从业人员1.43万人。实施品牌农业发展战略，巩固提升福鼎白茶、坦洋工夫、宁德天山茶、寿宁高山茶等重点区域公用品牌，支持和鼓励茶叶生产经营主体开展品牌创建。全市茶叶类拥有中国驰名商标9件，居全省首位，省著名商标56件，地理标志证明商标24件。

【公用品牌】 2021年，宁德市“福鼎白茶”“坦洋工夫”分别以52.15亿元和37.67亿元的品牌价值位列2021中国茶叶区域公用品牌价值第5和第16位，“福鼎白茶”被授予最具品牌发展力的品牌。10月7日，“福安白茶”“福安绿茶”“柘荣高山白茶”地理标志证明商标通过国家知识产权局注册。

【企业品牌】 2021年，宁德市品品香、新坦洋、天湖、鼎白、瑞达、誉达、康来颜、广福、顺茗道、奇古枝、大沁、大不同等12家企业获评“2021年度茶业百强企业”，品品香、新坦洋、天湖、鼎白、瑞达入选“2021年度茶业畅销品牌”。

表13 2021年宁德市重点龙头茶叶企业基本情况表

序号	企业名称	总资产（万元）	年加工量（吨）	年产量（吨）	年销售额（万元）	从业人员数（人）
1	福建品品香茶业有限公司	80876.16	1865	1865	45664.23	523
2	六妙白茶股份有限公司	67854	1380	1336	29624.01	305
3	福建省天湖茶业有限公司	16581.21	6389		35067.77	885
4	福鼎润古今白茶有限公司	5773.32			6883.07	45
5	宁德市白马山茶叶有限公司	6895.76			7136.91	148
6	福建大宝峰茶叶股份有限公司	6103	175	175	5322	120
7	宁德市万恒绿园农业发展有限公司	5521.5	600	600	6581.6	10
8	宁德市宝田农业发展有限公司	4609	230	230	5015	52
9	福建省天禧御茶园茶业有限公司	7383	1295	1295	5875	86
10	寿宁县春伦茶业有限公司	2017.36			4376.8	46
11	寿宁县兴昌茶厂（普通合伙）	4023	200	200	4553	30
12	寿宁县裕发茶业有限公司	5027	206	254	8932	260
13	寿宁县天池峰茶业有限公司	2100	30	130	5200	85
14	寿宁县梦之乡农业综合开发有限公司	4432.5	78	78	6353.5	47
15	福建永和春农业综合发展有限公司	5326.16	1000	1000	8131.34	42
16	寿宁县满堂宏茶业有限公司	4562			7906	128
17	福建圣丰农业有限公司	3798.42	300	1500	5335.5	52
18	宁德畲韵红茶业有限公司	4137.56	650	650	5080.76	21
19	福建省归来客有机茶叶有限公司	4873.34	268	268	5205	21
20	福建新坦洋集团股份有限公司	14768.02	75	175	6313.82	139
21	福建万润达茶业集团股份有限公司	10907.89	45	64	5015.43	27
22	福建鼎白茶业有限公司	15428.87	712	712	16694.62	226
23	福建广林福茶业有限责任公司	8170.9	20	20	17954.7	194
24	福鼎市芳茗茶业有限公司	6246.24			10088.42	232

续表 13

序号	企业名称	总资产（万元）	年加工量（吨）	年产量（吨）	年销售额（万元）	从业人员数（人）
25	福建裕荣香茶业有限公司	5971.42	537.32	537.32	6444.32	163
26	福建省莲峰茶业有限公司	23307	652	652	69668	178
27	福建省三山源茶业有限公司	5378			5704	100
28	福鼎市七碗李家农业发展有限公司	6112.52	37	37	5512	45
29	福鼎市品茗香茶业有限公司	6034.36	495.78	386.59	7259.64	203
30	福鼎本境茶业有限公司	4762.58	43	45	6150	87
31	福建省古素茶产业有限公司	3246.11	125.43	125.43	3315.78	57
32	福建省华羽村茶业有限公司	3857.25	180	180	4637.02	75
33	大荒（福建）茶业有限公司	5903.73			6447.95	498
34	福鼎市雁云青茶业有限公司	4560.7		250	5407.86	65
35	福鼎市绿意浓茶业有限公司	1768.65			5035.47	76
36	福建省海上茶香茶业有限公司	6425.26			6286.3	89
37	福建省峻山野农业发展有限公司	5051		100	7935	58
38	霞浦县日海茶业有限公司	4633.05		540	5426.33	13
39	寿宁县闽轩茶叶有限公司	4123		820	7163	78
40	寿宁县叶叶香茶厂	4016		800	6315	65
41	寿宁县锦山茶业有限公司	3983		700	7263	48
42	福建省周宁县绿立茶业开发有限公司	5785		8000	4868	53
43	周宁县莲峰生态农业发展有限公司	1890		3500	4027	105
44	福建省天荣茶业有限公司	5729.36		250	5100	65
45	福安市金福龙茶业有限公司	3014.24		1345	4892.67	16
46	春润（福建）农业发展有限公司	5922		506	8390.5	
47	福建誉达茶业有限公司	7013			34207	99
48	福建省高山香白茶产业城有限公司	5479		42	5051.5	93
49	福建瑞达茶业有限公司	7193.3		386	13342.2	223
50	福建省大沁茶业有限公司	7441			9367.23	380
51	福建康来颜茶业有限公司	7290.6		600	16968.2	500
52	大荒（福建）控股有限公司	5547.31		3.7	9810.88	425
53	福鼎长品白茶有限公司	6923.23			7032.71	19
54	福建省万氏留香茶业有限公司	7055.21		3213	7023.33	38
55	福建柏洋茗鼎茶业有限公司	6132.52		511	7532.12	56
56	福鼎国号茶业有限公司	604.87		61.29	1726.16	16

续表 13

序号	企业名称	总资产（万元）	年加工量（吨）	年产量（吨）	年销售额（万元）	从业人员数（人）
57	福建省福鼎市名山茶叶有限公司	6000.4			5905.2	65
58	福鼎市雾雪春茶业有限公司	5635	280		6090	38
59	福建省宁德市赤溪茶叶有限公司	5587	343		5198	36
60	宁德市弘春茶业有限公司	5102	432		5235	55
61	福建省盛世大翔茶业有限公司	4570			9184.2	196
62	福建梓丰农业发展有限公司	4609.5	394		7053.7	59
63	福建省霞浦县元宵茗农业发展有限公司	7181.25	757		12562.77	82
64	福建大南山茶业有限公司	5870	1000		8560	78
65	寿宁县东泰茶业有限公司	2600	3000		4248	22
66	福建白芽银仓茶业有限公司	4273.62	500		5337.89	22
67	周宁县华兴茶叶有限公司	3942	2000		4479	50
68	福建省碧源生态农业发展有限公司	3732.1	93		5988	186
69	福建海雾茶业发展有限公司	3708.7	320		6125	100
70	福建张一元茶业有限公司	3664			5328.06	98
71	福建宝丰源茶业有限公司	4702.88	1725		5355.73	22
72	福安市艾绿茶业有限公司	5144.33	376		5106.11	30
73	福安市红新茶业有限公司	5103	1200		5700	60
74	福建隽永天香茶业有限公司	7280.34	550		9256.73	78
75	福建林芝友缘茶业有限公司	5563.2	330		5006	108
76	福安市茗春馨香茶叶有限公司	4581.62	700		6385.45	65
77	福建省兴旺茶业有限公司	4930.45	3500		6558.78	70
78	福建省同泰春茶业有限公司	3767.79	300		5525.81	53
79	福建大地春茶业有限公司	5960.24	9000		9298.22	360
80	福建省京福茶业有限公司	4554	800		6842	55
81	福建省广福茶业有限责任公司	5794.58	366		10212	171
82	福建顺茗道茶业有限公司	9369.1	185.8		12759	192
83	福建董德茶业有限公司	4658.5	45		5845	95
84	福建永香茶业有限公司	6463.12			7231.23	78
85	福鼎市西坑孔家茶业有限公司	5036.53	220		7139.18	60
86	福鼎市闽翁茶业有限公司	5533.15			6036.66	65
87	福鼎汉仪楼茶业有限公司	6235.86	24.29		7260	35
88	纪生缘（福建）农业发展有限公司	5015.65	62.11		6313.01	34

续表 13

序号	企业名称	总资产（万元）	年加工量（吨）	年产量（吨）	年销售额（万元）	从业人员数（人）
89	福建省中镇茶业有限公司	5790.12	702		6794.71	131
90	福建叠石云雾茶业有限公司	3891.8	300		5108.45	50
91	福鼎市京福源茶业有限公司	5343.08	615		6990.18	98
92	福鼎市梅氏京福茶业有限公司	5248.15	12		6932.84	110
93	福建省白天鹅茶业有限公司	9981.6	560		7063.2	85
94	福建四季盛茶业有限公司	6856.11	462.19		6948.13	115
95	福建奇古枝茶业有限公司	7670.3	941		9513.6	108
96	福鼎市晒鼎香茶业有限公司	4490.22	43		6897.18	85
97	大不同茶业（福建）有限公司	8540	568		5117	280
98	福建江南茶业有限公司	4532	100		5136	118
99	福鼎大廷茶业仓储有限公司	5698	210		5655.3	2000
100	福建瑞隆农业综合开发有限公司	5120			4050	36
101	福建华香茶业有限公司	6318.24			7315.69	33
102	福鼎市昌泰仓储物流有限公司	7220			9568.95	20
103	福建福鼎东南白茶进出口有限公司	6213			13210	56
104	福鼎阿甘茶业有限公司	5252.2			6908.87	420
105	福建合熹堂茶业有限公司	10593.8			15808.2	102
106	福鼎仙居林生态茶业有限公司	1135			865.85	12
107	福鼎市悟明茶业有限公司	5227.13			7569.52	20
	合计	760861.14	50604.92	34143.33	926200.05	14307

（资料来源：市茶产业发展中心）

【市场建设】 2021年，宁德市福安富春茶城全面投入使用，以茶城为中心辐射周边，逐步形成涵盖600余家商铺的茶叶贸易集散中心，市场面积150000平方米，年交易量4.5万吨，交易额40亿元；福鼎点头茶青市场面积1.00万平方米，年交易量21万吨，交易额18.5亿元；福鼎打造以白茶贸易为核心的数字商业体系—中国白茶中心，其中白茶商场已封顶落架，市场建设将为提高我市茶叶产区影响力起到积极促进作用。

【组团参展】 2021年9月10—14日，宁德市组织9县（市、区）100余家企业参加在武汉国际会展中心举办的第11届武汉国际茶产业博览会，参展面积1716平方米；10月28—30日，组织福安、寿宁等县市70余家茶企参加了在山东济南举办的第九届中国茶叶博览会，参展面积1464平方米。11月10日，组织10家茶叶企业参加“宁茶品牌丝路行”—2021马来西亚茶业博览会云展会—宁德专场；12月16日，组织10家茶叶企业参加“2021年莫斯科茶业博览会云展会—宁德专场”，帮助企业精准对接两国专业采购商，并开展公共宣传活动，不断助力企业拓展销区市场。

【各县参展】 2021年，宁德市各县（市、区）单独组团参加全国各类大型茶业专业展会30余场次。其中，福安组织参加2021年海丝茶产业精品博览会、第四届中国国国际茶叶博览会、中国(深圳)春季茶产业博会、中国(厦门）国际茶业投资贸易博览会、第11届中国（武汉秋）国际茶产业博览会等茶事活动，组织参加的杭州国际茶日大使品茶活动受到农业农村部农业贸易促进中心表扬。霞浦组织参加了第四届21世纪海上丝绸之路博览会、第11届中国（武汉）国际茶产业博览会、第九届中国茶叶博览会。

（宋丹丹）

项目建设

【概况】 2021年，宁德市茶业类国家、省、市、县各级产业重点项目有序推进，争取各类项目资金近1亿元。其中福鼎国家茶叶有机肥替代化肥试点县项目完结，福鼎国家现代农业（白茶）产业园项目建设周期三年，补助资金7000万元，2021年一期补助3000万元。

【品种改造】 2019年起，宁德市实施茶树品种和低产低质茶园改造项目，围绕“绿色、高效、生态、优质、安全”的发展目标，按照“三改一提”（改树、改土、改园，提升管理技术）的工作思路，改植一批适合市场需求的茶树优新品种，改良一批肥力低、保水保肥能力差的土壤，改造一批低产、低质、生态失衡的茶园，提升一批茶叶生产管理技术。2021年，全市低产低质茶园改造任务1333公顷，下达乡村振兴产业发展奖补资金450万元，截至年底，完成全部低产低质茶园改造任务，其中茶树品种改造375公顷。

【标准化基地建设】 2021年，宁德市根据省农业农村厅《关于加快推进2021年优质农产品标准化示范基地创建工作的通知》（闽农质监函〔2021〕122号），支持基础设施配套较完善，相对连片规模20公顷以上茶叶基地，按照生产标准化、资源高效化、质量可控化的要求开展创建，截至年底，完成19个茶叶标准化种植示范基地建设，累计完成51个基地建设。

【初加工中心建设】 2021年，宁德市根据《福建省农业农村厅关于印发福建省特色现代农业“五千工程”实施方案的通知》（闽农综〔2019〕27号）要求，按照配备清洁化的贮（晾）青间、加工间、包装间等茶叶初制车间，使用清洁、卫生、安全的加工机具设备，配备杀青、揉捻、干燥等茶叶初制加工的机械化、自动化设备；使用电、气等可再生洁净能源；辐射带动33.3公顷以上茶园，具备年产30吨以上毛茶生产能力等要求，支持各类新型茶叶经营主体新建和改造茶叶初加工中心。截至年底，完成41个茶叶初加工中心改造，累计完成154个初加工中心建设。

【重点项目】 2021年底，宁德市福鼎茶叶有机肥替代化肥试点县项目累计资金支出1992.5万元，覆盖155家企业5347公顷茶园，通过项目实施，福鼎茶园核心示范区化肥施用量减少53.5%，土壤有机质含量增加0.57%，PH值提高0.3个单位，土壤质量得到整体提升。全市完成3个省级茶树种质资源保护点建设。福鼎实施国家现代农业（白茶）产业园项目，拨付项目资金2538万元；坦洋茶谷产学研旅项目（财政部PPP项目）累计完成投资5800万元，完成场地平整工程量80%；茶叶出口示范基地（亚行项目）累计完成投资2575.45万元，增加绿色和有机农产品生产面积253公顷，铺设茶园道路43千米。

（宋丹丹）

质量安全

【概况】 2021年，宁德市是“国家级出口茶叶质量安全示范区”，福安通过“全国绿色食品（茶叶）原料标准化生产示范基地市”评审，福鼎、蕉城获评“全国农产品质量安全县”。国家茶叶标准化技术委员会白茶、红茶工作组和全国电子业务标准化技术委员会茶叶电子商务工作组落户宁德市，主导和参与制定茶叶国家、行业、省地方标准、团体标准及一系列市级农业技术规范。福建品品香茶业有限公司入选第七届福建省政府质量奖和宁德市政府质量奖。

【政策措施】 2021年3月2日，宁德市市场监管局市农业农村局联合印发《关于加强市场监管　促进茶产业健康发展的若干措施》（宁市监〔2021〕24号）的通知，从加强市场监管、规范市场秩序，加强源头监管、提高茶叶品质，加强品牌引领、恪守行业标准，落实属地责任、强化行业自律四个方面着手，进一步规范我市茶叶市场，切实提升茶叶产品质量，助推我市茶叶品牌建设，促进茶产业健康有序发展。

【安全监管】 2021年5月19日，宁德市农业农村局印发《关于进一步加强茶叶产品质量安全监管的通知》（宁农局办〔2021〕48号），从落实生产经营主体责任、强化茶园用药管理、加强茶园种植指导和监管等方面，保障市茶叶产品质量安全。截至年底，全市有1383家茶叶企业纳入“一品一码”可追溯体系平台管理，完成茶叶产品质量安全定量监测600余批次，合格率98%以上。

【“三品一标”】 2021年，宁德市新增绿色食品茶叶产品117个，面积1433.33公顷，通过有机认证企业107家，认证面积3173.33公顷，茶叶“三品”产地监控和出口基地备案茶园面积超2.47万公顷，“三品”茶叶产品350多个。

【大数据溯源】 2021年3月10日，宁德市福鼎白茶大数据溯源平台系统启动，截至年底，企业2422家，经纪人6886个，茶农7.21万户纳入大数据溯源平台系统管理，茶农累计凭卡出售茶青3.57万吨，交易金额约17亿元，发放溯源码220万枚。

（宋丹丹）

茶事活动

【概况】 2021年，宁德市市、县两级积极组织开展产业论坛、技能竞赛、茶叶评比、开茶节等节事活动，并结合各地旅游节、美食节、网购节等活动开展品牌和文化宣传推广，不断提升宁德茶业的知名度和美誉度。各县

（市、区）围绕茶产业发展实际和特色优势，开展各类形式丰富的茶事活动40场次。

【高峰论坛】 2021年7月24日，宁德市举办“茶文化、茶产业、茶科技统筹发展”高峰论坛，邀请院士刘仲华、研究员姜爱芹、教授杨江帆、研究员夏良玉等国内茶业权威专家共聚闽东，就茶科技、品牌推广与市场营销、茶产业、茶文化与乡村振兴等内容作主题发言，旨在更好地为宁德各界开阔视野、理清发展思路提供指导和帮助，为推进宁德茶产业高质量发展出谋划策。参加此次论坛的市领导有市人大常委会副主任章允斌，市人民政府副市长黄国璋，市政协副主席林寿，以及市直相关部门领导，宁德师范学院茶学专业教师及各县（市、区）业务负责人、技术骨干、市级以上农业产业化龙头企业负责人等230多人。

【红茶大赛】 2021年6月8日，宁德市举办首届红茶评比大赛，共收到红茶参评茶样209个，经过评审专家组按照《茶叶感官审评方法》（GB/T 23776—2018）进行感官密码审评，评出创新型和传统型红茶茶王各1个、金奖22个、银奖26个。其间，市海峡茶业交流协会、师院茶学系教师团队、各县（市、区）茶业主管部门等共同开展了“茶文化、茶产业、茶科技统筹”研讨会，举办了“乡村振兴路 闽东茶飘香”茶席展和颁奖晚会。

【技能竞赛】 2021年10月16—17日，宁德市举办首届评茶员职业技能竞赛，来自各县（市、区）的48名选手对七大茶类132款茶样展开评茶技艺比拼，经过理论知识笔试和包括茶形辨认、香味排序、品质审定、对样评茶、茶品设计5个环节的操作技能比拼，评选出个人一等奖一名，二等奖三名，三等奖5名，以及团队优秀组织奖三名。

【国际茶日】 2021年，宁德市根据省农业农村厅关于做好2021年“国际茶日”系列活动的工作部署，举办“国际茶日”品茗会，邀请市农业农村局全体干部职工、茶企代表、市民代表等参加，活动展示红、绿、白茶冲泡技巧和流程，普及茶叶泡饮常识，传播茶文化知识，与爱茶人士共品闽东好茶。各县（市、区）也举办各种形式的茶会活动。

【首届周宁高山云雾茶文化旅游节】 2021年4月27日，以“周宁有好茶，喝好茶到周宁”为主题的“乡村振兴·茶香满园”首届周宁高山云雾茶文化旅游节在周宁县玛坑乡万亩生态茶园摄影基地举行，通过春茶采摘赛、周宁高山云雾茶品鉴暨直播带货、炒茶体验、茶文化采风等环节让游客零距离感受周宁高山云雾茶的独特韵味。

【福安坦洋工夫茶制作技艺精品展】 2021年6月10日，“传承技艺 美丽中国·福安坦洋工夫茶制作技艺精品展”系列活动在文化和旅游部恭王府博物馆开幕。活动以福安坦洋的历史文化为背景，以坦洋工夫茶在脱贫攻坚和乡村振兴中的重要作用为主线，展出坦洋工夫茶制作技艺的传统工具、设施设备、代表作品、传承谱系，以及相关扶贫工作文献、档案影像，并配合福安传统音乐、曲艺、舞蹈等非遗项目，全方位讲述“一片绿叶富一方”的奋斗故事。该展览为期98天，展至当年8月15日。

（宋丹丹）

2021年6月10日，文化和旅游部党组成员、中国非物质文化遗产保护协会会长王晓峰（左二）在“传承技艺 美丽中国·福安坦洋工夫茶制作技艺精品展”开幕式现场 （市茶产业发展中心 供图 郑祖辉 摄）

工业　建筑业

工　业

综　述

【概况】 2021年，宁德市规模以上工业企业1071家，规模以上工业增加值增长32.5%，高于全省平均水平22.6个百分点，增速连续四年全省第一。锂电新能源、新能源汽车、不锈钢新材料、铜材料四大主导产业增加值增长59.1%、对全市增长贡献率107.7%、拉动全市规模以上工业增长35个百分点。工业用电量188.49亿千瓦时，居全省第三；工业用电量增长25.3%、增速全省第一。工业投资增长23.2%、增速全省第一，其中制造业投资增速39.2%、增速全省第一，技改投资增长18.2%、增速全省第三。高技术产业增加值增长79.8%、占规模以上工业增加值比重的49.9%，比上年提高14.7个百分点。工业总产值超百亿元企业11家，比上年增加2家，增加值比上年增长48.2%，对全市增长贡献91.7%。工业经济效益指数比上年提高80.19个百分点。工业出口交货值增长47.7%。

【招商投资】 2021年，宁德市举办第八届中国汽车生态设计国际论坛。围绕500亿元工业招商目标，实施"一个产业、一个工作专班、一个发展规划、一套招商政策、一批重点跟踪项目"工作机制，成立锂电新能源、新能源汽车、不锈钢新材料、铜材料产业招商工作专班，面向行业领军企业开展精准招商。新签约工业152项、总投资607.5亿元，其中主导产业项目53个、总投资479.1亿元，重点有宁普时代、时代永福、国泰华荣二期、青拓高性能不锈钢宽板及配套等一批大项目、好项目。

【项目建设】 2021年，宁德市实施63个总投资3000万元以上的工业项目及112项省市重点技改项目，分别完成投资272.6亿元、145.8亿元。兑现28个重点技改项目设备补助1221万元，邦普等7个项目获省技改项目融资支持专项9.03亿元、金额排全省第一。锂电新能源产业的宁德时代车里湾基地、天赐等17个项目加快建设，青美一期、安脉时代等14个项目建成投产，宁德时代福鼎基地实现当年动工、当年部分投产。不锈钢新材料产业在建福建瑞钢等16个项目，投产青拓冷轧及深加工配套一期等13个项目。铜材料产业的中铜40万吨铜冶炼项目满产超产，福浦（一期）铜精深加工、嘉元铜箔开工建设，传统产业建成投产三祥纳米氧化锆及非晶合金、瑞幸咖啡和鼎盛精品钢等项目。

【工业转型升级】 2021年，宁德市三祥纳米氧化锆项目、非晶合金（液态金属）项目建成投产，特种陶瓷项目开工建设；瑞幸咖啡烘焙基地项目、鼎盛精品钢项目建成投产。三祥新材获评国家级专精特新"小巨人"企业，福建闽威海鲈鱼技术创新与产业化融合模式经验被认定为省质量标杆，古田溪水电站被列入第五批国家工业遗产名单。加强传统产业重点创新产品培育，在库培育产品27个。

【企业科技创新】 2021年，宁德市举办2021（第八届）中国汽车生态设计国际论坛暨中国汽车行业碳中和创新发展（宁德）峰会。宁德时代新能源科技股份有限公司首发钠离子电池，21C 实验室 1 号研发楼投入使用，入选全国智能制造试点示范工厂揭榜单位；青拓集团研发轧制 0.03 毫米、宽度600毫米以上超薄高端不锈钢“手撕钢”，可折叠弯曲次数20万次以上，通过省不锈钢产业创新中心认定。福建杉杉科技有限公司、宁德东恒机械有限公司获评省企业技术中心，宁德时代电机科技有限公司等 7 家企业被认定为省专精特新中小企业，珠峰动力机械（宁德）有限公司等 5 家企业的产品被列入省工业和信息化重点新产品推广目录。福建省华一设计有限公司获评国家级工业设计中心，宁德思客琦智能装备有限公司、宁德嘉拓智能设备有限公司被列入省智能制造系统解决方案供应商名单。

【政策支持】 2021 年，宁德市出台《促进当前全市工业增产增效若干措施的通知》《2021 年第一季度企业增产增效稳工稳岗有关措施的通知》，依托惠企政策信息统一发布平台发布涉企政策 1530 余条，政策阅读量 9.3 万人次。制作“每周政策速送”49 期推送企业微信群，受益企业3080家次。举办惠企政策人才政策进园区启动仪式暨产融活动。研究制定 13 类 20 项“免申即享”政策，压缩奖励资金下达时间，推动惠企政策简便、快捷兑现落实。设立“惠企政策窗口”入驻市行政服务中心，与政企直通车结合，构筑“线上＋线下”有机融合的政策服务体系，为中小企业提供跨行业、跨部门、跨层次的惠企政策咨询、解读、辅导等服务。全市各部门为企业减负 42 亿元。

【品牌培育】 2021 年，宁德市出台《2021 年宁德市质量品牌建设工作要点的通知》，古田溪水电厂被列入第五批国家工业遗产名单。福建省华一设计有限公司被评为第五批国家级工业设计中心（工业设计企业），安波电机（宁德）有限公司、宁德特波电机有限公司、福建怡和电子有限公司被评为市级工业设计中心。有氟密管阀集团有限公司、宁德卓高新材料科技有限公司等 4 家入选省制造业单项冠军企业（产品）。上海汽车集团股份有限公司乘用车福建分公司、青拓集团有限公司、福建宁德核电有限公司、福建品品香茶业有限公司被确定为省级工业旅游试点企业，福建惠泽龙酒业股份有限公司、福建省霞浦宏昌拆船有限公司等 5 家企业被评为市级工业旅游示范基地。宁德市国鑫印刷机械有限公司的产品被认定为省内首套重大技术装备。

【管理能力提升】 2021 年，宁德市与清华大学、中国人民大学联合举办企业经营管理研修班 2 期，与管理培训机构举办企业生产精细化管理专题培训班 2 期，参训企业人员 245 人。开展宁德市第二届企业家讲师团宣讲线上直播活动，分享优秀企业在中小企业财务管理、风险防范和实施标准化等方面经验，145 家企业同时在观看，累计播放量 726 人次。12 家企业及个人获评省优秀民营企业家、优秀民营企业或民营企业党建工作先进单位，1 个团队重点项目入选省产业领军团队重点项目。

【平台政企直通车建设】 2021 年，宁德市完成市、县两级“1+10”政企直通车平台网络建设，实现省、市、县三级互联互通、资源共享。将政企直通车平台“一键写信”与企业法律服务部、企业服务热线有效结合，拓宽企业诉求渠道，市、县两级平台接收信件 268 件，答复率 100%。新增北京众达德权知识产权代理宁德分公司、宁德市和物传媒有限公司等 3 家优质服务机构入驻市级综合窗口平台，累计入驻 98 家。举办管理咨询讲座、行业咨询服务、管理经验分享等公益活动 79 场，服务企业约 1495 家次。

（蔡文莉）

锂电新能源产业

【概况】 2021 年，宁德市成为全球最大的聚合物锂离子电池生产基地，其中宁德时代、新能源科技分别是全球动力电池、消费类锂离子电池领军企业。宁德时代入选全球““灯塔工厂””，锂电新能源产业成为宁德市第二个千亿产业集群，产值1580亿元。规模以上工业企业 41 家，增加值增长 92.1%。

【龙头企业】 2021 年，宁德市锂电新能源产业的龙头企业为宁德时代新能源科技股份有限公司和宁德新能源科技有限公司，重点发展动力电池、储能电池、消费锂离子电池。

宁德时代新能源科技股份有限公司 成立于 2011 年，2018 年 6 月，在深圳证券交易所上市。总部位于福建省宁德市，截至 2021 年，在全球设立福建宁德、江苏溧阳、青海西宁、四川宜宾、广东肇庆、上海临港、福建厦门、江西宜春、贵州贵阳、德国图林根州埃尔福特十大电池生产制造基地，宁德、溧阳、上海、厦门、德国慕尼黑五大研发中心，拥有电化学储能技术国家工程研究中心、福建省锂离子电池企业重点实验室、中国合格评定国家认可委员会（CNAS）认证的测试验证中心，以及聚焦能源存储转化领域前沿基础问题研究的 21C 创新实验室，并设立博士后科研工作站、福建省院士专家工作站等。2021 年，宁德时代动力电池装车量 96.7GWh，比上年增加 167.5%，全球市占率 32.6%，连续五年排名全球第一。入选福建省优秀民营企业、2021 年福建省创新型民营企业 100 强（第 1 位）、全球“灯塔工厂”“2021 中国最具创新力企业”之一。

宁德新能源科技有限公司 成立于 2008 年，总部是在香港成立的新能源科技有限公司。公司总占地面积 120 余公顷，截至年底有职工 2 万余人，专注开发、生产和销售锂离子电池，产品应用于智能手机、平板电脑、手提电脑、无人机、移动电源、可穿戴电子产品、电动工具等领域。设立新能源研究院，获批成立博士后科研工作站、福建省企业工程技术研究中心、福建省企业技术中心等研发平台，此外，公司与清华大学、香港纳米及先进材料研究院、中国科学院物理研究所、中南大学、厦门大学、南京大学等国内外知名高校、企业和科研院所建立全方位的产学研合作关系。截至2021年底，累计获授权有效专利1343项，其中发明专利618项。科技活动人员3674人，其中硕士、博士894人，获“国家职业技能等级自主认定”资质，获“全国优秀博士后科研工作站”“第二十二届中国专利优秀奖”“福建省产教融合型培育企业”“福建省外资研发中心”等称号。

【产业链企业】 2021年，宁德市引进建设卓高、杉杉、厦钨、国泰、天赐、邦普等80余个产业链项目，形成较为完整的正极材料、负极材料、电解液、涂层隔膜等四大主要原材料为主以及智能装备制造、包装材料、电子元器件等为辅的上下游产业链。

宁德厦钨新能源材料有限公司 2017年，厦门厦钨新能源与福建闽东电力股份有限公司合资成立，位于东侨经济技术开发区，是厦钨新能源三大生产基地之一。2021年，公司年产5000吨项目顺利点火，该项目在已有产线基础上，利用现有的空间新增新型一代先进设备，可在增加较少的土建投资和加工成本前提下实现产能目标。

宁德卓高新材料有限公司 成立于2015年，系上海璞泰来新能源科技股份有限公司旗下全资子公司，生产高安全性锂离子电池用功能性隔膜新材料。公司的隔膜涂层技术在行业领先，成功开发陶瓷涂层隔膜、PVDF涂层隔膜和陶瓷PVDF混合涂层隔膜产品，覆盖3C数码和动力方向锂离子电池市场。2021年，该公司被评为福建省优秀民营企业。

福建杉杉科技有限公司 成立于2016年，拥有固相、液相两种炭化工艺的生产能力和成品生产能力，炭化重点服务ATL提供高性能数码类产品，成品重点服务CATL、比亚迪、LGES等，快速提供高性价比的动力类产品，通过ISO9001质量体系认证，ISO14001环境管理体系。2021年，该公司被授予“省级专精特新”“省级企业技术中心”“宁德市制造业单项冠军”等称号。

时代永福新能源科技有限公司 成立于2021年，位于东侨经济技术开发区，公司致力于开拓综合智慧能源（光、风、储等）领域的投资、运营、EPC（工程总承包）建设、产品研发等业务，项目类型涵盖融合电池、BMS（电池管理系统）、PCS（储能变流器）、EMS（能量管理系统）等产品的光储一体化、5G基站一体化、数据中心能源解决方案、微电网等场景的能源服务业务。

宁德国泰华荣新材料有限公司 成立于2017年，位于福鼎市，是张家港市国泰华荣化工新材料有限公司的全资子公司，2020年建成年产4万吨锂离子动力电池电解液生产工艺车间级辅助设备，主要以溶剂和添加剂进行物理混配，建设具有国际先进水平的锂离子动力电池电解液生产线。2021年，年产8万吨电解液项目开工，项目达产后产值超过50亿元，税收1亿元。

（蔡文莉）

不锈钢新材料产业

【概况】 2021年，宁德市为全球最大的不锈钢生产基地，实现不锈钢200系、300系、400系、双相不锈钢以及高耐蚀高强度含氮奥氏体不锈钢QN系列产品全覆盖，研发水平行业领先，先后主导制定多项不锈钢技术标准，研发“手撕钢”，试制并批量生产笔尖钢、全球首发高氮高耐蚀高强度节镍奥氏体不锈钢304D等高新技术产品。实现产值1608亿元。规模以上企业16家，增加值增长1.1%。

【龙头企业】 2021年，宁德市不锈钢新材料产业的龙头企业为青拓集团。2008年入驻福安市，是青山实业旗下五大集团之一，下有鼎信实业、青拓镍业、青拓实业股份、鼎信科技、青拓设备、青拓物流等26家子公司，员工近2.3万人（含外派）。青拓“笔尖钢”产品规格覆盖2.3毫米和1.6毫米，国内市场份额30%以上。2021年，成功轧制出0.03毫米厚度精密不锈钢带“手撕钢”，授权发明专利3项，发布国家标准1项，行业标准1项，国家级协会团体标准4项，地方标准2项；“福建省不锈钢产业创新中心”通过认定，获批福建省海洋经济发展专项资金“海洋牧场用含氮节镍高强度耐海水腐蚀奥氏体不锈钢新材料开发及产业化应用”科研项目；被评为“福建省优秀民营企业”，列福建省民营企业100强第2位、制造业民营企业50强第1位。

【产业链企业】 2021年，宁德市引进70余个中下游产业链项目集聚发展，建立涵盖“原料—冶炼—热轧—冷轧深加工—不锈钢制品”的产业集群。

福建宏旺实业有限公司 成立于2014年，由宏旺集团和青拓集团联合创建，占地面积约26.67公顷，主要生产200、300、400系列高端不锈钢板带，产品覆盖No.1、2B、2E，宽度涵盖1000~1550毫米。2021年，该公司位列福建省民营企业100强第47位，福建省制造业民营企业50强第23位，不锈钢冷轧卷板被评为省级制造业单项冠军产品。

福建甬金金属科技有限公司 成立于2014年，由浙江甬金集团和福建青拓集团联合创建，占地面积26.67公顷，主要生产300系列精密不锈钢带，形成年加工60万吨精密不锈钢带的生产规模。可生产厚度0.3~2.0毫米、宽度800~1250毫米，300系列2B高质量不锈钢钢板带，满足磨砂板、镜面板、深拉伸等用途，广泛应用于家用电器、餐饮厨具、医疗器械、化工设备、汽车配件、建筑装潢等领域。2021年，该公司位列福建省民营企业100强第47位，福建省制造业民营企业50强第23位，不锈钢冷轧卷板被评为省级制造业单项冠军产品。

（蔡文莉）

新能源汽车产业

【概况】 2021年，宁德市上汽集团生产车辆22.8万台（含KD件），实现产值215亿元。规模以上企业10家，增加值增长232%。新导入MG ONE等2款新车型，新增宁德钧达、扬州盛世等4家一级供应商。上汽集团宁德基地一期产能24万辆，主要布局车型为荣威、名爵等品牌的新能源和传统能源乘用车，是福建省设计产能最大的新能源乘用车生产项目，也是上汽集团的重点出口基地和新能源汽车生产基地。

【龙头企业】 2021年，新能源汽车产业的龙头企业为上海汽车集团股份有限公司乘用车福建分公司。成立于2018年，隶属于上海汽车集团股份有限公司乘用车分公司。该公司的项目是福建省设计产能最大的新能源乘用车生产项目，主要布局车型为荣威、名爵等品牌的新能源和传统能源乘用车，具备整车生产的冲压、焊接、涂装、总装等完整的四大工艺，尤其是主机厂车身车间、油漆车间设备自动化率超过99%。2021年，通过环境标志认证审核，实现“双班”满产能生产，累计生产车辆22.8万台（套）（含KD件），被评为全省先进基层党组织，庞宁军技能大师工作室获中华全国总工会颁发的“工人先锋号”称号。

【产业链企业】 2021年，宁德引进峰安道拓、振华等40余家一二级配套供应商企业和生产辅助商。

安吉智行物流（福建）有限公司 成立于2019年，位于蕉城区，负责上汽宁德基地主机厂内的零部件仓储、分拣、喂料上线等物流板块业务。2021年，该公司运用5G网络试水无人驾驶技术，构建更加高效物流体系。

（蔡文莉）

铜材料产业

【概况】 2021年，宁德市铜材料产业主要分布在宁德（漳湾）临港工业区、甘棠镇上塘产业园区及福安经济开发区，重点发展电子工业用铜材料、高精铜板带（管）、铜箔、铜棒材、铜线杆等深加工产品。规模以上企业2家，实现产值278亿元、增加值增长31.1%。

【龙头企业】 2021年，宁德市铜材料产业的龙头企业为中铜东南铜业有限公司。成立于2015年，是根据中国铝业集团有限公司与福建省人民政府签署的《铜冶炼基地项目合作协议书》，双方以60%和40%比例共同出资组建的合资公司。东南铜业宁德40万吨铜冶炼基地项目主要以进口铜精矿为原料，冶炼工艺采用世界上先进成熟、环保、具有规模优势的“富氧强化旋浮冶炼”技术，该项目取得投资省、占地少、速度快、质量好、环境优、安全稳6项同行业领先，2019年4月，东南铜业首批工业硫酸产品进入国际市场，实现中铝集团和福建省工业硫酸外贸出口零的突破。2021年，累计生产阴极铜41.5万吨，比上年增长17.27%；生产硫酸（折百）146.8万吨，比上年增长5.34%。“大型铜冶炼厂工艺关键技术研究与应用”项目获中国有色金属工业科学技术奖一等奖。

【产业链企业】 2021年，宁德市引进落地正威铜基材料、福浦铜铝加工、嘉元科技铜箔等一批产业链项目。

福安正威新材料有限公司 成立2019年，由正威东南（福建）控股有限公司、福安市中融产业投资有限公司、福安市城市建设投资集团有限公司共同组建的合资公司，项目一期10万吨精密铜线于2020年实现当年动工、当年投产。2021年，入选福建省工业龙头培育企业名单。

嘉元科技（宁德）有限公司 成立于2020年，位于福安市。2021年，开工建设1.5万吨高性能铜箔项目，规划占地8.7公顷，总投资约13.7亿元，达产后预计年产值15余亿元，税收6000余万元，增加就业岗位约550个。

（蔡文莉）

电机电器产业

【概况】 2021年，宁德市电机电器产业产值141亿元，规模以上企业211家，工业增加值下降16.4%，时代电机和亚南电机生产的新能源汽车电机亮相第十九届海创会。宁德市电机电器产业是福建省首批重点培育的产业集群之一，也是宁德首个百亿产业集群，主要分布在福安、东侨、福鼎等地。产品类型有中小型电机，重点发展中小型电机，发展延伸水泵、伺服电机、新能源汽车电机、稀土永磁电机、医疗保健器材、家用电器、化油器等关联产品。

【企业选介】 **安波电机集团** 总部位于东侨工业区，现有职工1360人，是集科研、生产、销售为一体的民营企业，是中国首家电机出口免验企业、中国三大铝壳电机制造商、国家高新

福安正威新材料有限公司产品展厅（摄于2021年7月）

（市工信局 供图）

技术企业、福建省第五届政府质量奖获奖企业，“ABLE”获中国驰名商标，先后通过质量管理、环境管理、职业健康安全管理、两化融合贯标管理等体系认证，通过欧盟CE/GS、美国UL、加拿大国家CSA以及高效节能产品认证，获国家授权专利50多项，负责起草行业及国家标准制定30余项。2021年被评为福建省工业龙头培育企业。

福建亚南电机有限公司 主要从事发电机、发电机组、智能电站、储能微电网、燃料电池、汽车/拖车电站等机电产品研发、生产和销售。拥有每年超过5万台套发电机、总功率3000兆瓦，2万台套发电机组、总功率2000兆瓦和5000台套燃料电池系统生产能力，产品远销120多个国家和地区。2021年，申请相关专利技术27件，授权专利技术22件，燃料电池发动机系统获省科学技术进步奖一等奖、厦门市科学技术进步奖一等奖，入选省工业龙头培育企业、省产教融合中心。

宁德时代电机科技有限公司 主要研发生产新能源汽车和船舶的驱动系统、轮边电机桥，轮毂电机、电控等产品，全面覆盖乘用车、微面、轻卡、城市公交、重卡、环卫车辆和电动船舶等领域。2021年，共申请相关专利技术14件，其中发明专利5件，研发的船舶动力系统已成功装船5艘，被评为省专精特新企业，通过国家高新技术企业和省科技“小巨人”通过复审。

福建荣耀健康科技股份有限公司 旗下拥有全资控股公司3家，是集研发、制造、营销、服务于一体，专注于健康产业的按摩器具、健康养生解决方案和品牌服务的科技型企业。主要从事家用豪华按摩椅、智能共享按摩椅等50多种系列产品的生产，年产能可达30万台按摩椅，是福建省最大的按摩器生产企业之一，是中国按摩保健器具出口十强企业，同时也是2021年福建省后备上市企业。2021年，开发出业内领先的3D、4D按摩机芯，全国首款健康检测、健康管理商用按摩椅，申请专利12项，获得授权专利8项，软件著作权2项，获“中国国际体育用品博览会创新推优入围企业”、按摩椅产品获“CMF设计奖（入围奖）”。

华益机电有限公司 前身为福鼎市华益机车部件厂，拥有5个现代化独立厂房，员工近1000人，开发的产品包括膜片式（MC、MZ、SMZ），浮子式（P、PZ）及双腔（SP）三大系列200多个品种的通用汽油机燃油供给系统，涉及链锯、修枝剪、割草机、草坪机、抽水机、发电机、喷雾机、吹雪机、舷外机等园林、农业领域。公司主营的“P”“Z”“M”三大系列在同行业中处于领先或先进地位。2021年，通用小型汽油机电喷系统获评省级制造业单项冠军产品。

（蔡文莉）

食品加工产业

【概况】 2021年，宁德市食品加工产业产值254亿元，规模以上工业企业306家，增加值下降20%，福建闽威实业股份有限公司海鲈鱼技术创新与产业化融合的模式经验被认定为省级质量标杆。食品加工产业是宁德市传统产业之一，长期以来依托得天独厚的资源优势，形成以水产品加工、茶叶加工和食用菌加工为主，粮油食品、果蔬食品、肉制品、酿酒、中药材、休闲食品、矿泉水饮料及特色农副产品（山茶油、蜂蜜、竹笋）等多种加工的食品产业体系。宁德是全国最大的大黄鱼人工养殖基地和茶叶种植基地，也是银耳、香菇、海带、紫菜、太子参的主产区，食用菌产量、品牌全国最多，茶叶产量居全国产茶地（市）前列。

【企业选介】 **福建品品香茶业有限公司** 成立于2004年2月，是一家集茶叶种植、加工、销售、科研、出口及白茶文化推广于一体的农业产业化国家级重点龙头企业，是全国茶叶标准化技术委员会委员单位及白茶国际标准、国家标准制定单位。主营“品品香”和“晒白金”系列白茶产品、“香朵朵”茉莉花茶。“品品香”荣获中国驰名商标，“品品香”牌福鼎白茶获得中国名牌农产品、百年世博中国名茶金骆驼奖、福建名牌农产品、福建省品牌农业企业金奖等荣誉，白茶市场占有率占全国10.9%。2021年，被评为省级工业旅游试点企业。

福建岳海水产食品有限公司 是一家集水产育苗、养殖、加工、冷藏、销售、物流、自营进出口业务于一体的综合型有限责任公司，现有员工430余人，主要生产经营的产品有大黄鱼系列、鱿鱼系列、干货系列、即食系列、鲍鱼系列、其他鱼类系列及礼盒系列。2018年被认定为“农业产业化国家重点龙头企业”。2021年，获省创新型民营企业100强，海峡渔业博览会金奖产品、企业等荣誉。

安发（福建）生物科技有限公司 注册于2005年，目前在原有直销、新饮料及生态农业的基础上，全面拓展生物与医药（安发本草医药工程）、保健品、新零售、新饮料、生态农业五大方面。公司是国家火炬重点高新技术企业、国家知识产权优势企业、国家林业重点龙头企业，2017年获得商务部颁发直销经营许可证，公司与新西兰皇家科学院、新西兰梅西大学、新西兰天然药物研究所、浙江大学、同济大学、福建农林大学、宁德师范学院等国内外知名高校和科研机构强强合作、协同创新。2021年，荣获福建省专利奖三等奖、福建省农业产业化省级重点龙头企业、省农业产业“百千”增产增效行动“十佳”企业。

福建惠泽龙酒业股份有限公司 一家集红曲黄酒研发、生产、销售和技艺传承、保护于一体的股份制公司，是福建省红曲酒商会会长单位、福建省酒业协会常务副会长单位，“惠泽龙及图”商标被评为“中国驰名商标”。设有会溪厂区和玉洋酿造基地两处生产基地，年产能1万吨，代理商200余家，形成以宁德、福州为中心，覆盖福建全省，连接上海、北京、浙江、江苏、广东、安徽、江西、山东、辽宁等地的销售网络。2021年，经公司申报，红曲黄酒酿造技艺入选第五批国家级非物质文化遗产代表性项目名录；被评为“福建省农业产业化省级重点龙头企业”“宁德市工业旅游示范基地”。

福建省闽鹰食品有限公司 位于古田县城东食用菌加工基地内，是以干香菇、黑木耳、白木耳等食用菌及其农副产品的生产加工贸易为一体的外销型企业，封闭式标准化车间2300余平方米，冷库1300余平方米，拥有进口的切丝生产流水线、静电选别机、风力选别机等先进的生产设备，产品以干切丝和精深加工为主，主要出口泰国等东南亚国家。2021年产量441.4吨。

福建三都澳食品有限公司 成立于2007年，是农业产业化国家重点龙头企业、省工业龙头企业、省海洋十佳龙头企业，与关联企业已形成集科研、育苗、养殖、加工、内外销、冷链仓储物流、电商配送为一体的现代水产品加工产业链，拥有“威尔斯及图”“二都及图”中国驰名商标。2021年，公司完成白基湾海域海上渔排“风光储充用”试点工作。

（蔡文莉）

合成革产业

【概况】 2021年，宁德市合成革产业产值78亿元，规模以上企业46家，工业增加值下降27.8%。合成革产业主要分布在福鼎和霞浦，以PU革生产为主，产品有湿式PU、干式PU、压延革、超细纤维和干法PVC合成革等系列数千个品种，广泛应用于制鞋、服装、箱包、家具、体育用品、汽车装饰、国防军工、航空航天等领域。销售以国内市场为主，主要销往广东、浙江、江苏等地区。被评为“中国合成革名城”“中国合成革产业示范基地”“中国生态合成革产业园”。

【企业选介】 **福建邦德合成革集团有限公司** 成立于2007年，位于霞浦县，占地27.33公顷，是一家集合成革、聚氨酯、化工原料等研发、生产、销售于一体的有限责任公司，拥有国内先进的干、湿法生产流水线12条，20余套（台）后处理深加工设备，具有国际先进水平的超纤合成革配套PU树脂、PET、AB料生产流水线3条（套），2个达到国际先进水平的企业技术中心（研发实验室），生产的中高档合成革、聚氨酯及化工原料广泛应用于服装、鞋类、家具及体育用品。2021年，该公司入选省工业龙头培育企业名单，被评为宁德市企业技术中心。

福建华夏合成革有限公司 成立于2005年，位于福鼎市龙安工业区，占地面积4.67公顷，总投资1.2亿元，是一家以创新研发为导向的制造型企业。拥有一条国内领先的水性合成革生产线及其配套加工设备，另有油性湿法生产线3条、干法生产线3条、三版印刷、磨皮、压纹、揉纹等配套的后加工设备，合成革年产能2000万米以上。2021年，该公司被工信部评为绿色工厂，水性再生合成革产品被评为绿色设计产品。

（蔡文莉）

冶金特钢产业

【概况】 2021年，宁德市冶金特钢产业是重点特色产业之一，主要分布在福安、福鼎、周宁和寿宁，主要产品有车用板钢、中厚宽板、优质型钢、螺纹钢、模具钢、轴承钢、氧化锆、泵阀铸件、不锈钢阀门铸件、特种重型模锻钢铸锻件、矿山机械铸钢件、氧化锆、稀土永磁材料等。全市冶金特钢产业产值161亿元，规模以上企业59家，增加值增长9.1%，三祥纳米氧化锆及非晶合金、鼎盛精品钢等项目建成投产。

【企业选介】 **三祥新材股份有限公司** 全球氧化锆产能最大企业，厂区位于寿宁三祥新材际头仔工业园和南阳科技园，占地28.67公顷，有4家全资子公司（包括1座自备水力发电站）、4家控股子公司、4家参股子公司、2家分公司以及11个驻外办事机构，设有CNAS国家认可实验室、博士后科研工作站、省级企业技术中心、省级氧化锆材料重点实验室和省级锆材料工程研究中心。主要涉及氧化锆、纳米氧化锆、金属锆、氧氯化锆、铸改新材料、单晶电熔铝、锆基非晶合金（液态金属）、镁铝合金等品种。2021年，参编国际标准1项、国家标准4项，新增授权发明专利5项，实用新型专利4项，登上工信部第三批专精特新“小巨人”榜单和“省战略性新兴产业企业100强”。

福建鼎盛钢铁有限公司 由河南亚新钢铁集团有限公司投资兴建，占地面积100公顷，总投资68亿元建设年产172.5万吨精品钢工程项目。2021年8月，建成2座115吨量子电炉短流程炼钢生产工艺及配套ESP无头带钢薄板热轧机组生产线，主要生产各种汽车用热轧炉卷板、中宽厚板、各种优质型钢等产品。9月开始试生产，截至年底共生产热轧薄板、中板、型钢等各类钢材36.97万吨。

（蔡文莉）

生物医药产业

【概况】 2021年，宁德市生物医药产业是重点特色产业之一，主要布局在柘荣、古田、东侨等地，主要产品涵盖冻干粉针剂、片剂、中药饮片、中成药、兽药、保健食品、防护物资等系列数百种产品，并有上下游原料药、药用明胶、药包材等配套产品，产学研衔接有效，传统医药与现代生物技术、新医药协同发展的生物医药工业体系。全市生物医药产业产值15亿元，规模以上企业11家，增加值增长11.7%，出台《宁德市促进生物与新医药产业发展六条措施》，柘荣生物医药入选全省战略性新兴产业集群发展工程，广生堂药业获批新药品种8个。

【企业选介】 **福建广生堂药业股份有限公司** 成立于2001年，是专注于肝病及抗病毒、抗感染治疗药物领域的国家重点高新技术企业，也是拥有五大抗乙肝病毒临床用药的企业。下设多个子业务单元，畅销品种十几款，涵盖肝病、男科、心血管、中成药等领域，于2015年4月在深圳证券交易所成功上市。2021年，泰甘定丙酚替诺福韦片TAF上市，新4

类仿制药，视同通过一致性评价，质等原研；以劲哥（西地那非片）为代表的男科类产品线当年上市。截至年底，已在肝脏药物领域获得54项中国专利。

福建省闽东力捷迅药业有限公司为海西最大的冻干制剂生产基地，拥有福建省省级企业技术中心、福建省冻干粉针剂企业工程技术研究中心、福建省太子参资源开发利用企业重点实验室、福建省高端药物制剂山海协作创新中心等4个省级平台，有无菌冻干粉针、无菌粉针、口服固体、合剂、原料等10条生产线。特色产品有全国独家产品复方太子参颗粒、复方太子参口服液、增液口服液，产品注射用苯巴比妥钠独占鳌头，国家创新项目新药卢帕替芬已获美国、日本、欧洲、中国发明专利授权。2021年，该公司主导的“长效缓释微球注射用醋酸亮丙瑞林微球研究”项目列入省科技重大专项（揭榜挂帅Ⅱ类榜单）专题项目计划。

（蔡文莉）

电力工业

【概况】 2021年，宁德市全社会用电量254.14亿千瓦时，居全省第五位，比上年增长21.77%，增速居全省第一位；用电最大负荷407.1万千瓦，增长20.27%。第一产业、第二产业、第三产业和居民生活用电分别26.57%、25.14%、21.26%和6.53%。其中工业用电188.49亿千瓦时，比上年增长25.31%。主要是得力于锂电新能源、不锈钢新材料、铜冶炼、新能源汽车等四大主导产业快速复苏拉动电量增长。宁德全口径投资12.07亿元、固定资产投资完成11.26亿元。

【电网建设】 2021年，宁德市国网宁德供电公司主配网建设协调发展，数字新基建“快马加鞭”，传统电网向能源互联网升级，确定建设宁德市环三都澳新型电力系统的目标。完成“十四五”电网发展规划。推进“非电网基建”投资项目备案管理。前期时序节点100%完成。与市林业局、市高速公路建立合作关系，分别缩短林业、跨高速审批时限30天、15天。35千伏及以上项目开工17项、投产41项，其中29%提前开工、44%提前投产，超额完成年度任务。配网应竣工项目竣工率、结算率、关闭率分别为100%、100%、100%，关闭率比上年增长0.8个百分点，竣工项目平均关闭时间缩短5天。省公司督办的超长工期项目100%清理。构建全省首家基础资源产业联盟，全区建成5个“供电+”共享营业厅，做法入选省发展和改革委优化营商环境典型案例。研发乡村振兴电力指数2.0、食用菌产业链分析、小区住宅空置率等6款数据产品，被市委、市政府领导批示，收到感谢信19封。市县联动落地电力+签署环保合同38份，营收86.16万元，实现全市覆盖。10座110千伏及以上变电站全顺控100%上线。新一代智能调控系统Ies700上线运行，主网两个全流程单轨运行，西洋岛微电网实现并离网运行模式切换。试点无人机建模和自主巡检变电站3座。完成漳湾变电站物联网迭代。

【供电服务保障】 2021年，宁德市国网宁德供电公司优化营商环境，落实《国家电网有限公司关于印发打造国际领先电力营商环境三年工作方案的通知》，完善业扩联合服务中心，推行“业扩+能效”服务，将市场拓展、业扩报装、智能用电、增值服务等业务融合，组建一专多能的政企客户经理服务团队。建立业扩管控日跟踪、周协调、月通报工作机制，加强办电业务时长和工作规范监控，高压送电平均时长25.2天，低压送电平均时长4.2天。推广用电项目整体租赁服务，完成箱变租赁65台。推进“先导式”办电，将政府工程建设平台信息系统网络部署至公司，客户经理通过平台主动了解用户需求，开展先导式服务422户。推动政府发文，再次压降破路审批流程时间，由公司牵头会同城管局、自然资源局等相关政府部门编制破路审批典型模板，破路审批时间由8个工作日压降至5个工作日以内，出台《宁德市城市管理局关于印发〈新建电气工程建设项目小型管线接入工程备案方案〉的通知》，实现200米以内小型电力管线工程审批制改为备案制。贯通地方政务平台与供电信息系统，实现过户、新装等客户信息实时推送，客户办电免上门、免提资，全年累计为6000名客户办理联合过户。推动市工信出台《宁德电网供电可靠性管制计划》。提升优质服务水平，建成三级服务协同网络。建立市—县（部门）—网格（供电所）快速服务响应体系，密切关注区域诉求热点等服务关键点，通过工单驱动、数据分析、及时预警、有效闭环将问题处置在萌芽阶段。推行网格化服务。以寿宁城区、下党片区供电所为试点，同步在全市推行，组建网格712个。强化投诉管控，百万客户投诉按照国网各网省排名第八位。加大线上办电业务推广，拓展“网上国网”应用，推广个性化服务。探索“新零售”业务，与绿源厂商、哈啰公司合作试点换电二轮电动车“新零售”业务，销

表14 2021年宁德市全社会用电量一览表

		蕉城	福安	福鼎	古田	周宁	霞浦	屏南	柘荣	寿宁	合计
全社会用电量	本年累计值（亿千瓦时）	68.56	103.9	30.23	11.03	4.59	16.78	4.24	7.14	7.67	254.14
	年度增长率	27.57%	14.01%	38.09%	18.43%	18.40%	25.74%	1.99%	36.43%	36.43%	21.77%
累计用电量占比		26.98%	40.88%	11.90%	4.34%	1.81%	6.60%	1.67%	2.81%	3.02%	100%

（资料来源：国网宁德供电公司）

售二轮电动车15辆。推广电e金服，电e票贴现金额4.62亿元，电e贷金额2220万元，电e盈金额365万元。推进HPLC改造，改造7个老旧小区、50万只HPLC智能电表。加强供电所管理，强化全能型星级供电所创建，下党片区供电所被评为国网五星级供电所。

（林华娟）

建筑业

【概况】 2021年，宁德市建筑业完成总产值225.64亿元，比上年增长4.1%，其中省外完成产值48.78亿元，增长3.9%。签订的合同额371.16亿元，比上年增长8.5%，其中新签订合同额239.83亿元，增长13.6%；房屋建筑施工面积857.02万平方米，比上年增长2.4%，其中新开工面积211.69万平方米，增长1%。截至年末，全市有建筑业企业1217家，其中施工总承包企业828家（一级18家、二级60家、三级750家），专业承包企业181家，施工劳务企业208家。形成以施工总承包企业为主体、专业承包企业为配套、劳务分包企业为补充的承包体系。

【服务行业发展】 2021年，宁德市住房和城乡建设局推动“九条意见”相关政策落地落实，蕉城、东侨等部分县（市、区）按照文件精神，出台本辖区扶持建筑业发展政策措施，并积极兑现，如：蕉城、东侨全年共兑现建筑业企业资质晋升、税收等奖励44家1685万元。帮助建等建筑业企业解决企业升级存在的业绩不足等问题，配合住建部开展升级企业业绩核查，宁德市日昌（福建）集团有限公司等7家建筑业企业晋升一级总承包资质；印发《关于开展宁德市2020—2021年度建筑业龙头骨干企业30强评选工作的通知》，开展龙头骨干企业评选工作。

【装配式建筑推广】 2021年，宁德市住房和城乡建设局推广运用装配式建造方式，组织专家对市人民警察训练基地、周宁客运中心站等7个装配式建筑试点项目开展装配式建筑设计阶段认定，指导服务项目实施。

【建筑业市场规范】 2021年，宁德市推进扫黑除恶常态化，对7个项目（福安3个、霞浦1个、周宁1个、柘荣2个）参与串通投标的企业和1个项目（霞浦）骗取中标予以行政处罚，并对12家企业实行差异化监管；对197家次建筑施工企业予以信用扣分，查处违法转包、分包、挂靠行为，移送城管部门违法转包、分包案件13起。

【欠款整治】 2021年，宁德市迎接国务院保障农民工工资支付工作考核。开展欠薪欠款“点题整治”专项行动，印发《宁德市房屋建筑和市政基础设施工程领域在建项目拖欠工程款及农民工工资问题专项整治工作方案》，为4家施工企业追讨工程款5049.87万元，督促61个项目补办工程款支付担保，实施一批施工过程结算试点项目。

【建筑企业选介】 福建省九建建筑工程有限公司成立于1951年11月，2008年前，福建省九建建筑工程有限公司上级主管单位为宁德市建委，2008年—2013年7月划归宁德市人民政府国有资产监督管理委员会主管，2013年7月，并入宁德市城建集团有限公司，成为城建集团旗下一家全资子公司，是市属唯一一家国有壹级施工企业。拥有房建施工总承包一级资质，消防、建筑装修装饰、地基与基础、机电设备安装四项专业承包一级资质；市政总承包二级资质，钢结构、建筑幕墙工程设计与施工两项专业承包二级资质；公路工程施工总承包、水利水电工程施工总承包三级资质；公路路面工程、公路路基工程专业承包三级资质；具有省级政府投资项目代建资格。2014年5月29日被市政府列为宁德市建筑龙头企业。2017年2月13日被省住建厅、省发展和改革委列为全省房屋建筑和市政基础设施工程的工程总承包试点企业。在市城建集团的支持下，公司被列为发展绿色建筑住宅产业化的转型升级企业。2021年，公司实现产值约13.36亿元，缴纳税金约2500万元。

德京集团有限公司 成立于2008年，注册地宁德市东侨经济技术开发区，致力于陆上输变电工程施工、海上风电场电力工程施工、地铁及高速公路机电安装工程施工、电力试验检测、新型智能电力系统建设，集电力勘察与设计、新能源投资，开发与售电等业务经营。具有承装（修、试）电力设施许可证一级，电力工程施工总承包、机电工程施工总承包、输变电工程施工专业承包一级，建筑机电安装、建筑装修装饰工程专业承包一级，市政公用、建筑工程、港口与航道工程施工总承包，海洋石油、电子与智能化、消防设施、港口与海岸、地基基础、钢结构工程专业承包，照明工程、电力行业（送、变电工程）专业设计，工程勘察与电力检验检测

表15　2021年宁德市各县（市、区）建筑业总产值完成情况表

各县（市、区）	蕉城（含东侨）	福安	福鼎	霞浦	古田	屏南	寿宁	周宁	柘荣
绝对值（万元）	1323331	218956	328977	90071	62739	79255	87512	29845	35701
增长率	10.7%	6.1%	−9.3%	4.3%	−7.0%	10.1%	−29.9%	20.7%	27.2%

（资料来源：市住建局）

（CMA）等资质，拥有一级建造师17人，二级建造师8人，注册电气工程师、注册结构工程师各1人，造价工程师3人，中高级职称38人，技工工人69人，三类人员60人，特种作业人员154人。2021年，围绕能源安全保供、绿色低碳转型、能源领域碳达峰碳中和等高质量发展目标，参与新型能源体系建设及推进新型电力系统建设，实现产值12亿元，纳税额2689万元。

日昌（福建）集团有限公司　成立于2005年，前身为福建省日昌水利电力工程有限公司，2012年05月经宁德市市场监督管理局批准成立集团公司，注册资金1.32亿元，公司主营建筑施工、工程设计、建筑材料销售等。具有建筑工程施工总承包壹级、市政公用工程施工总承包贰级、水利工程施工总承包贰级、电力工程施工总承包贰级、石油化工工程施工总承包贰级、公路工程施工总承包叁级、港口与航道工程施工总承包叁级、机电工程施工总承包叁级、钢结构工程专业承包壹级、电子与智能化工程专业承包壹级、消防设施工程专业承包壹级、建筑装修装饰工程专业承包壹级、建筑机电安装工程专业承包壹级、城市及道路照明工程专业承包壹级、建筑幕墙工程专业承包贰级、环保工程专业承包贰级、古建筑工程专业承包叁级、输变电工程专业承包叁级、施工劳务资质、承装（修、试）电力设施许可叁级等施工资质，具备建筑行业、电力行业、建筑幕墙工程、建筑装饰工程、轻型钢结构工程等设计资质。2021年，公司在职员工总数230人。专业技术人员196人，占员工总数比例85%，其中建造师60人、高级工程师10人、工程师52人。有配套齐全的土石方施工机械、基础处理施工机械、运输机械、吊装设备、测量仪器、试验仪器、钻探灌浆机械、金属结构制作、组立杆塔设备、导线牵引设备等1000余台。经营方向从单一门类，向多门类综合健康有序发展，截至2021年底产值10亿元。其中在电力工程方面，从事110千伏以下电压等级电力设施的安装、维修或者试验活动业绩数项。每年承接全市1/3的电力施工量。建设工程涉及全国多个省份和地区，工程质量合格率100%。连续获市场监督管理局颁发“守合同重信用企业”证书；中国水利工程协会颁发施工类企业信用等级AAA级证书；水利质量月活动先进单位；水利安全标准化二级；房建、市政安全标准化三级；获福建能源监管办“先进单位”表彰；以及抢险救灾方面的多项表彰。2021年，实现产值10.13亿元，纳税额2016万元。

福建冠云鑫建设工程有限公司　成立于2012年7月，注册资本4000万，具备建筑工程施工总承包一级、建筑装修装饰工程专业承包二级、水利水电工程施工总承包三级、电力工程施工总承包三级、市政公用工程施工总承包三级、地基基础工程专业承包三级、钢结构工程专业承包三级、建筑机电安装工程专业承包三级资质。2021年，有职工200余人，各类专业技术人员156人，其中具有高级技术职称4人、中级技术职称38人、一级注册建造师10人、一级注册造价师2人、二级注册建造师18人。自有配套齐全的各类施工机械设备100余台。承建的宁德新能源项目主体工程—公租房3号、4号楼获2015年度“闽东杯”奖（市优质工程）、屏南新能源产业化项目获得2019年度“福建省建筑施工安全生产标准化优良项目”及2019年度宁德市优质工程。2021年，公司产值8.5亿元。

福建中闽大秦工程管理有限公司　成立于2018年，注册地宁德市东侨经济技术开发区，隶属万和集团服务于宁德时代的一家一级建筑施工企业。拥有建筑工程施工总承包一级资质及消防、机电安装、装修专业分包一级资质；市政公用工程、机电工程施工总承包三级及环保工程、地基基础、钢结构工程等专业承包三级资质，具有硕士、学士高级或中级技术职称的技术人才300余人，其中一级建造师9人、二级建造师2人、工程师24人、三类人员69人、技术工人100人、现场管理人员90人、特种作业人员14人。因业务需求先后成立福建中闽大秦工程管理有限公司溧阳、宜宾、宜昌、济宁、洛阳、宜春等6家分公司。2021年，实现产值8.32亿元。

（张敏瑛）

商贸服务业

商贸流通

【概况】 2021年，宁德市社会消费品零售总额880.2亿元，比上年增长6.6%，增幅居全省九市一区第八位。举办“八闽美食嘉年华”、闽菜宣传推广活动，支持餐饮、美容美发、家政等服务行业发展，举办家政服务等职业技能竞赛，提升服务水平。引导支持电商发展，加强电商人才培养，举办电商培训，开展促内销直播活动。

【促消费活动】 2021年，宁德市推进“全闽乐购”宁德促消费行动，举办春节地产水产品促消费、“全闽乐购 汽车下乡”等系列促消费活动，先后投放“0593宁德号”商品专享乐购券、通用汽车乐购券等各类消费券，促进消费回暖回补。

【流通市场建设】 2021年，宁德市推进农产品交易市场建设，支持农贸市场改造提升6个，支持冷链物流设施设备改造项目3个。推动商圈、特色街区建设，支持打造10个精品夜市街区。建立市级“菜篮子”示范基地20个，省、市级城市副食品调控基地46个，加强主要生活必需品的市场调控和储备管理，提升“菜篮子”供应水平。

【连锁经营】 截至2021年底，宁德市有大中型连锁超市30家。其中，永辉超市9家，沃尔玛超市3家，新华都超市1家，大润发超市1家；另有本地连锁超市品牌，包括福永兴、东方康宁、家佳乐、华宁超市等；引进多家连锁便利店品牌，包括见福、美宜佳、万嘉、六意等。

【批发零售业】 2021年，宁德市批发业实现销售额1219.61亿元，比上年增长29.9%，总量首次突破千亿元，占四大行业销售额（营业额）的57.4%。截至年底，宁德市限额以上批发业企业213家，占限额以上贸易企业的32.7%，其中年销售额亿元以上的企业67家。零售业实现销售额773.10亿元，比上年增长17.0%。网络零售限额以上单位实现网上零售额18.87亿元，占限额以上零售额比重15.0%，年均增长35.3%，增速高于同期社会消费品零售总额增速26.4个百分点。汽车消费增长，汽车类商品零售额实现20.20亿元，年均增长6.4%；汽车销售数量6.17万辆，年均增长20.5%。食品类消费结构优化。粮油、食品类商品零售额年均增长22.8%。其中，干鲜果品类、蔬菜类、水产品类商品零售额年均增速分别为23.5%、24.6%、35.1%。蔬菜类、水产品类零售额占粮油食品类零售额比重分别为27.3%、16.8%，传统粮油类零售额所占比重下降21.2个百分点，居民饮食消费结构优化，绿色智能商品热销。新能源汽车、能效等级1级和2级的家电、智能家用电器和音像器材、智能手机、可穿戴智能设备类商品共实现零售额8.34亿元，占限额以上零售额的6.6%，年均保持30%以上增长。改善型消费提质升温。文化办公用品类商品零售额年均增长12.3%；金银珠宝类、化妆品类商品零售额年均增长25.3%、20.1%；体育娱乐用品类年均增长40.6%。城乡山海协调发展。农村市场消费潜力释放，城乡消费差距缩小。城镇限额以上单位实现零售额121.25亿元，乡村地区限额以上单位实现零售额4.27亿元，年均增长7.5%和19.4%，乡村地区增速高于城镇11.9个百分点。

【物资集团公司】 2021年，宁德市物资集团融进宁德市交投集团发展规划，挖掘潜力，提升业态布局，摆脱困境，加强内控管理，推动企业发展。在职人员61人，总资产1.63亿元，净资产0.69亿元，资产负债率57.85%。存在问题：历史遗留问题多、包袱重，现有的经营项目资质不符合发展要求，经营效益不佳，企业创新能力不足，专业经营、投资人才缺乏。二手车交易服务 2021年，宁德市物资集团跟进外联工作，寻找洽谈项目，培育新的经济增长点。7月，宁德市物资集团引入机动车车牌制牌点，实现新车注册登记、二手车辆查验、二手车转移过户、发牌等“一站式”服务，为车主就地就近办理业务打通最后一环。通过提升车辆检测能力，设立掌上PDA系统，缩短查验车时间，提供错峰延时服务，延伸服务链等多项便民举措实现车辆受理业务盘活存量、拉动增量，提升二手车交易市场知名度和增加场馆市场出租率。全年受理机动车9548辆，营业收入104.44万元。

民爆物品供应市场 2021年，宁德市物资集团民爆物品供应业务在新冠病毒疫情与为省外生产企业的低价倾销的双重影响下，销量减少，市场占有率萎缩。宁德市物资集团调整战略，对接省市各级主管机关，联系省内外爆破公司，对浙江省民爆物品市场销售展开倾销反击，取得成效。逐步收回蕉城区域市场，销量提升。本着“控制数量、逐渐集中、有效辐射”的原则，布局民爆项目，严控危险源总数量，对现有民爆物品储存仓库进行整合。为响应本地区民爆行业压点减员、优化产品结构和产能布局的要求，与海峡科化福安分公司共同达成战略合作框架协议，利用福建海峡科化福安分公司506号储存库（70吨），在福安设立联盛民爆公司中心库，辐射福安、柘荣、霞浦、屏南、蕉城、周宁县等区域，促进宁德市民用爆炸物品的生产、销售、配送和爆破一体化经营服务发展。全年民爆物品销售金额3587万元。

回收拆解业务 2021年，宁德市物资集团再生回收拆解业务处于无场地经营状态，多次向有关部门申请物资再生利用回收拆解处置中心项目土地选址，拟选址市循环产业园。采取挖掘潜在业务、寻求合作伙伴、加强对现有网点管理等方式增加再生物资回收业务，提高经营收入。全年回收报废机动车3056辆，两轮摩托车1286辆，营业收入139.75万元。

东兰综合交易中心管理 2021年，宁德市东兰综合交易中心占地15.46公顷，划分专项批发市场、仓储物流区。由宁德市交通投资集团委托宁德市物资集团代管。根据省“百日攻坚”第四督导组及宁德市政府关于东兰综合交易中心100亩地块整治督办要求，在完成东兰综合交易中心132亩地块建筑物整治的基础上，对剩余100亩租期已到期地块进行搬迁拆除。历时70天，搬迁商户90户，拆除安全隐患建筑物14栋，完成市政府下达的督办任务。按照上级领导提出的“统一规划，分步实施”的原则，在拆除过程中同步筹划项目提升工作，以市场需求为导向，通过开展市场调查、意向商户预招商等方式，提高项目设计的实用性、合理性、效益性。

低效无效资产清理 2021年，宁德市物资集团成立专项工作小组开展福建省宁德市金属材料总公司、福建省宁德市机电设备公司、福建省宁德市建筑材料公司、福建省宁德市化工建材公司、宁德地区物资开发贸易公司、宁德地区物资服务公司6家“低效无效资产企业”处置工作，推进全民所有制企业公司制改革。聘请会计师事务所进驻对6家企业的历史遗留问题、人员情况、资产情况进行前期摸底排查，进行清算清退处置注销的会计审计和企业所得税清算审计工作。

（许凤玉　林枝本）

电子商务

【概况】 2021年，宁德市网络零售额累计约268.2亿元，位居全省第五位，比上年下降14.1%。其中，农产品网络零售额约24.2亿元，比上年下降15.3%；直播12.7万场，比上年增长146.9%；吸引消费者观看13.51亿人次，增长1444.6%；参与直播的商品实现网络零售额32.2亿元，位居全省第四。

【电商平台建设】 2021年，宁德市推动本地电商平台建设，促进本地农产品出村进城。建有“山海交响商城”“滴水购扶贫电商平台”2个市级电商平台，以及古田县“民富商城”、寿宁县“一集供应”、霞浦县“霞浦特产网”等县级平台，年度网上零售额在数百万元至亿元之间。

【农村电商】 2021年，根据“商务万象”系统监测，宁德市农产品累计网络零售额约24.2亿元，占全市累计网零额约9.02%；全市建成8家电商园区（包含产业园、公共服务中心等）、8个电商直播基地，完成建设县乡级电商服务中心或站点57个，村级电商服务站点376个，建制村电子商务服务覆盖率100%；开展电商培训22期45场电商培训，受训7649人次，内容涉及短视频直播网商普及性培训、直播技能提升、新媒体电商创新创业、跨境电商等各方面。

【电商人才培养】 2021年，宁德市引导支持电商发展，会同市委人才办制订出台《加强直播电商人才培养八条措施》，从专业建设、网红孵化等8个方面加强网红孵化、人才引进与培育，全市开展电商培训22期45场，受训7600余人次。

【电商直播】 2021年，宁德市组织开展“云上跨年购·拜年送百福”“0593宁德号”商品2021直播年货节活动、支持台商投资企业促内销直播日、“找寻最美晓阳”网红打卡活动、古田县首届乡村主播带货直播大赛、屏南罗纱洋金秋菌菇节直播活动、寿宁县第六届寿橙丰收节暨助农直播电商直播带货大赛等活动，累计带货本地产品超过400万元，促进供需“双升级”。

（李灵婧）

物流业

【乡村物流服务】 2021年，宁德市发展农村运输服务新模式，建成6个客货邮融合站，开通12条客货邮合作线路，新增村级物流节点237个，全市县、乡、村三级物流节点覆盖率100%、100%、88.9%。福安市松罗综合运输服务站作为宁德打造农村客货邮融合发展的样板之一，占地面积2000平方米，通过对松罗旧客运站的改扩建，整合邮政快递、供销、商务等农村资源，通过电商和冷链物流渠道销售葡萄、茶叶、花生等农特产品，畅通农村物流，促进乡村振兴农业增效和农民增收。

【道路货运】 2021年，宁德市依托《宁德市进一步促进公路水路货物运输业发展若干措施》等，完善物流政策扶持体系，提高全市货运车辆的保有量，加快运输装备升级。全市道路货物运输业户3222家（其中危货运输企业34家），货车9109辆（含挂车），共13.25万吨，规模以上道路货物运输企业7家。福建四赢物流有限公司是宁德市货运龙头企业代表，将总部由上海回迁至宁德，承接宁德时代（CATL）运输业务，成为宁德市第一家被列为福建省物流业制造业示范企业培育对象。

【物流园区建设】 2021年，宁德市建成宁德新能源汽车配套供应链集散中心、宁德市水陆联运中心项目一期等一批物流园区，宁德国际物流中心工程，推进漳湾临港公路南侧物流仓储项目二期等项目，发展以港口仓储、保税物流、集装箱运输、商务贸易等为主的港口物流，对完善我市物流格局，助推产业转型升级，优化营商环境，培育开放型经济新格局，增强国际竞争力具有重要意义。

【水陆联运中心项目】 2021年，宁德市水陆联运中心项目为省、市重点项目，项目总投资约6.5亿元，总用地面积16.99公顷，主要建设集散物流仓储区、物流综合服务区和物流配套服务区，设计物流货运量300万吨/年。该项目作为漳湾临港工业区多式联运枢纽集散基地的重要组成部分，打造成为区域高标物流园，以漳湾公共泊位、铁路货场为联接点，以点带面，逐步延伸至整个临港工业区和铁路沿线内陆地区，构建“西进东出”的物流大通道和临港工业配套服务基地，增强城市综合承载力和辐射带动力。

【冷链物流】 2021年，宁德市推动商贸业改造冷链物流项目，支持建设改造冷库设施、批发市场建设低温物流专区和零售企业建设终端低温设施。完成项目改造建设2个。

【运力赋能转型】 2021年，宁德市组织编制物流专项规划。年度计划实施的13个交通运输现代服务业项目，签约3个、开工9个、投产1个。智慧电商物流园等项目招商谈判取得阶段性成果。新增货车1095辆。淘汰内河老旧船舶56艘。船舶运力规模首破20万载重吨，带动航运市场。推进“多式联运”一单制改革。好运神海联运物流等4家网络货运平台实现营收6.42亿元，比上年增长29%。宁德—厦门、宁德—江阴集装箱直航定班支线开通，漳湾作业区口岸实现内外贸同船运输，上汽宁德基地实现整车海铁联运一站式出口。

（阮佳佳　李灵婧）

供销合作

【概况】 2021年，宁德市供销合作社系统实现商品销售总额156.99亿元，比上年增长21.12%，其中，消费品零售额72.6亿元，增长17.28%；电商销售额25.87亿元，增长59.31%。实现全市系统商品购进总额140.65亿元，其中农产品购进额60.28亿元。全资及控股企业实现利润491.52万元，比上年增长984.51%。

【供销社参与乡村振兴】 2021年，宁德市供销合作社系统制定全市系统“十四五”发展规划，参与市委、市政府实施乡村振兴战略十大行动重点任务，推进乡村电子商务、物流配送体系建设和乡村人居环境整治试点建设，落实“832”平台农副产品销售政策等各项工作。制定《宁德市供销社乡镇惠农综合服务中心建设实施方案》，确定霞浦县牙城、福鼎市磻溪、福安市上白石和蕉城区赤溪等4个乡镇供销合作社作为省、市乡镇惠农综合服务中心试点建设，年内建成投入使用。与宁德邮政分公司建立战略合作，共同参与建设乡村惠农综合服务中心，在乡村快递物流、市场建设和金融服务等方面建立合作平台，提升为农服务内容和水平。

【农资供应服务】 2021年，宁德市供销社系统销售化肥28.75万吨、农药3751吨、农膜1048吨，新建新型庄稼医院8家，组织在福鼎、霞浦和寿宁举办农资科技下乡服务活动3场。

【基层社建设】 2021年，宁德市供销社系统推进基层社提升改造，改造提升薄弱基层社8个，发展农民专业合作社26家，新增参股农民合作社35家，新建农村综合服务社23个，增强供销社基层基础。制定并出台《宁德市供销合作社联合社入社管理办法》，做大做强供销合作经济组织。

2021年8月12日，古田县供销社惠民服务中心开业　　（市供销社　供图）

【项目建设】　2021年，宁德市供销社系统利用省、市“保供促销”和“新网工程”“惠农工程”项目扶持政策，突出冷链物流设施和乡村物流网络等项目开发建设，增强经济发展后劲，实施省、市“保供促销”和“新网工程”“惠农工程”建设项目18个，落实扶持资金292万元，开发储备项目20个。先后参与宁德市兰侨农贸市场、宁德市海产品物流交易集散中心、宁德供销农产品展示展销中心、蕉城区赤溪中心农贸市场和古田县供销社惠民服务中心等一批项目的合作开发建设。

（王小丽）

粮油物资储备

【概况】　2021年，宁德市有地方粮油储备，应急供应网点投放大米、面粉、食用植物油；应急加工企业加工大米。新增粮食应急供应网点8家、应急加工企业1家、应急运输企业2家，应急配送中心1家。执行国家粮食收购政策，落实粮食订单直补和奖励政策。全市收购粮食，其中有早籼稻、中晚籼稻。早籼稻收购价2.60元/千克，中晚籼稻收购价2.62元/千克。

【粮食安全责任考核】　2021年，宁德市发改委协调市直各牵头考核成员单位落实粮食安全责任制考核工作，按要求总结报告宁德市2020年度粮食安全省长责任制落实情况，自查评分表、自评打分依据材料上报省考核办，并完成省对市现场核查迎检工作。按时间节点推进2020年度粮食安全市县长责任制考核工作，完成各县（市、区）自评部分自评分汇总，开展部门评审部分评分及对各县（市、区）现场核查工作，并将考核情况通报各县（市、区），要求落实好考核问题整改工作。

【粮油储备】　2021年，宁德市地方粮油储备全部落实到位；大米和食用油应急储备实行动态管理，保持品质新鲜，做到常储常新。

【粮食物资质量安全监管】　2021年，宁德市检测治理“餐桌污染”专项检查、季度粮油专项抽检、军供粮专项抽检等政策性成品粮油样品196份；检测出入库粮食、地产收获粮食、收购环节粮食等原粮卫生样品300份；检测地方储备粮储存品质样品58份。完善“一品一码”原粮追溯管理。推进粮食质量安全追溯体系建设。年末，全市有粮食购销公司、储备粮公司（库）、粮食转换企业等粮食企业46家，通过原粮追溯管理平台实现信息报送和完成赋码工作。

【粮食物资市场动态监测】　2021年，宁德市根据11个市级粮油价格监测点和3个省级直报点监测显示，宁德市粮油市场供应整体稳定，实现保供稳价的目标。截至12月31日，粮油市场大米零售平均价格5.07元/千克，较年初下降0.12元/千克，跌幅2.3%；食用油零售平均价格15.20元/升，较年初涨0.13元/升，涨幅0.86%。

【粮食应急供应能力】　2021年末，宁德市粮食应急体系完善，各网点能在疫情防控常态化下，响应正面政策宣传和舆论引导，正常营业，不哄抬粮食价格，保障供应。全市126个乡（镇、街道）认定应急供应网点169个，总数较上年度增加18个。大米日供应能力3327吨，做到“每个乡镇、街道确保有一个应急供应网点”的要求；粮油应急加工企业16家（新增3家），日稻谷加工能力1220吨；粮食应急配送中心10个，实际日配送量267吨；应急运输企业10家，日运输能力1980吨。

【库存粮食监管】 2021年，宁德市开展政策性粮油库存检查以及政策性粮油库存检查发现问题整改和整改“回头看”工作，督促企业采取措施，完成整改、销号清零。推进粮食流通“亮剑2021”专项执法行动，强化夏粮、秋粮收购活动监管，规范粮食收购市场秩序，保护粮农利益和种粮积极性；加强政策性粮食销售出库监管，确保政策性粮食出库顺畅、市场规范有序；开展应急成品粮油督导检查，压实各级管理责任。

【物资储备】 2021年，宁德市按照救灾物资储备制度，各县（市、区）进行救灾物资的采购、调拨、储存及日常管理工作。建立救灾物资管理台账，规范填报，保证救灾物资数据真实、准确，账账相符，账实相符，应急资源管理平台数据与每季度报表数据一致。

（黄巧娟）

成品油经营

【概况】 2021年，宁德市各级商务主管部门加强成品油流通管理，落实成品油零售企业经营资格年度检查和“双随机、一公开”抽查等工作机制，规范成品油零售企业经营行为，保护经营者和消费者的合法权益。截至年末，根据成品油零售企业年度定期检查结果，全市有在营成品油零售企业218家，其中加油站160家、加油点18家、加油船40家，全年实现汽油、柴油零售总量34.43万吨。从零售企业所有制情况看，国有70家、民营104家、外资52家；从经营规模看，多为3千吨以下加油站（点），其中万吨以上的6家。

【中石化森美宁德分公司】 2021年，中石化森美宁德分公司落实“一站一策”，秉持“快捷、舒适、便利”经营理念，优化升级重点大站设备设施，利用“司机之家”“爱心驿站”优化便民服务措施，提升硬件条件，增强客户消费体验。巩固加油站“洁亮爽”成果、开展“跑动服务”活动，提升服务大环境。围绕“进站、加满、通过、回头”四率，提升加油站运营效率和规范化管理，实现量效增长。推动HSE（健康Health、安全Safety和环境Environment）体系。“识别大风险、消除大隐患、杜绝大事故”，修订完善HSE责任制，层层签订《QHSE目标管理责任书》，实现QHSE（质量Quality、健康Health、安全Safety和环境Environmental）责任全覆盖。开展“百日安全无事故”和“五查五严”专项行动，强化关键作业现场安全管理，推进隐患治理及风险防控，年度隐患整改率100%。全年安全生产总体态势平稳，未发生任何等级责任事故，排放污水达标率100%，油品销售质量和取样合格率100%。年末在册员工539人，在营加油站55座，在营油库2座。

【中国石油宁德销售分公司】 2021年，中国石油宁德销售分公司持续优化升级重点大站设备设施，利用“司机之家”“爱心驿站”优化便民服务措施，提升硬件条件，增强客户消费体验。坚持“安全第一 预防为主”的方针，树立“隐患就是事故”的理念，提高HSE管理水平。开展“百日安全行动”“安全文化年”“质量诚信开放日”“安全生产月”“QHSE体系审核”等活动，全年安全环保零事故。强化关键作业现场安全管理，推进隐患治理及风险防控，年度隐患整改率100%。全年未发生任何等级责任事故，排放污水达标率100%，油品销售质量和取样合格率100%。截至年末，公司在册员工230人，在营加油站32座，在营油库1座。

（李灵婧 陈 清 朱星宇）

盐 业

【概况】 2021年，福建省宁德盐业有限责任公司（简称“宁德盐业公司”）全年实现各类盐销售8.63万吨，其中加工用盐销售8.01万吨，入口食盐销售6191吨。围绕食盐食品主业主责，落实疫情防控举措。维护宁德市食盐供应市场安全稳定。深化营销机制改革，开展网格化管理工作，按照要求进行终端网格化巡访，在巡访中坚持“有路必走、逢店必进”，通过走访终端、了解市场动态、维护客情。

【“闽盐”品牌建设】 2021年，宁德盐业公司加强市场宣传与推广工作，制定《2021年品牌宣传方案》，定期对社区、建制村、超市、机关、学校食堂等场所进行碘缺乏病防治知识和合格碘盐食用等知识的宣传与普及，完成宣传284场次，通过宣传展现生态“闽盐”品牌形象。

【食盐市场监管】 2021年，福建宁德盐务局协助宁德市所辖各县（市、区）市场监督管理局开展食用盐市场监管巡查工作，通过发放宣传单，开展《食盐专营办法》等法律法规和盐业体制改革知识宣传，维护宁德市食盐市场秩序。年内盐政辅助执法出动1110次、4308人次，检查店铺、厂家、学校及入户2.72万家，分发宣传材料1.05万份。发现涉嫌食盐违规线索1810条，提供县（市、区）市场监管局涉嫌食盐违规线索307条，市（县）市场监管局受理涉嫌食盐违法线索96条，涉及违规盐产品738.36吨。协助辖区县（市、区）市场监管局办结案件96起，没收盐产品713.83吨，罚没款207.83万元。

（黄而福）

烟草专卖

【概况】 2021年，宁德市烟草专卖

局（福建省烟草公司宁德市公司）设科室13个，下辖9个县级局（分公司）；全资子公司（宁德市烟草物流有限公司）1家；控股多元化投资企业（宁德海晟连锁商贸有限公司）1家。拥有卷烟零售客户1.6万户，实现税利10.66亿元，完成省局下达的目标任务。

【卷烟销售网络建设】 2021年，宁德市烟草专卖局深化稳价保利工作，卷烟销售平稳。销售卷烟11.86万箱，比上年增加520箱；单箱销售额3.66万元，增加706元。突出品牌培育职能，开展宴席等四大主题营销，省产高端卷烟突破性增长。销售省产高端卷烟1544箱，比上年增长71.90%，排名全省第一。推进高价位卷烟和国产雪茄烟培育，高价位卷烟销售273箱，比上年增长13.50%；国产雪茄烟销售54.50万支，增长37.90%。终端建设转型升级，发展新零售客户1629户，覆盖率10.22%，建成“海丝新晟”终端14家、“金叶农村便民小店”15家。海晟经营提质增效，实现销售额1.14亿元，比上年增长18.60%，首次突破1亿元销售额。

【烟草专卖监督管理】 2021年，宁德市烟草专卖局查处涉烟违法案件1513件，比上年增长6.74%，其中5万元以上案件38件；查获卷烟1.85万件，增长230%；判刑56人、逮捕38人、刑拘51人。严防严控严打，扭转海上防控形势。查处海上涉烟违法案件11件，查获涉案卷烟1.65万件，国家烟草专卖局发信肯定。强化专卖目标考核，全年市场净化率96.13%。加强电子烟监管，约谈电子烟经营企业28户次，查处向未成年人销售电子烟行为3起。修订合理布局规定，坚持总量控制，全市持证户稳中有降。

【现代流通企业管理】 2021年，宁德市烟草专卖局规范科技项目管理，立项科技创新项目4个。建设精益物流，推动物流线路优化整合，人均配送效率787.82箱，比上年增长3.16%，排名全省第二。重点对标指标提升，在全省商业企业14项对标指标中，有9项提升率高于全省平均水平。严格成本费用管控，实现降本增效70.7万元，超额完成省局下达任务。

（林锦裕）

商务和居民生活服务业

【概况】 2021年，宁德市举办八闽美食嘉年华、闽菜宣传推广活动，支持餐饮、美容美发、家政等服务行业发展，举办家政服务等职业技能竞赛，提升服务水平。自2020年在古田县开展“互助孝老食堂”模式试点后，进一步在全市范围内开展“互助孝老食堂”建设。截至年末，宁德市星级饭店10家，其中五星1家、四星4家、三星5家，蕉城（含东侨）2家、古田2家、屏南1家、福安1家、福鼎2家、霞浦2家。餐饮业实现营业额115.47亿元，比上年增长24.8%。全市持证餐饮服务单位（含大、中、小型餐馆）13025家。其中，餐饮服务经营者12093家，单位食堂932家（含学校食堂681家）。全市企业名称含“家政”的企业有152户，个体工商户名称含“家政”的有474户。全市限额以上住宿企业62家。

【家政服务业】 2021年，宁德市家政服务项目涉及日常保洁、家务服务、家电维修、月子保姆、育婴早教、健康保健、家庭教育、少儿午托、家庭烹饪、订餐送餐、心理咨询、居家养老、钟点工等人民群众生活的各个方面，其中开展保洁、婴幼儿和孕产妇、老年人照顾的服务业务占大多数。全市有5家家政服务企业获“福建省家政服务示范服务站”称号。市商务局牵头各职能部门，连续4年组织辖区内家政服务企业开展家政服务职业技能竞赛，参赛人次共计400余人次；帮助企业争取到上级补助资金40万元；指导骨干家政企业柘荣树人家政有限公司建立技能培训中心，开展家政服务业从业人员就业技能培训、岗位技能提升培训以及创业培训，提升家政服务业从业人员就业创业能力；推动市妇联与宁德市好帮手家政公司合作，举办多期“巾帼精准脱贫家政培训班”。依托家政协会推动全市家政企业开展家政服务业信用体系建设工作。截至年末，全市收录在商务部家政企业诚信系统的企业29家、家政从业人员3858人。

【住宿业】 2021年，宁德市引导住宿业发展，住宿酒店业发展，出现一批精品特色酒店、休闲度假、主题型酒店和民宿。住宿业实现营业额17.75亿元，比上年增长13.9%。限额以上住宿企业62家，其中宁德中心城区16家、霞浦15家、古田2家、屏南1家、寿宁4家、周宁5家、柘荣1家、福安5家、福鼎13家。

【养老服务】 2021年，宁德市新建16个农村区域性养老中心、11个居家社区养老服务示范点。养老服务质量提升，互助孝老食堂355个，日均服务老年人8000余人。完成养老从业人员培训3186人，完成1741户困难老年人家庭适老化改造，完成16个五星级农村幸福院、44个四星级农村幸福院、120个三星级农村幸福院的评定。宁德市互助孝老食堂工作模式被评为第三批全国农村公共服务典型案例和第一批福建省养老服务改革创新优秀案例。

【人力资源服务】 2021年8月4日，宁德市出台《优化企业用工服务八条措施》等系列扶持政策，缓解重点企业用工短缺问题。开展跨省劳务协作，与贵州、四川、湖北、云南等地签订劳务协作协议。全年举办线上线下招聘会122场，达成就业意向1.8万人次。组建2273个用工服务小分队到乡镇、社区（村）推荐就业1.1万人，促成就业4044人。

【检验检测服务】 2021年，宁德市完成国家、省、市下达的“四品一械”抽样任务2186批次，完成食品药品检验任务2018批次。开展食品“你送我快检”活动：全年完成食品快检646批，合格率99.38%，保障公众饮食用药安全。

（许丽霞）

【“八闽美食嘉年华”活动】 2021年12月24—26日，宁德市（福鼎站）“八闽美食嘉年华”活动在福鼎市桐山溪西小吃美食街举办。福鼎市41家餐饮（小吃）店参与评选，评选出福鼎市餐饮（小吃）名店32家，福鼎市AAA级餐饮（小吃）名店15家。活动现场为15家福鼎AAA级小吃（美食）店颁发证书，授予牌匾。宁德市其他各县（市、区）小吃美食展位19家，本地43家，小吃美食160余种。包括乌米饭、福鼎肉片、柘荣油卷面、福安七层糕等宁德地方特色小吃，还有水果杯、钵仔糕等人气网红小吃。美食节由宁德市商务局、福鼎市人民政府主办，宁德市餐饮烹饪与家政服务行业协会、福鼎市餐饮烹饪与服务行业协会承办、太姥山旅游管委会、福鼎市商务局、福鼎市文体和旅游局、福鼎市桐山街道办事处协办。参展人员签订《宁德市（福鼎站）八闽美食嘉年华健康承诺书》，对参展的摊主要求提供48小时核酸检测阴性证明，健康码、大数据通信行程卡、填写健康申请卡。活动现场进出口设置自动检测门、专人把守，美食街每天进行2次消杀等。

【闽菜宣传推广活动】 2021年6月13日，闽菜宣传推广活动（宁德）启动仪式举行。活动由福建省商务厅、宁德市商务局、蕉城区人民政府、东侨经济技术开发区管委会指导，福建省餐饮烹饪行业协会主办，宁德市餐饮烹饪与家政服务行业协会、蕉城区餐饮烹饪协会协办。7月，宁德市组织企业申报“闽菜馆”，全市有福建省中天华侨酒店管理有限公司、古田县亲仁酒楼、古田县食为先酒店、古田县盛世仁和酒楼、屏南公园壹号中餐厅、屏南县阿纯餐馆、屏南县阿昨炒饭、柘荣县好饭要用芯餐饮店、霞浦县世纪铂金大酒店有限公司、宁德市聚恩惠餐饮有限公司10家餐饮企业入选“闽菜馆”。在“拾味山海·畅游宁德”宁德市最美文创旅游系列产品评选活动中，开展“解锁山海百味——特色文旅美食”类专项评选，选出一桌包含大黄鱼菜品在内的独具闽东特色飨宴。

【家政服务职业技能竞赛】 2021年11月28日，在宁德市商务局指导下，由柘荣县商务局、柘荣县发展和改革局等8家单位共同主办，柘荣县树人家政培训中心承办的第六届柘荣县家政服务职业技能竞赛在柘荣县总工会举办，52名选手参加竞赛。活动开展“对特殊老人进行高蛋白喂食”“协助老人使用便盆法”“使用轮椅转运老年人”等3个项目实操竞赛，最终评出老人照护项目一等奖2名、二等奖3名、三等奖5名。通过比赛竞技，推动家政企业的发展规划与从业人员的个人成长愿景有机结合，把企业教育培训的外力和自身提高技能素质需求的内力有机结合，形成整体合力；推动诚信家政与信用体系平台建设。

（李灵婧　许丽霞　苏传碧　吕海宾）

金融业

综　述

【概况】　2021年，宁德市深化普惠金融改革试验区建设和创新，做好疫情防控、支持复工复产达产、完成全年各项任务。金融综合实力提升；金融业实现增加值155.14亿元，比上年增长6.9%。金融组织体系完善，金融业态多元；截至年底，宁德市有政策性银行1家、商业银行14家、农村信用社（农商行）9家、村镇银行9家。保险机构31家，证券期货11家。金融改革创新取得成效；推动普惠金融改革措施在辖区实施，农村金融改革深化，搭建“信贷、征信、支付和保险”4个支农惠农网络，促进农业增效、农民增收。涉外经济服务力度明显增强；推进外汇改革，维护辖区外汇市场稳定，全市外汇业务增长，年末涉外收付款交易量201.24亿美元，比上年增长77.55%。防范重点领域金融风险，实现金融风险的早防早治，建立全市金融工作议事协调和应急处置机制，金融风险共防共治制度初步形成。贯彻执行灵活精准、合理适度的稳健货币政策，运用各种货币政策工具，保持辖区流动性合理充裕，促进全市货币信贷增速同地方经济增速基本匹配。年末，全市本外币存款余额2832.29亿元，比上年增长13.46%，增速高出全省平均水平3.34个百分点；本外币贷款余额2760.84亿元，增长20.08%，增速高出全省平均水平6.66个百分点，存贷款增速均位居全省第一；全市全年社会融资规模增量1023.93亿元，比上年增加267.3亿元；不良贷款余额18.30亿元，比年初减少7.64亿元，不良率0.66%，较年初下降0.47个百分点。

【普惠金融改革试验区建设】　2021年，宁德市推动普惠金融改革试验区建设，实现增量扩面降成本目标。截至年底，普惠小微贷款覆盖14.25万市场主体，全年新增首贷户9276户，首贷户贷款户数占比18.37%。全市政府性融资在保余额43.14亿元、放大倍数3.78倍，放大倍数居全省设区市第一。形成一批可复制可推广经验，其中宁德市“担保云”线上平台、渔排养殖贷、信用村镇创建、福海贷、普惠金融纠纷调处中心5项创新案例经验入选福建省普惠金融改革试验创新成果在全省推广。年末，宁德市普惠小微贷款余额386.8亿元，比年初增96.2亿元、比上年增长33.11%，增速全省第二。普惠小微贷款平均利率6.07%，比年初下降0.29个百分点；全市银行机构累计降低利息6.89万笔，涉及本金156.63亿元，降低减免费用23.27万笔，4.57亿元；金融机构续贷5.8万笔，涉及本金227.41亿元，其中无还本续贷5832笔，金额57.42亿元。普惠小微信用贷款余额51.01亿元，占比13.19%，较年初提高3.69个百分点。

【金融支持“六稳”“六保”】　2021年，宁德市金融系统召开货币信贷季度行长联席会议，开展“民营和小微企业首贷培植、信用贷款、金融支持科技型企业、加快补上‘三农’领域突出短板”4个专项行动，落实再贷款、延期还本付息和信用贷款支持计划、技改贷、创业担保贷款、纾困贷款等政策。截至年末，支农再贷款余额24.04亿元，其中扶贫再贷款11.96亿元，居全省前列，投放专项技改贷款9.03亿元，占全省的28.22%。推进金融服务“三农”与乡村振兴，截至年末，涉农贷款余额1241.26亿元，比上年增长14.66%，高于全省平均水平3.77个百分点，涉农贷款余额占比44.96%，居全省前列。制定《宁德市地标农产品农业保险发展工作方案》《宁德市乡村振兴特色农业保险实施方案》，扩大险种范围，持续扩大乡村振兴特色农业保险覆盖面，农业保险服务网点实现乡镇覆盖率100%。全市农险保费收入1.49亿元、比上年增长10.32%，提供农业风险保障362.18亿元，保险支持乡村振兴成效得到副省长郭宁宁肯定。

【外汇管理与服务】 2021年，宁德市金融系统推动贸易外汇收支便利化试点落地；实现多笔外债共用一个外债账户台资企业3.0版便利化政策和跨境金融区块链“出口信保保单融资”应用场景业务的落地；加大非法外汇交易活动打击力度，开展打击跨境涉汇违法犯罪比武练兵活动，侦破1件利用虚拟货币等方式帮助上线转移犯罪所得收益的违法犯罪案件，推动多起案件的立案侦查和宣判，维持辖内外汇秩序。全市涉外收付款总量增长。

【金融基础设施建设】 2021年，宁德市金融系统打造全省首个普惠金融信用县，评出396个信用村、19个信用乡镇、17个海上信用渔区、10个农民专业合作社；支付结算服务管理水平提升。优化银行账户服务，推广企业预约开户服务，提升企业开户效率，推进小微企业支付手续费减费让利，支付便民服务取得成效，打造“公交公司硬币超市”“农村硬币自循环服务点”，实行以新逐旧。推广“宁德乾兑现金服务平台”运用，线上完成小面额人民币兑换、残损币兑换、取现等预约查询服务，运行一年全辖区406个网点加入平台，实现全市银行网点全覆盖，完成服务订单3.45万笔，通过让“数据多跑路，群众少跑路”，推进现金服务便利化。在农村现金服务上突出解决革命老区村、少数民族村、扶贫脱贫村的实际难点，做好服务的“加减法”；完善金融纠纷多元化解机制，实现多元化调处平台县域全覆盖，累计办结金融调解案件2480件，涉案金额约2.32亿元，化解法院大量诉讼积案，缩短诉讼周期；开展国库业务“规范化提升活动”，参与国库系统维护建设、试点工作，创新现场与非现场检查双结合模式，确保国库业务运转有序；“多样式”推进国债下乡，探索驻村干部协助登记农村地区储蓄国债预约台账。

【融资担保体系建设】 2021年，宁德市政府性融资担保机构实现县（市、区）全覆盖。全市在保户数3.23万户，比上增长56.65%；在保余额47.99亿元，增长72.73%；放大倍数4.20倍，增长63.42%；其中，“见贷即保”余额25.13亿元，比上年增长76.40%；代偿率0.92%，担保费率降至0.4%，10万元以下免收担保费用。

（吴若菲　柳朝涛）

银行业

【概况】 2021年，宁德市银行业金融机构有五大类、33家机构，包括1家政策性银行、6家大型银行、4家股份制商业银行、4家城市商业银行、18家农村中小银行机构（含1家农商行、8家农信社、9家村镇银行），共425个营业网点，自助银行设备7811台，从业人员7208人。截至年末，全市银行业存贷款、制造业贷款增速均居全省第一，其中各项存款余额2787.24亿元，比上年增长14.61%；各项贷款余额2760.79亿元，增长20.07%；制造业贷款余额443.65亿元，增长72.97%；普惠小微贷款余额386.8亿元，增长33.11%。参与普惠金融改革试验区建设，形成一批可复制、可推广的经验。

（钟雯鋆）

表16　2021年宁德市银行业资产负债及存贷款情况表

（截至12月31日）

单位：万元

机构	资产总额		负债总额		各项贷款		各项存款	
	期末余额	比年初	期末余额	比年初	期末余额	比年初	期末余额	比年初
政策性银行合计	1003697.53	22925.26	996517.19	23131.26	919472.26	41778.48	167273.03	5775.26
农业发展银行	1003697.53	22925.26	996517.19	23131.26	919472.26	41778.48	167273.03	5775.26
国有商业银行合计	18985145.98	2205323.78	18699864.82	2129986.74	18055048.70	2868456.88	16145102.07	1630706.64
工商银行	4548891.66	548334.53	4507674.93	552611.56	4564110.70	557196.65	4421244.56	580461.82
农业银行	4083070.44	520809.37	4018565.53	514299.73	4075880.61	515332.98	3596608.92	533264.75
中国银行	2481662.87	320543.64	2450030.27	306357.46	2477312.25	313766.24	1834376.91	405899.07
建设银行	4581856.46	811174.29	4488627.53	756965.77	4515615.17	813517.52	3490472.44	281778.73
交通银行	565651.83	214433.88	545174.41	210957.72	562502.86	229360.92	431857.33	104318.55
邮政储蓄	2724012.72	−209971.93	2689792.15	−211205.50	1859627.12	439282.58	2370541.91	−275016.28
股份制商业银行合计	4840296.05	1042800.73	4758967.72	1020079.65	2968411.54	994723.01	4613815.38	948824.64
中信银行	1494349.06	468456.67	1468439.19	460748.15	678350.52	317475.92	1450311.28	464878.23

续表 16

机构	资产总额		负债总额		各项贷款		各项存款	
	期末余额	比年初	期末余额	比年初	期末余额	比年初	期末余额	比年初
招商银行	184835.16	79919.27	183852.75	79286.79	145781.71	89706.79	182595.67	78273.11
兴业银行	2938537.63	354252.49	2886435.06	341768.65	2020945.97	545314.96	2762781.81	266323.91
民生银行	222574.20	140172.30	220240.72	138276.06	123333.34	42225.34	218126.62	139349.39
主要商业银行合计	23825442.03	3248124.51	23458832.54	3150066.39	21023460.25	3863179.89	20758917.45	2579531.27
主要银行业金融机构合计	24829139.56	3271049.77	24455349.73	3173197.65	21942932.51	3904958.37	20926190.48	2585306.53
城市商业银行	1288998.06	295243.71	1240192.20	297984.30	1132744.48	194060.38	1052834.03	189503.42
海峡银行	470650.50	128602.28	456574.97	130624.65	302560.41	20337.85	430129.65	112974.49
厦门银行	310384.28	58354.94	298506.84	60049.16	321004.00	68114.82	294781.53	56999.67
厦门国际银行	405778.32	41596.75	394100.54	42250.98	409847.16	41862.56	244348.63	-39731.07
泉州银行	102184.97	66689.74	91009.85	65059.51	99332.90	63745.15	83574.22	59260.33
农村商业银行	960640.83	119808.53	851177.84	105804.07	573746.77	84689.89	749321.60	55780.09
农村信用社	5579721.30	789144.48	4997840.09	768099.38	3244040.19	319172.74	4541076.56	626902.36
村镇银行	919274.53	118505.91	758281.03	106252.91	714408.82	112503.60	602951.75	95742.04
商业银行合计	26075080.92	3663176.75	25550202.58	3553854.76	22729951.50	4141930.16	22561073.07	2824814.79
银行类金融机构合计	26015952.66	3499603.74	25604532.08	3406122.44	22976344.08	4035273.60	21895450.29	2715549.63
全金融机构合计	33577774.28	4593752.41	32302840.88	4451338.31	27607872.77	4615384.98	27872374.41	3553234.44

（资料来源：宁德银保监分局）

【中国农业发展银行宁德分行】 2021年，中国农业发展银行宁德分行（简称“农发行宁德分行”）累放各项贷款18.24亿元，收回各项贷款13.76亿元，贷款余额91.95亿元，比年初增加4.18亿元，增长4.76%；各项存款余额17.27亿元，比年初增加0.71亿元，增长4.29%。清收处置不良贷款6006.63万元，不良贷款余额424万元，不良贷款率0.05%，比年初下降0.68%，实现不良贷款持续“双降”。实现FTP拨备后利润7777万元，比上年增长13.55%。

“三农”支持 2021年，农发行宁德分行聚焦“三农”，优化金融服务，加大投入，发挥政策性银行“当先导、补短板、逆周期”职能作用。坚守粮油主业。发挥收购资金供应主渠道作用，支持地方储备粮油轮换，保障疫情期间地方粮油信贷资金供给，防控围绕服务闽东特色乡村振兴之路探索，聚焦重点领域和薄弱环节，瞄准重点客户和重点项目，开展“大走访、大营销”活动，获批中长期项目14个，金额79.65亿元，累计发放金额14.31亿元，支持锂电车里湾片区基础设施、漳湾作业区18—21号泊位建设等省、市重点项目。推进巩固拓展脱贫攻坚成果同乡村振兴衔接，围绕公墓、安置房、改善农村人居环境、农村交通等方面，做大“补短板”贷款份额及易地扶贫搬迁后续帮扶力度，投放扶贫衔接贷款2.02亿元。支持“万企兴万村”企业11家、贷款余额3.24亿元，比上年增长13.45%。开展“助一业”专项行动。培育“8+1”特色农业产业，支持产业做强做大，重点支持食用菌、茶业、渔业等优质企业。全年支持普惠小微19户，贷款余额1.12亿元，比年初增加2665万元，增幅31.19%。探索“乡村振兴贷”金融模式，推动“政府＋银行＋国有担保公司＋经联社＋扶贫”融资模式，办理“乡村振兴贷”2笔、金额355万元，获省分行“小微企业服务优化提升工程”模式创新奖。落实优惠政策，减费让利于小微企业，全年累计减免各项工本费、手续费、网银汇划费等服务项目41.26万元，承担押品评估、不动产登记、抵押财产保险等费用约23.79万元。

风险防控 2021年，农发行宁德分行建立贷款全流程限时管理，实行“3211”办贷程序，小微信贷全流程办结时间比上年缩短。强化全面风险管理体系建设，制定各项风险管理办法，传导全面风险管理理念。发挥风控会审议、决策、组织、协调作用，召开风控会13次，提高风险事先防范能力。根据信贷全流程标准化管理要求，推进评级、授信、审查、审议、审批环节的规范化、标准化，召开贷审会16次，审查贷款39笔。做好融资性担保机构及中介评估机构准入申报工作，严把准入条件，规范准入程序，强化监督管理。组织人员加强对放款监督的学习力度，规范放款监督流程，审核信贷审批书明确的各项贷前条件落实情况，发挥贷款发放前审

农发行福安市支行支持的福安市溪北洋非机动车及人行隧道工程（摄于2021年3月11日）　　（柳明格　摄）

核的刚性约束作用，加强对项目后续分步落实的贷前条件审核力度，确保每一批次贷款发放合法合规。

服务建设　2021年，农发行宁德分行完善财务审批制度，印发《财务审查委员会工作规则（2021年修订）》《集中采购管理委员会工作规则》。精细核算账务，按照审批权限和程序办理财务费用开支，全年召开财审委会议18次；加大网银开办力度，引导客户通过电子化渠道办理支付结算，电子渠道客户覆盖率98.61%（剔除财政专户），电子支付替代率98.21%。拓展客户银联收单业务，与15家贷款客户、5家非贷客户开展银联收单合作，累计回笼资金1021.09万元。

（陈严铛）

【中国工商银行股份有限公司宁德分行】　2021年，中国工商银行股份有限公司宁德分行（简称“工行宁德分行”）全部存款余额443.32亿元，比年初增加58.07亿元。表内外融资总额622.56亿元，增加116.89亿元；各项贷款（含卡透）余额456.41亿元，增加55.72亿元。

实体经济金融服务　2021年，工行宁德分行统筹信贷投放的结构、方向、力度，坚持表内外融资一体化服务宁德市实体经济发展。投放表外融资227.37亿元、各项贷款（不含票贴）173.07亿元，分别比上年增长41.36%、47.29%。支持全市在建项目和优质企业，投放公司贷款105.21亿元；在制造业、民营企业两大重点领域分别投放表内外融资（含票贴）431.76亿元、404.76亿元。支持宁德市优质企业“走出去”，实现国际结算98.9亿美元、跨境人民币190.17亿元、对公结售汇业务47.7亿美元，办理表内外国际贸易融资11.35亿美元。

乡村振兴金融服务　2021年，工行宁德分行重点支持全市产业升级，助力乡村振兴，立足“8+1”特色产业，围绕盘活农村生产要素，优化特色普惠贷款的结构、范围，加大投放力度，推广并完善绿色“山e贷”、蓝色“海e贷”、金色“园区e贷”、银色“房e贷”等主题普惠信贷产品系列，打造由点到线及面至立体的可复制、可推广的宁德工行普惠样板，全年累计投放普惠贷款31.94亿元，普惠贷款余额较年初增长10.13亿元，增速73.67%。“渔排养殖贷”被评为“普惠金融创新项目”，“蓝色海e贷”项目获批福建金融系统金点子创新创效项目。

便民服务　2021年，工行宁德分行深化个人信贷业务发展，全年累计发放个人贷款67.86亿元，其中个人住房按揭贷款46.08亿元，比上年增长15.55%；办理个人分期付款14.89亿元。代理发行第三代社保卡，实现全辖“网点＋社保”场景全覆盖；依托“工行驿站”“云网点”提供便民惠民服务。蕉城支行搬迁微改造，东侨支行、古田支行营业部重装升级，分行营业部获评中银协千佳网点。常态化组织或参与金融宣教工作。

合规治理　2021年，工行宁德分行坚持大户风险防控和清收处置常态化并举，提高信贷资产质量洁净度，夯实信贷基础管理，加强全流程监督，至年末不良贷款余额比年初减少1.48亿元；不良率0.85%，下降49个BP，继续保持法人贷款零剪刀差。提高内控案防工作水平，组织案件风险“回头看”排查，开展案件风险警示教育，推动内控合规“价值创造年”主题年活动，贯彻落实存款保险制度，全年无案件、无重大风险事件、无监管处罚；获评反洗钱工作A类行。

（刘　昕）

【中国农业银行股份有限公司宁德分行】　2021年，中国农业银行股份有限公司宁德分行（简称“农行宁德分行”）加强信贷全流程管理，推进司法清收“雷霆行动”、大额项目处置“飓风行动”、易贬值资产“清零行动”“三大专项行动”，资产质量稳中有升，不良贷款、不良率实现“双下降”。抓好案件和重大风险事件防控，被评为内控“A级行”。年末本外币各项存款余额359.66亿元，比年初增加53.33亿元，比上年多增9.49亿元，各项存款存量和增量均位居四行第二。各项贷款总量突破400亿元，余额407.59亿元，比年初增加51.53亿元，比上年多增11.67亿元。

实体经济金融服务　2021年，农行宁德分行加大重点项目（客户）营销服务，新审批项目授信金额创历史新高。支持民营企业和制造业发展，民营企业贷款、制造业贷款分别比年初增加8.08亿元、7.51亿元，增幅分别44.64%、80.58%。持续加快绿色信贷业务发展，引导信贷资金投向绿色低碳领域，全行绿色信贷日均增量11.29亿元，超额完成全年计划。

普惠金融服务　2021年，农行宁德分行落实宁德国家级普惠金融改革试验区建设工作要求，实施差异化金融服务政策，为普惠型小微企业提供多元化的融资支持。全行普惠型小微企业贷款比年初增加8.66亿元，增长32.40%，高于全行贷款增速17.93个百分点。落实纾困帮扶政策，全年为31户民营小微企业的2749万元贷款进行延期还本付息；推进“纾困贷”服务进度，为19户小微企业发放纾困贷款9908万元。

乡村振兴助力 2021年，农行宁德分行被省分行确定为试点行，做好乡村振兴重点领域金融服务。围绕宁德“8+1”农业特色产业，抓好重点区域、重点产业、重点乡村、重点客群扩面提质。全行“快农贷”余额37.58亿元，比年初增加9.13亿元；研发推出“兴茶贷”“兴菇贷”“兴渔贷”等系列产品，合计用信4698户、用信金额7.32亿元；推动农村生产要素融资服务，累计落地农村生产要素流转融资业务2640笔、金额4亿元。抓好巩固脱贫攻坚成果与乡村振兴工作的有效衔接，支持原建档立卡贫困贷款比年初增加5462万元，原6个省级扶贫开发重点县贷款比年初增加30.18亿元，贷款增速高于全行贷款平均增速8.36个百分点。7月，省分行与省农业农村厅在宁德召开“深化普惠金融服务，全面助力乡村振兴”现场推进会。

创服务品牌 2021年，宁德农行坚持以打造“五个最好”为抓手，全面推进“创服务品牌”工作，完成分行营业部、福安阳头支行整体改造及福安韩城支行迁址装修，并通过推进“服务升温工程”、举办“两大转型”培训、加强“明白人”队伍建设等一系列举措，网点服务环境和客户体验进一步提升。在全省农行2021年“创服务品牌”工作中，1家支行被授予先进单位称号，3家网点被授予先进网点称号，9人次被授予“创服务品牌”工作先进个人、十大“服务感动人物”“转型服务明星”等称号。

（吴　杰）

【中国银行股份有限公司宁德分行】 2021年，中国银行股份有限公司宁德分行（简称“中行宁德分行”）本外币各项存款余额183.44亿元，较年初新增40.59亿元，增幅28.41%；本外币各项贷款余额247.73亿元，较年初新增31.38亿元，增幅14.50%。

公司金融业务 2021年，中行宁德分行把服务国家发展战略、服务实体经济发展与实现自身经营管理目标相结合，围绕四大主导产业集群及其延伸产业链、“8+1”特色产业加大客户拓展力度，综合运用流贷、固贷、银承、信用证、保函等各类产品为客户提供综合金融服务。依托贸易便利化试点工作，办理福建省地级市首笔货物贸易外汇收支便利化试点业务；重点攻坚时代系、青拓系等重点企业结构性存款，营销落地全市最大案值破产管理人账户，推动夯实各项本外币存款。发展普惠金融工作，支持小微企业贷款需求，制定农村生产要素融资工作方案、首贷户拓展行动方案、小微企业金融服务“我来”系列专项行动工作方案等。截至年末，银保监两增两控口径普惠金融贷款余额14.25亿元，新增4.85亿元，增长51.60%。

个人金融业务 2021年，中行宁德分行关注理财经理、客户经理成才成长，不断夯实营销队伍力量，加速网点转型发展。抢抓宁德房地产市场较为活跃的契机，密切与建发、世茂等重点房地产开发商合作关系，设立同城收单团队，梳理业务流程，提高服务效率，争揽收单、投放，全年累计投放23.74亿元。运用汽车、家装等分期业务做大消费贷款市场，累计投放2.15万元；围绕“8+1”特色产业挖掘客户金融需求，加大对普惠型个人经营性贷款投放力度，全年累计放款3.03亿元。坚持突出产品带动，细化代发薪专项服务方案，倾斜资源配置，加大表内外产品、创新私人银行产品营销力度，挖掘客户金融服务需求，做大全量金融资产。

风险防控 2021年，中行宁德分行制定“内控合规管理建设年”活动方案、年度内控案防工作方案等，明确案防主体责任和工作任务并推动落实，推进内控合规管理制度化；围绕重点领域、重点环节、重点人员，组织开展“严守底线、警钟长鸣”案例警示教育等宣传教育活动，在全辖范围内举办内控合规应知应会知识竞赛，推动案例警示教育常态化；组织开展“内控合规管理建设年”“三防”专项行动、“护航”行动，采取有效方式针对重点领域、关键岗位和薄弱环节开展重点监督和排查，推动日常监督检查规范化。抓好全面风险管理和合规经营，确保资产质量提升与业务发展齐头并进，全年实现不良清收化解2.2亿元。

（陈思萌）

【中国建设银行股份有限公司宁德分行】 2021年，中国建设银行股份有限公司宁德分行（以下简称建行宁德分行）存贷款规模总量突破800亿元，比年初新增110亿元，新增量位居四行第二。其中，一般性存款时点余额349.05亿元，比年初新增28.18亿元；储蓄存款时点数、日均数、余额数、新增数四项指标均位居四行第一；对公累计吸收土拍保证金289.63亿元，承接政府专项债资金9.4亿元；各项贷款452.29亿元，比年初新增82.09亿元，新增额位居全省建行系统第二、四行第一。先后被评为“全省建设银行先进单位”“全省建行先进基层党组织”等。

公司金融业务 2021年，建行宁德分行完成大中型新增项目审批25户、金额92.51亿元，纯新投放48.15亿元；年内服务四大主导产业集群客户33户，四大主导产业集群客户在我行信用额度124亿元，信贷余额66亿元；向宁德新能源、宁德时代等核心企业的78家链条中小微企业提供供应链融资19.52亿元，新增13.11亿元；为1364户民营企业提供信贷支持，信贷余额78.24亿元，新增44.08亿元；普惠贷款新增8.85亿元，增速57.6%，高于各项贷款增速34.5个百分点；普惠客户新增1481户，增长80.8%；涉农贷款新增15亿元，增幅20.19%，超额完成市政府下达的新增任务；绿色贷款、制造业贷款、战略性新兴产业贷款新增超15亿元，基础设施贷款、网络供应链贷款新增超10亿元。对公结算账户总量继续保持四行首位，主要客户指标持续保持全省建行系统前列，开立中核龙原、香港时代、会聚私募基金、宁德市林业局、福安市土地收购储备中心、柘荣县总医院等重点账户，客户基础持续夯实。推动总行开发三年可转大额存单系统，服务四大主导产业抓手更多元；为宁德国投和宁德交投办理3.8亿元的债券投资业务，推荐建信股权投资晨道资本股权3亿元，联动建行亚洲投资宁德时代美元债折合人民币1.8亿元，资管投行业务取得重大突破。远掉期存款、黄金租借、同业存单、跨境快贷、财务顾问、债券投资、黄金积存等产品突破明显。

个人金融业务 2021年，建行宁德分行个人金融业务、网络金融业务、信用卡业务、个人贷款业务等重点业务综合评价居全省建行系统前3，综合竞争力提升。客户总量136万名，手机银行客户总量突破100万名。开设“建行生活”App，成为全省建行第一个由二级行自主运营的城市，标志着由“手机银行”+“建行生活”构成的“双子星”战略落地宁德；构建校园托管、智慧食堂、汽运网证、无感加油、无感停车、线上收单等十大民生场景，运用金融科技力量引导金融资源、生产要素跨界流动，助力人民群众追求美好幸福生活。申报自主创新项目3个，移植创新项目27个，大数据运用、创新工作连续三年位居全省建行系统第一。

风险防控 2021年，建行宁德分行健全全面风险管理体系，把风险管理做在日常、管在经常，落实各类业务“预防预判、监测预警、管控处置”机制，提升主动管控风险的能力。不良贷款额、不良贷款率持续“双降”，不良贷款0.91亿元，比年初减少1.48亿元；不良率0.20%，比年初下降0.44个百分点。

（陆芳芳）

【交通银行股份有限公司宁德分行】

2021年，交通银行股份有限公司宁德分行（简称“交行宁德分行”）本外币各项存款余额43.19亿元，较年初增加10.43亿元，增长31.84%。其中，对公存款余额39.03亿元，较年初增加8.89亿元，增长29.5%；储蓄存款余额4.16亿元，较年初增加1.54亿元，增长58.78%。各项贷款总额56.25亿元，较年初增加22.94亿元，增长68.87%。其中，企业贷款45.11亿元，较年初增加18.85亿元，增长71.78%；个人贷款11.14亿元，较年初增加4.09亿元，增长58%。

实体经济金融服务 2021年，交行宁德分行助力新能源产业发展，21天内完成对能源企业美元流动资金银团贷款项目的3亿美元授信审批流程及2亿美元的首笔贷款投放，全年累计投放3亿美元。该项银团贷款业务是交行福建省分行该年度首笔美元银团贷款，也是交行宁德分行设立以来首个外币银团业务。支持政府民生项目，在高速公路、城市基础设施、教育等重点项目上，继续巩固维护好存量业务合作与市场份额，优化优质授信客户方案，加大对高速、燃气、学校等重点项目资金的投入，新增投放2.23亿元。下沉普惠服务触点，初步形成“公司业务部+营业部+特色支行+个贷中心”的组织架构，以小微客户经理、公司客户经理拓展为主，发挥零售客户经理、厅堂服务人员的优势，用好“普惠e贷”等拳头产品，有效使用集团客户小微成员额度并借助担保机构平台，实现普惠金融的客户数和贷款金额的双提升。

业务发展 2021年，交行宁德分行被列入全省公积金业务系统联网与测试的参与行。5月实现辖行首张社保卡发卡。首次与市级财政预算单位合作，分别于12月15日、12月28日为宁德市大数据审计应用中心开立零余额基本存款账户和专用存款账户，12月31日开立财政零余额账户。

风险管控 2021年，交行宁德分行聚焦风险防控，提高内控水平。严把准入审批关，按制度要求落实贷款三查、核保、押品等重要环节。筑牢贷后管理关，运用“每周一学”学制度、“风险提示”发要点、“警示案例”做警醒。做好存量风险防控，对存量授信客户情况进行全面摸排分析。开展“公司授信档案管理排查”“征信合规检查”等常规专项排查。截至年末，分行不良贷款余额166.85万元，较年初目标控制数下降138.26万元，不良率0.03%，较年初下降0.06%，不良贷款、不良率均实现“双降”。

（赵芙妹）

【兴业银行股份有限公司宁德分行】

2021年，兴业银行股份有限公司宁德分行（以下简称兴业银行宁德分行）资产总额293.85亿元，比年初增加35.43亿元；本外币各项贷款余额202.09亿元，比年初增加54.53亿元；本外币各项存款余额282.30亿元，比年初增加32.63亿元。不良贷款余额0.75亿元，比年初减少0.85亿元；不良贷款率0.37%，比年初下降0.71个百分点。

绿色金融 2021年，兴业银行宁德分行实现辖内分布式光伏项目贷款率先投放，获批当地首笔电化学储能项目6.9亿元，绿色金融业务融资余额75.62亿元，较年初新增33.53亿元。

普惠金融 2021年，兴业银行宁德分行创设“兴海贷”“兴茶易贷”“兴农贷”“兴能贷”等小微企业创新产品；加大“首贷户”投放力度，全年首贷户新增174户。加大生态建设场景建设，上线宁德时代供应商反向保理系统，累计为17家供应商投放反向保理融资金额合计1.6亿元，该项目被评为“2020年度宁德市普惠金融改革试验区先进项目”。

普惠民生 2021年，兴业银行宁德分行上线福鼎云住工智慧管理系统、人民医院三期智慧医疗系统；与宝信商圈、冠云轩商圈、鼎信商圈合作，提升信用卡、银行卡基础客户用卡体验。

重点项目 2021年，兴业银行宁德分行推动省市重点项目、两新一重、三比三赛等项目落地，本年重大项目投放57.5亿元，其中制造业类项目投放44.1亿元、高速类项目投放7.64亿元、能源类项目投放3.69亿元、PPP类项目投放1.65亿元。

风险防控 2021年，兴业银行宁德分行做实潜在风险客户管理和授信业务基础管理，以盯牢重点领域风险为重要任务，加大受疫情影响领域业务、高耗能行业风险及政府类业务管理；以“兴航程法治体系建设年”及

“内控合规管理建设年”活动为契机，强化“一把手”合规带头示范作用；落实反洗钱工作各项管理要求，加强重点领域风险排查，防范各项操作风险和案件风险。

（张文婷）

【农商银行、农信社】 2021年末，宁德市有农商行1家、农信社8家。各项存款余额合计529.04亿元，比上年增长14.82%；各项贷款余额381.78亿元，增长8.45%。排名全省农信第一，创五年来新高。古田联社和宁德农商行获得业务增长十佳奖。古田联社获得服务乡村振兴优胜奖一等奖，霞浦和周宁联社获得三等奖。福鼎联社获得数字金融创新奖一等奖，宁德农商行获得绿色金融（海洋金融）优胜奖二等奖。聚焦主业回归本源，存贷比74.04%，资金运用率保持全省农信最高，高出全省平均6.26个百分点。普惠领域贷款占比77.79%，排名全省农信第二，涉农贷款占比85.71%，保持全省农信最高。古田联社被农业农村部列为全省农信唯一的新型农业经营主体管理及信用分级评价系统创新试点单位。推动精准建档、整村授信等基础工作，全市个人贷款客户37.18万户，增加2.22万户，覆盖面47.3%，全省农信第二，提升2.8个百分点，全省农信第一。贷款户均11.32万元，保持全省农信最低。落实稳企保就政策，通过“金服云”平台对企业提供快速服务，共授信2835笔11.12亿元，比年初增加1761笔6.01亿元，笔数增量全省农信第三。发放纾困贷款406户4.17亿元，户数全市第一，金额第二。支持各类主体创业，实现创保贷9家行社全覆盖，共发放1491笔2.6亿元，古田、屏南和宁德农商行分别位居全省农信第一、二、四名。实现化险“摘帽”序时目标，福安联社推进化险“摘帽”工作，落实风险处置任务，年末主要指标达到监管要求。推进数据质量治理工作，全辖普惠小微贷款统计数据偏差比年初下降31.91亿元，涉农贷款统计数据偏差比年初下降7.01亿元，列全省农信第一。金融科技能力提升，福鼎联社参与建设福鼎白茶大数据溯源平台，采集2.4万公顷茶园信息，发放白茶溯源信息卡8.14万张，开发嵌入“白茶金融评级融资平台”，发放“福茶·溯源贷”2256笔，创建白茶信用产区4个。宁德农商行“惠宁快贷”进件系统，填补线上产品的空白；寿宁联社采用云闪付统一产销平台，解决农户产品收购、销售过程中现金支付难题；“福保快贷”新型线上信贷产品落地实施，全市农信完成线上签约2351笔，授信金额1.08亿元，营销转线下贷款1259笔，金额9162.69万元，夯实社保卡客群。

【村镇银行】 2021年，宁德市有村镇银行9家，包括刺桐红村镇银行7家、福鼎恒兴村镇银行1家、福安渝农商村镇银行1家。7家刺桐红村镇银行合计实现各项存款余额36.21亿元，各项贷款余额36.58亿元，其中涉农贷款余额32.08亿元，普惠型小微企业贷款余额17.89亿元。在职人员213人。普惠金融工作。建立9个乡村振兴示范点、21个普惠金融工作站（点），组建16支共计41人的“垄上行+线上行”普惠金融服务队，加强与地方部门党委、村党委的结对共建，开展金融知识宣传，挖掘客户金融需求，通过挂职金融干部和挂职金融助理常态化开展“送贷下乡、上门服务”，金融服务覆盖周边158个乡村，年内普惠金融工作站（点）共新增贷款户数1300余户，贷款金额近1.3亿元。创新推出“纯信用、额度高、随借随还”的“小水滴”信用贷，以线上线下融合、全流程自动化线上办贷，践行“客户一趟不用跑，客户经理最多跑一趟”的服务承诺。截至年末，累计授信户数1.83万户，授信总额13.55亿元，用信1.41万户，用信总额8.42亿元。

刺桐红村镇银行 2021年末，蕉城区刺桐红村镇银行各项存款余额7.69亿元，较年初增加1.89亿元，各项贷款余额6.61亿元，较年初增加0.97亿元，累计缴纳各项税费0.22亿。累计发放贷款28.8亿元，其中涉农贷款占比80.60%以上，小微贷款占比50.70%以上，累计帮助近0.79万户农民、小微企业主实现致富梦想。霞浦县刺桐红村镇银行各项存款余额7.41亿元，较年初增加1.32亿元，各项贷款余额7.39亿元，较年初增加1.30亿元，累计缴纳各项税费0.49亿。累计发放贷款39.66亿元，其中涉农贷款占比86.71%以上，小微贷款占比29.22%以上，累计帮助1.07万户农民、小微企业主实现致富梦想。古田县刺桐红村镇银行各项存款余额5.45亿元，较年初下降0.8701亿元，各项贷款余额6.90亿元，较年初增加0.55亿元，累计缴纳各项税费0.68亿，连续六年被评为“县纳税大户”称号，2021年度被评为“福建省工人先锋号”。累计发放贷款42.72亿元，其中涉农贷款占比90%以上，小微贷款占比50%以上，累计帮助近0.7万户农民、小微企业主实现致富梦想。屏南县刺桐红村镇银行各项存款余额3.05亿元，较年初增加0.85亿元，各项贷款余额3.55亿元，较年初增加1.06亿元，累计缴纳各项税费0.15亿元，连续两年被宁德市委、市政府评为企业“纳税大户”，连续十三年被福鼎市委、市政府评为全市纳税“功企业”，被福建省委授予全省先进基层党组织”称号，连续七年获评“全国百强村镇银行”。服务实体经济，累计发放贷款14.88亿元，其中涉农贷款占比90.61%以上、小微贷款占比34.29%以上，累计帮助近0.64万户农民、小微企业主实现致富梦想。寿宁县刺桐红村镇银行各项存款余额4.03亿元，较年初增加0.17亿元，各项贷款余额4.17亿元，较年初增加0.13亿元，累计缴纳各项税费0.27亿，连续九年被寿宁县评为企业“纳税大户”。服务实体经济，累计发放贷款22.98亿元，其中涉农贷款占比89.95%以上、小微贷款占比70.35%以上，累计帮助近0.42万户农民、小微企业主实现致富梦想。周宁县刺桐红村镇银行各项存款余额4.37亿元，较年初增加0.85亿元，各项贷款余额4.04亿元，较年初增加0.53亿元，累计缴纳各项税费0.20亿元，服务实体经济，累计发放贷款15.79亿元，其中涉农贷款占86.69%、小微贷款占比56.05%，累计帮助近0.61万户农民、小微企业主实现致富梦想。柘荣县刺桐红村镇银行各项存款余额4.22亿元，较年初减少0.10亿元，各项贷款余额各项贷款3.63亿元，较年初增加0.4亿元，累计缴纳各项税费0.24亿，被宁德市妇女联合会评为“巾帼文明岗”，被宁德市青年文明号活动组委会评为“2022年–2024年市级青年文明号”，2017—2022连续六年获得“柘荣县十佳纳税大户”称号，累计发放贷款18.97亿元，其中涉农贷款占比78.12%以上、小微贷款占比50.87%以上，累计帮助近0.47万户农民、小微企业主。

福鼎恒兴村镇银行 2021年末，福鼎恒兴村镇银行各项存款余额23.04亿元，较年初增长5.3亿元；各项贷款余额32.20亿元，较年初增长5.5亿元；累计缴纳各项税费1.96亿元，连续两年被宁德市委、市政府评为企业“纳税大户”；连续十一年被福鼎市委、市政府评为全市纳税“功勋企业”；被福建省委授予“全省先进基层党组织”称号，连续七年获“全国百强村镇银行”。探索出一条以“党建统领全局、助力农村金融高质量发展”的普惠金融新路径。秉承“支农支小”宗旨，以“小额、流动、分散”为原则，服务实体经济，累计发放贷款197亿元，其中涉农贷款占比90%以上、小微贷款占比70%以上，累计帮助近8万户农民、小微企业主实现致富梦想。

福安渝农商村镇银行 2021年，福安渝农商村镇银行资产规模3.33亿元，存款余额1.04亿元，比上年增加0.16亿元。贷款余额2.66亿元，比上年增加0.8亿元，被福安市政府授予“金融服务实体经济高质量发展新增信贷投放奖”，集体评为“普惠金融工作先进集体”。普惠金融工作。加大涉农信贷投放，支持“福安葡萄”“穆阳水蜜桃”“福安芙蓉李”“福安晚熟龙眼”等全国名特优新农产品的特色农业，推进亲情贷、农房贷、农村专业大户等贷款产品。服务实体经济工作。建立健全面向小微民企的工作流程，提高服务效率，合理确定费用。完善“微易贷”系列小微企业专属产品，突出“申请快捷、支用方便、循环使用”等特色，扩大授信额度，简化办贷流程，提高服务效率，全年小微贷款余额增加0.56亿元，增幅72%。注重有效识别和防控风险，多措并举清收不良，该行不良率0.16%。

（吴若菲　钟雯鋆）

保险　证券

【保险业】 2021年，宁德市有保险机构30家，其中财产险公司15家、人身险公司15家，营业网点164个，从业人员1.27万人。全市保险业累计实现保费收入63.88亿元，比上年增长11.24%，总体发展质量良好。分险种看，财产险累计实现保费收入14.48亿元，比上年增长8.44%；人身险累计实现保费收入49.39亿元，增长12.09%。当年累计各项赔付支出20.67亿元，比上年增长17.8%。参与普惠金融改革试验区建设，交通事故快处快赔“121”机制等创新成果得到全省推广。

（钟雯鋆）

【证券业】 2021年末，宁德市有证券经营机构17家。其中，证券分公司2家（华福证券分公司4个营业部、兴业证券分公司4个营业部），其他证券公司营业部7个（南京证券、中信建投证券、海通证券、东方财富证券、东兴证券、中国银河证券、国泰君安证券）。

表17　2021年宁德市保险业机构网点分区域情况表

（截至12月31日）

单位：个

机构＼地区	蕉城区	福鼎	福安	霞浦	古田	屏南	寿宁	周宁	柘荣	宁德
一、财险	18	11	9	8	10	5	3	3	3	70
人保财险	3	2	2	1	3	1	1	1	1	15
平安财险	1	1	1	1	1	1	1	1	1	9
太平洋财险	1	1	1	1	1	1	0	0	0	6
华安财险	1	0	0	0	0	0	0	0	0	1
天安财险	1	1	1	0	0	0	0	0	0	3
大地财险	1	1	1	1	1	0	0	0	0	5
中华联合	1	1	1	1	1	1	0	0	0	6
太平财险	1	1	0	0	0	0	0	0	0	2
大家财险	1	0	0	0	0	0	0	0	0	1
都邦财险	1	0	0	1	1	0	0	0	0	3
国寿财险	2	1	1	1	1	1	1	1	1	10
阳光财险	1	0	0	0	0	0	0	0	0	1

续表 17

机构＼地区	蕉城区	福鼎	福安	霞浦	古田	屏南	寿宁	周宁	柘荣	宁德
海峡金桥	1	1	1	1	1	0	0	0	0	5
长安责任险	1	0	0	0	0	0	0	0	0	1
紫金财险（支公司）	1	1	0	0	0	0	0	0	0	2
二、寿险	18	19	14	12	12	4	7	5	3	94
中国人寿	2	11	4	4	7	2	5	3	2	40
平安人寿	2	2	4	1	2	1	2	1	1	16
新华人寿	1	0	0	0	0	0	0	0	0	1
泰康人寿	1	1	1	2	1	1	0	1	0	8
民生人寿	1	0	0	0	0	0	0	0	0	1
太平人寿	1	1	1	1	0	0	0	0	0	4
富德生命	1	1	1	1	1	0	0	0	0	5
人民人寿	1	1	1	1	1	0	0	0	0	5
幸福人寿	1	0	0	0	0	0	0	0	0	1
阳光人寿	1	0	0	0	0	0	0	0	0	1
百年人寿	1	1	1	1	0	0	0	0	0	4
英大人寿	1	0	0	0	0	0	0	0	0	1
平安养老	1	0	0	0	0	0	0	0	0	1
泰康养老	1	0	0	0	0	0	0	0	0	1
太平洋人寿	2	1	1	1	0	0	0	0	0	5
保险公司合计	36	30	23	20	22	9	10	8	6	164

（资料来源：宁德银保监分局）

表 18　2021 年宁德市保险业从业人员分区域情况表

（截至 12 月 31 日）

单位：人

机构＼地区	蕉城区	福鼎	福安	霞浦	古田	屏南	寿宁	周宁	柘荣	宁德
一、财险	1076	469	328	225	266	153	106	112	129	2864
人保财险	296	175	155	70	66	54	37	44	33	930
平安财险	75	9	10	8	3	2	5	1	3	116
太平洋财险	91	57	44	45	26	37	0	0	0	300
华安财险	20	0	0	0	0	0	0	0	0	20
天安财险	20	5	9	0	0	0	0	0	0	34
大地财险	20	5	7	5	5	0	0	0	0	42
中华联合	58	19	8	23	10	15	0	0	0	133
太平财险	27	12	0	0	0	0	0	0	0	39
大家财险	4	0	0	0	0	0	0	0	0	4
都邦财险	17	0	0	7	10	0	0	0	0	34

续表 18

机构 \ 地区	蕉城区	福鼎	福安	霞浦	古田	屏南	寿宁	周宁	柘荣	宁德
国寿财险	350	175	73	56	138	45	64	67	93	1061
阳光财险	28	0	0	0	0	0	0	0	0	28
海峡金桥	39	10	22	11	8	0	0	0	0	90
长安责任险	23	0	0	0	0	0	0	0	0	23
紫金财险（支公司）	8	2	0	0	0	0	0	0	0	10
二、寿险	2947	1869	1807	1195	691	257	402	394	262	9824
中国人寿	907	919	507	374	455	179	244	372	211	4168
平安人寿	432	220	605	351	97	58	158	6	51	1978
新华人寿	84	0	0	0	0	0	0	0	0	84
泰康人寿	212	336	338	116	52	20	0	16	0	1090
民生人寿	72	0	0	0	0	0	0	0	0	72
太平人寿	306	115	96	40	0	0	0	0	0	557
富德生命	78	44	13	168	62	0	0	0	0	365
人民人寿	79	89	129	55	25	0	0	0	0	377
幸福人寿	145	0	0	0	0	0	0	0	0	145
阳光人寿	82	0	0	0	0	0	0	0	0	82
百年人寿	143	51	71	37	0	0	0	0	0	302
英大人寿	99	0	0	0	0	0	0	0	0	99
平安养老	14	0	0	0	0	0	0	0	0	14
泰康养老	58	0	0	0	0	0	0	0	0	58
太平洋人寿	236	95	48	54	0	0	0	0	0	433
保险公司合计	4023	2338	2135	1420	957	410	508	506	391	12688

（资料来源：宁德银保监分局）

【中国人民财产保险股份有限公司宁德市分公司】 2021年，中国人民财产保险股份有限公司宁德市分公司（简称“人保财险宁德市分公司”）系统HR员工总人数383人。9—10月改编本部内设部门，按法人客户事业群、个人客户事业部、政府业务事业部和普惠金融事业部4个群体区分，改编后内设部门由原来11个调整为13个。全年总保费收入9.38亿元，比上年增长25.07%，总保费规模首次突破9亿元，占全市财险行业市场份额的52.50%，位居全行业之首。提供各类风险保障9130.18亿元，处理各类赔案6.77万件，支付已决赔款4.02亿元，上缴税收6879.2万元（含代缴车船税）。公司获人保财险福建省分公司授予的“市级分公司综合经营管理奖三等奖”。

服务普惠金融试验区改革建设 2021年，人保财险宁德市分公司加大产品供给，加强产品创新。中标2021—2022年宁德市城乡居民大病保险项目和宁德市医疗保障基金中心宁德2021—2022年度城镇职工大病保险项目服务类采购项目，为全市277.5万名城乡居民和43.57万名城镇职工提供医疗风险保障。在蕉城签下全省首个统保“园区保”项目，为宁德上汽园区配套厂23家厂房提供8.75亿元的风险保障，在周宁签下全省首单“突发事件应急保险”，帮助完善政府应急救灾体系。在古田签下全省首单学生托管综合保险，并作为全市学生托管综合保险统保公司之一，为全市课后托管工作提供风险保障服务。在霞浦创新推出全省首个“公安防范电信网络诈骗+保险”救助机制。在屏南、福鼎、柘荣等地分别签下全市首单“乡村民宿保”、灵活就业人员人身意外伤害保险。

乡村振兴发展助力 2021年，人保财险宁德市分公司立足服务农业兴、农村美、农民富，在加强产品开发同时，做好广大农民“买保险就是买保障”思想引导，在全国首创槟榔芋保险、茶叶病虫害防治救助保险2个新产品，在全省首创油柰采摘期气象指数保险、鲜叶价格指数保险2个新产品，另外新增花生种植保险、香菇种植保险、古树名木保险、玉米种植保险4个产品。推广高标准农田设施灾毁保险，并于11月22日在柘荣签下全市第一单该保险。在宁德行业内最先启动并推进“保险+”乡村振兴服务模式，通过“生态环境+司法+保险”“古树名木保护+保险”“乡村+政府+保险”“司法+文物+保险”“乡村文创+保险”等多样化举措，精准对接乡村振兴多元化保险需求。

客户服务建设 2021年，人保财险宁德市分公司加强客户绑定率及线上化服务触达率建设，专门配备理赔人员7名处理线上小额人伤案件，提高理赔服务效率。在春节、“五一”“十一”等国家法定节假日开展“心服务”活动，引导全市外出客户处理交通事故理赔工作以及引导处理各种理赔问题，全年服务客户747名。在宁德红树林等小区开展智能体检进社区服务，在全市服务大厅开设老年人优先服务窗口，配备老年服务用品，以细节提升推进客户体验。

（陈 清）

【中国人寿保险股份有限公司宁德分公司】 2021年，中国人寿保险股份有限公司宁德分公司（简称“中国人寿宁德分公司”）下辖9个县（市、区）支公司、1个营业部（赛岐）、29个营销服务部，全市系统从业人员4168人。累计总保费收入23.45亿元，比上年增长12.19%，总保费规模占宁德市寿险市场份额50.37%。累计赔款、满期给付等各类赔付支出总金额6.06亿元，缴纳各项税收总金额1508.85万元。

惠民保险 2021年，中国人寿宁德分公司拓展“惠民保”“商铺保”“员福保”、计生家庭意外伤害保险、“女性安康保险”等普惠型保险，创新拓展小微企业专属保险产品。累计理赔农村小额人身保险1881人，赔付金额317.42万元；理赔小微企业1499家，服务对象4.46万人，赔付金额508.34万元，缓解农民群众各项医疗支出及大灾人祸造成的家庭经济压力，解决企业用人用工中的风险和经济补偿责任。创新海洋特色金融产品和业务，围绕沿海农村特色和提高渔民保障和赔付标准，制订海洋金融产品费率及承保方案，实施霞浦海上渔工险产品项目。累计投保渔船50艘，承保渔工1167人，提供总保额4668万元的意外伤害风险保障及意外费用医疗补偿保障；承保海上养殖人员2107人，提供总保额8.85亿元的意外伤害风险保障及意外费用医疗补偿保障，为助推霞浦县域“三农”领域、海洋经济的发展提供保险支持。

健康保障 2021年，中国人寿宁德分公司发挥保险保障功能作用，推广保障型产品，加大商业健康险供给，助力完善多层次医疗保障体系建设。全市累计完成保障型产品保费1.10亿元，销售1.70万件，为客户提供22.82亿元的健康保险风险保障。参与完善多层次社会保障体系和地方公共卫生体系建设，拓展城乡居民大病保险、贫困人口补充医疗保险等业务，协助政府落实大病保险责任向贫困人口倾斜政策，中标宁德市2021—2022年度城乡居民大病项目。国寿大健康新增注册用户数2.41万人，完成率114.94%，缓解因社会公众医疗资源紧张造成的就医难题，提高医疗运行效率和服务效率。

适老服务 2021年，中国人寿宁德分公司坚持传统服务方式与智能化服务创新并举，全市系统9个柜面开设绿色通道及敬老专属服务窗口，配备完善老花镜、血压计、急救医药箱、轮椅等便民设施，增设敬老座椅，设置老年客户服务专员，为老年群体提供“一对一”全流程服务。开展“百日经脉健身”、健康家庭名医巡讲等系列专项增值服务活动，帮助老年客户提升自身免疫力。全年经脉健身报名人数6.24万人，浏览人数13.80万人。实施“银龄安康工程”，了解对老人保险需求情况，提供保障方案，为老年群体提供抵御风险的屏障。全年累计老人险承保人数35.97万人，为943名老年人支付风险保障金189.95万元，提高老年人抵抗意外风险的能力。

服务质效 2021年，中国人寿宁德分公司推行“主动、便捷、快速、透明”的电子化服务，让客户全方位体验科技国寿，为客户提供便捷的服务。承保端个人业务无纸化投保率与团销系统无纸化投保率100%；理赔端理赔服务e化率近100%，理赔移动调查完成率99.78%、调查视频调查应用率90.71%，均列全省系统第一位。理赔智能审核率位列全省系统第二位。理赔出险付费时效48天，比上年减少5.96天，小额案件平均时效0.15天，排名全省系统第一位；持续推进“重疾一日赔”，全年累计635件、3545万元赔款；开展“理赔主动服务”，累计为3440位客户提供“免申请、零等待、出院就理赔”的新型保险理赔服务。

风险防范 2021年，中国人寿宁德分公司开展监管检查发现问题全面自查自纠、人身保险市场乱象治理、落实《中国银保监会关于银行业保险业巩固治乱象深化强监管指导意见》专项工作、重点风险专项排查整治工作等重点领域重点风险排查工作，结合业务实际，围绕主要风险领域，开展自查自纠，对自查发现问题即查即纠、立查立改，落实责任追究。在重点风险专项排查整治工作中，市公司组织对各营业单位专项排查整治工作开展情况进行督导，督导对象覆盖全市12个营业单位，覆盖率100%。开展销售人员诚信文化建设，制作“诚信墙”“警示栏”和宣传栏，组织销售人员开展诚信宣誓活动，将诚信宣誓作为新人岗前培训或迎新仪式的规定环节，确保新入司销售人员100%全覆盖。

（张尚文）

【中国人寿财产保险股份有限公司宁德市中心支公司】 2021年，中国人寿财产保险股份有限公司宁德市中心支公司（简称“中国人寿财险宁德中支公司”）内设12职能部门，下辖9个县（市区）支公司（营销服务部）和3个内设营业部。实现保费收入1.79亿元，完成年度计划109.15%，比上年增长12.6%，居宁德财险市场第三位，超额完成全年保费目标。

“三农”服务 2021年，中国人寿财险宁德中支公司农业保险保费收入2505.12万元，累计提供风险保障24.79亿元，农业保险市场份额位居宁德市场第二位。公司立足宁德台风、低温、强降雨等自然灾害给农业生产造成影响的灾情，发挥风险管理专业优势，创新开发系列指数型农业保险，填补宁德乃至福建农险领域空白。保障渔业产业高质量发展。为提高宁德水产养殖户抗风险能力，公司配合渔业海洋部门为养殖户量身打造水产养殖台风指数保险、海水养殖赤潮指数保险等渔业保险产品，为县域的水产养殖企业和个人养殖户提供保险金总额1.53亿元的风险保障。保障区域特色农业产业发展。为保障农户利益，公司因地制宜推出“农作物气象因子保险项目”，发挥指数保险便捷高效的优势，为宁德9个县（市）等县域的葡萄、猕猴桃、柚子、辣椒、蚕豆、花生等特色农作物提供1.35亿元台风及强降水风险保障；3—4月，与寿宁县祥瑞葡萄种植专业合作社、清源聚原生态农业开发公司签订温室大棚保险合同协议，承保葡萄、猕猴桃特色农业的大棚和棚内农作物投保设施大棚及棚内农作物种植保险，承保面积429.33公顷，累计提供风险保障4276万元，已决赔款支出109.49万元，增强农户抵御自然灾害风险的能力。林木综合保险守护绿色产业发展。中标福鼎、寿宁、柘荣3个县（市）的政策性森林综合保险，开展政策性森林保险工作。累计承保面积12.33万公顷，保费收入277.39万元。其中，公益林面积9.38万公顷、商品林面积2.95万公顷，累计为林权所有者提供21.45亿元风险保障。年内发生森林保险火灾和病虫害共9起，赔款支出150.29万元，保障林业生态经济高质量发展。开办林权抵押保险，累计为绿色林木提供风险保障393万元，为林农灾后恢复生产提供资金保障。助推柘荣县乡村振兴试点工作，破解太子参产业发展难题，创新开发全国首个太子参价格保险，提高对太子参产业经营风险的抵御能力，稳定和保障农户收入。

社会民生保障服务 2021年，中国人寿财险宁德中支公司与寿宁县人民政府联合开办寿宁县预防因病因灾致贫返贫（风险管理）保障服务试点基础上，中标柘荣县巩固低收入人群因病因灾致贫返贫保障综合保险。10月27日，与寿宁县农业农村局在寿宁县融媒体中心联合举办寿宁县预防因病因灾致贫返贫保障（风险管理）服务项目签约仪式，为寿宁、柘荣2县近2.55万名建档立卡贫困户和低收入群众提供因病因灾致贫返贫保障综合保险保障服务。该保障服务可按合同约定限额为因疾病因意外造成的在县级医院以上住院、门诊费用，或因本县区域内发生自燃灾害导致的家庭财产损失给予保障对象第一时间兑现理赔款。截至年末，寿宁县预防因病因灾致贫返贫保障（风险管理）服务和柘荣县巩固低收入人群因病因灾致贫返贫保障综合保险，理赔意外溺水案件1户（2人），赔付金额20万元。助力化解欠薪难题，在建筑工程领域探索以保证保险保单替代保证金，推出投标保证保险、农民工工资支付履约保证保险等险种，减轻建筑企业资金压力，维护社会和谐稳定。全年为全市提供建筑工程合同履约保证保险风险保障1.33亿元，农民工工资支付履约保证保险风险保障2.39亿元。安全生产责任险、食品安全责任险、环责险，助力保障民生工程。

非车险业务 2021年，中国人寿财险宁德中支公司融入政府企业单位，拓展大项目，续保闽运集团保险业务。承保一批非车险重大项目保险，宁德市烟草公司财产险业务、宁德市安全生产责任险、各县（市）防贫保险业务持续推进。

承保理赔服务 2021年，中国人寿财险宁德中支公司推出一站式“中国人寿财险”官方微信服务平台，365天×24小时为客户提供在线投保、在线理赔、保单查询、门店导航、道路救援、天气预警等微信线上服务，开展“服务承诺”和“有我，财安心”服务承诺劳动竞赛活动，加快小额案件处理时效，加强营业窗口标准建设，全市9个网点实现移动“全球眼”电子监督服务，开通车险电子保单功能，对接交警“放管服”平台，与柘荣、寿宁交警大队开展警保联动活动，共建农村交通安全劝导站，举办“6·16”客户节活动。全年理赔案件受理1.90万件，累计支付赔款8701.56万元，数量结案率93.933%。

（兰晖东）

【中国平安人寿保险股份有限公司宁德中心支公司】 2021年，中国平安人寿保险股份有限公司宁德中心支公司（简称“平安人寿宁德中支公司”）依托“产品+”策略，构建多层次产品体系，拓展服务边界，满足客户风险保障及服务需求；依托“科技+”策略，向全面数据化经营方向迈进，推动营销、客服的智能化升级。聚焦保险慈善文化，在产业扶贫、志愿服务方面投入。全年累计保费收入9.19亿元，比上年下降0.04%，其中新单保费收入2.40亿元，下降0.01%。赔付支出1.87亿元，比上年增长29.93%，其中满期给付6482万元，增长0.36%。缴纳税金694.68万元（含代扣代缴），有效客户数23.62万人，赔付件数9252件，赔付金额1.15亿元。设有中心支公司1家、支公司1家、营销服务部14家，内勤员工119人、保险营销员1859人。

应用科技提升服务 2021年，平安人寿宁德中支公司打造数字寿险新模式。在渠道经营方面，提升科技运营能力，通过对经营预测进行预警、追踪、及时干预，构建先知、先觉、先行的管控平台；在队伍管理方面，实现代理人从新人招聘、队伍培养、销售支持等环节的全流程智能化，打造“三好五星”营业部新模式，节约营业部经理90%的管理时间；在客户服务方面，实现保全业务办理、核保等流程智能化升级，智慧客服和空中客服为客户办理业务享受方便快捷的同时，提升业务办理的准确性和有效性。

产品与服务融合 2021年，平安人寿宁德中支公司响应健康中国和应对人口老龄化国家战略，聚焦“产品+服务”，创新升级。以养老和健康管理服务为经线，以“御享、盛世、智盈、如意”四大产品系列为纬线，形成“三经四纬”产品体系，加速服务经线与产品纬线的融合，为消费者提供“保险保障+健康管理+医疗服务”的一站式解决方案。针对细分市场，采用“专属产品＋服务”模式，提供不同的保险服务来满足各类客群全方位的健康风险管理需求。

合规经营防控风险 2021年，平安人寿宁德中支公司优化“大合规”体系，通过合规制度建设、合规文化教育、合规业务监测、合规行为控制、合规风险处置五大体系全局控制合规风险，强化“一道防线”作用；前置合规防控，夯实业务条线合规基础管理，防范和打击违法违规的行为。

（黄丽坤）

【中国太平洋人寿保险股份有限公司宁德中心支公司】 2021年，中国太平洋人寿保险股份有限公司宁德中心支公司总保费收入1.91亿元，比上年增长7.85%，市场份额4.10%，下降0.08%，居当地市场第五位。累计新保保费收入5793万元，比上年增长16.86%。其中，个人业务新保期缴保费收入2839万元，比上年增长23.59%；团体业务新保趸缴保费收入2404万元，增长37.52%；续期保费收入1.33亿元，增长4.34%。支付各类赔款、满期给付总金额4962万元，比上年下降30.85%。

（陈艺杰）

【泰康人寿保险有限责任公司福建宁德中心支公司】 2021年，泰康人寿保险有限责任公司福建宁德中心支公司（简称“泰康人寿宁德中支”）下辖福安、福鼎等7个服务机构，公司保险业务代理人1090个，公司年度计划保费24588.32万元，年度计划保费达成率97%；累计实现保费收入2.39亿元，比上年增长7%，在宁德寿险市场份额占比5%，排名寿险同业第三。截至12月赔付支出3605万元，比上年增加31%。“金泰杯”期间承保标准保费405万元。

“泰生活”助力服务 2021年，泰康人寿宁德中支提供“泰生活”App线上保单服务第二年，保单服务项目实现电子化，客户在手机端享受一站式保险服务，包括投标、回访、保全、理赔、咨询等人性化便捷服务。优化老年客户的接待流程，机构以各营业网点为依托，设立“老年人专属绿色窗口”，简化业务办理手续，配备专属工作人员，为老年客户办理业务提供咨询、指导协助办理等服务。各网点在柜面增加放大镜、应急药品等适老设施配置，方便老年客户办理业务之需，提高无障碍服务水平。

“健保通”便民服务 2021年，泰康人寿宁德中支的“健保通”快赔平台覆盖宁德地区各大公立医院，为客户提供出院后快速理赔的服务。泰康人寿宁德中支与宁德市中医院、福鼎市医院保持协作关系，为客户提供省心、省时、省周转的健保通直赔服务。17%的住院客户通过“健保通”平台享受简单、便捷的理赔服务体验。

新三年战略 2021年，泰康人寿宁德中支贯彻福建省分公司“新三年”战略，推进大健康产业生态体系建设，强化区域协同。通过总公司在全国布局高品质的泰康之家长寿社区和多层次的医疗体系，推进对接医养服务的保险产品；保险支付和实体医养服务结合形成大健康闭环生态体系，提升长寿时代的健康养老效率。依托泰康方案，将虚拟保险与现实的医养结合。

（陶学松）

【中国大地财产保险股份有限公司宁德中心支公司】 2021年，中国大地财产保险股份有限公司宁德中心支公司深化渠道专业化经营管理，保费收入2483.52万元，已决赔款1344.83万元，辖下设立福安、霞浦、古田、福鼎4家营销服务部。响应政府民生工程，参与宁德市教育局课后午晚托政府救助责任险项目，提供保障4.37亿元。

（林 艳）

【富德生命人寿保险股份有限公司宁德中心支公司】 2021年，富德生命人寿保险股份有限公司宁德中心支公司实现保费收入约2.37亿元，比上年增长22.36%。其中，个险渠道完成新单保费收入1819万元，比上年增长15.21%；银代渠道完成新单保费收入1.03亿元，增长88.85%；续期完成保费收入1.16亿元，下降6.11%。赔付支出2187万元，比上年增长17.82%。公司打造“智享柜面”，打破原有的按业务种类分窗口、分柜台服务的传统做法，以移动平板为载体，以“一柜通”系统为核心，将传统固定的物理柜面转变成移动便捷的电子化移动柜面，通过人脸识别、OCR识别等先进技术解决业务流程难点，由一名服务人员即可为临柜客户提供契约、保全、理赔等多项服务，减少客户柜面等待时间。在投保方面，核保服务再升级通过搭建智能核保系统、视频核保，核保专家通过视频与客户“面对面”交流，收集信息并在线完成核保评估，简化核保流程。建立“生命锦鲤”多元化的理赔服务体系，将保险合同参与方保险人（理赔员）、代理人、客户纳入理赔服务体系。推行微信理赔、精英代理人理赔、云赔、快赔服务，应用高新科技为客户理赔服务。

（严晶晶）

其他非银行金融机构

【概况】 2021年，宁德市金融工作办公室引导全市政府性融资担保公司推广国融担“总对总”批量业务和地方版“总对总”批量业务，加大支小支农支持力度，提高融担质效。引导典当行、融资租赁、商业保理等地方类金融组织立足行业特点，发挥错位经营和“小额、分散”特点优势，服务小微企业和“三农”主体，为普惠金融发展提供补充。同时，严控经营风险，对辖内机构报送的设立、变更、注销、备案等材料，严把初审关，筑牢监管防线。通过开展全市融资担保公司、小额贷款公司、典当行、融资租赁公司、商业保理公司等机构的定期摸排，分类监管，推动类金融机构发展，保障全市类金融环境平稳发展。截至年末，类金融机构42家，包括融资担保公司17家、典当行11家、小额贷款公司7家、融资租赁公司6

家、商业保理公司1家（注册资本1亿元，业务余额0.6亿元）。纳入白名单监管的6家融资租赁公司中，报送经营数据的5家融资租赁公司，注册资本7.77亿元，资产总额23.53亿元，融资租赁资产9.48亿元，年投放量8.96亿元。

【融资担保公司】 2021年末，宁德市17家融担机构，注册资本合计17.43亿元，融资在保3.24万户（次），金额48.35亿元，比上年增长23.58%。全年新增融担业务2.70万户（次），金额44.50亿元。其中，9家政府性融担机构注册资本10.97亿元，融资在保3.23万户（次），融资在保金额47.99亿元，比上年增长72.73%。融担放大倍数4.20倍，平均融担费率0.40%，2项指标均居全省第二。当年新增融担业务2.70万户（次），金额44.49亿元。其中支小支农2.70万户（次），金额43.38亿元，占全市政府性融担新增业务的97.51%，户均保额16.06万元，体现普惠性。当年获得中央降费奖补、省级风险补偿资金共计1124.63万元，增加0.16亿元。

表19 2021年宁德市政府性融资担保机构业务完成情况表

单位：万元、笔

序号	公司名称	融资在保额	在保笔数	截至12月末新增融资担保金额	截至12月末新增笔数
全市汇总		479880	32265	444895	27036
1	市再担保	271149	20478	249989	15475
2	屏南惠农	12849	672	9002	569
3	寿宁金桥	13408	1551	14092	1576
4	福安富信	63664	2347	55180	2123
5	福鼎太姥	67723	2391	65956	2925
6	古田民富	11350	1078	11419	1086
7	周宁云上	9011	1178	8968	1177
8	柘荣惠荣	8919	550	8929	550
9	霞浦福宁湾	21807	2020	21360	1555

（资料来源：市金融办）

表20 2021年宁德市政府性融资担保机构主要指标完成情况表

单位：倍、户（次）

序号	公司名称	融担放大倍数						每亿元净资产扶持小微企业、“三农”主体数
		一季末	二季末	三季末	四季末	季末平均放大倍数	全市排名	
全市		2.93	3.43	3.63	4.20	3.55	/	4222.92
1	屏南惠农	5.94	5.90	5.85	6.28	5.99	1	8846.23
2	市再担保	3.90	4.46	4.83	5.06	4.56	2	6092.55
3	霞浦福宁湾	3.16	3.88	2.25	3.21	3.13	3	3796.00
4	福鼎太姥	2.50	3.09	3.10	3.36	3.01	4	2016.02
5	寿宁金桥	1.61	2.65	2.88	3.75	2.72	5	5167.29
6	古田民富	0.22	0.85	3.24	5.89	2.55	6	5638.87
7	周宁云上	1.20	1.83	2.5	3.36	2.22	7	4406.72
8	福安富信	1.65	1.82	1.92	3.08	2.12	8	1198.43
9	柘荣惠荣	0.14	0.71	1.84	3.19	1.47	9	1967.22

（资料来源：市金融办）

【小额贷款公司】 2021年末，宁德市有小额贷款公司7家，注册资本合计11.96亿元，经营资金总额11.69亿元，比上年减少20.00%。当年新增贷款3344.6万元，比上年减少49.74%，新增不良贷款530.34万元，增加6.45%。贷款余额9.90亿元，比上年减少1.96亿元。不良贷款余额2.78亿元，比上年减少0.66亿元，不良率17.53%。

【融资租赁公司】 2021年12月末，宁德市纳入白名单监管的融资租赁公司6家，其中报送经营数据的5家融资租赁公司，注册资本7.77亿元，资产总额23.53亿元，融资租赁资产9.48亿元，全年投放量8.96亿元。

【典当行】 2021年底，宁德市11家典当行，注册资本2.55亿元，典当总额3.32亿元，比上年减少1.05亿元，典当余额2.04亿元，增加0.16亿元。从业务数据看，动产典当占比44.30%，财产权利典当占比13.39%，房地产典当占比42.31%。

【商业保理公司】 2021年底，宁德市商业保理公司1家，注册资本1亿元，实现商业保理公司零的突破。该家商业保理公司为宁德市汇诚商业保理有限公司（下称“汇诚保理”）2月23日成立，实缴资本金1亿元，为宁德市汇融投资集团有限公司100%控股，公司业务开展依托于国企的资源优势并结合宁德区域主导产业，拓展宁德四大产业上下游企业优质客户。截至年底，汇诚保理总资产1.01亿元，当年净利润88.6万元，共投放1笔工程保理业务，保理余额2000万，业务余额0.6亿元。

（柳朝涛）

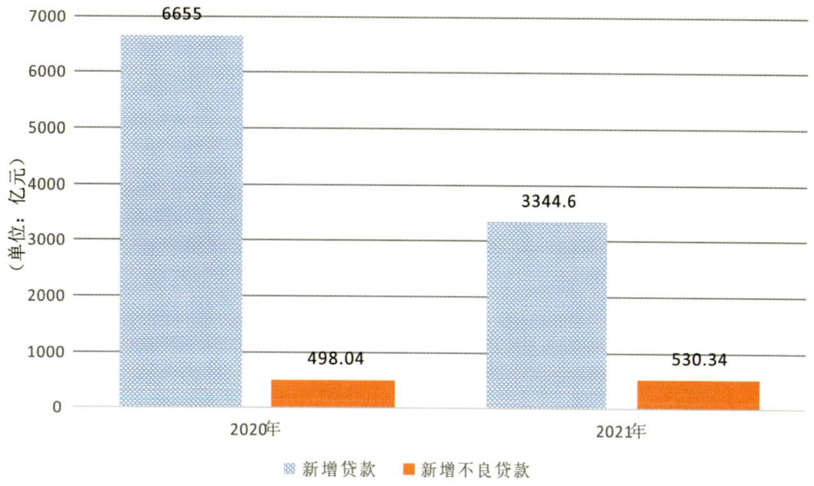

图5 2021年宁德市新增小额贷款情况同期对比图

（资料来源：市金融办）

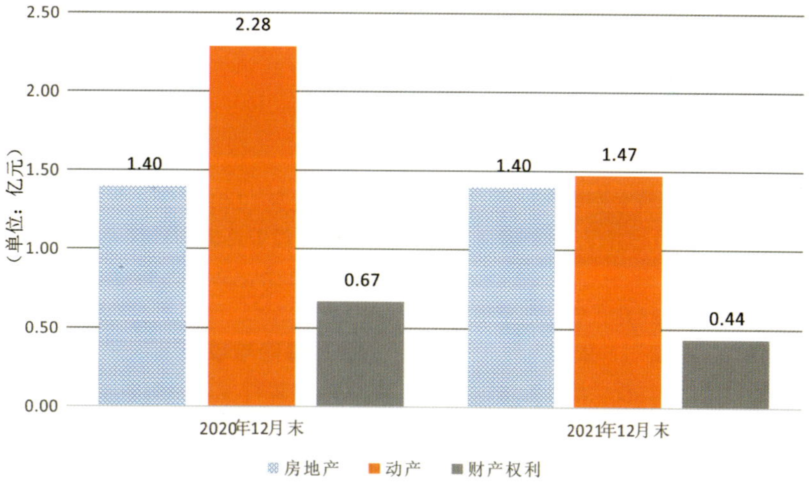

图6 2021年宁德市典当业务同期对比图

（资料来源：市金融办）

旅游业

综　述

【概况】　2021年，宁德市突出“旅游+”“+旅游”，依托自然生态和历史人文优势，持续培育滨海旅游、乡村旅游、红色旅游、康养旅游等新业态，多元融合趋势发展迅速。全年接待游客4587.8万人次、增长23.9%，实现旅游收入410.8亿元、比上年增长8.1%。推进省市重点项目（文旅类）21个，完成年度投资16.23亿元，省文化旅游重点项目19个，完成年度投资12.01亿元；签约文旅项目5个，投资总额43.8亿元；储备招商项目72个，总投资368.6873元。

【旅游接待与收入】　2021年，宁德市累计接待境内外游客4587.84万人次，比上年增长23.9%，其中接待过夜游客1648.79万人次，增长25.6%，累计实现旅游总收入410.80亿元，增长8.1%。从游客类型看，全年接待境内过夜游客1646.75万人次，占境内游客的35.9%，实现旅游收入301.64亿元，占境内旅游收入的73.7%，接待境内一日游游客2939.04万人次，占境内游客的64.1%，实现旅游收入107.75亿元，占境内旅游收入的26.3%。从客源市场上看，全年接待外国人1.03万人次，比上年增长10.0%，占入境旅游人数的比重为50.7%；接待香港同胞、澳门同胞和台湾同胞分别为0.61万人次、0.29万人次和0.11万人次。其中，接待香港同胞和澳门同胞分别增长154.0%和877.1%，台湾同胞下降65.4%，占入境旅游人数的比重分别为29.9%、14.2%和5.2%。

表21　2021年宁德市旅游经济主要指标一览表

	经济指标	规模	比上年增长
总体市场	旅游总人数（万人次）	4587.84	23.9%
	其中：接待过夜游客（万人次）	1648.79	25.6%
	旅游总收入（亿元）	410.80	8.1%
	游客人均花费（元）	895	-12.7%
国内市场	国内旅游人数（万人次）	4585.80	23.9%
	国内旅游收入（亿元）	409.39	8.0%
入境市场	入境旅游人数（万人次）	2.04	34.3%
	旅游外汇收入（亿美元）	0.22	106.9%

（资料来源：市文旅局）

表 22　2021 年宁德市国内旅游市场构成（分游客类型）一览表

类型	国内旅游人数		国内旅游收入	
	规模（万人次）	占比	规模（亿元）	人均花费（元）
国内旅游市场	4585.80	100.0%	409.39	893
1. 一日游市场	2939.04	64.1%	107.75	367
（1）本地一日游游客	2166.56	47.2%	67.67	312
（2）外地一日游游客	772.48	16.8%	40.08	519
2. 过夜游市场	1646.75	35.9%	301.64	1832
（1）省内过夜游客	1254.64	27.4%	205.48	1638
（2）省外过夜游客	392.12	8.6%	96.16	2452

（资料来源：市文旅局）

表 23　2021 年宁德市入境旅游市场构成（分客源市场）一览表

	旅游人数（万人次）	比上年增长	比重	比重变动
入境旅游人数	2.04	34.3%	100.0%	—
1. 台湾同胞	0.11	–65.4%	5.2%	▼ 15.1%
2. 澳门同胞	0.29	877.1%	14.2%	▲ 12.3%
3. 香港同胞	0.61	154.0%	29.9%	▲ 14.1%
4. 外国人	1.03	10.0%	50.7%	▼ 11.2%

（资料来源：市文旅局）

表 24　2021 年宁德市入境旅游市场构成（分客源市场）一览表

县（市、区）	国内旅游人数		国内旅游收入		国内游客人均花费	
	规模（万人次）	比上年增长	规模（亿元）	比上年增长	规模（元）	比上年增长
全市	4585.80	23.9%	409.39	8.0%	893	–12.9%
蕉城区	609.65	22.4%	54.48	10.5%	894	–9.8%
古田县	401.89	26.6%	33.39	6.4%	831	–16.0%
屏南县	464.35	25.3%	40.21	11.0%	866	–11.4%
周宁县	410.84	25.8%	28.37	10.7%	691	–12.0%
寿宁县	330.39	24.6%	25.02	13.5%	757	–8.9%
福安市	695.72	31.9%	60.72	8.7%	873	–17.6%
柘荣县	194.03	25.9%	14.13	4.3%	728	–17.2%
福鼎市	767.26	15.9%	87.79	0.8%	1144	–13.0%
霞浦县	711.66	22.9%	65.28	12.4%	917	–8.5%

（资料来源：市文旅局）

【全域旅游】 2021年，宁德市贯彻落实国家、省、市关于全域旅游的决策部署，以推动各县（市、区）创建省级全域旅游示范县（市、区）为抓手，推进福鼎、屏南、霞浦和周宁等地完善《全域旅游发展规划》，发展全域旅游，促进旅游业全区域、全要素、全产业链的发展。推进乡村旅游品牌建设，福鼎市磻溪镇赤溪村上榜第三批全国乡村旅游重点村；霞浦县三沙镇被评定为省全域生态旅游小镇，屏南县棠口镇棠口村等5个村被列入福建省第三批“金牌旅游村”。寿宁云上花田旅游景区、福鼎市柏洋文化旅游景区、霞浦玉潭樱花谷景区、古田翠屏湖景区、宁德锂电新能源景区获评国家AAA级旅游景区。屏南县白玉文旅体验小镇等13个旅游小镇通过评定验收。宁德市锂电新能源小镇、上汽集团福建宁德生产基地、福安青拓集团、福建省宁德市福鼎市赤溪村、宁德市寿宁县下党村、寿宁县斜滩镇车岭古道等6个景点景区入选文旅部建党百年百条精品红色旅游线路；11条线路入选福建省百条红色旅游线路。策划推出宁德市10条红色旅游主题精品线路，并在中国旅游日宁德分会场发布。

（张舒菲）

旅游资源

【概况】 2021年，宁德市拥有世界地质公园1个，优秀旅游县1个，国家A级旅游景区52个（其中国家AAAAA级旅游景区2个、国家AAAA级旅游景区2个）。寿宁县下党乡下党村、福安市溪潭镇廉村村、寿宁县犀溪镇西浦村、古田县城东街道桃溪村、屏南县熙岭乡龙潭村、福鼎市磻溪镇赤溪村等6个村入选全国乡村旅游重点村。寿宁县下党乡、福安市穆云乡上榜省全域生态旅游小镇；寿宁县西浦村、福安市廉村、霞浦县东壁村、福鼎市小白鹭村等15个村被列入福建省“金牌旅游村”；全市有省级休闲集镇11个，省级旅游村（特色村）127个；霞浦县半月里村等6个村获评省四星级乡村旅游村。宁德市旅游小镇37家。全市有国家工业遗产项目1个、省级养生旅游休闲基地4个、省级体育旅游休闲基地5个、省级工业旅游示范培育企业4家、省级观光工厂3家、省首批文创旅游商品研发示范基地2家、市级工业旅游示范基地13家。有全国红色旅游经典景区4个，福建省宁德市福鼎市赤溪村、宁德市寿宁县下党村等6个景点景区入选文旅部建党百年百条精品红色旅游线路；11条线路入选福建省百条红色旅游线路。依托我市丰富的红色旅游资源，策划推出宁德市10大红色旅游主题精品线路。

【乡村旅游品牌培育】 2021年，宁德市根据文化和旅游部办公厅和国家发展改革委办公厅《关于做好第三批全国乡村旅游重点村镇遴选推荐工作的通知》，推荐福鼎市磻溪镇赤溪村申报全国乡村旅游重点村并上榜第三批全国乡村旅游重点村。根据省文化和旅游厅的工作部署，推荐福鼎市嵛山镇和霞浦县三沙镇，屏南县棠口镇棠口村、周宁县浦源镇浦源村、柘荣县城郊乡靴岭尾村、福安市穆云畲族乡虎头村、福鼎市沙埕镇小白鹭村、古田县黄田镇金翼村等村参与评定省级全域生态旅游小镇和省级金牌旅游村。其中，福鼎市嵛山镇和霞浦县三沙镇上榜2021年省全域生态旅游小镇，屏南县棠口村、周宁县浦源村、柘荣县靴岭尾村、福安市虎头村、福鼎市小白鹭村等5个村入选2021年省金牌旅游村。按照《宁德市人民政府办公室关于印发宁德市旅游小镇培育实施方案的通知》文件精神，持续推进旅游小镇创建工作，认定屏南白玉文旅体验小镇等3家小镇为示范旅游小镇、蕉城三都渔耕体验小镇等10家小镇为达标旅游小镇。

【红色旅游线路推广】 2021年，宁德市根据文化和旅游部办公厅《关于遴选推出“建党百年百条精品红色旅游线路”的通知》要求，组织各地申报“建党百年百条精品红色旅游线路”，并策划遴选推荐“难忘下党不忘初心研学游”等20条红色旅游精品线路参与评选。其中，宁德市锂电新能源小镇、上汽集团福建宁德生产基地、福安青拓集团、福建省宁德市福鼎市赤溪村、宁德市寿宁县下党村、寿宁县斜滩镇车岭古道6个景点景区入选文旅部建党百年百条精品红色旅游线路；11条线路入选福建省百条红色旅游线路。依托宁德市丰富的红色旅游资源，串联丰富的自然生态、历史文化、乡村田园、畲族风情、重大成就等特色旅游资源，以“红色＋绿＋蓝＋古＋畲”等多元形式，策划推出10大红色旅游主题精品线路。

【第二批市级工业旅游示范基地评选】 2021年，宁德市工信局会同市文旅局组织开展第二批市级工业旅游示范基地申报工作。经推荐、专家评审、公示等程序，认定福建叠石云雾茶业有限公司、福建顺茗道茶业有限公司、福建瑞达茶业有限公司，福建惠泽龙酒业股份有限公司、霞浦宏昌拆船厂有限公司等5家企业为第二批宁德市市级工业旅游示范基地。

（张舒菲）

旅游项目建设

【概况】 2021年，宁德市文化和旅游局持续推进重点项目建设落地见效，形成开工一批、储备一批、签约一批、投产一批“四个一批”的重点项目梯次推进机制。推动实施重点文旅项目31个，完成年度投资19.89亿元；签约文旅项目5个，投资总额43.8亿元；储备招商项目72个，总投资368.6873元。

【福鼎市文化艺术中心建成】 2021年，福鼎市文化艺术中心完成建设并投入使用。该项目总投资约3.08亿元，用地面积约12.76万平方米，总建筑面积约4.89万平方米，由规划馆、科技馆、博物馆、文化馆、图书馆、大

福鼎市文化艺术中心（摄于2021年10月22日） （福鼎市委党史方志室 供图 王婷婷 摄）

柘荣县鸳鸯草场（摄于2021年6月11日） （柘荣县政府办 供图 王志凌 摄）

剧院等“五馆一院”六个单体组成。福鼎市文化艺术中心的建成，成为福鼎市重要的文化艺术展览、休闲娱乐基地及城市地标性建筑。

【柘荣鸳鸯草场旅游开发项目有序推进】 柘荣鸳鸯草场旅游开发项目总投资8亿元，旨在按国家AAAA级旅游景区标准将鸳鸯草场打造成国内一流的生态环保旅游景区。2021年，该项目完成投资1.66亿元，完成文化景观长廊、生态停车场建设，游客服务中心酒店建设。

【福安市穆阳景区旅游综合开发项目有序推进】 福安市穆阳景区旅游综合开发项目总投资3.8亿元，主要建设内容包括穆阳特色小镇旅游集散中心、穆阳古镇肌理修复、联虹大桥、江滨南路、穆阳片区道路改造提升等工程。2021年，该项目完成投资1.5亿元，包括联虹大桥、游集散中心、穆阳片区道路改造提升、古镇肌理修复主体工程等有序推进中。

（张舒菲）

旅游业态

【乡村旅游】 2021年，宁德市以短途游、自驾游、家庭游为主的乡村旅游较受游客青睐，乡村旅游市场稳步复苏。累计接待乡村旅游人数1531.91万人次，比上年增长37.5%，占全市境内旅游人数的比重为33.4%；累计实现乡村旅游收入88.26亿元，增长33.2%，占全市境内旅游收入的21.6%。

【滨海旅游】 2021年，宁德市举办“大黄鱼文化节”“滩涂摄影文化旅游周活动”“环沙埕湾中国海上田园标识鱼垂钓赛”等品牌节会活动。以霞浦县七星渔排、福安市下白石宁海村的“海上田园”综合体、福鼎海之梦渔旅综合体为代表的渔旅融合项目成为新晋网红打卡地。全市有以滨海旅游为主题的国家A级旅游景区4个，省级旅游村11个，市级旅游特色小镇1个。

【茶文化旅游】 2021年5月，宁德市溪柄镇柏柱洋红色茶旅线路、“福鼎白茶 茶乡之旅”入选“全国百条红色茶乡旅游精品路线。截至年末，全市有茶乡游线路入选全国茶乡旅游精品线路6条，涉茶主题类国家A级旅游景区5个、市级工业旅游示范基地8个。

【“摄影＋民宿”】 2021年，宁德市“摄影＋民宿”业以霞浦县为主，霞浦县依托生态和山海资源，实施全域旅游发展战略，发挥霞浦滩涂摄影、滨海旅游和历史人文等优势，探索“摄影＋民宿产业发展新路子，激发“网红经济”，实现传统旅游向“网红经济”转变。先后完成围江、沙塘里、北岐、小皓、东壁、花竹、东瓜山、鹅湾、南湾、沙江S湾、油菜屿等11个摄影点建设，完成城区、东、西、南线摄影旅游交通标志牌建设，设计东、西、南、北4条摄影线路。举办国际摄影大赛、文化旅游周、国际山地马拉松赛、全国海钓大赛等大型赛事活动。落实《霞浦县民宿管理暂行规定》，促进民宿规范化、规模化、品牌化发展。截至年末，霞浦县有民宿400余家，床位数近6000个，直接带动岗位就业近2万人。全年接待游客711.66万人次，旅游收入65.28亿元，比上年分别增长22.9%、12.4%。

（张舒菲　宋丹丹）

旅游营销

【概况】 2021年，宁德市创新开展旅游宣传，推进转型升级，“请进来，走出去”开拓客源市场，打响“山海宁德”旅游品牌。通过投放电视宣传片、邀请电视台到宁德取景、网络投票评选“最美乡村”“最美渔村”、举办徒步走活动、制作《完美宁德》宣传品等方式，加强旅游形象宣传。组织文旅企事业单位参展，展现宁德旅游资源和旅游服务。

【旅游形象广告宣传】 2021年，宁德市在东南卫视《福建卫视新闻》栏目投放“清新福建·绿色宁德”旅游形象宣传片，每天播放2次（包含重播），每次15秒，投期1年。推荐霞浦县作为东方卫视《极限挑战宝藏行》外景地，秦昊、贾乃亮、李沁、陈志朋等流量明星来体验滩涂赶海和美丽风光，宣传“清新福建　山海宁德　行摄霞浦”旅游品牌。组织宁德市“山海宁德”旅游品牌入选大世界城市舞台中国美丽榜“上海市民最喜爱的魅力城市”榜单活动，展示城市自然风光、人文风物、文化底蕴等魅力指标。举办宁德市“最美乡村”“最美渔村”旅游品牌评选活动，线上活动总浏览量1650万人次，网络投票250万余人次，总票数近50万票。通过申报、网络投票、评审、公示等程序，公布十佳“最美乡村”“最美渔村”名单。协同宁德电视台推出百集《主播带你游》栏目，针对乡村旅游产品业态成熟的热点宣传，拍摄播出100余集，全媒体宣传乡村的历史人文、生态环境、民俗风情、乡村旅游、特色物产等资源。举办“清新福建·山海宁德·爱上柘荣”2021年中国旅游日宁德分会场（柘荣）暨“寻找红色记忆”大型徒步活动，发布“宁德市十大红色旅游主题精品线路”，推出系列的旅游日惠民政策。完成编辑制作《完美宁德》旅游宣传套册，含智慧旅游地图、春夏秋冬折页、指南手册等。

【旅游展会参展】 2021年，宁德市主要组织2次大型旅游展会参展活动。分别为：6月18—20日，第十七届海峡旅游博览会和2021第七届中国（厦门）国际休闲旅游博览会在厦门国际会展中心举行。宁德市39家文旅企事业单位组团参展。围绕“清新福建、绿色宁德”主题，结合宁德世界地质公园、海洋文化、廊桥文化、茶旅文化、畲族文化等特色旅游资源，搭建宁德文化旅游主题馆；在中心舞台开展魂牵梦绕·山海宁德　2021年福建·宁德文化旅游推介会、畲族歌舞《凤朝日月》、乐器演奏等现场展演活动。11月23—25日，2021年福建旅游交易会在福州海峡国际会展中心隆重开幕。宁德市组织全市重点景区、旅行社、文创企业等23家组团参展，并搭建“清新福建　山海宁德”文化旅游主题馆。主题馆以廊桥文化元素为主题，融入山海、畲族、茶旅、非遗、特色美食、精品线路等旅游产品，展现旅游资源，提升宁德文化旅游品牌的美誉度和影响力。

【区域协同发展】 2021年7月8—9日，按照《2021年闽东北协同发展区重点协作活动方案》的要求，宁德市牵头召开闽东北协同发展区文化旅游工作会议，通过会议发布“清新闽东北”五条主题旅游线路和闽东北“半价游”活动优惠措施，加强闽东北协同发展区的文化旅游营销力度，开拓了游客目的地市场，打响“清新闽东北”旅游品牌。第44届世遗大会举办，在福州地铁车厢、站台投放“清新福建　山海宁德”宁德文化旅游品牌宣传。

（张舒菲）

旅游行业管理

【概况】 2021年，宁德市有独立法人旅行社96家，其中出境游组团社3家。鉴于国内疫情防控形势，全国导游资格考试延期举行；继续推进导游体制改革，实行电子导游证转换、导游证到期换发等业务，办理导游证业务125人。宁德市有星级饭店10家，其中五星级1家、四星级4家、三星级5家，客房总数为2039间（套），床位3147张。抓好元旦、春节、五一、国庆等假日旅游安全工作，开展安全生产隐患排查治理专项行动、旅行社租赁旅游包车专项整治、景区和非景区景点安全管理专项整治、消防安全工作、防汛工作、暑期旅游安全等工作，全市文旅行业安全生产形势稳定有序。

【旅游市场管理】 2021年，宁德市文化和旅游局开展旅游市场集中执法检查、旅游市场专项整治行动等专项行动，打击不合理低价游、未经许可经营旅行社业务等旅游违法违规行为，查处旅游案件5件，罚款3.1万元，没收违法所得0.14万元。开展以案释法，在官方微信“文旅宁德”公布典型案例，让旅游执业者和游客了解相关法律法规；开展旅游纠纷案例分析，维护游客合法权益。

【文明旅游宣传引导】 2021年，宁德市文化和旅游局围绕“与文明相伴、与健康同行”主题多措并举推进文明旅游宣传工作。联合宁德市委文明办等单位在寿宁县坑底乡归洋村、蕉城区金涵乡上金贝景区、福鼎市硖门乡渔井村、柘荣县楮坪乡、宁德南际公园等开展文明旅游主题宣传活动，并在官方微信“文旅宁德”发布温馨提醒，倡导文明旅游、绿色出行，推动形成更文明、更健康的绿色旅游风尚。

【旅行社管理】 2021年，宁德市文化和旅游局按照《旅行社新冠肺炎疫情防控工作指南（第三版）》，坚持常态防控、坚持精准防控、坚持联动管理原则，指导督促旅行社切实做好疫情防控工作。启动宁德市暂退、降低旅游服务质量保证金工作，受理12家旅行社暂退、降低保证金申请，金额共计118万元；组织福鼎市中亚旅行社有限公司、宁德艾旅旅行社有限公司等2家旅行社申报2021年度旅行社组织接待入闽过夜团队游奖励。截至年末，全市有独立法人旅行社96家，其中出境游组团社3家。

【导游管理】 2021年，鉴于国内疫情防控形势，全国导游资格考试延期举行，宁德市继续推进导游体制改革，实行电子导游证转换、导游证到期换发等业务，办理导游证业务125人。宁德市文化和旅游局举办导游业务网络远程培训，由宁德开放大学承接网络远程培训工作，累计培训人数107人，并组织导游参加“导游云课堂”在线培训、2021年福建省导游远程教育培训，提升导游专业素养和服务水平。

【旅游星级饭店管理】 2021年，宁德市旅游饭店星级评定委员会组织对全市3家星级饭店、4家绿色旅游饭店的评定性复核工作，并对2020年12月底前评定的星级饭店开展2021年度复核工作。福建省中天华侨酒店管理有限公司、古田县好望角酒店有限公司2家通过复评；福安市世纪万豪大酒店被取消三星级饭店称号。福建宁德美伦大饭店有限公司、宁德山水大酒店有限公司、宁德万富酒店管理有限公司宁德分公司（原宁德万达嘉华酒店）3家通过金树叶级复核；福鼎国际大酒店申请暂缓参加2021年绿色旅游饭店复核。全年组织22人参加全省星级饭店管理人员、高质量发展总经理培训班。

（张舒菲）

旅游公共服务

【概况】 2021年，宁德市旅游公共服务以游客需求为出发点，推进旅游集散服务、交通标识标牌、旅游厕所、自驾车旅居营地、游客服务中心等公共服务设施建设。截至年末，全市有旅游集散中心9个、旅游厕所734座、通往国家AAAA级以上旅游景区旅游交通标志牌119块。

【智慧旅游建设】 2021年，宁德市文化和旅游局制作宁德市全域旅游智慧地图并嵌入微信公众号小程序中，提供详情介绍、语音导览、导航等服务，为游客游览宁德提供便利。各国家A级旅游景区特别是国家AAAA级以上旅游景区发展智慧旅游，完善景区导游、导览系统，实现导游、导览智能化、自助化。

【旅游基础设施建设】 2021年，宁德市37个国家A级旅游景区全面开通“全国旅游厕所管理系统”账号，推进“一厕一码”工作，实现实时监控，在景区及重点旅游乡村建设5座示范性旅游厕所，其中AAA级1座、AA级1座、A级3座。选取4个具备文旅融合条件的游客服务中心（点）作为建设试点，拓展基层综合性文化相关功能，基本实现旅游服务中心（点）文旅融合；开展通往国家AAAA级以上旅游景区道路交通旅游标识牌优化设置工作。

（张舒菲）

房地产业

房地产业开发经营

【房地产开发】 2021年，宁德市房地产开发投资275.1亿元，比上年增长11.3%。其中，建安工程169.64亿元，比上年增长8.2%；土地购置费98.18亿元，增长15%。中心城区房地产开发投资114.8亿元，比上年增长51.3%。

【商品房供应】 2021年，宁德市商品房批准预售面积400.7万平方米，比上年增长3.13%，其中商品住房批准预售面积354.83万平方米，增长2.99%。中心城区商品房批准预售面积98.07万平方米，比上年下降7.83%，其中商品住房批准预售面积93.43万平方米，下降3.19%。

【商品房库存】 截至2021年12月底，宁德市商品房累计可售面积268.02万平方米，去化周期9.25个月，其中商品住房累计可售面积207.52万平方米，去化周期7.99个月。中心城区商品房累计可售面积39.11万平方米，去化周期3.86个月，其中商品住房累计可售面积20.52万平方米，去化周期2.24个月。

表25　2021年宁德市各县（市、区）房地产主要指标一览表

县（市、区）	房地产投资		商品房销售		商品房库存	
	投资额（亿元）	增长	面积（万平方米）	比上年增长	库存量（万平方米）	去化周期（月）
蕉城	84.40	102.9%	92.44	29.7%	17.42	3.80
福安	29.42	-36.2%	56.62	15.1%	43.61	11.00
福鼎	37.00	0.2%	62.23	2.2%	31.64	6.00
霞浦	41.46	-4.1%	61.13	13.8%	53.18	12.72
古田	13.79	-3.5%	12.38	-8.6%	20.87	14.95
屏南	19.41	33.6%	20.91	44.5%	50.45	29.20
寿宁	4.45	159.0%	2.89	116.8%	7.76	36.95
周宁	11.93	21.4%	19.06	38.5%	15.86	13.33
柘荣	2.82	-40.3%	10.53	-10.0%	5.54	5.43

续表 25

县（市、区）	房地产投资		商品房销售		商品房库存	
	投资额（亿元）	增长	面积（万平方米）	比上年增长	库存量（万平方米）	去化周期（月）
东侨开发区	30.4	-11.4%	19.61	-40.9%	21.69	3.90
市本级	114.8	51.3%	112.05	7.3%	39.11	3.86
全市	275.1	11.3%	357.8	10.7%	268.02	9.25

（资料来源：市住建局）

【商品房销售】 2021年，宁德市商品房销售面积357.8万平方米，比上年增长10.7%。其中，中心城区商品房销售面积112.05万平方米，比上年增长7.3%。商品房销售额336.23亿元，比上年增长14.6%。其中，中心城区商品房销售额140.86亿元，比上年增长20.9%。

【商品住房成交价格】 2021年，宁德市商品住房平均成交价8965元，比上年增长4.28%。其中，中心城区商品住房平均成交价为11296元，比上年增长9.77%。

【存量房交易面积】 2021年，宁德市存量房交易面积累计199.95万平方米，比上年下降7.07%。其中，中心城区存量房交易面积累计42.25万平方米，比上年下降27.64%。

【新建商品房房地产面积管理】 2021年，宁德市本级完成36个项目新建商品房房产面积审核备案，备案面积368.50万平方米，比上年增长6.2%，其中预测绘面积224.39万平方米，竣工测绘（实测）144.11万平方米。贯彻落实“放管服”改革、优化营商环境、加强面积管理、规范房产面积测算，于12月20日由市住建局、市自然资源局联合印发《宁德市房产面积测算指导意见》，统一测绘报告范本、面积计算方式、公摊规则等。

（张敏瑛）

房地产市场监管

【房地产交易市场管理】 2021年，宁德市加快房地产市场的信息化建设，向全社会提供高效、快捷的信息服务与交易服务。建立健全房地产预警系统，落实信用信息公开披露制度，引导开发企业根据市场需求进行投资，保障经济社会健康、稳定发展。加强存量房交易资金监管。严格控价目标，实行会商制度，强化预售资金监管，开展“双随机、一公开”检查，检查房地产机构4家、房地产中介机构11家、估价机构2家。11月3日，市住建局联合8部门印发《宁德市中心城区持续整治规范房地产市场秩序的工作方案》，旨在通过3年时间的整治，推动房地产市场秩序实现明显好转。

【商品房预售资金监管】 2021年，宁德市本级预售资金监管涉及监管银行14家、开发企业9家、开发项目15个、楼172幢。年度各项目监管账户累计入账150.25亿元，比上年增长32%；累计支出125.64亿元，增长30.56%；重点监管资金监管总额75.49亿元，增长59.4%，重点监管资金支出49.50亿元，增长29%。

（张敏瑛）

房地产中介和租赁服务

【房地产中介行业协会】 2021年11月5日，宁德市房地产中介行业协会召开换届选举会议，产生第二届协会理事会，利嘉、迈尔、豪门、互仁置业、优房世纪、融达、利驰、大利

2021年11月5日，宁德市房地产中介行业协会第二届选举大会召开

（市住建局 供图）

家等45个有一定规模和实力的中介机构加入协会，覆盖蕉城区、东侨区、福安市、霞浦县、福鼎市等县（市、区）。2018—2021年，宁德市累计为行业协会会员单位协调解决纠纷事项20余件，市场客户反映到市场监管局多件投诉案件通过协会得到解决，发挥协会优势；累计举办6场业务培训班，提高会员单位从业人员的业务素质；协会与工商银行万达支行、邮储银行等银行实行战略合作，为协会会员单位争取优先放款。

【中介服务行业管理】 2021年，宁德市落实中介机构备案制度，开展“双随机、一公开”检查，检查房地产中介机构11家，规范房地产经纪服务行为，保护房地产经纪活动当事人合法权益，促进房地产中介市场健康有序发展。

【房屋租赁】 2021年，宁德市为加强商品房屋租赁备案管理，房地产交易部门加大商品房租赁管理办法的宣传，设立专门窗口办理房屋租赁登记备案，出具备案证明。全年宁德市中心城区房屋租赁备案192宗，面积4.40万平方米，金额1962.93万元，其中东侨办理房屋租赁备案83宗，面积8105.53平方米，金额20.36万元；蕉城区办理房屋租赁备案109宗，面积3.59万平方米，金额1942.57万元。

（张敏瑛）

物业管理

【概况】 2021年，宁德市各级物业管理主管部门贯彻落实上级有关物业管理工作部署要求，开展疫情防控、安全生产、公共收益整治、维修资金管理有关工作，制定物业管理政策法规文件，推进物业服务企业规范经营，提升物业服务水平，促进物业行业平稳健康发展。

【维修资金】 2021年，宁德市归集商品住宅专项维修资金约3.68亿元，使用1325.13万元，增值3141.04万元。推进维修资金信息公开和增值保值工作，在i宁德App完成建立维修资金网上查询功能。各县（市、区）完善维修资金存储模式，全市2021年底代管商品住宅专项维修资金25.87亿元，其中非活期存款约20.8亿元，协议存款4.8亿元，定期存款16亿元，利率在1.45%—4.25%。形成《宁德市住宅专项维修资金管理办法》送审稿，完成意见征集和相关修改工作，报市政府审议。

【公共收益点题整治】 2021年，宁德市开展物业服务企业侵占小区业主公共收益专项整治工作，抽查235个小区，集中整治48家企业67个小区，检查出应存入专户的公共收益累计金额202.818万元，经整改均存入公共收益专户，涉及75个小区、6.18万户。制定印发《宁德市住房和城乡建设局关于加强住宅小区公共收益管理工作的通知》，规范公共收益的分配、账户、公示管理工作。

【监督检查】 2021年，宁德市更新物业管理活动“双随机”检查对象名录库和检查人员名单。分两次开展宁德市物业管理活动监督检查工作，抽查蕉城、东侨、福安、霞浦、柘荣16家物业服务企业服务的16个项目，检查物业服务企业信用系统登记及录入情况以及合同履约、经营行为，发出《物业管理活动督促整改通知书》14份，检查结果向社会公布。要求企业做好公共收益管理、物业服务公开收费工作，履行安全生产责任，提高物业服务治理和水平。

（张敏瑛）

经贸合作

招商引资

【概况】 2021年，宁德市以四大主导产业“四个一”（一个工作专班、一个发展规划、一套招商政策、一批重点跟踪项目）招商工作机制、“三比三赛”活动（比项目履约率、开工率、投产率，赛项目前期报批、安征迁、筹融资进度）为抓手，加强产业招商、跟踪服务，促进签约项目履约落地。全市签约合同项目323个，总投资1143.6亿元，超额完成千亿元招商任务，项目履约率90%、动工率59%，其中服务业项目171个、总投资536.1亿元。签约外资项目8个，总投资19.21亿元，其中全球物流业巨头普洛斯进入宁德，与宁德时代合资投资宁普时代项目。新设外资企业23家。新增入库签约项目421个、总投资1641.8亿元，在库签约项目履约率89.5%。开展“送政策稳信心，促增资扩产能”活动，做好外资项目跟踪服务，组织企业参加日资企业福建行、闽欧投资合作项目线上路演、福建投资促进大会等活动，促成9家外资企业增资，合同外资增资2.7亿元。

【“四个一”招商工作机制】 2021年，宁德市各级部门实施四大主导产业项目招商。按照“四个一”工作机制，聚焦锂电新能源、不锈钢新材料、新能源汽车、铜材料四大产业集群，围绕产业链的“补链、延链、强链、扩链”和产业发展生态的构建，四大产业招商工作专班做好以四大主导产业为核心的工业项目和生产性服务业项目的招商工作。同时开展新兴产业与传统优势产业项目招商。重点围绕生物与新医药、锆镁新材料、钒钛新材料、稀土永磁材料等产业开展新兴产业项目招商，发挥电机电器、食品加工等传统产业基础优势，开展机电装备产业、食品精深加工业项目招商工作。

【“三比三赛”活动】 2021年，宁德市各级各部门以“三比三赛”活动为抓手，通过落实责任、招商引资、精准管理、配齐要素、跟进服务、强化督查等措施，推动市重大项目建设，形成“谋划一批、签约一批、开工一批、投产一批、增资一批”的项目滚动发展态势，完成全年各项目标任务，扩大有效投资、增强“五个城”建设后劲。全市固定资产投资比上年增长6.2%；325个在建市重点项目完成投资758.3亿元，占年度计划110.23%，超序时进度10个百分点；“三比”方面，新增“五个一批”项目1563个，占年度计划的130.25%，其中，重大项目新增谋划382个、签约426个、开工365个、投产347个、增资43个；“三赛”方面，破解前期报批事项325个，完成安征迁面积1008.93公顷，实现融资629.99亿元。

【利用外资及港澳台资】 2021年，宁德市利用外资及港澳台资增速排全省前列，实际利用外资及港澳台资1.85亿元人民币、比上年增长24.9%，增幅居全省第二位。港台地区是宁德市资本引进主要来源地，新设外资及港澳台资企业23家，其中香港、台湾地区20家；实际利用港资1.6亿元人民币，比上年增长75.9%。开展“送政策稳信心，促增资扩产能”活动，跟踪服务外资及港澳台资项目，组织企业参加日资企业福建行、闽欧投资合作项目线上路演、福建投资促进大会等活动，促成外资及港澳台资企业增资扩产。

【“一带一路”共建国家招商引资】 2021年，宁德市支持企业在“海丝”

共建国家投资，鼓励有条件的企业“走出去”，合计投资7023万美元，中方投资4051万美元。宁德市组织外贸企业参加“一带一路”重点展会。开展宁德品牌“海丝行”“丝路行”，抓住RCEP契机，组织企业参加亚欧博览会、东盟博览会、秋季广交会、RCEP成员国优质展会、第五届进口博览会等重点展博会，鼓励企业参加“一带一路”相关展会，对企业抱团参展及公共宣传活动予以补助。组织企业参加线上线下展会40场、培训72场，支持宁德时代、青拓集团、宁德思客琦等多家企业“走出去”，在“海丝”共建国家投资。

【宁普时代项目】 2020年12月30日，普洛斯和宁德时代在宁德市蕉城区市场监督管理局注册，合资成立宁普时代电池科技有限公司，总投资与注册资本人民币5亿元。公司通过研发电池新材料，开发电池新工艺，生产制造销售先进动力和储能电池，展开动力和储能电池科技推广和应用服务。通过构建宁德时代电池及装载宁德时代电池的车辆等相关资产的持有、管理、运营平台，在物流车、重卡、出租车、网约车、船舶、光伏、储能等业务领域开展电池及整车租赁、销售、供应链金融及其他相关业务，实现电池资产和车辆资产在资产端的分离。经营新材料技术研发、电子专用材料研发、科技推广和应用服务、电池制造、电池销售、蓄电池租赁、新能源汽车废旧动力蓄电池回收（不含危险废物经营）、资源再生利用技术研发、汽车零部件研发、新能源汽车整车销售、充电桩销售、输配电及控制设备制造、智能输配电及控制设备销售、光伏发电设备租赁、光伏设备及元器件销售、太阳能发电技术服务、发电技术服务（除依法须经批准的项目外，凭营业执照依法自主开展经营活动）。截至2021年底，公司股东普洛斯100%到资，金额2.55亿元，宁德时代CATL到资7000万元。矿山重卡、渣土车、港口集卡等项目落地。

（李灵婧　黄巧娟）

表26　2021年宁普时代电池科技有限公司注册情况表

股东名称	认缴注册资本（人民币万元）	国别（地区）	证件号码	住所	持股比例	出资方式
普洛斯	25500	中国香港	68837922-000-01-20-A	香港湾仔港湾道18号中环广场3806室	51%	货币
宁德时代	24500	中国	91350900587527783P	福建省宁德市蕉城区漳湾镇新港路2号	49%	货币
总计	50000	—	—	—	100%	—

（资料来源：市商务局）

对外贸易

【概况】 2021年，宁德市进出口总值905.7亿元、比上年增长76.4%，增幅居全省九市一区第一位。其中，出口600.4亿元、增长79%，增幅居全省九市一区第一位；进口305.3亿元、增长71.4%，增幅居全省九市一区第二位。

【外贸预警机制】 2021年，宁德市组成外贸预警架构，依托农水产品、电机电器、跨境电商等3个国际贸易预警点，定期研判外贸风险形势。发布《关于常态化疫情防控下外贸出口企业发展风险提示》，指导外贸企业科学应对风险，经验做法得到省商务厅肯定并在全省推广。

【外贸新业态】 2021年，宁德市鼓励跨境电商骨干企业通过建立海外仓发展跨境电商业务，推进对外贸易多元化发展，实现9610（全称“跨境贸易电子商务”，俗称“集货模式”，即企业对个人出口）、9710（简称跨境电商企业对企业直接出口，适用于在跨境电子商务中企业对企业直接出口的货物）、9810（全称“跨境电子商务出口海外仓”，是指国内企业通过跨境物流将货物以一般贸易方式批量出口到海外仓，在跨境电子商务平台上完成在线交易后，再由海外仓将货物运送到境外消费者手中的一种出口货物模式）模式报关出口。开展市场采购业务，在石狮东南亚采购集散中心线上线下平台建立宁德产业馆，有茶叶、水产品和食用菌等出口企业入驻。

【对外合作】 2021年，宁德市开展宁德品牌“海丝行”“丝路行”，支持宁德时代、青拓集团、宁德思客琦等企业“走出去”，在“海丝”沿线国家投资。与邮储银行宁德市分行协作创新“宁关贷”小微企业专属金融服务，为辖区小微外贸企业提供互联网网贷产品，推进解决小微外贸企业。

（李灵婧）

开发园区建设

【概况】 2021年，宁德市现有省级及以上开发区（工业园区）10个（9个省级开发区、1个国家级经济开发区）。开展投资载体整合提升。推进省级园区“一区多园”整合提升工作，7个园区完成“一区多园”整合托管工作。在全省开发区综合发展水平考核评价中，东侨经济技术开发区从上年的第六位跃升至第二位。出台《宁德市推进省级及以上开发区标准化建设推动制造业高质量发展行动计划》，推进“一县一园区”标准化建设，福鼎市龙安园区被认定为省级化工园区，东侨开发区位列省标准化建设综合评价第二名。

【小微园建设】 2021年，宁德市小微园建设被列入《宁德市重点工作百日攻坚行动实施方案》，成为百日攻坚重点工作，为推动实现“一县一园区”的任务目标，印发《宁德市工信局关于进一步规范小微园建设的通知》，制定《小微园建设考核评价指标》，引导和规范小微园建设，激发小微园的发展潜力。10个小微园21个片区中，截至年底，已投产片区9个、建成厂房面积约100万平方米、入驻和拟入驻企业260余家。

（李灵婧　蔡文莉）

【东侨经济技术开发区】 2021年，东侨经济技术开发区规模以上工业产值增长82.2%；规模以上工业增加值增长65.7%；一般公共预算总收入39.19亿元，其中地方一般公共预算收入21.09亿元；固定资产投资增长18.2%；完成出口总值155亿元；实际利用外资1800万元。年度绩效考评连续4年保持优秀等次。在全省开发区综合发展水平评价中位列全省第二名，在最新的国家级经开区综合发展水平考核评价综合排名位列第26名，成为全省首个进入30强的国家级经济技术开发区。

产业发展 2021年，东侨经济技术开发区完成工业产值830亿元，比上年增长82.2%。宁德时代实现供应商100%国产化，市场占有率居全球首位，入选全球“灯塔工厂”；智能装备制造、大健康产业产值分别完成15.96亿元、44.66亿元。安发、鲁花、亚南等公司入选省级工业龙头企业；落地好奇心影业等一批现代服务项目，初步形成以武汉动游为龙头，好奇心影业、极光传媒等组成的新媒体文创产业集群，成为全省唯一入选全国第二批先进制造业和现代服务业融合发展试点区域。推进双创示范基地建设，时代21C创新实验室部分投入使用，新增国家级高新技术企业10家，入选省级科技“小巨人”领军企业7家，获批省、市专精特新企业4家、“单项冠军”企业1家，高新技术企业产值占规模以上工业产值比例93.8%。全区获批专利授权405件，增长37.8%，每万人发明专利拥有量提升至17.63件，超全市平均水平，专利合作协定（PCT）国际专利申请642件，位居全省第一。

项目建设 2021年，东侨经济技术开发区累计签约项目60个，协议总投资140.13亿元，其中5亿元以上重大项目9个、5000万元以上项目44个，完成全年签约任务的107.8%。25个在建重点项目完成投资115.4亿元，完成计划123.8%，16个在建重点项目提前完成年度投资计划；年度新增“五个一批”项目103个，在库签约项目履约率100%，开工项目投产率69%。破解历史遗留问题，成立棉桃山、井濂、塔南3个片区攻坚突击队，完成征迁44.05公顷。专项债券资金申请获批支持28.5亿元，占全市1/4以上，连续两年保持全市第一。城建项目完成投资5.3亿元，棉桃山片区路网完成年度计划，宁德师院第二附属小学周边配套路网前期工作启动，新建、续建城市道路2.84千米，完成城市道路“白改黑”4.05千米。推进小微园建设，北部新区标准厂房开工建设，标准化工业（产业）园区排名位居全省前列，获省政府表彰。锂电新能源小镇完成投资58.94亿元，通过国家AAA级旅游景区认定。

营商环境 2021年，东侨经济技术开发区加快审批制度改革，梳理发布行政许可类“一趟不用跑”事项381个，占比99.22%，“互联网+政务服务”升级，“全流程网办”事项350个，占比91.15%。畅通企业诉求渠道，推出“东侨e企通”线上服务平台，办理各类涉企事项2500余个，难题解决改善率98%。对接申报惠企政策，兑现区级奖励资金2.8亿元，新增规模以上工业企业10家，产值超10亿元企业5家。推动“政银企”对接合作，签约金额2.32亿元，解决融资需求1.29亿元。建成东侨人力资源服务产业园，为企业解决各类用工4.1万人次。深化校企合作，设立福建工程学院宁德新能源技术研究院。做好人才申报相关工作，申报认定市“天湖人才”611人，省工科类青年专业技术人才446人，省级高层次人才97人。建成全市首家“税务智慧云厅”，“一首创两首推”涉税改革服务措施入选全市优化营商环境典型经验。开展质量基础设施“一站式”服务活动，入选全国“一站式”服务典型案例。激发市场活力，市场主体2.8万户，新增注册资本194.2亿元，比上年增长34.6%。

开发区配套设施建设 2021年，东侨经济技术开发区完成湖东片区控规和北部景观提升规划编制，开展塔南片区控规编制。提升城市品质，新建城市福道10.3千米、雨（污）水管网6.8千米、停车泊位175个、口袋公园5处。巩固拓展全国文明城市创建成果，制定出台《开发区农贸市场长效监管工作实施方案》等一系列文明城市创建常态长效机制，实施九龙商城、置业小区等一批老旧小区改造提升工程。常态化整治摊位乱摆、车辆乱停等城市顽疾，落实“门前三包”3760家，整治占道经营行为1.8万起，疏导流动摊点1.7万次，拆除违建1.12万平方米。完成10个社区“两委”换届和5个新社区“两委”成立选举工作。推进安全隐患大排查大整治和安全生产专项整治三年行动集中攻坚。“平安东侨”建设连续6年获评全市优秀等次，常态化推进扫黑除恶斗争，公安分局扫黑办和开发区扫黑办分别获省、市扫黑除恶斗争先进集体。

民生事业 2021年，东侨经济技术开发区民生支出7.55亿元，占一般公共预算支出的59%。坚持教学品质和教育基础设施“两手抓”，促进教育均衡发展，师院二附小扩容、东侨三小教学楼建成投用，东侨二中动工建设，中考成绩连续四年位列全市第一，小学和初中监测总成绩均在全省前五。抓好常态化疫情防控，新设立东侨开发区疾控中心，新建集中隔离场所2个，设置隔离间330间以上，累计接种新冠病毒疫苗34.1万剂次，其中12岁以上人群全程接种覆盖率位列全市第一。东侨运动员在全国第十一届残运会获金牌2枚、铜牌1枚；举办庆祝中国共产党成立100周年文艺晚会等群众性文化活动120余场，各类“文化进万家”活动丰富群众文化生活。人民广场志愿服务驿站获评全国总工会“最美工会户外劳动者服务站点”。创建福建省垃圾分类示范片区。推进生态环保督察问题整改，启动西陂塘防洪防潮提升改造工程和四孔桥水闸除险加固工程。

（陈慧清）

【三都澳经济开发区】 2021年，宁德三都澳经济开发区（简称“三都澳经济开发区”）推动“一区多园”模式发展，下辖工业园区包括三屿工业园区、城澳园区，同时受区委、区政府委托，新能源配套产业园、大黄鱼产业园、宁德锂电新能源车里湾园区纳入三都澳经济开发区管理，总规划面积扩大至756.26公顷，开发区产业集聚效应和产业发展水平提高。年内完成地区生产总值188.54亿元，比上年增长153.5%；新增入园企业4家，累计在园企业66家。工业产值572.1亿元，比上年增长355.9%。财政收入8.6亿元，比上年增长203%。税收收入8.22亿元，比上年增长138%。其中，三屿工业园区上汽乘用车福建分公司完成22.8万辆整车生产，比上年增长241%；实现工业总产值超231亿元，增长超150%；创造税收约5.6亿元。在全省88个开发区的综合发展水平考核评价排名再度上升10个位次，位列第三十五名。

园区标准化建设 2021年，三都澳经济开发区以三屿工业园区被列入全省16个园区标准化建设试点为契机，完善园区建设体系，激发产业新活力，提升园区竞争力。构建工业园区标准化工作机制，引入第三方机构，协助开展标准化体系构建工作。完善园区配套基础设施，从管理机制、服务体系、营商环境等方面进行改革创新，推动企业高质量发展。落实园区全方位服务保障，出台优惠政策招商，引导企业申报专利，开展标准化宣传，帮助企业解决员工住宿管理、建设食堂、职工子女就学、出行就医、政策落实等各方面问题。6月29日，三屿工业园区内的上汽宁德基地消防救援站挂牌启用。

人才工作 2021年，三都澳经济开发区成立三屿工业园区职业技能提升中心，组建专班落实协调各项工作。与宁德技师学院签订协议，以校企合作的模式，开展员工技能提升培训，将人才培养和职业技能培训直通园区企业，每年培训产业工人3000余人，输送专业化产业工人500余人，总计投入资金100万元。加强人才队伍建设，解决企业用工难、人才缺的问题。

项目建设 2021年，三都澳经济开发区推进宁德锂电新能源车里湾园区项目建设，该项目建成后主要生产新能源汽车动力电池及储能电池，可新增就业岗位4000余个；主要供应国际车企需求，有助于吸引更多新能源车企在宁德投资落户。总投资约80亿元。按照百日攻坚要求推进省重点项目大黄鱼产业园建设，完成排污口论证、环评、污水处理、供水供电等基础设施建设，园区厂房及办公配套用房有序推进。大黄鱼产业园累计完成投资约7.9亿元，其中年内完成投资约2亿元，建设厂房面积6万余平方米。新能源汽车产业招商工作围绕上汽宁德基地配套供应链招商发力，开展企业摸排和招商拓展，引入4家一级供应商，完善上汽宁德基地汽车生产产业链，实现新一级供应商落地投产。同时，三都澳港区城澳作业区西1号泊位于11月19日竣工投产；园区基础设施建设和安吉物流等配套项目建设推进，启动新增10万平方米厂房建设，协调落实园区外整车停放5500台；推进园区厂房建设、停车场建设以及各项保障服务工作。

生态环保 2021年，三都澳经济开发区加强园区环境整治，完成开发区（城澳园区）总体规划环评论证；推动省环保督察三屿污水处理厂的整改工作，落实园区整体管网排查和溯源工作，完成园区内雨污混接整改。

（刘丽花）

2021年11月19日，福建国泰港口发展有限公司举行三都澳港区城澳作业区西1号泊位竣工暨试航仪式，图为竣工仪式现场

（三都澳经济开发区管委会　供图）

【古田工业园区】 2021年，古田工业园区为省级工业园区，分东区（食用菌加工基地）、西区。东区位于县城东街道前山村，西区位于县城西街道官江村。园区实现地区生产总值45.86亿元，比上年增加8.55%，规模以上工业增加值4.23亿元。纳税总额2831.69万元，进出口总额7.97亿元，从业人员约3000人。工业园区管理机构为古田工业园区管理委员会，正科级行政单位；内设机构古田工业园区服务中心，共有行政编制3人、事业编制6人。

基础设施 2021年，古田工业园区东区建设标准化厂房面积20余万平方米。工业园西区占地面积6.03公顷，建设标准化厂房，投资3.5亿元。园区内建设标准化丙类工业厂房6栋、配套用房1栋，配套建设停车位1321个、电动汽车快速充电桩6个。古田县自来水公司提供园区供水，日供水能力满足园区需求；园区污水管网接入市政污水管网，纳入古田县污水处理厂处理；园区设有垃圾转运站或垃圾处理设施。

产业特色 2021年，古田工业园区园区东区入驻食用菌加工、销售、仓储和包装等工业企业123家。其中，规模以上企业23家、限额以上贸易企业12家。西区入驻三友、德惠、志诚、康亿达等11家食用菌龙头企业。

项目建设 2021年，古田工业园区共完成建设项目9个，总投资9447.56万元。其中，东区完成项目4个，投资金额247.56万元；西区完成项目5个，投资9200万元。加快西区基础设施配套工程建设（包括园区道路、河道、供水、供电等），配合推进“双创”基地项目、“文化三馆”、城西双语幼儿园等项目建设，扶持推动、引导动员对驻留厂区窄小和旧厂房的企业退城入园，集聚发展。

生态环保 2021年，古田工业园区东西区完成规划环保评估，固体废物与维修废物处置综合利用率100%，园区土地建成率73.4%，综合容积率89%。园区企业环保信息逐步建立完善数据库。

（资料来源：古田工业园区党政办）

【屏南工业园区】 2021年，屏南工业园区工业企业投产达效明显，新能源锂电池凹版、华仁汽车配件等15个产业项目开工建设，新能源正极材料一期、瑞幸咖啡、板式家具等10个产业项目竣工投产，新增规模以上工业企业6家，合计产值2.18亿元，逐步形成产值增长极。

项目建设 2021年，屏南工业园区溪角洋工业园区位于棠口镇，规划面积约为446.8公顷，该园区重点布局新能源新材料、高端制造业、高新技术产业项目，以屏南时代为核心，发展动力锂电池、新能源汽车产业链及配套或附属产业。入驻的企业有屏南时代新材料技术有限公司10家企业。溪坪工业园区位于屏城乡南部，规划面积约为100公顷（其中13.33公顷为上源工业集中区）该园区是屏南县最早开发的园区，园区工业用地与居民区用地毗邻，现结合上源工业集中区发展规划，逐步引导园区转型升级，重点建设用于承载其他园区所需要配套的电商、金融、物流、商务服务等生产性服务业，打造产城融合发展新高地。潦头工业园区位于城关至火车站主干道两侧，规划面积约为51.73公顷，四至范围为东至潦头村、南至S303、西至屏南锦辉木业有限公司、北至清水变电站。该园区利用“全国民间药膳示范县”和“福建药膳美食名城”的牌子，结合药膳小镇开发建设，重点发展特色食品加工基地及配套或附属产业。已落户的企业有瑞幸咖啡烘焙（屏南）基地项目、健神生物、泰华工艺、永丰生物等15家企业。

产业发展 2021年，屏南工业园区新增甘棠（新型）工业园区，该园区位于甘棠乡南侧，规划面积约为66.67公顷，四至范围为东至S202、南至S202、西至高速互通、北至甘棠镇区。该园区结合早兴亭组团发展规划，利用森林资源，重点发展竹木加工上下游产业链及配套或附属产业，形成集群效应。福建省旅贸实业有限公司、宁德谊邦家具有限公司等8家板式家具企业签约入驻，共建设20条以上板式家具生产线，该园区主要以板式家具制造项目入驻为契机，强化园区基础设施建设，努力打造成为国内一流、国际知名的板式家具产业自主创新示范区。

（资料来源：屏南工业园区党政办）

【周宁工业园区】 2021年，周宁工业园区有规模以上工业企业23家，完成固投入库项目19个。全年完成规模以上工业增加值5.76亿元，固定资产投资4.23亿元，税收1.23亿元。

项目建设 2021年，周宁工业园区重点围绕不锈钢、新能源和上汽、铸造。以不锈钢产业园工业园区为核心，形成分工合作、产业配套、集群发展的“一区四园”产业主导产业方向策划包装招商项目，突出产业发展平台。其中周宁县不锈钢深加工产业园总规划用地面积400余公顷。一期总投资8.85亿元，规划面积116.20公顷，引进不锈钢深加工企业43家，达产后产量30万吨，实现产值120亿元以上，税收3亿元；整个园区建成可培育规模以上工业企业百家，产值突破200亿元，税收10亿元入，驻43家企业，截至年底，28家企业完成厂房建设，其中16家企业投产、15家进行基础建设，二期规划用地293.33公顷，其中可出让用地143.20公顷（工业用地129.87公顷、生活配套13.33公顷），可出让用地可安排不锈钢针管、不锈钢餐厨、不锈钢拉丝等不锈钢深加工企业60家。

招商工作 2021年，周宁工业园区围绕四大主导产业项目开展产业链招商。县党政“一把手”亲自带头招商，全县各乡镇、各有关部门通力协作，通过“小分队”走出去招商和请进来洽谈等形式，先后赴浙江、广西、上海、厦门等地，围绕千亿集群产业链和特色旅游、金融服务、大宗商品贸易等方面，开展党政“一把手”招商“请进来”。

（资料来源：周宁工业园区党政办）

【寿宁工业园区】 2021年，寿宁工业园区是承接浙东南产业转移的重要平台。在推进工业发展和园区建设中，寿宁坚持“布局集中、资源集约、企业集群、产业集聚、规模适中”的原则，以南阳工业园区为核心区，辐射建设际武、武曲和宁德锆镁新材料产业园3个拓展区，在双湖二级公路、福寿高速公路沿线打造以工业新材料、精密铸造、汽摩配件、电机电器等为主导产业的“绿色工业走廊”。工业园区规划总面积1688.40公顷，已开发583.33公顷，截至年底，入驻企业115家，实现工业总产值32.75亿元，税收1.07亿元。

基础设施 2021年，寿宁工业园区采取“依托城镇、集中突破、不断完善”措施，使配套设施建设日趋完善。南阳工业园区自来水和污水管网设施、园内主干道硬化、通信网络等建成投用。际武工业集中区涵盖职工生活区、污水处理厂、溪滨山前路硬化、景观公园等，PPP（政府和社会资本合作）项目竣工验收。宁德锆镁新材料产业园职工共享之家、产品展览厅、科研楼建成投用，为园区的进一步发展夯实基础。

服务企业 2021年，寿宁工业园南阳园区与际武工业集中区2个企业服务中心对入驻企业办理证照、项目审批等手续以及与政府相关部门的沟通联系实行全程跟踪服务。帮助中端金属、赛昂新材料、塔拉蕾、金特重工等18家新入驻企业完成项目备案；帮助企业解决用水难问题，南阳园区自来水旧管道改造完成并投用；帮助闽瑞等企业解决劳务纠纷多起。贯彻落实惠企政策，多方面助推企业发展。

制度创新 2021年，寿宁工业园制定出台一系列政策措施，在土地开发利用、资源节约、生产经营、项目建设、品牌创建等方面给予企业优惠鼓励；采取“一企一议一策”办法，对规模企业、高新技术企业和其他普通中小企业，采取不同的激励措施，促进企业发展；设立工贸企业应急保障资金（一期注入2000万元），帮助部分企业解决融资转贷困难，防范和化解资金风险，扶持工贸企业持续发展。推进“全程代办制”服务，企业所有办证、审批等手续都由园区管委会全程代办；在全县范围内实行领导干部“一对一”挂点，精准帮扶；建立政、银、企沟通合作长效机制，为投资者创造良好融资环境。

生态环保 2021年，寿宁工业园区严把项目引进审批关，实行绿色招商。从源头上杜绝高污染、高耗能、低效益的企业入驻；并对区内各类企业进行合理规划布局，促进园区产业聚集和生态保护、集约用地、资源节约。按照生态型工业园区的发展目标，淘汰一批在环保、节能方面存在较大问题且无力整改的企业项目；强化企业生产过程动态监管，对重点耗能、耗水、排放企业，按照“减量化”有限原则，进行节能改造、节能监察、能源审计。扶持发展绿色产业。建设污水、垃圾以及固废处理设施，加强运行管理，营造环保、生态、美洁的园区环境。推进循环经济发展，鼓励和扶持企业内部以及企业之间的副产品与能源梯级利用。

管理与服务 2021年12月31日，寿宁县委编委会批复成立“寿宁工业园区管理委员会”，原事业性质转为行政性质，下设“寿宁县南阳工业园区企业服务中心”和“寿宁县犀溪际武工业集中区企业服务中心”2个企业服务中心。以管委会统一管理为主、乡镇配合相结合的方式，强化园区管委会的管理和服务职能。

（资料来源：寿宁工业园区党政办）

【福安经济开发区】 2021年，福建福安经济开发区（原名福建省闽东赛岐经济开发区），地处闽东中心的赛江之畔，是福安市滨海新区建设的重要组成部分，是闽东地区第一个省级经济开发区，是宁德市（福安）军民融合深度发展产业园的核心区。开发区内设经济发展局（招商局）、规划建设局（环保分局）、财政分局、国土分局、办公室等5个正科级机构。辖区内设有罗江街道，街道下辖9个村（社区），总面积16平方千米，常住人口2.3万人，现有规划建设面积500公顷，建成区占地面积约400公顷。年内完成规模以上工业企业总产值62.98亿元，固定资产投资6.09亿元，税收收入2.51亿元。有规模以上工业企业28家，完成限额以上商贸贸易额10.31亿元。

项目建设 2021年，福建福安经济开发区全面启动并部分完成樟港、大留、小留和罗江产业园的基础设施配套前期工作。赛和置业和世贸云玺等房地产建设推进，成为罗江的新地标和高尚住宅区，为罗江人口聚集和企业职工提供良好的生活环境。江滨大道（B段）道路工程一期工程竣工投入使用，莺歌大道、坑门里工业路动工建设，大洋路、樟港路前期工作推进。罗江社区卫生服务中心动工建设，福安二中初中部教学综合楼建成并投入使用。

招商引资 2021年，福建福安经济开发区引进项目6个，完成招商引资17.4亿元，比上年增长182.35%。相继引进广东嘉元科技、深圳长盈精密技术和宁波震裕科技等一批上市企业落地建设或投产，是开发区成立以来招商成果最好的一年。

安征迁工作 2021年，福建福安经济开发区配合开展国土空间规划编制，完成开发区罗江北、小留、大留、樟港片区控规和开发区规划环评跟踪评价报告。完成广东嘉元科技1.5万吨铜箔项目的8.67公顷征地、清表、围挡、填土工作并动工建设；完成广东嘉元科技、华荣电机等2宗土地出让12公顷；盘活批而未供、法院查封等存量土地3宗12.67公顷；基本完成震裕大留北园档地块6.33公顷和开发区标准化厂房大留溪陇地块2.33公顷征地工作。争取2期政府专项债项目资金5.3亿元，为开发区基础设施建设和产业发展筑牢资金保障。

发展环境优化 2021年，福建福安经济开发区成立鑫泰汽车新能源产业技术研究院，建成京港众创空间并投入使用，为企业搭建政府主导的创新服务平台。国家级大中小企业融通型双创特色载体项目通过财政部验收，省级园区循环化绿色改造项目通过省工信厅验收，带动巨龙、新银嘉、大西、一洲、德普柯、富贵铼、福华和联港等一批企业转型升级。一批低效高耗的产业淘汰，一批空置厂房得到启用，以新能源配套为主的新的主导产业正在形成，企业转型升级步伐加快，经济质量持续向好。

（陈龙辉）

【柘荣经济开发区】 2021年，柘荣经济开发区总规划面积600公顷，省政府批复面积4.4平方千米，建成面积约3平方千米，下辖生物医药循环经济产业园、砚山洋山海协作示范园、富源综合区等3个产业园区。开发区实现产值53.26亿元，缴纳税金2.44亿元。

园区标准化建设 2021年，柘荣经济开发区重点项目生物医药循环经济产业园完成投资3.54亿元，占年度投资计划的100%。本草路延伸段完工通车、标准化厂房一期建成投用。完成西源路、横二路、横三路等项目土地报批前期工作，开始路基建设。加快推进茶产业集中区，滨溪南路，国防光缆、军用光缆迁改、已收储地块场地平整等项目建设。多措并举筹集项目资金，争取生物医药循环经济产业园基础设施建设项目地方专项债资金2.5亿元，并对接省国开行、农发行及农行等融资平台，更好保障项目资金有效运转。

招商引资 2021年，柘荣经济开发区开展以商招商、以情招商，推进招商引资。先后对接漳州片仔癀与时珍堂合作项目、新生命中药颗粒生产线项目等18个生物医药产业项目。元鑫医用手套两条新生产线已建成投产，时珍堂将竣工投产，草本汤全国生产服务中心项目开工建设。向省侨联推介生物医药产业孵化器、太子参保健酒合作等2个项目。

企业服务 2021年，柘荣经济开发区通过走访，及时掌握并协调解决企业的公交路线、电力杆线迁移、用水等问题30余个。加强与乡镇沟通协调力度，确保开发区基础设施建设用地安征迁有序推进，园区完成征地约79.33公顷，迁移坟墓318座。完成骏达液化气站厂房、宏辉铸造的拆迁，确保本草路延伸段顺利通车和滨溪南路项目建设。

高新区创建 2021年，柘荣县在经济开发区建设基础上，规划4.04平方千米创建高新区。园区路网、供水供电、污水处理等基础设施基本建成投用。围绕"生物医药、生物农业、先进制造"等重点产业和创新孵化平台建设，打造"一区两园"高新区空间布局："一区"即柘荣高新技术产业园区；"两园"即柘荣生物医药循环经济产业园和砚山洋山海协作示范产业园。11月17日，10项高新区基础申报材料（区域综合情况介绍、政策汇编、高新区科技企业孵化器等支撑服务体系现状及近期发展规划、成立高新区管委会筹委会、总体发展规划、产业发展规划、总体规划环评跟踪评价报告、区域总体规划、控制性规划）经过省科技厅组织部门会审。

（袁梨娜）

【福鼎工业园区】 2021年，宁德市福鼎工业园区实现规模以上企业工业产值194亿元，完成固定资产投资69.92亿元。

产业平台建设 2021年，福鼎工业园区完成温州大道、双岳溪和文渡污水厂提升改造等基础配套建设和前岐、双岳片区防洪排涝规划编制和控规编制；完成大湾区生态产业园区滨溪西路、环城西路南段便道建设，棠园至新能源220千伏双回线路电力专线建设，以及水、气、污水等锂电项目配套建设，确保锂电项目设备进场和投产后成品运输需求；启动龙安化工园周边道路及配套设施等项目组卷报批。

工业项目建设 2021年1月5日，福鼎工业园区宁德时代锂离子电池一期项目进场打桩，2021年12月二号厂房建成投产，实现当年开工，当年建设和当年投产；鼎盛钢铁（一期）建成投产。盈浩总部、闽浙现代农贸城白茶城、哈德仪表、顺茗道等项目建成并投入使用。品品香茶产业综合体、友力化油器迁建项目、福生源生活用纸特种纸项目等完成建设；邦普产业园、国泰华荣二期、瑞川环保、凯欣项目、百能数控新型玻璃刻花机、鳌峰铝业再生铝及铝型材改造项目等相继开工。

主导产业布局 2021年，福鼎工业园区星火、文渡项目区基本完成开发建设。星火项目区逐步形成以华益机车部件、丰泰化油器、晨冠乳业、誉达茶业等为龙头的汽摩配及食品加工产业园；文渡项目区形成以宏大特钢、欧荣布业、有氟密管阀等为龙头的特钢、泵阀、树脂、无纺布、PU革及上下游产品为主的产业园区。双岳项目区形成以盈浩工艺、辉轮婴童、忠和生物、大立通用、鼎坤电子等为龙头的新型制造业、食品加工、高新技术产业为主导的产城一体化新型园区。前岐片区主要布局福鼎时代锂电项目及商住配套等，龙安化工园被认定为省第二批化工园区，主要以宁德时代配套的锂电池相关配套化工产业及合成革配套的上游产业为主。

科技创新企业 2021年，福鼎工业园区华益机电有限公司、福建汇得新材料有限公司、宁德国泰华荣新材料有限公司、福建品品香茶业有限公司、福建鼎盛钢铁有限公司、宁德邦普循环科技有限公司等公司入选省工业龙头企业；福建品品香茶业有限公司入列省企业技术中心名单，有氟密集团有限公司、福建省福能龙安热电有限公司、福建鸣鸿树脂有限公司等入列宁德市企业技术中心名单；福建品品香茶业有限公司、福建辉伦婴童用品有限公司、福建盈浩文化创意股份有限公司、福鼎市丰泰化油器有限公司、福建誉达茶业有限公司、福建忠和生物科技有限公司、福建元发树脂有限公司等公司列入省"互联网+先进制造业"重点项目；华益机电有限公司、福建品品香茶业有限公司、福建盈浩文化创意股份有限公司、福建中重特种机器人有限公司、福鼎市丰泰化油器有限公司等公司入围省科技小企业企业名单。

环境质量优化 2021年，福鼎市工业园区按照园区的规划环评和批复要求，优化园区产业布局，严把建设项目环境准入。持续推进文渡合成革行业二甲胺气体污染整治，基本完成二甲胺废气治理和废水处理等环保设施的升级改造，进一步改善文渡项目区的大气环境质量，完成星火、双岳项目区企业煤改气工作。

招商引资 2021年，福鼎市工业园强化一把手招商、产业链招商，文渡项目区引进润锦新材料、鼎盛环保科技、科汇电子科技等企业，总投资2.1亿元；双岳项目区引进锂电配套项目领福新能源，其中一期投资2.5亿元。

园区管理 2021年，福鼎市工业园完成园区安全生产应急预案编制，坚持每季度召开安全生产工作例会，开展安全生产专项整治三年行动，全年未发生重特大安全生产事故。妥善解决福建省信访信息系统、福鼎市市长信箱、"12345"网络平台关于园区征地历史遗留问题、生态环境保护等信访事件40余项。

（资料来源：福鼎工业园区党政办）

【霞浦经济开发区】 2021年，霞浦经济开发区于2014年1月经省政府批准设立省级经济开发区，位于城市南部，南临古县沙塘里，规划面积362.2公顷。呈"一区多园"空间布局结构，其中福宁工业园区主要以引入新能源、水产品、不锈钢及机械制造等产业为主，渔洋片区主要以引入新能源及生物制品、新材料产业为主，江边片区主要以引入新能源、半导体等高新产业为主，整合后面积拓展至742.8公顷。9月，霞浦经济开发区核定为正科级行政单位，核定行政编制5名，实有0人；财政核拨事业编制9名，实有7名。

基础设施 2021年，霞浦县启动新能源产业园及配套设施项目，总投资23.7亿。完成横二路初步设计文件编制并获发改批复；纵二路（北段）勘察、初步设计文件编制批复和施工图设计文件编制，施工图审查批复完成。招标控制价和工程量清单编制完成，财审初稿完成。继续推进经济开发区转型升级一期项目，项目总投资 7.37 亿元，陆续完成了时代一汽 110KV 线路工程，主物流通道工程及周边路网工程和排洪沟改造工程等工程建设，2022 年将持续推进准化厂房建设。

园区发展 2021 年，霞浦经济开发区围绕“建设科学引领、业态繁荣、绿色高效、产值超百亿省级经济开发区”的总体工作目标，发展绿色工业经济，加大基础设施建设，拓展对外承接空间。截至年底，引进企业 90 家，总投资 70 余亿元，现有规模以上企业 39 家，限额以上贸易企业 12 家，正在建设及筹建的项目 16 家。全年完成工业制造业（含技改）固定资产投资 21 亿元，规模以上工业产值 61 亿元，税收 1.76 亿元。经开区服务重点项目，做好项目入驻前期工作和配套基础设施建设，省、市重点项目建设进展顺利，邦德年产 3180 万米超纤合成革生产线建设项目树脂车间竣工投产；“时代科士达储能项目”（北区）第一第二生产线完成安装，9 月投产，并完成规模以上企业的培育工作；嘉鸿水产、善邀福项目、元福塑胶及三海科技项目开工，昌荣工贸、寰江食品完成竣工，正洋食品投产。

招商引资 2021 年，霞浦经济开发区围绕“扶引大龙头、培育大集群、发展大产业”为目标，支持主导产业发展壮大、新兴产业占比提升、传统产业转型升级，利用时代一汽等龙头企业入驻的有利条件，加快产业结构调整，开展上下游配套项目的招商活动。引进浦晟新能源、康纳科技、福麟工贸等 12 家企业，协议总投资 7 亿元，培育壮大福建邦德、众源机械、创凯缝纫机、野湾水产等 10 余家本土企业，新增时代科士达、爱谱森、福宁港渔业等5家规模以上工业企业，兴办电商产业园、物流园等商业服务配套。

扩区增容 2021 年，霞浦经济开发区优化产业布局，打造“一区多园”产业新格局，在现有省政府批准霞浦经济开发区规划面积 362.6 公顷的基础上进一步扩大开发区发展空间。继续深化一区多园建设，在原有规划的基础上，将水产品精深加工小微园、小沙物流园和洋尾山取土场、联七线西侧2095亩纳入福宁工业园区规划，并将渔洋片区 1000 余亩纳入经济开发区“一区多园”的开发管理，整合园区周边土地资源，发挥园区规模优势，实现园区协调发展，年内完成渔洋片区控制性详规编制、批复，小沙、大沙控规修编已完成编制。

转型升级 2021 年，霞浦经济开发区建立经开区亩产效益综合评价机制。对园区现有工业企业建立亩均税收，亩均营业收入考核机制，执行低效用地退出机制，盘活批而未供，供而未用的土地。采取司法拍卖，协议转让，长期租赁，工业地产等方式盘活园区闲置厂房，提高土地利用率。推行园区单位面积投资强度，经济效益综合管控评价办法，提高园区企业用地准入标准，新引进工业项目企业固定资产投资强度大于或等于 270 万元，亩均税收大于或等于 20 万元，环保符合相关规定，能耗达到国内行业先进水平。截至年底，通过引进亚美斯工贸、寰江食品、正洋食品等企业，对接福宁汽车服务有限公司、正韵鞋业、亨祺水产等 3 家闲置企业厂房，累计盘活厂房用地 5.8 公顷。

生态环保 2021 年，霞浦经济开发区力推不锈钢集中式污水处理厂的环保验收工作，实现大沙片区不锈钢集中式污水处理厂和邦德合成革基地污水处理厂的污水处理达标后全部回用不外排，入园企业的生活污水全部接入县城污水厂处理，安排资金投入园区水循环系统建设和园区绿化，建设省级绿色环保生态工业区。

管理与服务 2021 年，霞浦经济开发区成立经开区服务企业专班，定期或不定期到开发区各企业走访调研，帮助企业解决发展问题，并开辟“互联网 + 政务”专题专栏窗口，利用互联网优势为项目企业提供优质服务，以高效政务服务优化营商环境，协助招商引资、项目推进、企业帮扶、功能配套等工作有力开展。抓好疫情防控工作，落实疫情和安全生产“双方控”，开展安全宣传“五进”工作。加强警务建设和警备巡视力度，做好安全生产和防台防汛工作，开展开发区安全生产标准化建设，引导投产企业开展企业安全生产标准化建设，开展安全隐患排查整改工作，配合应急、市监、住建、工信、环保、消防等部门联合开展涉氨制冷企业隐患专项整治，加强涉氨制冷企业安全监管工作。解决企业的审批、建设、用工、融资等难题，营造务实高效的行政服务环境。

（平　辉）

交通　水利

公　路

【概况】　2021 年，宁德市完成高速公路建设投资 21.02 亿元。宁上高速宁德霞浦至福安段开工建设，宁古高速公路具备全线动工条件，推进沙埕互通及连接线工程、沈海高速宁德段扩容工程、庆元至寿宁高速公路工程等项目建设。完成普通公路建设投资 43.01 亿元。新改扩建国省干线 28 个项目 180 千米，动工 8 个项目 85 千米、完工 3 个项目 21 千米。完成农村公路建设改造 429 千米，比年度计划提高 30%、比上年增长 40.2%。

【高速公路建设】　2021 年，宁德市高速公路建设项目计划完成投资 21 亿元，续建宁德至古田高速公路、宁上高速公路宁德霞浦至福安段，待开工甬莞高速沙埕互通及连接线工程。同时，推进沈海高速公路宁德段扩容工程等项目前期工作。截至年底，完成年度投资 21.02 元，占年度计划的 100.1%，累计完成投资 45.94 亿元，占总投资的 31.7%。

2021 年 11 月 11 日，宁上高速公路霞浦至福安段开工建设，图为该项目第一个开工点（A1 标段虾山大桥首根 2-2 号桥墩桩基）施工现场

（宁德三都澳高速公路有限责任公司　供图）

【宁德至古田高速公路】　2021 年，宁德市完成年度投资 3.6 亿元，占年度投资计划 3 亿元的 120.1%；累计完成投资 25.34 亿元，占概算投资 74.98 亿元的 33.8%。项目工可、初步设计、施工图完成省内批复，用林、用地获得批复，各项动工前置事项均已完成，具备全线动工条件。同时，项目作为国家综合立体交通网主骨架布局 8 条通道中福银（福州至银川）通道的组成部分，列入交通运输部“十四五”规划项目备选库方案。工程项目可行性报告审查完成，待《国家公路网规划（2021—2035 年）》发布后，出具部补资金意见。

【宁上高速公路宁德霞浦至福安段】　2021 年，宁上高速公路宁德霞浦至福安段建设项目完成年度投资 16.9 亿元，占年度投资计划 16 亿元的 105.6%；完成投资 20.09 亿元，占概算投资 65.09 亿元的 30.9%。项目用林、用海已批复。用地报批材料已上报省自然资源厅，项目水土保持方案已批复，环评报告已上报省生态环境厅审批。

【沈海高速公路宁德段扩容工程】 2021 年，宁德市项目工可已通过省发展和改革委组织召开的审查会议。目前，路线方案正在结合宁德绕城高速公路、沈海高速公路增设宝洋塘互通等项目进一步研究论证。

【沙埕湾跨海公路通道沙埕互通及连接线工程】 2021 年，宁德市完成年度投资 0.52 亿元，占年度投资计划 2 亿元的 26%；完成投资 0.52 亿元，占总投资的 11%。项目工程获得省发展和改革委批复，初勘初测通过验收，初步设计完成审查，正在开展初步设计修编及工可批复调整工作。

【京台高速公路南平至闽清段扩容工程宁德段】 2021 年，宁德市项目路线起点位于南平市洋后镇（中洋枢纽），途经古田、闽清，终于洋门格与福银高速公路衔接，路线里程约 74 千米，其中宁德境内 25.4 千米。同时，项目设置联络线连接京台高速和京台扩容工程，路线里程约 20.5 千米，其中宁德境内 7.9 千米。目前，项目正在开展路线方案研究工作。根据市高指有关文件要求，古田县已成立工作专班负责项目前期工作。由于项目涉及南平、宁德、福州 3 个地市，需要共同推进项目。

【寿宁至庆元高速公路宁德段】 2021年，宁德市项目路线起于闽浙界，与浙江庆元段顺接，经托溪、清源、寿宁城关、南阳，终点与溧宁高速相接，路线长约 31 千米。交通运输部规划设计院开展项目工可编制工作，并基本完成路线方案研究。宁德市高速公路建设指挥部到寿宁县委、县政府征求地方意见。寿宁县计划提交关于项目推荐方案意见。

【普通国省干线】 2021 年，宁德市普通国省干线公路计划完成投资 12.3 亿元，截至年底，累计完成投资 12.4 亿元，占计划的 101%。年度计划开工 5 个项目 72 千米，已动工 8 个项目 85.563 千米，分别占年度计划的 160% 和 118%，分别为 G228 线沙江沙塘里至溪南德士鼻段 25.921 千米、S201 线霞浦路口至路亭（柘荣界）段 25.202 千米、G104 线蕉城区城南福洋至飞鸾孝岐头段改扩建工程 5.2 千米、S201 线霞浦县赤岸大道（火车站）至路口段 11.1 千米、京台高速古田互通及接线工程 1.6 千米、政永高速大桥互通及接线工程乔洋至溪洲段 3.075 千米、G228 线福鼎市白琳镇小白岩至店下段 9.944 千米、S306 线宁德蕉城井上至牛头岗段改建工程 3.521 千米；年度计划在建 17 个项目 182.6 千米，截至年底均在建设；年度计划完工 3 个项目 14.6 千米，建成 3 个 21.222 千米，分别占年度计划的 100%、145%，为衢宁铁路屏南站通站路工程 2.615 千米、S201 线鸳鸯头叉口至东源桥头段 10.42 千米、霞浦三沙水产品集散中心疏港公路 A1A2 标段 8.187 千米。

（詹勇清）

【公路养护】 2021 年，宁德市公路事业发展中心管养国道 6 条 912.68 千米、省道 5 条 455.60 千米，共计管养里程 1368.28 千米。按路面类型划分，水泥混凝土路面 1132.029 千米，沥青砼路面 136.01 千米，沥青贯入式路面 100.26 千米；按技术等级划分，一级公路 12.04 千米，二级公路 801.77 千米，三级公路 239.78 千米，四级公路 314.70 千米。共完成养护建设投资 1.42 亿元，普通国省干线 PQI 值 87.48，优良路率 87.3%，完成全年各项目标任务。重点抓低标路段和 PQI ≤ 80 的路段共计 782 千米预防性养护，完成清灌缝 328 千米。开展“四新技术”606G 聚合物胶砂处治水泥砼路面病害实验，提升公路养护科技水平。完成 G104 线福安铁湖至溪柄及 G104 线福鼎岩前至山柘坪段水泥混凝土路面改造续建扫尾，完成屏南 G237 线棠口乡际头村沥青混凝土路面，计 19 千米改造工程。完成 G228 福安、霞浦段，S306 古田、蕉城段等 13 处，计 3.4 万平方米的碎板置换任务，完成 G237 屏南、G104 蕉城福安等 9 处安保工程。打造隧道机电养护“一二三四五”模式，与福建省高速公路集团达成战略合作，开展 23 座隧道机电设施的日常巡查、清洁维护、定期检修与评定等工作，补齐隧道养

2021 年 10 月 29 日，宁德市公路中心对 S211 线（大南线）和 S306 线（漳延线）古田段大、中桥开展检测工作

（市公路中心　供图）

护短板；提升桥梁养护水平。完成9座危桥加固，完成3座特大桥、6条长隧道定检和专项养护工作；国省干线公路一、二类桥梁和隧道的比例分别为98.9%和100%。

【机构改革】 2021年，宁德市确定从2022年起将市公路中心人员及运行经费列入市、县（市、区）财政预算，改变自收自支事业单位性质，成为财政核拨事业单位，为公路部门履行国省道养护、管理、运营、路网监测运行和应急处置等职能奠定基础。

【应急保畅】 2021年，宁德市公路事业发展中心加强应急处置，健全应急队伍，完善应急机械、物资储备，开展“桥梁墩柱撞击应急处置”“隧道交通事故应急处置”演练，修复水毁29处。

【综合服务】 2021年，宁德市公路事业发展中心探索创建绿化苗木示范基地，根据“一中心一特色”的要求，创建8个苗木基地；开展县道养护工作。古田公路中心试点代养护古田县农村公路38.343千米，福安中心接养县道18千米，寿宁接养县道5.3千米，合计61.6千米；开展示范路建设。在G237屏南漈头至上荐创建“党员示范路、闽东特色乡村振兴路、美在国省道”“两路一美”示范段18千米。

（蔡雅珊）

铁 路

【温州至福州高速铁路项目前期工作】 2021年，宁德市发改委根据省里的部署，委托中铁四院完成地方项目预可行性研究。3月，闽浙两省组织召开温福高铁项目推进会，并联合行文，请求国铁集团公司启动温福高铁项目勘察设计招标工作，明确宁德、温州2市作为本项目福建段和温州段牵头单位，宁德、温州两市派专人常驻北京跟踪。9月，部省会谈，国铁集团表示支持将项目纳入铁路“十四五”发展规划，待国家批复规划后，按照国办函〔2021〕27号文要求，研究项目建设时机，推进项目前期工作。12月，该项目列入国家《“十四五”现代综合交通运输体系发展规划》及国家《“十四五”铁路发展规划》。

【宁德漳湾港铁路专用线项目】 2021年，宁德市发改委组织市交投集团及设计单位开展项目可研方案优化调整研究、用海技术咨询论证和地方配套挖山场站研究，就项目报批重点难点问题及用海问题多次对接省发展和改革委、自然资源厅。12月，该项目纳入国家《“十四五”铁路发展规划》、国家发展改革委等部门加快推进2022—2023年铁路专用线等重点项目、国家发改委关于支持福建全方位推动高质量发展重大项目。

【宁德白马港铁路支线】 2021年，国铁集团鉴定中心受国铁集团发改部委托，在北京召开白马港铁路支线续建必要性可行性研究评审会，经专家组评审原则通过续建方案。9月，部省会谈，国铁集团表示白马港铁路支线原为部省联合实施项目，按照国办函〔2021〕27号文要求和交通运输领域中央与地方事权划分原则，项目建设属地方事权，建议由地方继续出资建设，国铁集团按已出资为限。设计单位已按要求向国铁集团鉴定中心上报方案修编。12月，该项目纳入国家发改委关于支持福建全方位推动高质量发展重大项目。

（孙 凡）

港 口

【概况】 2021年，宁德市有生产性泊位51个（最新统计口径），万吨级以上泊位13个，港口年通过能力散货3320万吨、集装箱3万TEU。全港货物吞吐量完成6286.07万吨，比上年增加26.9%，增速位居全省第二；外贸货物吞吐量完成1498.1万吨，增加2.1%；集装箱吞吐量完成15.33万TEU（传输扩展单元），增加5.68%，增速全省第三。

【港口规划】 2021年，生态环境部印发《福州港总体规划环境影响报告书》审查意见，根据审查意见及与交通运输部、宁德市的沟通情况，对《福州港总体规划》进行再次修订，形成报批稿。8月，交通运输部、福建省人民政府联合批复《福州港总体规划（2035年）》。

【港航建设】 2021年，宁德市完成港航固定资产投资12.64亿元，比上年增长45%，占福州港总投资26亿元的49%。推进港航项目建设，建设11个港航项目，其中5万吨级以上泊位11个。建成城澳作业区西1号泊位，完成湾坞作业区1号、8号水工主体建设，推进漳湾作业区18—20号、21号、坪岗作业区4—5号泊位、杨岐作业区16号、25—26号泊位，鼎盛钢铁配套码头以及三都澳深水航道二期工程（漳湾航道）、沙埕进港航道工程等港航项目建设；推进项目前期工作，城澳作业区1号泊位工程建设规模调整为40万吨矿石卸船泊位得到交通运输部批复，八尺门作业区1—5号通用泊位工程初步设计调整得到省交通运输厅批复，沙埕港区迈拓码头扩容改造工程、鼎盛钢铁有限公司舾装码头改建工程工可报告得到批复，城澳作业区2号泊位、漳湾作业区4—6号泊位等项目前期工作取得新进展；配合市交通运输部门，做好市域港口岸线梳理，为下一步开展岸线分类处置打好基础；做好“平安工地”建设，配合质监部门加强在建项目质量安全检查，做好在建工程防台防汛、农民工工资发放等工作。漳湾作业区18—21号泊位被评为2021年度公路水运工程“平安工地”省级示范项目，还被列为交通运输部“平安百年品质工程”创建示范项目，漳湾作业区7号泊位被交通运输部推荐冠名2018—2020年度公路水运平安工程。

【港口安全】 2021年，宁德市围绕港口码头作业安全生产“三零”安全管理目标，强化责任担当和行业监管，防范遏制重特大事故发生，港口安全生产形势稳定。开展安全生产整治行动，推进安全生产专项整治三年行动，制定《三年行动挂图作战表》，对标对表持续强化安全监管，对辖区24家企业（19家普货、5家危货）进行全覆盖安全检查，累计发现问题隐患项381条，整改到位381条，隐患整改率100%。此外，开展港口企业春运安全生产大检查，消防安全专项整治“百日攻坚行动”，安全隐患大排查，大整治攻坚月活动，进企业开展“安全生产月活动”，以及“控事故、保安全、迎百年建党”专项检查活动等，以安全专项整治、检查行动为载体，提升辖区港口安全监管水平；强化港口危货作业监管，通过省危货智慧港口平台，在时限内审批危货作业，全年审批油轮253艘次、硫酸作业12艘次、集装箱危货4艘次。组织人员对危货企业装卸作业开展日常检查、视频监控抽查和现场监卸检查。对辖区5家危货企业开展每年2次的37项专项检查，不留安全隐患。组织安全监管人员到辖区油库等码头开展危货安全监管跟班学习，组织3场次11人次，通过现场学习、经验交流，提升危货作业监管水平；做好安全日常监管，定期召开安全例会，对安全工作进行形势分析和部署落实。做好港口码头防汛防台工作，确保人员和财产安全。开展港口设施反恐保安工作，定期对宁连港务有限公司、福建大唐发电有限公司等企业的港口设施进行保安核验。

【港政管理】 2021年，宁德市做好港口经营初审工作，靠前服务，指导企业开展办证前期工作，配合省福州港口发展中心完成宁德市港务集团有限公司赛岐分公司、福建省名京物流园开发有限公司、福建国泰港口发展有限公司等5家公司港口经营许可证发放工作；做好港口规费征收，落实《福州港货物港务费征收工作制度》，完善货物港务费征收流程，组织对所属各站港口规费征收情况进行定期（季度）和不定期检查，并将检查延伸至港口企业，对发现的问题和不足进行整改落实，确保规费应征不漏。完成港口货物港务费收入3416万元，完成年度计划的158%。优化营商环境，减轻企业负担，按照上级有关减税降费要求，全年返还青拓物流、宁德大唐等港口企业货港费457万元；做好港口企业疫情防控，配合地方政府、海关、海事、边检等相关部门加强港口疫情防控，督促港口企业切实落实疫情防控主体责任，按照《港口及其一线人员新冠肺炎疫情防控工作指南》等要求落实各项防疫措施。安排重点人员按周期进行核酸检测，做到“应检尽检”。组织港口从业人员接种新冠肺炎疫苗，一线作业人员全员接种新冠肺炎疫苗第三针，港口企业从业人员接种率98.95%；规范港口经营秩序，引导港口企业建立诚实信用经营观，营造良好营商环境和市场秩序。组织对港口企业进行经营管理检查，重点对港口经营人的经营资质和依规收费情况开展检查。开展“打非治违”，综合利用约谈、警示、曝光等手段，对辖区无证码头违规经营等行为进行查处整治，发现一例无证码头靠泊装卸作业，组织执法人员到现场进行调查取证，并将无证经营线索报送上级部门；推进港口船舶污染物接收、转运和处置工作，召开市港口和船舶污染物接收、转运及处置联合监管工作组联席会议，与海事、环保等部门共同推进电子联单工作。辖区港口码头到港船舶接收、转运、处置固体垃圾67.44吨，含油污水670.67吨，处理联单400多单。

【航道畅通】 2021年，宁德市开展巡航执法行动，结合引航、临港企业、船舶代理等单位保障需求，联合地方政府、海军、边防、海事、海洋与渔业等单位开展巡航检查和联合执法行动，清除三都澳内航道碍航设施，整治碍航行为。累计开展航道清障巡查25次，累计巡航1705千米，292人次参与执法巡查（含联合专项行动执法人员），累计清障面积约23.27公顷。保障辖区航道、锚地通航安全；确保跨航道桥梁安全，配合市交通运输部门，开展船舶碰撞桥梁隐患治理三年行动。防台防汛期间，按照下白石公铁两桥指挥部安排，配合做好值班值守工作，并协调拖轮公司在两桥上下游做好应急准备；配合霞浦核电、福鼎新能源等建设单位做好建设跨（穿）越航道工程通航评价技术审查和现场监督；配合市政府及牵头职能部门完成海漂垃圾治理、海上生态环境综合治理工作；开展执法领域专项整治行动。按照上级部署要求，推进行政执法队伍素质能力提升三年行动，强化党建引领作用，组织开展“讲政治、优作风、强服务”专题教育活动，强化执法人员纪律意识、执法意识，提升道德素养、职业素质和执法水平。坚持常态化巡查执法与普法宣传教育相结合，落实“谁执法谁普法”普法责任，劝导渔民合法合规开展捕捞、养殖作业，为宁德海域航道安全畅通保驾护航。

（陈金成）

水 利

【概况】 2021年，宁德市计划水利投资目标任务33.46亿元，截至年末累计完成水利投资36.90亿元。争取省级以上资金8.95亿元，比上年增长41.18%。年内印发《宁德市“十四五”水安全保障规划》。宁德市水利局被国管局、国家发改委、财政部确定为“第一批节约型机关”，水旱灾害防御与监督科蔡丽芳被评为全国水旱灾害防御工作先进个人。

【水利基础设施建设】 2021年，宁德市重大水利项目累计完成投资33.22亿元，面上项目累计完成投资3.68亿元。屏南县应急备用水源龙虎岔水库引水工程动工建设，福鼎市溪头水库大坝工程开标，福安溪尾水库开工，福安茜洋水库完成投资2000万元。推进防洪工程建设提高防灾减灾能力。19条中小河流治理项目完成投资3.31亿元。2条重点山洪沟防洪治理项目完成投资1430万元。赛江防洪三期工程完成投资1.42亿元。古田溪（古田段）防洪一期工程完成防洪堤建设长度16.14千米。安全生态水系项目综合治理河长32千米。巩固拓展水利扶贫成果同乡村振兴水利保障有效衔接，让城乡居民在供水方面享受同质、同服务的待遇，城乡供水一体化工程完成投资11.70亿元。41个村的农村饮水安全巩固提升工程基本完工，完成投资960.6万元，受益人口7.9万人。建设寿宁斜滩武曲灌区及福安茜安灌区2021—2022年中型灌区续建配套与节水改造项目，改善灌溉面积2667公顷。申报创建绿色小水电示范电站4座，新增安全生产标准化农村水电站20座。深化农业水价综合改革，新增改革实施面积1.09万公顷，完成投资273万元。

【水利项目前期工作】 2021年，宁德市上白石水利枢纽工程列入《国民经济和社会发展第十四个五年规划和2035年远景目标纲要》。完成上白石项目库区实物复核调查和移民生产安置意愿调查。完成移民规划大纲修编。7月24日，闽浙两省《社会稳定风险评估报告》获批。12月1日，《霞浦罗汉溪流域综合规划》获得宁德市政府审批，编制霞浦吴坑水库完成工程可研报告（送审稿），编制移民安置方案。古田黄田仔水库推进项目可研报告编制工作。

【库区移民】 2021年3月31日，宁德市成立大中型水库移民后期扶持示范区项目建设工作专班，建立健全常态化工作对接机制，系统梳理工作措施，加强横向纵向联系，形成工作合力。会同各县（市、区）移民管理机构谋划137个项目，上报省移民发展中心，通过审核126个，提前完成2022年度后扶项目储备审核。下达2021年度中央水库移民扶持基金2.06亿元。周宁、霞浦、古田、寿宁等4个县列入年度省级移民后期扶持示范区，每个示范区项目获得2000万元的专项补助，4个后扶示范区均动工建设，助力乡村振兴。2020年度柘荣县移民后扶示范区项目建设完成初验。

【水政执法】 2021年，宁德市针对河湖“清四乱”（乱占、乱采、乱堆、乱建），派出执法人员3359人次，取缔非法采砂点7处，非法堆砂场11处，行政处罚1件，罚没款3.6万元。

（李　丽）

2021年10月19日，屏南县2021年第四季度重大项目集中开竣工暨龙虎岔水库引水工程项目开工仪式举行　　（屏南县政府办　供图）

邮政　通信

邮　政

【概况】　2021年，邮政行业业务收入（不包括邮政储蓄银行直接营业收入）累计完成15.14亿元，比上年增长9.79%；业务总量累计完成14.31亿元，增长22.67%。邮政服务业务总量累计完成4.66亿元，比上年增长18.37%；邮政寄递服务业务量累计完成8146.79万件，增长17.6%；邮政寄递服务业务收入累计完成1.11亿元，比上年增长22.37%。快递服务企业业务量累计完成9854.42万件，比上年增长23.07%；业务收入累计完成9.96亿元，增长10.95%。其中，同城业务量累计完成511.02万件，比上年增长30.44%；异地业务量累计完成9317.74万件，增长22.98%；国际/港澳台业务量累计完成25.66万件，下降33.16%。同城、异地、国际/港澳台快递业务量分别占全部快递业务量的5.19%、94.55%和0.26%；业务收入分别占全部快递收入的4%、66.04%和1.52%。与上年同期相比，同城快递业务量的比重上升0.3个百分点，异地快递业务量的比重下降0.08个百分点，国际/港澳台业务量的比重下降0.22个百分点。邮政业业务收入占全市生产总值比重的0.48%，支撑全市网络零售额124.16亿元，占同期社会消费品零售总额的14.11%。邮政普遍服务营业网点136个，快递法人企业24家、快递企业分支机构88个、备案快递末端网点689个，比上年同期快递企业减少8家，分支机构增加8个，快递末端网点增加155个，建制村直接通邮率、通快递率均为100%。行业发展环境优化，市政府将邮政业发展纳入《国民经济和社会发展第十四个五年规划和二〇三五年远景目标纲要》《宁德市“十四五”综合交通运输发展专项规划》《宁德市“十四五”现代服务业发展专项规

表27　2021年宁德市邮政行业发展情况表

指标名称	单位	12月		比上年同期增长	
		累计	当月	累计	当月
一、邮政行业业务收入	亿元	15.14	1.24	9.79%	-2.26%
1. 邮政寄递服务	亿元	1.11	0.11	22.37%	39.05%
2. 快递业务	亿元	9.96	0.94	10.95%	8.69%
二、邮政行业业务总量	亿元	14.31	1.37	22.67%	15.81%
其中：邮政寄递服务	万件	8146.79	786.51	17.60%	24.35%
快递业务	万件	9854.42	963.57	23.07%	6.86%
其中：同城	万件	511.02	67.44	30.44%	60.40%
异地	万件	9317.74	895.33	22.98%	4.47%
国际/港澳台	万件	25.66	0.79	-33.16%	-69.71%

说明：1. 邮政行业业务收入中未包括邮政储蓄银行直接营业收入
2. 邮政行业业务总量按2020年不变单价计算，比上年增长按照可比口径计算
（资料来源：市邮政管理局）

表 28　2021 年宁德市快递服务企业业务量和业务收入情况表

指标	单位	12 月		比上年同期增长		占全部比例	
		累计	当月	累计	当月	累计	当月
快递业务量	万件	9854.42	963.57	23.07%	6.86%	100.00%	100.00%
同城	万件	511.02	67.44	30.44%	60.40%	5.19%	7.00%
异地	万件	9317.74	895.33	22.98%	4.47%	94.55%	92.92%
国际及港澳台	万件	25.66	0.79	-33.16%	-69.71%	0.26%	0.08%
快递业务收入	亿元	9.96	0.94	10.95%	8.69%	100.00%	100.00%
同城	亿元	0.40	0.04	19.83%	34.17%	4.00%	4.69%
异地	亿元	6.58	0.63	7.84%	9.32%	66.04%	66.37%
国际及港澳台	亿元	0.15	0.01	-20.61%	-49.67%	1.52%	0.66%
其他	亿元	2.83	0.27	20.32%	6.79%	28.44%	28.28%
快递业务投递量	万件	21375.31	2019.71	28.50%	15.87%	100.00%	100.00%

（资料来源：市邮政管理局）

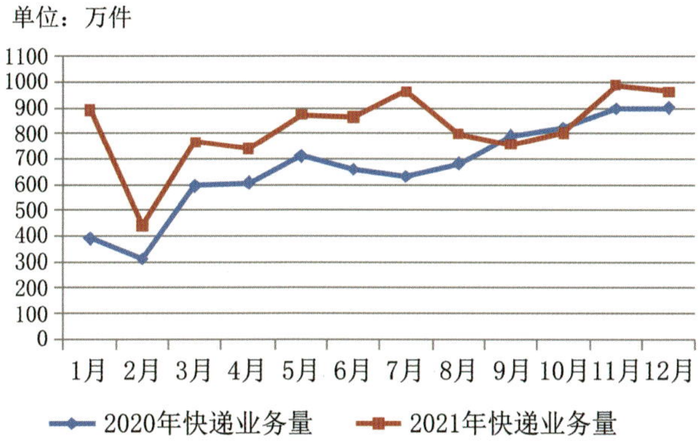

图 7　2021 年宁德市快递业务量情况图
（资料来源：市邮政管理局）

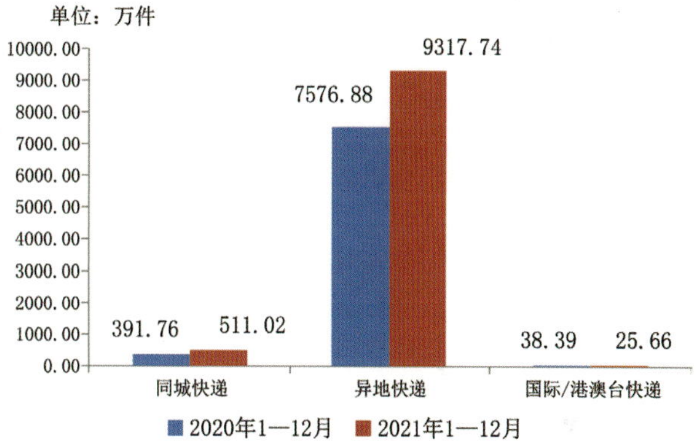

图 8　2021 年宁德市分专业快递业务量比较图
（资料来源：市邮政管理局）

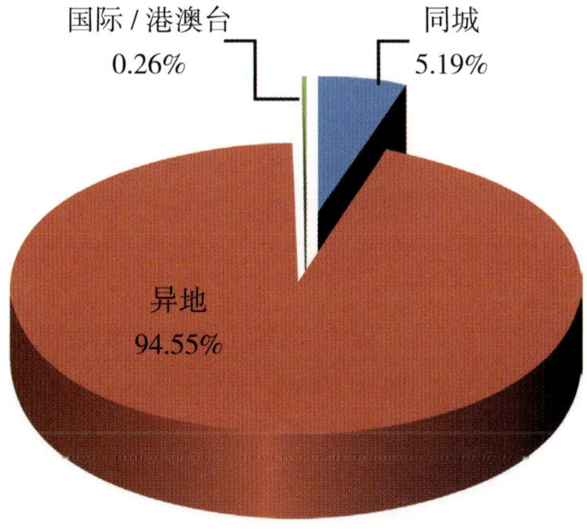

图 9　2021 年宁德市快递业务量结构图
（资料来源：市邮政管理局）

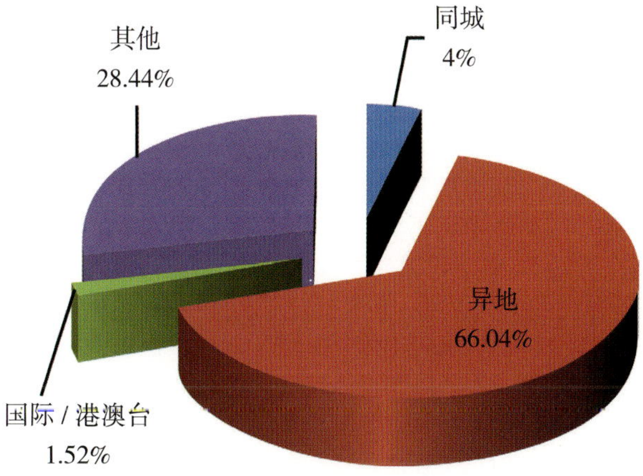

图 10　2021 年宁德市快递业务收入结构图
（资料来源：市邮政管理局）

划》《宁德市城乡建设品质提升实施方案》《宁德市现代物流体系建设实施方案》等政策文件，市委书记梁伟新，市委常委、常务副市长会见韵达集团董事长聂腾云一行时，表示支持建设快递物流产业园区，支持快递企业在宁德打造区域物流总部，为行业发展提供支撑和引领。市邮政管理局快递服务“古田食用菌”被国家邮政局授予“2021平快递服务现代农业金牌项目”，先后4人次获得全国邮政管理系统新闻宣传先进个人、全省邮政管理系统党史学习教育知识竞赛二等奖、青年演讲比赛二等奖、全市优秀党务工作者等表彰奖励。

【邮政普遍服务】 2021年，宁德市邮政管理局创新邮政普遍服务监管手段，实现邮政普遍服务保障能力提升。开展邮政服务质量提升专项整治行动，先后对51个邮政普遍服务营业网点、35个邮件投递处理场所、10个建制村开展监督检查，发现问题13个，形成专项检查问题通报1份，发出责令整改通知书2份。开展城乡接合部邮政网点营投服务专项检查和农村投递服务专项检查，推动建制村日均直接通邮打卡率保持在99.5%以上。加强邮政基础设施建设，督促邮政企业投入资金208万元，对全市54个老旧邮政普遍服务网点进行标准化升级改造，做好邮筒（箱）信息备案管理工作，全市共设置邮筒（箱）1214个，完成智能化改造1214个。开展邮政专用标志车辆使用专项检查工作，建立完善邮政专用标志车辆台账，全市邮政企业共报备邮政专用标志车辆80辆。支持邮政企业在宁德师院设立校园邮局，打造集邮政快递服务、学生创业孵化于一体的综合服务平台，实现日均派件2000余件、日均收件300余件。在福安市开展“客货邮”融合试点工作，推动福安市松罗邮政支局入驻当地客运站，打造乡镇到村级邮件快件配送汽车转趟运输线路，打通工业品下乡、农产品进城通道。推进各县（市、区）邮政企业100%对接福建省网上办事大厅、市县行政服务中心，办理“邮寄办”业务5.44万件，服务5.44万人次。开展村级邮政快递服务站管护试点工作，累计完成8个示范点建设。做好邮政业“扫黄打非”工作，推荐福鼎城关邮政支局申报全国“扫黄打非”进基层示范点，建立完善全市169个邮政业“扫黄打非”工作站台账，组织开展“清流”专项行动，对39个邮政普遍服务网点、125个快递营业网点、5个邮政报刊亭开展“扫黄打非”专项检查，杜绝黄非出版物进入寄递渠道流通。加强邮政机要通信监督管理，对全市9个邮政机要室、2个机要接发转运场所开展两轮次全覆盖检查，实现邮政机要通信安全隐患清零。

【邮政市场监管】 2021年，宁德市邮政管理局落实“放管服”改革精神，指导快递企业做好快递经营许可证审批、换证、变更、注销等工作，全年累计办理企业申办事项116起，其中快递许可申请实地核查3起、快递许可信息变更8起、分支机构变更105起，邮政网点信息变更58起，均按时办结答复。开展邮政市场执法检查106次（检查企业140家），出检378人次，约谈企业负责人2批次，下发整改通知书14份，作出行政处罚决定22件，停业整顿1起，行政处罚罚款7.76万元。联合市禁毒办建立打击毒品犯罪活动“三个三”工作机制，举办“无毒寄递”启动仪式，开展“寄递渠道禁毒百日攻坚行动”，《人民日报》对“无毒寄递”创建工作成效进行专题报道。直接受理消费者诉求件435件，全年平均每百万件邮件(快件)有效申诉4.41件。实施“快递进村”工程，实现全市2137个建制村4个快递品牌（京东、德邦、顺丰、极兔）覆盖的目标，覆盖率100%。其中，6县（市、区）完成快递“共配”模式整合，占县（市、区）总数的66.67%；1283个建制村实现5个以上快递品牌差异化覆盖的目标，占建制村总数的60.04%；1430个建制村采取邮快合作方式实现快递进村，占建制村总数的66.92%。实施“绿盾”工程，推动安检机远程监控联网25台，安检机远程数据联网17台，安检机24小时开机率和在线率排全省前列。加快快递包装绿色转型步伐，开展重金属和特定物质超标包装袋与过度包装2项专项治理，新增可循环快递箱（盒）使用量2万个，新增设置标准包装废弃物回收装置的网点71个，电商快件不再二次包装率90%。

【邮政业安全生产】 2021年，宁德市邮政管理局落实《邮政业安全生产设备配置规范》，将安全生产工作纳入许可备案事项范畴，受理许可备案事项316起，不予通过139起，把好寄递安全“准入关”。开展邮件快件处理场所规范化提升行动，完成1处市级邮件快件处理场所规范化提升，19处重点快件处理场所人车分流、传送带堵缝工作，降低安全生产事故的发生概率。联合市交通运输局召开邮政行业安全生产工作视频培训班，邀请市公安局等部门有关负责人授课，市、县交通运输部门和寄递企业共350多人参训。指导福安、古田、霞浦等县（市）交通运输部门开展邮政行业消防安全知识培训和应急演练活动，切实提升行业从业人员安全生产意识。积极对接市、县有关部门协调做好核酸检测和疫苗接种工作，全市邮政快递从业人员4876人，核酸检测率100%，疫苗两针接种率100%，第三针接种3071人、接种率63%。

（张晗昕）

【邮政公司宁德市分公司】 2021年，中国邮政集团有限公司宁德市分公司是中国邮政集团有限公司的下属分支机构，负责宁德市邮政网的规划、建设、运行管理和经营服务工作，承担普遍服务义务，受政府委托提供邮政特殊服务等。主要经营代理金融、寄递、电子商务、函件、集邮等业务。邮政营业网点136个，其中农村网点112个；代理金融网点78处，其中农村网点50处；乡镇代理金融网点覆盖率64.1%；CRS（共同申报准则）自动存取款机172台。网运邮路有104条，长度8414千米，一干线路1条，二干线路5条，支线邮路25条，市趟邮路31条，农村邮路42条。其中，自办邮路71条，全程长度5193千米，一干邮路1条，二干邮路2条，支线邮路17条，市趟邮路28条，农村邮路23条；委办邮路33条，全程长度3221千米，二干邮路3条，支线邮路8条，市趟邮路3条，农村邮路19条。邮政代理金融实现收入3.18亿元，全年实收保费3.9亿元，年内非货基金累计发展2.26亿元。邮政寄递业务收寄邮件量4001万件，快递包裹业务量3574万件，极速鲜项目业务量130万件。投入220万元及增配14名营投人员用于提升邮政营业网点形象和运营能力。根据闽东特色探索“宁德邮政惠农模式”，培育51个示范村，建设14个邮政农产品产业项目和12个标准化农产品基地，“福建省古田银耳基地”项目被评为“人民优选（乡村振兴）产业示范基地”，为905家农品电商企业寄递农产品超过2000万件。9县（市、区）分公司与地方政府合作，蕉城、古田建成邮政惠农智慧展示中心并取得政策补助；与农业局、共青团等单位，组织乡村振兴直播活动32场，观看超过61万人次。推进三级物流体系建设、邮快合作、交邮合作项目，邮快合作建制村覆盖率56%；全市有4县（市）10条运邮线路通过班车、班轮（海岛上的乡村）进行邮件代运，有2个县（市）利用客运站场地作为邮政营业网点或共建寄递共配点。

（肖咪咪）

通　信

【概况】　2021年，宁德通信业完成通信业务量32.6亿元，比上年增长25.1%，增长率全省排名第二；电信业务收入28.4亿元，增长7.8%，增长率全省排名第一。全市固定电话用户46.7万户，移动电话用户325.5万户，家庭宽带接入用户124.3万户。完成通信建设投资6.75亿元，完成率126.53%。加强通信行业监管与服务，开展行风暗访检查，提升电信服务质量。推进“携号转网”业务，规范校园电信市场营销，推进商务楼宇宽带接入市场联合整治。完善应急通信保障预案，完成庆祝中国共产党成立100周年各项活动、中国共产党与世界政党领导人峰会福建宁德分会场的通信保障任务。

【新型信息基础设施建设】　2021年，宁德市光纤宽带和4G网络覆盖城乡，城镇宽带具备千兆接入能力，农村宽带具备百兆接入能力；实现全市城区、乡镇、建制村及境内高速、高铁等交通干线4G网络和窄带物联网（NB-IOT）全覆盖；城域网和接入网均完成网络设备IPv6改造并开启IPv6业务承载功能。全市建成5G基站1746个，累计建成5G基站2978个，实现全市城区、重点乡镇、重点产业园区和核心商圈5G覆盖。

【村庄通信整治】　2021年，宁德市推进农村地区千兆光宽、无线网络等基础设施建设与升级。完成实施乡村振兴战略十大行动重点任务35个村庄的杆线整治工作，投入资金92万元，整治线缆68千米，整治通信电杆131根。完成农村人居环境整治中的村庄通信缆线整治188个，通信电杆725根，投入资金372万元。

（李　馨）

【中国电信宁德分公司】　2021年，中国电信宁德分公司提档数字新基建。5G建设方面，推进高质量5G精品网络建设，实现所有市区、县城基本连续覆盖、发达乡镇5G热点覆盖和重点楼宇5G室内覆盖。推进4G/5G网络共建共享，提升绿色低碳发展水平。宽带网络方面，扩大千兆光网覆盖范围，千兆光网实现城区全覆盖；建设政企光传送网（OTN）精品专网，实现市区、县城以及重要乡镇节点覆盖，为客户提供高质量、大带宽、低时延、灵活业务接入、资源可视的专线产品。云计算能力方面，建成星级云数据中心机房2个，推进核心DC和重点边缘DC改造，满足网络演进升级需要，构筑云网融合新型信息基础设施。

数字经济发展　2021年，中国电信宁德分公司发挥云网融合优势，推进云网信息技术与政务、公安、工业、医疗、交通、教育等领域融合，推广数字创新应用，助力数字经济发展。在智慧社区/乡村方面，全市建设智慧社区180个，提供人脸识别、智能安防、智慧车库管理等服务；开展“平安乡村”工程，建成一批平安乡村达标村、示范村，助力实现群防群治。在智慧政务方面，承接运营宁德市“12345”便民服务热线，全年诉求受理率100%、即时解答率98.3%、热线满意率超99%。在智慧工业方面，在打造宁德时代企业上云标杆的基础上，打造全省首个工业类企业同城双活数据中心，与闽东电力打造全市首家上市国企全系统上云、与港务集团打造5G+智慧港务等项目。

疫情防控　2021年，中国电信宁

2021年7月6日，宁德电信工作人员在中国共产党与世界政党领导人峰会福建宁德下党分会场保障通信　（电信宁德分公司　供图）

德分公司信息技术助力科技抗疫。及时响应各级政府和医卫系统疫情防控通信需求，17 小时完成核酸检测平台上云，保障市县大规模核酸检测，完成口罩预约系统紧急扩容上云、开通 106 台云桌面支撑疫苗接种等工作。整合“天翼大喇叭”“天翼云会议”“天翼云课堂”等信息化产品，推广“抗疫产品十件套”，助力全社会疫情防控和复工复产复学。

乡村振兴 2021 年，中国电信宁德分公司结合通信业特征，推动巩固拓展脱贫攻坚成果与实现乡村振兴的衔接，落实党建助力、通信助力、数字化助力、产业助力、消费助力等助力乡村振兴“五大行动”。推进农村地区千兆光宽、无线网络等基础设施建设与升级，农村地区宽带光端口数量 34 万个，5G 网络覆盖全市发达乡镇中心区域；打造“数字下党”“数字后洋”等乡村振兴样板村；全市 10 家主营业厅加载“爱心翼站 + 党群服务站”，发挥营业厅小阵地党建宣传作用。

通信网络安全保障 2021 年，中国电信宁德分公司防范打击通信信息诈骗，建立防范打击通信信息诈骗“4+2”机制，优化大数据模型和防诈停复机规则，处置涉诈风险号码，协助公安抓获非法贩卡人员 1 名、破获网络通信信息诈骗案件 1 起；加强不良信息监测和处置，发现处理网站不良信息，保持清朗网络空间。承担重大活动通信与网络信息安全保障任务和重大灾害抗灾保通信任务，完成全国脱贫攻坚表彰大会直播连线下党、中国共产党和世界政党领导人峰会宁德下党分会场、中共宁德市第五次党代会等 22 场重要通信保障任务。完成第 6 号台风“烟花”等防汛抗台保通信任务，出动应急人员 564 人次。

（王彦禾）

【中国移动宁德分公司】 2021 年，中国移动宁德分公司落实市政府与省移动公司的战略合作协议，融入区域经济社会发展，推进网络强国、数字中国、智慧社会建设，助力“数字福建”建设、推动地方经济发展。完成通信服务收入 16 亿余元；税收贡献约占通信行业的 70%；服务全市移动用户 200 万余户，其中 5G 用户 80 万余户、有线宽带用户 60 万余户、互联网电视用户 50 万余户，用户份额持续保持区域市场通信服务主力地位。

新型基础设施建设 2021 年，中国移动宁德分公司加快 4G/5G 网络、千兆宽带网络以及数据中心、云计算、算力网络服务等新型信息基础设施建设，打造高速、移动、安全、泛在的新一代信息基础建设，形成互联万物、人机交互、天地一体的网络空间。推进 5G 站点建设开通，实现乡镇 100% 点亮覆盖，主要工业园区、景区、海域及重要乡村等热点区域覆盖。建设千兆引领的宽带全光网络，布局云网融合，为“数字宁德”提供基础网络支撑，为“双千兆城市”建设储备能力。

防疫保障服务 2021 年，中国移动宁德分公司配合市卫生健康委搭建“全员核酸检测”平台测试环境，满足 40 万并发访问量。结合防疫部署，在防控指挥部、重点医院、核酸检测点、隔离酒店等重要防疫场景开通“应急宝”“卫健委专线”，确保紧急情况下及时响应。第一时间为 307 名援莆医护人员开通“红名单”服务。建立联络机制，为中高风险区域用户应急开机提供“绿色”通道及漫游地查询等重点业务服务保障。在和乐业数字生活平台上线宁德本地全业务便捷办理入口，打造线上“营业厅”。

数字宁德服务 2021 年，中国移动宁德分公司挖掘工业企业需求和 5G 网络应用场景，推进 5G、人工智能、物联网、云计算、大数据、边缘计算、区块链等信息通信技术融入百业、服务大众，将 5G+ 行业应用于本地工业能源行业，同时向教育、港口、医疗等行业拓展，助力宁德地方数字化转型进程。在 5G 创新应用领域，打造宁德核电 5G+ 智慧园区，与宁德时代达成 5G 专网全国性项目合作，为时代全国 8 大基地 40 个厂区提供 5G 服务。在数字乡村建设领域，打造“智慧雷东畲族文化中心”等示范标杆案例，实现省、市、县、村联动，以“一个平台、统一门户、N 种场景”模式整合多种需求。在智慧家庭领域，创新拓展家庭融合业务应用场景，为广大用户提供全屋智能、在线教育、安防监控、健康监测等优质智能家庭产品。

社会责任履行 2021 年，中国移动宁德分公司联合市农业农村局、商务局、通信发展管理办公室开展“信息惠农”系列活动，助力打造农产品区域公用品牌——“0593 宁德号”，探索农产品直播销售方式，交易额近千万元。推进“平安乡村”建设，安防监控项目覆盖全市建制村 1139 个，覆盖率 53%。公司完成各类防汛抗台保障和庆祝中国共产党成立 100 周年、中国共产党与世界政党领导人峰会等

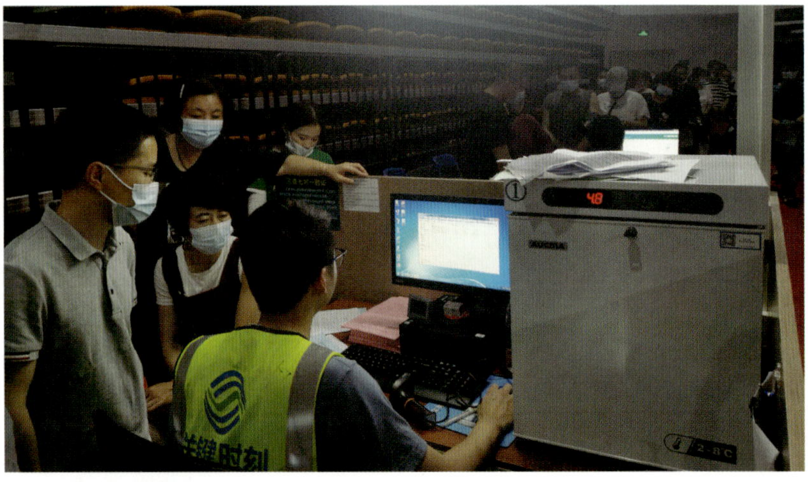

2021 年 5 月 25 日，移动宁德分公司组织网络人员 36 小时内开通柘荣县卫计网专线，连续 5 天对新冠肺炎病毒疫苗接种专用网络进行网络质量及出口流量实时监测，保障柘荣县第二批新冠病毒疫苗接种工作，图为网络人员操作现场

（移动宁德分公司　供图）

重要通信及网络安全保障任务。公司强化网络信息安全防控，推进骚扰电话、诈骗电话、垃圾短信专项治理，营造网络清朗空间。

（罗宁荆）

【中国联通宁德分公司】 2021年，中国联通宁德分公司把握新发展阶段，贯彻新发展理念，实现高质量发展新超越，贯彻落实集团"1+5+5"工作部署，网络运营等各项工作成效明显。中国联通宁德市分公司依托中国联通东南研究院，坚持自主能力提升，融入地方经济建设，为水利及河长平台迭代等项目提供服务，为宁德130个乡村提供数字乡村平台，推进乡村治理智能化、精细化、专业化，推动智慧乡村建设。实现重点领域、重点行业多项突破，为屏南鸳鸯溪景区提供云景智慧旅游服务，为霞浦政府提供数字城管服务，为蕉城蕉北街道、福鼎小路社区提供智慧消防服务，为寿宁下党乡、福鼎磻溪镇提供矛盾纠纷平台服务。

新型数字基础建设 2021年，中国联通宁德分公司4G建设执行与电信公司"三级联动沟通"机制，人口覆盖率提升2个百分点、建制村覆盖率提升5个百分点。5G坚持电信、联通共建共享，实现市区提质、室内增强、覆盖拓展，实现乡镇及重点区域连续覆盖，人口覆盖率提升32个百分点、建制村覆盖率提升24个百分点。宽带以市场需求为导向，精准规模建设，FTTH（光纤到户）端口占比提升5个百分点。300兆以上用户占比提升至50.62%。在宁德锂电新能源、新能源汽车、不锈钢新材料、铜材料4个具有国际竞争力产业集群的产业区域，开展专项区域优化、U2100翻频、全网NSA（美国国家安全局）退网等网络优化工作，提升用户服务水平，投诉量比上年减少27.3次/百万户。聚焦工业园区、医疗、教育等重要场景及数字经济重点项目，部署MEC（移动电子商务）边缘云、骨干云、BSN（区块链服务网络）区块链节点；实现宁德数字经济重点项目接入能力的全覆盖。

重要通信保障 2021年，中国联通宁德分公司按照《庆祝"建党百年"通信保障实施方案》，围绕"五个确保"，完成中国共产党成立100周年庆祝活动通信保障工作。4月25日，完成"数字中国峰会"福建联通福安社口"云+5G+无人机"示范项目通信保障任务；7月6日，协同省公司打造"全方位、全覆盖、全时段"保障体系，完成中国共产党与世界政党领导人峰会（寿宁下党分会场）各项通信保障任务。

（林　琳）

【福建广电网络集团宁德分公司】 2021年，福建广电网络集团宁德分公司（简称"广电网络宁德分公司"）巩固宣传主阵地，坚持社会效益优先，提升广播电视覆盖和服务能力，民生服务项目得到地方党委、政府的重视和支持，"建制村有线电视光纤联网全覆盖"被列入宁德市2021年为民办实事项目，完成180个建制村联网工程，争取县（市、区）财政补助资金1556万元，新增开通信号的联网村207个，建制村联网率从2020年74%提升到83%。结合5G、宽带、网络信号等热门话题，制作"广网小哥说"短视频，解答生活必备小常识。结合业务推广、广网用户实际体验需求，制作情景短剧"广家·网聊"，拍摄"探寻古镇"专题视频，宣传宁德本地风土人情、红色教育文化。保障国干信号恢复传输，进入疫情隔离区完成故障排查、Wi-Fi缆线铺设、信号接入安装等工作。

支撑保障体系完善 2021年，广电网络宁德分公司推进网络升级改造，新增双向覆盖户数1.82万户，全市双向网络覆盖端口数提高到有线网络覆盖端口数的97%，FTTH覆盖率提升到52%。保障各类视频会议222场，出动保障3266人次。新增完成数字水安专线、信访局、住建局视频会议等10项重点集客专线建设支撑工作，累计在网维护省级专线业务195条，集客专线运行率99.999%。统筹推进宽带SNR（信号与干扰加噪声比）整治和百兆升级提速，提升整体网络运维质量。优化传输干线结构，补充建设光缆干线3段，构成南、北2个环的干线环网。先后完成霞浦中心机房搬迁、全市动力环境监测平台、屏南县乡PTN（分组传送网）环网、全市MSTP & PTN（多业务传送平台和分组传送网）双平面网络等重点项目。完成宽带100兆提速，升级公客百兆用户9.11万户，整治SNR（信号与干扰加噪声比）终端1500余台，优化ONU（光网络单元）数360余台。

客户服务质量提升 2021年，广电网络宁德分公司围绕"广网服务口碑、电子服务占比、营业运营效能、热线服务效率、维系营销成效"5项重点开展工作。呼叫系统人工接通率98.35%、客户满意率99.57%、客户满意度93.01；营业网点客户满意率96.99%、客户满意度94.7。通过优化维系营销流程、完善激励机制等，提升客服中心运营效能，接通率、在线解决率、满意率等服务指标，一电办清、客户维系、电话营销等业务取得成效，"96311"客服中心实现由单一的服务职能向"服务+营销+维系"的转型。突出党媒政网属性，落实"为民办实事"要求，探索营业厅转型路径，建设"有关爱、有温度、有惊喜"的爱家驿站，打造广网服务特色品牌。

（叶琦琅）

无线电管理

【概况】 2021年，宁德市有无线电台5.75万个，其中广播电台83个、甚高频电台45个、移动通信基站5.63万个、无线数据基站224个、卫星地球站22个、微波接力站270个、业余电台10个。受理台站申请38份，新增台站5790个，核换发电台执照6129份，注销电台执照6324份，发射设备销售备案审核6937份。全年无线电监测16.7万小时，监测比对信号309个，受理干扰排查19起，捣毁3个"黑广播"，组织考试保障23场，完成专项测试报告12份。

【无线电频台保护】 2021年，宁德市无线电管理局开展3400兆赫~4200兆赫、4500兆赫~5000兆赫频段常规无线电监测工作，核准数据库信息排

2021 年 3 月 24 日，宁德市无线电管理局工作人员进行气象台站核查
（市无线电管理局　供图）

查重合台（站），完成 5G 基站相关台站的汇总工作。联合宁德市气象局在全市开展气象电台（站）实地核查，记录重合数据，核验气象参数，维护气象无线电台（站）数据库。以铁路沿线移动通信基站和 GSM—R 基站为重点，进行铁路沿线无线电清频工作，通过频率监测与频谱分析，排查物理通信载频模块隐患 30 余处。在宁德区域控制中心与中核霞浦核电有限公司进行通信专网频率指配与保障工作的技术交流，解答无线电频率台站申请、建设等方面问题。

【无线电监督检查】 2021 年，宁德市无线电管理局运用技术手段监督无线电发射设备生产销售，坚持对打击治理工作实行月报制度。开展集中打击治理“黑广播”“伪基站”违法犯罪专项行动，全年出动 297 人次 85 车次，监测时长 4.74 万小时，联合公安、广电部门捣毁“黑广播”3 个。

【无线电安全保障】 2021 年，宁德市无线电管理局监测调频广播频段、电视广播频段，排查可疑发射信号和干扰隐患，累计监测 6048 小时，排查不明信号 17 个（含“黑广播”1 个），完成庆祝中国共产党成立 100 周年活动的无线电安全保障工作。春节、两会期间，领导带班、专人 24 小时值班实时监测重要频率，分析比对调频广播和航空、铁路频段监测情况，其间启用固定监测站 24 个，监测时长 1.12 万小时，未发现干扰信号。全年累计出动监测人员 211 人次，监测车 65 车次，完成高考等 23 场国家考试无线电保障，高考前添置考试数字无线电安全保障系统，组织运营商在考点进行效果评估，通过微信公众号、短信等形式发布安民告示，帮助运营商完成通信干扰应对准备。

【无线电监测】 2021 年，福建省宁德监测分站开展加强地空移动通信（ATG）业务无线电管理、雷达频段不明无线电信号查处、边境电磁环境测试等 9 项专项监测工作，监测时长 16.7 万小时，监测比对信号 309 个，主动监测发现排查不明信号 19 个。

【无线电技术设施建设】 2021 年，宁德市无线电管理局实施无线电技术设施建设项目 2 个，投资 713 万元，其中列入省无线电管理“十三五”规划重点工作的闽东北无线电协调中心工程建设项目完成主体工程验收。截至年底，全市有固定监测站 9 个、小型监测站 20 个、移动监测车 2 辆、可搬移监测设备 4 套、便携监测设备 6 套，具备对辖区 20 兆赫 ~8000 兆赫无线电频谱的监测能力。

【政党领导人峰会宁德分会场无线电安全保障】 2021 年 7 月 6 日，中国共产党与世界政党领导人峰会以视频连线方式举行，在宁德下党设立分会场。宁德市无线电管理局成立无线电安全保障专项工作组，制定安全保障方案。会前监测排查发现 806 兆赫 ~825 兆赫频段存在不明跳频宽带信号 1 个，经测试，在下党主题展展馆二楼存在非法设台，该设备杂散发射干扰电信移动通信所使用的上行频段，经技术人员和会务组联合评估，决定关闭设备。开辟绿色通道，审批引导无人机表演 1 个和保障现场业务通信的公共移动通信临时基站 4 个，全程启用移动监测车 2 辆、便携监测设备 3 套，监测时长 64 小时。

（王民豪）

城市建设

城市规划

【概况】 2021年，宁德市启动中心城区城市更新改造工作，划定福洋片区、金涵琼堂片区、宁德财校片区和塔山公园东片区等4个片区更新改造范围，总面积约96公顷。组织编制地块控规图则66个，完成批复24个，用地面积约295公顷。完成漳湾下塘楼岗山约200公顷的用地规划布局，办理经营性土地规划意见18宗，面积约70公顷。宁德市规划与建筑环境委员会召开5次，审议通过《宁德市社会福利中心西南侧汤湾路东侧地块控制性详细规划》《宁德市连城路西侧拱屿路南侧地块控制性详细规划》等38个事项，为城市发展建设提供决策支持。市级国土空间基础信息平台汇集涵盖现状、管理、规划、社会经济4大类17小类的空间相关数据并上线运行。宁德市生态保护红线方案汇交省厅，封库报部。

【规划管理】 2021年，宁德市依法办理宁德火车站综合枢纽、市教师进修学院和蕉城区教师进修学校合建、信辉老年公寓、市康复医院综合病房楼等项目规划审批，为教育、卫生与健康、养老服务、城乡民生基础设施等四项补短板工作做好规划服务。推进和服务省、市重点项目进展，完成宁德福浦新合金科技有限公司特种铝材（28.33公顷）和电子铜箔（15.67公顷）等重点项目方案审批及规划许可工作，为项目落地实施提供规划保障。办理市委党校迁建工程、现代传媒港、春风里三期、建发·天行泱著等26个建筑工程项目规划条件核实，完成大唐世家、大东海·翡翠湖小区、时代璟城、天行缦云等9个新建房地产开发项目设计方案审定工作，总建筑面积约112.38万平方米。印发《宁德市建设工程日照分析技术管理规则》，规范城市建设工程日照分析工作；联合市住建局、城市管理局印发《宁德市中心城区建筑景观规划设计管理导则》，规范城市建筑景观规划管理工作。《宁德市主城区建筑物停车位配建标准评估》经市政府批复实施。

【市政专项规划编制】 2021年，宁德市自然资源局联合市住建局、城市管理局印发《主城区停车场近期实施方案》，挖掘主城区可改造利用的停车场所，为新增建设停车场提供规划依据。主城区污水管网优化提升规划方案经专家及部门审查会通过；主城区共享单车停放点布局规划方案上报市政府审定；主城区道路交通专项规划提升研究方案上报市政府审定。

【宁德市城市空间发展专项研究】 2021年，宁德市自然资源局委托中国生态城市研究院、杭州艺科建筑规划设计有限公司编制《宁德市城市空间发展专项研究》。完成《宁德城市空间发展专项研究报告（初稿）》，开展部门意见征求并通过初步成果讨论会与专家函审。7月，该项目经市政府专题会议审议通过。

【宁德（漳湾）临港工业区（上下塘至鸟屿片区）控制性详细规划】 2021年12月9日，宁德（漳湾）临港工业区（上下塘至鸟屿片区）控制性详细规划经市政府审批通过。该规划以海岸线为界，西至连城路，东至漳湾大道，总用地面积约840公顷，规划定位为宁德市临港工业区产业发展核心、闽东地区物流集散中心。主要用地性质涉及二类工业用地、港口码头用地、二类物流仓储用地、三类工业用地、社会停车场用地、公共交通场站用地、对外交通场站用地、公用设施营业网点用地、储备库用地、军事设施用地、公路用地、铁路用地、公园绿地、防护绿地、环卫用地、消防用地、供电用地、水工设施用地、商业用地、机关团体用地等。

【宁德市东侨工业集中区湖东片区控制性详细规划】 2021年9月10日，宁德市东侨工业集中区湖东片区控制性详细规划经市政府审批通过。该规划以鉴湖路为界，西面以东侨工业集中区西陂塘路为界、南面以疏港路为界、东面以雷东岩为界，总规划用地面积340.55公顷，城市建设用地面积257.56公顷，规划居住人口约6300人。发展定位：以锂电产业为主导，以龙头企业为依托有机融合产业、社区、生态功能，打造集科研培训、企业生产，及生态观光等功能于一体，产业主题明晰、创新氛围浓厚的国家锂电新能源产业集聚示范区、世界一流锂电新能源产业创新基地。

【编制地块控制性详细规划】 2021年，宁德市自然资源局组织编制地块控规66个，用地面积约295公顷，主要涉及鸟屿岛片区、城澳幼儿园、连城路周边地块、春风里小学、2个污水处理厂、人防武警、海西天然气等项目地块，并按照省厅要求完成已批地块控规数据建库汇交，保障宁德市中心城区土地收储及出让计划按时完成。全年完成59个地块、161.53公顷用地的控规数据建库汇交工作。

【宁德市中心城区户外广告规划】 2021年11月12日，宁德市政府常务会议研究通过，11月20日印发实施。该规划在结合宁德市城市总体规划等上位规划的基础上，根据空间结构、用地属性等划定户外广告分区，明确户外广告设置的主导方向。明确允许设置区、限制设置区、禁止设置区及城市窗口展示节点户外广告分区，对不同区域不同类别户外广告的设置位置、比例、面积、材质、技术、色彩、照明参数进行控制，使城市的户外广告在宏观层面得到统筹控制。将户外广告作为城市视觉秩序的重要因素进行协调考量，以拆除、保留、提升、新增等4种手段重新梳理户外广告的点位，对允许设置的广告点位，以规范图表的形式进行控制，明确各类户外广告的数量、密度、位置、尺寸、比例、材质、照明等参数进行综合控制。通过对宁德市城区建筑单体及景观节点的户外广告、建筑立面、景观构筑及夜景照明进行综合设计，挖掘属于城市的个性、区域的文脉、节点的特征、单体的属性，对建筑进行整体升级改造，制定包含建筑立面改造、景观整体协调与夜景照明提升的修建性详细规划。

（谢思超　邹翠莲）

市政公用事业

【城市道路桥梁】 2021年，宁德市新建改造城市道路53.9千米，其中中心城区完成新建改造城市道路10.9千米，推进连城路、宁德锂电车里湾片区基础市政道路工程等市政道路建设，完成王坑路（连城路至天山路段）、荔香路（奉御塘路至鉴湖路）、河乾路等道路建设，完成投资44.42亿元。

【公共交通】 2021年，宁德市公共交通有限公司经营公交线路33条，公交车428辆，公交营运里程2070万千米，比上年增长20.93%，营运趟次134万次，增长15.5%，客运量3966万人次，增长13.28%。年内新增、优化公交线路33条，其中开通微循环公交线路2条、K61路快速公交线路1条、宁德一中新校区定制公交线路6条、延伸优化公交线路23条。分别于1月、9月对12条、11条公交线路进行优化调整，开通北山畲族村至宁德时代湖西园区6号门公交线路、微1路和微2路两条未循环公交线路、K61路快速公交线路。完成金蛇头公交首末站项目竣工验收并投入使用，方便金蛇头村、恒大小区及周边群众出行；完成福宁北路、龙威大道、104国道58座公交候车亭安装，推进东侨工业集中区公交停保场、东侨公交停车保养场（续建）、锂电特色小镇公交枢纽站、东兰医院公交首末站、镜台山公交首末站、灵秀山庄公交首末站、九都公交枢纽站等项目前期。公交场站完成投资约2460万元，市财政拨付公交场站基础设施建设项目一般债资金1500万元。全市有网约车410台、巡游出租车1850台；网约车企业12家、巡游出租车企业28家。

【城市公共停车设施】 2021年，宁德市建成城市公共停车泊位2293个，其中中心城区完成城市停车泊位559个，完成蕉城区镜台山南入口、碧桂园天骄、中融悦府停车场以及东侨开发区北部新区配套厂房、新能源小镇游客中心配套停车场等工程，完成投资8732万元。

【供水安全】 2021年，宁德市完成中心城区第二水厂扩容至6万吨/日项目，启动第三水厂“10扩20”项目。推动老城区供水管网新建改造，完成新建改造供水管网113.67千米，其中中心城区完成新建改造供水管网12.55千米。

王坑路（连城路至天山路段）（摄于2021年9月10日）

（市住建局　供图）

贵岐山污水处理厂扩能工程调试运营（摄于2021年1月21日）

（市住建局　供图）

【雨污排水】 2021年，宁德市完成雨水管网新建改造86.52千米。全市范围内开展城镇排水防涝风险隐患排查，完成富春路下穿通道泵站提升工程，重点开展中心城区火车站周边、北环岛（昌隆大厦）等易涝积水区段治理。完成中心城区贵岐山污水处理厂扩能工程建设，建成中水回用工程，实现生态补水。推动屏南县污水处理厂二期扩建项目完成土建部分建设，启动寿宁县安宁污水处理厂、霞浦县污水处理厂三期扩建项目，全市完成新建改造污水管网104.27千米。

【城市供电】 2021年，宁德市推进“先导式”办电，政府工程建设平台信息系统网络部署至供电公司，客户经理通过平台主动了解用户需求，开展先导式服务422户。再次压降破路审批流程时间，由供电公司牵头会同城管局、自然资源局等相关政府部门编制破路审批典型模板，将破路审批时间由8个工作日压降至5个工作日以内。10月15日，出台《宁德市城市管理局关于印发〈新建电气工程建设项目小型管线接入工程备案方案〉的通知》，实现200米以内小型电力管线工程审批制改为备案制。推行网格化服务。以寿宁城区、下党片区供电所为试点，同步在全市推行，组建网格712个。强化投诉管控，百万客户投诉按照国网各网省排名第8位。加大线上办电业务推广，拓展“网上国网”应用，推广个性化服务。探索“新零售”业务，与绿源厂商、哈啰公司合作试点换电二轮电动车“新零售”业务，销售二轮电动车15辆。加快推进HPLC改造，改造7个老旧小区、50万只HPLC智能电表。

【城市燃气】 2021年，宁德市各县市管道燃气工程陆续建成并投入运行，燃气供气结构得到改善。福鼎市龙安工业园区建设并投入使用LNG气化站1座，设置5000立方低温常压储罐1台，完成配套管网一期工程，为龙安工业园区建设发展提供有力支撑。截至年底，宁德市有燃气企业35家。其中，管道燃气企业11家，瓶装燃气企业24家。投产运行LNG气化站7座，储气规模7740立方米；LPG储配站24座，储气规模4258立方米；燃气汽车加气站2座。燃气管道总长922.3千米（包括市政管道和庭院管道），管道燃气用户22.14万户；登记的液化石油气钢瓶45万瓶，液化石油气用户31.45万户。城镇燃气普及率提升，环保、清洁的天然气发展，应用于各类用户。

（张敏瑛　吴　平　宋晓培　林华娟）

城市更新

【概况】 2021年，宁德市加快老旧小区改造，促进城市市政道路、防洪排涝设施、供水排水设施等更新改造，完善城市基础设施服务职能。实施“十个十”民生项目，提升城市品质，完善城市功能、补短板，营造有温度、有厚度、有幸福感的城市。“十个十”分别是街头运动场、口袋公园、无障碍设施、充电站、花化彩化及立体绿化、路口改造、公厕、停车场、老旧小区改善、城市综合体等项目，每个项目包含10个子项目。截至年底，口袋公园、充电站、无障碍设施、街头运动场、重点路段花化彩化及立体绿化、公厕均全部完成。

【老旧小区改造】 2021年，宁德市完成老旧小区改造项目131个。涉及小区144个16307户，涉及楼栋532栋，建筑面积171.623万平方米，累计完成投资额28998.94万元，营造共建、共管、共用、共享的氛围，居民满意率达到95%以上。

【无障碍设施建设】 2021年，宁德市制定并印发《宁德市无障碍设施品质提升三年行动方案》，明确无障碍设施品质提升三年工作总体要求、工作任务、责任单位等内容。梳理形成37个改造项目，其中城市道路项目7个、广场公园项目7个、公共建筑项目15个、公共交通场站项目1个、公共停车场项目3个、居住区和居住建筑项目3个、历史文物保护建筑项目1个。选取中心城区城市道路无障碍设施提升工程作为无障碍改造示范项目，主要包含宁德市闽东东路、金马北路、陈普路、和畅路、华庭路、惠风路、福宁北路、北湖滨路、蓝田路、正大路等10个路段约10.6千米，重点对道路两侧盲道、缘石坡道改造确保符合无障碍设施规范要求，并选取闽东路与福宁路、闽东路与华庭路（市医院附近）2个重点交叉口增设8套盲人过街音响，选取闽东路与福宁路交叉口及北岸公园入口处等8处位置分别设置8套语音播报系统及盲文地图。

【街头运动场】 2021年，宁德市中心城区新建成10个街头运动场，分别位于人民公园（足球场1个、篮球场1个）、溪口村附近（篮球场1个）、市政府高架桥下（足球场1个）、仕林东湖小区附近公园（篮球场1个）、塔山公园（半篮球场1个）、汽车南站南大塘滨河绿地“口袋公园”（篮球场1个）、南岸公园二期金马大桥下（乒乓球桌若干个）、天湖路高架桥下（乒乓球桌若干个）、赤鉴湖公园（篮球场2个、乒乓球桌若干个）、上汽宁德基地（篮球场2个）。

【口袋公园】 2021年，蕉城区和东侨技术开发区各负责5个口袋公园建设。蕉城区完成南漈花园小区口袋公园、太尉溪口袋公园、向阳里村口袋公园、金涵民族小学口袋公园、金贝溪口袋公园建设。东侨开发区完成五里亭“停壹亭”“榕驿”、兰亭社区“乐活社区”、三都澳大酒店（二期）红线外北侧60米宽绿化带口袋公园、高速桥下“活力运动”口袋公园建设。

【充电站】 2021年，宁德市完成蕉城区八都镇新楼村、宁德粮食储备库、宁德时代新能源科技大楼、宁德时代新能源湖西H4厂房、宁德时代新能源湖东L18、市发改委宿舍楼、宁德监狱、宁德市公安局停车场二期等充电站建设。

【重点路段花化彩化及立体绿化】 2021年，宁德市重点对城市主次干道及高架桥路段进行花化彩化及立体绿化提升，主要分布在风华路、北港南侧道路、高架景观路、富春路、万安西路、天山路、七星溪沿岸、南港滨河带及北港滨河带。

【公厕】 2021年，宁德市按照步行15分钟1个公厕的要求对城市公厕进行补缺补漏。蕉城区完成城南镇金蛇头码头、蕉北街道烈士陵园（单石碑）敬老路旁、南祭山美女峰登山步道龙湫寺旁、溪口村岸头公园内移动公厕，金涵乡绿道A标段（廊桥）精品公厕建设。东侨技术开发区完成支提路与福宁路交接处、仕林外滩、金川路与富春路交叉口、龙威地产和天山路蕉城第一实验学校对面精品公厕建设。

（张敏瑛　甘行之）

城市管理

【概况】 2021年，宁德市城市管理局贯彻落实“城市管理应该像绣花一样精细”要求，以城市管理“四不四要四规范”为工作主线，突出抓好垃圾分类、“两违”综合治理、数字城管、渣土运输、环境卫生、市容秩序、园林绿化、道路照明、夜景亮化及户外广告提升等重点任务；推进中心垃圾分类覆盖、两年“两违”攻坚战、城市环境卫生提升等专项工作；强化队伍管理，被住建部评为2021年度“强基础、转作风、树形象”先进单位，创新城市治理方式，提升城市宜居品质，提高市民的幸福感和满意度。

【生活垃圾分类】 2021年，宁德市城市管理局推进中心城区垃圾分类工作。蕉城区辖区12个社区基本完成垃圾屋（亭）建设，建设垃圾屋（亭）291个，配套分类桶全面投放。蕉北街道作为生活垃圾分类示范片区，通过省级验收。东侨经济技术开发区建成96个垃圾分类屋，完成垃圾分类市场化，自主研发分类可积分、积分可兑换、兑换可获益的“互联网+垃圾分类”“水滴分”智能管理平台，注册居民1.91万户，注册率62.38%。平台获年度“美丽中国，我是行动者”福建省先进典型和福建省第四届“母亲河”绿色项目奖，并参选全国“美丽中国，我是行动者”活动十佳优秀公众案例。中心城区配备厨余垃圾和有害垃圾专用运输车，实现分类收集和分类运输。

【“两违”综合治理】 2021年，宁德市“两违”综合治理转变以往以目标任务推进整治工作的方式，实行无人机动态航拍巡查，在全市范围内推广应用无人机航拍技术，重点盯防主城区和重点镇（区）等违法建设行为高发区域，推动各县（市、区）建立健全网格化、片区化、责任化日常巡查机制。配置无人机69台，中心主城区实行5+2的督查模式，开展督查435架次，出动车辆191次，督查人员516人次，发现新增违建202宗。组建中心城区市、区、镇三级信息联动化群组，三级党政领导亲自督查指挥，对督查发现问题第一时间通过微信群派单属地处置，实现信息共享联动。对元旦、春季及国庆假期等违法建设高发时期，强化新增违建巡查管控，做到假期不停、节日不休。通过电视、网络媒体张榜公告——《关于进一步加强违法用地违法建设综合治理的通告》，营造不敢违、不能违、不想违的舆论氛围。

【“数字城管”建设】 2021年5月，宁德市本级“数字城管”平台建成并投入使用，实现从无到有的跨越。平台管理区域覆盖47平方千米中心城区，系统平台运行配套机制建设推进，形成权责清单，印发《宁德市数字化城市管理指挥手册（试行）》。平台先后接入56家处置单位，其中市直12家、蕉城区18家、东侨经济技术开发区14家、企业单位12家。实现人工采集问题、中心受理派遣、处置单位处置反馈、中心核实等业务流程闭环管理，提高政府公共管理、综合服务的效能。采集信息上报立案2.28万件（含自行处置案件9121件），应结案2.28万件，结案2.18万件，结案率81.35%。采集城市管理事（部）件141小类，采集类别覆盖率95.75%[纳入城市管理事（部）件12大类175小类]，其中，事件6大类66小类、部件6大类75小类，初步实现城市管理工作数字化、信息化。

【“渣土”运输规范】 2021年，宁德市牵头交警、住建等单位联合印发《宁德市中心城区渣土车辆加装密闭装置技术规范》，摒弃以罚代管的落后模式，建立巡查、执法、监督、密闭全套机制。坚持服务和管理相结合，规范和引导行业健康发展，出动执法2799车次，执法人员8420人，立案260起，罚款65.2万元；累计密闭运输车辆867辆，其中，各县市区累计密闭469辆、中心城区累计密闭398辆；审批核准2家建筑垃圾运输企业。杜绝未密闭车辆从事“渣土”运输的现象，城市道路扬尘和“滴撒漏”得到管控。

【市政设施管养】 2021年，宁德市推进城市在建项目夜景规范化建设，审查夜景项目29个；确定15项中心城市建设项目建设计划，天湖路特色园林风情道路、闽东路城市精细化管理街区等品质提升样板工程正推进。中心城区路灯维护夜以继日，维护抢修热线电话、12345平台及“创城App”等信息渠道畅通；开展夜间巡查12次，发放整改通知书7份，处罚通知书9份；推进中心城区路灯节能改造一期工程，完成福宁路、天湖路、宁川路、鹤峰路等路段2000盏LED灯具节能改造工作；完成火车站路口等4台路灯变压器更换改造工作；中心城区188条路段，1.75万盏路灯，更换、修复路灯灯具3900盏，电缆135处，平均亮灯率实现99%，重要活动期间，重点路段亮灯率100%；市政“即损即补”机制运转愈加完善，全年修复路面8610.2平方米，修复人行道板材2.60万平方米，修复提升井盖及雨水箅224个。全市128座桥梁（隧道）中108座完成一桥一档建立，110座完成检测，81座完成桥名牌设置。开展第一次全国自然灾害综合风险普查市政设施（道路、桥梁）承灾体普查工作。

【园林绿化美化】 2021年，宁德市完成新建和改造公园绿地面积107.68万平方米；新建和改造绿道139.6千米。新增郊野公园175.03公顷，立体绿化46处，口袋公园54处；中心城市建成区绿化覆盖率43.03%，绿地率40.61%，人均公园绿地面积约15.48平方米。完成《宁德市中心城区绿化树种规划》编制工作，实施天湖路——特色园林风情路样板工程，建成南岸公园二期工程，完成天湖路中分绿带间绿透绿补植提升及节点花化彩化项目，实施万安路国宝路口绿化整治工程，营造良好城市景观；创新树种二维码科普标识牌挂牌举措，完成169种，1300多块，设置“宁德环东湖景观导览图”，拉近与游客距离；市本级公园绿地接待各类社团活动备案50场次，1.73万人次；推行干部职工责任包干管理，开展绿地养护检查330次，发现并整改问题513项。举办“醉美宁德　绿韵城市”园林摄影作品展，展示宁德撤地设市20年来的园林事业发展成果，提高市民爱绿护绿的意识，“唯一有生命的城市基础设施”受到市民喜爱。

【城市环境卫生】 2021年，宁德市中心城区有环卫保洁区域547万平方米，其中蕉城区200万平方米、东侨开发区347万平方米。中心城区环卫保洁年投入经费4960万元，蕉城区2529万元，东侨开发区2431万元。各县（市、区）推进城乡一体化，以县域为单位环卫保洁、垃圾清运、公厕管护城乡一体市场化运作，目前霞浦县、周宁县、福鼎市完成，超过省厅任务指标。督促各县（市、区）完成乡镇垃圾简易填埋设施和非正规垃圾堆放点整治“回头看”工作，全市22个简易填埋场、64处闷烧炉点、6个垃圾堆放点治理到位，未有反弹现象。人机互补机制加深，重要路段机械化清扫、生活垃圾日产日清完善，中心城区配备环卫机械设备89辆，其中道路清扫保洁专用车辆42辆，垃圾运输专用车辆47辆；印发《宁德市中心环境卫生整治工作方案》，提升中心城区环境卫生工作标准，为今年创城工作提供支撑；推行“一厕一干部，一周一巡查，一月一监督”的公厕监督包干制度，受到省厅三明现场会表扬，中心城区111座公厕从“有味”到“无味”变化显现，形成城市净化“名片”。

【市容市貌管理】 2021年，宁德市城区市容秩序管控力度加强，针对占道经营、乱摆摊点、乱发小广告等违规行为的宣传教育、巡查处置频次加大，“门前三包”责任制覆盖面扩大，沿街铺悬挂责任书、二维码，在线接受举报，第一时间解决群众反映问题的能力提升。城市“牛皮癣”、违规户外广告、行道“拦路虎”、共享单车乱停放等破坏城市市容，影响市民品质生活的沉疴、顽疾得到整治。全市城区共清理整治户外广告和招牌设施2588面，面积约1.77万平方米，清理临时占道广告和招牌1702面，清理横幅广告5521条，发放责令整改通知书669份；中心城区共整治沿街商铺出店经营3.62万起、整治流动摊点5.21万户，部门联合整治241次；“牛皮癣”整治，中心城区共清理纸张类、乱涂写类，清洗覆盖类墙体广告等，合计105.81万处。

【黑臭水体治理】 2021年，宁德市在2020年实施宁德中心城区水系综合治理EPCO项目的基础上，重点对EPCO、EPC工程项目开展“回头看”和工程验收等工作；新改建管网18.73千米，完成富春中路污水中途泵站污水泵改造；安装排水信息系统化自控设备225台（套），并完成控制中心建设；完成小区雨污分流立管改造22个；完成南大塘及上游支流排口治理15个，完成北港清淤4.9万立方米；完成贵岐山污水处理厂调试，实现出水稳定达标并中水回用至南大塘。

【城市管理执法】 2021年，宁德市在推动《宁德市市容和环境卫生管理条例》颁布施行的基础上，推动《宁德市户外广告和招牌设置管理条例》出台，并编制《宁德市中心城区户外广告专项规划》《宁德市中心城区户外广告设施设置导则》等细则，确保城市管理领域执法工作有法可依。编制《城市管理常用法律法规汇编》工具书，收纳城市管理执法相应法律法规。举办“新时代，新治理”第一届“城管杯”知识竞赛，通过福建东南网全程网络直播，观看人数峰值超130万人次，全市城市管理11支队伍同台竞技，以赛促学、以学促用，提升城市管理队伍规范化建设水平；以精细化管理为抓手，完善网格化管理，坚持服务与执法、教育劝导与严厉查处、日常管控与集中整治相结合的方式，坚持“错峰执法、力量下沉”原则，抓重点、攻难点、补短板，强化对店外店、摊外摊、肩挑手提、夜市早市的日常监管。坚持“721”工作法，运用说服教育、劝导示范、行政指导等非强制行政手段，提高执法质效。局属综合执法支队办理处置各类案件12起，移送涉案线索处置率100%，处罚金额116.68万元。局属综合执法东侨大队整治沿街商铺1.58万起、整治流动摊点1.84万户，劝导占道经营1.54万起、油烟整治114起、夜间施工108起、建筑垃圾随意倾倒56起、部门联合整治228次，立案各类违法案件641件，罚没金额95.28万元。

（吴　平　张敏瑛）

乡村建设

脱贫攻坚成果巩固

【概况】 2021年，宁德市设立5年过渡期，坚持“四个不摘”，保持过渡期内现有主要帮扶政策总体稳定，巩固拓展脱贫攻坚成果，落实“季回访、月排查”“一键报贫”动态监测机制，在福建省开展防止返贫精准救助政策试点，脱贫人口人均纯收入1.85万元，比上年增加18.8%，全年实现零返贫。3县（市）、5个点入选全国首批脱贫攻坚交流基地和考察点。寿宁县下党乡、宁德市扶贫办分别被党中央、国务院授予“全国脱贫攻坚楷模”“全国脱贫攻坚先进集体”称号，宁德市3人获全国脱贫攻坚先进个人，28个集体、60人获省脱贫攻坚先进。福建省巩固拓展脱贫攻坚成果同乡村振兴有效衔接第一次现场推进会在宁德召开。

【主要帮扶政策稳定】 2021年，宁德市、县两级投入衔接推进乡村振兴补助资金分别为9698.34万元、2.29亿元，稳中有增。开展产业就业帮扶，市本级安排800万元产业帮扶资金，累计帮扶建档立卡脱贫户3195户，实施帮扶项目3220个；开展就业帮扶活动，对有就业意愿的脱贫劳动力及时落实就业帮扶政策，脱贫劳动力就业人数2.15万人。巩固“三保障”和饮水安全成果，未发现因保障不到位影响脱贫成效情况。

【防止返贫监测帮扶】 2021年，宁德市落实“季回访、月排查”“一键报贫”动态监测机制，通过干部走访、集中排查和行业部门专项筛查等方式，对7.2万脱贫人口全面跟踪，落实巩固性帮扶措施，未出现返贫；排查脱贫户和农户13.56万户次，解决问题1884个。各县（市、区）选派889名副科级以上干部挂钩帮扶监测对象，安排431名本村党员或创业致富带头人结对帮扶，入户走访监测对象9814人次，并安排各级财政专项扶贫资金210余万元倾斜支持监测对象，实施各类帮扶措施4428项。

（顾明敏）

镇村建设

【概况】 2021年，宁德市采取明确三年工作计划、制定年度工作方案、强化属地乡镇政府责任、建议编制经费来源、开展评优奖励评定工作、创新推广“三图一库一说明”（生态修复图、村民建房图、乡村振兴图、乡村振兴项目库、村庄规划村民使用说明书）规划编制经验、领导包县强化实地指导、专家引领加强技术指导、以会代训提升规划水平、月报推进编制进度、强化质量管控、开展省市规划帮扶、推进市级试点村编制、开展镇村联编村村联编、发函县（市）政府主要领导、推进阳光规划等16项措施推进村庄规划编制工作。福安市潭头镇南岩村、福鼎市硖门乡柏洋村村庄规划被自然资源部空间规划局列入全国国土空间规划实践优秀案例（全省村庄规划案例3例入选），向全国推广学习。“三图一库一说明”规划编制经验，被省厅列入第二批自然资源优秀案例，省内学习推广。印发《宁德市有居民海岛国土空间规划编制与实施指导意见》，加强村庄规划编制进度和质量。全年累计完成村庄规划编制并取得县级政府批复891个，超额完成年度累计目标任务，完成率排全省前三名。启动实施农村人居环境整治提升5年行动和延续巩固农村人居环境整治“三年行动”，各级各部门按照《宁德市2021年农村人居环境整治提升工作要点》部署安排，分工负责，协力推进，全面完成农村人居环境整治年度计划任务目标，推进农村人居环境整治。

【福鼎市硖门畲族乡柏洋村村庄规划】 2021年1月29日，福鼎市硖门畲族乡柏洋村村庄规划经福鼎市政府审批通过。福鼎市硖门畲族乡柏洋村村庄规划总面积11.17平方千米。规划户籍人口约3700人，常住人口约5700人。规划定位：结合“大柏洋”发展机遇，以核电服务和工业发展为核心，果蔬白茶种植为基础，休闲农业和文化旅游为特色，打造中国产村融合示范村、宁德核电产业服务区。

【福安市潭头镇南岩村村庄规划】 2021年1月19日，福安市潭头镇南岩村村庄规划经福安市政府审批通过。南岩村位于福安市潭头镇，开埠于闽王后人，至今有700余年历史。有着红色的历史记忆，当年叶飞等革命者在这里战斗过，是闽东苏维埃政府旧址。南岩也是建筑博物馆，明朝3座、清朝24座、民国15座，文化底蕴深厚。全村300余户，1300余人，主要产业以中药材、茶叶、茶油、农作物等生产、加工、销售为主。发展定位即以自然和历史遗产景观为载体，发展促进农、文、旅三者结合，引领南岩打造以研学教育，集文创休闲、民俗体验和旅游度假于一体的近郊乡村旅游基地。

【厕所革命】 2021年，宁德市开展2013年以来各级财政支持改造的农村户用厕所问题排查，9个县（市、区）排查15.52万户，累计发现问题厕所73个，并按照“边排查边整改”的要求整改到位；实施农村无害化户厕改造1535户；推进福鼎市、周宁县实施以县域为单位将农村公厕管护、村庄清洁等打捆打包进行市场化运营管理。

【农村垃圾治理】 2021年，宁德市推动9县（市、区）的10个乡镇建立全镇域落实农村生活垃圾分类机制，开展290个建制村实施生活垃圾干湿分类试点。统一委托市城投蓝海公司负责近岸海漂垃圾收集、清理、打捞等，共设置作业大区4个，成立17支区域性作业队伍，配置作业人员207人，配置打捞船只35艘统筹推动陆海垃圾综合治理。

【农村污水治理】 2021年，宁德市出台《宁德市农村生活污水提升治理五年行动实施方案（2021—2025年）》，各县（市、区）明确由国投、城投、水务等国有企业为建管一体化实施主体。福鼎市列入省级试点县，将全市农村生活污水治理项目分批打包、统一报批相关审批手续，推动城乡供排水一体化；周宁县列入市级试点县率先在全省采取EPC+O模式开展农村生活污水治理，建设智慧化监管平台。实施2021年度农村生活污水治理项目，涉及64个村庄7.55万人，总投资1.2亿元。新建乡镇生活污水配套管网40.07千米，推进古田、屏南、霞浦3个县以县域为单位实施乡镇生活污水治理市场化运营管理，完成54个村庄生活污水治理设施建设，推进福鼎市农村生活污水治理试点示范建设。完成31.8千米安全生态水系建设任务，治理水土流失面积1.31万公顷。

【农房整治】 2021年，宁德市按照“多规合一”要求，完成891个实用性村庄规划；9个县（市、区）均完成具有地域风貌的建筑立面图集编制，并按图集管控审批新建农房；完成农村经营性自建房隐患整改23栋、实施建制村范围内所有房屋全面复查62.40万栋，完成农村既有裸房整治村庄1.99万栋。印发《宁德市农村低收入群体等重点对象住房安全保障实施方案》，将农村低收入群体中属无房户或其住房经鉴定属C级或D级的，纳入住房安全保障范围，实施农村危房改造。全市排查并完成农村低收入群体危房改造392户，巩固住房安全保障成果。寿宁县农村危房改造工作被国务院办公厅通报表扬。将“两高一线”沿线农村环境综合整治的农房整治成果向建制村延伸，采取装饰裸房立面和屋面平改坡的方式，推动全市开展裸房整治专项工作。“两高一线”沿线农村环境综合整治工作成效受到省长王宁的肯定。福安市围绕既有裸房整治和新建农房建筑风貌、质量安全管控等方面组织开展“崇尚集约建房”，获全省城乡品质提升工作考核第二名；指导各县（市、区）编制农房建设立面图集，实施建筑立面“七要素”带图审批，开展镇村干部和农村工匠轮训6777人次。

【村容村貌提升】 2021年，宁德市新改建农村公路423.03千米，新建改

2021年12月10日，“绿盈乡村”建设——寿宁县犀溪镇西浦村村民清理河道
（寿宁县人民政府办公室　供图　黄蕊云　摄）

扩建规模化集中式水厂开工 21 处，新建改建供水管网 604.17 千米，完成农村水源地排查和农村水源地范围划定各 248 个，创建绿盈乡村初级版 215 个、中级版 219 个、高级版 43 个，省级森林村庄 40 个，美丽庭院示范户 1547 户，拆除废旧电杆 196 根，电力线路隐患治理 709 处，通信杆线整治 192 个村，网络杆线整治 103 个村。截至年末，全市累计认定“绿盈乡村”1761 个，占比 84.7%，获评高级版“绿盈乡村”66 个。

【历史文化街区、名镇名村、传统村落】 2021 年，宁德市新增省级历史文化街区 2 处，历史文化街区数量累计 5 处；新增省级传统村落 43 个，传统村落数量累计 275 个，数量居全省第一。宁德市加大保护力度，改善提升福安市阳头历史文化街区及蕉城区虎贝镇黄家村等 8 个传统村落，修缮历史建筑或传统风貌建筑 131 栋，历史文化名镇名村及传统村落得到保护。

【乡村交通运输】 2021 年，宁德市福安、周宁分别入选省级“四好农村路”交通强国试点、深化农村公路管理养护体制改革试点。实施农村客运公交化改造，市中心城区公交线路覆盖周边 12 个乡镇。完成农村公路路面修复 16.3 万平方米，建成美丽乡村路 150 千米。打造特色养护示范路 770 千米。实施危桥改造 18 座、道路交通安全隐患路段整治 14 处、村道安保工程 98 千米，惠及 91 个乡镇、214 个建制村、244 个自然村。

（谢思超　顾明敏　张敏瑛　林福柏　阮佳佳）

农村改革

【概况】 2021 年，宁德市推进农村土地承包经营权确权登记颁证，向农业农村部汇交承包土地整套数据，推动土地承包经营权确权登记颁证档案的检查验收工作。推进农村集体产权制度改革，开展“回头看”完善后续工作，增减核实集体经济组织成员，探索集体资产股份权能改革。

【农村土地承包经营权确权改革】 2021 年，宁德市巩固拓展确权登记颁证成果。家庭承包经营农户 52.91 万户，签订合同 52.81 万户，占应确权农户数 99.81%（合同签订率）；颁发农村土地承包经营权证 52.80 万本，占家庭承包经营农户数 99.80%（颁证率）。向农业农村部做好 9 县（市、区）土地承包经营权确权整套数据汇校汇交，包括 2018 年的基础数据、2019—2020 年“回头看”数据变更包以及数据更新后的现状数据。开展极少数承包地暂缓确权情况调查。推动承包经营权确权登记颁证档案建设工作，印发《宁德市农村土地承包经营权确权登记颁证档案检查验收实施细则》，组织各县（市、区）招聘有资质的公司开展土地承包确权档案特别是农户“一户一册”档案的整理、归类和数字化处理。完成寿宁县 5.18 万户农户、1.71 万公顷承包土地确权档案的检查验收工作，包括综合管理类档案 1.42 万件，影像图类 9891 页，以及农户类“一户一册”档案 5.18 万卷。

【农村集体产权制度改革】 2021 年，宁德市做好改革“回头看”工作。按照全面自查、督导整改、总结提升 3 步骤，对改革试点过程中清产核资、成员确认、股份改革、制度建设、档案管理等 5 个方面全面自查，建立问题台账，制定整改方案，督促整改措施落到实处。增补“外嫁女”“入赘男”等“两头空”人员为集体经济组织成员 1.77 万人，核减“两头占”、公务员、重复认定等成员 5763 人。探索集体股份权能，选定福安和霞浦 2 县（市）作为试点县，研究制定集体资产股权抵押担保办法，推动金融机构开展组织成员和集体资产股权抵押担保业务，拓宽融资渠道助推乡村发展。全市完成股份经济合作制改革村（居）2201 个，确认成员数 290.08 万人。

（顾明敏）

老区建设

【革命“五老”保障】 2021 年，宁德市完善革命“五老”人员与重点优抚对象生活补助同步增长机制，革命“五老”人员生活补助标准提高，并按时足额发放生活和医疗补助，保障革命“五老”人员的晚年生活。8 月 1 日起，宁德市革命“五老”人员的定期生活补助标准由每人每月 1520 元调整为每人每月 1720 元。生活定补标准达到或超过省定标准。宁德市下拨市级革命“五老”人员定期生活补助 51.07 万元，医疗补助 1.68 万元。提前下达 2022 年革命“五老”人员定期生活补助市级配套资金 47.48 万元，医疗补助市级配套资金 1.37 万元。

【老区扶贫项目资金】 2021 年，宁德市下拨中央衔接老区乡村振兴补助资金 690 万元，扶持老区村基础设施项目建设 61 个；下拨宁德市本级老区建设补助资金 80 万元，扶建老区基础设施项目 18 个。通过项目建设，老区村容村貌和基础设施条件得到改善。

【实用技术培训】 2021 年，宁德市注重老区农村实用技术的培训和老区村致富人才的培养。市县联合举办 3 期培训班，参训人员 300 余人，推动老区村实用技术的普及。

（苏传碧）

乡村治理

【试点示范村镇】 2021 年，宁德市推进国家和省级乡村治理试点示范，探索补齐短板与弱项的路径。寿宁县下党乡推进自治、法治、德治体系建设，获评第二批全国乡村治理示范乡镇，蕉城区金涵畲族乡上金贝村、屏南县熙岭乡龙潭村、福安市下白石镇下岐村、柘荣县东源乡绸岭村获评第二批全国乡村治理示范村。

【乡村治理创新】 2021 年，宁德市

利用移动互联网、大数据等现代信息技术，建立“互联网+”治理模式，推进信息资源整合共享，提升乡村治理智能化、信息化、精准化、高效化水平。宁德市48个村在乡村治理中因地制宜在农村垃圾分类、人居环境整治、好人好事等方面推广运用“积分制”，解决乡村“关键小事”。

【乡村社会治理】 2021年，宁德市把乡村社会治理纳入平安宁德建设进行整体统筹谋划，市委政法委与市公安局联合印发《关于开展“一村一警务助理”工作的指导意见》，将全市2135个建制村警务助理同时作为专职网格员配备，履行宣传法律、化解矛盾、维护稳定等职责。建立矛盾纠纷多元化解平台，建成一村（居）一法律顾问、一社区（村）一法律诊所、“草根和事佬工作室”、“金牌调解室”、“信访评理超市”等一批新载体，促进基层社会矛盾纠纷有效化解。推进综治中心实体化、规范化建设，整合资源力量，增强基层社会治理合力，全市100%县（市、区）、乡（镇、街道）、社区和53.6%的村建成综治中心网格化服务管理信息平台并投入使用。开展“走百乡进千村访万户”活动，组织1800余名法学会会员走访127个乡（镇、街道）、1810个建制村（社区），入户1.2万户次，收集群众诉求2132件，答复办理2119件，转交代办13件；开展普法宣传2866场次，发放普法材料80余万份，普法受众近100万人次。

（顾明敏　阮祥忠）

乡村文化

【概况】 2021年，宁德市文旅局持续涵养文明乡风，弘扬“闽东之光”，畲族音乐剧《畲嫂》获全国少数民族文艺会演“优秀剧目奖”，大型原创歌剧《鸾峰桥》获第八届福建艺术科“优秀剧目奖”，电视剧《连家船民的美好生活》入选2021—2025年闽派重点电视剧选题规划片单。实施“十百千万”工程，创建47个乡村文化振兴示范村，培育435支乡村文化队伍、4048名乡村文化骨干。开展文化惠民，市本级组织“闽东之光·文化惠民”演出127场，带动各县（市、区）开展文艺展演活动1000余场次，周宁县狮城镇中兴社区被评选为2021年全国文化和旅游领域学雷锋志愿服务最美志愿服务社区。推进文旅融合发展，福鼎市磻溪镇赤溪村获评全国乡村旅游重点村，寿宁县下党村等6个景点景区入选文旅部建党百年百条精品红色旅游线路。

【以文化人工程实施】 2021年，宁德市实施理论进基层“百千万”工程，累计开展宣讲11380场，受众84万余人次。利用新媒体网络、农村“村村响”广播等，编写录制广播音频，在全市2047个“村村响”广播站进行常态化播放，做到网上网下同频共振，推动习近平新时代中国特色社会主义思想“飞入寻常百姓家”。

【以文惠民工程实施】 2021年，宁德市实施传播“闽东之光”工程项目。举办“品读红色经典、赓续精神血脉”全民阅读主题活动等品牌项目，市本级开展“闽东之光·文化惠民”户外演出80场，剧场内演出47场，各非遗院团完成公益性演出398场。放映农村电影217场，观影人数140万人次。完善文化和旅游公共服务体系，开展基层文化服务中心和乡（镇、街道）综合文化站的运行管理排查工作，2家单位获评省全民阅读示范点，1家单位获评省全民阅读示范基地，17家农家书屋获评福建省老区“红色书屋”；建设4个旅游服务中心（点）、5座示范性旅游厕所，推进旅游厕所“一厕一码”管理。

【以文兴业工程实施】 2021年，宁德市寿宁云上花田旅游景区、福鼎市柏洋文化旅游景区认定为国家AAA级旅游景区，新增国家AA级旅游景区4家。福鼎市磻溪镇赤溪村成功获评全国乡村旅游重点村。福鼎市嵛山镇和霞浦县三沙镇上榜2021年省全域生态旅游小镇，屏南县棠口村、周宁县浦源村、柘荣县靴岭尾村、福安市虎头村、福鼎市小白鹭村等5个村入选2021年省金牌旅游村。持续推进旅游小镇创建，评定13个宁德市旅游小镇。开展宁德市“最美乡村”“最美渔村”旅游品牌评选活动，活动总浏览量达到1650万人次，网络投票总人气达到250万人次，总票数近50万票。

（张舒菲）

生态环境质量

【空气质量】 2021年，宁德市按环境空气质量标准（GB 3095–2012）评价，全市城市空气质量保持优良水平，优良天数比例在99.2%~100%，平均值99.9%。中心城市空气质量达标天数362天，达标天数比例99.2%（其中一级达标天数217天、二级达标天数145天），首要污染物臭氧。空气质量考核的6项指标“四降两平”，空气质量持续向好，其中二氧化硫（SO_2）浓度6μg/m^3，比上年下降25%；可吸入颗粒物（PM_{10}）浓度31μg/m^3，下降3.2%；一氧化碳（CO）浓度1.0mg/m^3，下降9.1%；臭氧（O_3）浓度101μg/m^3，下降1%；二氧化氮（NO_2）浓度11μg/m^3，与上年持平；细颗粒物（$PM_{2.5}$）浓度16μg/m^3，与上年持平。

【酸雨】 2021年，宁德市（3城市）采集降水样品601个，降水pH均值5.36，与上年相比下降0.12个单位；酸雨出现频率29.8%，与上年相比上升1.7个百分点。其中，中心城区采集降水样品196个，降水pH均值5.40，酸雨出现频率38.3%；福安市共取得降水样品201个，降水pH均值5.45，酸雨出现频率25.4%；福鼎市取得降水样品204个，降水pH均值5.27，酸雨出现频率26%。

【地表水水质】 2021年，宁德市县级以上集中式饮用水水源地水质达标率100%；全市主要河流中45个国、省控水质监测断面水质总体较好，Ⅰ类~Ⅲ类水质比例97.8%，比上年下降2.2个百分点；Ⅰ类~Ⅱ类水质占53.3%，比上年上升1.3个百分点。

【近岸海域水质】 2021年，宁德市近岸海域水质54个监测点位，按面积评价法，一、二类海水面积比例73%；按点位评价法，一、二类水质比例44.4%。

【土壤环境】 2021年，宁德市完成全市19个地下水考核点位采样监测工作。依据《地下水质量标准》（GB/T 14848–2017），全市19个地下水考核点位水质均符合省里考核要求。

【宁德核电厂周边辐射环境质量】 2021年，宁德核电周围环境空气吸收剂量率排除降雨等自然因素的影响未见明显变化，处于当地水平涨落范围内。除核电厂邻近海域海水中氚活度浓度略高于本底水平之外，周围空气、水体、土壤、生物等环境介质中人工放射性核素活动浓度在历年涨落范围内，辐射环境良好。

【功能区噪声】 2021年，宁德市生态环境局设市城市功能区噪声昼间达标率100%，与上年持平；功能区噪声夜间达标率66.7%，比上年下降8.3个百分点。中心城市功能区噪声昼间达标100%，与上年持平，夜间达标率66.7%，比上年下降8.3个百分点；福安市功能区噪声昼间达标100%，与上年持平，夜间达标率66.7%，与上年持平；福鼎市功能区噪声昼间达标100%，与上年持平，夜间达标率66.7%，比上年下降8.3个百分点。

【区域环境噪声】 2021年，宁德市生态环境局设市城市区域环境噪声平均等效A声级54.6分贝，比上年下降0.4分贝，区域声环境质量等级“二级”。中心城区区域噪声平均等效A声级53.9分贝，比上年下降0.8分贝，区域声环境质量等级“二级”；福安市区域噪声平均等效A声级55.6分贝，下降0.2分贝，区域声环境质量等级“三级”；福鼎市区域噪声平均等效A声级55.6分贝，上升0.6分贝，区域声环境质量等级“三级”。

【城市道路交通噪声】 2021年，宁德市生态环境局设市城市道路交通噪声平均等效A声级65.6分贝，比上年上升0.1分贝，道路交通噪声质量等级“一级”。中心城区道路交通噪声平均等效A声级66.5分贝，比上年上升0.4分贝，道路交通噪声质量等级“一级”；福安市道路交通噪声平均等效A声级63.9分贝，下降0.4分贝，道路交通噪声质量等级“一级”；福鼎市道路交通噪声平均等效A声级65.1分贝，上升0.1分贝，道路交通噪声质量等级“一级”。

（林福柏）

海洋资源保护

【违法用海行为查处】 2021年，宁德市针对自然资源部下发的违法用海图斑，查处整改18处违法用海行为，涉及图斑面积7.41公顷，杜绝新增违法违规围填海行为，严格管控围填海，严厉打击和依法查处非法围填海行为。

【岸线资源保护】 2021年，宁德市基本完成宁德岸线修测工作，并于12月24日通过自然资源部审核。本轮海岸线全面查清2008年以来海岸线主要变化，掌握海岸线的位置、长度、类型及开发利用现状等基本情况。

【海岛资源保护】 2021年，宁德市纳入规划的无居民海岛582个，其中特殊保护类123个、一般保护类321个、适度利用类138个（含旅游娱乐用岛23个）。不同程度开发利用的无居民海岛142个，以霞浦县和福鼎市居多，占全市无居民海岛总数的23.3%，用岛总面积约220.68公顷，其中有福安市小岁屿、霞浦县长表岛办理无居民海岛使用审批手续。

【渔业生态环境保护】 2021年，宁德市核发水域滩涂养殖证4628本、面积4.25万公顷；摸排核实水产养殖入海排放口1493个；9家规模以上养殖主体尾水排放治理完成7家、退养2家；古田水口库区养殖网箱综合整治完成，清理养殖网箱111.65万平方米、升级改造养殖网箱20万平方米。制定出台《渔业垃圾处置工作管理办法》，全市1120艘在册渔船配备垃圾贮集器；建成海漂垃圾岸上转运点22个，全部委托第三方无害化处置。举办“6·6”八闽放鱼日活动；放流大黄鱼、日本对虾、真鲷、黑鲷、光唇鱼、鲢、鳙等水生生物5.89亿单位。

（谢思超　陈碧琴）

水资源保护

【河湖长制】 2021年，宁德市印发实施《深入推进市级五大流域生态环境综合治理工作方案》，发布第1号总河湖长令，在全市范围内开展水生态环境整治百日攻坚。修订《宁德市河长湖长履职制度（试行）》进一步规范河湖长履职。与福建水利电力职业技术学院推进院地融合，组建宁德河湖研究院，并设立宁德河湖健康研究基地。建成县级标准化河长办7个、乡级31个，福安、霞浦、周宁、东侨全面实施河湖物业化管理。推进河湖“清四乱”常态化规范化。累计巡河48.80万次，发现问题2.57万个，解决问题2.57万个，累计拆除涉河违章建筑6.19万平方米，清除弃土弃渣6.06万立方米，打捞河漂垃圾5.48万立方米，清理闽江水口库区古田段网箱111.25万平方米，升级改造养殖网箱20万平方米，清理蕉城洪口水库非法渔排2204框。霍童溪作为全省唯一一条河流入选全国首批“美丽河湖”优秀案例。

【节水型社会建设】 2021年，宁德市编制完成《宁德市节水规划（2021—2030）》。市水利局被国家机关事务管理局、国家发展改革委、水利部评为公共机构水效领跑者（2021—2023年）。市水利局被全国节约用水办公室评为2021年“节水中国　你我同行”主题宣传联合行动优秀组织单位，柘荣县“小板凳”节水宣传获评优秀活动。柘荣县被水利部列入“全国第四批县域节水型社会建设达标县”。

【水资源管理】 2021年，宁德市印发《宁德市古田溪、霍童溪生态流量保障实施方案（试行）》。完成各县（市）县域水资源配置规划编制或修订工作，核查取水工程（设施）2784个，市本级征收水资源费1056万元。编制完成《宁德市节水规划（2021-2030）》，完成古田溪、西溪、穆阳溪、霍童溪水量分配方案编制工作。

【水利行政审批】 2021年，宁德市制定《宁德市水利工程建设项目方案设计和竣工验收两个阶段并联审批实施方案（试行）》和《宁德市水利局推行“窗口无否决权”的管理办法》，率先对区域评估报告进行“多评合一”，获得上级表扬。全市23项涉水行政许可审批事项总时限由460个工作日缩减至148个工作日，9月再由148个工作日压缩至65个工作日，其中3个事项列为即办件，即来即办，当场办结，各审批事项在原有精简基础上将办事环节统一压缩“受理、审查、决定”3个环节。

（李　丽）

土地及矿产资源保护

【概况】 2021年，宁德市坚持最严格的耕地保护制度，制定耕地保护“田长制”实施方案，获省自然资源厅转文推广；《宁德市首创“田长制”保粮食安全》被列入全省自然资源优秀案例。完成全市县级“十四五”废弃矿山生态修复实施方案编制工作。开发利用重要优势矿产、国民经济和经济建设必要的支柱性矿产。以开采银、钼、雕刻用叶蜡石等矿产为主，鼓励优质矿泉水和地热等矿产开发。按照矿规设立矿业权，矿业权一律采用公开招拍挂的方式出让。截至年底，有采矿权29宗，探矿权7宗。完成第四轮矿产资源总体规划初稿编制。对19家矿山的储量年度变化表、采掘图等资料进行审核，摸清矿产资源家底。

【耕地保护】 2021年，宁德市人民政府与各县（市、区）政府签订《2021年耕地保护目标责任书》，要求确保辖区内耕地保有量永久基本农田保护面积不低于市政府下达的任务。坚持最严格的耕地保护制度，制定宁德市耕地保护“田长制”实施方案，获省自然资源厅转文推广；《宁德市首创“田长制”保粮食安全》被列入全省自然资源优秀案例；验收补充耕地面积234.63公顷、补充水田和旱改水面积163.77公顷（均未含易地调剂数及上年度结转数），连续23年实现耕地占补平衡；分解下达2021年度省级土地整治专项资金4780万元；转让旧村复垦指标12.93公顷，收益6441万元。

【水土保持】 2021年，宁德市完成水土流失综合治理面积1.43万公顷，其中水利部门5987公顷，林业部门8286公顷。开展生产建设项目水土保持监督检查279次，检查项目276个，出动检查人数745人次。开展生产建设项目水土保持设施自主验收99个，市本级自主验收29个。批复生产建设项目水土保持方案346个，市本级批复77个，征收水土保持补偿费2234.9万元，市本级征收水土保持补偿费512.3万元。

【违法占地清理整治】 2021年，宁德市建立“四严四早四要”用地监管工作机制，为违法占地清理整治行动提供思路及方向；将农转用审批权下放县级人民政府，保障合法农户建房需求，遏制新增违法占地建房行为的发生；落实动态巡查主体责任，加强执法队伍建设，利用“天上看、地上查、网上管”“国土调查云”等用地监管系统，制止并查处违法占地建设行为。宁德市违法占地清理整治涉及“天地网”卫片违法图斑6327宗，已整改6270宗，整改率99.10%；“点题整治”涉及新增乱占耕地建房问题116宗，整改率100%；例行督察发现问题121宗，已整改116宗，整改率95.87%。

【矿产管理】 2021年，宁德市共出让15个剩余土石方处置项目，合计土石方量1555.64万立方米。发现并取缔非法违法采矿行为8起。开展29个矿山的地质环境治理恢复巡查工作。完成古田县、福安市（续作）、福鼎市（续作）等3个县（市）农业地质调查评价成果报告评审工作，共计1∶5万农业地质调查390平方千米。制定《宁德市市级绿色矿山创建库工作方案（试行）》，完成1家申请入库矿山企业的市级评审验收，并向省厅推荐参评省级绿色矿山。

【矿区土地资源环境综合治理】 2021年，宁德市全面核查历史遗留矿山图斑1460个，治理废弃矿山11个，治理面积8.89公顷；全年复垦临时用地181宗，恢复土地总面积500.19公顷，其中耕地面积141.82公顷。

【非法违法采矿打击】 2021年，宁德市自然资源局联合市公安局、市应急管理局印发《关于持续强化打击非法违法采矿做好安全风险防范的通知》，打击非法违法采矿，全市组织检查人员1570组，5933人次，发现并取缔非法违法采矿行为8件。

（谢思超）

森林资源保护

【林长制】 2021年，宁德市推行林长制。出台《宁德市全面推行林长制的实施方案》，市、县、乡、村四级林长责任体系建立，设立县乡村三级林长公示牌，明确林长名单及责任区域。建立由市委组织部、宣传部，市发展和改革委、公安局、财政局、自然资源局、生态环境局、应急局、审计局、农业农村局、林业局等11个部门组成的林长制部门协作机制，制定市级林长会议制度、信息公开制度、督查制度、工作考核制度和部门协作制度等5项林长制配套制度，开展林长制工作督查和考核工作，推动各级党委和政府履职尽责，保护发展森林资源。全市现有林长2471名，副林长1219名。其中，市级林长2名、市级副林长8名；县级林长18名、县级副林长115名；乡镇级林长236名、乡镇级副林长1096名；村级林长2215名。省对市林长制工作考核结果宁德市得94.9分，为优秀等次，居全省第4位。

【林政审批】 2021年，宁德市林木采伐蓄积57.71万立方米，其中纳入采伐限额管理蓄积55.71万立方米，占年度采伐限额105.71万立方米的52.7%。获批建设项目使用林地（永久）414起，面积1097.42公顷；临时使用林地44起，面积154.13公顷；内部使用林地12起，面积18.11公顷；在服务乡村振兴用林保障方面，全市获批各类乡村道路用林89起，面积225.73公顷，累计免征植被恢复费3984.19万元。开展森林督查暨“一张图”年度更新工作，按时提交县级自查成果，组织问题图斑查处整改，国家局下发宁德市图斑总数4221个。

【林业执法】 2021年，宁德市查处林业行政案件902起，处罚916人次，罚款1325.6万元，没收非法所得1275元。2—3月，联合8家单位开展“清风行动”，打击野生动物非法贸易。开展第二轮中央环保督察涉林信访整改验收销号工作，本轮督察涉及林业相关信访件59件，其中牵头20件全部完成，配合完成38件。开展第二轮中央生态环保督察涉及林地生态修复问题整治工作，制定51件涉刑案件整改措施清单，截至年底县级上报完成整改51件。开展2轮全市“双随机、一公开”执法检查，并将执法检查结果进行全市通报，将执法检查过程和结果在市林业局门户网站和国家企业信用信息公示系统进行公示。落实“互联网＋监管”平台应用，及时录入年度执法监督检查数据，完成检查实施清单梳理。

【省级森林公园保护】 2021年，宁德市加强森林公园巡护工作。完成霍童溪省级森林公园和屏南古峰省级森林公园景观提升工作。开展森林公园优化整合工作，对存在无景观价值、碎片化严重、矛盾多等问题的森林公园林地进行梳理，优化森林公园功能区，方案上报省局待批。方案内容：福建鼎古云省级森林公园撤销；福建古田溪省级森林公园调出有变化的不适合作为森林公园的斑块面积87.94公顷；福建周宁仙风山省级森林公园调出面积59.45公顷，福建周宁仙岗山省级森林公园调出面积72.10公顷，并将两家森林公园合并为福建周宁仙风山省级森林自然公园。经优化整合，省级森林公园数量由13个整合为12个。

（陈琳琳）

自然保护地保护

【概况】 2021年，宁德市推进环三都澳湿地水禽红树林自然保护区问题整改；蕉城区、福安市、霞浦县在保护区内完成红树林造林92.12公顷，清理互花米草127.77公顷，同时加强保护区巡护工作；委托厦门大学开展保护区生态监测与评估。宁德世界地质公园管委会从市文旅局转隶市林业局；完成宁德世界地质公园扩园阶段性任务；开展第五个“文化和自然遗产日”宣传活动。完成2次自然保护地整合优化再调出地块数据上报。做好违建问题清查整治专项行动、“两违”整治攻坚战、“绿盾专项行动”、国家海洋公园和省级自然保护区人类活动问题点位监测图斑核查等涉及自然保护地各类专项行动。截至年末，宁德市有各级自然保护区32个，共6.65万公顷，占全市总面积的4.96%。其中，屏南宜洋鸳鸯猕猴、福安瓜溪桫椤等省级自然保护区2个，共2730.56公顷；环三都澳湿地水禽红树林、太姥山杨家溪等市级自然保护区8个，共5.80万公顷；寿宁六六溪流域、霞浦杯溪等县级自然保护区22个，共0.58万公顷。

【自然保护区保护】 2021年，宁德市推进环三都澳湿地水禽红树林自然保护区问题整改工作，上报省行业审查。环三都澳湿地水禽红树林自然保护区开展红树林修复种植工作。委托厦门大学开展环三都澳湿地水禽红树林自然保护区生态监测与评估工作。加强保护区巡护工作，同时结合红外相机监测功能，完善保护区野生动物监测体系，全方位开展野外野生动物巡查监测，福安市瓜溪桫椤省级自然保护区红外相机监测到白鹇和小麂的影像资料，先后两次在中央电视台综合频道（CCTV-1）《秘境之眼》栏目播出。

【陆生野生动植物保护】 2021年，宁德市开展“世界湿地日”“爱鸟周”和“保护野生动物宣传月”等宣传教育活动。在福安市开展全国防控野猪危害综合试点，加强野猪危害防控工作；下达各县（市、区）野猪猎捕量限额3160只，指导6家护农狩猎队依法开展护农猎捕野猪活动，防范野猪对农林业生产的威胁。福鼎、蕉城、福安等建立野生动物收容救护机制，强化野生动物收容救护工作。

【湿地保护】 2021年，宁德市推进一般湿地名录编制、发布工作，全市337处湿地列入第一批一般湿地名录管理并予以公布，其中蕉城66处、古田县69处、屏南县20处、周宁2处、寿宁17处、福安48处、柘荣17处、福鼎29处、霞浦69处。

【红树林修复种植】 2021年，宁德市推进环三都澳湿地水禽红树林自然保护区红树林修复种植工作。蕉城、福安、霞浦3县（市、区）将保护区红树林修复种植任务明确由相关乡镇具体负责，于7月30日前按时完成造林任务。市林业局先后印发情况进展通报21期，督促指导红树林种植工作。并委托第三方机构通过高精度航拍器航拍和专业技术人员实地测量等技术手段对保护区红树林种植情况进行现场调查核实。经核查，年内完成保护区红树林种植92.12公顷。其中，蕉城区19.36公顷、福安市23.43公顷、霞浦县49.33公顷。

【宁德世界地质公园建设】 2021年5—11月，针对联合国教科文组织世界地质公园理事会在2018年再评估时提出的意见建议，周宁和蕉城先后完成公园扩园区域调查并形成报告，经国家林草局向联合国教科文组织提交《宁德联合国教科文组织世界地质公园面积调整申请报告》。宁德市邀请福建省地质调查研究院专家对世界地质公园再评估迎检工作人员开展培训，完成世界地质公园自评估表的自评打分和《宁德联合国教科文组织世界地质公园2018年—2021年进展报告》中文版的编写，并进行英文翻译。

【自然保护地优化整合】 2021年4月，宁德市完成年度第一次自然保护地整合优化再调出地块数据上报工作。7月，国家林业和草原局自然保护地整合优化工作专班负责人到宁德市相关自然保护地调研。11月，省林业局组织由国家林草局华东规划设计院、省林业规划设计院、省保护中心等专家组成的指导组到宁德市林业局开展自然保护地整合优化预案“回头看”座谈会。会后，福鼎、福安、古田、寿宁等6个县（市、区）按照专家组的意见和建议，重新修改上报，补充完善相关佐证材料，于12月完成该年度第二次自然保护地整合优化再调出地块数据上报工作。

【“两违”整治攻坚战】 2021年，宁德市按照《宁德市两违综合治理专项行动领导小组关于印发宁德市“两违”综合治理专项行动方案的通知》部署要求，成立自然保护地“两违”综合治理专项行动领导小组，印发《宁德市自然保护地“两违”整治攻坚实施方案》；利用林业网站等网络媒体、“3·12”植树节等节日活动进行自然保护地“两违”综合治理相关法律法规和政策规定等“两违”整治宣传，向社会公开打击非法占用林地等涉林违法犯罪的举报电话；开展自然保护地“两违”问题的摸底排查工作，列出重点摸排问题清单并进行核查整治。

（陈琳琳）

节能减排

【工业节能】 2021年，宁德市完成51家重点用能单位年度考核，实施14个节能改造项目，下达省和市节能专项资金合计760万元，挖掘能耗空间2.2万吨标准煤，减少二氧化碳排放5.7万吨。福安市经济开发区通过省级绿色循环化改造验收。开展绿色制造体系创建工作，宁德厦钨新能源材料有限公司入选省级绿色工厂，福建华夏合成革公司分别入选国家级、省级绿色工厂，其产品水性再生合成革入选国家级、省级绿色设计产品。宁德时代新能源科技股份有限公司、福建福华新材料集团有限公司、福建广生堂药业股份有限公司被评为省级循环经济示范企业。出台《宁德市促进新能源汽车产业发展的六条措施》《宁德市2021年公务和公共领域新能源汽车推广应用方案》，新能源汽车推广应用完成865辆。推进风光储充用等新领域应用示范，三都澳食品白基湾海域等5个海上渔排试点项目完成建设。

【建筑领域节能】 2021年，宁德市完成市水利局办公楼、东侨开发区管委会办公楼等项目节能改造，对建筑照明、卫生间供水、建筑外墙遮阳等方面进行改造，并加装能耗监测系统。改造面积共计1.04万平方米，其中，宁德市水利局办公楼改造面积4000平方米，东侨开发区管委会办公楼改造面积6400平方米。结合农村人居环境改造，完成蕉城区漳湾镇雷东村农村住宅遮阳改造（平改坡改造）84栋、立面装饰144栋，改造面积67352平方米。开展建筑节能与绿色建筑检查工作，重点检查设计、图审、施工、验收各个环节落实节能设计标准和验收规范等执行情况。城镇新建民用建筑全面执行绿色建筑标准，加强设计、图审、施工、验收和运行管理，确保绿色建筑标准落实。经施工图审查合格的绿色建筑项目290个，总建筑面积1681.60万平方米。其中，政府投资公益项目64个，总建筑面积138.91万平方米；2万平方米以上大型公共建筑项目22个，总建筑面积228.96万平方米；10万平方米以上住宅小区项目41个，总建筑面积600.94万平方米；保障性住房项目1个，总建筑面积19.06万平方米；其他建筑162个，总建筑面积693.73万平方米。符合一星绿色建筑设计标准项目210个，总建筑面积1505.40万平方米；符合二星绿色建筑设计标准项目80个，总建筑面积176.21万平方米。全市建筑节能措施整体实施情况总体良好。根据各县市项目施工图审查和质量监管情况，民用建筑均有按节能标准设计，施工图设计阶段执行节能强制性标准比例达到100%，施工阶段均严格按图施工。

【交通节能】 2021年，宁德市公交车100%纯电动化，新能源公交置换速度全省第一。新增客车176辆、货车1095辆、公交车43辆。淘汰内河老旧船舶56艘。水路运力规模和船舶平均载重吨分别较上年末增长40.2%和43%，运力结构接续优化。

【公共机构节能】 2021年，宁德市机关单位建筑面积能耗5.38千克标准煤、人均综合能耗79.58千克标准煤、人均用水量26.39立方米，分别比上年下降10.03%、11.00%、17.09%，“双控”指标低于全省平均水平。发挥市级公共机构节能主管部门职能，指导全市公共机构开展节能改造、创建工作。8月23日，根据国家机关事务管理局、中共中央直属机关事务管理局、国家发展改革委、财政部《关于公布第一批节约型机关建成单位名单的通知》精神，宁德市人民代表大会常务委员会办公室、宁德市人民政府办公室、中共宁德市纪律检查委员会、中共宁德市委宣传部等22家获“节约型机关”称号。

【碳达峰碳中和】 2021年，宁德市组织开展“双碳”前期工作。市生态环境局、工信局开展“如何正确处理落实碳减排要求与产业发展的关系，为碳达峰、碳中和提供宁德方案”课题研究。根据不同县域特点，在蕉城区开展低碳码头、霞浦县开展低碳海岛、屏南县开展低碳景区、东侨开发区开展低碳社区，进行创建试点，完成2家发电企业全国碳市场履约工作，完成6家企业的省碳市场履约工作，履约率均达到100%。

【污染物减排】 2021年，宁德市持续推动冶金、电池、合成革、铸造等重点行业企业废气治理，完成大气精准治理减排项目65个，氮氧化物、挥发性有机物减排量1400吨和300吨以上。

（蔡文莉　林福柏　陈勋戌　张敏瑛）

污染防治

【大气污染防治】 2021年，宁德市编制《宁德市臭氧来源解析课题》并通过专家评审；推动重点行业污染治理升级改造，推动青拓镍业、青拓实业股份等10个钢铁企业完成34个钢铁超低排放改造子项目；排查563个在用锅炉现状。重新修订《宁德市重污染天气应急预案》，调整成三级响应模式，与国家、省里启动响应条件保持一致，编制“黑白灰”减排清单；开展各类监督性抽测工作，柴油车秋冬季监督性抽测，抽测柴油车11.04万辆，数量是柴油车保有量的50%以上；严格实施记分制度，运用《宁德市机动车排放检验机构记分制度管理办法（试行）》，市县对7家检验机构开展记分管理，维护尾气检验市场公平环境；配合省厅开展碳市场履约配额核定工作，完成2家发电企业全国碳市场履约工作，完成6家企业的省碳市场履约工作，履约率均100%。编制《宁德市“绿岛”创建指南》，指导各县（市、区）开展低碳园区、低碳景区、低碳社区、低碳海岛等形式的低碳创建工作。

【水污染防治】 2021年，宁德市推行河湖长制，完成1647个入河排口排查整治以及248个千人以上水源地保护区范围划定，保障农村饮用水水质安全；编制《宁德市2020年度水环境承载力评价报告》，提出差异管控措施，策划生成并上报碧水攻坚项目41个，获中央水污染防治专项资金3779万元，下达2021年度小流域省级“以奖促治”专项资金1220万元，持续推进古田横洋溪、武步溪、屏南后龙溪等流域整治，推动流域水质改善。开展霍童溪“美丽河湖”创建，推进霍童溪生态环境保护；推进中心城区黑臭水体治理攻坚，督促中心城区1732家餐饮商户落实安装油水处理设施；加密水质跟踪监测。对2条黑臭水体的上、中、下游和内河水系24个监测点位开展30次水质监测，为中心城区水系治理实施效果评估提供依据。

【土壤污染防治】 2021年，宁德市开展土壤污染防治，完成62家企业“守护净土”排查整治、37家企业周边土壤监督性监测、60家企业土壤污染隐患排查；建立宁德市地下水污染源防渗漏与监测调查清单18家，摸清地下水重点污染源企业防渗漏措施落实和监测建设等情况，保障地下水环境安全；规范处置利用各类危废58.7万吨；全省首创开展周宁县不锈钢加工园区危险废物集中收集贮存转运试点，解决园区内企业危险废物贮存场重复建设、分散管理、处置费用高等问题。强化疫情环境风险防控，规范收集处置医疗废物2254吨、规范处置率100%。

【海洋污染防治】 2021年，宁德市从入海河流、工业排污口、生活面源、水产养殖排口等4个方面，开展入海排污口整治试点，其中福鼎、霞浦推动161家紫菜加工企业整治。推进沿海乡村垃圾保洁与海漂垃圾陆海统筹一体化运作，健全海漂垃圾综合治理长效机制。完善海上环卫队伍和设施建设，开展垃圾的清理、转运和处置。市城投蓝海公司出动作业人员57365人次，作业船只10633航次，打捞海漂垃圾约37.89万立方米（1.97万吨）。海漂垃圾分布密度比上年下降58.3%，治理成效明显。

【固体废弃物处置】 2021年，宁德市对中心城区建筑垃圾运输车辆密集路段及重点工程密闭车辆使用情况重点检查，采取日间和夜间巡查相结合的形式，加大日常巡查的频次和密度，对未加装密闭装置擅自上路运输重型自卸货车，加大查处力度，推进建筑垃圾运输车辆“全密闭”运输。宁德市场清出拖拉机、农用车以及外地牌照的建筑垃圾运输车辆。全市累计密闭建筑垃圾运输车辆867辆。其中，各县（市、区）累计密闭469辆；中心城区累计密闭398辆。中心城区出动执法车辆3078车次，联合执法18次，立案260起，罚款65.2万元。审批核准2家建筑垃圾运输企业。

（林福柏　邹翠莲）

环境监察管理

【国家生态文明建设示范区创建】 2021年，宁德市按照“成熟一个申报一个”的原则，引导各地开展生态示范创建，古田县国家生态文明建设示范县以及寿宁县“两山”实践创新基地通过省生态环境厅预审，屏南县相关申报材料报省生态环境厅审查。福安、福鼎、霞浦3地相关创建规划通过专家技术审查。继柘荣、寿宁之后，周宁县获“国家生态文明建设示范县”称号。

【生态环保督察整改】 2021年，宁德市保障省委、省政府生态环保例行督察开展，累计刊发督察简报15期，提交调阅资料10批次2177份；强化信访问题即知即改，督察交办的9批次95件信访件全部按时办理反馈。开展整治成效“回头看”，刊发《环保督察专刊》9期。截至年末，第一轮中央生态环保督察反馈涉及宁德市的27项整改任务和243件信访问题全部办结；第二轮中央生态环保督察交办的308件信访问题办结销号306件、销号率99.4%，14项整改任务完成6项。

【生态环境执法】 2021年，宁德市下达生态环境行政处罚决定158份，处罚1807万元，办理“四个配套”办法行政措施和司法移送案件34件，其中查封扣押19件、移送拘留12件、司法移送3件。将1325个执法对象列入市级生态环境执法“双随机”动态信息库，抽查170家次，在市生态环境局网站每季度公开抽查情况。开展农村饮用水水源地生态环境专项整治，投入资金1478.93万元完成全市248个水源地保护范围划定、勘界立标、标识标牌的设置，排查发现的33个生态环境问题完成整改。印发《宁德市网格化环境监管体系优化提升实施方案》，环保网格员开展巡查18.39万次，录入环境事件5.15万件，发现违法线索110件。对308家企业开展企业环境信用强制评价，其中环保诚信企业74家、环保良好企业228家、环保警示企业4家、环保不良企业2家。重新梳理、动态筛选后纳入执法正面清单企业共96家，配套细化措施1件，对清单内企业开展现场监督执法1105次、非现场检查1875次，服务企业2554次。市生态环境保护综合执法支队连续四年被生态环境部授予全国环境执法大练兵表现突出集体。

【环境事故预案管理】 2021年，宁德市生态环境局排查环境安全隐患企业230家，发现79个隐患问题并完成整改；完成福鼎市岙里制水厂水北溪饮用水水源地突发环境事件应急预案编制，完成各类企事业单位环境应急预案备案278家，其中预案修订86家、新备案192家。开展宁德市突发环境事件应急演练、落实应急管理工作培训、健全应急值守制度、强化环境应急资源储备、做好反恐应急联动保障等方式，提升应急响应能力。

【辐射安全监管】 2021年，宁德市生态环境局开展核应急联络员培训，完成年度宁德核应急防护行动演习，被国家核安全局评为“优秀”；对40家核技术利用单位开展辐射安全利用专项检查，与福建省特种设备检验研究院宁德分院联合完成辐射事故应急演习；完成宁德核应急防护行动演习。利用“4・15”国家安全日、“5・12”全国防灾减灾日等重要纪念日开展核安全宣传活动，在17所学校开展核安全宣传，强化核与辐射环境安全监管。

【环评许可】 2021年，宁德市生态环境局开展生态环境领域“放管服”改革，将逻辑关联度强的多个审批事项，整合形成企业群众视角的“一件事”集成套餐服务事项；压缩审批时限，涉及工程建设审批制度改革的建设项目环境影响评价文件审批事项，审批时限压缩至法定时限10%，审批效率居省内前列。加强环保要素保障，主动靠前服务，助力锂电新能源、新能源汽车、不锈钢新材料、铜材料等四大主导产业从中心城区向周边县市延伸、从沿海向山区推进。全年审批建设项目环评400件，其中市本级30件；审查规划环评4件；核发排污许可证310本，其中市本级41本。实施排污权、碳排放权有偿使用和交易，指导65家企业购买到1504.81吨排污权，交易金额4785.17万元；落实企业环境信用动态评价，评价315家次。

【环境信访投诉查处】 2021年，宁德市、县环保部门办理各类信访投诉1961件。其中，来信来访159件，“12369”电话举报332件，微信举报、网络举报、“12345”、各类邮箱等电子邮件举报1470件，各类信访投诉件按时办结率100%，有效解决群众对废气、废水、油烟及噪声等污染投诉问题。开展百姓身边突出生态环境问题整治、“绿色护考”专项行动等工作，调处相关环保投诉问题，提高群众生态环境的幸福感、获得感。

【环境保护宣传】 2021年，通过宁德市生态环境局官方微信、微博、网站开展新闻宣传，展示生态环境保护工作成效，科普环保知识，微信公众号发布文章313期、信息1880条，微博发布信息1032条，网站生态环境要闻995条。在“6・5”世界环境日期间，制作发布《让中国更美丽》MV，向公众展示闽东优美的生态环境。市生态环境局、市住建局、市城市管理局全力推动全市环保设施和污水垃圾处理设施向公众开放，引导公众积极参与体验环境保护工作，向公众开放的设施数量25个，开展活动61次。围绕生物多样性日、全国低碳日等重要环保节日，开展各类主题宣传活动，举办活动20余场，通过主流媒体进行宣传报道，扩大影响力。

【环保基础设施建设】 2021年，宁德市生态环境局新建寿宁新桥头、福安上白石、屏南园坪三座省控地表水水质自动监测站，提升全市水环境要素监测体系。中心城区机动车尾气遥感监测系统和福鼎边际机动车尾气遥感项目均通过计量认证完成遥感监测2905304车次，抓拍8762车次不合格车辆列入重点车辆名单，依托机动车尾气检验机构或者移动式路检设备开展路检路查，抽测400余台柴油货车，未发现不合格车辆。

（林福柏）

科学技术

科技项目

【科技项目与经费】 2021年，宁德市向省科技厅推荐各类科技计划项目106项，争取省级科技项目立项52项，获得补助资金2658万元。其中，中央引导地方项目1项、补助资金100万元，公益类项目3项、补助资金65万元，工业类区域发展5项、补助500万元，创新资金项目3项、补助105万元，STS项目4项、资助金额180万元，成果购买补助项目1项、资助金额60万元，自然科学基金13项、资助金额104万元，星火项目7项、资助金额150万元，科技特派员后补助项目5项、资助金额150万元，引导性项目3项、资助金额55万元，重大专项专题项目2项、资金金额1000万元，仿制药项目4项、资助金额189万元。

【科技成果】 2021年，宁德市在新能源领域，突破高能量密度、高安全、快充等动力电池行业关键技术瓶颈，并发布钠离子电池、巧克力换电块等前沿储能科技。在新材料领域，轧制出厚度为0.03毫米的超薄精密不锈钢带“手撕钢”。在海洋经济领域，大黄鱼育种国家重点实验室在“宁芯1号”和“宁芯2号”基础上，继续开展“宁芯3号”研发，培育大黄鱼新品系苗种近7000万尾，推广受精卵1.6亿粒以上，开展大黄鱼新品系示范养殖1100口网箱，辐射霞浦、连江、象山等海区养殖。在生物医药领域，力捷迅完成由完全仿制到改良型新药到创新药的蜕变，“长效缓解微球注射用醋酸亮丙瑞林维球研究”项目进入省重大专项揭榜挂帅Ⅱ类榜单，获项目经费补助500万元。

【科技进步奖】 2021年，宁德市提名推荐2020年度省科技奖11项，4项获省科技进步奖，其中一等奖1项、三等奖3项，分别为福建亚南电机有限公司参与“高性能氢燃料电池客车关键技术及产业化”等1项科技成果获省科技进步奖一等奖，宁德市经济作物技术推广站和宁德市高龙绿色农业有限公司共同参与“福建晚熟龙眼产业化关键技术研究与应用”，福建屏湖红生物科技有限公司参与“红曲黄酒优良菌株选育与酿造关键技术创新应用”、福建岳海水产食品有限公司和福建闽威食品有限公司共同参与“大黄鱼深加工关键技术创新与产业化应用”3项科技成果获省科技进步三等奖。

（郑少楠）

科技平台

【概况】 2021年，宁德市加大区域创新平台建设，推进高新技术园区创建工作。新增省级新型研发机构1家，市级产业创新战略联盟1家，省企业技术中心2家、市级企业技术中心7家，新认定省级众创空间6家、星创天地8家，市级众创空间11家、星创天地13家。引导和支持企业创建企业新型研发机构、企业技术中心、工程研究中心、专家工作站等创新平台。培育福建华龙化油器有限公司，被认定为省级新型研发机构；培育市级产业创新战略联盟1家，培育巨龙电机（宁德）有限公司等7家获得市级企业技术中心认定，福建杉杉科技有限公司等2家企业获省企业技术中心认定。完成电化学储能技术国家工程研究中心项目验收。组织中核霞浦核电“徐銤院士专家工作站”申报省级院士专家示范站。新增省级、市级水产原种场各1家。截至年末，全市拥有国家级重点实验室各1家、省创新实验室1家、省级新型研发机构6家；国家级众创空间1家、省级15家、市级28家，国家级星创天地2家、省级14家、市级19家。

【“双创”平台】 2021年，宁德市突出“市场化、专业化、链条化”导向，引导科技企业孵化器、众创空间、星创天地等孵化载体高质量发展，获批建设东侨全球化创业方向全国双创示范基地，新认定省级众创空间6家、星创天地8家，市级众创空间11家、星创天地13家。组织7家企业参加

表29　2021年宁德市新认定市级众创空间一览表

序号	众创空间名称	依托单位全称
1	云舟众创空间	柘荣县云舟职业技能培训中心
2	宁德师范学院大学生创新创业园	宁德师范学院
3	占西坑众创空间	宁德市青创生态农业发展有限公司
4	周宁县不锈钢深加工产业园众创空间	周宁县宁福工贸发展有限公司
5	环宇电商直播基地众创空间	宁德市一卡通网络传媒有限公司
6	霞浦县大学生创业园·创客咖啡	霞浦县自主创业高校毕业生联合会
7	霞浦网商虚拟产业园	霞浦县欧柏网商虚拟产业园管理有限公司
8	前汾溪谷文创基地	宁德市千乘桥文化创意有限公司
9	桐创众创空间	福鼎桐创产业园运营管理有限公司
10	晓阳云创空间	福安市恩辉生态农业有限公司
11	宁德·东侨大学生创业园	宁德东侨国有资产投资建设有限公司

（资料来源：市科技局）

表30　2021年宁德市新认定省级众创空间一览表

序号	众创空间名称	依托单位全称
1	柘荣县大学生创业孵化基地	柘荣县大学生创业协会
2	华一文化众创空间	福建省华一设计有限公司
3	福安市大学生创业园	宁德市聚邦创业服务有限公司
4	环宇电商物流园众创空间	霞浦环宇企业管理咨询服务有限公司
5	宁德师范学院大学生创新创业园	宁德师范学院
6	占西坑众创空间	宁德市青创生态农业发展有限公司

（资料来源：市科技局）

表31　2021年宁德市新认定市级星创天地一览表

序号	星创天地名称	依托单位全称
1	宁顺星创天地	宁德市蕉城区赤溪赤顺农业专业合作社
2	古田恒春星创天地	古田县恒春农业开发有限公司
3	百家宴星创天地	福建省古田县百家宴食品有限公司
4	天天源星创天地	福建天天源生物科技有限公司
5	寿宁县下党乡滴水缘星创天地	寿宁县民宿茶叶种植农民专业合作社
6	廊桥星创天地	寿宁县乡播文化传媒有限公司
7	白茶银仓科技星创天地	福建白芽银仓茶业有限公司
8	晓阳云创空间	福安市恩辉生态农业有限公司

续表 31

序号	星创天地名称	依托单位全称
9	柘荣高山白茶星创天地	柘荣县茶叶协会
10	闽威星创天地	福建闽威实业股份有限公司
11	学易星创天地	福鼎市学易职业技能培训学校
12	福鼎市仁英职业技能培训学校星创天地	福鼎市仁英职业技能培训学校
13	环宇电商物流园星创天地	霞浦环宇企业管理咨询服务有限公司

（资料来源：市科技局）

表 32　2021 年宁德市新认定省级星创天地一览表

序号	星创天地名称	依托单位全称
1	寿宁县下党乡滴水缘星创天地	寿宁县民宿茶叶种植农民专业合作社
2	古田恒春星创天地	古田县恒春农业开发有限公司
3	百家宴星创天地	福建省古田县百家宴食品有限公司
4	占西坑星创天地	宁德市青创生态农业发展有限公司
5	闽威星创天地	福建闽威实业股份有限公司
6	品品香星创天地	福建品品香茶业有限公司
7	晓阳云创空间	福安市恩辉生态农业有限公司
8	大丰景星创天地	福建大丰景农业发展有限公司

（资料来源：市科技局）

第十届中国创新创业大赛（福建赛区）暨第九届福建创新创业大赛。

【企业技术中心】　2021 年，宁德市提升企业创新能力，引导企业建立企业技术中心。福建省华一设计有限公司，被认定为国家级工业设计中心。福建盈浩文化创意股份有限公司、福建杉杉科技有限公司 2 家被认定为省企业技术中心。巨龙电机（宁德）有限公司、福安市青拓环保建材有限公司等 7 家被认定为市企业技术中心。

【工程研究中心】　2021 年，宁德市有国家级工程研究中心、企业技术中心各 1 家，分别是宁德时代新能源科技股份有限公司建设的电化学储能技术国家工程研究中心、福建广生堂药业股份有限公司技术中心。省级工程研究中心 4 家，分别是福建广生堂福建省肝病药物工程研究中心、福建三祥福建省锆材料工程研究中心、亚南电机福建省新能源智能发电技术工程研究中心、青拓集团福建省高性能氮合金化不锈钢工程研究中心。山海协作中心 1 家，即闽东力捷迅福建省高端药物制剂山海协作创新中心，依托联合共建单位是福建师范大学工业微生物发酵技术国家地方联合工程研究中心。

【电化学储能技术国家工程研究中心】　2021 年，宁德市电化学储能技术国家工程中心联合高等院校、科研院所和产业链上下游企业，协同开展关键核心技术攻关和产业化推进工作。新电池体系开发方面，推出钠离子电池，为能源清洁化和交通电动化提供一条全新解决方案；电池安全方面，第二代无热扩散高安全电池系统获得多个国内外客户的认可；系统集成方面，在 CTP 集成技术基础上，提出将电芯直接整合到底盘 CTC 集成方案，整车续航里程可超 1000 千米；电池回收和再利用方面，镍钴锰回收率 99% 以上，缓解锂电行业快速发展带来的资源短缺和环境污染问题。全年发布国家标准 2 项，获得发明专利 120 项。此外，依托工程中心智能制造先进技术筹建的宁德电池工厂被达沃斯世界经济论坛（WEF）评选为全球首个电池行业“灯塔工厂”。

【福建广生堂福建省肝病药物工程研究中心】　福建省肝病药物工程研究中心的依托单位为福建广生堂药业股份有限公司。于 2018 年 12 月批复建设。工程研究中心是科研用房充足、仪器设备先进、配套设施完善的省级工程研究中心。位于宁德市柘荣县东源乡富源工业区，实验室面积 8000 平方米。截至年底，研发仪器设备总价原值 4000 万元以上，关键仪器设备均选用国际一流品牌。2021 年，该工程研究中心围绕肝病药物领域进行研发，主要研究方向包括乙肝适应症新药、丙肝适应症新药、脂肪肝适应症新药、肝癌适应症新药、肝纤维化适应症新药等的研发，肝病相关仿制药的研发。仿制药方面，用于乙肝治疗的富马酸丙酚替诺福韦片于 4 月获得药品注册证书；创新药方面，5 个肝病全球1类创新药均获批进入临床，其中新型肝癌靶向药物GST-HG161完成Ia期剂量递增阶段临床试验，开展Ib剂量扩展阶段研究；乙肝治疗全球创新药GST-HG141完成Ia期临床试验，开展Ib期临床试验研究；乙肝治疗全球创新药GST-HG131、GST-HG121、肝纤维化GST-HG151推进I期临床试验工作。

【宁德时代创新实验室建设】 2021年，宁德市推进宁德时代创新实验室建设。投入资金5.9亿元，完成1号研发楼、1号工程楼建设并投入使用。坚持以新能源的存储与转化为基础核心，会聚一支276人的研发队伍，开展基础性和应用性研究，有26项关键技术处在研究阶段，力争在清洁能源的转化、存储和应用领域取得一批原创性成果。与华南理工大学、上海交通大学、中国科学院物理所成立3个联合研发中心，启动研发子项目5个。

（郑少楠 黄巧娟 蔡文莉）

科技服务

【概况】 2021年，宁德市科技局着力优化科技创新政策体系，强化科技惠企政策落实，加大研发投入力度，促进区域创新能力提升。开展科技政策入园进企行动，加大科技政策宣传培训力度。全市社会研发投入52.83亿元、增幅27.1%，新增国家级高新技术企业60家，省级科技“小巨人”企业52家。全市PCT国际专利申请775件，申请量连续多年稳居全省首位；国内专利授权4163件，比上年增长92.99%，有效发明专利2326件，增长45.74%，增幅均排名全省第一。

【创新驱动政策环境】 2021年，宁德市科技局出台《宁德市关键核心技术攻关任务揭榜挂帅工作方案》《宁德市科技计划项目监督工作暂行办法》《宁德市产学研合作项目资助经费管理办法》《金融支持科技型企业专项行动方案（2021—2023）》《宁德市卫生联合资助项目管理办法》，抓好研发经费分段补助、研发费用税前加计扣除、高新技术企业所得税减免、科技创新券补助等科技惠企政策的宣传辅导和督促落实。减免高新技术企业所得税14.21亿元、研发费用税前加计扣除37.98亿元，落实高新技术企业入库出库奖补资金近1400万元，为132家企业获得争取研发经费投入分段补助1.81亿元。

【科技创新企业群体培育】 2021年，宁德市科技局加大科技创新企业群体的培育力度，完善高新技术企业成长加速机制，提高“微成长、小升高、高壮大”的创新型科技企业梯次培育质效。年度新认定省科技“小巨人”企业52家、国家级高新技术企业51家，全市规模以上工业高技术产业增加值占规模以上工业增加值比重49.9%，相比上年同期增加14.7个百分点。实施研发经费投入分段补助，全社会研发投入增幅27.1%；研发投入强度（研发投入占生产总值比重）为2.02%。投入总量增幅位居全省第一，为全省唯一增幅超过20%的地区。截至年末，全市拥有科技型中小企业141家、国家级高新技术企业155家、科技“小巨人”企业52家。

【科技特派员工作】 2021年，宁德市科技局推进科技特派员工作，健全科技特派员工作管理体系，开展科技特派员全面评估工作，对科技特派员进行动态管理。结合党史学习教育，号召科特派开展“我为群众办实事”实践活动，引导广大科技特派员深入基层服务群众，帮助解决生产上的技术问题，为群众办实事1703件，帮助引进新品种309个，推广新技术283项，服务带动农户1.97万户，帮助服务对象增收3965万元。同时，突出项目带动，组织实施市级科技特派员后补助项目80项，下达补助资金1088万元，建立科技特派员服务基地140个。推荐认定省级个人科技特派员263人、团队科技特派员78组、法人科技特派员6家。

【科技人才引育】 2021年，宁德市科技局推进“宁智回归”高端人才峰会工作，征集宁德籍在外优秀科技人才及项目对接25人（项）。组织开展年度科技创新平台补助和重点产业人才创业创新奖励申报工作，完成年度平台补助60万元、人才奖励122万元。推荐2人申报国家高层次人才特殊支持计划科技创新领军人才、科技创业领军人才；推荐2人申报国家高层次人才特殊支持计划青年拔尖人才；推荐7人申报第二批省“创业之星”人才候选人、2人申报第二批省“创新之星”人才候选人，入选创新之星1人、创业之星2人，下达奖励资金300万元。认真做好外国人来华工作许可审核审批服务工作，服务外国来华人员120多人次，推荐1人申报年度省“引智计划”项目。

【科技政策宣传】 2021年，宁德市科技局邀请省统计局专家重点针对企业研发开发项目情况、企业研究开发活动及相关情况和企业科技创新情况举办R&D统计视频培训会，参会企业代表204人。举办科技特派员能力提升专题培训班2期，培训科技特派员300余人，提高科技特派员政策理论水平及服务能力。编发《科技信息参考》12期，定期为部门、科研单位、企业提供科技工作动态和相关惠企政策。

（郑少楠）

科学普及

【概况】 2021年，宁德市以“百年回望：中国共产党领导科技发展”为主题举办“科技人才活动周”等活动。市科协动员基层农技人员、科普工作者及广大农民参加全国农民科学素质网络知识竞赛和福建省全民科学素质网络竞赛活动，分别获得全省第一名和全省第三名的好成绩。开展全国科普日活动，组织防疫科普进基层，帮助公众科学防疫，面向社会公众广泛开展多层面的系列科普活动。市科协连续6年获得中国科协全国科普日活动优秀组织单位和科普日优秀活动表彰。

【科技人才活动周】 2021年5月22—28日，宁德市以“百年回望：中国共产党领导科技发展”为主题举办“科技人才活动周”启动仪式。5月22—28日，组织300余家单位、高校科研院所、科技工作者、科普志愿者、学生群众代表开展科技政策法律、卫生防疫、急救知识传播、环境保护、防毒禁毒、防灾减灾、食品安全、消防安全等科普知识的宣传。据不完全统计，在全市范围内参与群众7万余人次，发放各种科普宣传资料4万余份，制作科普宣传展板150余块，组织各类科普报告会及讲座、播放科普影视13场，开放科普基地12个，重点实验室10个、工程技术研究中心20余个、提供技术服务600余人次，在全社会营造科普惠民、弘扬科学精神、宣传健康生活的环境和氛围，结合党史学习教育和庆祝中国共产党成立100周年系列活动，展现党的十八大以来实施创新驱动发展战略取得的重大进展和突出成就。

【科普阵地建设】 2021年，宁德市科协发挥市科技馆平台优势，做好场馆内不同时期、不同类别的科普宣传，开展“食品安全宣传周”活动、“科技人才活动周”“6·26”国际禁毒日活动、“我为群众办实事”志愿服务实践活动、“12·4”宪法宣传周活动、反邪教警示教育等宣传服务，将科普宣传做实做细。加强与学校、社区和相关单位合作共建，设计并开展科学小实验、科学DIY、科学表演等中小型主题科学教育、体验活动20余场，组织科普活动12场次，参与学生群众1万余人次。

【科普品牌示范创建】 2021年，宁德市科协推动社会化优质科普资源形成科普品牌，打造符合新时代人民群众科普需求的特色阵地和示范标杆，福安市被中国科协命名为2021—2025年度第一批全国科普示范县（市、区），宁德市科技馆、宁德世界地质公园白云山地质公园博物馆、屏南县科技馆入选2022年福建省优秀科普教育基地。

【义诊科普进社区】 2021年，宁德市科协联合蕉城区城南镇立业社区党支部、东侨经济技术开发区湖滨社区党支部共同举办“我为群众办实事”义诊科普活动。呼吸科、心血管科、消化科、骨科、妇科等专科医生免费为社区居民诊治常见病，测量血压、血糖，赠送药品，提供疾病预防和专科健康咨询，发放健康科普、禁毒、反邪教等宣传材料500余份，赠送各类药品价值3000余元，义诊服务100余名社区群众，提高居民健康意识和科学普及健康生活方式。市科协与宁德市护理学会到福鼎市沙埕镇敏灶村联合开展“我为群众办实事”义诊科普活动。组织市医院、市闽东医院、人民医院、福鼎市医院内分泌科、呼吸内科、神经内科、心血管内科、骨科、老年科等专业科室和医师和护理人员免费为村民诊疗和测量血压、血糖服务，开展健康知识咨询宣教，为诊疗民众赠送相关药品，诊治民众60余人次，赠送各类药品价值2600余元。向村民发放农村医疗卫生常识、家庭安全用药、蔬菜病虫害识别及防治和反邪教、禁毒、扫黑除恶等科普宣传材料300余份。

【流动科技馆巡展】 2021年，宁德市科协在霞浦、柘荣、屏南、古田等4县开展流动科技馆巡展工作，向群众及青少年群体普及科学知识，营造创新创造的社会氛围，参观体验群众13.6万人次，其中中小学生11.2万人次，公务员、社区居民、城镇劳动者2.4万人次。

（赵　旭　郑少楠）

科技交流与合作

【概况】 2021年，宁德市推进产学研合作项目，对10个项目给予产学研项目资助80万元，完成技术合同登记73项，技术交易额4.3亿元。组织企业参加海南国际健康产业博览会、“6·18”中国海峡项目成果交易会等展会开展成果推介对接活动。全年完成技术合同登记73项，技术交易额4.3亿元。

【产学研合作】 2021年，宁德市研究出台《宁德市产学研合作项目资助经费管理办法》，将合作高校扩大到北京大学、清华大学、中国人民大学、华侨大学、福建工程学院等学校，以项目资助形式，吸引高校、科研院所到宁德开展协同创新，对10个项目给予产学研项目资助80万元。引导企事业单位与战略合作的高校、科研院所开展产学研合作，鼓励高等院校、科研院所科技人员到宁德市开展技术创新活动，解决行业、企业关键共性技术难题。宁德师范学院新增省级科研平台2个、校级科研机构2个。宁德职业技术学校与企业开展技术创新合作，在制茶、机电等领域与相关企业开展产品研发，取得多项成果。

【柘荣太子参航天育种】 2021年6月17日上午10时19分，华润江中联合中国空间技术研究院、航天生物科技，将3.8万粒柘荣太子参种子搭载神舟十二号飞船进入中国空间站，开展太空诱变育种试验。9月17日13时34分，经过空间育种试验的柘荣太子参种子，随着神舟十二号飞船和航天员一起返回地球。经过中国航天科学院2个月的微生物消毒，于11月30日回到柘荣，进入天人药业育种基地培育。

（郑少楠）

教　育

综　述

【概况】 2021年，宁德市各级各类学校总数1032所（不含技工学校），学生总数61.50万人。其中，幼儿园563所（公办园218所、民办园345所），在园幼儿11.64万人（公办园在园幼儿5.94万人、民办园在园幼儿5.70万人），公办园占幼儿园总数38.72%，公办园在园幼儿占幼儿总数51.02%；小学272所（义务教育管理标准化学校169所），小学在校生27.69万人；初级中学111所，九年一贯制学校18所，义务教育管理标准化学校93所，初中在校生12.42万人；完全中学37所，高级中学9所，十二年一贯制学校3所，普通高中在校生5.57万人；特殊教育学校6所，特殊教育学生3457人（含已纳入其他学段统计的普通中小学随班就读的学生2198人）；中等职业学校11所，中等职业在校生2.09万人；高等教育学校2所（1所为高职院校），在校生1.97万人（含非全日制0.27万人）。

【教育督导】 2021年，宁德市深化新时代教育督导体制机制改革，市政府教育督导委员会印发《县级人民政府履行教育职责督导评估实施意见》，市委组织部、市委教育工委、市教育局联合印发《县（市、区）党政主要领导干部抓教育工作督导考核实施意见》。对周宁县开展“两项督导”评估工作，对柘荣县学前教育普及普惠情况开展市级复核。组织市直相关部门开展“对市督导”网络自查自评工作。全市教育督导系统围绕“四减四增”（减作业增睡眠、减补习增运动、减困难增服务、减低效增质量）目标做好“双减”督导工作，组织责任督学开展“一月一清单”“半月一通报”“一期一回看”专项行动，确保“五项管理”和“双减”督导全覆盖，提高作业管理成效、课堂教学效率、课后服务水平。6月，通过国家督导组“五项管理”落实情况的专项督查。对127所公、民办幼儿园开展办园行为督导评估工作。对近年教育费附加使用情况、学前教育发展工作、学期开学工作等开展专项督导检查。召开市级义务教育质量监测培训会，完成古田县“2021年全国义务教育质量监测（数学、体育、心理健康）”工作，完成蕉城、福安、古田、周宁、柘荣、福鼎等县（市、区）“2021年福建省义务教育质量监测（语文、数学、科学、体育、艺术）”工作。完成宁德市小学教育质量监测工作。举办2021年宁德市督学能力提升高级研修班。组织市、县两级相关人员参加国家教育行政学院网络平台举办的《深化新时代教育评价改革总体方案》专题培训。

【校园安全】 2021年，宁德市教育局贯彻落实教育部、省教育厅和市委、市政府关于学校安全工作部署要求，维护校园及周边安全形势稳定和师生的生命财产安全。开展“护校安园”专项行动、学校安全工作提升行动和校园安全专项整顿，推进中小学幼儿园安全防范建设，全市各级各类学校专职保安员配备率100%、封闭化管理达标率100%，并实现防冲撞设施、一键式紧急报警和视频监控系统达标率100%、护学岗设置率100%。深化“平安校园”创建，完成参评学校662所，完成率92.9%，超过省教育厅要求的70%年度目标任务。36所中小学幼儿园被认定为省级平安校园。修订《平安校园建设工作组各成员单位职责》，开展校园安全专项督查，协调解决校园及周边安全问题。加强消防、校舍、校园食品、实验室危化品、校车、学生防溺水、防校园欺凌等安全防范。建立校园欺凌专项治理部门联席会议制度，统筹协调，推动工作落实。推进学校安全专项整治三年行动，各地各校组织排查整治组 554 个，参加人员 1520 人次，检查学校 743 家，排查整改各类安全隐患 1072 个。督促指导各地各校上好安全教育课，运用宁德市学校安全教育平台，落实每学年 12 个课时安全教育课和各类教育专题活动。举办“安全在我心中　共建平安校园”——庆祝中国共产党成立 100 周年暨宁德市教育系统创建平安校园文艺展演。组织全市 105 名学校保安员参加中级保安员资格证培训，完成 4755 名全市中小学、幼儿园新任教职工的安全素养培训，选派各地教育局分管领导、校（园）长参加全省中小学幼儿园校（园）长安全管理培训和学校安全管理干部培训，举办《中华人民共和国安全生产法》专题讲座暨校园食品安全业务培训班。全市学校及周边治安总体形势保持平稳，没有发生涉及学校和师生的重大刑事、治安案件，没有发生校园安全责任事故。贯彻落实中央、省、市疫情防控要求，落实属地责任，强化风险意识，落实校园安全管理，加强整治校园卫生环境，强化师生员工宣传教育，把师生生命安全和身体健康放在第一位，全市学校疫情防控工作安全平稳有序。

【教师队伍建设】　2021 年，宁德市开展中小学教师有偿补课和收受礼品礼金专项治理工作，结合党史学习教育组织开展“师德大讲坛”活动。开展教师节宣传活动，展示优秀教师风采，报道先进典型事迹。完成国家级校长、教师培训调训，选送教师参加省级各类培训超 1200 余人次；开展省市联办教师培训 1540 人次；市级各类教师培训近 2000 人次。开展教师校长支教帮扶工作。选派 90 名中小学教师、校长到福州、莆田以及市内优质校跟岗学习。选派 4 名教师到新疆、宁夏支教；接收 40 名宁夏回族自治区学校校（园）长到宁德市跟岗实践。组织宁德市乡村振兴专家服务团暨名师培养工程帮扶活动 10 余场次。组织全市中小学教师资格认定 3258 人；教师资格定期注册 1118 人。遴选 52 名教师参加福建省第五届中小学教师技能大赛，33 人次获奖，其中特等奖 1 名，获奖率 63%，位列全省各设区市第四名。全市 1 人入选全国首批“教育世家”、2 人被评为福建省杰出人民教师、1 人入选教育部乡村优秀青年教师培养奖励计划、6 人入选省级乡村优秀青年教师培养奖励计划、1 人获第十四届“宋庆龄幼儿教育奖”。全市招聘中小学幼儿园新任教师 1191 人，其中硕士研究生 50 人，安排到农村基层学校任教的新任教师占招聘总数 60% 以上。开展宁德市中小学名师、学科带头人培养工程，第二届名师、学科带头人各类培训 1141 人次、骨干教师培训 158 人次。宁德师范学院新增博士学位高层次人才 26 人，宁德职业技术学院新招聘引进硕士毕业生 15 名。开展第四批引进基础教育人才备案认定工作，新增引进基础教育人才 66 人，新申报首套房购房补助 43 人，发放生活补助和购房补助 765.1 万元，累计引进基础教育人才 177 人、申请首套房购房补助 78 人，累计发放生活补助和购房补助近 1500 万元。全市教育系统入选“闽江学者奖励计划”讲座教授 2 人、省“雏鹰计划”1 人、百千万人才工程省级人选 2 人，福建省高层次人才（ABC 类）9 人，福建省引进人才 16 人，市“天湖人才”99 人。9 名教师获得正高级任职资格。中小学高级教师通过评审取得任职资格 366 人；中等职业学校高级讲师、讲师、助理职务通过评审 20 人。教育、人社、财政等部门到各地开展专项核查，督促各县（市、区）落实中小学教师平均工资水平不低于当地公务员平均工资水平，其中市本级学校按人均每年 2.85 万元追加奖励性绩效，各地也通过追加方式提升教师工资待遇水平，追加奖励性绩效额度在 1.8 万 ~2.4 万元。落实乡村教师生活补助制度，确保乡村教师人均生活补助标准不低于 500 元。

【语言文字工作】　2021 年，宁德市教育局推进第三届中华经典诵读活动，475 所学校参加诵读活动，占学校总数 46%，参加学生 11.8 万人，占学生总数 20%。选送诵读作品参加省赛，取得较好成绩，小学生组获一等奖 3 个（全省 15 个），占全省总数 20%。教师组获一等奖 2 个（全省 16 个），占全省总数 12%；获二等奖 6 个（全省 29 个），占全省总数 20%。社会组获一等奖 2 个（全省 12 个），占全省总数 17%；获二等奖 13 个（全省 17 个），占全省总数 70%。举办宁德市“庆祝建党 100 周年”《中国红色诗词大会》，参加师生 500 余人，得到“学习强国”学习平台、“中华经典诵读工程”平台、《福建日报》等宣传报道。举办 CCTV 第七季《中国诗词大会》福建赛区选拔赛活动，福建赛区入“百人团”总数在全国 14 个赛区中排名第三位，宁德市 2 名选手（全省 4 名）参加 CCTV 第七季《中国诗词大会》“百人团”。举办第八届宁德市《中国汉字听写大会》，6 万名小学生参与。推进中华经典诵写讲宁德市级“十四五”语言文字课题立项工作，设立 49 个语言文字专项课题，12 月中旬开展研讨活动。古田县通过三类城市语言文字达标评估验收。

【教育信息化】　2021 年，宁德市推进教育信息化和网络安全工作，“宁德经验”分别在福建省教育科研管理干部培训班和中央电化教育馆主办的全国教育信息化展示交流活动上推广，宁德市电化教育站被福建省电化教育馆评为“优秀组织奖单位”。宁德市电化教育站联合宁德市电化教育研究会启动开展教师信息技术应用能力提升“公益培训进百校”活动，走进 160 余所学校开展信息技术应用能力应用培训活动，万名教师受益。加强“三个课堂”建设与创新应用，20 所农村小规模学校 32 个班参加北京情系远山公益基金会小学英语“双师课堂”项目学习，惠及 700 余名师生，以薄弱学科为突破口，解决农村学校“缺师少教”难题，缩小城乡教育差距。开展“基础教育精品课”遴选活动。全市中小学教师通过自主申报、学校推荐、县级初选、市级遴选等环节，选送126节基础教育精品课参加省级遴选，83位教师获评省级精品课，获奖率66%，居全省第四位。福鼎市桐北中心小学被教育部确认为2020年度网络学习空间应用优秀学校。遴选21所学校为2021年度市级中小学数字（智慧）校园试点基地校。福安师范学校附属小学、宁德市高级中学等9所学校被福建省教育厅确认为省级人工智能教育试点学校。组织400余名教育信息化和网络安全工作人员参加网络安全在线培训，开展网络安全应急演练。确认宁德市公安局网安支队彭浩滨等6位人员为宁德市教育系统网络安全“特聘专家”，宁德师院郑乃清等19位教师为宁德市教育系统网络安全专家库成员。开展全市教育系统重点网络平台账号和互联网企业最新情况进行摸底调查工作。

（胡学忠）

基础教育

【概况】 2021年，宁德市推进普惠性学前教育、义务教育等基础教育事业发展。推进普通高中达标晋级工作以及学生综合素质评价改革，提升宁德市普通高中办学水平。实施“关爱工程”，保障随迁子女和留守儿童健康成长。举办宁德市第十五届特殊教育教学观摩研讨活动，深化特殊教育改革实践，提高融合教育水平。年末全市有基础教育学校1019所，在校生57.44万人，教职工数4.73万人。

【学前教育】 2021年，宁德市有幼儿园563所，公办幼儿园218所，民办幼儿园345所，普惠性民办幼儿园267所，在园幼儿11.64万人，其中公办园在园幼儿5.94万人，公办园在园幼儿占比51.02%，比上年增加0.68个百分点；普惠性民办园在园幼儿4.73万人，普惠性学前教育覆盖率91.67%；各级示范性幼儿园203所，示范性学前教育覆盖率53.44%；开展农村学前教育巡回支教工作，5个试点县，设立54个支教点，招募志愿者（教师）63名，1784名偏远山区幼儿受益。

【义务教育】 2021年，宁德市有小学272所，教学点204个。秋季小学招生4.70万人，学龄人口入学率100.38%。小学在校生27.69万人，比上学年增加2814人，小学毕业生4.45万人。特殊教育招生525人，特殊教育学校、特教附设班或普通中小学随班就读的学生有3457人，残疾儿童义务教育入学率96.1%。初中招收新生4.47万人，比上年增加3083人；初中在校生12.42万人，比上年增加1.06万人。

【普通高中教育】 2021年，宁德市招生普通高中42所，招收普通高中新生1.93万人，比上年增加859人；普通高中在校生5.57万人，比上年增加2608人，高中阶段招生实现普职比大体相当。3月，宁德一中高分通过省一级达标复查，宁德市高级中学、屏南一中被确认为省一级达标高中，全市一级达标高中10所。周宁一中接受省一级达标省级复查，福建宏翔高级中学接受省一级达标现场考察。宁德二中和周宁十中通过省三级达标高中整改后复评。成立“十四五”普通高中达标晋级工作领导小组，落实工作目标和具体任务，完善工作推进措施提高达标高中比例，扩大优质高中覆盖面。推动福安一中、霞浦一中做好省示范高中评估验收，宁德一中、福鼎一中两所重点高中申报创建第二批省示范高中。高考成绩提升，全市本科上线学生1.03万人。

【普惠性学前教育资源】 2021年，宁德市安排公办幼儿园建设项目9个（新建项目5个，改建项目3个，小区配建项目1个），总投资1.33亿元，争取省级补助资金3999万元，规划建筑面积3.42万平方米，可新增学位2790个。9个项目全部动工建设，其中东侨开发区实验幼儿园春风里分园、蕉城区实验幼儿园二园、福鼎市点头中心幼儿园旧园建成并组织投入使用。

【关爱工程】 2021年，宁德市实施“关爱工程”，保障随迁子女和留守儿童健康成长。落实义务教育阶段随迁子女“两为主”政策和电脑派位录取办法，保障随迁子女入学机会公平公正。秋季，义务教育阶段随迁子女总数2.76万人（小学2.05万人、初中7162人），其中在公办学校就读人数2.58万人（小学1.91万人、初中6672人），就读公办学校比例93.3%。进城务工人员随迁子女总数1.87万人（小学1.28万人、初中5909人），其中在公办学校就读人数1.78万人（小学1.23万人、初中5566人），义务教育阶段进城务工人员随迁子女就读公办学校比例95.3%。小学农村留守儿童9789人，初中农村留守儿童5788人，开展留守儿童心理健康教育、法制安全教育，完善家校联系制度，落实留守儿童“照顾有人、亲情有爱、学业有教、安全有保、活动有地”要求。

【德育工作】 2021年，宁德市各地各校组建党史学习教育宣讲队伍408支，宣讲近2000场，受众师生约60万余人次；开展“小小志愿者　为您讲党史”活动，组织6800余名中小幼学生解读党的历史、英雄的历史，评选推选百名“小小志愿者”；开展讲故事、演讲会400余场次，参与学生11万余人次；组织师生参与党史知识竞赛30万余人次；开展红色研学实践活动近1000场次，参与学生15万余人次。开展“习爷爷在宁德的故事”进校园学习实践活动，编撰大中小学校本教材，各级各类学校从“听、说、读、写、行”方面开展“习爷爷在宁德的故事”进校园学习实践活动2300余场。市教育局联合市委党史学习教育领导小组办公室、市委宣传部等开展“从小学党史、永远跟党走”主题教育征文、知识竞赛活动，评出优秀征文作品82篇，知识竞赛31组选手获奖。开展《长津湖》主题教育征文和微班会课征集活动，评出优秀征文作品78篇，微班会课38节。开展“百年光辉历程　全面建成小康”读书教育活动四项春苗杯主题活动，评出优秀征文作品118篇，故事会、演讲会共61名选手获奖。开展“5·25”全市中小学心理健康周活动，全市开展辅导活动8000余场次；开展以“阳

光心灵　快乐成长”为主题的宁德市中小学“校园心理剧”征集评选活动，评出优秀剧目18个。开展“国家安全教育进校园”宣传活动，命名宁德师范学院附属小学等12所中小学校为2021年宁德市国家安全教育示范校。抓好毒品预防教育“五落实”和“五个一”活动，举办2021年市级毒品预防教育骨干师资培训，推进学校毒品预防教育工作。联合市诚信促进会、关工委开展“诚信之星”评选活动，35名学生被评为第四届市中小学生“诚信之星”；召开宁德市诚信教育进校园暨第四届中小学生“诚信之星”活动经验交流现场会，营造诚实守信、积极向上的校园氛围。屏南县前汾溪谷社会美育研学实践教育基地、霞浦县玉潭樱花谷生态研学实践教育基地、寿宁县下党乡人民政府、福鼎市赤溪村委会入选第四批福建省中小学生研学实践教育基地，屏南龙漈花海劳动教育实践基地入选第二批福建省中小学生劳动教育实践基地。召开全市中小学德育工作座谈暨综合实践推进工作交流研讨活动，了解全市各地中小学德育工作情况，推进综合实践教育。开展市属院校意识形态工作责任制落实情况检查，督促市属院校落实好意识形态工作责任制。市教育局被省教育厅、省新闻出版局评为2021年“我的书屋·我的梦”农村少年儿童阅读实践活动先进单位。

【学校艺术】 2021年，宁德市举办第二届青少年舞蹈比赛，34支队伍、653人参与比赛，评出一等奖节目12个、二等奖节目11个、三等奖作品11个；举办“颂党恩，跟党走”师生主题书画展，评出一等奖19名、二等奖40名、三等奖61名；举办第七届青少年钢琴比赛，147名选手参加，评出一等奖节目40个、二等奖作品39个、三等奖作品52个；举办全市中小学生艺术节，评出获奖作品154件，其中工作坊与案例4个、作品29个、节目32个，报送省第七届艺术节候选参评；开展“戏曲进校园”活动，围绕“四个一”开展戏曲进校园活动，邀请剧团和地方戏曲专家进校园开展讲座、表演等活动131场，开设戏曲美术课410节次、开设戏曲音乐欣赏课732节次。

【义务教育管理标准化学校评估】 2021年，宁德市教育局下发《关于开展2021年义务教育管理标准化学校评估的通知》《关于开展2021年秋季义务教育管理标准化学校和标准化学校（初中）市级评估的通知》，10月8—30日，对义务教育管理标准化申报学校进行量化评估。40所小学和32所初中学校初步达到“义务教育管理标准化学校”认定标准。按照省里下达的指标，推荐17所小学、14所初中上报省教育厅。经实地抽查，蕉城区虎贝中心小学等29所学校被省教育厅确认为省级“义务教育管理标准化学校”。截至年末，全市创建“义务教育管理标准化学校”262所，其中小学169所、初中93所。

【普通高中学生综合素质改革】 2021年，宁德市推进普通高中学生综合素质评价改革，举办全市高中综合素质评价系统的操作市级培训，并采用新系统对学生的综合素质录入评价。制定出台《宁德市普通高中体育与健康学业水平考试工作实施方案（试行）》及《宁德市普通高中物理、化学、生物、通用技术实验（实践）操作合格性测试评分细则》，实施全市普通高中体育与健康学业水平考试、理化生及通用技术实验（实践）操作考试。督促指导各高中学校推进学生学业水平考试、选课走班指导，促进育人方式改革。

【普通中考】 2021年6月25—27日，宁德市中考举行，全市参加中考的考生7.61万人，其中九年级3.46万人、八年级3.89万人。设9个考区，39个标准化考点，最大考场数1310个，中考有10个考点设在乡镇政府所在地，其中过夜考点2个、过午考点4个。

【普通高考】 2021年6月7—9日，宁德市普通高考举行。全市参加考试的考生1.58万人，设9个考区、16个标准化考点、588个考场。

【宁德师范学院附属小学】 2021年，宁德师范学院附属小学有学生4032人，教职工231人，2020年毕业学生467人。两校区总占地0.27公顷，配近百亩“劳动及湿地科技体验园”，“一校两区”带动畲乡校区均衡教育发展新格局，获得省级以上表彰240余项，蝉联两届“全国文明校园”，2021年续创第三届，学校党建创优，教改示范校质量、安全绩效考评，劳动教育等方面均列市属学校前列，春风里校区启动建设。

利用阵地资源、国旗下讲话，落实“社会主义核心价值观”教育；利用红领巾征文，教师课件，撰写心得等活动，弘扬闽东之光；结合重要节日，利用身边德育之旅进行爱国教育，开展“扣好人生第一粒扣子”“三爱”“三节”“红领巾相约中国梦”“诚信教育”活动，引领青少年传承中华传统美德。开足开齐德育课程，开拓“滴水穿石的秘密”校本教材，开展“弘扬闽东之光，争做时代新人”主题活动，开展“习爷爷在宁德的故事”进校园系列活动，开展法制宣传系列活动，学生参与禁毒网络知识竞赛参与率100%，合格率100%。家校联合办教育，学校向家长推文和视频18次，家长对学校的满意率大于80%。开展学党史主题队课活动，中国共产党成立100周年集体舞《灯火里的中国》视频被多家媒体转载，点击率过百万次，《重走红军路　致敬百年征程》入选福建省第三批中小学思想政治理论课示范课，学校创建第三届文明校园和宁德市创建文明城市活动被市级以上媒体报道29次。学校拥有40余间专用教室，配备劳动教育基地。校园“廊、墙、园、亭”特色设计，设置朱子“八德”和少先队精神文化石，布置“毛泽东”等模范人物雕像。开展校园文化艺术节和科技节营造“双香”校园氛围。按照各级要求规范安排课程时间，开齐、开足、上好国家课程，落实课程管理；根据“双减”“五项管理”要求，重新修订《宁德师院附小作业布置批改常规要求》加强作业管理。开展“双减”政策之下，减负提效的研究，以大小组教研活动交替进行；鼓励年轻教师、骨干教师踊跃参赛，锻炼成长。德育、智育、体育、美育、劳动教育教学主张百花齐放。12位教师开设德育微队课，语文组老师开设汇报课20节次，数学教师开设讲座、公开课20余节，英语组制作英语日记微课程和英语剧微课程，体育学科规范学生体质健康监测，美育学科之《小花猫在睡觉》获省级精品课，学校获批福建省第三批劳动教育特色校。本学期正在研究的各级各类课题32个，教师在各级各类刊物发表论文20余篇。开展新教师培训和种子教师培训；学校提供平台，教师60余人次参加各类培训。学校被认定为第一批省级平安校园，获批第三批“福建省劳动教育基地校”，被宁德市教育局、宁德市国家安全局命名为宁德市国家安全教育示范校。阮光清获评福建省第六届杰出人民教师，蔡福荣获福建省中小学教师教育教学技能大赛小学体育学科二等奖。教师参与各级各类比赛活动取得80余人次优异成绩，学校学生300余人参赛获得佳绩。郑佩昀获全国第26届青少年爱国主义读书教育活动小学组讲故事一等奖，阮梓宁获“少年硅谷——全国青少年人工智能教育成果展示大赛”国家级一等奖。

【福安师范学校附属小学】 2021年，福安师范学校附属小学有教职工133人，教学班42个，学生2097名，正高级教师2人，高级教师16人，省名师（名校长）3人，省级学科带头人11人，特级教师4人，宁德市名师及学科带头人多名。福安师范学校附属小学溪北洋校区（福安市溪北洋新区第一小学）有专任教师75人，教学班37个，学生1876人。先后获全国绿色学校、全国学校艺术教育工作先进单位、全国十佳科技教育创新学校、省实施素质教育工作先进学校、福建省文明校园等国家、省级荣誉称号。被评为福建省2018—2020年度省级文明校园、福建省教育系统关心下一代工作先进集体、全国维护妇女儿童权益先进集体。开展“缅怀革命先烈　传承红色基因”烈士纪念日志愿者活动、“强国有我　追梦起航”开学活动、“赓续百年初心　担当育人使命”教师节活动。联合福安市消防救援大队举行消防安全应急疏散演练活动；邀请闽东医院儿科团队开展“生命的拥抱”——“海姆立克急救法”教学；开展“习爷爷在宁德的故事”进校园系列活动。在教师专业成长与课堂教学改革方面，在原有成效的基础上，以“三带两重”推动“双减”。学校发挥“青蓝工程”师徒结对的力量，带领教师提高备课实效，深度解读教材；带领学生进行深度学习，发展学生的实践能力和创新精神，提高综合素养；引领家长注重培养孩子的学习方式、习惯、思维等。在教学中，重视省“四重四学”课题引领，结合“双减”，落实学习单设计、创新作业设计。在教研中，重视常规与创新的整合，开展校本教研改革，构建理性课堂，促进深度学习，以“专项赛事”为平台，以“双减”为宗旨，促进师生快速成长。推进省教改示范项目《构建“四重四学”模式　打造和谐高效课堂》研究，开展课题研究，规范课题过程性管理，营造生态教研氛围。在常规教学上，开展作业设计论坛、单元整体备课、年级轮听互评、青年教师大比武等，提高师资队伍思想素质、业务能力；开展教师教学大赛、快乐游考活动、多项课题研究；师生参与第十四届全国中小学创新课堂教学实践观摩活动、福建省“基础教育精品课”、福建省第十场教育教学开放活动宁德专场等赛事。在宁德市教育局开展的“一诵二会三字”系列活动中，由福建省语言文字工作委员会主办的福建省第三届中华经典诵写讲大赛，2个节目入选国赛；在《中国诗词大会》（第七季）福建赛区选拔活动中获得6个一等奖、4个二等奖；在福建省少工委主办的“致敬时代先锋——2021第四届小小朗读者大赛”中，7名同学晋级宁德市级现场赛，并获得金、银、铜奖。学校被评为福建省教育系统关心下一代工作先进集体、全国维护妇女儿童权益先进集体。教师黄晋耀获“福建省五一劳动奖章”；30名教师撰写的教学论文在CN级刊物、省级刊物上发表；陈迪业老师编著的《画给孩子的汉字书》、陈华强老师编著的“数学故事”丛书在海峡文艺出版社出版发行；66节公开教学观摩课在全国、省、市比赛中获得一、二等奖；10余名教师分别在福建省、宁德市及兄弟县开设多场讲座；正在研究的省、市级课题有18项。

【宁德市第一中学】 2021年，宁德市第一中学（简称“宁德一中”）初中部占地面积5.3公顷，新校区占地16.8公顷，周边绿化带3.3公顷，实际校区面积超25公顷。全校教学班55个，在校生2705人。有教职工237名，专任教师212名。研究生学历教师72人；全国模范教师3人，全国优秀教师1人，福建省特级教师7人，省级名师2人，学科带头人10人，正高级教师5人，福建省劳动模范1人，福建省优秀教师3人，省级福建省百千万人才2人；市级以上名师、学科带头人、骨干教师等专业人才数十人。3月14日，2020级高一搬进新校区，3月15日上午，在新校区田径场举行第一次升旗仪式。8月4日，2022届高三入驻新校区暨新高三启动仪式在新校区举行，高中部整体搬迁完成。新校区高中部实行封闭式管理，打造教学、活动、生管、防控、安保、后勤六大体系，实现管理的科学化、制度化、精细化和规范化。根据《宁德市教育局关于2021年秋季宁德一中初中部招生的通知》精神，秋季复办初中。初中部设在旧校区，新招8个班400名小学毕业生，初中部教师由抽调的骨干教师、遴选的名师、招聘的优秀硕士毕业生等组成。9月1日，初中部2021级新生开学典礼在旧校区举行。10月20日，大连舰艇学院“优质生源基地中学”授牌仪式在宁德一中新校区举行。大连舰艇学院副院长杨博然和宁德一中副校长胡昌成共同签署《共建生源基地协议书》，杨博然向宁德一中授予大连舰艇学院“优质生源基地”牌匾。10月27日，宁德市人民检察院党组书记、检察长陈良华受聘担任宁德一中法治副校长。市教育、公安、团委、民政、妇联、关工委等部门领导，以及教育界市人大代表、宁德一中师生代表参加活动。针对性地设计法治教育课程，组织学生开展法治讲座、模拟法庭、知识竞赛、基地观摩等活动，确保法治教育工作取得实效。

【宁德市高级中学】 2021年，宁德市高级中学深化课程改革，开展学校管理实践，提升办学品质。学校有教学班36个，学生1793人。占地面积6.18万平方米，仪器设备价值1414.09万元，图书馆藏书13.44万册。开展新冠疫情防控应急演练，举办高考百日誓师大会、庆祝中国共产党成立100周年校园合唱比赛、第20届校园文化艺术节、社团嘉年华、第37个教师节、首届校园配音大赛、十佳歌手赛、戏曲进校园、新年音乐会等大型活动，并有古诗词大赛、学宪法演讲比赛等校园比赛，以及“假日团支部”等主题活动及德育之旅、职业体验系列参观共建活动。组织和指导3项省教育规划办（省普教室）的省级课题申报立项、4项市教育局（市教师进修学院）的市级课题申报立项；完成福建师大基础教育课程研究中心立项的《塑体育文化 施五自教育》课题研究并结题、4项市教育局（市教师进修学院）立项的市级课题并结题。审核通过37项校级课题的研究并结题；完成2020—2021学年《宁德市高级中学教研论文汇编》，收录教师CN论文91篇、校级论文18篇。2名教师作品入选2021年福建省基础教育精品课。学校推进新课程标准下的管理与教学体制的改革与创新，推进“3+1+2”选课走班教学，开足开齐课程，探索必修课与选修课、活动（劳动）课有机整合。推行《教学质量增量评估》，探索实践学科核心素养及其实现路径，创新教学方法，引导和支持学生自主、合作、探究学习，形成民主、平等、和谐、互动的师生关系和教学环境，引导学生全面发展。参与承办宁德市“新媒体新技术创新应用课堂教学优质课比赛（高中组）现场决赛”。开展送教（送培）下乡到蕉城区九都，与农村普通高中共同开展教学教研活动。3月，学校通过一级达标高中评估。

（胡学忠）

特殊教育

【概况】 2021年，宁德市有特教学校6所（宁德市特殊教育学校、古田县明智学校、蕉城区特殊教育学校、福安市特殊教育学校、福鼎市特殊教育学校、霞浦县特殊教育学校），普通小学附设特教班5个（周宁狮城中心小学、寿宁鳌阳中心小学、柘荣第一中心小学、福安穆阳中心小学、屏南光华小学）。秋季，全市特殊教育在校生3457人，其中在特殊教育学校就读的1120人，在特教附设班就读的139人，在普通中小学随班就读的1948人、送教上门250人，“随班就读”网络遍布各个乡镇，实现以特殊教育学校为骨干、随班就读和特教班为主体的残疾儿童少年义务教育体系。残疾儿童义务教育入学率96.1%。实现有特殊教育需求的少年儿童就近、免费接受义务教育。

【特殊教育改革实践】 2021年，宁德市特殊教育学校、霞浦县特殊教育学校被确认为省级特殊教育改革试点校；周宁县狮城第二中心小学、柘荣县第一中学附属初级中学、福安市第三实验幼儿园、福鼎市贯岭中心幼儿园被确认为省级融合教育试点校。以“培育典型”为突破口启动试点校特教改革试点研究，推进宁德市融合教育水平提升。12月，在福安市特殊教育学校举办宁德市第十五届特殊教育教学观摩研讨活动，活动围绕“融合、实效、优质”，开展了学科教学观摩、教学案例分享、论文交流等活动，促进各地各校深化特殊教育改革实践。

【宁德市特殊教育学校】 2021年，宁德市特殊教育学校设有17个班级，有盲、聋、智障学生113人，教职工人员52人。学校秉承雷静贞老校长的“爱心、信心、专心、耐心”的“四心”精神，以“诚信、友爱、奋进、和谐”的校风，“严谨、合作、敬业、爱生”的教风，“勤学、守纪、互助、发展”的学风，“一切为了残疾孩子”的办学理念，培养残而有为的人才。聋生部6位高中应届毕业生参加高考，5位同学考入福州职业技术学院，成绩列全省前茅。加强师德教育，弘扬新时期人民教师的高尚师德和无私奉献精神，发扬雷静贞老校长的“四心”精神，热爱关心每一位残疾学生，做到爱校如家、爱岗敬业；把骨干教师队伍的建设作为提升学校核心竞争力的重要举措，为骨干教师搭建交流、学习、展示的舞台。同时，学校注重提高教师的业务能力，举办各类竞赛，营造教研氛围。宁德市特殊教育学校为省数字特教试点校，建设数字校园；宁德市特殊教育学校大门改造完成。学校把安全工作放在首位，实施全方位、精细化管理，坚持常规安全检查、强化学生安全教育，定期开展应急避险演练，进行交通安全、禁毒、预防传染病、防溺水等方面安全教育。严抓疫情防控，确保校园安全，实现了学校零感染、零事故目标。

（胡学忠）

民办教育

【概况】 2021年，宁德市民办中小学13所，民办幼儿园345所，学生8.34万人，教职工1.12万人。其中，十二年一贯制学校3所，学生1.18万人，教职工1070人；高级中学2所，学生2990人，教职工250人；九年一贯制学校3所，学生9057人，教职工643人；完全中学2所，学生2193人，教职工190人；初级中学1所，学生213人，教职工26人；小学2所，学生162人，教职工46人；幼儿园345所，在园幼儿5.70万人，教职工8966人。

【校外培训机构整治】 2021年，宁德市摸排校外培训机构190家，取缔或禁止举办学科类培训的无证机构50家，余下有办学许可证的140家（非学科类11家，义务教育学科类129家）。压缩129家义务教育学科类培训机构，88家注销证照或不再举办义务教育学科类培训（减率68.22%），41家义务教育学科类培训机构转为非营利性机构。

【民办义务教育发展规范化】 2021

年，宁德市民办义务教育学校 11 所、在校生规模为 1.98 万人，占比分别为 2.50%、4.96%，市域内只有蕉城、福安、福鼎、霞浦有民办义务教育学校，在校生规模均未超过 15%（其中，蕉城 8.21%、福安 8.09%、福鼎 5.03%、霞浦 6.36%）。启动规范民办义务教育发展整治工作，制定整治工作方案，明确民办义务教育在校生规模和占比，只减不增的整治目标，调减民办义务教育在校生规模，推进区域义务教育结构优化。

（胡学忠）

民族教育

【概况】 2021 年，宁德市加强民族学校师资队伍建设，出台《宁德市支持少数民族乡村振兴五条措施》，要求在全市民族中小学校配备畲语畲歌专兼职教师。落实民族中学少数民族中学生助学金制度；开展资助少数民族贫困大学生活动，资助少数民族大学生 321 人，助学金额 90.1 万元。全市有独立设置的民族小学 9 所，中学 5 所。全市基础教育学校中有少数民族学生 3.97 万人，占全市基础教育学校学生总数的 6.89%，其中中学 1.27 万人、小学 1.99 万人、学前 6996 人、特殊教育 177 人。

【宁德市民族中学】 2021 年，宁德市民族中学以建校 40 周年校庆时习近平总书记的题词“发展民族教育、培养民族人才”为指导，秉承“突出特色，为培育民族人才；以人为本，为学生一生发展”的办学理念。有 72 个教学班，学生 3600 人；教职员工 267 人，研究生 52 人，正高级教师 1 人，特级教师 3 人，省级学科带头人 6 人（含培养对象），宁德市教学名师、学科带头 15 人（含培养对象），宁德市名师工作室名师 8 人，福安市学科带头人 28 人；国家级骨干教师 2 人，省级骨干教师 3 人，宁德市骨干教师 26 人，福安市骨干教师 19 人。学校高中部新校区建设工作逐步推进。摄制《彩色的红》音乐短片庆祝中国共产党成立 100 周年，举办“三月三”校园畲族文化艺术节，开展“习爷爷在宁德的故事”学习实践活动。被福建省总工会授予“福建省五一劳动奖状”，入选教育部第二批“一校一案”落实《中小学德育工作指南》典型案例和福建省第三批中小学劳动教育实践特色项目。学生雷昕蜃获 2021 年福建省青少年跆拳道锦标赛暨晋江 2020 世中运测试赛男子 63 千克级第一名，高中、初中 2 支队伍在 2021 年福建省全民健身运动会（宁德赛区）啦啦操联赛暨宁德市儿童青少年啦啦操锦标赛上包揽花球示范套路冠亚军，学校《践行优质民族教育　托举璀璨民族未来》案例入选教育部公布全国第二批“一校一案”《中小学德育工作指南》典型案例名单。

教育教研　2021 年，宁德市民族中学 2021 届中考成绩居宁德市公立校前三名；2021 年高考特殊控制线完成率近 80%，本科完成率 92%。在福建省第五届中小学幼儿园教师教育教学技能大赛中，学校获福建省二等奖 1 名、三等奖 2 名。在福建省中小学优质课评选中，3 名教师获评省级优质课；在以党史学习教育为重点的“四史”教育优秀课例评选活动中，学校获评省级优秀课例 5 节。

“双减”政策　2021 年，福建省宁德市民族中学为落实五项管理和“双减”政策，学校成立“双减”工作领导小组，并下设 7 个专项工作小组，贯彻落实上级有关部门关于“双减”工作的决策部署，统筹协调“双减”工作重大问题，研究制定“双减”工作实施意见等，督促各年级各教研组落实“双减”工作的政策规定，提高全校“双减”工作成效。11 月，开展以“‘双减’背景下立足课堂，落实学科核心素养”为主题的福安市 2021—2022 学年初中教学开放活动；12 月，开展福安市 2021 年民族教育年会暨“双减”背景下学校管理增效提质研讨活动。

【“三月三”校园畲族文化艺术节】 2021 年 4 月 11 日，中共宁德市委文明办、宁德市教育局、宁德市民族宗教局、共青团宁德市委主办的 2021 年宁德市“三月三”校园畲族文化艺术节在宁德市民族中学富春校区举行。福安市民族中学、福安市坂中中心小学等学校师生应邀参加活动。这次“三月三”校园畲族文化艺术节是宁德市“三月三”畲族文化周系列活动之一，通过民俗表演、畲歌对唱、民族体育竞技、书画展示等形式展示和传播畲族特色民族文化，传递山哈人民对中国共产党的感恩之情和对美好生活的热爱和向往，铸牢中华民族

2021 年 12 月 11 日，宁德市民族中学开展“习爷爷在宁德的故事”学习实践活动，图为学生们在郑家山会议原址（宁德地区争创小康示范村现场会旧址）听老支书回忆总书记的故事　　（市教育局　供图）

共同体意识，为全面建设社会主义现代化国家贡献力量，向中国共产党成立100周年献礼。

（胡学志　雷娜娜　钟月花）

中等职业教育

【概况】　2021年，宁德市有中等职业学校11所，均为省级达标中等职业学校，其中福安职业技术学校为国家中等职业教育改革发展示范校，闽东卫生学校和福鼎职业中专学校为福建省中等职业教育改革发展示范校，福安职业技术学校、福鼎职业中专学校为福建省示范性现代职业院校，宁德财经学校、宁德职业中专学校、霞浦职业中专学校为省规范化中等职业学校。福鼎职业中专学校被认定为福建省高水平职业院校项目建设校。秋季，全市中职学校在校生2.09万人，招收全日制新生7901人、非全日制645人。制定《宁德市职业院校2021年专业设置调整指导意见》，按照停办"无市场"专业、调减文科类专业、扩大原有工科类专业招生规模、拓展对接四大主导产业的专业的原则，对全市职业院校的专业设置调整优化；全市中职学校设置专业60个，其中对接四大主导产业的专业30个，招生占比60%，比上年提高5%。批复4所中职学校新设置专业7个，其中5个专业为对接主导产业的专业，航空服务和舞蹈表演为全市首次设置的专业。实施1+X证书制度试点建设，新获批5所学校12个试点专业。全市5所职业院校6个专业获批福建省高水平专业群。福建省下达宁德市现代职业教育质量提升计划中央专项资金805万元、省级现代职业教育发展专项资金27万元，用于加强职业院校基础能力建设和内涵发展。全市中职学校国家助学金受助学生累计0.4万人次，发放资金344.5万元；享受中职免学费累计3.55万人次，财政补助6539万元。

【学生技能竞赛】　2021年，宁德市发挥"以赛促学，以赛促教"的导向作用，上半年在闽东北协同发展区中职学校学生技能联赛暨宁德市中职学校学生技能大赛的基础上，选拔99名中职学生参加10大类37个福建省中职组项目比赛，8所中职学校43名学生获一等奖3个、二等奖13个、三等奖13个。11—12月，举办2021—2022学年度宁德市中职学校学生技能竞赛，有178人次选手参加职业和专业技术技能等7个大类15个子项目比赛，评出个人和团体一等奖20个、二等奖33个、三等奖51个，96名教师获技能竞赛指导奖。

【师资队伍建设】　2021年，宁德市坚持"以研促改、以研兴校"的思路，开展教科研活动，福鼎职业中专学校开展宁德市中等职业学校公共基础课程教学改革交流研讨活动；开展2019年度宁德市职业教育教学改革研究立项课题结题验收，40个立项课题予以结题；在福建经济学校举办宁德市中职学校与福建经济学校教学改革研讨交流活动，组织优秀教师参加在南平市举办的闽东北四市一区教学展示交流活动；聘请福州市职教专家对古田职专、屏南职专、周宁职专、柘荣职校4所学校开展教学诊断与改进工作。提升教师教育教学理论素养和专业（学科）素质，促进业务能力提升，组织教师参加全国职业教育大会精神学习、优秀班主任集训、名师培养人选暨中层管理干部线上研训、班主任业务能力提升培训、名师培养人选跟岗研修5次培训。发挥"以赛促教、以赛促建"的作用，举办教学能力比赛、市级公开课认定、课堂教学技能竞赛等3项赛事，福安职专曾柳娟等教师作品代表福建省参加全国职业院校技能大赛教学能力比赛，获二等奖（福建省最好成绩）。职业院校"双师型"教师比例63.1%，比上年提高6.3%。

【校企合作】　2021年，宁德市下发《宁德市人民政府办公室关于贯彻落实福建省深化产教融合推动职业教育高质量发展若干措施的通知》，会聚各级各部门和企业、行业力量，推动校企合作，深化产教融合。召开宁德市职业教育服务企业发展工作联席会议暨宁德市职业院校联盟工作会议，会商解决校企合作有关问题，就学生

2021年3月，CATL（宁德时代）第一期企业新型学徒制中级班结业典礼举行，图为结业典礼现场　（市人社局　供图）

顶岗实习、企业订单班（冠名班）、校企“二元制”办学等具体事宜进行探讨。全市13所职业院校与230家企业（单位）建立实质合作关系，各校均开设企业订单班（冠名班），其中与四大主导产业链的企业联办42个订单班（冠名班），涉及30个专业，招生1728人，比上年增加200余人。宁德技师学院等职业院校与青拓集团、宁德时代、新能源科技等企业签订合作协议，对企业员工开展企业新型学徒制培养，并发挥企业主体作用，由企业自主设计专业课程，突出企业内部战略规划、技能提升、岗位匹配等内容，以工匠标准高质量培养技能人才，当年培养企业新型学徒制员工2100人。福安职业技术学校作为宁德市机电职教集团的牵头单位，利用校内实训基地的生产功能，为福建怡和电子有限公司、福建微龙电子有限公司等企业提供技术服务。

【福建宁德财经学校】 2021年，福建宁德财经学校（简称“宁德财经学校”）位于宁德市区，校园占地面积6.67公顷，拥有教学楼、实训楼、图书馆、礼堂、电子阅览室、标准无纸化考点、校园电视台、学生宿舍、学生食堂、足球场、篮球场、排球场、羽毛球场、300米塑胶田径场以及室内体育馆等教育教学、生活设备设施和会计、会计电算化、电子商务、信息技术、数字媒体技术应用等24个专业实训室及40个多媒体教室。有在编教职工107人。其中，在编专任教师85人，均为本科及以上学历；中级、高级教师57人，占专任教师比例的67.06%；具有硕士研究生以上学历或学位的9人（含全日制研究生4人），占专任教师比例的10.59%；“双师型”专任专业教师31人，占专任专业教师的58.49%。学校落实市委、市政府关于职业教育服务当地支柱产业要求，对接当地产业，与中金汇通信技术有限公司签订校企合作协议、青拓集团有限公司签订开展企业新型学徒制培训校企合作协议；围绕区域产业转型升级，构建与地方区域产业分布形态相适应的专业布局，建设适应需求的3个重点建设专业群：以会计为龙头专业，整合会计电算化等专业，建设财政金融专业群；以电子商务专业为龙头专业，整合营销专业及部分相关的信息技术类专业，建设电子商务专业群；拓宽信息技术类专业，建设信息技术类专业群。有中专教学班31个，全日制在校生1461人。被认定为第一批省级“平安校园”。

教学教研改革 2021年，宁德财经学校推进内涵建设，提升教育教学水平和质量，教师参加福建省职业教育优秀论文征集评选活动，获二等奖1个、三等奖2个。市级课题《宁德地区中职教师职业认同对敬业度的影响及对策研究》通过专家鉴定结题，并获得一等奖；市级课题《音乐课堂教学对中职学生情绪管理的研究》通过专家鉴定结题。学生参加福建省职业院校学生技能竞赛，获团体三等奖1个，个人三等奖1个；团体优秀奖1个，个人优秀奖1个。

基础设施建设 2021年，宁德财经学校投入基础设施经费301.29万元。其中，投入102.5万元完成30间教室智慧黑板的建设，118.8万元完成校园智慧管理平台的建设，26.5万元完成学校大门口户外LED屏的建设，8.6万元完成3副篮球架以及部分体育器材的采购，9.17万元完成课桌椅、床架的采购，2.14万元对公共楼房消控触控系统进行整改，9.55万元进行暑期修缮改造，6.6万元对校园内安全隐患进行整改，8.6万元对教学楼梯教室内的音响、灯光进行改造并购置一台智慧黑板。

【宁德技师学院】 2021年，宁德技师学院在校生3388人，开设数控加工、模具制造、汽车维修、电气自动化、多媒体制作、美容保健等23个专业。与11家企业达成共识，确定12个冠名班。学院招生总数1504人（含高级工），其中企业新型学徒制非全日制招生数为1420人。支持宁德主导产业用工，为上汽宁德基地、宁德时代、宁德新能源等企业输送毕业生和实习生500余名，其中上汽宁德基地312名。推进福建省高水平专业群建设中的机电专业群和新能源汽车专业群项目的年度建设工作；分别与东侨经济技术开发区、宁德三都澳经济开发区三屿工业园区开展职业技能提升中心建设，并经省人社厅备案后启动运营，年内2个中心共开展职业技能评价1753人次，技能培训5585人次。

职业培训与鉴定 2021年，宁德技师学院开展各类培训总数7845人次，其中在校生车工、汽车维修工、图形图像处理等工种技能鉴定1828人；开展青拓集团、时代新能源、宁德汽运集团等11家企业新型学徒制鉴定2873人；开展社会人员茶艺师、评茶员、电工、育婴师等工种的中级和高级技师鉴定共2814人；短期技能提升培训330人，均采取线上与线下相结合的培训模式。与上年相比，培训总人数增长73%，超额完成各项目标。

教研教改 2021年，宁德技师学院教师参加各类技能大赛获得省级一等奖3人次，二等奖3人次，三等奖7人次；市赛一等奖3人次，二等奖10人次，三等奖21人次；教师指导学生参加省、市级技能大赛获得国家级二等奖2人次，国家级三等奖2人次，省赛一等奖1人次、二等奖3人次、三等奖9人次；市赛一等奖15人次，二等奖4人次，三等奖11人次。市级课题结题1个，省级课题立项3个。

【宁德市闽东卫生学校】 2021年，宁德市闽东卫生学校专兼职教师117人，其中专任教师104人，生师比7.4∶1，“双师”素质专任专业教师总数54人，硕士研究生及以上学历专任教师16人，高级专业技术职务专任教师26人。学校在成建制并入宁德师范学院后保留中职招生，当年招生100人，在校生773人，毕业生516人，专业技能合格率100%，其中直接升入本科院校2人、升入高职高专485人，就业率99%，对口就业率91%。年内开展2021届毕业生福建省补贴性项目制就业技能培训——养老护理员培训，培训人数494人，结业率100%，取证率100%。30余名教师参加各类学校学历提升学习。加强学生体质监控，学生体质测评合格率100%。学生在全国职业院校技能大赛中职组护理技能赛项中获三等奖 1 项、福建省职业院校技能大赛中职组护理技能赛项中获得一等奖 1 项、三等奖 1 项。到位省级免学费补助资金 190.46 万元；下达国家助学金补助资金 37.7 万元；发放奖学金奖励金 3.44 万元，勤工助学金 0.88 万元，社会资助 3 人。发放菲华—鸿志奖学金 3 万元，奖励学生 18 人，最高奖励金每人 5000 元；1 名学生获福建省红十字会"南丁格尔"奖学金 1 万元，1 名学生获教育部中职国家奖学金 0.6 万元。学校承担全市乡村医生规范化培训 2513 人，培训率 97.84%。便民义诊服务群众 100 余人次，免费送药 2000 元；开展农民工职业技能培训，培训医疗护理员 200 余人。

【宁德市职业教育集团市职教园（一期）项目建设】 2021 年，宁德市职业教育集团市职教园（一期）项目按序时推进，完成项目所有桩基工程，其中 15 号楼完成人货梯基础混凝土浇筑，5 号楼完成塔吊安装，8 号楼完成基础土方回填，1 号楼完成南楼基础浇筑及养护，12 号楼完成基础土方回填，13 号楼完成二梁板混凝土养护及放样，7 号楼完成地下室全部底板混凝土养护等工作；项目室内装饰工程进行挂网招标；室外景观设计施工图设计，委托造价咨询单位编制预算。累计到位资金 4.94 亿元（财政配套资金 1.33 亿元、专项债资金 3.60 亿元），累计完成投资 3.54 亿元，累计实际拨付资金 2.40 亿元。

（胡学忠 孙锦花 兰如珍）

普通高等教育

【宁德师范学院】 2021 年，宁德师范学院突出"地方性、师范性、应用性"的办学定位，深化教育改革，走产教融合内涵式发展道路，建设高水平应用型大学。有 11 个二级学院、41 个本科专业，全日制本科在校生 1.10 万人。医学院中专部（闽东卫校）在校生 773 人。校园占地面积 81 公顷，设东侨、蕉城 2 个校区；校舍建筑面积约 33.65 万平方米，教学科研仪器设备 1.77 亿元；馆藏纸质图书 100.73 万册，电子图书 140.91 万册、电子期刊 15.42 万册、学位论文 48 万册，拥有 CNKI 期刊数据库、外文数据库等中外电子资源和畲族文化、红色文化等特色馆藏和地方志及地情文献资料。

招生就业 2021 年，宁德师范学院录取普通全日制本科新生 3096 人，录取率 99.87%，报到率 97.83%。其中，师范类专业录取新生 940 人，占新生总数的 30.36%；福建省内录取 2586 人，省外录取 550 人（含少数民族预科班录取新生 40 人）。应届毕业生 2572 人，授予学士学位的应届毕业生 2554 人。全年通过校园招聘、网络招聘等形式提供就业岗位 4 万余个，2021 届毕业生年底的就业率为 96.44%。学校创新创业园被评为福建省高校毕业生创业孵化基地。

师资队伍 2021 年，宁德师范学院实施人才强校战略，深化教师考核评价体制机制改革。加大"高精尖缺"人才引进力度，引进博士 26 人，其中全职引进台湾地区博士 3 人，新增福建省引进高层次人才 B 类 1 人、C 类 3 人，省"雏鹰计划"1 人、百千万人才工程省级人选 2 人，教育科研类引进生 1 人，闽江学者讲座教授 2 人，东侨开发区区管优秀人才和优秀青年人才 4 人。教师队伍中具有高级职称 281 人，博士学位 141 人，硕士学位 433 人，博士生导师 3 人，硕士生导师 52 人。获国家级人才称号 1 人，享受国务院政府特殊津贴专家 3 人，入选福建省高层次人才（ABC 类）6 人，入选闽江学者特聘教授 1 人、讲座教授 12 人，百千万人才工程省级人选 6 人，省高校新世纪优秀人才支持计划 9 人、省高校杰出青年人才培养计划 11 人，宁德市优秀人才 27 人，东侨开发区区管优秀人才和优秀青年人才 13 人，确认市天湖人才 115 人，入选市特支人才"百人计划"11 人，被评为宁德市各类专家百余人。

教育教学 2021 年，宁德师范学院申报"双一流"应用型本科高校建设，接受体育教育、学前教育 2 个师范类专业评估认证。推进硕士学位授予权单位建设，新增硕士生导师 18 人，招收联合培养硕士研究生 33 人。新设茶学等 4 个本科专业，获批教育部产学合作协同育人项目 4 项、省级一流专业 2 个，入选国家级线上线下混合式一流课程 1 门、省级一流本科课程 21 门、省级教学改革研究项目 9 项、省级课程思政示范课 2 项、省级新文科研究与实践项目 2 项、省级教学成果奖 5 项。完成"三全育人"综合改革试点中期考核任务，1 人获评为首届福建省"最美高校辅导员"，获批高校思政工作精品项目 2 项，文化精品推广行动计划 1 项，1 项思政研究文库推荐至教育部。学生参加各级各类学科专业技能竞赛获省级以上奖励 190 项。其中，学生获 2021 年全国大学生电子设计竞赛全国一等奖，是福建赛区唯一获全国一等奖的参赛队。获福建省"互联网 +"大学生创新创业大赛 12 项，高校师范生教学技能大赛 19 项、学校连续五年获优秀组织奖。

科学研究 2021 年，宁德师范学院加强制度建设，修订完善科研先进评奖、横向科研项目管理、科研平台管理等科研制度；加强项目管理，继续实施重大项目培育计划、"习近平新时代中国特色社会主义思想"等专项研究。获批国家自然科学基金和国家社科基金 5 项，教育部思政专项 1 项、科技厅高校产学联合创新项目 1 项、省科技厅项目 41 项、省社科基地重大项目 4 项、省统战专项 6 项；新增"宁德市茶叶审评中心""宁德师范学院茶叶审评中心""宁德普惠金融研究院"等研究和服务机构；全校发表论文 220 篇，出版著作 19 部，获得授权各类专利 90 余件，各类成果转化 39 项。

服务社会 2021 年，宁德师范学院健全产业学院建设与管理办法，对标持续推动四大产业学院和闽东乡村振兴学院建设。派出科技特派员团队 6 支 43 人次，参与地方横向项目服务 60 项，开展推进乡村振兴项目 10 项，完成对霍童溪沿线乡村振兴示范带村庄规划评估。推进对接服务四大主导产业合作项目第一轮 28 个项目，完成 10 项，并开展第二轮 16 个项目。举办全省高校马克思主义学院院长培训班，承接非学历教育 85 个班；开展"田教授"网络直播课堂 4 期、在线学员24.4万人次。附属宁德市医院获批国家母婴友好医院，与上海儿童医学中心等国内知名医疗机构密切合作，推进名医工作室建设，为宁德市补齐卫生短板服务。

【宁德职业技术学院】 2021年，宁德职业技术学院占地面积34.87公顷，撤系设院，成立新能源与智能制造学院、信息技术与工程学院、茶学院、经济管理学院、文化与旅游学院、教育学院、继续教育学院等7个二级学院。开设全日制专业33个、成人教育专业13个。高职高专录取2012人，报到1856人，报到率92.25%；二元制录取209人、高职扩招（退役军人）录取31人。各类在校生总数6059人，其中宁德籍学生1867人，占比30.81%。录取2021级大专函授新生1420人。在编教职工312人。截至年末，学院有国家级骨干专业2个、中央财政支持“提升专业服务产业发展能力建设项目”专业2个、国家级教学资源库1个，省级高职教育示范专业7个、省级产教融合示范专业点2个、省级职业院校服务产业特色专业群4个、省级现代学徒制培育项目4个、省级“二元制”技术技能人才培养模式改革试点项目10个，国家生产性实训基地1个、国家级高职教育实训基地2个、省级职业院校高水平专业化产教融合实训基地1个、省级高职教育生产性实训基地等2个。新获批福建省政协港澳台侨交流基地、福建省职业技能等级认定试点院校、宁德市对台交流基地。

实训基地建设 2021年，宁德职业技术学院有校内实训基地88个，教学科研仪器设备资产总值6809万元。出台《宁德职业技术学院校企合作管理办法（试行）》，推进与昆明工业职业技术学院、青拓集团校企协同育人。梳理整合校外实训基地87个，全年接受学生实习实训、顶岗实习3.34万人次。

教学与科研成果 2021年，宁德职业技术学院机械制造及自动化专业群获批省级高水平高职专业群（A类），新能源科技产业学院入选福建省第三批高职院校产业学院试点项目，新获批省级“1+X”职业技能等级证书试点3个、市级技能大师工作室1个。教师获2021年福建省职业院校教师教学能力比赛三等奖2项；学生参加省级技能大赛获个人赛二等奖1项、三等奖4项，团队二等奖3项。全年申报专利2件，授权专利2件，获计算机软件著作权1件。

就业与创业 2021年，宁德职业技术学院毕（结）业生1248人，毕业去向落实率93.03%，其中专升本193人，应征入伍33人，参加“三支一扶”和“志愿服务欠发达地区”计划项目报名119人。发放一次性求职创业补贴28.4万元。举办2021年春季网络招聘活动、夏季线下大型校园招聘会，累计为学生提供3500余个就业岗位。组织学生参加“互联网+”大学生创业创新大赛，参赛项目395个。2021届毕业生自主创业比例1.28%，“宁德市魔芋文化科技有限公司”项目获宁德市第二届创新创业大赛一等奖（奖金10万元）。

基础设施建设 2021年，宁德职业技术学院推进新校区建设，建成投用高架桥、新校区Z字路、2号学生宿舍楼、食堂改造装修及附属配套工程、新校区篮球场工程、学生运动场等项目。改造、扩容学生宿舍，新增床位近700张，报批报建北校区学生宿舍3号楼。完成机电工程系、信息技术与工程系整体搬迁，形成以梦顶园为核心的“一南一北一文一理”校区办学格局。

【宁德师范学院科研服务机构建设】 2021年，宁德师范学院相继成立闽东特色乡村振兴之路研究中心——福建省社科研究基地、宁德市茶叶审评中心、宁德市普惠金融研究院3个科研服务机构。闽东特色乡村振兴之路研究中心成立后成为福建省内具有自身特色和优势，且有影响力的哲学社会科学学科基础理论研究基地。宁德市茶叶审评中心获批福建省自然科学基金等省市级以上科研项目3项，对接横向委托项目3项，发表论文13篇，参与制定国家级和省级标准5项，参编教材1部；先后承办第二届“海峡杯”武夷岩茶茶王赛和宁德市第十届茶王赛，对接企业开展现场技术指导和科技讲座等科技服务120余人次。宁德市普惠金融研究院先后承担市级课题两项，并参与宁德市“普惠金融创新项目”评比工作。

【宁德职业技术学院撤系建院】 2021年12月22日，宁德职业技术学院撤系建院大会暨揭牌仪式在该校学术交流中心一层学术报告厅举行，宁德市副市长陈怡等市领导参加。此次撤系建院，是该校向深化综合改革，促进职业教育高质量发展迈出的重要一步。撤系建院具体情况为：机电工程系变更为新能源与智能制造学院，信息技术与工程系变更为信息技术与工程学院，生物技术系变更为茶学院，财经管理系变更为经济管理学院，公共基础部变更为文化与旅游学院，文化传媒系变更为教育学院，成人教育部变更为继续教育学院。

【研究生考试】 2021年12月25—27日，宁德市2022年硕士研究生招生考试初试举行，全市报考考生3592人，考生集中在蕉城区考试。

（胡学忠）

成人教育

【概况】 2021年，宁德市深化“三化四贴近”模式的社区教育（机构运作一体化、教育资源社会化、教育过程体系化，贴近民生、贴近产业、贴近文化、贴近治理），设立社区教育指导中心10个、校务委员会124个、社区学校179所、社区学习点336个，组建校、县、市三级家庭教育指导师队伍798人。市、县、乡镇三级社区学校开展社区教育活动3875场。入选省第二批区域终身学习发展共同体项目试验点，是福建省入选的2个地市级共同体项目实验点之一。入选福建省终身教育创新基地1个、实验项目4个。组织申报第一批教育部“能者为师”创新项目5个、特色课程资源4个。宁德市社区大学“十五夜谈”开展6期公益讲座，现场受众1000余人。

【家庭教育】 2021年，宁德市举办市级家庭教育指导师培训班，参训人员2884人次，提高家庭教育指导能力。开展家庭教育讲座1165场，受益21.24万人次。编印《现代父母家庭教育知识读本》，收录市、县级家庭教育指导师文章81篇，完成制作市、县级家庭教育系列微视频74篇。

【老年教育】 2021年，宁德市推进老年教育发展，开展“智慧助老”主题活动，宁德开放大学与市退教协联合在退休教工中开展“智慧助老”专题培训17场，同步线上直播8次，受益3000余人次；9县（市、区）依托离退休教育工作者协会设立教育系统老年学校，开展老年教育活动共1862场，听讲6.74万人次。组织参与国家级、省级老年教育活动成果展，全市共提交作品33个，获奖27个，6家单位获优秀组织奖，8位教师被评为优秀个人，3个作品获国家级成果奖二、三等奖。市老年大学开设课程50门、101个教学班，招生人数2306人。开设金泰园分校、老年分校、湖滨社区教学点和军休所教学点。创新举办首届校园文化周活动。

【终身教育】 2021年，宁德市召开全市终身教育工作会议和成员单位联络员联席会议，部署终身教育工作。开展“9·28”终身教育活动日主题活动，获批“百姓学习之星”3个，终身学习品牌项目3个，申报典型经典案例20个。各成员单位结合业务职能，开展形式多样的终身教育活动。市人社局依托宁德开放大学远程培训平台开展专技人员继续教育公需课参训人数6万余人次，专业课参训人数2万人次，累计完成45万学时，开展行业人员专业课定制课程远程培训，累计参训人数2000余人次。市农业农村局开展各类农业农村科技培训523场，培训8054人次，完成高素质农民培训任务，完成省级资金培训1.17万人次；中央资金培训2972人；市妇联开展家庭教育讲座70场，受益家长6385人，开展防性侵害专题讲座141场，受益人数1.00万人；市科技局开展科技人活动周活动，全市参与群众7万余人次；市体育局开展传统体育进校园“百校万人”系列活动；团市委开展宣讲活动40余次，参与42万余人次，累计开展各类实践活动1800余场次。

【成人高考】 2021年10月23—24日，宁德市成人高考举行，全市报名总数7575人，其中专科升本科4006人、高中起点升专科3569人。全市设蕉城1个考区、5个考点，246个考场。

【高等教育自学考试】 2021年4月10—11日，宁德市上半年高等教育自学考试举行。全市报考5027科次，设蕉城区2个考点、52个考场。10月16—17日，宁德市下半年高等教育自学考试举行。全市报考5918科次，设蕉城区2个考点、55个考场。

【宁德开放大学】 2021年12月20日，福建广播电视大学宁德分校（简称“宁德电大”）经宁德市人民政府批准，更名转型为宁德开放大学。年末，全市开放大学系统有教职工170名，在职学历教育本专科学生1.4万名，与普通高校全日制学生规模相当。为宁德市培养近6万名高等应用型人才。宁德开放大学有编制68人，有教职工65人。有学历教育学生数4400余人，当年学历教育招收学生1510人，毕业学历教育学生785人，6位毕业生获学士学位，规模位居全省电大系统前列。国家开放大学在宁德部署教学质量工作；国家开放大学招生工作部署交流宁德电大经验。办学经验5次在国家开放大学、省级开放大学和福建省教育系统介绍推广。被福建省委授予“全省先进基层党组织”称号。全市办学系统5家单位在省教育厅办学评估中获得优秀单位，数量居全省办学系统首位。被省人社厅授予省级专业技术人员继续教育基地和福建省专项职业能力统一考核考点。宁德市社区大学家庭教育“三进”实验项目入选福建省终身教育实验项目，被省教育厅重点推荐申报教育部社区教育实践创新项目。推进与宁德时代校企合作办学，成为全国开放大学系统校企合作成功案例。

教学工作 2021年，宁德开放大学组织全市办学系统实施“农民工求学圆梦行动计划”、学前教育教师队伍学历提升工程和“一村一名大学生计划”。推动校企合作，提供送教上门，为闽东支柱产业培养应用型人才。制定《开放教育工作指南》《学生实践教学活动暂行规定》，出台《开放教育学生形成性成绩考核评定与合成暂行办法》，修订《宁德开放大学开放教育学生学习手册》，编写《国开在线App使用指南》《开放教育学生学习指导手册》，全年安排集中辅导课73次，累计授课班级次数586次，

2021年12月20日，经宁德市人民政府批准福建广播电视大学宁德分校转型更名为宁德开放大学，图为举行宁德开放大学揭牌仪式 （市教育局 供图）

涉及主干专业班级40个，授课频次创新高，面授辅导课到课率40.8%，开放教育学生线上学习行为数据位居全省开放大学系统前列。建立辅导员工作周例会制度，规范工作流程，提升服务学生工作实效。全市开放大学系统54名学生获国家开放大学奖学金，12名获福建开放大学优秀毕业生称号，13名获福建开放大学优秀学生干部称号，2名获福建省最美求学圆梦人称号。

非学历培训 2021年，宁德开放大学开展全市专业技术人员公共课程培训2977个单位，5.58万人次，专业课培训2.8万人次，培训433万学时。与单位合作培训3341人次，其中宁德市民办中小学544人，国家网络安全宣传周全市网络安全在线培训1089人，宁德市中小学毒品预防教育骨干师资网络培训205人，蕉城东侨卫生人员远程培训263人，劳动能力鉴定国家标准课程培训177人，宁德市档案管理人员远程培训278人，宁德市高级中学教师专业课培训304人，文旅系统安全生产和导游业务远程培训205人，宁德市药学管理人员培训276人。开展普通话水平测试培训6期，培训学员1356人。

社区教育 2021年，宁德开放大学指导全市社区学院开展“做合格的现代父母”主题家庭教育讲座1165场次，其中城区开展607场，乡镇开展558场，参与家长21.24万人次；编印现代父母家庭教育知识读本，收录市、县级家庭教育指导师文章81篇编印成册。指导各社区学院开展县（市、区）级家庭教育指导师资队伍培训，培训教师2884人。各社区学院通过老年（互联网）开放大学、退教协老年学校组织开展老年教育活动1862场，参与老年人6.74万人次。通过线上线下相结合的形式开展3期“十五夜谈”公益讲座，内容涵盖插花体验活动、手机拍摄技巧讲座、居民艺术馆非遗展厅现场参观、高考志愿填报指导，参与民众近1000人。指导各县（市、区）开展省终身教育重点项目建设申报工作，在社区教育基地开展活动825场，参与人数13.40万人。内容涵盖柘荣剪纸文化传承基地体验，屏南农耕文化基地体验，蕉城水产养殖，古田龙桩拳、国学文化体验，周宁陈氏太极拳、北路戏培训等。申报终身教育活动开展典型案例，获批百姓学习之星3个，终身学习品牌项目3个。举办宁德市终身教育管理人员培训会，参加人数60余人。

师资队伍建设 2021年，宁德开放大学优化高层次学历教师队伍结构，引进硕士研究生5名。举办全市开放大学系统教学教务人员业务培训和教师科研工作培训会议。1名辅导员获国家开放大学优秀学生工作者称号，1名获福建开放大学十佳班主任称号，2名获得福建开放大学优秀班主任称号，教师17人次被评为招生工作优秀个人。

文化建设 2021年，宁德开放大学组织创作“颂党恩、赞宁德”文稿和短视频，选派4名教师以“三句半”艺术表演形式参加全省开放大学系统庆祝中国共产党成立100周年师生文艺演出；选派3名青年教师参加“青春心向党·建功‘十四五’”——宁德市直机关青年庆祝中国共产党成立100周年红歌会；组织全市电大系统师生参加福建开放大学开展的中国共产党成立100周年系列微视频征集活动，3组作品在爱国主义诗词诵读活动中获奖，2组作品在爱国主义歌曲大联唱中获奖，3组作品获思想政治理论课社会实践作品奖项，组织开放教育学生开展青年大学习活动，参加36期网上主题团课，参与学生8000余人次。

【宁德市教师进修学院】 2021年，宁德市教师进修学院首次对屏南初中开展教学视导。选派教研员参加福建省高中教研员能力提升培训。根据常态化疫情防控要求，开展基地校活动、主题教研线上活动。组织市第二届名师培养工程培训。宁德市乡村振兴专家服务团——市第二届名师培养工程4个片区18所学校帮扶活动4场，送培12所乡村学校，课题跟踪2场，开展学科论坛5场，成果展示活动1场。组织福建省第五届中小学（幼儿园）教学大赛集训、研修4期。参加福建省第五届中小学（幼儿园）教学大赛获得特等奖1人。第一次组织市直学校新任教师培训。9月28日，宁德市教师进修学院和蕉城区教师进修学校合建项目工程总承包（EPC）举行签约仪式；10月13日，项目举行奠基仪式；12月，该建设项目完成单轴水泥搅拌桩施工。组织编写《习爷爷在宁德的故事》校本教材。成立领导小组，市委常委、宣传部部长李彦，副市长陈怡担任组长，市教育局局长郭海鸣担任第一副组长，宁德市教师进修学院院长缪钦担任常务副组长，缪剑峰为编写专家指导组组长，聘请专家组建编写团队。

（胡学忠）

文 化

公共文化

【概况】 2021年，宁德市建成宁德市博物新馆、古田文化“三馆”、福鼎文化艺术中心和福安非遗展示馆，建成寿宁梦龙文化休闲研学空间、福安“爱故乡书院”、周宁鲤鱼溪创作基地等新型文化空间。周宁县狮城镇中兴社区被评选为2021年全国文化和旅游领域学雷锋志愿服务最美志愿服务社区。古田杉洋镇（龙桩拳）被评为2021—2023年度“中国民间文化艺术之乡”。全市有图书馆10个。其中，市级图书馆1个，县（市、区）级图书馆9个；推进图书馆、文化馆总分馆建设，全市建有图书馆分馆39个，文化馆分馆37个，建成蕉城飞鸾、屏南双溪等9个示范图书馆分馆。全市有公共博物馆11个、纪念馆1个、文化馆（艺术馆）10个，未建有美术馆。推进公共文化数字化建设，完成全市54台“文化一点通”配送。深入实施乡村文化振兴“三大工程”，持续推进“十百千万”目标创建。中心城区开展“闽东之光·文化惠民”演出127场，带动全市开展文化惠民演出约1000场。举办“三月三”畲族文化周、红色文化月、中国（霞浦）首届国际海洋文化摄影周等活动。完成“东西南北贺新春”中央电视台节目录制工作和宁德市庆祝中国共产党成立100周年“从胜利走向胜利”文艺晚会筹备组织工作。创作歌剧《鸾峰桥》、现代越剧《金维娇》等文艺作品参加第八届福建省艺术节。开展“品读红色经典、赓续精神血脉”主题全民阅读活动，3家单位获评省全民阅读示范点（示范基地），17家农家书屋获评省老区“红色书屋”。

【宁德市图书馆建设】 2021年6月，宁德市图书馆挂牌成立“闽东畲族文献资料中心”。宁德市图书馆有阅览座位973个，其中少儿阅览座位102个，盲人阅览座位7个。建成自助借还、手机借书、快递送书系统，纸质图书、电子书分别比上年增加13.6万册、30万册。总馆藏量104.6万册（件），其中纸质图书30.1万册，电子图书71.78万册，报刊7511件，视听文献19393件（套）。电子期刊库3种，电子期刊1.1万种，有声读物1万集。征集文献5.4万册（件），年度征订纸质报刊140种。馆内政府信息查阅中心收集整理政府信息公开文件5042份，其中纸质文件2521份，电子文件2521份。年度服务到馆读者70.05万人次。书刊流通外借182.76万册次，其中纸质图书外借160.7万册次，电子书刊阅读下载21.8万册次。举办讲座活动46场次，举办展览31场次，参加人数达13.5万人次。

【宁德市艺术馆建设】 2021年，宁德市艺术馆通过国家一级文化馆复评。宁德市艺术馆有300座位剧场、多功能厅、排练厅、畲族民歌传习所、宁德市道德模范展厅、宁德市历史文化名人展厅、宁德市非物质文化遗产展厅、艺术展厅等8个文化设施。年度服务公众5万人次。举办“习近平用典”主题书法创作巡回展、中国共产党成立100周年——福建优秀传统剪纸作品巡回展、俄罗斯列宾美术学院当代名家作品展等公益性展览20场。采取线上线下相结合的方式，举办综艺晚会、音乐会、戏剧、畲族民歌等多形式“闽东之光·文化惠民”文艺演出50场。举办旗袍公益培训班22期、“艺术普及”公益课堂10期，群众公益性合唱排练48场次。拍摄制作23个国家级非遗项目宣传展示片，申报闽东畲族传统服饰制作技艺

（蕉城、霞浦、福鼎）列入第七批省级非遗项目拓展名录。拍摄录制“唱支山歌给党听”百人合唱视频参加第八届福建艺术节；组织宁德市艺术馆梧桐树合唱团和霞浦县心海合唱团、福安一中合唱团、宁德师范学院第二附属小学合唱团参加第八届福建艺术节合唱类比赛，获3个三等奖的优异成绩。举办年度宁德市“文化和自然遗产日”暨闽东非遗文化周主题活动。联合市文保中心采取线上和线下相结合的方式组织开展市非遗项目展示展演、非遗戏剧演出周、急需保护的非物质文化遗产展览、非遗项目带货直播等系列活动，展示市非遗保护传承成果，提高人民群众非物质文化遗产保护意识，丰富群众文化生活。

【宁德市博物馆建设】 2021年，宁德市博物馆有文物藏品4000余件，其中三级以上珍贵文物有481件，分为历史文物和畲族民俗文物两大类。馆藏历史文物包括史前文物、陶瓷器、玉器、木雕、家具、金银器等，馆藏畲族民俗文物为本馆特色藏品，数量在全国同类博物馆中位居前列，涵盖畲族人民日常生产、生活、宗教祭祀、服装首饰等，形成较为完备的藏品体系。年内完成第二次文物征集，新增文物39件（套），征购文物161件（套），接待参观观众7.5万人次，举办专题展览、进校园进社区展览、社交活动10余场。博物馆新馆经前期的系列招标工作，6月确认中标单位，并对中标单位提供的新馆内装修的设计方案完成初步审核。10月评审通过展陈设计平面布局和展线流向。12月，博物馆新馆内装修深化设计方案中的多媒体设计、场景和雕塑设计和文版、图版设计3个部分通过专家评审，开始展馆全面施工。

【闽东革命纪念馆】 2021年，闽东革命纪念馆占地1.26万平方米，展示厅面积为2019平方米，馆藏珍贵文物500余件、历史图文资料1000余件。6月被中共福建省委省直机关工作委员会评为第一批省直机关“主题党日”活动基地。馆长雷志华作为福建党史故事巡回宣讲团的成员在省内开展“九市一区”开展宣讲，还到新疆昌吉州开展巡回宣讲。由闽东日报社融媒体中心与闽东革命纪念馆联合推出“今日新宁德·学党史”——闽东红旗谱系列新闻海报和《闽东红色文物——华哥开讲》短视频。举办“红土地记忆”——福安市红色文化遗产保护成果展、“感恩·奋进”庆祝中国共产党成立100周年闽东党史图片文物展、“留芳泽后”——闽东红色遗存捐赠文物精品图片展展览进校园和“童画中国”微画展。举行“闽东之光杯”红土地文化志愿者讲故事大赛和“新人书屋”故事汇——21张小红凳分享会，召开“博物馆日的未来，恢复与重建——加强文物利用，弘扬革命文化”国际博物馆日座谈会。年内免费接待社会各界参观团体近200个，统计参观人数超过10万人次。

【文化馆评估定级】 2021年，宁德市文化和旅游局组织全市文化馆参加第五次全国文化馆评估定级。宁德市艺术馆和福安市文化馆被评为一级馆，蕉城、霞浦、古田、柘荣、福鼎文化馆被评为二级馆，屏南、寿宁、周宁文化馆被评为三级馆。

【群众文化活动】 2021年，宁德市文化和旅游局组织群众参与合唱比赛。在第八届福建艺术节群众合唱会演中，推荐福安一中合唱团《天耀中华》《追寻》获青少年组三等奖，推荐宁德市艺术馆梧桐树合唱团《唱支山歌给党听》《看山看水看中国》和霞浦心海合唱团《我爱你中国》《啊比鲁》获成人组三等奖，推荐宁德师范学院第二附属小学合唱团《让我们荡起双桨》《如果爱有色彩》（原创）获入围奖。宁德市文旅局获优秀组织单位奖。开展“乡村网红”培育计划、“党在我心中”庆祝中国共产党成立100周年征文、庆祝中国共产党成立100周年原创小戏小品剧本征集活动，推荐4名乡村网红参加全国乡村网红培养计划评选活动，选送作品获庆祝中国共产党成立100周年征文二等奖1个、优秀奖1个，获小戏小品剧本征集评选二等奖1个、三等奖4个、优秀奖5个。举办第十七届福建省少儿讲故事大王录像比赛宁德选拔赛，选送参赛作品32件参加福建省决赛，获得3个组别总计金奖10个、银奖7个、铜奖15个，创作奖5个。

（张舒菲）

文化艺术

【概况】 2021年，宁德市有文化馆（艺术馆）10个，其中市级艺术馆1个，县（市、区）级文化馆9个，10个文化馆全部通过国家等级馆评定，市艺术馆和福安文化馆被评为一级馆。有5个国有院团，3个民营院团。年内，推进文艺精品创作生产，市、县广播电视播出机构，市畲族歌舞团以及全市各文艺团体，围绕庆祝中国共产党成立100周年，创作广播电视、文艺作品。

【文艺精品创作】 2021年，宁德市开展中国共产党成立100周年重点文

2021年12月23日，宁德市原创歌剧《鸾峰桥》在福建大剧院参加第八届福建艺术节及福建省第五届音乐舞蹈杂技曲艺优秀剧（节）目展演

（陈　伟　摄）

艺创作，以及文艺作品的展演和展播工作。大型原创音乐剧《畲嫂》代表福建省参加第六届全国少数民族文艺会演并获“优秀剧目奖”，大型原创歌剧《鸾峰桥》参加第八届福建艺术节获“优秀剧目奖”榜首，大型交响音乐会《山海的交响》在国家大剧院演出。电视剧《连家船民的美好生活》开机。大型纪录片《家在东侨》2 集节目获全省广播电视艺术奖一等奖，纪录片《铁血碑记》《绝密木匠桶》列入“百年丰碑·福建故事”重点选题，广播剧《有一种美丽叫作“丽美”》《无名英雄——蔡威》《百岁老人换房记》分别被评为全省“信仰的力量”微广播剧展播评选活动一、二、三类作品奖。开办百集《主播带你游》栏目，全网播放量超 7000 万人次。

【街头文化艺术培育】 2021 年，宁德市文化和旅游局印发《宁德市培育街头文化品牌提升街头文化氛围的工作方案》，支持各地结合实际，发展街头文化，提升街头文化氛围。畲族提线木偶《畲妹子茶艺》、牛角胡独奏《畲家欢歌》2 个节目获福建街头文化艺术展演活动入围奖；宁德市文化和旅游局获优秀组织奖。牛角胡《畲家欢歌》和街舞《畲乡福雨》组合成的节目《畲乡福雨》参加福建街头文化艺术展演活动颁奖仪式演出。

【群文品牌赛事】 2021 年，宁德市文化和旅游局引导各类文艺作品和青年艺术人才参加国内各类赛事交流活动，举办各类艺术展演、比赛、学习交流活动。组织福鼎市闽浙边界文化艺术交流中心现代越剧《金维娇》、屏南县龙潭四平戏剧团《贤良祠》参加第二十八届全省戏剧会演。组织福安市平讲戏艺术传承中心红色题材平讲戏《九家保》参加第八届福建艺术节展演。

【畲族歌舞团】 2021 年，宁德市文化和旅游局深化市畲族歌舞团与省歌舞剧院战略合作，与中国煤矿文工团签订战略合作协议，与厦门艺术学校对接定向委培事宜，设立南昌航空大学“实习就业教学基地”，完善歌舞团内部管理制度，提升队伍活力和整体实力。

（张舒菲）

文化遗产保护

【概况】 2021 年，宁德市有全国重点文物保护单位 12 处，省级文物保护单位 86 处，县（市、区）级文物保护单位 550 处，涉台文物 71 处，公共博物馆、纪念馆 12 家，非国有博物馆 1 家，建筑总面积约 4.1 万平方米，收藏各类文物 2.1 万件（套）。年内，宁德市文化和旅游局夯实文物保护基础工作，加大革命文物保护力度，同步推进非遗项目保护传承。完成第 44 届世界遗产大会筹备有关工作，开展宁上高速霞浦至福安段项目建设文物调查勘探工作，完成不可移动文物基础信息数据库录入、省级以上文保单位记录档案建档工作，设立市级红色文化遗存保护专项资金、文化遗产保护专项资金，全市 9 个县（市、区）设立文保中心，2951 处文物博物馆单位全部完成直接责任人公告公示，在全省率先推出智慧文物地图。全市博物馆、纪念馆举办各类展览 45 次，免费开放参观人数近 58 万人次。新增国家级非遗代表性项目 2 个，省级非遗代表性项目 21 个，省级代表性传承人 24 人。宁德市“中国木拱桥传统营造技艺”项目、“中国水密隔舱福船制造技艺”项目入选联合国教科文组织《急需保护的非物质文化遗产名录》；由“柘荣剪纸”与全国各地剪纸组合的“中国剪纸”项目，入选联合国教科文组织《人类非物质文化遗产代表作名录》。有国家级非遗名录项目 23 项，省级非遗名录项目 84 项，市级非遗名录项目 187 项。国家级非遗项目代表性传承人 17 人，省级非遗项目代表性传承人 102 人，市级非遗项目代表性传承人 341 人。

表 33 宁德市 4 个项目入选联合国教科文组织非遗项目名录一览表

序号	入选时间	项目名称	备注
1	2009	中国木拱桥传统营造技艺	屏南、寿宁与浙江联合申报
2	2009	中国剪纸	由柘荣剪纸和全国各地剪纸组合而成的“中国剪纸”列入联合国教科文组织《人类非物质文化遗产代表作名录》
3	2010	中国水密隔舱福船制造技艺	宁德蕉城与泉州晋江联合申报
4	2022	中国传统制茶技艺及其相关习俗	包含福鼎白茶制作技艺、坦洋工夫茶制作技艺在内的“中国传统制茶技艺及其相关习俗”列入联合国教科文组织《人类非物质文化遗产代表作名录》

（资料来源：市文旅局）

表 34 宁德市 23 个国家级非物质文化遗产代表性项目一览表

序号	项目类别	项目编号批次	项目名称	项目级别及批次
1	Ⅰ民间文学	Ⅰ-30（1）	畲族小说歌	国一
2	Ⅱ传统音乐	Ⅱ-7（1）	畲族民歌	国一
3	Ⅳ传统戏剧	Ⅳ-11（1）	四平戏	国一

续表 34

序号	项目类别	项目编号批次	项目名称	项目级别及批次
4	Ⅳ传统戏剧	Ⅳ -46（1）	寿宁北路戏	国一
5		Ⅳ -115（2）	屏南平讲戏	国二
6		Ⅳ -160（4）	平讲戏	国四
7	Ⅵ传统体育、游艺与杂技	Ⅵ -6（1）	宁德霍童线狮	国一
8	Ⅶ传统美术	Ⅶ -16（1-1）	剪纸（柘荣剪纸）	国一扩
9	Ⅷ传统技艺	Ⅷ -40（1-2）	银饰锻制技艺（畲族银器制作技艺）	国一扩
10		Ⅷ -40（1-3）	银饰锻制技艺（畲族银器锻制技艺）	国四扩
11		Ⅷ -138（2）	水密隔舱福船制造技艺	国二
12		Ⅷ -175（2）	木拱桥传统营造技艺	国二
13		Ⅷ -175（2）	木拱桥传统营造技艺	国二
14		Ⅷ -203（3）	白茶制作技艺（福鼎白茶制作技艺）	国三
15		Ⅷ -145	酿造酒传统酿造技艺（红曲黄酒酿造技艺）	国五扩
16		Ⅷ -149	红茶制作技艺（坦洋工夫茶制作技艺）	国五扩
17	Ⅹ民俗	Ⅹ -85（2）	民间信俗（陈靖姑信俗）	国二
18		Ⅹ -87（2）	抬阁（芯子、铁技、飘色）（蕉城霍童铁技、福鼎沙埕铁技、屏南双溪铁技）	国二
19				
20				
21		Ⅹ -134（3）	歌会（瑞云四月八）	国三
22		Ⅹ -152（4）	马仙信俗	国四
23		Ⅹ -139（3-1）	婚俗（畲族婚俗）	国四扩

（资料来源：市文旅局）

表 35　宁德市省级非物质文化遗产代表性项目一览表

序号	项目类别	项目名称	批次
1	Ⅰ民间文学	＊畲族小说歌	省一
2		甘国宝传说故事（屏南县、古田县）	省三
3		郑宗远传说	省七
4	Ⅱ传统音乐	＊畲族民歌	省一
5	Ⅲ传统舞蹈	宁德畲族奶娘催罡巫舞	省一
6		竹马（福鼎前岐马灯）	省四
7		畲族民间舞蹈（龙头舞、铃刀舞、猎捕舞）	省五
8	Ⅳ传统戏剧	柘荣布袋戏	省一
9		＊寿宁北路戏	省一
10		＊四平戏	省一
11		＊屏南平讲戏	省二
12		屏南杖头木偶戏	省二
13		屏南乱弹戏	省二
14	Ⅳ传统戏剧	提线木偶戏（福鼎市）	省三
15		＊平讲戏	省四
16		提线木偶戏（福鼎）	省六（新增保护单位）
17		畲族提线木偶戏（福鼎）	省七
18		四平傀儡戏	省七
19	Ⅴ曲艺	福安评话	省七
20	Ⅵ传统体育、游艺与杂技	＊宁德霍童线狮	省一
21		畲族武术（盘柴槌）	省三
22		畲族武术（福安金斗洋畲族拳）	省五扩
23		闽东传统武术（龙桩拳）	省六
24		独木冲浪	省七
25	Ⅶ传统美术	＊剪纸（柘荣剪纸）	省一
26		根雕（福安、蕉城）	省四

续表 35

序号	项目类别	项目名称	批次
27	Ⅶ传统美术	木雕（蕉城）	省七
28	Ⅷ传统技艺	*银饰锻制技艺（畲族银器制作技艺）	省一
29		*银饰锻制技艺（畲族银器锻制技艺）	省四（新增保护单位）
30		*木拱桥传统营造技艺	省一
31		*木拱桥传统营造技艺	省二
32		福鼎饼花工艺	省一
33		*水密隔舱福船制造技艺	省二
34		酿造酒传统酿造技艺（红曲黄酒酿造技艺）	省二
35		*白茶制作技艺（福鼎白茶制作技艺）	省三
36		古田红曲制作技艺	省三
37		黄家蒸笼传统手工技艺	省三
38		红茶制作技艺（坦洋工夫茶制作技艺）	省三
39		闽东畲族乌饭制作技艺（蕉城、霞浦）	省四
40		古田曲醋制作技艺	省四
41		畲族斗笠制作技艺	省五
42		屏南红曲制作与黄酒酿造技艺（屏南白水洋）	省五扩
43		畲族乌饭制作技艺（福安）	省五扩
44		传统水碓制造技艺（古田）	省六
45		乌金紫砂陶制作技艺（寿宁）	省六
46		古田红曲黄酒传统酿造技艺	省六
47		张元记红茶制作技艺	省六
48		白茶制作技艺（柘荣）	省六扩
49		柘荣剪刀制造技艺	省七
50		福安官埔油扇制作技艺	省七
51		锡器锻制技艺（古田）	省七
52		福建红糖制作技艺（福安）	省七
53		桐山江记鱼片制作技艺	省七

序号	项目类别	项目名称	批次
54	Ⅷ传统技艺	闽东畲族传统服饰制作技艺（蕉城、福安、福鼎）	省七扩
55		木拱桥营造技艺（周宁）	省七扩
56		闽东畲族乌饭制作技艺（福鼎）	省七扩
57		红茶制作技艺（寿宁高山红茶）	省七扩
58		绿茶制作技艺（蕉城）	省七扩
59	Ⅸ传统医药	畲族医药（福安）	省四扩
60		中医传统制剂方法（百草堂阮氏祖传膏药制作与诊疗）	省五扩
61		畲族医药（蕉城）	省六扩
62		雷氏青草药制作技艺	省七
63	Ⅹ民俗	*婚俗（畲族婚俗）	省一
64		宁德畲族三月三节俗	省一
65		*民间信俗（陈靖姑信俗）	省一
66		福鼎双华畲族二月二歌会	省一
67		周宁鲤鱼溪护鱼习俗	省一
68		抬阁（芯子、铁技、飘色）（蕉城霍童铁技、福鼎沙埕铁技、屏南双溪铁技）	省二
69		屏南双溪元宵灯会	省二
70		霍童“二月二”灯会	省二
71		*马仙信俗	省三
72		*歌会（瑞云四月八）	省三扩
73		福建端午节习俗（云淡海上龙舟竞渡）	省四扩
74		黄山公信俗（寿宁）	省五
75		游氏仙姑信俗（柘荣）	省五
76		陈靖姑信俗（柘荣）	省五扩
77		妈祖信俗（霞浦）	省五扩
78		畲族服饰（霞浦）	省五扩
79		闽东林公祈福习俗（周宁）	省六
80		闽东畲族婚俗	省六（新增保护单位）

续表 35

<table>
<tr><th>序号</th><th>项目类别</th><th>项目名称</th><th>批次</th></tr>
<tr><td>81</td><td rowspan="2">X民俗</td><td>畲族火凤凰习俗</td><td>省七</td></tr>
<tr><td>82</td><td>富达畲族村蓝公节祭祖仪俗</td><td>省七</td></tr>
<tr><td>83</td><td rowspan="2">X民俗</td><td>三月三驮灯习俗</td><td>省七</td></tr>
<tr><td>84</td><td>端午节（屏南月四节）</td><td>扩展(扩一)</td></tr>
</table>

（资料来源：市文旅局）

表 36　宁德市全国和省级重点文物保护单位名录一览表

<table>
<tr><th>序号</th><th>名称</th><th>级别</th><th>类别</th><th>年代</th><th>地理位置</th><th>公布时间</th><th>备注</th></tr>
<tr><td>1</td><td>狮峰寺</td><td>国家级</td><td>古建筑</td><td>明～清</td><td>福安市溪柄镇柏柱洋狮峰山下</td><td>2006.5.25</td><td></td></tr>
<tr><td>2</td><td>万安桥</td><td>国家级</td><td>古建筑</td><td>清</td><td>屏南县长桥镇长桥村</td><td>2006.5.25</td><td rowspan="10">合称“闽东北廊桥”</td></tr>
<tr><td>3</td><td>千乘桥</td><td>国家级</td><td>古建筑</td><td>清</td><td>屏南县棠口镇棠口村</td><td>2006.5.25</td></tr>
<tr><td>4</td><td>百祥桥</td><td>国家级</td><td>古建筑</td><td>清</td><td>屏南县棠口镇山棠村</td><td>2006.5.25</td></tr>
<tr><td>5</td><td>鸾峰桥</td><td>国家级</td><td>古建筑</td><td>清</td><td>寿宁县下党乡下党村</td><td>2006.5.25</td></tr>
<tr><td>6</td><td>杨梅州桥</td><td>国家级</td><td>古建筑</td><td>清</td><td>寿宁县坑底乡杨梅州村</td><td>2006.5.25</td></tr>
<tr><td>7</td><td>飞云桥</td><td>国家级</td><td>古建筑</td><td>清</td><td>寿宁县鳌阳镇蟾溪之上</td><td>2006.5.25</td></tr>
<tr><td>8</td><td>仙宫桥</td><td>国家级</td><td>古建筑</td><td>清</td><td>寿宁县鳌阳镇蟾溪之上</td><td>2006.5.25</td></tr>
<tr><td>9</td><td>升平桥</td><td>国家级</td><td>古建筑</td><td>清</td><td>寿宁县鳌阳镇蟾溪之上</td><td>2006.5.25</td></tr>
<tr><td>10</td><td>登云桥</td><td>国家级</td><td>古建筑</td><td>清</td><td>寿宁县鳌阳镇蟾溪之上</td><td>2006.5.25</td></tr>
<tr><td>11</td><td>东源桥</td><td>国家级</td><td>古建筑</td><td>清</td><td>柘荣县东源乡东源村</td><td>2006.5.25</td></tr>
<tr><td>12</td><td>田地桥</td><td>国家级</td><td>古建筑</td><td>清</td><td>古田县鹤塘镇田地村</td><td>2006.5.25</td><td></td></tr>
<tr><td>13</td><td>龙漈仙宫</td><td rowspan="8">国家级</td><td rowspan="8">古建筑</td><td rowspan="8">清</td><td rowspan="8">屏南县甘棠乡漈下村</td><td rowspan="8">2013.3.5</td><td rowspan="8">合称“屏南漈下建筑群”</td></tr>
<tr><td>14</td><td>甘寺支祠</td></tr>
<tr><td>15</td><td>漈川桥</td></tr>
<tr><td>16</td><td>漈下城楼</td></tr>
<tr><td>17</td><td>漈下飞来庙</td></tr>
<tr><td>18</td><td>漈下花桥</td></tr>
<tr><td>19</td><td>漈下龙山公祠</td></tr>
<tr><td>20</td><td>漈下峙国亭</td></tr>
<tr><td>21</td><td>半岭畲族观音亭寨</td><td>国家级</td><td>古建筑</td><td>清</td><td>霞浦县水门畲族乡半岭村</td><td>2013.3.5</td><td></td></tr>
<tr><td>22</td><td>林公忠平王祖殿</td><td>国家级</td><td>古建筑</td><td>明、清</td><td>周宁县玛坑乡杉洋村</td><td>2013.3.5</td><td></td></tr>
<tr><td>23</td><td>临水宫</td><td>国家级</td><td>古建筑</td><td>清</td><td>古田县大桥镇中村</td><td>2013.3.5</td><td></td></tr>
<tr><td>24</td><td>凤岐吴氏大宅</td><td>国家级</td><td>古建筑</td><td>清</td><td>柘荣县乍洋乡凤里村</td><td>2013.3.5</td><td></td></tr>
<tr><td>25</td><td>秦屿戍守台湾将士墓群</td><td>国家级</td><td>古墓葬</td><td>明、清</td><td>福鼎市太姥山镇农业村</td><td>2013.3.5</td><td></td></tr>
<tr><td>26</td><td>霍童灌溉工程</td><td>国家级</td><td>其他</td><td>隋至今</td><td>宁德市蕉城区霍童镇</td><td>2019.10.7</td><td></td></tr>
<tr><td>27</td><td>白鹤岭福温古道</td><td>国家级</td><td>古遗址</td><td>南宋至清</td><td>宁德市蕉城区蕉北街道继光社区、蕉南街道中南社区、城南镇岭头村、湾亭村</td><td>2019.10.7</td><td></td></tr>
<tr><td>28</td><td>宝丰银矿遗址</td><td>国家级</td><td>古遗址</td><td>宋至明</td><td>宁德市周宁县李墩镇芹溪村，浦源镇围城底村、官司村、里源村、上洋村</td><td>2019.10.7</td><td></td></tr>
</table>

续表 36

序号	名称	级别	类别	年代	地理位置	公布时间	备注
29	福安黄氏祠堂	国家级	古建筑	清	福安市阳头街道阳下村黄厝巷58号	2019.10.7	
30	吉祥寺塔	省级	古建筑	宋	古田县城关狮公山上	1961.5	
31	中共闽东苏特委和闽东苏维埃政府旧址	省级	近现代重要史迹及代表性建筑	1934	福安市柏柱洋	1985.1	
32	支提寺	省级	古建筑	清代	蕉城区霍童镇支提山	1985.1	
33	马栏山遗址	省级	古遗址	青铜时代	福鼎市店下乡巽城村下底湾西	1991.3	
34	大京城堡	省级	古建筑	明	霞浦县长春乡大京村	1991.3	
35	幽岩寺塔	省级	古建筑	宋	古田县鹤塘镇幽岩村	1993	
36	传胪城堡城墙	省级	古建筑	明	霞浦县长春镇传胪村	1996	
37	张高谦陵园	省级	近现代重要史迹及代表性建筑	1991	寿宁县武曲镇大韩村	1996	
38	福鼎风水关	省级	古遗址	五代	福鼎市贯岭镇分关村	2001.1	
39	游朴墓	省级	古墓葬	明	柘荣县双城镇南街村	2001.1	
40	报祖祠大殿	省级	古建筑	明	寿宁县南阳镇南阳村	2001.1	
41	“孝友无双”牌坊	省级	古建筑	清	古田县鹤塘镇鹤塘村黄氏祠堂前	2001.1	
42	黄瓜山遗址	省级	古遗址	新石器时代	霞浦县沙江镇小马村	2005.5.11	
43	国兴寺遗址	省级	古遗址	宋	福鼎市太姥山镇太姥山	2005.5.11	
44	太后公厅	省级	古建筑	明	福安市晓阳镇晓阳村	2005.5.11	
45	三福寺双塔	省级	古建筑	明	福鼎市白琳镇下炉村	2005.5.11	
46	竹江天后宫	省级	古建筑	明、清	霞浦县沙江镇竹江村	2005.5.11	
47	广利、广福桥	省级	古建筑	明、清	屏南县岭下乡岭下村、开源村	2005.5.11	
48	洋里民居	省级	古建筑	清	福鼎市白琳镇翠郊村	2005.5.11	
49	双溪文庙	省级	古建筑	清	屏南县双溪社区双溪村	2005.5.11	
50	大宝桥	省级	古建筑	清	寿宁县坑底乡小东村	2005.5.11	
51	龙溪宫	省级	古建筑	清	霞浦县溪南镇白露坑村	2005.5.11	
52	松山天后宫	省级	古建筑	清	霞浦县州洋乡松山村	2005.5.11	
53	归驷桥	省级	古建筑	清	柘荣县富溪镇富溪村	2005.5.11	
54	登龙桥	省级	古建筑	清	周宁县七步镇八浦村	2005.5.11	
55	后门山遗址	省级	古遗址	新石器时代	福鼎市秦屿镇彭坑村	2009.11.16	
56	双城城堡	省级	古建筑	元、明	柘荣县双城镇	2009.11.16	
57	潋城城堡	省级	古建筑	明	福鼎市太姥山镇潋城村	2009.11.16	
58	昭明寺塔	省级	古建筑	明	福鼎市桐城街道柯岭村	2009.11.16	
59	蕉城蔡氏民居及家庙	省级	古建筑	清	蕉城区蕉北街道前林路	2009.11.16	
60	宁德天后宫	省级	古建筑	清	蕉城区蕉南街道福山街	2009.11.16	
61	富溪补阙祠	省级	古建筑	清	福安市溪潭镇凤林村	2009.11.16	
62	点头妈祖宫	省级	古建筑	清	福鼎市点头镇海乾路	2009.11.16	

续表 36

序号	名称	级别	类别	年代	地理位置	公布时间	备注
63	张朝发墓	省级	古建筑	清	福鼎市太姥山镇瓜园村	2009.11.16	
64	小梨洋甘国宝故居	省级	古建筑	清	屏南县甘棠乡小梨洋村	2009.11.16	
65	屏南县城隍庙	省级	古建筑	清	屏南县双溪镇双溪村	2009.11.16	
66	漈头石牌坊群	省级	古建筑	清	屏南县棠口乡漈头村	2009.11.16	
67	九峰寺	省级	古建筑	清	屏南县熙岭乡三峰村	2009.11.16	
68	福宁山民会馆	省级	古建筑	清	霞浦县松城街道旗下街	2009.11.16	
69	竹江汐路桥	省级	古建筑	清至现代	霞浦县沙江镇竹江村、小马村	2009.11.16	
70	溪口袁氏宗祠	省级	古建筑	清	柘荣县乍洋乡溪口村	2009.11.16	
71	溪口永安桥	省级	古建筑	清	柘荣县乍洋乡溪口村	2009.11.16	
72	浦源郑氏宗祠	省级	古建筑	清	周宁县浦源镇浦源村	2009.11.16	
73	三都近代建筑群	省级	近现代重要史迹及代表性建筑	清至民国	蕉城区三都镇松山村、港口村	2009.11.16	
74	中共闽东特委含溪旧址	省级	近现代重要史迹及代表性建筑	1935	寿宁县南阳镇含溪村	2009.11.16	
75	上坂尚书墓	省级	古墓葬	明	蕉城区八都镇上坂村	2013.1.28	
76	飞路塔	省级	古建筑	明	霞浦县盐田畲族乡北洋村	2013.1.28	
77	金源祠	省级	古建筑	明	霞浦县柏洋乡董墩村	2013.1.28	
78	外浒城堡	省级	古建筑	明	霞浦县下浒镇外浒村	2013.1.28	
79	廉村城堡	省级	古建筑	明	福安市溪潭镇廉村	2013.1.28	
80	玉塘城堡	省级	古建筑	明	福鼎市桐城街道玉塘村	2013.1.28	
81	八堡城堡	省级	古建筑	明、清	霞浦县沙江镇八堡村	2013.1.28	
82	西阳老人桥	省级	古建筑	明、清	福鼎市管阳镇桥头村	2013.1.28	
83	石兰城堡	省级	古建筑	明、清	福鼎市硖门畲族乡石兰村	2013.1.28	
84	联珠祠	省级	古建筑	清	古田县杉洋镇杉洋村	2013.1.28	
85	钱公宝殿	省级	古建筑	清	古田县泮洋乡中直村	2013.1.28	
86	福寿桥	省级	古建筑	清	寿宁县犀溪乡犀溪村	2013.1.28	
87	犀溪叶氏宗祠	省级	古建筑	清	寿宁县犀溪乡犀溪村	2013.1.28	
88	桂林王氏宗祠	省级	古建筑	清	福安市穆云乡桂林村	2013.1.28	
89	西昆孔氏家庙	省级	古建筑	清	福鼎市管阳镇西昆村	2013.1.28	
90	倪下塔	省级	古建筑	宋	福安市甘棠镇倪下村	2013.1.28	
91	白鹤岭古官道	省级	古建筑	宋至民国	宁德市蕉城区蕉北街道继光社区、蕉南街道中南社区、城南镇岭头村、湾亭村	2018.9.7	
92	梅鹤古建筑群	省级	古建筑	宋至民国	宁德市蕉城区虎贝镇梅鹤村	2018.9.7	
93	石壁岭古官道	省级	古建筑	宋至民国	宁德市蕉城区石后乡石壁岭	2018.9.7	
94	后龙古建筑群	省级	古建筑	明、清	屏南县屏城乡后龙村	2018.9.7	

续表 36

序号	名称	级别	类别	年代	地理位置	公布时间	备注
95	黄阳隘	省级	古建筑	明至清	寿宁县坑底乡长岭村	2018.9.7	
96	车岭古道	省级	古建筑	明至清	寿宁县斜滩镇斜滩村、清源乡阳尾村	2018.9.7	
97	禾溪三仙桥	省级	古建筑	明、民国	周宁县纯池镇禾溪村	2018.9.7	
98	前山大外厝	省级	古建筑	清	柘荣县城郊乡前山村	2018.9.7	
99	东山柳州祠	省级	古建筑	清	宁德市蕉城区洋中镇东山村	2018.9.7	
100	东源古建筑群	省级	古建筑	清至民国	柘荣县东源乡东源村	2018.9.7	
101	文峰古建筑群	省级	古建筑	清至民国	宁德市蕉城区虎贝镇文峰村	2018.9.7	
102	圆瑛法师故居	省级	近现代重要史迹及代表性建筑	清至民国	古田县平湖镇端上村	2018.9.7	
103	林耀华故居	省级	近现代重要史迹及代表性建筑	清至民国	古田县黄田镇凤亭村	2018.9.7	
104	禾溪中心国民小学旧址	省级	近现代重要史迹及代表性建筑	民国	周宁县纯池镇禾溪村	2018.9.7	
105	西竹岔战斗遗址	省级	近现代重要史迹及代表性建筑	1934	柘荣县楮坪乡社坪村、洪坑村、苏家洋村在西竹岔周边相连山头，黄柏乡蒲洋南山村后门山	2018.9.7	
106	桃花溪革命旧址	省级	近现代重要史迹及代表性建筑	1934—1937	宁德市蕉城区霍童镇桃花溪村	2018.9.7	
107	闽浙边临时省委甲坑旧址群	省级	近现代重要史迹及代表性建筑	1935	寿宁县犀溪镇甲坑村	2018.9.7	
108	闽东独立师集训地	省级	近现代重要史迹及代表性建筑	1937—1938	宁德市蕉城区虎镇文峰村	2018.9.7	
109	寿宁红带会旧址	省级	近现代重要史迹及代表性建筑	1932	寿宁县大安乡大安村	2018.9.7	
110	竹洋银硐遗址	省级	古遗址	宋	福鼎市叠石乡竹阳村银硐自然村	2020.11.19	
111	麻岭巡检司遗址	省级	古遗址	元、明	周宁县浦源镇麻岭村	2020.11.19	
112	郭鸣琳墓	省级	古墓葬	明	福安市潭头镇富罗坂村	2020.11.19	
113	叠石关隘	省级	古建筑	五代、清	福鼎市叠石乡叠石村	2020.11.19	
114	九岭古道	省级	古建筑	宋至清	寿宁县芹洋乡九岭村、官路洋村、山头村	2020.11.19	
115	浦源林公宫	省级	古建筑	清	周宁县浦源镇浦源村	2020.11.19	

（资料来源：市文旅局）

2021 年 10 月 18 日，北路戏“烫火碗”剧目表演

（寿宁县政府办　供图　黄蕊云　摄）

【福州第 44 届世界遗产大会】 2021 年，宁德市配合做好福州第 44 届世界遗产大会有关工作。在“公布一批”方面，各县（市、区）新公布 72 处文物保护单位。5 月，宁德市文旅局、住建局负责分两组到各县（市、区）开展世遗大会筹备调研指导工作，实地走访 14 个考察点，查看“六个一批”项目落实和完成、考察点和考察路线以及文物本体的保养、修缮、周边环境整治提升等情况，提出问题予以通报，督促加强整改，确保各项筹备任务的有效落实。在宣传方面，宁德市文旅局拍摄制作“文化自然遗产在福建·宁德”视频宣传片，编辑撰写闽东北廊桥、漈下古建筑群、蔡氏民居及家庙等 9 个文物点，太姥山、白水洋 2 个世界地质公园以及木拱桥营造技艺、北路戏、霍童线狮非遗等宣传材料（中英文版），提供世遗大会官方网站宣传。

【革命文物保护利用】 2021 年，宁德市文化和旅游局开展全市革命文物调查和核定公布工作，164 处列入省第一批革命文物名录。开展全市红色文化遗存普查，登记各类红色文化遗存 600 余处。组织编制《宁德市红色文化遗存保护利用专项规划》，实施 20 项革命文物保护工程。策划推出 10 大红色旅游主题精品线路，并于“5·19”中国旅游日全媒体发布。

【国家级非遗代表性项目】 2021 年 5 月 24 日，国务院公布第五批国家级非物质文化遗产代表性项目名录（计 185 项）和国家级非物质文化遗产代表性项目名录扩展项目名录（计 140 项）。其中，酿造酒酿造技艺（红粬黄酒酿造技艺）、红茶制作技艺（坦洋工夫茶制作技艺）2 个项目列入第五批国家级非物质文化遗产代表性项目名录扩展项目名录。

【省级非物质文化遗产】 2022 年 1 月 29 日，福建省人民政府公布第七批省级非物质文化遗产代表性项目名录 188 项。其中，新增项目名录 157 项，第一批至第六批省级非物质文化遗产代表性项目名录扩展项目 31 项。宁德市有 21 个项目入选第七批省级非物质文化遗产代表性项目名录。其中，新增项目 15 项，第一批至第六批省级非物质文化遗产代表性项目名录扩展项目 16 项。2 月 22 日，福建省文化和旅游厅公布第五批省级非物质文化遗产代表性传承人名单 182 名，其中宁德市吴祖清、姚义炳等 24 名非遗代表性传承人入选。

【茶文化遗产保护】 2021 年，宁德市红茶制作技艺（坦洋工夫茶制作技艺）列入国家级非物质文化遗产代表性项目名录，截至年末，全市有茶叶类国家级非遗代表性项目 2 个、省级非遗代表性项目 4 个、市级非遗代表性项目 8 个。年内新增省级非物质文化遗产代表性传承人 3 名。先后编撰出版《宁德茶业志》《古田茶志》《鹫峰神叶》等茶文化书籍 20 余部，创作《坦洋　坦洋》《天山绿茶天山红》等一系列歌曲、微电影和形象宣传片等。其中，展示屏南小种传统制作技艺的茶文化微电影《闽乡闽香》，获“中茶杯·我为中国茶代言”微视频大赛特等奖。6—8 月，在文化和旅游部恭王府博物馆举办“传承技艺　美丽中国·福安坦洋工夫茶制作技艺精品展”系列活动。

【闽东非遗文化周活动】 2021 年 6 月 12 日，由宁德市文化和旅游局主办的“文化和自然遗产日”暨闽东非遗文化周活动在宁德万达广场开幕。活动为期一周。活动采取线上和线下相结合的方式组织开展非遗项目展示展演、非遗戏剧展演、急需保护的非物质文化遗产——许少华摄影展、非遗购物节带货直播等系列活动，全面展示宁德市非遗保护传承成果。

【庆祝中国共产党成立 100 周年主题展览】 2021 年 5 月 16 日，宁德市博物馆联合闽东畲族文物馆、蕉城区博物馆、静心美术学校，在宁德万达广场开展“庆祝中国共产党成立 100 周年暨 5·18 国际博物馆日”主题活动。活动分为内外场 2 个区域。内场展示畲族特色传统服饰、民俗生活物件。外场则展出 66 幅图片，包含宁德各地革命旧（遗）址、蕉城区不可移动文物、畲族文创作品等。现场组织小志愿讲解员为市民解说，并分发宣传图册和《宁德畲族文物保护条例》白皮书，同时由美术小学员们以绘画的形式记录文物历史。12 月 3 日，博物馆工作人员带着展板走进曼哈顿大地幼儿园，以“童心向党　红色故事润童心”为主题开展活动。现场由博物馆讲解员带领孩子们一起认识国旗、党旗，并为孩子们讲述闽东革命先辈为党和人民奋斗牺牲的英雄故事，学习党的历史，激发孩子们的爱国情怀和民族自豪感。

【文物调查与考古勘探】 2021 年，宁德市博物馆开展国高网宁上高速公路宁德霞浦至福安段工程、福安上白石至泰顺龟湖公路工程进行文物考古调查，完成《国高网宁上高速公路宁德霞浦至福安段工程考古调查报告》和《福安上白石至泰顺龟湖公路工程考古调查报告》，并上报省文物局，基本完成工程项目的考古调查。

（张舒菲　宋丹丹）

新闻出版

【概况】 2021年，宁德市有印刷企业71家、出版物发行单位109家、报纸2种、期刊2种、侨刊乡讯6种、连续性内部资料出版物25种。全市新闻出版行业资产总额8.03亿元，营业收入8.56亿元，利润总额1.13亿元。强化版权保护工作，围绕“4·26”世界知识产权日，组织版权宣传周系列活动，加强版权登记管理工作，鼓励社会群体和个人作品自愿登记，全年自愿登记作品1790件。

【宁德市文化传媒集团（闽东日报社）】 2021年，宁德市文化传媒集团（闽东日报社）推出《牢记总书记嘱托　奋力谱写全面建设社会主义现代化国家宁德篇章》《百年奋斗路　启航新征程·学党史　悟思想　办实事　开新局》等50余个重点栏目。在迎接中国共产党成立100周年、市第五次党代会之际，各媒体平台第一时间推进全媒体报道，营造全社会爱党爱国爱家乡、奋力谱写“宁德篇章”的氛围。其中，新媒体“闽东红文物——华哥开讲”成为“学习强国”学习平台的专设栏目。《宁德服务再育“金娃娃”“宁德速度”再创新纪录》等新闻稿件及系列评论员文章，取得良好宣传效果；纸媒端开设《我眼中的阿美书记》《学习孙丽美先进事迹·提振干事创业精气神》等专栏，“新宁德”和宁德网先后开设“风雨中最美的守护——致敬孙丽美”等专题。全年各新媒体平台添加新闻稿件及资讯15万余条；客户端下载用户数22万人次，微信订阅人数25万余人，微博订阅人数60万余人，抖音平台粉丝数近37万人，综合覆盖受众180余万人，单月最高浏览量超过1亿人次，“新宁德”抖音话题播放量6.1亿次，原创“百万+”新媒体爆款作品160条、“千万+”作品3条。“端午节祝大家‘粽’是健康”等“百万+”新媒体爆款作品25条、“千万+”作品3条。参加福建新闻奖评选，14件作品获奖（其中一等奖3件），2件作品被评为福建省新春走基层活动优秀新闻作品。

创新经营思路　2021年，宁德市文化传媒集团探索“新闻+政务商务服务”，深化区域公用品牌“0593宁德号”运营，拓展数字经济、保密印刷、展会经济、舆情监测、影视服务等新业态，推进多元经营。举办“0593宁德号”产品展、局长带货直播等12场次，直播9场，收看累计超240万人次，实现营收500余万元；与东侨国投合作组建宁德市闽东日报东侨印务有限公司，启动涉密资质数码印刷业务，年末实现竣工投产。完成“探索建立新闻单位巩固拓展脱贫攻坚成果、助力乡村振兴新模式”等7个“我为群众办实事”项目，刊发各类乡村振兴公益广告约19个版面，“0593宁德号”公用品牌运营推广，实现全网交易10余万笔，带动89家许可企业实现销售增长。

媒体深度融合　2021年，宁德市文化传媒集团（闽东日报社）坚持大采大编总体思路，探索项目制工作室模式，优化组织架构，深化内容生产传播流程改造，推动采编和技术力量共享融通、报（台）网端微协同联动，形成集约高效的内容生产体系和全媒体传播链条，达到“一次策划、一次采集、多元生成”预期，从“加”阶段向“融”阶段迈进，推进集团（报社）事业高质量发展。

体制机制改革　2021年，宁德市文化传媒集团（闽东日报社）规范广告经营模式，对集团各级企业分级实施纪检监察工作，强化经营风险防控，推进文档资料规范化管理；建立健全《货币资金管理规定》各项财务管理制度，成立职称评审委员会、制定专业技术职务评聘工作方案，规范职称评审流程，以制度管人管事。新晋级正高级职称3人（其中3级岗位1人、4级岗位2人）、中级职称6人。完成印刷厂转企改制，成立宁德市闽东日报印务有限公司；完成日报、晚报社及原企业聘用人员劳动关系划转、岗位设置方案报批、工会组建、旗下各新媒体平台整合等工作。

宁德晚报社　2021年，宁德晚报社实现减员增效、扭亏转盈。与市关工委、市委老干部局、市委文明办联合举办9期“关爱微心愿”活动，为300余名留守儿童送温暖，开展慈善一日捐、文明志愿督导等活动。有3件作品获福建新闻奖，其中《战“疫”：宁德十二时辰》获一等奖，系创刊以来首次获得一等奖；5件作品获赵超构新闻奖。

闽东日报社融媒体中心　2021年，闽东日报社融媒体中心加快平台融合。“新宁德”客户端开设专题59个，刊发1.5万条稿件，其中“10万+”稿子4条，7件作品获福建新闻奖。“新宁德”抖音号发布原创作品1992件，浏览量5.8亿人次。8月，由省委宣传部等联合主办的“红色福建知多少”活动中，位列“红色福建推荐官”全省评选中第二、“城市推荐官”全省第四；由抖音举办的“福建活动观察团”排行榜排名全省第一。6月与周宁县委宣传部共同举办“闽东之光·云端周宁”全国摄影大展暨风筝节活动，首次由抖音官方邀请3个短视频网红达人团队进行宣传拍摄，设置的“云端周宁”抖音话题视频播放量超过3250万人次。

宁德市融媒文化交流中心项目建设　2021年，宁德市融媒文化交流中心（市文化传媒大楼）建设项目通过省、市发改项目管理平台备案，7月地块摘牌。申报市重点项目，完成概念性方案设计深化，启动项目方案设计和概算编制，陆续开展地勘、环评等工作；获省委、市委宣传部支持的550万元文产资金作为项目建设前期经费，项目专项债申报工作获得财政部批准。

【新华发行集团宁德分公司】 2021年，福建新华发行（集团）有限责任公司宁德分公司（简称“新华发行集团宁德分公司”）实现销售码洋6552.70万元，比上年增加812.35

万元，增长14.15%；实现利润总额313.88万元，比上年增加36.32万元，增长13.09%。获年度阅读空间新榜样——标杆大书城、福建省全民阅读示范基地称号。

主题出版物发行 2021年，新华发行集团宁德分公司做好党史学习教育指定学习材料和《习近平在福建》《习近平扶贫故事》《习近平关于统筹疫情防控和经济社会发展重要论述选编》《山海闽东》《下党乡巨变》《“时代楷模”孙丽美》等主题出版物的宣传征订、配送服务工作，满足党员干部群众用书需求。强化意识形态阵地建设，建设新华党建·党史读物空间，设立主题展台搭建图书造型，开展以“中国共产党成立100周年”为主题的党史读物展销，组织“党员干部阅读推荐书目”推广推介活动，开展网格化征订发行工作，推动党史学习教育深入基层、深入群众、深入人心。累计征订党史学习教育指定学习材料2.57万套，码洋366.02万元；《习近平在福建》1.78万套，码洋224万元；《习近平扶贫故事》2.1万册，码洋162万元；《山海闽东》4万册，码洋260万元；《习近平关于统筹疫情防控和经济社会发展重要论述选编》1.29万册，码洋38.70万元；《下党乡巨变》0.50万册，码洋22.50万元；《“时代楷模”孙丽美》0.03万册，码洋1.24万元。

一般图书发行 2021年，新华发行集团宁德分公司开展“新华新春天天乐”新春系列活动、“迎新年·书香润八闽、贺新春·新华享乐购”·“两节”活动。组织图书馆、大中专院校、中小学校参加春季福建新华馆藏图书订货会，开展“假期读一本好书”活动，通过采用入校宣传征订、流动供应等方式，引导中小学生“爱读书、读好书、善读书”。与宁德市委宣传部、市文联等单位联合开展本土作家阅读分享、《宁德诗篇》首发暨签售活动、《宁德文丛》《下党乡巨变》首发仪式、长篇报告文学《山海闽东》出版座谈会、《“时代楷模”孙丽美》新书发布会等“书香宁德”全民阅读活动。与宁德市总工会联合开展学习宣传习近平总书记在中国共产党成立100周年庆祝大会上的重要讲话精神暨“四史”书香进企业活动，完善企业文化阵地建设。邀请宁德师范学院附属小学、宁德市蕉城区实验小学名师走进宁德新华书店图书城，举办专题讲座、阅读讲堂等各类阅读推广活动。

教材教辅发行 2021年，新华发行集团宁德分公司按照集团加强疫情防控做好教学用书送书到校的工作部署，完成春季、秋季进校教学用书包件、车辆等设施的消杀工作以及教学用书收货、配送工作，实现从“课前到书”到“假前到书”的转变。以教育需求为导向，组织《心理健康读本》《写字课堂》《顶尖中考冲刺模拟试卷》等教辅读物宣传征订工作，拓宽教辅读物覆盖面。加大专题教育读本发行力度，配合宁德市委宣传部、市教育局等有关单位开展第28届“百年新征程、全面建成小康”青少年爱国主义读书教育活动，举办宁德市、蕉城区线上征文比赛、讲故事、演讲比赛；发行第28届青少年爱国主义读书教育活动用书7.44万册，码洋74.60万元。在中国共产党成立100周年华诞之际，与宁德市委宣传部、市教育局联合举办“从小学党史、永远跟党走”主题教育读书活动，举办市、区两级党史知识竞赛活动，引导中小学生铭记红色历史、深植爱国情怀；发行活动用书5.5万册，码洋120万元。

（张舒菲　陈恒坤　毛文霞）

广播影视

【概况】 2021年，宁德电视台《闽东新闻联播》《十分关注》《东侨新视野》等新闻栏目围绕庆祝中国共产党成立100周年、习近平总书记给寿宁下党乡亲重要回信两周年、“时代楷模”孙丽美先进事迹、疫情防控、福建省第十一次党代会、宁德市第五次党代会等重点选题，加强选题策划，拓展深度报道，先后开设《做好冬春季疫情防控》《始终沿着总书记指引的方向坚定前行》《牢记总书记嘱托奋力谱写全面建设社会主义现代化国家宁德篇章》《统筹推进疫情防控和经济社会发展》《爱国情　奋斗者》《“三比三赛”见行动》等专栏。《闽东新闻联播》全年播发节目485期，在中央电视台新闻栏目中播出宁德新闻103条，在省台新闻栏目中播发新闻852条，位列全省第三名。“两微一端一抖”等新媒体平台发布资讯5000余条次，总播放（浏览）量超5亿次，新媒体粉丝总数突破120万人次，其中抖音粉丝量超过90万人次。精品创作不断，大型纪录片《家在东侨》《铁血碑记》《绝密木匠桶》，短视频《连家船民的生活变迁》《乡音永续华夏情》《一颗子弹的身世》《永远的纪念》等获得各类奖项，乡村振兴栏目《主播带你游》展示闽东乡村海岛的旅游景观和人文景观等，完成百集节目拍摄制作，新媒体总播放量超6000万人次。宁德人民广播电台播发《闽东新闻》270余期、稿件3000余篇，播出新闻专栏40余个，被福建人民广播电台采用各类稿件500余条，被中央人民广播电台采用稿件30余条。推进“智慧广电＋公共服务”，完成100个建制村智慧广电乡村工程试点建设，制定《宁德市应急广播体系建设实施方案》，推动市、县、乡、村应急广播体系建设。推动广播电视和网络视听节目参与评先评优，一批优秀节目获省级以上扶持奖励。

【广播电视和网络视听节目参与评先评优】 2021年，宁德市文化和旅游局组织全市广播电视和网络视听节目参与各类评先评优活动，一批节目获省级以上奖励扶持。反映连家船民脱贫致富故事的电视剧《连家船民的美好生活》被列入国家广播电视总局“2021—2025年重点电视剧选题”，短视频《连家船民的生活变迁》在第十五届小康电视节目工程推选活动中获短视频类优秀作品；党史学习教育系列短视频《乡音永续华夏情》《一颗子弹的身世》《永远的纪念》选送国家文物局、中国外文局优秀短视频评选，大型纪录片《家在东侨》2个节目获全省广播电视艺术奖一等奖；纪录片《铁血碑记》《绝密木匠桶》被省广电局列入“百年丰碑·福建故事”重点选题并获得资金扶持；新闻作品《宁德寿宁下党乡党委荣获全国脱贫攻坚楷模集体荣誉称号》获得省广电局广播电视新闻作品创新创优扶持、福建省新闻奖三等奖；纪录片《上岸》《“丽美”人生映初心》入选“理想铸丰碑·我说新福建”主题活动优秀作品并参与汇报展演，《数字中国 福建力量》《属于他们的年龄》《点竹成金》入选省广电局“理想铸丰碑·我说新福建”主题活动入围节目。广播栏目《让文物说话》被“学习强国”总平台音频专辑、“学习强国”福建平台“八闽记忆”专栏推送。广播剧《有一种美丽叫作“丽美”》《无名英雄——蔡威》《百岁老人换房记》《永远的“畲豹花”》《革命烈士颜阿兰》分获福建省“信仰的力量”微广播剧展播评选活动一、二、三类和入围作品奖，《布袋里的秘密》《十字架上的英雄》参与全省展播。广播剧《下党的路》《人间四月天》《爱得够深》分获福建省“希望的田野——走向我们的小康生活”全省微广播剧展播评选活动二类和入围作品奖。《他把生命定格在春天里》获福建省广播电视艺术奖播音与主持作品二等奖；广播剧《下党的路》获福建省广播电视艺术奖三等奖。网络视听节目《宁德脚步——走向乡村振兴》获得省广电局2021年网络视听节目精品创作扶持项目，在省内各大官方网络平台同步展播，并被省广电局推荐上报国家广电总局参评，《面孔》栏目获2021年省局网络视听节目季度推优，并获省广电局推荐上报国家广电总局参评。

【公益广告制播】 2021年，宁德市广播电视播出机构围绕全面建成小康社会、创建全国文明城市等主题，创作一批公益广告和电视短片。宁德电视台公益广告播出8.70万条次，其中疫情公益广告52条，播出1.48万条次；创文明城公益广告29条，播出2.46万条次，其中文明健康公益广告12条，播出4783条次。宁德人民广播电台播出公益广告150条，总时长超过21436分钟，在FM 101.7和FM 93.3频率播出共计27360次。宁德电视台创作的公益广告《路》获得第三届北京国际公益广告大会优秀奖。全省广播电视公益广告和以“党旗飘扬 筑梦中国”为主题的公益广告扶持项目评审中，宁德电视台制作的公益广告《传承》获得电视类优秀作品三类，宁德人民广播电台制作的公益广告《“疫”封家书》获得广播类优秀作品三类，霞浦县广播电视台被省广电局评为广播电视公益广告“优秀传播机构”。宁德电视台制作的公益广告《属于他们的年龄》、宁德人民广播电台制作的公益广告《百岁礼物》获得“党旗飘扬 筑梦中国”为主题的广播电视公益广告优秀作品二类。

【电影放映】 2021年，宁德市各影院放映电影20.6万场次，总票房8590.36万元，总出票215.1万张，网售出票179.1万张，平均票价39元。加强农村精神文明建设，实施农村电影放映工程，让农民群众“看上电影、看好电影”，全市完成“一村一月一电影”农村电影放映2.7万场次，观影人数140万人次。

（张舒菲）

文化产业

【概况】 2021年，宁德市实施《文化产业发展三年行动计划》（2020—2022年），持续培育福安“数字＋文创”、霞浦“摄影＋民宿”、屏南“乡村＋文创”、福鼎“白茶＋文化”等文化产业模式，发展动漫游戏、短视频、网络文学、影视等产业新业态。全市文化产业增加值47.59亿元，规模以上文化企业数量95家，实现年度营收21亿元。

【文化产业项目建设】 2021年，宁德市对接引进北京文岱天青影视公司、好奇心影视公司等一批影视公司，打造屏南新时代乡村影视基地。依托福安数字文创园，培育6个千万级短视频文创IP，创新打造短视频电商模式，全行业年营收过亿元，带动就业超千人。

【文旅融合】 2021年，寿宁县坑底乡芎坑森林村庄获评省级养生旅游休闲基地，屏南县寿山乡白玉村、周宁县苏家山景区、柘荣县鸳鸯草场获评省级体育旅游休闲基地，福建惠泽龙酒业、福建瑞达茶业等5家企业获评第二批市级工业旅游示范基地。

（张舒菲）

档案工作

【概况】 2021年，宁德市档案部门服务党史学习教育、重点项目建设，开展脱贫攻坚和疫情防控档案资料归集，开展档案执法检查、档案宣传等工作。7月12日，省档案局到宁德调研机构改革后档案工作开展、疫情防控和脱贫攻坚档案归集等工作。10月14日，省档案馆联合省编办到宁德调研档案行政管理工作和权责清单落实情况。10月15日档案馆新馆开馆。全市档案系统2人获省级“档案工匠”称号。

【服务党史学习教育】 2021年，宁德市档案部门建设“红色记忆——闽东革命历史档案展”专题展厅，被列为第一批市级党史学习教育参观学习点。并制作全景VR展厅，通过线上、线下档案文化宣传阵地的双开放，打造党史学习教育平台。接待参观党员干部群众62批次、3000余人，全景VR展厅网上点击量2万余次。到郦景社区举办“百年辉煌历程——中共一大至十九大专题图文展”。发挥爱国主义教育基地作用，开展“从小学党史 永远跟党走”“中国梦 我的梦——梦想档案寄存”“传承红色基因 赓续红色血脉”等爱国主义教育实践活动，接待青少年377人，接收梦想档案300余封、梦想寄语卡片100余张。《宁德市党史学习教育简报》刊登《市档案馆多举措助力青少年学党史》。《中国档案》《宁德市党史学习教育简报》等宣传媒体刊登《宁德市档案馆多形式挖掘用好红色资源 打造党史学习教育优质平台》经验做法。

【“两类档案”归集】 2021年，宁德市档案部门落实脱贫攻坚和疫情防控档案资料“两类档案”归集工作，召开“两类档案”归集工作专题视频

2021年6月9日，宁德市档案馆开展中国梦·我的梦——梦想档案寄存活动 （市档案馆　供图）

会议，市、县、乡三级相关部门负责人计807人参加培训，到基层一线指导。全市各级档案馆接收脱贫攻坚档案35773卷，其中贫困户类19698卷。接收、征集疫情防控文书档案23585件，照片5108张，音视频183个，实物档案125件，家书102篇、新闻媒体报道134篇，完成“两类档案”归集工作。《中国档案报》报道开展疫情防控档案归集工作经验做法。

【重点项目建设档案】　2021年，宁德市档案部门以各个重点建设项目为点，与宁德市重点办联系，以重大建设项目档案管理登记为基础，以档案专项验收为手段，与有关项目主管单位联系和协作，点对点加强对重大建设项目档案工作的监管和服务。开展重点项目指导检查39个，完成福州港三都澳港区城澳作业区西1号泊位工程等7个重点项目验收。

【档案执法检查】　2021年，宁德市档案部门抽取18个乡（镇、街道）进行乡（镇、街道）的档案专项检查，检查结果以书面形式向相关县（市、区）党委通报，监督指导乡（镇、街道）档案工作依法有序开展，充分发挥档案服务大局，助力乡村振兴战略实施，更好服务“三农”，全面提升服务乡村振兴和基层治理能力。建立市直单位监督对象名录库和执法人员名录库，随机抽取8个市直单位开展市直单位档案执法检查，推进档案执法监督检查常态化。

【档案宣传】　2021年，宁德市档案部门和省档案局、馆联合开展“档案里的红色记忆”——“6·9”国际档案日特别直播节目，通过馆藏红色档案，讲述“沙家浜”故事原型——传奇的新四军第三支队第六团及其整编后北上抗日的故事。在福建省广播影视集团乡村振兴频道及海博TV、直播福建、抖音等各大平台同步播出，在线观众357万人。通过馆藏档案拍摄《永远的纪念》微视频，讲述郑长璋烈士故事。和厦门大学马克思主义学院合作，编研《闽东抗日战争档案史料》丛书（第九、十辑）。挖掘馆藏档案，征集三都澳历史资料，建设“三都澳历史档案展示馆”，讲述三都澳1700余年来的历史，展示宁德历届党委、政府带领闽东人民实现“开发三都澳”梦想的伟大实践。在《闽东日报》专版刊登《珍贵档案耀百年　红色经典永流传》专题报道、在宁德档案信息网及微信公众号推出《档案中的闽东红色党史》系列专题报道6期，讲述档案背后历史。

【档案馆新馆投用】　2021年，宁德市档案部门争取国家档案局专项资金198万元、省级以奖代补资金500万元、市级专项资金1000万元实施新馆深化装修项目。完成馆藏16万卷档案清点、整理、编目、消毒、搬迁，10月15日开馆，市委常委、秘书长参加开馆仪式。新馆建筑面积约1万平方米，具备档案安全保管基地、爱国主义教育基地、档案查阅利用中心、政府公开信息文件查阅中心、电子文档中心“五位一体”的功能要求。

【档案队伍建设】　2021年，宁德市档案部门把档案教育纳入党校（行政学院）科级主体班教学课程；举办档案业务专题培训班，邀请省档案专家授课，市直机关、学校、医院、档案服务机构的80余名档案员参加培训；提高干部职工档案意识、档案从业人员的专业水平和素质。举办宁德市第二届“档案工匠”评审，评选市级“档案工匠”14名，2人获省级“档案工匠”称号。宁德市有省级“档案专家”2名，省级“档案工匠”5名，市级“档案工匠”36名。组织评审档案专业中初级技术职务任职资格，申报78人，通过54人。

（林　兴　刘剑清）

党史和地方志工作

【概况】　2021年，宁德市委党史方志室持续组织实施党史方志基本著作，挖掘闽东史志资源，强化人才队伍建设等各项工作。发挥党史方志职能，服务全市党史学习教育。围绕庆祝中国共产党成立100周年，举办闽东党史图片文物展、知识竞赛、“红色足迹”宁德市美术作品展等活动5场。《宁德年鉴（2020）》获评全国、全省一等年鉴，《扶贫开发“宁德模式”的探索与实践》获2016—2020年全国党史和文献部门优秀科研成果资政成果类二等奖，《“传承红色基因，走出闽东特色乡村振兴之路”主题党日活动线路》项目获全省机关体制机制创新优秀案例一等奖。

【地方党史编研】　2021年，宁德市

委常委会会议审定通过《中国共产党福建省宁德市历史·第一卷（1926—1949）》，完成印刷服务公开采购程序；《中国共产党福建省宁德市历史第二卷（1949—1978）》完成初稿编写，进行总纂统稿、党史资料收集整理等工作。组织编纂全市党史学习教育的特色教材《闽东革命简史》和《闽东百个革命故事》，分发全市各级机关单位学习使用。审核《畲族群众巧送情报和掩护革命同志脱险的故事》《叶飞在闽东三次遇险》《闽东畲族文物馆畲族红色展厅陈列大纲》《家书》等涉及地方党史和重要党史人物的文章、书稿和剧本材料16份，解答闽东党史疑问并提供党史资料。

【志书编修】 2021年，宁德市出版印刷《宁德市志（1993—2005）》。修改并拟定《宁德简志》目录，编辑全书初稿。二轮县级志书9部，出版7部，交付出版2部。完成《脱贫攻坚口述史》材料征集，编写完成宁德市“纪录小康工程”全面建成小康社会阶段性大事记。

【地方综合年鉴编纂】 2021年，宁德市委党史方志室组织编纂《宁德年鉴（2021）》，继续探索年鉴编辑人才培养途径，于8月完成全书主体稿件编辑，9月完成总纂并交付出版，12月完成出版。举办全市年鉴业务交流会，指导县（市、区）年鉴编纂，全市县级年鉴2021卷均完成编纂并交付出版。《福安年鉴（2020）》获评全国二等年鉴，《屏南年鉴（2020）》《福鼎年鉴（2020）》分别获评全省二等、三等年鉴。同时完成《中国地方志年鉴》《福建年鉴》供稿任务。

【党史方志宣传】 2021年，宁德市委党史方志室在学习大军网、宁德党史方志网开设《庆祝中国共产党成立100周年》专栏，上传发布闽东重要党史人物、重大事件、经典故事、红色遗址等资料信息；联合宁德电视台推出《闽东革命史十大事件》《闽东革命史十大战事》电视短片；为宁德机关党建网、《闽东日报》等机关单位、主流媒体审核、提供党史资料；先后39次入机关、企事业单位、学校、部队和社区等开展宣讲活动，受众2000余人次。围绕党史学习教育主题，举办中国共产党成立100周年闽东党史图片文物展、庆祝中国共产党成立100周年党史知识竞赛、“红色足迹”宁德市美术作品展、“品读红色经典、赓续精神血脉”亲子阅读主题活动、“学党史 悟思想 我为群众办实事”暨“5·12”防灾减灾日宣传等系列宣传教育活动5场，受众10余万人次。

【依法编史修志】 2021年，宁德市委党史方志室学习宣传贯彻《地方志工作条例》《宁德市红色文化遗存保护条例》等，依法依规审阅《宁德市金融志（1993—2015）》《宁德市档案志（1995—2018）》送审稿，参加评稿会，出具出版批复函；指导《闽东畲族志》篇目制定和《宁德市检察志》《宁德老区发展史》《闽东工会志》等编写前期准备工作；指导并跟踪《霍童镇志》《赤溪村志》进展情况。按照《宁德市红色文化遗存保护条例》规定的党史方志的职责，联合市文旅局对全市33条红军标语建档立册，调查红色文化遗存500余处。办理市政协交办政协提案2件。

【建立地方志供稿机制】 2021年，宁德市委党史方志室经广泛征求意见，多次反复修改，拟制完成志鉴供稿机制代拟稿，于10月由中共宁德市委办公室、宁德市人民政府办公室联合印发《关于加强地方志供稿工作的通知》。从工作内容、供稿单位及责任人、报送材料及报送时限3个方面向承编部门提出地方志供稿要求，首次建立地方志年报、大事记半年报制度，并对撰稿单位通讯录报送、地方志核稿审校等工作作出相应规定。之后，市委党史方志室研究制定相关工作分解方案，具体细化有关贯彻措施，并明确供稿监督机制。

【《宁德市志（1993—2005）》出版】 2021年6月，由中共宁德市委党史和地方志研究室组织编纂的《宁德市志（1993—2005）》出版发行。该书由郭锡文、梁伟新任顾问，陈其春任主编，吴乃意、林慧冬任执行副主编，王乃化、林立光任副主编。此次编修的《宁德市志（1993—2005）》系首部《宁德地区志》之续志，采取详今略古的方式，内容上限为1993年，与前志衔接，下限至2005年，部分内容略有下延。全书400余万字，设建置、环境、资源、国土资源管理、人口、城乡建设、环境保护、交通运输 邮政、水利 电力、经济总情、农业、林业、茶业、渔业、工业与信息产业、品牌产业、国内贸易与区域协作、对外及对港澳台经济与口岸管理、服务业、房地产业、旅游、财政、税务、金融、经济综合管理、中国共产党、人民代表大会、人民政府、政治协商会议、民主党派、人民团体、公安、检察、法院、司法行政、军事、外事、侨务与港澳台事务、教育、科学技术、文化、卫生、体育、扶贫扶建与造福工程、人力资源与社会保障、民政、少数民族、宗教信仰、民俗、人物等47编236章848节，全面、客观地记述宁德自然地理、政治、经济、文化、社会等各方面的发展变化情况，为社会各界人士更为深入地了解宁德、研究宁德提供翔实的重要文献资料。

【闽东党史图片文物展】 2021年，宁德市委党史方志室联合市文旅局、市档案馆举办庆祝中国共产党成立100周年闽东党史大型图片文物展。图片文物展征集图片2000余张、革命文物100余件，从中精选图片500余张和革命文物80余件展出，义务解说128场次，设置入党宣誓点及特色打卡点，宣誓单位党组织400余个，“七一”前后成为年轻人打卡“网红”热点，并通过抖音、微信等平台形成传播链。机关企事业单位、社会团体、大中小学校等前往观展人员1.1万人次。

【10条主题党日活动线路】 2021年，宁德市委党史方志室探索红色资源线路化，在全市筛选确定重要革命遗址遗迹和党史学习教育参观点等81个点，将点串成10条线路，连

线成网。联合市委办公室、市直机关工委编印《“传承红色基因，走出闽东特色乡村振兴之路”主题党日活动线路指导手册》，为全市各级党组织开展主题党日活动提供指导。同时在20余个网站发布推广10条线路，首次通过网络公开招募方式，组建市、县两级10支队伍分别按照10条线路进行线下实地体验。吸引市内外上千个基层党组织在宁德开展主题党日活动，助力乡村振兴。配套编撰《悠远地方志　仙韵路下乡》《悠远地方志　耕读黄柏乡》等画册，推介当年地委学习中心组读书班场景、乡村农耕文化等内容。

【《福宁州志》点校】 2020年末，霞浦县委党史方志室启动3版《福宁州志》分批点校工作。2021年，完成明万历四十二年（1614）版《福宁州志》（17卷约33.6万字）点校工作，进入审校阶段；11月，霞浦县政府同意将明嘉靖十七年（1538）《福宁州志》（9卷约12.6万字）和明万历二十一年（1593）《福宁州志》（11卷约28.8万字）2版志书点校经费纳入2022年部门预算，旧志点校工作经费得以保障。

【《烽火西竹岔》微电影拍摄】 2021年，柘荣县委党史方志室联合柘荣县委宣传部、县文旅局等部门单位制作红色微电影《烽火西竹岔》，于5月13日开机，10月1日开播。西竹岔战斗是闽东独立师成立以后与国民党正规军进行的一次最大阵地战，该微电影以“西竹岔战斗”为创作背景，讲述以烽仔为代表的红军战士和以火娃为代表的当地群众鱼水情深的感人故事，重现闽东独立师英勇顽强的战斗情景。

（蔡晨晖）

文化市场管理

【概况】 2021年，宁德市有文化市场经营单位283家，其中文艺表演团体36个，演出场所经营单位1个，演出经纪机构4个，娱乐场所经营单位176个，经营性互联网文化单位7个，互联网上网服务营业场所48个，艺术品经营机构11个。宁德市文旅局加强文化市场行政管理，开展“疫情防控”工作、“扫黄打非”专项整治活动、常态化扫黑除恶工作，开展“重点时段”文化市场专项检查行动和安全生产检查工作、“非法卫星接收设施整治”工作等。排查文旅经营单位安全隐患，组织消防安全专题培训，指导文旅企业开展突发事件应急演练，提升文旅企业消防安全意识。与公安、消防救援等部门配合协作，组织关于开展“控事故、保安全、迎建党百年”安全生产集中攻坚专项行动、消防安全集中攻坚等专项行动、“严执法、强攻坚、促提升”专项行动、“安全生产月”专项行动等专项整治行动。全市文化市场综合执法机构出动文化执法人员1.22万人次，检查网吧、娱乐场所、印刷企业、电影发行放映、广播电视、地面卫星接收设施、音像制品店和书店等经营单位4542家次，完成上级督办件、文化市场举报件86件，办理案件62件。

【安全生产培训】 2021年，宁德市文化和旅游局组织开展安全生产线上、线下培训，安全生产工作培训精选课题，围绕安全生产、消防安全、应急救援等内容，累计培训176人次，进一步提升全市文旅系统安全生产管理工作能力。

【“扫黄打非”工作】 2021年，宁德市文化执法部门出动执法人员12917人次，检查各类经营单位4543家次，收缴各类非法出版物3591件。办理“扫黄打非”案件18起，其中“官益平贩卖淫秽物品案”被列为福建省“扫黄打非”十大案件。推进“扫黄打非”进基层工作，推动“扫黄打非”工作融入基层平安建设、精神文明创建及新时代文明实践中心建设、城乡社区治理等平台，寿宁县下党乡、中国邮政集团有限公司宁德市福鼎市城关支局获评第五批全国“扫黄打非”进基层示范点。

（张舒菲）

卫生健康

综　述

【概况】 2021年，宁德市有各级各类医疗卫生机构2935家。其中，县级及以上公立综合性医院12家，民营医院23家，民族医院1家，中医院8家，精神病专科医院8家，皮肤病专科防治院1家；乡镇卫生院（社区卫生服务中心）128家；妇幼保健所（院）10家，疾病控制中心10家；卫生监督所10家；紧急救援中心、采供血机构各1家；各类门诊部46家，各类诊所531家，医务室41家，村卫生室（社区卫生服务站）2099家；医学在职培训机构3家。全市卫生计生单位职工总数25316人，其中卫生技术人员19777人，执业（助理）医师7010人，注册护士8857人。全市床位数15087张，较上年新增开放床位240张。其中医院及卫生院床位数14656张（医院床位数12481张，乡镇卫生院床位数2175张）。全市千人均床位数4.79张，千人均卫生技术人员6.28人，千人均执业（助理）医生2.23人，千人均注册护士2.81人（以全市常住人口数315万人计算）。

【卫生人才队伍建设】 2021年，宁德市引进卫生人才547人，其中博士2人、硕士45人、本科242人、紧缺急需专业毕业生117人，引才数量创历史新高。市、县两级名医“师带徒”工作室分别增至34个、46个，参与国家课题6项，促进7个专科升级为市级重点专科，开展新技术新项目129个，发表SCI、核心期刊论文105篇，培养徒弟430人，其中18人晋升为硕士生导师。落实人才配套及补助政策，发放人才专项经费1594.6万元、柔性引才配套经费690万元。人才培养工作持续加强，校地合作、基层对口帮扶工作不断深化，新选送培养本、专科医学定向生138人，线上线下培训乡村医生2509人，全科医生增至949人。

【医疗卫生补短板项目】 2021年，宁德市实施医疗卫生补短板项目79个，完成项目21个、在建项目23个、前期项目32个，累计完成年度投资16.11亿元，年度投资计划完成率161.1%。市妇幼保健院（含儿童医院）、市医院迁建（二期）工程、市康复医院综合病房楼本年完成项目竣工预验收。市中医院病房综合楼建设项目完成主体建设。福鼎龙安医院、古田县同仁医院等一批县级项目建成投用。全年新增建设医疗床位3031张。

【医药卫生体制改革】 2021年，宁德市医改领导小组印发《宁德市深化医药卫生体制改革2021年重点工作任务及分工方案》，全面部署医改重点工作。深化市属公立医院综合改革，研究制定市属公立医院党委书记、总会计师年薪制等人事薪酬制度4项，协调解决市属公立医院改革发展事项。开展市属医院院长年度绩效考核。推进世行贷款医改促进项目。

【县域紧密型医共体远程医疗】 2021年4月30日，宁德市卫生健康委等部门联合出台《加强县域紧密型医共体远程医疗工作方案》，开展全市县域紧密型医共体（总医院）远程医疗工作。通过将远程医疗工作纳入政府绩效考核、加强日常督促、注重宣传推广等途径，纳入市政协“双联四进”远程医疗工作在各县（市、区）全面实施。

【世行贷款医改促进项目】 2021年7月16日，古田县作为世行贷款医改促进项目指标全省5个现场验证点之一，通过国家验证组现场验证，世行贷款医改促进项目（福建省）完成。项目在宁德市实施3年，各县（市、区）将世行贷款用于县、乡医疗机构各项能力建设，推进紧密型县域医共体建设、卫生信息化、规范提升医疗质量、分级诊疗等工作。截至年底，世行贷款医改促进项目对9个县（市、区）的贷款全部发放到位，5批累计4209.95万美元。

（徐庆权）

疾病防控

【概况】 2021年，宁德市卫健系统在统筹做好新冠肺炎疫情常态化防控的情况下，推进疾病防控工作。9个县（市、区）报告甲、乙、丙类传染病21种，报告发病15890例，死亡16例，报告发病率比上年下降11.48%，死亡率下降32.74%，病死率下降24%。甲、乙类传染病发病数前五位的病种分别为病毒性肝炎、梅毒、肺结核、淋病、伤寒＋副伤寒。全市155家预防接种门诊实现疫苗溯源系统和免疫规划信息化建设全覆盖，全市适龄儿童免疫规划接种率99.72%。传染病监测效果明显，全市传染病报告及时率99.79%，报告发病率降至504.96/10万。重大传染病、地方病、慢性病防治水平不断提升，处置11起突发公共卫生事件，事件波及人口12785人，发病426例，无死亡病例，罹患率3.33%，11起事件2小时内报告及时率均达100%。未报告新冠肺炎本地病例，报告境外输入病例1例，境外输入无症状感染者1例，为菲律宾与缅甸输入，无死亡病例。追踪到密切接触者2030人。存活的艾滋病患者治疗覆盖率93.7%、病毒抑制率96.0%，登记满一年活动性肺结核患者成功治疗率94.34%，重症精神病报告患病率提高至4.77‰、规范管理率、面访率和服药率分别提高至89.74%、87.7%、85.19%，均超过省定指标要求。提前完成职业病防治四大监测项目等各项任务，工作进度全省排名第一。

【新冠肺炎疫情防控】 2021年，面对新冠肺炎疫情多点散发的复杂态势，宁德卫健系统落实落细常态化疫情防控措施，自武汉暴发疫情以来全市连续700余天保持本土确诊病例、疑似病例和无症状感染者"三零"，切实巩固疫情防控成果。

疫情防控能力提升 2021年，全市累计排查重点地区入（返）宁人员12.5万人，核酸检测率100%。累计开展核酸检测"应检尽检""适时抽检""愿检尽检"人员240万人份，开展重点外环境和特定人群监测35.7万份。组织开展6轮院感专项督查，指导整改问题653个。升级改造医疗机构、疾控机构核酸检测实验室23个，新建城市核酸检测基地2个，配备核酸移动检测车3台，核酸检测能力大幅度提升至16万份/天，达到2天内完成全市全员核酸检测标准。全市集中隔离点增加至49个6706间。储备核酸检测采样队613支，持证核酸检测人员410人。优化组建5支市级流调队伍和10支县级流调队合计600余人，累计排查密接135人，次密接2035人。组织开展城市核酸检测基地满负荷实战演练和新冠肺炎疫情全流程、全要素应急处置演练。选派362名卫技人员援助莆田、厦门抗击疫情。

网格化管理工作 市卫生健康委牵头制定《关于做好以全员核酸检测为重点的网格化疫情防控管理工作的通知》，全市建立网格点1920个，配备医务人员6259名，实现对314万常住人口网格化管理全覆盖。疫情防控网格化管理经验，受到省疫情防控指挥部肯定并在全省推广。完成网格化信息摸底登记282万人。研究制订《疫情防控网格化验收标准》，全面推动全市各网格点规范化建设，夯实社区群防群控基础。

疫苗接种工作 采取优化接种服务、摸底造册清零等硬措施进一步压实四方责任，优化接种工作流程，开展攻坚行动2次，超额提前完成18岁以上人群全程疫苗接种、12～17岁人群第一剂、全程疫苗接种任务，构建人群免疫屏障取得阶段性成效。截至年底，全市累计为281.93万人接种疫苗598.63万剂次。

【免疫接种】 2021年，宁德市接种新冠病毒疫苗598.63万剂次，其中第一剂281.42万剂次、第二剂267.41万剂次、第三剂49.80万剂次。适龄儿童免疫规划疫苗接种65.59万人剂次，接种率99.79%。15岁以下儿童AFP报告发病率3.53/10万；排除麻疹风疹病例报告发病率为2.1993/10万，全市AFP、麻疹各项监测指标均达到国家要求。

【疾病防治】 **手足口病防治** 2021年，宁德市报告手足口病3394例，无重症病例，无死亡病例，报告手足口病聚集性疫情3起，发病42例，疫情较上年同期下降。3394例中实验室确诊175例，实验室确诊率5.16%；病毒型别分别为EV71型4例、CoxA16型22例，其他肠道病毒149例。

霍乱防治 2021年4—10月，宁德市沿海县（市、区）腹泻病门诊登记腹泻患者2364人，检测腹泻患者标本1646份，检索率69.63%；检测外环境海（水）产品标本2151份，采检水样标本998份，均未检出霍乱阳性标本。

艾滋病性病防治 2021年，宁德市9家艾滋病抗病毒治疗定点医院艾滋病患者/感染者的免费抗病毒治疗覆盖率93.7%。吸毒人员治疗年保持率73.3%。完成暗娼人群干预17033人次，HIV检测3745人次。

结核病防治 2021年，宁德市新登记活动性肺结核1072例；登记满一年活动性肺结核成功治疗率94.34%；非结防机构网络实际报告肺结核和疑似肺结核患者总体到位率99.03%；新涂阳患者密切接触者筛查率100%；耐多药肺结核高危人群筛查率100%；新病原学阳性肺结核患者耐药筛查率95.73%；可随访到的艾滋病病毒感染者结核病筛查率99.06%。

慢性病防治 2021年，霞浦县和屏南县于5月开展"万步有约"健走激励大赛。全市死因登记报告死亡总数19282人，死亡率6.63‰，死因登记报告及时性77.05%。心血管疾病高危人群早期筛查和综合干预项目，寿宁县医院完成长期随访1600人，柘荣县完成长期随访 960 人。

严重精神障碍疾病防治 2021 年，宁德市在册患者数 13873 人，报告患病率 4.77‰，患者管理率 93.54%，规范管理率 89.97%，患者服药率 85.19%，规律服药率 71.54%，精神分裂症患者服药率 86.08%，面访率 87.7%。

职业病防治 2021 年，宁德市完成 45 家用人单位 1696 人次的职业健康检查；28 家医疗单位及企业 295 人次的放射工作人员职业健康检查。开展职业病诊断咨询 29 人次，确诊职业病 5 人（其中 2021 年受理 4 例，2020 年 12 月受理 1 例）。从业人员健康检查 19456 人，检出肝功能异常 361 人、甲肝阳性 6 人、戊肝 22 人和活动性肺结核 3 人。皮肤病门诊接诊 9370 人次。完成辖区内 143 家（任务数 140 家）企业的工作场所职业病危害因素项目调查、现场监测、检测数据网络上报及市级复核 14 家的所有目标任务工作。

【疾病监测】 **地方病/寄生虫病/自然疫源性疾病监测、消毒工作** 2021 年，宁德市 9 县（市、区）完成现场工作及学生甲状腺 B 超检查，采集尿样、盐样各 2758 份，儿童甲肿率 0.98%，低于 5%，学生尿碘中位数 184.94 微克/升，处于适宜范围，孕妇尿碘中位数 127.6 微克/升，低于 150 微克/升的适宜水平。福鼎市水氟浓度 <1 毫克/升，检查 8~12 岁学生 18 人，未检出可疑病例，未检出氟斑牙和缺损型氟斑牙病例，氟斑牙指数 0。本地报告输入性疟疾病例 1 例。福鼎市作为国家级肠道寄生虫监测点完成 1186 份标本检测工作，阳性率 0.17%。全市总查钉螺面积 52500 平方米，查出有螺面积 6000 平方米，灭螺总面积 7000 平方米，未发现新增螺点。古田县、周宁县、福安市开展鼠疫监测工作，完成全年室内、室外鼠疫监测。均为阴性。周宁县开展出血热监测工作，全年检测 72 份鼠肺标本，结果均为阴性。在柘荣县开展发热伴血小板减少综合征监测，均为阴性。在霞浦县、古田县、蕉城区开展蚊媒监测工作，福鼎市开展苍蝇密度监测工作，屏南县开展蟑螂密度监测工作，周宁县开展鼠密度监测工作。市级完成宁德市医院、宁德市中医院消毒质量监测工作，各县级完成一所卫生院及一所幼托机构消毒质量监测工作。

食源性疾病监测 2021 年，宁德市哨点医院上报 4737 例病例，其中蕉城区 760 例、霞浦县 704 例、古田 394 例、屏南 277 例、寿宁 351 例、周宁 602 例、柘荣 276 例、福安 706 例、福鼎 667 例。全市上报 6 起食源性疾病聚集性事件，分别为福安市 1 起、蕉城区 1 起、古田县 1 起、周宁县 3 起。福鼎市完成 180 人份居民食物消费量调查。

【卫生监测】 2021 年，宁德市对美容美发店、宾馆酒店、足浴店、游泳场所等空气质量、公共用品消毒质量监督监测和常规监测 185 家，监测合格 146 家，合格率 78.92%。在 4 个季度开展饮用水监测工作，完成 350 份，合格 342 份，合格率 97.7%。其中，出厂水 16 份，合格率 100%；末梢水 162 份，合格率 100%；二次供水 172 份，合格 164 份，合格率 95.3%。调查蕉城区 10 所学校、柘荣县 7 所学校；体检学生总数 5281 人，调查问卷学生数 3693 人，学校教学生活环境卫生监测 12 所；11 月 25 日完成所有监测数据审核及网络上报等工作。

（郭　捷　徐庆权）

基层卫生

【概况】 2021 年，宁德市有乡镇卫生院（社区卫生服务中心）128 所、妇幼保健所（院）10 个、村卫生室（社区卫生服务站）2099 个、乡镇卫生院职工总数 3347 人，其中卫生技术人员 2798 人、执业（助理）医师 903 人、注册护士 1022 人。完成基础设施、基本设备“双达标”乡镇卫生院 90 个、社区卫生服务中心 16 个，在“优质服务基层行”活动中，基层医疗卫生机构达到推荐标准 5 家，达到基本标准 46 家。

【基本公共卫生服务】 2021 年，宁德市卫健系统实施农村妇女免费增补叶酸预防神经管缺陷项目，叶酸服用人数 18642 人，目标人群服用率 93.21%。实施妇女宫颈癌、乳腺癌（简称“两癌”）免费检查项目，宫颈癌 HPV 检测试点项目全市完成检查 5.65 万人，完成率 94.10%；完成乳腺癌检查 5.56 万人，完成率 92.59%。开展为城乡居民医保孕妇提供免费产前筛查和诊断项目，任务量 8000 例，筛查 7298 人，完成率 91.23%。免费开展地中海贫血防控试点项目，任务量为 7000 对，筛查 5628 对夫妇，完成率 80.40%。配合做好辖区新冠肺炎疫情防控工作，全市 126 家基层医疗卫生机构全部启用发热门诊、诊室、哨点。全市家庭医生签约团队数增至 1010 个。

【社区医院】 2021 年，宁德市继续开展“优质服务基层行”活动和社区医院创建工作，对各县（市、区）上报的 30 家基层医疗机构进行抽查复核，经市抽查复核，蕉城区霍童中心卫生院等 28 家基层医疗卫生机构达到基本标准。霞浦县松城社区卫生服务中心、松港社区卫生服务中心、溪南中心卫生院和福鼎市前岐卫生院 4 家基层医疗卫生机构经省级考核达到推荐标准，古田县鹤塘中心卫生院通过社区医院考评验收。

【社区医疗服务】 2021 年，宁德市有社区卫生服务中心 21 个，其中蕉城、福安、福鼎、古田和东侨各 3 个，霞浦 2 个，寿宁、周宁、屏南和柘荣各 1 个，核定编制床位 311 张，实际开放使用 137 张，服务人口 121.69 万人，占全市总人口的 38.6%。核定人员编制 773 名，在编人员 688 人，其中卫生专业技术人员 612 人，占在编人员 88.95%；卫生专业技术人员中医师 269 人（执业医师 205 人，助理执业医师 64 人），占 43.95%；执业护士 227 人，占 37.1%；药剂、检验、影像和公共卫生人员 116 人，占 18.95%；在编人员中大专及以上学历 495 人，占 71.9%；副高及以上职称 83 人，中级职称 172 人，分别占 12%、25%。

全市社区卫生服务中心聘用编外卫生专业技术人员315人。社区卫生服务中心主要承担所辖区域内的国家基本公共卫生服务任务，开展预防接种、妇女儿童保健、慢病分级诊疗、家庭医生签约、健康教育和居民健康信息管理等服务。各县（市、区）通过深化县级总医院改革，加强对社区卫生服务中心的资源统筹配置，强化社区卫生服务中心基础设施建设和专业技术人才培养，规划设置全科、内科、中医科、康复治疗科等临床科室和检验、超声、心电图等医技科室，制定完善基本公共卫生、分级诊疗、双向转诊等工作制度，社区卫生服务中心综合服务能力和水平逐步提高。

【家庭签约医生】 2021年，宁德市持续开展家庭医生签约服务工作。进一步充实签约力量，提高家庭医生签约团队履约能力，丰富签约服务的内容，提高签约服务质量。落实家庭医生签约服务经费，建立多劳多得、优绩优酬的激励机制，实现服务费与签约服务的工作数量、质量的对等，进一步提高医生签约服务工作积极性。利用网站、微信等新媒体平台，推送家庭医生签约服务相关政策及内容等方式，强化居民对签约服务政策和内容的理解。截至年末，辖区内常住人口签约人数111.8万人，签约率35.52%；重点人群签约人数62万人，签约率64.99%。

【信息化建设】 2021年，宁德市卫健系统推进检查检验结果互认工作，市级三甲医院全部完成系统改造，在全市开展检查检验结果互认工作。部署上线全员核酸检测系统，完成18.36万人次大规模核酸检测、重点人群应检尽检工作。研发上线宁德市网格信息登记系统，实现对全市近1912个疫情防控网格入户登记及精细化管理，完成居民信息登记274万人。

（徐庆权）

妇幼保健

【概况】 2021年宁德市孕产妇住院分娩率99.99%，孕产妇保健覆盖率98.03%，孕产妇死亡率3.47/10万，高危孕妇管理率100%，婚检率19.18%，7岁以下儿童保健覆盖率95.14%，婴儿死亡率1.8‰，5岁以下儿童死亡率2.7‰。

【新生儿疾病筛查】 2021年，宁德市妇幼保健院完成新生儿疾病筛查2.63万人，筛查率99.26%，其中免费筛查数项目完成2.56万人，免费筛查率97.68%。确诊先天性甲状腺功能症43例，高TSH血症34例；确诊新生儿苯丙酮尿症阳性2例；确诊葡萄糖—6—磷酸脱氢酶缺乏症330例；确诊肾上腺皮质增生症1例。以上4项疾病的可疑阳性（弱阳性）助产机构均完成追访，追访率100%。应用串联质谱技术进行新生儿遗传代谢病筛查，筛查25626例，筛出可疑阳性、弱阳性389例，基因送检17例，确诊阳性4例。9月，妇幼保健院临床基因扩增检验实验室获得批准开始试运行，主要开展葡萄糖—6—磷酸脱氢酶缺乏症基因检测和遗传性耳聋基因检测，截至12月底，完成95例葡萄糖—6—磷酸脱氢酶缺乏症阳性患儿的基因检测。

【艾滋病、梅毒、乙肝母婴传播预防】 2021年，宁德市婚检人员接受HIV（人类免疫缺陷病毒）抗体检测4919人，HIV抗体检测率99.92%，检出HIV抗体阳性妇女0例。分娩产妇数25998人，孕产妇HIV（人类免疫缺陷病毒）、梅毒、乙肝检测率为99.83%，孕早期检测率83.26%，孕产妇HIV、梅毒孕期检测率98.12%，孕产妇乙肝孕期检测率98.11%，三项检测率指标均达到项目要求。全市发现HIV阳性孕产妇6例，所生新生儿6例，其中HIV感染孕产妇1例为仅产时发现，未用药，HIV感染孕产妇抗病毒药物应用比例83.33%，HIV暴露儿童抗病毒药物应用比例100%；全市梅毒产妇数203例，产妇梅毒治疗数203例，产妇梅毒治疗率100%，梅毒产妇所生活产数204人，儿童预防性用药人数203人，儿童预防性用药率99.51%；检出乙肝表面抗原阳性产妇2106人，阳性产妇所生活产数2135人，其中注射乙肝免疫球蛋白2134人，乙肝免疫球蛋白注射率99.95%。

【妇幼特色诊疗】 2021年，宁德市妇幼保健院拓展眼保健、儿童心理保健、生长发育与身高促进、儿童遗传代谢疾病诊疗、妇女盆底康复门诊等临床与保健业务，突出妇幼保健特色服务，眼保健门诊筛查及诊治儿童17462人，心理发育筛查5831人次，生长发育与身高促进门诊对1056名儿童进行骨龄评估，儿童遗传代谢疾病诊疗对79例新生儿疾病筛查出甲状腺功能异常的婴儿进行确诊、治疗及随访，盆底康复门诊全年诊疗5595人次。新增乳腺门诊和围产期营养门诊，开展乳腺肿瘤诊治和围产期营养咨询指导。

（徐庆权）

职业健康

【概况】 2021年，宁德市卫生健康委加强职业病防治宣传教育，严格职业健康监督执法，开展职业病监测，推进职业病危害项目申报，自该项职能转隶市卫生健康委后，全市申报职业病危害项目用人单位1352家，审核通过1271家。

【职业病防治宣传教育】 2021年，宁德市卫生健康委开展主题宣讲活动20次、咨询活动34次、警示教育活动12次，印发宣传材料22181份，制作宣传视频5份，出动宣传人员332人次，宣传受众29411人。4月25日至5月1日，联合市民政、人社、医保、总工会等部门在蕉城区举办职业病防治法宣传周活动。

【职业健康监督执法】 2021年，宁德市卫生健康委出动执法人员1428人次开展职业健康专项执法检查，检查企业503家次，下达卫生监督意见书286份，警告处罚30家，一般程序案件立案处理21家，罚款56.33万元。加强执法装备建设，基本配齐各县（市、区）卫健部门和市卫生监督所的职业卫生专项执法设备。

【职业病监测】 2021年，宁德市卫生健康委根据《福建省卫健委关于印发2021年职业病防治项目工作预方案的通知》精神，印发《宁德市2021年工作场所职业病危害因素监测工作方案》《宁德市2021年放射性危害因素监测工作方案》《宁德市2021年重点职业病监测工作方案》等。全年累计完成工作场所职业病危害因素监测143家，超额完成3家，完成进度全省第一；累计完成医疗卫生机构医用辐射防护监测10家，非医疗机构放射性危害因素监测16家；全市18家职业健康检查机构累计开展体检43452人次，全面完成42名职业性尘肺病患者随访调查，提前完成14家全市职业健康检查机构质量考核。

（徐庆权）

老龄健康

【概况】 2021年，宁德市印发《贯彻〈国家积极应对人口老龄化中长期规划〉实施方案》，制定应对人口老龄化能力评估指标26项。福鼎市作为宁德市唯一抽样调查点，按时完成第五次中国城乡老年人生活状况抽样调查任务。

【老年健康宣传】 2021年，宁德市各地各单位开展以“提升健康素养，乐享银龄生活”为主题的老年健康宣传周活动。据不完全统计，全市举办医疗义诊、健康讲座30余场次，参与老年人5000余人，发放健康知识宣传材料2万余份，编发手机宣传短信10万条。

【老年健康服务】 2021年，宁德市新增医养结合机构4家，总数达到11家，床位2588张。实施医养结合机构服务质量提升行动，排查并整改服务质量问题7个。全市51家医疗机构创建成为老年友善医疗机构，占全市综合性医院、康复医院、护理院和基层医疗卫生机构的31.7%；完成982名失能老年人健康评估并至少开展1项健康服务。福安市阳头街道阳春社区、古田县城东街道文兴社区、屏南县古峰镇城东社区3个社区被评为全国示范性老年友好型社区。寿宁县被授予“中国长寿之乡”称号。

【全国“敬老文明号”创建】 2021年，宁德各地发动涉老部门、为老服务组织、公共服务窗口单位参与创建第四届全国“敬老文明号”，把创建活动与弘扬敬老爱老助老社会风尚具体行动结合起来，推荐参与创建全国“敬老文明号”单位6个。

（徐庆权）

爱国卫生

【概况】 2021年，宁德市结合新冠疫情常态化防控工作，以提升环境卫生质量、培养文明卫生习惯、强化病媒生物防制等为重点，各地各单位通过举办春季植树活动、“强化河湖长制，维护河湖健康”巡河护河活动、“万步有约绿色出行”健走激励大赛、垃圾分类宣传、义诊等活动，推进健康教育和健康促进，倡导文明健康、绿色环保的生活方式，宣传爱国卫生运动。全市累计开展各类宣传活动384次，举办相关科普讲座204次，各级爱卫组织利用主流媒体宣传报道30次，利用微信公众号等新媒体宣传报道1443次，张贴海报12608处，健康教育覆盖215.04万人次。

【助力城乡人居环境提升】 2021年，宁德市各级爱卫办发动群众组织开展农贸市场、便民市场卫生专项整治，进一步改善城乡环境。全市整治农贸市场136个，全面清除卫生死角2.31万处和“四害”孳生地2.1万个，清理垃圾4.16万吨。累计发放使用灭鼠药物442.26千克，灭蟑药物262.62千克，开展900余场蚊蝇消杀活动，投放使用灭蚊蝇消杀药品药剂4.1万公斤。

【爱国卫生创建】 2021年，宁德市各县（市、区）以爱国卫生运动为抓手，加大争创力度和复审前期工作，蕉城、古田、柘荣、周宁等地开展国家级、省级卫生乡镇，省级卫生村创建。福鼎市获评省级卫生城市。全市命名省级卫生社区16个、省级卫生村693个。累计创建国家级卫生乡镇6个，省级卫生乡镇23个，省级卫生社区27个，省级卫生村832个。

【无烟机关创建】 2021年，宁德市卫生健康委联合市文明办等倡导在全市各级党政机关开展无烟党政机关建设，发挥党政机关和领导干部在控烟工作中的示范引领作用。全市764家党政机关参与创建，市直79家单位全面完成创建，各县（市、区）建成比例82.92%。

（徐庆权）

中医药事业

【概况】 2021年，宁德市继续推进中医药传承创新发展，加强中医药综合能力建设，提升服务水平，采取多种方式加强中医药人才培养，强化中医药文化宣传，提升中医药科普水平。宁德市中医药文化展示和太子参山地农业开发示范基地、宁德市畲族医药文化宣传教育基地被授予省级中医药文化宣传教育基地。柘荣县第五小学列入省级中医药文化教育试点学校。

【中医药服务能力建设】 2021年，霞浦县中医院、福安市中医院、古田县中医院3所县级中医院被列入县级中医药服务能力提升工程建设项目。全市有7所乡镇卫生院被列入2021年中医馆建设项目。

【中医药人才培养】 2021年，古田县医院吴惠玲中医药专家传承工作室列入全国基层名老中医药专家传承工作室建设项目。委托福建中医药大学等省内高校，定向培养中医本科生21名、中医专科生19名。推荐申报全国名老中医药专家传承工作室项目1个；推荐申报第七批全国老中医药专家学术经验继承工作指导老师2名。开展福建省第四批老中医药专家学术经验继承项目和福建省第二批基层老中医药专家学术经验继承项目。

（徐庆权）

卫生监督

【概况】 2022年，宁德市出动卫生监督执法人员20948人次，组织监督检查各级各类医疗机构4716家次、公共场所4691家次、集中隔离场所418家次、核酸采样点336个次、学校667家次，下发《卫生监督意见书》1791份，督促整改问题2809个，对违法行为立案查处93起，责令停业整顿73家。

【疫情防控监督检查】 2021年，宁德市检查各级各类医疗卫生机构5124家次，下发《卫生监督意见书》2279份，发现防控问题2527个，督促整改问题2309个；检查各类公共场所、学校5148家次，下发《卫生监督意见书》931份，发现防控问题1295个，督促整改问题1247个；责令小型医疗机构立即整改653家，停业整顿114家，下达卫生监督意见书836份，立案查处27起。

【日常巡查】 2021年，宁德市结合医疗乱象专项整治、生活美容场所专项整治、公共场所通风系统专项整治、学校及托幼机构传染病防控监督、生活饮用水卫生监督、抗（抑）菌制剂消毒产品及餐饮具消毒服务机构监管、放射卫生监督监测等专项整治工作部署，全面推进各项卫生监督业务工作开展。全市检查各类医疗机构、公共场所等监管单位11729家次，监督覆盖率94.97%，居全省前列；查处各类卫生行政处罚案件290起，罚没金额613.17万元，居全省第二位。

【随机监督抽查】 2021年，宁德市抽取公共场所、学校卫生、传染病防治等11个专业类别国家“双随机”任务972家，市双随机任务143家，全年任务完结率100%，立案查处46起，罚款26.9万元。

【食品安全监督】 2021年，宁德市哨点医院上报4327例食源性疾病，完成率101.57%；食源性疾病暴发监测系统，上报食源性疾病暴发6起，其中福安市1起、蕉城区1起、古田县1起、周宁县3起；风险监测实际监测样品563份，完成率100%，获得监测数据7021个；监测结果6份样品污染物指标超标，产品总体合格率为98.9%。全市审核办理各类食品生产加工企业标准备案521份，在企业标准备案公示过程中对针对企业标准文本在制定食品安全性指标等方面存在不符合现行的食品安全国家法律、法规、标准规定的问题，提出修订建议意见2615条。组织开展宁德市酒类、水产及水产制品食品安全国家标准跟踪评价工作，完成相关问卷44份，获得企业和检验机构意见建议15条，为国家食品安全标准的制定、修订工作提供参考依据。结合全民营养周和“5·20”中国学生营养日、食品安全宣传周等活动，在全市开展宣传活动，印制“居民营养食谱”“中国居民膳食指南”等主题的宣传资料共1万余份，定制分发书签等宣传用品共500余份，开展进社区、进校园宣传16场次，设置宣传点8场次，共计受众7650人次。

【卫生健康监督普法】 2021年，宁德市卫生健康委将执法与普法有机融合，边执法边普法，并在执法中结合疫情防控宣传将普法知识融入执法的全过程、各环节；利用卫生监督从业人员在线培训系统，组织开展公共场所和放射卫生从业人员参与在线知识培训988人，培训合格919人，参加在线考试5061人次。

（徐庆权）

医政药政管理

【概况】 2021年，宁德市持续聚焦重点疾病临床诊疗，扶持建设市级临床重点专科8个，开展新项目、新技术，提升临床疑难危重疾病诊治能力。探索开展非急救护送转运服务，引进社会化机构提供人性化转运服务，满足人民群众多层次、多元化的健康需求。

【医疗服务能力】 2021年，宁德市闽东医院骨科、泌尿外科，宁德市医院医学影像科和宁德市中医院中医脾胃病等4个省级“创双高”重点专科通过省里验收。闽东医院在2020年度全国三级公立医院绩效考核中获“A”等级。闽东医院被授予国家“高级卒中中心”。推进无偿献血工作，开展大型团体采血活动30余次，采血1.85万人次、采血量618万毫升，分别比上年增长9.75%、12%，继续保持全市临床用血全部来自无偿献血，宁德市获评2020—2021年度“全国无偿献血先进市”称号。

【云诊新模式创新推广】 2021年，宁德市各县（市、区）总医院远程医疗工作覆盖100%乡（镇、街道），实现以总医院为纽带，市、县、乡三级医疗卫生机构协同在线，缓解基层群众“看病难”问题。推广使用远程医疗服务平台，全市各级医疗机构为下级医疗机构完成远程会（门）诊1700例、远程心电诊断2.65万例、远程影像诊断1.24万例。上线推广使用基层卫生信息系统的妇幼、公卫模块，基层医疗机构通过信息系统开展检验10.17万次，书写门诊电子病历近43.65万份，书写住院电子病历18756份。

【健康扶贫】 2021年，宁德市落实“四个不摘”要求，巩固拓展市健康扶贫成果同乡村振兴衔接，保持健康扶贫补充保险、脱贫人口大病专项救治等政策保持不变。脱贫人口家庭医生签约11.4万人，签约率99.42%，住院费用报销比例保持在90%左右，降低农村群众因病致贫、因病返贫风险。加强薄弱村卫生所建设，新增业务用房面积达标村卫生所25家。完成省对市乡村振兴实绩考核指标任务。

（徐庆权）

【药品耗材集中采购】 2021年，宁德市医保局落实国家、省组织药品集中带量采购中选药品264种、中选医用耗材12类。宁德市医疗机构采购中选药品金额3.05亿元、中选医用耗材金额8684.02万元，约节省

2021 年 12 月 24 日，宁德市普通医用耗材集中采购现场竞价评审会召开
（市医保局 供图 赖小熔 摄）

医疗费用 2.44 亿元。联合卫健、市场监管、财政、民政部门开展宁德市骨科创伤类高值医用耗材和注射器、医用激光胶片、一次性吸氧管等普通医用耗材集中采购。骨科创伤类高值医用耗材中选产品 3966 种，比上年平均下降 79.45%；普通医用耗材中选各规格型号产品 16 类，平均下降 38.81%。

【DIP 付费试点】 2021 年，宁德市医保局将顶层设计框架与本地实际相结合，整合资源、配套细则、多措并举、稳步推进，形成符合本地实际情况的区域点数法总额预算和按病种分值付费（DIP）试点模式，22 家定点医疗机构实现 DIP 医保付费。

【医疗服务价格调整】 2021 年，宁德市医保局健全公立医疗机构收费项目调价效果及运行情况监测机制，调整医疗服务价格项目价格 842 项，包括手术类 357 个、检查类 170 个、中医项目 72 项，厘清 243 项检验项目边界内涵。核定新增医疗服务项目价格 38 项、自主收费项目 5 项，3 次下调新冠病毒核酸检测和抗体检测价格。重新规范家庭病床相关收费项目内涵及收费标准，完善互联网医院复诊诊查费等项目价格，促进宁德市医疗服务新业态发展。

（徐庆权 徐晓临）

主要医疗机构

【宁德市疾病预防控制中心】 2021 年，宁德市疾病预防控制中心新增编制 20 名，核定编制 94 名，实际在编 71 人。其中，专业技术人员 68 人，正高职称 6 人，副高职称 9 人，中级职称 25 人，初级职称 28 人。引进 2 名硕士研究生，新增负压实验室 1 个、添置仪器设备 16 项 26 台、购置移动核酸检测车 1 辆。开展手足口病、霍乱、艾滋病性病、结核病、慢性病、职业病、严重精神障碍疾病防治，以及突发、新发、输入性急性传染病疫情防控。做好地方病、寄生虫病、自然疫源性疾病、食源性疾病监测及学校等卫生监测。检测完成各项指令性工作任务及实验室质控考核、能力验证工作任务。完成新型冠状病毒核酸检测。完成全市新型冠状病毒核酸检测 39135 人份，1 份阳性标本复核，其余检测结果均为阴性。完成流感、手足口、麻疹风疹、艾滋病等传染病监测检验。完成流感 3755 人份、手足口 322 人份、麻疹风疹 58 人份、艾滋病筛查 1785 人份、艾滋病确诊 466 人份、艾滋病病载检测 1541 人份、艾滋病 CD4 检测 1728 人份。开展宁德城区生活饮用水水质检测工作。全年完成水样检测 350 份，其中合格 342 份，合格率 97.7%。其中，出厂水 16 份，合格率 100%；末梢水 162 份，合格率 100%；二次供水 172 份，合格 164 份，合格率 95.3%。完成食品污染物及有害因素监测任务。其中理化部分，采集 43 批次 565 份样品，已完成 565 份样品检测，检测结果总合格率（559/565）98.94%，完成全年任务的（565/563）100.35%；微生物部分采样 7 大类常规监测和 2 大类专项监测任务，采集常规监测标本 122 份，专项监测标本 40 份，检测结果总合格率 89.5%（145/162），完成全年任务的（162/160）100.25%；核电站周边食品 8 大类 18 种 39 份样品的检测任务（霞浦为福鼎的对照样品），检测结果未发现放射性 γ 核素异常标本，监测结果总合格率 100%，完成全年任务的（39/35）111.43%；完成省级地方病监测点尿碘、盐碘监测任务，指导检查各县（市、区）尿碘、盐碘监测工作。开展健康素养监测项目，7 县（市、区）分别选取 14 个街道（乡、镇）作为监测点，调查 589 名 15~69 岁常住居民，收回有效问卷 586 份，问卷有效率 95% 以上，数据显示全市平均健康素养水平 23.38%，达到 22% 的指标要求。

（郭 捷）

【宁德师范学院附属宁德市医院】 2021 年，宁德师范学院附属宁德市医院核定床位 1200 张，实际开放 1310 张。受新冠肺炎疫情影响，门诊 157.37 万人次（核酸采样门诊 16.76 万人次），比上年增长 26.97%；出院患者 6.08 万人次，增长 5.38%；病床使用率 104.49%；平均住院天数 8.2 天；手术 27340 台次（含介入 5374 台），增长 12.34%，三、四级手术 19917 台次，增长 16.01%。公立医院绩效考核指标统计结果，手术患者总人数 22576 人次，比上年增长 8.17%。其中，四级手术 2395 人次，增长 23.45%；微创手术 2818 人次，增长 11.83%。在岗职工 2121 人，离退休干部 214 人，劳务派遣人员 31 人。卫生专业技术人员 1861 人。正高级职称 88 人，副高级职称 253 人，中级职称 793 人。博士 6 人，硕士 166 人，本科 1150 人。硕士研究生导师 11 人，福建医科大学兼职教授 8 人、兼职副教授 15 人，

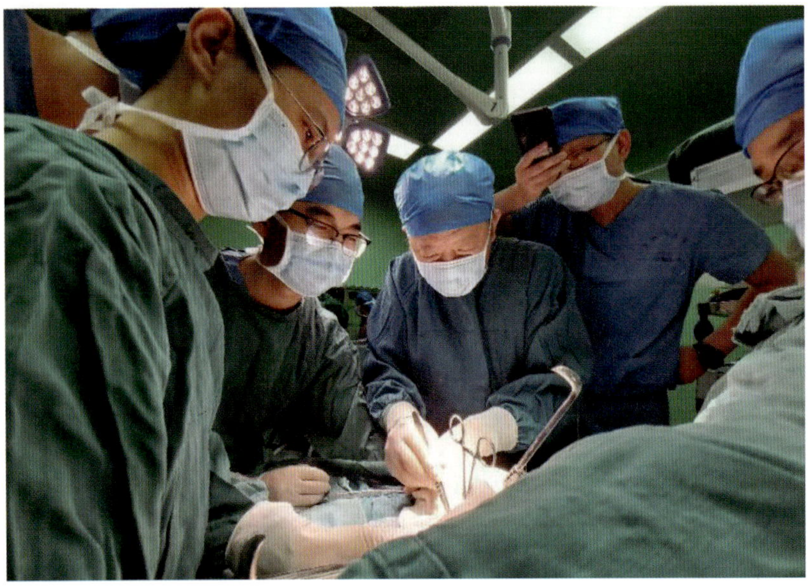

2021年3月4—6日，上海儿童医学中心专家团队助力宁德市医院外科团队完成全市首台新生儿膈疝修补术，图为手术现场　　　　（市医院　供图）

宁德师范学院兼职教授27人，兼职副教授22人。新增药学和麻醉科门诊，儿科成立哮喘标准化门诊成为宁德市唯一获得中华医学会儿科分会呼吸与哮喘协作组批准的单位。骨科和神经外科晋级市级临床重点专科建设科室。4月，省级临床重点专科医学影像科、市级临床重点专科呼吸与危重症医学科建设项目通过验收。5月，成为全国第九家、全省首家获得慢性气道疾病规范化管理建设项目的医院，被授予“国家药品不良反应监测哨点医院”“省级化妆品不良反应监测哨点医院”“国家药物滥用监测哨点医院”。6月，获批宁德市卒中地图管理单位。8月，通过中国胸痛中心执行委员会认证，创建“标准版”胸痛中心。9月，通过宁德市卫生健康委评审验收并获得宁德市首批老年友善医疗机构授牌。10月，被评为全国肺栓塞和深静脉血栓形成防治能力建设项目血栓防治中心单位。11月，获评“PCCM咳喘药学服务门诊区域示范中心”。12月，消化内科成为福建省门静脉高压联盟副理事长单位。

新冠疫情防控　2021年，宁德师范学院附属宁德市医院救治境外输入性新冠病例3例（确诊1例、复阳1例、疑似1例），治愈出院，实现“零感染”。组建疫苗接种小分队支援全市疫苗接种31.26万人次，运行宁德市核酸检测基地，成立核酸采样小分队助力全市核酸采样，完成核酸检测50余万份。组织63名医疗队驰援莆田核酸采样和感控，采样21.89万份。

公立医院改革　2021年，宁德师范学院附属宁德市医院推进宁德市医院医疗集团建设。派出87人次对成员医院进行帮扶，接收成员医院进修规培34人，指导新技术新项目7项，开展会诊业务458次，指导手术337台次，帮助成员医院新开展2个重点临床科室的建设提升工作，到成员医院开展学术指导讲座37场次。年度接收基层医疗机构上转患者2117人次，下转患者1522人次（集团内上转诊病人157人次，下转642人次）。落实按病种付费，印发《宁德师范学院附属宁德市医院按病种付费管理办法（修订）》。完成按病种付费17944人次，执行率为36.9%。开展DIP试点工作，完成国家医保局医药服务管理司第二批按病种分值付费试点（DIP）线上交叉调研评估。完成国家医保信息平台对接上线，推动15项医保信息业务编码标准贯标落实，贯标率均95%以上。

医疗质量管理　2021年，宁德师范学院附属宁德市医院重新调整手术分级目录。审批通过42项新技术新项目。调整增加日间手术病种及术式目录32个，日间手术开展3403例，同期择期手术开展12141例，日间手术占择期手术比例28.03%，比上年增加11.53个点。开展医疗安全隐患排查，医疗安全不良事件报告193例。制定《宁德师范学院附属宁德市医院病案首页质控考评方案（试行）》，实施临床路径管理例数40930例，完成39364例，退出1566例，变异3875例，完成96.17%，变异9.47%，临床路径管理的实施67.33%。推进高级卒中中心建设和胸痛中心建设，做好危重症孕产妇转诊及救治与儿童新生儿危重症救治中心的工作。邀请福建省肿瘤医院腹部肿瘤内科主任陈奕贵指导癌痛病房创建。开展护理分层级培训23场，组织理论考试14场，组织技能考核8场。

教学管理　2021年，宁德师范学院附属宁德市医院完成福建医科大学五年制临床班和福建省卫生职业技术学院临床班（定向）学生的理论授课及见习任务。34人取得教师资格证。完成教培中心建设。接收宁德师范学院、福建医科大学、福建中医药大学等省内外大中专医学院校的实习生383人，228人结业。做好住院医师规范化培训，在院培训人员69名，当年新招收19名。全科医生临床培训基地接收19名转岗培训学员。招收6名研究生，有17名在读研究生(药学6名，临床11名）。国家卫生健康委临床药师培训基地招收5名学员，5名学员毕业，为全国医疗机构培养临床药师51名。

科研管理　2021年，宁德师范学院附属宁德市医院申报国家自然科学基金项目1项、2021年福建省科技计划项目30项、2022年福建省科技计划项目18项、福建省卫生健康科技计划项目10项，福建省中医药科研课题5项、福建医大启航项目18项。获年度福建省科技计划项目立项12项，福建省卫生健康科技计划项目立项1项，福建医大启航项目立项6项。完成省级项目5项、市厅级项10项的结题。发表学术论文64篇，其中SCI 6篇、科技核心31篇、中文核心8篇、CSCD 12篇。申报并成功举办继续医学教育项目省级4项、市级19项。

医院管理 2021年，宁德师范学院附属宁德市医院引进叫号系统，运行医疗收费电子票据系统。电子就诊卡实现线上结算、取药、充值、检查预约，医技报告自助打印中心投入使用。推进集成平台、数据中心建设、患者全息视图、病历无纸化建设，投入使用急诊预检分诊系统、急诊抢救系统，完成VTE评估系统建设。完成统一支付平台建设，推进BI决策支持系统、病案数字化项目。完成物资供应链平台的UDI功能改造，实现设备耗材的UDI唯一码流转与识别。医院电子病历分级评价四级，推进信息系统互联互通四甲，电子病历五级、互联网医院等项目建设。

公共卫生服务 2021年，宁德师范学院附属宁德市医院上报传染病5191例，报告率、及时率和准确率均达到100%，网络直报死亡病例241例；艾滋病患者初筛阳性90人，确诊病例69例；送检流感标本1080份、手足口病标本68份；上报食源性疾病332例，送检标本182份；上报50.95万例新冠核酸检测个案，送检核酸检测标本1105份、医院环境物体表面标本360份。完成新生儿出生缺陷及代谢病上报工作；审批终止妊娠53人，活产数4543人；规范出生医学证明管理，年度首发数4196，首发率92.36%。

应急管理 2021年，宁德师范学院附属宁德市医院开展“健康使命——2021”紧急医学户外救援演练；组织院内民兵排成员13人参加民兵集合点验训练。处置重大交通事故3起，救治病患5人，处置毒气中毒事故2起，救治病患6人，食物中毒6起，其中重大食物中毒1起，救治患者27人。

医疗援疆、援外任务 2021年，宁德师范学院附属宁德市医院选送2人作为第八批援疆中期轮换专业技术人才在新疆呼图壁县中医院和呼图壁县人民医院开展援助工作，选派参与第七批援疆工作队获省政府授予集体二等功。选派5人作为第19批援塞内加尔医疗队队员在塞内加尔迪亚姆尼亚久儿童医院开展2年的援外医疗工作。

（陈晓玲）

【宁德市闽东医院】 2021年，宁德市闽东医院编制床位1300张，实际开放1500张；全院员工2110名，卫生专业技术人员1898名，其中高级专业技术人员319名，中级专业技术人员593名，享受国务院政府特殊津贴专家4名，硕士研究生导师36名，兼职教授、副教授34名，博士4名、硕士187名。出院人数72140人次，比上年增长7.1%；门急诊116.67万人次，增长9.29%；手术（含操作）51832台次，其中三、四级手术占比44.9%。医院被授予福建省护理学会2019—2020年度继续护理学教育先进单位。

医疗质量 2021年，宁德市闽东医院抽查病历8696份，门诊病历甲级率98.6%，住院病历甲级率97.7%；大金额病历（10000元以上）合理用药率96.7%；输血病历规范执行率84.7%。实施临床路径病种311个，实施临床路径管理的病人数为45022例，占总出院人数比例为63.54%。修订和完善感控制度、流程9项，开展感控相关培训15场次。组织64场次新冠肺炎感控督查。医院感染发病率1.76%，及时处置医院感染流行趋势或高危因素4起，组织应急演练2场次。推进区域点数法总额预算和按病种分值付费（DIP）试点工作，完成DIP系统设置，规范上传病案，建立质控机制。完成按病种付费22488例，占总出院医保患者数的35.78%。整治不规范收费项目20余项。

学科建设 2021年，宁德市闽东医院新申报3个市级名医师带徒工作室，12个名医工作室。省级重点专科建设项目骨科、泌尿外科通过验收，新一轮宁德市临床重点专科建设项目泌尿外科、妇科通过周期验收。新增心血管内科、疼痛科为宁德市临床重点专科建设项目。授牌成立国家高级卒中中心。

科研教学 2021年，宁德市闽东医院主办和承办国家级项目1项、省市级继教项目54项63场、院科内讲座600余场。接收进修生86名。在院规培医师241名，其中新录取58名，63名住培医师首次参加全省规培结业考试，通过率90.47%。完成福建医科大学2016级、2017级临床医学专业的理论和见实习教学任务，技能考试通过率和毕业考试通过率100%。接收大中专护理实习生221名，护理硕士研究生2名。科研立项24项。其中，获省自然科学基金项目12项，省健康科技计划项目2项、福建医科大学启航基金项目4项、教改课题1项，福建中医药大学校管课题5项，省级护理科研立项1项。获国家发明专利2项、实用新型专利50项。医技人员发表论文155篇，其中CSCD及中文核心期刊文章12篇，SCI论文14篇。护理人员发表论文75篇，其中SCI论文4篇。

社会公益 2021年，宁德市闽东医院选派5名医务人员前往塞内加尔开展援外医疗工作，选派4名医生前往新疆呼图壁县人民医院帮扶。长期派驻周宁、寿宁、柘荣、福安及霞浦

2021年11月1日，中国（福建）第19批援塞内加尔闽东医院医疗队启程仪式上5名队员出征合影

（闽东医院　供图）

等县（市）医院管理人员11人，医技人员下乡帮扶58人次。收住建档立卡患者8368人次，门诊治疗14.69万人次。投资24.6万元完成位于原闽东医院金山门诊的核酸采样检测基地。组建61人的援莆核酸检测采样队驰援疫区，协助完成枫亭镇17轮核酸采集任务，采样20.6万人次。

信息化建设 2021年，宁德市闽东医院完成15项医保信息业务编码标准贯标系统改造，医院信息系统实现编码调整、切换；完成检查检验结果互联互通互认的接口改造，检查检验结果实现互认；完成医院信息系统与国家医保谈判药品"双通道"接口改造。互联网医院上线试运行。

特色业务 2021年，宁德市闽东医院6个科室到周宁、寿宁、柘荣、福安等成员医院开展领办工作，成立13个名医"师带徒"工作室，促进优质医疗资源下沉。

（缪欢欢）

【宁德市中医院】 2021年，宁德市中医院业务收入2.68亿元，比上年增长12.6%，药占比（中药饮片和国家谈判药品除外）26.21%，耗材比9.97%。门诊人数49.77万人次，其中急诊人数1.57万人次。出院患者1.45万人次，其中手术例数3054例，住院床位使用率85.86%，床位周转次31.16次，中医药参与率93.38%。

医保工作管理 2021年，宁德市中医院完成单病种付费5659例，病种数252种，单病种完成率43.71%。加强医保用药合理性的点评工作，开展大金额病历检查，实现医保动态管理。与市医保、"两费"签订《服务协议》，完成2019年、2020年两个年度医保结算工作。

基础设施、信息化建设、医疗设备配置 2021年，宁德市中医院医养结合项目封顶。新建医技综合楼建设列入2021年中心城市建设项目计划，投资1.94亿元。完成全院自助机终端支持微信、支付宝扫码充值缴费系统。完成医保电子凭证全流程改造。完成15项国家医保信息业务编码改造和新医保接口改造并完成医保贯标及结算清单等各项功能的改造工作。年度配置专科设备19台，其中百万元以上设备2台，分别为眼科显微镜116.8万元、超声骨刀150万元。

名医工作室建设 2021年，闽东北中西医结合妇骨科协作项目福建省名中医潘丽贞工作室宁德工作站落户宁德市中医院。4月21日、6月26日万建新名医"师带徒"工作室、肖小河名医师带徒工作室相继授牌成立。医院有5个名医工作室，名医"师带徒"学科带头人到宁德18人次/28天，其他团队成员31人次/81天，专家门诊20人次/135人，远程会诊13次，科研指导33项，学术讲座53场次，接受进修人员12人/430天，远程讲座10次/582人次，指导手术51台；工作室开展12个新技术、新项目，科研方面申报省自然1项，省级课题3项，联合课题4项，福建中医药大学校管课题2个，发表核心论文1篇，省级刊物论文4篇；由名医工作室承办单位开办国家级继续教育1场、省市级学术会议3场。各工作室门诊量、业务总量、手术量均有10%~50%不同程度地提升。

人才队伍建设 2021年，宁德市中医院制定紧缺急需专业招聘计划和编外用工招聘计划，组织招聘面试23场，引进儿科、肿瘤、脑病等紧缺专业医学硕士生15名，招聘其他卫生技术人员46名。苏寅主任中医师入选第七批全国老中医药专家学术经验继承指导老师、福建省第四批老中医药专家学术经验继承工作指导老师，福建省第二批基层老中医药专家师承带徒指导老师，并当选省中医药学会第六届理事会副会长、中国民族医药协会畲医药分会副会长。6人获评福建省第二批基层老中医药专家师承带徒指导老师。宁德市中医药学会肾脏病学分会成立。

科研教学 2021年，宁德市中医院获福建省卫生健康委员会中青年骨干人才培养项目1项，福建中医药校管课题10项。接收进修生29人，接收实习生和见习生152人；作为国家级中医住院医师规范化培训基地，招生19名，其中中医全科学员5人，中医类别学员14名，含4名专硕并轨学员。招收中医转岗培训人员28名，其中副高及以上职称人员8人，主治2人，其他18人。

重点专科专病建设 2021年，宁德市中医院脾胃病科福建省医疗"创双高"建设省级临床重点专科（中医类）建设项目、宁德市中医重点专科中药制剂完成建设。消化内镜室获中国医药教育协会消化内镜专委会消化内镜规范化行业培训点，并成为中华医学会消化内镜学分会内痔多中心临床研究参研单位，全国分中心之一。肿瘤科被中国抗癌协会表彰授予难治性疼痛规范化诊疗项目2021年"优秀基层医院"的称号，加盟"肺癌罕见靶点诊疗协作组"。各专科开展新技术新项目《富血小板血浆技术（PRP）》等14项。

中医药特色 2021年，宁德市中医院开展中医非药物治疗技术80项。全院开展中医特色护理适宜操作技术20项，38.5万人次患者接受中医护理技术治疗。治未病中心开展中医体质辨识、经络检测和慢病健康管理等体检治未病工作。康复科开展产后康复，妇产科开展产后盆底功能康复，儿科开展中医适宜技术穴位贴敷、拔罐、艾灸、刮痧、捏脊、灌肠、小儿推拿等。完成蕉城区全国第四次中药资源普查工作任务。历时2年，完成40个样地、200个样方套、27条样线、1200个样方的调查，调查到中药资源品种164科549属827种，采集制作腊叶标本530种2500余份。编写《蕉城区中药资源名录》《蕉城区中药资源志要》，完成蕉城区中药资源区划，申报地厅级课题1项，发表相关论文1篇，专著《蕉城中药资源》完成初稿待出版。5月，福建省第三批（2018年）中药资源普查省级验收，蕉城区名列先行验收通过的13个县之列。

社会责任 2021年，宁德市中医院选派30名医务人员援助莆田抗疫。派出2人次支援山东口岸境外疫情防控工作。承担动车站旅客体温检测工作，派出护理人员1012人次。做好核酸检测和疫苗接种工作，会展、网球中心2个疫苗接种中心派出护理人员914人次，接种疫苗10.8万人次。进行义诊、保健活动34次，派出医务人员150人次。共接诊患者900余人次，健康咨询460余人次，免费测量血压510余人次，血糖320余人次，针灸100人次，向群众发放中医养生保健、中医科普宣传材料5000余份，免费发放药品价值6万余元。发放宣传手册400份。选派1人援助塞内加尔，选派1人援助新疆呼图壁县中医院。

（张竞涵）

【宁德市康复医院】 2021年，宁德市康复医院新增编制30名，编制总数184名，职工总数257人，其中高级职称人员21人、中级职称人员48人，行政科室9个、临床科室9个、门诊1个。核定领导职数：副处级2名（党总支书记1名、院长1名）、正科级（副院长）3名、副科级9名。2021年医院获评“宁德市老年友善医疗机构”。全年入院患者2846人次，出院患者2972人次，门急诊就诊人次40159人次，编制床位300张，实际开放总床日数193450天，实际占用总床日数217194天，出院者占用总床日数218983天，出院者平均住院日73.68天，病床使用率112.3%，病床周转次数为5.61。按时按序推进综合病房楼项目建设，12月31日通过竣工预验收。

疫情防控 2021年，莆田发生新冠肺炎疫情初期，宁德市康复医院选派20名医护人员驰援，到疫情高风险区开展核酸采样工作。选派人员进驻市级集中隔离医学观察点专班54人次，选派人员进驻山东口岸专班4人次，为境外、境内中高风险区人员实施医学观察措施。

精神卫生工作 2021年，宁德市康复医院组织召开宁德市精神卫生医疗联合体联席会议2次，新增市、县两级精神专科医院共建重点临床科室1个（情感障碍科），新增医技服务项目1项（心理治疗）；组织名医“师带徒”工作室团队专家与医院医疗团队到基层开展教学查房、疑难病例讨论、学术讲座等技术帮扶活动48次。举办宁德市心理危机干预培训班，全市精神卫生及心理健康工作者130余人参训，健全心理危机干预体系。全年接收无主精神患者及肇事肇祸精神患者109人次，落实严重精神障碍患者救治管理信息报告工作，完成严重精神障碍患者入院网络直报366例，出院网络直报475例。

人才队伍建设 2021年，宁德市康复医院聘任专业技术人员正高级职称1人（主任护师1人）、副高级职称2人（副主任医师2人）与中级职称3人（主治医师、主管护师、档案馆员各1人）。选送1名主治医师到中南大学湘雅二医院进修学习，选送1名副主任医师、1名主治医师到厦门市仙岳医院进修学习，选送2名住院医师到福州四院与厦门市仙岳医院进行规范化培训。招收临床医学专业医师3人、影像学专业医师1人。

（俞　辉）

【宁德市妇幼保健院】 2021年，宁德市妇幼保健院门诊8.52万人次，比上年增加8451人次，增长11.1%；总收入约2335万元，增加60万元，增长2.64%。截至年末，全院在职人员85人（编外6人），其中主任医师2人、副主任医师5人，中级职称21人，卫生专业技术人员占83%。院内开设妇女保健科、妇产科、儿童保健科、儿科、儿童斜弱视矫正、生殖健康科、新生儿疾病筛查实验室等妇幼保健与临床医疗门诊相结合的科室。宁德市妇幼保健院（含儿童医院）暨宁德市医院迁建（二期）项目竣工。7月1日，成立宁德市优生优育指导中心。

业务督查指导 2021年1月，宁德市妇幼保健院对周宁县、福安市进行年报质控，抽查4个乡（镇、街道）、8个村（社区）；3月，完成9个县（市、区）“两纲”工作验收；11月，配合宁德市产科医疗质量控制中心完成对闽东医院、古田县医院、古田县东区医院的产科医疗质量控制检查评价工作；10—12月，完成对霞浦、古田、蕉城区进行妇幼卫生年报、妇幼健康监测市级质量控制工作；12月，完成对柘荣、霞浦、蕉城的出生医学证明管理、预防艾滋病、梅毒、乙肝母婴传播项目（简称“艾梅乙项目”）、婚优检项目、新生儿遗传代谢病筛查、“两癌”筛查、孕产妇、0~6岁儿童健康管理等项目的督导及质量控制。

托幼机构卫生保健 2021年，宁德市妇幼保健院对所辖37所幼儿园开展卫生保健工作指导，开展入园、在园体检、口腔保健、眼保健及教师健康检查等。开展入园体检5576人，检出轻度以上贫血346人，地中海贫血可疑210人，谷丙转氨酶异常6人，低体重2人，发育迟缓3人。完成辖区内托幼机构“六一在园体检”8165人，检出视力可疑异常2031人，中重度以上肥胖323人，发育迟缓11人，轻度以上贫血867人，龋齿2730人。完成对所辖托幼机构眼保健、口腔保健、听力保健及心理保健8287人，检出屈光可疑或异常及视力低常儿童2909人，其中疑似近视儿童94人。完成教师体检1032人，体检合格发证998人。

妇幼卫生监测 2021年，宁德市12家出生缺陷监测医院监测活产数2.25万人，0~7天上报出生缺陷1022例，其中<28周162例，≥28周860例，出生缺陷发生率38.27‰，7~42天163例，发生率为7.25‰；重大出生缺陷63人，其中<28周52例，≥28周11例，重大出生缺陷发生率4.89/万。围产儿死亡72例，围产儿死亡率3.2‰。

出生医学证明管理 2021年，宁德市出生医学证明系统由弘扬系统更改为智业系统，完善出生证签发管理工作；严格规范分娩信息上报流程，逐级上报。1月协助市卫生健康委完成对柘荣、福安、福鼎、屏南、霞浦出生证签发核查工作；12月完成对柘荣、寿宁2县出生医学证明管理督查工作。年度向省级领取空白出生医学证明28000份，应签发26169份，实签发 24307 份，签发率 92.88%。

妇幼保健健康教育 2021 年，宁德市妇幼保健院举办各类义诊及宣传活动 9 次，公益讲座 10 期，科普演讲比赛 1 期；线上妇幼公益健康知识讲座 2 期，听课人数 4.87 万人次；微信公众号发布妇幼健康科普知识 8 篇；在门诊通过“一对一”的口头宣教和发放宣传折页，共计 21 种 31350 份。

新冠疫情防控 2021 年，宁德市妇幼保健院选派 1 人专职参加福建省援山东入境口岸防疫工作；选派 1 人参加市新冠肺炎病毒疫苗接种工作专班和市重点人群核酸检测应检尽检工作专班。在宁德市妇幼保健院微信公众号上转载疫情防控相关文章 5 篇，宣传科普视频 3 个，系列宣传海报 12 套。

（林 静）

【宁德市中心血站】 2021 年，宁德市中心血站编制 30 人，有职工 50 人，其中编内 28 人、编外 22 人；卫生技术人员 37 人，占总人数的 74%，正高 2 人，中级 13 人，本科 20 人。采集血液总人数 18525 人，采血量 6.19 吨（618.59 万毫升），比上年增长 12%。采集血小板量 1671.3 个治疗量，增长 36.72%。供血 18 家医院，全年供应血液制品 54426.8 单位，悬浮红细胞 27992.5 单位，冷沉淀 2893.5 单位，机采血小板 1699.3 个治疗量，新鲜冰冻血浆 7894.5 单位，普通冰冻血浆 13943 单位。总收入 1331.8 万元，总支出 1284.5 万元，全市临床用血 100% 来自无偿献血，采供血基本平衡，全年未发生一起因血液质量引发的纠纷。年内被省人社厅、省卫生健康委授予全省卫生健康系统先进集体称号，被国家卫生健康委办公厅授予 2019—2020 年度全国血站系统表现突出采血班组。10 月 14 日，宁德市中心血站在福鼎献血屋开展机采血小板业务，为首次在县级开展机采工作。选派 3 人次到福建省派驻山东口岸，开展为期 3 个月的疫情防控常态化轮班工作。

无偿献血 2021 年，宁德市中心血站开展临床用血费用直免工作，通过临床用血费用直免系统在医院报销 1213 人次，报销金额 18.93 万元，血站报销 37 人次，报销金额 2.4 万元。献血者用血报销总计 250 人次，报销金额 21.33 万元。举办 4 期临床输血管理与输血技术巡回培训，印发《宁德市人民政府办公室关于做好 2021 年无偿献血工作的通知》，开展无偿献血活动和无偿捐献造血干细胞宣传、采集活动。设有 6 个固定献血屋及各县（市、区）设有 9 个流动采血点，作为开展无偿献血工作的据点。开展“6·14”世界献血者日系列活动，与宁德新能源公司工会、宁德市国资委机关、国投公司、交投公司、城建集团、三都澳新区公司、宁德师院等单位联合开展无偿献血活动。开展“端午有爱”“与宁相逢，与爱相伴”七夕无偿献血答谢活动、中秋主题献血活动。开展用血单位和献血者满意度调查，献血者总体满意度为 98.24%，供血服务总体满意度为 96.6%。开展无偿献血进乡镇和知晓率调查活动，城市居民对无偿献血知晓率 85% 以上，农村居民 75% 以上，在校青少年 95% 以上。表彰无偿献血先进代表，组织无偿献血者到福鼎赤溪村开展党史学习教育，慰问困难献血者和献血者代表，完成宁德市 2018—2019 年度全国无偿献血奉献奖 610 人奖状核对申报工作。

各县（市、区）献血情况 2021 年，蕉城、东侨献血 12457.2 人次，福鼎献血 4048.75 人次，福安献血 4143.25 人次，古田献血 2721 人次，霞浦献血 3949.75 人次，屏南献血 1590 人次，周宁献血 742.25 人次，寿宁献血 1394 人次，柘荣献血 692 人次。宁德市 50 余家医疗卫生单位，1579 人次医务人员参与献血，捐献全血 49.16 万毫升，机采血小板 79 个治疗量。血站职工献血 48 人，捐献全血 1.01 万毫升，捐献机采血小板 21 个治疗量。

（吴雨航）

体 育

体育设施

【概况】 2021年，宁德市建设蕉城区智慧体育公园、柘荣县智慧体育公园、福安市全民健身中心。全市健身场地8169处，总面积750余万平方米，人均体育场地面积2.38平方米。年内新增全民健身场地471个。投入650万元在主城区建设全民健身运动场10个，投入60万元在村（社区）配置全民健身路径20条，打造体育示范社区1个，向上级争取资金1200万元，补助蕉城、柘荣2个智慧体育公园和福安全民健身中心项目。

【蕉城区金溪智慧体育公园】 2021年，蕉城区金溪智慧体育公园完成建设并投入使用。该项目投资300万元，在金溪公园建有4个篮球场、2个羽毛球场、1个笼式足球场、1个门球场及约1.7千米步道的基础上，提升建设2千米以上智能步道，增设体质测试系统、智能健身驿站、智能健身路径，可开展网球、气排球、门球、乒乓球、篮球、羽毛球、足球、轮滑以及拼装式游泳池等运动项目场地，其中智能跑道贯穿整个公园及相关体育设施场地。通过智能器材的配置，运用智能化后台管理平台，为群众提供智能化健身指导，科普健身知识，宣传体育先进典型、奥运精神、中国女排精神等体育文化，营造园中新型健身氛围。

【柘荣县智慧体育公园】 2021年，柘荣县智慧体育公园完成建设并投入使用。该项目位于柘荣县仙屿公园三期（体育公园），项目概算总投资约540万元。提升现有健身设施，改造公园出入口、田径场、篮球场、气排球区、增设网球场及轮滑场，配套建设室外智能国民体质测试亭、智能健身驿站、20件二代（智能）健身路径及2千米环山沿溪智能健身步道等体育健身场地设施，以满足老年人、中青年、少儿等全人群健身活动需求。

【福安市全民健身中心】 福安市全民健身中心项目位于福安市富春路，总投资预计9600万元，建设用地8074平方米、建筑面积3188.55平方米。2021年，该项目完成结构主体钢筋、模板、混凝土施工，管理用房完成结构一层钢筋、模板、混凝土施工，二层柱钢筋、模板施工。

（甘行之）

群众体育

【概况】 2021年，宁德市举办各项全民健身活动300余场，承办福建省全民健身运动会（宁德赛区）28个项目比赛，组队参加福建省全民健身运会11个项目比赛，完成6618人国民体质监测工作，举办二级社会体育指导员培训班2期，培训人数275人。举办霞浦全国海钓赛、福建宁德铁人三项公开赛、海峡两岸健身健美公开赛等5项品牌体育赛事。

【学校体育】 2021年，宁德市强化学生体质测试工作，实现全市学生体质检测100%覆盖，学生体质健康合格率95.03%；举办宁德市第十三届中小学生田径运动会，全市10支代表队348名中小学生参加；举办宁

2021 年 9 月 7 日，宁德市第二届民族传统体育进校园活动启动

（市体育局　供图）

德市青少年校园足球联赛，全市 52 支代表队 656 名中小学生参加；举办宁德市中学生（男子）篮球联赛，全市 43 支代表队 540 名中学生参加；举办宁德市中小学排球教练员、裁判员培训班，全市 52 所学校 80 名骨干教师参加；制定印发《宁德市义务教育“体育与健康”教学指导意见（试行）的通知》，深化基础教育体育与健康课程改革，全面实施素质教育，保障学生每天校内、校外各 1 个小时体育活动时间，促进学生养成终身锻炼的习惯。

【传统体育进校园】 2021 年，宁德市重新编排畲家拳等项目，将传统体育列入宁德市部分小学体育课程，启动“百校万人”传递式传统体育运动会，市区 8 所小学 2000 余人参加。将民族传统体育项目普及至全市 60 余所中小学，1.5 万名学生参与。2021 年，宁德市落实资金 60 万元，支持少数民族体育基地建设。9—12 月，由市体育局、市教育局、市民宗局联合主办的宁德市“传统体育进校园”系列活动之“百校万人”传递式传统体育运动会在福建师范大学东侨实验小学、蕉城区九都镇、屏南县国宝小学、霞浦县民族小学分别举行。

【福建宁德铁人三项赛】 2021 年 5 月 16 日，由宁德市体育局、福鼎市政府、霞浦县政府联合主办的 2021 福建宁德铁人三项公开赛在福鼎市磻溪镇赤溪村举行。赛事以游泳、自行车、跑步相结合，分男子全程 20~39 岁、40~49 岁、50~59 岁，女子全程 20~59 岁及相同年龄组别男、女半程。铁人三项通过全程 1.5 千米游泳、40 千米骑行、10 千米路跑。比赛最后有 7 人分别获得各组别冠军。

【福建省全民健身运动会（宁德赛区）健身健美比赛】 2021 年 11 月 21 日，福建省全民健身运动会（宁德赛区）健身健美比赛暨第三届“国华杯”宁德海峡两岸健身健美公开赛，在宁德市体育中心举行。比赛由福建省社会体育指导员协会指导，宁德市全民健身领导小组主办，宁德市健身健美协会承办，比赛设男子传统健美、男子古典健美、健美元老组、男子健体、健身比基尼、男女健身模特等 7 个项目，15 个组别。

【中国霞浦休闲海钓大赛】 2021 年 5 月 21—23 日，福建省全民健身运动会（宁德赛区）暨 2021 中国霞浦休闲海钓大赛在霞浦举行。赛事由中国休闲垂钓协会指导，宁德市全民健身领导小组、中国休闲垂钓协会海洋牧场钓场建设分会、中国休闲垂钓协会矶钓分会、福建省广告协会、福建省渔业行业协会联合主办，宁德市体育局、霞浦县人民政府共同承办。全国各地 66 支队伍 132 名钓友参赛。比赛最后由蓝渔海钓俱乐部一队获得对象鱼（鲷类）团体总成绩赛第一名，珠海 T.I.T 竞技会 1 队李选获得个人总成绩赛第一名，钓手李海伟、吕建明分别获得个人单尾重量赛和综合鱼（非鲷类）单尾重量赛第一名。

（甘行之　雷娜娜　钟月花　胡学忠）

2021 年 5 月 16 日，福建宁德铁人三项公开赛开幕式现场

（市体育局　供图）

竞技体育

【概况】 2021年，宁德市注册运动员4210人。在国家级以上赛事中，有6人次获第一名、4人次获第二名、7人次获第三名；25名运动员参加第十四届全运会，获2枚金牌、1枚银牌、5枚铜牌；参加田径、射击、足球、举重等29个项目的省锦标赛，取得49枚金牌，其中射击项目金牌数列全省第一名。宁德籍运动员龚莉参加东京奥运会获空手道女子组手61千克以上级铜牌；汤星强参加全运会获2枚金牌。

【龚莉获东京奥运会空手道铜牌】 2021年8月7日，宁德籍运动员龚莉在东京奥运会空手道女子组手61千克以上级半决赛中，夺得女子61千克以上级铜牌。龚莉，1999年8月生，福建省宁德市蕉城区人，中国空手道运动员，效力于中国空手道队。2018年12月，龚莉获得世界空手道联合会K1A系列赛上海站金牌。2019年3月，龚莉获得第九届糸东流世界空手道锦标赛女子68千克级冠军；2019年10月，龚莉夺得世界空手道联盟K1超级联赛总决赛——68千克级银牌。2020年3月，龚莉获得世界空手道联盟K1超级联赛奥地利站68千克级金牌，奥运积分排名世界第三名。2021年5月，龚莉夺得世界空手道联盟超级联赛里斯本站女子68千克级冠军，世界排名第二名，入围东京奥运会女子组手61千克以上级参赛资格。

（甘行之）

【汤星强夺得第十四届全运会男子200米冠军】 2021年9月22日，宁德籍运动员汤星强以20秒39的成绩夺得第十四届全运会男子200米赛冠军。9月24日，汤星强获第十四届全国运动会田径男子4×100米接力赛金牌。汤星强，1995年8月生，福建省宁德市周宁县人，福建省田径男子短跑运动员。2015全国田径冠军赛暨大奖赛总决赛获男子100米冠军。2016年8月20日，在里约奥运会男子4×100米接力赛上，中国队（汤星强、谢震业、苏炳添、张培萌）以37秒90获第4名。2021年8月6日，在东京奥运会男子4×100米接力决赛中，与团队获铜牌，创中国队该项目历史最好成绩。

体育产业

【概况】 2021年，宁德市体彩销售额5.82亿元，完成全年销售额任务4.76亿元的122%，争取省级体育产业发展专项资金100万元，补助7个体育产业项目。推荐福建怡和电子有限公司等3家企业单位申报国家及体育产业基地，推荐浩羽健身服务有限公司等4家企业申报省级体育产基地，组织本市7家企业参加“9·8”投洽会。

【《按摩器具用印制板技术规范》研制】 2021年3月，《按摩器具用印制板技术规范》团体标准审查会在福安市召开并通过审查，该规范由福安市按摩器材体育用品行业协会、福安市医疗保健健身器材行业协会和福安市电子商务协会共同提出研制课题，由全国体育用品标准化技术委员会按摩器材标准工作组牵头研制。

【白水洋·鸳鸯溪景区入选“国家体育旅游示范基地”】 2021年，宁德市白水洋·鸳鸯溪景区被国家体育总局与文化和旅游部认定为首批“国家体育旅游示范基地”，并被授予“2021中国体育旅游十佳精品景区”称号，是全国唯一一个获2项称号的景区(公园)，福建省唯一入选“国家体育旅游示范基地”的国家AAAAA级旅游景区。

（甘行之）

社会生活

人口家庭

【概况】 2021年，宁德市做好人口监测平台的审核上报、区划调整等工作。强化人口信息质量管理，抓好出生信息监测、生育登记指导、质量分析等工作，定期对生育登记、住院分娩、预防接种、出生医学证明等数据进行采集、比对、核查。加强福建省人口统筹管理业务应用平台的使用管理，规范日常操作，不断提高全员人口信息质量，为全面三孩政策的实施提供数据支撑。截至年末，全市户籍人口355.66万人。其中，男性186.29万人、女性169.37万人。城镇总人口136.26万人，乡村总人口219.40万人，根据省统计局2021年各设区市主要人口指标数据评估结果显示：宁德市2021年常住人口315万人，出生率9.03‰，死亡率6.92‰，自然增长率2.11‰，城镇化率62.2%。

【婴幼儿照护服务体系】 2021年，宁德市拓展婴幼儿照护服务，成立婴幼儿照护专家库，出台《关于加快推进3岁以下婴幼儿照护服务发展的实施意见》，建立多部门联合执法机制。全市累计建成公共场所母婴设施81所，福鼎市医院“妈妈小屋”被省卫生健康委、省总工会授予“我最喜爱的妈妈小屋”称号。在福安、周宁、霞浦3县（市）建设婴幼儿照护服务试点机构3所，在确保按序时进度建设的情况下，严格按照国家、省制定托育机构设置标准进行建设，并通过省卫生健康委、发改委、财政厅联合验收。新增普惠托位430个，逐步满足普惠性托育供给，减轻家庭育儿负担。

【计生优惠政策】 2021年，宁德市享受农村奖扶11280人（低保1223人），城镇奖扶12607人（低保137人），特扶623人（低保106人），特扶其他人员4人（低保1人）；二女夫妇奖励3.37万人，2020年符合领取独生子女父母光荣证人数950人，贡献奖励5133人；计生家庭享受“城乡居民基本医疗保险”缴费补助人数20.78万人，享受“新农保”缴费补助人数7.21万人。开展处级以上干部结对帮扶计生家庭活动，每户慰问金不低于1000元，从资金、信息、项目等方面给予支持，全市处级以上干部与计生家庭进行结对帮扶844对。

【卫生计生服务】 2021年，宁德市调拨发放各县（市、区）避孕药具69.7万元，全市271台药具智能免费发放机领取药具42887人次，发放避孕套42万只、避孕栓膜8705盒。智能免费发放做到24小时不间断，在全市城区形成避孕药具“十分钟”服务圈。

【婚姻登记】 2021年，宁德市办理结婚登记17231对、离婚登记5782对，其中涉外结婚登记86对、离婚登记30对。结婚登记比上年（19513对）下降11.7%；离婚登记比上年（9868对）下降41.4%。

【婚检及孕检】 2021年，宁德市婚前医学检查5273人，婚前医学检查率19.43%，检出疾病320人，疾病检出率6.07%；全市孕前优生健康检查12522人，任务量为14000人，覆盖率89.44%，序时进度9.04%；孕前优生健康检查发现对怀孕不利的风险因素的人数1765人，检出率14.10%。

【殡葬改革】 2021年，宁德市城市公益性公墓建设项目列入市委、市政府为民办实事项目，市本级和8县（市）

基本完成城市公益性公墓建设年度目标任务。在巩固近年违建坟墓专项整治成果的基础上，开展违建坟墓专项整治“回头看”，巩固提高整治成效。特别对“三沿六区”范围内的大墓、豪华墓、“活人墓”、新建翻新坟墓进行重点排查；摸排并整治坟墓1.53万座，其中拆除平毁、迁移224座，深埋36座，植树绿化及遮盖1.50万座。全市火化遗体2.04万具，平均火化率100%。

（徐庆权　苏传碧）

就业创业

【概况】　2021年，宁德市城镇新增就业3.71万人，失业人员再就业1.17万人，均超额完成省政府下达的促进就业工作目标责任任务；城镇登记失业率4.14%，低于省下达年末控制指标0.86个百分点。建成投用东侨人力资源服务产业园，累计供给劳务派遣2.92万人次，代理招聘1.25万人。支出就业补助资金和失业保险基金1.47亿元，发放创业担保贷款2.44亿元，发放量位列全省第一。全市为415家企业、在建重点项目建设单位发放一次性稳就业奖补4097万元，惠及员工8.62万人。实施普惠性失业保险稳岗返还、以工代训、就业见习补贴等政策，发放补贴4028万元。在全省促进就业目标责任制考核中宁德市连续两年获评“优秀”。

【高校毕业生就业创业】　2021年，宁德市组织开展省、市高校毕业生创业项目评审和初创三年项目评选活动，110个项目获省、市级资助515万元，宁德市高校毕业生自主创业项目参加省级资助项目评审获奖数量实现“六连冠”。全市2021届离校未就业毕业生4425人，实现就业4237人，就业率95.75%，位列全省第二。鼓励参加基层服务，选拔114名高校毕业生到乡村从事“三支一扶”工作，经过资格审查、体检公示等环节，招募55名高校毕业生从事社区服务岗位。

【困难群体就业】　2021年，宁德市开展“就业服务不打烊、网上招聘不停歇”各类线上、线下招聘会，运用网站、微信公众号等信息化服务手段，为用人单位和困难群体搭建平台，提供就业机会。全市举办各类线上、线下招聘会122场，提供岗位16.24万个次，初步达成就业意向1.85万人。

【农村劳动力转移就业】　2021年，宁德市组建企业用工服务队，设立服务专员，各乡镇、社区、村成立用工服务小分队，将企业用工信息和政策送上门。全市用工服务小分队到127个乡镇、149个社区、1997个村发放企业用工宣传材料30余万份，推荐本地农村劳动力就业11020人，实现就业4044人。

【残疾人就业创业】　2021年，宁德市征缴残保金6865.93万元。宁德市残联推进残疾人就业创业，为1224名残疾人发放创业就业补助资金612万元，为1151名自主创业就业残疾人发放社保补贴441.6万元，为7家符合条件的超比例安排残疾人用人单位发放奖励17.98万元，安置残疾人33名；推动盲人就业创业，为2家盲人按摩示范店发放奖励10万元，安置盲人职工9名；鼓励社会机构推动残疾人辅助性就业，为7家符合条件残疾人辅助性就业机构发放奖补资金57.31万元，安置59名残疾人就业。全市有就业意愿和就业能力的就业年龄段残疾人就业率95%；全市城镇新增就业残疾人565人、农村新增就业残疾人2173人、城乡新增培训残疾人1650人，完成省级下达任务的203.24%、236.2%和160.82%。

【欠薪根治】　2021年，宁德市保障农民工工资支付工作连续2年在全省获评A级，经验做法2次在全省推广，市人社局获“全国根治拖欠农民工工资工作先进集体”等3项省级以上称号。在全省率先开展“无欠薪项目部”亮牌行动，建立“人社纠纷行政调解＋劳动人事仲裁审查确认”制度，全市受理农民工欠薪投诉案件30件，案件数比上年下降16.67%，为330名劳动者追回工资468万元，实现投诉案件“五连降”。严格工资支付行为监察执法，开出全省首张顶额10万元罚单，劳动关系总体平稳、持续向好。

（吕海宾　苏传碧　张爱萍）

收入与消费

【概况】　2021年，宁德市委、市政府贯彻落实党中央、国务院决策部署，做好“六稳”“六保”工作。住户抽样调查资料显示，2021年宁德居民人均可支配收入保持较快增长，居民消费支出稳步提升。全市居民人均可支配收入31460元，比上年增长10.1%，高于全省平均水平0.8个百分点，增幅位居全省第2位。分城乡看，城镇居民人均可支配收入40615元，比上年增长9.4%，高于全省平均水平1.0个百分点，增幅居全省第2位；农村居民人均可支配收入21282元，增长11.7%，高于全省平均水平0.5个百分点，增幅居全省第三位。全体居民人均生活消费支出22220元，比上年增加2847元，增长14.7%。八大类消费支出呈全面增长态势。

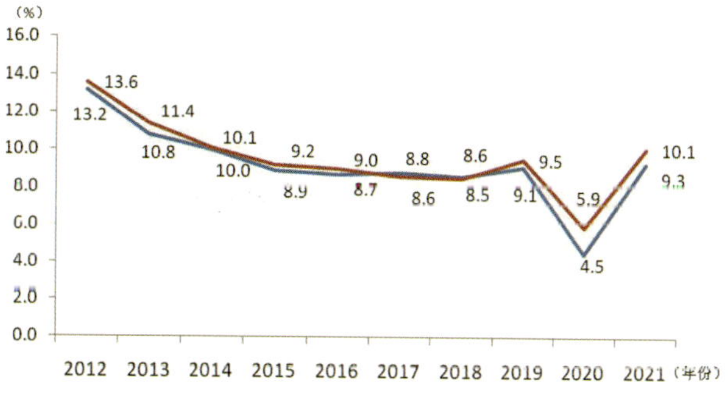

图11　2012—2021年福建省、宁德市居民收入增速折线图

（资料来源：国家统计局宁德调查队）

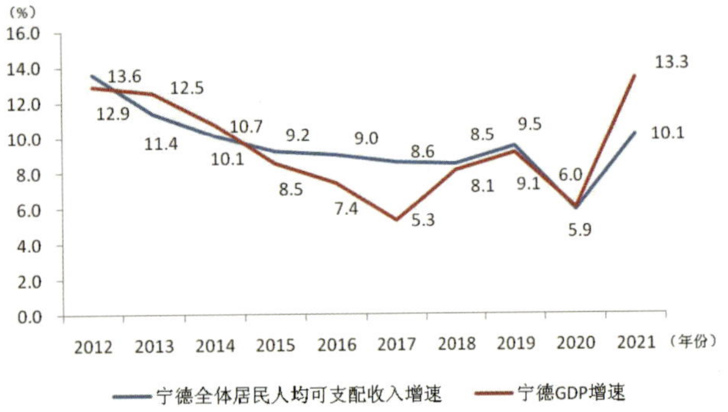

图 12　2012—2021 年宁德市居民人均可支配收入及生产总值增速折线图

（资料来源：国家统计局宁德调查队）

图 13　2012—2021 年宁德市城乡居民收入对比折线图

（农村居民收入 =1）

（资料来源：国家统计局宁德调查队）

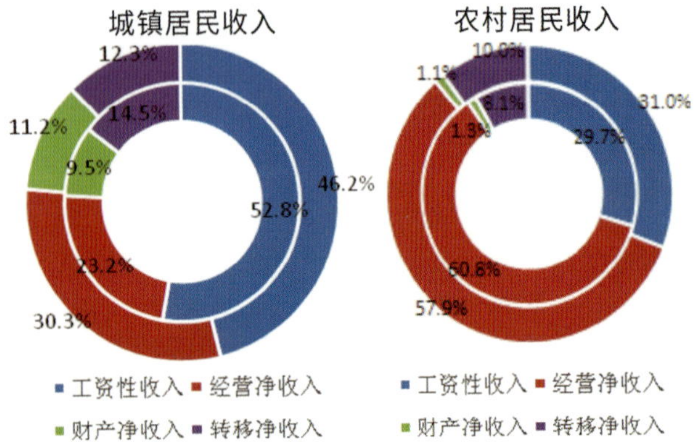

（内圈为2012年, 外圈为2021年）

图 14　宁德市城乡居民 2012、2021 年收入构成比重饼状图

（资料来源：国家统计局宁德调查队）

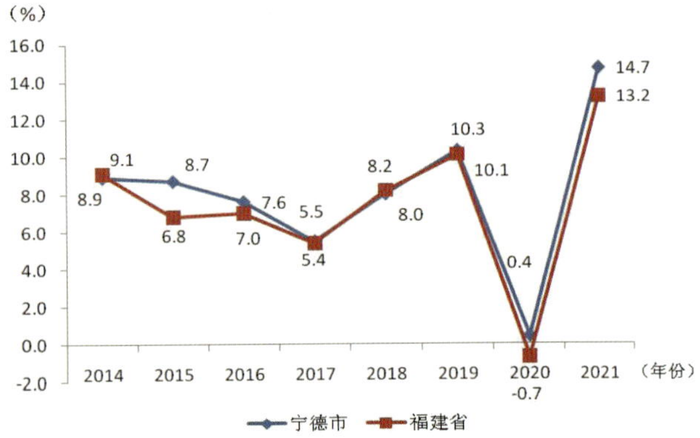

图 15　2014—2021 年福建省、宁德市居民消费支出增长情况折线图

（资料来源：国家统计局宁德调查队）

图 16　2014—2021 年宁德市城乡居民消费支出增长情况折线图

（资料来源：国家统计局宁德调查队）

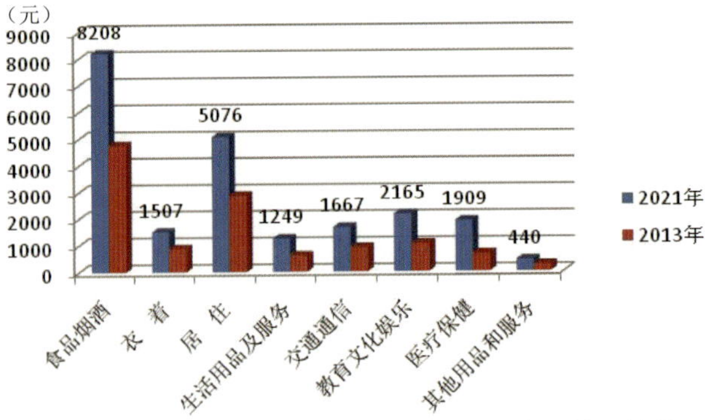

图 17　2013、2021 年宁德市居民消费构成变化情况柱状图

（资料来源：国家统计局宁德调查队）

人均教育文化娱乐支出比上年增长28.3%，增速最快；交通通信支出增长17.7%、衣着支出增长17.0%，增速较快；医疗保健、生活用品及服务、其他用品和服务、食品烟酒、居住支出分别增长15.4%、14.9%、13.9%、12.6%和11.2%。

【城乡居民收入】 2021年，宁德市城镇居民人均可支配收入40615元，比上年增长9.4%；农村居民人均可支配收入21282元，增长11.7%，增幅比城镇居民人均可支配收入高2.3个百分点；城乡居民收入差距逐步缩小，城乡居民收入比由上年同期的1.95缩小为1.91。

【居民工资性收入】 2021年，宁德市全体居民人均工资性收入12999元，比上年增长10.6%，拉动居民人均可支配收入增长4.3个百分点，贡献率43.0%。分城乡看，城镇居民人均工资性收入为18757元，比上年增长9.9%；农村居民人均工资性收入6597元，增长13.1%。

【居民经营收入】 2021年，宁德市全体居民人均经营净收入12314元，比上年增长9.7%，拉动居民人均可支配收入增长3.8个百分点，贡献率37.6%，是带动居民收入增长的第二大动力来源。分城乡看，城镇居民人均经营净收入12300元，比上年增长8.6%；农村居民人均经营净收入12329元，增长10.8%。

【居民财产净收入】 2021年，宁德市全体居民人均财产净收入2502元，增长14.9%，比上年同期提高7.5个百分点。分城乡看，城镇居民人均财产净收入4540元，比上年增长15.0%；农村居民人均财产净收入238元，增长15.6%；城乡居民人均财产净收入增幅分别比上年同期提高11.4个和10.9个百分点，增幅均居四大项收入之首。

【居民转移净收入】 2021年，宁德市全体居民人均转移净收入3644元，比上年增长6.9%。分城乡看，城镇居民人均转移净收入5017元，比上年增长5.0%；农村居民人均转移净收入2118元，增长12.4%。

【市场物价】 2021年，宁德市居民消费价格指数（CPI）比上年上涨0.4%，低于全年3%左右的预期目标，其中食品价格指数上涨0.3%，物价总体稳定在合理区间。从重要民生商品看，作为“百价之基”的粮食价格运行平稳，全年居民消费价格指数粮食项同比上涨0.5%。生猪产能恢复，猪肉价格基本恢复至正常年份平均水平，截至年底，猪肉价格比上年下降38.1%。加大蔬菜生产、流通、储备等各环节保供稳价力度，受不利天气影响上涨的蔬菜价格回落，与全年蔬菜最高位相比，年底蔬菜价格下跌36.3%。

【消费市场】 2021年，宁德市消费市场回暖。实现社会消费品零售总额880.17亿元，比上年增长6.6%，增幅高于上年9.3个百分点。分规模看，限额以上消费市场实现零售额125.52亿元，比上年增长4.3%；限额以下消费市场恢复步伐更快，实现零售额754.65亿元，增长7.0%。分行业看，批发、零售、住宿和餐饮业销售（营业）额均实现两位数增长，比上年分别增长29.9%、17.0%、13.9%和24.8%。分商品类别看，出行类商品稳健拉动。汽车和石油及制品类是限额以上商品零售中占比最大的两类商品，比重42.2%，其中石油及制品类商品零售额增长14.8%，汽车类增长11.8%。升级类消费较快增长。限额以上金银珠宝类、体育娱乐用品类商品零售额分别增长23.9%、42.2%，新能源汽

表37 宁德市辖区居民消费价格指数一览表

（以上年价格为100）

	2018年	2019年	2020年	2021年
居民消费价格总指数	101.1	102.2	102.1	100.4
其中：服务项目价格指数	100.7	100.3	100.3	99.9
工业品价格指数	101.4	100.3	99.2	101.4
其中：食品价格指数	101.1	109.4	109.6	100.3
消费品价格指数	101.3	103.4	103.2	100.8
一、食品烟酒	101.1	106.7	107.2	100.2
粮食	101.5	98.9	98.2	100.5
鲜菜	112.3	102.1	101.2	112.3
畜肉类	93.4	133.7	139.8	82.6
水产品	100.4	102.0	103.8	107.9
蛋类	116.7	105.0	88.7	125.0
鲜瓜果	103.3	113.8	85.1	102.2
二、衣着	100.5	100.7	100.5	100.1
三、居住	101.6	99.2	99.1	100.1
四、生活用品及服务	100.2	100.3	100.6	100.0
五、交通和通信	101.5	98.6	97.4	103.5
六、教育文化和娱乐	100.9	102.6	100.8	100.3
七、医疗保健	100.7	100.7	101.0	99.6
八、其他用品和服务	99.8	102.6	103.3	96.0

（资料来源：市统计局）

车类商品零售额增长 127.6%。

（林　俊　黄巧娟）

社会保险

【概况】　2021 年，宁德市实施全民参保计划，全市城镇职工基本养老、工伤、失业保险分别参保 89.11 万人、58.68 万人、32.84 万人，城乡居民养老保险参保 141.68 万人。基本医疗保险参保 328.44 万人，比上年增加 4.18 万人，其中，城镇职工医保参保 46.85 万人，城乡居民医保参保 281.59 万人。城镇职工医保统筹基金收入 14.38 亿元，支出 10.66 亿元，当期结余 3.73 亿元，累计结余 16.21 亿元。城乡居民医保基金收入 25.05 亿元，支出 24.36 亿元，当期结余 0.69 亿元，累计结余 9.92 亿元。

【养老保险】　2021 年，宁德市调整企业和机关事业单位退休人员基本养老金，提高城乡居民基础养老金，确保待遇足额发放、及时兑现。全市企业和机关事业单位退休人员养老金总体调整幅度约 5%，月人均增加 156 元，城乡居民月人均养老金提高到 148 元。推进机关社保制度改革，完成 2020 年之前退休“中人”待遇重算工作。全市职业年金清算 4375 个单位，完成率 100%，归集资金 21.81 亿元。

【工伤保险】　2021 年，宁德市工伤保险参保 58.68 万人。执行工伤待遇核定、发放等相关规定，确保待遇及时、准确、安全、高效发放。全市为 2428 名工伤参保职工支付工伤保险待遇 1.85 亿元。

【失业保险】　2021 年，宁德市失业保险参保 32.84 万人。开展失业保险金待遇发放工作，发挥失业保险金保障劳动者失业期间基本生活的作用，促进再就业。累计为 4212 名失业人员发放失业金及代缴医疗保险 2922.72 万元。为 4196 家企业发放普惠性稳岗返还 1362.56 万元，从失业保险基金支出 2153.03 万元用于社会保险补贴和岗位补贴。

【医疗保险】　2021 年，宁德市聚焦困难群众医疗保障问题，在脱贫攻坚集中期结束后，延续执行省级叠加保险政策与市级补充保险政策，确保医保待遇平稳过渡。推行以“属地管理、智能稽核、动态监管、综合执法”为主要内容的基金监管模式，推进存量问题清零行动、打击“假病人、假病情、假票据”专项整治行动、规范使用医保基金行为专项治理行动，追缴违规使用医保基金 2438.55 万元。9 月 20 日，宁德市上线国家医保信息平台，实现医保信息业务编码标准统一、医保数据规范统一、医保经办服务统一。

【社保帮扶】　2021 年，宁德市落实社保帮扶政策，全市组织低保、特困、残疾、致贫返贫等 4 类困难群体人员参加基本养老保险 11.18 万人，为 5.24 万人代缴城乡居民保当年保费 1066 万元。

【社保服务】　2021 年，宁德市推进社保基金管理风险防控工作，市人社局获评“全省社会保险基金预算绩效管理优秀单位”。推进反冒领工作，全市追回冒领、多领社保基金 1372.27 万元。提升社保卡服务水平，全市发行社保卡 382.82 万张，其中第三代社保卡 10.63 万张。建设立等可取社保卡服务网点 235 个，社保卡代办点 142 个，开通社保卡在人社领域应用 160 项，推行待遇进卡发放。做好被征地农民社会保障资金落实情况审查，为 6.7 万名被征地农民发放养老保障金 1.87 亿元。推行临近退休提醒服务，保障参保职工权益。通过“福建社保”微信公众号、“闽政通”App 和上门认证等多种形式开展企业退休人员待遇领取资格认证，全市认证 8.06 万人，认证率 98.84%。提升公共服务能力，行政服务中心人社窗口获评“全国巾帼文明岗”。

（吕海宾）

【乡村医保服务】　2021 年，宁德市医保局探索构建乡、村两级医保经办服务体系。按照“八有一能”（有固定服务场所、有专兼职人员、有明确岗位职责、有固定办公经费、有科学管理制度、有统一办事规程、有统一受理平台、有统一形象标志、能为群众办实事）的标准，在乡（镇、街道）、村（社区）设置医保服务站（点），下放参保信息变更、手工报销材料初审等 5 项高频医保经办事项，推动医保服务下沉，实现医保资源共享，让乡村参保群众在“家门口”即可咨询医保政策、办理医保业务。将糖尿病、高血压 2 个特殊病种申请权下放乡镇卫生院，方便参保群众看病就医。推进基本医疗保险关系转移接续、参保信息变更等 6 项高频医保经办事项“跨省通办”“全程网办”，完成灵活就业人员参保、城镇职工医保退休及常住地就医“一件事”集成套餐服务。全市乡村两级医保服务站累计服务群众 13.23 万人次，城乡居民参保登记 3.18 万人次，参保信息变更 7058 人次，城乡居民征缴数据处理 3.31 万人次，门诊特殊病种办理 5818 人次，接受业务咨询 5.45 万人次。

（徐晓临　吕海宾）

社会福利

【残疾人“两项补贴”】　2021 年，宁德市全面落实残疾人“两项补贴”动态调整机制和提标工作。1 月起，困难残疾人生活补贴标准从每人每月 80 元提高到 92 元，生活困难的重度残疾人二级护理补贴标准从每人每月 85 元提高到 92 元，重度残疾人一级护理补贴标准 115 元，非生活困难的重度残疾人二级护理补贴标准 85 元。发放困难残疾人生活补贴 4.22 万人次，发放金额 4481.98 万元；发放重度残疾人护理补贴 4.86 万人次，发放金额 5725.43 万元。

【特困供养标准调整】　2021 年，宁德市特困人员供养标准由基本生活标准和照料护理标准构成。分散供养特困人员基本生活标准按照当地低保标准的 130% 确定；照料护理标准分为全自理、半护理、全护理三档，分别按照不低于最低工资标准的 10%、25%、40% 确定。集中供养特困人员基本生活标准按照当地低保标准的

240% 确定，照料护理标准按照当地最低工资标准的24%、60%、96% 确定。截至年底，城乡特困对象 1.64 万人，累计发放救助金 2.34 亿元，当月人均供养水平 1185 元。将生活不能自理特困人员集中供养率列为政府绩效考评指标。截至年底，全市生活不能自理特困人员 2048 人（半护理 1181 人、全护理 867 人），集中供养 1899 人，集中供养率 92.72%。

【老龄服务】 2021 年，宁德市养老事业基础夯实，新建 16 个农村区域性养老中心、11 个居家社区养老服务示范点。养老服务质量提升，建有 355 个互助孝老食堂，日均服务老年人 8000 余人。完成养老从业人员培训 3186 人，完成 1741 户困难老年人家庭适老化改造，完成 16 个五星级农村幸福院、44 个四星级农村幸福院、120 个三星级农村幸福院的评定。宁德市互助孝老食堂工作模式被评为第三批全国农村公共服务典型案例和第一批福建省养老服务改革创新优秀案例。

（苏传碧　张爱萍）

社会救助

【城乡低保】 2021 年，宁德市农村低保对象 6.91 万人，发放救助金 3.35 亿元，人均月补差 421 元；城市低保对象7162 人，发放救助金 3764.34 万元，人均月补差 439 元。蕉城区、福鼎市、福安市低保标准为 7920 元 / 年，霞浦县、古田县、屏南县、寿宁县、周宁县、柘荣县低保标准为 7152 元 / 年。

【临时救助】 2021 年，宁德市临时救助资金按照当地户籍人口每人每年 10 元的标准进行筹集。全面建立乡镇临时救助备用金制度，将 3000 元以下的审批权限下放乡镇。对突发性、紧迫性等意外事件造成生活出现严重困难的家庭，简化救助流程，按照急难型直接给予救助。累计临时救助 1.89 万人次，发放临时救助金 3601.96 万元。

【孤儿收养】 2021 年，宁德市机构养育孤儿基本生活费标准为每人每月 1800 元，散居孤儿和事实无人抚养儿童基本生活费标准为每人每月 1400 元。全市孤儿 425 人，事实无人抚养儿童 1427 人。办理收养登记 108 件，解除收养登记 3 件。其中，儿童福利送养 35 件、三代以内旁系血亲送养 11 件、父母特殊困难送养 2 件、散居孤儿送养 40 件。

【流浪乞讨人员救助】 2021 年，宁德市救助生活无着的流浪乞讨人员 721 人次。其中，未成年人 13 人次、肢体残疾 16 人次、精神病 36 人次，护送返乡 36 人次，亲属接领 22 人次，落户安置 26 人，纳入特困供养 26 人。

【慈善救助】 2021 年，宁德市根据国家、省市慈善法律法规的要求，发展慈善事业，开展“慈善手拉手”行动，引导慈善组织开展助学、助医、扶老、助童、助残等各类帮扶活动，实施慈善帮扶项目 306 个，帮扶资金 1682.29 万元，慈善活动受益超 13 万人次。指导全市 13 家慈善组织获 2020—2022 年公益性捐赠税前扣除资格，完成 41 家慈善组织年检。引导慈善组织到“慈善中国”信息公开平台，注册并公开年报等基本信息。组织公益慈善组织参加福建省第四届“善行八闽——公益慈善项目大赛”，11 个项目参赛，其中“饲料袋回收项目”获得大赛一等奖。

（苏传碧）

【宁德慈善总会】 2021 年，宁德市慈善总会成立 10 周年，开展慈善活动 30 余个，累计支出善款 3159.83 万元，帮扶困难群众 2.6 万人次。开展大病医疗日常救助，救助大病申请人员 55 人，发放救助金 14 万元。年内宁德市慈善综合被评为 AAAAA 级社会组织。

“慈善一日捐”活动 2021 年，宁德市慈善总会开展主题为“助力乡村振兴，关注弱势群体”的“慈善一日捐”活动，为个人搭建帮困解难平台，市本级募集善款 100.4 万元，分别在市政协、发改委、民宗局、司法局、市场监督局、水文水资源勘测分中心、市直机关退休老干部活动站等单位举办《中华人民共和国慈善法》进机关宣讲暨“慈善一日捐”募捐活动。

助老敬老慰问 2021 年，宁德市慈善总会在 9 县（市、区）开展以“为困难老人提供实际的物质帮助、生活照料、精神慰藉、卫生保健、体育健身、权益维护、生产帮扶”为目标的“九九情”实践活动。2020 年 12 月至 2021 年 2 月，完成全市“情暖万家”“九九情”慰问工作，慰问困难家庭及个人 1696 户，发放慰问金 96.6 万元，慰问对象包括：低保、五保边缘户，五老，老村干，退役军人，残疾人家庭，因病返贫家庭，困难企业家，困难民警等。此次慰问覆盖面积比上年增加 1 倍，慰问群体范围扩大，慰问金额根据家庭困难情况现场调整。

服刑人员子女帮扶工作 2021 年，宁德市慈善总会联合福建省教育援助协会、宁德监狱、福建医科大学社工系、弘善社工等，对全市 41 户服刑人员子女家庭探访。以社工工作手法对服刑人员未成年子女了解及评估其生存状况，确定帮扶手段与帮扶层面并实施帮扶工作。

“心动八闽”先心病患儿救助 2021 年，宁德市慈善总会于 3 月 24 日、6 月 5 日，分别在柘荣县、宁德市进行心脏筛查活动，为 1.8 万名幼儿园、中小学生进行免费筛查，帮助早发现、早治疗、早康复，让家庭困难的先心病儿童共享“脱贫攻坚”政策。筛查出先天性心脏病患儿 32 名，根据筛查对象家庭意愿，其中 24 名患儿参与“心动八闽”救助项目，到上海接受免费手术治疗。参与救助的患儿无须承担手术费用，同时上海远大心胸医院为儿童先心病患者及 1 名成年陪护家属提供往返交通接送并对在院治疗期间每位患者给予 50 元 / 日的食堂用餐补贴。

助学圆梦 2021 年，宁德市慈善总会于国际志愿者日在蕉城区第二小学举办“阳光课堂”助学捐赠活动，为蕉城区第二小学捐赠课桌椅 1000 套，价值 37.5 万元。2020 年河仁慈善基金定向捐赠宁德市慈善总会的 3000 万元，用于发展宁德市民族教育事业，于 1 月完成分批拨付工作。与市直机关退休干部活动站第一片区、厦门国际银行宁德分行、宁德爱尔眼科医院、宁德康美诺口腔医院等单位或人士到宁德市儿童福利院，开展“大手牵小手永远跟党走”主题活动，捐赠全彩显示屏、粮油、牛奶、学习用品、玩具等物资，对在院儿童进行眼科检查，捐赠物资及现金10万元。到蕉城二小看望留守、贫困学生，为孩子们送节日礼物，退休老干部志愿者向孩子们讲述“奶奶的童年史”，用自己童年艰难求学的故事告诉孩子们要坚强成长，珍惜今天，心怀感恩，回报社会。以“高考爱心直通车 文明实践办实事”为主题的爱心送考·橙丝带在行动大型公益活动在宁德启动。高考期间，在宁德五中设立志愿者服务站。

第六届宁德市慈善文化节 2021年，宁德市慈善总会组织的第六届宁德市慈善文化节暨第八届郑宗远慈善文化节在柘荣县仙岭村郑宗远慈善广场举行。文化节以“弘扬慈善精神，培育慈善文化”为主题，以节为媒，弘扬慈善精神，培育慈善文化，树立慈善楷模，营造慈善氛围。仙岭、洪坑等4个村的村委代表现场签约，共建慈善红色乡村振兴示范带，推进美丽乡村建设，带动慈善文化建设。仪式结束后，为“一头牛发现的仙岭”雕塑塑像、“慈善茶园”揭幕，调研慈善茶园，了解村民茶叶种植情况，通过会长办公会议为“慈善茶园”建设补助助农项目款6万元，为村民购买茶苗。

慈善助力乡村振兴 2021年，宁德市慈善总会针对助老项目提出新举措，为新建“慈善幸福院”予以电气设备补助2万元，每所幸福院入住老人10人以上的，给予每人1000元入住购置金。截至年底，补助新建慈善幸福院——赤溪小坛村慈善幸福院、八都新楼慈善幸福院等16所幸福院配备项目款54.9万元，支持26所长者食堂建设助力项目款30万元。为达到换血、输血、造血扶贫目标，以发放救助金为主，推行“慈善+产业”“慈善+公益”“慈善+基金”“慈善+村建”扶贫模式，接受市烟草公司、核电、供电、电力等单位定向捐赠26项，328万元。

慈善宣传 2021年，宁德市慈善总会在首个“福建慈善宣传周”开展以“会聚慈善力量助力乡村振兴”为主题的线上、线下普法宣传和帮扶救助活动。在线上开展《中华人民共和国慈善法》知识有奖竞答活动，90分以上抽取一、二、三等奖，520名网友关注并答题，引导社会大众支持慈善、参与慈善。到柘荣县青少年宫郑平芳剪纸艺术馆残疾人剪纸培训班，看望慰问柘荣剪纸残疾人10名并送去慰问金6000元。了解学员们的生活情况和剪纸技艺，探讨如何为残疾人剪纸作品提供展示机会和商业对接模式，为残疾人创收。活动现场，残疾人用剪刀在红纸上剪出图案，制作成扇子（同音“善”）赠送给慈善总会。

（黄 莉）

住房保障

【保障性安居工程建设】 2021年，宁德市住房和城乡建设局推进保障性安居工程续建项目建设，开工金涵小区三期限价房950套，完成投资1.56亿元；续建项目5933套，完成投资1.1亿元，年度计划投资率133%；发放保障性租赁住房补贴397户、金额45.74万元。全市累计开工保障性安居工程6.53万套，其中，开工保障性住房3.51万套、棚户区改造3.02万套；累计基本建成各类保障性安居工程项目5.87万套。

【住房保障方式转变】 2021年，宁德市在扩大保障范围的基础上，加快住房保障方式由实物保障向货币保障转变，出台《宁德市中心城区城镇住房保障家庭租赁保障性住房补贴发放实施意见（试行）》。开展公租房租赁补贴申报工作，鼓励住房困难家庭租赁市场房源解决住房问题，优化住房租赁市场，完善住房保障体系。

【住房公积金管理】 2021年，宁德市住房公积金缴存总额303.51亿元，缴存余额111.61亿元，比上年增长16.14%、11.05%；提取总额191.90亿元，增长19.31%；累计发放个人住房贷款10.29万笔237.48亿元，贷款余额107.70亿元，分别增长6.60%、11.58%、8.81%。

住房公积金缴存 2021年，宁德市住房公积金新开户单位897家，实缴单位6009家，净增单位611家；新开户职工6.93万人，实缴职工31.13万人，净增职工4.24万人；缴存额42.17亿元，增长15.05%。年

金涵三期限价房项目主体施工现场（摄于2021年11月11日）

（市住建局 供图）

末，缴存总额303.51亿元，比上年增长16.14%；缴存余额111.61亿元，增长11.05%。缴存职工中，国家机关和事业单位占31.88%，国有企业占15.75%，城镇集体企业占1.90%，外商投资企业占1.16%，城镇私营企业及其他城镇企业占47.60%，民办非企业单位和社会团体占1.39%，灵活就业人员占0.20%，其他占0.12%；中、低收入占98.99%，高收入占1.01%。

住房公积金提取 2021年，宁德市11.37万名缴存职工提取住房公积金31.06亿元。提取金额中，住房消费提取占80.18%（购买、建造、翻建、大修自住住房占29.26%，偿还购房贷款本息占46.24%，租赁住房占4.68%，支持老旧小区改造占0.003%）；非住房消费提取占19.82%（离休和退休提取占10.49%，完全丧失劳动能力并与单位终止劳动关系提取占6.30%，出境定居占0%，其他占3.027%）。提取职工中，中、低收入占98.65%，高收入占1.35%。

住房公积金贷款 2021年，宁德市支持职工购建房71.67万平方米（含公转商贴息贷款），年末个人住房贷款市场占有率（含公转商贴息贷款）11.91%，比上年减少1.06%。通过申请住房公积金个人住房贷款，可节约职工购房利息支出65455.49万元。职工贷款笔数中，购房建筑面积90（含）平方米以下占22.23%，90~144（含）平方米占71.31%，144平方米以上占6.46%。购买新房占79.35%（其中购买保障性住房占0.61%），购买二手房占20.63%，建造、翻建、大修自住住房占0.02%。职工贷款笔数中，单缴存职工申请贷款占60.06%，双缴存职工申请贷款39.94%，三人及以上缴存职工共同申请贷款占0%。贷款职工中，30岁（含）以下占30.00%，30岁~40岁（含）占41.65%，40岁~50岁（含）占21.27%，50岁以上占7.08%；购买首套住房申请贷款占84.42%，购买二套及以上申请贷款占15.58%；中、低收入占95.69%，高收入占4.31%。

住房公积金增值收益 2021年，宁德市提取贷款风险准备金3489.67万元，提取管理费用1466.65万元，提取城市廉租住房（公共租赁住房）建设补充资金12431万元。上缴财政管理费用1466.65万元。上缴财政城市廉租住房（公共租赁住房）建设补充资金10955万元。贷款风险准备金余额43082.18万元。累计提取城市廉租住房（公共租赁住房）建设补充资金82843.45万元。

（张敏瑛　林　英）

基层自治组织建设

【概况】 2021年，宁德市完成村（居）委会换届选举工作。开展“新时代新社区新生活”服务质量提升行动，福鼎市被确定为城乡社区近邻服务工作省级试点市，蕉城区蕉南街道东湖社区、古田县城西街道青云社区、屏南县古峰镇城东社区等13个城乡社区被确定为城乡社区近邻服务工作省级试点社区。截至年末，全市有2134个村委会、213个社区居委会。

【村（居）委会换届完成】 2021年，宁德市2338个村（居）委会换届选举工作完成，实现村（社区）党组织书记、村（居）委会主任“一肩挑”比例100%，一次性选举成功率100%，社区直选率44%，选举产生新一届村（居）委会成员8186人。新一届村（居）委会成员文化程度提高、年龄结构优化，其中35周岁村（居）委会成员2779人，占比33.9%；大专以上学历村（居）委会成员3202人，占比39.1%，为宁德市乡村振兴和基层治理提供支撑。

【社区工作者队伍建设】 2021年，宁德市通过报名、组织考核、体检、签订协议、培训等环节，招募55名高校毕业生服务社区，其中蕉城区9个、古田县4个、屏南县2个、周宁县3个、寿宁县3个、福安市10个、柘荣县2个、福鼎市10个、霞浦县7个、东侨经济技术开发区5个。同时加强在岗服务社区计划高校毕业生日常管理。

【基层自治加强】 2021年，宁德市以基层近邻党建为引领，推进社区近邻服务工作，确定福鼎市、东侨湖滨社区等51个社区为试点，在组织融合、资源融合、群众融合上提升基层治理水平。开展城乡社区民主协商，福鼎市硖门畲族乡柏洋村、周宁县咸村镇云门村被确定为全国城乡社区协商创新试点单位。

（郑跃中）

社会组织管理

【概况】 2021年，宁德市民政局、中共宁德市委非公有制企业和社会组织工作委员会联合出台《关于进一步促进市级社会组织健康有序发展若干措施的通知》，统筹宁德市各类社会组织的引导发展和严格依法管理，此举措在福建非公企业和社会组织党建上进行经验交流。市民政局加强对社会组织事中事后监管，在年报检查和“双随机”抽查工作中发出《责令整改通知书》66份，开展“僵尸型”社会组织专项整治等工作，推动社会组织健康有序发展。

【打击整治非法社会组织专项行动】 2021年，宁德市收集甄别涉嫌非法社会组织举报线索12条，开展联合执法9次，取缔非法社会组织8家，劝散非法社会组织11家，查处社会组织非法活动14起，封存非法社会组织授牌13面。

【违规涉企收费清理整治】 2021年，宁德市在行业协会商会领域组织开展“我为企业减负担”专项行动工作。市、县两级45家行业协会商会减免会费314.43万元，惠及1596家企业。通过专项台账管理，优化市社会组织结构。

【“阳光1+1（社会组织+老区村）”牵手计划】 2021年，宁德市民政局组织社会组织到基层调研指导，促成256个老区村与270家社会组织签订帮扶协议。《在产业扶贫路上的银发农业专家顾问团——福鼎市扶贫开发协会获评中国社会组织扶贫案例

50佳》。《二十余载老区情，今谱阳光新篇章——宁德市老促会牵手蕉城区坑头村》，获评省民政厅“阳光1+1”牵手计划十佳案例。

（郑跃中）

区划地名和边界管理

【概况】 2021年，宁德市民政局持续加强地名规范管理，全年办理居民区、建筑物地名备案8件，完成东侨经济技术开发区部分小区道路命名和宁德一中新校区周边22条道路命名（更名），完成153个道路标志牌设置和131个老旧道路标志牌拆除。创建平安边界，开展4条市间县级界线、3条市内县级界线、153条乡级界线的联检工作。截至年末，全市下辖1个区（蕉城区）、2个县级市（福安市、福鼎市）、6个县（霞浦县、古田县、屏南县、寿宁县、周宁县、柘荣县），14个街道、69个镇、43个乡。

【地名规范管理】 2021年底，宁德市明确属地管理原则，蕉城区、东侨经济技术开发区按照已划清的管护界履行管护职责。推进“保护地名文化、记住美丽乡愁”乡村地名信息服务提升行动，5月向省民政厅推送红色地名文化作品5个，其中福安市柏柱洋被评为全省十佳红色地名。结合党史学习教育，推送蕉城区桃花溪村、福安市闽东革命烈士陵园、福安市溪柄镇斗面村、闽东苏维埃政府机关旧址和霞浦县水门乡小竹湾村老区基点建制村5个微党课地名文化作品。推进“互网+地名”信息服务建设，依托《全国地名信息应用管理平台》，指导各地补更地名及地名标志信息，指定专职人员定时定点登录审核把关，确保线上线下地名信息双向应用畅通，地名信息补录2535条，入库信息49525条，地名标志信息入库920条，地名信息服务水平显著提升。

【平安边界创建】 2021年，宁德市开展平安边界创建活动，完成与福州市4条市间县级界线（蕉城、古田、罗源、闽清、闽侯）联检工作。与福州市先后联合建立界线联合年检工作领导小组，制定《福州与宁德市间县级行政区域界线第四轮联合检查工作实施方案》《行政区域界线纠纷应急处置预案》，在闽清召开第一次联席会议等内业工作，并于7月5日实地查勘古田—闽清线2号和3号界桩等。各县（市、区）成立相应领导小组、制定实施方案、应急处置预案、召开联席会议等，3条市内县级界线（古田—屏南、蕉城—屏南、寿宁—周宁）、153条乡级界线联检内、外业工作全部完成。

（郑跃中）

民族宗教事务

【概况】 2021年，宁德市有少数民族45个，少数民族户籍人口23.03万人，占全市总人口的6.46%，其中畲族人口的20.52万人，占全市少数民族人口的89.69%。全市设1个畲族经济开发区、9个畲族乡，少数民族万人以上县5个，少数民族人口千人以上乡镇59个。民族村246个，民族自然村约1000个。全年受理民族成份变更申请41人，审核同意变更申请41人。争取中央少数民族发展资金和省级民族补助款2285万元，落实市级少数民族资金600万元，支持民族乡村经济社会事业发展、基础设施建设、公共服务设施提升、文化传承保护等，培育民族乡村振兴示范村，推动民族乡村建设发展。

2021年，宁德市有佛教、道教、天主教、基督教四大宗教，依法登记的宗教活动场所1225处，依法备案的教职人员3602人，宗教信众约29.7万人；登记的宗教团体40个，其中省级宗教团体1个、市级宗教团体5个、县级宗教团体34个。此外，还有民间信仰活动场所6504处（10平方米以上）。组织举办全市宗教界代表人士爱国主义教育实践培训，指导宗教团体、场所举办或参与庆祝中国共产党成立100周年活动；发动宗教界参与创文明城活动，倡导文明行为、绿色环保理念；引导宗教界开展慈善公益事业常态化，全市宗教领域累计捐款、捐物500余万元；指导古田临水宫成功举办陈靖姑文化节活动，指导柘荣举办游仙姑对台文化交流活动等，提升宗教界文化服务水平。及时完成涉及宗教领域4份政协提案的答复，满意率100%；配合上级和相关部门做好宗教工作调研，制定《关于支持宗教界参与养老服务业发展的指导意见》和《关于解决宗教活动场所不动产登记历史遗留问题的若干意见》，并印发实施。

【民族乡村振兴发展政策措施制定】 2021年5月27日，宁德市政府制定出台《宁德市支持少数民族乡村振兴的五条措施》，通过政策倾斜，提升民族建制村路网建设、完善民族自然村通村公路硬化、加强民族乡村文化设施建设、扶持发展畲医药产业和加强民族学校师资队伍建设，巩固民族乡村脱贫攻坚成果同乡村振兴衔接。年内，全市建设完成17个民族建制村和4个少数民族200人以上自然村通村路网改造建设；推进民族村歌台歌寮和文化广场建设，下达21个村建设资金1050万元，提前预下2022年15个村资金指标750万元；支持福安、福鼎、寿宁县（市）民族乡村4个畲药示范园（基地）建设，种植乌稔树、八月瓜、黑老虎等10余个品种畲药材，面积29.33公顷；16所民族中小学校中有12所配备畲语畲歌专兼职教师。

【民族乡村挂钩帮扶】 2021年，宁德市开展新一轮市民族工作联席会议成员单位挂钩帮扶民族乡村工作，在资金、政策、人才、技术、项目等方面助力民族乡村发展。落实省里“双挂钩”帮扶民族乡，发挥市委统战工作领导小组民族工作联席会议作用，推动挂钩帮扶工作取得实效，协调落实挂钩帮扶项目资金约5200万元。

【少数民族特色村寨保护发展】 2021年，宁德市开展少数民族特色村寨保护发展工作，落实资金939万元支持第四批23个少数民族特色村寨试点建设，加强特色民居保护改造、人居环境综合整治、特色产业发展、民族文化保护传承和民族团结进步创建等方面建设，并巩固提升已命名的特色村寨。

【少数民族专才培训】 2021年，宁德市举办少数民族各类培训4期。分别是：8月16—21日在福鼎市举办少数民族茶艺师、评茶员培训班，各县（市、区）少数民族群众60人参加；11月29日至12月3日在福安市委党校举办少数民族村村主干培训班（一期），培训140人；12月6—9日在宁德市委党校举办少数民族干部培训班，培训50人；12月13—18日在福安市委党校举办少数民族村村主干培训班（第二期），培训105人。

【少数民族文化活动】 2021年，宁德市民族宗教局在蕉城区北山村举办以“共话民族团结·礼赞建党百年”为主题的“三月三”畲族文化周系列活动，开展“建党百年纳百言”祝福征集、唱支山歌给党听——畲族民歌赛、党史及民族政策法规知识有奖竞答等线上活动。在八都镇猴盾村举行庆祝中国共产党成立100周年，以“唱支畲歌颂党恩”为主题举办畲族非遗展、党史灯谜竞猜、廉政灯谜竞猜等民族团结进步宣传活动。以“民族团结”“中国共产党成立100周年”“歌唱祖国”“乡村振兴”为主题拍摄制作宁德市民族团结进步宣传微视频4期。全面启动《闽东畲族志》第二轮志书（1993—2020）编纂工作，志书篇目征求多方意见并通过市委党史方志室审核。举办2021年宁德市畲医畲药培训班，宁德市畲医畲药协会会员及相关从事畲医畲药工作人员50人参加培训，并前往福安市畲医畲药展示馆参观交流。“多彩畲族”微信公众号全年推送发布478篇文章。宣传党的民族政策和民族团结先进典型、展示民族发展成果，进一步传播畲族文化。在蕉城区畲族音乐活动中心举办少数民族歌手培训班，50名畲族民歌青年歌手参加培训，促进国家级非遗畲族民歌保护与传承。

【民族团结创建活动】 2021年，宁德市开展民族团结进步宣传月活动，以“铸牢中华民族共同体意识·永远跟党走”为主题，运用新闻媒体、乡村讲师团、校园广播、主题班会、宣传板报等方式宣传，宣传报道党的民族政策，民族发展成就、民族团结进步先进典型。其间发放宣传资料、信息8832份，张贴宣传标语、海报218条，电视、网络宣传14期。11月26日，在蕉城区八都镇新楼村开展“深入学习贯彻党的十九届六中全会精神，铸牢中华民族共同体意识，永远跟党走”宁德市民族团结进步主题宣传活动。举办具有民族风情的文艺会演；宣讲党的十九届六中全会、中央民族工作会议、省委民族工作会议精神；举办民族宗教政策法规知识问答、非遗展示及红色题材油画作品展等；9月在蕉城夜市连续1个月每周末展播“民族团结进步”主题优秀电影；在东侨实验小学开展宁德市民族团结进步宣传教育进校园活动；线上开展畲歌畲语理论宣讲小分队通过“空中课堂”宣讲中央民族工作会议精神；民族团结进步好故事征集、民族团结进步知识竞答等系列活动。评选推荐福建省民族团结进步模范集体和模范个人，福鼎佳阳畲族乡人民政府、古田平湖富达村民委员会等6个单位、8人被省政府评为全省民族团结进步模范集体和模范个人。

【宗教领域安全管理及疫情防控】 2021年，宁德市部署开展民族宗教领域消防安全专项整治“百日攻坚行动”和宗教活动场所房屋结构安全专项治理三年行动，同时做好重要时间节点和节假日宗教场所房屋结构和消防安全督查工作，全年检查督查宗教活动场所35处。做好宗教领域疫情防控工作，定期组织人员督查、指导场所疫情防控工作，落实中央、省、市疫情防控措施，保持全市宗教活动场所安全无事故，宗教领域未出现新冠肺炎疫情。

【宗教事务依法管理】 2021年，宁德市民宗局部署开展以“爱党爱国、平安创建”为主题的宗教政策法规宣传活动，举办宗教政策法规培训4场次，到基层、宗教团体举办的各类学习培训班授课5场次，选送16名全市宗教干部参加省里组织的执法培训，考试合格取得执法资格；督促县（市、区）更新完善县、乡、村宗教工作三级网络，并列入年度综治考评。排查掌握宗教领域热难点问题，做好处置工作。

【民间信仰活动场所管理】 2021年，宁德市委统一战线工作领导小组办公室制定出台加强民间信仰活动场所规范化管理的有关措施，拓展市级民间信仰活动场所联系点9处，省级民间信仰活动场所联系点5处，新列市级备案登记管理民间信仰活动场所9处。组织民间信仰场所负责人参加省民族宗教厅举办的全省民间信仰活动场所负责人培训班，12月28日，在市委党校举办宁德市民间信仰工作管理经验交流活动，提高民间信仰工作干部和场所负责人的能力水平。

【宗教团体自身建设】 2021年，宁德市规范宗教团体运转管理。组织召开市级宗教团体班子新春座谈会，指导、参加市级宗教团体季谈会、理事会，审核完成5个市级宗教团体年检，完成市佛教协会换届工作，推动市道教协会做好换届筹备事项，指导宗教团体规范办公秩序；协同政法委等部门开展反邪教宣传活动，肃清影响宗教信仰正信正行的不良情况；加强宗教教职人员培养，指导宗教团体举办培训班4场（次）；更新完善全市宗教人才数据库；推荐3名宗教界人士为政协第五届宁德市委员会委员人选；选送宗教界人士参加省里举办的培训班、论坛活动等。

（雷娜娜　钟月花　詹郑钦）

应急管理

综　述

【应急规划】　2021年，宁德市将《宁德市“十四五”应急体系建设专项规划》纳入市级重点专项规划目录。组织起草规划征求意见稿，向相关市直部门和各县（市、区）人民政府征求意见，召开专家论证会，修改完善后进入报批程序。经市委常委会、市政府常务会议审议通过后，于6月17日在全省率先印发《宁德市“十四五”应急体系建设专项规划的通知》，为全市应急体系建设提供指导和遵循。

【应急演练】　2021年，宁德市安委会办公室发出《关于做好2021年应急演练工作的函》，组织指导市安委会成员单位和各县（市、区）应急局根据本行业、本领域、本单位特点，研究制订应急演练计划，抓好应急演练工作。全市组织应急救援演练528次。

【应急队伍建设】　2021年，宁德市开展重点行业领域和社会化应急救援队伍建设情况调查，对各地区的应急队伍情况进行分门别类地汇总、整理，形成全市应急队伍台账。全市有专兼职应急救援队伍391支，在应急部网站上注册登记的社会应急力量有17支。推进军地应急力量融合建设，统筹建好军地应急队伍。

【应急物资保障】　2021年，按照《宁德市救灾物资储备管理办法》规定，宁德市全面加强物资统筹，新购置棉被5000床、毛巾被5000条、棉大衣2000件，作为市本级应急救灾物资新储备。

【防灾减灾】　2021年，宁德市推进自然灾害综合风险普查，成立第一次全国自然灾害综合风险普查工作领导小组，领导小组办公室挂靠市应急管理局，定期组织开展会商、培训和督导，协调推进各地各行业部门落实灾害风险普查工作。在坚持“边录入、边审核、边上报”原则上，按时间节点完成承灾体、减灾能力、历史灾害灾情、家庭减灾能力调查和省级质检核查。提升建设自然灾害避灾点25个，创建全国综合减灾示范社区5个，全市农村住房叠加保险投保覆盖率99.74%，居全省第三。

【应急宣传】　2021年，宁德市应急管理局党委持续开展“三引三融三提升”活动，与宁德时代等企业开展安全生产“2+X”联合共建、党建共建，党建联盟等活动，组织召开宁德锂电新能源产业链党建联盟启动大会和党建联盟第一次联席会议，通过抓重点、抓龙头，提升四大主导产业上下游配套企业的整体安全管理水平；开展新修订的安全生产法“八个一”宣传活动，确保宣传贯彻落地见效；《中国应急管理报》多次专题报道宁德市应急管理做法，宣传“宁德经验”；围绕“安全生产月”“全国防灾减灾日”等重要节点，开展线上线下宣传活动1.2万场，参与79万人次。

（林　松）

自然灾害防御

【概况】　2021年，宁德市聚焦城市防洪安全，编制《宁德市主城区防洪排涝风险分析及意见建议》及《宁德市提升主城区防洪排涝能力三年实施方案》，开展主城区提升防洪排涝能力三年行动，编制并向全市县、乡、村印发《宁德市防汛防台风工作台账》手册。年内，防御台风3次、暴雨12次、高温2次、气象干旱4次、寒潮2次和强对流天气过程8次。年内，未发生破坏性地震。

【防汛备汛】 2021年，宁德市防汛抗旱指挥部根据人事变动和工作需要，及时调整指挥部组成人员，公布2021年城区、重要堤防和中型水库防汛抗旱行政责任人名单，接受社会监督，督促履职。各县（市、区）按照分级管理原则，同步推进防汛责任落实工作，抓好村级预案修订和危险区域人员建档立卡等工作。开展防汛备汛和隐患排查督导检查工作，完成国家防总专家组对宁德市的防汛备汛检查，开展全市防汛防台风应急演练，组织市、县、乡防汛责任人参加省防指召开的防汛指挥长培训，根据基层换届情况举办全市防汛抗旱业务培训班，市、县、乡、村四级约5000人参加培训。

【水旱灾害防御】 2021年，宁德市水利局突出水旱灾害防御工作，改造水工程视频监控系统，升级山洪灾害预警信息系统，抓好全市43回路“全球眼”视频监测、332个山洪灾害水雨情预警站点以及山洪灾害监测预警系统的使用管理，发布山洪灾害预警信息30余次。完成全市123处水毁工程修复，完成山洪灾害年度防治方案编制，修订完善《宁德市主城区金溪干流及东湖塘超标准洪水防洪预案》并组织演练，制定《宁德市大中型水库防汛指挥调度方框图》，进一步优化水库调度指挥流程，增强水库调度针对性和实效性。先后多次召开专题会商会研究部署全市106座供水水库蓄水保供水工作，保障重要集镇、工业生产和人民群众生命财产安全。

【地质灾害防治】 2021年，宁德市编制地质灾害防治方案并公布实施。做好汛前排查，落实防灾责任人、监测人，村居应急转移预案。有地质灾害隐患点1270处，威胁约1.28万户、5.74万人，无发生因灾死亡事故。4个工程治理项目和8个地质灾害排危除险工程包开始实施，验收地灾工程治理项目24个。开展防灾减灾宣传活动，发布地质灾害风险预警成果9次。

【防震减灾】 2021年，宁德市地震局开展地震监测预报预警，完成辖区23个地震监测台站自查、抽查巡检及周边环境整治；实施海域地震宏观观测点软硬件升级改造项目建设；参与震情会商，密切关注闽台地震趋势；完成国家地震烈度速报与预警工程市级平台项目建设。落实建筑工程抗震设防要求，开展全市建设工程地震安全监管检查工作，检查新建在建项目57个，抽查建设工程项目10个，全部达到抗震设防要求，依法依规需要开展地震安全性评价的项目100%按要求开展地震安全性评价；深入社区（村）开展防震安全咨询服务5场，宣传推广农村民居抗震知识。深化防震减灾公共服务，开展防震减灾科普系列宣教活动12项，防震减灾进基层宣传活动11场；组织申报并获认定国家级防震减灾科普示范学校1所，省级防震减灾科普示范学校2所，省级防震减灾科普教育基地1个。加强地震应急准备，开展地震应急疏散演练5场；完成市区地震应急避难场所设施巡查及更新维护工作。10月24日13时11分，台湾宜兰县（北纬24.55度，东经121.80度）发生6.3级地震，震源深度60千米，宁德市部分地区有震感。

（陈卒群）

【灾害性天气防范】 2021年，宁德市应急管理局执行汛期24小时值班制度、领导带班制度和重大事项报告制度，做好监测预警、应急处置、信息上报等工作，保障全市平安度汛。应对暴雨过程12次、强对流8次以及第6号“烟花”、第9号“卢碧”和第14号“灿都”等3个台风，各地各有关部门合力防抗，及时巡查避险、严防江河洪水、强化地灾监测、做好涉海安全管控、科学调度水库，全面落实防御措施，适时启动防暴雨防台风应急响应，发出防御通报通知，对降雨较大区域、台风影响重点区域点对点调度，并按照省防指“三级风险应对”机制要求，做好渔船到港避风和渔排人员撤离上岸工作，及时转移受威胁群众。全市下沉干部40340人次，转移群众63261人次。

【气象预报预警】 2021年，宁德市气象局发出重要天气预警报告69期、重要气象信息专报77期、短时强天气报告63期、下周天气53期。发布各类灾害性天气预警信号3812次，发送免费气象预警信息手机短信3812条、173.45万人次。通过天气趋势分析、逐日天气预报及2小时短时天气预报等方式，完成重要节假日、中高考、“中国共产党与世界政党领导人峰会”下党分会场保障、市清淤攻坚行动等专项预报服务保障任务。加强雨情风情的实时监测，制作《重要天气预警报告》等材料，通过电视、广播、“12379”网站、微博、微信等方式发布天气预报和预警信息。开展宁德全域旅游气象服务，2月和3月开展桃花和杜鹃花的花期预报气象服务；在国庆假期前夕推出“疫情在，不远游；周边游，乐无忧”为主题的宁德露营点气象景观预报产品；融入“海上福建”气象服务示范点建设，为三都澳景区研发日出日落观赏指数、蓝天指数、观星指数等特色气象景观产品。在“3·23”世界气象日、“5·12”防灾减灾日、科技宣传周等活动期间，开展气象科普宣传工作。依托市气象台省级科普馆等阵地，通过校园巡展、线上展播、现场气象科普宣讲、互动游戏以及气象知识竞答等方式向民众宣传防灾减灾知识。

（林　松　李　丽　袁李明）

链接

2021年宁德市气候情况

2021年，宁德市气候属较好年景。年平均气温异常偏高、降水略多，日照正常。冬季和早春季降水偏少，而气温异常偏高、日照正常；雨季降水各县市正常到略多、日照正常到略少，但气温异常偏高；夏季气温偏高，日照和降水正常；秋季降水异常偏多，日照显著偏少，气温正常。主要灾害性天气气候事件有台风、暴雨、强对流、气象干旱等，台风和暴雨为最突出的气象灾害。

气温 2021年，宁德市各县（市、区）平均气温18.8℃，比常年平均值高出1.4℃，属异常偏高。年内气温月际分布有2—7月和9月偏高至异常偏高，其他月份正常。全市年极端最低气温在−7.8℃（屏南）~0.6℃（蕉城）之间，出现在1月9—10日。全市年极端最高气温32.7℃（周宁）~39.0℃（蕉城）。全市极端最高气温沿海县市高于37.1℃，山区低于34.3℃，各县市年极端最高气温出现在6—7月。

降水 2021年，宁德市年平均降水量为1926.7毫米，比常年偏多115.6毫米，距平百分率为6.4%，属正常。各县（市、区）年降水量在1549.0毫米（霞浦）~2349.9毫米（柘荣）；距平百分率在−6%（古田）~17.5%（福鼎），与常年比蕉城、福鼎、柘荣属偏多，其余县（市）正常。5月、8月和秋季降水明显偏多。

日照 2021年，宁德市年平均日照1589.2小时，比常年偏少48.4小时，属正常。各县（市、区）日照时数在1449.0小时（蕉城）~1806.0小时（古田），异常度为−1.0（蕉城）~0.4（霞浦）；各县（市、区）均属正常。1—2月和9月明显偏多。

热带气旋 2021年，对宁德市有影响的台风有3个：第九号台风“卢碧”、第14号台风“灿都”和第18号台风“圆规”，台风数量较常年偏少。第九号台风“卢碧”于8月2日下午在广东雷州半岛东部海面上生成。8月5日在广东省汕头市南澳县附近沿海登陆（热带风暴级），是日在福建省漳州市东山县沿海再次登陆（热带风暴级），此后沿福建沿海缓慢移动掠过台湾岛北部后卢碧继续向东北方向移动。台风“卢碧”给宁德市带来明显的风雨影响，其中降水的影响较强，沿海风影响较弱。统计全市8月4日08时到8月8日08时计96小时的自动站资料，累积雨量超过200毫米的有6个县（市、区）的36个乡（镇、街道），超过300毫米的有15个乡（镇、街道）超过300毫米，其中蕉城的7个乡（镇、街道）超过400毫米，最大为蕉城城南492.1毫米，其次为蕉城石后460.2毫米；城区最大为蕉城403.1毫米；1小时降水量最大为蕉城洋中农业66.5毫米。极大风速超过8级的有88个乡（镇、街道）超过17.2米/秒（8级），其中，4个乡（镇、街道）超过20.8米/秒（9级），1个乡（镇、街道）超过24.5米/秒（10级），最大为福鼎沙埕25.1米/秒，其次为古田杉洋22.9米/秒；城区最大为霞浦12.7米/秒。第14号台风“灿都”于9月7日08时在西北太平洋面生成（热带风暴级），9月8日05时迅速增强为超强台风级并逐渐向西北方向移动，进入24小时警戒线后转向北移动，强度逐渐减弱。受台风“灿都”外围环流影响，9月

表38 2021年宁德市各季节平均气温情况表

单位：℃

季节		平均气温	与常年同期相比
冬季	（上年12月至2月）	10.3	异常偏高
春季	早春季（3—4月）	16.0	异常偏高
	雨季（5—6月）	23.8	异常偏高
夏季	（7—9月）	26.2	偏高
秋季	（10—11月）	17.2	正常

（资料来源：市气象局）

表39 2021年宁德市各季节降水情况表

单位：毫米

季节		降水量	与常年同期相比
冬季	（上年12月至2月）	141.2	偏少
春季	早春季（3—4月）	197.7	偏少
	雨季（5—6月）	646.8	偏多
夏季	（7—9月）	599.0	正常
秋季	（10—11月）	343.6	异常偏多

（资料来源：市气象局）

表40 2021年宁德市各季节日照时数情况表

单位：小时

季节		日照时数	与常年同期相比
冬季	（上年12月至2月）	338.9	正常
春季	早春季（3—4月）	227.2	正常
	雨季（5—6月）	221.6	正常
夏季	（7—9月）	561.7	正常
秋季	（10—11月）	182.8	显著偏少

（资料来源：市气象局）

11—12 日宁德市局部出现暴雨，沿海地区出现 8~10 级阵风。统计 9 月 11 日 08 时 ~13 日 08 时，有 3 个县（市、区）的 8 个乡镇累计雨量超过 50 毫米，其中霞浦县的海岛乡和长春镇超过 100 毫米，以霞浦海岛乡 108.8 毫米最大。福鼎、霞浦的 4 个乡（镇、街道）极大风速超过 24.5 米 / 秒（10 级），以福鼎嵛山 25.2 米 / 秒（10 级）为最大。第 18 号台风"圆规"于 10 月 8 日 17 时在菲律宾以东洋面生成，10 月 13 日加强为台风级并在海南省琼海市沿海登陆（台风级）。台风"圆规"给宁德市带来明显的风雨影响，其中降水的影响较强，沿海风影响较弱。统计 10 月 11 日 20 时 ~15 日 08 时计 84 小时累计雨量，有 9 个县（市、区）的 79 个乡（镇、街道）超过 100 毫米，其中 5 个县（市、区）的 35 个乡（镇、街道）超过 200 毫米，4 个县（市、区）的 14 个乡（镇、街道）超过 300 毫米，最大为蕉城城南 494.9 毫米，其次为蕉城金涵 461.6 毫米；城区最大为蕉城 313.4 毫米；1 小时降水量最大为蕉城城区 59.9 毫米。极大风速超过 9 级的有 4 个县（市、区）的 9 个乡（镇、街道）超过 20.8 米 / 秒（9 级），其中福鼎、霞浦、柘荣的 5 个乡（镇、街道）超过 24.5 米 / 秒（10 级），其中福鼎、霞浦的 3 个乡（镇、街道）超过 28.5 米 / 秒（11 级），最大为霞浦海岛 34.3 米 / 秒，其次为福鼎沙埕 33.5 米 / 秒；城区最大为霞浦 20.2 米 / 秒。

暴雨 2021 年，宁德市出现暴雨（台风暴雨除外）过程 12 场。前汛期降水量偏多，以过程性降水为主。1. 5 月 17—18 日暴雨过程。受低层切变和冷空气共同影响，全市出现暴雨，局部大暴雨，并伴有雷电。统计 17 日 08 时到 19 日 08 时计 48 小时累计雨量，有 9 个县（市、区）的 128 个乡（镇、街道）超过 50 毫米，其中 8 个县（市、区）的 32 个乡（镇、街道）超过 100 毫米，最大为柘荣黄柏 207.9 毫米，其次为霞浦柏洋、霞浦长春 148.1 毫米；城区最大为福安 97.8 毫米；1 小时降水量最大为福安坂中 58.5 毫米。2. 5 月 21—22 日暴雨过程。受高空槽与低层切变共同影响，21—22 日宁德市出现暴雨到大暴雨，局部特大暴雨。统计 20 日 20 时到 22 日 20 时共 48 小时累计雨量，共有 9 个县（市、区）的 127 个乡（镇、街道）超过 50 毫米，其中 9 个县（市、区）的 96 个乡（镇、街道）超过 100 毫米，其中寿宁、柘荣的 2 个乡（镇、街道）超过 200 毫米，最大为柘荣黄柏 261 毫米，其次为寿宁凤阳 214.9 毫米；城区最大为屏南 173.1 毫米；1 小时降水量最大为古田凤都碗厂 34.5 毫米。3. 5 月 24 日暴雨过程。受低层切变影响，宁德市普降大雨，部分乡镇出现暴雨。统计 5 月 23 日 20 时到 5 月 25 日 08 时共 36 小时累计雨量，有 8 个县（市、区）的 33 个乡（镇、街道）超过 50 毫米，最大为屏南岭下 85.3 毫米，其次为柘荣东源 79.2 毫米；城区最大为古田 56.4 毫米；1 小时降水量最大为屏南棠口交通站 44.9 毫米。4. 6 月 4 日暴雨过程。受高空槽与低层切变共同影响，宁德市普降大雨，部分暴雨，局部大暴雨。统计 6 月 4 日 08 时到 5 日 08 时共 24 小时累计雨量，有 7 个县（市、区）的 45 个乡（镇、街道）超过 50 毫米，蕉城、福安、柘荣的 7 个乡（镇、街道）超过 100 毫米，最大为柘荣黄柏 119.1 毫米，其次为蕉城洪口 118 毫米；城区最大为福安 106.5 毫米；1 小时降水量最大为古田凤埔小学 55.8 毫米。5. 6 月 20—22 日暴雨过程。受低层切变和切变南侧西南气流影响全市普降大雨到暴雨，局部大暴雨。统计 6 月 20 日 08 时到 22 日 17 时共 57 小时累计雨量，有 8 个县（市、区）的 76 个乡（镇、街道）超过 50 毫米，其中 5 个县（市、区）的 12 个乡（镇、街道）超过 100 毫米，最大为蕉城虎贝 150.2 毫米，其次为屏南岭下 135.7 毫米；城区最大为屏南 117.9 毫米；1 小时降水量最大为古田大桥沂洋 52.7 毫米。6. 7 月 30 日至 8 月 1 日暴雨过程。受西南气流和低涡切变影响，宁德市出现暴雨到大暴雨，统计 7 月 30 日 08 时到 8 月 1 日 20 时共 60 小时累计雨量，有 9 个县（市、区）的 68 个乡（镇、街道）超过 50 毫米，其中 8 个县（市、区）的 20 个乡（镇、街道）超过 100 毫米，其中霞浦的 1 个乡（镇、街道）超过 200 毫米，最大为霞浦柏洋 240.8 毫米，其次为柘荣富溪 199.5 毫米；城区最大为福安 73.5 毫米；1 小时降水量最大为福安社口 78 毫米。7. 8 月 4—7 日（卢碧）暴雨过程。受台风"卢碧"影响，4—7 日全市出现大暴雨，部分特大暴雨。统计 8 月 4 日 08 时至 8 月 7 日 20 时共 84 小时累计雨量，有 6 个县（市、区）的 36 个乡（镇、街道）超过 200 毫米，其中蕉城、柘荣的 15 个乡（镇、街道）超过 300 毫米，最大为蕉城城南 492.1 毫米，其次为蕉城石后 460.2 毫米；城区最大为蕉城 403.1 毫米。8. 8 月 17—18 日暴雨过程。受西南急流影响，宁德市出现大雨到暴雨，局部大暴雨。统计 17 日 08 时至 19 日 08 时累计雨量，共有 9 个县（市、区）的 71 个乡（镇、街道）超过 25 毫米，其中 7 个县（市、区）的 26 个乡（镇、街道）超过 50 毫米，其中蕉城、古田的 2 个乡（镇、街道）超过 100 毫米，最大为古田大甲 135.4 毫米，其次为蕉城洋中 127.4 毫米；城区最大为柘荣 49.1 毫米；1 小时降水量最大为福鼎叠石 62 毫米。9. 9 月 7 日暴雨过程。受低层切变线影响，宁德市出现分散性暴雨，局部大暴雨。统计 9 月 7 日 08 时至 8 日 08 时共 24 小时累计雨量，有 7 个县（市、区）的 28 个乡（镇、街道）超过 50 毫米，其中福鼎、古田、寿宁的 3 个乡（镇、街道）超过 100 毫米，最大为古田黄田 158.2 毫米，其次为福鼎沙埕 138.5 毫米；城区最大为周宁 84.2 毫米；1 小时降水量最大为寿宁武曲 86.2 毫米。10. 9 月 23 日暴雨过程。受偏东气流影响，宁德市部分地区出现大雨到暴雨，局部大暴雨。统计 9 月 23 日 08 时到 24 日 08 时共 24 小时累计雨量，有 8 个县（市、区）的 26 个乡（镇、街道）超过 50 毫米，其中福鼎、霞浦的 6 个乡（镇、街道）超过 100 毫米，最大为福鼎沙埕 229.8 毫米，其次为霞浦海岛 144.8 毫米；城区最大为霞浦 49.9 毫米；1 小时降水量最大为福鼎沙埕 106.6 毫米。11. 10 月 7 日暴雨过程。受偏东气流影响，7 日宁德市沿海地区出现暴雨到大暴雨，局部特大暴雨。统计

10月7日08时到8日08时共24小时累计雨量，有4个县（市、区）的26个乡（镇、街道）超过100毫米，其中霞浦的2个乡（镇、街道）超过200毫米，其中霞浦的1个乡（镇、街道）超过300毫米，最大为霞浦牙城300.6毫米，其次为霞浦三沙237.9毫米；城区最大为霞浦113.5毫米；1小时降水量最大为霞浦牙城76.3毫米。12. 10月12—14日（圆规）暴雨过程。在台风“圆规”和冷空气的共同影响下，12—14日宁德市出现强降水过程。统计11日20时至15日08时共84小时累计雨量，有9个县（市、区）的79个乡（镇、街道）超过100毫米，其中5个县（市、区）的35个乡（镇、街道）超过200毫米，4个县（市、区）的14个乡（镇、街道）超过300毫米，最大为蕉城城南494.9毫米，其次为蕉城金涵461.6毫米；城区最大为蕉城313.4毫米；1小时降水量最大为蕉城城区59.9毫米。

强对流天气 2021年，宁德市在2月、3月、5月和6月，集中出现冰雹、雷雨大风和短时强降水等强对流天气。1. 2月10日强对流天气过程。受高空槽和冷空气共同影响，宁德市普降暴雨，局部大暴雨。统计10日08时到11日08时共24小时累计雨量，有9个县（市、区）的130个乡（镇、街道）超过50毫米，其中5个乡（镇、街道）超过100毫米，最大为蕉城飞鸾113.7毫米，其次为寿宁凤阳101.9毫米；城区最大为周宁88毫米；1小时降水量最大为福鼎浮标15.1毫米。统计10日08时到11日08时共24小时极大风速，全市有7个站的风力超过10级（24.5米/秒），最大为寿宁清源26米/秒，其次为霞浦海岛25.8米/秒；城区最大为柘荣18.3米/秒。2. 3月30—31日强对流天气过程。受西南急流影响，宁德市部分地区出现大雨到暴雨。统计3月30日08时至4月1日08时累积雨量，有9个县（市、区）的60个乡（镇、街道）超过25毫米，其中蕉城、屏南的10个乡（镇、街道）超过50毫米，最大为屏南甘棠70.8毫米，其次为屏南路下67.1毫米；城区最大为屏南64.9毫米；1小时降水量最大为屏南甘棠漈下43.3毫米。统计3月30日08时至4月1日08时极大风速，有4个县（市、区）的9个乡（镇、街道）出现8~10级雷雨大风，最大为古田杉洋24.9米/秒（10级），其次为屏南长桥24.6米/秒（10级）；城区最大为柘荣16.2米/秒（7级）。3. 5月4日强对流天气过程。受低层切变影响，宁德市局部地区出现大雨到暴雨。统计5月4日08时至5月5日08时累积雨量，有7个县（市、区）的28个乡（镇、街道）超过25毫米，其中霞浦的1个乡（镇、街道）超过50毫米，最大为霞浦北壁54.6毫米，其次为蕉城三都45.6毫米；城区最大为霞浦27.4毫米；1小时降水量最大为蕉城飞鸾交通24.7毫米。统计5月4日08时至5月5日08时极大风速，有5个县（市、区）的11个乡（镇、街道）出现8~10级雷雨大风，最大为霞浦三沙27.7米/秒（10级），其次为福鼎沙埕25.1米/秒（10级）；城区最大为屏南13.4米/秒（6级）。4. 5月7—8日强对流天气过程。受高空槽影响，宁德市普降大雨到暴雨，局部大暴雨。统计7日08时到9日08时共48小时累计雨量，有7个县（市、区）的60个乡（镇、街道）超过50毫米，其中福安的1个乡（镇、街道）超过100毫米，最大为福安湾坞105.4毫米，其次为古田城西街道98.9毫米；城区最大为古田80.7毫米；1小时降水量最大为霞浦盐田47.6毫米。统计7日08时到9日08时共48小时极大风速，有蕉城、霞浦、古田的5个乡（镇、街道）超过17.2米/秒（8级），其中蕉城的1个乡（镇、街道）超过20.8米/秒（9级），最大为蕉城洋中29.5米/秒，其次为霞浦北壁19.3米/秒；城区最大为寿宁11.5米/秒。5. 5月11—13日强对流天气过程。受西南急流影响，宁德市普降大雨到暴雨，局部大暴雨。统计11日20时到13日20时共48小时累计雨量，有7个县（市、区）的28个乡（镇、街道）超过50毫米，其中屏南的2个乡（镇、街道）超过100毫米，最大为屏南路下132.7毫米，其次为屏南岭下111.3毫米；城区最大为屏南81.1毫米；1小时降水量最大为屏南长桥高溪33.2毫米。统计11日20时到13日20时共48小时极大风速，蕉城、霞浦、柘荣的4个乡（镇、街道）超过17.2米/秒（8级），其中蕉城的1个乡（镇、街道）超过20.8米/秒（9级），最大为蕉城洋中22.3米/秒，其次为霞浦海岛20.1米/秒；城区最大为寿宁16.7米/秒。6. 6月19日强对流天气过程。受地面辐合线影响，宁德市东部县市出现强对流天气。统计19日08时到20日08时共24小时累计雨量，福鼎、柘荣的14个乡（镇、街道）超过25毫米，其中福鼎的1个乡（镇、街道）超过50毫米，最大为福鼎沙埕85.8毫米，其次为福鼎磻溪49.6毫米；城区最大为福鼎44.1毫米；1小时降水量最大为福鼎沙埕南镇63.6毫米。统计19日08时到20日08时共24小时极大风速，共有5个县（市、区）的11个乡（镇、街道）超过17.2米/秒（8级），其中福安、福鼎、柘荣的4个乡（镇、街道）超过20.8米/秒（9级），其中福鼎、柘荣的2个乡（镇、街道）超过24.5米/秒（10级），最大为柘荣宅中38.7米/秒（13级），其次为福鼎沙埕26.4米/秒（10级）；城区最大为柘荣15.1米/秒（7级）。

高温 2021年，宁德市出现2次高温过程。分别是：6月15—19日，宁德和福安城区最高气温连续5天超过37℃，尤其在18日，宁德城区最高气温39℃。7月7—12日，宁德城区最高气温连续两天超过37℃，且在12日达到38.5℃；福安城区最高气温连续4天超过37℃，且在8日达到38.7℃。

干旱 2021年，受高温和降水分布不均影响，宁德市各季节出现不同程度气象干旱，分别为1月中旬至2月下旬、3月中旬至4月、6月中旬至7月以及9月下旬至10月上旬。

（赵一夫）

安全生产监督管理

【概况】 2021年，宁德市推进安全生产专项整治三年行动集中攻坚，防范化解重大安全风险。全市发生生产安全事故49起，比上年下降50%，降幅居全省第一；死亡52人，下降5.5%；事故起数和死亡人数连续3年下降，亿元生产总值死亡人数下降率25%；推动青拓集团特种作业实操考点建设，落实特种作业人员安全技能培训补贴113万元；推动福鼎市龙安化工园区认定为省第二批化工园区，指导开展安全风险排查和评估分级。

【安全生产目标责任落实】 2021年，宁德市下达安全生产和消防工作目标责任，压紧压实属地管理和部门监管责任；分解落实省对市督导发现问题整改措施和专项整治三年行动32项重点任务清单，厘清海钓、休闲旅游船舶等新业态安全监管职责，强化渣土车等事故易发车辆管理，进一步堵塞漏洞，消除监管盲区；推广铁路沿线"双段长"责任制，持续推进铁路沿线环境安全综合整治；开展专项督查，督促落实党政领导干部安全生产责任制；将专项整治三年行动纳入"五位一体"干部考核评价和党政领导干部绩效考核，并将安全生产等工作纳入综治平安、精神文明、绩效考评内容。

【专项整治三年行动】 2021年，宁德市健全落实会商联络、"开小灶"、月分析通报和督查督办等机制措施，统筹推进专项整治三年行动集中攻坚，开展督导检查22496次，检查单位41596家，排查整治隐患34544个；分析全市8个重点行业领域存在的问题及原因并提出对策建议；每季度召开防范重特大事故会议，每月分析通报安全生产形势；紧盯事故苗头，组织会商会5次，开展事故警示约谈10次，发出提醒函6份；针对两会、中国共产党成立100周年、党代会等关键节点，开展常态化安全生产驻守，确保安全形势平稳；落实省安办大排查大整治指导服务99项移交问题的整改工作；完成福鼎"1·4"较人道路事故调查，对2015以来的6起较大事故调查处理开展"回头看"，重点评估责任追究和整改措施落实情况；挂牌督办一般事故16起。

【安全生产执法】 2021年，宁德市实施应急管理综合执法队伍改革，在市安全生产执法支队的基础上组建市应急管理综合执法支队，规格提升为副处级；推行安全生产分类分级监管执法，采取"专家＋执法"模式，在非煤矿山、危险化学品、烟花爆竹、工贸领域实施精准监管和诊断式检查；出台《安全生产行政处罚案件审理规定》，引入律师事务所开展第三方案卷评查；开展安全生产执法提升行动，全市应急系统立案136起，罚款592.25万元，查办的案件零复议、零诉讼。

【道路交通安全生产】 2021年，宁德市交通运输局推进安全生产专项整治集中攻坚和安全生产百日行动，9个指导服务组下沉各县，排查整治隐患问题253个。全市经营性道路运输行车安全生产事故起数、死亡人数、受伤人数分别下降6.3%、6.3%、28.6%，内河水上交通连续9年无安全责任事故，全行业未发生较大以上事故。组织开展高速公路建设、汽车南站反恐消防安全、内河水上防污染等应急演练，行业应急能力提高。示范引领品质工程。选G228线福鼎市白琳镇小白岩至店下段作为标准化示范项目，以点带面推动全市普通国省干线公路工程建设标准化管理。统筹推进科技治超。推进全市国省干线公路网智能化管理，加强治超三级联网监管，福鼎贯岭、古田宝桥治超站，部省站三级平均联网时长占比100%。

【海洋渔业安全生产】 2021年，宁德市海洋与渔业局推进海洋渔业安全生产专项整治三年行动和隐患大排查大整治，督促整改渔船安全隐患205个；定期开展新型塑胶养殖设施安全检查和技术指导，养殖设施投保率提升；严肃查处故意拆卸、屏蔽渔船北斗示位仪违法行为，开机上线率97%以上。开展重点渔港、海域执法巡查，严把渔船进出港、海上渔获物交易、远洋企业主体责任3个关口，筑牢海上疫情防线。实施渔港建设三年行动，累计开工建设渔港项目58个，开工率81%，居全省前列。全市第一次海洋灾害风险普查总体进度100%。沿海警戒潮位重新核定，海洋观测网完善，海洋致灾要素观测预警常态化开展，海洋预报服务水平提升。沿海渔业水域赤潮监测、重点养殖水域监测、养殖排放口监测、中心渔港环境监测以及内陆大水面增养殖水域资源环境监测、重点池塘养殖区产排污监测、重点渔业水域鱼类资源调查等监测任务完成。

【房建市政安全生产】 2021年，宁德市住房和城乡建设局加强建设工程质量安全管理，实施工程质量安全提升行动，将全市1373个工程项目纳入监管范围，其中房建项目1138个，总面积约3836万平方米；市政项目235个，总长度约1349千米。竣工项目426个，其中房建项目346个，市政项目80个；新报建项目440个，其中房建项目375个，市政项目65个。对项目实施"双随机"质量安全动态监管、建筑施工安全专项治理工作，提升全市工程质量安全水平，全市安全生产形势持续稳定；推进施工文明标准化，创建安全文明施工标准化优良项目42个；进一步美化提升建筑工地围墙标准，提高安全文明管理水平和城市品质，编制完成《房建和市政工程围挡品质提升示范图集》，提升建筑工地文明施工形象。推进房屋结构安全隐患排查整治三年行动，全市集中力量开展排查复查，攻坚整治取得阶段成效。全市排查房屋总数82.38万栋，复查农村房屋62.46万栋，复查完成比例100%。发现重大安全隐患房屋8149栋，全部实现有效分类处置，其中加固3409栋、拆除4740栋。12月25日，所有县（市、区）完成重大安全隐患房屋动态"清零"。

【危险化学品安全生产】 2021年，宁德市应急管理局开展危险化学品安全生产专项整治三年行动攻坚，强化隐患排查整治工作，检查危化生产企业156家次，发现并整改隐患712个；联合消防部门开展危险化学品重大危险源企业专项检查督导工作，组织各县（市、区）应急局开展危险化学品领域安全生产新情况新问题开展专项排查；督促2家危险化学品重大危险源企业全面落实危险化学品重大危险源包保责任制，将企业端数据和视频设备接入省级监控系统，实现实时监管；开展危险化学品领域安全生产责任险工作，19家生产企业全部购买安责险。

【非煤矿山安全生产】 2021年，宁德市应急管理局推进非煤矿山领域安全生产工作，全面组织开展非煤矿山安全生产大排查，不断推进尾矿库“头顶库”和地下矿山采空区治理，落实尾矿库包保责任，全年组织检查152次（其中专家服务9次）492人次，检查企业106家次，排查并整改隐患344个。

【工贸领域安全生产】 2021年，宁德市应急管理局开展工贸行业安全生产专项整治三年行动，强化隐患排查整治工作，建立钢铁、铝加工（深井铸造）、粉尘涉爆、涉及有限空间企业台账并完成相关重点企业专项执法行动和检查验收，全市检查工贸企业298家次，发现并整改隐患889个；开展工贸行业安全生产标准化建设，评审三级工贸企业60家；持续推动“131精准工作法2.0版”相关工作；落实国务院安委会和应急部到福建检查钢铁企业发现问题情况的通报有关整改要求；联合宁德市市场监督管理局、宁德市工业和信息化局开展涉氨制冷企业压力容器压力管道和起重机械整治，在全市范围内推进。

【水利安全生产】 2021年，宁德市水利局做好疫情防控期、汛期及重大节日期间的安全监管，强化监测预报预警，严格安全风险管控。夯实水工程危险源辨识与风险评价工作，强化库、坝、闸、堤和站等水工设施运行安全管控，规范运行管理。开展隐患排查治理和水电站清理整治，完成559座农村水电站生态问题整改。落实水库、水闸、海堤、江堤的“三个责任人”，对城乡供水一体化、中小河流治理等85个在建水利工程建设监管，防范化解影响工程进度、质量和安全等方面的重点难点问题。全市排查整治隐患374个。开展水利安全生产标准化达标评审工作，推动全市水利水电生产经营单位标准化建设。推荐1家水利施工企业参加二级标准化达标评审、10家水利水电生产经营单位参加三级标准化达标评审。全市41家农村水电站被授予“农村水电站安全生产标准化三级单位”。

（林　松　吴焕清　陈碧琴　张敏瑛　李　丽）

消　防

【概况】 2021年，宁德市发生火灾1346起，死亡6人，受伤5人，直接财产损失2129万元，火灾亡人数为10年来最低。全市消防救援队伍接警出动2518起，抢救和疏散被困人员838人，抢救和保护财产价值3.38亿元。

【消防责任落实】 2021年，宁德市《“十四五”消防救援事业发展规划》，明确未来五年消防工作责任目标；实施消防安全专项整治“三年行动”，开展电动自行车消防安全、出租屋、老旧场所和木屋毗邻区消防安全改造等专项整治；教育、民政、民宗、卫健、文旅等重点行业部门开展行业消防安全标准化管理达标创建活动；全市消防救援机构检查社会单位13754家，督促整改隐患7243个，下发责令改正通知书4438份，下发行政处罚决定书276份，下发临时查封决定书62份，责令“三停”单位27家。

【消防基础建设】 2021年，寿宁县、蕉城区分别挂牌成立宁德首个消防执勤点（寿宁县下党乡消防执勤点）和工业园区消防救援站（上汽宁德基地站），消防救援力量覆盖面得到扩大。市消防救援支队指导宁德时代公司研究解决锂电消防安全系列问题，挂牌成立全省首个省级消防科技成果示范应用基地暨电化学储能火灾实验室；市政府出台《关于进一步加强消防工作的若干措施》，将1.1万个农村特困对象居住场所消防安全改造纳入为民办实事项目；成立乡镇消防工作站126个。

【灭火救援能力提升】 2021年，宁德市消防救援支队先后5次组织开展全市消防救援队伍和多种形式消防队伍比武竞赛，落实《执勤岗位练兵奖惩办法》，营造练兵氛围；创新训战方法，拍摄新能源汽车灭火救援、电梯事故救援、防盗门破拆技术示范片3部。狠抓“尖兵”培养，创新设立5个体能攻坚班和1个后进加强班，研发应用体能监测App，聘请专业教练开展针对性指导，各项目最好成绩提升20%以上，在全省职业技能竞赛中应急救援项目获二等奖；建设应用消防智能接处警系统，接入气象预警信息发布系统，获取市区6万余个公共安全监控视频，协调公安机关对火灾研判、指挥调度提供辅助决策，警情处置效率提升；开展战例复盘和战训大讲堂30次；开展重点单位和水源道路熟悉演练914次，修订完善预案863份，提升应急救援实战能力。

【消防后勤保障】 2021年，宁德市全市消防救援队伍基本支出经费7017万元，改革期间的奖励性补贴、改革性补贴全部发放到位。市消防救援支队配备双模单兵、双光（建模）无人机、超轻型卫星便携站、语音图像自组网等关键通信装备，应急通信保障能力得到提升；采购配备1辆46座运兵车；为基层消防队伍配发个人防护装备7000余件套；市本级采购配备战勤保障帐篷、折叠床、桌椅等380余件套器材装备，改装水域救援、地震救援2辆运输车辆模块；与生活物资、交通运输、油料供应、医疗卫生、大型工程机械等企业签订联勤联储协议，逐步完善多元化应急救援保障模式。

【消防宣传培训】 2021年，宁德市、县消防救援机构开展各类主题宣传活动1563场次，培训社区民警、物业管理人员、企业消防安全责任人、管理人等重点目标人群2.32万人。市消防救援支队联合市文明办、团市委、总工会、妇联招募消防志愿者1.38万名；成立宁德师范学院消防志愿服务队。发挥“媒体融合”优势，开展“蓝朋友”的开学第一课、电动自行车消防安全线上直播活动2次，在福建电视台乡村振兴频道开设《乡村防火知识课》5期，全网累计在线观看学习210余万人。

【“孝老消防”建设】 2021年，宁德市针对农村火灾中电气火灾原因占比大及导致老年人死亡数多的现状，将消防工作纳入乡村振兴战略同部署同推进，推行农村“孝老消防”建设。市政府印发《关于加强消防工作的若干措施》《消防安全治理能力提升方案》，将“孝老消防”建设列入市、县两级政府2022年为民办实事项目，市、县两级财政投入1695万元，对全市5542名60岁以上农村特困老年人住宅开展“表下线”改造，安装智能型火灾报警探测器15312个，设置灭火器15197具，并安排2347名老年人养老机构供养。市消安委印发配套实施《关于贯彻落实进一步加强消防工作若干措施的指导意见》并拍摄示范片，明确标准和数量。市政府将“孝老消防”建设列入效能查办和政府督查事项，明确各级住建、民政、财政、消防部门职责任务，目标任务列入党政领导履职清单，明确县、乡、村主要负责人为第一责任人，实行“每月一通报，每季一调度，半年一考核”。“孝老消防”经验做法被《中国应急管理报》、福建电视台等中央和省级媒体广泛报道。

（杨正奎）

森林防灭火

【概况】 2021年，宁德市在全省率先下达《2021—2025年森林防灭火责任书》，压实压紧森林防灭火工作职责。推广使用“防火码”微信小程序和“互联网+督查”系统。在宁德福口国有林场实施“三网一中心”（宣传网、巡护网、处置网和指挥中心）试点工作，创新森林火灾预防扑救新举措。全年发生森林火灾3起，受害面积86.83公顷，未发生重特大森林火灾，未发生人员伤亡事故。

2021年1月28日，宁德福口国有林场开展“以水灭火”试点演练

（市林业局 供图）

【森林风险普查】 2021年，宁德市林业局组织开展森林火灾风险普查，对全市388个森林可燃物标准地，44个森林可燃物大样地进行相关调查，摸清森林火灾风险隐患底数，查明重点区域抗灾能力，客观认识全市各县（市、区）森林火灾风险水平，为各级政府有效开展森林火灾防治和应急管理工作提供森林火灾风险信息及决策依据。

【森林火险防范】 2021年，宁德市森防办定期召开森林防灭火工作会议，组织开展森林火灾风险隐患大排查大整治工作，全市派出检查组537个，检查单位4108家次，督导整改问题532个；对2020年1—2月发生的5起森林火灾进行“回头看”，从火因调查是否清楚、责任追究是否到位、整改措施是否可行、整改落实是否见效等方面逐一进行审核验收；开展春季森林防火宣传月活动，全市出动宣传车1872辆次，悬挂防火横幅标语10259条，设置警示牌1096块，发放宣传单16万份，发送短信155万条；严格落实365天24小时值班制度，每日关注并及时处置国家热点监测和舆情监测信息，确保火情早发现早处置。

【森林火灾预警处置】 2021年，宁德市应急管理局在周宁县试点开展南方山区森林火灾信息化预警和处置研究。组织技术力量开发无人机网格森林火灾预警信息平台，制定《周宁县林地（林区）森林防火网格化管理实施方案（试行）》，周宁县应急局向国家知识产权局申报通过无人机灭火实用新型专利3个，开展无人机远程运输物资、无人机铺设上山管带、无人机携管灭火、无人机单机火点清理、地空配合器材投放等实用化训练科目。12月3日，福建省森林防灭火应急救援综合演练在周宁县举行，结合无人机预警监测、物资运输、以水灭火等项目，检验无人机的精准巡查和高效灭火功能。

（林 松 陈琳琳）

县（市、区）

蕉城区

【概况】 蕉城区位于福建省宁德市东北部的鹫峰山南麓、三都澳之滨，东与霞浦县隔海相望，东北与福安市相连，北接周宁县，西倚屏南县、古田县，南邻罗源县，土地面积1664.53平方千米，海域面积280平方千米，海岸线总长211千米。蕉城区作为宁德市委、市政府所在地，下辖11个镇、3个乡（含1民族乡）、2街道办事处及1个省级开发区（三都澳经济开发区）。历年获“全国重点产茶县”“中国大黄鱼之乡”“中国茶叶百强县”“中国特色农产品优势区”“国家农产品质量安全县”“省级文明城区”“信访工作‘三无’区”“省城市发展‘十优’区”“国家级森林城市”“省级生态区”等称号。2021年末户籍人口约47.2万人，常住人口约63.2万人（含东侨经济技术开发区），人口自然增长率4.37%。全区有畲族、回族等29个少数民族成份，少数民族总人口28354人，其中畲族人口27096人，现有畲族建制乡1个，畲族人口千人以上乡镇9个，畲族建制村38个，畲族自然村130个。蕉城区有千年建县历史，诗文书画兴盛，朱熹、陆游、文天祥、戚继光等名人在此留名。革命战争时期，邓子恢、叶飞、阮英平等老一辈革命家曾在这块红土地上开展革命斗争，涌现出“无名英雄”蔡威、堪与“狼牙山五壮士”媲美的“百丈岩九壮士”等一批革命先烈。文化古迹众多，霍童线狮、畲族“双音”被列为国家级非物质文化遗产，“中国水密隔舱福船制造技艺”被列入世界非物质文化遗产名录，黄鞠水利入选世界灌溉工程遗产名录。主要旅游景区（点）有霍童古镇、洋中古镇、三都澳斗帽岛、上金贝“中华畲家寨”等4个国家AAA级旅游景区，赤溪颐兰国学基地、霍童桃花溪红色旅游等2个国家AA级旅游景区。蕉城是一座“山、海、川、岛”兼具的滨海城市，流域面积10平方千米以上的河流有8条，面积500平方米以上的岛屿有27个，海拔千米以上的山峰有81座，森林覆盖率67.73%。耕地面积1.42万公顷，粮食播种面积0.53万公顷，粮食产量2.62万吨。林地面积10.77万公顷，活立木蓄积626.92万立方米。拥有“世界不多、中国仅有”的东方大港——三都澳，澳内海域714平方千米，10米以上的深水水域174平方千米，深水岸线88千米，主航道水深30~115米、无碍航暗礁，50万吨级巨轮可全天候自由进出，是建设大型物流港、储备港和中转港的理想港址。重要海洋资源有官井洋大黄鱼国家级水产种质资源保护区。主要地方产品有天山绿茶、天山红茶、晚熟龙眼、晚熟荔枝、枇杷、草莓等茶果，官井洋大黄鱼、二都蚶、太平洋牡蛎等水产品。先后报到新能源科技、宁德时代、中铝宁德铜冶炼基地、上汽集团宁德基地等“金娃娃”项目，培育形成锂电新能源、新能源汽车、铜材料等具有国际影响力和竞争力的主导产业，立起全方位推动高质量发展超越的“四梁八柱”。2021年，蕉城区实现地区生产总值1098亿元，比上年增长29.8%，成为全市首个千亿县域经济体。其中，第一产业增加值480亿元，增长1.1%；第二产业增加值789亿元，增长42.3%；第三产业增加值261亿元，增长8.4%。农林牧渔业总产值94亿元，比上年增加1.4%。规模以上工业增加值增长70.9%。固定资产投资比上年增加24%。社会消费品零售总额171.9亿元，比上年增加7.6%。批发和零售业销售额628亿元，比上年增加14.7%。住宿和餐饮业营业额26亿元，比上年增加20%。利用外资4700万元，比上年增加257.1%。一般公共预算总收入47.6亿元，比上年增加13.5%。地方一般公共预算收入24.8亿元，比上年增加7.8%。年末本外币贷款余额1087亿元，比上年增加28.7%。城镇居民人均可支配收入42665元，比上年增加10%。农村居民人均可支配收入21333元，比上年增加10.7%。

【第一产业】 2021年，蕉城区落实粮食安全责任制，清理整治违法占用耕地成效显著，完成量和完成率位居全市前列，牢牢守住耕地保护红线，建成高标准农田780公顷，粮食面积和产量稳定增长。完成生猪出栏目标任务。三大水果种植区加快打造，种植面积3400公顷。水产品总产量22.17万吨、比上年增长2.73%。新一轮渔港建设已开工8个，建设工作走在全市前列。宁德天山茶产业融合发展示范园项目一期主体工程完工，在石后大岭村、九都九仙村试点开展“五方共建”茶产业新发展模式，探索一产接二连三融合发展新路子。

【第二产业】 2021年，蕉城区锂电新能源产业成为全区首个千亿产业集群，在蕉城工业化进程上树起新的里程碑。宁德时代获评全球“灯塔工厂”，市场占有率稳居全球首位，成为首支突破万亿市值的创业板个股；安脉时代、湖西锂离子动力电池扩建、蓝海节能等项目建成投产。上汽宁德基地整车产量22.8万辆，新增4家配套供应商，新能源汽车产业产值215亿元。铜材料产业产值278亿元，中铜40万吨铜冶炼项目满产。“一区多园”模式助力三都澳经济开发区做大做强，在全省88个开发区的综合排名再度上升10个位次，位列第35名。上汽园区省级工业园区标准化试点建设有序推进；锂电车里湾园区建成1、2号厂房，104国道城南福洋至飞鸾孝岐头段改扩建工程、5条市政道路和外环大通道等配套路网逐步成型；大黄鱼产业园6.2万平方米标准厂房完成建设；石后锂电新材料产业园动工建设；城澳园区港口开发持续推进，城澳作业区西1号泊位工程竣工。

【第三产业】 2021年，蕉城区辖内所属的上汽安吉物流首次跻身全球第三方物流50强。总投资5亿元的宁普时代项目落地运营。万达、宝信、大润发等商圈愈加成熟，点亮中心城市“夜经济”，拉动消费市场持续回暖。电商网络零售额超25亿元，继续保持全市前列。开展乡村振兴宣传推广活动暨第三届“双品网购节”、网络直播等活动，“美丽乡村乐go行”活动当天点击量突破400万次，有力带动蕉城特色农产品销售。旅游经济加快复苏，就地过节催热乡村游、周边游，全年接待游客人数609.65万人次，实现旅游收入54.48亿元。

【社会民生】 2021年，蕉城区提升脱贫攻坚成果，做好干部结对挂钩帮扶工作，实施帮扶措施372项。坚持稳就业保民生，开展各类技能培训1.1万人次，新增城镇就业1.45万人，失业再就业4146人。保障困难群体生活，发放城乡低保资金3549万元，失能特困人员集中供养率提高至76.02%。57个互助孝老食堂建成投用，解决800名农村老年人“用餐难”问题，典型经验做法在全省养老服务提质增效现场推进会上作交流发言。关心关爱残疾人，发放各类补助金873万元，完成第三代残疾人证件换发。全市首个“慈善云超市”上线。设立基层医疗保障服务窗口，打通医保服务“最后一公里”。年度21个为民办实事项目扎实推进。9个教育补短板项目完成投资2.5亿元，建成北山区域西林学校二期、城澳九年一贯制学校新校区、洪口瀛洲幼儿园，新增学位4860个；宁德市职教园一期、第七中心小学动工建设。强化疫情常态化防控，累计接种新冠肺炎病毒疫苗90.9万剂次；设置3个集中隔离医学观察场所，房间957间；划分全员核酸检测网格185个，2个全员核酸检测方舱实验室建成投用，日检测能力8000份，开展核酸演练18场次，全员核酸检测能力有力增强。宁德畲族文化园建设有序推进。霍童洞天联合申报世界文化遗产工作取得阶段性成果。中国工农红军闽东独立师陈列馆建成投用，蔡威事迹展陈馆重装开馆，郑长璋故居完成扩建修缮。组织开展二月二畲族文化周、“闽东之光”文化惠民等文体活动，蕉城籍运动员宁贝金获全国残运会游泳项目金牌，实现二连冠。推进扫黑除恶斗争，公安分局刑侦大队获评全国扫黑除恶斗争先进集体。持续攻坚“飓风肃毒”，

2021年9月2日，锂电新能源车里湾项目南侧厂房建设
（蕉城区政府办　供图　杨慈监　摄）

"全省禁毒重点关注地区"脱帽。完善社会治安防控体系建设，新增公共安全视频监控400路。信访工作成效显著，被国家信访局授予信访工作"三无"区。基层治理法治化水平持续提高，金涵司法所获评全国示范所，七都北山村获评全国民主法治示范村，水利局获评全省普法工作先进单位。圆满完成全区村级组织换届，"一肩挑"比例100%。金融风险有效防控，成立普惠金融司法协同中心，不良贷款率降至0.61%。扎实做好退役军人服务保障和双拥工作，全国示范型退役军人服务站实现乡（镇、街道）全覆盖。食品、药品、特种设备、产品质量等安全有效保障。安全生产形势总体稳定。工青妇及老龄、科普事业进一步发展，国防动员、人防、海防、打私、民族宗教、统计、审计、气象、外事、侨台、老区、广电、地方志、关心下一代、档案等工作取得新成效。

【城乡建设】 2021年，蕉城区推进41个城市品质提升项目建设，完成投资约27亿元。10个老旧小区完成改造，惠及1921户群众；福洋片区（一期）、环金溪（琼堂一期）2个城市更新项目加快前期工作。加强城市历史和文脉保护，首期投入2000万元，推进鹏程、城隍庙2个历史文化街区保护开发，完成保护规划编制，街区环境和消防安全水平有力提升，县级文保单位明代"绣花楼"完成修缮。连城路、长溪路加快建设，兰新路完成"白改黑"，宁川路富春路口等11个城市道路交叉口完成提升改造，新增公共停车场7个、停车泊位389个。建成口袋公园5个，宁德靖海楼文化中心建成投用，南漈公园改造提升项目动工建设。巩固拓展全国文明城市创建成果，网格化管理机制进一步完善，垃圾分类有序推进，市容市貌持续改善。制定《蕉城区"城中村"综合提升整治工作方案》，4个村庄率先启动整治。累计投入1.11亿元，实施农村人居环境整治暨农村建设品质提升项目28个，完成55个村庄规划编制，整治裸房1218栋，村庄整体形象持续提升。省级乡村治理体系建设试点区工作扎实推进，15个省级乡村振兴试点村实行"五个一"机制，试点村完成投资3997万元；虎贝、洋中、三都、城南、霍童等入选省文明村镇，赤溪镇入选省乡村振兴重点特色乡镇，霍童石桥等5个村入选省乡村振兴实绩突出村。虎贝黄家村入选全国乡村特色产业亿元村，金涵上金贝村入选全国乡村治理示范村，九都九仙花苑建成全省首个电力智慧能源村，赤溪黄田村、八都溪池村获全省首批高级版"绿盈乡村"认定，新增7个省级森林村庄。农村建房审批工作实现历史性突破，修订完善《蕉城区农村村民住宅建设规划管理实施办法（试行）》，中心城区范围外的乡镇及未纳入城市建设用地的34个村建房规划审批事项下放乡镇，完成建房审批25件。农村路网持续完善，306省道井上至牛头岗段改建工程加快推进，实施15条农村公路改造提升。实施陆海统筹垃圾治理，推进海漂垃圾及沿海乡镇环卫保洁市场化运营，出台《蕉城区海域租金收支管理细则（暂行）》，成立全市首个绿色海上社区，海上养殖综合整治成果持续巩固提升，吸引省内外多地党政代表团前往学习考察。洪口水库养殖网箱综合整治取得决定性胜利，一举破解困扰多年的历史遗留问题，库区水质明显提升。创新"智慧河长"治水模式，水生态环境持续改善；落实霍童溪重点流域生态补偿，霍童溪入选全国首批美丽河湖优秀案例；完成七都溪沿线乡镇违规畜禽养殖场拆除，七都溪水质保持Ⅲ类以上；中心城区福洋溪消除黑臭现象。29个千人以上农村饮用水源地完成保护范围划定。全年环境空气质量达标率预计99.2%，6家企业完成清洁能源替代，全省首个渔排"风光储微电网"示范项目建成投用。九都国家水土保持科技示范园完成提升改造。建立区、乡、村三级林长制，完成植树造林893.33公顷，松林改造940公顷。

【锂电新能源产业成为蕉城区首个千亿产业集群】 2021年，锂电新能源产业成为蕉城区首个千亿产业集群，在蕉城工业化进程上树起新的里程碑。锂电新能源产业以宁德时代和新能源科技为龙头，辐射带动周边区域的锂电新能源产业链项目近地化配套，不断做大做强产业链条，建设世界领先水平的锂电新能源产业基地。

【四大国企成立】 2021年，蕉城区深化国企改革，成立区国资与金融服务中心，实施国企重组整合，形成以环三集团、国投公司、乡投集团、园投集团为龙头的"4+N"架构，进一步明确企业功能定位，优化资产资源配置，增强国企核心竞争力。

【鹏程、城隍庙两个历史文化街区保护开发】 2021年，蕉城区按照"立足保护，重在利用，着眼开发"的要求，提出"先策划、后规划、再开发"的思路，推进鹏程、城隍庙2个省级历史文化街区保护和开发工作。首期投入2000万元，完成保护规划编制、周边整治工作和县级文保单位明代"绣花楼"修缮。

（陈洋洋）

福安市

【概况】 福安市位于福建省东北部，东邻柘荣县、霞浦县，西连周宁县，北毗寿宁县、浙江省泰顺县，南接蕉城区、三沙湾。全市总面积1880平方千米，海岸线长167千米，辖2个省级经济开发区、18个乡镇、4个街道。享有中国中小电机之都、中国中小电机出口基地、国家火炬中小电机特色产业基地、中国按摩保健器具生产/出口基地、全国民间船舶修造基地、机械工业引领高质量创新发展产业集聚区、中国红茶之都、中国茶叶之乡、中国特色巨峰葡萄之乡、南国葡萄之乡、中国绿竹之乡、中国特色竹乡、中国油茶之乡等称号。全市户籍人口67.38万人，常住人口61万人，其中畲族人口7.68万人，是全国畲族人口最多的县（市）。开闽第一进士薛令之和历史名人郑虎臣、谢翱、刘中藻的故乡。宋淳祐五年（1245），乡贤殿中侍御史郑寀献诗理宗："韩阳风景世间无，堪与王维作画图，四面罗山朝虎井，一条带水绕龟湖。形如丹凤飞衔印，势似苍龙卧吐珠，此处不堪为县治，更于何处拜皇都。”理宗御批“敷锡五福，以安一县”，至此设县，邑名福安。1989年撤县建市，1993年被国务院列为沿海对外开放城市。境内有世界地质公园、国家AAAA级旅游景区白云山、中国历史文化名村廉村、刺桫椤省级自然保护区瓜溪、“闽东延安”红色旅游基地柏柱洋、全国第一条葡萄溪溪塔、“坦洋工夫”历史文化名村坦洋以及松罗天池草场、金山大峡谷等自然、人文景观，是海西新兴旅游胜地。福建省五大水系之一的赛江流经全境，水资源蕴含量34.1万千瓦，已探明金属、非金属矿20余种。属中亚热带海洋性季风气候，年平均气温在13.6℃~19.8℃之间，年均降雨量1350~2050毫米，年无霜期平均为287天。森林植被类型多样化，有刺桫椤、水松等60种珍稀树种。海域总面积11886公顷，建有大黄鱼、红树林、白海豚和樟屿岛封岛栽培等四大保护区域，是福建省大黄鱼、对虾、中华绒毛蟹主产区及鳗苗、蚶苗、蛤苗主要生产基地。现代农业特色鲜明，茶叶、葡萄、水蜜桃、脐橙、芙蓉李、杨梅、特晚熟龙眼等20余种农产品产量居福建省前列。已形成以不锈钢新材料、电机电器、船舶修造、食品加工、医疗保健按摩器械等产业为支撑，现代农业、商贸物流齐头并进的三次产业发展格局。近年来，不锈钢新材料产业不断发展壮大，湾坞半岛成为世界单体最大的不锈钢生产及深加工基地，不锈钢新材料产业集群成为宁德市首个千亿产业集群。2021年，福安市地区生产总值680.41亿元，比上年增长6.2%。农林牧渔业总产值99.55亿元，比上年增长4.3%。规模以上工业增加值增长5%。固定资产投资比上年下降7.9%。社会消费品零售总额163.22亿元，比上年增长9.1%。一般公共预算总收入62.59亿元，比上年增长22.2%。地方一般公共预算总收入36.3亿元，比上年增长30.2%。实际利用外资1815万元，比上年下降58.3%。城镇居民人均可支配收入43748元，比上年增长10.3%。农村居民人均可支配收入22211元，比上年增长11.9%。城镇登记失业率4.14%。跻身全国县域经济百强县、全国工业百强县、全省县域经济实力“十强”县（市），连续2年入选全省县域经济发展“十佳”县（市）。

【第一产业】 2021年，福安市举办全国鲜食葡萄品牌与营销大会、中国茶叶·制茶师研习班以及全省“农民丰收节”主会场活动。“2+N”特色农业全产业链产值165亿元。获得绿色食品认证42个。新申报国省级农民合作示范社5家、示范家庭农场6家。连续9年入选中国茶业百强县。新添福安白茶国家地理标志证明商标。坦洋新枞、坦洋工夫红茶分别荣获首届全国传统名茶产品质量推选活动特别金奖和金奖。“坦洋红1915”获评第十八届中国国际农产品交易会最受欢迎农产品。穆阳水蜜桃入选全省十大农产品区域公用品牌。好穆阳线面合作社获评全省农产品加工观光园。五洲水产、万盛食品获评省著名商标。新建高标准农田1632公顷，发放耕地地力保护、农机购置等补贴0.22亿元。完成粮播面积15906.67公顷、粮食产量7.68万吨。

【第二产业】 2021年，福安市规模以上工业总产值1845.81亿元，现价比上年增长29.4%。工业用电量92.62亿千瓦时，比上年增长14.8%。电机电器（含按摩器）、船舶修造、食品加工、冶金铸造等传统产业规模以上产值219.18亿元，比上年增长38.4%。不锈钢新材料产业产值1548.9亿元，比上年增长28.7%。顺利推动青拓高性能不锈钢新材料及配套、青拓1780毫米热连轧及配套等重大支撑性项目落地建设。青拓不锈钢棒线材加工、青拓不锈钢冷轧及深加工配套一期等重大产业链项目建成投产。青拓、甬金获评省优秀民营企业。3家企业入选福建民企100强、制造业企业50强。青拓集团被列入福建企业100强第七位、民企100强第二位、制造业企业50强首位。实施省、宁德市重点技改项目19个。新增工业龙头企业7家。青拓上克通过国家两化融合管理体系贯标评定。入选全国整县屋顶分布式光伏开发试点名单。长盈新能源汽车电池结构件一期、青美循环经济产业园一期建成投产。震裕新能源汽车锂电池壳体、嘉元高性能铜箔项目开工建设。

【第三产业】 2021年，福安市第三产业增加值192.28亿元，增长9.3%。新增限额以上贸易业和规模以上服务业企业30家。东百城假日酒店开业运营。电商网络零售额180亿元，占宁德市67%，跻身全国县域网络零售额百强榜第24位，蝉联全国电商百佳县。电子商务公共服务中心、数字文创产业园建成投用。商品房销售面积56.75万平方米。公路货运周转量增长37.25%。白马港区湾坞作业区1号泊位建成。成功举办第三届闽东柏柱洋红色文化周、畲族“三月三”文化周暨畲族传统武术文化节、各类水果采摘节、斗茶赛等文旅、农旅活动。穆阳景区旅游综合开发项目动工建设。柏柱洋红色茶旅线路入选全国百条红色茶乡旅游精品路线。白云山景区获评省首批气候康养福地。虎头村获评省金牌旅游村。南岩、天池草场、金山大峡谷等成为新晋网红打卡点。全年接待游客695.72万人次，比上年增长31.9%旅游综合收入60.72亿元，比上年增长8.7%。

【社会民生】 2021年，福安市重点民生支出35.61亿元，占全市公共财政支出七成以上。发放稳岗补贴0.03亿元。新增城镇就业5096人、城镇失业人员再就业2523人。发放城乡居民养老金1.8亿元、60周岁以上被征地农民保障金0.37亿元。发放低保金、特困供养金、困难残疾人补贴、抚恤优待金等1.84亿元。“我为群众办实事”实践活动办结惠民利民事项263件。48件为民办实事项目稳步推进。义务教育基本均衡发展，“双减”政策全面落实，中小学课后服务扎实跟进。成功举办省第十场教育教学开放活动，集团化办学经验在全省推广。老区中学新校区等25个教育补短板项目加快实施，6个教育补短板项目竣工投用。城阳中心小学、韩城一小获评全国中小学中华优秀传统文化传承学校。罗江中心小学获评教育部综合实践活动研究实验单位。中医院迁建项目主体完工。市医院公共卫生综合楼、潭头、范坑卫生院主体楼封顶。民族医院康复楼、罗江卫生服务中心动工建设。闽东医院获评“国家高级卒中中心”。设立村级医保服务点210个，实现医保经办服务全覆盖。新建区域性养老服务中心2个、农村幸福院20所、互助孝老食堂36个。12家乡镇敬老院实现公建民营。阳春社区获评全国示范老年友好社区。建成保障性住房408套。栖云路北侧棚户区、街尾片区危旧房等加快改造。城市公益性公墓项目动工建设。

【城乡建设】 2021年，福安市高质量推进国土空间总体规划编制。实施城乡建设品质提升项目130个，完成投资24.16亿元。湾坞收费站站前广场至国道228连接线改造、富春大道三期建成通车。韩赛快速通道廉首大桥及A1、A2标段全线通车。火车站站房改扩建、甲厝大桥、栖云桥主体工程、湾坞半屿闸泵主体工程完工。宁上高速霞浦至福安段动工建设。富春路、花园路完成“白改黑”。富春溪、秦溪两岸景观照明、天马山森林公园二期、湖滨北路花漾街区主体工程等完成改造提升。新增公共绿地15万平方米、城区公共停车位260个、充电桩97个。新改建天然气管道15千米、雨水管网12千米、污水管道6.7千米、供水管网10千米，建成5G基站590个。在宁德市率先开展既有住宅加装电梯工作。阳头察阳古街完成改造提升。数字城管平台建成试运行。

【福安市获评福建省县域经济实力“十强”县（市）、经济发展“十佳”县（市）】 2021年10月13日，省政府发展研究中心评定并发布2021年度福建省县域经济实力“十强”县（市）、经济发展“十佳”县（市）评价结果，福安市上榜经济实力“十强”县（市），蝉联经济发展“十佳”县（市）。

【青拓实业股份项目落地福安市】 2021年11月15日，福安市人民政府与青拓集团进行现场签约，青拓实业股份1780毫米热连轧及配套扩建项目、高性能不锈钢新材料及配套项目（一期）落地福安市，该项目由青拓集团有限公司投资建设，选址福安市湾坞工贸区东部沙湾片区，规划用地面积66.67公顷，总投资60亿元。主要建设内容包括年产90万吨高性能不锈钢冶炼生产线、1条1780毫米热连轧生产线、2条退火酸洗生产线及相关配套设施项目，项目全面达产后可实现年产值500亿元以上。

【福安市被列入全国营商环境百强县（市）】 2021年12月7日，中国社会科学院财经战略研究院在北京举行《中国城市品牌影响力报告（2021）》重大成果发布会，发布2021年全国营商环境百强县（市）排名，福安市名列百强榜单，位居第85名。

（敖荣增）

福鼎市

【概况】 福鼎市位于福建省东北部，东南濒东海，东北界浙江省苍南县，西北邻浙江省泰顺县，西接柘荣县，南连霞浦县。全市土地总面积1544.95平方千米，海域面积14959.7平方千米，辖17个乡镇（含3个街道、龙安开发区）、288个村居（含40个社区）。2021年，福鼎市获2017—2020年度平安中国建设示范县、全国脱贫攻坚交流基地、2021中国茶叶区域公用品牌品牌价值十强、2021年度区域特色美丽茶乡、“百县·百茶·百人”茶产业助力脱贫攻坚乡村振兴先进典型（百县）、2021年度科技兴茶富民典型县域、2021年度茶业百强县等称号。2021年末户籍人口60.52万人，常住人口55.40万人，人口自然增长率2.69‰。福鼎市是福建省重要的少数民族聚居地，有畲族、回族、黎族、壮族、满族等32个少数民族。2021年末福鼎市少数民族人口4.28万人，占全市总人口的7.73%。其中，畲族和回族是福鼎市主要的2个少数民族，畲族人口3.20万人，占全市总人口的5.78%；回族人口1.08万人，占全市总人口的1.95%。福鼎有着5000余年的人文历史，是闽越文化和瓯越文化发源地之一，独具特色的海洋文化、太姥文化、畲族文化、饮食文化、茶文化源远流长。全市有国家级、省级、宁德市级历史文化名村39个，列入非物质文化遗产的特色美食37项，列入福鼎市级以上的民俗、技艺类非物质文化遗产105项，其中沙埕铁枝、福鼎白茶制作技艺和瑞云“四月八”歌会被列入国家级非物质文化遗产名录，是全国文化先进县（市）和“中国茶文化之乡”。福鼎有自然景观167处、人文景观（含古建筑、古墓、寺庙、遗迹、历史名人、文化故事等）309处、红色文化资源73处。太姥山是世界地质公园、国家AAAAA级旅游景区、国家级风景名胜区，嵛山岛被评为“中国十大最美海岛”；国家AAA级旅游景区2处，分别为牛郎岗海滨景区和九鲤溪瀑景区；国家AA级旅游景区2处，分别为绿雪芽白茶庄园和大沁十三坪。福鼎资源丰富、物产丰饶，盛产福鼎白茶、槟榔芋、栀子、坛紫菜、鲈鱼、大黄鱼等特色农产品，是全国十大产茶县（市）、中国茶叶产业发展示范县市、中国白茶之乡、中国名茶之乡、全省十大渔业县（市）、中国鲈鱼之乡。被授予“中国化油器名城”“中国生态合成革产业园”、全国“美食地标城市”称号。2021年，福鼎市实现地区生产总值454.24亿元，比上年增加0.5%。其中，第一产业增加值69.32亿元，比上年增长4.2%；第二产业增加值232.60亿元，下降4.1%；工业增加值196.62亿元，下降3.0%；第三产业增加值152.32亿元，增长5.9%。农林牧渔业总产值119.87亿元，比上年增加5.1%。规模以上工业增加值比降15.0%。固定资产投资比上年增加8.1%。社会消费品零售总额204.59亿元，比上年增加3.9%。批发和零售业销售额243.68亿元，比上年增加17.2%。住宿和餐饮业营业额28.30亿元，比上年增加16.7%。利用外资2119万元，比上年增加17.7%。一般公共预算总收入35.52亿元，比上年增加24.9%。地方一般公共预算收入23.41亿元，比上年增加 29.0%。年末本外币贷款余额 554.77 亿元，比上年增加 7.0%。城镇居民人均可支配收入 43196 元，比上年增加 9.1%。农民人均可支配收入 21505 元，比上年增加 11.5%。

【第一产业】 2021 年，福鼎市实现农林牧渔业增加值 62 亿元、比上年增加 4%。涉农资金支出 4 亿元，新建高标准农田 1266.67 公顷，粮食产量 6.38 万吨。建立槟榔芋、四季柚地方特色作物种质资源点（圃）。动工建设渔港 10 个，新增工厂化养殖 1.30 万平方米、湾外深水大网箱 42 口。新增省级重点龙头企业 39 家，六妙白茶、闽威实业跻身农业产业化国家重点龙头企业，品品香茶业、闽威实业分别获得省政府质量奖和提名奖。

【第二产业】 2021 年，福鼎市工业用电量增长 70%，工业税收比上年增加 11.5%。福鼎时代一期 2 号厂房、鼎盛钢铁一期、邦普循环产业园一期建成试产，凯欣材料一期、国泰华荣二期、瑞川环保科技动工建设，先进制造业投资增长 200%。白琳石材标准化产业园创出转型升级样板，26 家企业建成投产。合成革退出低效产能企业 3 家。列入省、宁德市重点技改项目 33 个，工业技改投资比上年增加 45%，新增省级科技“小巨人”企业 16 家、制造业单项冠军企业 2 家。宁德核电入选省工业现有龙头企业，新增省重点上市后备企业 6 家。龙安化工园区被认定为宁德市唯一省级化工园区。完成建筑业产值 36 亿元，市政工程有限公司晋升房建一级总承包资质。全年全市 34 个在建省、宁德市重点项目完成投资 112 亿元。新增“五个一批”项目 169 个。温州大道、疏港道路建成通车，滨海大道二期基本完工，228 国道小白岩至店下段动工建设。贯岭、敏灶湾片区一体化供水，磨石山至石头尾配水工程建成投用，东南沿海河库水系连通工程加快推进。220 千伏新能源双回路专线、鼎盛专线、110 千伏贯岭输变电建成投用。沙埕湾生态产业园、龙安工业园区天然气利用工程启动供储，新增燃气管道 70 千米。

【第三产业】 2021 年，福鼎市接待游客 477.70 万人次、比上年增加 16.9%，实现旅游总收入 31.60 亿元、比上年增长 35.2%。改造提升太姥山、牛郎岗景区、白琳老街、湖林白茶精品街，建成硖门至东稼、点头至大坪旅游公路，嵛山、渔井等地民宿渐成规模。磻溪镇赤溪村入选全国乡村旅游重点村，嵛山镇入选省全域生态旅游小镇，沙埕镇小白鹭村入选省金牌旅游村，硖门畲族乡渔井村、嵛山镇东角村入选省级“水乡渔村”。全年商品房销售面积 60 万平方米、比上年增加 7.1%，新增限额以上贸易企业 13 家，宝龙城市综合体主体完工，桐山溪西小吃美食街、桐城石湖海鲜一条街、山前特色美食街同时开街，带动全市“夜经济”，入选全国农产品电商十强县。在全省首创农村生产要素流转融资机制，发放贷款 6435 笔 15.70 亿元。厦门国际银行落户营业，金融机构本外币贷款余额比上年增加 8%。

【社会民生】 2021 年，福鼎市建成投用中小学、幼儿园 5 所，新增学位 4220 个。推进分级诊疗，实现宁德首家互联网医院上线运行，“1+2+18”县域医共体架构得到省政府肯定，获评省级卫生城市。市医院百胜院区二期主体完工，市第二医院竣工，龙安民营医院投用，新增医疗床位 150 张。建成核酸检测基地，具备 2 天内完成全市全员核酸检测能力，组建应急核酸网格队伍 404 支，12 岁以上人群新冠肺炎病毒疫苗全程接种率 91.9%。建成文化艺术中心、全民健身乒乓球运动中心。完成红色遗存普查，启动畲族文化资源调查。福鼎籍运动员在全运会女子帆板项目中取得佳绩。全年全市民生支出 30.80 亿元，占一般公共预算支出的 81.9%。新增城镇就业 3550 人，城镇登记失业率 3.85%。开办孝老食堂 12 个，建成区域性养老机构 3 个，新改建农村幸福院 14 个。城乡居民医保补助标准提高至 580 元。交付经济适用房 468 套。

【城乡建设】 2021 年，福鼎市创建全国文明城市提名工作全面启动。百胜、海湾、铁锵新区建设提速，塔下片区开发加快。中山北路一期、恒生一品北侧道路建成通车，富阳路、城东南路、太姥大道路面工程完成改造，提升背街小巷 42 条，新改建城市道路 15 千米，修复市政及人行道路面 1.20 万平方米。新建口袋公园 9 个，对外开放潮音公园和水北溪（高滩至透埕）慢道，新增绿化面积 11 万平方米、绿道慢道 12 千米。完成南湾防洪排涝站建设、龙山溪河道整治、桐山溪倒虹管改造，新改建雨污管网 26 千米、城区公厕 12 个，新增停车场 13 处、停车泊位 3000 余个。收储南北片区危房 47 套，改造老旧小区 15 个。全年全市投入乡村振兴资金 5.30 亿元，启动实施城乡环卫一体化，完成改造“四好农村路”65 千米，整治农房 4520 栋。新增补充耕地 43.73 公顷，治理“两违”7.40 万平方米。太姥山镇上榜全国文明镇，潋城等 3 个村获评全国文明村，点头镇获评全国“一村一品”示范镇、全国乡村特色产业十亿元镇，佳阳畲族乡获评省民族团结进步模范集体，松洋等 2 个村入选省乡村振兴实绩突出村，桥亭等 7 个村入选省级传统村落。

【福建省沙埕湾跨海公路通道通车】 2021 年 1 月 18 日上午 12 时，福建省沙埕湾跨海公路通道工程通车。沙埕湾高速项目由宁德市交通投资集团有限公司与福鼎市城市建设投资有限公司合资建设，系国家高速公路网宁波至东莞线的重要组成部分。项目于 2017 年 9 月开工建设，2020 年 12 月完工，工程概算总投资 42.57 亿元，主线全长 20.19 千米，全线有 5 个隧道、3 处互通、1 个服务区、10 座桥梁，采用双向六车道高速公路标准建设，设计速度 100 千米 / 小时，路基宽度 33.5 米。其中沙埕湾跨海大桥是全线的主要控制性工程，桥梁全长 2022 米，其主跨 535 米，采用“一跨过江”，主桥采用单侧不对称混合梁双塔斜拉桥。该工程与福鼎纵一线相衔接，拉近与建设中的沙埕湾生态产业园、双岳项目区的距离，疏通工业园区带来的人流和物流。

【福鼎市获全国文明城市提名】 2021年2月3日，中央文明办确定2021—2023年创建周期全国文明城市提名城市名单，福建有14个城市入选。其中，福鼎市榜上有名，为宁德市唯一上榜的县（市）。

【《太姥娘娘与白茶仙子》在中阿卫视播映】 2021年2月，功夫动漫与中阿卫视签订动画片播映合约，其旗下的《太姥娘娘与白茶仙子》与另外2部优秀城市IP动画片签约中阿卫视。中阿卫视是传统丝绸之路上唯一中外合资的卫星电视台，以阿拉伯语为播出语言，信号覆盖22个阿拉伯国家和地区。

【福鼎市2个地理标志产品受欧盟保护】 2021年3月1日，中欧地理标志协定生效，福鼎白茶、桐江鲈鱼等2个地理标志产品，将在欧盟获得高水平保护。中欧地理标志协定是中国对外商签的第一个全面的、高水平的地理标志保护双边协定。协定将为双方的地理标志提供高水平保护，有效阻止假冒地理标志产品，使双方消费者都能吃上、用上货真价实的高品质商品。

【福鼎白茶上榜中国茶叶区域公用品牌前十强】 2021年4月12日，在2021中国茶叶区域公用品牌价值评估核心成果发布会上，福鼎白茶以52.15亿元的品牌价值登“2021中国茶叶区域公用品牌价值十强”第五位，是福建省唯一上榜前十强的茶叶区域公用品牌。

【福鼎市委书记包江苏获全国优秀县委书记称号】 2021年6月29日上午，中共中央总书记、国家主席、中央军委主席习近平在北京会见全国优秀县委书记，向他们表示诚挚问候和热烈祝贺。福鼎市委书记包江苏作为福建省获此称号的县委书记之一，赴京参加表彰大会，受中共中央总书记习近平的会见。

【福建省最大自卸砂船吉水】 2021年7月，由福建省立新船舶工程有限公司建造的148.8米沿海自卸砂船“盈润33”在沙埕港畔吉水。“盈润33”自卸砂船于2020年10月开工建造，为钢质、单甲板、双桨、双舵双尾机型，船长161.8米，型宽26.8米，型深11米，载重量22092.5吨，主要用于运送海砂，是立新船舶在建厂40周年之际里程碑式的造船成果，也是福建省民营企业建造的最大自卸砂船。

【福建省首家县域融媒体中心5G智慧电台开播】 2021年8月27日，福建省首家县级融媒体中心5G智慧电台——福鼎市融媒体中心（福鼎市广播电视台）综合广播5G智慧电台FM98.6开播上线。与传统广播电台不同，5G智慧电台采用人工智能编播系统，通过智能抓取、编排、AI播报，一键式自动化生成新闻、资讯、天气、路况、音乐串接等播出内容，具有强大的节目生产能力和高水准的播音能力。

（董其勇　张媛钰）

霞浦县

【概况】 霞浦县地处福建省东北部，东濒东海，西接福安，北邻福鼎、柘荣，西南与蕉城、罗源、连江隔海相望，县境东西宽约60千米，南北长约70千米，陆地面积1716平方千米。辖有松城、松港、松山3个街道办事处，三沙、牙城、溪南、沙江、长春、下浒6个镇，柏洋、北壁、海岛、水门、盐田、崇儒6个乡（其中水门、盐田、崇儒为畲族乡）。享有“中国海带之乡”“中国紫菜之乡”“中国南方海参之乡”的美誉，是“省级园林县城”“省级生态县”和“省级文明县城”，被誉为中国“十大风光摄影圣地”“中国最美丽的滩涂”。县内常住人口47.7万人，少数民族人口5万人，占总人口10.5%。霞浦县历史悠久，三国时期曾是东吴的造船基地，史上称“温麻船屯”。晋太康三年始设温麻县；清雍正年间升为福宁府，距今已有1739年的建县历史，相继涌现沩仰宗始祖灵祐、易学宗师黄寿祺以及著名历史学家、书法家游寿等一批历史文化名人。境内风景秀美，有杨家溪、建善寺等风景名胜区和道教、佛教等自然人文景观，有大京、高罗等10余个沙滩，是“梦幻海岸、休闲天堂”，尤其是海滩摄影独具特色，获评“全国摄影创作基地”。海洋资源尤为丰富，是全省十个渔业重点县之一，海域面积2.89万平方千米、海岸线505千米、浅海滩涂17.67万公顷、岛屿411个，均居福建省沿海县份首位。盛产大黄鱼、海带、紫菜、刺参、鲍鱼等，年水产品总量位居全省前列。2021年，霞浦县实现地区生产总值310.22亿元，比上年增长12.8%。其中，第一产业增加值80.84亿元，增长3.3%；第二产业增加值93.04亿元，增长28.7%；第三产业增加值136.34亿元，增长9.6%。农林牧渔业总产值151.17亿元，比上年增长3.9%；规模以上工业增加值增长65.6%；固定资产投资增长4.2%；社会消费品零售总额108.13亿元，增长10.3%；批发和零售业销售额132.91亿元，增长23.3%；住宿和餐饮业营业额19.47亿元，增长47.2%；一般公共预算总收入18.40亿元，增长23.6%；地方一般公共预算收入13.41亿元，增长24.6%；金融机构本外币贷款余额283.90亿元，增长30.2%；农村居民人均可支配收入21696元，增长12.5%；城镇居民人均可支配收入40309元，增长8.6%。

【第一产业】 2021年，霞浦县完成农林牧渔业总产值151.16亿元，比上年增长3.9%。完成粮播面积8640公顷，新增高标准农田1640公顷。发展现代渔业，建成设施渔业项目6个、渔业科技试验示范基地2个，培育省级水产良种场1个。海参产量2.34万吨、总产值50亿元，均创历史新高。举办“海洋文化论坛”“海带新产业发展论坛”。创建省级优质农产品标准化示范基地4个、农业科技示范基地5个、农民田间学校7所。溪南镇入选农业农村部农业产业强镇，柏洋乡董墩村（葡萄）上榜第十一批全国“一村一品”示范村镇名单，长春镇武曲村获评省乡村振兴实绩突出村。

2021 年 3 月 4 日，在霞浦县东安海上养殖区，养殖户正在投喂海参
（霞浦县政府办　供图）

【第二产业】　2021 年，霞浦县规模以上工业增加值比上年增长 65.6%，创历史新高。时代科士达储能设备（北区）实现投产，时代一汽动力电池（二期）、国网时代储能工程动工建设，正阳汽车部件、闽宏纤维评为省科技“小巨人”企业，众源机械获批省级专精特新企业。创建国家级高新技术企业 4 家。新增规模以上工业企业 13 家。实施省市重点技改项目 9 项，完成技改投资 18 亿元。牙城镇工业集中点基础设施提升改造项目启动实施，三沙紫菜加工产业园标准化厂房主体封顶。霞浦经济开发区在 2020 年省级开发区综合发展水平评价中升至第 53 名。

【第三产业】　2021 年，霞浦县完成社会消费品零售总额 108.13 亿元、比上年增长 10.3%，增幅位居全市第一。红星美凯龙广场开业运营。电商产业快速发展，霞浦入选全国农产品电商百强县，水产类农产品网络销售额居全省第一。全域旅游发展迅速，新增樱花谷国家 AAA 级旅游景区 1 个，东壁、花竹、长沙、上水等国家 AA 级旅游景区 4 个，福宁文化公园国际摄影展区主体工程完工，三沙镇和东壁村分别获评“福建省全域旅游生态小镇”和“省级金牌旅游村”，新增授牌民宿 27 家，成功举办首届霞浦渔旅融合发展论坛、“山海画境 · 行摄霞浦”中国旅游日等系列活动。接待游客 711.7 万人次、收入 65.3 亿元，比上年分别增长 22.9%、12.4%。金融服务业健康发展，金融机构存贷款余额分别为 213.24 亿元和 283.90 亿元，比上年增长 11.1%、30.2%。厦门银行霞浦支行顺利入驻。坚持“房子是用来住的、不是用来炒的”理念，促进房地产业平稳发展，全年完成商品房销售 88.81 万平方米。

【社会民生】　2021 年，霞浦县民生支出 30.36 亿元，占公共财政支出 73%。新增城镇就业 3800 余人、农村劳动力转移就业 6000 余人，城镇登记失业率 3.86%。新建农村幸福院 30 个、互助孝老食堂 26 处，东昇“智慧社区”居家养老服务中心投入使用，乡（镇、街道）社工站实现全覆盖。城市公益性公墓和农村公益性公墓项目前期工作加快推进。保障农民工工资支付工作通过国务院考核。28 个教育补短板项目完成投资 3.4 亿元，东关小学迁建、职业中专学生公寓等 7 个项目竣工投用，滨海学校、西关幼儿园等 5 个项目动工建设。创建省级义务教育管理标准化学校 12 所、省级文明校园 6 所。霞浦一中、宏翔高级中学分别创建省示范性高中和省级达标高中，顺利接受省级评估。在全市率先开展中小学生课后服务，“午托”“四点半托”学校 47 所、覆盖面 100%。县民族小学获评“第三批全国中小学中华优秀传统文化传承学校”。持续抓好疫情常态化防控，连续 685 日未新增确诊或疑似病例；累计接种新冠病毒疫苗 84.6 万剂次，完成省、市下达第一、二针剂接种任务；抽调 36 名医务人员支援莆田、厦门抗击疫情。县医院新院顺利竣工并启动搬迁，下浒卫生院动工建设；深化医药卫生体制改革，成立 3 个“名医师带徒”工作室，创建首个国家级医学亚专科中心。釉之美托育中心通过省级普惠性托育服务机构试点验收。出台文化遗产保护提升方案，完成博物馆、文化馆提升改造和传胪、大京古城堡保护修缮，连家船婚俗、畲族刺绣技艺、雷氏青草药方等 12 个项目成功申报省、市非遗项目。举办 2021 中国霞浦休闲海钓大赛、首届全国鱼拓大赛、福建省青少年游泳锦标赛。王庆铃在第十四届全运会上获得田径女子七项全能比赛铜牌。霞浦青少年男子篮球队获得省全民健身运动会篮球联赛冠军。霞浦体育代表团荣获省青少年帆船帆板锦标赛团体金牌 1 枚、银牌 1 枚，个人金牌 8 枚，创历史最好成绩。“八五”普法启动实施，扫黑除恶斗争常态化推进，政法队伍教育整顿深入开展，打击电信诈骗、“黄赌毒”等各类违法犯罪活动扎实推进，中国共产党成立 100 周年系列庆祝活动等重大安保任务圆满完成，群众安全感率 99.49%。县卫生局卫生监督所获评全国普法先进单位。黄光清获评第三届“福建省十大法治人物”“全国模范人民调解员”。“四下基层”教育基地教学中心建设有序推进，信访工作机制持续深化，基层矛盾纠纷及时化解。松山街道长沙村蝉联“全国文明村”称号。安全生产形势总体平稳，食品药品安全保障有力。县人武部被中央军委国防动员部授予备战打仗先进单位。

【城乡建设】　2021 年，霞浦县投入建设资金 20.55 亿元，策划实施城市品质提升项目 57 个，新城开发和老城更新同步推进，百丽花园、万豪商业广场老旧小区改造项目启动实施，福宁大道周边道路整治提升工程主体完工，福宁大道山河路至体育北路段、龙泉路赤岸大道至长溪路段等道路顺利竣工，一批口袋公园、充电站、无障碍设施等市政设施建成投用。新建“白改黑”道路13.5千米、雨污管网16千米、燃气管道20千米，新增公园绿地面积22公顷、公共停车泊位250个。开展文明县城常态化创建。加快“智慧霞浦”项目建设。实施城市交通管理优化提升行动，开展校园周边“一校多路口”交通安全整治和城区交通拥堵点集中改造，加强电动车规范化管理，推行“机非隔离”和电动摩托车“分级管理”。深化“331”综合治理工作机制，推进“问题发现、平台派单、响应处置、核查反馈”全流程闭环管理，累计核查各类问题3万余件，处理2.98万件、处理率99.26%。开展“两违”综合治理两年攻坚战，拆除违建11.11万平方米，腾出土地11.27万平方米。健全防止返贫动态监测和帮扶机制，落实产业发展、医疗救助、就学补助、贴息贷款等各类资金5400余万元，220户761人重点巩固和监测对象无一返贫。实施农村人居环境整治和农村建设品质提升行动，三沙镇全域及13个省级试点村示范推广生活垃圾干湿分类，世遗沿线村庄整治任务顺利完成，建设乡村生活污水管网3.85千米，完成裸房整治1341栋，建成美丽庭院270户。宝清、涵山、东山、东壁4个村试点推广乡村治理积分制管理。成立乡村振兴局，开设《乡村书记谈振兴》栏目，推出乡村振兴金融包，15个省级乡村振兴试点村项目建设扎实推进。承办全省“巩固拓展脱贫攻坚成果同乡村振兴有效衔接”现场推进会、全省金融支持乡村振兴经验交流会。完成国家生态文明建设示范县规划编制，划定农村千人以上饮用水源地保护范围52个。推行“林长制”，建成省级森林村庄6个，种植红树林48.18万平方米，完成松林改造提升1066公顷。深化“河长制”，整治农村小流域河道9.47千米，治理水土流失561公顷，劣V类断面全面消除。推进海上养殖综合整治，建成海上巡诊中心1个，提升“海上社区”7个，办理养殖证4742宗，征收海域使用租金5576万元；成立海上养殖区巡查队，清理废旧渔排25.8万口、白色泡沫浮球255万个，完成渔排改造4.2万口；建成海漂垃圾转运点5个，收集处置海漂垃圾1.5万吨，实现“颜值”与“产值”双提升；加大“三无”船舶整治力度，取缔“三无”船舶修造点97个，查扣拆解“三无”船舶34艘，实现依法依规依证管海用海。

2021年11月30日，三沙疏港公路通车仪式在三沙镇虞公亭村举行

（霞浦县政府办　供图）

【海岛西洋一级渔港工程主体完工】2021年9月，总投资2.36亿元的省重点项目霞浦县海岛西洋一级渔港工程完成主体建设。一级渔港的建成并投入使用，为渔民台风避险节约社会成本，同时为海岛乡的渔旅融合、跨越式发展奠定基础。

【宁上高速公路霞浦至福安段开工建设】2021年11月11日，宁上高速公路霞浦至福安段A1标段虾山大桥首根2-2号桥墩桩基成功开钻，这是项目全线第一个开工点，标志着宁上高速公路霞浦至福安段开工建设。宁德至上饶国家高速公路福建省霞浦至福安段工程起于宁德市霞浦县下浒镇赤壁岔村，接连七线，经霞浦县溪南镇、盐田畲族乡，在福安市溪尾镇下邳村接已建成的宁德至上饶国家高速公路湾坞至福安段。项目概算65.087亿元，路线全长39.741千米，路基宽度26米，采用双向四车道高速公路标准建设，设计速度100千米/小时。全线设置东安、溪南、溪尾、下邳（枢纽）4处互通式立交，预留下砚互通式立交、东安服务区。

【三沙疏港公路通车】2021年11月30日，“三沙疏港公路通车仪式”在三沙镇虞公亭村举行。三沙疏港公路是G228国道在霞浦县境内的其中路段，起于三沙镇区小古镇码头，终点于三沙镇古桶东南侧，是霞浦台湾水产品集散中心与三沙对台口岸、三沙中心渔港的疏港主通道，全长8.195千米，路宽12米，按二级公路标准，设计时速60千米。公路途经总长2.2千米的三沙东西澳、四五澳两段海堤，路堤结合。三沙疏港公路建成以后，将极大改善三沙交通瓶颈问题，方便三沙群众出行和生产生活，对推动三沙旅游产业发展，尤其是三沙港区的经济开发建设进程将起到关键作用。

（陈　浩）

古田县

【概况】古田县位于福建省中部偏东北方，辖8镇4乡2街道。土地面积2372.83平方千米。素有“一都两区五乡”美誉，“一都”即中国食用菌之都。“两区”即老区和库区，“五乡”即华侨之乡、水电之乡、水果之乡、红曲之乡、文化体育之乡。2021年，古田县获“四好农村路”省级示范县和第六届（2018—2020年度）“省级文明县城”称号。县内常住人口32.3万人，居民以汉族为主，有畲族、回族、壮族、高山族等30个少数民族，其中畲族人口9187人、回族2372人。古田人文历史悠久，唐开元二十九年（741）建县，境内有妇幼保护神陈靖姑及其祖殿临水宫（唐代宫殿）、南宋理学宗师朱熹讲学的蓝田书院、九届中国佛教协会领袖圆瑛大师及其任住持的千年古刹极乐寺、人类学民族学泰斗林耀华及其故居。县内主要旅游景点有翠屏湖、临水文化旅游景区、千年古刹极乐寺、泮洋高岗草场、杉洋历史文化名镇、卓洋廖厝温泉、卓洋前洋古民居、平湖圆瑛故里、大桥钱来山风景区、金翼之家、蘑菇部落、凤埔乡白岩洞、杉洋白溪草场等。古田物产富饶，盛产食用菌、水果、红曲、淡水鱼、林竹等，已开发生产食用菌品种38种，其中银耳产量占全国总产量95%以上，是全国食用菌品种最全、规模最大、品牌最响的食用菌产销大县。古田矿藏资源丰富，金属矿有铁、铜、铅、锌、钨、钼、稀土、银和金等；非金属矿有叶蜡石、花岗石、陶黏土、硅石、泥炭土、高岭土、萤石、黄铁矿、矾灰熔岩、矿泉水、温泉等。食用菌是古田的特色产业、优势产业、富民产业。全县年产1000万袋以上的银耳、茶树菇等专业村20余个，从事食用菌生产、加工、经销、机械等相关企业600余家，银耳等20余个品种实现规模化生产，2021年全县食用菌产量90.7万吨，全产业链产值近220亿元。2021年，古田县实现地区生产总值223.43亿元，比上年增长6.4%，其中，第一产业增加值51.24亿元、增长3.8%，第二产业增加值65.26亿元、增长13.0%，第三产业增加值106.93亿元、增长4.2%。农林牧渔业总产值88.87亿元，增长4.6%；规模以上工业增加值增长4.9%，社会消费品零售总额95.13亿元，增长8.0%；批发和零售业销售额172.60亿元，增长11.1%，住宿和餐饮业营业额10.98亿元，增长14.7%，实际利用外资2385万元，增长4.2%。一般公共预算总收入12.37亿元，增长14.5%。其中，地方一般公共预算收入8.34亿元，增长11.6%；城镇居民人均可支配收入38530元，增长10.0%；农村居民人均可支配收入22522元，增长11.2%。

【第一产业】 2021年，古田县获评古田银耳中国特色农产品优势区、全国农业全产业链典型县、全国农业现代化示范区、国家农产品安全质量县、国家农村产业融合发展示范园等5项国字号品牌，成立中国食用菌协会银耳产业分会，国家银耳标准化区域服务与推广平台获批立项，2项银耳生产国家标准颁布实施，“古田银耳”完成农产品地理标志登记保护，开工建设菌种科技园，建成吉巷乡前垅村、杉洋镇杉洋村2个菇棚屋面光伏示范项目，建成标准化菇房2100间，举办4场特色农产品推介活动，打造形成2个十亿元强镇、8个亿元强村。

【第二产业】 2021年，古田县工业增加值49.92亿元，比上年增长19.4%；规模以上工业增加值增长4.9%；工业技改投资增长6%；先进制造业投资增长58.5%；新增规模以上工业企业11家。宁达汽配产业园、古田食用菌产业园（西区、北区）等3个小微园建设成为全市典型，形成特色鲜明的产业发展集聚区，相关经验做法得到新华社政务智库报告专题报道。古田药业迁建等10个项目动工建设，环朝新能源等19个项目建成投产。签约引进优质产业项目15个，总投资53亿元，超额完成年度目标任务。

【第三产业】 2021年，古田县服务业增加值113.9亿元，比上年增长7.4%。培育新增限额以上贸易企业20家，国家电子商务进农村综合示范县建设通过商务部绩效评价检查。翠屏湖创AAA级通过专家评审，翠屏湖内湖景观慢道建成投用，泮洋乡入选全省首批气候康养福地，古田溪水电站入选国家工业遗产保护名录。举办7场旅游推介活动，全县接待游客401万人次、比上年增长26.6%，实现旅游综合收入33.4亿元、增长36.7%。商品房销售面积10.8万平方米、增长2.8%。金融机构存贷款余额分别增长2.4%、13.6%。

【社会民生】 2021年，古田县民生支出23.5亿元，占财政支出的84%。新增城镇就业672人，开展各类就业创业技能培训4960人次，发放创业担保贷款1.1亿元。养老服务联合体建成运行，成立“孝老爱心促进会”，新增“互助孝老食堂”60家。建成投用教育补短板项目15个，整合校际资源解决明智学校条件简陋、罗华中心幼儿园危房等问题。古田三小等5所学校通过省级评估，大甲中心幼儿园通过市级评估，古田一小入选全国中小学中华优秀传统文化传承学校。家庭教育经验做法成为全省典型。深化“三医联动”，古田县医院迁建项目完成主体工程，东区医院全面竣工，古田县安康医院建成投用，古田县医院心血管内科被确定为市级临床重点专科，县医院“胸痛中心”“心衰中心”通过认证。完成全县327处不可移动文物划线落图工作，新增3名省级非遗传承人。文化“三馆”主体工程竣工验收。顺利举办“第十三届海峡论坛·陈靖姑文化节”。平安古田建设稳步推进，政法队伍教育整顿取得积极成效，成果评价位居全省第二十八名、全市第二名。获评“省级文明县城”，成为全市唯一连续四届获评县份。

【城乡建设】 2021年，古田县推进城乡建设品质提升工程，98个项目完成投资20.7亿元。结合城市更新行动，推进“三区”（新区建设、旧城更新、老旧小区改造）“三带”（新丰河—印石山—翠屏湖魅力休闲示范带，城西路至614路城市空间整治示范带，城区新丰河、护城河整治示范带）建设，公共停车泊位智慧化运营项目启动实施，市场路、老旧小区改造一期、印石山栈道二期等一批工程竣工投用，新改建供排水管网23.7千米，新增公共停车泊位150个，新增口袋公园5个。结合乡村建设行动，继续实施“一革命四行动”，完成55

个建制村1405栋既有农房整治、35个农村水源地保护区范围划定，创建27个“绿盈乡村”，重点打造28个“低碳村庄”。新改建农村公路30千米，建成2个港湾式客运站，获评“四好农村路”省级示范县。黄田镇双坑库周防护及岸线提升工程项目完成建设，环翠屏湖农村污水处理监控中心投入试运行。

【古田长岭桃花登上央视新闻直播间】 2021年3月27日，古田县城西街道长岭村举办云上桃花汉服节暨古田特色产业推介会——桃产业专场，庆祝中国共产党成立100周年。古田县城西街道长岭村距古田县城关约7千米，是清朝名将甘国宝的故里。长岭村是种植水蜜桃的专业村，桃园面积166.67公顷。4月17日，中央电视台CCTV-13新闻频道新闻直播间栏目以《古田县：春风十里桃花醉 果农增收笑开颜》为题对长岭村进行报道。

【央视特别节目《今日中国》福建篇到古田县拍摄】 2021年5月26日，央视特别节目《今日中国》福建篇到古田县拍摄，《今日中国》是中央广播电视总台庆祝中国共产党成立100周年特别节目，全国31个省（区、市）一天一期。节目组专程到古田溪水电厂一级大坝、旧地下厂房和新厂房取景，展现新中国建设的第一座梯级水电站和“福建水电摇篮”的风采。

【中国食用菌协会银耳产业分会在古田县成立】 2021年6月1日，中国食用菌协会银耳产业分会在“中国食用菌之都”古田县成立。银耳产业作为古田县食用菌产业最主要的组成部分，年产量超35.4万吨，占全国总产量95%以上。“古田银耳”先后被认定为地理标志证明商标、地理标志保护产品、中国驰名商标。自2007年被授予“中国食用菌之都”称号，古田县逐步完善古田食用菌批发市场、全国银耳标准化工作组、福建农林大学（古田）菌业研究院、福建省食用菌产品质量监督检验中心、古田县食用菌电子商务创业园等集科技研发、市场交易、产品加工、文化交流、检验检测及标准化建设于一体的产业发展平台。开发生产冻干银耳羹、银耳清露、银耳馅饼、银耳曲奇、银耳面膜等数十种精深加工产品，产业附加值得到提升。同时，依托县域农产品公共品牌“十方田”进行线下线上推广，打响“古田银耳”品牌。

【古田县开展“四下基层”活动】 2021年6月起，古田县开展“四下基层”实践活动，建设一批集党性教育、农事体验、贫困帮扶、社情收集等于一体的“四下基层”实践基地，常态化分期分批组织机关干部入驻基地开展实践锻炼，与农村群众同吃一锅饭、同住一个屋、同耕一片田、同学一个理，增强干部的“七种能力”，激发干部干事创业热情，着力培养一批懂农业、爱农村、爱农民“一懂两爱”的干部。将干部培养和乡村振兴相结合，多视角对乡村发展进行剖析，提高村级组织运转保障和服务能力，发展村集体经济，为乡村振兴提供坚实有效的人才支撑。年内建成20个、日承载780人、覆盖全县的“四下基层”实践基地群，组织400余名青年干部分2批次开展“四下基层”实践活动，相关做法得到新华社等10余家中央、省级媒体关注推广。

【古田县“互助孝老食堂”项目入选第三批全国农村公共服务典型案例】 2021年12月17日，第三批全国农村公共服务典型案例在京发布，古田县“互助孝老食堂”项目入选。古田县作为全国21案例中的6个典型案例发言单位之一，古田县委副书记、县政府代县长许锋以视频形式作题为《创建农村小食堂，办好民生大实事》的典型交流发言。该案例也是福建省唯一一个入选的典型案例，还被新华社等中央媒体同步报道。

【翠屏湖内湖环湖景观慢道建成投用】 2021年，古田县翠屏湖内湖环湖景观慢道建设项目建成投用。该项目总投资约1.3亿元，建设栈道里程约9千米，总面积为34400平方米，由陆上栈道和水上栈道两部分组成。其中，陆上栈道长约5.3千米、水上栈道长约3.7千米。栈道的设计宽度为3~4米。景观慢道由绿廊系统、慢道系统、交通衔接系统、服务设施系统、标识系统5个部分组成，功能定位为专用步行慢道。其中，设停车场5处，停车位总数780个，驿站4处，包含管理房、公厕等。

【文化三馆主体工程竣工】 2021年12月27日，古田县文化三馆主体工程通过竣工验收。该项目是古田县为民办实事项目、宁德市重点项目，总投资约2.97亿元，工程总建筑用地面

古田县“文化三馆”（摄于2021年12月29日）

（古田县政府办 供图 朱寿洋 摄）

积5130.08平方米，项目位于古田县城西凤凰城背后西北侧，建筑西区为博物馆，中区为图书馆，东区为文化馆，下沉庭院两侧为三馆共享空间。其外观似一颗种子，设计创意源自古田籍人类学家、民族学家、社会学家林耀华所述的“把种子埋入土壤，将知识传给后人”，寓意“文化”为一颗承载着知识和力量的种子，植根于人们的思想和内心深处，生根，发芽。

（张晨曦）

屏南县

【概况】 屏南县位于福建省东北部，东南与宁德市相连，东北与周宁县交界，北与政和县接壤，西北至西与建瓯市毗邻，西南至南与古田县相接。全境东西宽54千米，南北长50千米，县域面积1487平方千米。清雍正十二年（1734）建县，辖5镇6乡152个建制村、8个社区。屏南是福建省26个重点侨乡之一，是全国农村改革试验区、全国金融扶贫示范县、全国土地承包经营权抵押贷款试点县、全国民间药膳示范县、全国开展美好环境与幸福生活共同缔造活动第一批试点县和省扶贫开发重点县、省新型城镇化试点县、省农村电子商务示范县等30余个国家级、省级试点县、示范县牌子所产生的政策叠加效应逐步显现，加快屏南后发赶超、绿色崛起的进程。根据屏南县第七次全国人口普查结果显示县内常住人口13.98万人，少数民族人口0.095万人，占总人口的0.68%。屏南是福建省26个重点苏区县之一，叶飞等老一辈革命家曾在这里战斗过，被誉为“红旗不倒县”。拥有独特的生态气候优势，平均海拔830米，森林覆盖率76.2%，绿化率92.2%；年平均气温17℃，冬无严寒，夏无酷暑，素有“天然大空调”之美誉，被列入国家重点生态功能区、省级生态县、省十佳林业县，是全省少数保持水、大气、生态环境质量均为优良等级的县份之一。拥有世界地质公园、国家级风景名胜区、国家AAAAA级旅游景区白水洋·鸳鸯溪，国家森林公园天星山等一批奇特自然景观，被列入国家东部生态文明旅游区、国家绿色旅游示范基地、国家红色旅游经典景区、国家全域旅游示范区创建名单和省全域化旅游试点县。屏南是中国木拱廊桥文化之乡、中国草本养生文化之乡、中国民间武术文化之乡、中国红曲黄酒文化之乡。境内现存古代廊桥56座，木拱桥传统营造技艺被列入世界急需保护的非物质文化遗产名录；漈下建筑群、千乘桥、百祥桥入选全国重点文物保护单位；四平戏、平讲戏、双溪铁枝入选国家级非物质文化遗产代表性项目名录；漈下村、双溪镇、漈头村入选中国历史文化名镇名村，22个村入选中国传统村落；北墘、厦地、棠口、漈头、漈下、双溪古镇等6个镇村被列为中国传统建筑文化旅游目的地。2021年，屏南县实现地区生产总值105.51亿元，比上年增长13.5%。其中，第一产业增加值16.13亿元，比上年增长4.1%；第二产业增加值36.24亿元，比上年增长34.8%；工业增加值28.58亿元，比上年增长53.6%；第三产业增加值53.13亿元，比上年增长6.1%。农林牧渔业总产值28.25亿元，比上年增长4.9%。规模以上工业增加值增长129.5%。固定资产投资超37亿元，比上年下降6.6%；社会消费品零售总额41.00亿元，比上年增长5.5%；批发和零售业销售额2.48亿元，比上年增长12.6%。住宿和餐饮营业额0.52亿元，比上年增长16.8%。利用外资3840万元，比上年增长12.1%。一般公共预算总收入6.31亿元，比上年增长4.0%。地方一般公共预算收入4.01亿元，比上年增长1.6%；年末本外币贷款余额93.34亿元，比上年增长11.6%。城镇居民人均可支配收入33549元，比上年增长8.3%；农村居民人均可支配收入19126元，比上年增长11.2%。

【第一产业】 2021年，屏南县实现农林牧渔业总产值28.25亿元，比上年增长4.9%；新建高标准农田1200公顷、补充耕地26.67公顷，粮播面积稳定7928.96公顷，粮食产量4.69万吨。高山蔬菜、食用菌、水果三大产业产值15.9亿元，2021年屏南县入选省级农业绿色发展先行区。全年新增花卉种植面积1300亩，高山花卉苗木产值突破4亿元，花卉作品在第十届中国花博会上获2金2银、金牌数占全市三分之二，张长青根雕作品在第十四届中国森博会上获创新设计金奖。新增市级以上合作社示范社8家、家庭农场9家、农产品“三品一标”6个，入选省级合作社质量提升整县推进示范县。

【第二产业】 2021年，屏南县实现规模以上工业产值翻番，新增规模以上工业企业5家，工业高质量发展势头强劲。实施工业和技改项目39个、完成投资9.5亿元。溪角洋工业园区新建标准化厂房4万平方米，上源中小微双创产业园一期主体建成，甘棠（新型）工业园区配套用房等附属设施投入使用。时代新材料高镍正极一期和浆料回收、时代电子科技PCBA制造一期、傲农生物科技等9个产业项目建成投产。时代新材料高镍正极二期、立德信汽车零配件等10个总投资20亿元的产业项目动工建设。

【第三产业】 2021年，屏南县新增各类市场主体2300余家、限额以上贸易企业（含大个体）15家。实现旅游综合收入33.8亿元，接待游客426万人次。影视产业蓄势发力，引进影视企业168家，拍摄《远方的山》等影视作品7部。电商产业稳步发展，完成网络零售额6.53亿元、比上年增长21%。

【社会民生】 2021年，屏南县民生项目支出17.46亿元，为民办实事项目基本完成。24个教育项目完成投资2.1亿元，国宝小学、古厦社区集体幼儿园等23个项目投入使用，屏南一中获评省一级达标高中。12个卫生项目完成投资1.5亿元，医养中心老年康复病房综合楼、疾控中心实验综合楼、7个乡镇卫生院医技综合楼等9个项目完成竣工验收并投入使用。147个一体化村卫生所全部实现医保结算。发放创业担保贷款5614.8万元，完成城镇新增就业533人。城乡居民医疗保险参保率、城乡居民养老保险参保率分别为 99.6%、100.9%。实现乡镇社会工作服务站全覆盖，发放各类社会救助补助金 4880 多万元。5 个乡镇完成全国示范型退役军人服务站创建，落实抚恤优待补助金。完成困难群众老旧住房电气线路改造，惠及贫困户、低保户、特困对象 1050 户。

【城乡建设】 2021 年，屏南县实施城市建设品质提升项目 65 个，计划完成投资 18.58 亿元，实际完成投资 22.35 亿元。城区污水处理厂二期扩建及配套管网、文化东路一期城改安置房如期完成，城区供水加压泵站及配套管网、老干部活动中心等项目加快推进。提升绿地 8 公顷、花漾街区 1.5 千米，新改建污水管网 12 千米、老旧小区 2 个，计划新增停车位 150 个，实际新增 176 个，拆除违章搭盖 1700 余处，市容市貌持续好转。东区旅游生态城一期、中心片区、上洋头片区建设完成，长坋中路片区、外东环南路片区、西环路片区开发深入推进。东棠大道一期全面贯通，文化西路、通站道路、药膳小镇主路建成投用，长坋中路、文化东路等路网建设加快推进，城市通达性、便捷性有效提升。累计投入乡村振兴资金 4.1 亿元，实施乡村振兴项目 79 个，完成农村建设品质提升和农村人居环境整治年度重点任务。成功承办省委乡村振兴办首场“串点连线成片”工作现场推进会。新改建农村公路 33.7 千米。完成 81 个村村庄规划编制，23 个村实现垃圾分类，整治农村裸房 613 栋，新增省级绿盈乡村 3 个、市级绿盈乡村 27 个，村头村获评全国优秀侨胞之家，龙潭村获评第二批全国乡村治理示范村。

【“文创推进乡村振兴”研修班开班】 2021 年 5 月 11—14 日，屏南县“文创推进乡村振兴”研修班在福建屏南县熙岭乡四坪古村举行。活动吸引全国 20 余个省份的 50 余位合作社负责人、农场主、生态农业公司负责人、设计师、建筑师、高校教师、返乡青年和乡建工作者等组成的线下学习学员，还有近 100 位线上学员。嘉宾与学员围绕“乡村文创与新型城乡关系”“三产融合与新型集体经济”“党建引领与新型社区治理”等展开对话。

【院线电影《远方的山》开机】 2021 年 7 月 4 日，院线电影《远方的山》开机仪式在屏南县熙岭乡龙潭村举行。院线电影《远方的山》是一部以龙潭网红村为创作题材的主旋律电影，电影以龙潭里开创的“党委政府 + 艺术家 + 农民 + 古村 + 互联网”的文创发展之路为背景，通过精彩的故事情节，将屏南历史文化、民俗民风与山水风光等进行有机结合，打造屏南旅游文化名片。

（林承龙　郑钦鉴）

寿宁县

【概况】 寿宁县位于福建省东北部，北邻浙江省景宁畲族自治县，东与东北紧靠浙江省泰顺县，南与东南毗邻福安市，西北界浙江省庆元县，西连南平市政和县，西南同周宁县接壤，地处闽浙交界，素有“两省门户，五县通衢”之称。土地面积 1433 平方千米。寿宁县共辖 8 镇 6 乡，计 14 个乡级建制，分别是：鳌阳镇、南阳镇、斜滩镇、武曲镇、犀溪镇、平溪镇、凤阳镇、清源镇、芹洋乡、下党乡、托溪乡、大安乡、坑底乡、竹管垅乡。2021 年，寿宁县筹办中国共产党与世界政党领导人峰会下党分会场会议。下党乡党委被授予“全国脱贫攻坚楷模”“全国先进基层党组织”。寿宁县获“中国天然氧吧”称号，获评“中国长寿之乡”，获评全国信访工作“三无”县。连续四年获评中国茶业百强县，入选全国农民合作社质量提升整县推进试点单位。通过省级食品安全社会共治示范县验收。2021 年常住人口为 17.6 万人，出生率 9.63‰、死亡率 7.78‰，人口自然增长率 1.85‰。寿宁县原有居民为汉族和畲族。于明景泰六年（1455）置县，明代著名文学家冯梦龙曾任寿宁知县，著有《寿宁待志》。寿宁县是文物大县，古文化遗址、古墓葬、古建筑、古石刻及近现代重要史迹等门类齐全，文物古迹遍布城乡各地，在福建占重要地位。2021 年，寿宁县联动推进难忘下党、梦龙天池、银山花田、三峰公园等项目建设，以及鳌阳梦龙文化小镇、犀溪廊桥文旅小镇、武曲茶仙小镇等文旅特色小镇建设。完成云上水洋国家 AAA 级旅游景区、垅上茶乡国家 AA 级旅游景区创建工作，申报 15 个村创建宁德市金牌旅游村。寿宁县有森林面积 10.45 万公顷，活立木蓄积量 609.85 万立方米、天然林面积 3.19 万公顷、生态公益林地面积 3.56 万公顷，其中省级生态公益林地面积 3.54 万公顷、市级 170 公顷，分布于 185 个村、场、圃。寿宁县流域总面积超过 200 平方千米溪流 4 条，50~200 平方千米 2 条。境内年降雨量较大，平均降水量 1906 毫米，可利用水量 1250 毫米，全县多年平均径流量总量 17.65 亿立方米，人均拥有水量 7918 立方米。2021 年，寿宁县实现地区生产总值 110.75 亿元，比上年增长 5.1%。其中，第一产业增加值 18.22 亿元，比上年增长 4.9%；第二产业增加值 38.39 亿元，下降 2.8%；第三产业增加值 54.14 亿元，增长 10.9%。农林牧渔业总产值 30.8 亿元，比上年增长 5.86%。规模以上工业增加值增长 1.2%。固定资产投资增长 1.9%。社会消费品零售总额 32.3 亿元，比上年增长 0.8%。实际利用外资 1226 万元，增长 21.6%。一般公共预算总收入 5.56 亿元，比上年增长 7.2%。地方一般公共预算收入 3.5 亿元，比上年增长 4.4%。城镇居民人均可支配收入 31718 元，比上年增长 9.6%。农村居民人均可支配收入 18636 元，比上年增长 12.7%。

【第一产业】 2021 年，寿宁县完成粮播面积 10241.67 公顷，建设高标准农田 1206.67 公顷，粮食总产量 5.31 万吨。发展硒锌康养旅游和高山茶叶、优质水果、食用菌、林下经济等“1+4”绿色高效生态农业，推动产业提质增效。硒锌龙头企业合作社增至 51 家，年产值 16 亿元。茶叶产量 2.06 万吨，全产业链产值 40 亿元、增长 33%。新增 SC 认证茶企 8 家、省级龙头茶企 4 家，“寿宁金花白茶研究院”挂牌成立。巩固发展茶叶、葡萄、寿橙、猕猴桃、蔬菜等 20 多万亩。寿宁猕猴桃、山冬乌被纳入“全国名特优新农产品”名录。发展食用菌 600 万袋，建成下党、芹洋食用菌产业园。林下经济产值突破 1 亿元，带动从业农民年增收 2400 元。亭溪村天然富硒地块被中国地质学会认定为首批天然富硒土地。“扶贫定制茶园”“白茶银仓”等扶贫消费模式带动线上线下销售农产品 2.3 亿元。“盼盼·下乡的味道”凉茶成功上市。官田洋村、仙峰村被确定为省级“一村一品”示范村，白牙银仓、永和春茶业产业化联合体被确定为省级示范联合体。

【第二产业】 2021 年，寿宁县三祥新材股份有限公司获评第三批国家级专精特新“小巨人”企业，入选省级服务型制造示范培育对象。年产 2000 吨纳米氧化锆材料及制品项目投产，特种陶瓷项目动工建设，与福建坤彩科技股份有限公司合作框架协议顺利签约，实现强强联合、产业互补。永和春农业综合发展有限公司、瑞铭铝制品有限公司、恒力汽车空调配件有限公司入选 2021 年度第二批省重点上市企业后备名单。寿宁工业园区盘活“僵尸企业”2 家，新引进企业 14 家。际武工业集中区基础设施建设（一期）PPP 项目实现竣工，完善下党工业园区功能配套。实施工业技改项目 9 个，完成投资 1.5 亿元。

【第三产业】 2021 年，寿宁县服务业加快发展，拓展“+ 旅游”模式，旅游服务业向多业态融合发展。寿宁红色旅游精品线路入选全国百条红色茶乡旅游精品线路，寿宁下党红色经典游列入全省庆祝中国共产党成立百年·传承红色基因·百条红色旅游线路。云上花田景区获评国家 AAA 级旅游景区。斜滩水利风景区列入省级水利风景区。犀溪镇西浦村纳入 2010—2017 年中国美丽休闲乡村监测合格名单。全县接待游客 330.39 万人次，实现旅游综合收入 24.6 亿元。房地产市场加快回暖，房产销售面积 2.93 万平方米，增长率全市第一。金融支持实体力度加大，金融机构人民币贷款余额 67.9 亿元、增长 16.7%，获评全省首个“普惠金融信用县”。金融风险防范有力，不良贷款率降至 0.8%。

【社会民生】 2021 年，寿宁县民生投入 16.06 亿元，民生支出占财政支出的 80.4%。教育支出 4.16 亿元，占一般公共预算支出的 20.83%。新建续建教育项目 11 个，完成教育补短板投资 2.85 亿元。东区中学二期启动建设，“五校迁建”等项目稳步实施，机关幼儿园技校分园开园招生。下党希望学校列入教育部乡村温馨校园建设典型案例学校。“双减”政策有效落实，课后服务全面推广。数字校园建设扎实推进，实现“光纤入教室”全覆盖。卫生支出 1.23 亿元，占一般公共预算支出的 6.16%。县康复医院揭牌成立，中医院改造提升工程竣工投用，县医院重症学科启动建设，推进卫生服务设施标准化建设，实现乡镇卫生院中医馆全覆盖。62 个村被命名为福建省卫生村。疫情防控有力，实行疫情防控网格化管理，核酸日检测能力 4.5 万管，12 岁以上人群新冠病毒疫苗全程接种率 82.75%，第 3 剂次和 3~11 岁人群新冠病毒疫苗接种工作全面推进。完成烈士陵园改造提升，岗垅革命纪念馆和福建省首座廊桥博物馆建成开馆，新时代文明实践中心实现乡镇全覆盖。举办庆祝中国共产党成立 100 周年“学党史、感党恩、听党话、跟党走”歌咏比赛等系列活动，联合编排歌剧《鸾峰桥》、摄制电影《相见在鸾峰桥》、创作编排北路戏音乐剧《下党故事》旅游演艺剧目等精品佳作。县第八届运动会成功举办。袁程飞在第十四届全运会男子 73 公斤级举重比赛中获得铜牌。

【城乡建设】 2021 年，寿宁县实施城市品质提升类项目 142 个，完成投资 27.27 亿元。东部新城建设全面铺开，福寿大桥建成通车，福宁大桥动工建设，新城大桥、寿宁大道等市政项目加速推进。旧城改造稳步实施，推进蟾溪生态治理及城区市政提升工程，改造老旧小区 6 个，提升景观绿化 8 公顷，新增停车泊位 111 个。南阳省级试点小城镇中心区市政道路二期、三祥大道等项目加快实施。农村人居环境整治提升五年行动全面启动。完成建制村地籍、房屋调查和 106 个村庄规划编制，整治裸房 2145 栋，危房改造 111 座。农村危房改造工作获国务院办公厅通报表扬。拆除“两违”面积 1.22 万平方米，整治占用耕地图斑 328 处。城乡供水一体化建设全面铺开，完成下党片区、斜滩片区建设。建成“四好农村路”14 千米，完成农村公路养护提升 60 千米。实施农网改造工程项目 130 个，建成 35 千伏及以上输变电工程 5 个。在第四届数字中国建设峰会上，寿宁县围绕“国家数字乡村试点创建工作”作经验介绍。

【中共寿宁县下党乡委员会获评“全国脱贫攻坚楷模”】 2021 年 2 月 25 日，全国脱贫攻坚总结表彰大会在京召开，中共寿宁县下党乡委员会被授予“全国脱贫攻坚楷模”称号。承载着习近平总书记的深情关怀，下党乡以讲好“下党故事”为主线，发扬“弱鸟先飞、滴水穿石”精神，探索创新全国第一个可视化扶贫“定制茶园”，创立“下乡的味道”品牌，全面推行“公司 + 合作社 + 农户”共建共享模式，因地制宜扶持培育茶叶、猕猴桃、油茶、食用菌等特色产业，发展红色旅游，致力打造党的作风建设的展示基地、群众路线的教育基地、摆脱贫困的实践基地、乡村振兴的示范基地，实现从昔日的“五无乡”到远近闻名的党性学习小镇的嬗变。

【寿宁县获评新一届“中国长寿之乡”】 2021 年 2 月 25 日，中国老年学和老年医学学会发布公告，决定授予寿宁县“中国长寿之乡”称号，寿宁成为全省继宁德柘荣、漳州诏安、泉州泉港之后第四个获得“中国长寿之乡”称号的县（区）。近年，寿宁县经济社会各项事业取得长足发展，人民生活质量、卫生健康水平明显提升，环境保护、空气质量优良天数、地表水环境质量等主要指标均达到人居要求和长寿标准，百岁以上老年人口占比达到或超过国家规定标准。

【中共寿宁县下党乡委员会获评“全国先进基层党组织”】 2021年6月28日，在庆祝中国共产党成立100周年之际，中共中央作出关于表彰全国优秀共产党员、全国优秀党务工作者和全国先进基层党组织的决定，寿宁县下党乡党委获“全国先进基层党组织”称号。

【中国共产党与世界政党领导人峰会下党分会场会议】 2021年7月6日晚，中国共产党与世界政党领导人峰会在京召开，160余个国家的500余位政党和政治组织等领导人以及超过万名政党代表等通过视频连线方式出席会议。寿宁县下党乡作为中国共产党百年征程上具有特殊历史意义的地点之一，以分会场形式出镜连线，向全世界展示中国减贫和发展伟大成就。

【寿宁县获评“中国天然氧吧”】 2021年12月29日，中国气象局发布年度中国天然氧吧评价结果，寿宁县成为当年中国天然氧吧新增县份之一。寿宁县四季分明、气候宜人、夏无酷暑、冬无严寒，属亚热带海洋性季风气候，人均环境气候舒适度高，森林覆盖71.97%，被誉为福建夏季凉爽的避暑胜地，年平均负氧离子浓度超出世界卫生组织界定的清新空气标准。

（周道文）

周宁县

【概况】 周宁县地处福建省东北部，东邻福安，西接政和，北连寿宁，东南与蕉城区接壤，西南与屏南隔溪相望。全县总面积1047平方千米，辖6个镇、3个乡、147个建制村（社区）。周宁县平均海拔800米，夏无酷暑，冬无严寒，环境宜人，是国家重点生态功能区，有“天然空调城”“高山明珠”之称。2021年周宁县获评“国家生态文明建设示范区”“全国村庄清洁行动先进县”。2021年末户籍人口21.08万人，常住人口14.96万人，少数民族人口0.28万人，占总人口的1.87%。周宁作为福建省老区重点县之一和闽东苏区的重要组成部分，共有老区建制村130个，占全县建制村的88%，是闽东北工农游击第三支队的成立地，以及全区人民抗日救亡、反对国民党顽固派斗争的中心，涌现出凌福顺、叶诚忠、陈乃兰等550余位革命烈士，赢得“革命斗争不息，红旗始终不倒”的美誉。周宁风景绚丽多姿，有名列省级“十大风景名胜区”，被称为“中国少有、华东第一”的九龙漈瀑布、“神鲤戏谐、人鱼同乐”的中华奇观鲤鱼溪、名列《辞海》的“八闽首景”滴水岩以及猕猴、鸳鸯栖息地后垄大峡谷、国家AAA级旅游景区陈峭，天然奇景官山、蝙蝠洞，华东第一高山湖泊芹山湖，宗教圣地杉洋林公宫、方广寺、灵峰寺和木拱廊桥、革命遗址、古民居等。周宁资源丰富，拥有明矾矿、珍珠岩、高岭土、稀土、铅、锌、铁等16种矿产资源。林地面积8.42万公顷，森林覆盖率72.96%，活立木蓄积量425万立方米。2021年，周宁县实现地区生产总值90.12亿元，比上年增长14.3%。其中，第一产业增加值8.91亿元，比上年增长6.0%；第二产业增加值27.37亿元，增长15.6%；工业增加值16.97亿元，增长27.9%；第三产业增加值53.84亿元，增长15.2%。农林牧渔业总产值16.19亿元，比上年增长7.0%。规模以上工业增加值比上年增长20.6%。固定资产投资38.97亿元，比上年下降3.9%。社会消费品零售总额28.28亿元，比上年增加2.0%。批发和零售业销售额76.69亿元，比上年增加87.3%。住宿和餐饮业营业额5.49亿元，比上年增加27.7%。实际利用外资351万元，比上年增长6.0%。一般公共预算总收入5.82亿元，比上年增长7.8%。地方一般性公共预算收入3.95亿元，比上年增长1.1%。城镇居民人均可支配收入34953元，比上年增长9.5%。农村居民人均可支配收入19756元，比上年增长11.6%。

【第一产业】 2021年，周宁县实现农林牧渔业增加值9.4亿元、比上年增长5.9%。粮食安全保障有力，新建高标准农田633.33公顷，粮播面积稳定在4797.74公顷。高山云雾茶、冷凉花卉、马铃薯、晚熟葡萄、猕猴桃等特色产业不断壮大，新增省级龙头企业2家，“周宁高山百合”“周宁高山杜鹃”获批国家地理标志证明商标。圆满完成省级农村公共基础设施管护体制改革试点工作。成立周宁县云煌农村资产资源管理公司，流转耕地930多公顷、林地350多公顷，唤醒农村“沉睡的资源”、激活农村内生动力。

【第二产业】 2021年，周宁县新增规模以上工业企业13家。不锈钢（新型材料）深加工产业园一期实现35家企业动工，其中17家投产，青山钢管总部、不锈钢针管孵化园等项目开工建设；站前工贸科技园（一期）项目土石方工程及标准厂房等基础设施启动建设；山海协作产业园加快推进，立源棉纺1号厂房投产；梨坪铸造产业科技园完成12个标准厂房建设，10家传统铸造企业实现“退城入园”并投产。玛坑机制砂项目一期洗沙设备建成投用。成立项目“前期办”，建立三级审批服务会商机制，新增“五个一批”项目122个，总投资93.8亿元。开展重点项目“三比三赛”“百日攻坚”等活动，集中破解一批项目前期报批、安征迁、筹融资等难题。19个省、市在建重点项目完成投资26.3亿元，占年度计划101%。抽水蓄能电站2台机组并网发电，全面投产后，每年可减少电网燃煤消耗量约46万吨、减排二氧化碳约92万吨。组建四大园区招商专班，推行每季度“集中签约+集中开竣工”，签约项目15个，总投资38.8亿元。

【第三产业】 2021年，周宁县出台激活文旅消费市场“六条措施”，宝丰古银场矿山公园开园，鲤鱼溪水幕光影秀、城区“四园一体”等文旅项目有序推进，全年接待游客412万人次、增长102%。举办“闽东之光·云端周宁”全国摄影大展暨风筝节，陈峭村入选“中国美丽休闲乡村”名单，浦源村获评省级“金牌旅游村”。大宗商品交易中心挂牌运营，宁德市大

2021年6月11日，“闽东之光·云端周宁”全国摄影大展启动仪式暨摄影风筝节在周宁县旅游集散中心举行
（郑文敏　摄）

数据产业园及基础设施配套项目签约并动工建设。

【社会民生】　2021年，周宁县财政民生支出16.2亿元，占一般公共预算支出的84.4%，落实27个为民办实事项目。城镇新增就业801人，城镇登记失业率3.99%。基本养老和医疗保险精准扩面，参保率分别为99.5%、97.6%。深化大救助体系建设，发放各类救助、补助资金近5000万元。开设“长者食堂”39所，建成县社会福利中心、福乐家园和4所农村区域性养老服务中心。创成国家生态文明建设示范区。全省首个“林业生态文明实践基地”落户黄振芳家庭林场，建成全省第一个“电视＋环保”宣传平台。综合治理水土流失1666.67公顷，造林绿化390余公顷，创建“绿盈乡村”26个。完成6个建制村生活污水治理，智慧监管典型案例在全国数字峰会上展播。周宁国有林场完成全市首笔碳汇交易，走出一条“生态美”与“百姓富”有机统一的发展新路。实施教育补短板项目8个，新增学位990个，教育投入实现“两个只增不减”，义务教育教师平均工资收入不低于公务员平均工资收入水平，推行中小学课后服务，教育质量提升。县医院感染病综合楼、县疾控中心综合楼、县总医院咸村分院住院病房大楼加快建设，标准化村卫生所实现全覆盖，健全公共卫生应急管理体系。文体事业的发展，庆祝中国共产党成立100周年系列文体活动隆重举办，智慧体育公园建成投用，微电影《英雄凌福顺》完成拍摄；周宁健将汤星强在东京奥运会上获得男子4×100米接力赛第4名，追平中国在该项目的最好成绩，在全运会上获得田径男子200米、4×100米接力2枚金牌；陈星宇、祝彩铃等周宁籍运动员在全国残运会上获得1金1银2铜的佳绩；县文旅局获评“全国群众体育工作先进单位”。全国新时代文明实践中心试点扎实推进，中兴社区获评“全国最美志愿服务社区”，叶树正家庭获评“全国最美家庭”。

扫黑除恶斗争和政法队伍教育整顿纵深推进，建成跨部门涉案财物集中管理中心，“枫桥式”派出所实现全覆盖，群众安全感率持续提升。在全省率先设立社会治理综合服务中心，创新“1+1+X”规范管理模式，“一站式”受理纠纷，成功化解信访积案75件。全力抓好工业园区、景区和非景区景点、农村在建房屋、道路交通、城镇燃气等重点领域安全隐患大排查大整治，安全生产形势总体平稳。成功举办全省森林防灭火应急救援综合演练，南方山区森林火灾信息化预警与处置经验在全省推广。国防动员和“双拥”工作稳步推进，狮城镇退役军人服务站获评省级“五有”先进单位。

【城乡建设】　2021年，周宁县推进省级文明县城创建，开工建设132个城区品质提升项目，总投资44.5亿元，年度完成投资16.2亿元。推动农贸市场迁建和提质改造，新建雨污管网13.4千米、停车位157个，东园小区被列为省级老旧小区改造试点。赛江防洪（三期）、城区高水高排项目加快建设，城市综合交通枢纽主体工程基本完工。全县54户170人重点巩固和监测对象无一例返贫。创新推行“一规划两清单”，梳理产业规划、技术服务等各类需求216项。“五大”试点示范片区累计实施产业项目60个、基础设施项目105个，总投资1.2亿元。坚持“一月一乡镇”现场会推进机制，打造市级示范线路3条。新建“四好农村路”10千米，改造危桥6座，整治农村裸房832栋。启动农村人居环境整治提升五年行动，垃圾干湿分类处理及资源化利用试点村58个，农村生活垃圾、污水处理率分别为100%、82%。村（社区）两委换届选举实现“三个百分之百”目标。

【周宁国有林场完成宁德市首笔碳汇交易】　2021年3月5日，周宁国有林场一期减排量在福建省海峡股权交易中心碳排放权交易市场交易，成为宁德市首个实现交易的林业碳汇项目。累计成交13.6万吨，平均单价10.2元/吨，实现交易收入138.3万元，走出一条“生态美”与“百姓富”有机统一的发展新路。

【周宁县获“国家生态文明建设示范区”称号】　2021年10月14日，第五批国家生态文明建设示范区、“绿水青山就是金山银山”实践创新基地表彰授牌活动和“绿水青山就是金山银山——从理念到实践”主题论坛在云南昆明隆重举行，周宁县被生态环境部命名为国家生态文明建设示范区。

【抽水蓄能电站实现2台机组并网发电】　2021年12月27日，抽水蓄能电站1号、2号机组实现并网发电，增强福建电网的调峰填谷、事故应急备用能力，全面投产后，每年可减少电网燃煤消耗量约46万吨、减排二氧化碳约 92 万吨，实现经济效益与生态效益的有机统一。

（陈夏芳）

柘荣县

【概况】 柘荣县位于福建省东北部，东接福鼎，西连福安，北邻浙江省泰顺县，南靠霞浦。土地面积 538.22 平方千米，辖双城、富溪 2 个镇，城郊、乍洋、东源、宅中、黄柏、楮坪、英山 7 个乡。享有国家生态县、国家生态文明建设示范县、中国长寿之乡、中国太子参之乡、中国高山白茶之乡、中国刀剪之乡、中国民间文化艺术之乡、闽东药城等称号。年末户籍人口 11.52 万人，常住人口 9.2 万人，户籍人口自然增长率 7.6‰。柘荣原称柘洋，自古以来就是闽浙交界商品集散地，素有“闽浙咽喉”之称。柘荣剪纸先后被列为国家非物质文化遗产和世界级非物质文化遗产保护名录，柘荣布袋戏和马仙信俗文化被列入省级非物质文化遗产保护名录。境内风景秀美，主要旅游景点有鸳鸯草场、东狮山、九龙井风景区，富溪商贸古镇、烽火西竹岔红色研学小镇、靴岭尾剪纸特色村、溪口旧时光风情慢村等。重要矿产资源有银、饰面石材、建筑石料、紫砂土。2021 年，柘荣县实现地区生产总值 77.82 亿元，比上年增长 0.5%。其中，第一产业增加值 9.39 亿元，比上年增长 4.2%；第二产业增加值 33.40 亿元，下降 6.1%；工业增加值 22.14 亿元，下降 8.7%；第三产业增加值 35.02 亿元，增长 5.9%。农林牧渔业总产值 16.81 亿元，比上年增长 5.0%。规模以上工业增加值下降 16.4%。固定资产投资下降 11.7%。社会消费品零售总额 35.68 亿元，比上年增长 3.8%。实际利用外资 271 万元，比上年下降 10.6%。一般公共预算总收入 5.70 亿元，比上年增长 27.3%；其中地方一般公共预算收入 3.40 亿元，比上年增长 25.1%。金融机构本外币年末贷款余额 52.93 亿元，比上年增长 18.6%。城镇居民人均可支配收入 3.29 万元，比上年增长 9.2%；农村居民人均可支配收入 1.88 万元，比上年增长 12.1%。

【第一产业】 2021 年，柘荣县农林牧渔业总产值 16.81 亿元，比上年增长 5.0%。粮食播种面积 4426.73 公顷，粮食产量 2.42 万吨。中药材、茶叶种植面积均突破 4666.67 公顷，富硒富锌农产品、林下经济等特色农业产业加快培育，打造省级“一村一品”示范村 13 个，“2+N”特色农业产业发展初具规模，被评为省级农业绿色发展先行区。完成农业农村部“柘荣太子参地理标志保护产品”申报，柘荣太子参搭载神舟十二号飞船完成太空诱变育种实验。“柘荣高山白茶”地理标志证明商标通过国家知识产权局核准注册，被授予中国“高山白茶之乡”称号。

【第二产业】 2021 年，柘荣县生物医药产业实现产值 7.66 亿元。生物医药循环经济产业园完成投资 3 亿元，标准化厂房一期等基础设施建成投用。生物医药产业集群被纳入首批省级战略性新兴产业集群发展工程，成为全省唯一入选的县级产业集群。广生堂乙肝新药“泰甘定”等 5 个新品种获批上市，贝迪 2 款国家二类新兽药通过专家评审。钢铁铸造产业实现产值 29.6 亿元。荣兴特钢压延加工升级改造项目建成投产。机械制造产业集中区（二期）和砚山洋刀剪园区配套设施持续完善，小微园一期建设全面完成。乍洋产业园完成二期征地任务，6 家新入驻企业动工建设，5 家企业建成投产。新增“退城入园”刀剪企业 10 家，福建柘荣张小泉刀具有限公司登记注册，碳钢剪国内市场占有率突破 90%，“柘荣剪刀”被列入省级非物质文化遗产代表性项目名录。引进台湾僧服品牌“芭黎僧服”，全国四大僧服品牌齐聚柘荣，国内市场占有率 70%。全县 137 个重点建设项目完成投资 57.34 亿元，占年度投资计划的 106.33%，其中 36 个在建省市重点项目完成投资 34.5 亿元，占年度投资计划的 110.39%。开工项目 56 个、竣工项目 49 个，新增“五个一批”项目 150 个。申请债券资金 7.89 亿元，位列全市山区县第一。出台《柘荣县鼓励全员大招商工作奖励办法（试行）》，全年签约引进产业招商项目 30 个，总投资 36.23 亿元，超额完成市下达招商任务，其中先进制造工业类 25 个、总投资 20.7 亿元；现代服务业类 5 个、总投资 15.53 亿元。

【第三产业】 2021 年，柘荣县实现社会消费品零售总额 35.68 亿元，比上年增长 3.8%。新增各类市场主体 6099 户，增长 239.97%。金融机构本外币年末贷款余额 52.93 亿元，增长 18.6%；存款余额 57.10 亿元，下降 0.6%。商品房存量 5.54 万平方米，去化周期 5.43。启动省级全域生态旅游示范县创建，编制《柘荣县全域旅游发展规划》，构建“中国慢城”与“生

2021 年 10 月 27 日，柘荣嘉馨民俗文化园项目基础工程施工现场

（柘荣县政府办　供图）

态乐游区、文化风情区、茶药康养区”的“一城三区”发展格局。鸳鸯草场旅游配套设施建成投用，嘉馨民俗文化园、东狮山文博大观园等文旅重点项目加快建设。全年接待游客194.03万人次、比上年增长25.9%，旅游综合收入14.13亿元、增长4.3%。

【社会民生】 2021年，柘荣县全年民生支出10亿元，占一般公共预算支出75.5%，完成为民办实事项目12个。城镇新增就业413人，失业人员再就业130人，城镇登记失业率3.74%。实施“一户多策”帮扶计划，在全市率先为低收入人群购买致贫返贫保障综合保险80万元。城乡居民养老保险参保率99.7%，建成县社会福利中心，每千名老年人拥有养老床位数提高至58张。实施教育补短板项目4个，完成三中、四小教育信息化设备升级改造。落实“双减”工作要求，整治校外培训机构3所。实施医疗卫生补短板项目3个，县疾控中心及城郊卫生院业务用房建成投用。落实常态化疫情防控措施，各项疫苗接种指标排名全市前列。开展安全生产专项整治三年行动，排查整改隐患3227个。社会大局和谐稳定，绸岭村入选第二批全国乡村治理示范村。

【城乡建设】 2021年，柘荣县完成国土空间规划初步方案和“多规合一”一张蓝图编制，建成数字柘荣地理空间框架。实施城市建设品质提升项目72个。104国道柘荣城关过境公路A2标段和省道S201鸳鸯头叉口至东源桥头段、城关至柘泰交界段公路建成投用，河滨东路、东城路等8条道路工程和上城桥、溪坪桥拓宽改造完成，城区82%主次干道实现“白改黑”。推进8处龙溪入河排污口整治，完成上城桥至溪坪桥段龙溪两侧人居环境改造、进城大道和东狮大道景观绿化改造提升。智慧城市指挥中心投入运营，新增停车位232个，新改建雨污管网14千米、城乡供水管网74千米。实施“乡村振兴示范计划”，投入资金3600万元，实施项目115个，深化提升10个省级乡村振兴试点村和3个实绩突出村，打造4条乡村振兴示范带，推出3条精品旅游线路、2条红色旅游线路，靴岭尾村被评为省级金牌旅游村、市十佳“最美乡村”，绸岭村、英山村分别被评为全市乡村文化振兴优秀示范村、乡村文化振兴示范村。启动村庄规划编制三年行动和农村人居环境整治提升五年行动，完成楮坪、黄柏35千伏变电站二期扩建，实施25个农村建设品质提升项目，实现生活污水处理和生活垃圾转运系统设施全覆盖。新改建农村公路18千米，建设安全生态水系8千米。创建绿盈乡村66个、美丽庭院162户。

【S201路亭至柘荣城关段公路通车】 2021年8月31日，S201（联七线）路亭至柘荣城关段公路建成通车。该项目总投资2.18亿元、全长10.42千米，是福建省“八纵十一横十五联”普通国省干线公路网的一段，是宁德市山海连接的主要通道，是进一步加强柘荣与霞浦两地沟通联系的重要纽带，对加速构筑柘荣全域旅游发展格局具有重要意义。

【太子参航天育种种子回到柘荣】 2021年11月30日，神舟十二号太子参航天育种种子交接仪式暨太子参产业发展论坛在福建天人药业股份有限公司举行，3.8万粒柘荣太子参种子随神舟十二号飞船上天遨游90余天后回到柘荣，并在天人药业育种基地培育。近年，柘荣县把“推进太子参种业芯片发展，打造中国太子参产业硅谷”作为太子参产业振兴发展目标，建设太子参空间繁育种植基地，建立太子参空间育种研究中心、太子参航天种资源库，致力培育发芽率最高、品质最好、产量最高、抗病性最强的太子参。

【柘荣县获中国“高山白茶之乡”称号】 2021年12月9日，首届2021中国（福州）茶生活博览会暨“福茶杯”最受欢迎品评茶赛在福州海峡国际会展中心开幕。其间，在柘荣高山白茶品牌推介会上，柘荣县被中国茶叶协会授予中国“高山白茶之乡”称号，“柘荣高山白茶”地理标志证明商标通过国家知识产权局核准注册。

【全国四大僧服品牌齐聚柘荣】 2021年12月14日，宁德芭黎僧服有限公司落户柘荣，完成营业执照办理。“台湾芭黎”是一个30多年来居世界佛教僧服之“第一品牌”，1992年在福建上杭设立“芭黎”专业生产基地。作为“世界僧服看福建，福建僧服在柘荣”的柘荣县，僧服产销量在全国占比70%左右，四大僧服品牌占3个，引进“芭黎”僧服，实现四大品牌齐聚柘荣。

【中华老字号张小泉剪刀落户柘荣】 2021年12月29日，张小泉股份有限公司与金剑剪具有限公司共同出资成立福建柘荣张小泉刃具有限公司，负责张小泉工业用剪系列销售。依托柘荣剪刀传统产业基础，在砚山洋山海协作示范园投资建设“福建张小泉剪具智造中心”，引进上下游产业链配套项目，加快产业集群建设，提升“中国刀剪之乡”综合品牌实力。

（吴开钏）

人物荣誉

先进人物

奋力担当作为的优秀基层党员干部“时代楷模”孙丽美
（市委宣传部　供图）

“时代楷模”孙丽美

孙丽美，女，汉族，福建省霞浦县人，1977年5月出生，2010年7月加入中国共产党，生前系霞浦县松山街道古县村党支部书记，曾被评为宁德市优秀党务工作者、霞浦县“2020年度十佳村（社区）主干”等。作为村级组织带头人，她始终对党忠诚、任劳任怨、苦干实干，践行党的宗旨，当好群众的贴心人和主心骨，真心实意为群众办实事、谋福祉，赢得全村党员和群众的认可。2021年8月6日，在防抗台风“卢碧”中，她与省派驻村第一书记、包村干部、村委会主任4人对村内危险、低洼地段开展巡查，发现村后自然村金沙溪一处涵洞被毛竹、水草等杂物堵塞，快速上涨的水位严重威胁道路、水利设施以及农作物等的安全。她冲锋在前，不惧危险，带头站到涵桥上清理涵洞淤积物，不幸被洪水和淤积物卷走，因公殉职，年仅44周岁。

主要荣誉　2010年、2017年和2019年，孙丽美3次被评为乡镇“优秀共产党员”；2018年被评为霞浦县“优秀计生管理员”；2021年2月被霞浦县委、县政府评为“2020年度十佳村（社区）主干”；2021年6月被宁德市委授予“全市优秀党务工作者”称号。2021年8月6日，在防抗台风“卢碧”中，因公殉职。8月9日，被福建省妇联追授“福建省三八红旗手”称号；8月10日，中共宁德市委开展向孙丽美学习活动；8月17日，被中共福建省委追授“全省优秀共产党员”称号并开展向孙丽美学习活动；8月20日被全国妇联追授为“全国三八红旗手”称号；8月24日，

2021年11月16日，“以楷模为榜样，用奋斗写华章”——《“时代楷模”孙丽美》新书发布会在霞浦县古县村举行

（霞浦县政府办　供图）

被中共福建省委宣传部追授“八闽楷模”称号；8月26日，被中共中央宣传部追授“时代楷模”称号；9月1日，被福建省精神文明建设指导委员会授予“福建省道德模范”称号。

事迹报告会　2021年10月15日，宁德市委在三都澳大酒店举办孙丽美先进事迹宁德专场报告会。市委书记梁伟新，市委副书记、市长张永宁，市人大常委会党组书记王世雄，市政协党组书记兰斯琦；省委党史学习教育第五巡回指导组副组长陈培坚，省委宣传部宣传教育处副处长林涛；全体市委常委；市直单位党组（党委）和霞浦县有关负责人；蕉城区、东侨经济技术开发区党员干部代表；“两优一先”代表等约300人参加会议。会上，报告团成员8人用事例，从不同角度、不同层面，讲述孙丽美生前工作、生活。会前，省委宣传部及宁德市委、市政府领导还会见了报告团成员并合影。

展陈馆宣传和立碑纪念　2021年，宁德市在霞浦县松山街道古县村建设孙丽美事迹展陈馆，进一步宣传她的先进事迹和崇高精神，教育引导广大党员、干部以先进典型为榜样。保留村委会党群活动中心二层孙丽美生前办公场所，作为参观教育点；在三层会议室开辟“‘时代楷模’孙丽美事迹陈列馆”，以省委决定中的32字评价为指导，全面反映丽美精神。在孙丽美殉职地竖立纪念碑，介绍她生平及生前话语。在古县小学水井旁竖立纪念碑，由长方形和正方形两部分组成，长方形碑上刻“饮水思源——第一口水井给学校”，正方形碑上讲述“第一口水井给学校”的故事。

文学作品宣传　2021年12月，福建省文联、省作家协会、宁德市文联联合编印《留在村庄的名字：献给“时代楷模”孙丽美》一书，并由海峡文艺出版社出版。该书收录《生之光华　逝之绚烂》等纪实散文26篇、《放不下》等诗歌71篇，以文学形式宣传孙丽美的先进事迹和崇高精神，引导党员干部以“时代楷模”孙丽美为榜样，在全方位推进高质量发展超越、奋力谱写全面建设社会主义现代化国家福建篇章的新征途中建功立业。

（卢卫军）

国家级表彰

刘家富，宁德市水产技术推广站原站长、农业推广研究员，投身大黄鱼研究40余年，带领团队先后研究确立网箱和池塘养殖大黄鱼的技术与工艺，攻克大黄鱼全人工批量育苗技术，首创大黄鱼人工大规模繁养技术，把濒临枯竭的大黄鱼发展为全国最大规模养殖、全国八大优势出口水产品之一和产值超百亿元的农业主导产业，带动海上养殖、渔业加工、内外贸易等相关行业跨越发展，帮助30万名农村劳动力就业创业，创造经济、社会和生态效益。带领研发的大黄鱼人工繁养科研成果的运用，引领我国“第四次海水养殖浪潮”，试验场被评为国家星火计划科技成果转化中心，科研成果获全国“改革开放40周年渔业科技标志性成果”、列入福建60年重大科技成果、授权专利27项。2021年6月被中共中央授予“全国优秀共产党员”称号。

王周齐，福鼎市硖门畲族乡柏洋党委原书记，任村主于27年，带领畲汉党员群众推进造福工程易地扶贫搬迁，打造闽东首个村级工业小区，筹资3亿元兴建核电配套商营地、商务中心酒店以及柏洋新村、孝文化公园、文化礼堂、老人和谐公寓等公共设施，立足区位、资源优势发展特色农业和乡村旅游，带动村集体经济发展壮大和群众安居乐业，实现柏洋村的“三次转型、三次创业、三次跨越”。2009年10月1日，受邀参加新中国成立60周年阅兵观礼。2021年6月，被中共中央授予“全国优秀党务工作者”称号。

王绍据，中共宁德市委宣传部原副部长、《闽东日报》原总编辑、高级记者（退休），撰写“穷山村希望实行特殊政策治穷致富”的情况反映，投寄党中央机关报，于1984年6月24日由《人民日报》一版刊登，并配发“关怀贫困地区”的评论员文章，于1984年9月由中共中央、国务院关于开展扶贫的红头文件颁发。自反映贫困情况后的36年，到福鼎市赤溪村及下山溪自然村190余趟，徒步39趟（每趟往返要走106华里）。2次捐助1.2万元，为18名面临辍学的贫困孩子交缴学费。退休后投入脱贫攻坚，得到习近平总书记2016年2月19日在视频连线时的肯定和鼓励，称赞其为当地的“活字典”“活地图”。撰写《赤溪——中国扶贫第一村纪实》和《下党在向上》2部共25万字的扶贫专著；主编40万字的《滴水·筑梦》一书和20万字的《强村富民话白茶》。为全国各地到宁德学习取经的各种培训班、研修班开讲座186场次（含视频收看、听众共55万余人次）。到宁夏、陕西、内蒙古、贵州等深度贫困地区传播精准扶贫经验。2020年，争取300万元捐助款，筹建起“中国扶贫第一村展示馆”。2021年2月，被中共中央、国务院授予“全国脱贫攻坚先进个人”称号。

李丹舟（女），中共周宁县纯池镇委员会副书记、周宁县纯池镇人民政府镇长。就任七步镇后洋村挂村领导期间，她以黄振芳家庭林场为模板，探索出“林养、林种、林游”相结合的产业发展新路子，在周宁率先开展扶贫开发整村推进，力促立面改造、智慧农村、旅游集散中心、改水改厕试点示范等20余个基础设施项目的建设，推动牧业、铁皮石斛种植、林下养蜂、农家乐等产业项目的落地实施，为全村12户贫困户逐户量身制定脱贫增收计划。在她的推动下，该村从落后村成为全国闻名的“绿水青山就是金山银山”示范点，更为全省乃至全国村级发展提供新思路、新样板。2017年10月到县扶贫办工作，之后担任纯池镇乡镇长，始终奋战在脱贫攻坚、乡村振兴一线。2021年2月，被中共中央、国务院授予“全国脱贫攻坚先进个人”称号。

林寿敬，古田县城东街道利洋村党支部书记。长期担任古田县城东街道利洋村“两委”班子成员，自2018年7月担任党支部书记，致力于脱贫攻坚事业。在确保“两不愁三保障”基本条件下，制定精准帮扶措施。找准路子，增加村财收入。2年内筹措资金230万元，修建1000立方米的冷库出租，建设100千瓦扶贫光伏发电项目，修建占地3000平方米的水果市场、修整弃土场1公顷。村财收入由2017年4.6万元增加到2020年35万元。依托优势，发展特色产业。依托柿子产业，在全县率先成立由党支部领办的专业合作社，并担任理事长，连续2年举办柿子丰收节，在各类媒体上宣传推广利洋“炮弹”柿子，柿子每斤平均售价由2.5元提高到4.5元。2020年全村柿子销售额突破4500万元，户均收入10万元以上。注重民生，完善公共设施。两年内全村累计完成投资2500余万元，实施省级“美丽乡村”建设项目；开展城东街道污水处理项目利洋段工程建设；修建老年人日间照料中心、多功能运动场，以及1.88千米的环村道路、村民停车场等。2021年2月，被中共中央、国务院授予“全国脱贫攻坚先进个人”称号。

陈祥榕，（2001年12月–2020年6月）宁德市屏南县人，生前系中国人民解放军某部机械化步兵营战士。2021年6月，被中央军委评为“全军优秀共产党员”。2021年11月，被中央宣传部等6部门共同授予“第八届全国道德模范”。[生平事迹参见《宁德年鉴（2021）》]

（资料来源：市委组织部）

省部级表彰

杨　春，（1969年5月—2019年1月23日）生前系福建省宁德市公安局蕉城分局党委委员、副局长，一级警长，2021年11月被中央宣传部等6部门共同授予“第八届全国道德模范”提名奖。[生平事迹参见《宁德年鉴（2020）》]

雷奶连，宁德市公安局刑事侦查支队副支队长，2021年4月被公安部授予“全国公安系统二级英雄模范”称号。

陈　敏，宁德市公安局指挥情报中心副主任，2021年6月被公安部授予“个人一等功”。

陈　强，福安市公安局巡特警反恐大队大队长，2021年4月被公安部授予“全国公安机关扫黑除恶斗争突出个人”称号。

石尚方，周宁县公安局网络安全保卫大队大队长，2021年4月被公安部授予“全国公安机关扫黑除恶斗争突出个人”称号。

付　春，宁德市公安局刑事侦查支队严重罪案侦查大队大队长，2021年4月被公安部授予“全国公安机关扫黑除恶斗争突出个人”称号。

王　楷，宁德市公安局国内安全保卫支队四级警长，2021年9月被公安部授予“全国公安机关情报信息工作成绩突出个人”称号。

陈富强，宁德市中级人民法院民一庭副庭长、四级高级法官，2021年6月被最高人民法院授予“人民法院党建工作先进个人”称号。

李杨振，宁德市中级人民法院法警支队副政委，二级警长，2021年10月被最高人民法院授予“人民法院司法警察先进个人”称号。

周天景，宁德市农业农村局畜牧兽医科科长，2021年1月被农业农村部授予“农业农村系统抗击新冠肺炎疫情先进个人”称号。

许杨林，生前系周宁县公安局李墩派出所一级警员，2021年6月被福建省委追授许杨林“全省优秀共产党员”称号。

肖剑华，宁德市人民政府副秘书长、市人民政府办公室党组成员，2021年5月被省委、省政府授予“福建省脱贫攻坚先进个人”称号。

林洪章，宁德市扶贫开发领导小组办公室常务副主任、二级调研员，2021年5月被省委、省政府授予“福建省脱贫攻坚先进个人”称号。

张坤华，宁德市教师进修学院培训处主任、高级教师，2021年5月被省委、省政府授予“福建省脱贫攻坚先进个人”称号。

谢宗龙，宁德市住房和城乡建设局三级调研员，2021年5月被省委、省政府授予“福建省脱贫攻坚先进个人”称号。

黄　勤，宁德市财政局农业科科长、四级调研员，2021年5月被省委、省政府授予“福建省脱贫攻坚先进个人”称号。

夏　睿，宁德市农业农村局扶贫开发工作科科长、一级主任科员，2021年5月被省委、省政府授予“福建省脱贫攻坚先进个人”称号。

郑延芳，宁德市委改革办（政研室）财经科一级主任科员，2021年5月被省委、省政府授予“福建省脱贫攻坚先进个人”称号。

余献清，宁德市蕉城区农业农村局党组成员、副局长、二级主任科员，2021年5月被省委、省政府授予“福建省脱贫攻坚先进个人”称号。

陈李文，宁德市蕉城区霍童镇党委宣传委员、四级主任科员，2021年5月被省委、省政府授予“福建省脱贫攻坚先进个人”称号。

冯德长，宁德市蕉城区洋中镇党委委员、副镇长、四级主任科员，2021年5月被省委、省政府授予“福建省脱贫攻坚先进个人”称号。

钟雪珍（女），宁德市蕉城区漳湾镇人民政府副镇长，2021年5月被省委、省政府授予“福建省脱贫攻坚先进个人”称号。

马晓曦（女），宁德市蕉城区八都镇人民政府乡村振兴服务中心办公室副主任、九级职员，2021年5月被省委、省政府授予“福建省脱贫攻坚先进个人”称号。

詹荣寿，宁德市蕉城区洋中镇利洋村党支部书记，2021年5月被省委、省政府授予“福建省脱贫攻坚先进个人”称号。

俞仰林，古田县人民政府副县长，2021年5月被省委、省政府授予“福建省脱贫攻坚先进个人”称号。

许巧清，古田县凤埔乡党委书记，2021年5月被省委、省政府授予“福建省脱贫攻坚先进个人”称号。

江希桃，古田县凤都镇际面村党支部书记、村民委员会主任，2021年5月被省委、省政府授予“福建省脱贫攻坚先进个人”称号。

李应团，古田县泮洋乡人民政府副乡长、三级主任科员，2021年5月被省委、省政府授予“福建省脱贫攻坚先进个人”称号。

叶丽斌（女），古田县水口镇溪岚村党支部书记，2021年5月被省委、省政府授予“福建省脱贫攻坚先进个人”称号。

余　梓，古田县委组织部副部长、三级主任科员，2021年5月被省委、省政府授予“福建省脱贫攻坚先进个人”称号。

薛世兴，屏南县人民政府副县长，2021年5月被省委、省政府授予“福建省脱贫攻坚先进个人”称号。

张伟健，屏南县农业技术和农村产业发展中心经济师，2021年5月被省委、省政府授予“福建省脱贫攻坚先进个人”称号。

李　梁，屏南县双溪镇党委书记、一级主任科员，2021年5月被省委、省政府授予“福建省脱贫攻坚先进个人”称号。

魏绍杨，屏南县岭下乡党委委员、乡人大主席，2021年5月被省委、省政府授予“福建省脱贫攻坚先进个人”称号。

甘乾居，屏南县甘棠乡小梨洋村党支部书记、村民委员会主任，2021年5月被省委、省政府授予“福建省脱贫攻坚先进个人”称号。

吴荣涛，屏南县屏城乡人民政府干部，2021年5月被省委、省政府授予“福建省脱贫攻坚先进个人”称号。

郑乃观，屏南县代溪镇康里村村民，2021年5月被省委、省政府授予“福建省脱贫攻坚先进个人”称号。

黄桂诚，周宁县委副书记、县长，2021年5月被省委、省政府授予“福建省脱贫攻坚先进个人”称号。

章登文，周宁县扶贫开发领导小组办公室常务副主任、周宁县行政服务中心管理委员会副主任、二级主任科员，2021年5月被省委、省政府授予“福建省脱贫攻坚先进个人”称号。

阮克俭，周宁县七步镇人民政府一级主任科员，2021年5月被省委、省政府授予“福建省脱贫攻坚先进个人”称号。

叶绍滨，周宁县纯池镇人民政府副镇长，2021年5月被省委、省政府授予“福建省脱贫攻坚先进个人”称号。

苏文达，周宁县七步镇苏家山村党支部书记、村民委员会主任，2021年5月被省委、省政府授予“福建省脱贫攻坚先进个人”称号。

黄　霖，周宁县农村信用合作联社纯池信用社副主任，经济师，2021年5月被省委、省政府授予“福建省脱贫攻坚先进个人”称号。

吴　烽，寿宁县委办公室副主任、二级主任科员，2021年5月被省委、省政府授予“福建省脱贫攻坚先进个人”称号。

刘新秀（女），寿宁县人民政府副县长，2021年5月被省委、省政府授予“福建省脱贫攻坚先进个人”称号。

刘明华，寿宁县下党乡党委原副书记，2021年5月被省委、省政府授予“福建省脱贫攻坚先进个人”称号。

卢允福，福建永和春农业综合发展有限公司董事长，2021年5月被省委、省政府授予“福建省脱贫攻坚先进个人”称号。

范学强，寿宁县武曲镇承天村党支部书记，2021年5月被省委、省政府授予“福建省脱贫攻坚先进个人”称号。

兰长付，寿宁县华富家禽养殖专业合作社理事长，2021年5月被省委、省政府授予“福建省脱贫攻坚先进个人”称号。

林志生，福安市委副书记，2021年5月被省委、省政府授予“福建省脱贫攻坚先进个人”称号。

占　斌，福安市溪柄镇人民政府副镇长，2021年5月被省委、省政府授予“福建省脱贫攻坚先进个人”称号。

姜海洪，青拓集团有限公司董事长，2021年5月被省委、省政府授予“福建省脱贫攻坚先进个人”称号。

江宽全，福安市溪尾镇溪邳村党总支书记，2021年5月被省委、省政府授予“福建省脱贫攻坚先进个人”称号。

陈国荣，福安市城阳卫生院院长，执业医师，2021年5月被省委、省政府授予“福建省脱贫攻坚先进个人”称号。

刘晓曦（女），福安市赛岐镇人民政府专技十三级，2021年5月被省委、省政府授予“福建省脱贫攻坚先进个人”称号。

雷祖铃，柘荣县委副书记、县长，2021年5月被省委、省政府授予“福建省脱贫攻坚先进个人”称号。

林康祥，柘荣县扶贫开发领导小组办公室主任、二级主任科员，2021年5月被省委、省政府授予“福建省脱贫攻坚先进个人”称号。

吴福惠，柘荣县城郊乡党委书记，2021年5月被省委、省政府授予“福建省脱贫攻坚先进个人”称号。

林自发，柘荣县英山乡半岭村党支部书记、村民委员会主任，2021年5月被省委、省政府授予“福建省脱贫攻坚先进个人”称号。

郑盛国，柘荣县英山乡人民政府副乡长，2021年5月被省委、省政府授予“福建省脱贫攻坚先进个人”称号。

滕建军，福鼎市扶贫开发领导小组办公室主任、四级调研员，2021年5月被省委、省政府授予“福建省脱贫攻坚先进个人”称号。

许　平，福鼎市管阳镇党委书记，2021年5月被省委、省政府授予“福建省脱贫攻坚先进个人”称号。

林泽然，福鼎市溪美学校党支部书记、校长，高级教师，2021年5月被省委、省政府授予“福建省脱贫攻坚先进个人”称号。

丁国龙，国网福建省电力有限公司福鼎市供电公司太姥山镇供电所高级工，2021年5月被省委、省政府授予“福建省脱贫攻坚先进个人”称号。

蔡佳喜，福鼎市白琳镇翁江村党支部书记，2021年5月被省委、省政府授予“福建省脱贫攻坚先进个人”称号。

叶其韦，霞浦县扶贫开发领导小组办公室主任、一级主任科员，2021年5月被省委、省政府授予“福建省脱贫攻坚先进个人”称号。

叶小舜，霞浦县松港街道党工委书记，2021年5月被省委、省政府授予“福建省脱贫攻坚先进个人”称号。

陈　墨，霞浦县水门畲族乡党委委员、乡人大主席、二级主任科员，2021年5月被省委、省政府授予“福建省脱贫攻坚先进个人”称号。

叶远敏，霞浦县人民政府松山街道办事处水利工作站负责人，工程师，2021年5月被省委、省政府授予“福建省脱贫攻坚先进个人”称号。

张　艳（女），霞浦县牙城镇妇联主席、一级科员，2021年5月被省委、省政府授予“福建省脱贫攻坚先进个人”称号。

游陈婷（女），宁德市海洋与渔业执法支队直属大队大队长、二级主任科员，2021年5月被省委、省政府授予“福建省脱贫攻坚先进个人”称号。

阮良文，国家税务总局宁德市蕉城区税务局金涵税务分局党支部书记、分局局长，2021年6月被中共福建省委授予“全省优秀党务工作者”称号。

林龙智，宁德市蕉城区蕉南街道党工委副书记，2021年6月被中共福建省委授予“全省优秀党务工作者”称号。

陆开强，福建省委政法委派驻古田县城东街道利洋村党支部第一书记，2021年6月被中共福建省委授予“全省优秀党务工作者”称号。

陈昱晨，宁德市古田县委组织部常务副部长，2021年6月被中共福建省委授予“全省优秀党务工作者”称号。

陈　娟（女），宁德市屏南县代溪镇党委书记，2021年6月被中共福建省委授予“全省优秀党务工作者”称号。

苏文达，宁德市周宁县七步镇苏家山村党支部书记、村委会主任，2021年6月被中共福建省委授予“全省优秀党务工作者”称号。

连德仁，宁德市寿宁县离退休干部党支部书记、寿宁县委原调研员，2021年6月被中共福建省委授予“全省优秀党务工作者”称号。

郑月娥（女），宁德市福安市下白石镇党委一级科员、下岐村党支部书记，2021年6月被中共福建省委授予“全省优秀党务工作者”称号。

钟盛江，青拓集团有限公司党委书记、行政总经理、工会主席，2021年6月被中共福建省委授予“全省优秀党务工作者”称号。

章吓城，宁德市柘荣县英山乡上宅村党支部书记、村委会主任，2021年6月被中共福建省委授予“全省优秀党务工作者”称号。

薛成旭，宁德市福鼎市委组织部常务副部长、市公务员局局长（兼）、四级调研员，2021年6月被中共福建省委授予“全省优秀党务工作者”称号。

郑向英（女），宁德市福鼎市桐城街道富民社区党委副书记，2021年6月被中共福建省委授予“全省优秀党务工作者”称号。

雷陈珠（女），宁德市霞浦县水门畲族乡半岭村党支部书记，全国青联委员团省委常委（兼职），2021年6月被中共福建省委授予"全省优秀党务工作者"称号。

吴德枝，宁德市霞浦县溪南镇溪尾村党支部书记、村委会主任，2021年6月被中共福建省委授予"全省优秀党务工作者"称号。

郑春源，安发（福建）生物科技有限公司党支部书记、项目总监、科创中心主任，2021年6月被中共福建省委授予"全省优秀党务工作者"称号。

李　旋，宁德市闽东医院党委书记，主任医师，2021年6月被中共福建省委授予"全省优秀党务工作者"称号。

王卓韬，福建大唐国际宁德发电有限责任公司党群党支部书记、党群工作部主任，2021年6月被中共福建省委授予"全省优秀党务工作者"称号。

彭明河，宁德一中党委纪委委员、第二党支部书记、教务处主任，2021年6月被中共福建省委授予"全省优秀党务工作者"称号。

钟乃安，宁德市民族与宗教事务局党组书记、局长，2021年10月被省政府授予"福建省民族团结进步模范个人"称号。

陈言足，中共宁德市委统战部民宗科科长，2021年10月被省政府授予"福建省民族团结进步模范个人"称号。

雷胜辉，宁德市畲族歌舞艺术传承中心副主任，2021年10月被省政府授予"福建省民族团结进步模范个人"称号。

蓝水禄，蕉城区民族与宗教事务局党组书记、局长，2021年10月被省政府授予"福建省民族团结进步模范个人"称号。

雷金玉（女），福安市坂中畲族乡后门坪村党支部书记，2021年10月被省政府授予"福建省民族团结进步模范个人"称号。

陈川海，中共柘荣县宅中乡委员会政法委员，2021年10月被省政府授予"福建省民族团结进步模范个人"称号。

雷忠新，宁德畲韵红茶业有限公司总经理，2021年10月被省政府授予"福建省民族团结进步模范个人"称号。

张森海，福建省民族宗教研究所助理研究员，2021年10月被省政府授予"福建省民族团结进步模范个人"称号。

（资料来源：市委组织部　市人社局　市公安局　市法院　市农业农村局）

先进集体

国家级表彰

中共福建省寿宁县下党乡委员会，2021年2月被中共中央、国务院授予"全国脱贫攻坚楷模"称号。

宁德市扶贫开发领导小组办公室，2021年2月被中共中央、国务院授予"全国脱贫攻坚先进集体"称号。

（资料来源：市委组织部）

省部级表彰

周宁县扶贫开发领导小组办公室，2021年6月被国家乡村振兴局、人社部授予"全国乡村振兴（扶贫）系统先进集体"称号。

宁德时代新型锂电池开发及应用创新团队，2021年10月被中共中央组织部、中共中央宣传部、人力资源和社会保障部、科技部授予"第六届全国专业技术人才先进集体"称号。

中共柘荣县委老干部局，2021年12月被中共中央组织部、人力资源和社会保障部授予"全国老干部工作先进集体"称号。

福建省福安市妇女联合会，2021年12月被全国妇联、人力资源和社会保障部授予"全国妇联系统先进集体"称号。

宁德市蕉城区人民检察院，2021年12月被平安中国建设协调小组、人力资源和社会保障部授予"平安中国建设先进集体"称号。

宁德市劳动保障监察支队，2021年12月被国务院治欠工作领导小组授予"全国根治拖欠农民工工资工作先进集体"称号。

宁德市妇联，2021年3月被全国妇联授予"全国根治拖欠农民工工资工作先进集体"称号。

寿宁电信区域维护站，2021年4月被中华全国总工会办公厅授予"全国工人先锋号"称号。

宁德时代新型锂电池开发及应用创新团队，2021年10月被中组部、中宣部、人社部、科技部主办的第六届全国杰出专业技术人才表彰会授予"全国专业技术人才先进集体"称号。

宁德市委组织部，2021年5月被授予"福建省脱贫攻坚先进集体"称号。

宁德市纪委监委党风政风监督室，2021年5月被省委、省政府授予"福建省脱贫攻坚先进集体"称号。

宁德市人力资源和社会保障局，2021年5月被省委、省政府授予"福建省脱贫攻坚先进集体"称号。

宁德市医疗保障局，2021年5月被省委、省政府授予"福建省脱贫攻坚先进集体"称号。

蕉城区赤溪镇人民政府民政办公室，2021年5月被省委、省政府授予"福建省脱贫攻坚先进集体"称号。

蕉城区虎贝镇党委，2021年5月被省委、省政府授予“福建省脱贫攻坚先进集体”称号。

古田县农业农村局，2021年5月被省委、省政府授予“福建省脱贫攻坚先进集体”称号。

古田县大甲镇党委，2021年5月被省委、省政府授予“福建省脱贫攻坚先进集体”称号。

古田县城西街道罗峰村党总支，2021年5月被省委、省政府授予“福建省脱贫攻坚先进集体”称号。

屏南县扶贫开发领导小组办公室，2021年5月被省委、省政府授予“福建省脱贫攻坚先进集体”称号。

屏南县路下乡党委，2021年5月被省委、省政府授予“福建省脱贫攻坚先进集体”称号。

屏南县熙岭乡龙潭村村民委员会，2021年5月被省委、省政府授予“福建省脱贫攻坚先进集体”称号。

周宁县财政局，2021年5月被省委、省政府授予“福建省脱贫攻坚先进集体”称号。

周宁县李墩镇党委，2021年5月被省委、省政府授予“福建省脱贫攻坚先进集体”称号。

周宁县玛坑乡首章村村民委员会，2021年5月被省委、省政府授予“福建省脱贫攻坚先进集体”称号。

寿宁县农业农村局，2021年5月被省委、省政府授予“福建省脱贫攻坚先进集体”称号。

三祥新材股份有限公司，2021年5月被省委、省政府授予“福建省脱贫攻坚先进集体”称号。

福建下乡的味道电子商务有限公司，2021年5月被省委、省政府授予“福建省脱贫攻坚先进集体”称号。

福安市穆云畲族乡党委，2021年5月被省委、省政府授予“福建省脱贫攻坚先进集体”称号。

福安市范坑乡毛家坪村党支部，2021年5月被省委、省政府授予“福建省脱贫攻坚先进集体”称号。

柘荣县农业农村局，2021年5月被省委、省政府授予“福建省脱贫攻坚先进集体”称号。

柘荣县东源卫生院，2021年5月被省委、省政府授予“福建省脱贫攻坚先进集体”称号。

柘荣县乍洋乡党委，2021年5月被省委、省政府授予“福建省脱贫攻坚先进集体”称号。

福鼎市点头镇党委，2021年5月被省委、省政府授予“福建省脱贫攻坚先进集体”称号。

福鼎市硒溪镇赤溪村党总支，2021年5月被省委、省政府授予“福建省脱贫攻坚先进集体”称号。

霞浦县农业农村局，2021年5月被省委、省政府授予“福建省脱贫攻坚先进集体”称号。

霞浦县农村信用合作联社崇儒畲族乡信用社，2021年5月被省委、省政府授予“福建省脱贫攻坚先进集体”称号。

霞浦县三沙镇党委，2021年5月被省委、省政府授予“福建省脱贫攻坚先进集体”称号。

古田县平湖镇富达村民委员会，2021年10月被省政府授予“福建省民族团结进步模范集体”称号。

闽东畲族革命纪念馆，2021年10月被省政府授予“福建省民族团结进步模范集体”称号。

霞浦县崇儒畲族乡人民政府，2021年10月被省政府授予“福建省民族团结进步模范集体”称号。

福鼎市佳阳畲族乡人民政府，2021年10月被省政府授予“福建省民族团结进步模范集体”称号。

中共福安市委统战部，2021年10月被省政府授予“福建省民族团结进步模范集体”称号。

中共宁德市委组织部，2021年10月被省政府授予“福建省民族团结进步模范集体”称号。

中共宁德新能源科技有限公司委员会，2021年6月被中共福建省委授予“全省先进基层党组织”称号。

中共宁德市蕉城区人民检察院机关委员会，2021年6月被中共福建省委授予“全省先进基层党组织”称号。

中共宁德市蕉城区蕉北街道鹤峰社区总支部委员会，2021年6月被中共福建省委授予“全省先进基层党组织”称号。

中共宁德市蕉城区八都镇溪池村支部委员会，2021年6月被中共福建省委授予“全省先进基层党组织”称号。

中共古田县凤埔乡苏墩村支部委员会，2021年6月被中共福建省委授予“全省先进基层党组织”称号。

中共古田县吉巷乡坂中村支部委员会，2021年6月被中共福建省委授予“全省先进基层党组织”称号。

中共古田县现代社会工作服务中心支部，2021年6月被中共福建省委授予“全省先进基层党组织”称号。

中共屏南县人民检察院机关总支部委员会，2021年6月被中共福建省委授予“全省先进基层党组织”称号。

中共屏南县熙岭乡龙潭村支部委员会，2021年6月被中共福建省委授予“全省先进基层党组织”称号。

中共福建大创水电集团有限公司总支部委员会，2021年6月被中共福建省委授予“全省先进基层党组织”称号。

中共周宁县泗桥乡坂坑村支部委员会，2021年6月被中共福建省委授予“全省先进基层党组织”称号。

中共周宁县狮城镇中兴社区委员会，2021年6月被中共福建省委授予“全省先进基层党组织”称号。

中共周宁县实验小学支部委员会，2021年6月被中共福建省委授予“全省先进基层党组织”称号。

中共寿宁县公安局下党派出所支部，2021年6月被中共福建省委授予“全省先进基层党组织”称号。

中共寿宁县实验幼儿园支部委员会，2021年6月被中共福建省委授予“全省先进基层党组织”称号。

中共寿宁县鳌阳镇敖东社区总支部委员会，2021年6月被中共福建省委授予“全省先进基层党组织”称号。

中共福安市穆云畲族乡委员会，2021年6月被中共福建省委授予“全省先进基层党组织”称号。

中共福安市潭头镇南岩村支部委员会，2021年6月被中共福建省委授予“全省先进基层党组织”称号。

中共福安市公安局第二支部委员会，2021年6月被中共福建省委授予“全省先进基层党组织”称号。

中共柘荣县乍洋乡溪口村支部委员会，2021年6月被中共福建省委授予“全省先进基层党组织”称号。

中共福建融盛食品有限公司支部，2021年6月被中共福建省委授予“全省先进基层党组织”称号。

中共福鼎市桐城街道天湖社区总支部委员会，2021年6月被中共福建省委授予“全省先进基层党组织”称号。

中共福建福鼎恒兴村镇银行股份有限公司支部委员会，2021年6月被中共福建省委授予“全省先进基层党组织”称号。

中共福鼎市农业农村局委员会，2021年6月被中共福建省委授予“全省先进基层党组织”称号。

中共霞浦县松港街道东昇社区支部委员会，2021年6月被中共福建省委授予“全省先进基层党组织”称号。

中共霞浦县三沙镇东山村支部委员会，2021年6月被中共福建省委授予“全省先进基层党组织”称号。

中共霞浦县公安局出入境管理大队支部委员会，2021年6月被中共福建省委授予“全省先进基层党组织”称号。

中共霞浦县第二小学支部委员会，2021年6月被中共福建省委授予“全省先进基层党组织”称号。

中共宁德市公安局大门山派出所支部委员会，2021年6月被中共福建省委授予“全省先进基层党组织”称号。

中共宁德市委办公室机关委员会，2021年6月被中共福建省委授予“全省先进基层党组织”称号。

中共上海汽车集团股份有限公司乘用车福建分公司委员会，2021年6月被中共福建省委授予“全省先进基层党组织”称号。

中共宁德市公安局指挥情报中心支部委员会，2021年6月被中共福建省委授予“全省先进基层党组织”称号。

中共福建广播电视大学宁德分校委员会，2021年6月被中共福建省委授予“全省先进基层党组织”称号。

中共宁德师范学院附属宁德市医院第十二支部委员会，2021年6月被中共福建省委授予“全省先进基层党组织”称号。

中共福建省金泰康乐养老服务有限公司支部委员会，2021年6月被中共福建省委授予“全省先进基层党组织”称号。

（资料来源：市委组织部　市人社局　市总工会　市妇联）

附　录

2021年宁德市组织机构及负责人名录

中共宁德市委

书　记　郭锡文（至2021年5月）
梁伟新（2021年6月任）
副书记　张永宁（2021年6月任）
曾智勇（至2021年8月）
杨　方（2021年8月任）
常　委　陈力达（至2021年1月）
陈其春（至2021年9月）
王世雄（至2021年8月）
谢再春（至2021年8月）
郭学斌（至2021年4月）
严志铭（2021年1—12月）
强　军（2021年4—8月）
邓伟斌（2021年12月任）
陈　惠（2021年6月任）
黄国璋（2021年8月任）
毛祚松（2021年8月任）
李　彦（2021年8月任）
徐仁贵（2021年11月任）
一级巡视员　陈其春
秘书长　陈其春（至2021年9月）
副秘书长　詹少铃（至2021年9月）
邵明松（2021年9月任）
何光武（至2021年9月）
陈丽娜（至2021年9月）
陈贵裕（2021年12月任）
范东锋
康建坂（2021年9月任）
黄　凌（2021年8月任）

宁德市委工作机构及部门管理机构

市委办公室

主　任　詹少铃（至2021年9月）
邵明松（2021年9月任）
纪检监察组组长
陈集水
室务会成员　郑　伟（2021年12月任）
副主任　宋　捷
孙清宝
殷延智
刘　新
纪检监察组常务副组长
周卫星
二级调研员　康建坂
四级调研员　杨水明
陈凤英

市委组织部

部　长　郭学斌（至2021年4月）
陈　惠（2021年6月任）
常务副部长　刘正宇
副部长　黄　昉（至2021年11月）
吴剑平
王美苗（至2021年7月）
陈丽娜（2021年11月任）
金斌华
陈梅仔（2021年3月任）
连俊成（2021年10月任）
纪检监察组组长
姚剩勇
市委非公企业和社会组织工委专职副书记　陈梅仔
纪检监察组常务副组长
张　莉
二级调研员　高宇耕（至2021年3月）

市委宣传部

部　长　谢再春（至2021年9月）
李　彦（2021年9月任）
常务副部长　张蕉生（至2021年8月）
蔡道华（2021年9月任）
副部长　黄其辉（2021年11月任）

张　彪
许　锋（至2021年6月）
郑　健
陈向汉（2021年11月任）
余　桑（2021年9月任）
刘一宁（挂职）
纪检监察组组长
叶孙祥
纪检监察组常务副组长
王　宇
一级调研员　张蕉生（2021年8月任）
二级调研员　郑　峰
四级调研员　廖南福
黄秀拱

市委统战部

部　长　杨　方（至2021年8月）
毛祚松（2021年8月任）
常务副部长　吴会旺
副部长　徐燕蕴
刘金香
林　薇（至2021年8月）
部务会成员　何孟宣
纪检监察组组长
雷　冲
纪检监察组常务副组长
凌　平
二级巡视员　刘才弟（至2021年12月）
二级调研员　刘金香
陈　健
四级调研员　夏　敏
缪明理

市委政法委

书　记　王世雄（至2021年8月）
黄国璋（2021年8月任）
常务副书记　黄孝清（至2021年9月）
朱建波（2021年9月任）
副书记　陈明文（至2021年12月）
雷建云
蔡　斌
纪检监察组组长
付佛弟
政治部主任　周志明
委务会成员　李炳伟
一级调研员　黄孝清（2021年9月任）
肖惠明
四级调研员　刘相先
李慧琴
纪检监察组四级调研员
王述利

市委改革办（政研室）

改革办主任　陈其春（至2021年9月）
常务副主任（政研室主任）
詹少铃（至2021年3月）
何光武（2021年3—9月）
范东锋（2021年9月任）
副主任　黄荣峰
黄建才

市委网信办

主　任　许　锋（至2021年6月）
陈向汉（2021年11月任）
副主任　林华锋（至2021年12月）
叶凌燕（至2021年7月）
陈良生（2021年8月任）

市委编办

主　任　黄　昉（至2021年9月）
陈丽娜（2021年9月任）
副主任　缪欣欣
叶长春
一级调研员　黄　昉（2021年9月任）
二级调研员　何　强
四级调研员　李帮金

市委（市政府）台港澳办

主　任　林岩峰（至2021年11月）
郑铁军（2021年11月任）
副主任　陈志强
冯　华
三级调研员　黄林文
四级调研员　李建新
周金保
黄积旺

市委市直机关工委

书　记　曾智勇（至2021年8月）
杨　方（2021年8月任）
常务副书记　王　青
副书记　叶忠强
委　员　陈赛英
陈琼芳
张林海
二级巡视员　汤自斌
一级调研员　苏树波（至2021年4月）
四级调研员　林金川
王建勇
市直机关纪检监察工委书记
陈琼芳

市委巡察办

主　任　曹清福
正处级巡察专员
陈作春
林玉华
郑立松
郑瑞章
副主任　张　沂
陈天明
副处级巡察专员
吴关健
林　森（至2021年7月）
王锦锋
叶细玉
四级调研员　梅乐冰

市委老干部局

局　长　吴剑平
副局长　张小良
林高顺
四级调研员　汤立志
陈再强

市委文明办

主　任　张　彪
副主任　陈劲松
陈　武
室务会成员　王　智
二级调研员　王怀宇（至2021年11月）
王　智
三级调研员　黄晓红
四级调研员　李　杰

市委党史和地方志研究室

主　任　吴乃意
副主任　许立峰
郑建新
何　钊
三级调研员　韩筱芳
四级调研员　宁成杰

市档案馆

馆　长　郑　伟
副馆长　王高勇
陈久诚（至2021年10月）
三级调研员　陈久诚（2021年10月任）
四级调研员　叶召法

市委离退休干部党工委

书　记　吴剑平
专职副书记　陈德明

市委党校（市社会主义学院、市行政学院）

市委党校

校　长　郭学斌（至2021年4月）
　　陈　惠（2021年6月任）
常务副校长　李伏养
副校长　黄　雄
　　黄少浩
　　陈细生
校务会委员　吴燕波
　　陈妙光
二级调研员　吴燕波
三级调研员　肖盈福
四级调研员　陈妙光
　　刘　捷
　　李　伟

市社会主义学院

院　长　杨　方（至2021年8月）
　　毛祚松（2021年8月任）
常务副院长　李伏养
副院长　徐燕蕴
　　陈仕嵩
　　黄　雄
　　黄少浩
　　陈细生

市行政学院

院　长　郭学斌（至2021年4月）
　　陈　惠（2021年6月任）
常务副院长　李伏养
副院长　黄　雄
　　黄少浩
　　陈细生

市老年大学

专职副校长　陈金平

市委讲师团

团　长　余　桑（至2021年9月）
　　陈庆义（2021年12月任）
四级调研员　阙克雄

市文化传媒集团（闽东日报社）

董事长（社长）
　　郑　健
总编辑　郑家志
副总编辑　陈　力
　　郑承东
纪委书记监察专员
　　陈丽银

市事业单位登记管理局

局　长　黄声鎓

宁德市人大常委会

党组书记　金　敏（至2021年8月）
　　王世雄（2021年8月任）
主　任　金　敏（至2021年10月）
副主任　许青云
　　雷维善
　　刘信华
　　冯桂华
　　陈　梅
　　章允斌
一级巡视员　许青云
秘书长　刘振辉（2021年1月任）
副秘书长　刘建忠
　　李夏珍

宁德市人大常委会机关

市人大法制委

主任委员　冯桂华
副主任委员　阮炜炜

市人大社会建设委

主任委员　章允斌
副主任委员　石求鸿
　　李夏珍

市人大监察和司法委

主任委员　冯桂华
副主任委员　刘善长（至2021年3月）

市人大财政经济委

主任委员　刘信华
副主任委员　陈清田（至2021年8月）

机关党组

机关党组书记
　　刘振辉
副书记　陈　萍
党组成员　姚巧珍（至2021年12月）
　　苏　晨（2021年8月任）
　　李荣春（2021年8月任）
　　陈少辉（2021年11月任）
　　李　芳（至2021年10月）
　　刘建忠
一级调研员　刘振辉（2021年9月任）

机关党委

专职副书记　姚巧珍（至2021年12月）
　　陈少辉（2021年11月任）
四级调研员　何新光

办公室

主　任　陈　萍
副主任　吴泽金（至2021年12月）
　　邱金通（至2021年11月）
三级调研员　邱金通（2021年11月任）
四级调研员　谢文清
　　朱祖谊

研究室

主　任　陈龙营（至2021年7月）
　　吴泽金（2021年12月任）
副主任　陈少辉（至2021年11月）

人事代表工作室

主　任　吴群英
副主任　叶锦英
二级调研员　肖伙雄（至2021年3月）

监察和司法工委

主　任　刘善长（至2021年3月）
　　陈明文（2021年12月任）
副主任　林小华（至2021年11月）
三级调研员　林小华（2021年11月任）

农经工委

主　任　苏　晨
副主任　李　华

财经工委

主　任　陈清田（至2021年8月）
　　柳承忠（2021年12月任）
副主任　温登峰
一级调研员　陈清田（2021年8月任）

教科文卫工委

主　任　王友盛（至2021年8月）
　　王昌清（2021年9月任）
副主任　童琳玲
一级调研员　邢雅惠（至2021年1月）
　　王友盛（2021年8月任）

王昌清

民族华侨台胞工委

主　任　　蓝新华（至2021年8月）
　　　　　姚巧珍（2021年12月任）
副主任　　陈凌锋
一级调研员　蓝新华（2021年8月任）

环境与城建工委

主　任　　李荣春
副主任　　郑慧玫

法制工委

主　任　　阮炜炜
副主任　　刘　智

纪检监察组

组　长　　李　芳（至2021年10月）
常务副组长　王旭春（至2021年11月）
三级调研员　李　芳（2021年10月任）

宁德市人民政府

市　长　　梁伟新（至2021年6月）
　　　　　张永宁（2021年6月任）
副市长　　黄建龙
　　　　　黄国璋（至2021年8月）
　　　　　胡　楠
　　　　　毛祚松（至2021年8月）
　　　　　陈　怡（2021年8月任）
　　　　　叶其发（2021年1月任）
　　　　　包江苏（2021年9月任）
　　　　　刘笃凡（2021年8月任）
党组成员　强　军（至2021年4月）
　　　　　张　雄
秘书长　　张　雄（至2021年9月）
　　　　　詹少铃（2021年9月任）
副秘书长　邵明松（至2021年9月）
　　　　　郭伟民（兼）
　　　　　孙志姝
　　　　　周乃松（至2021年6月）
　　　　　叶　剑（2021年9月任）
　　　　　毛连平
　　　　　谢嘉林
　　　　　黄海峰（至2021年9月）
　　　　　肖剑华（至2021年9月）
　　　　　张宇飞（至2021年3月）
　　　　　张为声（2021年11月任）
　　　　　游连斌（2021年11月任）

宁德市政府组成部门

市政府办公室

党组书记　张　雄（至2021年9月）
　　　　　詹少铃（2021年9月任）
主　任　　邵明松（至2021年9月）
纪检监察组组长
　　　　　林礼铣（至2021年10月）
纪检监察组三级调研员
　　　　　林礼铣（2021年10月任）
副主任　　周寿树（至2021年12月）
　　　　　张为声（至2021年11月）
　　　　　游连斌（至2021年11月）
　　　　　陈志勇
　　　　　许　平（2021年8月任）
　　　　　章　鸿（2021年12月任）
党组成员　吴良锋
纪检监察组常务副组长
　　　　　吴艳霞
一级调研员　游文清
二级调研员　陈玲波
　　　　　陈春耀
　　　　　周秀芬
四级调研员　吴黎顺
　　　　　董玉华

市发展和改革委员会

主　任　　林　青（至2021年9月）
　　　　　黄海峰（2021年9月任）
纪检监察组组长
　　　　　周　杰（至2021年10月）
纪检监察组组长、三级调研员
　　　　　周　杰（2021年10月任）
副主任　　许春林
　　　　　洪　荣（至2021年7月）
　　　　　杨财华（2021年8月任）
　　　　　程伟斌
　　　　　王艺淋
党组成员　阮慧斌
　　　　　黄　涛（2021年8月任）
二级调研员　江祖斌
　　　　　阮慧斌
三级调研员　林文腾
　　　　　杨与建
　　　　　陈国秋（2021年10月任）
四级调研员　罗思章
　　　　　张连水
　　　　　钟乃荣

市教育局（市委教育工委）

局　长（教育工委书记）
　　　　　赵榕生（至2021年9月）
　　　　　郭海鸣（2021年9月任）
教育工委副书
　　　　　连　坚
教育工委委员
　　　　　叶祖庚
副局长　　陈建华（至2021年12月）
　　　　　陈寿清（至2021年8月）
　　　　　林　强
　　　　　杨日福（2021年11月任）
党组成员、教育工会主席
　　　　　颜昭明
纪检监察组常务副组长
　　　　　朱祖斌
纪检监察组二级调研员
　　　　　陈声蒙
一级调研员　赵榕生（2021年8月任）
二级调研员　黄　斌
　　　　　王承挺
三级调研员　陈寿清（2021年8月任）
四级调研员　叶家林
市政府教育督导室副主任
　　　　　林宜祥

市科学技术局

局　长　　颜谋元
副局长　　曹春泽
　　　　　冯宏达
正处长级干部
　　　　　陈茂榕
一级调研员　冯　坚
四级调研员　李连楷
　　　　　张少强

市工业和信息化局

党组书记　徐光忠（至2021年9月）
　　　　　韦芝富（2021年9月任）
局　长　　徐光忠
党组成员　林　健（至2021年8月）
　　　　　姜奇忠
副局长　　陈小平
　　　　　陈　昀
　　　　　陈长串
　　　　　王　振
总工程师　张　辉
纪检监察组组长
　　　　　章　彤
纪检监察组常务副组长

黄声辉
二级调研员　姜奇忠
黄仕华
李阿待
缪明华
四级调研员　卢必德
谢国强

市民族与宗教事务局
局　长　钟乃安
副局长　雷　明
郑朝寿
蒋　洲
二级调研员　苏祥辉
四级调研员　韦　希
詹林主

市公安局
局　长　胡　楠
党委副书记　喻守强
阮细章
黄经禄
党委委员　蔡立新
杨声鸣
副局长（负责日常工作）
喻守强
副局长　阮细章
钱昌平
颜细斌
纪检监察组组长、二级调研员
包文俏
政治部主任　叶振华
纪检监察组常务副组长
李道勤
一级高级警长
吕　辉
二级高级警长
马振栋
胡建军
陈恒裕
颜祥炎
张军宁
李　坚
黄联禄
杨美月（2021年10月任）
三级高级警长
王维成
洪知远
郭世虎
吴银生
四级高级警长
郑允荣
罗忠侃
办公室
主　任　郭松峰
国保支队
支队长　田小榕
政　委　林书良
技术侦察支队
支队长　郭华弟
政　委　巫俊华
刑事侦查支队
支队长　王和衢
政　委　吴志强
巡特警支队
支队长　刘少光
政　委　郑祥宁
二级高级警长
吴振春
交通警察支队
支队长　叶　剑（至2021年9月）
政　委　何如坚
治安管理支队
支队长　张　辉
政　委　林树光
三级高级警长
林德平（2021年9月任）
禁毒支队
支队长　陈　光
政　委　陈鸿斌
网络安全保卫支队
支队长　冯作忠
政　委　林宇宾
指挥情报中心
主　任　张建勤
政　委　吴茂鸿
经济犯罪侦查支队
支队长　张高顺
政　委　林致锋
海防支队
支队长　阮秉刚
政　委　李　军
森林警察支队
政　委　陈端青
三级高级警长
龙爱国
蕉城分局
局　长　杨声鸣
东侨分局
局　长　刘世巧

市民政局
局　长　杨良辉（至2021年11月）
雷春雄（2021年11月任）
副局长　张祚营
林碧英
嵇　静
二级调研员　俞志斌（2021年12月任）
四级调研员　李　辉
雷莲俤
陈圣普

市司法局
局　长　高剑峰（至2021年3月）
刘善长（2021年3月任）
副局长　黄孝菁
马　强
刘鸣驹（至2021年8月）
李　琛
纪检监察组组长
薛学忠
政治部主任　张忠锋
二级巡视员　高剑峰（2021年9—12月）
三级调研员　刘鸣驹（2021年8月任）
四级调研员　王念旭
王　强

市财政局
局　长　高一鹏（至2021年3月）
江明融（2021年3月任）
党组副书记　陈端浦（至2021年9月）
总会计师　连　军
副局长　柳承忠（至2021年12月）
叶　林
许丽莺
纪检监察组组长
孙绍洪（2021年8月任）
纪检监察组二级调研员
袁瑞荣
二级调研员　陈端浦（至2021年9月）
余根平
李提账
四级调研员　范理宝

市人力资源和社会保障局
局　长　林勤钤
副局长　余清忠
蓝志旭
谢成彬
纪检监察组组长
蒋新松

纪检监察组常务副组长
卓伏玲（至2021年8月）
一级调研员 林勤铃（2021年9月任）
二级调研员 余清忠
林珍源（至2021年8月）
陈 清（至2021年9月）
林琼福
纪检监察组三级调研员
卓伏玲（2021年8月任）
四级调研员 龚国经

市自然资源局
党组书记 雷大联
局 长 雷树荣
纪检监察组组长
张明生（至2021年7月）
副局长 周仙齐
林丰增
郭松光
谢世勇
总工程师 郑 铭
党组成员 钟乐光
总规划师 陈德强
一级调研员 雷大联
二级调研员 陈长权
林绍斌
三级调研员 王梓松
四级调研员 王永健
黄国毅
陈永明
陈家军
国土资源监察支队支队长
钟乐光

市生态环境局
局 长 罗樟麟（至2021年9月）
陈绍曦（2021年9—12月）
副局长 雷成忠（至2021年1月）
柯照群
王 汶
李志嵩
纪检监察组组长
余瑞琪（至2021年8月）
总工程师 陈成增
党组成员 陈永芳
二级巡视员 罗樟麟（2021年9月任）
二级调研员 陈昌济
雷成忠（2021年4月任）
纪检监察组组长、三级调研员
余瑞琪（2021年8月任）

市住房和城乡建设局（市人防办）
局 长 吴光华
人防办主任 刘光青
党组成员、人防办副主任
郑孝斌
副局长 高申年
郑新平
郑维禄（2021年8月任）
总工程师 何 飞
党组成员 蔡晓浩
二级调研员 倪志康
三级调研员 谢宗龙
褚春林
四级调研员 林开福
翁增忠
缪耀南
纪检监察组四级调研员
朱耀坤

市交通运输局
党组书记 魏 鼎（至2021年9月）
王云盛（2021年9月任）
局 长 郑忠辉
副局长 颜忠甲（至2021年8月）
徐小苗
章绍森
尤信恩
李 健（2021年9月任）
叶阳华（兼，2021年11月任）
总工程师 汤建文
党组成员 黄界水
一级调研员 陈长德
二级调研员 江振团
杨端生（2021年6—8月）
三级调研员 颜忠甲（2021年8月任）
四级调研员 李锦长
雷腊平

市水利局
局 长 张 宁
副局长 叶久芳
李 坚
陈 显（挂职，至2021年1月）
党组成员 陈孝镛
一级调研员 陈家鑫
二级调研员 陈孝镛
陈 斌

市农业农村局（市委农办）
党组书记 俞道雄

局 长（主任）
俞道雄（至2021年9月）
何光武（2021年9月任）
副局长 王业洲（挂职，至2021年6月）
康建坂（至2021年9月）
李 辉
陆盛真
黄国生（至2021年12月）
刘 利（2021年11月任）
夏 睿（2021年11月任）
党组成员 袁铁雷（至2021年3月）
刘 利
总畜牧兽医师
陈传旺（至2021年7月）
王旭春（2021年11月任）
副处长级干部
孙蕾英
一级调研员 俞道雄（2021年9月任）
二级调研员 林洪章
康建坂（至2021年9月）
四级调研员 陈志强
周道元
程端春
薛 明
胡慈斌

市商务局
局 长 陈宁生
党组副书记 黄敏皓（至2021年3月）
副局长 陈 锋（至2021年7月）
倪陈琛
李少玉
鄢仁凯
缪联华（2021年8月任）
一级调研员 陈宁生（2021年9月任）
四级调研员 卢进发
郭锦斌

市文化和旅游局
党组书记 钟明龙（至2021年11月）
局 长 黄其辉（至2021年11月）
党组书记、局长
霍立昀（2021年11月任）
副局长 崔 靖
陈德平（至2021年8月）
杨运红
黄陈耿
雷 雯（2021年9月任）
一级调研员 钟明龙（2021年8月任）
二级调研员 李列夫

陈才明
三级调研员　陈德平（2021年8月任）
四级调研员　林勤才

市卫生健康委员会

党组书记　王昌清（至2021年3月）
　　　　　陈健夫（2021年3月任）
主　任　李惠长（至2021年9月）
　　　　陈健夫（2021年9月任）
党组成员　吴光灼（至2021年8月）
　　　　　阮郑兴
副主任　丁伟武
　　　　詹光景
　　　　马细华
　　　　施　容（2021年3月任）
纪检监察组组长
　　　　陈延栋
纪检监察组常务副组长
　　　　陈林福
三级调研员　吴启明（2021年3月任）
四级调研员　朱　明

市退役军人事务局

局　长　许余丁
党组成员　陈　青
副局长　王　耀
　　　　阮良忠
　　　　陈元泉
一级调研员　陈　青
四级调研员　李才旺
　　　　　　钟　鸣

市应急管理局

局　长　袁济光
党委委员　黄崇廉（至2021年11月）
　　　　　周寿树（2021年11月任）
　　　　　林德茂（至2021年3月）
　　　　　陈永忠
副局长　林德茂（至2021年3月）
　　　　汪声毅
　　　　姚剑明
　　　　彭学智
　　　　叶小舜（2021年8月任）
总工程师　雷　辉
一级调研员　周水生
二级调研员　陈永忠
　　　　　　林祖铃
　　　　　　林德茂（2021年3–4月）
三级调研员　曾建智（2021年12月任）
四级调研员　郑樟銮

黄　宁
夏品县（2021年12月任）

市审计局

党组书记　曾家庆（至2021年3月）
　　　　　王昌清（2021年3–9月）
　　　　　陈端浦（2021年9月任）
局　长　黄颖倩（至2021年9月）
　　　　陈端浦（2021年11月任）
副局长　吴纯强
　　　　林挺仲
　　　　郑司扬
总审计师　林永良
经济责任审计联席会议办公室主任
　　　　李保东
一级调研员　曾家庆（2021年3月任）
　　　　　　王昌清（2021年3月任）
　　　　　　黄颖倩（2021年8月任）
二级调研员　林旭光
　　　　　　刘春融
三级调研员　汤万冰
四级调研员　钱冠中
　　　　　　郑江民

市人民政府国有资产监督管理委员会

主　任　许振长（至2021年11月）
　　　　黄崇廉（2021年11月任）
副主任　郑建茂
　　　　王岳琪
党委委员　吴加武
纪检监察组组长
　　　　陈朝旭
党委专职副书记
　　　　林柏清
一级调研员　吴加武
　　　　　　许振长（2021年8月任）
二级调研员　郭　强
四级调研员　周章雄
　　　　　　陶化兵

市林业局

党组书记　黄晓莺
局　长　肖泽敏
副局长　林文清
　　　　凌　晨
　　　　陈占林
总工程师　林小梅
二级巡视员　卢　秋（至2021年1月）
三级调研员　谢长美

市海洋与渔业局

局　长　梁敏生（至2021年9月）
　　　　肖剑华（2021年9月任）
副局长　翁章建
　　　　季永良
总工程师　章　鹏
一级调研员　梁敏生（2021年8月任）
二级调研员　翁章建
　　　　　　黄瑞明
四级调研员　陈剑辉

市市场监督管理局（知识产权局）

党组书记　黄康斌
局　长　黄远航
党组副书记　雷平秋
副局长　王　晖
　　　　叶家双
　　　　蔡建卫
　　　　缪　娟
纪检监察组组长
　　　　黄　琴
总工程师　吕晓文（至2021年8月）
药品安全总监
　　　　孙蔡懋
食品安全总监
　　　　钟乃贵
纪检监察组常务副组长
　　　　许振年
一级调研员　黄康斌
　　　　　　黄远航
二级调研员　雷平秋
　　　　　　贺纪国
　　　　　　缪志诚
三级调研员　吕晓文（2021年8月任）
四级调研员　章凤生
　　　　　　陈久容
　　　　　　卢　刚
　　　　　　林阿禄

市体育局

局　长　刘　东
副局长　吴春芳
　　　　林毓雄
党组成员　章天军
一级调研员　章天军
四级调研员　刘德胜
　　　　　　郑家东

市统计局

局　长　林顺影

副局长　黄增贵
　　黄丽瑛
总统计师　沈丽琴（2021年8月任）
一级调研员　林顺影（2021年8月任）
二级调研员　刘于华
四级调研员　郭　晖
　　李清奇
　　姜起耀

市医疗保障局

局　长　宋一帆（至2021年1月）
　　陈玉良（2021年3月任）
副局长　吴凌宇
　　吴　健
　　陈成旺
党组成员　汤惠冰
四级调研员　张　毅

市政府信访局（市委信访局）

局　长　周乃松（至2021年6月）
　　叶　剑（2021年9月任）
副局长　陆成武
　　蓝晓清
信访督查专员
　　卓俊彪
四级调研员　林朝星

市城市管理局

局　长　蔡龙玉
副局长　陈启文（至2021年11月）
　　徐木春
　　郭增平（至2021年7月）
　　林生妹（2021年8月任）
　　钟永发（2021年11月任）
党组成员　陈启文
二级调研员　林兴明
三级调研员　陈启文
　　李日见
四级调研员　郑继明
　　徐光明

政协宁德市委员会

主　席　兰斯琦
副主席　林　寿
　　王代忠
　　章瑞进
　　刘登健
　　黄家盛
　　刘水金
　　程树平
　　刘国平
　　陈美莺
一级巡视员　章瑞进
党组成员　陈鸿飞（至2021年11月）
　　林岩峰（2021年11月任）
　　钟梅允（2021年12月任）
秘书长　郭　专（至2021年11月）
秘书长候选人
　　杨良辉（2021年11月任）
专职副秘书长
　　刘佛金

宁德市政协机关

机关党组

书　记　郭　专（至2021年11月）
　　杨良辉（2021年11月任）
副书记　卓向晖
成　员　吴友华（至2021年8月）
　　黄巧星
　　雷兴寿
　　姚锡铃（2021年11月任）
　　郑铁军（至2021年11月）
　　余根林

办公室

主　任　卓向晖（2021年3月任）
副主任　陈　斌
二级巡视员　陈鸿飞
　　郭　专
　　吴友华（2021年4—8月）
二级调研员　刘佛金
　　廖成东（至2021年10月）

机关党委

专职副书记　黄巧星

纪检监察组

组　长　余根林
常务副组长　陈序辉
二级调研员　赵碧华（至2021年8月）

研究室

主　任　雷兴寿
副主任　张仁寿（2021年8月任）

委员工作室

主　任　郑铁军（至2021年11月）
　　姚锡铃（2021年11月任）
副主任　陈新满（至2021年8月）
　　石水凤（2021年8月任）
三级调研员　陈新满（2021年8月任）

提案委

主　任　陈进衔（至2021年8月）
　　林　薇（2021年8月任）
一级调研员　陈进衔（2021年8月任）
四级调研员　夏马江

经济委

主　任　林向盛

农业和农村委

主　任　俞道雄（至2021年9月）
　　章华翰（2021年12月任）
专职副主任　董廷才（至2021年11月）
三级调研员　董廷才（2021年11月任）

人口资源环境委

主　任　章华翰（至2021年12月）
一级调研员　吴廷旺（至2021年8月）

教科卫体委

主　任　许丽斌（至2021年12月）
　　陈建华（2021年12月任）

社会和法制委

主　任　宋雅希（至2021年9月）
　　魏　鼎（2021年9月任）
正处长级干部
　　宋雅希（2021年9月任）

民族和宗教委

主　任　钟乃安
专职副主任　钟舒云

港澳台侨和外事委

主　任　林立炎（至2021年11月）
　　许丽斌（2021年12月任）
专职副主任　吴铭英（至2021年11月）
正处长级干部
　　林立炎（2021年11月任）
三级调研员　吴铭英（2021年11月任）

文化文史和学习委

主　任　黄式斌（至2021年9月）
　　姚锡铃（2021年9–11月）
　　林华锋（2021年12月任）

正处长级干部
黄式斌（2021年9月任）

宁德市纪委监委

书记、主任　陈力达（至2021年1月）
严志铭（2021年1—12月）
邓伟斌（2021年12月任）
副书记　林　海（至2021年9月）
李　琳
黄祖峰（2021年7月任）
陈　霖（2021年9月任）
副主任　林　海
李　琳
黄祖峰（2021年8月任）
常　委　曹清福
苏吴淞
施少勇
胡　宁（2021年9月任）
叶　毅（2021年8月任）
监委委员　苏吴淞
施少勇
胡　宁
谢红都（2021年8月任）
徐英杰（2021年11月任）
副秘书长　张晓红

宁德市纪委监委内设机构

机关党委
专职副书记　张少华

办公室
主　任　陈　旭（至2021年7月）

组织部
部　长　张强健（至2021年10月）

宣传部
部　长　陈启西

案件审理室
主　任　郑　萍（至2021年10月）

案件监督管理室
主　任　钟洪乐（至2021年7月）

党风政风监督室
主　任　叶振晖（2021年1月任）

信访室
主　任　温幼珍（至2021年7月）

第一纪检监察室
主　任　黄世钿（至2021年8月）

第二纪检监察室
主　任　徐英杰

第三纪检监察室
主　任　林长稳

第四纪检监察室
主　任　林有友

第五纪检监察室
主　任　郑惠建

第七纪检监察室
主　任　赵公华

第八纪检监察室
主　任　徐　健
一级调研员　林　海
二级调研员　苏吴淞
施少勇
胡　宁
三级调研员　张强健（2021年10月任）
郑　萍（2021年10月任）
黄世钿（2021年8月任）
四级调研员　刘中坦
林仕安
汤建英
黄建军

宁德市中级人民法院

院　长　董明亮
副院长　吴元祥（至2021年10月）
包剑辉（2021年12月任）
方向新
陈国斌
黄振朝
政治部主任　包剑辉（至2021年10月）
王　嫔（2021年10月任）
党组成员　钟相坤（至2021年10月）
翁扬毅
纪检监察组组长
林　鹰（至2021年8月）
朱玉宝（2021年8月任）
审委会专职委员
钟相坤（至2021年10月）
吴世平（2021年12月任）
林松涛（2021年12月任）
审委会委员　翁扬毅
邱立森
张海光（2021年12月任）
刘承辉（2021年12月任）
巫　东（2021年12月任）
毋文杰
执行局局长　郑江毅（至2021年7月）
二级调研员　包剑辉（至2021年10月）
林　鹰
毋文杰
审判员　钟相坤（2021年10月任）
张小杏
审判员、二级调研员
陈　新
四级调研员
龚少斌
石信土
王　伟
刘宗文
游东华
四级高级警长
陈学灯
王玉忠
林　海
四级高级法官助理
刘飞武

宁德市人民检察院

检察长　施忠华（至2021年2月）
陈良华（2021年6月任）
副检察长　张聿雄
张文杰
何国辉
叶荣建
宋江荣（2021年1月任）
纪检监察组组长
何国辉
党组副书记　郑志强（至2021年9月）
党组成员　毋寿明（至2021年4月）
政治部主任　刘　春
二级调研员　何国辉

检委会专职委员
林　琦
张海泉
检委会委员　郑其文
余星辉（2021年1月任）
四级高级检察官
巫　聪
检察员　肖传辉（至2021年3月）
检察员、三级调研员
杨　丽
四级高级检察官助理
孙　铃
四级高级警长
陈宏增
四级调研员　蔡张翼
徐意忠
李　斌
李　孟
丁　霖

民主党派工商联

民革市委会
主　委　刘国平
专职副主委　钟小清

民盟市委会
主　委　黄建龙(至2021年12月)
陈思文(2021年12月任)
专职副主委　陈定豪

民建市委会
主　委　王代忠(至2021年12月)
郑忠辉(2021年12月任)
专职副主委　周小玫

民进工委
主　委　陈仕嵩
副主委　李夏珍

农工党市委会
主　委　陈　梅
专职副主委　林其勇

九三学社市委会
主　委　黄家盛
专职副主委　蔡晓烽

市工商联
主　席　刘登健
党组书记　徐燕蕴
副主席　徐燕蕴
陈　忠
朱光付
三级调研员、市委驻沪工委书记
余红光
三级调研员　陈　忠
李立琴（至2021年1月）
四级调研员　林开飞

群众团体

市总工会
主　席　郭学斌（至2021年4月）
陈　惠（2021年9月任）
常务副主席　黄清亮（至2021年3月）
尤锋云（2021年4月任）
副主席　谢景芳
杨德星
经费审查委员会主任
郭琼燕
一级调研员　黄清亮（2021年3月任）
二级调研员　许先水
三级调研员　赖文官
四级调研员　兰久威

团市委
书　记　钟灵灵
副书记　叶斯颖（至2021年7月）
林　妃（至2021年7月）
刘晓兵(2021年11月任)
陈光华(2021年11月任)

市妇联
主　席　钟梅允(至2021年12月)
党组书记、主席候选人
钟　琼(2021年12月任)
副主席　罗丽光
李　丹（至2021年9月）
四级调研员　陈　慧

市科协
主　席　张铭华(至2021年11月)
王怀宇(2021年11月任)
副主席　许群峰
一级调研员　张铭华（2021年9月任）
党组成员、四级调研员
方守锐

市社科联
主　席　邱树添

市文联
主　席　叶玉琳

市侨联
主　席　陈卫良
专职副主席　郑　丰
一级调研员　章伯专
四级调研员　陆大兵

市台联
副会长　余　泉

市中华职教社
主　任　黄家盛
专职副主任　何孟宣

市残联
理事长　叶　崧
副理事长　谢永华
苏淋诗
党组成员、四级调研员
王传富
张　坚

市贸促会
会　长　黄敏皓
副会长　吴绍建
党组成员、四级调研员
李惠森
三级调研员　杨盛禄

市红十字会
常务副会长　王建华
专职副会长　杨　泰
党组成员、三级调研员
林品轩
党组成员、秘书长
朱　珠

市计生协会
常务专职副会长
吴光灼（至2021年8月）
李　丹（2021年9月任）
专职副会长　陈鸿基
房　翔（2021年1月任）
正处长级干部
吴光灼

二级调研员　陈鸿基
党组成员、四级调研员
　　　　　　王翰华

市法学会
会　长　　王世雄（至2021年8月）
　　　　　黄国璋（2021年8月任）
常务副会长　黄孝清（至2021年9月）
　　　　　朱建波（2021年9月任）
专职副会长　李炳伟
党组成员　　周志明

宁德市政府部门管理机构及直属事业单位

市行政服务中心管委会
主　任　　周正明
副主任　　李　钰
一级调研员　李步舒
党组成员、二级调研员
　　　　　吴毓华
党组成员、四级调研员
　　　　　陈和权

市政府驻北京联络处
主　任　　杨祖良
二级调研员　张景旻（至2021年10月）

市政府驻福州办事处
主　任　　林宗龙
副主任　　肖桂清

市效能办
副主任（负责日常工作）
　　　　　张为声（至2021年11月）
　　　　　谢嘉林（2021年11月任）

市地震局
局　长　　黄崇廉（至2021年11月）
　　　　　周寿树（2021年12月任）
副局长　　魏碧霞
四级调研员　陈智荣

市城联社
主　任　　林　健（至2021年8月）
　　　　　雷立雄（2021年9月任）
副主任　　雷晓瑛
正处长级干部
　　　　　林　健
三级调研员　周桂媚

市供销社
主　任　　孙健团（至2021年11月）
　　　　　黄国生（2021年12月任）
副主任　　黄　宏
　　　　　蓝家华
一级调研员　孙健团（2021年11月任）
三级调研员　郑良华
四级调研员　王德萍

市水利水电工程移民发展中心
主　任　　黄长城
四级调研员　徐国荣

市住房公积金管理中心
主　任　　蔡晓浩
党总支书记　陈木唐（2021年8月任）
四级调研员　陈　晖

市医疗保障基金中心
主　任　　汤惠冰
三级调研员　李长春

市信息中心
主　任　　王艺淋（至2021年8月）
　　　　　黄　涛（2021年8月任）
四级调研员　梁　永

市经济研究中心
主　任　　吴良锋

市卫生健康监督所
所　长　　梁　华（2021年9月任）
三级调研员　黄水生

市疾控中心
主　任　　施　容

市医院
党委书记　　陈子春
院　长　　吴光辉

闽东医院
党委书记　　李　旋（至2021年9月）
院　长　　刘昌明

市中医院
党委书记　　李光荣
院　长　　苏　寅

市康复医院
党总支书记　叶　勇
院　长　　王丽珊

市妇幼保健院
院　长（正科长级）
　　　　　朱忠寿

市政府教育督导室
主　任　　赵榕生（至2021年9月）
　　　　　郭海鸣（2021年9月任）
副主任　　林宜祥

市道路运输事业发展中心
主　任　　叶　琛

市水路运输事业发展中心
主　任　　占　斌

市交通运输综合执法支队
支队长　　张朝旭

市交通建设发展中心
主　任　　李荣忠

市公路事业发展中心
党委书记主任
　　　　　黄界水

市农业机械化发展中心
主　任　　袁铁雷（至2021年3月）
　　　　　陈绍挺（2021年11月任）
二级调研员　袁铁雷（2021年3月任）
四级调研员　朱典杭
　　　　　郑立清

市茶产业发展中心
主　任　　李　辉

市农业科学研究所
所　长　　陈慕松

市海洋与渔业执法支队
支队长　　刘智勇
政　委　　卓建生
四级调研员　廖小华
　　　　　黄少元

市文化和旅游市场综合执法支队
支队长 陈发同
四级调研员 潘旭洋

市市场监管综合执法支队
支队长 陈 琪

市知识产权发展保护中心
主 任 林瑞金

市生态环境保护综合执法支队
支队长 陈永芳

宁德电视台
台 长 李晓云

宁德人民广播电台
台 长 李 莉

宁德市属国有企业

市国有资产投资经营有限公司
董事长 江明融（至2021年3月）
陈 钦（2021年3月任）
总经理 刘 晓
副董事长 张 斌
党委副书记 夏克辉
纪委书记、监察专员
王 强
副总经理 杨林春
吕日平（至2021年12月）
黄祖荣
林清团（2021年4月任）
财务总监 陈 静
工会主席 黄钰剑（2021年4月任）
公司顾问 叶 斌
章华周
吕日平（2021年12月任）

闽东电力股份有限公司
董事长 郭嘉祥
总经理 许光汀（至2021年4月）
党委副书记 施永强
副董事长 林 崇（兼，至2021年6月）
王坊坤（兼，2021年6月任）
副总经理 朱培禄
颜序斌（至2021年3月）
罗良华（兼）
林泰煜（2021年4月任）
陈栋才（2021年4月任）
工会主席 颜序斌（2021年5月任）
董事会秘书 叶 宏
纪委书 记谢云（2021年12月任）
高级顾问 罗成忠
顾 问 陈新华
颜元发（至2021年12月）

闽东能源投资有限公司
总经理 缪育祥

市交通投资集团有限公司
董事长 陈合招
总经理 郑 可
党委副书记 吴光韵
副总经理 张智瑜
周有辉
黄飞元
总经济 师林海
纪委书记监察专员
谢祥武
财务总监 苏巧清
工会主席 薛林栋（2021年6月任）
顾 问 曾良凌（至2021年9月）
陈建京

市港务集团有限公司
董事长 严春辉（至2021年2月）
总经理 陈 平（至2021年2月）

市物资集团有限公司
董事长 周有辉（2021年1月任）

市汽运公司
董事长 杨 林

市城建集团有限公司
董事长 雷立雄（至2021年9月）
总经理 陈凌旭
党委副书记 龚 翔
副总经理 詹东明
卓宇辉
魏春泉
陈国达（2021年3月任）
林国平（2021年12月任）
工会主席 谢 云（至2021年12月）
纪委书记监察专员
缪文清（2021年1月任）
顾 问 徐文寿

三都澳新区开发建设有限公司
董事长 徐庆蕊
总经理 陈 钦（至2021年3月）
党委副书记 叶 修（至2021年3月）
袁灿申（2021年8月任）
副总经理（主持公司经营班子工作）
袁灿申（2021年8月任）
副总经理 林安华
钟奶祥
王 飞
总工程师 陈开斌
财务总监 何光清
纪委书记监察专员
周 晖
工会主席 王怀球（2021年4月任）
顾 问 叶 修（2021年3月任）
陈 模

高等院校、市属学校

宁德师范学院
党委书记 夏良玉
院 长 魏远竹
党委副书记 魏远竹
徐晓丹（至2021年1月）
江潮炳（2021年1月任）
纪委书记 张胜泉
副院长 颜桂炀
陈旺玉

宁德职业技术学院
党委书记 林浩云
院 长 陈 群
副书记 陈 群
刘少华
纪委书记 张平弟
副院长 黄 重

纪委监察室
主 任 张 秋（至2021年7月）

机关党总支
书 记 黄振兴

工 会
主 席 李伏忠（2021年7月任）

党委工作部
部 长 李伏忠（至2021年7月）
张 秋（2021年7月任）

成人教育部招生办
主 任 吴 勇

教育技术与信息中心
主　任　柳从礼（至 2021 年 7 月）
　　　　雷忠涌（2021 年 7 月任）
公共基础部
主　任　王泽松（2021 年 6 月任）
教务处
处　长　何承苗（至 2021 年 6 月）
　　　　郑建平（2021 年 8 月任）
学生工作处
处　长　吴建坤
后勤管理处
处　长　陆志平
人事处
处　长　柳从礼（2021 年 7 月任）
图书馆
馆　长　吴明亮
实训中心
主　任　郭剑雄（至 2021 年 6 月）
　　　　何承苗（2021 年 6 月任）
办公室
主　任　郑雪源
信息技术与工程系
党总支书记　周宗飞（2021 年 6 月任）
主　任　苏　锋
机电工程系
主　任　钟灼仔
财经管理系
主　任　黄承彪
生物技术系
主　任　潘玉华（至 2021 年 6 月）
　　　　吴先辉（2021 年 6 月任）
生物技术系公共基础部联合党总支
书　记　周宗飞（至 2021 年 6 月）

福建广播电视大学宁德分校
校　长　叶祖庚
党委专职副书记
　　　　李健平
副校长　林承毅
　　　　王晓彪

宁德财经学校
党总支书记　陈旗生
校　长　陈光烈

宁德一中
校　长　张绍英（至 2021 年 12 月）

市高级中学
校　长　薛超群（至 2021 年 8 月）

市民族中学
校　长　林国清

市教师进修学院
党总支书记　缪剑峰
院　长　缪　钦
副院长　陈坤其
　　　　胡锦宏

宁德技师学院（闽东高级技工学校）
校　长　阙少波

市职业教育集团
董事长　阙少波

县（市、区）

蕉城区
区　委
书　记　何必良（2021 年 4 月任）
副书记　陈贵裕（2021 年 6—12 月）
　　　　陈绍曦（2021 年 12 月任）
　　　　黄少芳（至 2021 年 7 月）
　　　　叶浩文（2021 年 7 月任）
常　委　吴小斌
　　　　刘东忠（至 2021 年 7 月）
　　　　姚锡铃（至 2021 年 7 月）
　　　　林　东（2021 年 7 月任）
　　　　陈秀莺（至 2021 年 7 月）
　　　　章力毅（至 2021 年 7 月）
　　　　刘冬康（2021 年 7 月任）
　　　　陈　坚
　　　　邹海龙
　　　　叶凌燕（2021 年 7 月任）
　　　　巫　白（2021 年 7 月任）
　　　　缪希崇（2021 年 7 月任）
一级调研员　黄少芳（2021 年 3 月任）
二级调研员　吴小斌
　　　　王玉东
　　　　章力毅（2021 年 9 月任）
区人大常委会
主　任　何邦恒（至 2021 年 12 月）
　　　　钟宜国（2021 年 12 月任）
副主任　黄振溢（至 2021 年 12 月）
　　　　林碧娇
　　　　吴国强
　　　　蒋孝墩
　　　　陈向华（2021 年 12 月任）
一级调研员　何邦恒（2021 年 10 月任）
二级调研员　张志雄（至 2021 年 3 月）
三级调研员　黄振溢（2021 年 10 月任）
区政府
区　长　何必良（至 2021 年 4 月）
代理区长　陈贵裕（2021 年 6—12 月）
区　长　陈绍曦（2021 年 12 月任）
副区长　巫　白
　　　　缪希崇（兼）
　　　　杨声鸣
　　　　石水凤（至 2021 年 7 月）
　　　　李朱成（至 2021 年 12 月）
　　　　张　玮
　　　　周华武
　　　　钟玲玲（2021 年 8 月任）
　　　　陈新超（2021 年 8 月任）
　　　　周　榕（2021 年 8 月任）
　　　　陈良生（至 2021 年 7 月）
　　　　王永健（挂职，至 2021 年 12 月）
　　　　陈国秋（挂职，至 2021 年 12 月）
三级调研员　李朱成（2021 年 10 月任）
四级调研员　陈吓细
　　　　黄开禄
区政协
主　席　蓝晓平（至 2021 年 12 月）
　　　　陈秀莺（2021 年 12 月任）
副主席　林立志
　　　　苏方金
　　　　黄尚晃
　　　　王致栋（2021 年 12 月任）
一级调研员　蓝晓平（2021 年 7 月任）
二级调研员　王明水（至 2021 年 10 月）
区人民法院
院　长　张海光（至 2021 年 12 月）
　　　　王锦熙（2021 年 12 月任）
区人民检察院
检察长　黄清满
三都澳经济开发区
党工委书记　李旱雨（至 2021 年 7 月）
　　　　游成银（2021 年 7 月任）
管委会主任　巫文福
蕉城区委办
四级调研员　曾　明

福安市
市　委
书　记　叶其发（至 2021 年 4 月）
　　　　周祥祺（2021 年 4 月任）
副书记　钟宜国（至 2021 年 6 月）
　　　　黄其山（2021 年 6 月任）
　　　　林志生（至 2021 年 7 月）

雷春雄（2021年7—11月）
常　委　吕增华（至2021年7月）
阮志勇（至2021年7月）
陈文卿（至2021年6月）
王升东
钟逢帮（2021年3月任）
陈为忠（2021年8月任）
蔡立新
邹　渊（至2021年7月）
尤锋云（至2021年3月）
林铃顺
缪碧华（2021年7月任）
章斌杰（2021年7月任）
周华健（2021年7月任）
卢贤存（挂职）
二级调研员　陈文卿（至2021年6月）
三级调研员　吕增华

市人大常委会

主　任　郑战雄（至2021年12月）
陈昌东（2021年12月任）
副主任　刘宗奇（至2021年12月）
施晓铃（至2021年7月）
郑惠胜
郭跃光
郭增平（2021年12月任）
薛树明（2021年12月任）
二级巡视员　郑战雄（2021年9月任）
三级调研员　施晓铃
刘宗奇（2021年10月任）
四级调研员　欧阳新生（至2021年5月）

市政府

市　长　钟宜国（至2021年6月）
黄其山（2021年12月任）
副市长　陈文卿（至2021年6月）
章斌杰
林铃顺（兼，2021年12月任）
蓝和鸣
姚正水（2021年9月任）
崔向新
张为明
张仁寿（至2021年7月）
王　宫（至2021年8月）
黄　凌（至2021年7月）
卢贤存（挂职）
施　智（2021年8月任）
陈华容（2021年8月任）
二级调研员　陈学勤
四级调研员　王玲全
薛卫华

市政协

主　席　陈昌东（至2021年7月）
林志生（2021年12月任）
副主席　林昭瑾
梁丽琪
钟　韩
陈枝棠（2021年7月任）
林铃华（至2021年12月）
二级调研员　詹　煊
三级调研员　林铃华（2021年8月任）

市人民法院

院　长　吴世平（至2021年7月）
郑江毅（2021年12月任）

市人民检察院

检察长　叶光良

市公安局

局　长　蔡立新
政　委　熊寿鹏

福安畲族经济开发区

党工委书记　赵伯毅（至2021年3月）
李宝清（2021年3月任）
管委会主任　李宝清（至2021年3月）
钟廷富（2021年3月任）
二级调研员　赵伯毅（2021年3月任）

福安经济开发区

党工委书记　吴建助
管委会主任　缪碧华（至2021年7月）
林　光（2021年7月任）
四级调研员　陈公明

福安市白云山风景名胜区管委会

主　任　朱文辉

赛岐镇

党委书记　连　坚
镇　长　陈柏崇

福鼎市

市　委

书　记　包江苏（至2021年9月）
林　青（2021年8月任）
副书记　周春海
吴新情（至2021年7月）
林乃平（2021年7月任）
常　委　林施笔（至2021年7月）
蓝承忠
林　东（至2021年7月）
郑健瑜
缪生焜（2021年7月任）
林丽凤
邝振华
杨文生
袁郑随（2021年7月任）
庄超和（2021年7月任）
二级调研员　李成双
姚双霞
三级调研员　林施笔（2021年8–9月）
四级调研员　林元军
胡道勇

市人大常委会

主　任　蔡梅生
副主任　郭如盾（至2021年8月）
蓝　青（至2021年7月）
丁一芸（2021年12月任）
蓝东风
陈　斌
蓝进和（2021年12月任）
二级调研员　郭如盾（至2021年8月）
蓝　青（至2021年7月）
三级调研员　林　斌（至2021年8月）

市政府

市　长　周春海
副市长　林乃平（至2021年7月）
庄超和
蔡梅荣（至2021年12月）
李　彤（至2021年8月）
袁郑随（至2021年7月）
洪　荣（2021年7月任）
刘建麟
郑兴邦
雷成才（2021年12月任）
陈晓龙（2021年8月任）
陈　煦（2021年8月任）
提力克·哈力克（2021年12月任）
李闻笛（聘任）
二级调研员　宋险峰
陈赪煜
三级调研员　蔡梅荣（2021年10月任）
李　彤（2021年8月任）
四级调研员　张德志

市政协

主　席　李绍美
副主席　丁一芸（至2021年7月）
林永海（至2021年12月）
吴敬亮（至2021年5月）
蓝　青（2021年12月任）
柳　波（2021年12月任）
施继钢
叶立雄（2021年12月任）
二级调研员　王美山
蓝　青（2021年7月任）
三级调研员　陈维锋

林永海（2021年10月任）
四级调研员　陈苏闽

市人民法院

院　长　王锦熙（至2021年7月）
吴杏良（2021年12月任）

市人民检察院

检察长　彭积县
党组副书记　李启新（至2021年11月）

市公安局

局　长　刘建麟
政　委　林　奋

福鼎市太姥山风景名胜区管委会

党委书记　曾庆贵（2021年3月任）
主　任　张　贤
二级调研员　廖天生（2021年12月任）

福鼎工业园区

党委书记　林天禄
管委会主任　蓝进和（至2021年7月）
刘晓明（2021年7月任）
二级调研员　王少岩

太姥山镇

党委书记　叶立雄（至2021年5月）
吴敬亮（2021年5月任）
镇　长　雷成才（至2021年5月）
李修意（2021年12月任）

霞浦县

县　委

书　记　郭文胜
副书记　陈贵裕（至2021年6月）
罗义春（2021年6月任）
陈向汉（至2021年11月）
常　委　徐　菁（至2021年7月）
卓小专
叶　毅（至2021年7月）
林能章
雷旺清
刘伏强
林　妃（2021年7月任）
耿世谷
周文玲
陈　旭（2021年7月任）
二级调研员　徐　菁
卓小专
陈　武（至2021年4月）
四级调研员　张鸿绍

县人大常委会

主　任　陈　健
副主任　郑德勇（至2021年12月）
谢　闽（至2021年12月）
王伏佺（至2021年12月）
林旭东
陈永生（2021年12月任）
二级调研员　郑德勇
三级调研员　谢　闽（2021年10月任）
王伏佺（2021年10月任）
四级调研员　杨荣平
王晓勋

县政府

县　长　陈贵裕（至2021年6月）
罗义春（2021年12月任）
副县长　周文玲
温从先
陆　鸣
何作儒（至2021年12月）
郑　炜（至2021年8月）
刘　亮（2021年2月任）
陈文颂
雷长兴（2021年4月任）
郑金思（2021年9月任）
二级调研员　廖成东（2021年10月任）
陈培龙
三级调研员　何作儒（2021年10月任）
四级调研员　黄小蕉
陈　敏
吴廷明

县政协

主　席　韦大兴
副主席　胡屏辉（至2021年8月）
蓝丽萍
洪仕忠
苏　诺（至2021年12月）
蔡　霁（2021年12月任）
林冰炎（2021年12月任）
三级调研员　胡屏辉（2021年7—8月）

县人民法院

院　长　吴　杰

县人民检察院

检察长　周群力

县公安局

局　长　刘　亮（2021年2月任）
政　委　冯维忠

牙城镇

党委书记　陈永生（至2021年5月）
四级调研员　陈永生（至2021年7月）

三沙镇

党委书记四级调研员
雷长兴（至2021年3月）

古田县

县　委

书　记　钟昌华（至2021年1月）
张成慧（2021年4月任）
副书记　黄其山（至2021年6月）
许　锋（2021年6月任）
王云盛（至2021年7月）
郑圭冬（2021年7月任）
常　委　卓昌旭（至2021年7月）
郑国淑（至2021年7月）
刘冬康（至2021年7月）
林纪建（至2021年7月）
余榕梅（至2021年7月）
韩存江（至2021年11月）
谢红都（至2021年7月）
刘聂和（2021年11月任）
伍银多
李黄慧
林晓晞（2021年7月任）
叶斯颖（2021年7月任）
林　森（2021年7月任）
张明生（2021年7月任）
蔡晶晶（2021年7月任）
三级调研员　卓昌旭（2021年10月任）

县人大常委会

主　任　陈绍莲（至2021年12月）
郑国淑（2021年12月任）
副主任　余榕梅（2021年12月任）
余新琳
陈泽霖
雷　毅（至2021年7月）
钟云芳
一级调研员　陈绍莲（2021年10月任）
二级调研员　林碧兰（至2021年3月）

县政府

县　长　黄其山（至2021年6月）
许　锋（2021年12月任）
副县长　郑国淑（至2021年7月）
伍银多（2021年12月任）
李晓霞
俞仰林
凌　宏（至2021年7月）
林晓晞（至2021年7月）
黄忠钦
林世晴
谢荣雄（至2021年8月）
李锦亮（2021年12月任）
雷　毅（2021年12月任）
王留一（聘任）
二级调研员　陈泽育

郑银生
谭国良（至2021年10月）
四级调研员　韩松纯

县政协

主　席　刘振茂（至2021年12月）
林纪建（2021年12月任）
副主席　叶启亮
周鸿东（至2021年12月）
程国飞
丁景风
余　麟（2021年12月任）
一级调研员　刘振茂（2021年10月任）
三级调研员　周鸿东（2021年8月任）

县人民法院

院　长　王　嫔（至2021年7月）
游　翔（2021年12月任）

县人民检察院

检察长　陈　厅

县公安局

局　长　黄忠钦
政　委　张铃斌

大甲镇

党委书记　李锦亮（至2021年5月）
四级调研员　李锦亮（至2021年7月）

屏南县

县　委

书　记　党　帅
副书记　柳　岳
叶浩文（至2021年7月）
阮志勇（2021年7月任）
常　委　康　健（挂职，至2021年8月）
张德力（至2021年7月）
陈　芳（至2021年8月）
郑维禄（至2021年7月）
陈传旺（2021年7月任）
魏宏峰
付秀国
宋　洋
陈剑峰
吴周渺
陆东炫（2021年7月任）
韦孝珠（2021年7月任）
三级调研员　陈　芳（2021年8月任）

县人大常委会

主　任　周少川（至2021年12月）
陆泽干（2021年12月任）
副主任　陆　武
陈章萍（至2021年7月）
韦孝珠（至2021年7月）
叶学瑛
陈太旺（2021年12月任）
王生智（2021年12月任）
一级调研员　周少川（2021年8月任）

县政府

县　长　柳　岳
副县长　魏宏峰
陆东炫（至2021年7月）
薛世兴
张著文
黄文挺
陈思文
陈赛星（至2021年8月）
李章通
张肖枫（2021年9月任）
四级调研员　江春平

县政协

主　席　陆泽干（至2021年7月）
张德力（2021年12月任）
副主席　陈章萍（2021年12月任）
吴道安
章诗谊
陈太旺（至2021年7月）
周　稼
二级调研员　陈祥择（至2021年10月）

县人民法院

院　长　刘承辉（至2021年7月）
缪义文（2021年12月任）

县人民检察院

检察长　吴益华

县公安局

局　长　黄文挺
政　委　陈建波

屏南白水洋·鸳鸯溪风景名胜区管委会

党委书记　郑常文
主　任　郑福平（至2021年1月）
张积峰（2021年7月任）
三级调研员　胡小青

寿宁县

县　委

书　记　汤孔忠（至2021年6月）
周乃松（2021年6月任）
副书记　张成慧（至2021年4月）
张永森（2021年6月任）
雷春雄（至2021年7月）
潘勇杰（2021年7月任）
常　委　时希杰（挂职，至2021年1月）
李淑英（至2021年7月）
孙绍洪（至2021年7月）
代　晔
简树铃（至2021年7月）
吴传洪
钟　琼（至2021年7月）
钟洪乐（2021年7月任）
万　涛
温加生
刘增康（2021年7月任）
李　霞（2021年7月任）
黄　镇（2021年7月任）
二级调研员　卓仕平
三级调研员　潘勇杰

县人大常委会

主　任　郭海鸣（至2021年7月）
简树铃（2021年12月任）
副主任　郭晓清（至2021年12月）
李淑英（2021年7月任）
何雪梅
徐神宜（至2021年12月）
刘在翔
缪仕海（2021年12月任）
二级调研员　刘春民（至2021年4月）
三级调研员　叶斌华
郭晓清（2021年8月任）
徐神宜（2021年8月任）

县政府

县　长　张成慧（至2021年4月）
张永森（2021年12月任）
副县长　简树铃（至2021年7月）
万　涛（2021年12月任）
时希杰（挂职，至2021年1月）
刘新秀（至2021年7月）
刘增康（至2021年7月）
黄建恩（至2021年7月）
刘　亮（至2021年2月）
邱德宇
柳　波（至2021年7月）
黄日发（至2021年8月）
周伦树
许　丰（2021年2月任）
梅春强（2021年9月任）
何晨旭（2021年9月任）
傅　萍（2021年8月任）
四级调研员　颜　伟

县政协

主　席　陈信文
副主席　夏　鹏（至2021年12月）
缪存万（至2021年12月）
刘新秀（2021年12月任）
陈林峰

龚迪奎
项忠红（2021年12月任）
三级调研员 吴松兰（至2021年1月）
刘新秀（2021年12月任）
缪存万（2021年10月任）

县人民法院

院　长 林松涛（至2021年7月）
吕　增（2021年12月任）

县人民检察院

检察长 林　晖

县公安局

局　长 刘　亮（至2021年2月）
许　丰（2021年2月任）

南阳镇

党委书记 叶宝元（至2021年5月）
四级调研员 叶宝元

周宁县

县　委

书　记 袁华军
副书记 黄桂诚（至2021年6月）
陈文卿（2021年6月任）
王美苗（2021年7月任）
常　委 陈　梁（至2021年7月）
朱玉宝（至2021年7月）
陈为忠（至2021年7月）
何　东
于　洋
韦芝富（至2021年7月）
邹　渊（2021年7月任）
谢景峰
刘晓兵（至2021年11月）
陈华昌
石维知
凌　宏（2021年7月任）
李旱雨（2021年7月任）
二级调研员 于　洋（2021年6月任）

县人大常委会

主　任 叶健松（至2021年12月）
周建斌（2021年12月任）
副主任 蔡文娟（至2021年12月）
吴发兴
郑德和
李孙达
魏日升（2021年12月任）
一级调研员 叶健松（2021年3月任）
三级调研员 吴发兴
蔡文娟（2021年10月任）

县政府

县　长 黄桂诚（至2021年6月）
陈文卿（2021年12月任）
副县长 韦芝富（至2021年7月）
邹　渊（2021年12月任）
杨财华（至2021年7月）
林旺梅
何晓建
肖　勇（至2021年8月）
姚正水（至2021年7月）
薛　锦
刘荣生
孙永全（2021年8月任）
陈剑杰（2021年8月任）
朱泽斌（聘任）
四级调研员 陈秋明
杨寿青

县政协

主　席 周建斌（至2021年7月）
陈　梁（2021年12月任）
副主席 龚立举
陈源清
蓝杰英
林以巩

县人民法院

院　长 巫　东（至2021年7月）
陈立峰（2021年12月任）

县人民检察院

检察长 钟　明

县公安局

局　长 薛　锦

柘荣县

县　委

书　记 郭宋玉（至2021年6月）
张晓容（2021年6月任）
副书记 雷祖铃（至2021年5月）
宋　振（2021年5月任）
霍立昀（至2021年11月）
常　委 钟逢帮（至2021年3月）
郑圭冬（至2021年7月）
缪生惺（至2021年7月）
温幼珍（2021年7月任）
林开锋
陈家秋（2021年7月任）
肖景友
陈　琳（2021年3月任）
黄建恩（2021年7月任）
林昌旺（2021年7月任）
吴周介（2021年7月任）

县人大常委会

主　任 朱建波（至2021年9月）
陈龙营（2021年12月任）
副主任 袁承彪
林良波（至2021年12月）
章　承（至2021年12月）
朱　丹（至2021年12月）
王颐康（2021年12月任）
林新华（2021年12月任）
王　强（2021年12月任）
二级调研员 袁承彪
章　承（2021年12月任）
三级调研员 林良波（2021年8月任）
朱丹（2021年10月任）

县政府

县　长 雷祖铃（至2021年5月）
宋　振（2021年12月任）
副县长 黄建恩（2021年12月任）
陈家秋（兼，2021年12月任）
林　胜（至2021年8月）
郭　萌
袁灿申（至2021年7月）
崔吓瑞
林昌旺（至2021年7月）
韦　莉（2021年8月任）
陈　晨（2021年8月任）
李睿华（聘任）
二级调研员 张　滔
四级调研员 郑圣国
张　翔

县政协

主　席 吴秀兰（至2021年12月）
陈　锋（2021年12月任）
副主席 林　武（至2021年12月）
王颐康（至2021年7月）
袁宗本
吴周介（至2021年7月）
刘明海（2021年12月任）
刘玉华（2021年12月任）
林光谊（2021年12月任）
一级调研员 吴秀兰（2021年12月任）
二级调研员 林　武

县人民法院

院　长 李丽景

县人民检察院

检察长 孙　旭

县公安局

局　长 崔吓瑞

东侨经济技术开发区

党工委

书　记 周祥祺（至2021年5月）

	雷祖铃（2021年5月任）
副书记	罗义春（至2021年6月）
	吴新情（2021年8月任）
	詹廷平
	钟丽萍
委　员	周　敏（至2021年11月）
	何开明（至2021年11月）
	孙绍祥
	陈昱晨（2021年11月任）
	郑家滨（2021年11月任）
二级巡视员	郭孟希（2021年4—8月）
一级调研员	郭孟希（至2021年4月）
	周　敏（2021年11月任）
	苏顺声
三级调研员	何开明（2021年11月任）
四级调研员	卓立丹

管委会

主　任	罗义春（至2021年7月）
	吴新情（2021年8月任）
副主任	黄亦康
	卓　庚
	陈家秋（至2021年7月）
	万　杰（聘任）
	林作勇
二级调研员	陈言平
三级调研员	卓　庚
	张贵辉
四级调研员	陈孝连
	吴元东

华侨农场

党委书记	吴康成
原场长	王贻祥

注：以上人员排序不分先后

（资料来源：市委组织部）

政府工作报告（摘要）

——在宁德市第五届人民代表大会第一次会议上

张永宁

2022 年 1 月 6 日

一、2021 年及本届政府工作回顾

2021 年，全市上下坚持以习近平新时代中国特色社会主义思想为指导，全面贯彻党的十九大和十九届历次全会精神，深入贯彻习近平总书记对福建、对宁德工作的重要讲话重要指示精神，在市委的领导下，扎实做好“六稳”“六保”，统筹推进“五促一保一防一控”，较好完成了市四届人大六次会议确定的主要目标任务，实现了“十四五”规划、“宁德篇章”开好局、起好步。预计地区生产总值 3151.08 亿元、增长 13.3%；农林牧渔业总产值 645.61 亿元、增长 4.2%；规模以上工业增加值增长 32.5%；固定资产投资增长 6.2%；社会消费品零售总额增长 6.6%；进出口总值 905.7 亿元、增长 76.4%；实际利用外资增长 24.9%；一般公共预算总收入 265.79 亿元、增长 13.8%，地方一般公共预算收入 158.05 亿元、增长 14.7%；金融机构本外币贷款余额 2760.84 亿元、增长 20.1%；城乡居民人均可支配收入分别 40615 元、21282 元，分别增长 9.4%、11.7%。其中，9 项指标增幅居全省前列，地区生产总值、规模以上工业增加值、进出口、地方一般公共预算收入、金融机构本外币贷款余额等 5 项指标增幅居全省第一。

一年来的主要工作成效是：

（一）产业规模持续壮大，经济增长的好势头日益彰显

主导产业扩能延链。四大主导产业产值 3681 亿元，增加值增长 59.1%。锂电新能源产业成为宁德市第二个千亿产业集群，产值 1580 亿元，投产和在建电芯产能 295GWh，配套项目建成投产 14 个、在建 17 个。宁德时代入选全球“灯塔工厂”，供应商国产化率 95% 以上，主材本地化率 60% 以上。新能源汽车产业产值 215 亿元，年产量 22.8 万辆，本地配件体积占整车 80%。不锈钢新材料产业产值 1608 亿元，青拓高性能不锈钢宽板项目开工，配套项目建成投产 9 个、在建 16 个。铜材料产业产值 278 亿元，中铜 40 万吨铜冶炼项目满产超产，3 个铜铝精加工项目落地。柘荣生物医药入选全省战略性新兴产业集群发展工程，广生堂药业获批新药品种 8 个。

传统产业稳步转型。建成投用“小微园”9 个。实施省市重点技改项目 112 项、数字化项目 20 项，推广应用智能机器人、智能检测设备等先进装备 130 台（套）。电机电器产业加快向智能家居领域进军。汽摩汽配产业加速向电喷化油器、通机整机方向升级。新增一级建筑资质企业 7 家。

现代服务业加快发展。服务业增加值首次突破千亿元，新增规模以上（限额以上贸易）企业 168 家。接待游客 4587.84 万人次、旅游总收入 410.8 亿元，3 个产业地标、3 个旅游景点入选国家百条红色旅游线路，霞浦入选美丽中国首选旅游目的地。港口货物、集装箱吞吐量分别突破 6000 万吨、15 万标箱。市水陆联运中心一期建成投用。快递业务量突破 1 亿件，建制村快递服务全覆盖。新增省级数字经济“瞪羚”企业 2 家，市大数据产业园开工建设。动漫游戏、短视频、影视、网络文学等新兴文化产业加速兴起。宁普时代、时代永福等平台经济项目投入运营，渔排风光储微电网、“光储充检”加能站、菇棚屋面光伏等一批“储能 +”“光伏 +”项目建成投用。东侨入选全国“两业融合”试点。华一设计获评国家级工业设计中心。

（二）脱贫成果持续巩固，乡村振兴的特色化日益彰显

脱贫防贫落细落实。实施产业帮扶项目 1.8 万个，安排公益性岗位就业 2000 人次，重点巩固和监测对象没有发现返贫现象。中国共产党与世界政党领导人峰会在下党设立分会场，中国减贫发展与人权事业研讨会在宁德市召开，宁德成为展示中国脱贫攻坚历史性成就的“重要窗口”。3 个县（市）、5 个点入选全国首批脱贫攻坚交流基地和考察点。市扶贫办荣获“全国脱贫攻坚先进集体”称号，下党乡党委荣获“全国脱贫攻坚楷模”称号。

特色农业增产增效。建成高标准农田 16.11 万亩，粮食总产量 47.72 万吨。实施特色现代农业项目 73 个，新建农业标准化示范基地 52 个，“8+1”特色产业全产业链总规模突破 2000 亿元。新增国家和省级重点龙头企业 71 家、“三品一标”103 个、国家地理标志证明商标 12 件。“0593 宁德号”“下乡的味道”“十方田”等品牌影响力持续扩大。品品香茶业荣获省政府质量奖。柘荣太子参种子进行太空诱变育种试验。古田、福鼎获批创建国家农业现代化示范区。

乡村活力不断增强。实施乡村振兴“一月一县”现场推进机制，选派“一书记三大员”1464 人，实施省级试点村示范项目 603 个。出台支持少数民族村、老区基点建制村振兴措施。全市集体经济年收入超 20 万元的村占比 40%。高质量完成村（社区）组织换届选举。屏南乡村建设“工料法”全国推广，寿宁乡村振兴热度指数居全省第二。

（三）城乡品质持续提升，人居环境的宜居度日益彰显

城市功能更加完善。实施城市建设品质提升项目 861

个。完成城市更新专项规划和漳湾临港物流园、赤鉴湖东、塔南等重点片区控规编制。连城路片区初步形成"三纵三横"路网。扎实推进"十个十"城市民生项目，建成口袋公园、街头运动场、无障碍设施、充电站等项目80个，完成老旧小区改造12个、2323户。完成贵岐山污水处理厂4扩8工程，新改建污水管网130.7千米。建成投用排水信息系统控制中心，开展管网清淤检测260千米。

乡村面貌持续改善。启动农村人居环境整治提升五年行动，实施农村建设品质提升项目932个，完成村庄规划编制891个，新增绿盈乡村219个，完成农村裸房整治1.99万栋、在建房屋安全整治1143栋。实施城乡供水一体化项目49个，完成农村饮水安全巩固提升项目41个，全面划定千人以上农村集中式饮用水水源地保护区。实施农村生活污水治理提升项目132个、垃圾干湿分类试点290个。建成投产周宁抽蓄电站和35千伏及以上输变电工程37项。开工建设宁上高速公路霞浦至福安段。新改扩建国省干线180千米、"四好农村路"429千米。

生态环境保持优良。扎实推进中央、省生态环保督察反馈问题整改。完成年度节能减排任务。实施污染防治工程76个，全市空气质量优良天数比例99.9%。全面深化河湖长制，完成水口库区（古田段）、洪口库区养殖综合整治，治理入河排污口1647个，重点流域水质优良。建立海漂垃圾常态化巡查管控机制，治理入海排污口128个，近岸海域水质优良比例72.8%。全面推行林长制，植树造林11万亩，修复红树林3385亩。治理水土流失21.4万亩，建成安全生态水系32千米。周宁获评国家生态文明建设示范区，霍童溪入选全国首批"美丽河湖"。

（四）改革开放持续深化，创新发展的新动能日益彰显

科技创新成果显著。全市研发投入增长27.1%。新增国家级高新技术企业60家，省级科技"小巨人"企业52家、众创空间6家、企业技术中心2家、制造业单项冠军企业（产品）4个。宁德时代创新实验室一号研发楼建成投用，钠离子电池首发。青拓集团成功研发"手撕钢"，省不锈钢产业创新中心通过认定。安波电机荣获国家"实验室认可证书"，三祥新材获批国家级专精特新"小巨人"企业。中国（宁德）知识产权保护中心建成投用，新增专利授权3646件、发明专利651项，PCT国际专利申请量全省第一。东侨人力资源服务产业园建成投用。"三都澳人才计划"深入实施，新认定"天湖人才"1129人、省级高层次人才142人。

重点领域改革统筹推进。"互联网+政务服务"加速升级，全国首设"事难办"处理窗口，117项高频事项实现跨省通办，"一件事"集成套餐服务事项129个，"一趟不用跑"事项占比82.9%，全程网办事项比例88%。普惠金融改革深入推进，新增信用乡镇7个、信用村144个。建立农村生产要素流转融资平台，构建普惠金融服务生态链。普惠小微贷款余额增长33.1%，涉农贷款余额增长14.7%。发放助企纾困资金9.15亿元，减轻企业负担42亿元。市属国企公司制改革顺利完成。财政零基预算和预算管理一体化全面实行。福安入选"全国营商环境百强县"。

对外开放步伐加大。跨境电商B2C、海外仓等外贸新模式实现零的突破。漳湾作业区扩大开放获国务院批准并通过国家验收，"宁德—厦门""宁德—江阴"集装箱直航定班支线开通，上汽宁德基地实现整车海铁联运一站式出口。实施闽台乡建乡创合作项目20个，获批闽台农业融合发展示范基地17家。开展宁台民间信仰、宗亲会活动31场，临水宫信俗文化助推宁台交流的经验全国推广。成功举办第八届中国汽车生态设计国际论坛、中国两轮换电产业峰会。

项目投资聚力攻坚。组织开展"三比三赛""百日攻坚"活动，新增"五个一批"项目1563个，325个在建重点项目完成投资758.3亿元。超额完成千亿招商任务，签约项目323个，履约率90%、开工率59%。扎实推进抓征迁交净地，获批用地8900亩、用海4095亩。获批专项债项目94个、额度99.15亿元，PPP项目入库数、签约落地数连续三年全省第一。宁德时代福鼎基地实现"当年签约、当年投产"，再次刷新项目建设"宁德速度"。

（五）民生短板持续补齐，人民群众的获得感日益彰显

社会保障力度加大。出台一次性稳就业补助政策，城镇新增就业3.7万人，城镇登记失业率4.1%。养老和医保综合参保率分别91.9%、98.3%。发放社会救助资金6.06亿元、残疾人"两项补贴"1.02亿元、优抚对象抚恤和生活补助1.16亿元，新纳入低保、特困人员供养、事实无人供养儿童保障3022人。建成居家社区养老服务示范点16个。创设"互助孝老食堂"355个，古田经验入选全国农村公共服务典型案例。

公共服务扩容提质。实施教育补短板项目84个，新增学位1.26万个。新建公办幼儿园9所，新增示范性幼儿园26所、义务教育管理标准化学校29所，新办复办初中5所、优质民办高中2所。城区中小学全面推行课后服务。新增婴幼儿照护机构省级试点3家、托位430个。宁德师范学院医学院建成投用。宁德职业技术学院新能源科技产业学院入选省级试点。市职教园一期开工建设，职业院校对接主导产业招生比例提高到60%。实施医疗卫生补短板项目79个，新增床位3031张。市妇幼保健院（儿童医院）、市康复医院综合病房楼基本建成。新增名医"师带徒"工作室17个、省级重点专科4个。275种药品和医用耗材价格平均降幅50%。常态化推进疫情防控，核酸日检测能力提升至16万管，3岁以上人群疫苗全程接种率89.4%，网格化防控做法全省推广，守住了不发生本土疫情的底线。

文体事业蓬勃发展。实施传播"闽东之光"工程，建成市博物馆、闽东畲族文献资料中心，完成红色文化遗存普查。《畲嫂》荣获全国少数民族文艺会演优秀剧目奖，《鸾峰桥》荣获福建艺术节优秀剧目奖，电视剧《连家船民的美好生活》开机。屏南红曲黄酒酿造和福安坦洋工夫茶制作技艺入选国家级非物质文化遗产，古田溪水电厂入选国家工业遗产。新时代海洋诗歌论坛永久落户霞浦。开展文化惠民各类演出1000场次、精品赛事和全民健身活动300场次、新时代文明实践活动1.6万场次。成功举办市第十届老健会。汤星强、龚莉、宁贝金等宁德籍运动员在奥运会、

全运会等大赛上斩获13金2银11铜，创历史最好成绩。

社会大局和谐稳定。“八五”普法启动实施。扫黑除恶斗专项争常态化推进，电信诈骗、黄赌毒等各类违法犯罪活动得到有力打击。市公安局荣获全国公安机关庆祝中国共产党成立100周年安保维稳工作集体一等功，福鼎荣获全国综治最高奖项“长安杯”，蕉城刑侦大队获评全国扫黑除恶斗争先进集体。交通事故“快处快赔121”机制成为全国政法工作亮点，“110+12348”联动处置纠纷机制全省推广。“四门四访”“治重化积”持续深化。安全生产专项整治集中攻坚扎实推进。食品药品安全有效保障。宗教中国化、法治化水平持续提高。军地融合、国防动员和后备力量建设、退役军人服务保障、双拥共建、海防、人防、反走私工作得到加强。工、青、妇、计生协、科协、老区、老龄、残联、移民、档案、地方志、气象、外事、侨务、台港澳、关心下一代等工作取得新进展。

一年来，我们深入开展党史学习教育和“再学习、再调研、再落实”活动，扎实开展“我为群众办实事”实践活动，办结惠民利民事项6879件，完成为民办实事项目33件。自觉接受人大法律监督、工作监督和政协民主监督。提请审议地方性法规草案1部，制定规范性文件23件。办理代表建议307件、委员提案334件。纵深推进政府系统全面从严治党，严格落实中央八项规定及其实施细则精神和省市实施办法，驰而不息纠治“四风”。政府网站绩效评估位列全国地市级第四。廉政建设、审计监督、统计服务、机关效能等工作进一步加强。

随着2021年工作的圆满收官，本届政府五年任期目标任务顺利完成。过去的五年，是闽东发展史上极具里程碑意义的五年，习近平总书记嘱托我们“努力走出一条具有闽东特色的乡村振兴之路”，勉励我们“奋力谱写全面建设社会主义现代化国家的宁德篇章”。领袖的深情关怀，让我们倍感福气、备受鞭策。过去的五年，是闽东人民极其难忘的五年，金融风险的冲击、去产能的阵痛、世纪疫情的大考，让我们记忆犹新、历历在目。过去的五年，是宁川大地重大成就集中收获的五年，一任任领导班子和一代代闽东儿女，传承弘扬习近平总书记倡导的“弱鸟先飞、滴水穿石”的闽东精神，坚定沿着习近平总书记指引的方向接续奋斗，夺取了脱贫攻坚的决定性胜利，昂首迈进了全面小康社会；又抱了几个“金娃娃”，一跃成为世界知名的“产业地标”；延续了赶超的强劲态势，一跃成为全省高质量发展的“新增长极”。这些年的发展变化，让我们的自豪感倍增、让宁德的影响力“爆棚”！

——这五年，我们宁德的综合实力跃升晋位。地区生产总值净增1481亿元，连跨2000亿元、3000亿元大关，在全省位次前移三位、位居第五。一般公共预算总收入、地方一般公共预算收入分别净增110.7亿元、57.08亿元，总额分别是2016年的1.71倍、1.57倍，均跃升至全省第六。福安入选全国百强、全省十强县（市），蕉城入选全省十优区，东侨开发区综合发展水平居全省第二。

——这五年，我们宁德的产业发展高歌猛进。规模以上工业总产值突破4800亿元、净增2145亿元，增加值增幅连续4年居全省第一。宁德成为全球最大的锂电池和不锈钢生产基地，中铝集团、上汽集团等“领头羊”相继落地。产值百亿级企业11家、占全省两成。福安、蕉城入选中国工业百强县（区）。宁德时代首登中国企业500强。全市上榜福建企业百强4家、制造业百强6家、战略性新兴产业百强2家。服务业增加值1045亿元、净增499亿元。国家现代农业产业园和省级以上龙头企业数量居全省前列。三次产业从15.7 ：51.6 ：32.7调整为11.4 ：55.4 ：33.2。

——这五年，我们宁德的城乡面貌焕然一新。国土空间总体规划编制完成，“三线一单”科学划定。中心城区建成区面积60平方千米、人口60万，常住人口城镇化率68.2%。城市功能配套更加完善，获评全国无障碍环境示范市。“四纵两横”高速大通道基本建成，衢宁铁路、汽车城铁路专用线建成投用，周宁、屏南迈进“铁路时代”，农村公路总里程突破1万千米，4个县（市）获评全国、全省“四好农村路”示范县。全国农村人居环境整治暨厕所革命现场会在宁德市召开，“两高一线”环境整治和建制村改厕改水全面完成。海上养殖综合整治、中心城区水环境综合治理取得显著成效，“清海”经验全国推广。森林覆盖率69.98%，荣获“国家森林城市”、中国“绿都”称号，省级森林县城、园林县城实现全覆盖。

——这五年，我们宁德的发展活力竞相迸发。“放管服”改革持续深化，市场主体数量实现翻番。城市综合信用指数从全国223名提升到53名。乡村振兴指导员制度等一批改革实践成果全省推广。获批建设国家普惠金融改革试验区，7项创新成果全省推广，23项金融产品全国全省首创或率先完成。新增国家和省级创新平台47个、高新技术企业206家，全社会研发投入年均增长28.2%。三沙港区对外开放。建成万吨级泊位6个，港口货物和集装箱吞吐量年均增长21.82%、15.6%，均居全省第一。

——这五年，我们宁德的民生事业长足进步。城乡居民人均可支配收入跨上4万元、2万元台阶。每年财政支出八成投向民生领域。6个省级扶贫开发重点县全部摘帽，453个贫困村全部出列，7.2万户建档立卡贫困人口全部脱贫。新增公办幼儿园学位1.77万个、中小学学位6万个、医疗床位6016张、养老床位7710张。城乡低保覆盖率居全省第一。1.42万户困难群众住房得到改善。全国文明城市首创首成，6个县（市）获评省级文明县城，文明村镇占比分别67.4%、94.6%。社会主义核心价值观深入人心，涌现出卫国戍边烈士陈祥榕和杨春、孙丽美等一批“时代楷模”、道德模范。成功举办第十六届省运会、第十届省老健会。荣膺全国、全省双拥模范城“五连冠”。“七五”普法圆满收官，扫黑除恶斗争取得显著成效，平安建设连续五年全省优秀。

在肯定成绩的同时，我们要保持头脑清醒，宁德“弱鸟”的身份还没有彻底改变，仍面临不少困难和问题，主要表现在：综合实力总体偏弱，山海、城乡之间发展不协调问题仍较突出；中小微企业困难增多，传统产业转型升级偏慢，产业结构不优、创新能力不强、人才支撑不足等深层次矛盾日益凸显；资源环境约束趋紧，大项目好项目接续不足；中心城市能级偏低，城市管理和社会治理水平有待提升；城乡基础设施和民生社会事业短板问题还未得到根本性解决，增加居民收入、促进共同富裕任务艰巨；少数政府工作人员的服务意识和能力还跟不上新形势新要求，等等。这些主要是发展中的问题，我们必须用发展的办法努力解决。

二、新一届政府工作的总体要求和主要目标任务

未来五年，宁德市发展的外部条件既有新一轮数字技术革命蓬勃兴起、新发展格局加快构建、“双碳”目标深入实施、中央支持福建高质量发展超越等带来的多重利好，也有新冠疫情、大国博弈等带来的不稳定性、不确定性；内部因素既有四大主导产业快速扩张带来的强劲动能和牵引效应，也有因此带来的产业链供应链创新链配套、城市能级提升、优质公共服务供给和社会治理等诸多压力。我们要坚持以经济建设为中心，用系统的思维、统筹的方法，解决好自身发展规模、速度、质量、效益均衡协调的问题，集中精力办好宁德的事。

今后五年，政府工作指导思想是：高举习近平新时代中国特色社会主义思想伟大旗帜，全面贯彻党的十九大和十九届历次全会精神，弘扬伟大建党精神，深入学习贯彻习近平总书记对福建、对宁德工作的重要讲话重要指示精神，坚持稳中求进工作总基调，立足新发展阶段、贯彻新发展理念、服务和融入新发展格局，以供给侧结构性改革为主线，统筹疫情防控和经济社会发展，统筹发展和安全，按照构建“一核两廊五轴”的发展格局，加快打造“增长极”，建设“四个区”，全方位推进高质量发展超越，更加注重科技赋能、构建现代产业体系，更加注重港产城融合、建设区域中心城市，更加注重山海特色、打造乡村振兴样板，更加注重规范有序、提升市域社会治理水平，更加注重居民增收、共建共享美好生活，奋力谱写全面建设社会主义现代化国家的宁德篇章。

未来五年，我们的总体目标和主要任务是：

——努力在全省高质量发展大局中体现“宁德贡献”。在完成市第五次党代会确定的地区生产总值比2020年翻一番的基础上，持续保持较快增长，综合实力快速跃升，跻身并稳固全国百强地位，打造全省高质量发展超越的重要增长极。

——努力在全球产业版图中树立“宁德地标”。全力建设领航世界的锂电之都、全球最大的不锈钢基地、国内最具竞争优势的现代汽车城和铜产业基地，在实现四大主导产业“4311”目标、工业总产值突破1万亿元的基础上，持续保持快速增长势头。“四大经济”成形成势，服务业增加值占生产总值比重40%以上。

——努力在全国乡村振兴中打造“宁德样板”。延伸拓展精准扶贫“宁德模式”，探索“城乡融合、山海交响”实施路径，走出一条具有闽东特色的乡村振兴之路。打造一批农业百亿强县、十亿强镇、亿元强村，力争“8+1”特色产业全产业链总规模突破2800亿元，集体经济年收入50万元以上的村40%以上。“三治结合”治理体系更加健全，人居环境更加优美和谐。

——努力在现代海湾城市建设中展示“宁德气质”。推进“一市多区、强镇环湾”空间布局，打造“百平方公里级面积、百万级人口规模”区域中心城市。谋划建设“一核两环六放射”市域大通道，构建市域1小时、环湾半小时通勤圈。全面提升居住、交通、水环境、风貌、管理“五大品质”，提高城市安全韧性。打好“水气土海”保卫战，构建山区生态绿廊、沿海蓝色港湾两大生态屏障。

——努力在深化改革开放中探索“宁德方案”。深化营商环境、要素配置、国资国企、乡村振兴、生态建设等重点领域改革，充分激发全社会创造活力。推动规模以上工业企业研发活动全覆盖，实现全社会研发经费投入、高新技术企业数量和产业规模“三个翻番”。全面提升对外开放层次，打造亿吨级三都澳大港，力争建成2个A类通用机场。

——努力在幸福生活共同缔造中提升“宁德指数”。扎实推进共同富裕，实施五大群体增收计划，城乡居民人均可支配收入分别5万元、3万元以上。围绕“幼有善育、学有优教、病有良医、老有颐养、住有宜居、弱有帮扶”，构建全生命周期服务保障体系。深入践行社会主义核心价值观，把“闽东之光”传播开去，建设更高水平的法治宁德、平安宁德。

三、扎实做好2022年政府工作

2022年是新一届政府的起步之年，是实施“十四五”规划的关键之年。我们要认真落实中央、省委和市委经济工作会议的部署要求，深刻认识我国经济发展面临的需求收缩、供给冲击、预期转弱“三重压力”，积极应对外部环境的复杂严峻和不确定，保持战略定力和耐心，坚持稳字当头、稳中求进，统筹抓好“六稳”“六保”工作，以“实施‘双百’项目，献礼‘二十大’”活动为总抓手，推动经济社会平稳健康发展。

今年全市经济社会发展的主要预期目标是：地区生产总值增长10%；规模以上工业增加值增长18%以上；固定资产投资增长5%以上；社会消费品零售总额增长7%；出口增长16%；实际利用外资增长10%；一般公共预算总收入增长6%，地方一般公共预算收入增长5%；金融机构本外币贷款余额增长13%；城乡居民人均可支配收入分别增长8%、10%；城镇登记失业率控制在5%以内；完成年度节能减排任务。

实现上述目标，重点要抓好六个方面工作：

（一）突出实体经济，构筑高质量现代产业体系。实体经济是强市之本、发展之基。我们要围绕建设“产业强市”，不断壮大“产业林”“生态圈”，挺起高质量发展超越的“硬脊梁”。

提升科技创新能力。实施科技创新扩面升级专项行动，新增省级以上高新技术企业40家、专精特新企业3家、众创空间5家，新建市级以上企业创新平台20家，规模

以上企业研发活动覆盖率提高到45%，全社会研发经费投入增长20%。推进东侨国家“双创”示范基地建设，争创东侨、柘荣省级高新技术产业开发区。推进关键核心技术“揭榜挂帅”攻关，支持龙头企业组建创新联合体，高水平建设宁德时代创新实验室，创建非晶合金、毒物化学等省重点实验室。建设一批公共创新平台，强化小微企业、农业企业科技服务。全链条做优“知创宁德”，新增知识产权优势企业15家，有效发明专利突破2300件。感同身受企业知识产权被侵之痛，加大知识产权政策保护和侵权违法行为打击力度。

加速主导产业强链聚群。实施产业链招商专项行动，推进扩能延链成群，确保四大主导产业实现产值4600亿元。力推宁德时代车里湾、福鼎基地一期和新能源科技四期等项目投产达产和福鼎基地二期落地，加快17个配套项目建设，力争锂电新能源产业产值2300亿元。力推上汽宁德基地二期项目落地，导入更多新车型，延伸布局一批一、二、三级配套企业，力争新能源汽车产业实现产值300亿元。力推青拓高性能不锈钢宽板项目建设，加快17个配套项目建设，积极引进医疗器械、家居厨卫、建筑装饰等精深加工项目，力争不锈钢新材料产业实现产值1700亿元。力推东南铜业二期项目落地，建成投产铜铝精深加工项目3个，引进落地一批特种线缆、散热器、变压器等精深加工项目，力争铜材料产业实现产值300亿元。

推动传统产业改造提升。我们任何时候都不能忘记传统产业所作的贡献。实施传统产业数字化转型专项行动，完成改造需求普查，开展“一对一”诊断服务，支持有条件的企业实施生产线和车间智能化改造，培育一批示范试点项目。实施省市重点技改项目50项以上，支持电机电器、食品加工、汽摩汽配、合成革、冶金特钢等行业企业技术革新、产品创新、市场开拓，加快向专精特新方向发展。推进工业园区标准化建设，建成特色鲜明的小微园10个，引导更多企业“退城入园”。

加快现代服务业提档升级。积极推进“两业融合”，大力发展工业设计、研发、信息、中介等生产性服务业。实施现代物流创新发展专项行动，加快建设漳湾临港物流园，建成投用国际物流中心一期、铜精矿集散中心，探索建设有色金属交易中心、不锈钢交易中心、汽车交易中心。做大做强国网时代等平台经济，大力发展电池充换电、共享储能等新业态新模式。支持发展电子商务、直播经济，建成一批特色商圈、精品夜市、主题街区，培育新型时尚的消费新业态。改造提升一批农产品交易批发市场、农贸市场和“菜篮子”示范基地。新增限额以上商贸企业100家以上。

推进新兴产业发展壮大。坚持产业数字化、数字产业化，推进制造业“机器换工”“两化融合”，前瞻布局工业互联网、人工智能、5G技术等应用场景，加快建设市大数据产业园，打造一批数字经济样板项目。统筹海岛、海岸、海洋综合开发，壮大发展海工装备、临港能源、海洋生物科技等产业，扶持发展深远海养殖和远洋渔业，推动船舶修造业转型发展，加快建设“海上宁德”。坚持把低碳清洁型产业作为绿色经济的主攻点，重点打造清洁能源基地、风光储充用一体化示范基地，加快建设一批抽蓄电站、海上风电、光伏项目。推动全域生态旅游发展，策划推出一批区域旅游IP、产品IP，大力发展滨海旅游、乡村旅游、工业旅游、红色旅游，建设百个金牌旅游村，创建一批国家AAAA级旅游景区和渔旅融合示范项目。成立市文旅集团和旅游发展基金，开发“一部手机游宁德”平台，做强“主播带你游”栏目。做好宁德世界地质公园中期评估工作，办好第十一届文化旅游节。加快发展生物新医药产业，支持广生堂、力捷迅、安发等企业在细分领域创新发展。推动三祥新材锆系、镁系、陶系产业链延伸，着力打造百亿规模锆材料产业。

加快现代金融业发展。按照“引机构、引资金、产融结合、防范风险”的工作思路，持续实施“引银入宁”工程，大力引进银行、保险、证券等传统金融和财务、信托等非银金融机构。创新融资租赁、绿色金融、供应链金融等产品服务，积极引进私募基金，吸引更多域外资本到宁德投资。深化政银企常态化对接，着力解决小微企业融资难、融资贵问题，力争制造业贷款余额增长30%以上。高质量完成普惠金融改革任务，创新金融助力乡村振兴模式，探索建立“蓝色银行”，力争普惠小微贷款余额增长25%、涉农贷款余额增长15%以上。完善普惠金融信用信息平台，严厉打击违法违规金融活动，加快建设“信用宁德”。

完善人力资源服务体系。实施人力资源服务提升专项行动。深化“三都澳人才计划”，创新人才服务体制机制，支持企业自主评价认定人才，引进更多产业发展急需人才。导入优质人力资源服务机构，提升东侨人力资源产业园服务水平。深化产教融合、校企合作，鼓励职业院校与龙头企业共建实训基地、技能提升中心。滚动实施“百名企业家、千名创二代、万名工匠培养工程”。创建“青年友好型”城市，为广大青年来到宁德展创造条件。

（二）突出比较优势，打造高标准乡村振兴。走好特色振兴之路，既是政治嘱托，也是责任所在。我们要充分发挥山与海的比较优势，念好新时代“山海经”。

做精优势特色农业。坚决制止耕地“非农化”、防止“非粮化”，粮播面积稳定在134.8万亩，粮食储备15万吨以上。实施优势农业提效专项行动，市县联手、“一业一方案、一专班、一平台”推进。加快建设国家现代农业产业园、优势特色产业集群、农业产业强镇，培育“一村一品”专业村40个。大力培育家庭农场、农民专业合作社示范社和农业龙头企业，新增新型农业经营主体40家，建成优质农产品标准化基地35个，培育“三品一标”30个，持续打响“0593宁德号”“下乡的味道”“十方田”等区域公用品牌，加快构建农产品从初加工到冷链物流、线上线下营销的服务体系。实施“国鱼计划”，推动大黄鱼等海洋水产从种苗、养殖到加工、品牌、市场的全链条提升，新增深远海养殖6万立方米。统筹做好茶文化、茶产业、茶科技文章，讲好福鼎白茶、坦洋工夫等品牌故事，打造一批生态茶园、智慧茶园、茶庄园，改造低产低质茶园 2 万亩。实施中国食用菌之都产业高地建设工程，推动食用菌生产向标准化升级、产品向高附加值延伸。推进水果、蔬菜、畜牧、中草药材、林竹花卉等特色产业发展，新增高山冷凉花卉设施 4 万平方米、林下经济 5 万亩、果蔬 2 万亩。

提高乡村宜居水平。实施农村人居环境整治专项行动，按照基础版、标准版、提升版，分类指导、梯次推进整治提升。完成村庄规划编制 328 个，建成乡村振兴示范线路 36 条、乡村振兴文化带 10 条以上。完成裸房整治村庄 360 个、低收入群体危旧房改造 156 户、生活污水提升治理村庄 165 个，生活垃圾干湿分类覆盖率 20% 以上。实施闽东大水网建设专项行动，深化农村饮用水水源地生态环境治理，推进中心城区湖库连通水资源优化配置工程，建成市第三水厂 10 扩 20 工程、八都自来水厂和城乡供水一体化项目 14 个。加快闽东苏区防洪防潮工程前期工作，力争开工建设上白石水利枢纽工程。实施县道“四晋三”、乡道“单改双”、较大自然村通硬化路等项目，建成“四好农村路”330 千米。倾斜支持“老少边岛”地区发展。我们要带着感情、带着责任抓好这项工作。坚持“输血”和“造血”并举，积极向上争取政策支持，继续落实宁德市倾斜措施，因地制宜发展具有红色、民族、海岛等特色的经济业态，引导更多资源落到老区苏区、少数民族地区、边远地区、海岛区域和库区移民村。着力完善进村道路、安全饮用水、供电、环境整治等配套设施，规划建设一批客运码头、水上巴士等海上交通工具，开工建设渔港项目 15 个。

完善“三农”工作机制。健全防贫救助机制，坚决守住不发生规模性返贫底线。健全农村生产要素流转融资平台，盘活山地、茶园、厂房、土地经营承包权等各类要素。持续开展集体经济“提质强村”三年行动，用好闽东时代乡村经济发展基金，着力解决村集体“没钱办事”的问题。充分发挥“一书记三大员”作用，推动能人回归、青年回引。加强和改进乡村治理，建设平安乡村、智慧乡村，不断培育文明乡风、良好家风、淳朴民风。

（三）突出功能品质，建设高能级海湾城市。宁德“天生丽质”，只要我们善于识别城市的闪光点，就一定有机会把她打造成令人向往的山海湾城。

做强环湾中心城市。健全国土空间基础信息平台和“一张图”数据库，建立环湾区域整体统筹和重点把控机制，优化中心城区控规和环湾乡镇国土空间规划体系。建立城市总规划师制度，开展中心城区整体和重要节点城市设计，统筹自然山水、历史文化、民族传统等特色资源。实施“点线面”提升策略，高品质推进环东湖、环赤鉴湖、连城路周边、鹏程街区、塔南等重要节点的开发提升；高品位推进贵岐山—金蛇山—钱岩山郊野公园建设和镜台山、大门山、塔山、人民广场等城市公园配套完善，以及高速公路互通口至产业集中区、重要公共服务节点等重要廊道的整治提升。围绕“功能完善、风貌鲜明、治理有序”的总体要求，着力推进福安、霞浦、福鼎次中心城市扩容提质和山区县“大城关”建设，补齐设施短板，推进人口集中、产业集聚和公共服务集成，增强综合服务承载力。突出“一镇一韵”，推进城镇差异化、特色化发展，重点支持宁德锂电、三沙光影、三都澳大黄鱼等 7 个省级特色小镇建设。

构建综合交通体系。对外联系层面，加快温福高铁、城际铁路 F3 线、沈海高速公路扩容工程前期工作，全力推进国道 228、省道 207 建设。市域通联层面，加快推进宁古高速公路建设，近期完成古田段招标，春节后动工。加快宁上高速公路霞浦至福安段建设进度，推动沈海高速公路宝洋塘互通建设，推动白马港铁路支线复工，加紧漳湾铁路专用线前期工作，启动市域轨道交通线网布局方案研究。城区出行层面，实施城市交通拥堵治理专项行动，综合施策突破中心城区南北向交通瓶颈，完成福宁路快速化改造，加快连城路、东侨路、金漳路、林特路和国道 104 拓改等项目建设，强化产业集中区通勤的公交服务。软硬兼施畅通城市微循环，打通北湖滨路、惠风路、天山西路等断头路，实施交通堵点微改造，推进建设重点路段天桥、地下通道，开展城市慢行廊道建设试点。落实城市停车场建设管理规定和三年实施方案，新增公共停车泊位 1000 个以上，加强停车秩序管理。

完善城市功能配套。深入推进城市体检，树立精品意识，继续实施“十个十”城市民生工程，建成一批口袋公园、公厕、充电桩、慢行系统等配套设施，整治一批积水易涝点。完成老旧小区改造 15 个、2902 户，支持和推动既有住宅加装电梯。加快环金溪琼堂片区、福洋片区城市更新，适时启动财校片区城市更新。推进污水处理提质增效，启动贵岐山、东区污水处理厂扩容工程，新改建排水管网 50 千米以上。

强化智慧精细管理。加快建设“智慧城市”，建成城市综合管理服务平台，推动“数字城管”向“智慧城管”升级。加强水、电、燃气等管线安全运行监测。严格执行城市户外广告和招牌设置、市容和环境卫生等规定，精心守护城市靓丽容颜。合理设置农产品自销区，引导流动摊贩入市经营。健全垃圾分类体系，实现中心城区全覆盖。加大“两违”综合治理力度，对新增“两违”坚决“零容忍”。

（四）突出改革开放，畅通高水平“双循环”。四大主导产业的崛起，为宁德打开了对话世界的通道，激活了开放包容的基因。我们要用好“关键一招”，在畅通“双循环”中发挥更大作用。

深化重点领域改革。实施筹融资专项行动，理顺投融资体制机制，创新运用 PPP、产业基金、资产证券化等融资方式。落实政府债务限额管理和预算约束，坚决防止新增政府隐性债务。加大上市企业培育力度，支持通过挂牌、发债、定增等直接融资方式募资。持续推进国企改革，引导市属国企参与主导产业发展和民生服务供给，力争总资产突破 900 亿元。完善节约集约用地机制，盘活闲置、低效用地，创新土地出让方式，推动资源要素差别化配置。深化“三医联动”改革，推行县级公立医院薪酬总量管理、医保 DIP 付费改革。统筹推进统计、建筑业等领域改革。

打响“宁德服务”品牌。实施营商环境创优专项行动，在流程再造、机制创新、数字赋能上务求突破，推动部门数据共享应用，实现“一网通办”，全程网办事项比例提高到90%以上，打造能办事、快办事、办成事的“便利宁德”。切身体会基层企业群众的“酸甜苦辣”，加大服务保障力度。建立“局长服务日”制度。设立惠企政策线上直补平台和线下代办窗口，便捷兑现减税降费等政策，真正把好事做到底。大力弘扬企业家精神，落实促进民营经济发展的政策措施，支持民营企业大胆创新、放手创业。

积极扩大有效投资。实施深化“三比三赛”专项行动。坚持千亿招商计划，建立一份招商目录，完善一套招商机制，制定一张“产业地图”，统筹项目布局和招商政策，争取再抱一批“金娃娃”，打造更多新的增长点。加快推进248个省市在建重点项目建设，年度计划投资658亿元，确保项目开工80个、竣工50个。继续推进抓征迁交净地攻坚，做实项目前期，努力破解用地用林用海、资金、能耗等要素瓶颈。

拓展对外开放合作。推动宁德港纳入全省“丝路海运”重要节点，建设市场采购贸易集聚区“宁德馆”，大力培育数字化外贸、双向外贸综合服务等新业态新模式，争创国家跨境电商综合试验区。推进港口连片开发开放，加快建设漳湾作业区18–21#等13个泊位，建成湾坞作业区1#8#泊位和鼎盛钢铁配套码头，启动杨岐、溪南作业区口岸开放前期，争取设立B型保税物流中心。扩大与全球重要航商、国内主要国际港的合作，开辟快速直达的航线航班。办好首届储能发展大会、国际新能源新材料博览会、电博会及投洽会，争取承办新能源新材料新医药领域国内行业年会和国际高峰论坛。主动融入福州都市圈建设，深化闽东北、闽浙赣皖协同发展。拓展宁台交流合作，在现代农业、乡建乡创、文化、旅游等领域实现新突破，努力在服务祖国统一、建设台胞台企登陆第一家园中发挥更大作用。

（五）突出环境治理，巩固高颜值生态优势。青山绿水、碧海蓝天是宁德最大的优势。我们要坚持生态优先、绿色发展，打造践行“两山”理论、“三库”理念的样板。

深入打好污染防治攻坚战。持续抓好中央、省环保督察反馈问题整改。实施蓝天工程，深化钢铁、煤电等重点行业超低排放改造，推进$PM_{2.5}$和臭氧协同控制。强化河湖长制，推进工业园区“污水零直排”，统筹入河入海排污口和三都澳、沙埕港等重点海湾治理，完善乡村保洁与海漂垃圾一体化运作机制，打造一批“美丽海湾”“美丽河湖”。开工建设市环保循环产业园，完成重点园区土壤环境风险评估，确保受污染耕地安全利用率达到93%以上。

加强生态保护修复。严格落实“三线一单”，科学优化产业布局、资源开发、城镇建设、重大项目选址。深化林长制，推进集体林权制度改革，加快闽东森林城市群建设，精准防治松材线虫病，提高林分质量和碳汇能力。统筹推进山水林田湖草沙一体化保护与修复，完成植树造林16.9万亩、治理水土流失9万亩。健全多元化生态补偿机制，推进排污权、用能权、碳排放权交易。支持有条件的县（市）创建国家森林城市、国家生态文明建设示范区、“两山”理论实践创新基地。

倡导绿色生产生活。建立“双碳1+N”工作体系，分领域、分行业制定碳达峰行动计划，形成绿色生产、绿色消费的政策导向。推动重点行业低碳化、清洁化改造，实施节能项目10个以上，创建一批绿色工厂、绿色园区、绿色设计产品、绿色供应链。推广绿色建筑和绿色建材，加快推进装配式建筑、超低能耗建筑发展。拓展电动化应用全场景布局，加大新能源汽车推广力度，鼓励发展电动船舶、电动重卡，打造电动化示范市。

（六）突出民生改善，满足高品质生活需求。为老百姓创造美好生活是政府的本分。我们要着眼“四个满足”，把办好为民办实事项目、解决群众急难愁盼问题当大事抓、往实处落，用老百姓发自内心的幸福笑容来检视政府的工作绩效。

持续扩大就业创业。就业是最大的民生。实施更加积极的就业政策，新增城镇就业2.4万人以上，失业人员再就业0.6万人。继续开展就业帮扶行动，统筹抓好高校毕业生、农村转移劳动力、退役军人等重点群体就业创业。支持和规范发展灵活就业，扶持发展电商直播、夜市经济等新就业形态，让更多人在“家门口”实现择业就业。

提高居民收入水平。千方百计增加群众工资性、经营性、财产性、转移性“四类收入”，促进城镇职工、城镇居民、农民、低收入群体、高端人才“五大群体”增收，让更多普通劳动者跨入中等收入群体行列。鼓励发展慈善等社会公益事业，发挥第三次分配作用，缩小城乡、区域、行业、群体之间的收入差距，为迈向共同富裕打下坚实基础。

共享优质公共服务。优质的教育和医疗服务是全社会反映最集中最强烈的诉求和渴望。实施教育扩量提质专项行动，加快建设补短板项目66个，新增学位1.67万个。新建公办幼儿园6所，建成投用宁德师院附小春风里校区、东侨三小等项目，义务教育管理标准化学校提高到60%以上。争创省示范高中2所。提高课后服务质量，办好校园中央厨房，加强心理健康服务，促进学生全面发展和健康成长。加快建设市职教园。支持宁德师范学院争创硕士学位授予单位。提高民族教育、特殊教育、终身教育发展水平。实施医疗卫生服务提升专项行动，争创区域医疗中心，加快推进补短板项目50个，新增医疗床位1000张以上。开工建设市医院传染病院区、市疾控中心迁建、东侨医院和区域医学影像中心、检验病理中心等项目，完成市县疾控机构标准化建设。支持中医药、畲医药传承创新发展。组织开展“暖心服务”活动，改善群众就医体验。慎终如始抓好疫情防控，扎紧扎牢“外防输入、内防反弹”的防线，落细落实网格化管理，构建全民疫苗接种的免疫屏障。

健全社会保障体系。继续实施全民参保计划，推进低保对象、特困供养人员应保尽保，加大低保边缘家庭和支出型困难家庭救助力度。坚持“房住不炒”，促进房地产业良性循环和健康发展，支持发展长租房，加大保障性租赁住房供给，实施中低收入家庭保障性租赁住房补贴制度，让更多新市民、年轻人、低收入群体住有所居。加快构建老年人健康支撑体系，大力发展普惠型、互助性和“互联网+”养老服务，满足老年人多样化健康养老需求。新建农村区域性养老服务中心11个、互助孝老食堂100个以上，完成家庭适老化改造1700户以上。积极落实三孩生育政策，扩大婴幼儿照护服务试点。

大力发展文体事业。深入推进新时代文明实践，常态化推进全国文明城市和群众性精神文明创建。加快建设大剧院、美术馆、文创园、畲族文化园等文化新地标，稳妥推进历史文化街区、名镇名村、传统村落、文物及革命遗址保护与修复。推动动漫游戏、短视频、影视、网络文学、工艺美术协同发展。支持《激战苍穹》等文艺精品创作，组织《山海的交响》复演，办好“三月三”畲族文化活动周，让“闽东之光”更加耀眼夺目。广泛开展文化惠民活动、全民健身运动，举办一批精品赛事。积极备战省运会、省老健会。

着力提升社会治理水平。贯彻总体国家安全观，防范化解各类风险。强化阵地建设和网络综合治理，确保意识形态领域绝对安全。深化平安宁德、法治宁德建设，推进“八五”普法，完善“数字化＋网格化”治安防控体系，创新发展新时代“枫桥经验”，常态化推进扫黑除恶斗争，严厉打击电信网络违法犯罪行为。畅通网上信访渠道，大力化解信访积案。创新基层社会治理，加强社工队伍建设，推进市域社会治理现代化试点工作。坚持宗教中国化方向，持续提高宗教事务治理法治化水平。实施安全生产治理水平提升专项行动，坚决遏制重特大事故发生。严把农田到餐桌的每一道防线，守护“舌尖上的安全”。加强国防动员和后备力量建设，完善退役军人服务保障体系，力争全省双拥模范城“六连冠”。

四、努力建设人民满意的服务型政府

打铁还须自身硬。我们要牢记政府前面的“人民”二字，巩固拓展党史学习教育成果，持续深化“再学习、再调研、再落实”活动，以自我革命的精神，打造忠诚、法治、实干、清廉的政府。

把政治建设摆在首位。坚持把对习近平总书记的感恩之心和拥戴之情转化为始终牢记“两个确立”、坚决做到“两个维护”的高度自觉，不折不扣落实中央和省委、省政府，市委的决策部署。坚决把讲政治落到实处，在加强党性修养中看是否对党忠诚，在履职尽责中看是否胸怀“国之大者”，在处理涉及群众利益中看是否践行人民立场，在日常一言一行中看是否坚守纪律规矩。

把法治思想贯穿始终。深入学习贯彻习近平法治思想，开展“法治政府建设年”活动，做到法无授权不可为，把最大的空间留给市场，让市场主体活力充分释放。严格落实重大行政决策法定程序，强化行政规范性文件合法性审核。认真执行市人大及其常委会决议决定，依法接受人大法律监督、工作监督，自觉接受政协民主监督，主动接受监察、审计、群众和舆论等监督。推进政务公开。加强诚信政府建设，像爱护自己眼睛一样爱护政府的公信力。

把实干精神进行到底。始终牢记习近平总书记“说老实话、办老实事、做老实人”的教诲，坚持实字当头，想问题、作决策、办事情，既要拉高标杆、争先晋位，又要冷静客观、行稳致远。坚持行动至上，明确要做的事就立马动手，“有头有尾”“有种有收”，切不可“把说了当做了、把做了当做成了”。坚持效率优先，马上就办、事不过夜，“今天再晚也是早、明天再早也是晚”。坚持担当为要，把自己摆进去，一级事权一级责任，一线难题一线破解，不为办不了找理由，只为办得好想办法。

把廉政防线拉紧扎牢。恪守习近平总书记“为官之德在于清廉”的重要要求，扎实推进政府系统全面从严治党、意识形态工作和党风廉政建设，积极配合做好巡视巡察工作。贯彻落实中央八项规定及其实施细则精神和省市实施办法，坚决纠治“四风”问题，穿透式抓好重点领域、环节、岗位的廉政风险防控。弘扬勤俭节约的传统美德，精打细算过“紧日子”，倡导“多花心思少花钱”，把有限的资金用在刀刃上。

（资料来源：市政府办公室）

中共宁德市委关于学习贯彻习近平总书记来闽考察重要讲话精神奋力谱写全面建设社会主义现代化国家的宁德篇章的决定

宁委发〔2021〕4号

（2021年6月16日中国共产党宁德市第四届委员会第十四次全体会议通过）

为深入学习贯彻习近平总书记到福建考察重要讲话精神，认真贯彻落实省委十届十二次全会部署要求，进一步动员全市上下牢记嘱托、勇担使命、接续奋斗，全方位推进高质量发展超越，奋力谱写全面建设社会主义现代化国家的宁德篇章，作出如下决定。

一、提高政治站位，坚定自觉以习近平总书记来闽考察重要讲话精神统一思想、统揽全局、统领发展

1. 充分认识重大意义。在“十四五”开局之年、全面建设社会主义现代化国家新征程开启之初这一重要历史时刻，习近平总书记亲临福建考察并发表重要讲话，意义重大、影响深远，充分体现了对福建发展的关心重视和殷切期望。特别是习近平总书记在视察福建过程中，多次提及宁德、肯定宁德，凝聚着对闽东大地始终如一的特殊感情、对闽东人民一以贯之的特殊厚爱，是全市上下的无上荣光和最大福气。全市广大党员干部要深刻认识习近平总书记视察福建的重大现实意义、深远历史意义和长远指导意义，不断提高政治判断力、政治领悟力、政治执行力，增强“四个意识”、坚定“四个自信”、做到“两个维护”，自觉把习近平总书记的关怀厚爱转化为干事创业的不竭动力，坚定不移沿着习近平总书记指引的方向前进。

2. 深刻领会精神实质。习近平总书记的重要讲话，从党和国家事业发展的全局高度，对新发展阶段新福建建设赋予新使命、提出新要求、明确新任务，进一步标定了福建在服务全国发展大局中的时代方位，阐明了福建开新局谱新篇的实践要求和着力点。这与党的十八大以来习近平总书记对福建工作作出的一系列重要讲话重要指示一脉相承，系统构成了福建发展的总遵循、总纲领、总蓝图，为我们推进各项工作指明了前进方向。全市上下要深刻领会习近平总书记到福建考察重要讲话精神的内涵实质和精髓要义，胸怀“两个大局”，找准“宁德篇章”在“福建篇章”中的坐标定位，全面衔接贯通，努力以更多标志性硬核成果展现宁德作为、体现宁德担当，在市域层面探索走出一条全面建设社会主义现代化的宁德路径。

3. 全面学习宣传贯彻。学习宣传贯彻习近平总书记到福建考察重要讲话精神，是当前和今后一个时期的首要政治任务，是检验政治站位、政治方向、政治担当的重要标尺。全市各级党组织和广大党员干部要带着使命学、带着感情学，与学习贯彻习近平总书记给寿宁县下党乡乡亲们重要回信精神和对宁德工作重要指示批示精神全面贯通起来，与开展党史学习教育和“再学习、再调研、再落实”活动紧密联系起来，一体学深悟透、一体推进落实，不断把学习宣传贯彻引向深入。要精心组织安排，营造浓厚氛围，推动习近平总书记重要讲话精神传递到各个领域、各个层面，做到家喻户晓、深入人心。要全面对标对表，细化落实举措，推动贯彻落实工作具体化、责任化、清单化，确保习近平总书记重要讲话精神在宁德落地生根、结出硕果。

二、加快构建现代产业体系，大力推进高质量发展

4. 全力推动创新发展。突出把科技创新作为引领高质量发展的战略支撑，全面推进创新型宁德建设。深化创新链与产业链对接融合，高标准建设21C创新实验室，积极争创能源材料领域国家实验室，加快推动不锈钢新材料省级制造业创新中心、高性能氮合金化不锈钢工程研究中心建设，加快建成电化学储能技术国家工程研究中心，引进落地正威铜基材料省级技术研究中心，集中攻关新能源、新材料、智能智造等领域关键核心技术，形成一批具有自主知识产权和重大应用前景的原始创新成果，加快打造全球领先的新能源新材料科技创新高地。强化企业创新主体地位，完善企业研发投入激励机制，加快“科技贷”增点扩面，建立高新技术企业培育库，支持龙头企业牵头组建创新联合体，推动产业链上中下游、大中小企业融通创新，不断提高规模以上工业企业研发活动覆盖率，力争“十四五”末全社会研究与试验发展经费投入强度达到2.6。加快建设东侨、柘荣高新技术产业开发区，打造东侨国家“双创”示范基地。注重集聚创新人才，迭代升级“三都澳人才计划”，优化引才育才留才用才环境，打造更有吸引力的人才“蓄水池”。坚持创新不问“出身”，健全激励保障、分类评价、成果分享等机制，深入落实“揭榜挂帅”等制度，激发创新创造活力。

5. 优化提升产业能级。围绕发展世界级主导产业，接续引进补链强链扩链的优质龙头项目，全面推进产业基础

高级化、产业链现代化，举全市之力推动锂电新能源产业产能达到500Gwh，新能源汽车产业实现年产60万辆，再造一个千亿不锈钢产业集群，铜产业产值实现倍增，支撑工业经济迈入“万亿时代”，加快打造全方位领先的世界锂电之都和世界最大不锈钢产业基地、国内最具成本竞争优势的现代汽车城、具有全球影响力的铜产业基地。大力引导推动传统产业融入主导产业生态圈，加快数字化、智能化、绿色化改造，重点推动电机电器产业向两轮电动车驱动电机、系统集成开发应用等方向发展，鼓励冶金特钢产业向生产精品钢、特种钢转型，引导锆镁新材料产业向锂电池、汽车生产等领域拓展，支持生物医药产业加快新药研发，全面提升传统产业发展层次，加快迈向价值链中高端。围绕壮大现代服务业，做大做强总部经济和仓储物流，科学布局研发设计、信息服务、法律服务、金融服务等生产性服务业，积极培育“车电分离”等新模式和短视频、动漫游戏、网络文学等新业态，加快发展商贸流通、文化旅游、健康养老等生活性服务业，推动生产性服务业向专业化高端化延伸，生活性服务业向品质化多样化升级。

6. 大力发展数字经济。积极融入国家数字经济创新发展试验区建设，主动承接数字中国建设峰会溢出效应，推进新一代信息技术与实体经济深度融合，大力培育数字应用新模式、新业态，力争“十四五”时期数字经济增加值年均增长10以上。突出数字产业化，谋划布局人工智能、物联网、云计算、大数据、工业互联网、第五代移动通信、区块链等新技术新应用产业，积极引进区域性行业性数据服务中心、技术产品研发中心等功能性平台，加快填补电池管理芯片、自动驾驶、智能网联汽车等领域发展空白，扶持发展一批数字产业园区。突出产业数字化，深入开展工业互联网“十百千万”工程和“上云用数赋智”行动，培育打造一批智能生产线、数字化车间、智慧工厂，探索建设有色金属交易平台、动力电池回收利用平台、储能云平台等主导产业配套互联网平台，带动特色优势产业实现链条式、整体性数字化转型。突出数字化治理，强化数据资源整合会聚、融合运用，统筹推进数字社会、数字政府、智慧城市和数字乡村建设，提升治理数字化水平。

7. 加快建设海洋强市。坚持陆海统筹、向海进军，一体推进海岛、海岸带、海洋“点线面”综合开发，打造三都澳、白马港、福宁湾和沙埕港等四大海洋经济聚集区，力争“十四五”末全市海洋生产总值达到1350亿元。优化整合岸线码头资源，创新集约连片开发模式，大力拓展内陆腹地货源市场，推动集装箱运输业务规模化发展，加快建设亿吨级多功能现代化大港。围绕推进渔业全链条升级，加大深水大网箱、贝藻间养等新型生态养殖推广力度，积极培育深海养殖和远洋捕捞，加快补齐水产品冷链物流短板，推动水产品加工向海洋药品、保健品和生物新材料等精深高端领域拓展。加快推进海上养殖与休闲旅游融合发展，探索组建三都澳海上旅游公司，谋划实施一批渔旅融合试点项目，打响滨海旅游宁德品牌。大力发展海上风电，探索风电渔融合发展新模式，打造海洋工程装备业基地。强化海洋科技创新，注重发挥国家级大黄鱼育种重点实验室和大黄鱼遗传育种中心作用，联合知名院所探索组建海洋研究院，打造海洋生物种业示范和转化基地。

8. 培育壮大绿色经济。抢抓国家实施“双碳”目标重大契机，建立健全绿色低碳循环发展经济体系，推动生态环境高质量与经济发展高素质协同并进。积极融入国家新能源产业创新示范区建设，大力推进锂电新能源产业向储能、太阳能发电等领域进军，支持推动钙钛矿新型太阳能发电材料研发和产业化应用，加快推进全省首个风光储充智能微电网、我国东南区域首个吉瓦级储能工程等项目建设，不断深化拓展光储项目应用场景。全面推进“电动宁德”建设，加大新能源汽车推广应用力度，支持换电模式试点推广，加速电动交通系统建设和分布式储能应用，扩大充电设施覆盖面。加快推动青拓产能置换，创建国家新型工业化产业示范基地。全面实施能耗“双控”，推进重点用能企业全流程清洁化、循环化、低碳化改造，促进全面绿色转型。优化全域旅游布局，强化特色资源整合，创新多元旅游产品，用好“主播带你游”等平台，加快发展“工业＋旅游”“茶业＋旅游”“文创＋旅游”“摄影＋旅游”“康养＋旅游”等新业态，推动旅游经济全产业链延伸，培育打造一批生态旅游示范镇、特色旅游示范村，打响“清新福建山海闽东”旅游品牌。

三、持续深化改革扩大开放，积极服务和深度融入新发展格局

9. 深化重点领域改革。注重发挥改革在构建新发展格局中的关键作用，坚持问题导向、效果导向，突出精准靶向、系统集成，积极谋划实施一批原创性、差异性改革，打造更多具有区域影响力、宁德辨识度的改革成果和品牌。深入实施国企改革三年行动，继续优化主业布局，推动市属国有企业深度融入主导产业发展，做强主业、做大规模、提质增效，加快从融资性企业向经营性企业转变。深入推进国家普惠金融改革试验区建设，加快金融信息化建设步伐，全面推广“担保云”服务系统，持续探索创新“山海”系列信贷产品，不断优化中小微企业和“三农”金融服务供给。积极推进集体林权制度、重点区位商品林赎买等改革。探索实施车辆购买、检测、违章处理和二手车交易“一件事”改革等民生领域“小微改革”，不断提升人民群众改革获得感。

10. 实施扩大内需战略。扭住供给侧结构性改革，注重需求侧管理，合理引导消费投资，提升经济发展内生动能，夯实畅通国内大循环的重要基础。深挖消费潜力，紧扣“全闽乐购”主题，常态化、多层次策划开展促消费活动，着力提升传统消费，大力培育新型消费，持续拓展农村消费，鼓励支持新能源、家电等大宗消费，加快发展节假日消费，做优做活商圈经济、夜间经济，全面促进消费扩容提质。精准招商引资，坚持每年实施千亿招商计划，深化龙头企业招商、产业链招商、“一把手”招商、第三方招商，注重发挥四大主导产业招商工作专班作用，加快推进小微园建设，接续引进落地一批重大产业项目和产业链延伸项目。扩大有效投资，以开展“三比三赛”活动为抓手，

深化“五个一批”项目推进机制，创新多元化投融资机制，用好用足地方政府专项债券，加快推进“两新一重”项目建设，加强交通等领域重大项目争取和储备，增强发展后劲支撑。

11. 加强区域联动发展。坚持把服务和融入新发展格局与推进区域协同、山海联动、城乡融合等有机结合起来，着力构建国内大循环的重要节点和国内国际双循环的重要通道。深度融入闽东北协同发展区建设，加快推进宁德至福州长乐机场城际铁路等重点项目，深化拓展区域协作内容，提升互联互通水平，努力在更高层次、更宽领域承接福州大都市圈辐射。全面推进环三都澳大湾区建设，以三都澳为核心，统筹推进福宁湾、沙埕湾联动开发，加快构建“一核三湾五轴”发展格局。坚持以产业发展需求为导向，适度超前推进高速铁路、货运铁路支线、高速公路、港口码头、通用机场等一批重大基础设施建设，加快构建大港口、大物流、大枢纽的现代化综合立体交通运输体系，打造连接长三角、粤港澳和中西部地区的快捷通道。深化区域统筹、山海联动，强化主导产业全域化、梯次化纵深布局，着力打造沿海产业带、特色强镇群，加快构建山海携手、优势互补、共建共赢的区域协同发展共同体。

12. 提升对外开放层次。主动融入“一带一路”和海丝核心区建设，深化“宁造出境”“宁企出海”，充分发挥主导产业集聚规模优势，用好国内国际两个市场、两种资源，促进优势产业深度融入全球产业链、供应链、价值链体系，进一步提升“宁德制造”的竞争力、影响力和外向度。全力推进漳湾作业区获批开放，加快创建国家跨境电商综合试验区，积极推进宁德保税物流中心（B型）建设，巩固拓展全省贸易外汇收支便利化试点成果，引进航运公司开设内外贸同船航线，引导企业融入全面经济伙伴关系协定（RCEP）区域经贸合作，推动更多企业走出去、开拓新市场。坚持打好“侨牌”、以侨架桥、借侨出海，发挥海外联谊会等平台作用，密切与海外重点社团、重点侨胞、华裔新生代及港澳台同胞代表人士的联络，鼓励侨胞回乡投资兴业，打造更加开放的侨资侨智集聚发展平台和服务平台，撬动更多社会资源助力国内国际双循环。

13. 打造一流营商环境。深化“放管服”改革，突出把审批流程再造与“数字宁德”建设统一起来，全面实施市场准入负面清单制度，深入落实“全国一张清单”管理模式，加快构建全市一体化政务服务平台，努力实现政务服务全流程“一网好办”。纵深推进“一件事”套餐改革，开展“小时制”试点，推行企业开办“一窗通办、一日办结”，优化工程建设项目审批流程，规范供水、供电、供气等市政公用审批服务，提升企业办事便利度和满意度。实施高标准市场体系建设行动，加大知识产权保护力度，建成投用中国（宁德）知识产权保护中心，加强反垄断和反不正当竞争执法，维护公平竞争的市场秩序。持续推进高水平法治宁德建设，推动政务服务标准化、规范化、制度化，建设一流的法治政府，完善一流的司法保障，营造一流的法治环境。

四、探索宁台融合发展新路，建设台胞台企登陆第一家园

14. 深化宁台经济合作。坚持以产促融，积极融入海峡两岸发展示范区建设，优化升级电博会展会平台，持续推动闽台科技合作基地创建，加强宁台主导产业、传统优势产业、新兴产业等领域对接合作。加强与台湾在人工智能、物联网、大数据、现代商贸、孵化器经济、电子商务等现代服务业方面合作。推动闽台农业合作推广示范县和闽台农业融合发展基地建设，加强宁台现代农渔业发展合作。

15. 推动宁台应通尽通。坚持以通促融，加强港航基础设施建设，完善口岸联检配套设施设备，推进宁台航运及港口物流合作。大力推动霞浦三沙对台口岸经济区项目规划建设，加快推动霞浦台湾水产品集散中心建设，打造对台农渔产品的重要出入口。加强台胞台企服务专窗和涉台服务热线建设，打造快速便捷服务“绿色通道”。

16. 积极服务台胞台企。坚持以惠促融，出台惠台利民政策措施，推进台胞台企同等待遇全域规划。完善依法维权机制，推进涉台维权法制化、机制化、社会化、特色化。优化创新创业创造环境，扩大中国台湾地区职业资格、专业技术职称直接采认范围，吸引更多台湾青年和人才到宁德就业创业。鼓励台胞参与乡建乡创、文创设计、社区治理，争取设立“海峡建筑师”驿站，积极探索宁台融合发展新模式、新路径。提高台湾居民居住证应用便利化水平，实现基本公共服务均等化、普惠化、便捷化。

17. 加强宁台交流往来。坚持以情促融，深化宁台民间文化交流，培育陈靖姑文化、畲族文化、霞浦滩涂摄影文化、名人文化和茶文化等特色文化品牌，办好海峡论坛·陈靖姑文化节等活动。加强民间信俗、姓氏宗亲、乡情亲情、青少年交流。推进宁台合作创作影视、动漫、歌舞和戏曲等文化产品，促进畲族歌舞、非遗戏曲和技艺等交流。加强国家级、省级、市级对台交流基地建设，大力弘扬闽东之光，讲好宁德故事，促进两岸同胞心灵契合。

五、推进农业农村现代化，走出闽东特色乡村振兴之路

18. 巩固拓展脱贫攻坚成果。保持现有帮扶政策、资金支持、帮扶力量总体稳定，严格落实“四个不摘”要求，用好五年过渡期政策，对脱贫县、脱贫村、脱贫人口扶上马再送一程。健全防止返贫动态监测和帮扶机制，完善农村社会保险和救助机制，深化挂钩联系、兜底保障制度，对不稳定户、边缘易致贫户等，持续深入跟踪“两不愁三保障”巩固情况，坚决守住防止规模性返贫底线。坚持“抓两头带中间”，持续扶持壮大村级集体经济，同步推进试点示范乡村与产业薄弱村发展。

19. 加强科学规划引领。全面落实国家、省、市乡村振兴规划，启动实施农业农村现代化规划，整体部署、协调推进乡村产业、人才、文化、生态、组织振兴，打造具有闽东特色的乡村振兴典型样板。把传承保护历史文化与引入现代元素结合起来，统筹推进县域、城镇、乡村一体规划，强化县域空间规划和各类专项规划引导约束作用，

科学安排县域乡村布局、资源利用、设施配置和村庄整治，优化乡村生产、生活、生态空间布局。坚持“面子”“里子”一起抓，有序推进“多规合一”实用性村庄规划管理全覆盖，加强乡村风貌总体管控，防止千村一面和乡村景观城市化，打造更多彰显闽东风韵的特色乡村。

20. 培育壮大乡村特色产业。组织开展龙头企业牵引、农民合作社规范、家庭农场提升、农业社会服务促进等行动，加快构建现代农业经营体系。把绿色生态理念贯穿农产品种养殖、生产加工、包装贮藏、流通销售全过程，深入实施品种培优、品质提升、品牌打造和标准化生产“三品一标”行动，力争“十四五”末“8+1”特色产业全产业链总规模达到2500亿元，打造一批特色产业百亿强县、十亿强镇、亿元强村。深入推进科技兴农，实施新一轮现代种业创新工程，加快低产低质茶园改造和茶叶品种改良，推进食用菌菇棚、设施水果大棚改造，不断提升农业科技含量。推动科技特派员创业和技术服务建制村全覆盖，引导各类人才投身乡村振兴。探索创新“0593宁德号”区域公用品牌运营管理模式，加强与国内大型电商平台合作，推动农村一、二、三产业紧密融合，让闽东名优农产品叫得更响、卖得更好。

21. 建设美丽宜居乡村。实施农村人居环境整治提升五年行动，补齐农村生活垃圾、污水、裸房治理短板，推进“绿盈乡村”建设。改造升级乡村水、电、路、气、通信、物流、广播电视等基础设施，加快教育、健康、养老等乡村公共服务事业发展，让乡村成为宜业宜居的美好家园。加强农村思想道德教育，培育文明乡风。保护传统村落、民族村寨、历史建筑，做好固态保护、活态传承、业态提升。全面深化乡村振兴“百镇千村”试点示范，打造更多乡村振兴示范线。

22. 加快老区苏区和少数民族地区发展。完善挂钩联系帮扶经济欠发达老区苏区县、山海协作对口帮扶机制。倾力支持老区苏区和少数民族地区特色产业发展、基础设施建设和公共服务保障，支持发展电商物流、红色旅游、文创、康养等产业，确保老区苏区、少数民族地区在现代化进程中一个都不掉队。强化民族团结进步宣传教育，支持少数民族教育事业发展，积极推动少数民族优秀传统文化创造性转换和创新性发展，努力打造中华畲族文化中心。

六、深化生态文明建设，打造绿色美丽宁德

23. 加强污染防治与生态修复。持续抓好中央环保督察反馈问题整改，深入实施蓝天、碧水、碧海、净土“四大工程”，推动生态环境质量从“优良”向“优美”转变。打好污染防治攻坚战，推进$PM_{2.5}$与臭氧协同控制，消除县级城市建成区黑臭水体，加强入海排污口整治，常态化开展海漂垃圾综合治理攻坚行动，启动湾外排海工程前期规划，推进涉镉等重点行业企业排查整治，解决好群众身边的生态环境问题。深化山水林田湖草沙一体化保护修复，加强矿山、湿地、海岸带、红树林、天然林生态修复，深入推进两江三溪重点流域保护，构建以国家公园为主体的自然保护地体系。全面推行林长制，实施森林质量精准提升工程和百城千村、百园千道、百区千带“三个百千”绿化美化行动，启动闽东森林城市群建设。加强外来物种管控，守住自然生态安全边界。

24. 推进碳达峰碳中和工作。坚持把碳达峰、碳中和纳入生态文明建设布局，科学编制实施全市碳排放达峰行动方案，全方位推进绿色规划、绿色设计、绿色建设、绿色生产、绿色流通、绿色生活、绿色消费，努力为全国“双碳”大局探索宁德路径、提供宁德方案。鼓励条件较好的企业、园区、社区，争创低碳排放示范区、率先达峰示范区。加强“三线一单”生态环境分区管控，加快淘汰低效落后产能。摸清全市碳汇资源家底，健全碳汇补偿机制，扩大森林“绿碳”范围，试点实施海洋“蓝碳”研究，提升生态产业碳汇。积极鼓励市民绿色出行，全面推进生活垃圾分类处理，倡导简约适度、绿色低碳的生活方式。

25. 健全生态文明制度体系。深化拓展国家生态文明试验区建设，加快构建现代环境治理体系，确保生态环境质量全省持续领先。推进自然资源统一确权登记，建立自然资源价格形成机制，完善碳排放权、排污权、用能权、用水权等有偿使用和交易制度。深化落实生态环境保护督察制度，全面落实领导干部生态环境保护目标责任制，实行生态环境损害赔偿和责任终身追究。完善绿色金融支持保障机制和重点流域生态保护补偿机制。推进“生态司法 + 保险”修复机制落地运行。

七、着力保障和改善民生，不断提高人民生活品质

26. 推动中心城市扩容提质。稳妥推进行政区划调整，加快构建“一市多区”格局，打造环湾半小时、市域一小时交通圈，提升中心城市综合承载能力和集聚辐射效应。实施城市更新五年行动计划，分期分批推进老旧小区改造。深入实施居住、交通、水环境、风貌、管理等五大提升行动，下“绣花”功夫提升中心城市品质。完善城市配套，统筹抓好“十四五”时期中心城市城建项目，建成一批城市排水防涝、供水、污水垃圾处理、园林绿化、街头运动场、重点路段花化彩化及立体绿化、立体停车场、口袋公园、公厕等民生项目，打造“5分钟公交圈”“10分钟健身圈”“15分钟购物、政务、教育、就医等全民服务圈”，让城市更有靓度、温度、厚度。

27. 实现更加充分更高质量就业。推动就业政策与财税、产业、外贸、社保等政策相衔接，健全有利于实现更加充分更高质量就业的促进机制。实施创业带动就业示范行动，鼓励支持多渠道灵活就业。统筹做好高校毕业生、农民工、退役军人等重点群体就业，支持高校毕业生留宁或回宁创业就业，推动农村闲置劳动力与企业用工需求有效对接。加强对困难人员托底安置和就业帮扶，确保零就业家庭动态清零。推进“技能宁德”行动，开展形式多样的就业技能培训、岗位技能提升培训，拓宽技术工人上升通道。完善企业劳动用工、工资分配制度，构建和谐劳动关系。

28. 办好人民满意教育。落实立德树人根本任务，着

力培养担当民族复兴大任的时代新人。坚持教育与地方产业发展、城市建设、招才引智、人口集聚相适应，衔接“三孩”生育政策，前瞻性补齐教育短板，推进学前教育、义务教育、高中教育扩面提质。加大合作办学力度，引进一批具有国内知名度的名师名校长和学科带头人，扩大优质教育供给。加快建成投用职教园，推动校企合作、产教融合，培养更多与产业发展相适应的高素质技术技能人才。推动高等教育内涵式发展，支持宁德师范学院建设具有省内知名度的应用型大学。加强校外培训专项治理，规范中小学生课后托管服务。引进和培育一批有影响力、竞争力的民办学校，更好地满足教育个性化需求。

29. 全面推进健康宁德建设。深入实施“健康宁德2030”行动计划，争创国家卫生城市，加快构建与经济发展水平相适应的公共卫生体系。实施新一轮医疗“创双高”，积极引进高端优质医疗资源和高层次人才，加强基层卫生人才定向委托培养，推进医疗卫生区域合作，推广远程医疗服务，提高卫生健康供给质量和服务水平。优化医疗资源布局，在四大主导产业及上下游集聚区，建设一批二级以上综合性和特色专科医院。学习借鉴三明医改经验，加强县域紧密型医共体建设，推进“三医”改革全联深动。做好“外防输入、内防反弹”工作，扎实有序推进疫苗接种，统筹常态化疫情防控和经济社会发展。

30. 繁荣发展闽东优秀文化。弘扬社会主义核心价值观，实施文化创新创造发展能力提升工程，加快独具闽东魅力的文化强市建设。巩固全国文明城市创建成果，拓展新时代文明实践中心建设。优化公共文化服务供给，在中心城市建设一批高品质的文化商圈、标志性文化建筑和文化公园，新建或改造提升一批县级公共图书馆、文化馆、博物馆，加快推动公共文化数字化建设。立足闽东红色文化、畲族文化、信俗文化、海洋文化等特色资源，推出一批具有闽东风韵、宁德气派的精品力作，打造一批在全省、全国有较大影响力的闽东文化品牌矩阵。注重文化遗产保护传承利用，加强红色文化遗存保护利用，以珍爱之心、尊崇之心推进古建筑、老宅子、老街区保护修缮和当代复兴，促进非物质文化遗产活态传承和融入生活。

31. 拓宽城乡居民增收渠道。大力实施城镇职工、城镇居民、农民、困难群体、高端人才等五大群体增收计划，拓宽工资性、经营性、财产性、转移性等四类增收渠道，促进经济发展、就业充分与收入增长联动。壮大中等收入群体，推动技能人才、新型职业农民、科研人员、小微创业者、企业经营管理人员等群体收入稳步提高。统筹实施产业、就业、金融等帮扶政策，加大税收、社保、转移支付等再分配调节力度，逐步提高低收入群体收入。

32. 健全社会保障体系。实施全民参保计划，落实基本医疗保险、失业保险、工伤保险省级统筹政策，完善统一的城乡居民医保和大病保险制度，落实异地就医结算，积极发展补充医疗保险。完善灵活就业劳动者的社会保障。坚持房子是用来住的、不是用来炒的定位，加大城市困难群众和有稳定就业的外来务工人员住房保障力度。积极推动保障性租赁住房建设和棚户区改造，形成有效供应。健全分层分类的社会救助体系，加强支出型贫困救助，完善最低生活保障制度。推动养老事业和养老产业协同发展，整合提升农村养老机构，加强失能老人专业照护能力，推进互助孝老食堂扩面提质，加快建设居家社区机构相协调、医养康养相结合的养老服务体系。

33. 建设更高水平的平安宁德。坚持总体国家安全观，统筹发展与安全，加强风险分析研判和综合治理，严密防范各种风险挑战。建立党政主要领导负责的财政金融风险处置机制，守住不发生区域性金融风险的底线。扎实推进社会治安防控体系示范城市建设，坚持和发展新时代“枫桥经验”，深化落实“四门四访”“四访四通”“信访评理”机制，把矛盾纠纷化解在源头、化解在基层。加强社会心理服务体系建设。深化网格化服务管理，加快“智慧安防小区”建设，把公共安全管控触角延伸到每幢楼宇、每户家庭。扎实推进政法队伍教育整顿。推进扫黑除恶常态化，依法严厉打击群众反映强烈的突出违法犯罪。完善应急管理能力体系，深入开展安全生产专项整治三年行动，有效遏制重特大生产安全事故，积极防范应对各类自然灾害。深化“餐桌污染”治理，建设“食品放心工程”。

八、全面从严推进党的建设，巩固风清气正政治生态

34. 扎实推进党史学习教育。充分发挥宁德作为习近平新时代中国特色社会主义思想重要萌发地的独特优势，挖掘闽东红色资源“富矿”，面向基层开展“大宣讲”，扎实推进“四史”宣传教育，引导全市党员干部学史明理、学史增信、学史崇德、学史力行。开展“永远跟党走”群众性主题宣传教育活动，让党的创新理论飞入寻常百姓家。围绕传承弘扬习近平总书记在宁德工作期间开创的重要理念和重大实践，深入开展理论研究，形成有分量的研究成果。争当践行“两个维护”排头兵，加强政治忠诚教育，确保习近平总书记重要讲话重要指示批示精神和党中央各项决策部署、省委工作要求在宁德高效落地落实。

35. 打造高素质的干部队伍。深入实施干部专业化能力提升工程，分级分类建立经济发展型和社会治理型干部信息库，加强重点调训、导师帮带、跟班学习和重点项目实践锻炼，提高干部把握新发展阶段、贯彻新发展理念、服务和融入新发展格局的能力水平。坚持重实绩重实干选人用人导向，深化拓展“五位一体”干部考评机制，注重在重大项目、重点工作一线发现、培养、考核和使用干部。抓好市县乡领导班子集中换届，选拔忠诚干净担当的好干部，配备结构优功能强的好班子。

36. 建设坚强战斗堡垒。坚持大抓基层的鲜明导向，增强政治功能和组织力，推动各领域基层党组织全面进步、全面过硬。以村级组织换届选举为契机，选优配强村（社区）“两委”成员特别是党组织书记，持续整顿软弱涣散基层党组织。深入推进党支部领办合作社、村级集体经济“提质强村”三年行动和“五强堡垒、星级乡村”争创活动，选好用好管好乡村振兴指导员、驻村第一书记、金融挂职干部等各支队伍。扎实开展“我为群众办实事”实践

活动，深入推进近邻党建，全面引领基层治理，解决好群众和企业急难愁盼问题。抓好新领域新业态党建工作，推动国有企业在完善公司治理中加强党的领导，打造锂电新能源产业链党建联盟品牌。统筹推进机关、学校、医院等领域党组织建设。高标准高质量做好党员教育管理和发展党员工作。

37. 持续深化作风建设。传承弘扬“四下基层”“行动至上”等优良传统，大兴调查研究之风，推动党员干部下基层、到一线，找准差距短板，有效破解难题。加强对敢担当善作为干部的激励保护，持续提升干部队伍精气神。探索开展“点题整治”，强化民生领域损害群众利益问题治理，督促“三农”等领域各项政策措施落实。坚持纠“四风”与树新风并举，持之以恒落实中央八项规定及其实施细则精神和省市实施办法，坚决破除形式主义、官僚主义，持续为基层减负。

38. 深化党风廉政建设和反腐败斗争。坚持把贯彻落实习近平总书记到福建考察重要讲话精神作为政治监督的重要内容，完善“1+X”等监督机制，推动各级各部门自觉对标对表、落实落细。整合基层监督力量，完善“室组联动”等监督机制，构筑立体式监督网络，加强对一把手和领导班子的监督。扎实推进“清风护航”行动，严肃换届纪律风气。发挥巡察利剑作用，保持惩治腐败高压态势，不断提高不敢腐、不能腐、不想腐的综合功效，打造政治清明、政风清新、干部清正、社会清朗的清廉宁德。

全市各级党组织和广大党员干部要更加紧密地团结在以习近平同志为核心的党中央周围，高举习近平新时代中国特色社会主义思想伟大旗帜，树牢弱鸟先飞的追赶意识，拿出只争朝夕的干劲，保持滴水穿石的韧劲，牢记嘱托、矢志奋斗，深入实施“一二三”发展战略，加快建设“五个城”，全方位推进高质量发展超越，奋力谱写全面建设社会主义现代化国家的宁德篇章！

（资料来源：市委办公室）

中共宁德市委关于深刻领会党的百年奋斗重大成就和历史经验会聚奋力谱写“宁德篇章”强大精神动力的决定

宁委发〔2021〕7号

（2021年12月14日中国共产党宁德市第五届委员会第二次全体会议通过）

为深入学习贯彻党的十九届六中全会精神，认真落实省第十一次党代会和省委十一届一次全会部署要求，动员引导广大党员干部群众不断从党的百年奋斗历程中汲取智慧和力量，牢记嘱托、勇担使命、接续奋斗，全方位推进高质量发展超越，奋力谱写全面建设社会主义现代化国家的宁德篇章，确保实现市第五次党代会各项目标任务，作出如下决定。

一、深刻把握内涵实质，统一思想、统一意志、统一行动

党的十九届六中全会全面总结党的百年奋斗重大成就和历史经验，具有划时代、里程碑意义。全会审议通过党的第三个历史决议，回顾党走过的百年光辉历程，着重阐释党的十八大以来党和国家事业取得的历史性成就、发生的历史性变革，对实现第二个百年奋斗目标提出明确要求。全市各级党组织和广大党员干部要全面系统、准确完整把握全会的核心要义、精神实质、实践要求，集中精力办好宁德的事，努力在新的赶考路上交出优异答卷。

（一）深刻领会把握党百年奋斗的伟大历史功绩。全会从四个历史时期全景式回顾百年辉煌党史，用“四个伟大飞跃”系统概括党百年奋斗伟大成就，尤其突出中国特色社会主义新时代这个重点，从十三个方面着重总结党的十八大以来的原创性思想、变革性实践、突破性进展、标志性成果，充分彰显了中国特色社会主义的强大生机活力。要坚定自觉用党的百年奋斗非凡成就鼓舞斗志、凝聚力量，不断增强走中国特色社会主义道路的信念信仰信心，不断强化共产党人的自豪感、责任感、使命感，以更加昂扬的姿态奋进新征程、建功新时代。

（二）深刻领会把握党百年奋斗的深远历史意义。全会以历史与现实相贯通、理论与实践相结合、国内与国际相关联的宽广视角，从五个方面精辟概括党百年奋斗的重大历史意义，全面客观揭示党对中国人民、对中华民族、对马克思主义、对人类进步事业、对马克思主义政党建设所作的历史性贡献，贯通了党百年奋斗的历史逻辑、理论逻辑、实践逻辑。要坚持唯物史观和正确党史观，坚定不移听党话、感党恩、跟党走，以高度的政治自觉和强烈的使命担当，承前启后、继往开来，把党带领人民开辟的伟大道路、创造的伟大事业不断推向前进。

（三）深刻领会把握党百年奋斗的宝贵历史经验。全会提炼概括“十个坚持”历史经验，科学回答“过去我们党为什么能够成功，未来我们怎样才能继续成功”的时代之问，是党百年奋斗理论和实践的科学总结，是党和人民共同创造的精神财富。要把这“十个坚持”与习近平总书记在庆祝中国共产党成立100周年大会上提出的“九个必须”结合起来，作为正确判断形势、科学预见未来、把握历史主动的重要思想武器，作为想问题、作决策、办事情的重要遵循，作为判断重大政治是非的重要依据，自觉运用落实到宁德事业发展的全过程、各方面。

（四）深刻领会把握新时代党的崇高历史使命。全会着眼实现第二个百年奋斗目标，对走好新的赶考之路提出了重要要求，是引领全党踏上新征程、夺取新胜利的政治宣言和行动纲领。要增强历史自觉，把握历史规律，认清历史方位，坚决响应党的伟大号召，时刻牢记中国共产党是什么、要干什么这个根本问题，胸怀“两个大局”，心系“国之大者”，提高履职尽责的政治能力、战略眼光、专业水平，不断推动新时代宁德建设发展取得新成就。

二、忠诚拥护“两个确立”，坚定不移沿着习近平总书记指引的方向奋勇前进

确立习近平同志党中央的核心、全党的核心地位，确立习近平新时代中国特色社会主义思想的指导地位，是党的十八大以来最重大的政治成果、最重要的历史结论，是体现全党共同意志、反映人民共同心声的重大政治判断。要深刻认识“两个确立”对新时代党和国家事业发展、对推进中华民族伟大复兴历史进程的决定性意义，深刻把握“两个确立”既是重大历史结论，也是重大实践要求，时刻牢记、坚决拥护，内化于心、外化于行，确保各项事业始终沿着正确方向笃定前行。

（一）坚定践行“两个维护”。突出把政治建设摆在首要位置，增强“四个意识”、坚定“四个自信”、坚决做到“两个维护”，不断提升政治判断力、政治领悟力、政治执行力，始终在思想上政治上行动上同以习近平同志为核心的党中央保持高度一致，使绝对忠诚成为宁德党员干部最鲜明的政治品格，成为宁德政治生态最鲜明的政治底色。严守党的政治纪律和政治规矩，健全保障“两个维护”的制度机制，看任何问题、作任何决策、抓任何工作

都要自觉向习近平总书记看齐、听党中央指挥，坚决落实省委部署要求，以实际行动当好“两个维护”的护旗手和排头兵，努力以过硬的政治成效、工作成效、发展成效展现宁德党员干部强烈的政治担当。

（二）深化创新理论武装。坚决扛起习近平新时代中国特色社会主义思想重要萌发地和实践地的政治担当，健全完善“第一议题”“第一堂课”制度，深学细悟“十个明确”核心内容，准确把握原创性的治国理政新理念、新思想、新战略，及时跟进学习习近平新时代中国特色社会主义思想的最新篇章，坚定自觉用以武装头脑、指导实践、推动工作。深入实施习近平新时代中国特色社会主义思想溯源工程，带着感情、带着责任、带着使命秉承弘扬习近平总书记在宁德工作期间开创的重要理念和重大实践，用好《摆脱贫困》《习近平在宁德》等鲜活教材，建好寿宁下党“学习小镇”、福鼎赤溪、福安下岐等党性教育基地，发挥好新时代宣讲师、理论宣讲轻骑兵和“学习大军”等特色载体，编好《习爷爷在宁德的故事》等校本教材，教育引导全市上下把习近平新时代中国特色社会主义思想学得更深、悟得更透、贯彻得更到位。

（三）全面推进贯彻落实。习近平总书记对闽东大地情深似海、对闽东人民厚爱如山，每到发展的关键节点和重要关口，都亲自为宁德领航指向、谋定方位，引领宁德各项事业不断开创新局面。党的十八大以来，习近平总书记多次对宁德工作作出重要讲话重要指示批示，特别是上年赋予宁德奋力谱写全面建设社会主义现代化国家的宁德篇章的重大政治使命，为宁德现代化建设提供了总纲领、擘画了总蓝图，极大激发了宁德干部群众感恩奋进的豪情壮志。要坚定坚决把习近平总书记重要讲话重要指示精神作为“第一政治要件”，作为贯穿全部工作的鲜明主题和突出主线，统揽新发展阶段新宁德建设。要全面对标对表，健全完善全链条贯彻落实机制，确保落细落实、落地见效，努力把宏伟蓝图变成美好现实，以优异成绩回报习近平总书记的关怀厚爱。

三、坚决扛起政治使命，奋力谱写全面建设社会主义现代化国家的宁德篇章

党的十九届六中全会号召全党“勿忘昨天的苦难辉煌，无愧今天的使命担当，不负明天的伟大梦想”。全市上下要坚决响应伟大号召，牢记嘱托、感恩奋进，紧扣谱写“宁德篇章”这一主题主线，聚焦省党代会提出打造全省高质量发展重要增长极的目标定位，完整准确全面贯彻新发展理念，以“走前头、当先锋”的奋斗姿态，加快推进“四个区”建设，努力在推动高质量发展上迈出新步伐，在增进民生福祉上取得新进展，不断续写新时代宁德建设发展新篇章。

（一）构建现代产业体系。深入实施百亿龙头、千亿集群、万亿工业“百千万”行动，深化战略对接、精准招商、专班服务，重点推进四大主导产业产能扩张、产业链延伸，力争“十四五”末培育形成4个以上千亿产业集群、20家以上规模百亿元工业企业，推动全市迈入“万亿工业时代”，努力建设全球新能源新材料产业核心区。全面推进现代服务业与先进制造业融合发展，大力培育引进服务业总部企业、龙头企业，加快提升现代物流、金融服务、科技服务、电子商务、健康养老等整体水平，着力打造一批地标性商圈和特色街区，力争到2025年服务业增加值占地区生产总值比重提高到40%左右。大力发展海洋经济、绿色经济、文旅经济、数字经济，深挖支撑高质量发展超越的潜能增量，构筑“四大经济”宁德板块。加快传统产业数字化转型，推动食品加工、电机电器、汽摩汽配、合成革等产业自动化、数字化、智能化改造，引导中小微企业向“专精特新”“单项冠军”发展。

（二）着力强化改革创新。坚持把优化营商环境作为“一把手工程”，以服务世界一流企业为标准，以打造“宁德服务”为主抓手，以服务人和市场主体的全生命周期为切入点，高标准推进产业、政务、法治、生活等环境建设，打造“宁德速度”“宁德温度”升级版。深化“放管服”改革，加快全要素集成、全流程再造、全市域联通，推动更多审批服务事项就近办、网上办、马上办，努力做到“办事流程最简、服务效率最高、一趟都不用跑”。坚持产业链、人才链、创新链融合发展，以闽东科创岛为主阵地，以新能源新材料技术为主攻方向，全方位培养引进用好人才，加快建设21C创新实验室等一批高能级创新平台，全面推进规模以上工业企业研发活动全覆盖，集中打造一批创新园区、创新楼宇、孵化器和众创空间，推动科技创新综合实力在全省力争上游，努力打造具有全球影响力的创新策源地。

（三）统筹区域协调发展。加快构建“一核两廊五轴”发展格局，建设全省“六大湾区”中最富活力、最具魅力的现代化湾区经济试验区。坚持以三都澳为核心，强化产城、港城融合，完善环湾半小时通勤、市域一小时通达的交通体系，抓好环湾强镇群建设，加快推进“一市多区”，着力打造“百平方公里级面积、百万级人口规模”的区域中心城市。坚持走产业引领、山海联动的发展路子，探索创新跨县域联合招商、共建产业园区、共享创新平台等合作发展新模式，推动山海并进、携手共赢。深入实施城市功能和品质提升行动，稳妥实施历史文化街区和老旧小区改造提升，完善中心城市高端商务、“城市客厅”、购物休闲等功能配套，加快推进“智慧城市”建设。深度融入闽东北协同发展区建设，推进宁德至福州长乐机场城际铁路等重点项目，提升宁德与福州互联互通水平。

（四）走好特色振兴之路。坚持把“闽东特色”贯穿始终，统筹推进“五个振兴”，积极探索原创性、引领性、标志性典型经验，打造全国乡村振兴样板区。突出做优特色现代农业，围绕做足精准定位、转型升级、融合发展“三篇文章”，优化“一县一业、一村一品”产业布局，强化科技赋能、数字赋能、品牌赋能，贯通农产品生产、加工、销售各环节，完善物流、金融、保险等配套保障，全面推进一二三产融合发展、新技术新业态新模式融合创新、产业链供应链价值链融合壮大，力争“十四五”末全市八大特色产业总规模突破2500亿元。坚持高起点规划、高标

准建设、高质量运营，分类分批推进村庄发展，统筹推进乡村基础配套提档升级、人居环境美化提升、管理服务覆盖延伸，持续抓好乡村振兴示范线路建设，积极培育打造一批金牌旅游村，全面开展农村“微改造、精提升”行动，积极建设美好宜居家园。深入实施村级集体经济“提质强村”三年行动，全面推行村党支部领办合作社，充分发挥“一书记三大员”作用，因地制宜谋划实施一批强村项目、富民项目、惠民项目，力争“十四五”末村集体年收入50万元以上的村占比达到40%，农村居民人均可支配收入突破3万元。

（五）深化生态文明建设。优化市域国土空间开发保护格局，推进能源清洁化、交通电动化、建筑绿色化、产业低碳化，厚植宁德生态优势，打造绿色低碳宜业宜居先行区。突出绿色转型，对接省里部署要求，科学制定实施碳达峰行动方案，加快推进传统产业绿色化改造，坚决淘汰高耗能、高排放、低产出企业，深入实施森林“绿碳”、海洋“蓝碳”等生态系统碳汇行动，试点推进海洋养殖、滨海湿地和红树林、海洋微生物等增汇工程，努力以最小碳排放实现更高质量发展。突出保护治理协同，扎实推进国家重点生态功能区、闽东森林城市群建设，深入抓好中央生态环保督察反馈问题整改，持续推进海漂垃圾治理陆海统筹、城市水系综合治理、固废综合处置，争创全国海漂垃圾治理示范区和生态产品价值实现机制示范基地，确保生态环境质量保持全国全省前列。

（六）提升群众生活品质。坚持人民至上，全力以赴办好民生实事，不断提高城乡居民收入，推动共同富裕迈出坚实步伐。着眼拓宽群众就业、服务、经营、生产等“四种增收渠道”，精准实施职业技能培训，全面畅通招聘求职双向渠道，大力扶持发展电商直播、夜市经济等新就业形态，加快提升乡村特色产业增值收益，让更多群众在“家门口”实现轻松择业、灵活就业、劳动致富。围绕“四个满足需求”，深入实施民生补短板攻坚行动，接续推进“十个十”等民生项目建设，加快教育资源扩容提质、均衡配置，促进医疗服务上下联动、提档升级，推动健康养老多元化、多样化发展，更好地为群众提供覆盖全生命周期的公共服务。深化新时代文明实践工作，巩固拓展全国文明城市创建成果，全面实施乡村文化振兴“百千万”工程，不断满足群众文化生活新期待。扎实推进市域社会治理现代化试点，创新和发展新时代“山海枫桥”内涵，大力推广“数字化＋网格化”治理模式，深化重点行业领域安全隐患排查整治，努力建设更高水平的平安宁德。

四、弘扬伟大建党精神，深入推进新时代党的建设新的伟大工程

党的十九届六中全会深刻分析新的赶考路上面临的各种风险挑战，要求全党必须铭记生于忧患、死于安乐，常怀远虑、居安思危，继续推进新时代党的建设新的伟大工程。要深入贯彻新时代党的建设总要求，坚持党的全面领导，纵深推进全面从严治党，着力提高党的建设质量，为各项事业发展提供坚强保证。

（一）坚持不懈凝心铸魂。巩固拓展“不忘初心、牢记使命”主题教育成果，扎实开展党史学习教育，强化党性锤炼，引导党员干部拧紧思想“总开关”，自觉践行党的根本宗旨，深入践行以人民为中心的发展思想。坚决守好“红色根脉”，加强红色资源保护开发利用，建好用好红色教育基地，讲好党的故事、革命的故事、宁德的故事，赓续红色血脉、传承红色基因。传承弘扬“弱鸟先飞、滴水穿石”精神和“四下基层”“行动至上”等优良传统，深入开展“我为群众办实事”实践活动，着力解决好群众的操心事、烦心事。深化拓展“再学习、再调研、再落实”活动，开展“万名干部进企业”行动，把学习调研成果转化为推动发展的具体举措和实际成效。

（二）坚持不懈强基固本。牢固树立大抓基层鲜明导向，以提升组织力为重点，突出政治功能，统筹推进各层级各领域党组织建设，形成上下贯通、执行有力的严密组织体系。坚持围绕发展抓党建、抓好党建促发展，深入实施党建民心工程和建强基层党组织战斗堡垒行动计划，深化抓党建促乡村振兴、促共同富裕，全面拓展近邻党建，开展“数字党建”、非公企业和社会组织党建提档升级等专项行动，让党旗在基层一线高高飘扬。完善抓基层党建工作述职评议考核制度，建立健全党的建设质量管控机制、问题整改机制、责任落实机制，持续整顿软弱涣散基层党组织，抓好基层党组织带头人队伍建设和党员教育管理，全面提高党的建设质量。

（三）坚持不懈正风肃纪。严格落实全面从严治党主体责任、监督责任，深化纪律、监察、派驻、巡察“四责”协同监督，以永远在路上的坚韧执着推进党风廉政建设和反腐败斗争，把严的主基调长期坚持下去，巩固发展风清气正、正气充盈的政治生态。坚持不敢腐、不能腐、不想腐一体推进，精准运用监督执纪“四种形态”，突出加强对“一把手”的监督，深化重点领域反腐败，聚焦群众急难愁盼问题开展“点题整治”，大力宣扬闽东优秀廉政文化，引导党员干部行正道、扬正气、守正规。健全作风建设长效机制，锲而不舍落实中央八项规定及其实施细则精神和省市实施办法，常态化推进为基层减负，力戒形式主义、官僚主义，坚决遏制“四风”问题反弹回潮，推动党风政风持续好转。

五、保持昂扬奋斗姿态，奋进新征程、建功新时代

百年党史深刻启示我们，一切伟大成就都是奋斗而来的，必须把握历史发展大势，弘扬历史主动精神，始终谦虚谨慎、不骄不躁、艰苦奋斗，以更加昂扬的精神状态走好新的赶考之路，努力在新征程上干出新业绩、答好新答卷、展现新气象。

（一）激励实干担当。深入贯彻新时代党的组织路线，以正确用人导向引领干事创业导向，完善“五位一体”干部考核评价机制，坚持在重点项目重点工作一线“赛马”取才，真正让会打仗的有平台、干实事的得实惠、挑重担的受重用。深入开展向廖俊波、杨春、孙丽美、潘东升等

先进典型学习活动，完善和落实关心关爱、容错纠错、从严管理等制度机制，激励引导党员干部在谱写“宁德篇章”中担当作为、比学赶超、力争上游，让“事事马上办、人人钉钉子、个个敢担当”成为宁德党员干部的鲜明标识。

（二）**提升履职本领**。深入实施新时代干部能力提升计划和好班长好班子建设工程，持续开展“八个专题”培训，加强思想淬炼、政治历练、实践锻炼、专业训练，着力提高干部学习研究、谋划策划、推动落实、应急处置、精准服务等专业能力，推动干部成为各自工作领域的行家里手。深化实施年轻干部全链条梯次培养工程，探索实行机关到乡镇、企业双向交流制度，推动干部在服务群众中增进感情、增长才干，在抓好发展中增长知识、增强本领，保障事业后继有人。

（三）**发扬斗争精神**。坚持敢于斗争、善于斗争，直面“老大难”“硬骨头”问题，迎难而上、埋头苦干，不断破除制约高质量发展的瓶颈、解决前进中的难题。保持“弱鸟先飞”的追赶意识，强化争创一流的工作追求，敢于突破常规，勇于先行先试，善于开拓创新，不断推动各项事业再上新台阶。保持“滴水穿石”的韧劲，坚持一张蓝图绘到底，涵养“功成不必在我”的境界，强化“功成必定有我”的担当，锚定目标久久为功，努力把市第五次党代会确定的施工图变成实景图。保持只争朝夕的干劲，雷厉风行抓落实，一抓到底见实效，迅速掀起新一轮干事创业热潮。

征途漫漫，惟有奋斗。全市各级党组织和广大党员干部要更加紧密团结在以习近平同志为核心的党中央周围，全面贯彻习近平新时代中国特色社会主义思想，大力弘扬伟大建党精神，以史为鉴、开创未来，只争朝夕、埋头苦干，全方位推进高质量发展超越，奋力谱写“宁德篇章”，以优异成绩迎接党的二十大胜利召开！

（资料来源：市委办公室）

宁德市饮用水水源地保护条例

（2020 年 12 月 16 日宁德市第四届人民代表大会常务委员会第三十七次会议通过，
2021 年 4 月 1 日福建省第十三届人民代表大会常务委员会第二十六次会议批准）

第一章　总　则

第一条　为了加强饮用水水源地保护，保障饮用水安全和城乡居民身体健康，根据《中华人民共和国水法》《中华人民共和国水污染防治法》《福建省水资源条例》等有关法律法规，结合本市实际，制定本条例。

第二条　本条例适用于本市行政区域内饮用水水源地的保护及其相关的监督管理活动。

本条例所称的饮用水水源地是指本市行政区域内经省人民政府批复同意的集中式饮用水水源保护区，以及准保护区范围内的陆域和水域。

第三条　饮用水水源地保护坚持科学规划、保护优先、防治结合、确保安全的原则。

第四条　饮用水水源地保护工作实行政府统一领导、分级负责、属地管理和部门联动相结合的管理体制。

市、县、乡三级人民政府应当将饮用水水源地保护工作纳入河（湖）长制工作范畴。

第五条　市、县（市、区）人民政府应当加强饮用水水源地保护工作，将饮用水水源地保护纳入国民经济和社会发展规划、国土空间规划、生态环境保护规划和水污染防治规划，将饮用水水源保护经费纳入财政预算，并建立健全“谁受益、谁补偿”的分级饮用水水源生态保护补偿机制以及饮用水环境质量和安全责任制。

相关乡镇人民政府（街道办事处）应当依法做好本辖区内饮用水水源地保护工作。

相关村（居）民委员会应当依法协助做好辖区内饮用水水源地保护工作。

第六条　市人民政府生态环境主管部门及其派出机构负责饮用水水源地保护和污染防治的统一监督管理工作。

市、县（市、区）人民政府水行政主管部门负责饮用水水资源的统一管理和监督工作。

市、县（市、区）人民政府发展和改革、财政、自然资源、住房和城乡建设、交通运输、农业农村、林业、渔业、民政、文化和旅游、卫生健康、公安、应急救援、城市管理等有关职能部门，按照各自职责依法做好饮用水水源地保护工作。

第七条　市、县、乡三级人民政府和有关部门应当组织开展饮用水水源地保护的宣传教育，鼓励和支持社会组织、志愿者开展饮用水水源地保护的相关活动，提高公众参与饮用水水源地保护的意识和能力。

新闻媒体应当加强对饮用水水源地保护的公益宣传和舆论监督。

第八条　任何单位和个人都有保护饮用水水源地的义务，有权对污染、破坏饮用水水源地的行为进行制止、检举和控告，损害其合法权益的，有权依法要求赔偿。相关监督管理部门接到检举、控告后，应当及时调查和处理。

鼓励和支持国家规定的机关或者法律规定的组织对污染、破坏饮用水水源地，致使国家利益和社会公共利益受到侵害的行为，依法提起公益诉讼。

第二章　保护区的划定

第九条　市、县（市、区）人民政府应当依照法律法规的规定，根据本行政区域经济社会发展需要、水资源保护规划和开发利用现状，按照优先保障城乡居民饮用水的要求，确定饮用水水源地。

饮用水水源地选址应当与水功能区划、水环境功能区划相衔接，符合国家和省有关水质、水量标准和规范的要求。

第十条　市、县（市、区）人民政府应当开展饮用水水源保护区划定工作，划定一定范围的水域、陆域作为饮用水水源保护区。

饮用水水源保护区分为一级保护区和二级保护区；为涵养水源、保证水质，必要时可以在饮用水水源保护区外围划定一定区域作为准保护区。

划定饮用水水源保护区涉及自然保护地、城乡建设用地、永久基本农田的，应当与国土空间规划相互衔接，保障饮用水安全。

第十一条　市、县（市、区）人民政府提出饮用水水源保护区划定方案，并依法报请批准。经批准后，应当及时公开饮用水水源保护区名称及范围。

因划定或者调整饮用水水源保护区，对公民、法人或者其他组织的合法权益造成损害的，应当依法予以补偿。

第十二条　县（市、区）人民政府应当在饮用水水源保护区和准保护区的边界设置明确的地理界标、明显的警示标志和必要的隔离设施。隔离设施的设置不得影响行洪安全和道路交通安全等。

任何单位和个人不得涂改、损毁或者擅自移动饮用水水源保护区地理界标、警示标志或者隔离设施。

第十三条　市、县（市、区）人民政府应当根据区域发展规划，将水质良好、水量稳定的水库、重要河道、湖泊作为备用饮用水水源地，同时规划建设应急、备用饮用水水源地，并逐步配套相应的供水管网和其他相关设施，加强管理与保护。

第三章　监督管理

第十四条　在饮用水水源保护区内，禁止下列行为：

（一）排放污水、设置排污口；

（二）倾倒、堆放、存贮、填埋可能造成水体污染的固体废弃物或者其他污染物；

（三）开采矿产；

（四）除抚育、更新和低质低效林改造性质以及因科研或者实验、防治林业有害生物、建设护林防火设施、营造生物防火隔离带、遭受自然灾害等需要以外的采伐；

（五）使用农药、滥用化肥；

（六）建设畜禽养殖场、养殖小区；

（七）法律法规规定的其他禁止行为。

第十五条　禁止在饮用水水源一级保护区内新建、改建、扩建与供水设施和保护水源无关的建设项目；已建成的与供水设施和保护水源无关的建设项目，由市、县（市、区）人民政府依法责令拆除或者关闭。

禁止在饮用水水源一级保护区内从事网箱养殖、旅游、游泳、垂钓或者其他可能污染饮用水水体的活动。

第十六条　禁止在饮用水水源二级保护区内新建、改建、扩建排放污染物的建设项目；已建成的排放污染物的建设项目，由市、县（市、区）人民政府依法责令拆除或者关闭。

在饮用水水源二级保护区内从事网箱养殖、旅游等活动的，应当按照规定采取措施，防止污染饮用水水体。

第十七条　禁止在饮用水水源准保护区内新建、扩建对水体污染严重的建设项目；改建建设项目，不得增加排污量和改变排放污染物种类。

第十八条　在饮用水水源保护区或者准保护区新建除本条例第十五条、第十六条、第十七条规定禁止的建设项目，自然资源部门在规划选址、用地预审前，应当征求生态环境和水行政主管部门的意见，充分评估论证，依法办理相关审批手续后，方可开工建设。

建设项目的污染防治设施，应当与主体工程同时设计、同时施工、同时投入使用。

第十九条　在饮用水水源保护区内原住居民的生活污水应当统一收集集中处理，处理达标后的污水引到保护区外排放。

市、县（市、区）人民政府应当根据饮用水水源地保护的需要，制定和实施饮用水水源保护区内原住居民搬迁计划并依法给予安置补偿，保障饮用水水源安全。

第二十条　公安机关在划定、调整危险化学品运输车辆通行区域或者指定剧毒化学品运输车辆路线时，应当避开饮用水水源保护区；确实无法避开的，市、县（市、区）人民政府及其有关部门应当按照相关规定采取相应的安全防护措施。

第二十一条　市、县（市、区）人民政府及其有关部门应当在跨越饮用水水源保护区或者与水体并行的道路、桥梁设立明显的警示标志、视频监控，并设置防撞护栏、桥面径流收集管网和应急池等设施，防止道路交通活动对饮用水水体的污染。

第二十二条　县（市、区）人民政府应当建立健全饮用水水源保护区巡查制度，生态环境、水利、自然资源、住房和城乡建设、交通运输、农业农村、民政、卫生健康、公安、城市管理等部门和饮用水水源管理单位应当根据各自职责，定期对饮用水水源保护区及相关设施进行巡查，对巡查中发现可能造成饮用水水源污染的行为和事件及时依法处理。

乡镇人民政府、街道办事处应当组织指导村民委员会、居民委员会开展饮用水水源保护巡查工作。

第二十三条　饮用水水源的水质应当符合国家规定的标准。

市人民政府生态环境主管部门及其派出机构和市、县（市、区）人民政府水行政、卫生健康等主管部门应当按照各自职责对饮用水水源水质、水量进行监测，健全实时监测体系，建立饮用水监测档案，实行水质、水量信息共享。

第二十四条　市、县（市、区）人民政府应当组织编制饮用水水源地突发环境事件应急预案，配备应急救援设施设备和应急物资，建立应急救援队伍，做好突发水污染事故的应急处置和事后恢复等工作。

第四章　法律责任

第二十五条　违反本条例规定的行为，法律、法规已有法律责任规定的，从其规定；构成犯罪的，依法追究刑事责任。

第二十六条　违反本条例第十四条第六项规定，在饮用水水源保护区建设畜禽养殖场、养殖小区的，由市人民政府生态环境主管部门责令停止违法行为，处十万元以上五十万元以下的罚款，并依法责令拆除或者关闭。

第二十七条　违反本条例第十五条第二款规定，在饮用水水源一级保护区内从事网箱养殖或者组织进行旅游、垂钓或者其他可能污染饮用水水体的活动的，由市人民政府生态环境主管部门责令停止违法行为，处二万元以上十万元以下的罚款；个人在饮用水水源一级保护区内游泳、垂钓或者从事其他可能污染饮用水水体的活动的，由市人民政府生态环境主管部门责令停止违法行为，可以处五百元以下的罚款。

第二十八条　市、县、乡三级人民政府和有关部门违反本条例规定，有下列行为之一，对负有责任的主管人员和其他直接责任人员依法给予处分：

（一）未按照规定审批、核准建设项目，造成严重后果的；

（二）未按照规定开展饮用水水质监测、水源巡查和综合评估，或者经巡查和综合评估后，对发现问题未及时整改，造成严重后果的；

（三）因监督管理失职，导致本辖区饮用水水源地水体受到污染，造成严重后果的；

（四）对饮用水水源地内不能确定责任人的污染源，不及时处理的；

（五）其他滥用职权、玩忽职守、徇私舞弊的行为。

第五章　附　则

第二十九条　本条例自2021年7月1日起施行。

（资料来源：市人大常委会办公室）

表 41　2021 年宁德市出台重要文件一览表

序号	文件名	文号	印发日期
1	中共宁德市委关于学习贯彻习近平总书记来闽考察重要讲话精神奋力谱写全面建设社会主义现代化国家的宁德篇章的决定	宁委发〔2021〕4 号	6 月 28 日
2	中共宁德市委关于深刻领会党的百年奋斗重大成就和历史经验会聚奋力谱写“宁德篇章”强大精神动力的决定	宁委发〔2021〕7 号	12 月 20 日
3	中共宁德市委、宁德市人民政府转发《市委宣传部、市司法局关于在全市开展法治宣传教育的第八个五年规划（2021—2025 年）》的通知	宁委发〔2021〕8 号	12 月 28 日
4	中共宁德市委办公室印发《关于巩固深化“不忘初心、牢记使命”主题教育成果的若干措施》的通知	宁委办发〔2021〕1 号	1 月 29 日
5	中共宁德市委办公室、宁德市人民政府办公室关于印发《宁德市促进劳动力和人才社会性流动体制机制改革的若干措施》的通知	宁委办发〔2021〕2 号	4 月 19 日
6	中共宁德市委办公室、宁德市人民政府办公室关于印发《宁德市全方位推动住房城乡建设高质量发展超越行动计划》的通知	宁委办发〔2021〕3 号	5 月 10 日
7	中共宁德市委办公室、宁德市人民政府办公室关于印发《宁德市国企改革三年行动实施方案（2020—2022 年）》的通知	宁委办发〔2021〕4 号	5 月 10 日
8	中共宁德市委办公室、宁德市人民政府办公室关于印发《宁德中心城区城市更新项目实施方案》的通知	宁委办发〔2021〕5 号	5 月 10 日
9	中共宁德市委办公室、宁德市人民政府办公室关于印发《宁德市市直有关单位生态环境保护责任清单》的通知	宁委办发〔2021〕6 号	5 月 31 日
10	中共宁德市委办公室、宁德市人民政府办公室关于印发《宁德市全面推行林长制的实施方案》的通知	宁委办发〔2021〕7 号	6 月 30 日
11	宁德市人民政府关于印发宁德市 2020 年国民经济和社会发展计划执行情况及 2021 年国民经济和社会发展计划的通知	宁政〔2021〕1 号	2 月 7 日
12	宁德市人民政府关于印发宁德市国民经济和社会发展第十四个五年规划和二〇三五年远景目标纲要的通知	宁政〔2021〕2 号	3 月 15 日
13	宁德市人民政府关于公布涉及民法典的规章、规范性文件清理结果的决定	宁政〔2021〕3 号	5 月 12 日
14	宁德市人民政府关于印发深入贯彻落实习近平法治思想进一步推进法治政府建设若干措施的通知	宁政〔2021〕4 号	5 月 17 日
15	宁德市人民政府关于在官井洋大黄鱼繁殖保护区内阶段性限航的通告	宁政〔2021〕5 号	5 月 21 日
16	宁德市人民政府关于印发宁德市重点流域生态保护补偿办法的通知	宁政〔2021〕6 号	8 月 31 日
17	宁德市人民政府关于授予汤辉等“宁德市见义勇为模范”称号的决定	宁政〔2021〕7 号	9 月 3 日
18	宁德市人民政府关于印发全市景区和非景区景点安全管理专项整治工作方案的通知	宁政〔2021〕8 号	9 月 5 日
19	宁德市人民政府关于修改《宁德市人民政府关于印发宁德市全民健身实施计划（2016—2020 年）的通知》等 10 份文件的通知	宁政〔2021〕9 号	9 月 29 日
20	宁德市人民政府关于废止《宁德市人民政府办公室关于印发宁德市提升办理建筑许可营商环境工作方案的通知》的决定	宁政〔2021〕10 号	11 月 7 日
21	宁德市人民政府关于印发宁德市“三线一单”生态环境分区管控方案的通知	宁政〔2021〕11 号	11 月 15 日
22	宁德市人民政府关于印发宁德核电厂周围限制区安全保障与环境管理暂行办法的通知	宁政〔2021〕12 号	12 月 7 日

续表 41

序号	文件名	文号	印发日期
23	宁德市人民政府关于印发宁德市促进生物与新医药产业发展六条措施的通知	宁政文〔2021〕73号	5月29日
24	宁德市人民政府关于印发市级政府投资建设项目资金管理办法的通知	宁政文〔2021〕89号	6月30日
25	宁德市人民政府关于印发宁德市促进新能源汽车产业发展六条措施的通知	宁政文〔2021〕148号	10月11日
26	宁德市人民政府办公室关于修订宁德市“12345”便民服务平台监督管理办法的通知	宁政办〔2021〕6号	1月25日
27	宁德市人民政府办公室关于印发《宁德市新开办企业刻制印章政府购买服务实施方案》的通知	宁政办〔2021〕8号	1月26日
28	宁德市人民政府办公室关于印发宁德市落实中小学生课后服务工作实施意见的通知	宁政办〔2021〕20号	3月11日
29	宁德市人民政府办公室关于进一步做好粮食安全市县长责任制工作的通知	宁政办〔2021〕21号	3月9日
30	宁德市人民政府办公室关于宁德市校外托管机构管理的指导意见（试行）	宁政办〔2021〕23号	3月15日
31	宁德市人民政府办公室关于印发宁德市中心城区开展打击私屠滥宰保证畜禽肉品质量安全长效实施方案的通知	宁政办〔2021〕35号	4月16日
32	宁德市人民政府办公室关于印发防止耕地“非粮化”稳定粮食生产实施方案的通知	宁政办〔2021〕47号	5月14日
33	宁德市人民政府办公室关于印发进一步加强耕地保护监督工作实施方案的通知	宁政办〔2021〕50号	5月21日
34	宁德市人民政府办公室关于印发支持少数民族乡村振兴的五条措施的通知	宁政办〔2021〕51号	5月28日
35	宁德市人民政府办公室关于印发宁德市城市更新实施办法的通知	宁政办〔2021〕55号	6月10日
36	宁德市人民政府办公室关于支持老区基点建制村乡村振兴的七条措施	宁政办〔2021〕61号	6月29日
37	宁德市人民政府办公室关于加快推进3岁以下婴幼儿照护服务发展的实施意见	宁政办〔2021〕66号	7月20日
38	宁德市人民政府办公室关于促进当前全市工业增产增效若干措施的通知	宁政办〔2021〕68号	7月22日
39	宁德市人民政府办公室关于加强历史文化街区名镇名村传统村落和文物建筑历史建筑传统风貌建筑保护利用的实施意见	宁政办〔2021〕73号	8月11日
40	宁德市人民政府办公室转发市发改委等部门关于清理规范城镇供水供电供气行业收费促进行业高质量发展实施方案的通知	宁政办〔2021〕102号	12月10日
41	宁德市人民政府办公室关于印发进一步加强消防工作若干措施的通知	宁政办〔2021〕105号	12月13日
42	宁德市人民政府办公室关于印发宁德市农村生活污水提升治理五年行动实施方案（2021—2025年）的通知	宁政办〔2021〕107号	12月13日
43	宁德市人民政府办公室关于印发宁德市服务“六稳”“六保”进一步做好“放管服”改革有关工作实施方案的通知	宁政办〔2021〕108号	12月21日
44	宁德市人民政府办公室关于推动远洋渔业高质量发展六条措施的通知	宁政办〔2021〕111号	12月24日

（资料来源：市委办公室　市政府办公室）

2021 年宁德市国民经济和社会发展统计公报

宁德市统计局　国家统计局宁德调查队

2022 年 3 月 17 日

一、综合

初步核算，全年地区生产总值 3151.08 亿元，比上年增长 13.3%。其中，第一产业增加值 359.80 亿元，增长 3.5%；第二产业增加值 1746.16 亿元，增长 19.4%；第三产业增加值 1045.12 亿元，增长 8.1%。第一产业增加值占地区生产总值的比重为 11.4%，第二产业增加值比重为 55.4%，第三产业增加值比重为 33.2%。全年人均生产总值 100034 元，比上年增长 12.7%。

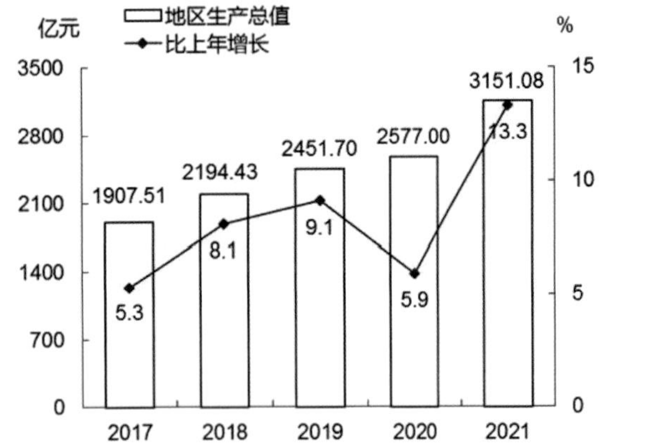

图 1　2017—2021 年地区生产总值 (GDP) 及其增长速度柱状图

全市年末常住人口 315 万人，与上年末持平。其中城镇常住人口 195.93 万人，占总人口比重（常住人口城镇化率）为 62.2%，比上年末提高 1.2 个百分点。全年出生率 9.03‰，死亡率 6.92‰，自然增长率 2.11‰。

全市年末户籍人口 355.66 万人，比上年减少 0.1%。户籍人口城镇化率为 38.3%，比上年末提高 0.5 个百分点。

表 1　2021 年年末常住人口数及其构成表

指标	年末数(万人)	比重
常住人口	315	100.0%
其中：城镇	195.93	62.2%
农村	119.07	37.8%
其中：男性	164	52.1%
女性	151	47.9%
其中：0–15 岁	68	21.6%
16–59 岁	190	60.3%
60 岁及以上	57	18.1%
其中：65 岁及以上	42	13.3%

全年城镇新增就业 3.7 万人，城镇失业人员再就业 1.17 万人。年末城镇登记失业率 4.14%，低于省下达控制目标 0.86 个百分点。

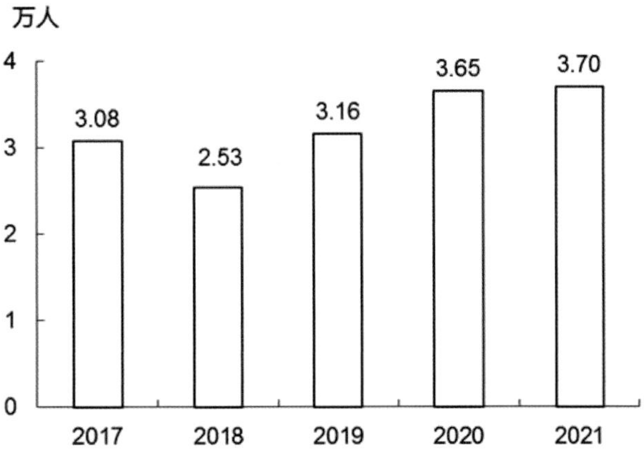

图 2　2017—2021 年城镇新增就业人数柱状图

二、农业

全年农林牧渔业总产值 645.61 亿元，比上年增长 4.2%。其中，农业产值 240.25 亿元，增长 3.8%；林业产值 33.29 亿元，增长 2.4%；牧业产值 41.11 亿元，增长 16.2%；渔业产值 318.41 亿元，增长 2.9%；农林牧渔专业及辅助性活动产值 12.54 亿元，增长 6.1%。

粮食播种面积 134.89 万亩，比上年增加 0.34 万亩，其中，稻谷面积 87.03 万亩，减少 0.08 万亩。蔬菜种植面积 91.50 万亩，增加 1.26 万亩；中草药材种植面积 16.23 万亩，增加 0.8 万亩；油料种植面积 3.80 万亩，减少 0.02 万亩。

全年粮食产量 47.72 万吨，比上年增产 0.48 万吨，增长 1%。其中，稻谷 36.3 万吨，增产 0.23 万吨，增长 0.6%；薯类 9.59 万吨，增产 0.2 万吨，增长 2.2%。

全年肉蛋奶总产量 12.94 万吨，比上年增长 18.7%。肉类总产量 9.71 万吨，增长 20.5%。其中，猪肉产量 8.0 万吨，增长 27.1%。生猪年末存栏 79.7 万头，增长 6.4%；生猪出栏 100.79 万头，增长 26.5%。奶产量 0.68 万吨，增长 65.4%；禽蛋产量 2.55 万吨，增长 4.7%。

全年水产品产量 106.53 万吨，比上年增长 2.9%。其中，海水产品产量 101.53 万吨，增长 3.0%；淡水产品产量 5.0

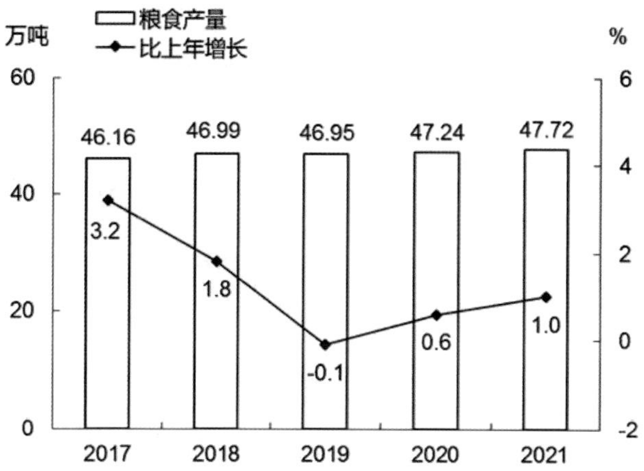

图 3 2017—2021 年粮食产量及其增长速度柱状图

万吨，增长 2.0%。海水养殖产量 87.24 万吨，增长 3.9%。

全市林产品采集总量 97.69 万吨，比上年下降 4.1%。

年末实有茶园面积 101.84 万亩，比上年增加 6.79 万亩。茶叶总产量 11.83 万吨，增长 7.2%。其中，红茶产量 2.44 万吨，下降 1.0%；白茶 4.77 万吨，增长 48.1%；绿茶 4.41 万吨，下降 13.2%。

表 2 2021 年主要农产品产量及其增长速度一览表

产品名称	产量（万吨）	比上年增长
粮食	47.72	1.0%
春收	3.63	1.0%
夏收	1.23	–4.8%
秋收	42.86	1.2%
油料	0.67	2.7%
其中：花生	0.62	2.5%
油菜籽	0.05	5.7%
甘蔗	4.38	–0.5%
药材	6.12	9.3%
茶叶	11.83	7.2%
水果	56.66	5.4%
蔬菜	103.67	2.5%
食用菌	20.68	0.6%

现有全国农业产业强镇 6 个，新增 2 个；农业产业化国家重点龙头企业 10 家，新增 3 家；特色农产品优势区 4 个；“三品一标”认证产品 549 个；市级“菜篮子”示范基地 17 个；农产品产地初加工中心 177 个，新增 50 个。

三、工业和建筑业

全年全部工业增加值 1500.88 亿元，比上年增长 24.9%。规模以上工业增加值增长 32.5%。在规模以上工业中，分经济类型看，国有及国有控股企业增加值增长 34.3%；股份制企业增长 44.0%，外商及港澳台商投资企业增长 12.3%，私营企业增长 42.3%。分轻重看，轻工业增长 60.3%，重工业增长 13.1%，重工业增加值占比 44.3%。分门类看，采矿业下降 9.0%，制造业增长 39.3%，电力、热力、燃气及水的生产和供应业增长 11.3%。工业产品销售率 100.0%，比上年提高 2.2 个百分点。

规模以上工业的 34 个行业大类中，有 7 个增加值增幅高于全市平均水平。其中，计算机、通信和其他电子设备制造业增长 2.1 倍，汽车制造业增长 1.9 倍，电气机械和器材制造业增长 86.7%。

锂电新能源、新能源汽车、不锈钢新材料、铜材料四大主导产业增加值同比增长 59.1%，占全市规模以上工业增加值比重 78.3%，同比提高 11.6 个百分点。其中，锂电新能源产业增加值增长 92.1%，新能源汽车产业增长 2.3 倍，不锈钢新材料产业增长 1.1%，铜材料产业增长 31.1%。

高技术产业增加值同比增长 79.8%，占规模以上工业增加值的比重为 49.9%，同比提高 14.7 个百分点。战略性新兴产业增加值同比增长 67.3%，占规模以上工业增加值的比重为 56.9%。装备制造业增加值增长 80.6%，占规模以上工业增加值的比重为 58.4%，同比提高 14.4 个百分点。

表 3 2021 年规模以上工业企业主要工业产品产量及其增长速度一览表

产品名称	单位	产量	比上年增长
发电量	亿千瓦时	531.87	8.4%
精制茶	万吨	3.06	–24.5%
服装	万件	689.46	67.3%
家具	万件	113.26	4.7%
塑料制品	万吨	21.12	–29.7%
泵	万台	432.79	4.4%
交流电动机	万千瓦	347.64	32.0%
钢材	万吨	343.90	12.2%
冷冻水产品	万吨	17.62	–33.4%

全年规模以上工业企业实现利润 288.49 亿元，比上年增长 14.3%。其中，国有及国有控股企业利润 25.84 亿元，下降 7.4%；股份制企业 211.82 亿元，增长 56.3%；外商及港澳台商投资企业 76.17 亿元，下降 34.5%；私营企业 175.46 亿元，增长 54.0%。规模以上工业企业资产负债率 63.5%，比上年提高 6.6 个百分点；每百元营业收入中的成本为 88.6 元，营业收入利润率为 5.8%。

全年建筑业实现增加值 247.01 亿元，比上年下降 5.4%。全市具有资质等级的总承包和专业承包建筑业企业 541 家，完成建筑业总产值 225.64 亿元，增长 4.1%。其中，建筑工程产值 192.14 亿元，增长 0.8%；安装工程产值 33.18 亿元，增长 28.9%。房屋建筑施工面积 857.02 万平方米，增长 2.4%，其中本年新开工面积 211.69 万平方米，增长 1.0%。全市一级、二级资质建筑业企业分别完成产值 50.32 亿元、87.46 亿元，同比下降 3.5%、4.8%。三级资质企业完成产值 87.85 亿元，增长 20.9%。

四、服务业

全年服务业实现增加值 1045.12 亿元，比上年增长 8.1%。其中，批发和零售业增加值 204.30 亿元，增长 11.5%；交通运输、仓储和邮政业增加值 98.06 亿元，增长 21.0%；住宿和餐饮业增加值 35.10 亿元，增长 13.9%；金融业增加值 155.14 亿元，增长 6.9%；房地产业增加值

148.65 亿元，增长 5.6%。

全年 276 家规模以上服务业企业实现营业收入 131.87 亿元，比上年增长 13.9%；实现利润总额 9.9 亿元，增长 41.1%。

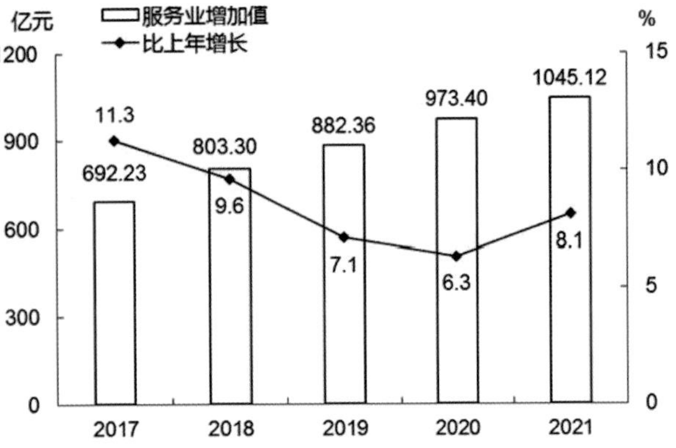

图 4　2017—2021 年服务业增加值及其增长速度柱状图

公路通车里程 12314 公里，比上年增加 39 公里，其中等级公路 11513 公里，占通车总里程 93.5%。高速公路 599 公里。铁路总里程 310.3 公里。

全年货运量 8072 万吨，比上年增长 26.2%。货物周转量 158.12 亿吨公里，增长 23.4%。全年辖区内港口货物吞吐量完成 6286 万吨，增长 26.9%，其中外贸货物吞吐量 1498 万吨，增长 2.1%；集装箱吞吐量 15.33 万标箱，增长 5.7%。年末全市共有生产性泊位 50 个，其中万吨级以上泊位 12 个。

表 4　2021 年公路和水运完成旅客运输量及其增长速度一览表

指标	单位	绝对数	比上年增长
客运量	万人	2479	-24.2%
公路	万人	2444	-23.9%
水运	万人	35	-42.2%
旅客周转量	亿人公里	14.74	-6.5%
公路	亿人公里	14.68	-6.2%
水运	亿人公里	0.06	-48.9%

全年公路和水运客运量 2479 万人，比上年下降 24.2%；旅客周转量 14.74 亿人公里，下降 6.5%。

全年全市铁路旅客发送量 634.58 万人，比上年增长 8.0%。其中，宁德站旅客发送量 232.58 万人，比上年增长 11.4%；福鼎站 121.33 万人，增长 1.7%；太姥山站 31.65 万人，增长 5.7%；霞浦站 125.19 万人，增长 6.5%；福安站 65.81 万人，增长 6.5%；古田北站 44.49 万人，增长 2.5%。屏南站 6.29 万人，周宁站 6.26 万人，支提山站 0.83 万人。

年末全市民用汽车保有量 33.58 万辆（包括三轮汽车和低速货车），比上年末增长 8.4%，其中私人汽车保有量 30.48 万辆，增长 7.7%。民用轿车保有量 19.63 万辆，增长 11.6%，其中私人轿车保有量 18.22 万辆，增长 10.9%。

全年完成邮政业务总量 14.31 亿元。快递业务量 9854.42 万件，比上年增长 23.1%。电信业务总量 32.56 亿元，增长 25.1%。年末全市电话用户总数 372.25 万户，比上年增加 8.90 万户，增长 2.4%。其中，固定电话用户 46.72 万户，增加 1.12 万户；移动电话用户 325.53 万户，增加 6.63 万户。移动互联网用户 277.99 万户，移动宽带用户普及率为 86.9%。5G 终端用户 87.01 万户，在移动电话用户中占比 26.7%。互联网宽带（固定）接入用户 139.46 万户，增长 11.3%；固定宽带家庭普及率为 113.2%。其中，光纤宽带用户 131.80 万户，光纤用户渗透率 94.5%。三大电信运营商全年建设 5G 基站 1746 个，累计建设 5G 基站 2978 个。

五、国内贸易

全年社会消费品零售总额 880.17 亿元，比上年增长 6.6%。限额以上消费市场实现零售额 125.52 亿元，增长 4.3%。限额以下消费市场实现零售额 754.65 亿元，增长 7.0%；占全市社会消费品零售总额的比重为 85.7%。

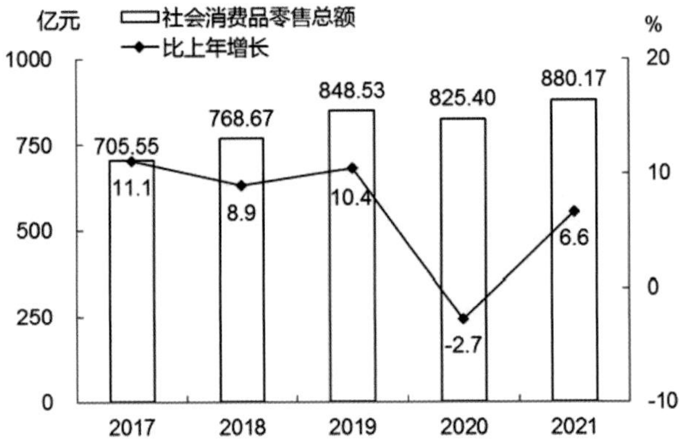

图 5　2017—2021 年社会消费品零售总额及其增长速度柱状图

在限额以上企业商品零售额中，石油及制品类零售额比上年增长 14.8%，汽车类增长 11.8%，粮油、食品类增长 10.2%，家用电器和音像器材类下降 3.1%，烟酒类增长 9.5%，饮料类下降 27.4%，服装、鞋帽、针织品类下降 19.3%，建筑及装潢材料类下降 20.6%，五金、电料类增长 30.8%，家具类下降 21.6%，日用品类下降 9.7%，中西医品类下降 12.1%，文化办公用品类下降 4.4%，金银珠宝类增长 23.9%。全年限额以上企业通过公共网络实现的商品销售额 18.87 亿元，比上年下降 1.9%。

六、固定资产投资

全年固定资产投资（不含农户）比上年增长 6.2%。其中项目投资增长 4.3%。

在固定资产投资中，第一产业投资比上年下降 35.6%，占固定资产投资的比重为 2.3%；第二产业投资增长 23.2%，占固定资产投资的比重为 44.5%；第三产业投资下降 2.3%，占固定资产投资的比重为 53.2%。制造业投资增长39.2%，占固定资产投资的比重为38.1%。基础设施投资下降26.9%，占固定资产投资的比重为19.6%。民间固定资产投资增长17.9%，占固定资产投资的比重为64.8%。高技术产业投资增长93.5%，占固定资产投资的比重为25.9%。

表5 2021年分行业固定资产投资增长速度一览表

行 业	比上年增长
总计	6.2%
农、林、牧、渔业	-33.2%
采矿业	-61.0%
制造业	39.2%
电力、热力、燃气及水的生产和供应业	-26.1%
批发和零售业	-0.7%
交通运输、仓储和邮政业	-19.4%
住宿和餐饮业	-27.2%
信息传输、软件和信息技术服务业	-19.0%
金融业	26.0（倍）
房地产业	10.5%
租赁和商务服务业	261.0%
科学研究和技术服务业	35.3%
水利、环境和公共设施管理业	-24.8%
居民服务、修理和其他服务业	-72.6%
教育	16.5%
卫生和社会工作	-6.8%
文化、体育和娱乐业	-36.4%
公共管理、社会保障和社会组织	14.1%

全年房地产开发投资275.10亿元，比上年增长11.3%。其中，住宅投资226.45亿元，增长10.7%；办公楼投资4.13亿元，增长200.7%；商业营业用房投资15.29亿元，下降5.6%。本年新开工房屋面积366.51万平方米，增长18.9%；商品房销售面积357.80万平方米，增长10.7%。年末商品房待售面积61.06万平方米，增长18.6%。

全年新开工建设城镇保障性安居工程950套（户），历年累计基本建成5.19万套（户）。

表6 2021年房地产开发和销售主要指标及其增长速度一览表

指标	单位	绝对数	比上年增长
投资完成额	亿元	275.10	11.3%
其中：住宅	亿元	226.45	10.7%
其中：90平方米及以下	亿元	49.66	-14.6%
房屋施工面积	万平方米	1787.83	3.0%
其中：住宅	万平方米	1342.36	2.2%
房屋新开工面积	万平方米	366.51	18.9%
其中：住宅	万平方米	274.03	13.2%
房屋竣工面积	万平方米	157.09	32.9%
其中：住宅	万平方米	129.25	-27.3%
房屋销售面积	万平方米	357.8	10.7%
其中：住宅	万平方米	338.34	10.1%
本年资金来源	亿元	378.56	13.7%
其中：国内贷款	亿元	23.43	75.9%
其中：个人按揭贷款	亿元	136.39	39.6%

表7 2021年分行业利用外商直接投资情况表

行 业	合同项目（个）	合同外资金额（万元）	实际利用金额（万元）
总计	23	65737	18507
农、林、牧、渔业	7	3530	1758
制造业	2	2524	7704
电力、热力、燃气及水生产和供应业			3013
批发和零售业		33	
住宿和餐饮业			2161
房地产业	1	4	
租赁和商务服务业	3	31750	971
科学研究和技术服务业	9	15660	2900
水利、环境和公共设施管理业		3236	

325个在建市重点项目完成投资758.3亿元，完成年度计划110.23%，其中新开工重点项目133个、竣工85个。

七、对外经济

全年进出口总额905.7亿元，比上年增长76.4%。其中，出口600.5亿元，增长79.0%；进口305.2亿元，增长71.4%。进出口贸易顺差295.3亿元。

全年新签外商直接投资合同项目23个，比上年减少4个。合同外资总金额6.57亿元，下降66.7%。实际利用外资金额1.85亿元，增长24.9%。

八、财政金融

全年全市一般公共预算总收入（不含基金收入）265.79亿元，比上年增长13.8%，其中，地方一般公共预算收入158.05亿元，增长14.7%。全市一般公共预算支出344.06亿元，增长3.1%。全市税性总收入224.83亿元，增长12.2%，占财政总收入的比重为84.6%，比上年下降1.2个百分点；地方级税性收入117.08亿元，增长12.0%，占地方财政收入的比重为74.1%，比上年下降1.8个百分点。

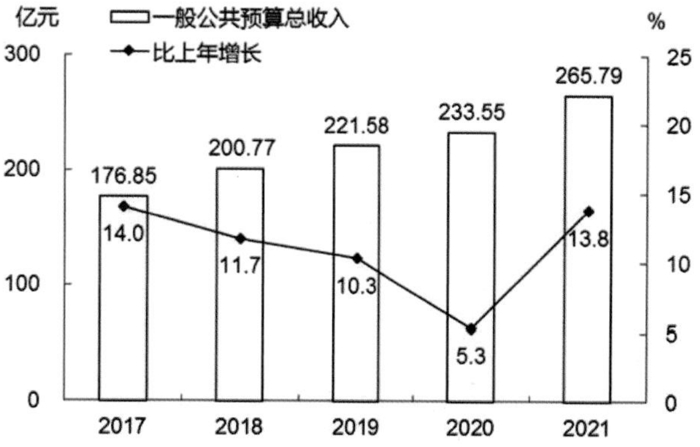

图6 2017—2021年一般公共预算总收入及其增长速度柱状图

年末全部金融机构本外币各项存款余额2832.29亿元，比上年末增加335.92亿元，增长13.5%。全部金融机构本外币各项贷款余额2760.84亿元，比上年末增加461.60亿元，增长20.1%。其中，制造业贷款余额319.34

亿元，增长108.7%；普惠小微贷款余额386.80亿元，增长33.1%；涉农贷款余额1241.26亿元，增长14.7%。

年末金融机构人民币各项存款余额2642.18亿元，比上年末增加250.01亿元，增长10.5%。全部金融机构人民币贷款余额2671.54亿元，比上年末增加375.27亿元，增长16.3%。其中，个人消费贷款余额1017.96亿元，比上年末增加154.01亿元，增长17.8%；个人经营性贷款余额511.41亿元，比上年末增加88.66亿元，增长21.0%。

表8 2021年年末全部金融机构本外币存贷款余额及其增长速度一览表

指标	年末数（亿元）	比上年末增长
各项存款余额	2832.29	13.5%
其中：人民币存款	2642.18	10.5%
其中：非金融企业存款	938.08	17.6%
住户存款	1262.41	8.4%
各项贷款余额	2760.84	20.1%
其中：人民币贷款	2671.54	16.3%
其中：短期贷款	599.99	21.6%
中长期贷款	1947.20	15.7%

年末主要农村金融机构（农村信用社、农业合作社、农村商业银行）人民币各项贷款余额391.68亿元，比上年末增加50.29亿元，增长14.7%。

年末全市股民证券投资者开立资金账户数为40.52万户，比上年增长13.5%。全年债券交易额4145.23亿元，增长15.9%。

年末全市共有保险公司30家，其中财产险15家，人身险15家。各类保险公司保费收入63.88亿元，比上年增长11.2%。其中，人身险保费收入46.01亿元，增长8.9%；财产险保费收入17.86亿元，增长17.8%。支付各类赔付及给付20.67亿元，其中人身险业务赔付12.11亿元，财产险赔付8.56亿元。

九、居民收入消费和社会保障

全年全市居民人均可支配收入31460元，比上年增长10.1%。按常住地分，城镇居民人均可支配收入40615元，增长9.4%；农村居民人均可支配收入21282元，增长11.7%。

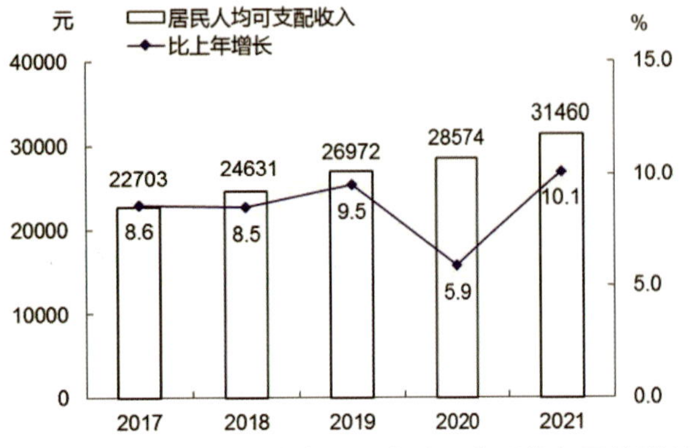

图7 2017—2021年全市居民人均可支配收入及其增长速度柱状图

全年全市居民人均消费支出22220元，比上年增长14.7%。按常住地分，城镇居民人均消费支出27573元，增长12.6%；农村居民人均消费支出16269元，增长19.0%。全市居民恩格尔系数为36.9%，比上年下降0.7个百分点，其中城镇为35.2%，农村为40.2%。

年末城镇职工基本养老保险参保人数84.85万人，比上年末增加8.2万人。其中，企业养老保险72.39万人，增加8.11万人；机关事业单位养老保险12.46万人，增加0.09万人。城乡居民养老保险参保141.68万人，其中当年新增参保登记人数1.22万人。

年末参加基本医疗保险人数328.44万人，比上年末增加4.18万人。其中，参加城镇职工基本医疗保险人数46.85万人，参加城乡居民基本医疗保险人数281.59万人。参加工伤保险58.68万人，增加7.23万人。参加失业保险32.84万人，增加6.09万人。

全市纳入城市最低生活保障的居民7162人，比上年减少231人；纳入农村最低生活保障的居民6.91万人，增加0.48万人；累计发放救助金3.73亿元。城乡特困人员16375人，减少466人。城乡低保、特困供养平均年标准分别为7408元、21204元。

年末各类养老床位数23935张。建有社区服务站（服务中心）213个，比上年增加12个。全年销售社会福利彩票1.92亿元。

十、科学技术和教育

全市拥有国家高新技术企业155家，新增60家。科技“小巨人”企业52家。国家重点实验室1家、省级重点实验室10家、省级工程技术研究中心45家、省级新型研发机构6家。市级众创空间28家，其中省级15家、国家备案1家。星创天地国家级2级，省级14家，市级19家。全年共实施省、市各级各类科技计划项目62项，其中省级52项、市级10项。

全市驰名商标总数46件，实现各县（市、区）全覆盖。新核准地理标志商标12件，全市地理标志证明商标总数达到86件。全市注册商标总数达到8.41万件，增加2.43万件。新登记市场主体12.32万户，增加3.15万户；市场主体总量44.74万户，增长25.7%。社会公用计量标准总数250项。全年检定校准计量器具15.7万台件。

全年高等学校招生6692人，在校生1.97人，毕业生3979人。普通高中招生1.93万人，在校生5.57万人，毕业生1.56万人。初中招生4.47万人，在校生12.42万人，毕业生3.42万人，初中净入学率99.1%。普通小学招生4.7万人，在校生27.7万人，毕业生4.46万人，小学净入学率99.98%。九年义务教育巩固率为102.9%。学前教育在园幼儿11.64万人，学前教育普惠率91.7%。特殊教育招生525人，在校生3457人，毕业生633人。全市已审批设立民办中小学、幼儿园358所，比上年增加15所。

十一、文化旅游、卫生健康和体育

全市现有中国历史文化名镇 5 个、名村 14 个，省级历史文化名镇 6 个、名村 28 个，中国传统村落 141 个，省级传统村落 134 个。

全市纳入文物保护名单的不可移动文物 648 处（752 个点），其中全国重点文物保护单位 12 处、省级 86 处、市级 550 处。国家级非物质文化遗产代表性项目 23 个、省级 63 个、市级 187 个。国家级非物质文化遗产代表性传承人 17 人、省级 102 人、市级 341 人。

年末全市共有国有艺术表演团队 5 个，影(剧)院 26 个，群众艺术馆 1 个，文化馆 9 个，博物馆（纪念馆）12 个，乡镇文化站 134 个，公共图书馆 10 个。

拥有市级广播电视台 1 座，调频、电视转播发射台 10 座，广播节目 11 套，广播综合人口覆盖率为 99.76%；电视节目 10 套，电视综合人口覆盖率为 99.87%。全市有线广播电视实际用户 107.86 万户，其中数字电视用户 57.02 万户。

全年接待游客总人数 4587.84 万人次，比上年增长 23.9%；旅游总收入 410.80 亿元，增长 8.1%。现有国家 A 级旅游景区 52 家，其中国家 AAAAA 级旅游景区 2 家、国家 AAAA 级旅游景区 2 家。

年末共有各类医疗卫生机构 2930 个，其中医院 52 个，卫生院 107 个，村卫生室 2085 个。年末共有卫生技术人员 1.98 万人，其中执业医师和执业助理医师 7012 人，注册护士 8854 人。年末共有床位数 1.51 万张。新冠病毒核酸日检测能力达到 16 万管。闽东医院被授予国家“高级卒中中心”。

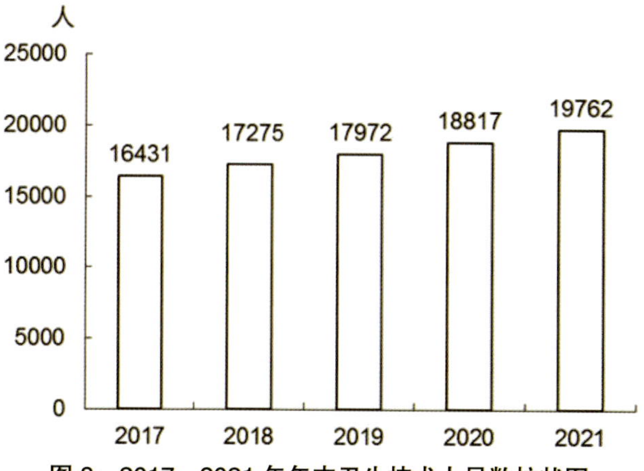

图 8 2017—2021 年年末卫生技术人员数柱状图

在国际大赛中，宁德籍运动员获得 1 枚铜牌。在全国级别的比赛中，获得 6 枚金牌、4 枚银牌、6 枚铜牌。在全省级别比赛中，获得 49 枚金牌、64 枚银牌、49 枚铜牌。举办福建宁德铁人三项公开赛、福建省全民健身运动会(宁德赛区）、福建省第三届青少年乒乓球巡回赛（宁德站）等各类赛事活动 318 场。2021 年末全市共有注册运动员 4210 人，在省、市优秀运动队集训 351 人。

十二、资源、环境和应急管理

全年全社会用电量 254.14 亿千瓦时，比上年增长 21.8%。

全年完成植树造林总面积 11.02 万亩，完成中幼林抚育 39.98 万亩，封山育林 12.55 万亩。全市森林覆盖率 69.97%，比上年降低 0.01 个百分点。森林蓄积量 5549.5 万立方米，比上年增加 209.2 万立方米。

全市共有县级以上自然保护区 32 个，其中省级以上自然保护区 2 个；自然保护区面积 6.65 万公顷。累计建成省级森林城镇 7 个，比上年增加 1 个；省级森林村庄 157 个，比上年增加 40 个。周宁获评国家生态文明建设示范区，霍童溪入选全国首批“美丽河湖”。

饮用水水源地水质达标率 100%；交溪、霍童溪、古田溪、闽江段、敖江双口渡水质状况良好，功能达标率为 100%。主要水库（古田、洪口、芹山）水质达标率为 100%。

全年中心城区环境空气质量综合指数为 2.64，优良天数（达标天数）比例为 99.2%，细颗粒浓度（PM 2.5）为 21 μg/m^3。城区环境噪声均值为 53.9 分贝，质量级别为二级。城市道路交通噪声均值为 66.5 分贝，质量级别为 A 级。

全年因气象灾害造成的直接经济损失 1.79 亿元；农作物受灾面积 1994.75 公顷。全年发生森林火灾 3 起，受害面积 1302.45 亩，未发生重特大森林火灾。

全年发生各类安全生产事故 49 起，伤亡 52 人，分别比上年下降 50% 和 5.5%。亿元地区生产总值生产安全事故死亡人数 0.015 人，比上年下降 25%。

注：

1. 本公报所列数据为初步统计数。部分合计数或相对数由于单位取舍不同而产生的计算误差，均不做机械调整。

2. 本公报地区生产总值、各产业增加值、农林牧渔业总产值绝对数按现价计算，增长速度按可比价格计算。

3. 高技术制造业包括医药制造业，航空、航天器及设备制造业，电子及通信设备制造业，计算机及办公设备制造业，医疗仪器设备及仪器仪表制造业，信息化学品制造业。

4. 装备制造业包括金属制品业，通用设备制造业，专用设备制造业，汽车制造业，铁路、船舶、航空航天和其他运输设备制造业，电气机械和器材制造业，计算机、通信和其他电子设备制造业，仪器仪表制造业。

5. 战略性新兴产业(工业部分)包括新一代信息技术产业、高端装备制造产业、新材料产业、生物产业、新能源汽车产业、新能源产业、节能环保产业、数字创意产业。

6. 规模以上服务业包括：年营业收入 2000 万元及以上的交通运输、仓储和邮政业，信息传输、软件和信息技术服务业，水利、环境和公共设施管理业，卫生行业法人单位；年营业收入 1000 万元及以上的房地产业（不含房地产开发经营），租赁和商务服务业，科学研究和技术服务业，教育行业法人单位；年营业收入 500 万元及以上的居民服务、修理和其他服务业，文化、体育和娱乐业，社会工作行业法人单位。

7. 高技术产业投资包括医药制造、航空航天器及设备制造等六大类高技术制造业投资和信息服务、电子商务服务等九大类高技术服务业投资。

资料来源：

本公报中城镇新增就业、登记失业率、社会保障数据来自市人社局；财政数据来自市财政局；重点项目投资、铁路里程和发送旅客量等数据来自市发展和改革委；公路里程、公路运输、水运等数据来自市交通运输局；港口货物吞吐量、标箱数据来自市港务局；户籍人口、民用汽车数据来自市公安局；保障性住房、文化名镇等数据来自市住建局；对外经济等数据来自市商务局；邮政业务数据来自市邮政管理局；互联网用户、电话用户等数据来自市通信管理局；文化场馆、广播电视、非遗文物、旅游等数据来自市文旅局；货币金融数据来自人行宁德中心支行；保险业数据来自市银保监局；科技型企业、重点实验室、科研成果等数据来自市科技局；教育数据来自市教育局；地理标志、商标数、质量检验等数据来自市市场监管局；体育数据来自市体育局；卫生数据来自市卫生健康委；社会救济、社会福利等数据来自市民政局；医保数据来自市医保局；林业数据来自市林业局；安全生产、农作物受灾等数据来自市应急管理局；环境监测数据来自市生态环境局；其他数据来自宁德市统计局和国家统计局宁德调查队。

（资料来源：市统计局）

表 42　2021 年福建省及各设区市国民经济主要指标一览表

指标名称	单位	全省	福州	厦门	莆田	三明	泉州	漳州	南平	龙岩	宁德
常住人口	万人	4187	842	528	322	248	885	507	267	273	315
城镇非私营单位从业人员	万人	579.00	145.63	123.10	40.02	25.76	113.21	50.87	23.27	27.33	26.56
地区生产总值（生产总值）	亿元	48810.36	11324.48	7033.89	2882.96	2953.47	11304.17	5025.40	2117.58	3081.78	3151.08
第一产业	亿元	2897.74	637.03	29.06	136.63	325.09	232.77	530.28	346.36	303.28	359.81
第二产业	亿元	22866.32	4289.80	2882.89	1506.48	1503.35	6436.24	2461.44	754.55	1321.87	1746.16
第三产业	亿元	23046.30	6397.66	4121.94	1239.85	1125.03	4635.16	2033.68	1016.67	1456.63	1045.12
地区生产总值指数	上年=100	108.0	108.4	108.1	106.4	105.8	108.1	107.7	106.5	107.7	113.3
第一产业	上年=100	104.9	106.0	105.3	103.7	105.8	103.3	105.4	105.8	104.8	103.5
第二产业	上年=100	107.5	107.3	106.7	105.7	104.0	107.3	107.0	103.8	108.1	119.4
第三产业	上年=100	108.8	109.3	109.0	107.4	108.0	109.4	109.0	108.7	108.0	108.1
农林牧渔业总产值	亿元	5200.97	1122.21	62.01	256.80	550.14	422.73	992.57	615.59	533.30	645.61
农林牧渔业总产值指数	上年=100	105.1	105.6	105.1	103.2	105.5	103.9	105.7	105.6	105.3	104.2
粮食产量	万吨	506.42	48.98	2.54	18.64	95.21	50.42	41.76	118.30	82.85	47.72
水产品产量	万吨	853.07	297.18	6.96	101.54	11.81	105.09	208.38	9.16	6.42	106.53
茶叶产量	万吨	48.79	4.67	0.14	0.40	5.20	9.39	6.25	8.38	2.53	11.83
水果产量	万吨	810.29	93.60	7.35	20.81	98.75	15.84	383.72	50.96	49.43	56.66
食用菌产量	万吨	146.04	26.76	3.09	3.67	15.77	9.86	44.16	16.71	5.34	20.68
社会消费品零售总额	亿元	20373.11	4549.41	2584.07	1745.75	851.87	5819.72	1804.57	761.00	1376.53	880.17
房地产开发投资	亿元	6195.61	2248.81	1069.66	409.00	160.65	962.99	586.32	231.97	251.11	275.10
出口总值	亿元	10816.50	2200.55	4307.30	309.34	116.52	2035.56	690.85	146.77	317.48	600.45
实际利用外资	亿元	369.15	80.78	186.36	10.97	2.41	51.64	22.85	2.65	3.05	1.8507
一般公共预算总收入	亿元	5743.84	1250.26	1530.21	247.56	179.88	940.90	384.50	156.56	353.89	265.79
地方一般公共预算收入	亿元	3383.38	749.85	880.96	153.78	113.51	504.54	246.18	102.30	169.46	158.05

续表 42

指标名称	单位	全省	福州	厦门	莆田	三明	泉州	漳州	南平	龙岩	宁德
金融机构本外币各项存款余额	亿元	62091.51	19117.34	14767.47	2536.39	2202.65	9781.60	3858.82	2395.28	2574.45	2832.29
金融机构本外币各项贷款余额	亿元	67894.59	21484.13	15316.67	2474.94	1882.59	8918.96	4049.87	1872.26	2822.76	2760.84
城镇非私营单位从业人员平均工资（含劳务派遣）	元	101516	108133	119483	82453	99287	85651	99202	89750	96265	97890
城镇居民人均可支配收入	元	51140	53421	67197	44101	42315	55011	43309	39353	43785	40615
农民人均可支配收入	元	23229	25201	29894	22892	21617	25911	23582	20431	22716	21282
卫生机构床位数	万张	22.46	4.29	2.03	1.77	1.62	4.93	2.85	1.63	2.05	1.51

（资料来源：市统计局）

表 43 2021 年宁德市各县（市、区）主要经济社会指标一览表

指标名称	单位	全市	蕉城	福安	福鼎	霞浦	古田	屏南	寿宁	周宁	柘荣
户籍人口	万人	355.66	53.78	67.37	60.51	54.93	42.06	18.85	26.03	21.09	11.05
常住人口	万人	315.00	63.20	61.00	55.40	47.70	32.20	13.90	17.60	14.80	9.20
地区生产总值	亿元	3151.08	1098.59	680.41	454.24	310.22	223.43	105.51	110.75	90.12	77.82
第一产业	亿元	359.81	48.02	57.73	69.32	80.84	51.24	16.13	18.22	8.91	9.39
第二产业	亿元	1746.16	789.46	430.39	232.60	93.04	65.26	36.24	38.39	27.37	33.40
第三产业	亿元	1045.12	261.11	192.28	152.32	136.34	106.93	53.13	54.14	53.84	35.02
人均地区生产总值	元	100034	174657	111543	82068	65103	69172	75633	62570	60481	84126
农林牧渔业总产值	亿元	645.61	94.08	99.55	119.87	151.17	88.87	28.25	30.82	16.19	16.81
规模以上工业增加值比上年增长	%	32.5	74.8	5.0	−15.0	65.6	4.9	129.5	1.2	20.6	−16.4
固定资产投资比上年增长	%	6.2	27.2	−7.9	8.1	4.2	−12.9	−6.6	1.9	−3.9	−11.7
社会消费品零售总额	亿元	880.17	171.88	163.22	204.59	108.13	95.13	41.00	32.27	28.28	35.68
实际利用外资	万元	18507	2900	1815	2119	1800	2385	3840	1226	351	271
一般公共预算总收入	亿元	265.79	47.62	62.59	35.52	18.40	12.37	6.31	5.56	5.82	5.70
农民人均可支配(纯)收入	元	40615	21333	22211	21505	21696	22522	19126	18636	19756	18825
城镇居民人均可支配收入	元	21282	42665	43748	43196	40309	38530	33549	31718	34953	32937
粮食产量	吨	477155	26200	76817	63863	42576	116753	46891	53140	26761	24154
茶叶产量	吨	118253	7914	27204	37499	9057	1072	645	20555	8034	6273
水产品产量	吨	1065251	221728	103292	232843	479214	19119	3256	2364	2139	1296

（资料来源：市统计局）

表 44　2021 年宁德市获正高级专业技术资格人员名单一览表

姓　名	性　别	工作单位	专业技术资格名称	资格确认时间
蔡春垚	男	寿宁县医院	主任医师（基层）	2021-11-28
黄熙斌	男	古田县医院	主任医师（基层）	2021-11-28
熊崇平	男	福安市医院	主任医师（基层）	2021-11-28
张建华	男	福安市妇幼保健院	主任医师（基层）	2021-11-28
李榕华	女	霞浦县妇幼保健院	主任医师（基层）	2021-11-28
王木庆	男	福安市医院	主任医师（基层）	2021-11-28
陈序和	男	寿宁县南阳中心卫生院	主任医师（基层）	2021-11-28
丁振财	男	福鼎市第二医院	主任医师（基层）	2021-11-28
陈桂华	男	柘荣县疾病预防控制中心	主任医师（基层）	2021-11-28
廖志强	男	宁德市蕉城区蕉城中学	正高级教师	2021-04-11
余慈榕	男	宁德第一中学	正高级教师	2021-04-11
陈　煌	男	宁德师范学院附属小学	正高级教师	2021-04-11
许发金	男	宁德市小学教学研究室	正高级教师	2021-04-11
杨丽霞	女	柘荣第一中学	正高级教师	2021-04-11
孙智勇	男	宁德第五中学	正高级教师	2021-04-11
陈平生	男	福安第一中学	正高级教师	2021-04-11
潘家料	男	福鼎第一中学	正高级教师	2021-04-11
陈容斌	女	古田县第二小学	正高级教师	2021-04-11
詹照雅	男	福建申石蓝食品有限公司	享受教授、研究员待遇高级工程师	2021-03-19
杨旺利	男	福安市林业科学技术推广中心	享受教授、研究员待遇高级工程师	2021-03-07
尤云桂	男	宁德市农业科学研究所	正高级农艺师	2021-02-06
王水金	男	福安市茶叶质量检测中心	农业技术推广研究员	2021-02-06
叶海凤	女	屏南县屏城乡农业服务中心	农业技术推广研究员	2021-02-06
叶启旺	男	霞浦县水产技术推广站	农业技术推广研究员	2021-02-06
缪宝洲	男	福鼎市医院	主任医师	2021-11-28
方桂桔	男	宁德师范学院附属宁德市医院	主任医师	2021-11-28
谢建春	男	福鼎市医院	主任医师	2021-11-28
颜丽君	女	宁德市闽东医院	主任医师	2021-11-28
朱雁洲	男	宁德市闽东医院	主任医师	2021-11-28
林立权	男	宁德市蕉城区医院	主任医师	2021-11-28
罗海珍	男	福鼎市医院	主任医师	2021-11-28

续表 44

姓 名	性 别	工作单位	专业技术资格名称	资格确认时间
邹国平	男	宁德市蕉城区医院	主任医师	2021-11-28
张家永	男	宁德市闽东医院	主任医师	2021-11-28
刘春鹤	男	古田县医院	主任医师	2021-11-28
钟鸿飞	男	古田县医院	主任医师	2021-11-28
叶龙就	男	屏南县总医院	主任医师	2021-11-28
林鸿宽	男	宁德市闽东医院	主任医师	2021-11-28
吴锦清	男	宁德市闽东医院	主任医师	2021-11-28
万金红	男	福鼎市医院	主任医师	2021-11-28
黄德明	男	福鼎市医院	主任医师	2021-11-28
薛清平	男	宁德市闽东医院	主任医师	2021-11-28
张家彬	男	宁德市闽东医院	主任医师	2021-11-28
吴金平	男	寿宁县医院	主任医师	2021-11-28
付世平	男	宁德市蕉城区医院	主任医师	2021-11-28
黄巧云	女	宁德市闽东医院	主任医师	2021-11-28
黄玉萍	女	福鼎市医院	主任医师	2021-11-28
袁金兰	女	周宁县妇幼保健院	主任医师	2021-11-28
钟 智	男	柘荣县医院	主任医师	2021-11-28
余美婵	女	宁德师范学院附属宁德市医院	主任医师	2021-11-28
何孔炎	男	宁德市闽东医院	主任医师	2021-11-28
林春发	男	福安市医院	主任医师	2021-11-28
谢卫京	女	周宁县妇幼保健院	主任医师	2021-11-28
林其勇	男	霞浦县中医院	主任医师	2021-11-28
张 曦	男	福鼎市中医院	主任医师	2021-11-28
强剑颖	女	宁德师范学院附属宁德市医院	主任医师	2021-11-28
谢文征	女	宁德师范学院附属宁德市医院	主任医师	2021-11-28
余燕武	男	宁德师范学院附属宁德市医院	主任医师	2021-11-28
陈起强	男	宁德市闽东医院	主任医师	2021-11-28
李脚根	男	宁德市闽东医院	主任医师	2021-11-28
林茂华	男	宁德市闽东医院	主任医师	2021-11-28
雷美生	男	宁德市闽东医院	主任药师	2021-11-28
吴仲玉	女	宁德市中医院	主任药师	2021-11-28
沈廷明	男	宁德市中医院	主任药师	2021-11-28

续表 44

姓　名	性　别	工作单位	专业技术资格名称	资格确认时间
黄君飞	女	屏南县妇幼保健院	主任技师	2021-11-28
郑宝华	男	福安市中医院	主任技师	2021-11-28
魏巧英	女	屏南县中医院	主任护师	2021-11-28
王　娟	女	宁德师范学院附属宁德市医院	主任护师	2021-11-28
黄丽秀	女	宁德市闽东医院	主任护师	2021-11-28
黄宝英	女	宁德市中医院	主任护师	2021-11-28
林　艳	女	古田县医院	主任护师	2021-11-28
李兰花	女	福建省霞浦县医院	主任护师	2021-11-28
林　莹	女	福建省霞浦县医院	主任护师	2021-11-28

（资料来源：市人社局）

索　引

说　明

一、本索引采用主题分析索引法，按主题词首字汉语拼音字母顺序排列；

二、索引主题词后的阿拉伯数字表示页码，并用 a、b、c 分别指代该页的左、中、右栏位置；

三、类目标题用着色黑体字，分目标题用宋体字加粗，简化部分分目名以便于检索，条目主题词与类目或分目重名时，合并词条但位置标序不作着色或加粗更改；

四、图或表的主题词后均括注“图”“表”；

五、特载、专文、大事记、人物荣誉、附录不列入索引。

F

G

H

J

M

N

S

X

Y